WELTGESCHICHTE in BILDERN

WELTGESCHICHTE in BILDERN

h.f.ullmann

Titel der Originalausgabe: *History of the World in Photographs*
ISBN der Originalausgabe 978-3-8331-5150-7

Endeavour London Ltd.	
Redaktion	Roger Hudson, Henry Russell
Korrekturen	Mark Fletcher
Bildrecherche	Jennifer Jeffrey, Franziska Payer Crockett, Ben Bonarius
Design	Tea Aganovic
Layout	Keith Holmes
Black Dog & Leventhal	
Redaktionsleitung	Liz van Doren
Herausgeber	Nathaniel Muranus
Herstellung	True Sims
Encyclopædia Britannica	
Chefredakteur	Dale Hoiberg
Korrekturen und Faktenprüfung	Mary Rose McCudden
Akquisition	John Russell

System Simulation Ltd.
George Mallen, Michael Selway, Gavin Chan

Getty Images
Chris Eisenberg, Tim Davies, Matt Chilton

Redaktionelle Überarbeitung: Wolfgang Hilber
Projektmanagement: Rabea Rittgerodt

Übersetzung aus dem Englischen: Kathrin Bausum, Elisabeth Chester, Susanne Dolenz, Wolfgang Hilber, Anke Wodarz für Redaktionsbüro Hilber
Lektorat und Satz: Redaktionsbüro Hilber & Druckdesign
Aktualisierung (S. 530–560): Katrin Höller, writehouse

Covergestaltung: Simone Sticker

Gesamtherstellung: h.f.ullmann publishing GmbH, Potsdam

Printed in Italy, 2013

ISBN 978-3-8480-0635-9

10 9 8 7 6 5 4 3 2 1
X IX VIII VII VI V IV III II I

www.ullmann-publishing.com
newsletter@ullmann-publishing.com

Rechts: Senator John F. Kennedy wird auf seiner Wahlkampftour um die Präsidentschaft begeistert empfangen.

Vorherige Seite: Ein Kameramann der US-Armee filmt den Start eines US-amerikanischen Nieuport 28 Doppeldeckers während der Sommer-Gegenoffensive 1918.

KENNEDY

INHALT

1890

1900

1910

1920

1970

1980

1990

2000

Gebrauchshinweise zu diesem Buch

Dieses Buch ist ein beeindruckendes und umfassendes Geschichtswerk über die mehr als 150 Jahre währende Ära seit den Anfängen der Fotografie. Sie beginnt 1850, als die Kamera die Art, wie über die Welt berichtet wird, veränderte. Das Buch besteht hauptsächlich aus zwei Teilen: einer Zeitleiste mit Ereignissen, die von den Herausgebern der *Encyclopædia Britannica* zusammengestellt wurden, und Bildern aus der unerreichten Sammlung von Getty Images.

6000 Einträge der Zeitleiste, die oben und unten auf jeder Seite verläuft, beschreiben Jahr für Jahr die Entwicklungen und Geschehnisse in der ganzen Welt. In jedem Eintrag werden ein oder mehrere Schlüsselwörter fett hervorgehoben, ergänzt von einem Symbol für die Themengebiete: *Wissenschaft, Medizin und Technik* [ ]; *Wirtschaft und Handel* [$]; *Geschichte und Politik* [ ]; *die Künste* [ ]; *tägliches Leben und Gesellschaft* [ ]; *Religion, Philosophie und Erziehung* [ ]. Diese Symbole und die Schlüsselwörter erlauben es dem Leser, das Thema jedes Eintrags schnell zu identifizieren und zu kategorisieren.

In der Mitte jeder Doppelseite finden sich zahlreiche Bilder, welche die wichtigsten und faszinierendsten Einträge optisch ergänzen. Jedes Bild ist mit seinem Eintrag durch eine Zahl deutlich verbunden und mit einer Bildunterschrift versehen, die zusätzliche Informationen zu dem dazugehörigen Zeitleisteneintrag liefert. Auf rund 150 der mehr als 260 Doppelseiten vertiefen kleine Essays – im Allgemeinen aus den reichhaltigen Quellen der *Encyclopædia Britannica* zusammengestellt – einen der Einträge auf der Doppelseite und illustrieren ihn mit mindestens einem weiteren Bild.

Dieses Buch ist die ideale Zusammenstellung für jeden historisch Interessierten und eine unschätzbare Quelle für Studenten in einführenden Geschichtskursen auf Hochschulen und in anderen Bildungseinrichtungen.

Die Statue von Wladimir Iljitsch Lenin wird in Vilnius, der Hauptstadt Litauens, abgebaut, nachdem die Regierung die Kommunistische Partei am 23. August 1991 verboten hat.

Die Hochbrücke über dem Genesee River, in der Nähe von Rochester, US-Bundesstaat New York, 1859.

1850

1850
In den USA wird ein **Gesetz zu entflohenen Sklaven** verabschiedet, nach dem entlaufene Sklaven zu ihren Besitzern zurückgebracht werden müssen, sehr zum Unwillen der Sklavereigegner.

1850
Eine Reihe von Maßnahmen, die unter dem Begriff **Kompromiss von 1850** zusammengefasst werden, passiert den US-Kongress in dem Bemühen, einige ausstehende Fragen zur Sklaverei zu regeln und die Bedrohung der Auflösung der Union zu verhindern.

1850
Alfred Tennyson veröffentlicht *In Memoriam*, eine Elegie über den Tod seines Freundes Arthur Hallam. Deren großer Erfolg sowohl bei Kritikern als auch in der Öffentlichkeit lässt ihn die Freundschaft von Königin Viktoria erringen und verhilft ihm zur Ernennung zum Hofdichter.
[1]

1850
Der US-amerikanische Schriftsteller **Nathaniel Hawthorne** vollendet sein moralistisches Meisterwerk *Der scharlachrote Buchstabe*, das seine Meisterschaft in der allegorischen und symbolischen Erzählung belegt.
[2]

1850
Der britische Chemiker **John Mercer** erhält das Patent für den Merzerisierungsprozess für Baumwollfasern, durch den diese eine erhöhte Dehnbarkeit, größere Adsorptionsfähigkeiten und normalerweise einen stärkeren Glanz erhalten.

1850
Elizabeth Barrett Browning veröffentlicht *Sonette aus dem Portugiesischen*, das heutzutage als früher feministischer Text angesehen wird.

DER TAIPING-AUFSTAND

China bricht zusammen.

Der Aufstand, der geschätzte 20 Millionen Menschenleben kostete, wurde von Hong Xiuquan (1816-64) angeführt. Dieser hatte sich selbst zum Sohn Gottes erklärt und glaubte, dass er zur Reformierung Chinas gesandt worden war. Feng Yunshan, ein Freund Hongs, gründete unter den armen Bauern von Guangxi eine religiöse Gruppierung, die Gottesanbeter-Gesellschaft (Bai Shangdi hui). 1847 trat Hong den Gottesanbetern bei und führte sie drei Jahre später in die Rebellion. Am 1. Januar 1851 proklamierte Hong die Gründung einer neuen Dynastie, der Taiping Tianguo (Himmlisches Königreich des großen Friedens), und nahm den Titel des Tianwang oder Himmlischen Königs an.

Seine Devise – das Teilen von Besitz mit der Gemeinschaft – zog viele Bauern, Arbeiter und Minenarbeiter an. Die Taiping verfügten zeitweilig über eine Million Soldaten (oben). Sie zogen gen Norden durch das Tal des Yangtze-Flusses und nahmen 1853 Nanjing ein.

Die Rebellion wurde durch innere Streitigkeiten, die zur Ermordung von mehreren Anführern führten, geschwächt. Einige der überlebenden Generäle flohen und nahmen ihre Truppen mit sich. So untergruben sie Hongs Position.

1860 wurde ein Versuch der Taiping, Shanghai einzunehmen, von der westlich ausgebildeten „Immer-siegreichen-Armee“ unter General Charles Gordon gestoppt. Der Anti-Konfuzianismus der Taiping schreckte die Aristokratie ab, die sich unter Zeng Guofan, einem chinesischen Beamten der Manchu-Herrscher, vereinigte. Im Juli 1862 kesselten die Streitkräfte Zengs Nanjing ein. Die Stadt fiel im Juli 1864. Hong beging Selbstmord. Der Widerstand der Taiping hielt in anderen Teilen des Landes bis 1868 an.

[2] Nathaniel Hawthorne. 1851 wird er „Das Haus der sieben Giebel“ veröffentlichen, bevor er als US-amerikanischer Konsul nach Liverpool in England geht.

[4] Amelia Bloomer ist in ihrer eigenen Zeitschrift eine Verfechterin der Rechte der Frauen und der Abstinenz. Nachdem um 1859 der Reifrock aufkommt, befürwortet sie nicht länger die Pumphose, da sie der Meinung ist, dass dieser Rock die gleiche Bewegungsfreiheit gestattet.

[6] Der unvorsichtige Herr Micawber, eine der großen komischen Figuren, die Dickens, teilweise nach dem Vorbild seines Vaters, erdacht hat, spaziert mit David Copperfield die Straße entlang.

1850
Jean-François Millet monumentalisiert die Feldarbeit in dem Gemälde „Der Säer“, in dem eine anonyme und zeitlose Gestalt über die Leinwand schwebt. Millet spezialisiert sich auf Bilder des bäuerlichen Lebens.

1850
Seilspringen wird bei Schulkindern, besonders in England und in Deutschland, sehr beliebt.

1850
Levi Strauss beginnt, Textilien für kalifornische Minenarbeiter zu verkaufen und entwickelt für sie die Jeans.

[5]
1850
Die Londoner Hutmacher **Thomas Bowler Ltd.** führen den mit Schellack gehärteten Bowler-Hut ein, der ein klassischer Bestandteil des äußeren Erscheinungsbildes eines Geschäftsmannes werden wird.

[6]
1850
Einer der berühmtesten Romanautoren der viktorianischen Zeit, **Charles Dickens**, veröffentlicht das autobiografische Werk *David Copperfield*. Diesem folgen schnell: *Bleak House* (1853) und *Hard Times* (1854).

[7]
1850
Der Polizist **Allan Pinkerton** gründet eine private Detektei, die sich auf Fälle von Eisenbahnüberfällen spezialisiert. Die Pinkerton National Detective Agency wird eine der berühmtesten Organisationen ihrer Art.

1850
Die **Briefmarke** wird in Österreich und einigen deutschen Teilstaaten eingeführt.

1850
Der französische Chemiker und Physiker **Joseph Louis Gay-Lussac** stirbt. Er bleibt wegen seiner zweier Gasgesetze und der Berechnung des Alkoholgehalts in Flüssigkeiten in Volumenprozent in Erinnerung.

1850
Großbritannien ist der erste größere Staat der Erde, in dem mehr als die Hälfte der **Bevölkerung** in Städten lebt.

1850
Der **Taiping-Aufstand** in China bricht aus. Die Bewegung gewinnt mit ihrer Propaganda gegen die fremden Mandschu-Herrscher viele Anhänger unter den Hunger leidenden Arbeitern, Bauern und Minenarbeitern. Zeitweilig verfügen die Taiping über mehr als 1 Million Soldaten.

1850
Harriet Tubman führt Mitglieder ihrer Familie über die sogenannte „Underground Railroad" in die Freiheit. Sie verhilft mehr als 300 Sklaven zur Flucht, was ihr den Namen „Moses ihres Volkes" einbringt.
[3]

1850
In dem Bemühen, Frauen zu einer größeren Beweglichkeit zu verhelfen, erfindet **Amelia Jenks Bloomer** das „Bloomer-Kostüm", das aus Jacke, Rock und einer Pluderhose besteht.
[4]

[3] Harriet Tubman. Während des Amerikanischen Bürgerkrieges wird sie für die Nordstaaten-Armee als Köchin oder Krankenschwester sowie als bewaffnete Späherin oder Spionin arbeiten.

[9] Dies ist die Foto-Visitenkarte, die Sojourner Truth verkauft, um Geld für ihre Bewegung zu sammeln. Das Motto darunter lautet: „Ich verkaufe den Schatten, um das Wesentliche zu unterstützen."

[5] Der Bowlerhut entstand aus der Nachfrage nach einem Hut, der von den Wildhütern in den Besitzungen des Lord Leicesters getragen werden konnte und diese vor Angriffen von Wilderern und niedrig hängenden Ästen schützen sollte.

[1] Alfred Tennyson. Sein Werk „In Memoriam" verbindet die magische Beschwörung der Landschaft mit dem Trost für diejenigen, die von religiösen Zweifeln befallen sind.

[7] Während des Amerikanischen Bürgerkriegs begründet Pinkerton den Geheimdienst der Union, der einen Mordanschlag auf Präsident Lincoln vereitelt und Spionage betreibt. Die berüchtigten Aktionen seiner Agentur gegen die Gewerkschaften wachsen nach 1865 an.

[8] Courbet war ein Meister in der Darstellung des alltäglichen Lebens, von schönen Frauen, nackt wie bekleidet, und Landschaften. Seine beeindruckende und rebellische Persönlichkeit lassen sich auf diesem Foto erahnen.

[8]
1850
Die Stilrichtung des Realismus, die in der Kunst des französischen Malers **Gustave Courbet** begann, erreicht die französische Literatur und beeinflusst die Arbeiten von Balzac, Flaubert und der Brüder Goncourt.

1850
Auf der Suche nach der Expedition von John Franklin von 1845 durchquert der irische Entdecker **Robert John Le Mesurier McClure** als Erster die Nordwest-Passage, eine Wasserstraße in der kanadischen Arktis, die den Atlantik mit dem Pazifik verbindet.

[9]
1850
Als Sprecherin der Bewegung der Sklavereigegner bereist die frühere Sklavin **Sojourner Truth** den amerikanischen mittleren Westen. Sie erwirbt sich den Ruf beeindruckender Überzeugungskraft und zieht große Menschenmengen an.

1850
Der führende österreichische Lyriker **Nikolaus Lenau** stirbt nach etlichen Jahren in geistiger Umnachtung. Sein Versuch, in den USA der 1830er Jahre ein ländliches Leben zu führen, scheiterte.

1850
Der **Clayton-Bulwer-Vertrag** regelt die Absprache der Vereinigten Staaten und Großbritanniens den bald zu bauenden Kanal durch den Isthmus von Panama gemeinsam zu kontrollieren und zu schützen.

1850
Der erste nationale Kongress der US-amerikanischen Frauenbewegung wird in Worcester, Massachusetts, abgehalten. Er wird von **Lucy Stone** und einer Gruppe von prominenten Suffragetten aus dem Osten der USA organisiert.

1850-1851

1850
Das Spiel **Mah-Jongg** entsteht in China. Zur Mitte der 1920er Jahre wird es in England, den Vereinigten Staaten und in Australien groß in Mode kommen.

1850
Das **erste Unterwasserkabel** wird durch den Ärmelkanal verlegt. Es ermöglicht eine zeitlich nahezu unverzögerte telegrafische Übermittlung zwischen Großbritannien und Europa.

1850
Xianfeng, der siebte Kaiser der chinesischen Quing-Dynastie, besteigt den Thron. Während seiner Regierungszeit wird China intern durch den Taiping-Aufstand (1850-64) und von außen durch Konflikte mit den vordringenden europäischen Mächten erschüttert.

1850
In Victoria, South Australia und Tasmanien werden Legislativräte eingeführt, die zu zwei Dritteln gewählt werden. Die Bevölkerung **Australiens** steigt sprunghaft an. Die Anzahl der Siedler wächst von 50 000 im Jahr 1825 auf rund 450 000 im Jahr 1851.
[1]

1850
Der Weltverbrauch an unbelebter Energie übersteigt erstmals 1 Milliarde Megawatt. Die Hauptenergiequelle ist **Kohle**, die für Dampfmaschinen genutzt wird.

1850
In New York erscheint die erste Ausgabe von **Harper's New Monthly Magazine**. Es ist das erste US-amerikanische Magazin, das ausgiebigen Gebrauch von Holzschnitt-Illustrationen macht. Als *Harper's Magazine* erscheint es noch heute.

[1] Ein weißer Siedler mit seiner Frau und Aboriginal-Dienern auf einer Fotografie, die für die erste jemals in Australien aufgenommene gehalten wird.

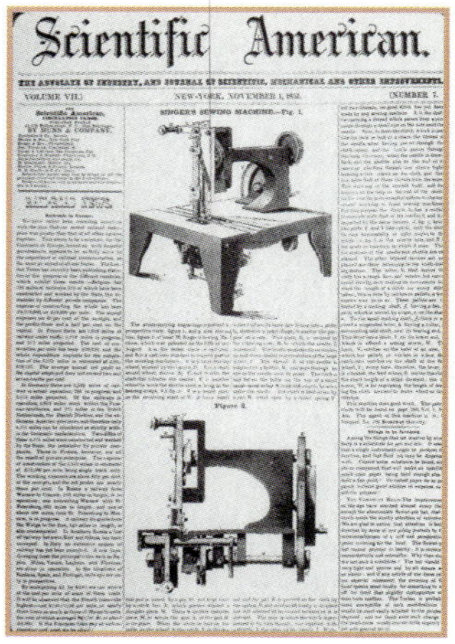
Scientific American.

[7] Singers Nähmaschine: Sein Erfolg basiert auf der gütlichen Einigung mit Rivalen und der Tauglichkeit seiner Maschine für den Einsatz zuhause.

[6] Melville, der vor seinem Walabenteuerroman „Moby Dick" bereits recht erfolgreich war, beginnt nach dessen Erscheinen ironischerweise in Vergessenheit zu geraten.

[4] Jenny Lind hat bereits Europa erobert und große Erfolge in England gefeiert. Einen großen Teil der 250 000 US-Dollar, die sie auf der Tour verdienen wird, wird sie an Wohltätigkeitsorganisationen spenden.

[5] Eine Gruppe von Sklaven sitzt auf den Stufen des Florida Clubs, irgendwann in den 1850er Jahren. Ein weißes Mädchen steht oben und halb zurückgezogen hinter dem Pfeiler.

$ *[4]*
September 1850
Die schwedische Sopranistin **Jenny Lind** beginnt eine zweijährige Tour durch die USA. 40 000 Menschen finden sich zur Begrüßubg der „schwedischen Nachtigall" ein.

9. September 1850
Kalifornien wird als 31. Bundesstaat in die USA aufgenommen. Seine Bevölkerung war um 80 000 sogenannte Forty-Niners (49er) angewachsen, nachdem 1848 bei Sutter's Mill Gold gefunden worden war.

29. November 1850
Preußen und Österreich unterzeichnen die **Olmützer Punktation**, eine Vereinbarung, welche die Beziehung dieser Mächte regelt.

[5]
Juni und November 1850
Auf der **Nashville Convention**, einem zweiteiligen Treffen von Sklavereibefürwortern aus dem Süden, diskutieren Delegierte aus neun südlichen Staaten über eine Vereinigung angesichts des Bestrebens des Nordens, die Sklaverei abzuschaffen.

[6]
1851
Der US-amerikanische Autor Herman Melville veröffentlicht **Moby Dick**, sein Meisterwerk und einer der bedeutendsten Romane der amerikanischen Literatur.

$ *[7]*
1851
Der US-Amerikaner **Isaac Singer** gründet die Firma I. M. Singer & Company, die 1860 zur größten Nähmaschinenfabrik der Welt geworden ist.

18. März 1850
Aus der Fusion dreier Gesellschaften, die sich auf den schnellen Transport von Waren, Wertsachen und Bargeld zwischen New York City, Buffalo (Bundesstaat New York) und Orten im Mittleren Westen spezialisiert haben, entsteht die **American Express Company**.

4. April 1850
Die riesige Bronzestatue einer Frauenfigur, welche die Bavaria als Personifizierung Bayerns darstellt, wird in München errichtet. Auftraggeber ist König Ludwig I. von **Bayern**, der Bildhauer Ludwig von Schwanthaler.
[2]

Juli 1850
Dem **Harvard Observatorium** gelingt die erste Fotografie eines Sterns, der Wega.

9. Juli 1850
Der zwölfte Präsident der USA, Zachary Taylor, stirbt nur 16 Monate nach seiner Amtsübernahme. Sein Nachfolger wird am 10. Juli **Millard Fillmore**.

18. August 1850
Honoré de Balzac, der führende französische Romanautor der ersten Hälfte des Jahrhunderts, stirbt. Er hatte sich die *Menschliche Komödie* als Hauptthema seines Schaffens auserwählt.

20. August 1850
Die Uraufführung von Richard Wagners Oper **Lohengrin** findet in Weimar statt. Dirigent ist Franz Liszt.
[3]

[8] Dieses heroische Gemälde lehnt sich stark an die verschiedenen Versionen von „Napoleon überquert die Alpen“ an, die in Frankreich um 1800 entstanden. Washington und Napoleon werden dargestellt, wie sie sich sowohl den Elementen als auch ihren menschlichen Widersachern entgegenstellen.

[9] Der von Archer erfundene fotografische Entwicklungsprozess von 1851 bleibt bis in die 1870er Jahre (Erfindung der Gelatine-Emulsion) der vorherrschende. Glasplatten müssen belichtet werden, während das flüssige Kollodium noch feucht ist.

[3] Lohengrin, der Ritter des heiligen Grals, ist der Sohn von Parzival. Die Enthüllung seiner Identität bedeutet das Ende seiner Liebesaffäre mit der Heldin der Oper, Elsa.

Le Petit Parisien

[10] Es ist bekannt, dass sich die Erde um sich selbst dreht. Aber Foucaults 28 Kilo schweres Gewicht, das von der Kuppel des Pantheons am Ende eines 67 m langen Drahtes herunterhängt, liefert den ersten dynamischen Beweis.

[2] Stolz posieren Arbeiter auf und um die obere Hälfte des kopflosen Torsos der gigantischen Bavaria-Statue herum, bevor sie aufgestellt wird. In der Figur wird es eine Treppe geben, so dass man von der Spitze aus einen guten Ausblick hat.

1851
In Großbritannien wird die **Fenstersteuer**, die seit 1696 erhoben wurde, abgeschafft.

1851
Louis-Jacques-Mandé Daguerre stirbt. Seine Erfindung, wie man ein Bild chemisch fixiert, machte ihn zu einem Pionier der Fotografie. Der Nachteil von Daguerrotypien ist, dass sie Positive sind, von denen man keine Kopien ziehen kann.

[8]
1851
Emanuel Gottlieb Leutze malt **Washington überquert den Delaware**. Dieses Bild wird eine der beliebtesten und am häufigsten reproduzierten Darstellungen eines historischen US-amerikanischen Ereignisses.

[9]
1851
Der englische Fotograf **Frederick Scott Archer** erfindet den Kollodium-Nassplatten-Prozess. Anders als bei den Daguerrotypien, die auf Metall abgebildet werden, können die Bilder von diesen Platten mehrfach auf Papier reproduziert werden.

[10]
1851
Der französische Physiker Jean-Bernard-Léon Foucault weist durch den **foucaultschen Pendelversuch** im Panthéon in Paris die Erdrotation nach.

1851
Der deutsche Wissenschaftler **Hermann von Helmholtz** erfindet das Ophthalmoskop, um damit Struktur und Funktion des Auges sowie die Beschaffenheit der Blutgefäße der Netzhaut zu untersuchen.

1851-1852

1851
In den Regionen **Ballarat und Bendigo** in Victoria, Australien, wird Gold entdeckt. Nuggets, die etliche Kilo wiegen, werden gefunden.

1851
Heinrich Daniel Ruhmkorff, ein deutscher Mechaniker, entwickelt die **Induktions- oder Zündspule**. Eine verbesserte Version wird später zum Wechselstrom-Transformator weiterentwickelt.

1851
Im Oregon-Territorium erreichen amerikanische Siedler **Alki Point**. Die Siedlung wird als Stadt ausgebaut und erhält 1853 den Namen **Seattle**.

1851
Jacob Fussell eröffnet den ersten Großhandel für **Eiskreme** in Baltimore im US-Bundesstaat Maryland.

1851
Der **Crystal Palace** (Kristallpalast) von Joseph Paxton ist das erste moderne Ausstellungsgebäude. Die spektakuläre Konstruktion aus Gusseisen und Glas gilt als Symbol des Einfallsreichtums der viktorianischen Zeit.

1851
Der mexikanische General und Politiker **Mariano Arista**, der die mexikanischen Truppen gegen den US-amerikanischen General Zachary Taylor im Mexikanisch-Amerikanischen Krieg geführt hat, wird zum Präsidenten von Mexiko ernannt.

DIE WELTAUSSTELLUNG

Die „Große Ausstellung von Arbeiten der Industrien aller Nationen", abgehalten in London's Hyde Park

Im Jahr 1851 war Großbritannien die führende Produktionsstätte der Welt und übte den Haupteinfluss auf die Industrialisierung anderer Nationen aus. Die Weltausstellung von 1851 in London symbolisierte diese Wirtschaftsüberlegenheit. Sie war in Umfang und Pracht einmalig. Die Ausstellung wurde in einem riesigen Gebäude aus Glas und Eisen abgehalten. Ein Journalist gab ihm – mit einem Hauch von Romantik – den Namen „der Kristallpalast". Der Erfolg der Ausstellung war politisch ebenso groß wie wirtschaftlich. Die Gegenstände, die gezeigt wurden, kamen aus allen Teilen der Welt, einschließlich Indiens und der Länder mit neuen weißen Ansiedlungen wie Australien und Neuseeland, die das neue Britische Empire bildeten. Eine der beliebtesten Attraktionen war ein riesiger Gipskopf einer Bavaria (unten links), einem Symbol Bayerns.

Der Kristallpalast (links) war das geistige Produkt von Prinz Albert, dem Gemahl von Königin Viktoria, und wurde von Joseph Paxton (dem Gärtner des Herzogs von Devonshire) verwirklicht. Es ähnelte zu einem großen Teil dem Gewächshaus von Paxton in Chatsworth und nahm ein Gebiet von 7 Hektar in Londons Hyde Park ein. Seine Länge war 563 m und seine Breite im breitesten Teil 124 m. Es gab ungefähr 14 000 Aussteller (unten). Die Weltausstellung wurde am 1. Mai 1851 von Königin Viktoria eröffnet und dauerte bis zum 11. Oktober. Bis dahin hatte sie mehr als sechs Millionen Besucher angezogen. Nach dem Ende der Ausstellung wurden die Gebäude demontiert und in einem Viertel, das jetzt den Namen „Crystal Palace" trägt, wiederaufgestellt.

[2]
1851
Unter Commodore John C. Stevens gewinnt die Yacht *America* eine Regatta gegen 14 britische Schiffe. Der Siegerpokal geht als **America's Cup** in die Geschichte ein.

11. März 1851
Die Oper **Rigoletto** von Giuseppe Verdi feiert ihre Premiere im Teatro La Fenice in Venedig.

1. Mai 1851
Die Weltausstellung von 1851 wird im Crystal Palace in London eröffnet. Prinz Albert, der Gemahl von Königin Viktoria, hatte die Ausstellung angeregt, um Aufmerksamkeit für Techniken und Herstellungsweisen zu erzeugen.

2. Juni 1851
Unter der Führung des Politikers und Abstinenzbefürworters **Neal Dow** erlässt der US-Bundesstaat Maine das erste Gesetz zum Verbot von Herstellung und Verkauf von Alkohol.

28. Juli 1851
In Königsberg, Preußen (heute Kaliningrad, Russland), wird zum ersten Mal eine **totale Sonnenfinsternis** auf einer Daguerreotypie festgehalten.

[3]
2. Dezember 1851
Ein Staatsstreich unter Führung von **Louis-Napoléon**, Präsident von Frankreich und Neffe von Napoleon I., beendet die zweite Republik und etabliert das zweite Kaiserreich. Louis-Napoléon nimmt den Namen Napoleon III. an.

1851
Fast 46 000 Fälle von durch Hunger hervorgerufener **Blindheit** werden aus Irland gemeldet. Dies bedeutet einen Anstieg von ungefähr 14 000 Fällen gegenüber 1849.

1851
Der deutsche Unternehmer **Paul Julius Reuter** gründet ein Telegrafenbüro in der Nähe der Londoner Börse. Er nennt es Reuters News Service.
[1]

1851
Durch den Zusammenschluss verschiedener Gewerkschaften entsteht die **Amalgamated Society of Engineers**. Sie wird eine der führenden britischen Gewerkschaften werden.

1851
Das **erste internationale Schachturnier** wird in London abgehalten. Adolf Anderssen, ein deutscher Lehrer, gewinnt das Turnier und damit die Anerkennung als inoffizieller Weltmeister.

1851
Die **Flying Cloud**, ein klassischer Klipper, bewältigt die Reise von New York City nach San Francisco in der Rekordzeit von 89 Tagen. Erbaut wurde sie vom Schiffsbauer Donald McKay in seiner Werft in East Boston, US-Bundesstaat Massachusetts.

1851
Die **New York Times** beginnt zu erscheinen. Sie wird die höchst angesehene Zeitung der USA werden.

[1] Einige Jahre zuvor hatte Reuter Brieftauben eingesetzt, um Börsennachrichten von Brüssel nach Aachen zu befördern. Diese Strecke war damals die einzige Unterbrechung in der Telegrafenverbindung zwischen Paris und Berlin.

[2] Die originale Yacht „America". Der Pokal, der nach ihr benannt wurde, ist die älteste Sporttrophäe, um die heute noch gekämpft wird. Der Pokal wird bis 1983 in den USA bleiben. Dann erringt ihn die „Australia II".

[4] Alexandre Dumas (Sohn) wird sich zu einem der drei führenden französischen Dramatiker des späten 19. Jahrhunderts entwickeln. Noch berühmter aber ist sein Vater, der Autor von „Der Graf von Monte Christo" und „Die drei Musketiere".

[3] Napoléon III. mit seiner Frau Eugenie, die er 1853 heiratete, und ihrem Sohn, dem Thronfolger. Dieser wird 1879 bei einem Kampf, in dem er für die britische Armee kämpft, getötet.

[5] Ein melodramatisches Werbeplakat für eine Bühnenaufführung von „Onkel Toms Hütte".

$

24. Dezember 1851
Ein schwerer Brand wütet in der **Library of Congress** (Kongressbibliothek) in Washington, D.C. Er zerstört zwei Drittel der Bücher einer Sammlung, die von Thomas Jefferson im Jahr 1815 erworben worden war.

[4]
1852
Alexandre Dumas erstellt eine Bühnenversion seines Romans **La Dame aux camelias** (Die Kameliendame). Giuseppe Verdi wird dieses Stück später als Grundlage für seine Oper *La traviata* nutzen.

[5]
1852
Die US-amerikanische Romanautorin Harriet Beecher Stowe veröffentlicht **Uncle Tom's Cabin** (Onkel Toms Hütte). Der Roman hilft dabei, die öffentliche Meinung in den USA gegen die Sklaverei zu wenden.

1852
Arthur Wellesley, der **Duke of Wellington**, stirbt. Er diente als britischer Feldmarschall während der Napoleonischen Kriege und als Premierminister Großbritanniens von 1828 bis 1830.

1852
Truppen aus Brasilien, Uruguay und Argentinien stürzen den argentinischen Diktator **Juan Manuel de Rosas**. Später im Jahr wird in Argentinien eine Verfassungsgebende Versammlung abgehalten.

1852
Der zweite **Britisch-Birmanische Krieg** beginnt. Der erste dauerte von 1824-1826. Nach diesem Krieg kontrollieren die Briten den südlichen Teil Burmas (heute Myanmar). Sie annektieren den nördlichen Teil des Landes 1886.

1852–1853

1852
Der französische Physiker Jean-Bernard-Léon Foucault erfindet das **Gyroskop**.

1852
Die **Cholera** bricht in Indien aus. Sie verbreitet sich rasch über Persien (heute: Iran) nach Europa, die USA, Afrika und dann den Rest der Welt.

1852
Louis Braille stirbt. Seit seinem dritten Lebensjahr blind, hatte er ein System entwickelt, mit dem Blinde lesen und schreiben können. Es basiert auf der speziellen Anordnung von ein bis sechs hervorgehobenen Punkten, welche die Buchstaben repräsentieren.

1852
Der deutsche Erzieher **Friedrich Froebel** stirbt. In den 1830er Jahren hatte er das Prinzip des Kindergartens entwickelt. Froebel war einer der einflussreichsten Reformatoren der Erziehungswissenschaften des 19. Jahrhunderts.

1852
Edward Smith-Stanley, der 14. Earl of **Derby**, beginnt die erste seiner drei Amtszeiten (1852, 1858–59, 1866–68) als Premierminister. Das Mitglied der Konservativen Partei gilt als einer der größten Redner in der parlamentarischen Geschichte Englands. *[1]*

1852
Der in Deutschland geborene US-amerikanische Ingenieur John Roebling errichtet die erste Drahtseil-Hängebrücke über die **Niagarafälle**. Sie dient als Vorbild für spätere Hängebrücken, einschließlich der ebenfalls von Roebling konstruierten Brooklyn Bridge (eröffnet 1883). *[2]*

HAUSSMANNS PARISER BOULEVARDS

Die Umgestaltung der französischen Hauptstadt

Im Jahr 1853 begann Georges-Eugène Haussmann, der gerade neu ernannte Präfekt von Paris, ein enormes Programm von öffentlichen Arbeiten. Er schuf damit einen Präzedenzfall für die Stadtplanung im 20. Jahrhundert. Haussmann schnitt breite, gerade, baumbestandene Alleen durch die chaotische Masse von kleinen Straßen, aus denen die Stadt damals bestand. Sie verbanden die Eisenbahnterminals und machten schnelle und leichte Bewegungen durch die Stadt zum ersten Mal möglich. Der Zweck dieser Neuerungen war teilweise wirtschaftlich, da sie die Industrialisierung förderten, weil nun Waren und Dienstleistungen effizient transportiert werden konnten; teilweise ästhetisch, weil sie einen ordnenden einheitlichen Maßstab vorgaben und Räume schafften, die mehr Licht einließen; und teilweise militärisch, da sie enge Straßen beseitigten, in denen von Revolutionären Barrikaden aufgestellt werden konnten. Haussmann schuf auch neue Systeme für Wasserversorgung und Abwässer. Er öffnete Parks, erhöhte die Zahl von Straßenlaternen und Gehsteigen und ermöglichte so das Entstehen der Zeitungsstände und Gehsteig-Cafés, die das Pariser Straßenleben heute noch beleben. (Oben, Paris 10. Arrondissement: Kreuzung von Maubeuge- und St-Vincent-de-Paul-Straße mit dem Boulevard Magenta.)

[2] Die Hängebrücke über die Niagarafälle. Roeblings Brücke wird durch Kabel unterstützt. Frühere Hängebrücken waren durch Ketten unterstützt worden. Die Brücke wird 1864 zusammenbrechen, weil Stabilisierungsdrahtseile entfernt worden sind, um eine Ablagerung von Eis zu vermeiden.

[3] Ein Mann der Integrität, der Ehre, und des Friedens: Dennoch führt Aberdeen sein Land in seinen ersten größeren Krieg seit 1815.

[6] Solch ein Luftschiff wird im Französischen „dirigible“ (lenkbar) genannt, da es gelenkt werden kann und nicht völlig den Winden ausgeliefert ist.

1852
Die Briten erkennen die Unabhängigkeit der **Transvaal**-Region im südlichen Afrika an. Aus ihr wird sich später die Südafrikanische Republik bilden.

[6]
1852
Das erste erfolgreiche Luftschiff mit einem dampfgetriebenen Propeller wird vom Franzosen **Henri Giffard** gebaut.

1852
Das Vereinigte Königreich verabschiedet das Verfassungsgesetz, das **Neuseeland** die Unabhängigkeit garantiert.

1852
Die Gesellschaft **Wells Fargo** wird gegründet. Henry Wells, William Fargo und andere Investoren rufen die Firma ins Leben, um die Bank- und Handelsgeschäfte, die sich aus dem kalifornischen Goldrausch von 1848 ergaben, zu bewältigen.

1852
Kaiser Napoleon III. ändert das **französische Haftstrafensystem** weg von einer Inhaftierung in Frankreich hin zur Deportation in die Kolonien.

1852
Die neuen **Houses of Parliament** (Parlamentsgebäude) in London werden eröffnet.

1852
Henry und Clement Studebaker gründen eine Schmiede und eine Wagonfabrik in Indiana. Weitere Brüder steigen später in die Firma ein. Sie wird zu einem der weltgrößten Produzenten von pferdegezogenen Fahrzeugen und ein Marktführer in der Herstellung von Automobilen.

1852
George Hamilton-Gordon, der 4. Earl of **Aberdeen**, wird britischer Premierminister. Seine Koalitionsregierung wird Großbritannien in den Krimkrieg gegen Russland (1853–56) manövrieren.
[3]

1852
Peter Mark Roget, ein englischer Physiker und Philologe, veröffentlicht seinen erstenThesaurus der englischen Sprache: **Thesaurus of English Words and Phrases**.

1852
Der Russe **Iwan Turgenew** veröffentlicht *Aufzeichnungen eines Jägers*. Diese Kurzgeschichtensammlung beschert ihm anhaltenden Ruhm. Viele der Geschichten stützen sich auf seine Erfahrungen mit dem ländlichen russischen Adel, der noch Leibeigene besitzt.
[4]

1852
Der russische Romanautor **Nikolai Gogol** stirbt. Sein Roman *Die toten Seelen* und seine Kurzgeschichte *Der Mantel* gelten als Grundlage der großen Tradition des russischen Realismus im 19. Jahrhundert.
[5]

1852
Der Erfinder der modernen Gymnastik, der Preuße **Friedrich Ludwig Jahn** (Turnvater), stirbt. Mit seinen Ideen aus den frühen 1800er Jahren wollte er zur Wiedererlangung der Selbstachtung seiner Landsleute nach der Demütigung durch Napoleon beitragen.

[4] Turgenews Buch „Aufzeichnungen eines Jägers" wird nachgesagt, bei der Abschaffung der Leibeigenschaft in Russland mitgeholfen zu haben. Von seine späteren Werken ist wahrscheinlich „Väter und Söhne" das bekannteste.

[1] Derby hält nicht nur die Konservative Partei in einer Zeit des Niedergangs am Leben, er führt auch ein adliges Leben in Lancashire. Hier wird er sich stark um die während des Amerikanischen Bürgerkrieges arbeitslos werdenden britischen Textilarbeiter kümmern.

[5] An Gogol erinnert man sich heutzutage am ehesten wegen seiner Komödie „Der Revisor" (1836), in der er sich über die Bürokratie lustig machte.

[7] Der Colt-Revolver wird von einigen britischen Offizieren im Krimkrieg genutzt werden und dann im Amerikanischen Bürgerkrieg seine größte Popularität erreichen.

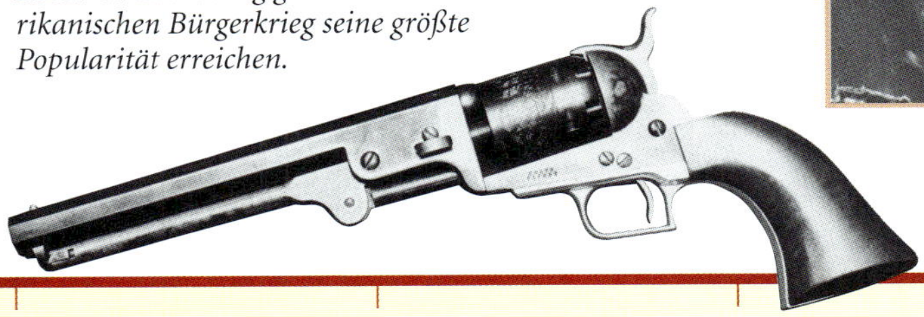

[8] Einer von Haussmanns neuen Boulevards in Paris. Seine umfangreichen Baupläne verschönern die Stadt und machen sie für Truppen und Artillerie leichter kontrollierbar.

1853
Der US-amerikanische Koch **George Crum** erfindet den Kartoffelchip in Saratoga Springs, Bundesstaat New York.

[7]
1853
Der US-amerikanische Unternehmer **Samuel Colt** eröffnet eine Waffenfabrik, um dort seinen 1836 patentierten Revolver produzieren zu lassen. Seine Erneuerungen in der Herstellungsweise werden die Produktion von Handfeuerwaffen revolutionieren.

1853
Der spanische Dichter **Juan Nicasio Gallego** stirbt. Ruhm erlangte er für seine Elegie *El Dia Dos de Mayo*, die den Aufstand in Madrid gegen die Franzosen am 2. Mai 1808 thematisiert. Dieser Aufstand hatte den Patriotismus in seinem Land geweckt.

[8]
1853
Baron **Georges-Eugène Haussmann** wird Präfekt des Département Seine, Paris. Bis 1870 leitet er eine Vielzahl von Projekten zur Veränderung der Stadt, indem er Boulevards, Abwasserkanäle und Monumente errichten lässt.

1853
Brasilien verbietet die Einfuhr von afrikanischen Sklaven. Bis zu diesem Zeitpunkt importierte Brasilien 40 % der 11 Millionen Sklaven, die aus Afrika verschleppt worden waren, mehr als jedes andere Land.

1853
Ferdinand V. Hayden beginnt eine 30-jährige Studie über den Westen der USA. Damit trägt er zur Gründung der Geologischen Gesellschaft der Vereinigten Staaten und zur Errichtung des Yellowstone National Parks bei.

1853

1853
Der deutsche Möbelhersteller **Michael Thonet** und seine Söhne gründen eine Firma für die Fertigung von Bugholzstühlen.
[1]

1853
Der Kunstkritiker **John Ruskin** veröffentlicht den dritten und letzten Teil von *Die Steine von Venedig*, einer Geschichte der venezianischen Architektur. Er besteht darauf, dass Kunst und Architektur der direkte Ausdruck der sozialen Bedingungen sind, in denen sie erzeugt wurden.
[2]

1853
Der italienische Komponist Giuseppe Verdi schreibt seinen Klassiker **La traviata**. Er ist die Leitfigur der Oper des 19. Jahrhunderts und schrieb solche großartigen Werke wie *Aida* (1871) und *Otello* (1887).
[3]

1853
Der österreichische Mathematiker und Physiker Christian Andreas Doppler stirbt. Er entdeckte den **Doppler-Effekt**, die Änderung in der Frequenz und Wellenlänge einer Welle, die von einem Beobachter wahrgenommen ist, der sich hinsichtlich der Quelle der Wellen bewegt".
[4]

1853
Bergsteigen wächst in der Beliebtheit der vornehmen europäischen Gesellschaft. Unter anderem wird der Sport für seinen intellektuellen Wert gelobt, da so viele, die ihn betreiben, Wissenschaftler oder Künstler sind.
[5]

1853
Nanjing in China wird durch die Streitkräfte von Hong Xiuquan eingenommen und in Tianjing („Himmlische Hauptstadt") umbenannt. Xiuquan ist Führer des **Taiping-Aufstandes**, eines der größten Bürgerkriege in der Weltgeschichte.

[1] Ein Thonet-Schaukelstuhl. Seine eleganten, gewundenen Linien nehmen den Jugendstil von ungefähr 1900 vorweg.

[8] Ein Doppeldecker-Viadukt, der die Semmering Eisenbahn über ein Alpental führt.

[2] John Ruskin, ein äußerst einflussreicher Kunst- und Architekturkritiker, sozialer Reformer und Moralist.

[3] Giuseppe Verdi. Kein anderer Komponist erreichte so direkt und so lange ein solch riesiges Publikum.

[5] Über einen Gletscher: Eine gemischte Gesellschaft von Alpinisten macht in ihrer Kleidung kaum Zugeständnisse an das Terrain.

1853
Luis José Sartorius, Graf von St. Luis, wird Präsident der spanischen Regierung. Er wird aber bald angeklagt, die Wahlergebnisse gefälscht zu haben, und wird 1854 abgesetzt.

1853
Die erste Eisenbahn nimmt ihren Betrieb in **Indien** auf. Die Linie, die in Bombay anfängt, wird um 1856 Kalkutta, Madras und Nagpur verbinden.

1853
Die **hohle Injektionsnadel** wird vom französischen Chirurgen Charles Gabriel Pravaz erfunden. Im selben Jahr wird sie vom schottischen Arzt Alexander Wood zum ersten Mal bei der Behandlung von Krankheiten verwendet.

1853
Das **indische Telegrafensystem** wird eröffnet. Es erleichtert die britische administrative und militärische Kontrolle der Kolonie.

1853
Das **Mount Vernon Hotel** in Cape May, US-Bundesstaat New Jersey, ist das erste Hotel in der Welt, das Gästen ihre eigenen privaten Bäder anbietet.

[8]
1853
Die **Semmering Eisenbahn** beginnt ihren Dienst zwischen Wien und Triest durch die Alpen. Bei ihrer Fertigstellung stellt sie den Rekord als die höchste öffentliche Eisenbahn auf.

1853
New York City wird durch den Staat bevollmächtigt, Land im Herzen der Stadt zu kaufen, um einen Erholungsort für Bürger zu schaffen. Das Gelände wird später bekannt als **Central Park**.
[6]

1853
Der polnische Apotheker Ignacy Lukasiewicz erfindet die **Petroleumlampe**.

1853
Königin Viktoria bekommt ihr achtes Kind unter **Chloroform**. Ihre Billigung und Empfehlung tragen zur Verbreitung des Gebrauchs dieses Narkosemittels bei.

1853
John Rae erfährt, dass Mitglieder der **Franklin-Expedition** von 1845 an Auszehrung und Hunger zugrunde gingen, während sie die Boothia-Halbinsel in der Arktis erforschten. Rae ist unter den ersten Forschern, die Überlebenstechniken der Eskimos anwenden.

1853
Der schottische Missionar und Arzt David Livingstone unternimmt eine Reihe von Reisen durch das südliche und zentrale Afrika. Er folgt dem Verlauf des Zambezi-Flusses und benennt die **Viktoriafälle**.
[7]

1853
Der schwedische Erfinder J.E. Lundström reicht das **Sicherheitsstreichholz** zum Patent ein.

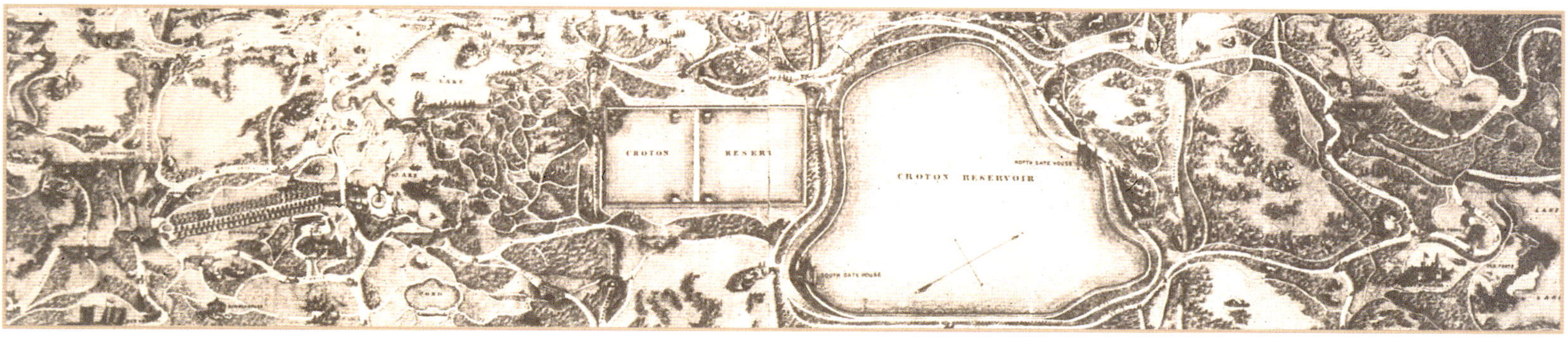

[6] Der Central Park in New York ist mit seinen 3,4 km² knapp zweimal zu groß wie Monaco. Der städtische Durchgangsverkehr wird durch tiefergelegte Straßen vor den Augen der Besucher versteckt.

DIE ERSTE EISENBAHN IN INDIEN

Die Morgendämmerung des Dampfzeitalters auf dem Subkontinent

Ein Eisenbahn-System in Indien wurde zuerst 1832 vorgeschlagen. Damals wurden die Arbeiten daran aber wegen Bedenken über die Schwierigkeiten des Terrains, des Wetters, der wilden Tiere und der Möglichkeit der Sabotage entlang dem vorgeschlagenen Weg zwischen Madras und Bangalore nicht aufgenommen.

Zehn Jahre später präsentierte der britische Ingenieur Charles Blacker Vignoles einen neuen Plan und Generalgouverneur Lord Hardinge vertrat die Ansicht, dass ein Schienenweg von politischen und militärischen Gesichtspunkten her wünschenswert war, und dass der Aufbau so bald wie möglich unabhängig von allen anderen Bedenken beginnen sollte.

Um 1845 waren zwei Gesellschaften gegründet worden: die East Indian Railway Company, die von Kalkutta aus operierte, und die Great Indian Peninsula Railway, die von Bombay aus agierte. Der erste Zug in Indien fuhr die 34 km von Bombay nach Thana am 16. April 1853. In den 1860er Jahren (wie die Fotografie oben zeigt) hatten sich die Eisenbahnen durchgesetzt.

[4] Christian Andreas Doppler. Die Anregung zu seinen Forschungen über die Wellentheorie erhält er durch seine Beobachtungen, wie sich der Ton eines sich schnell bewegenden Fahrzeugs ändert.

[10] Matthew Perry beendet mit seinen „schwarzen Schiffen“ der US-amerikanischen Marine Japans 250-jährige Isolation von der übrigen Welt.

[9] Franklin Pierce, Präsident der Vereinigten Staaten bis 1857. Zu diesem Zeitpunkt wird sein Ruf durch die Uneinigkeit stiftende Wirkung von mehreren seiner Entscheidungen sehr beschädigt worden sein.

[7] Die Viktoriafälle, in denen der Zambezi-Fluss 110 m hinunterstürzt, wurden von D. Livingstone so benannt.

1853
Preußen und das Großherzogtum Oldenburg unterzeichnen den Jade-Vertrag, in dem Preußen ein kleines Territorium am Jadebusen, einer Bucht in der Nordsee, als Marinebasis erhält. Es wird dort die Hafenanlagen mit dem Namen **Wilhelmshafen** erbauen.

1853
Das größte Segelschiff der Welt, die *Great Republic*, wird vom in Kanada geborenen US-amerikanischen Schiffsbaumeister **Donald McKay** konstruiert. Das Schiff trägt 4555 Tonnen und verwendet einen 15 PS starken Motor, um die Segel zu bedienen.

[3]
19. Januar 1853
Die Oper **Der Troubadour** von Giuseppe Verdi feiert seine Premiere in Rom.

[9]
4. März 1853
Franklin Pierce wird als 14. Präsident der Vereinigten Staaten ins Amt eingeführt. Sein Vizepräsident ist William Rufus de Vane King.

April 1853
Antonio López de Santa Anna kehrt aus dem Exil zurück und nimmt die mexikanische Präsidentschaft an. Schon bald wird er gestürzt und 1855 ein weiteres Mal verbannt.

[10]
8. Juli 1853
Mit zwei Fregatten und zwei Segelschiffen dringt **Matthew Perry** in den befestigten Hafen von Uraga ein, um Japan zu zwingen, in Handel und diplomatische Beziehungen mit dem Westen einzutreten.

1853-1854

14. Juli 1853
Die erste **Weltmesse** in den Vereinigten Staaten öffnet in New York City ihre Tore; der Kristallpalast, der als Ausstellungsort dient, orientiert sich an dem der Weltausstellung von 1851 in London.

16. Oktober 1853
Die Türkei erklärt Russland den Krieg, nachdem dieses sich zur Schutzmacht für die orthodoxen Untertanen des osmanischen Sultans erklärt hat. Damit beginnt der Krimkrieg.

30. Dezember 1853
Durch den **Gadsden-Kauf** erhalten die Vereinigten Staaten gegen eine Zahlung von 10 Millionen Dollar fast 78 000 Quadratkilometer Land im nördlichen mexikanischen Territorium. Heute gehört dieses Gebiet zum südlichen Arizona und südlichen New Mexico.

1854
Der US-amerikanische Chemiker Benjamin Silliman führt die erste Bruchdestillation von **Erdöl** durch.

1854
Der US-amerikanische Maschinist Daniel Halliday erfindet **eine Windmühle, um Wasser** und andere Flüssigkeiten **zu pumpen**. Seine Windmühle wird überall in den US-amerikanischen Prärie-Staaten verwendet werden.
[1]

1854
Ein Ausbruch der Cholera in London tötet ungefähr 10 000 Menschen. Der Physiker **John Snow** verfolgt einen Ausbruchsherd zu einer einzelnen Wasserpumpe und beweist damit, dass die Krankheit im Wasser entsteht.

[5] Wheatstone (links, mit seinem Freund Charles Chevalier) ist auch der Erfinder der Konzertina, der Mundharmonika und des Stereoskops. Zudem erhielt er 1837 das erste Patent für einen elektrischen Telegrafen.

[3] George Boole. Der Begründer der Bool'schen Algebra ist ein irischer Autodidakt, der am Queen's College in Cork unterrichtet.

[1] Die Windmühle von Halliday ist ein Erfolg, weil ihre Einführung mit der Verfügbarkeit einer preiswerten Wasserpumpe zusammenfällt. Der Sears-Roebuck-Katalog bietet die Maschinerie für 15 $ und den Turm für 25 $ an.

[7] Ein Holzgebäude in Ripon, US-Bundesstaat Wisconsin, wird als der Geburtsort der Republikanischen Partei, einem geistigen Kind der Antisklaverei-Bewegung, bezeichnet.

[4]
1854
Die englische Wegbereiterin der Krankenpflege **Florence Nightingale** kommt während des Krimkriegs in Konstantinopel an und nimmt die Krankenpflege im militärischen Krankenhaus in ihre Obhut.

1854
Der englische Tabakgroßhändler **Philip Morris** beginnt, Zigaretten herzustellen.

[5]
1854
Der Engländer Sir Charles Wheatstone erfindet die **Playfair-Ziffer**, die von den britischen Streitkräften während des Zweiten Burenkriegs und im Ersten Weltkrieg verwendet wird.

1854
Spanien erlebt seinen **dritten Präsident in drei Tagen** mit dem Amtsantritt von Baldomero Espartero, Graf von Luchana. Seine Vorgänger regierten jeweils nur einen Tag. Er wird zwei Jahre an der Macht bleiben ohne seine liberale Politik durchsetzen zu können.

1854
Der französische Wissenschaftler Henri Sainte-Claire Deville entwirft die erste kommerzielle Methode, um Aluminium zu erzeugen. In dieser Zeit wird **Aluminium** als wertvoller als Gold erachtet.

1854
Der französische Telegrafenbeamte **Charles Bourseul** veröffentlicht das grundlegende Konzept, um Sprache per Elektrizität zu übertragen. Dafür wird ihm manchmal die Erfindung des Telefons zugeschrieben.

1854
Der österreichische Mönch **Gregor Mendel** beginnt seine Experimente an Gartenerbsen, um die Übertragung von vererbbaren Eigenschaften in aufeinander folgenden Generationen von hybrider Nachkommenschaft zu erforschen. Damit begründet er die Genetik.
[2]

1854
Großbritannien und Frankreich erklären Russland den Krieg. Der größte Teil des Kämpfens wird auf der **Krimhalbinsel** stattfinden.

1854
Der britische Naturforscher **Alfred Russel Wallace** beginnt eine achtjährige Entdeckungsreise, während derer er malaysische und molukkische Tiere sowie Pflanzen sammelt. Er formuliert gleichzeitig mit Charles Darwin eine eigene Theorie der natürlichen Auslese.

1854
Der Kanadier Abraham Gesner erfindet einen Prozess, um **Kerosin** aus Kohle zu gewinnen.

1854
Die katholische Universität von Irland (später University College genannt) wird in Dublin gegründet.

1854
Der englische Mathematiker **George Boole** veröffentlicht *Eine Untersuchung der Gesetze des Denkens, auf denen die mathematischen Theorien der Logik und Wahrscheinlichkeiten gegründet sind.* Die Bool'sche Logik wird die Basis für die Computerberechnung werden.
[3]

DER KRIMKRIEG

Ein ergebnisloser Ost-Westkonflikt, der in der Nähe der nördlichen Küste des Schwarzen Meeres ausgefochten wurde

Der Krimkrieg – der im Oktober 1853 ausbrach – wurde zwischen Russland und einer Allianz zwischen Großbritannien (einige von dessen Dragonern werden in der Fotografie von Roger Fenton gezeigt, oben, mit französischen Zouaven trinkend), dem Osmanischen Reich, Frankreich und Sardinien-Piemont ausgetragen.

Der Konflikt hatte mehrere Ursachen, aber der Auslöser war, dass Russland das Recht forderte, den Schutz über die orthodoxen Untertanen des osmanischen Sultans auszuüben. Im September 1854 landeten die Truppen der Verbündeten auf der russischen Krim und belagerten Sewastopol. Größere Kämpfe wurden an der Alma am 20. September, bei Balaklawa am 25. Oktober und bei Inkerman am 5. November ausgefochten. Schließlich, am 11. September 1855, drei Tage nach einem erfolgreichen französischen Angriff auf Malakow, eine größere Festung in der russischen Verteidigung, evakuierten die Russen Sewastopol. Nachdem Österreich drohte, sich den Verbündeten anzuschließen, akzeptierte Russland am 1. Februar 1856 seine Niederlage. Die Friedensbedingungen wurden in einem Kongress in Paris (Dritter Pariser Frieden; 25. Februar-30. März) festgesetzt.

Der Krieg wurde von beiden Seiten schlecht geführt und kommandiert. Eines der notorischsten Missgeschicke war die unglückselige britische Attacke der Leichten Brigade bei Balaklawa. Krankheiten waren für viele der ungefähr 250 000 Verluste auf jeder Seite verantwortlich. Der Krieg regelte die Beziehungen der Mächte in Osteuropa nicht nachhaltig, überzeugte aber den Zaren Alexander II. von der Notwendigkeit, Russland zu modernisieren.

[2] Der Begründer der Genetik, Gregor Mendel, unterrichtete Physik, während er zugleich 29 000 Erbsenpflanzen in seinem Augustinerkloster kultivierte und untersuchte.

[6] Viele Werke von Thoreau stammen aus den Tagebüchern, die er regelmäßig während seiner Zeit am Walden Pond in Concord, US-Bundesstaat Massachusetts, führte. Sie wurden erst nach seinem Tod 1862 veröffentlicht.

[4] Florence Nightingale, die „Dame mit der Lampe", ist nicht bloß eine Wegbereiterin der Krankenpflege, sondern auch eine sehr fähige Verwalterin und beeindruckende Politikerin. Dies hilft ihr bei der Durchsetzung ihrer Reformen.

1854
Der deutsche Wissenschaftler Heinrich Ernst Beyrich schlägt den Namen **Oligozän** für einen Zeitabschnitt in der Archäologie vor.

[6]
1854
Henry David Thoreau veröffentlicht *Walden.* Seine Gedanken über Mensch und Natur, die helfen, Naturschutzbewegung anzuregen, stützen sich auf die Romantische Philosophie und den Transzendentalismus.

1854
Der französische Diplomat Ferdinand de Lesseps erhält ein Zugeständnis vom Vizekönig Ägyptens, Sa'id Pascha, um **einen Kanal über die Landenge von Suez** zu bauen.

1854
Kreisförmige Säulen, auf denen Anzeigen angeklebt werden können, erscheinen auf deutschen Straßen. Die Erfindung von **Ernst Litfass** breitet sich ganz schnell über den größten Teil Europas aus.

1854
Kaiser **Franz Josef I.** von Österreich heiratet die 16 Jahre alte Elizabeth vom bayerischen königlichen Haus von Wittelsbach. Die Ehe wird nicht besonders glücklich sein.

[7]
1854
Die erste Sitzung der **Republikanischen Partei**, eine der zwei großen politischen US-amerikanischen Parteien, findet in Jackson, US-Bundesstaat Michigan, statt.

1854-1855

1854
Theodor Mommsen veröffentlicht die ersten drei Bände seines Meisterwerks *Römische Geschichte*. 1902 wird er den Nobelpreis für Literatur erhalten.
[1]

1854
Der polnische Erfinder Ignacy Lukasiewicz bohrt die **erste Ölquelle der Welt** in Polen an.

1854
Das **Ostende-Manifest** US-amerikanischer Diplomaten in Europa empfiehlt, Kuba zu kaufen oder es von Spanien zu erzwingen. Die nördlichen US-Staaten reagieren heftig. Sie vermuten dahinter einen Versuch, die Sklaverei und die Macht des Südens im Kongress zu erweitern.

1854
William Armstrong, ein englischer Hydraulik-Ingenieur, entwirft einen völlig neuen Typ der Artillerie-Waffe, einen Hinterlader mit innen gezogenem Lauf. Er wird bald von der britischen Armee und Marine eingesetzt.
[2]

23. Februar 1854
Im Vertrag von Bloemfontein geben die Briten ihre Souveränität über das Gebiet zwischen den Flüssen Orange und Vaal im südlichen Afrika auf. Burische Kolonisten bilden daraufhin den unabhängigen **Oranjefreistaat**.

1. März 1854
Die **Stadt Glasgow** legt von Liverpool, England, mit dem Ziel Philadelphia, US-Bundesstaat Pennsylvania, ab. Sie kommt nie an, und, wie man annimmt, sind ihre fast 500 Passagiere mit dem Schiff irgendwo im Atlantik untergegangen.

[2] Armstrong-Kanonen und -Munition bei einer Ausstellung in London 1862.

[5] Eine pferdebetriebene Winde, auch „Whim-Wham" genannt, ist in den australischen Goldfeldern das einzige Mittel, um „Digger" und Erz hinauf und hinunter zu befördern. Die Reaktion auf die harten Arbeitsbedingungen wird schließlich zur Einführung des vollen Wahlrechts für männliche Weiße führen.

[1] Theodor Mommsens „Geschichte" behandelt nur die römische Republik und endet mit Julius Caesar. Er veranschaulichte diese Zeitperiode in einer Respekt einflößenden Weise mit unerreichten Kenntnissen von nichtliterarischen Quellen wie Münzen und lateinischen Inschriften.

[4] Missverstandene Befehle befolgend greift die Leichte Brigade die russischen Kanonen am Ende des „Tales des Todes" an.

8. Dezember 1854
Papst Pius IX erklärt, dass die Doktrin der **Unbefleckten Empfängnis** von allen Katholiken geglaubt werden soll. Sie besagt, dass Maria, die Mutter Jesu, vom ersten Moment ihrer Empfängnis an frei von der Erbsünde war.

1855
Eine 79 Kilometer lange transkontinentale Eisenbahnlinie, die **Panama-Colón Line,** wird von einer US-amerikanischen Gesellschaft vollendet. Sie stellt einen Überlandweg zwischen Atlantik und Pazifik zur Verfügung und verkürzt drastisch die Lieferzeiten.

1855
In Großbritannien wird eine Organisation gegründet, die sichere Wohnstätten, Ausbildungen und Möglichkeiten zum Bibelstudium für in die Städte abgewanderte Frauen bereitstellt. Aus ihr entsteht die **Christliche Vereinigung Junger Frauen** (YWCA).

1855
Der anglo-amerikanische Erfinder David Hughes erhält ein Patent auf seinen **elektrischen Drucktelegrafen**. Er ist ein sofortiger Erfolg und an einigen Stellen wird er bis in die 1930er Jahre eingesetzt.

[6]
1855
Anthony Trollope veröffentlicht *The Warden* (Der Direktor), den ersten seiner Barsetshire-Romane. Diese Reihe besticht durch ihre denkwürdigen Charaktere und spiegelt die Atmosphäre der Kirchengemeinschaft und der Landaristokratie wider.

1855
Großbritannien und Siam (jetzt Thailand) stimmen dem **Bowring-Vertrag** zu. Mit ihm werden kommerzielle und politische Ziele erreicht, die früheren britischen Missionen versagt geblieben waren, und öffnet Siam für westlichen Einfluss und Handel.

31. März 1854
„Kommodore" **Matthew Perry**, der mit neun Schiffen in der Bucht von Edo (das heutige Tokio) erschienen ist, schließt den ersten Handelsvertrag zwischen den USA und Japan. Japan wird bald zu ähnlichen Verträgen mit anderen westlichen Staaten gezwungen.

30. Mai 1854
Der **Kansas-Nebraska-Act** erhebt das Konzept des Volksentscheids (in dem die Einwohner entscheiden, ob ein Territorium Sklaverei erlaubt) über die Kongressverordnung, die die Ausbreitung der Sklaverei verbietet.

5. Juni 1854
Kanada und die Vereinigten Staaten unterzeichnen den **Elgin-Marcy Reciprocity Treaty** (Elgin-Marcy-Gegenseitigkeitsvertrag), der gerechtere Handelsbeziehungen zwischen den zwei Ländern einführt.

30. Juni 1854
Franzosen und Briten landen Truppen auf der russischen Krim an der Nordküste des Schwarzen Meeres und beginnen eine jahrelange Belagerung der russischen Festung von **Sewastopol**.
[3]

25. Oktober 1854
James Thomas Brudenell, der 7. Earl of Cardigan, führt die **Attacke der Leichten Brigade** der britischen Kavallerie gegen die Russen in der Schlacht von Balaklawa während des Krimkrieges. Das Ereignis wird in einem Gedicht von Alfred Tennyson unsterblich gemacht.
[4]

3. Dezember 1854
Nachdem sie eiligst eine Befestigung konstruiert und sich dort verbarrikadiert haben, eröffnen sich benachteiligt fühlende Bergarbeiter („Digger"), die im **Goldabbaugebiet von Eureka** in Victoria, Australien, arbeiten, das Feuer auf die Regierungstruppen, die sie umstellt haben.
[5]

[3] Der landumschlossene Hafen von Balaklawa, voller Schiffe, welche die britischen und französischen Truppen auf der Krim versorgten. Bis 1855 eine Eisenbahn gebaut wird, die ihn mit den entfernten Lagern verbindet, ist er ein schrecklicher Engpass.

[6] Anthony Trollope. Er war sehr produktiv und beschrieb überzeugend den viktorianischen Klerus, Politiker jeden Ranges, die Aktivitäten der Gesellschaft, die Jagd und die Frauen. Sein schmuckloser Stil kann manchmal die Scharfsinnigkeit seiner Wahrnehmungen verdecken.

RICHARD BURTON

Englischer Gelehrter, Forscher und Orientalist

Nachdem er 1842 aus Oxford ausgeschlossen worden war, ging Richard Burton (links) als Armeeoffizier nach Indien. Dort verkleidete er sich als ein Moslem und schrieb ausführliche Berichte über Handelsbasare und städtische Bordelle. Er reiste dann nach Arabien, wieder verkleidet als ein Moslem, und wurde der erste europäische Nicht-Moslem, der in die verbotenen heiligen Städte eindrang; er erzählte seine Abenteuer in *Die Pilgerfahrt nach Medina und Mekka* (1855-56). 1857 und 1858 führte er eine Entdeckungsreise mit John Hanning Speke auf der Suche nach der Quelle des Nils.

Die späteren Reisen von Burton führten zu insgesamt 43 Berichten u.a. über die Mormonen, die westafrikanischen Völker, die brasilianischen Hochländer, Island und das etruskische Bologna. Er erlernte 25 Sprachen und zahlreiche Dialekte. Unter seinen 30 Bänden mit Übersetzungen waren alte östliche Handbücher über die Kunst der Liebe, und er spickte seine berühmte Übersetzung von Tausendundeine Nacht mit ethnologischen Fußnoten und gewagten Aufsätzen, die ihm viele Feinde in der viktorianischen Gesellschaft brachten. Nach seinem Tod verbrannte seine Frau, Isabel, seine Tagebücher und Aufzeichnungen aus 40 Jahren, da sie einen Skandal befürchtete, wenn sie veröffentlicht würden.

1855
Der britische Chemiker Alexander Parkes erfindet **Parkesine**, ein flexibles, haltbares Material, das aus Rizinusöl und Chloroform gemacht wird. Es ist ein Vorläufer des ersten Plastiks, Zelluloid.

1855
Der britische Forscher Richard Burton veröffentlicht **Pilgrimage to El-Medinah and Mecca** (Pilgerfahrt nach Medina und Mekka), einen großen Abenteuerbericht, der auch ein klassischer Kommentar zum moslemischen Leben und Verhalten werden wird.

1855
Die **chemische Reinigung** wird von Jean Baptiste Jolly, dem Eigentümer einer französischen Firma für Färbemittel, erfunden. Er entdeckt, dass ein Stoff sauber erscheint, nachdem Kerosin darüber verschüttet wurde.

1855
Der englische Soziologe und Philosoph **Herbert Spencer** veröffentlicht den ersten Teil seines Werks *The Principles of Psychology* (Die Prinzipien der Psychologie). Er befasst sich mit Biologie, Psychologie, Moral und Soziologie.

1855
Als Reaktion auf die Einwanderungswellen im Anschluss an die Goldrauschzeit nehmen australische Provinz-Parlamente die **„White Australia"**-Einwanderungspolitik an, die chinesische Einwanderer ausschließt.

1855
John Mercer Langston, ein ehemaliger Sklave, wird zum Gemeindevollzugsbeamten der Stadtgemeinde von Brownhelm in Ohio gewählt. Er ist die erste schwarze Person, die ein politisches Amt in den Vereinigten Staaten erlangt.

1855-1856

1855
Joseph Medill und fünf Partner kaufen die **Chicago Tribune**, um ihre Ansichten über eine Landreform und die Abschaffung der Sklaverei zu verbreiten. Sie unterstützt damit die Ideen von Abraham Lincoln.

1855
Men and Women, die bekannteste Gedichtssammlung des englischen Dichters **Robert Browning**, wird veröffentlicht, während er in Italien lebt.
[1]

1855
Der Unternehmer Frederick Miller aus Milwaukee kauft die aufgelassene *Best Brothers Brewery*. Nach seinem Tod 1888 wird seine Gesellschaft reorganisiert und in Frederick **Miller Brewing Company** umbenannt.

1855
Piemont-Sardinien und Schweden schließen sich Großbritannien und Frankreich in der Allianz gegen Russland im **Krimkrieg** an.

1855
Der dänische Philosoph und Theologe **Søren Aabye Kierkegaard** stirbt. In seiner Vision der einsamen Konfrontation zwischen Mensch und Gott liegt der Ursprung der Existenzphilosophie.

1855
Französische naturalistische Landschaftsmaler gründen die **Schule von Barbizon**. Ihre Führer sind Théodore Rousseau und Jean-François Millet, die sich im Dorf Barbizon niederließen.
[2]

[2] „Femme Faisant Paitre sa Vache"(Frau, die ihre Kuh grasen lässt) von Jean-Francois Millet. Seine Ausrichtung auf das bäuerliche Leben sondert ihn vom Rest der Schule ab.

[1] Das Buch von Robert Browning enthält zwei seiner berühmtesten dramatischen Monologe, in denen er den Rhythmus der gesprochenen Sprache nachahmt: „Fra Lippo Lippi" und „Die Entschuldigung des Bischofs Blougram".

[6] Zar Alexander II., sitzend, mit weiteren Mitgliedern seiner Familie. Er wird schließlich 1881 ermordet.

[4] Heutzutage erinnert man sich an Palmerston besonders wegen seiner rigiden Außenpolitik, der „Kanonenboot"-Politik.

[7] Der Palast der Industrie auf dem Pariser Ausstellungsgelände von 1855. Frankreich tritt in die Fußstapfen Großbritanniens, dessen Weltausstellung vier Jahre früher war.

[4]
1855
Der liberale Whig-Politiker Henry John Temple, der 3. Viscount **Palmerston**, wird nach vielen Jahren als Außenminister jetzt Premierminister Großbritanniens.

[5]
1855
Walt Whitman, wohl der einflussreichste amerikanische Dichter und „Großvater" des Modernismus, veröffentlicht *Leaves of Grass*. Das Buch wird viele Revisionen und Ausgaben durchgehen und regelmäßig als unmoralisch verurteilt werden.

23. Januar 1855
Die erste Brücke über den **Mississippi** wird eröffnet. Sie steht in einem Ort, der bald als Minneapolis, US-Bundesstaat Minnesota, zur Stadt erhoben wird.

[6]
Februar 1855
Zar Alexander II. von Russland besteigt den Thron. Er wird später eine Reihe von inneren Reformen, einschließlich der Freilassung der Leibeigenen (1861), durchsetzen.

April 1855
Das **Elmira Female College** in New York ist die erste Hochschule für Frauen, die ein Lernprogramm anbietet, das ebenso streng ist wie das für Männer. Das Wort „Female" (weiblich) wird 1856 entfernt. 1969 wird sie koedukativ.

[7]
15. Mai 1855
Die Pariser Weltausstellung (*Universale Ausstellung der Produkte der Landwirtschaft, Industrie und der Schönen Künste*) wird eröffnet. Mehr als fünf Millionen Menschen werden die bis zum 15. November geöffnete Ausstellung besuchen.

1855
Der französische Mathematiker Urbain Le Verrier stirbt. Er hatte sich auf die Umlaufbahnen der Planeten spezialisiert und wurde berühmt, weil er die Existenz des damals noch unbekannten Planeten **Neptun** voraussagte. Le Verrier hat auch die erste Wetterkarte erstellt.

1855
Der deutsche Forscher **Heinrich Barth** kehrt von einer Entdeckungsreise zurück, die 1850 begann. Seine zwei britischen Begleiter starben bald, aber er setzte seine Reise durch den westlichen Sudan, den Tschad sowie die Sultanate des nördlichen Nigerias fort.

1855
Der Komponist **Franz Liszt** spielt sein Klavier-Konzert Nr. 1 in Weimar. Ein anderer Komponist, **Hector Berlioz** leitet das Orchester.
[3]

1855
Die Rückschlag-Sportart **Squash** wird an der öffentlichen Schule im englischen Harrow entwickelt.

1855
Das Nachschlagwerk **Bartletts Familiar Quotations** (Bartletts bekannte Zitate) wird vom Bostoner Buchhändler John Bartlett veröffentlicht. Das Buch wird zu seinen Lebenszeiten neun Neuausgaben durchleben und in einer hundertjährigen (13.) Ausgabe 1955 erscheinen.

1855
Der **Schraubenzieher** wird nunmehr sehr häufig genutzt, nachdem Fortschritte in der Präzisionsfertigung die Herstellgung von Schrauben leichter machen.

KRIEGSFOTOGRAFIE

Der Krimkrieg war der erste, der auf Film dokumentiert wurde; der bahnbrechende Kameramann war Roger Fenton.

Die Bilder von Roger Fenton aus dem Krimkrieg waren die ersten umfassenden fotografischen Dokumente eines Krieges. Fenton (1819-69) studierte Malerei und dann Jura. Im Anschluss an eine Reise 1851 nach Paris, das er wahrscheinlich mit dem Fotografen Gustave Le Gray besuchte, kehrte er nach England zurück und beschäftigte sich fortan mit der Fotografie. Im Winter 1855 verschafften ihm seine Verbindungen als Gründer (1853) und erster Ehrensekretär der Königlichen Fotografischen Gesellschaft eine Ernennung zum offiziellen Fotografen des Krimkriegs. Er wurde entsandt, um optische Beweise zur Verfügung zu stellen, die den schriftlichen beißenden Berichten von William Howard Russell widersprachen. Russell, Kriegsberichterstatter der Londoner *The Times*, kritisierte die militärischen Fehler und die unzulänglichen, unhygienischen Lebensbedingungen der Soldaten. Fenton und sein Helfer, Marcus Sparling, kamen auf dem Schiff *Hecla* in Russland an und errichteten ihre Dunkelkammer in einem Wagen (links oben). Trotz der Schwierigkeiten, Kollodium-Nassplatten mit unreinem Wasser, bei hohen Temperaturen und unter feindlichem Feuer zu entwickeln, erzeugte Fenton während seines viermonatigen Aufenthalts 360 Fotografien. Fenton porträtierte jedoch nur die „annehmbaren" Teile des Konflikts. Bis dahin waren andere Fotografen, einschließlich des in Italien geborenen Briten Felices Beatos (ca. 1830-1904), auf der Krim gewesen. Beatos nahm das Bild (unten links) von französischen Truppen, die nach der Einnahme des Forts Malakow feiern, auf. Sogar die unglückselige Attacke der Leichten Brigade wurde als ruhmvoll dargestellt. Obwohl wenig von der echten Handlung oder dem Leiden des Krieges gezeigt wurde, waren die Bilder dennoch historische Meilensteine, denn sie waren die ersten Darstellungen, welche die alltäglichen Aspekte des modernen Krieges abbildeten.

Nach der Rückkehr Fentons nach England wurden seine Kriegsbilder in London und Paris erfolgreich ausgestellt, und Holzstiche der besonders bemerkenswerten Fotografien wurden in den Illustrated London News gedruckt.

[3] Franz Liszt am Klavier, von Freunden umgeben. Hector Berlioz ist der Zweite von links.

[5] Walt Whitman. Sein spezifisch amerikanisches Idiom, seine Themenauswahl und die Verarbeitung seiner Bürgerkriegserfahrungen sichern ihm einen besonderen Platz im Pantheon seines Landes.

18. Juni 1855
Der „Soo"-Kanal und die Sault-Schleusen bei **Sault Ste. Marie**, am Fluss St. Marys in Michigan, werden eröffnet. Das Technikwunder umgeht die Stromschnellen des Flusses, die den Oberen See und den Huronsee verbinden.

29 Juni 1855
Die Zeitung **The Daily Telegraph** beginnt ihr Erscheinen. Sie wird Londons erste billige Zeitung (penny paper) und ist heute noch eine von Großbritanniens drei größten Qualitätszeitungen, zusammen mit *The Times* und *The Guardian*.

3. August 1855
New York City öffnet seine Einwanderungsstation am **Castle Garden** (auch bekannt als Castle Clinton) an der südlichen Spitze der Insel Manhattan. Hier werden mehr als acht Millionen Einwanderer das Land betreten, bevor 1892 Ellis Island eröffnet wird.

11. September 1855
Die **Belagerung von Sewastopol** endet, nachdem britische und französische Truppen endgültig den Hauptflottenstützpunkt der russischen Schwarzmeerflotte während des Krimkriegs einnehmen.

23. November 1855
Mexiko verabschiedet das **Ley Juárez** (Juarez-Gesetz), das spezielle Gerichte für den Klerus und das Militär abschafft. Das Gesetz wurde von Justizminister Benito Juárez gefördert, der die Reste des Kolonialismus beseitigen möchte.

1856
Das indische Königreich von Avadh, Hauptstadt **Lakhnau**, wird von den Briten annektiert.

1856

1856
Balmoral Castle, ein privater Wohnsitz des britischen Souveräns, wird am rechten Ufer des Flusses Dee, im Aberdeenshire in Schottland, vollendet. Es ist ein modernes Granitgebäude.
[1]

1856
Der Bayer Lothar von Faber schließt einen Exklusivvertrag ab, der ihm alles **Graphit**, das in Sibirien gefördert wird, für seine Bleistift-Produktion garantiert.

1856
Der britische Chemiker William Perkin erhält ein Patent für ein Anilinfärbemittel, bekannt als Anilin purpurrot, Tyrian purpurrot oder **Mauvein**. Es ist das erste wichtige synthetische Färbemittel, das in Kleidung und Konsumgütern verwendet wird.

1856
Britische Soldaten, die von der Krim zurückkehren, führen **türkische Zigaretten**, die sie während des Krieges zu rauchen lernten, in Großbritannien ein.

1856
Der deutsche Komponist **Robert Schumann** stirbt zwei Jahre nach einem Selbstmordversuch in einer psychiatrischen Anstalt.

1856
Cixi, zu dieser Zeit noch eine Konkubine von niederem Rang des Xianfeng Kaisers von China, gebärt seinen einzigen Sohn. Sie wird zu einer der mächtigsten Frauen in der Geschichte Chinas werden.

[1] Balmoral Castle. Königin Viktoria wird ihre „Leaves from a Highland Journal" veröffentlichen, die ihr Leben dort beschreiben. Ein großer Teil der Einrichtung wird im Schottenstoffmuster ausgeführt.

[8] „Für die Tapferkeit." Das Victoria Cross wird bis 1942 aus dem Metall von Kanonen, die 1855 in Sewastopol erobert wurden, gefertigt.

[6] Leopoldo O'Donnell stammt von einer alten irischen königlichen Familie, den O'Donnells von Tyrconnell, ab.

[4] Henry Engelhard Steinway.

[3] Elizabeth Barrett Browning mit ihrem Sohn, Pen. Die Botschaft von „Aurora Leigh" ist, dass eine Frau nicht durch ihre Kunst allein erfüllt werden kann.

1856
Der osmanische Sultan **Abdülmecid I.** erlässt eine Reformverordnung bekannt als Hatt-i Hümayun. Sie stellt die Gleichheit aller Bürger unter dem Gesetz her und gewährt bürgerliche und politische Rechte für Christen.

1856
Das Parlament gründet die **National Portrait Gallery** als Heimstätte für Bildnisse von Briten, die bemerkenswerte Beiträge zur Geschichte der Nation seit der Tudorzeit geleistet haben.

1856
Arbeiter graben menschenähnliche versteinerte Überreste im **Neandertal** in Deutschland aus. Es wird diskutiert, ob die Knochen eine archaische und erloschene menschliche Seitenlinie vertreten.

1856
In der **Pariser Seerechtsdeklaration** wird ein internationales Seerecht für Kriegszeiten formuliert. Die Kaperei wird abgeschafft und die Bedingungen für Schiffe unter neutralen Fahnen, Waren und Blockaden werden festlegt.

1856
Der erste **Kindergarten** in den USA öffnet seine Pforten in Watertown, Bundesstaat Wisconsin. Seine Gründerin ist Margarethe Meyer Schurz, eine deutsche Einwanderin, die mit Friedrich Froebel, dem Schöpfer des Kindergarten-Konzepts, studierte.

[6]
1856
Leopoldo O'Donnell beginnt die erste von seinen drei Regierungszeiten in Spanien. Er versucht, eine Mittelposition zu besetzen und Maßnahmen für die Industrialisierung einzuführen.

1856
Die **Credit Suisse** (Schweizerische Kreditanstalt) wird in Zürich gegründet und begründet das moderne schweizerische Banksystem.

1856
Der englische Erfinder **Henry Bessemer** patentiert einen Konverter, der kalte Luft in geschmolzenes Eisen einführt. Damit kann Stahl in größeren Mengen zu geringeren Kosten als vorher erzeugt werden. [2]

1856
Die englische Dichterin **Elizabeth Barrett Browning** veröffentlicht ihren Roman in epischen Versen, *Aurora Leigh*. [3]

1856
Der in Deutschland geborene Instrumentenbauer Henry Engelhard Steinway produziert den ersten **Steinway-Flügel** in seinem Geschäft in New York. Der Steinway wird einer der am höchsten geschätzten Flügel werden. [4]

1856
Großbritannien erlaubt die Bildung von **Gesellschaften mit beschränkter Haftung**: Der Verlust, den ein Eigentümer (Aktionär) eines Unternehmens übernehmen muss, wird auf den Wert des Kapitals, das er investiert hat, beschränkt. Sein privates Vermögen wird nicht mit einbezogen.

1856
Londons **Buckingham Palast**, der Wohnsitz von Königin Viktoria, bekommt eine Erweiterung – einen neuen Südflügel mit einem Ballsaal, der das größte Zimmer in England ist. [5]

STAHLPRODUKTION

Die Entwicklung einer wirtschaftlichen Methode der Stahlherstellung in großen Mengen veränderte die Weltindustrie.

Die Massenherstellung von Stahl wurde von Henry Bessemer 1855 ermöglicht, als er britische Patente für einen pneumatischen Stahlerzeugungsprozess erhielt. (Es wird behauptet, ein ähnlicher Prozess sei in den Vereinigten Staaten von William Kelly 1851 verwendet worden, aber dieser wurde bis 1857 nicht patentiert.) Bessemer verwendete einen birnenförmigen Behälter (oben), der mit Ganister (ein widerstandsfähiges Material, das Kieselerde enthält) ausgekleidet wurde. Vom Boden her wurde Luft durch das geschmolzene Roheisen im Inneren der Birne geblasen.

Bessemer begriff, dass die nachfolgende Oxydation des Silikons und Kohlenstoffs im Eisen Hitze abgeben würde, und dass, wenn ein genügend großer Behälter verwendet wurde, die erzeugte Hitze mehr als die verlorene Hitze ausgleichen würde. Eine Temperatur von 1650 °C konnte so in einer Blasezeit von 15 Minuten mit einem Ladegewicht von einer halben Tonne erhalten werden.

Mit dem Bessemer-Prozess konnte nur Roheisen mit einem niedrigen Phosphor- und Schwefelanteil umgewandelt werden. (Diese Elemente hätten durch den Zusatz eines Fließmittels wie Kalk entfernt werden können, aber die erzeugte Schlacke hätte die Abdichtung des Konverters von Bessemer verringert.) Zwar gab es gute Vorkommen an Eisenerzen mit niedrigem Phosphorgehalt in Großbritannien und den Vereinigten Staaten, aber diese waren teurer als phosphorreiche Erze.

[5] Der Ballsaal des Buckingham Palace. Die öffentlich einsehbare Vorderseite wird ihre gegenwärtige Form erst 1913 erhalten.

[7] Die Darstellung eines Künstlers von der Illinois Central zur Zeit ihres Höhepunkts in den 1890er Jahren. Der Erdball im Hintergrund betont die Wichtigkeit des Eisenbahnnetzes.

[2] Henry Bessemer, dessen Methode der Stahlerzeugung Temperaturen ermöglicht, die hoch genug sind, um Unreinheiten zu beseitigen. Stahl kann zum ersten Mal zu einem Metall für die Massenproduktion werden.

1856
Das französische Verlagshaus **Larousse** veröffentlicht sein *Dictionnaire de la langue française*.

[7]
1856
Die Bahnlinie **Illinois Central**, die von Chicago nach Kairo, Illinois führt, wird die längste Eisenbahnlinie in den Vereinigten Staaten. Nach der Vollendung der Strecke wird der Gesellschaft ein Gebiet von 1.011.750 Hektar Land zuerkannt.

1856
Der Zweite Opiumkrieg bricht in China aus. Frankreich schließt sich Großbritannien in diesem Konflikt bald an. **Die Opiumkriege** flammten auf, weil China versuchte, den Opiumhandel zu unterdrücken. Britische Händler hatten es illegal importiert.

[8]
1856
Das **Victoria Cross**, die höchste Auszeichnung für Mut in den britischen Streitkräften, wird von Königin Viktoria auf Bitte ihres Gemahls, des Prinzen Albert, eingeführt. Die ersten Orden werden während des Krimkriegs verliehen.

1856
Die **Western Union** Telegraph Company wird gegründet. Es handelt sich um eine Fusion von mehreren unabhängigen Telegrafengesellschaften. Sie wird der größte Versorger von telegrafischen Dienstleistungen in den Vereinigten Staaten werden.

1856
In Ägypten erkennt **Theodor Bilharz** die Parasiten, die Schistosomiasis (oder Bilharziose), eine Gruppe von chronischen Erkrankungen verursachen. Es sind kleine, parasitäre Plattwürmer oder Saugwürmer.

1856-1857

1856
Die Textilfabrikanten Benjamin und Robert Knight aus Warwick, US-Bundesstaat Rhode Island, geben ihren Produkten den Markennamen **Fruit of the Loom**.

1856
William Walker, ein US-amerikanischer Abenteurer, macht sich zum Präsidenten Nicaraguas, einer Schlüsselstelle im Warentransport zwischen Atlantik und Pazifik.

17. Februar, 1856
Der als Jude geborene deutsche Dichter **Heinrich Heine** stirbt. Seine *Reisebilder*, in denen er seine Sympathie für die Revolution darlegt, erschienen 1826, sein *Buch der Lieder* 1827.
[1]

30. März 1856
Der Frieden von Paris (Dritter Pariser Frieden) beendet den Krimkrieg. Der Krieg wurde von beiden Seiten sehr schlecht geführt und befehligt. Krankheiten waren für die unverhältnismäßig hohe Zahl von ungefähr 250 000 Toten auf jeder Seite verantwortlich.
[2]

April 1856
Die Schauspielerin **Ellen Terry** beginnt ihre lange und legendäre Karriere. Sie gibt ihr Bühnen-Debüt in London im Alter von neun Jahren. Ihre erste Rolle ist die des Mamillius in Shakespeares *Ein Wintermärchen*.
[3]

21. Mai 1856
Ein Pöbelhaufen von Sklaverei-Sympathisanten plündert Lawrence, US-Bundesstaat Kansas, das ein Teil der **Underground Railroad** ist.

LAKHNAU

Die indische Stadt ist für ihre schönen Gebäude aus dem 18. und 19. Jahrhundert berühmt.

In Lakhnau finden sich viele bemerkenswerte Beispiele für die Architektur einer ganzen Reihe von Baustilen des späten 18. und der ersten Hälfte des 19. Jahrhunderts. Das am besten erhaltene Monument ist die Residenz, die 1800 vollendet und von britischen Truppen während des Aufstandes von 1857 verteidigt wurde. Die Große Imambara (1784) ist ein einstöckiges Gebäude, in dem sich schiitische Moslems während des Monats Muharram versammeln. 1784 vollendet, wurde das Rumi Darwaza, oder Türkisches Tor, nach der Erhabenen Porte (Bab-iHümayun) in Istanbul gestaltet. Das große Tor des Kaiserbagh Palasts (links) wurde 1850 von Nawab Wajid Ali Shah gebaut. Die Stuck-Fische, die den Bogen schmücken, sind Symbole der Nawabs, die über Lakhnau herrschten. Die Briten verließen Lakhnau für eine Zeitspanne während des indischen Aufstands, kehrten aber 1858 zurück und vertrieben die Aufständischen.

[3] Schauspieler Charles Keane mit der jungen Ellen Terry in den Kostümen für „Ein Wintermärchen".

[2] Der Pariser Kongress soll den Krimkrieg beenden. Es geht um die Unabhängigkeit der Türkei, offenen Zugang zum Schwarzen Meer und die Rückgabe von Teilen des heutigen Rumäniens von Russland an die Türkei.

1857
Frederic Edwin Church malt *Niagara*, eines der wichtigsten Gemälde dieses US-amerikanischen romantischen Landschaftsmalers, der eines der prominentesten Mitglieder der Hudson River School war.

[4]
1857
Der französische Dichter **Charles Baudelaire** wird für „Straftaten gegen religiöse Sitten" vor Gericht gestellt. Die Anklage folgt auf die Veröffentlichung seiner Gedichtsammlung *Les Fleurs du mal* (Die Blumen des Bösen) kurz zuvor.

[5]
1857
Der französische Realist **Gustave Flaubert** veröffentlicht seinen aufsehenerregenden Roman, *Madame Bovary*. Dies führt zu einer Anklage Flauberts wegen der angeblichen Unmoral des Romans, da in ihm eine Ehebrecherin mitfühlend dargestellt wird.

[6]
1857
Spannungen zwischen den Mormonen und der Bundesjustiz veranlassen den US-Präsidenten James Buchanan dazu, **Brigham Young** als Gouverneur des Territoriums Utahs abzusetzen. Eine Armee wird entsandt, um die Bundesgesetze durchzusetzen.

1857
In einem Gebäude, das von Napoleon Le Brun und Gustavus Runge entworfen wurde, eröffnet die **Philadelphia Academy of Music** ihren Spielbetrieb.

1857
In Boston erscheint erstmals das **Atlantic Monthly** unter Chefredakteur James R. Lowell. Bekannt wird es durch eine lange Reihe von ausgezeichneten Redakteuren und Autoren, z.B. Ralph Waldo Emerson und Henry Wadsworth Longfellow.

24.-25. Mai 1856
Der militante Abolitionist **John Brown** führt einen Nachtüberfall auf eine Ansiedlung von Sklaverei-Befürwortern am Pottawatomie Creek, Kansas, an. Fünf Männer werden zu Tode gehackt. Der Überfall ist ein Vergeltungsschlag für die Plünderung von Lawrence, Kansas.

10. August 1856
Ein verheerender Orkan trifft die gefährdete Stadt **New Orleans** sowie die Küste Louisianas und richtet schweren Schaden an. Der Roman *Chita* von Lafcadio Hearn von 1899 wird die Geschichte der Katastrophe erzählen.

1857
Ramon Maria Narvaez ersetzt O'Donnell als spanischen Präsidenten, wie er es später noch zwei Mal tun wird. Er stirbt 1868 im Amt. Als er auf seinem Sterbebett gebeten wird, seinen Feinden zu verzeihen, antwortet er, „Ich habe keine. Ich habe sie alle erschießen lassen."

1857
Die Produktion der von Gail Borden entwickelten **Kondensmilch** beginnt. Werbefeldzüge für Reinheit und die Verteilung von Proben führen zu ihrer weiten Verbreitung. Aus entrahmter Milch ohne Zusätzen bestehend, wird sie bei vielen Kindern eine Rachitis hervorrufen.

1857
Der erste Direktor der Sûreté Nationale **Eugène-François Vidocq**, ein ehemaliger Verbrecher, stirbt. Er war einer der ersten modernen Privatdetektive.

1857
Die **britischen Jagdgesetze** werden gelockert. Viele Jahre lang waren Wilddiebe mit einer siebenjährigen Haftstrafe in Australien bestraft worden.

[7] Die britische Flotte bombardiert Kanton.

[6] Brigham Young, zweiter von links, mit weiteren Mormonen.

[4] Charles Baudelaire, der morbide Romantiker. Die berechnete Dekadenz und Erotik seiner Dichtung bahnt den Weg für Verlaine, Rimbaud und die Symbolisten.

[5] Gustave Flaubert. Seine Titelfigur, Emma Bovary, legt die Frustrationen und Langeweile der Frau in der bürgerlichen Gesellschaft bloß.

[1] Heinrich Heine. In Düsseldorf geboren, lebte er von 1831 an hauptsächlich in Paris.

1857
In der Entscheidungssache **Dred Scott** bestimmt der Oberste US-Gerichtshof, dass die Ansässigkeit in einem amerikanischen Territorium einen Sklaven nicht zu einem freien Mann macht.

1857
Der Erfinder Elisha Graves Otis installiert den ersten **Sicherheitsaufzug** für die Personenbeförderung im Geschäft von E.V. Haughwout & Company in New York City. Seine Erfindung macht den Gedanken an den Bau von Hochhäusern praktikabel.

1857
Der für seine bäuerlichen Themen berühmte französische Maler Jean-François Millet malt **Les Glaneuses** (Die Ährenleserinnen), eine seiner bekanntesten Arbeiten.

1857
Königin Isabella von Spanien bringt einen Sohn, den zukünftigen König Alfonso XII., zur Welt.

1857
Eine neue Verfassung schreibt vor, dass **Mexiko** ein parlamentarisches, demokratisches sowie republikanisches Land sein soll, und ruft zu Reformen auf. Gegenreaktionen von konservativen Kräften aus Klerus und Militär führen bald zum Bürgerkrieg.

[7]
1857
Die Briten besetzen Kanton im **Arrow-Krieg**. Er ist ein Vorspiel des Zweiten Opiumkriegs (1858-60) und brach 1856 aus, als Großbritannien, Frankreich und die USA versuchten, China zu besseren Handelsbedingungen zu zwingen.

1857-1858

1857
Hinton R. Helper veröffentlicht **Die drohende Krise des Südens**. Darin behauptet er, dass Sklaverei für Sklavenbesitzer unrentabel und für kleine sklavenlose Bauern ruinös ist.

1857
Der führende lyrische deutsche Dichter und Romanautor **Joseph Freiherr von Eichendorff** stirbt. Sein Meisterwerk war die Novelle *Leben eines Taugenichts*.

1857
Königin Viktoria wählt **Ottawa** als Hauptstadt Kanadas aus.

1857
Das Unternehmen **Currier & Ives** wird von Nathaniel Currier, der 1834 einen Verlag in New York City aufgebaut hatte, und James Merritt Ives gegründet. Ihre lithografischen Drucke werden zu den populärsten Wandbehängen im Amerika des 19. Jahrhunderts gehören.
[1]

1857
Der **Matrimonial Causes Act** (Gesetz, die ehelichen Angelegenheiten betreffend) wird in Großbritannien verabschiedet. Es führt u.a. erstmalig einen Anspruch auf Zahlung von Alimenten ein.

1857
Der Fußballklub **Sheffield Football Club**, ein englischer Amateurklub im südlichen Yorkshire, England, wird gegründet. Er ist heute der älteste Klub in der Welt in dem noch Liga-Fußball gespielt wird.

[3] Präsident James Buchanan mit seinem Kabinett. Er ist der einzige Präsident, der niemals heiratete. Unter seiner Führung zerbricht das Land über die Sklaverei-Frage.

[2] Feldmarschall Radetzky als alter Mann, in seiner weißen österreichischen Uniform mit dem Orden des Goldenen Vlieses um seinem Hals.

[4] Die Hochzeit der ältesten Tochter von Königin Viktoria, Vicky, mit Friederich, dem zukünftigen Kaiser von Deutschland.

[1] Ein typischer Druck von Currier & Ives. Er basiert auf einer Zeichnung von Indianern, die einen Bärentanz aufführen, von George Catlin.

1857
Die **Tuberkulose**, die zu dieser Zeit als für nicht ansteckend gehalten wird, ist die größte einzelne Todesursache in US-amerikanischen Städten. Die amerikanischen Todesraten sind die höchsten in allen Städten der Welt.

1857
Durch die Eröffnung der Eisenbahnlinie Mailand-Venedig wird **Venedig** mit dem italienischen Festland – und somit mit anderen europäischen Städten – verbunden.

[2]
28. Februar 1857
Feldmarschall Josef Wenzel Anton Franz Karl Graf **Radetzky** von Radetz zieht sich nach 72 Jahren in der österreichischen Armee zurück. Er hat unter fünf Kaisern gedient, kämpfte in siebzehn Schlachten und erhielt 146 Orden.

[3]
4. März 1857
Der Demokrat **James Buchanan** wird als der 15. Präsident der Vereinigten Staaten vereidigt. Sein Vizepräsident ist John C. Breckinridge.

21. März 1857
Ein Erdbeben trifft **Tokio** und tötet mehr als 100 000 Menschen.

1. Mai 1857
Der Führer Nicaraguas, **William Walker**, ergibt sich der US-amerikanischen Marine. Walker hat gegen Bezahlung mehrerer ehrgeiziger Vanderbilt-Angestellter Besitzungen beschlagnahmt, die Cornelius Vanderbilt gehören.

1857
Der französische Philosoph **Auguste Comte** stirbt. Dem Gründer des Positivismus wird allgemein zugeschrieben, das Wort Soziologie in seinem heutigen Gebrauch geprägt zu haben.

1857
Das populäre Winterlied **Jingle Bells** wird von dem US-Amerikaner James Pierpont geschrieben.

1857
Der **Indische Aufstand** gegen die britische Regierung bricht in Indien unter einheimischen Soldaten aus. Sie glauben, dass man von ihnen verlangt, religiöse Beschränkungen zu verletzen. Der Aufstand ist durch Grausamkeiten auf beiden Seiten geprägt.

1857
Die Südafrikanische Republik wird in der **Transvaal** gegründet. Die Hauptstadt wird Pretoria und Martinus Pretorius, der älteste Sohn des Führers des Großen Trecks Andries Pretorius, erster Präsident.

1857
Die Schifffahrtsgesellschaft **Norddeutscher Lloyd** wird in Bremen gegründet. Ihre Überseedampfer werden das Blaue Band für die schnellste Atlantiküberquerung mehrere Male erringen.

1857
Thomas Hughes veröffentlicht **Tom Brown's School Days** (Die Schultage von Tom Brown). Der Erfolg des Buches – bis 1890 wird es fast 50 Auflagen geben – verhilft den britischen öffentlichen Schulen zu anhaltendem Ansehen und verbreitet die Doktrin des „Muskelchristentums".

DER INDISCHE AUFSTAND

Weit verbreitete, aber schließlich erfolglose Revolte gegen die britische Herrschaft in Indien

Der Indische Aufstand wurde von indischen Truppen (Sepoys) im Dienst der British East India Company begonnen. Er ging von Meerut aus und breitete sich dann nach Delhi, Agra, Kanpur und Lakhnau aus.

Der Anlass für die Revolte war die Einführung des neuen Enfield-Gewehrs. Um es zu laden, mussten die Sepoys die Enden der Patronen abbeißen. Man glaubte, dass diese mit einer Mischung aus Schmalz von Schweinen und Kühen geschmiert worden wären. Sowohl Moslems als auch Hindus war es aber aus religiösen Gründen verboten, diese Tiere zu berühren. Gegen Ende April 1857 lehnten Sepoy-Polizisten in Meerut die Patronen ab. Sie wurden zu langen Gefängnisstrafen verurteilt und sofort ins Gefängnis geworfen. Diese Strafe erzürnte ihre Kameraden, die sich am 10. Mai erhoben, ihre britischen Offiziere erschossen und nach Delhi marschierten (die Fotografie unter links zeigt britische Kanonen außerhalb des Khynabee Tors der Stadt). Die lokale Sepoy-Garnison schloss sich den Männern von Meerut an und vor der Dämmerung war der alte Mughal-Herrscher Bahadur Shah II. nominell wieder ins Amt erhoben worden.

Der Aufstand breitete sich überall im nördlichen Indien aus, obwohl einige Gruppen, wie die Sikhs (oben links), loyal gegenüber den Briten blieben. Die britischen Aktionen zur Unterdrückung des Aufstands wurden in drei Teile geteilt. Zuerst kamen die verzweifelten Kämpfe in Delhi, Kanpur und Lakhnau während des Sommers, dann die Operationen um Lakhnau im Winter 1857-58 unter der Führung von Sir Colin Campbell und schließlich die „Aufräumungs"-Kampagnen von Sir Hugh Rose Anfang 1858. Der Frieden wurde offiziell am 18.Juli 1858 erklärt.

Das wohl Beunruhigendste an dem Aufstand war die Heftigkeit, mit der er ausgefochten wurde. Die Aufständischen erschossen im Allgemeinen ihre britischen Offiziere bei der Meuterei und waren für Gemetzel in Delhi, Kanpur und anderswo verantwortlich. Aber schließlich überwogen die Vergeltungsmaßnahmen weit die ursprünglichen Übergriffe. Hunderte von Sepoys wurden bei an Wahnsinn grenzenden britischen Racheaktionen von Kanonen zerfetzt.

Das unmittelbare Ergebnis der Meuterei war eine allgemeine Umordnung der indischen Verwaltung. Die East India Company wurde abgeschafft, und Indien wurde unter die direkte Kontrolle Großbritanniens gestellt. Indiens Verwaltungs- und Finanzstrukturen wurden zusammen mit seiner Armee modernisiert. Der indische Aufstand führte auch zur Einführung einer eher beratenden als verordnenden Regierung. Der Gesetzgebende Rat von 1853 hatte nur aus Europäern bestanden. Der Rat von 1861 erhielt nunmehr ein von Indern bestimmtes Element.

Schließlich gab es Auswirkungen auf die Menschen in Indien selbst. Die traditionelle Gesellschaft hatte ihren Protest gegen die einströmenden ausländischen Einflüsse erhoben, und sie war gescheitert. Die Prinzen und anderen natürlichen Führer hatten sich entweder von der Meuterei fern gehalten oder sich als größtenteils unfähig erwiesen.

Nunmehr verschwand alle ernsthafte Hoffnung auf ein Wiederaufleben der Vergangenheit oder einen Ausschluss des Westens. Die traditionelle Struktur der indischen Gesellschaft begann zusammenzubrechen und wurde schließlich durch ein verwestlichtes Klassensystem ersetzt, aus dem ein starker Mittelstand mit einem gesteigerten indischen Nationalbewusstsein entstand.

12. Mai 1857
Die Ärztin **Elizabeth Blackwell** und zwei andere Frauen eröffnen das „New Yorker Krankenhaus für Frauen und Kinder", das völlig von Frauen geführt werden wird. Blackwell war vorher die Erlaubnis zu praktizieren verweigert worden.

27. Juni 1857
Die Zeitschrift **Scientific American** kommt zu dem Schluss, dass Walöl keine brauchbare langfristige Quelle für künstliches Licht ist. Der Nachschub nimmt ab, und die wachsende Lese- und Schreibkundigkeit vergrößert die Nachfrage nach Licht.

1858
Ein Goldrausch verwandelt einen Pelzjäger-Vorposten in eine wohlhabende und dynamische Region, die als **Kolonie British Columbia** ausgerufen wird.

[4]
1858
Eine **Hochzeitstradition** beginnt: Großbritanniens Kronprinzessin und der preußische Prinz Friederich lassen auf ihrer Hochzeit Märsche sowohl aus Mendelssohns *Ein Mittsommernachtstraum* als auch aus *Lohengrin* von Wagner spielen.

1858
Der US-amerikanische Erfinder John L. Mason erfindet das wiederverwendbare **Einmachglas** mit einem mehrfach verwendbaren Schraubdeckel für die Herstellung von privaten Konserven.

1858
Joseph Rechendorfer, ein US-amerikanischer Erfinder, erhält ein Patent auf eine Kombination von **Bleistift und Radiergummi**.

1858

1858
Big Ben, die Uhr im Turm des Palasts von Westminster in London, beginnt, ihre berühmte Melodie zu läuten.
[1]

1858
Der **Central Park** in New York wird für die Öffentlichkeit geöffnet. Entworfen von den bahnbrechenden Landschaftarchitekten Frederick Law Olmsted und Calvert Vaux, wird er 1863 vollendet. Sein abgelegener Standort sorgt aber dafür, dass er vorerst nicht stark genutzt wird.

1858
Cornelius („Kommodore") Vanderbilt verkauft seine Reederei und beginnt, Eisenbahnlinien aufzukaufen. Schließlich erschafft er die erste Eisenbahnlinie, die New York mit Chicago verbindet, und lässt die Grand Central Station in New York erbauen.

1858
Baumwollsäcke beginnen, Fässer für den Transport von Mehl und Tierfutter zu ersetzen, als der Säcke-Produzent Judson Moss Bemis aus St. Louis verspricht, dass seine maschinell genähten Säcke nicht reißen werden. Um 1874 wird die Firma 20 000 Säcke pro Tag fertigen.

1858
Der englischer Modeschöpfer **Charles Worth** führt die Haute Couture in Paris ein. Er ist der Erste, der eine Kollektion im Voraus anfertigt und zeigt, der erste Mann, der auf dem Gebiet der Mode berühmt wird und der Erste, der junge Mädchen als Modelle verwendet.
[2]

1858
Während er die abhängigen Gebiete am Mekong-Fluss erforscht, stößt der französische Naturforscher Henri Mouhot als erster Westeuropäer auf die Ruinen von **Angkor**, der Hauptstadt der alten Khmer-Kultur Kambodschas.
[3]

STAPELLAUF DER *GREAT EASTERN*

Der Prototyp des modernen Überseedampfers

Entworfen wurde die *Great Eastern* von den britischen Ingenieuren Isambard Kingdom Brunel und John Scott Russell (oben, Zweiter von rechts und hinten links) für die Eastern Navigation Company, um Ladung und Passagiere zwischen England und Indien zu transportieren. Sie war das bei weitem größte Schiff in der Welt zur Zeit ihres Stapellaufs (1858) mit einer Verdrängung von 32 160 Tonnen und einer Länge von 211 Metern insgesamt. Sie hatte eine geplante Geschwindigkeit von 14,5 Knoten und alternative Methoden des Antriebs: zwei Paddel-Motoren, ein einzelner Schrauben-Motor und Segel auf sechs Masten aufgezogen.

Noch vor dem Stapellauf ging die *Great Eastern* in den Besitz der Great Ship Company über, die es auf einer Handelsroute nach New York einsetzte. Die riesigen Laderäume wurden nie völlig gefüllt. 1864, nach Jahren des Betriebes mit Verlust, wurde das Schiff an die Great Eastern Steamship Company verkauft, die es bis 1874 als Kabellegerschiff verwendete. Zu dieser Zeit legte die *Great Eastern* das erste erfolgreiche transatlantische Telegrafen-Kabel. 1867 unternahm sie eine Reise von Liverpool nach New York, um amerikanische Besucher für die Pariser Weltausstellung zu interessieren.

[1] Big Ben ist tatsächlich der Name der Hauptglocke im Glockengeläut der Houses of Parliament. Hier sieht man sie bei einem Test vor der Installation.

[5] Wilhelm I., der zukünftige deutsche Kaiser.

[2] Charles Worth, der erste Schneider, der seinen Kunden vorgab, was sie tragen sollten. Die Stammkundschaft der Kaiserin Eugenie wird ihm Berühmtheit bringen.

[4] John Speke, der später der erste Europäer sein wird, der den Viktoria-See findet und richtig erkennt, dass dieser die Quelle des Weißen Nils ist. Richard Burton, der zu krank war, um ihn zu begleiten, bestreitet den Anspruch.

1858
Die karibische Insel **Grenada** bringt ihre erste Ernte von Muskatnüssen und Muskatblüten ein. Sie wird der Hauptproduzent dieser Gewürze in der Welt werden.

[5]
1858
Wilhelm, Bruder von Friedrich Wilhelm IV., König von Preußen, wird Regent, als dieser infolge eines Schlaganfalls regierungsunfähig wird. **Wilhelm I.** wird 1861 nach dem Tod seines älteren Bruders König und 1871 erster deutscher Kaiser werden.

1858
Die Erstausgabe von *Anatomy of the Human Body* (Anatomie des menschlichen Körpers) des britischen Arztes **Henry Gray** wird veröffentlicht. Das Werk wird als *Gray's Anatomy* bekannt und zu einem medizinischen Standardlehrbuch werden.

1858
Die **Great Eastern**, für mehrere Jahrzehnte das größte Schiff auf See, wird auf der Themse vom Stapel gelassen.

1858
Der erste mechanische **Kühlschrank** wird vom französischen Erfinder P.A. Carré hergestellt. Er kühlt mittels eines Kompressionsmotors, der flüssiges Ammoniak verwendet. 1862 wird er auf der Londoner Weltausstellung zur Eisherstellung eingesetzt.

[6]
1858
Die ersten dampfbetriebenen landwirtschaftlichen **Traktoren** werden verwendet.

1858
Frankreich beginnt militärische Aktionen **in Indochina,** um seine kommerziellen und religiösen Interessen in diesem Gebiet zu sichern.

1858
Der französische Komponist **Jacques Offenbach** schreibt die Operette *Orpheus in der Unterwelt.* Seine leicht burlesken französischen komischen Opern werden zu den charakteristischsten künstlerischen Werken dieser Zeit gehören.

1858
Der deutsche Chemiker **August Kekule von Stradonitz** veröffentlicht den zweiten seiner zwei Artikel, die eine Strukturtheorie organischer Verbindungen aufstellen. Sie zeigen die Rolle von Kohlenstoff-Atomen in organischen Molekülen auf.

1858
In *Die Cellularpathologie* legt der deutsche Physiker **Rudolf Virchow** dar, dass die Zelle der zu untersuchende Ort der Pathologie ist. Seine Arbeit ersetzt die Humoral- (Vier Säfte) und Umwelttheorien über Krankheiten.

1858
James Stephens gründet die Irische Republikanische Bruderschaft, eine Geheimgesellschaft, die hauptsächlich in Irland, den USA und Großbritannien aktiv ist. Der Name bezieht sich auf die Fianna Eireann, eine legendäre Gruppe irischer Krieger, die von Finn MacCool angeführt wurde.

1858
Auf der Suche nach der Quelle des Nils entdecken die englischen Forscher Richard Burton und John Speke den **Tanganjikasee**.
[4]

[3] Eines der vielen riesigen rätselhaften Gesichter auf dem Tempel Bayon, in der Nähe des Haupttempels in Angkor. Man nimmt an, dass er von ungefähr 1200 n. Chr. stammt.

[6] Der Dampfpflug von Fowler in Aktion. Die Zugmaschine bleibt stationär, und der Pflug wird auf einem Kabel, das zwischen dem „Traktor" und der Winde (rechts) läuft, hin und her gezogen.

[8] Diese elegante Dame im Reifrock und ihre chinesischen Begleiter, Schüler in einer Missionarsschule in Schanghai, sind Zeugnisse der wachsenden Durchdringung Chinas durch den Westen.

[7] Eine Hinrichtung von Rebellen während des Indischen Aufstands. Viele Rebellen werden einfach gelyncht, sogar ohne Standgerichte, als Vergeltungsmaßnahmen für den Mord an britischen Frauen und Kindern.

[7]
1858
Der **Indische Aufstand** endet. Seine Nachwirkungen haben weit reichende Folgen für die indische Gesellschaft und Regierung. Die East India Company wird abgeschafft und die direkte Herrschaft der britischen Regierung eingeführt.

1858
Auf einem Treffen in Paris entscheiden die europäischen Mächte, dass sich die Donau-Fürstentümer **Wallachei und Moldavien**, früher Teile des Osmanischen Reichs, vereinigen sollen, um Rumänien zu bilden.

1858
Erzherzog Rudolf, Kronprinz von Österreich, Ungarn und Böhmen, wird geboren. Er ist das erste Kind von Kaiser Franz Josef und Kaiserin Elizabeth.

1858
Der Ausdruck **„monkey wrench"** (im Deutschen als „Engländer" bezeichnet) kommt in Gebrauch, um einen populären Typ des regulierbaren von Charles Moncky erfundenen Schraubenschlüssels zu beschreiben.

[8]
1858
Der **Vertrag von Tianjin** (Tientsin) verpflichtet China dazu, zusätzliche Häfen zu öffnen, ausländischen Gesandten zu erlauben, in Beijing zu wohnen, Ausländern zu gestatten, im ganzen Land zu reisen, und christlichen Missionaren, überall zu arbeiten.

1858
Die Arbeit an *A New English Dictionary on Historical Principles* beginnt. Dieses radikale Werk, das auf dem wirklichen Gebrauch basiert, wird die Basis des **Oxford English Dictionary** werden.

1858-1859

14. Januar 1858
Bomben explodieren bei einem Attentatsversuch auf Frankreichs **Napoleon III.** und seine Frau. Zehn Menschen sterben und 150 werden verletzt, aber die Ziele des Anschlages sind unversehrt.
[1]

11. Februar-16. Juli 1858
Die aus Lourdes stammende Bernadette Soubirous hat eine Reihe von Visionen der **Jungfrau Maria**. Lourdes wird ein Ort für Pilgerfahrten; einer Quelle werden magische Kräfte zugesprochen.
[2]

11. Mai 1858
Minnesota wird als 32. Staat in die Vereinigten Staaten aufgenommen.

6. Juli 1858
Der US-amerikanische Schuhmacher **Lyman Reed Blake** erhält ein Patent auf eine Maschine, die Schuhe herstellt und die Produktion von preisgünstigen Schuhen ermöglicht. Die Maschine wird von Gordon McKay gefördert und wird bekannt als die „Maschine von McKay".

29. Juli 1858
Der US-amerikanische Politiker und Diplomat **Townsend Harris**, der erste in Japan wohnende westliche Konsul, überzeugt das Land, den Harris-Vertrag zu unterzeichnen. Diese Abmachung sichert den Vereinigten Staaten kommerzielle und diplomatische Privilegien in Japan.

27. Oktober 1858
Der US-amerikanische Großhändler Rowland Hussey Macy eröffnet ein Geschäft in New York, die **R.H. Macy Company**. Die wachsende Kette erhält bald ein Firmenzeichen mit hohem Wiedererkennungswert. Es beinhaltet den roten Stern, der auf Macys Arm tätowiert ist.
[3]

[4] Wilhelm Grimm (sitzend), der deutsche Bewahrer der europäischen Volkskunde.

[1] Felice Orsini. Der Revolutionär wird für seinen Mordanschlag auf Napoleon III. hingerichtet.

[2] Bernadette Soubirous kniet im Gebet vor einer Statue der Jungfrau Maria. Bernadette wird bald eine Nonne werden.

[3] Das erste Macy's, auf der „Ladies-Meile" der Sixth Avenue in New York.

[5]
1859
Der britische Philosoph und Sozialkritiker **John Stuart Mill** veröffentlicht seine klassische Abhandlung gegen die Tyrannei, *On Liberty* (Über die Freiheit).

[6]
1859
In seinem Werk **On the Origin of Species** (Über den Ursprung der Arten) entwickelt Charles Darwin eine Evolutionstheorie, die auf natürlicher Selektion beruht, und stellt Verbindungen zwischen Menschen und niedrigeren Tieren her.

1859
Daniel Decatur Emmett komponiert das Lied **Dixie**. Diese Melodie wird als ein Marsch-Lied der konföderierten Armee während des US-amerikanischen Bürgerkriegs bekannt werden und wird häufig als die Hymne der Konföderation betrachtet.

1859
Jules Léotard zeigt seinen ersten Seilakt am „Fliegenden Trapez".

[7]
1859
Der große deutsche Wissenschaftler **Alexander von Humboldt** stirbt. Besondes berühmt wurde er durch seine südamerikanischen Reisen. Zudem war er ein bahnbrechender Geograph, Meteorologe, Naturforscher sowie Diplomat im Auftrag Preußens.

[8]
1859
Napoleon III. und Franz-Josef I. treffen sich in Villafranca und vereinbaren ein vorläufiges Friedensabkommen, das den **Sardinischen Krieg** gegen Österreich beendet; es kennzeichnet den Anfang der Vereinigung Italiens unter Sardinien-Piemont.

17. Dezember 1858
Der osmanische Staatsmann und Diplomat **Mustafa Resid Pasa** stirbt. Er setzte große Reformen im Osmanischen Reich, einschließlich der Abschaffung des Sklavenhandels, durch und sorgte so für eine Verwestlichung des Landes.

1859
Wilhelm Grimm stirbt. 1812 hatte er zusammen mit seinem Bruder Jacob das Buch *Kinder- und Hausmärchen* veröffentlicht, besser bekannt als „Grimms Märchen".
[4]

1859
Der US-amerikanische Erfinder Ezra Warner erfindet den **Büchsenöffner**, ein ziemlich gefährliches Werkzeug mit einem Dorn, um die Dose zu durchstoßen. Dennoch ist er eine Verbesserung gegenüber den sonst allgemein verwendeten Hammer und Meißel.

1859
Ebenezer Butterick, ein US-amerikanischer Schneider, entwickelt die Papiermuster, die das Nähen von Kleidung zuhause wesentlich erleichtern.

1859
Der belgischer Erfinder Jean-Joseph-Étienne Lenoir entwirft den ersten gewerblich erfolgreichen **Verbrennungsmotor**, der auf der horizontalen Dampfmaschine basiert und Kohlegas als Brennstoff nutzt.

1859
Die britische Autorin **George Eliot** (eigentlich Mary Ann Evans) vollendet ihren ersten größeren Roman, *Adam Bede*.

DAS ROTE HAUS

Ein speziell angefertigtes englisches Landhaus, in dem eine künstlerische Revolution ausgebrütet wurde

Das Rote Haus (oben) wurde in Bexleyheath, Kent, in einer ländlichen Gegend am südöstlichen Stadtrand Londons, für William Morris (1834-96), einen Designer, Handwerker, Dichter und frühen Sozialisten, erbaut. Seine Entwürfe für Möbel, Stoffe, Buntglas, Tapeten und andere dekorative Elemente waren stark beeinflusst von seiner Sicht des Mittelalters. Sie initiierten die Kunst- und Handwerk-Bewegung (Arts and Crafts Movement), die den viktorianischen Geschmack revolutionierte. Morris lebte dort von 1860 bis 1865 während einer seiner produktivsten Phasen.

Das Design des Gebäudes, mit seinem Licht, Raum und den natürlichen, zart gestalteten Materialien war ein Teil des Manifests der Bewegung. Vom Roten Haus ging ein starker Einfluss aus und es setzte dem Mittelstand auf beiden Seiten des Atlantiks neue architektonische Ziele.

[5] J.S. Mill mit seiner Stieftochter Helen Taylor. Dieses bemerkenswerte Bild dient als Erinnerung daran, dass Mill ein Vorkämpfer für die Frauenrechte ist.

[10] Charles-François Gounod. Seine andere Oper, die noch aufgeführt wird, ist „Romeo und Julia" (1867).

[9] Die Ölquelle von Drake in Titusville, US-Bundesstaat Pennsylvania. Ihr Besitzer trägt einen Zylinder. Das Öl wurde in einer Tiefe von ca. 21 m gefunden.

[7] Alexander von Humboldt, ein wissenschaftlicher Koloss der ersten Hälfte des neunzehnten Jahrhunderts.

[6] Die buschigen Augenbrauen von Charles Darwin, hinter denen die revolutionärste Idee des 19. Jahrhunderts ausgebrütet wurde.

[8] Die Kaiser von Frankreich und Österreich schließen Frieden. Napoleon III., verschwörerisch wie immer, hat versäumt, seinen Sardinisch-Piemonteser Verbündeten zu informieren.

1859
Der französische Physiker Gaston Planté konstruiert die erste **elektrische, wieder aufladbare Batterie**, auch Akkumulator genannt, in einer verbesserten Form. Seine Erfindung wird besonders in Automobilen verwendet werden.

1859
Der deutsche Physiker Gustav Robert Kirchhoff und der Chemiker Robert Bunsen entdecken die Grundsätze der **Spektralanalyse**.

1859
Philip Webb entwirft das „Rote Haus" in Kent, England. Als erstes Haus der **Arts and Crafts Movement** (Kunst- und Handwerk-Bewegung), wurde das Rote Haus für einen der Führer der Bewegung, Williams Morris, gebaut.

[9]
1859
Die erste produktive Ölquelle in den Vereinigten Staaten wird vom dem ehemaligen Eisenbahnschaffner **Edwin Laurentine Drake** angebohrt.

[10]
1859
Die Oper *Faust* des französischen Komponisten **Charles-François Gounod** wird in Paris uraufgeführt. Sie ist kein unmittelbarer Erfolg, aber geht bald ins europäische Repertoire ein.

1859
Thomas Austin bringt **englische Kaninchen** als Beutetiere für die Jagd nach Australien. Ohne von Krankheiten und Raubtieren bedroht zu sein, wächst die Anzahl der Tiere auf bis zu eine halbe Milliarde innerhalb eines Jahrhunderts an.

1859

1859
Mit dem Aufkommen der Erdölindustrie in Pennsylvania beginnt das **Walöl** als Leuchtmittel zu veralten.

14. Februar 1859
Oregon wird als 33. Staat in die Vereinigten Staaten aufgenommen.

Juni 1859
Eine reiche Silberader wird in Nevada entdeckt. Sie wird nach **Henry Comstock**, einem Miteigentümer des Landes, auf dem sie gefunden wurde, benannt. Die Schatzsucher, die sie anzieht, lassen die Bevölkerung des Territoriums anschwellen. *[1]*

30. Juni 1859
Jean-François Gravelet, bekannt als **Blondin**, überquert die Niagarafälle 49 Meter über dem Wasser auf einem Drahtseil von 335 Meter Länge.

5. Juli 1859
Kapitän N. C. Brooks landet auf **Midway-Inseln** im zentralen Pazifischen Ozean und fordert das Territorium für die Vereinigten Staaten ein.

16. Oktober 1859
Der Abolitionist **John Brown** führt einen Überfall auf das Bundesarsenal in Harpers Ferry, Virginia, an. Er hofft, dass geflüchtete Sklaven sich einer „Befreiungsarmee“ anschließen werden. Brown wird wegen Mordes, Sklavenaufstands und Verrats verurteilt. *[2]*

[1] Die Mühle der Gould und Curry Mine in Virginia City, wo Silber aus Erzen der Comstock Lode (Comstock-Ader) gewonnen wird.

[2] John Brown. Zwei seiner Söhne werden in Harpers Ferry getötet, während er verwundet, festgenommen, und dann abgeurteilt und hingerichtet wird.

BLONDIN, DER SEILTÄNZER

Sensationeller Stuntman, dessen todesverachtende Darbietungen die Welt in ihren Bann schlugen

Blondin war ein französischer Seiltänzer und Akrobat, der seine Berühmtheit und sein Vermögen einer Überquerung der Niagarafälle auf einem 335 m langen Drahtseil in 49 m Höhe über dem Wasser verdankte.

Blondin wurde 1824 als Sohn eines Seiltänzers geboren und hieß eigentlich Jean-François Gravelet. Als er fünf Jahre alt war, wurde er auf die École de Gymnase in Lyon geschickt. Nach einer sechsmonatigen Ausbildung zum Akrobaten machte er als „das kleine Wunder“ seinen ersten öffentlichen Auftritt. Bei seinem ersten Besuch in den USA trat er in New York als ein Teil der „Größten Show der Welt“ des Zirkus-Impresarios P.T. Barnum auf. Er überquerte die Niagarafälle (unten) mehrere Male, zuerst 1859, und immer mit verschiedenen Varianten: mit verbundenen Augen, in einem Sack, mit einer Schubkarre (unten links), auf Stelzen, einen Mann auf seinem Rücken tragend (links) und sich auf halbem Wege hinsetzend, um ein Omelett zu braten.

Diese Darbietungen begründeten Blondins Ruf. Er wurde ein hoch bezahlter Darsteller, dessen Name auf einem Plakat garantierte, dass große Mengen angezogen wurden. 1861 erschien er in London am Crystal Palace (Kristallpalast) und schlug Purzelbäume auf Stelzen auf einem Tau, das 52 m über dem Boden über das Hauptkreuzschiff gespannt war. Er verdiente angeblich 100 £ für jeden dieser Auftritte, eine erstaunlich hohe Summe für diese Zeit. Der britische Romanautor Charles Dickens schrieb: „Die Hälfte Londons ist hier versammelt, um einen schrecklichen Unfall zu erleben.“

Blondin arbeitete bis zu einem Alter von über 70 Jahren weiter und gab seine Abschlussvorstellung 1896 in Belfast. Er starb ein Jahr später in England.

Ein Infanterist der Unionstruppen posiert während des amerikanischen Bürgerkriegs.

1860

1860
Ein Jahrzehnt der Auseinandersetzungen, in dem Maoris und weiße Siedler in **Neuseeland** um Land kämpfen, beginnt.
[1]

1860
Der US-amerikanische Abenteurer **William Walker** geht in Honduras an Land, wo er von der Britischen Marine gefangen genommen und nach der Übergabe an die honduranischen Behörden hingerichtet wird.

1860
B. T. Henry, leitender Waffenkonstrukteur der von Oliver Fisher Winchester gegründeten New Haven Arms Company, lässt den **Henrystutzen** patentieren, ein Unterhebel-Repetiergewehr, das im kommenden Bürgerkrieg weitverbreitete Benutzung findet.

1860
Großbritannien und Frankreich schließen trotz des Widerstands des französischen Volks ein **Freihandelsabkommen**, das den Handel zwischen den beiden Ländern fördern soll.

1860
Im Zweiten Opiumkrieg werden die **Taku-Forts** in China eingenommen.
[2]

1860
Der britische Chemiker Fredrick Walton erfindet das **Linoleum** als haltbaren, kostengünstigen Bodenbelag.

[1] Ein ehemaliger britischer Soldat mit Kriegsmedaille im Kreis der Familie vor seinem Haus in Neuseeland, ca. 1860. Er lebt in Taranaki auf der Nordinsel.

[3] Der Sommerpalast des chinesischen Kaisers in der Nähe von Beijing wird 1860 am Ende des Zweiten Opiumkriegs von britischen und französischen Soldaten geplündert und abgebrannt.

[5] Die Feder des Archaeopteryx. Der Vogel scheint viele Eigenschaften eines Dinosauriers zu haben. Er hatte etwa die Größe einer Elster.

[6] Hungernde Sklaven werden von einem Sklavenschiff vor der afrikanischen Küste gerettet.

[7] Mihailo III. gehört zu der Familie Obrenović, deren Fehde mit der rivalisierenden Dynastie Karadjordje die Politik Serbiens bis zu dem Tod des letzten Obrenović im Jahr 1903 dominiert.

[2] Aufnahme eines der Taku-Forts, von denen aus der Fluss in Richtung Beijing überwacht wurde, kurz nachdem es von französischen und britischen Truppen im Jahr 1860 eingenommen worden war. Diese erste Fotografie von Kriegsgefallenen zeigt die am Boden liegenden Leichen der Chinesen.

1860
Hawaiis Bevölkerung ist seit 1850 um mehr als die Hälfte geschrumpft, da die Menschen aus dem Ausland eingeschleppten Krankheiten erliegen.

[5]
1860
In Süddeutschland findet man das Fossil einer Vogelfeder aus dem Jurazeitalter. Zwei Jahre darauf findet man das vollständige Fossil des **ersten Vogels**, Archaeopteryx. Diese Entdeckung spielt eine wichtige Rolle in der Debatte um die Evolutionstheorie.

[6]
1860
In Missachtung internationalen Rechts werden die letzten als Sklaven gefangenen Afrikaner an Bord der **Clotilda** nach Alabama geschmuggelt.

1860
Major Albert J. Myer wird zum First Officer des U.S. Signal Corps ernannt. Er erfand die Methode des Signalisierens mit Hilfe des Winkeralphabets. Bei Tage benutzte man zur Signalisierung von Buchstaben zwei Fahnen, bei Nacht zwei Fackeln.

1860
Der **Lausanne Football and Cricket Club** wird gegründet. Man nimmt an, dass er der **älteste Fußballverein** auf dem europäischen Kontinent ist.

[7]
1860
Mihailo III. besteigt den Thron von **Serbien**; er wird die Rechtsstaatlichkeit einführen und den Versuch machen, im Balkan einen gegen das Osmanische Reich gerichteten Bund zu gründen.

1860
Der italienische Archäologe **Giuseppe Fiorelli** erhält eine Professur in Neapel. Er leistete Pionierarbeit für die sorgfältige Ausgrabungsmethode durch schichtweises Abtragen. Seine Arbeiten an der Grabungsstätte in Pompeji tragen maßgeblich zu dessen Freilegung bei.

1860
Baumwolle macht über die Hälfte des Gesamtwertes des US-amerikanischen Exports aus.

1860
Die marokkanische Stadt **Tetuan** wird von den Spaniern unter der Führung von Leopoldo O'Donnell erobert, worauf dieser zum Herzog von Tetuan ernannt wird.

1860
Britische und französische Truppen besetzen Beijing, brennen den **Sommerpalast** des Kaisers nieder und setzen damit ein Zeichen für ihren Sieg im Zweiten Opiumkrieg gegen China.
[3]

1860
Der französische Architekt Charles Garnier beginnt mit den Arbeiten am **Pariser Opernhaus**. Das feudal verschwenderisch gestaltete Opernhaus krönt einen großen neuen Boulevard und dient als Ort des Sehen- und Gesehen-Werdens.
[4]

1860
Der französische Lithograph und Maler **Honoré Daumier** vollendet das Gemälde *Abteil dritter Klasse*. Auf mitfühlende Weise porträtiert es gewöhnliche Menschen in selbstbeobachtender Stimmung.

DIE EROBERUNG DER TAKU-FORTS

Einsatz britischer und französischer Waffengewalt gegen das chinesische Bemühen, den Opiumhandel zu unterbinden

Chinas Versuch, Großbritannien und Frankreich am Import von Narkotika zu hindern, löste 1856 den Zweiten Opiumkrieg aus. Die Chinesen waren schnell zur Unterzeichnung des Vertrags von Tianjin (Tien-tsin, 1858) gezwungen. Er gestattete ausländischen Gesandten den Aufenthalt in Beijing, die Öffnung mehrerer neuer Häfen für den Handel mit dem Westen, das Recht der Reisefreiheit für Ausländer in China und die Bewegungsfreiheit für christliche Missionare. Bei weiteren Verhandlungen in Shanghai wurde der Import von Opium legalisiert. Jedoch verweigerten die Chinesen später die Ratifizierung des Vertrags. Daraufhin griffen die Alliierten am 21. August 1860 die Taku-Forts am Fluss Hai im Nordosten des Landes an und brannten sie nieder. Von dort aus marschierten sie nach Beijing, das am 13. Oktober fiel. (Links: Zurückgelassene chinesische Artillerie. Im Hintergrund weht das Staatsbanner Großbritanniens von einem der Forts.)

[9] Florence Nightingale mit einer Gruppe von Krankenschwestern aus verschiedenen Londoner Krankenhäusern im Hause ihres Schwagers Sir Harry Verney (stehend, hintere Reihe) in Claydon, Buckinghamshire.

[4] Das Opernhaus in Paris zeigt eine verschwenderische Vielfalt an Plastiken, Marmor jeder Farbgebung, Wandmalereien, fabelhafte Foyers und die prächtigste aller Treppen.

[8] Die Mississippi-Dampfer legten in den 1860ern in New Orleans an.

[8]
1860
Über 1000 Dampfschiffe transportieren Fracht und Passagiere über den **Mississippi**. Seit 1840 hat sich die Zahl mehr als verdoppelt.

1860
Die Bewegung zur **Vereinigung Italiens** schreitet voran, da Volksentscheide die Union der Toskana, Parma, Modena und Romagna mit Piemont favorisieren.

1860
Nicholas Petrovic besteigt als Nikolas I. den Thron von **Montenegro**, nachdem sein Onkel Danilo einem Attentat zum Opfer fiel.

[9]
1860
Die Pionierin der Krankenpflege **Florence Nightingale** gründet die *Nightingale School for Nurses*, die erste Ausbildungsstätte der Welt für Krankenschwestern, im St. Thomas's Hospital in London.

1860
Der schweizerische Kunst- und Kulturhistoriker **Jacob Burckhardt** veröffentlicht *Die Cultur der Renaissance in Italien*, in der er das Alltagsleben im Italien der Renaissance, das herrschende politische Klima und das Denken auf geschickte Art analysiert.

1860
Das erste **Turn- und Jugendfest** findet in Coburg statt. Die Teilnehmer kommen aus ganz Deutschland, was der Vereinigung Deutschlands in den 1860er Jahren Vorschub leistet. Das Fest wird auch heute noch ausgerichtet.

1860-1861

1860
Das erste **British Open** Golfturnier findet in Prestwick, Schottland, statt.
[1]

1860
Die erste **Expedition zur Durchquerung Australiens** von Süden nach Norden startet unter der Leitung von Robert O'Hara Burke in Melbourne. Sie erreicht im Februar 1861 den Golf von Carpentaria.
[2]

1860
Der deutsche Philosoph **Arthur Schopenhauer** stirbt. Sein Hauptwerk *Die Welt als Wille und Vorstellung* wurde 1818 veröffentlicht. Ein großer Teil seines Denkens bezog sich auf Immanuel Kants Theorien, die er weiter entwickelte.
[3]

1860
Die **erste Boxweltmeisterschaft im Schwergewicht** wird in England zwischen dem US-amerikanischen Meister John C. Heenan und dem britischen Meister Tom Sayers ausgetragen. Der brutale Kampf geht über 42 Runden.

1860
Wladiwostok wird im äußersten Südosten Russlands als militärischer Außenposten am Japanischen Meer gegründet.

1860
Wilkie Collins veröffentlicht *The Woman in White* (Die Frau in Weiß). Das Buch gilt als der erste englische Mystery-Roman.
[4]

[4] Plakat für die Bühnenadaption von „The Woman in White" von Wilkie Collins aus dem Jahr 1871.

[2] Robert Burke mit einem der Kamele, die ihn auf seiner tragischen Reise begleiteten. Während er und William John Wills 1861 in Coopers Creek sterben, überlebt der dritte Teilnehmer John King.

[7] Ein Briefumschlag mit einem auf den 24. Oktober 1860 datierten Poststempel des Pony Express. Der Brief wurde in San Francisco aufgegeben, der Bestimmungsort war New York. Innerhalb weniger Jahre wird die Eisenbahn diese Postdienste aus dem Geschäft verdrängen.

[5] Das wird einmal aus dem Unternehmen des J.H. Kellogg: Cornflakes, die beliebtesten Getreideflocken überhaupt, die hier zum ersten Mal 1906 beworben werden.

[1] „Old" Tom Morris schlägt 1860 in Prestwick ab. Er und sein Sohn „Young" Tom werden die Open in den Jahren 1867 und 1868 gewinnen und sind damit das einzige Vater-Sohn-Gespann, dem dies jemals gelingt.

[9] Cavour. Er gab vor seinem Tod Garibaldis Plan zur Stürzung der neapolitanischen Monarchie die Zustimmung.

7. September 1860
Die republikanischen Streitkräfte Garibaldis erreichen **Neapel** auf dem italienischen Festland.

3. Oktober 1860
Mit der entscheidenden Schlacht am Fluss **Volturno** beendet Garibaldi die Macht Franz II. über Neapel. Franz wird abgesetzt, und der Süden Italiens wird unter der Herrschaft Victor Emmanuels mit dem Norden vereint.

6. November 1860
Abraham Lincoln wird zum 16. Präsidenten der Vereinigten Staaten von Amerika gewählt. Seine Vize-Präsidenten sind Hannibal Hamlin (1861–65) und Andrew Johnson (1865).

Dezember 1860
Félix María Zuloaga **Trillo** wird zum dritten Mal mexikanischer Präsident.

20. Dezember 1860
South Carolina ist der erste US-Bundesstaat, der sich von den Vereinigten Staaten abspaltet. Bald folgen Alabama, Florida, Georgia, Louisiana, Mississippi und Texas diesem Beispiel.

[9]
1861
Camillo Benso Graf von **Cavour** stirbt. Er war einer der Hauptarchitekten der Vereinigung Italiens und konnte die Unterstützung der Franzosen gegen die Österreicher gewinnen. Allerdings mussten Nizza und Savoyen an Frankreich abgetreten werden.

ca. 1860
Der Anstieg der weltweiten Nachfrage nach **Kaffee** führt zur Rodung großer Teile des brasilianischen Regenwalds an der Atlantikküste. Der Ausbau von Eisenbahnstrecken ermöglicht ein tiefes Vordringen der Anbauer in den Wald.

ca. 1860
J.H. Kellogg und C.W. Post entwickeln konservierte **Frühstückszerealien** als Gesundheitskost in Battle Creek, Michigan.
[5]

ca. 1860
Louis Pasteur entdeckt die Prinzipien des Prozesses der Erhitzung von Nahrungsmitteln zur Abtötung von Mikroorganismen. Ihm zu Ehren wird das Verfahren **Pasteurisierung** genannt.

29. Januar 1860
Der patriotische deutsche Autor und Dichter **Ernst Moritz Arndt** stirbt. Er ist einer der Hauptbegründer des deutschen Nationalismus und der Bewegung für die Vereinigung Deutschlands.
[6]

3. April 1860
Der **Pony Express** beginnt mit der Postzustellung durch regelmäßig verkehrende Boten auf Pferden zwischen St. Joseph in Missouri und Sacramento in Kalifornien. Die Route ist etwa 2900 Kilometer lang, hat 157 Stationen und erfordert eine Reisezeit von etwa 10 Tagen.
[7]

11. Mai 1860
Giuseppe **Garibaldi** erreicht mit 1000 seiner Rothemden genannten Kämpfern die sizilianische Stadt Marsala, ernennt sich im Namen Victor Emmanuels, König von Sardinien-Piemont, zum Diktator und befreit die Insel von der Herrschaft des Bourbonenkönigs in Neapel.
[8]

LOUIS PASTEUR

Französischer Chemiker, der ein Heilmittel für Tollwut fand

Nachdem er den frühen Teil seines Berufslebens der Erforschung der Auswirkungen von polarisiertem Licht auf chemische Verbindungen widmete, wurde Louis Pasteur (oben) 1857 Direktor für wissenschaftliche Studien an der École Normale Supérieure in Paris. Seine Studien der Fermentierung von Alkohol und (saurer) Milch zeigten, dass sich Hefe auch ohne freien Sauerstoff vermehrt (der Pasteur-Effekt). Er leitete daraus ab, dass die Fermentierung und das Verderben von Lebensmitteln Folgen der Aktivität von Mikroorganismen seien und durch Zerstörung oder Ausschluss dieser Organismen verhindert werden könne.

Pasteurs Arbeit widerlegte das Konzept der spontanen Generierung (Ursprung von Leben aus lebloser Materie) und führte zur Methode der Pasteurisierung durch Erwärmung. Im Jahr 1881 perfektionierte er eine Methode zur Isolation und Schwächung von Bakterien. Er wandte sich dann der Entwicklung von Impfstoffen gegen Milzbrand bei Schafen und Geflügel-Cholera zu. Er widmete seine Aufmerksamkeit der Erforschung von Tollwut, und rettete im Jahr 1885 einen Jungen, der von einem tollwütigen Hund gebissen worden war, indem er das Kind mit dem abgeschwächten Virus impfte.

[6] Ernst Moritz Arndt. Erst im Jahr 1840 wurde der als Demagoge Geltende in Preußen rehabilitiert.

[3] Arthur Schopenhauer, der pessimistische Philosoph.

[8] Garibaldi, ganz der heroische, patriotische Anführer, in einem seiner farbenprächtigen Anzüge, die so viel für sein Image getan haben.

1861
Abdulaziz wird osmanischer Sultan und leitet einen Modernisierungskurs ein.

1861
Richard Wagner komponiert eine spezielle „Pariser Version" seiner Oper **Tannhäuser**. Aufgrund von Protesten französischer Aristokraten gegen die Position des darin enthaltenen Balletts muss sie jedoch nach drei Aufführungen abgesetzt werden.

1861
Wegen einer eskalierenden Serie von Vorfällen nimmt die US-Armee den Kampf gegen die von Cochise und Mangas Colorado angeführten **Apachenstämme** Arizonas auf.

1861
Der Bayer **John Eberhard Faber** gründet eine US-amerikanische Niederlassung des Familienbetriebs. Er errichtet eine Bleistiftfabrik in der Stadt New York.

1861
Großbritannien sichert sich das Protektorat über den Inselstaat **Bahrain** im Persischen Golf.

1861
Der britische Physiker **James Clerk Maxwell** arbeitet an der Formulierung seiner elektromagnetischen Theorie, die die Grundlage für die Physik des 20. Jahrhundert bilden wird.

1861

1861
Charles Digby Harrod übernimmt das Lebensmittelgeschäft seines Vaters und leistet damit die Vorarbeit zur Entwicklung des Geschäfts zum größten Kaufhaus in England.
[1]

1861
Graf Agoston Haraszthy bringt Setzlinge 300 verschiedener Weinsorten auf Bitte der Regierung des US-Bundesstaates nach Kalifornien und legt somit den Grundstein für die **kalifornische Weinindustrie**.

1861
Der Detektiv **Allan Pinkerton** deckt ein gegen den designierten Präsidenten Abraham Lincoln gerichtetes Mordkomplott auf, das in Baltimore auf dem Weg zu dessen Amtseinweihung stattfinden sollte.

1861
Der estnische Arzt, Volkskundler und Dichter **F. Reinhold Kreutzwald** trägt das estnische Nationalepos *Kalevipoeg* (Kalevs Sohn) zusammen.

1861
Friedrich Wilhelm IV., seit 1840 König von Preußen, stirbt im Schloss Sanssouci.
[2]

1861
Der französische Mikrobiologe **Louis Pasteur** veröffentlicht eine Schrift, in der er die in weiten Teilen geltende Theorie der spontanen Entstehung von Bakterien anficht.

MONTE CARLO

Die Eröffnung eines Kasinos in Monaco machte den Staat zu einer Spielwiese für die Reichen.

Monaco, die zweitkleinste Nation der Welt (nach Vatikanstadt), ist ein Fürstentum an der Französischen Riviera im Nordosten von Nizza. 1856 gewährte Charles III. von Monaco einer Aktiengesellschaft die Erlaubnis zur Errichtung eines Kasinos, das 1861 eröffnet wurde. Der um das Kasino gelegene Bezirk erhielt zu Ehren des Kronprinzen, dessen Name auf italienisch Carlo lautete, den Namen Monte Carlo. Monaco wurde schnell zu Europas beliebtestem Tourismusziel und einem luxuriösen Treffpunkt für die Wohlhabenden dieser Welt, welche die Spieltische in prunkvoller Umgebung (links) zahlreich besuchten. Es wurden ihnen zahlreiche Karten- und Würfelspiele geboten, einschließlich Blackjack und Roulette.

Der Komplex des Kasinos in Monte Carlo umfasst auch das Grand Théâtre de Monte Carlo, ein Opernhaus und eine Ballettbühne sowie Sitz des Ballets de Monte Carlo. Monaco richtet jährlich ein Formel-1 Grand-Prix-Rennen aus. Die Streckenführung verläuft am Kasino vorbei.

[7] Königin Viktoria in der seit neuestem modischen Krinoline mit Prinz Albert, kurz bevor er dem Typhus erlag. Die Erkrankung hatte er sich durch die mangelhafte Kanalisation in Windsor Castle zugezogen.

[1] Harrods, nicht der Palast von heute in pink und orange, sondern ein Durcheinander zusammenlaufender Reihenhäuser mit Terrassen. Der Erfolg des Geschäfts setzte mit dem Warenverkauf an die Besucher der nahegelegenen Industrieausstellung „Great Exhibition" im Jahr 1851 ein.

[8] Juarez, Gegner der Vorherrschaft von Klerus und Aristokratie, hat gerade einen Bürgerkrieg gewonnen und wird sich bald dem Versuch Napoleons III. stellen müssen, Mexiko zu einem französischen Satellitenstaat zu machen.

[2] Friedrich Wilhelm überlebt die Revolutionen, die Europa 1848 aufwühlten, und notierte zu Bismarck: „Nur zu gebrauchen, wo das Bajonett schrankenlos waltet."

[9] Eine typische viktorianische Baumwollmühle. Die Maschinen wurden weitgehend von jungen Frauen, sogenannten „Mill Girls", bedient.

[7]
1861
Prinz Albert, der geliebte Gemahl der Königin Viktoria, stirbt im Alter von 42 Jahren an Typhus. Sie trägt für den Rest ihres Lebens schwarze Trauerkleidung.

[8]
1861
Der Reformator **Benito Juárez** wird zum Präsidenten Mexikos gewählt.

1861
Das **Kasino in Monte Carlo** wird aufgrund der steigenden Beliebtheit des Glücksspiels eröffnet. Das Kasino zieht in der Mitte des 19. Jahrhunderts viele wohlhabende Touristen an.

[9]
1861
Die **Textilmühlen in Lancashire**, England, werden zur Schließung gezwungen, als die Blockade der südlich gelegenen US-Häfen durch die Nordstaaten die Belieferung mit Rohbaumwolle unterbricht. Es folgt eine Massenarbeitslosigkeit.

[10]
1861
Das *Arts and Crafts Movement* (Kunstgewerbebewegung) gewinnt in England an Einfluss. Angeführt von **William Morris** ist die Rückbesinnung auf die Seele und die Handwerkskunst mittelalterlicher Gestaltung und Herstellung das Ziel der Bewegung.

1861
Der 859 Gramm schwere **Canellas-Meteorit** schlägt in Spanien in der Nähe von Barcelona ein.

1861
Der französische Chirurg und Anthropologe **Paul Broca** gibt bekannt, dass sich das Zentrum der artikulierten Sprach in der linken vorderen Region des Gehirns befindet. Diese Region wird seitdem Broca-Areal genannt.

1861
Der Franzose Pierre Michaux und dessen Sohn Ernest erfinden das **Veloziped**, das erste pedalbetriebene Fahrrad.
[3]

1861
Die berühmte irische Tänzerin und Kurtisane Marie Dolores Eliza Rosanna Gilbert, bekannt als **Lola Montez**, stirbt.
[4]

1861
Mrs. Beeton veröffentlicht ihr *Book of Household Management*, eines der meistverkauften Kochbücher in der Geschichte, das einen umfangreichen Leitfaden zur richtigen Führung eines viktorianischen Haushalts enthält.
[5]

1861
Den sieben bereits von der Union abgespaltenen US-Staaten folgen Arkansas, North Carolina, Tennessee und Virginia. Zusammen bilden sie die **Konföderierten Staaten von Amerika**. Jefferson Davis, der Senator von Mississippi, wird zum Präsidenten erwählt.
[6]

1861
Der erfolgreiche, in Deutschland geborene, englische Ingenieur und Erfinder William Siemens lässt **den Siemens-Martin-Ofen für die Stahlherstellung im Herdfrischverfahren** patentieren.

[3] Ein für den Einsatz auf Eis umgebautes Veloziped mit zwei Kufen anstelle des kleinen Hinterrads. Die vorstehenden Rasten vorn dienen dem Abstellen der Füße im Freilauf.

[5] Ein Abendessen für 16 Personen wie in dem Kochbuch von Mrs. Beeton angedacht.

[10] Ein Beispiel für die Inneneinrichtung in Kelmscott, dem in Oxfordshire gelegenen Haus aus dem 17. Jahrhundert, in dem William Morris mit seiner Familie lebte. Die für viktorianische Verhältnisse klare Einfachheit gibt einen Vorgeschmack auf die Ziele der Kunstgewerbebewegung.

[11] Macaulay glaubt damals, seine „Geschichte" würde 1688 beginnen und 1830 enden. Tatsächlich schaffte er es nur gerade bis ins 18. Jahrhundert.

[6] Jefferson Davis, erster und letzter Präsident der Konföderation.

[4] Lola Montez, berüchtigte Mätresse von Ludwig I. von Bayern.

1861
Die **Congressional Medal of Honor** (Ehrenmedaille), die höchste militärische Auszeichnung der USA, wird durch den US-Kongress für die US-Marine (und 1862 für die US-Armee) für „hervorragende Tapferkeit" eingeführt.

1861
Präsident Abraham Lincoln beruft 75 000 Milizsoldaten für einen dreimonatigen Dienst ein. Er befiehlt die **Seeblockade der Konföderierten Staaten**. Die Regierung der Konföderation hatte zuvor 100 000 Soldaten einberufen.

1861
Die **Trent-Affäre** führt zu Feindseligkeiten zwischen den USA und Großbritannien, als ein US-amerikanisches Schiff zwei Abgesandte der Konföderierten Staaten auf einem Schiff mit Kurs auf Europa verhaften lässt.

1861
Russische Truppen eröffnen das Feuer auf eine polnische Menschenmenge, die in **Warschau** gegen die russische Herrschaft protestiert.

1861
Der Vatikan beginnt mit der Veröffentlichung des **L'Osservatore Romano**, einer der einflussreichsten Zeitungen Italiens und Stimme des Heiligen Stuhls.

[11]
1861
Der fünfte und letzte Band der *Geschichte Englands* von **Thomas Babbington Macaulay** wird posthum herausgegeben und sichert ihm somit seinen Rang als einem der Begründer der damals sogenannten Whig-Interpretation der Geschichte.

1861-1862

1861
Tongzhi besteigt im Alter von sechs Jahren den Thron von China. Während seiner Herrschaft erfährt die angeschlagene Quing-Regierung eine kurzfristige Wiederbelebung.

1861
Das von **Zar Alexander II.** erlassene **Edikt der Eigenbehörigkeit** setzt die Leibeigenen in Russland zwar frei, aber die Bestimmungen stellen auch sicher, dass sie immer arm bleiben werden.

1861
Der US-amerikanische Schlosser **Linus Yale** lässt ein Zylinderschloss, das sich mittels eines flachen Schlüssels öffnen und schließen lässt, patentieren.

1861
Der **Unionsgeneral George B. McClellan** erhält den Oberbefehl über die Truppen, die bald „Potomac-Armee" genannt werden. Deren Auftrag ist die Verteidigung der Hauptstadt und die Zerstörung der feindlichen Kräfte im Norden und Süden Virginias.
[1]

1861
Die Firma Western Union stellt die **transkontinentale Telegrafenlinie** zwischen San Francisco und der Stadt New York City her. Diese Entwicklung läutet die letzte Stunde des berittenen Postzustelldienstes Pony Express ein.

1861
Wilhelm I., der zukünftige Kaiser von Deutschland, tritt in Preußen die Thronfolge an.
[2]

[4] Die Flagge der Konföderation ist über dem ramponierten Fort Sumter gehisst.

[3] Der ehemalige König von Sardinien-Piemont, Victor Emmanuel, verdankt seine Beförderung dem Staatsmann Cavour, dem Soldaten Garibaldi und den Ränken Napoleons III.

[2] Wilhelm I. von Preußen. Mit Bismarcks Hilfe wird er zum mächtigsten Herrscher in Europa.

[1] General George B. McClellan in der Pose Napoleons.

17. September 1861
In der **Schlacht von Pavón** besiegen die Streitkräfte der Provinz Buenos Aires unter dem Befehl des Gouverneurs Bartolomé Mitre die Truppen der argentinischen Konföderierten unter Justo José de Urquiza.

24. Oktober 1861
Das erste **transkontinentale Telegramm** wird in den Vereinigten Staaten von Amerika über das Telegrafennetz versendet.

1862
Die **Londoner Weltausstellung** ist bemüht, den Erfolg der Industrieausstellung von 1851 zu wiederholen.

1862
Die **Arbeitslosigkeit** in dem baumwollverarbeitenden Bezirk von **Lancashire** wächst.

[5]
1862
Der Amerikaner Richard J. Gatling erfindet die kurbelbetriebene, mehrschüssige **Gatling-Waffe**, das erste einsatzfähige Maschinengewehr.

1862
Der deutsche Schriftsteller und Dichter **Theodor Fontane** beschreibt in seinem 5-bändigen Werk *Wanderungen durch die Mark Brandenburg* die Landschaft und die Geschichte dieser um Berlin gelegenen Region.

1861
Die **Yale University** ist die erste US-amerikanische Universität, die Doktorgrade verleiht.

28. Januar 1861
Kansas wird 34. US-Bundesstaat.

17. März 1861
Victor Emmanuel wird zum ersten König des vereinten Italien erklärt, das die Lombardei, Piemont, Parma, Modena, Lucca, Romagna, Toskana und das Königreich beider Sizilien umfasst. Rom hingegen ist in der Hand von Napoleon III.
[3]

12. April 1861
Nach einer Bombardierung kapituliert Robert Anderson mit seinen etwa 85 Soldaten. Er überlasst **Fort Sumter** im Hafen von Charleston, South Carolina, einer rund 5500 Mann starken siegreichen Truppe der Konföderierten Staaten. Der US-amerikanische Bürgerkrieg hat begonnen.
[4]

21. Juli 1861
In Manassas, Virginia, werden die Truppen der Union unter Leitung des Brigadegenerals Irvin McDowell von der Armee der Konföderierten Staaten unter den Brigadegenerälen P.G.T. Beauregard und Joseph E. Johnson in der **Ersten Schlacht am Bull Run** besiegt.

9. September 1861
Sally Louisa Tompkins wird als Rittmeisterin in den Dienst gestellt. Sie ist die einzige Frau, die in der Armee der Konföderierten Staaten dient.

[7] Eine Familie von ehemaligen Leibeigenen mit ihrem Planwagen auf dem Weg ihre 650 000 m² abzustecken.

[6] Eine detaillierte Aufnahme von Glaisher und Coxwell an Bord ihres Heißluftballons. An der Seite ist ein robuster Anker oder Enterhaken mit Seil befestigt.

[5] Gatling-Waffe. Das zylindrische Magazin ragt oberhalb der Läufe heraus.

[8] Victor Hugo wird 1870 nach dem Fall Napoleons III. und dem Ende des Zweiten Kaiserreichs nach Frankreich zurückkehren können.

DIE TRANSKONTINENTALE EISENBAHN

Ein ehrgeiziges Projekt, bei dem der Osten mit dem Westen der USA verbunden werden soll

Die Vorarbeiten hatten bereits bei einer Schienenverbindung zwischen der Atlantik- und der Pazifikküste begonnen, als zwei Eisenbahngesetze (Pacific Railway Acts) in den Jahren 1862 und 1864 die Staatshilfe brachten, die den Traum Wirklichkeit werden ließen. Das erste Gesetz gewährte der Eisenbahngesellschaft Union Pacific Railroad das Wegerecht für den Bau westwärts von Omaha, Nebraska, und der Central Pacific Railroad für den Bau nach Osten von Sacramento, Kalifornien. Durch das zweite Gesetz wurde das benachbarte Areal der dem Wegerecht unterworfenen Fläche verdoppelt und ermöglichte den Eisenbahngesellschaften die Beschaffung von mehr Geldern durch den Verkauf von Anleihen. Nachforschungen des Kongresses ergaben später, dass manche Eisenbahneigner illegal aus den Eisenbahngesetzen profitiert hatten. Die Bautrupps der Union Pacific (links) vermaßen und legten 1749 km Schienenstrecken über den Missouri, durch Nebraska, Colorado, Wyoming und Utah, wo sie mit ihren Kollegen von der Central Pacific bei Promontory Summit zusammentrafen. Die Eisenbahnverbindung war eine der größten Errungenschaften des 19. Jahrhunderts.

1862
Der britische Entdecker John Speke ist der erste Europäer, der den Viktoria-See erforscht und die **Quelle des Nils** entdeckt.

[6]
1862
Der britische Meteorologe James Glaisher und der Luftfahrer James Henry Coxwell erforschen die **obere Atmosphäre** in Heißluftballons. Sie erreichen Höhen von elf Kilometern.

[7]
1862
Der **Homestead Act** (Heimstättengesetz) erlaubt jeder Person, die entweder über 21 Jahre alt oder Familienoberhaupt ist, ein Staatsbürger ist oder die Staatsbürgerschaft beantragt hat, rund 650 000 m² Land abzustecken und zu bewirtschaften.

1862
Die weltberühmte Schauspielerin **Sarah Bernhardt** beginnt ihre Karriere als Studentin an der Comédie Française.

1862
Der Bau an zwei US-Eisenbahnstrecken beginnt. Die **Central Pacific** baut ausgehend von Sacramento, Kalifornien, im Osten und die **Union Pacific** von Omaha, Nebraska, im Westen. Dazu stellt Central Pacific chinesische Arbeiter ein.

[8]
1862
Im Exil schreibt **Victor Hugo** *Die Elenden*. Es ist die Geschichte des Strafgefangenen Jean Valjean, der als Opfer der Gesellschaft 19 Jahre Haft für das Stehlen eines Brotlaibs erhielt, und des Inspektors Javert, der ihn ständig verfolgt.

1862

1862
Leo Tolstoi schreibt sein Meisterstück *Krieg und Frieden*, das vor dem Hintergrund der russischen Verwicklung in die Napoleonischen Kriege spielt.
[1]

1862
Der US-Oberbefehlshaber Major General Ulysses S. Grant sammelt die ersten bedeutenden Siege für die Truppen der Unionisten in den Schlachten am **Fort Henry** am Tennessee und **Fort Donelson** am Cumberland.

1862
Der Musikwissenschaftler Ludwig Ritter von **Köchel** stellt das umfassendste chronologische Verzeichnis der Werke von Wolfgang Amadeus Mozart zusammen. Nahezu durchgängig werden die Werke mit der Abkürzung KV (Köchelverzeichnis) gekennzeichnet.

1862
Otto von Wittelsbach, der durch die Großmächte bei der Konferenz in London als König auf den Thron des befreiten Griechenlands berufen wurde, wird durch einen Staatsstreich abgesetzt. Er wird durch einen dänischen ersetzt, der als **Georg I., König von Griechenland**, regiert.

1862
Otto von Bismarck wird zum preußischen Ministerpräsidenten und Außenminister ernannt. Er sagt: „Nicht durch Reden oder Majoritätsbeschlüsse werden die großen Fragen der Zeit entschieden (...), sondern durch **Eisen und Blut**."

1862
Petko Ratschew Slawejkow übersetzt die Bibel und reetabliert damit die **Bulgarische Volkssprache** als Literaturmedium.

[1] Ein Gruppenbild russischer Schriftsteller: Tolstoi, in Uniform, steht direkt hinter Iwan Turgenew.

[2] Christina Rossetti mit ihrem Bruder dem präraffaelitischen Dichter und Maler Dante Gabriel Rossetti.

[4] Johnny Clem, ein junger Trommler der Nordstaaten-Armee, erreicht nach der Schlacht von Shiloh Heldenstatus.

[3] Die „Monitor" nach der Schlacht; die Geschützkanzel trägt die Zeichen der Treffer der Konföderierten.

1862
Die Fürstentümer Moldau und Walachei werden unter der Herrschaft von Alexandru Cuza zu **Rumänien** vereint, doch ist das Gebiet immer noch unter der Kontrolle des Osmanischen Sultans.

1862
Durch den **Vertrag von Saigon** erhält Frankreich Saigon und drei südliche Provinzen in Cochinchina, Zugang zu drei Häfen, missionarische Freiheit, ein vages Protektorat über die Außenpolitik Vietnams und eine große Abfindungssumme.

1862
Die erste Musikschule Russlands, das **Konservatorium** von St. Petersburg, wird von dem Pianisten Anton Grigorjewitsch Rubinstein gegründet, der auch die Funktion des ersten Direktors übernimmt.

ca. 1862
John B. Stetson entwirft den Cowboyhut, der zum Symbol des amerikanischen Wilden Westen avanciert. Im Jahr 1865 eröffnet er eine Hutmanufaktur in Philadelphia. Das bekannteste seiner Modelle wird der Hut „Boss of the Plains".

[3]
9. März 1862
Das Schiff *USS Monitor* der Unionisten verwickelt die *Virginia* (vormals *Merrimack*) der Konföderierten in das erste Duell der Geschichte zwischen **Panzerschiffen**. Es ist der Beginn einer neuen Seekriegsführung.

[4]
6.-7. April 1862
Die **Schlacht von Shiloh** (auch Schlacht bei Pittsburgh Landing genannt) wird in Tennessee ausgetragen und führt zum Sieg der Nordstaaten unter dem Kommando von General Ulysses S. Grant. Die Zahl der Toten auf beiden Seiten beläuft sich auf 10 000.

1862
Der russische Romanschriftsteller und Autor von Kurzgeschichten **Iwan Turgenew** schreibt sein größtes Werk, *Väter und Söhne*, in dem er mit bemerkenswerter Ausgewogenheit und Tiefgründigkeit den Generationenkonflikt beschreibt.
[1]

1862
Die US-amerikanische Zeitschrift *Atlantic Monthly* veröffentlicht **Die Schlachthymne der Republik**, im Original *Battle Hymn of the Republic*, von Julia Ward Howe, die zu derselben alten Volksmelodie gesungen wird wie das Lied *John Brown's Body*.

1862
Die französischen Wissenschaftler Louis Pasteur und Claude Bernard schließen den ersten Testversuch der **Pasteurisierung** ab.

1862
Der Amerikanische Bürgerkrieg weitet sich in den Südwesten aus, als Albuquerque und Santa Fe von den Konföderierten eingenommen werden. In der **Schlacht von La Glorieta** werden sie jedoch zum Rückzug nach Texas gezwungen.

1862
Das **Morrill-Gesetz** gewährt jedem US-Bundesstaat rund 121 000 m² staatlichen Lands für jedes seiner Kongressmitglieder. Die Grundstücke sollen zur Finanzierung von Schulen verkauft werden, an denen „Landwirtschaft und die mechanischen Künste" gelehrt werden.

1862
Die prärafaelitische Lyrikerin **Christina Rossetti** veröffentlicht *Goblin Market and Other Poems*.
[2]

AMERIKANISCHER BÜRGERKRIEG

Ein Konflikt, in dessen Verlauf 11 Südstaaten erfolglos die Abspaltung von den Nordstaaten anstreben

Er entstand aus Streitigkeiten über die Themen der Sklaverei, des Handels, der Zölle und der Doktrin der Rechte der Einzelstaaten. Die ablehnende Haltung der Nordstaaten gegenüber der Sklaverei in den westlichen Territorien führte dazu, dass die Südstaaten um ihre bestehende Sklavenhaltung fürchteten, welche die wirtschaftliche Basis des Südens darstellte. Bis zur Mitte des 19. Jahrhunderts hatte die Abschaffung der Sklaverei in den Nordstaaten zugenommen. Als dann der Republikaner und Gegner der Sklaverei Abraham Lincoln 1860 zum Präsidenten gewählt wurde, spalteten sich die Südstaaten ab und bildeten unter Jefferson Davis die Confederate States of America (Konföderierte Staaten von Amerika).

Der Krieg begann in Charleston, South Carolina, als die Artillerie der Konföderierten am 12. April 1861 Fort Sumter beschoss. Beide Seiten bauten schnell Armeen auf. Im Juli 1861 marschierten 30 000 Soldaten der Union (oben und unten, in ihrem Stützpunkt in Yorktown, Virginia) in Richtung Richmond, der Hauptstadt der Konföderation in Virginia. Bei der Schlacht am Bull Run wurden sie jedoch von den Streitkräften der Konföderierten aufgehalten und zum Rückzug nach Washington, D.C., gezwungen. Die Niederlage versetzte die Union in Schock. Sie berief daraufhin weitere 500 000 Rekruten ein. Der erste bedeutende Feldzug des Kriegs begann im Februar 1862, als die Truppen der Nordstaaten unter Ulysses S. Grant die Forts der Konföderierten im westlichen Tennessee einnahmen. Es folgten die Siege der Union bei Shiloh und New Orleans. Im Osten führte Robert E. Lee die Truppen der Konföderation während der Sieben-Tage Schlacht und, nach der Niederlage am Antietam, in der Schlacht von Fredericksburg (Dezember 1862) mehrmals zum Sieg. Nach dem Sieg der Konföderation in Chancellorsville drang Lee in den Norden vor und kämpfte in Gettysburg gegen die Streitkräfte der Union. Die Wende des Kriegs kam im Juli 1863 mit dem Erfolg der Vicksburg-Kampagne von Grant, in deren Folge der gesamte Mississippi unter die Kontrolle der Unionisten geriet. Grants Befehlsgewalt wurde ausgeweitet, und im März 1864 unterstellte Lincoln ihm die Oberbefehlsgewalt über die Armeen der Union. Von da an verfolgte Grant eine Strategie der Zermürbung und umzingelte Lees Truppen in Petersburg, Virginia. In der Zwischenzeit nahm William T. Sherman im September Atlanta ein, trat den Marsch durch Georgia an und eroberte Savannah. Am 3. April 1865 nahm Grant Richmond ein und akzeptierte die Kapitulation Lees am 9. April im Appomattox Court House. Sherman nahm am 26. April die Kapitulation von Joseph Johnston entgegen. Damit war der Krieg beendet. Die Zahl der Kriegstoten war niederschmetternd – 620 000 von 2,4 Millionen Soldaten ließen ihr Leben.

25. April 1862
Eine der weltweit berühmtesten Orgeln, die **Orgel von Saint Sulpice** in Paris, wird von Aristide Cavaillé-Coll gebaut.

5. Mai 1862
Eine Schlacht bei Puebla zwischen der mexikanischen Armee und den von Napoleon III. zur Errichtung eines Satellitenstaats entsandten Streitkräften endet mit dem Sieg der Mexikaner. Der Jahrestag wird als **Cinco de Mayo** (Fünfter Mai) gefeiert.

20. Juni 1862
Barbu Catargiu, der im Frühling des Jahres 1862 erster rumänischer Premierminister wurde, fällt einem Attentat zum Opfer.

Juli 1862
Adam Opel, späterer Gründer des deutschen Automobilherstellers Opel, eröffnet eine Fabrik für die Massenherstellung von Nähmaschinen.

29. August 1862
Garibaldi wird in der **Schlacht am Aspromonte** um die Herrschaft über Rom verwundet und gefangen genommen.

29.-30. August 1862
In der **Zweiten Schlacht am Bull Run** zwingt die Armee der Konföderierten unter dem Befehl von General Robert E. Lee die unter dem Kommando von Major General John Pope stehenden Truppen der Union zum Rückzug.

1862-1863

17. September 1862
Durch die **Schlacht am Antietam** im Amerikanischen Bürgerkrieg werden das Vordringen der Konföderierten nach Maryland und die befürchtete Belagerung der Hauptstadt Washington gestoppt.
[1]

3. Oktober 1862
Die **Propyläen** werden auf dem Münchener Königsplatz als Denkmal für die griechische Thronfolge Ottos, Sohn von Ludwig I. von Bayern, im Jahr 1832 errichtet.

November 1862
US-Präsident Lincoln lässt General George B. McClellan in dessen Amt als Befehlshaber der Potomac-Armee durch **General Ambrose Everett Burnside** ablösen.

13. Dezember 1862
Die Streitkräfte der Konföderation führen unter dem Kommando von General Robert E. Lee bei der **Schlacht in Fredericksburg** einen vernichtenden Schlag gegen die Unionstruppen des General Ambrose E. Burnside aus und stärken so die Sache der Südstaaten erheblich.
[2]

26. Dezember 1862
Ein **Aufstand der Sioux** eskaliert in Mankato im US-Bundesstaat Minnesota zu einem Massenhängen, bei dem 38 Sioux hingerichtet werden, weil sie weiße Siedler getötet haben. US-Präsident Abraham Lincoln hat die Anzahl von ursprünglich über 300 zum Tode Verurteilten reduziert.

1863
Bei einer internationalen Konferenz in Paris wird ein erster Versuch unternommen, allgemeingültige Prinzipien einzuführen, die den **internationalen Postdienst** regeln sollen.

[1] Antietam: die Folgen des blutigsten Tages in der US-amerikanischen Geschichte. Die Leichen liegen zur Beerdigung vor Dunker Church.

[9] Der Frankfurter Fürstentag, mit Franz Josef I. von Österreich in der Mitte in weiß und Maximilian II. von Bayern zu seiner Rechten.

[6] F.W.A. Argelander. Er erhielt die Goldmedaille der British Royal Astronomical Society.

[2] General Robert E. Lee. Einer der größten Strategen aller Zeiten.

[4] Ferdinand Lassalle: ein Sozialist der ersten Stunde, der auch mit Bismarck Ränke schmiedet.

[5] Der Schatzmeister oder „Chancellor of the Exchequer“ William Gladstone (im Bildvordergrund) auf einer Testreise mit der Londoner Untergrundbahn „Metropolitan“, deren Schienennetz von Paddington Station bis in die Innenstadt verläuft.

1863
Der deutsche Chemiker Joseph Wilbrand stellt den Sprengstoff **TNT (Trinitrotoluol)** synthetisch her.

[4]
1863
Ferdinand Lassalle gründet den **Allgemeinen Deutschen Arbeiterverein**, die erste sozialistische Arbeiterpartei Deutschlands.

1863
Isma'il Pasha wird Vizekönig von Ägypten unter osmanischer Herrschaft. Seine Verwaltungspolitik, vor allem die Anhäufung enormer Auslandsschulden, wird entscheidender Faktor für die Besetzung Ägyptens durch Großbritannien.

1863
James L. Plimpton aus Medford in Massachusetts entwirft den ersten modernen Rollschuh mit vier Rädern. Die Beliebtheit des **Rollschuhfahrens** steigt daraufhin explosiv an.

1863
John D. Rockefeller baut seine erste Ölraffinerie in der Nähe von Cleveland in Ohio. Er sah bereits das immense Geschäftspotential in der schnell wachsenden Ölindustrie.

[5]
1863
Die **London Underground**, das erste Untergrundbahnverkehrsnetz der Welt, wird eröffnet. Im ersten Jahr nach der Inbetriebnahme werden 9,5 Millionen Fahrgäste befördert.

1863
Erzherzog Maximilian von Österreich nimmt den Thron Mexikos an. Er glaubt, dass das Volk ihn zu seinem König gewählt hat. Tatsächlich basiert das Angebot jedoch auf einer Intrige Napoleons III. und der konservativen Mexikaner gegen die liberale Regierung von Juárez.

1863
Der britische Schriftsteller **Charles Kingsley** veröffentlicht sein didaktisches Fantasy-Kinderbuch *The Water-Babies* (Die Wasserbabies), in dem sowohl Kingsleys Anliegen einer Hygienereform, sein naturgeschichtliches Interesse und die Evolutionstheorie zum Ausdruck kommen.
[3]

1863
Kambodscha wird französisches Protektorat.

1863
Christian IX. tritt die Thronfolge Friedrichs VII. als König von Dänemark zum Höhepunkt der **Schleswig-Holstein-Krise** an. Schleswig-Holstein war für die Beziehungen zwischen Dänemark und Preußen schon lange ein Stein des Anstoßes.

1863
Der französische Archäologe Charles Champoiseau entdeckt im griechischen Samothrake Fragmente einer Marmorstatue. Die Statue, unter dem Namen **Nike von Samothrake** bekannt, wird darauf im Louvre in Paris als einer der Kunstschätze ausgestellt.

1863
Die Oper von **Georges Bizet** *Die Perlenfischer* wird in Paris uraufgeführt.

GRÜNDUNG DER BRITISCHEN FOOTBALL ASSOCIATION

Die Verbandsgründung sorgte für Regeln und gab dem Sport auch einen seiner Namen – „soccer" als Abkürzung von „association".

Die Football Association (FA) ist das regelnde Gremium des englischen Fußballsports. Sie wurde 1863 gegründet, um die Spielregeln für einen Sport, der bereits im ganzen Land, insbesondere an Privatschulen wie Harrow (das Bild oben zeigt eine der Mannschaften dieser Schule) beliebt war, festzulegen und zu reglementieren.

Die FA überwacht jeden Aspekt des organisierten Spiels, sowohl hinsichtlich der Amateure als auch der Profispieler, und ist für die Ausrichtung nationaler Wettkämpfe verantwortlich. Dazu gehören auch die Spiele um den Challenge Cup (FA-Cup), der seinen Höhepunkt mit dem traditionellen Cup-Finale in Wembley hat.

Die FA half den schottischen, walisischen und irischen Verbänden gegen Ende des 19. Jahrhunderts bei der Beaufsichtigung der Spiele in diesen Ländern. Später trat der Verband der Fédération Internationale de Football Association (FIFA) bei. Im frühen 21. Jahrhundert repräsentierte die FA etwa 37 000 Vereine und Millionen von Spielern. Ihr Tätigkeitsbereich schließt die Abfassung von Lehrmaterial für Fußballtrainer, Spieler und Schiedsrichter, die Beratung ausländischer Fußballorganisationen sowie die Genehmigung der Regeln und Bestimmungen der englischen Ligen ein. Der Sitz der FA befindet sich in London.

[8] Der schweizerische Humanist Henri Dunant wird zur Gründung des Roten Kreuzes inspiriert, als er die Schrecken des Schlachtfelds von Solferino 1859 sieht. Dort kämpften die Franzosen in Italien gegen die Österreicher.

[3] Der Pfarrer Charles Kingsley und seine Frau vor seinem Studierzimmer im Pfarrhaus von Eversley in der Grafschaft Hampshire.

[7] Ernest Solvay (3. von links, vorn) als Teilnehmer einer Konferenz zum Thema Physik, die er 1911 in Brüssel einberief. Er ist in Gesellschaft zahlreicher Wissenschaftler wie Max Planck, Ernest Rutherford, Albert Einstein und Marie Curie.

[6]
1863
Der preußische Astronom **Friedrich Wilhelm August Argelander** wird mit einer Goldmedaille für seinen Sternenkatalog ausgezeichnet, der als *Bonner Durchmusterung* bekannt ist.

[7]
1863
Die belgischen Unternehmer **Ernest und Albert Solvay** eröffnen ihre erste Fabrik in Couillet, heute Teil von Charleroi.

1863
Beginn der Flaschenabfüllung von mit Kohlesäure versetztem Mineralwasser der Quelle **Perrier** im südfranzösischen Vergeze.

[8]
1863
Henri Dunant gründet das Internationale Komitee der Hilfsgesellschaften für die Verwundetenpflege (heute das Internationale Komitee vom **Roten Kreuz**). 1864 entstehen die ersten nationalen Schutzvereine, und es kommt zur ersten Genfer Konvention.

[9]
1863
Kaiser Franz Josef I. von Österreich will während des **Frankfurter Fürstentages** eine neue Verfassung für die deutschen Staaten durchsetzen. Da aber Wilhelm I. von Preußen auf Bismarcks Geheiß der Versammlung fernbleibt, scheitert er.

1863
In England wird der Fußballverband **Football Association** gegründet, und es werden allgemeingültige Regeln für das Fußballspiel festgelegt.

1863-1864

1863
In England fallen über 30 000 Menschen einer **Scharlach-Epidemie** zum Opfer.

1863
Der **Vertrag von Ruby Valley** ermöglicht die Verlegung von Eisenbahnschienennetzen durch das Land der Indianer im Nevada-Territorium. Den Indianern überlässt man fast ausschließlich Wüstenboden.

1863
Der **Salon des Refusés** findet in Paris auf Anordnung Napoleons III. für Arbeiten statt, die von der Jury des offiziellen Salons zurückgewiesen wurden. Dort werden Bilder von Paul Cézanne, Camille Pissarro, James McNeill Whistler und Édouard Manet gezeigt.
[1]

1863
Die Singer Company bietet **Nähmaschinen** zum Ratenkauf an. Die Käufer zahlen den Preis der Maschinen von 100 Dollar in Monatsraten von 5 Dollar ab. Hiermit wird ein Präzedenzfall geschaffen, der Auswirkungen auf das Konsumentenverhalten der modernen Gesellschaft hat.
[2]

1863
Alfred Nobel entwickelt den Prozess für die Massenherstellung des **Sprengstoffs Nitroglyzerin**.

1863
In der niederländischen Kolonie **Surinam** in Südamerika wird die Sklaverei in den Jahren 1863-1864 abgeschafft.

[1] Die Ausstellung einer Studie zu Manets Gemälde „Dejeuner sur l'Herbe" im Salon des Refusés schockiert die Pariser dermaßen, dass die Ausstellung geschlossen wird.

[3] Die Toten liegen auf dem Schlachtfeld von Gettysburg. Die Gesamtzahl der Opfer beläuft sich auf 44 000.

[5] Der Turm der St. Nikolai Kirche mit dem Hoppenmarkt in Hamburg davor.

[4] Eine Belagerungskanone in Vicksburg.

[2] Ein elegantes englisches Mädchen bedient eine Nähmaschine mit Tretkurbel. Die Harfe im Hintergrund scheint zu besagen, dass diese Errungenschaft ebenso dem Zeitgeist entspricht wie das Musizieren.

[3]
2.-3. Juli 1863
In der Schlacht von **Gettysburg**, Pennsylvania, stoppen die Unionstruppen das Vordringen der Konföderierten. Der Preis ist jedoch hoch – auf Seiten der Nordstaaten fordert sie 23 000 Opfer und 20 000 seitens der Südstaaten.

[4]
4. Juli 1863
General Ulysses S. Grant nimmt den militärischen Stützpunkt der Konföderierten **Vicksburg**, Mississippi, ein. Zusammen mit dem Sieg in Gettysburg ermutigt dies den Norden und bringt die Kriegswende.

1. August 1863
Die Firma Bayer et Comp. wird im heutigen Wuppertal von Friedrich Bayer und Johann Friedrich Westkott gegründet. Aus dem Unternehmen wird einmal die **Bayer AG**.

[5]
27. September 1863
Die im Stil der Backsteingotik erbaute **St. Nikolai Kirche in Hamburg** wird eingeweiht. Mit Fertigstellung ihres Turms im Jahr 1874 ist sie bis zur Errichtung der Kathedrale von Rouen 1876 das höchste Gebäude der Welt.

19. November 1863
Lincoln hält in Gettysburg seine berühmte **Rede**: „Auf dass diese Nation eine Wiedergeburt der Freiheit erlebe … und auf dass die Regierung des Volkes durch das Volk und für das Volk nicht von der Erde verschwinden möge."

19.-20. November 1863
Die Konföderierten gewinnen unter General Braxton Bragg die **Schlacht am Chickamauga** in Georgia; sie haben jedoch viele Opfer zu beklagen.

1863
Drei Tage andauernde **Unruhen** im Protest gegen die Einberufung von Soldaten zum Kampf im Amerikanischen Bürgerkrieg haben in der Stadt New York 1000 Tote zur Folge.

1863
Venezuela führt als erstes Land die **Abschaffung der Todesstrafe** für alle Vergehen ein, einschließlich schwerer Straftaten gegen den Staat (z.B. Landesverrat und militärische Verstöße in Kriegszeiten).

1863
Der Berg *Gornerhorn* in der Schweiz wird zu Ehren des schweizerischen Soldaten, Brückenbauers und Topographen Guillaume-Henri Dufour in **Dufourspitze** umbenannt.

1863
Gerard Adriaan **Heineken** gründet ein Brauereiunternehmen in Amsterdam. Die Rezeptur des Biers hat sich seitdem angeblich nicht geändert.

1863
Der dänische Prinz Georg aus dem Haus Holstein-Sonderburg-Glücksburg wird **König von Griechenland**.

2. Juni 1863
West Virginia tritt als 35. Staat den Vereinigten Staaten von Amerika bei. Der Bundesstaat entstand aus gegen die Sklaverei eingestellten Countys Virginias.

DEUTSCH-DÄNISCHER KRIEG

Der entscheidende Konflikt in einem territorialen Kampf zwischen Dänemark und Preußen

Die Frage, wer die beiden deutschen Gebiete Schleswig und Holstein regieren sollte – Dänemark im Norden oder Preußen im Süden – schien nach dem Ersten Schleswig-Holsteinischen Krieg 1848-51 zu Gunsten der Dänen geklärt worden zu sein. Es gab jedoch weiterhin Spannungen, die in den 1860ern wiederauflebten, als Preußen Pläne für den Bau des Nord-Ostsee-Kanals ankündigte. Dieses Vorhaben konnte erst durchgesetzt werden, wenn die beiden damals getrennten Herzogtümer sich aus der dänischen Interessensphäre lösen und „Großdeutschland" beitreten würden.

Der Tod des Königs von Dänemark Friedrich VII., der keinen Thronnachfolger hatte, im November 1863 löste eine Verfassungskrise aus und verursachte unter den gegnerischen Kräften ein Wettrennen um das entstehende Machtvakuum. Als der Nachfolger Friedrichs, Christian IX., im selben Monat noch eine neue Verfassung einführte, bat die Mehrheit der deutschen Bevölkerung in Holstein den preußischen Ministerpräsidenten Otto von Bismarck um Hilfe.

Die feindlichen Armeen beobachteten sich im Januar 1864 beiderseits der Eider. Der Kampf brach am 1. Februar aus, als preußische und österreichische Truppen in Schleswig einmarschierten. Im März waren die Österreicher weit nach Dänemark hinein vorgedrungen, und die Stadt Veilje wurde eingenommen. Die letzte große Auseinandersetzung in dem einseitigen Krieg war das Gefecht von Lundby am 3. Juli 1864. Der Ausgang – eine heftige Niederlage für die zahlenmäßig unterlegenen und schlecht ausgerüsteten dänischen Truppen – bestätigte nunmehr den bereits unausweichlichen preußisch-österreichischen Sieg. (Die Fotografien zeigen preußische Soldaten vor ihren Zelten und eine durch Artilleriefeuer beschädigte Windmühle.) Am 14. Juli erreichten die Preußen die Stadt Skagen an der Nordspitze von Jütland und vollendeten damit die Besetzung des dänischen Festlands. Sie traten nach dem 1. August den Rückzug an, als Christian IX. sämtliche Ansprüche auf das umstrittene Gebiet zurücknahm. Aufgrund der Bedingungen des Vertrags von Wien erfolgte am 30. Oktober die offizielle Abtretung Dänemarks von Schleswig an Preußen und Holstein an Österreich. Dies hatte zur Folge, dass die Grenze zu Dänemark um 240 km nach Norden verlegt wurde und über 200 000 Dänen (schätzungsweise ein Viertel der Bevölkerung) unterstanden damit einer ausländischen Regierung. Der Krieg setzte Dänemarks territorialen Ambitionen ein für allemal ein Ende und kennzeichnete den Beginn eines Zeitalters der deutschen Expansionspolitik, die im Ausbruch des Ersten Weltkriegs gipfelte.

24.-25. November 1863
Die Streitkräfte der Union schlagen die Truppen der Konföderation an einem für die Südstaaten wichtigen Eisenbahnknotenpunkt in **Chattanooga** am Tennessee.

13. Dezember 1863
Der deutsche Dichter und Dramatiker **Christian Friedrich Hebbel** stirbt kurz nach der Vollendung seiner überwältigenden Trilogie *Die Nibelungen* (1862).

24. Dezember 1863
Der englische Romanschriftsteller **William Makepeace Thackeray** stirbt. Sein berühmtestes Buch ist *Jahrmarkt der Eitelkeiten*, eine Satire, welche die Karriere der Antiheldin Becky Sharp in der herrschenden Gesellschaft beschreibt.

1864
Der Deutsch-Dänische Krieg (Zweiter Schleswig-Holsteinischer Krieg) zwischen Dänemark und dem Deutschen Bund beginnt. Dieser Krieg ist der erste Schachzug im europäischen Machtspiel des preußischen Ministerpräsidenten Otto von Bismarck.

1864
Alexandru Cuza schafft das Leibeigentum in **Rumänien** ab.

1864
Die **Internationale Arbeiterassoziation** (auch *Erste Internationale* genannt) wird gegründet. Sie ist eine internationale sozialistische Organisation, deren Ziel die Zusammenführung von linksgerichteten Gruppen und den Gewerkschaften ist.

1864

1864
Der britische Astronom William Huggins bestimmt mittels Spektroskopie, dass manche Nebel gasförmig sind. Sein Schaffen legt einen der Grundsteine der neuen Disziplin **Astrophysik**.
[1]

1864
Camille Corot, Mitglied der französischen *Schule von Barbizon*, die sich der Studie der Natur unter freiem Himmel und Lichteffekten widmete, malt *Souvenir de Mortefontaine*.
[2]

1864
Clara Barton wird zur Vorsteherin der Krankenschwestern der nordstaatlichen James-Armee ernannt. Sie kümmert sich um die Soldaten, bringt zuweilen Vorräte über die Schlachtlinien, sucht nach Vermissten und pflegt die Verwundeten.

1864
Jules Verne, französischer Autor von Romanen, die auf wissenschaftlicher Voraussicht basieren, veröffentlicht das Buch *Reise zum Mittelpunkt der Erde*.
[3]

1864
George Perkins Marsh veröffentlicht *Man and Nature*. Dieser **Klassiker des Naturschutzes** beklagt den durch menschliches Handeln angerichteten Schaden im Mittelmeerraum und den Vereinigten Staaten von Amerika.

1864
John Henry Newman, Anführer der „Oxford-Bewegung" innerhalb der anglikanischen Kirche und späterer Kardinal der römisch-katholischen Kirche, veröffentlicht die *Apologia pro Vita Sua*, eine Abhandlung über die Entwicklung seiner religiösen Ansichten.
[4]

[1] Sir William Huggins in hohem Alter in seiner akademischen Kleidung.

[2] Corot mit vollständiger Ausrüstung bei der Freilichtmalerei.

[3] Eine Illustration aus einer früheren Ausgabe des Romans „Reise zum Mittelpunkt der Erde".

[7] Kit Carson, „Mountain Man", Trapper, Armee-Scout sowie Begleiter von John C. Fremont bei der Anlegung der Siedlerroute Oregon Trail und dem Übergriff auf den mexikanischen Teil Kaliforniens.

[4] Kardinal Newman kurz vor seinem Tod.

[6] Samuel Baker, der archetypische weiße Jäger, posiert mit dem Kopf eines Nashorns und einem Büffelschädel.

1864
Anlässlich einer Wette mit einem ortsansässigen Hotelier verbringen zum ersten Mal englische Touristen den Winter in **St. Moritz** in der Schweiz. Somit ist der Grundstein für den späteren Ruhm als Wintersportort gelegt.

[6]
1864
Samuel White Baker erreicht mit seiner späteren Frau Florence von Sass den Albertsee, der auf der Grenze zwischen der heutigen Demokratischen Republik Kongo und Uganda liegt. Er legt fest, dass der See eine Quelle des Nils ist.

[7]
1864
Kit Carson, Colonel der US-Armee, lässt 8000 Navajo-Indianer in das unfruchtbare, alkalihaltige Gebiet Bosque Redondo südlich von Santa Fe bringen, nachdem Ernte, Behausungen, Vieh und Ausrüstung der Navajo vernichtet worden waren.

10. März 1864
Maximilian II. von Bayern stirbt, und sein Sohn **Ludwig II.** besteigt den Thron. Er ist gerade erst volljährig geworden.

12. April 1864
Der Konförderierten-General Nathan B. Forrest nimmt **Fort Pillow** in Tennessee ein. Alle farbigen Soldaten im Fort werden getötet; manche werden verbrannt, andere werden lebendig begraben. Über 300 Farbige, einschließlich Frauen und Kinder, werden ermordet.

$
4. Mai 1864
Die französische Bank **Société Générale** wird von einer Gruppe Industrieller und Finanziers gegründet. Ihr erster Vorsitzender ist der prominente Industrielle Eugène Schneider.

1864
Gojong, der 26. König der Joseon-Dynasty (Yi) und letzter tatsächlicher Herrscher über **Korea**, besteigt den Thron. Sein Vater Daewon-gun ist Regent.

1864
Jacques Offenbachs Operette **La belle Hélène** wird in Paris uraufgeführt. Das Schema der Darstellung eines klassischen Mythos in modernem Stil folgt dem des *Orpheus in der Unterwelt* (1858).
[5]

1864
Nanjing wird von der chinesischen Regierung zurückerobert. Über 20 Millionen Menschen verlieren ihr Leben während des **Taiping-Aufstands**.

1864
Papst Pius IX. verfasst die Enzyklika *Syllabus Errorum*, in der er Thesen zu Liberalismus, Sozialismus und Rationalismus verurteilt und die Ansicht vertritt, dass „der Papst sich mit dem Fortschritt, dem Liberalismus und der heutigen Zivilisation versöhnen und vereinigen kann".

1864
US-Präsident Abraham Lincoln wird für eine zweite Amtszeit wiedergewählt und schlägt damit seinen demokratischen Herausforderer General George B. McClellan.

1864
Der erfolgreiche britische Romanschriftsteller **Anthony Trollope** veröffentlicht das Werk *Can You Forgive Her?* als erstes Werk seiner Romanserie *Palliser*.

GRANT IN „THE WILDERNESS"

Beginn der Überlandkampagne der Union

Im März 1864 ernannte US-Präsident Abraham Lincoln Ulysses S. Grant zum Generalleutnant und Oberbefehlshaber der US-Armee im Sezessionskrieg. Grant übernahm die Führung der Potomac-Armee und beabsichtigte, seine Truppen gegen die der Konföderierten unter General Robert E. Lee in North Virginia zu führen. Im Mai lenkte Grant 115 000 seiner Männer in die Wilderness, ein Waldgebiet 16 km westlich von Fredericksburg, Pennsylvania.

Lee entsandte daraufhin seine Truppen in der Hoffnung, dass das Terrain die Wirkung der überlegenen Artillerie und Kavallerie der Union eindämmen würde. Am 5. Mai begannen zwei Tage bitterer, intensiver Kämpfe. Schließlich zog Grant seine Truppen vom Schlachtfeld in der Wilderness zurück und zog in Richtung Südosten zur Kreuzung am Spotsylvania Court House. Die Konföderierten erreichten dieses Ziel zuerst. In einem grausamen Kampf (18.-19. Mai), einschließlich der berühmten Kämpfe Mann gegen Mann am „Bloody Angle", wurde Grant zurückgeworfen. In Spotsylvania hatte er 18 399 Männer verloren. Lees Verluste in der Wilderness und Spotsylvania wurden auf 17 250 geschätzt. Diese Fotografie vom 21. Mai zeigt Grant (links), der sich über eine der Kirchenbänke lehnt, die man aus einer nahe gelegenen Kirche herbeigetragen hatte.

[5] Jacques Offenbach. Sein letzter großer Erfolg ist „Hoffmanns Erzählungen" (1881).

[8] Eine Fotografie des US-Admirals David Farragut von Mathew Brady.

5.-7. Mai 1864
General Ulysses S. Grant trifft in Virginia in **Wilderness** auf die Armee der Konföderierten unter dem Befehl von General Robert E. Lee. Zwei Tage später zieht er in eine weitere frustrierende Schlacht am **Spotsylvania Court House**.

3. Juni 1864
Die **Zweite Schlacht von Cold Harbor** (Virginia) beginnt. Sie gilt als die schwerste Niederlage der Nordstaaten im Amerikanischen Bürgerkrieg. Die Union verzeichnet dabei Verluste von etwa 7000 Soldaten.

[8]
5. August 1864
In einer Seeschlacht in der **Mobile Bay** gelingt es der Flotte der Union unter Admiral David Farragut, die Bucht für Blockadebrecher zu sperren. Während der Schlacht ermahnt er seine Männer mit den Worten: „Verdammt seien die Torpedos: Volle Kraft voraus!"

31. August 1864
Der deutsche Sozialistenführer **Ferdinand Lassalle** stirbt nach drei Tagen an den Folgen eines Duells bei Genf mit dem Fürsten von Racowitza um eine Frau.

2. September 1864
Die Streitkräfte der Union besetzen **Atlanta**, Georgia, Hauptlager, Sitz der Waffenindustrie der Südstaaten und Grundpfeiler des Eisenbahntransportsystems der Konföderierten östlich des Mississippi.

4. September 1864
John Hunt Morgan, der Anführer der konföderierten Guerillatruppe **Morgan's Raiders**, wird von Soldaten der Union getötet.

1864-1865

16. September 1864
Ramon Maria Narvaez wird der **dritte spanische Ministerpräsident innerhalb eines Jahres** und kann das Amt selber nur bis Juni 1865 halten.

15. November 1864
Der US-General der Armee der Nordstaaten William Tecumseh Sherman tritt seinen **großen Marsch zum Meer** an und legt Georgia in Schutt und Asche.
[1]

29. November 1864
1200 Soldaten der US-Armee greifen ein Lager der **Cheyenne-Indianer**, die sich bereits ergeben hatten, im südöstlichen Colorado-Territorium an. Zwischen 150 und 500 Indianer fallen dem Massaker zum Opfer, darunter auch viele Frauen und Kinder.
[2]

Dezember 1864
Salmon P. Chase wird von Präsident Abraham Lincoln zum sechsten US-amerikanischen Vorsitzenden Richter am Obersten Gerichtshof ernannt. Er hält sein Amt von 1864 bis 1873.
[3]

21. Dezember 1864
Die Armee der Union von US-General William Tecumseh Sherman nimmt mit **Savannah**, Georgia, die wichtigste Hafenstadt der Konföderation ein.

1865
William Booth gründet die Christliche Mission in Whitechapel im Londoner East End. Aus ihr entsteht später die **Heilsarmee**, die sich der christlichen Verkündigung widmet und den Armen, Obdachlosen und Notleidenden der neuen industrialisierten Welt hilft und Hoffnung gibt.
[4]

[1] Atlanta, Georgia: Shermans Hinterlassenschaft auf seinem Marsch zum Meer.

[10] Lord John Russell. Königin Viktoria sagt, er wäre ein besserer Gesellschafter, hätte er ein drittes Interessengebiet, denn er lebt nur für die Verfassung von 1688 und sich selbst.

[3] Salmon P. Chase. In den 1850ern war er im US-Senat der größte Verfechter der Anti-Sklaverei-Bewegung. Dann wurde er erster republikanischer Gouverneur von Ohio und schließlich Lincolns hoch geschätzter Finanzminister.

[7] Mary Edwards Walker mit der US-Ehrenmedaille.

[8] Mathew Bradys Wagen wurde in eine transportable Dunkelkammer umgebaut, die von den Soldaten „Whatisit Wagon" getauft wurde.

[6] Eine der berühmten Illustrationen von Sir John Tenniel zu „Alice im Wunderland".

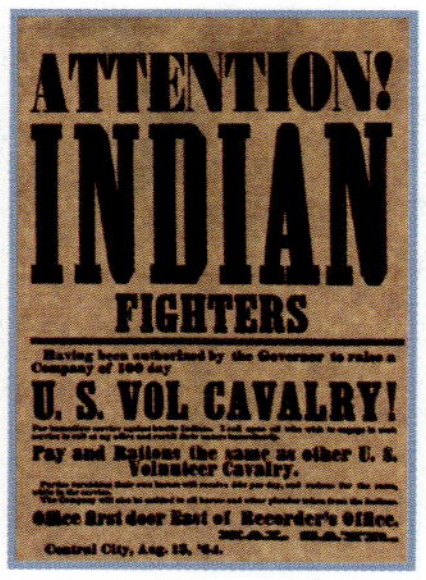

[2] Ein Rekrutierungsposter von 1864 für Kavalleristen zum Einsatz bei der Bekämpfung der Indianer in Colorado.

1865
Die **Deutsche Gesellschaft zur Rettung Schiffbrüchiger** (DGzRS) wird in Kiel gegründet. Die Seenotrettungsorganisation arbeitet in der Nord- und Ostsee. Heute befindet sich ihre Einsatzzentrale in Bremen.

1865
In Großbritannien hat die **Verschmutzung der Flüsse** ein derartiges Ausmaß erreicht, dass eine Kommission mit der Angelegenheit beauftragt wird. Ein Teil ihres Berichts wird mit dem Wasser des Flusses Calder anstelle von Tinte geschrieben.

[6]
1865
Der einzigartige und vielschichtige Roman *Alice im Wunderland* von **Lewis Carroll** kennzeichnet einen Wandel weg von der Betonung moralischer Erziehung hin zu der Freude an Kinderliteratur.

[7]
1865
Mary Edwards Walker, von der angenommen wird, dass sie die einzige weibliche Chirurg war, der während des Amerikanischen Bürgerkriegs offiziell rekrutiert wurde, erhält die *Medal of Honor*, die höchste Auszeichnung der US-Streitkräfte.

[8]
1865
Mathew Brady, Timothy O'Sullivan und **Alexander Gardner** dokumentieren die Schrecken und die Zerstörung durch den Amerikanischen Bürgerkrieg in Fotografien.

[9]
1865
Der schottische Arzt Joseph Lister beginnt mit der Entwicklung von Techniken der **antiseptischen Chirurgie**, wie beispielsweise die Sterilisierung von Instrumenten. Seine Neuerungen reduzieren die Sterblichkeitsrate bei operativen Eingriffen erheblich.

1865
Im **Hyde Park** in London brechen **Aufstände** wegen der Frage des Wahlrechts aus.

1865
Ehemalige Sklaven beteiligen sich in Jamaika an einem Aufruhr. Der Gouverneur **Edward John Eyre** ruft das Kriegsrecht aus. 430 Männer und Frauen werden erschossen oder erhängt, 600 Männer und Frauen werden ausgepeitscht, und über 1000 Häuser werden zerstört.
[5]

1865
Adolphus Busch gründet zusammen mit seinem Schwiegervater Eberhard Anheuser in St. Louis eine Brauerei. 1901 ist das Unternehmen **Anheuser-Busch** die größte Brauerei in den Vereinigten Staaten von Amerika.

1865
Die Amerikaner **Francis Asbury Pratt** und **Amos Whitney** gründen eine Firma, die Pionierarbeit für den Einsatz von austauschbaren Teilen in Manufakturen leistet und die Entwicklung von Werkzeugmaschinen und die Standardisierung von Maßen innoviert.

1865
Das Gemälde von **Édouard Manet** *Olympia* ruft einen Skandal hervor (wie auch schon sein Werk *Déjeuner sur l'herbe* im Jahr 1863).

1865
Bon Marché in Paris entwickelt sich zu dem ersten echten Kaufhaus der Welt.

[5] Bevor er seinen Ruf in Jamaika verlor, machte sich Edward John Eyre einen Namen durch die Erforschung des australischen Hinterlands. Er verzeichnete den Verlauf der Wüste nach Westen und Norden und stellte fest, dass sich der beste Boden im Osten befindet.

[4] Ein Obdachlosenheim der Heilsarmee für Männer in London.

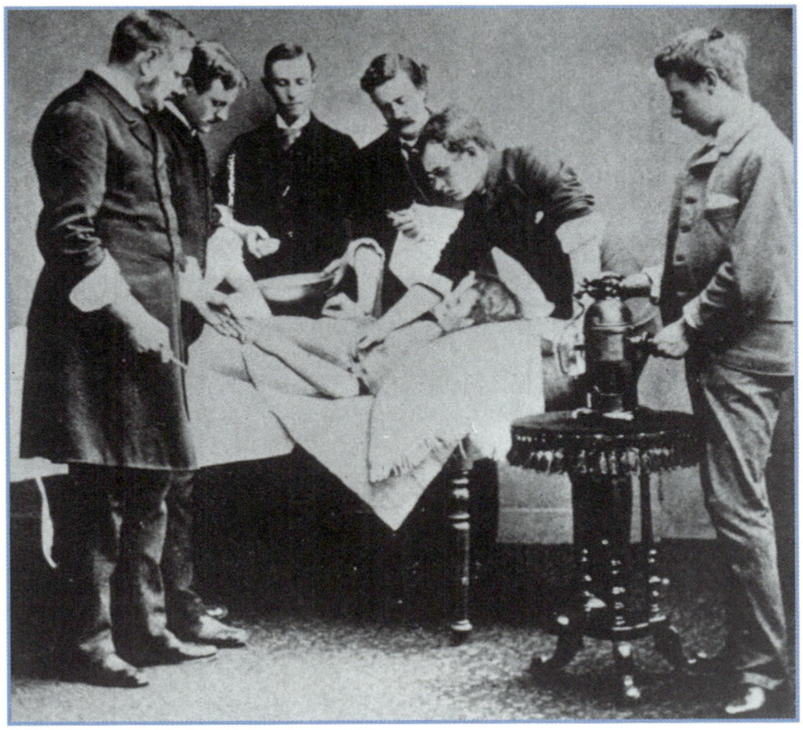

[9] Einsatz eines karbolischen Desinfektionssprays bei einem chirurgischen Eingriff.

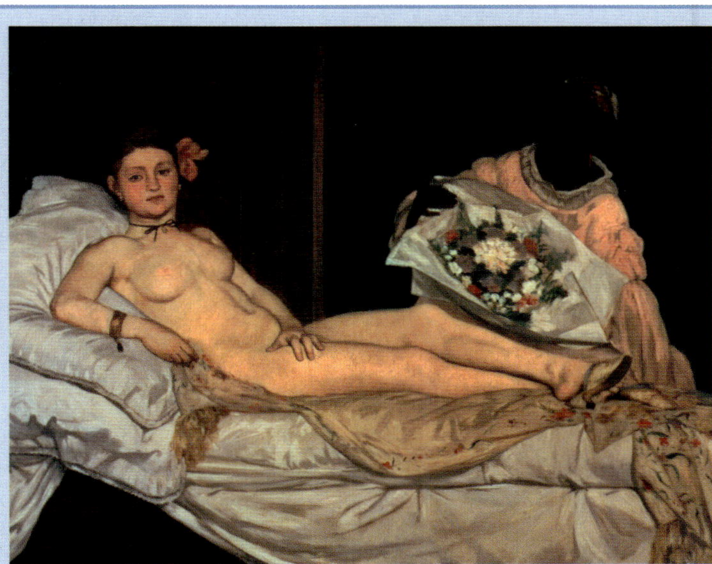

MANET'S *OLYMPIA*

Dieses Gemälde löste bei der ersten Enthüllung einen Skandal aus. Der Künstler war deshalb Zeit seines Lebens umstritten.

Der französische Maler Éduoard Manet (1832-83) schlug neue Wege ein, als er sich den traditionellen Techniken der Darstellung widersetzte und Motive aus den Vorkommnissen und Umständen seiner Zeit wählte. Seine frühen Bilder entfachten in den Kritikern Feindseligkeit und in dem jungen Künstler, der später zur Kernfigur der Impressionisten wurde, Enthusiasmus.

Beim Pariser Salon von 1865 verursachte sein zwei Jahre zuvor entstandenes Gemälde *Olympia* (oben) einen großen Skandal, der sich nachträglich auf seine folgende Karriere auswirkte. Der in dem Bild dargestellte weibliche Akt lehnt sich zurück und schaut den Betrachter frech an. Die Nackte wird in einem grellen, hellen Licht gezeigt, das die Formen des Interieurs verwischt und sie nahezu als zweidimensionale Figur erscheinen lässt. Nicht die Nacktheit löste jedoch die Kontroverse aus, sondern verschiedene symbolhafte Details auf der Leinwand – vor allem die kleine schwarze Katze – die daraufhin deuteten, dass es sich bei dem Model um eine Prostituierte handelte.

Das Bild wurde von Kritikern wie der Öffentlichkeit als anstößig empfunden. Obwohl Manet absichtlich mit der künstlerischen Tradition gebrochen hatte, verzweifelte er an der Reaktion auf sein Werk. Er schrieb seinem Freund, dem französischen Dichter Charles Baudelaire: „Sie beschimpfen mich unentwegt. Jemand muss im Irrtum sein." Die Kritik gegenüber Manets Werk ließ erst gegen Ende seiner Laufbahn nach. Es dauerte bis ins 20. Jahrhundert, bevor sein Ansehen durch Kunsthistoriker und Kritiker wiederhergestellt wurde.

[10]
1865
Lord John Russell, der den Kampf für die Verabschiedung des Reformgesetzes von 1832 anführte, wird zum zweiten Mal im Amt des Premierministers von Großbritannien bestätigt. Seine Bemühungen, weitere Reformen durchzusetzen, scheitern.

1865
Ernest Solvay entwickelt das im gleichen Jahr patentierte **Solvay-Verfahren**. Es ist ein Prozess zur Herstellung von Natriumcarbonat aus Kochsalz und Kalk.

1865
Der erste richtige **Pullman-Schlafwagen** namens *Pioneer* erscheint. Die oberen Kojen können zum Schlafen heruntergeklappt und die Sitzkissen zu unteren Kojen ausgezogen werden.

1865
Der erste **Eisenbahnraub** in den Vereinigten Staaten von Amerika findet in der Nähe von North Bend, Ohio, statt.

1865
Am 1861 in Boston gegründeten **Massachusetts Institute of Technology** werden die ersten Vorlesungen gehalten. Das MIT zieht 1916 nach Cambridge, Massachusetts, um.

1865
Der deutsche katholische Priester **Adolph Kolping** stirbt. Er schloss bestehende Gesellenvereine zum Rheinischen Gesellenbund zusammen und ist der Begründer des heutigen internationalen Kolpingwerks.

1865

1865
Die Firma **Union Stock Yards** nimmt in Chicago den Betrieb auf. Der Schienenverkehr ersetzt den Warentransport über den Mississippi als Haupttransportmittel.

1865
Die **Universität von Zürich** lässt als erste europäische Universität Frauen zu.

1865
Max and Moritz wird in Deutschland veröffentlicht. Es ist eine sehr erfindungsreiche, in Knittelversen geschriebene Geschichte voll schwarzen Humors. Die Illustrationen lieferte ebenfalls Wilhelm Busch. [1]

1865
Das von dem Brauereibesitzer Matthew Vassar gestiftete **Vassar College** für Frauen öffnet seine Tore in Poughkeepsie, New York. Dort widmet man sich der Aufgabe, Frauen die höhere Bildung zukommen zu lassen, die früher nur Männern zugänglich war.

1865
William Gilbert Grace aus England nimmt zum ersten Mal an einem First-Class Kricketspiel teil. Er wird der größte Kricketspieler des viktorianischen Zeitalters. In den 44 Jahren seiner Karriere erzielt er 54 896 Runs und 2876 Wickets. [2]

1865
Fjodor Dostojewski beginnt mit der Arbeit an *Schuld und Sühne*. Es handelt von dem Intellektuellen Raskolnikoff, der eine alte Frau tötet. Dostojewski spezialisiert sich auf die Analyse pathologischer Geisteszustände und die Erforschung schwieriger, destruktiver Emotionen. [3]

[1] Wilhelm Busch. Seine „Bubengeschichte in sieben Streichen“ macht ihn berühmt.

[2] Der bärtige W.G. Grace mit seiner Kricketmannschaft.

[3] Dostojewski überlebt eine Scheinhinrichtung und vier Jahre in einer Strafkolonie.

[5] Die Hinrichtung der vier Mitverschwörer von Booth.

[5] John Wilkes Booth.

[6] Richard Wagner. Er hat gerade die Gunst König Ludwigs II. von Bayern gewonnen. Ohne dessen unbeschränkte finanzielle Unterstützung hätten Wagners große musikalische Ambitionen nie erfüllt werden können.

15. April 1865
US-Präsident Abraham Lincoln stirbt. Andrew Johnson wird in der folgenden Zeit der Volkstrauer der 17. US-amerikanische Präsident. Er regiert ohne Vize-Präsident,

[5]
26. April 1865
Der Attentäter John Wilkes Booth wird in einer Scheune in Virginia erschossen. Die Behörden fassen auch eine Reihe weitere Personen, von denen **vier gehängt** werden und andere lange Gefängnisstrafen erhalten.

10. Mai 1865
Der Präsident der Konföderierten Staaten von Amerika **Jefferson Davis** wird in der Nähe von Irwinville, Georgia, von Soldaten der Nordstaaten-Armee gefangen genommen.

26. Mai 1865
Eine große Gruppe Konföderierter gibt ihren Verteidigungsposten auf, und der Hafen in **Galveston**, Texas, fällt am 2. Juni in die Hände der Armee der Nordstaaten. Dies ist das Ende der letzten Festungen der Konföderation im Amerikanischen Bürgerkrieg.

[6]
10. Juni 1865
Tristan und Isolde, erstes Beispiel für das, was **Richard Wagner** als „Musikdrama“ bezeichnete, wird in München uraufgeführt.

19. Juni 1865
Die Nachricht über die Emanzipationserklärung erreicht die Sklaven in Galveston, Texas. Von diesem Datum an wird der Tag von der schwarzen Bevölkerung als **Juneteenth** gefeiert.

ca. 1865
In Kanada stationierte britische Soldaten spielen *Shinty*. Kurze Zeit später entwickelt sich daraus der moderne **Eishockeysport**.

3. Februar 1865
Bei einem Treffen mit Abgesandten der Konföderation bietet US-Präsident **Abraham Lincoln** unter der Bedingung der Wiedervereinigung großzügige Straferlasse an, wenn die Südstaaten die Kampfhandlungen im Amerikanischen Bürgerkrieg einstellen. Sein Angebot wird abgelehnt.

2. März 1865
Konföderierte Streitkräfte unter dem Befehl von General Jubal A. Early erleiden eine entscheidende Niederlage, die zur Beendigung des Widerstands der Südstaaten im **Shenandoah Valley** in Virginia führt.

9. April 1865
Der Amerikanische Bürgerkrieg endet durch die Kapitulation von Robert E. Lee vor Ulysses S. Grant im **Appomattox Court House**, Virginia. Von den fast 618 000 Toten starb nur ein Drittel im Kampf – die Übrigen erlagen Krankheiten.
[4]

14. April 1865
Beim Besuch eines Theaters in Washington, D.C., wird US-Präsident Lincoln von **John Wilkes Booth** angeschossen und tödlich verwundet. Booth ist ein Befürworter der Sklaverei. Er ruft: „Sic semper tyrannis!" („So [soll es] immer den Tyrannen [ergehen]!")

14. April 1865
Den Mitverschwörern des Attentäters John Wilkes Booth misslingt ein Mordversuch auf den US-amerikanischen Außenminister **William Seward**.

BERGSTEIGEN—EIN NEUER SPORT

Das Erklimmen der Alpen und darüber hinaus

Das Bergsteigen wurde zum Sport, als der junge Genfer Wissenschaftler Horace-Bénédict de Saussure 1760 bei seinem ersten Besuch in Chamonix den Mont Blanc (mit 4808 Metern der höchste Gipfel Europas) erblickte. Er setzte ein Preisgeld für die erste Gipfelbezwingung des Mont Blanc aus. Es dauerte aber 25 Jahre, bis ein Arzt aus Chamoix, Michel-Gabriel Paccard, und dessen Träger Jacques Balmat 1786 Anspruch auf den Preis erhoben. Ein Jahr später erklomm de Saussure selbst den Gipfel des Mont Blanc. Nach 1850 bestiegen Gruppen britischer Bergsteiger mit Bergführern aus der Schweiz, Italien oder Frankreich einen der hohen schweizerischen Gipfel nach dem anderen. Die spektakuläre Gipfelbesteigung des Matterhorns (4478 Meter) am 14. Juli 1865 war ein Meilenstein des Sports. Die Teilnehmer wurden von dem englischen Illustrator Edward Whymper (links) angeführt. Während ihres Abstiegs kam es jedoch zu einer Tragödie, als vier der sieben Bergsteiger abstürzten und starben. Das Sicherungsseil, das sie mit den Überlebenden verband, riss. Whymper beschrieb diesen Aufstieg und seine neun früheren erfolglosen Versuche der Besteigung des Bergs in seinem Klassiker *Scrambles Amongst the Alps* (1871).

Bis zum Jahr 1870 waren sämtliche Hauptgipfel der Alpen bezwungen, und die Bergsteiger suchten nach neuen und schwierigeren Aufstiegsrouten der bereits erklommenen Berge. Als gegen Ende des 19. Jahrhunderts auch die wenigen kleineren Alpengipfel erreicht worden waren, richteten die Bergsteiger ihre Aufmerksamkeit auf die südamerikanischen Anden, die nordamerikanischen Rocky Mountains, den Kaukasus, die afrikanischen Gipfel und schließlich die Himalaya-, Pamir- und Hindukush-Gebirge. Die erste Gipfelbesteigung des Aconcagua (6962 Meter), des höchsten Bergs der Anden, erfolgte im Jahr 1897. Der Grand Teton (4198 Meter) in den Rocky Mountains wurde 1898 bezwungen. Der italienische Herzog der Abruzzen bestieg 1897 als Erster den Mount St. Elias (5489 Meter) an der Grenze von Alaska und Kanada, und im Jahr 1906 gelang ihm der Aufstieg auf den Gipfel des Margherita Peak (5109 Meter) im ostafrikanischen Ruwenzori-Gebirge. Der Amerikaner Hudson Stuck erklomm 1913 den höchsten, in Alaska gelegenen Berg Nordamerikas, den Mount McKinley (6194 Meter).

[4] Appomattox Court House, wo der Amerikanische Bürgerkrieg endet.

[7] Leopold I., Onkel der Königin Viktoria und Fürst von Sachsen-Coburg, regiert seit der Gründung des Landes im Jahr 1831 als König von Belgien.

1865
Spanien ist in einen Krieg mit mehreren südamerikanischen Ländern um die Chincha-Inseln verwickelt. Etwa 90 Kilometer nördlich von Valparaiso kämpft Spanien in dem **Seegefecht von Papudo** gegen Chile.

5. Juli 1865
Der **United States Secret Service** wird gegründet und nimmt unter der Leitung des Finanzministeriums seine Arbeit zur Unterbindung der Geldfälscherei auf.

14. Juli 1865
Der britische Bergsteiger Edward Whymper erreicht von der schweizerischen Seite den Gipfel des **Matterhorns**. Drei Tage später erklimmt ihn eine Gruppe Italiener unter der Leitung des Bergführers Giovanni Antonio Carrel von deren Landesseite aus.

10. November 1865
Captain Henry Wirz, der Kommandant des **Gefangenenlagers in Andersonville**, in dem 13 000 der gefangenen Unionssoldaten an Krankheiten und Unterernährung starben, wird wegen Kriegsverbrechen gehängt.

[7]
10. Dezember 1865
Der erste belgische König, **Leopold I.**, stirbt. Nachfolger auf dem Thron ist sein Sohn Leopold II., der aufgrund seiner ruchlosen Ausbeutung der Kolonie Belgisch-Kongo berühmt-berüchtigt wird.

17. Dezember 1865
Im großen Redoutensaal der Wiener Hofburg wird die im Jahr 1822 begonnene **Unvollendete von Franz Schubert** uraufgeführt.

1865-1867

18. Dezember 1865
Der **13. Zusatzartikel** der Verfassung der Vereinigten Staaten von Amerika tritt offiziell in Kraft. Er wurde von den betreffenden Bundesstaaten am 6. Dezember ratifiziert und schafft die Sklaverei ab.

29. Dezember 1865
Der Vorkämpfer des Abolitionismus **William Lloyd Garrison** veröffentlicht die letzte Ausgabe der Wochenzeitung *The Liberator*.

1866
Die Oper *Die verkaufte Braut* des tschechischen Komponisten **Bedřich Smetana** wird in Prag uraufgeführt.
[1]

1866
Nach sieben Jahren Arbeit wird das erste feste **transatlantische Telegrafenkabel** gelegt und verbindet den amerikanischen mit dem europäischen Kontinent.

1866
Alexandru Cuza wird ins Exil getrieben, und Karl von Hohenzollern-Sigmaringen wird König **Karl I.** von Rumänien.
[2]

1866
George W. McGill aus New York entwickelt den ersten einsatzfähigen **Hefter**.

[1] Smetana, Vertreter der tschechischen musikalischen Renaissance im 19. Jahrhundert.

[2] Rumänien wird im Jahr 1877 unter König Karl I. von der Autonomie innerhalb der Türkei zur vollständigen Unabhängigkeit gelangen.

[6] Alfred Nobel ein Jahr bevor er das Patent für die Herstellung von Dynamit erhält.

[4] Admiral Tegetthoff und seine Offiziere inmitten der Seeschlacht von Lissa.

[5] Die österreichische und die preußische Kavallerie attackieren sich in der Schlacht von Königgrätz.

[3] Ernst Haeckel (sitzend) mit einem Freund in Italien, umgeben von der Ausrüstung des Naturhistorikers nebst Seestern, Krebs und Korallen.

1866
Der **Ku-Klux-Klan** wird zu einer weißen Untergrundbewegung der Nordstaaten zum Widerstand gegen den Wiederaufbau. Der Geheimbund verfolgt das Ziel der Wiederherstellung der Vormachtstellung der Weißen.

[4]
1866
Im Dritten Italienischen Unabhängigkeitskrieg erhält die italienische Flotte den Auftrag, den österreichischen Flottenstützpunkt auf der Insel **Lissa (Vis)** vor der Küste Dalmatiens in der Nähe von Split, anzugreifen, wird aber von Admiral von Tegetthoff besiegt.

1866
Charles Elmer Hires, ein Apotheker aus Philadelphia, stellt die Rezeptur für Hires **Root Beer** zusammen. Das kommerziell vertriebene Wurzelbier ist eine frühe Form des US-amerikanischen Getränks.

1866
Der Oberste US-amerikanische Gerichtshof urteilt in der Entscheidung **Ex parte Milligan**, dass Zivilisten nur dort vor ein eingerichtetes Militärgericht gestellt werden können, wo die Zivilgerichtshöfe ihren Funktionen nicht mehr nachgehen können.

1866
Auf Grundlage des Vertrags von Wien tritt Österreich **Venetien** an Italien ab.

1866
Tokugawa Keiki wird unter dem Namen Tokugawa Yoshinobu Shogun von Japan. Er ist der **letzte** regierende **Shogun**.

1866
Der deutsche Philosoph und Zoologe Ernst Haeckel prägt das Wort **Ökologie** als Begriff für die Wissenschaft der Wechselbeziehungen zwischen lebenden Organismen und deren Umwelt.
[3]

1866
Henri Nestlé entwickelt ein auf Milch basierendes Nahrungsmittel für Säuglinge und vermarktet es von Vevey in der Schweiz aus.

1866
Richard Norman Shaw, einer der vielseitigsten und talentiertesten englischen Architekten, entwirft *Leyswood* in Sussex. Das Projekt kennzeichnet die Übertragung der Architektur kleiner Wohnhäuser auf große Landhäuser.

1866
In **New Orleans** töten Aufständische 35 farbige Bürger und verwunden über 100. Der Vorfall beeinflusst die öffentliche Meinung im Norden der USA hinsichtlich der Ergreifung stärkerer Regierungsmaßnahmen im Süden während der Zeit des Wiederaufbaus.

1866
16 Klipper nehmen am **Großen Tee-Rennen** von Fuzhou in China nach England teil. Nach 99 Tagen auf See erreichen die Gewinner den Londoner Hafen im Abstand weniger Stunden voneinander.

1866
Sondre Nordheim gewinnt den ersten bekannten **Skisprung-Wettbewerb**. Austragungsort ist seine Heimatstadt Telemark in Norwegen.

KLIPPER

Elegante Segelschiffe, die Reisezeiten über den Ozean wesentlich verkürzten

Aus dem kleinen, schnellen Küstenfrachter, bekannt unter dem Namen „Baltimoreklipper“, entstand der eigentliche Klipper zunächst in US-amerikanischen und später in britischen Werften. Seine endgültige Form war lang, schlank und elegant. Der Bug ragte hinaus, der Schiffsrumpf war extrem stromlinienförmig und an drei hohen Masten waren außerordentlich viele Segel befestigt. Der Großteil der Klipper wurde in den USA und Großbritannien gebaut, sie wurden aber auch in anderen Ländern wie Frankreich und den Niederlanden hergestellt.

Die Klipper waren für ihre Schönheit bekannt und die klassischen Segelschiffe des 19. Jahrhunderts. Im Allgemeinen waren sie schmal gebaut, was ihre Ladekapazität einschränkte. Aber jegliche Nachteile in dieser Hinsicht wurden durch ihre Geschwindigkeit auf dem Wasser mehr als ausgeglichen. Die Klipper schrieben mehrere Rekorde: Die *Flying Cloud*, die 1851 vom Stapel lief, schaffte die Reise von New York City nach San Francisco in nur 89 Tagen, und die *James Baines* stellte den transatlantischen Segelrekord in 12 Tagen und 6 Stunden von Boston nach Liverpool in England auf. Die *Lightning* segelte an einem einzigen Tag 436 nautische Meilen (807 Kilometer) in der beispiellosen Rekordzeit von 24 Stunden. Die *Sovereign of the Seas* (unten links, im Hafen von Antwerpen) hat den Ruf, in 12 Tagen 6000 km gesegelt zu sein. Die *Lightning*, die *James Baines*, die *Flying Cloud* und die *Sovereign of the Seas* wurden alle von Donald McKay, einem Schiffbauer aus Kanada, in seiner Werft in East Boston, Massachusetts, gebaut.

Das Streben nach Geschwindigkeit hatte ihren Ursprung teils in dem Wunsch, die erste Tee-Ernte der Saison aus China zu beschaffen und teils in dem Wettbewerb mit dem Transport über Land über die Route durch Nordamerika zu den Goldfeldern Kaliforniens. Während des Goldrauschs verlief die Hauptverkehrsstrecke der Klipper von New York um Kap Hoorn nach San Fransisco. Die Klipper setzten sich aber auch in vielen anderen Teilen der Welt durch; insbesondere auf Handelswegen zwischen Großbritannien und seinen Kolonien in Fernost (die Fotografie links zeigt Schiffe dieses Typs in den East India Docks im Hafen von London). Auf der Route nach Java machten sich vor allem die Niederländer einen Namen als Klippersegler. Ihr berühmtestes Schiff war die im Jahr 1859 gebaute *Telanak*.

Obwohl Klipper allgemein mit dem Teehandel in Verbindung gebracht werden, transportierten sie auch hochwertige Wolle von Australien, Passagiere – die Klipper waren die direkten Vorläufer der Luxusdampfschiffe – und Gewürze, die wenig Platz benötigten aber viel Gewinn brachten.

1866
Wilhelm Steinitz aus Prag schlägt Adolf Anderssen in der **ersten Schachweltmeisterschaft**. Steinitz verteidigt seinen Titel fast 30 Jahre lang.

9. Juni 1866
Preußische Truppen fallen in Holstein ein. Einige Tage später marschiert Österreich ein, das von den kleineren Ländern Sachsen, Hessen-Kassel und Hannover unterstützt wird. Den Konflikt hat Otto von Bismarck geschürt.

[5]
3. Juli 1866
Preußen schlägt Österreich in der **Schlacht bei Königgrätz**. Den Sieg verdanken sie dem zeitigen Eintreffen der Verstärkungstruppen, die mit neuen Waffen ausgerüstet sind. Diese können schneller geladen werden als die der Österreicher.

23. August 1866
Der Krieg zwischen **Österreich** und **Preußen** endet. Schleswig-Holstein fällt an Preußen. Preußen annektiert unverzüglich auch Hannover, Hessen-Kassel, Nassau und Frankfurt. Damit ist der Weg zur Vereinigung Deutschlands unter den Preußen frei.

1867
Die **Irische Republikanische Bruderschaft (Fenian)** verübt Anschläge in England.

[6]
1867
Alfred Nobel, schwedischer Chemiker und Ingenieur, erhält das Patent auf Dynamit. Später stiftet er den Nobel-Preis, eine der renommiertesten Auszeichnungen der Welt für bedeutende Errungenschaften.

1867

1867
Dem US-amerikanischen Arzt John Bobbs gelingt die erste **Gallensteinoperation**.

1867
Der **Norddeutsche Bund**, ein Militärbündnis von 22 nördlich der Mainlinie gelegenen Ländern unter der Regierung von Preußen, wird zu einem Bundesstaat. Die Flagge des Bundes und weite Teile seiner Verfassung werden nach 1871 vom Deutschen Reich übernommen.
[1]

1867
Gekühlte Eisenbahnwagons ermöglichen den Transport von verderblichen Gütern über weite Entfernungen. Außerdem erlauben sie ausgedehntere Viehhaltung und die Ausweitung des Pastoralismus in den Vereinigten Staaten von Amerika, Kanada und Argentinien.

1867
Der französische Erfinder Georges Leclanché konstruiert die erste praktische **Trockenbatterie**.

1867
Der Geologe **John Wesley Powell** erforscht die Flüsse Green und Colorado sowie die Rocky Mountains. Später leitet er Vermessungen der westlichen Gebiete in öffentlichem Besitz und regt die US-Regierung zur Einrichtung von Landnutzungsprojekten an.

1867
Der deutsche Chemiker August Wilhelm von Hoffmann entdeckt das **Formaldehyd**, das als Desinfektions- und Konservierungsmittel eingesetzt wird.

JOHN WESLEY POWELL

US-amerikanischer Geologe und Ethnologe, Verfasser des ersten Verzeichnisses der indigenen amerikanischen Sprachen und erster Direktor des ethnologischen Bundesamtes der Vereinigten Staaten

Nachdem er im Amerikanischen Bürgerkrieg gekämpft hatte, erhielt John Wesley Powell (1834-1902) eine Professur in Geologie an der Illinois Wesleyan University. 1867 wurde er Dozent am Illinois Normal College (heute Illinois State University at Normal) und unternahm mehrere Reisen in die Rocky Mountains und an die Flüsse Colorado und Green. Die Fotografie oben zeigt ihn beim Antritt einer dieser Reisen.

Von 1871 bis 1879 leitete Powell in bundesstaatlichem Auftrag die geologische und geografische Vermessung der westlichen Regionen in öffentlichem Besitz. Während dieser Zeit veröffentlichte er drei bedeutende Werke. In dem ersten entwickelte und formulierte er eine Reihe von Konzepten, die Teil der Grundfeste der standardisierten geologischen Fachsprache wurden. Dann entwickelte er die erste umfassende Klassifizierung indigener amerikanischer Sprachen – die Fotografie links zeigt ihn bei einem Gespräch mit einem Paluti-Indianer im südlichen Utah. Powells dritte bedeutende Publikation – ein Bericht über die Böden in der dürren Region der Vereinigten Staaten von Amerika – gilt als Meilenstein der Naturschutzliteratur.

Mit Gründung des ethnologischen Bundesamtes der Vereinigten Staaten an der Smithsonian Institution im Jahr 1879 wurde Powell dessen erster Direktor. Er blieb der Institution bis zu seinem Tod 1902 treu. Das Studium der Ethnologie und der Sprachen der nordamerikanischen Indianerstämme setzte er durch die Veröffentlichung der ersten vollständigen und heute noch geltenden Karte fort, aus der die Klassifizierung und Abgrenzung 58 verschiedener indigener Sprachstämme innerhalb der Vereinigten Staaten und Kanadas hervorgeht (1891). Powell bekleidete auch das Amt des Direktors des Geologischen Dienstes der Vereinigten Staaten (1881-92). Damals arbeitete er an der flächendeckenden Kartierung von Wasserquellen und der Förderung von Bewässerungsprojekten.

1867
Portugal schafft als erstes europäisches Land die **Todesstrafe** ab.

[5]
1867
Die erste US-amerikanische **Hochbahn** wird in der Stadt New York in Betrieb genommen.

1867
Die Unabhängigkeit und Neutralität von **Luxemburg** wird erklärt. Die westlichen Landesteile sind 1839 an Belgien abgetreten worden. Vollständige Unabhängigkeit von der Niederländischen Krone erreicht Luxemburg aber erst 1890.

[6]
1867
Das erste Schiff passiert den **Suezkanal**. Die offizielle Eröffnung des Kanals erfolgt jedoch erst im Jahr 1869.

1867
Der erste **Börsenticker**, der die Transaktionen auf einen langen Papierstreifen ausdruckt, wird von Edward A. Calahan, erster Telegrafist der Western Union in New York, entwickelt. Die New York Stock Exchange (Börse) gehört zu seinen ersten Kunden.

1867
John Graham Chambers, Mitglied des *British Amateur Athletic Club*, legt die **Queensberry-Regeln** für den Boxsport fest. John Sholto Douglas, 9. Marquess von Queensberry, sponsort die Veröffentlichung.

1867
Der deutsche Wirtschaftswissenschaftler **Karl Marx** veröffentlicht den ersten Band von *Das Kapital*, in dem er für die Kontrolle der Arbeiter über die Produktionsprozesse eintritt.
[2]

1867
Das von dem norwegischen Bühnenautor **Henrik Ibsen** verfasste dramatische Gedicht *Peer Gynt* wird in Kopenhagen uraufgeführt. Dieses Werk und *Brand* (1866) schreibt er während seines selbst auferlegten Exils in Italien und Deutschland, aus dem er 1891 zurückkehrt.

1867
Im Vereinigten Königreich von Großbritannien verleiht das **Zweite Reformgesetz**, größtenteils das Werk des Tory-Politikers Benjamin Disraeli, vielen Arbeitern in den Dörfern und Städten das Wahlrecht. Die Anzahl der Wahlfähigen wird damit verdoppelt.
[3]

1867
Johann Strauss (Sohn) komponiert den berühmtesten seiner Walzer *An der schönen blauen Donau*. Das Hauptthema des Walzers wird zu einer der bekanntesten Melodien der Musik des 19. Jahrhunderts.

1867
Der französische neoklassische Maler **Jean Auguste Dominique Ingres** stirbt. Er ist ein großartiger Akt- und renommierter Porträtmaler.

1867
An der **Weltausstellung in Paris** nehmen 50 000 Aussteller teil. Sie zieht eine Besuchermenge von fast 10 Millionen an.
[4]

[2] Karl Marx, der Vater des Kommunismus, ist zwar in Deutschland geboren, muss aber für immer ins Exil nach England.

[6] Einige der Arbeiter, die den Suezkanal erbauten.

[4] Die Pavillons einiger der teilnehmenden Länder der Weltausstellung in Paris.

[5] Die Third Avenue „El" schlängelt sich durch den unteren Teil von Manhattan und kontrastiert mit den Takelagen der Schiffe im Hintergrund.

[1] Bismarck mit Helm. Er war der Schöpfer und Umformer des Norddeutschen Bunds.

[3] Benjamin Disraeli, unter dessen Leitung die britische Konservative Partei erst an Bedeutung gewann.

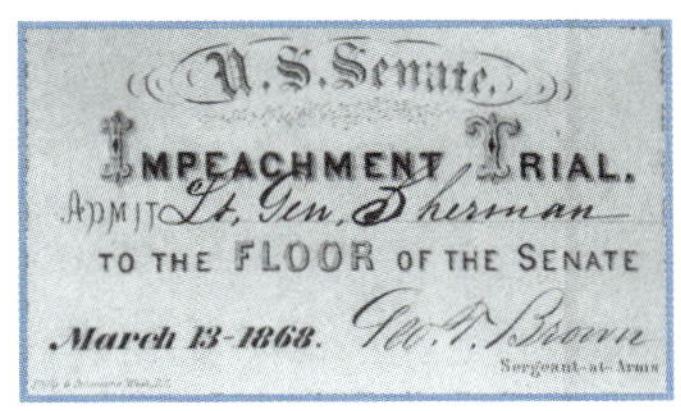
U.S. Senate.
IMPEACHMENT TRIAL.
ADMIT Lt. Gen. Sherman
TO THE FLOOR OF THE SENATE
March 13-1868. Geo. T. Brown
Sergeant-at-Arms

[7] Die Karte, die General Sherman Zutritt zu dem Amtsenthebungsverfahren von US-Präsident Johnson im Senat gewährte.

1867
Don Carlos, für viele eine der besten Opern von Giuseppe Verdi, wird in der Pariser Oper uraufgeführt.

1867
Der Einsatz von Beton in der Bauarchitektur steigt mit der Entwicklung des **Eisenbetons**. Die Zugfestigkeit ist dank der Armierung mit Metall hoch.

1867
Pierre Michaux erfindet zusammen mit seinem Sohn das „Veloziped" (siehe 1861), und sein Unternehmen Michaux et Cie produziert als Erstes kommerziell **Fahrräder**.

8. Februar 1867
Der „Österreich-Ungarische Ausgleich" sichert die **kaiserlich und königliche Doppelmonarchie**.

1. März 1867
Nebraska wird der 37. Bundesstaat der Vereinigten Staaten von Amerika.

[7]
2. März 1867
Der US-amerikanische Kongress genehmigt den ersten Verfassungszusatz, den **Reconstruction Act**. Der zweite Zusatz wird am 23. März genehmigt und der dritte im Juli.

1867-1868

2. März 1867
Garibaldi rückt erneut nach Rom vor. Er wird wie im Jahr 1862 von französischen Truppen geschlagen und gefangen genommen.

29. März 1867
Der *British North America Act* vereint Nova Scotia, New Brunswick und Kanada zu einem Herrschaftsgebiet mit dem Namen **Kanada**.

8. Juni 1867
Franz Josef I. wird zum König von Ungarn gekrönt.
[1]

19. Juni 1867
Maximilian, der Kaiser von Mexiko, wird von einem Exekutionskommando erschossen.
[2]

1. Juli 1867
Sir John Alexander Macdonald, Mitglied der konservativen Partei, wird der erste Premierminister Kanadas (1867-73; 1878-91). Er führt das Land durch die frühe Wachstumsperiode.

1. Juli 1867
Der Bundesstaat **Dominion of Canada** wird gegründet. Das Ereignis ist seitdem in Kanada ein Feiertag. (Die heutige Bezeichnung *Canada Day* wurde 1982 eingeführt.)
[3]

[2] Das von Frankreich initiierte Abenteuer Maximilians in Mexiko endet schmachvoll. Der Künstler Edouard Manet jedoch wurde dadurch zu diesem Gemälde inspiriert. Das echte Exekutionskommando ist auf dem Foto unten zu sehen.

[1] Das österreichische Kaiserreich von Franz Josef I. wird zu Österreich-Ungarn. Man erhofft von diesem Kompromiss, dass die Doppelmonarchie die nationalen Ansprüche der Ungarn zufrieden stellen wird.

[3] Die an der Gründung des Bundesstaates Kanada beteiligten Parteien treffen sich in London zur Formulierung des entsprechenden Gesetzes.

[4] Der Scheck über 7 200 000 US-Dollar für den Kauf von Alaska durch die Vereinigten Staaten von Amerika.

1868
Der englische Metallurge Robert F. Mushet erfindet den **Tungsten-Stahl**, der eine viel größere Härte als frühere Stahllegierungen hat.

1868
Der französische Astronom **Pierre Janssen** und der englische Astronom **Joseph Lockyer** entdecken unabhängig voneinander die charakteristische Absorptionslinie von Helium im Sonnenspektrum während einer totalen Sonnenfinsternis.

1868
Das Werk des deutschen Arztes Carl August Wunderlich *Das Verhalten der Eigenwärme in Krankheiten* macht den Gebrauch von **Thermometern** für die Temperaturmessung an Patienten bekannt.

1868
In England definiert man **obszönes Material** als in der Lage „jene, deren Gemüter für solch unmoralische Einflüsse offen sind und in deren Hände Veröffentlichungen dieser Sorte möglicherweise fallen werden, zu verderben und zu schädigen."

1868
Öffentliche Hinrichtungen, einst von großen Menschenmengen besucht, werden in England verboten.

1868
Der russische Schriftsteller **Fjodor Dostojewski** veröffentlicht *Der Idiot*. Der Titelheld des Romans ist Fürst Myschkin, der so großzügig und unschuldig ist, dass er als Idiot angesehen wird; andererseits hat eines tiefgründiges psychologisches Verständnis.

18. Oktober 1867
Nach anfänglichem Widerstand wird der vom US-Außenminister William Seward ausgehandelte Vertrag über den Kauf der russischen Kolonie **Alaska** von Russland (Seward's Folly) genehmigt. Daraufhin wird die US-amerikanische Fahne über der Hauptstadt Sitka gehisst.
[4]

1868
Großbritannien tritt die **Britische Äthiopienexpedition** an, und Kaiser Theodor erleidet eine Niederlage.

1868
Der amerikanische Erfinder Christopher Latham Sholes entwickelt die Arbeit früherer Ingenieure weiter und lässt die erste moderne **Schreibmaschine** patentieren. Sie kommt im Jahr 1873 unter der Bezeichnung Remington-Schreibmaschine auf den Markt.

1868
Der amerikanische Erfinder William Davis erhält ein Patent auf den **gekühlten Eisenbahnwagon**.

1868
Angelehnt an ihre eigenen Kindheitserinnerungen veröffentlicht **Louisa May Alcott** den Roman *Little Women*. Die Geschichte befasst sich mit den unterschiedlichen Persönlichkeiten und Schicksalen von vier heranwachsenden Schwestern. Im Jahr 1871 folgt der Roman *Little Men*.
[5]

1868
Domingo Faustino Sarmiento wird zum Präsidenten von **Argentinien** gewählt. Er beginnt sofort mit der Umsetzung seiner liberalen Ideale – Demokratie, bürgerliche Freiheit und die Ablehnung jeglicher Form eines diktatorischen Regimes.
[6]

VERSTAATLICHUNG DES PRADO

Madrids große Kunstsammlung wird nach der Absetzung der Königin von Spanien öffentliches Eigentum.

Der Bau am Prado begann 1785. Karl III. beauftragte Juan de Villanueva mit dem Entwurf eines naturwissenschaftlichen Museums, das außerhalb von Madrid erbaut werden sollte (prado bedeutet „Wiese"). Die Arbeiten an dem neoklassischen Gebäude wurden während der Napoleonischen Kriege unterbrochen. Die Fertigstellung erfolgte während der Regierungszeit von Ferdinand VII. 1819 wurde das Museum unter dem Namen „Königliches Museum für Malerei und Bildhauerei" eröffnet. Ferdinand stellte dort sämtliche Gemälde aus verschiedenen königlichen Sammlungen aus. Dazu gehörten die Bilder aus Italien, mit deren Kauf Philip IV. seinen Hofmaler Velasquez beauftragt hatte, und die vielen Werke aus dem französischen Barock, die Philip V. beisteuerte, mit Ausnahme der Gemälde aus dem Escorial.

Kurz nachdem Isabella II. 1868 ins Exil ging, übernahm die Militärregierung die Verwaltung über die Kunstsammlung und das Gebäude selbst, das von dem Zeitpunkt an den Namen „Museo Nacional del Prado" trug. Im Jahr 1872 erwarb das Museum viele bedeutende Gemälde, die vormals Eigentum spanischer Klöster waren. Die Sammlung und das Gebäude wurden im 20. Jahrhundert erweitert.

Im Prado wird die vollständigste Sammlung der Welt der Arbeiten von El Greco, Velasquez und Goya sowie der spanischen Meister wie Ribera und Zurbaran ausgestellt. Darüber hinaus ist das Museum im Besitz bedeutender Werke von Bosch, Pieter Bruegel dem Älteren, Raphael, Tintoretto, Veronese, Rubens, Rembrandt, Van Dyck, Poussin, Claude und Watteau. Außerdem beherbergt das Museum eine auserlesene Sammlung griechisch-römischer Skulpturen.

[5] Louisa May Alcott. Eine berühmte Schriftstellerin vieler Genres neben der Kinderliteratur. Sie schrieb in ihrem Leben über 300 Bücher.

[6] Domingo Faustino Sarmiento ist der erste zivile Präsident von Argentinien.

1868
Shinto wird die offizielle Staatsreligion in Japan. Die Religion hat ihre Wurzeln in dem antiken Vorläufer Saisei-Itchi, der Einheit von Religion und Regierung, gemäß derer der Kaiser als Gottheit gilt.

1868
Der britische Dachverband der Gewerkschaften **Trades Union Congress** wird ins Leben gerufen. Mit seiner Hilfe wird die britische Arbeiterpartei Labour Party an der Wende zum 20. Jahrhundert gegründet.

1868
Die erste Ausgabe des **World Almanac** wird von der Zeitung *New York World* herausgegeben.

1868
Das erste dokumentierte **Fahrradrennen** findet in Paris statt.

1868
Der **Vierzehnte Zusatzartikel** zur Verfassung der Vereinigten Staaten von Amerika wird ratifiziert. Er gewährt allen Menschen gleichwertigen Schutz durch die Gesetze.

1868
Der französische Archäologe Louis Lartet entdeckt die skelettierten Überreste von **Cro-Magnon-Menschen** in einer Höhle bei Périgueux in Frankreich.

1868-1869

1868
Durch die **Meiji-Restauration** wird die Regierungsmacht vom Shogunat zurück auf den Kaiser von Japan übertragen. Sie kennzeichnet Japans Eintritt in die moderne Welt. Edo wird in Tokio umbenannt. *[1]*

1868
Nach der Niederlage in der Schlacht von Alcolea geht Königin **Isabella II.** von Spanien ins Exil. *[2]*

1868
William Ewart Gladstone von der Liberal Party tritt die erste seiner vier Amtszeiten (1868-74, 1880-85, 1886, 1892-94) als Premierminister von Großbritannien an.

24. Februar 1868
Sarah Bernhardt feiert mit *Kean*, einem Werk von Alexandre Dumas dem Älteren, in Paris ihren ersten großen Erfolg. *[3]*

16. Mai 1868
Die erste von zwei Hauptabstimmungen im **Amtsenthebungsverfahren** gegen Präsident Andrew Johnson wird im US-amerikanischen Senat abgehalten. Johnson wird letztlich von allen Anklagepunkten frei gesprochen.

22. Mai 1868
Eine Bande ergaunert fast 100 000 Dollar durch den Überfall auf einen Zug in der Nähe von Marshfield, Indiana. Der Vorfall wird als der **Große Eisenbahnraub** bekannt.

DER SUEZKANAL

Zwischen dem Mittelmeer und dem Roten Meer wird ein künstlicher Wasserweg angelegt.

Die erste Durchführbarkeitsstudie für den Bau des Suezkanals wurde während der französischen Besetzung (1798-1801) Ägyptens erstellt. Der Chefingenieur Napoleons, J.M. Le Père, berechnete irrtümlicherweise, dass der Meeresspiegel des Roten Meeres 10 Meter über dem des Mittelmeeres liege und folgerte daraus, dass Schleusen angelegt werden müssten. Zieht man die widrigen Umstände in Betracht, unter denen die französischen Vermessungstechniker arbeiteten, und die damals herrschende Annahme, dass die beiden Meeresspiegel unterschiedliche Höhen aufwiesen, kann man diese Fehlberechnung entschuldigen. Im Jahr 1854 erhielt Ferdinand de Lesseps vom Vizekönig (Khedive) Ägyptens Sa'id Pasha die gesetzliche Erlaubnis für den Bau eines Kanals. Eine zweite Verordnung aus dem Jahr 1856 übertrug der französischen Suezkanal-Baugesellschaft „Compagnie Universelle du Canal Maritime de Suez" das Recht der Betreibung des künstlichen Wasserwegs für 99 Jahre nach Fertigstellung des Baus. Die Arbeiten an der Konstruktion begannen 1859 und dauerten zehn anstelle der geplanten sechs Jahre. Klimatische Erschwernisse, eine Cholera-Epidemie im Jahr 1865 und Unmut unter den Arbeitern verlangsamten die Bauarbeiten. In der ersten Bauphase wurden ein schmaler Kanal (der Al-Isma'iliyah) entlang des Wadi Tumelat, ein südlicher Teilbereich (heute: Al-Suways al-Hulwah Kanal; die beiden verbundenen Kanäle trugen früher den Namen „Süßwasserkanal") nach Suez und ein Kanal im Norden (Al-Abbasiyah Canal) nach Port Said angelegt. Der Al-Abbasiyah-Kanal lieferte Trinkwasser in die ansonsten dürre Gegend und wurde 1863 fertig gestellt.

Zunächst wurde mit Spitzhacken und Körben ausgerüstet per Hand gegraben. Bauern wurden zur Zwangsarbeit herangezogen. Später wurden diese Arbeiten von Nassbaggern übernommen, die von Arbeitskräften aus Europa bedient wurden. Da sich das Nassbaggern als kostengünstiger als der Aushub trockenen Bodens herausstellte, wurde das Gelände künstlich geflutet und, wo es nur möglich war, ausgebaggert. Mit Ausnahme weniger Gebiete, in denen man auf Gesteinsschichten stieß, wurde der gesamte Kanal durch Sand oder Schlamm gestochen.

Im August 1869 wurde der Wasserweg fertig gestellt. Die offizielle Freigabe erfolgte am 17. November in einer groß angelegten Zeremonie (oben links). Unter den ersten berühmten Besuchern befand sich der Prinz von Wales (oben links, sitzend, mit Rohrstock). Der zukünftige König Edward VII. leitete eine Delegation im Namen der britischen Regierung, die an dem Kanal aus strategischen, politischen und wirtschaftlichen Gründen interessiert war.

18. Oktober 1868
Mefistofele, die als einzige Oper des Italieners **Arrigo Boito** heute noch auf den Spielplänen steht, wird in der *Scala* in Mailand uraufgeführt. Boito erlangte größere Bekanntheit als Librettist der Verdi-Opern *Othello* und *Falstaff*.

1869
Nach 10 Baujahren wird der **Suezkanal** eröffnet. Er verbindet das Mittelmeer mit dem Roten Meer und verkürzt die Reisezeiten für Segelschiffe von Europa nach Asien drastisch. Das Projekt wurde von Ferdinand de Lesseps geleitet.

1869
Der amerikanische Erfinder George Westinghouse erhält das Patent auf eine **Eisenbahn-Druckluftbremse**. Später wird Westinghouse ein führender Verfechter der Wechselstromübertragung durch Stromversorgungssysteme in den USA.

1869
Der US-amerikanische Schifffahrts- und Eisenbahnmagnat **Cornelius Vanderbilt** schafft ein Monopol durch Zusammenlegung der Eisenbahngesellschaften Hudson River und New York Central.

1869
Der bekannte deutsche Zoologe Alfred Brehm eröffnet ein **Aquarium** in Berlin.

1869
Die berühmteste Oper von **Charles Gounod**, *Faust*, wird in Paris uraufgeführt.

30. Mai 1868
Der **Memorial Day** wird im Gedenken an die im Amerikanischen Bürgerkrieg Gefallenen zum ersten Mal in den Vereinigten Staaten von Amerika begangen.

10. Juni 1868
Fürst Mihailo III. von Serbien fällt einem Attentat zum Opfer. Damit scheitern die Pläne einer koordinierten Rebellion des Balkan-Bunds gegen das Osmanische Reich, und der Bund bricht auseinander.

14. Juli 1868
Der Amerikaner Alvin Fellows lässt das **Maßband** patentieren.

11. August 1868
Thaddeus Stevens, Kongressmitglied der USA und Architekt des radikalen Wiederaufbaus nach dem Amerikanischen Bürgerkrieg, stirbt in Washington, D.C. Er kämpfte für die Rechte der Freigelassenen und bestand auf strengen Auflagen für die Wiederaufnahme der Südstaaten.
[4]

13. August 1868
Ein Erdbeben der Stärke 9,0 vor der Pazifikküste von Peru verursacht einen **Tsunami**, der Tausende von Opfern in Peru und Ecuador fordert. Der Tsunami wirkt sich bis nach Neuseeland aus.

23. September 1868
Eine kleine Gruppe puertoricanischer Radikaler, die für die Unabhängigkeit kämpft, unternimmt den Versuch eines Aufstands (**El Grito de Lares**). Die Spanier schlagen den Aufstand nieder.

[1] Das urtümliche Japan steht kurz vor dem Verschwinden: ein Samurai-Krieger in aufwändiger Rüstung und Seide gekleidet, sein legendärer Helm neben ihm.

[4] Thaddeus Stevens: „Haben denn nicht loyale Schwarze ebenso das Recht Herrscher zu wählen und Gesetze zu schaffen wie rebellische Weiße?"

[2] Königin Isabella II. Ihre Regentschaft dauert 25 Jahre und endet als sie ins Exil gehen muss.

[3] Die junge Sarah Bernhardt.

[5] Wilhelm Liebknecht mit Tussy, der Tochter seines engen Freundes Karl Marx.

1869
Elizabeth Cady Stanton und Susan B. Anthony gründen die Frauenrechtsorganisation **National Woman Suffrage Association** (NWSA) im Kampf für das Wahlrecht der US-amerikanischen Frauen.

1869
Der deutsche Mediziner Paul Langerhans bezeichnet erstmalig die **Langerhansschen Inseln**. Es handelt sich um unregelmäßig geformte Zellanhäufungen in der Bauchspeicheldrüse der meisten Wirbeltiere.

1869
In den Vereinigten Staaten von Amerika wird die **Prohibition Party** gegründet. Sie steht für das gesetzliche Verbot der Herstellung und des Verkaufs alkoholischer Getränke ein.

1869
Der französische Chemiker Hippolyte Mège-Mouriès entwickelt die **Margarine**. Napoleon III. zeichnet ihn mit einem Preis für die Herstellung eines zufriedenstellenden Buttersatzes aus.

1869
Der russische Chemiker Dmitri Iwanowitsch **Mendelejew** gibt die periodische Gesetzmäßigkeit der chemischen Elemente bekannt. Sie ist eines der grundlegenden Gesetze der modernen Chemie.

[5]
1869
Die **Sozialdemokratische Arbeiterpartei** wird von Wilhelm Liebknecht und August Bebel gegründet. Später verschmilzt sie mit dem ADAV und bildet die SPD.

1869

1869
Die **Cutty Sark**, ein dreimastiger britischer Klipper, läuft in Dumbarton in Schottland vom Stapel. Das Schiff dient zunächst dem englisch-chinesischen Teehandel und später dem Wollhandel mit Australien.
[1]

1869
Der US-amerikanische Großhersteller von Lebensmitteln **H.J. Heinz Company** wird von Henry John Heinz gegründet. Er wird unter dem Beinamen „Pickle King" bekannt.

1869
In Europa stellt der österreichische Postdienst die ersten **Postkarten** her, obwohl der Musterschutz für Postkarten acht Jahre zuvor bereits in den Vereinigten Staaten von Amerika vergeben worden war.
[2]

1869
Der US-amerikanische Erfinder John Wesley Hyatt entwickelt das Verfahren zur Herstellung von **Zelluloid**.

1869
Die **Wiener Staatsoper** wird in Wien eröffnet. Sie wird zu einem der weltweit führenden Opernhäuser, besonders bekannt für die Aufführungen von Werken von Richard Wagner, Wolfgang Amadeus Mozart und Richard Strauss.
[3]

1869
Wyoming ist der erste US-amerikanische Bundesstaat, der Frauen das Wahlrecht verleiht.

[1] Die „Cutty Sark" läuft in demselben Jahr vom Stapel, in dem der Suezkanal eröffnet wird. Ironischerweise ist der Kanal für die Befahrung durch Dampfer angelegt und bedeutet somit das Ende für die Klipper im Teehandel.

[3] Das Wiener Opernhaus wurde 1945 durch Bombenangriffe stark zerstört. Die Bühne und der Zuschauerraum lagen in Schutt und Asche. Zwei ihrer legendären Direktoren sind Gustav Mahler, um 1900, und Herbert von Karajan, um 1960.

[2] Eine frühe deutsche Postkarte, auf der die Sozialdemokratie gefeiert und ein Bild von Karl Marx gezeigt wird.

[4] Ein goldener Nagel wird zur Feier der Fertigstellung des Baus der transkontinentalen Eisenbahnverbindung in die Schienen getrieben, und die beiden Lokomotiven werden mit Champagner getauft.

[5] Am Schwarzen Freitag 1869 regiert Panik auf dem Parkett der Börse in New York.

1869
In Paris eröffnet der Konzertsaal *Folies Trévise*, der später den Namen **Folies Bergère** erhält. Auf dem Spielplan stehen Operetten, komische Opern, populäre Lieder und Akrobatik.

[4]
10. Mai 1869
In Promontory in Utah wird zur Feier der Fertigstellung der **ersten transkontinentalen Eisenbahnverbindung** in den USA ein goldener Nagel gesetzt. Der 2897 Kilometer lange Schienenstrang verbindet die Linien der Central Pacific und Union Pacific.

1. September 1869
Der erste **täglich erscheinende Wetterbericht** wird vom US-amerikanischen Meteorologen Cleveland Abbe verfasst. Er zeichnet für die Entwicklung des U.S. Weather Bureau (Wetteramt, später umbenannt in National Weather Service) verantwortlich.

22. September 1869
Das Rheingold, die erste der vier Wagner-Opern, die zusammen das Werk *Der Ring des Nibelungen* bilden, wird im Nationaltheater in München uraufgeführt.

[5]
24. September 1869
Fallende Goldpreise führen zu einer **Finanzpanik**, als der US-Präsident Ulysses S. Grant den Verkauf von staatlichen Goldreserven befiehlt. Er vereitelt damit den Versuch von Jay Gould und James Fisk, eine Preissteigerung auf dem Goldmarkt durchzusetzen.

Ausstellung des Kopfes der Freiheitsstatue in Paris 1878.

1870

1870
Horace Greeley, Zeitungsverleger aus New York, übernimmt in einem Leitartikel zugunsten der Besiedlung des Westens den Ausdruck **„Go west, young man"**.

1870
In Berlin wird die **Deutsche Bank** als eine Bank speziell für den Außenhandel gegründet. In den folgenden zwei Jahren werden Filialen in Bremen, Hamburg, Frankfurt, Leipzig und Dresden eröffnet.

1870
Italienische Truppen dringen in Rom ein. **Pius IX.** zieht sich zurück und erklärt sich zum Gefangenen im Vatikanspalast, da er die italienische Besetzung der Stadt nicht akzeptieren will. Diese Stellung halten seine Nachfolger bis 1929 aufrecht.
[1]

1870
Der französische Opern- und Ballettkomponist Léo Delibes schreibt **Coppélia**. Die Choreographie übernimmt Arthur Saint-Léon, der französische Tänzer, Choreograph, Geigenspieler und Erfinder der Methode der Tanznotation.

1870
Die Walküre, die zweite von Wagners Opern aus dem Zyklus *Ring des Nibelungen*, wird im Nationaltheater von München aufgeführt. Außerdem heiratet Wagner in diesem Jahr Cosima von Bülow, die Tochter von Franz Liszt.
[2]

1870
Hiram R. Revels aus Mississippi übernimmt den Sitz von Jefferson Davis im US-Senat und wird damit zum einzigen Afroamerikaner im amerikanischen Kongress und der erste in den Senat gewählte.

[6] Jules Verne: ein äußerst erfolgreicher Autor, dessen Bücher auch heute noch gelesen werden.

[1] Zwanzig Jahre lang wurde die Stellung des „Pio Nono" in Rom durch französische Truppen gesichert. Seine schnell schwindende, weltliche Macht kompensierte der Papst, indem er selbst seine spirituelle Autorität vergrößert. Dies gipfelt schließlich in der Erklärung der päpstlichen Unfehlbarkeit.

[2] Eine Unterhaltung zwischen Wagner, Cosima von Bülow und Liszt.

IMMIGRATION IN DIE USA

Millionen von Menschen wandern in die Vereinigten Staaten aus, um in ihrer Heimat der Armut und Unterdrückung zu entfliehen.

Etwa mit Beginn des Jahres 1870 kamen Millionen von Einwanderern in die Vereinigten Staaten. Diese neue Welle wurde teilweise durch die ärmlichen Bedingungen in den Heimatländern der Einwanderer hervorgerufen und teilweise durch den nach dem Bürgerkrieg steigenden Wohlstand Amerikas. In den 1870ern und 1880ern kamen die meisten Einwanderer aus Deutschland, Irland und England, aber viele auch aus Skandinavien. Das Foto (links) zeigt Norweger, die auf dem Dampfschiff *Hero* nach Amerika fahren.

Die Immigration der Chinesen, die während des kalifornischen Goldrauschs 1849 begann, ging weiter. Manche Chinesen arbeiteten eine Weile und kehrten dann mit ihren angehäuften Ersparnissen nach Hause zurück. Aber andere blieben in ihren niedrig bezahlten Arbeitstellen in der Industrie oder gründeten ihre eigenen Unternehmen wie Restaurants, Wäschereien und andere Dienstleistungsbetriebe.

Der Einfluss der europäischen Einwanderer erhöhte den Wettbewerb um Hilfsarbeiterjobs, worunter die Chinesen litten. Es gab chinesenfeindliche Aufstände und im Jahre 1882 verabschiedete der Kongress das Gesetz zur Ausweisung der Chinesen und beendete damit die chinesische Migration für fast ein Jahrhundert.

1870
Amadeus, Herzog von Aosta, Sohn von König Vittorio Emanuele III. von Italien, ist der einzige europäische Fürst, der sich bereit erklärt, sich der demokratischen Wahl zum spanischen Thron zu stellen.

[5]
1870
Juan Prim, spanischer General und Ministerpräsident, wird von unbekannten Schützen ermordet, als er die Räume der Cortes verlässt.

[6]
1870
Jules Verne veröffentlicht zwei neue Romane: *20000 Meilen unter dem Meer* und *Reise um den Mond.*

[7]
ca. 1870
Die **Pleinairmalerei,** bei der Landschaftsgemälde in Öl in der freien Natur gemalt werden, zieht nach dem Werk von Claude Monet die Aufmerksamkeit der Kritiker auf sich.

[8]
ca. 1870
Portugiesische Reisende führen die Machada in Hawaii ein. Sie wird von den Bewohnern Hawaiis abgeändert und in **Ukulele** umbenannt, dem hawaiischen Wort für „Floh".

ca. 1870
Die **Gymkhana**, eine Ausstellung für Leichtathletik und Reitsport, breitet sich von Indien nach England aus. Es ist eine von etlichen Sportveranstaltungen, die zwischen England und seinen Kolonien hin- und herwandern.

1870
Königin Isabella II. von Spanien dankt zugunsten ihres Sohns, dem zukünftigen Alfons XII., ab. Sie kehrt für eine Weile aus dem Exil nach Spanien zurück, kann aber nach Alfons Thronbesteigung ihren politischen Einfluss nicht mehr geltend machen.
[3]

1870
Der italienische Chemiker und Toxikologe Francesco Selmi prägt den (heute nicht mehr verwendeten) Begriff **Leichenvergiftung** für akute Magen-Darm-Erkrankungen nach dem Verzehr von Lebensmitteln, die mindestens einen aus drei Hauptgruppen von Giftstoffen enthalten.

1870
John D. Rockefeller und einige Partner gründen die Standard Oil Company (Ohio). Schon im Jahre 1872 kontrolliert diese fast alle Ölraffinerien in Cleveland und hat 1882 nahezu das Monopol im amerikanischen Ölgeschäft.
[4]

1870
Joseph Hayne Rainey wird als erster Afroamerikaner ins Repräsentantenhaus der USA gewählt. Der Abgeordnete aus South Carolina durchläuft während des Wiederaufbaus die längste Amtszeit aller Afroamerikaner.

1870
Eine Revolte der Liberalen gegen die Einrichtung einer Monarchie in **Rumänien** und gegen Karl von Hohenzollern-Sigmaringen wird niedergeschlagen. Karl regierte dort seit 1866 als Fürst.

1870
Der norwegische Dichter, Romanautor und Dramatiker Bjørnstjerne Martinius Bjørnson veröffentlicht sein Epos **Arnljot Gelline**.

[3] Isabella II. mit ihrem Sohn Alfonso XII. Sie wurde bereits während der Revolution 1868 ins Exil geschickt. Zum großen Teil geschah dies wegen ihrer politischen Einmischung und der Manipulation durch korrupte Höflinge und Günstlinge.

[4] Die monopolistischen Fangarme der Standard Oil strecken sich nach allen Richtungen aus, um in alle Arten von Geschäften einzugreifen.

[8] Die „Hawaiian Music Girls“: die vorderen beiden halten eine Ukulele.

[5] Juan Prim, Opfer der reaktionären Kräfte in Spanien.

[9] Die erste Veröffentlichung des Esels der Demokraten, der den kurz zuvor verstorbenen Kriegsminister E. M. Stanton tritt, in Thomas Nasts Karikatur.

[7] Ein ehrgeiziger, französischer Pleinairmaler nimmt eine sehr große Leinwand in Angriff, um die ein Schutz aufgebaut wurde.

ca. 1870
Das **Totalisator**-System für Pferdewetten wird vom Geschäftsmann Pierre Oller in Frankreich eingeführt.

ca. 1870
Thomas Adams erfindet das moderne **Kaugummi**.

6. Januar 1870
Der weltberühmte **Konzertsaal Musikverein** wird in Wien eröffnet. Er ist bekannt für seine Akustik.

[9]
15. Januar 1870
Der **Esel** erscheint als Symbol der amerikanischen Demokratischen Partei in einer Karikatur von Thomas Nast.

23. Februar 1870
Der **Fünfzehnte Zusatzartikel** zur Verfassung der Vereinigten Staaten wird ratifiziert. Er garantiert das Wahlrecht unabhängig von der Rasse und soll zusammen mit dem Vierzehnten Verfassungszusatz die Bürgerrechte der ehemaligen Sklaven sichern.

1. März 1870
Der paraguayische Diktator **Francisco Solano López** wird getötet. Er war verantwortlich für den paraguayischen Krieg, in dem Paraguay von Brasilien, Argentinien und Uruguay fast vernichtet worden wäre.

1870-1871

9. Juni 1870
Der englische Schriftsteller **Charles Dickens** stirbt in Gad's Hill bei Chatham, Kent. Er galt als der bedeutendste viktorianische Romanautor.
[1]

21. Juni 1870
Das **Massaker von Tianjin** bricht aus, in dem sich die fremdenfeindliche Gesinnung der Chinesen gegen die Menschen aus dem Westen gewaltsam entlädt.

2. Juli 1870
Die Doktrin der **päpstlichen Unfehlbarkeit** wird im Ersten Vatikanischen Konzil bestätigt. Demnach ist die Lehre des Papstes ohne Fehl und Tadel und die Doktrin über Glauben oder Moral von der ganzen Kirche anzunehmen.

19. Juli 1870
Der französische Kaiser Napoleon III. erklärt Preußen den Krieg und löst damit den **Deutsch-Französischen Krieg** aus.

1. September 1870
Die französische Armee erleidet in der **Schlacht bei Sedan** eine entscheidende Niederlage im Deutsch-Französischen Krieg.
[2]

4. September 1870
Napoleon III., der Frankreich als erster Präsident (1850–52) und dann als Kaiser regiert (1852–70), wird abgesetzt und die Dritte Republik ausgerufen.
[3]

[1] Dickens liest seiner Tochter und einer Freundin vor. Die Anstrengung, seine Romane häufig vor einem großen Publikum vorlesen zu müssen, führt schließlich zu seinem Tod.

[2] Preußen stehen vor französischer Artillerie, die bei Sedan erobert wurde.

[3] Napoleon III. und seine Kaiserin Eugenie im Exil nach seiner Absetzung.

[6] George Eliot um das Jahr 1868 herum.

[7] Heinrich Schliemanns Frau Sophie, geschmückt mit den angeblichen „Juwelen der Helena von Troja“

[8] Das Profil von Whistlers Mutter gegen einen sorgfältig ausgewählten Hintergrund ist eines der eindrucksvollsten Profile in der Kunst.

[6]
1871
George Eliot beginnt mit der Veröffentlichung von **Middlemarch**, der von vielen als der beste Roman der viktorianischen Ära bezeichnet wird.

[7]
1871
Der deutsche, wegbereitende Archäologe **Heinrich Schliemann** beginnt in Anatolien mit der Ausgrabung der dort von ihm (zu Recht) vermuteten alten Stadt Troja. Seine Entdeckung hilft dabei, die moderne Archäologie zu etablieren.

[8]
1871
James McNeill Whistler beginnt mit seinem wohl bekanntesten Gemälde, dem *Arrangement in Grey and Black No. 1: The Artist's Mother*. „Whistlers Mutter“ wird im Jahre 1872 fertig gestellt und zeigt den Einfluss der japanischen Kunst.

1871
Berlin, die alte preußische Hauptstadt, wird die Hauptstadt des neuen Deutschen Reiches.

1871
Charles Darwin veröffentlicht *Die Abstammung des Menschen und die geschlechtliche Zuchtwahl*. Damit verleiht er der Kontroverse um seine erste Veröffentlichung, die *Entstehung der Arten*, neuen Zündstoff.

1871
Mit der vom englischen Arzt Richard Leach Maddox entwickelten **Trockenplatten-Fotografie** beginnt die Ära der modernen Fotografie. Die mit einer Bromsilber-Gelatine-Schicht überzogenen Trockenplatten werden in Massenproduktion hergestellt.

17. Oktober 1870
Der französische Republikaner **Léon Gambetta** flieht in einem Heißluftballon aus Paris. Er lässt sich in Tours nieder und hilft, den Widerstand Frankreichs im Deutsch-Französischen Krieg zu leiten.
[4]

1871
Albert Jones entwickelt die **Wellpappe** als Verpackungsmaterial.

1871
Der US-amerikanische Paläontologe Othniel Charles Marsh entdeckt in den USA die ersten Überreste eines **Pterodaktylus** (Flugsaurier). Marsh wird die Entdeckung von mehr als 1000 fossilen Wirbeltieren und die Beschreibung von mindestens 500 weiteren zugeschrieben.

1871
Eugène Pottier schreibt den original französischen Text zu dem Lied, das als **Internationale** bekannt und von den Sozialisten in aller Welt angenommen wird.

1871
Die britischen Gewerkschaften erhalten mit dem **Trade Union Act** (Gewerkschaftsgesetz) von 1871 ihre rechtliche Grundlage.

1871
Der französische Schriftsteller **Émile Zola** veröffentlicht den ersten der 20 Bände umfassenden Romanserie *Die Familie Rougon-Macquart*. Zola gilt als der Gründer der Kunstrichtung des *Naturalismus*. Zu den Büchern dieser Serie gehören *Nana* (1880) und *Germinal* (1885).
[5]

[4] Gambetta ruft nach der Absetzung Napoleons III. die Dritte Republik aus. In Montmartre wird ein Ballon gefertigt zum Überfliegen der Linien der Deutschen, die Paris belagern. Mit einem ähnlichen Ballon wird er später aus Paris fliehen.

[11] H.M. Stanley in der Kleidung, die er trug, als er Livingstone traf. Neben ihm steht sein Diener Kalula.

[5] Emile Zola am Höhepunkt seiner Schaffenskraft Mitte der 1870er.

[12] Wilhelm I., König von Preußen und erster Kaiser Deutschlands (1871-1888).

[10] Der Tuilerien-Palast wird als Symbol der Monarchie durch die Kommune zerstört. Diese erste sozialistische Regierung der Welt wurde nach dem preußischen Sieg über die Franzosen gegründet.

[9] Die Royal Albert Hall, berühmt für die Promenadenkonzerte mit klassischer Musik, die dort jeden Sommer stattfinden und von der BBC übertragen werden.

[13] Eine Parade preußischer Pferdeartillerie und -infantrie auf den Champs Elysées in Paris, um den Sieg über die Franzosen zu feiern.

1871
Rom wird Hauptstadt des neu vereinten Italiens.

[9]
1871
Die **Royal Albert Hall**, ein Konzertsaal in der City of Westminster in London, wird eröffnet. Mehr als 5000 Personen finden dort Platz, jedoch besucht im Jahre 1906 ein Rekordpublikum von 9000 Menschen ein Grammophonkonzert (Phonograph).

[10]
1871
Der **Tuilerien-Palast**, die französische königliche Residenz neben dem Louvre in Paris, wird durch Brandstiftung zerstört.

[11]
1871
Auf der Suche nach der Quelle des Nils trifft der Entdecker und Missionar **David Livingstone** den Journalisten Henry Morton Stanley. Er hatte gezielt nach dem „verlorenen" Missionar, von dem man seit Jahren nichts mehr gehört hatte, gesucht.

[12]
18. Januar 1871
Das **Deutsche Reich** wird nach drei erfolgreichen Kriegen vom norddeutschen Staat Preußen gegründet. Dies geschieht nicht etwa aufgrund eines überschäumenden Nationalgefühls, sondern ist eher Folge diplomatischer Zwänge.

[13]
28. Januar 1871
Die französische Hauptstadt **Paris** fällt nach viermonatiger Belagerung im Deutsch-Französischen Krieg.

1871-1872

18. März 1871
Die **Pariser Kommune**, ein Aufstand der Pariser gegen die französische Regierung, beginnt und dauert bis zum 28. Mai an.
[1]

21. März 1871
Otto von Bismarck, Ministerpräsident von Preußen (1862–73, 1873–90), wird erster Kanzler des Deutschen Reiches. Er wird für etwa zwei Jahrzehnte den Frieden in Europa erfolgreich erhalten.

27. März 1871
Schottland gewinnt das erste **Länderspiel** der **Rugby Union** zwischen Schottland und England.

13. Mai 1871
Mit dem **Garantiegesetz** versucht die italienische Regierung, ihre problematischen Beziehungen zum Papst zu regeln, der im Verlauf der Vereinigung Italiens seiner Ländereien beraubt wurde.

21. Mai 1871
Die Pariser Kommune wird von Truppen der nationalen französischen Regierung unter Adolphe Thiers angegriffen. Damit beginnt eine Zeit der Gewalt, die als **Blutige Woche** in die Geschichte eingeht.

30. August 1871
Der französische Staatsmann, Journalist und Historiker **Adolphe Thiers** wird zum ersten Präsidenten (1871–73) der Dritten Republik gewählt.
[2]

DIE PARISER KOMMUNE

Aufstand gegen die französische Regierung als Folge der Niederlage Frankreichs gegen Deutschland und des Endes des Zweiten Reiches

Die republikanischen Pariser befürchteten, dass die Nationalversammlung die Monarchie wieder einführen wollte. Am 26. März führten die Gemeindewahlen in der französischen Hauptstadt zu einem Sieg der Revolutionäre, welche die regierende Kommune bildeten. Dazu gehörten drei Hauptgruppen: die so genannten Jakobiner, die wollten, dass die Pariser Kommune die gesamte Revolution steuerte, die Proudhonisten, Sozialisten, die eine Föderation von Kommunen im ganzen Land unterstützten und die Blanquisten, Sozialisten, die gewaltsame Aktionen forderten.

Nach der schnellen Niederschlagung der Kommunen von Lyon, Saint Etienne, Marseille und Toulouse stand die Pariser Kommune der Regierung Versailles allein gegenüber. Am 21. Mai drangen Regierungstruppen in einen unbefestigten Teil von Paris ein. In der darauf folgenden „semaine sanglante“ oder „Blutigen Woche“ brachen reguläre Truppen den Widerstand der Kommunarden, die zu ihrer Verteidigung Straßenbarrikaden aufstellten und öffentliche Gebäude niederbrannten. Etwa 20 000 Aufständische (links) und ungefähr 750 Mitglieder der Regierungstruppen wurden getötet.

[1] Die Säule auf dem Place Vendome in Paris wird von den Kommunarden zerstört, angestachelt vom Künstler Gustave Courbet. Sie wurde von Napoleon I. errichtet, der sich hier im klassischen, römischen Gewand darstellen ließ. Der Fall der Säule symbolisierte den Hass der Kommunarden auf die Autokratie.

[5] Sarah Bernhardt, wagemutig mit Hose und Jacke bekleidet, als wäre sie ein Bildhauer, posiert neben einer Büste von ihr selbst.

[4] Eine typische Grenzstadt, mit erhöhten Bohlenwegen, Saloons, Läden, einem „Mammut-Schlafpalast“ und „großer Oper“.

[6] Karl Weyprecht verkündet seinen Männern auf der Arktisexpedition: „Wir werden niemals zurückweichen.“

[4]
1872
Dodge City in Kansas wird mit der Ankunft der Santa Fe Eisenbahn errichtet. Diese Stadt wird zu einer berüchtigten amerikanischen Grenzstadt.

1872
Wilhelm Busch (siehe 1865) veröffentlicht **Die fromme Helene,** eine weitere seiner Bildergeschichten, wegen derer er den Anspruch erhebt, der Vater der Comics zu sein.

[5]
1872
Die französische Schauspielerin **Sarah Bernhardt** kehrt zur Comédie-Française in Paris zurück und wird dort zur größten französischen Schauspielerin des späten 19. Jahrhunderts und eine der bekanntesten Figuren der Bühnengeschichte.

[6]
1872
Der österreichische Arktisforscher Karl Weyprecht, dessen Schiff mehr als ein Jahr lang im polaren Treibeis eingeschlossen war, findet **Franz Josef Land**. Weyprecht wird zum Verfechter internationaler Polarforschung.

1872
Der deutsche Naturalist und Botaniker Ferdinand Cohn wird Direktor des Instituts für Pflanzenphysiologie an der Universität Breslau. Er gilt als einer der Gründer der **Bakteriologie**.

1872
Die **Ostseeküste Deutschlands** und Teile des Landesinnern werden von einem heftigen Sturm heimgesucht, bei dem über 1000 Menschen ihr Leben verlieren. Seitdem wurde diese Hochwassermarke an der Küste nie wieder überschritten.

8. Oktober 1871
In Chicagos West Side bricht ein Feuer aus (vermutlich, als eine Kuh gegen eine Laterne stößt) und wird zu einer Feuersbrunst, die etwa 300 Leben kostet und einen Schaden von 200 Millionen Dollar verursacht. Etwa ein Drittel der Stadt liegt in Schutt und Asche.

8. Oktober 1871
Giuseppe Verdis Oper **Aida**, die im alten Ägypten spielt, wird zum ersten Mal im Opernhaus von Kairo aufgeführt.

1872
In Mailand gründet Giovanni Battista Pirelli eine kleine Gummifabrik, die Società Italiana **Pirelli**. Dort werden später isolierte Telegrafenleitungen, Fahrrad- und Autoreifen, Kabel und Treibriemen hergestellt.

1872
Pfarrer Friedrich von Bodelschwingh übernimmt im deutschen Bielefeld die Leitung der **Bethel-Anstalten** (die später nach ihm benannt werden), in der kranke, behinderte und psychisch gestörte Menschen versorgt werden.

1872
Das erste Endspiel der Football Association findet im Kennington Oval statt. Der **FA Cup** ist der älteste Fußballwettbewerb der Welt. Die Wanderers schlagen die Royal Engineers 1-0.
[3]

1872
Der österreichische Dramatiker Franz Grillparzer stirbt. Er erlangte besonderen Ruhm für seine Trilogie **Das goldene Vlies** (1821).

[2] Adolphe Thiers. Nachdem er die parlamentarische Opposition zu Napoleon III. geführt hat, ist er Leiter der provisorischen Regierung, welche die Dritte Republik einführt.

[7] König Oscar II. von Schweden. Während seiner Herrschaft erlangt Norwegen seine Unabhängigkeit von Schweden.

[3] Die Royal Engineers, Verlierer des ersten FA Cup Endspiels.

[9] Zivile wissenschaftliche Mitarbeiter an Bord des Motorschiffs „Challenger". Der Mann ganz rechts wird von seinem Papagei begleitet.

[8] Erölbohrungen im erschlossenen Ölfeld von Baku.

[7]
1872
Oscar II. tritt die Nachfolge seines Bruders an und wird König von Schweden (1872–1907) und Norwegen (1872–1905).

[8]
1872
Im Russischen Reich beginnt die wirtschaftliche Ausbeutung der Ölvorkommen auf der Halbinsel Abşeron bei **Baku**.

1872
Der deutsche Chemiker Eugen Baumann stellt zum ersten Mal **Polyvinylchlorid** (PVC) her.

1872
Der *Boston Daily Globe* wird in Boston, Massachusetts gegründet. Im Laufe der Zeit wird er unter dem Namen **Boston Globe** bekannt, avanciert zur größten Tageszeitung der Stadt und gehört bald zu einer der einflussreichsten Zeitungen der USA.

[9]
1872
Das britische Schiff **Challenger** bricht zu einer fast vierjährigen Fahrt auf, während derer man Temperatur, Lebewesen, Strömungen, Tiefen und Umrisse der Meeresbecken aufzeichnet. Dies ist die erste systematische Studie der Tiefsee.

1872
Aaron Montgomery Ward bringt den ersten **Versandhauskatalog** heraus. Er besteht aus einem einzigen Blatt, auf dem etwa 150 Artikel aufgelistet sind.

1872-1873

1872
In den Vereinigten Staaten wird der erste Nationalpark, der **Yellowstone**, eingerichtet. Bald werden weitere Parks überall in der Welt gegründet.
[1]

1872
Die **erste Eisenbahnlinie in Japan**, die von britischen Ingenieuren gebaut wurde, wird zwischen Tokio und Yokohama eröffnet.
[2]

1872
Der deutsche Kanzler Otto von Bismarck beginnt seinen Angriff auf die katholische Kirche, als er den **Jesuitenorden** im Deutschen Reich für illegal erklärt.

28. November 1872
Der deutsche Wissenschaftler und Reisende Wilhelm Reiss erreicht als erster Bergsteiger den Gipfel des **Cotopaxi** in Ecuador, des höchsten aktiven Vulkans.

1873
In Glasgow findet das **erste offizielle Fußballländerspiel** zwischen Schottland und England statt. Es geht mit 0-0 unentschieden aus.

1873
Der ehemalige französische Kaiser **Napoleon III.** stirbt im Exil in England.

[1] Harry Yount, der erste Park Ranger des Yellowstone Nationalparks.

[2] Japans erste Eisenbahnlinie. Der Anordnung der Räder der Lokomotive konnte der Künstler nicht folgen.

[4] Das von allen idealisierte Bild eines kanadischen, berittenen Polizisten.

[3] Die 1849 gebaute Szechenyi Kettenbrücke verbindet Buda mit Pest, hier vom Palastberg in Buda aus gesehen. Sie bleibt eins der Wahrzeichen der Stadt.

[6] Der Union Jack wird zum ersten Mal bei einer Feier in Port Moresby gehisst.

1873
Der deutsche Musikwissenschaftler Philipp Spitta veröffentlicht den ersten Band seiner monumentalen zweibändigen Studie über **J.S. Bach**. Im Jahre 1885 ist er Mitbegründer der ersten musikwissenschaftlichen Zeitschrift.

1873
Deutschland führt mit der Goldmark eine neue Münze ein. Die **Mark** ersetzt den Taler und den Gulden.

1873
Jesse James und die James-Younger-Bande begehen den ersten erfolgreichen Raubüberfall auf einen Zug im US-amerikanischen Westen.

1873
Margarine wird in den Vereinigten Staaten patentiert und darf in Europa nun nicht mehr als Butter verkauft werden.

[6]
1873
Der britische Kapitän John Moresby gründet die Hauptstadt Papua-Neuguineas, **Port Moresby**.

1873
J. Sheridan Le Fanu stirbt. Er war ein anglo-irischer Schriftsteller und berühmt für seine Geistergeschichten, wie zum Beispiel *Uncle Silas*.

1873
Die Kaiser von Österreich-Ungarn, Deutschland und Russland bilden den als **Dreikaiserbund** bekannten Bund als Gegengewicht zu den zunehmend liberalen Regimes des Westens.

1873
Die **Bellevue Hospital School of Nursing** wird in New York City gegründet. Sie ist die erste Schwesternschule, die das Nightingale-Modell bei der Ausbildung der Krankenschwestern anwendet.

1873
Budapest wird nach der Zusammenlegung der Städte Buda, Obuda und Pest beidseitig der Donau offizielle Hauptstadt Ungarns.
[3]

1873
Die Bundespolizei Kanadas, die *Northwest Mounted Rifles*, wird gegründet. Der Name wird später in **Royal Canadian Mounted Police** (RCMP), oder kurz *Mounties*, abgeändert.
[4]

1873
Der englische Arzt **William Budd** veröffentlicht das Buch *Typhoid Fever*, eine Sammlung seiner Studien über Typhus, in denen er feststellt, dass die Krankheit ansteckend ist.
[5]

1873
Jules Vernes klassischer Abenteuerroman **In 80 Tagen um die Welt** wird veröffentlicht.

[5] William Budd, der im Jahre 1866 zu Ruhm gelangte, als er die Cholera in Bristol ausrottete.

[8] Justus von Liebig, eine Chemiekoryphäe.

[7] James Clerk Maxwell, der den Weg für drahtloses Telegrafieren und Radio ebnet. Er beschäftigt sich zudem mit Gasen, Optik und Farbwahrnehmung.

DIE CABLE CARS VON SAN FRANCISCO

Die meisten Städte ersetzten ihre Kabelbahnen durch elektrische Straßenbahnen. In San Francisco jedoch bleiben sie ein Wahrzeichen der Stadt.

Die Kabelbahn wurde im Jahre 1873 als Erfindung von Andrew Hallidie auf der Sacramento Street und Clay Street in San Francisco (oben) eingeführt. Die Wagen (Cable Cars) wurden von einem durchlaufenden Seil gezogen, das in einem Führungsschlitz zwischen den Schienen lief und über eine dampfbetriebene Welle im Maschinenhaus angetrieben wurde. Das System war eigens für den Betrieb auf steilen Anstiegen entwickelt worden und wurde besonders intensiv in San Francisco und Seattle genutzt. Die Seilbahnwagen liefen viel ruhiger als die damaligen elektrischen Bahnen, konnten aber nur mit einer konstanten Geschwindigkeit fahren. Sobald ein Seil riss oder sich verknotete, war die ganze Strecke lahm gelegt. Anfang 1900 wurde der größte Teil des Kabelbahnfuhrparks in den USA durch elektrische Wagen ersetzt, die Bahn in Seattle blieb noch bis etwa 1930 in Betrieb. Mit Beginn des 21. Jahrhunderts war San Francisco die einzige Stadt, die noch eine Kabelbahn in Betrieb hatte. Zurzeit werden als Teil des öffentlichen Nahverkehrs in San Francisco in der Unterstadt am Union Square und an der Fisherman's Wharf noch zwei Kabelbahnlinien betrieben und eine dritte entlang der California Street.

Anfangs wurden die Straßenbahnen entweder von Pferden gezogen oder über Akkus angetrieben, was aber teuer und uneffektiv war. 1834 baute Thomas Davenport, ein Schmied aus Brandon in Vermont, einen kleinen batteriebetriebenen Elektromotor, den er für den Betrieb eines kleinen Wagens auf einem kurzen Teil der Strecke einsetzte. Im Jahre 1860 eröffnete ein Amerikaner mit dem Namen G.F. Train drei Linien in London und eine in Birkenhead. Durch die Erfindung des Dynamos (Generator) konnte man die Straßenbahnen mittels elektrischer Oberleitungen mit Strom versorgen. Diese elektrifizierten Straßenbahnen wurden daraufhin zunehmend in Großbritannien, Europa und den Vereinigten Staaten eingesetzt.

1873
Der deutsche Maler **Hans von Marées** bemalt die Wände des neuen zoologischen Instituts in Neapel mit Fresken.

[7]
1873
Der schottische Physiker **James Clerk Maxwell** veröffentlicht seine *Treatise on Electricity and Magnetism*, in der er seine Theorie über Elektromagnetismus erläutert und sich als einer der großen Wissenschaftler der Geschichte etabliert.

[8]
1873
Der deutsche Chemiker **Justus von Liebig** stirbt. Er war Pionier der Methode, die jeweiligen Themen im Labor zu lehren. Außerdem basieren die modernen Düngemethoden auf seiner Entdeckung von Stickstoff als wichtigen Pflanzendünger.

1873
Adolph Coors und Joseph Schueler gründen die **Coors Brewing Company** (Brauerei) in Golden, Colorado.

1873
In **Neuseeland** wird das Gesetz zur Beschäftigung von Frauen verabschiedet. Mit diesem Gesetz wird zum ersten Mal versucht, Arbeitszeiten, sanitäre Bedingungen und Urlaubstage für Fabrikarbeiter in Neuseeland gesetzlich zu regeln.

1873
In San Francisco wird die **erste Kabelbahn** eingeführt.

1873-1874

1873
Der Forscher William Gosse besucht als erster Europäer **Ayers Rock**, einen Monolithen im Nordwesten Australiens. Er tauft den Felsen nach dem südaustralischen Ministerpräsidenten Sir Henry Ayers.

1873
Die letzten deutschen Truppen verlassen Frankreich, nachdem die Franzosen die **Entschädigung** bezahlt haben, die ihnen nach ihrer Niederlage im Deutsch-Französischen Krieg auferlegt worden war.

1873
Mehrere Gerichtshöfe werden zum englischen **Court of Appeal and High Court of Justice** (Berufungsgericht und Oberstes Zivilgericht) zusammengefasst. Dies ist ein erster moderner Versuch, das Durcheinander und die Uneffizienz der englischen Gerichte zu reduzieren.

1873
Der **Modoc-Krieg** zwischen der amerikanischen Armee und einem Indianerstamm wird beendet.
[1]

1873
Die Panik von 1873, die mit den Finanzkrisen im Juni in Wien und im September in New York City begann, kennzeichnet das Ende einer langfristigen Expansion der Weltwirtschaft, die in den späten 1840er Jahren angefangen hatte.

1873
Die **Schlachthaus-Affäre** führt zu einem entscheidenden Urteil des US Supreme Court (Höchstes Amerikanisches Gericht), das den Paragraphen über den Schutz der Rechte und die Immunität des 14. Zusatzartikels der amerikanischen Verfassung einschränkt.

DIE WIENER WELTAUSSTELLUNG

Mit einer internationalen Ausstellung versucht man, die Größe Österreichs zu verkünden.

Die Niederlagen und der Verlust von Ländereien in einigen Kriegen Mitte des 19. Jahrhunderts hatten Österreichs Entwicklung verzögert. Im Jahre 1870 gab der Habsburger Kaiser Franz Josef seine Zustimmung zu einer großen Ausstellung, um die anderen Nationen an Österreichs wirtschaftliches Potential und seine ideale Lage als Umschlagplatz für den Handel zwischen Ost und West zu erinnern.

Es folgte ein wahrer Baurausch im Viertel der Prater Parkanlage am nördlichen Stadtrand Wiens. Das Herzstück der gesamten Ausstellungsfläche war der Industriepalast (der Eingang zur Kunsthalle ist oben abgebildet), in dem Industrieprodukte aus aller Welt ausgestellt wurden. Mehr als 20 Nationen nahmen teil, jedoch nicht die Vereinigten Staaten von Amerika, die erst so spät zusagten, dass eine Ausstellung nicht mehr organisiert werden konnte. Beim durch die Niederlage im Deutsch-Französischen Krieg verarmten Frankreich reichte es nur für eine symbolische Teilnahme.

Die Wiener Weltausstellung war zwar spektakulär, jedoch konnte der Kaiser seine gewünschten Ziele nicht erreichen. Vieles lief falsch, einige Gebäude waren am Eröffnungstag noch nicht fertig gestellt, und die Eröffnung fiel mit einem Börseneinbruch und dem Ausbruch der Cholera in der Stadt zusammen. Die Ausstellung konnte wenig daran ändern, dass die Welt Österreich immer noch als Provinz betrachtete.

[1] Donald McKay (dritter von links, stehend), ein in Amerika geborener Späher, nahm Kintpuash, den Anführer der Rebellen der Modoc, gefangen und wurde später ein Star der Wild West Shows

[5] Marschall Mac-Mahon. Ein überzeugter Monarchist, dessen Versuch, einen Orleanisten auf den französischen Thron zu setzen, scheitert.

[6] Der Sultan von Sansibar mit einigen Höflingen einige Jahre nachdem er gezwungen wurde, den freien Sklavenhandel in seinem Land zu beenden.

1873
Österreich-Ungarn versucht, sein Image nach der Niederlage durch Frankreich und Preußen zu verbessern und richtet die **Wiener Weltausstellung** in der neuen Prater Parkanlage aus.

ca. 1873
Das indische Feldspiel „Poona" wird in England in der Grafschaft **Badminton** eingeführt. Schon bald bekommt das Spiel den Namen der Grafschaft.

[4]
Februar 1873
Die **erste spanische Republik** wird nach der Abdankung König Amadeos vom Parlament der Cortes ausgerufen.

April 1873
Das englische Linienschiff **Atlantic** der White Star Linie läuft mit 957 Passagieren an Bord vor der Küste von Halifax in Nova Scotia auf Grund. Etwa 545 Menschen verlieren bei dieser Katastrophe ihr Leben.

Mai 1873
Die Spanier kapern das Schiff **Virginius**, das unter falscher US-Flagge Waffen zu kubanischen Rebellen schmuggelt. 52 Besatzungsmitglieder, darunter auch Amerikaner, werden hingerichtet. Dies führt fast zu einem Krieg zwischen den beiden Ländern.

[5]
24. Mai 1873
Marie-Edme-Patrice-Maurice, Graf von **Mac-Mahon**, Marschall von Frankreich, wird zum ersten Präsidenten der Dritten Französischen Republik gewählt.

1873
Das **Forstwirtschaftsgesetz** wird vom US-amerikanischen Kongress verabschiedet. Laut Gesetz erhält jeder, der einen Hektar Bäume pflanzt und diese acht Jahre lang pflegt, dafür im Gegenzug 16 Hektar Land umsonst.

1873
Der Kongress der Vereinigten Staaten verabschiedet das **Comstock-Gesetz.** Demnach ist die Veröffentlichung, Verteilung und der Besitz von Informationen, Geräten oder Medikamenten zur illegalen Abtreibung oder Empfängnisverhütung strafbar.

1873
Der US-amerikanische Industrielle **Henry Clay Frick** erwirbt nach der Panik von 1873 riesige Kohlehalden und benutzt diese, um Pittsburgh mit dem für die Stahl- und Eisenindustrie benötigten Koks zu versorgen. 1879, im Alter von 30 Jahren, ist Frick bereits Millionär.

[2]

1873
In Paris wird der im Jahre 1718 erbaute **Elysée-Palast**, der einst Madame de Pompadour gehörte, zur offiziellen Residenz des französischen Präsidenten.

1873
Die **Universität des Kaps der Guten Hoffnung** wird gegründet. Sie wird im Jahr 1916 in Universität von Südafrika (UNISA) umbenannt.

1873
Timothy O'Sullivans monumentale Fotografie des Chelly Canyon, auf dem die majestätische Felsformation im Südwesten der USA abgebildet ist, bildet den Anfang eines neuen Stils von Inhalt und Komposition.

[3]

[2] Ein großer Schmiedehammer wird in einer Stahlfabrik in Pittsburgh eingesetzt.

[3] Sullivans Fotografie des Chelly Canyon in Arizona. Man beachte die drei winzigen Zelte unten links.

[7] Paul Verlaine. Er und Rimbaud wandern seit 1871 durch Frankreich, Belgien und England.

[4] Amadeo von Spanien. Seine Herrschaft dauerte noch nicht einmal drei Jahre.

[8] Man stößt auf das Ende des zweiten Ashanti-Kriegs in Westafrika (Ghana) an. Es folgen jedoch noch zwei weitere Kriege.

[9] Das Gemälde, das den Impressionisten ihren Namen gab: „Impression, Soleil Levant" (Impression, Sonnenaufgang) von Claude Monet.

[6]

Juni 1873
Der Sultan von Sansibar beendet unter dem Druck der britischen Regierung den freien Sklavenhandel in **Sansibar**.

[7]

10. Juli 1873
Der französische Dichter **Paul Verlaine**, bekannt als Anführer der Symbolisten und Gründer der Anhänger der dekadenten Literatur, schießt auf den jungen französischen Dichter Arthur Rimbaud und verletzt ihn. Verlaine muss zwei Jahre ins Gefängnis.

7. November 1873
Der in Schottland geborene Politiker **Alexander Mackenzie** wird der erste liberale Premierminister Kanadas (1873-78).

[8]

1874
Der britische General Wolseley gewinnt den zweiten **Ashanti-Krieg** in Westafrika.

1874
Levi Strauss & Co. beginnt mit der Verwendung von Kupfernieten zur Verstärkung seiner Kleidungsstücke

[9]

1874
Ein Journalist kanzelt die Künstler Monet, Renoir, Pissarro und andere bei einer Ausstellung als **Impressionisten** ab in Anspielung auf ein Gemälde von Monet. Die Gruppe übernimmt diesen Schimpfnamen als ihren Namen.

1874

1874
Der in Belgien geborene, US-amerikanische Erfinder Charles Joseph Van Depoele demonstriert die Möglichkeit **elektrischer Zugkraft**.

1874
Benjamin Disraeli, neun Monate lang Premierminister im Jahre 1868, beginnt seine zweite Amtszeit (1874–80). Er führt die konservative Regierung mit einer zweigleisigen Politik aus Tory-Demokratie und Imperialismus.
[1]

1874
Der wegen seiner Wiener Walzer und Operetten berühmte Komponist **Johann Strauss** der Jüngere beendet *Die Fledermaus*, die zu einem klassischen Beispiel der Wiener Operette wird.
[2]

1874
Der deutsche Chemiker Othmar Zeidler synthetisiert **DDT**. Ab 1939 wird es zunächst als Insektenvernichtungsmittel eingesetzt, aber in den 1970er Jahren wird das Gift wegen seiner Umweltschädlichkeit in den meisten Ländern verboten.

1874
Nach Verhandlungen und dem Angebot bedingungsloser Kapitulation werden die **Fidschis** zur britischen Kronkolonie.
[3]

1874
George Edmund Street beginnt mit seiner Arbeit am **Justizpalast in London**. Dieses Gebäude, erbaut von einem Meister der viktorianischen Gotik, ist das letzte größere Monument der englischen Neugotik und fügt sich trotz seiner Größe gut in das Straßenbild ein.
[4]

[1] Benjamin Disraeli, links stehend, mit Freunden in seinem Haus „Hughenden Manor". Sein Sekretär Montagu Corry liegt im Vordergrund.

[2] Zwei der Hauptdarsteller in einer Produktion von „Die Fledermaus" im Jahre 1894. Eine der Titelfiguren schmückt das Haar der Heldin.

[3] Benjamin Disraeli stellt der Britannia nach der Kolonialisierung der Inseln durch die Briten ein Paar von den Fidschis vor.

[4] Links der neue Justizpalast auf der „Strand" in London. Die Statue eines geflügelten Drachens in der Ferne kennzeichnet die westliche Grenze der City of London und den Anfang der Fleet Street.

[7] Die wenigen Überlebenden der „Cospatrick", als das Schiff, das sie retten wird, zu sehen ist.

1874
Franz Brentano wird in Wien Professor der Philosophie und schreibt sein bekanntestes Buch, *Psychologie vom Empirischen Standpunkte*.

1874
Der amerikanische Humorist **Josh Billings** veröffentlicht seine *Encyclopedia of Wit and Wisdom* (Enzyklopädie über Witz und Weisheit).

1874
In England findet das erste **Baseballspiel** auf nichtamerikanischem Boden statt. Die Athletics schlagen die Bostons, als sie fünf Runs im 10. Inning schaffen.

1874
Die endgültige Fassung von **Gustave Flauberts** Roman *Die Versuchung des Heiligen Antonius* wird veröffentlicht.

1874
In Philadelphia, dem amerikanischen Zentrum der Speiseeisherstellung, wird der erste **Eisbecher** erfunden.

[7]
1874
Das Einwandererschiff **Cospatrick** fängt Feuer und sinkt vor der Küste von Auckland, Neuseeland. Es sterben mehr als 450 Menschen.

1874
In den **Black Hills von South Dakota** wird Gold entdeckt. Dies bedeutet eine Katastrophe für die westlichen Sioux-Indianer, denen im Jahre 1868 im Zweiten Vertrag von Fort Laramie das Recht auf das Gebiet, das sie als heilig betrachten, garantiert wurde.

1874
Der Engländer H.J. Lawson entwirft das erste **Fahrrad mit Kettenantrieb**.
[5]

1874
Joseph Glidden aus DeKalb in Illinois entwickelt Maschinen für die Massenproduktion von **Stacheldraht**. Bereits 1890 ist das bisher offene Weideland im Westen der Vereinigten Staaten fast vollständig eingezäunt.

1874
P.T. Barnums Pferderennbahn wird in New York City eröffnet. Später wird sie in **Madison Square Garden** umbenannt.

1874
Die **R.H. Macy Company** in New York City ist das erste Kaufhaus, das zu Weihnachten in einem Fenster seine Puppen ausstellt. Diese Fensterausstellungen tragen zu der Beliebtheit des Kaufhauses bei. Diese Tradition wird aufrechterhalten.

1874
Der Komponist Modest Petrowitsch Mussorgski beendet die Arbeit an seiner gefeierten Suite aus 10 Pianostücken mit dem Titel **Bilder einer Ausstellung**, die später für Orchester umgeschrieben wird.
[6]

[5] Die Tochter König Eduards VII., Prinzessin Louise, mit ihrem Ehemann, dem Duke of Fife, und einem der ersten Modelle eines Fahrrads mit Kettenantrieb.

[6] Mussorgski. Sein bekanntestes Werk ist die Oper „Boris Godunow“ (1869).

[8] Camille Saint-Saëns.

[9] Der republikanische Elefant mit Uncle Sam auf seinem Rücken, trampelt 1876 den demokratischen Tiger nieder.

GOLD IN SOUTH DAKOTA

Goldfunde locken eine Welle von Glücksjägern in eine vormals einsame Gegend im Nordwesten Nordamerikas.

Die Suche nach Gold in den Black Hills Anfang 1870 lockte viele Nicht-Indianer in den westlichen Teil des Gebietes von Dakota, obwohl die Indianer in den Bundesverträgen das Eigentum an diesem Gebiet zugesprochen bekommen hatten. 1877 wurden die Indianer vom Kongress gezwungen, eine Verkleinerung ihres Reservats zu akzeptieren und die Black Hills der Regierung zu überlassen. Rapid City entstand als Tor zu diesem Gebiet. Güter- und Postkutschen verbanden die Minenbevölkerung mit dem Osten, bis die Eisenbahnen Anfang des 20. Jahrhunderts bis in die westlichen Regionen vorstießen.

An einem Ort nahe Rockerville in South Dakota gewannen Goldwäscher (oben) zwischen 1876 und 1878 Gold im Wert von 350 000 Dollar. Solche Funde waren keine Ausnahme. Nach dem Bekanntwerden der Funde entwickelte sich ein Goldrausch und eine Flut von Siedlern ließ sich im Gebiet des East River nieder, so dass die Bevölkerung zwischen 1878 und 1887 von 80 000 auf 325 000 Einwohner anstieg. Dieser rapide Anstieg erweckte den Ruf nach einer Teilung der Region am 46. Breitengrad und Unabhängigkeit von der südlichen Hälfte. Der Norden und der Kongress bevorzugten einen einzigen Staat. Der südliche Teil hielt in den Jahren 1883 und 1885 konstitutionelle Zusammenkünfte ab. Bei der letzten wurde der Staat Dakota eingeführt. Die Zweistaatlichkeit nach der Teilung unterhalb des 46. Breitengrads wurde im Jahre 1889 vom Kongress gebilligt und sowohl North als auch South Dakota wurden gleichzeitig in die Union aufgenommen. Jedoch führte die Art und Weise, in der das Gebiet in die Vereinigten Staaten eingegliedert wurde, zu bleibenden Spannungen zwischen den Indianern und den Siedlern.

[8]
1874
Das Werk *Danse Macabre* des Komponisten **Camille Saint-Saëns** wird uraufgeführt.

1874
Der deutsche Autor **August Heinrich Hoffmann von Fallersleben** stirbt. Er wird wegen des Textes zur deutschen Nationalhymne, den er 1841 unter dem Titel **Lied der Deutschen** schrieb, in Erinnerung bleiben.

[9]
1874
Das Symbol der Republikaner, der **Elefant**, erscheint in einer Karikatur in der Zeitung *Harper's Weekly*. Thomas Nast hat den Elefanten bereits häufiger in seinen früheren Zeichnungen in Verbindung mit der Partei verwendet

1874
In Madrid wird die Zarzuela-Oper *El barberillo de Lavapiés* von **Francisco Asenjo Barbieri** uraufgeführt.

1874
Der Berner Vertrag, der den **Allgemeinen Postverein** begründet, wird im schweizerischen Bern unterschrieben.

1874
Island feiert seine 1000-jährige Besiedlung. Ingólfur Arnarson errichtete im Jahre 874 in Reykjavik seine Heimstatt.

1874-1875

4. Januar 1874
General Manuel Pavia führt eine Revolte an, durch die **Francisco Serrano** als spanischer Präsident eingesetzt wird. Serrano löst die Cortes auf und regiert als Diktator.
[1]

13. Januar 1874
Arbeitslose Arbeiter versammeln sich, um zur New York City Hall zu marschieren. Die Polizei von New York greift sie am nächsten Morgen an und verletzt dabei hunderte von Demonstranten.

1. Juli 1874
In den Vereinigten Staaten findet die **erste Entführung mit Lösegeldforderung** statt, als der vierjährige Charles Ross entführt und 20 000 Dollar Lösegeld für ihn verlangt werden.

29. Juli 1874
Major Walter Clopton Wingfield meldet ein Patent auf einen **tragbaren Tennisplatz** an. Er nennt das Spiel anfänglich „Sphairistike", schon bald wird es jedoch „Rasentennis" genannt.
[2]

August 1874
In New Haven in Connecticut erfindet Harry S. Parmalee die erste **Sprinkleranlage** als wirksame Brandschutzvorrichtung.

29. Dezember 1874
General Arsenio Martinez Campos führt einen Aufstand gegen Präsident Serrano an und die **spanische Monarchie** wird offiziell wieder eingeführt.

[1] Der spanische Präsident Francisco Serrano.

[2] Frühe Tennisspielerinnen stehen auf einer Seite des Netzes. Ihre langen Röcke behindern sie enorm in ihren Bewegungen, aber Damentennis gab es von Anfang an.

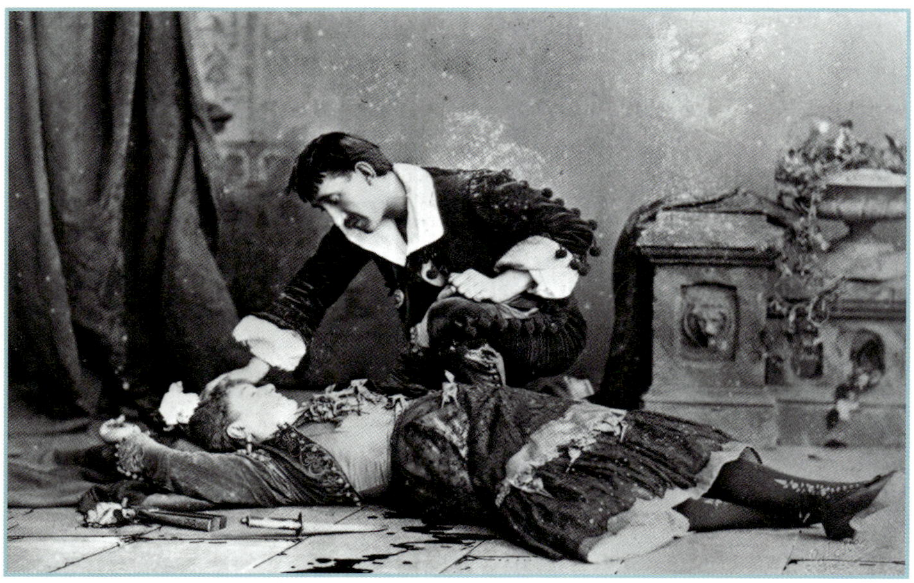

[6] Die tote Carmen am Ende der Oper, erstochen von ihrem Liebhaber Don José, den sie zurückgewiesen hatte.

[7] Charles Parnell, ironischerweise ein evangelischer Gutsherr, der einen englischen Akzent hat und etwa 1600 ha Land im County Wicklow besitzt.

[4] August Bebel, einer der Begründer der Partei, die im Jahre 1890 zur SPD wird.

[6]
1875
Georges Bizets großartige Oper **Carmen** wird in Paris uraufgeführt. Sie basiert auf einer Geschichte von Prosper Mérimée. Der Realismus dieses Werks, der einen Skandal verursacht, öffnet ein neues Kapitel der Operngeschichte.

1875
Der deutsche Forscher Karl Weyprecht schlägt eine internationale Zusammenarbeit bei der Sammlung von wissenschaftlichen Daten während seiner **Arktisstudien** vor. Sein Vorschlag führt zum ersten Internationalen Polar-Jahr (1882–83).

[7]
1875
Der irische Nationalist **Charles Stewart Parnell** wird Abgeordneter des britischen Parlaments (1875–91) und führt später den Kampf um die irische Selbstverwaltung an.

1875
Japan nimmt die **Kurilen-Inseln** von Russland in Besitz. Mit dem Jalta-Abkommen von 1945 gehören die Inseln nicht mehr zur Sowjetunion.

1875
Lycopin wird aus Tomaten gewonnen.

1875
Mary Baker Eddy veröffentlicht ihr wichtigstes Werk, *Wissenschaft und Gesundheit mit Schlüssel zur Heiligen Schrift,* in dem sie die Grundsätze der **Christian Science Kirche** erläutert.

1875
Der amerikanische Zahnarzt George F. Green patentiert den **ersten elektrischen Zahnbohrer,** mit dem man die Zähne ausbohren, schleifen und polieren kann.
[3]

1875
Der US-amerikanische, realistische Maler **Thomas Eakins** malt sein Meisterwerk, *Die Klinik Gross.* Das Bild zeigt seine Kenntnis der menschlichen Anatomie, aber bei seinen Zeitgenossen stößt das Thema auf Missbilligung.

1875
Der ADAV von Lassalle und die SDAP von Bebel und Liebknecht vereinigen sich zur **Sozialistischen Arbeiterpartei Deutschlands**.
[4]

1875
Aristides gewinnt das Eröffnungsrennen des **Kentucky Derby** in Churchill Downs in Louisville, Kentucky. Das Derby wird zu einem der renommiertesten Pferderennen der Vereinigten Staaten.

1875
Der Engländer Matthew Webb ist der erste Mensch, der den **Ärmelkanal** von Dover nach Calais durchschwimmt.
[5]

1875
Der französische Wissenschaftler **Paul-Jean Coulier** entdeckt, dass Staubpartikel in der Atmosphäre eine wichtige Rolle bei der Kondensation und somit bei der Wolkenbildung spielen.

[3] Die Schrecken der frühen Zahnmedizin. Ein Zahn wird gezogen, während der Kopf des Patienten mit Hilfe eines Handtuchs ruhig gehalten wird.

[9] Pjotr Iljitsch Tschaikowski.

[5] Matthew Webb, Kapitän eines Handelsschiffes, durchschwimmt in 21 Stunden den Ärmelkanal.

[10] Eine Frau sitzt neben ihrer mit handgemachten Feuerwerkskörpern voll beladenen Werkbank.

[8] Drei obdachlose Kinder versuchen, auf der Mulberry Street möglichst viel Schutz zu bekommen.

[8]
1875
New York ist der erste Staat der USA, der ein Kinderschutzgesetz einführt. Es dient als Vorbild für die anderen Staaten, die nun alle Gesetze zu verabschieden beginnen, in denen der **Missbrauch von Kindern** zum Straftatbestand gemacht wird.

1875
Der dänische Schriftsteller **Hans Christian Andersen** stirbt. Seine Märchen leben weiter, genau wie die der Gebrüder Grimm.

[9]
1875
Pjotr Iljitsch **Tschaikowski** beendet sein Klavierkonzert Nr. 1.

[10]
1875
Im Vereinigten Königreich wird das Sprengstoffgesetz von 1875 eingeführt, das Herstellung, Einfuhr, Lagerung und Verkauf von **Feuerwerkskörpern** regeln soll.

1875
Die erste private Telegrafenleitung in Indien wird durch das **Indische Telegrafenamt** eingerichtet.

1875
Das erste bekannte, öffentliche **Halleneishockeyspiel** findet in der Victoria Eissporthalle in Montreal statt. Es spielen zwei Studentenmannschaften der McGill Universität nach den zum größten Teil vom Feldhockey übernommenen Regeln.

1875-1876

1875
Es gibt die **erste, aufgezeichnete zu-Null-Niederlage** in der Geschichte des **professionellen Baseball,** als Chicago St. Louis schlägt.

1875
Das **Osmanische Reich** gerät nach dem Erfolg der Tanzimat-Reformer in eine Krise. Die Zentralisierung löst die Kontrolle über die Macht des Sultans ab. Die Krise dauert bis 1878.

1875
Heinrich Schliemann beginnt mit den Ausgrabungen bei **Mykene** in Griechenland. Er glaubt, dass die Geschichten von Homer auf geschichtlichen Tatsachen beruhen. Unter Grabbeigaben entdeckt er auch eine Goldmaske, die er als die von Agamemnon identifiziert.
[1]

1875
Mit dem Gesetz zur **Geldmengenerweiterung** versuchen die USA, den Kampf zwischen den Befürwortern des „weichen Gelds", die weiterhin die im Bürgerkrieg eingeführten Dollarnoten „Greenbacks" verwenden wollten, und ihren „Hartgeld"-Gegnern beizulegen.
[2]

1875
Das **Hermanns-Denkmal** auf einem Berg in Nordrheinwestfalen wird vollendet. Die riesige Statue stellt Arminius (Hermann) dar, den Führer der deutschen Stämme, welche die Römer in der Varusschlacht im Teutoburger Wald im Jahre 9 n. Chr. schlugen.

1875
Alfons XII., Sohn der abgesetzten Königin Isabella II., wird zum König von Spanien gekrönt.
[3]

[4] *Ein fast beendetes Snookerspiel in seinen Anfängen in Wien. Der dreieckige Rahmen, der zu Beginn des Spiels zur Aufstellung der roten Kugeln verwendet wird, hängt an der Wand.*

[1] *Das Löwentor bei Mykene.*

[2] *Einer der ersten Greenbacks: eine von der Union 1862 herausgegebene Dollarnote.*

[7] *Die Kaiserinwitwe von China, Cixi, berüchtigt für ihre Unbarmherzigkeit und Grausamkeit.*

22. Februar 1875
Der französische Maler **Camille Corot** stirbt in Paris. Seine Landschaftsgemälde sind sowohl wegen ihrer technischen Freiheiten und den klaren Farben als auch wegen der Inspiration für die Impressionisten bekannt.

[7]
25. Februar 1875
Nach dem Tod des Kaisers von China, wird der vierjährige Neffe der Kaiserinwitwe Cixi (den sie adoptierte) der Kaiser von Guangxu. Die Kaiserinwitwen Cixi und Ci'an übernehmen die Herrschaft, später nur **Cixi** allein.

4. April 1875
Smetanas Komposition **Vltava**, auch unter dem Namen *Die Moldau* bekannt, wird uraufgeführt. Die Vltava (Moldau) fließt durch Prag.

20. Mai 1875
Das **Internationale Eichamt** wird in Paris etabliert. Es ist eine Organisation, die gegründet wurde, um die Maßeinheiten in der Welt zu vereinheitlichen.

14. Juni 1875
Der deutsche Astronom Heinrich Louis d'Arrest stirbt. Als Student gelang ihm die Entdeckung des **Neptun,** als er vorschlug, den Himmel mit einer neuen Sternenkarte zu vergleichen. Der Planet wurde noch in dieser Nacht entdeckt.

1876
Der **Bulgarische Aprilaufstand** gegen die türkische Herrschaft erhält trotz der Größe und guten Vorbereitung wenig Unterstützung durch die Bevölkerung und wird nach zahlreichen Gräueltaten durch die Türken niedergeschlagen.

1875
Der **Westminster Kennel Club** formiert sich in New York City. Die erste jährliche Hundeschau findet zwei Jahre später statt.

1875
Die Oper *Trial By Jury* führt zur großen Bekanntheit von **W. S. Gilbert and Arthur Sullivan**. Ihre Zusammenarbeit bringt solch bekannte, so genannte „Savoy Opern" wie *H.M.S. Pinafore* (1878), *Pirates of Penzance* (1879) und *Der Mikado* (1885) hervor.

ca.1875
Der britische Soldat Sir Neville Francis Fitzgerald Chamberlain erfindet das Billardspiel **Snooker**, eine Abart des Poolbilliard. *[4]*

5. Januar 1875
Das von Charles Garnier entworfene **Pariser Opernhaus** wird eröffnet. Die Arbeiten an dem Gebäude, das als eines der Meisterwerke der Second Empire Stilrichtung gilt, wurden 1861 begonnen. *[5]*

Februar 1875
Der **Krieg am Red River** wird beendet, als die Indianer der Southern Plains sich den Militärkräften bei Fort Sill in Oklahoma ergeben. Nach einer erbarmungslosen Verfolgung durch die US-Armee können die erschöpften Indianer nicht länger kämpfen. *[6]*

21. Februar 1875
Die Französin **Jeanne Louise Calment** wird geboren. Sie lebt 122 Jahre und 164 Tage und wird damit der bis dahin älteste Mensch.

[3] Alfons XII., Sohn der abgesetzten Königin Isabella II., wird zum König von Spanien gekrönt.

[5] Die prächtige Vorderfront der Pariser Oper, die stark an den Stil des Second Empire erinnert, aber in der Zeit der Dritten Republik vollendet wurde.

[6] Der Häuptling der Comanchen Quanah Parker mit einer seiner acht Frauen nach seiner Kapitulation. Seine Mutter war eine weiße Gefangene namens Cynthia Ann Parker.

[9] Bei der Zitronenernte in einem kalifornischen Orangenhain.

[8] Bells Telefon in Betrieb.

1876
Die **Mark** (auch Goldmark genannt)wird das einzige gesetzliche Zahlungsmittel in allen deutschen Bundesländern.

[8]
1876
Der amerikanische Erfinder Alexander Graham Bell lässt sein **Telefon** patentieren.

1876
Die Oper **La Gioconda** von Amilcare Ponchielli mit einem von Arrigo Boito geschriebenen Libretto (siehe Oktober 1868) wird in der Scala von Mailand uraufgeführt. Die Oper basiert auf dem Roman *Angelo* von Victor Hugo.

1876
Der belgische König Leopold II. bildet die *Association Internationale du Congo* zur Erforschung Afrikas.

[9]
1876
Früchte aus Kalifornien erreichen zum ersten Mal per Zug das Tal des Mississippi.

1876
Die chinesische Provinz Shanxi und die indische Hochebene Deccan werden von einer **extremen Dürre** heimgesucht und dadurch wird ein Großeil der Weizenernte vernichtet.

1876-1877

1876
Kompositorische Effekte, die er aus den japanischen Drucken übernimmt, und sein Interesse am Ballett sind Merkmal der Werke des französischen Malers **Edgar Degas**, wie zum Beispiel seiner *Prima Ballerina.*

1876
Der **Corriere della Sera** wird eine morgendlich erscheinende Zeitung und schließlich zu einer der führenden Tageszeitungen Italiens.

1876
Edvard Grieg, Begründer der norwegischen, nationalistischen Musikschule, schreibt die Begleitmusik zu Henrik Ibsens *Peer Gynt*, das in Christiana (dem späteren Oslo) uraufgeführt wird.

1876
Fritz **Henkel** gründet die Firma Henkel & Cie. in Aachen und verkauft silikathaltige Reinigungsmittel. Das Unternehmen wächst zu einem maßgeblichen Hersteller von Reinigungsmitteln und Körperpflegeprodukten heran.

1876
Julius Wolff gründet die erste erfolgreiche **Fabrik für Sardinenkonserven** in den Vereinigten Staaten.

1876
Mark Twain veröffentlicht *Die Abenteuer des Tom Sawyer*, einen Klassiker unter den US-amerikanischen Kinderbüchern und eine Beschwörung des kleinstädtischen Lebens im 19. Jahrhundert. Er beginnt noch im selben Jahr mit seinem Buch *Die Abenteuer des Huckleberry Finn.* *[1]*

[1] Mark Twain greift auf seine Kindheit am Mississippi in Hannibal, Missouri, zurück.

[7] Der Arm der Freiheitsstatue mit Fackel wird in Philadelphia ausgestellt. Die Statue wird erst im Jahre 1886 fertig gestellt.

[2] Nikolaus A. Otto.

[6] Harry Wright war Organisator, Manager und Spieler der Cincinnatti Red Stockings, der ersten Baseball-Mannschaft, die nur aus professionellen Spielern bestand.

[8] Sitting Bull, Häuptling der Dakota Sioux (vorne rechts). Nach seiner Flucht nach Kanada ergibt er sich im Jahre 1881 und zieht mit der Buffalo Bill Wild West Show durch das Land. Gut zu erkennen ist auf dem Foto die Arroganz des Colonel Custer (ganz rechts).

[6]
1876
Die **National League of Professional Baseball Clubs** wird gebildet. Die rivalisierende „Amerikanische Liga" wird 1900 gegründet.

[7]
1876
Die **Philadelphia Centennial Exposition** (Ausstellung zur Hundertjahrfeier) findet anlässlich des hundertsten Jahrestages der Unabhängigkeitserklärung statt.

1876
Die Sherwin-Williams Company entwickelt die **streichfertige** Farbe.

1876
Der **Nordseekanal,** der Amsterdam mit der Nordsee bei Ijmuiden verbindet, wird elf Jahre nach Baubeginn eröffnet.

27. Februar 1876
Der **Dritte Karlistenkrieg** geht zu Ende und der spanische Thronanwärter Carlos VII. geht ins Exil nach Frankreich. Sein Thronanspruch stammt von seinem Großvater Don Carlos, Onkel der Königin Isabella II.

3. April 1876
In **Portugal** wird die erste republikanische Partei gegründet. Das führt dazu, dass das Land im Jahre 1910 schließlich zur Republik wird.

1876
Nikolaus A. Otto baut einen **Verbrennungsmotor mit interner Verbrennung** und nutzt dabei den 4-Takt-Zyklus (vier Takte jedes Kolbens pro Zündung).
[2]

1876
Der historische Roman *Ein Kampf um Rom* von **Felix Dahn** wird veröffentlicht.
[3]

1876
Pierre-Auguste Renoir wendet die Techniken des Impressionismus auf die Menschenmenge in seinem Bild *Le Moulin de la galette* an, welches die Freuden städtischen Lebens darstellt.
[4]

1876
Porfirio Díaz besiegt die mexikanischen Regierungstruppen bei der Schlacht von Tecoac.

1876
Der Architekt **Richard Norman Shaw** beginnt mit seiner Arbeit am **Bedford Park**, einer der ersten Gartenstädte außerhalb Londons.
[5]

1876
Stenotypie, ein System der **maschinellen Stenografie**, wird zum ersten Mal zur Aufzeichnung in einem Gerichtssaal verwendet.

[4] Renoir zeichnet das Bild eines ergötzlichen Paris, das sich vom Deutsch-Französischen Krieg und der Kommune erholt hat. Hier sind Tänzer bei einer Vergnügung unter freiem Himmel zu sehen.

[5] Richard Norman Shaw. Mit Bedford Park ist er von seinem früheren gotischen Stil zum fröhlichen, gemischten, pittoresken „Queen Anne"-Stil übergegangen.

[10] Das Mekka der Anhänger Wagners: das Bayreuther Festspielhaus in Bayern, fotografiert um 1920.

[3] Der Romanautor Felix Dahn.

[9] Wild Bill Hickok: zunächst Scharfschütze der Union sowie Späher im Bürgerkrieg und dann Marschal in Kansas, der zahlreiche Banditen tötete.

DIE SATSUMA-REBELLION

Versuch japanischer Krieger, die Feudalherrschaft wieder herzustellen

Den Versuchen des Kaisers Meiji, Japan zu verwestlichen, standen die Konservativen strikt entgegen, besonders die ehemaligen Mitglieder der Samurai (links), des Kriegerstandes, der 1871 abgeschafft worden war. Am 29. Januar 1877 griffen Schüler von Saigo Takamori, einem führenden Stammesmann und einer der größten Kritiker Meijis, das Arsenal von Kagoshima und den Marinehof an. Diese Aktion führte zu einem Aufruhr in großem Stil und am 15. Februar machten sich die Rebellen auf den Weg nach Tokio. Im Mai befand sich Saigo in der Defensive, während des Sommers erlitt er einige beträchtliche Niederlagen und im September schließlich war seine Situation aussichtslos. Mit einigen wenigen hundert Mann kehrte er nach Kagoshima zurück, um das letzte Mal Widerstand zu leisten. Am 24. September 1877 führten die Regierungstruppen einen letzten Angriff. Saigo wurde dabei lebensgefährlich verletzt, so dass einer seiner treuen Mitkämpfer ihn, wie zuvor abgesprochen, durch Enthauptung tötete. Von den 40000 Mann, die er noch im Februar angeführt hatte, blieben nur noch etwa 200 zurück, um sich zu ergeben. Die Verluste auf beiden Seiten wurden auf etwa 12 000 Tote geschätzt.

[8]
25. Juni 1876
Lieutenant Colonel George Armstrong Custers siebte Kavallerie greift ein Lager der Indianer unter dem Häuptling Sitting Bull am **Little Bighorn** in Montana an. Von den 200 Kavalleriesoldaten überlebt keiner, der Zeugnis ablegen konnte.

[9]
2. August 1876
Wild Bill Hickok wird in Deadwood, South Dakota, beim Pokerspiel ermordet. Sein Blatt – zwei schwarze Asse, zwei schwarze Achten und eine fünfte, unbekannte Karte – gehen unter dem Namen *die Hand des toten Mannes* in die Geschichte ein.

[10]
13.-17. August 1876
Richard Wagners großartiger Zyklus aus vier Opern, *Der Ring des Nibelungen*, wird zum ersten Mal mit triumphalen Erfolg im neuen Bayreuther Festspielhaus komplett aufgeführt.

7. September 1876
Die **Younger Brüder**, eine Bande amerikanischer Gesetzloser, werden nach einem fehlgeschlagenen Bankraub in Northfield, Minnesota, gefangen genommen. Jesse und Frank James können entkommen.

23. Dezember 1876
Die erste umfassende Verfassung des **Osmanischen Reichs** tritt in Kraft und räumt dem Sultan die volle exekutive Macht ein.

1877
In Japan findet unter der Führung von Saigo Takamori ein **Samurai-Aufstand** (Satsuma-Rebellion) statt.

1877
Rumänien erklärt seine Unabhängigkeit von der Türkei. Die Niederlage durch Russland zwingt die Türkei, dies im Jahre 1878 anzuerkennen.

1877
Der Chicagoer Fleischverpackungsfabrikant Gustavus Franklin Swift schickt die erste Ladung Rindfleisch in einem **gekühlten Eisenbahnwaggon** nach Boston, um ein Verderben des Fleischs zu vermeiden.

1877
Häuptling Joseph von den **Nez Percé** versucht mit einigen Stammesmitgliedern nach Kanada zu fliehen. Er wird schließlich umzingelt und sagt: „Hört mich an, meine Häuptlinge; mein Herz ist krank und traurig. Von nun an werde ich nie wieder kämpfen." *[1]*

1877
Die **Cholera** grassiert in Japan. Man verzeichnet zwischen 1877 und 1879 mehr als 150 000 Erkrankungen und 90 000 Tote.

1877
Eine Hungersnot in Bengalen in Indien kostet 4 Millionen Menschen das Leben.

1877
Der deutsche Botaniker **Wilhelm Pfeffer** entwickelt eine semipermeable Membran, die er zum Studium der Osmose benutzt.

[1] Häuptling Joseph von den Nez Percé.

[5] Rutherford B. Hayes, der im Bürgerkrieg den Dienstgrad eines Generalmajors erreichte.

[2] Robert Koch, dessen Arbeiten zur Identifizierung vieler tödlicher Krankheiten führten.

[4] H.M. Stanley, Kartograph des Flusses Kongo.

HUNGERSNOT IN INDIEN

Dürre und politische Machenschaften verursachen den Tod von Millionen.

Von Oktober 1875 bis Oktober 1877 fiel in vier aufeinander folgenden Regenzeiten nicht die volle Regenmenge. Die andauernde Dürre betraf besonders die Getreideproduktion im gesamten Süden Indiens. Zwar hatte Indien zu der Zeit einen Überschuss an Reis und Weizen, doch die Einwohner konnten davon nicht profitieren, da der Vizekönig Lord Lytton irrtümlicherweise glaubte, dass „mehr Nahrungsmittel die von der Hungersnot betroffenen Gebiete erreichten, wenn man die Privatunternehmen machen ließe ... als wenn die die Regierung den Wirtschaftswettbewerb lähmte." Er wollte, dass so viele Nahrungsmittel wie möglich nach Großbritannien verschifft würden, das im Jahr 1876 selbst eine schlechte Ernte erlitten hatte. Als die Nahrungsmittel das Land verließen, blieben die indischen Bauern notleidend zurück und auf der gesamten Hochebene von Deccan herrschte eine Hungersnot. Einige der Opfer sind oben abgebildet.

Händler benutzten Indiens Eisenbahnnetz, um das Getreide dahin zu bringen, wo es den höchsten Preis erzielte, statt an die Orte, an denen es zur Linderung des Hungers am dringendsten gebraucht wurde. Diese Politik wurde durch die britische Gesetzgebung noch unterstützt. Das Gesetz gegen Akte der Nächstenliebe von 1877 verbot „unter Androhung einer Gefängnisstrafe private Spenden, die möglicherweise die durch den Markt bestimmten Getreidepreise störend beeinflussen konnten." Auf dem Höhepunkt der Krise erzwang die britische Armee in Indien die sofortige Zahlung der seit Beginn der Trockenperiode rückständigen Steuern. Einige Opfer der Hungersnot suchten den einzigen Ausweg, den sie sahen – gegen Verpflegungsrationen auf den ausgedörrten Feldern zu arbeiten. Doch sie waren zu schwach und die Erde zu trocken, als dass sie irgendeinen Erfolg gehabt hätten.

Die britische Regierung schätzt, dass 5,5 Millionen Menschen während der Hungersnot starben; einige Historiker erhöhten die Zahl auf über 7 Millionen.

[4]
1877
Der Journalist und Forscher **Henry Morton Stanley** folgt dem Kongo bis zu dessen Mündung, kartografiert den Verlauf und gibt den Stromschnellen und Wasserfällen den Namen Livingstone Falls.

1877
Jules Simon, der französische Führer, Philosoph und Theoretiker der französischen radikalen Partei tritt als Ministerpräsident zurück.

1877
Leo Tolstoi, russischer Schriftsteller, Meister der realistischen Fiktion und einer der größten Schriftsteller der Welt, vollendet *Anna Karenina*.

1877
Patrick Manson, ein britischer Pionier der Tropenmedizin, demonstriert in China, wie Insekten als Krankheitsüberträger fungieren können und dass die Eier des Fadenwurms, der die Elephantiasis verursacht, von Moskitos übertragen werden.

1877
Der Schwanensee von **Pjotr Iljitsch Tschaikowski** wird in Moskau uraufgeführt. Tschaikowski gilt als der führende russische Komponist des späten 19. Jahrhunderts, insbesondere wegen seiner klassischen Ballettkompositionen.

[5]
1877
Rutherford B. Hayes von der Republikanischen Partei ist von 1877 bis 1881 der 19. Präsident der Vereinigten Staaten. Sein Vizepräsident ist William A. Wheeler.

1877
Der deutsche Arzt **Robert Koch** veröffentlicht eine bedeutende Schrift über die Untersuchung, Konservierung und Ablichtung von Bakterien.
[2]

1877
Der deutsche Urologe Max Nitze entwickelt das **Zystoskop**, ein Instrument, mit dem man in die Blase sehen kann.

1877
In San Francisco werden im Viertel **Chinatown** 25 Waschsalons von einem wütenden Mob niedergebrannt, da die chinesischen Arbeiter bereit sind, auch für niedrige Löhne zu arbeiten.

1877
Die berühmte Mailänder Einkaufspassage, die **Galleria Vittorio Emanuele**, an der seit 1865 gebaut wurde, wird vollendet.
[3]

1877
Die deutsche Schiffswerft und Maschinenfabrik **Blohm + Voss** wird gegründet. Sie wird viele berühmte Schiffe bauen, z.B. die *Pamir*, die *Bismarck* und die *Wilhelm Gustloff.*

1877
In der Johns Hopkins Universität beginnt der **erste US-amerikanische Universitätsverlag** seine Arbeit mit der Veröffentlichung des *American Journal of Mathematics*.

[6] „Der Spiegel der Venus" von Sir Edward Burne-Jones (oben,) der normalerweise der zweiten Generation der präraffaelitischen Maler zugeordnet wird, der aber genauso gut ein früher Symbolist sein könnte. Etwas von seiner Jenseitigkeit kann man auf seinem Foto erkennen (links).

[3] Die „Galleria" in Mailand während des Baus.

[7] Eine der Illustrationen aus einer frühen Ausgabe von „Black Beauty".

[8] Die englische Mannschaft aus professionellen Kricketspielern mit ihrem Spielführer James Lillywhite.

1877
Einige Mitglieder der **Molly Maguires**, einer geheimen Gruppe von Bergleuten aus den Kohleminen, die US-amerikanische Kohlegesellschaften angegriffen hatten, werden hingerichtet.

[6]
1877
Sir Edward Burne-Jones, einer der letzten großen Maler, die sich von den Präraffaeliten inspirieren ließen, festigt seinen Ruf bei einer Ausstellung seiner Werke *Die Verzauberung Merlins* und *Der Spiegel der Venus*.

[7]
1877
Der Kinderbuchklassiker **Black Beauty** von der englischen Schriftstellerin Anna Sewell wird veröffentlicht. Eines ihrer Ziele war, „zu Freundlichkeit, Mitgefühl und einem verständnisvollen Umgang mit Pferden anzuregen."

[8]
1877
Das **erste Testspiel im Kricket** zwischen England und Australien wird in Melbourne ausgetragen und von Australien gewonnen. England gewinnt das zweite, das auch dort stattfindet, so dass es letztendlich unentschieden steht.

1877
Das erste **Telefon von Bell** wird verkauft.

1877
Die Oper **Samson et Dalila** von Saint-Saëns wird im Großherzoglichen Theater in Weimar uraufgeführt.

1877-1878

1877
Henry Ossian Flipper ist der erste Schwarze, der an der **West Point** Militärakademie seinen Abschluss macht.

1877
Das erste **Wimbledon Tennisturnier** wird auf dem Krocketrasen des *All England Croquet and Lawn Tennis Club* veranstaltet. Bis heute wird diese Meisterschaft auf Naturrasen gespielt.
[1]

1877
Louis Arthur Ducos du Hauron, ein französischer Pionier der Fotografie, macht **Farbfotografien** nach dem Subtraktionsverfahren. Beginnend mit Zyan, Magenta und Gelb erhält man eine komplette Farbpalette.
[2]

1877
Die letzten Truppen der Föderation verlassen den Süden. Damit beenden sie die **Rekonstruktion** und untergraben den Schutz der ehemaligen Sklaven. Die Afroamerikaner erhalten erst in den 1960er Jahren eine wirkliche, gesetzlich festgelegte Gleichberechtigung.

1877
Der Warenname **Quaker Oats** wird von Henry Parsons Crowell (1855–1944), dem Besitzer einer Mühle in Ohio, eingetragen.
[3]

1877
Der schweizerisch-deutsche Schriftsteller **Gottfried Keller** veröffentlicht *Romeo und Julia aus dem Dorfe*, aus dem Frederick Delius später eine Oper schafft.

DIE NADEL DER KLEOPATRA

Alte Steinmonolithen werden von Ägypten nach Großbritannien und in die Vereinigten Staaten gebracht, um die Beziehungen zwischen den Ländern zu stärken.

Im 19. Jahrhundert teilte die ägyptische Regierung ein Obeliskenpaar und gab davon einen an Großbritannien und den anderen später an die Vereinigten Staaten. Einer steht nun am Ufer der Themse in London (das Foto zeigt die Aufstellung an seinem neuen Platz) und der andere steht im Central Park in New York. Zwar werden sie die Nadeln der Kleopatra genannt, jedoch waren sie von Thutmosis III. etwa 1500 v. Chr. in Heliopolis errichtet worden und tragen Inschriften für ihn und Ramses II. (ca. 1304-ca. 1237 v. Chr.). Sie wurden aus dem für die Gegend typischen roten Granit gehauen, sind 21,2 m hoch, haben einen rechteckigen Fuß von 2,36 m x 2,33 m und wiegen 180 Tonnen. Das Behauen und Aufstellen der Säulen zeugt von dem mechanischen Geschick und der fast unbegrenzten Arbeitskraft, die den alten Ägyptern zur Verfügung standen.

Die Briten bekamen ihren Obelisken 1819 in Erinnerung an Nelsons Sieg bei der Schlacht am Nil 1798 geschenkt. Jedoch wurde er erst 1877 über den Seeweg von Alexandria nach London transportiert. Auf der Fahrt kenterte das zigarrenförmige Schiff mit dem Obelisken beinahe während eines Sturms in der Bucht von Biscaya. Das Schiff wurde gerettet und repariert und konnte dann seine Reise fortsetzen.

Die amerikanische Nadel wurde den Vereinigten Staaten im Jahre 1869 von Ismail Pasha, dem osmanischen Vizekönig Ägyptens, angeboten, der den amerikanischen Handel durch den Suezkanal fördern wollte. Sie erreichte New York im Jahre 1880. Die britische Nadel kam dank des Philanthropen Sir Erasmus Wilson nach London, der amerikanische Obelisk erreichte den Central Park mit finanzieller Unterstützung des Magnaten William Henry Vanderbilt.

[6] Osman Pasha, Befehlshaber der osmanischen Armee, verteidigt die bulgarische Stadt Plevna gegen die Russen.

[1] Ein Tennisspiel in Wimbledon in den Anfängen.

[3] In dieser frühen Werbung für Quaker Oats hält ein Quäker eine Schachtel mit Hafer und ein Reinheitszertifikat.

[6]
24. April 1877
Der Krieg zwischen **Russland und dem Osmanischen Reich** bricht nach Beendigung des Serbisch-Türkischen Krieges aus, der zur Unabhängigkeit Serbiens und Montenegros führt.

5. September 1877
Der Häuptling der Sioux Indianer **Crazy Horse**, Anführer des Widerstands der Sioux gegen die Invasion der Weißen in die nördlichen Great Plains, stirbt während eines Kampfes mit Soldaten, die versuchen, ihn zu inhaftieren.

24. September 1877
Saigo Takamori, ein Held der Zeit der Wiedereinsetzung des Meiji, wird getötet, als er widerwillig eine Rebellion gegen die Meiji-Regierung anführt.

6. Dezember 1877
Die Veröffentlichung der **The Washington Post**, einer morgendlich in Washington erscheinenden Tageszeitung, beginnt.

[7]
8. Dezember 1878
König Viktor Emanuel II. von Italien stirbt, sein Sohn **Umberto I.** folgt ihm auf den Thron.

1878
Die **Nadel der Kleopatra** (alter ägyptischer Obelisk) wird am Ufer der Themse errichtet.

1877
Die **Universität von Tokio** wird als erste japanische Hochschule nach westlichem Vorbild gegründet.

1877
Thomas Edison lässt sich den **Phonographen** patentieren. Die Möglichkeit musikalische Vorführungen aufzeichnen zu können, verändert die Musikindustrie.
[4]

1877
Der Käsehersteller John Jossi aus Winsconsin erfindet den **Backsteinkäse**.

4. Januar 1877
Der US-amerikanische Schiffs- und Eisenbahntransportmagnat **Cornelius Vanderbilt** stirbt und hinterlässt ein Privatvermögen von mehr als 100 000 000 Dollar.
[5]

2. März 1877
Die **Wahlkommission**, die den Wahlkonflikt von 1876 lösen soll, entscheidet zu Gunsten des Republikaners Rutherford B. Hayes, der daraufhin ordnungsgemäß als Präsident vereidigt wird, obwohl er die Volksabstimmung gegen den Demokraten Samuel Tilden verloren hatte.

12. April 1877
Die **Republik Südafrika** gibt ihre Unabhängigkeit gegenüber Großbritannien auf und erhält dafür im Gegenzug Schutz gegen die Zulus.

[7] König Umberto I. von Italien.

[5] Cornelius Vanderbilt, von dem man sagte, er sei „skrupellos, grob, ungebildet und unkultiviert."

[2] Eine frühe Farbfotografie eines Hahns von Ducos du Hauron.

[4] Thomas Edison mit seinem Phonograph.

[8] Der berühmte, komische Liedschreiber und Sänger George Grossmith in der Rolle des Sir Joseph Porter, dem überbeförderten Beamten, der zum „ruler of the Queen's navee"(Führer der königlichen Marine) in der Operette „HMS Pinafore" gemacht wird.

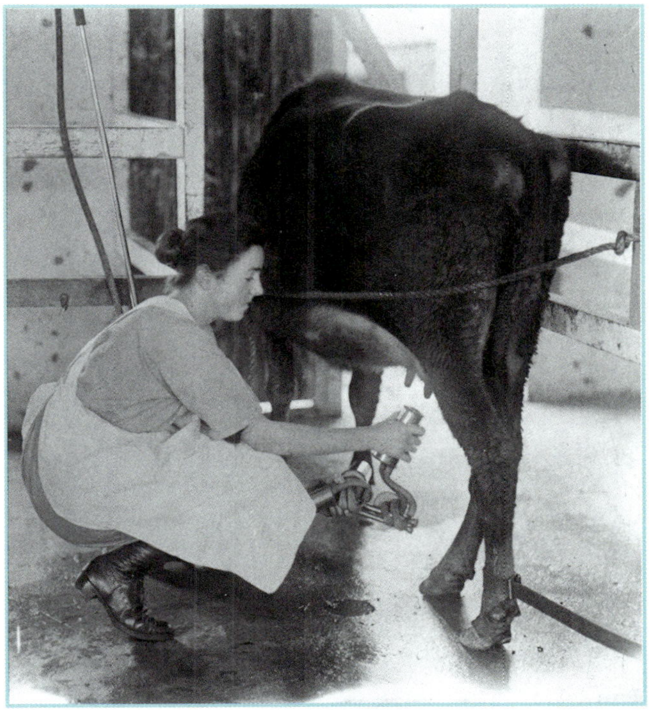

[9] Eine Milchmagd befestigt eine Melkmaschine am Euter einer Kuh.

[8]
1878
HMS Pinafore von W.S. Gilbert und Arthur Sullivan hat Premiere.

1878
Ein **Umschaltsystem**, mit dem sowohl Groß- als auch Kleinbuchstaben geschrieben werden können, wird auf der Remington Schreibmaschine hinzugefügt und verbessert so das Modell von 1876.

1878
Der blinde Georg V., **letzter König von Hannover**, stirbt. Er war Sohn von Königin Viktorias „bösem Onkel" Ernst August, Duke of Cumberland, der den Thron von Hannover geerbt hatte. Hannover war 1866 an Preußen angeschlossen worden.

[9]
1878
Albert Durant führt eine von L.O. Colvin erfundene **Melkmaschine** ein und die ersten gewerblichen Maschinen werden in New York produziert.

1878
Aletta Jacobs eröffnet in Amsterdam die erste **Klinik für Geburtenkontrolle** der Welt.

1878
Der US-amerikanische Erfinder **Thomas Alva Edison** gründet die Edison Electric Light Company.

1878

1878
Der US-amerikanische Maler und Kunsthandwerker **Louis Comfort Tiffany** gründet eine Fabrik, in der sein berühmtes Favrile-Glas hergestellt wird.
[1]

1878
Der deutsche Reichstag verabschiedet eine Reihe von Gesetzen „gegen die gemeingefährlichen Bestrebungen der Sozialdemokratie", die als die **Sozialistengesetze** oder Anti-Sozialistengesetze bezeichnet werden.

1878
Der angloamerikanische Erfinder David E. Hughes entwickelt das **Kohlekörner-Mikrofon**, das für die Entwicklung des Telefonierens bedeutend ist. Das Mikrofon von Hughes ist der Vorläufer verschiedener Kohlekörner-Mikrofone, die heute verwendet werden.

1878
Der französische Maler **Pierre-Auguste Renoir** vollendet sein Meisterwerk *Madame Charpentier und ihre Kinder.*
[2]

1878
Henry Tate, der Zuckermagnat aus London, führt die ersten in der Zuckerfabrik Silvertown produzierten Zuckerwürfel ein. Er wird später die **Tate Gallery** in London stiften.

1878
Martha Jane Canary, besser bekannt als **Calamity Jane**, pflegt Kranke, als Deadwood in South Dakota von einer Pockenepidemie heimgesucht wird
[3]

[1] Louis Comfort Tiffany, ca. 1910, etwa 30 Jahre nach der Gründung der Manufaktur für sein opalisierendes Glas.

[2] Renoir in den 1880er Jahren.

[3] Calamity Jane in der fransigen Hirschlederkleidung eines Grenzers, mit Revolver und Gewehr bewaffnet, sieht genauso aus, wie man sich einen Späher, Pony-Express-Reiter, Goldsucher und Viehtreiber vorstellt. 1903 wird sie in Deadwood begraben.

[7] Der Berliner Kongress, der den russischen Vormarsch in Richtung Balkan aufhalten kann. Disraeli steht links auf einen Stock gestützt. Bismarck ist in der Mitte beim Händeschütteln zu sehen.

[7]
1878
Der **Berliner Vertrag** wird unterzeichnet und revidiert damit den zuvor unterzeichneten Vertrag von San Stefano, der die Bedingungen zur Beendigung des russisch-türkischen Krieges festlegte.

1878
Als Folge des Berliner Vertrags erhält Großbritannien das Recht, die Insel **Zypern** zu besetzen, wobei das Osmanische Reich den nominalen Titel dafür behält.

1878
Als Folge des Berliner Vertrags wird das autonome Fürstentum von **Bulgarien** geschaffen.

1878
Im Namen des Naturschutzes übereignet das **Indische Forstwirtschaftsgesetz** dem Staat in der britischen Kolonie Indien etwa 160 000 km^2 Waldfläche.

1878
Das **Musée de l'Homme** (Museum des Menschen), Museum und Bibliothek der Ethnografie und Anthropologie, wird in Paris gegründet.

1878
Die New Haven Telephone Company bringt das erste **Telefonbuch** heraus; es führt 50 Teilnehmer auf.

1878
Paul Cézanne zieht sich von den Impressionisten zurück und kennzeichnet damit den Beginn des Postimpressionismus. Diese Bewegung hat ihre Blütezeit in den 1880er Jahren.
[4]

1878
Sir Henry Irving, einer der berühmtesten englischen Schauspieler, wird Direktor des Lyceum Theaters in London. Er wird diese Aufgabe die nächsten 21 Jahre ausüben.
[5]

1878
Das erste **Mutterschutzgesetz** wird in Deutschland verabschiedet. Es gewährt einer Mutter eine arbeitsfreie Zeit von drei Wochen nach einer Geburt.

1878
Der schwedische Ingenieur Carl Gustaf Patrik de Laval erfindet die **Milchzentrifuge,** die bei der Milchverarbeitung eingesetzt wird.

1878
In Providence auf Rhode Island errichtet der in Deutschland geborene Lehrer Maximilian Berlitz die erste **Berlitz-Sprachschule**. Er entdeckt, dass die Schüler am meisten lernen, wenn sie völlig in eine andere Sprache „eintauchen".
[6]

1878
Der Vertrag von San Stefano wird unterzeichnet. Er ist ein Friedensvertrag, den Russland der osmanischen Regierung nach Beendigung des russisch-türkischen Krieges von 1877-78 auferlegte.

[4] Selbstporträt von Paul Cézanne, gemalt 1885-86. Er sucht nach der Struktur in der Natur, über den flüchtigen Eindruck hinaus, den das Licht auf ihrer Oberfläche hinterlässt.

[10] Sam Bass, Gesetzloser im Wilden Westen.

[5] Henry Irving als Mathias in dem großartigen viktorianischen Melodram „The Bells", eine Rolle, die ihm in den 1870er Jahren zu seinem Ruhm verhalf.

[8] William Booth, ca. 1900. Der Name „Heilsarmee" passte viel besser zu seiner weltweit expandierenden Organisation.

[6] Die Berlitz Sprachschule auf dem Madison Square in New York.

[9] Papst Leo XIII. Obwohl ganz und gar nicht engherzig, enttäuscht er doch die modernistische Bewegung innerhalb der Katholischen Kirche, die darauf hofft, dass das, was die zeitgenössische biblische Wissenschaft anzubieten hat, anerkannt wird.

1878
Im **Observatorium von Pulkovo**, einem 1839 in der Nähe von St. Petersburg gegründeten astronomischen Observatorium, wird in den folgenden 10 Jahren der mit 75 cm größte Refraktor der Welt gebaut.

[8]
1878
William Booth ändert den Namen seiner christlichen Mission im Londoner Stadtteil East End, die er 1865 gründete, in **Heilsarmee**. Als Aufgabe stellt er sich, den Armen Nahrung und Unterkunft zu gewähren.

11. Januar 1878
In New York City wird zum ersten Mal Milch in **Glasflaschen** ausgeliefert.

7. Februar 1878
Papst Pius IX. stirbt. Sein Pontifikat (1846–78) war das längste in der Geschichte und gekennzeichnet durch den Übergang von einem moderaten, politischen Liberalismus zum Konservatismus.

[9]
20. Februar 1878
Papst Leo XIII. übernimmt das Amt. Er wird den weltlichen Regierungen gegenüber versöhnlicher sein, die Kirche dem wissenschaftlichen Fortschritt annähern und den pastoralen und sozialen Bedürfnissen seiner Zeit gegenüber offen sein.

[10]
21. Juli 1878
Der Gesetzlose **Sam Bass** aus dem Wilden Westen, der eine Karriere als Zug- und Postkutschenräuber führte, wird von texanischen Rangern erschossen.

1878-1879

21. November 1878
Lord Lytton, der Vizekönig von Indien, beginnt den **Zweiten Anglo-Afghanischen Krieg**.

1879
Siemens probiert den ersten **elektrischen Zug** in Deutschland aus.
[1]

1879
Thomas Edison stellt Lampen mit Kohlefaden in luftleeren Glasbirnen her. Obwohl Sir Joseph Swan eine ähnliche **Glühbirne** im Jahre 1878 erfand, fällt Edison wegen seiner Erfindung der Stromleitung und anderer Vorrichtungen der Hauptanteil des Ruhmes zu.

1879
Armour & Company führt die Fleischverpackung in Konservendosen ein. Zusammen mit der Kühlung macht diese Technik Chicago zur führenden Stadt der Fleischverarbeitung.

1879
Frank Woolworth gründet seine ersten Fünf-Cent-Läden in Utica, New York, und Lancaster in Pennsylvania; er hebt seinen Höchstpreis schon bald auf 10 Cent.

1879
Der tschechische Komponist Bedřich Smetana vollendet seine Reihe von sechs symphonischen Dichtungen mit dem Namen **Ma Vlast** (Mein Vaterland).

[3] Sir Louis Cavagnari, der britische Gesandte auf dem Weg nach Kabul in Afghanistan, sitzt mit gekreuzten Beinen, umgeben von Afghanen, die als seine Eskorte fungieren.

[2] Eine frühe Registrierkasse.

[1] Der erste elektrische Zug wird bei einer Fachmesse in Berlin vorgeführt.

[4] Die Frau eines irischen Gutsherrn übt mit einem Revolver für den Fall, dass sie sich gegen gewalttätige Angriffe der Landliga verteidigen muss.

[5] Henrik Ibsen, der Meister des neuen realistischen Dramas.

[6] Die Suche nach Leichen nach dem Zusammensturz der Eisenbahnbrücke über dem Tay in Schottland.

14. Februar 1879
Der **Salpeterkrieg** beginnt, als die chilenischen Streitkräfte die bolivianische Stadt Antofagasta besetzen. Nach vier Jahren des Kämpfens wird Chile Bolivien und seine Alliierten besiegen.

15. Februar 1879
Tschaikowskis Oper **Eugene Onegin**, das auf Puschkins Gedicht basiert, wird in Moskau uraufgeführt.

März 1879
Die **Ryûkyû Inseln** werden formal von Japan annektiert und bilden die Präfektur Okinawa.

3. April 1879
Sofia, das von den Russen vom osmanischen Reich befreit wird, wird zur Hauptstadt Bulgariens ernannt.

Mai 1879
Der Internationale Kongress geografischer Wissenschaften trifft in Paris zusammen und beauftragt den Erbauer des Suezkanals **Ferdinand de Lesseps** mit dem Entwurf und dem Bau eines Kanals durch die Landenge von Panama.

[3]
26. Mai 1879
Der Vertrag von Gandamak wird unterzeichnet und regelt die britische Präsenz in der afghanischen Hauptstadt **Kabul.** Knapp vier Monate später werden der britische Gesandte und seine Eskorte getötet und als Antwort besetzen die Briten die Stadt.

1879
Der Chemiker Ira Remsen und Gaststudent Constantin Fahlberg entdecken an der Johns Hopkins Universität **Saccharin**. Bei ihrer Untersuchung der Oxidation von Toluolsulfonamiden tritt eine süßlich schmeckende Substanz aus, die zum ersten künstlichen Süßstoff wird.

1879
Der Gastwirt James Ritty erfindet die **Registrierkasse**; sie bekommt den Spitznamen „unbestechlicher Kassierer".
[2]

1879
Die erste **Kunsteisbahn** der Vereinigten Staaten wird im Madison Square Garden von New York eröffnet.

1879
Papst Leo XIII. macht den deutschen Theologen und Gelehrten **Adam Gustav Hergenröther** zum Kardinal und ersten Präfekten der neu eröffneten vatikanischen Archive.

12. Januar 1879
Der **Zulukrieg** beginnt, als die Briten danach trachten, das Zululand im östlichen Südafrika zu kontrollieren. Trotz anfänglicher Rückschläge siegen die britischen Streitkräfte nach sechsmonatigen Kämpfen über die Armee der Zulu.

30. Januar 1879
Jules Grévy wird zum französischen Präsidenten gewählt.

DER ZULUKRIEG

Der entscheidende sechsmonatige Krieg im östlichen Südafrika, der in einem britischen Sieg über die Zulu endet

Im Jahr 1877 annektierten die Briten die Burenrepublik Transvaal; dies förderte den Drang, die weißen Kolonien Südafrikas zu einem Bund zu vereinigen und die Autonomie der unabhängigen, südafrikanischen Königreiche zu zerstören. Die Briten übernahmen die Ansprüche der Buren auf Teile des westlichen Zululandes und Anfang 1878 beschuldigten Sir Theophilus Shepstone, der Verwalter Transvaals, und Sir Bartle Fere, Gouverneur der Kapprovinz, die Zulus und ihren König Cetshwayo (links unten), dass diese nicht bereit seien, in den britischen Kolonien nahe des Zululandes zu arbeiten. Sie behaupteten auch, dass die Zulu eine militärische Bedrohung gegenüber der Kolonie Natal darstellten. Cetshwayo wurde als ein Despot dargestellt, der kaum in der Lage war, seine Krieger zurückzuhalten. Als ihm die britischen Absichten klar wurden, zog Cetshwayo seine Truppen bis hinter die Grenzen zurück, um jegliche Andeutung von Provokation zu vermeiden.

Im Dezember 1878 stellte Frere ein Ultimatum, das Cetshwayo nicht würde einhalten können: So sollten die Zulu unter anderem innerhalb von 30 Tagen ihr „Militärsystem" auflösen. Wie erwartet, wurde das Ultimatum nicht eingehalten und im Januar 1879 griffen die Briten das Zululand mit Unterstützung der Afrikaner aus Natal an (links oben). Obwohl die Reise durch die Regenzeit erschwert und das hohe Gras des Zululandes die Sicht behinderte, schritten die Invasoren ohne die sonst üblichen Vorsichtsmassnahmen (wie z.B. Späher und Wachen) voran.

Die Zulu-Armee sah hier ihre Chance und griff am 22. und 23. Januar 1879 an. Bei Isandhlwana konnten die Briten ihr Lager nicht verteidigen, so dass etwa 1700 Männer der königlichen Truppen etwa 20 000 Zulukriegern zum Opfer fielen, die unbemerkt herangerückt waren. Die Zulu verloren zwar 3000 bis 4000 Männer, jedoch konnte ihre unbeschadete Rückhut bis zur britischen Basis bei Rorke's Drift vorrücken, die aber von den wenigen Überlebenden von Isandhlwana vorgewarnt worden war und gut beschützt wurde. Nur knapp über 120 Männer wehrten den Zuluangriff mit nur geringen Verlusten ab. Die darauf folgende Schlacht bei Kambula (28. und 29. März 1879), in der die Zulus mehr als 2000 Mann verloren, war ein entscheidender Sieg.

Später kam die britische Verstärkung und Cetshwayo floh. Im April erlitten die Briten einen Rückschlag, als ein französischer Prinz, der Sohn Napoleons III., auf der Suche nach einem Abenteuer unaufgefordert eintraf. Er schloss sich einer britischen Expedition an, unterschätzte den Feind und wurde bei einem Überraschungsangriff im Mai getötet. Sein Tod war für die Briten sehr peinlich, jedoch siegten sie weiterhin.

Etwas später erreichten die Briten Ulundi (die Hauptstadt des Zululandes), das sie im Juli einnahmen und niederbrannten; um August wurde Cetshwayo gefangen genommen und nach Kapstadt ins Exil geschickt. Das Zululand wurde 1887 annektiert und an Natal angeschlossen.

8. Juli 1879
Die **Arktisexpedition** der US-Marine unter George Washington De Long sticht in See. Die Besatzung ist etwa zwei Jahre lang im arktischen Packeis eingeschlossen und der größte Teil erliegt dem Hungertod oder den Elementen.

4. August 1879
Papst Leo XIII. erlässt die Enzyklika *Aeterni Patris* und macht die philosophischen Prinzipien des heiligen Thomas von Aquin zur Grundlage des römischen Katholizismus.

[4]
Oktober 1879
Michael Davitt bildet die **Irish Land League** (Irische Landliga), die für Reformen des irischen Gutsherrensystems unter britischer Herrschaft eintritt.

7. Oktober 1879
Deutschland und Österreich-Ungarn schließen den **Zweibund,** ein Defensiv-Vertrag, der auch während des Ersten Weltkrieges in Kraft bleibt.

[5]
21. Dezember 1879
Henrik Ibsens Meisterwerk *Nora oder ein Puppenheim* hat Premiere im Königlichen Theater in Kopenhagen, Dänemark.

[6]
28. Dezember 1879
Die **Tay Bridge**, die einen Meeresarm der Nordsee bei Dundee in Schottland überspannt, stürzt in einem Sturm zusammen und tötet 75 Menschen.

Fischerboote laufen 1880 von Whitby in Yorkshire aus.

1880
Die Briten besetzen **Kabul** im zweiten afghanischen Krieg.

1880
Der US-Amerikaner James A. Bonsack erhält das erste Patent für eine **Maschine zur Zigarettenherstellung**. Sie ebnet den Weg für die Massenproduktion von Zigaretten.

1880
Der US-amerikanische Bergbau-Magnat **George Hearst** erwirbt den angeschlagenen *Francisco Examiner* für politische Zwecke. Sein Sohn, William Randolph übernimmt die Zeitung im Jahr 1887 und baut schließlich ein Medien-Imperium daraus auf.

$

1880
Der französische Bildhauer **Auguste Rodin** vollendet sein berühmtestes Werk *Le Penseur* (Der Denker).

[1]

1880
Der deutsche Chemieforscher **Adolph von Baeyer** stellt 1883 die blaue Textilfarbe Indigo auf Basis der von ihm festgelegten Formel her. Er erhält im Jahr 1905 den Nobel-Preis für Chemie.

1880
Der Grüne Heinrich des schweizerischen Schriftstellers Gottfried Keller wird in einer umfangreich überarbeiteten Version neu aufgelegt. Dieser bedeutende Bildungsroman erschien zum ersten Mal 1855.

DER ZWEITE ANGLO-AFGHANISCHE KRIEG

Gefährliche Einmischung der Briten in Afghanistan im Kampf gegen Russland

Der britische Premierminister Benjamin Disraeli und sein Außenminister für Indien Robert Salisbury ermahnten die indische Regierung zur gemeinsamen Verfolgung einer Interventionspolitik mit der afghanischen Regierung, um einem befürchteten russischen Übergriff zu entgegnen. Der Vizekönig Lord Lytton folgte den Wünschen des Premierministers nur zu gern. Kurz nachdem er Kalkutta erreicht hatte, ließ er den afghanischen Emir Shir Ali darüber benachrichtigen, dass er eine „Mission" nach Kabul entsende. Als der Emir Lytton die Einreise nach Afghanistan verwehrte, deklamierte der Vizekönig, dass Afghanistan nichts „als ein irdener Krug zwischen zwei Metalltöpfen" sei. Er leitete jedoch erst 1878 Maßnahmen gegen das Königreich ein, als der russische General Stoljetow in Kabul einreisen durfte und Lyttons Gesandter Sir Neville Chamberlain von afghanischen Soldaten an der Grenze abgewiesen wurde.

Der Vizekönig entschied sich zur Zerstörung des „Tonkrugs" und begann den Zweiten Anglo-Afghanischen Krieg am 21. November 1878 durch eine Invasion der Briten. Shir Ali floh aus dem Land und starb Anfang des Jahres 1879 im Exil. Die britische Armee besetzte Kabul (oben). Am 26. Mai 1879 wurde in Gandamak mit dem Sohn des ehemaligen Emirs, Mohammed Yaqub Khan, ein Vertrag ausgehandelt und unterzeichnet. Als Gegenleistung für den Schutz durch die Briten versprach Yaqub Khan, einen britischen Staatsbürger, der für die Afghanistanpolitik des Landes zuständig sein sollte, an seinem Hof aufzunehmen. Sir Louis Cavagnari, der diesen Posten einnahm, fiel nur drei Monate nach seiner Ankunft am 3. September 1879 einem Attentat zum Opfer. Dies führte zu weiteren kriegerischen Auseinandersetzungen. Die britischen Truppen schleppten sich unter dem Befehl des Generals Sir Frederick Roberts zurück über die Pässe nach Kabul. Nach etlichen Kampfhandlungen, einschließlich der Niederlage eines britischen Postens in Maiwand im Juli 1880, schlug Roberts im September eine entscheidende Schlacht in Kabul. Die Kontrolle der afghanischen Außenpolitik durch die Briten war wiederhergestellt. Die Idee eines britischen ständigen Vertreters wurde jedoch aufgegeben.

[1] Rodins „Denker" war ursprünglich Teil des umfangreichen Auftrags „Das Höllentor", der im Jahr 1900 immer noch auf die Vollendung wartet.

[3] Der Kölner Dom. Die berühmtesten Reliquien sind die Überreste der Heiligen drei Könige, die das Christuskind aufsuchten: Kaspar, Melchior und Balthasar.

[4] Captain Boycott nimmt im Atelier eine komisch-melodramatische Pose ein. Einige Jahre später sieht er sich dem realen Widerstand irischer Pächter entgegen.

19. April 1880
Nach der Schlacht von Ahmed Khel im 2. Anglo-Afghanischen Krieg übermittelte ein Reporter von *The Times of London* als Erster in der Geschichte **seinen Bericht per Telefon** an den Zeitungsverlag.

$ *[2]*

15. Juni 1880
In Berlin wird der **Anhalter Bahnhof** eingeweiht. Zu dem Zeitpunkt ist er der größte Bahnhof in Kontinentaleuropa.

[3]

14. August 1880
Der im Jahr 1248 begonnene Bau am **Kölner Dom** – der größten gotischen Kirche in Nordeuropa und Wahrzeichen der Stadt – wird fertiggestellt.

[4]

September 1880
Irische Farmpächter fordern im Zuge geringerer Ernten nach niedrigeren Pachten und weigern sich mit Vertretern des britischen Gutsverwalters **Charles Boycott** zu verhandeln. Sein Name wird zum Synonym für kollektive Ausgrenzung.

Oktober 1880
Fjodor Dostojewski vollendet seine letzte Novelle **Die Brüder Karamasow**. Allgemein gilt sie als der Höhepunkt seines Schaffens.

[5]

1. Oktober 1880
John Philip Sousa wird Leiter der U.S. Marine Corps Band. Die Kapelle der Marine erreicht musikalische Höchstleistungen, und Sousa erhält aufgrund seiner Kompositionen den Spitznamen „The March King" (Der Marsch-König).

1880
Lew Wallace veröffentlicht **Ben Hur**. Der Roman wird zum US-amerikanischen Bestseller des neunzehnten Jahrhunderts.

1880
Die schweizerische Autorin Johanna Spyri veröffentlicht **Heidi**. Es ist die Geschichte eines Waisenmädchens, deren Courage allseitige Bewunderung findet. Das Buch wird zu einem Klassiker der Kinderliteratur.

1880
Konrad Alexander Friedrich **Duden** veröffentlicht das *Vollständige Orthographische Wörterbuch der deutschen Sprache*. Später wird es einfach „Der Duden" genannt.

1880
An Bord des Schiffes *Strathleven* kommt die erste Lieferung **gefrorenen Fleischs** aus Australien in Großbritannien an.

ca. 1880
In Städten in Nord- und Südamerika sowie Europa werden **elektrische Eisenbahnen** und Untergrundbahnen eingerichtet.

ca. 1880
Das griechische Brettspiel *Halma* wird erfunden. In etwas anderer Form kommt es in den Vereinigten Staaten von Amerika als **Chinese Checkers** während der 1930er Jahre auf den Markt.

[2] Berlins neuer Bahnhof.

[5] Sousa mit der U.S. Marine Corps Band.

[6] Alphonse Laveran.

[7] Sarah Bernhardt auf einem der Reklamefotos für ihre Tour durch die USA.

[8] Ned Kelly mit seinem berühmten kugelsicheren Helm.

[6]
6. November 1880
Der französische Arzt **Alphonse Laveran** entdeckt den Parasiten, der beim Menschen Malaria hervorruft. Zu Ehren seines Schaffens erhält er 1907 den Nobelpreis für Medizin.

[7]
8. November 1880
Die französische Bühnenschauspielerin **Sarah Bernhardt** gibt während ihrer ersten internationalen Tournee ihr Debüt in New York City.

[8]
11. November 1880
Der australische Verbrecher **Ned Kelly** wird in einem Gefängnis in Melbourne nach seiner Verurteilung wegen mehrerer Raubüberfälle und Morde gehängt.

1881
Der US-amerikanische Romanschriftsteller **Henry James** schließt die erste seiner drei Schaffensperioden mit dem unverwechselbaren internationalen Roman *Bildnis einer Dame* ab.

1881
James A. Garfield, Parteimitglied der Republikaner, wird 20. Präsident der Vereinigten Staaten von Amerika. Er hält das Amt vom 4. März bis zu seinem Tod am 19. September 1881. Sein Vize-Präsident ist Chester A. Arthur.

1881
Die Architekten Dankmar Adler und Louis Sullivan aus Chicago gründen die Personengesellschaft **Adler and Sullivan**. Das Unternehmen wird einige der bedeutendsten Bauten des Jahrhunderts errichten und Frank Lloyd Wright ausbilden.

1881-1882

1881
Die ersten von dem Unternehmen von Werner von Siemens erbauten elektrischen **Straßenbahnen** nehmen in Lichterfelde bei Berlin den Betrieb auf.
$ [1]

1881
Der Vergnügungspark in **Coney Island** bietet eine fast 6 Kilometer lange Promenade, Museen sowie Orchesterhallen und wird zu einer beliebten Touristenattraktion in der Stadt New York.
[2]

1881
Helen Hunt Jackson veröffentlicht *A Century of Dishonor*. In dem Buch wird das Verhalten der Vereinigten Staaten von Amerika gegenüber den **amerikanischen Ureinwohnern** (Indianern) scharf verurteilt.
[3]

1881
Das Fürstentum **Rumänien** wird zum Königreich. Fürst Karl wird König Karl I. (siehe 1870).

1881
Chester A. Arthur von der Republikanischen Partei tritt als 21. Präsident der Vereinigten Staaten von Amerika sein Amt an. Er bleibt bis 1885 im Dienst und hat keinen Vize-Präsidenten.

1881
Andrew Watson spielt für Schottland und ist so der erste farbige internationale Fußballspieler.

[1] Ein neues städtisches Transportmittel.

[2] Frühe Tage auf Coney Island: Kamelritte und ein Riesenrad.

[3] Helen Hunt Jackson: Dichterin, Romanschriftstellerin, Heldin der Indianer. Sie ist insbesondere verbunden mit den „Mission Indians“ in Südkalifornien.

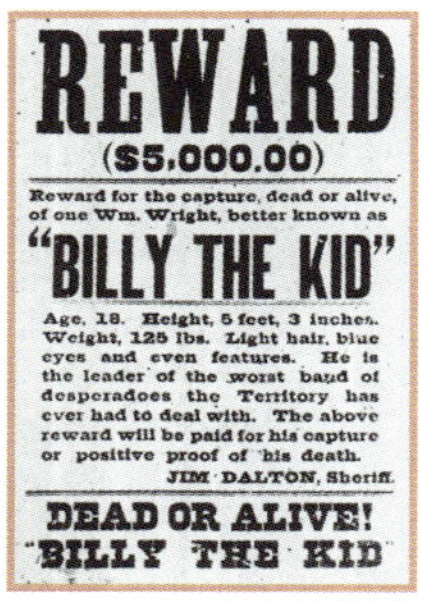
REWARD
($5,000.00)
Reward for the capture, dead or alive, of one Wm. Wright, better known as
"BILLY THE KID"
Age, 18. Height, 5 feet, 3 inches. Weight, 125 lbs. Light hair, blue eyes and even features. He is the leader of the worst band of desperadoes the Territory has ever had to deal with. The above reward will be paid for his capture or positive proof of his death.
JIM DALTON, Sheriff.
DEAD OR ALIVE!
BILLY THE KID

[8] Ein Plakat auf dem eine Belohnung von 5000 Dollar für die Ergreifung von Billy the Kid, tot oder lebendig, ausgesetzt ist.

[7] Während des Pogroms bleiben Juden zu ihrem eigenen Schutz im Inneren des Zeughauses in Kiew.

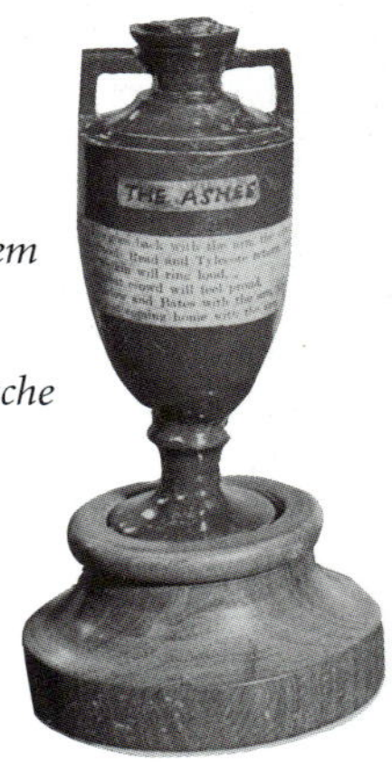

[10] Einige Damen aus Melbourne überreichen dem Kapitän der englischen Kricket-Mannschaft eine kleine Urne, welche die Asche von Kricket-Keulen und Querstäben enthält. Die Urne wird zur Trophäe, um die in den restlichen Spielen zwischen Australien und England gespielt wird.

[13] Eine Karikatur von Koch, die ihn als Tuberkulose bekämpfenden Ritter zeigt.

2. Juli 1881
US-Präsident **James Garfield** wird nach nur drei Monaten im Amt von Charles J. Guiteau, einem Mann mit messianischen Visionen angeschossen. Garfield stirbt schließlich am 19. September an einer Blutvergiftung.

[8]
14. Juli 1881
Billy the Kid, einer der berühmt-berüchtigten Revolverhelden des US-amerikanischen Westen, wird von Sheriff Pat Garret im ungefähren Alter von 21 Jahren erschossen. Billy the Kid soll mindestens 27 Menschen getötet haben.

[9]
26. Oktober 1881
In Tombstone, Arizona, verwickelt eine Gang unter der Führung von Ike Clanton die Brüder Earp (Virgil, Wyatt und Morgan) und Doc Holliday in eine Schießerei im **O.K. Corral**. Drei der Mitglieder der Clanton-Gang werden getötet. Ike und andere entkommen.

[10]
1882
England spielt zum ersten Mal um den Kricket-Pokal **Ashes** gegen Australien.

1882
Der irische Minister Lord Frederick Cavendish und sein Assistent werden im **Phoenix Park** in Dublin ermordet.

1882
Der US-amerikanische Erzieher **F.J. Child** veröffentlicht *The English and Scottish Popular Ballads*, die größte Sammlung früher Balladen (anonym verfasste erzählende Lieder), die je zusammengestellt wurde.

1881
Robert Louis Stevenson schreibt *Die Schatzinsel*, eine temporeiche Abenteuergeschichte. Seine späteren Arbeiten umfassen *Im Versgarten*, *Entführt* und den Horrorklassiker *Der seltsame Fall des Dr. Jekyll und Mr. Hyde*.
[4]

1881
Die *Akademische Festouvertüre* von **Johannes Brahms** wird an der Universität von Breslau uraufgeführt.

1881
Theodor Billroth, Leiter einer chirurgischen Klinik in Wien und Begründer der modernen Unterleibschirurgie, entfernt zum ersten Mal erfolgreich einen Teil des Magens im Zuge einer Krebsbehandlung.
[5]

19. Februar 1881
Kansas ist der erste US-amerikanische Bundesstaat, in dem das **Verbot alkoholhaltiger Getränke** in die bundesstaatliche Verfassung aufgenommen wird.

13. März 1881
Der russische Zar **Alexander III.** ist ein starker Verfechter des russischen Nationalismus. Nach der Ermordung seines Vaters Alexander II. besteigt er den Thron.
[6]

Mai 1881
Das erste russische antisemitische **Pogrom** richtet sich gegen die in Kiew lebenden Juden. Es folgt auf die Ermordung des Zaren, die Gerüchten nach den Juden angehängt wird.
[7]

[4] Robert Louis Stevenson, eine der größten Literaturpersönlichkeiten Schottlands.

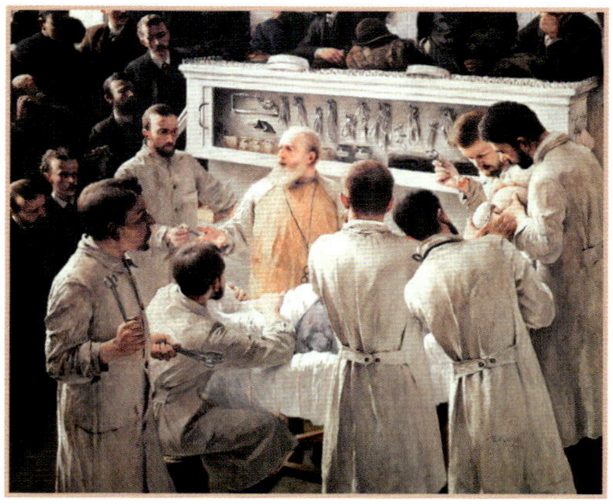

[5] Theodor Billroth unterrichtet während einer Operation im Allgemeinen Krankenhaus in Wien. Das Gemälde ist von A.F. Seligmann.

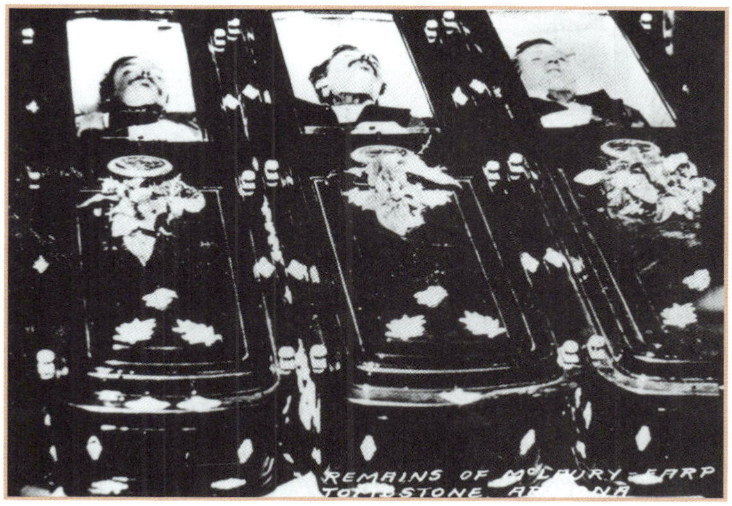

[9] Die Leichen der drei Mitglieder der Clanton-Gang, die im O.K. Corral erschossen wurden.

[6] Der bärtige Zar Alexander III. und seine Familie. Zu Beginn seiner Herrschaft macht er klar, dass er keinerlei Absicht hegt, seine autokratische Macht zu schwächen oder liberale Maßnahmen einzuführen.

[11] Der „Masonic Temple" (Freimaurertempel) in Chicago. Auf den unteren neun Etagen sind Geschäfte untergebracht und darüber Büros. Bis in die 1920er Jahre ist er das höchste Gebäude der Stadt.

[12] Manets leicht melancholische Kellnerin. Vor ihr sind eine Schale Mandarinen und Flaschen mit Bier, Rosé, Champagner und Crème de Menthe zu sehen.

[11]
1882
Die neuen Gebäude in Chicago mit 9 und 11 Stockwerken werden jetzt **Wolkenkratzer** genannt. Der US-amerikanische Begriff „Skyscraper" bezog sich vorher nur auf große Pferde, hohe Hüte und hohe Wurfbälle im Baseballsport.

[12]
1882
Édouard Manet malt *Bar in den Folies Bergère*, sein letztes Meisterwerk vor seinem Tod im Jahr 1883.

1882
Der Geophysiker Karl Weyprecht ruft das **1. Internationale Polarjahr** ins Leben. Das Programm richtet sich gegen nationalistische Ausbeutung und befürwortet koordinierte Beobachtungen von Stationen aus, die von 10 Ländern errichtet werden.

1882
Der deutsche Komponist **Richard Wagner**, eine der einflussreichsten und kontroversesten Persönlichkeiten der Musik des 19. Jahrhunderts, vollendet sein letztes Werk *Parzival*.

1882
Der deutsche Musikwissenschaftler **Hugo Riemann** veröffentlicht sein klassisches *Musiklexikon*. Riemanns Arbeiten zum Thema musikalischer Harmonien legen das Fundament für die moderne Musikwissenschaft.

[13]
1882
Der deutsche Mediziner Robert Koch, bekannt für seine Theorie der Auslösung von Krankheiten durch Keime, isoliert den Tuberkulose-Erreger, die Ursache für **Tuberkulose**. Im folgenden Jahr isoliert er den Cholera-Erreger.

1882

1882
Der deutsche Physiologe und Psychologe William T. Preyer veröffentlicht *Die Seele des Kindes*, ein Meilenstein in der frühen Geschichte der **Kinderpsychologie**.

1882
In Tokio gründet Kano Jigoro die erste **Judo-Schule**, die unter dem Namen *Kodokan* bekannt wird.

1882
Der englische Metallurge Sir Robert Abbott Hadfield entwickelt den **Manganstahl**. Er ist wegen seiner Härte wertvoll.

1882
Henry W. Seely aus New York lässt sich das **elektrische Bügeleisen** patentieren.

1882
Der Einsatz von **Kühlschiffen** ermutigt zum Betreiben von Rinderfarmen in weit abgelegenen Gegenden wie Neuseeland, Australien und Argentinien ohne direkten Zugang zu großen Märkten .

1882
Der schweizerische Dichter und Meister der Novelle **Conrad Ferdinand Meyer** vollendet *Gustav Adolfs Page*.

[3] Karikatur des Jules Ferry mit Backenbart, der einen Kleriker aus dem Weg räumt.

[1] Jumbo wird über den Broadway transportiert. Er wird von Pferden gezogen und von einem weiteren Elefanten geschoben.

[2] Italienische und schweizerische Arbeiter treffen aufeinander, als der Durchbruch im St. Gotthard Tunnel erfolgt ist.

[4] Britische Soldaten posieren zur Zeit der Schlacht von Tel-el -Kebir neben der Sphinx.

[1]
10. April 1882
Jumbo der Elefant hält sein Debüt im US-amerikanischen Norden im Madison Square Garden in New York. Er gehört zum Zirkus Barnum & Bailey's.

20. Mai 1882
Deutschland, Österreich-Ungarn und Italien gründen heimlich den **Dreibund**, der für den gegenseitigen Schutz im Falle des Angriffs durch andere europäische Mächte sorgt. Der Bund besteht, bis Italien dem Ersten Weltkrieg beitritt.

[2]
20. Mai 1882
Die Eisenbahnlinie durch den **St. Gotthard-Tunnel** wird eröffnet. Diese Schienenverbindung zwischen Luzern in der Schweiz und Mailand in Italien ist die erste Hochleistungseisenbahn durch einen Alpentunnel.

2. Juni 1882
Der italienische Patriot **Giuseppe Garibaldi** stirbt. Zuletzt kämpfte er im französisch-preußischen Krieg für das republikanische Frankreich.

6. Juni 1882
Ein Zyklon über dem Arabischen Meer erreicht in der Nähe von **Bombay** (Mumbai) in Indien das Festland. Schätzungsweise 100 000 Menschen werden getötet.

5. Juli 1882
Italien übernimmt den **Hafen von Assab in Eritrea**. Assab wird 1890 zum Sitz der italienischen Kolonialverwaltung in Eritrea.

2. Januar 1882
Das US-amerikanische Unternehmen Standard Oil Company und ihm verbundene Firmen, die im Sektor der Produktion, Raffinerie und dem Verkauf von Öl tätig sind, bilden den **Standard Oil Trust**, um bestehende Antimonopolgesetze zu umgehen.

16. Februar 1882
Bei einer Explosion in der Grube **Trimdon Grange Colliery** in der Nähe von Durham in England werden 74 Bergarbeiter getötet.

6. März 1882
Milan IV. aus dem serbischen Hause Obrenović erklärt sich zum König und das Fürstentum **Serbien** zum Königreich.

14. März 1882
Der Bau an der Sühnekirche der Heiligen Familie, entworfen von **Antoni Gaudi**, beginnt. Ihre Fertigstellung ist für das Jahr 2026 vorgesehen.

24. März 1882
Der US-amerikanische Dichter **Henry Wadsworth Longfellow** stirbt in Cambridge, Massachusetts. Er war einer der beliebtesten Dichter des 19. Jahrhunderts. Sein bemerkenswertes Werk umfasst unter anderem *Hiawatha* (1855) und *The Courtship of Miles Standish* (1858).

3. April 1882
Der US-amerikanische Gesetzlose und Bankräuber **Jesse James** wird in St. Joseph, Missouri, von dem Gang-Mitglied Robert Ford durch einen Schuss in den Hinterkopf getötet. Er erschießt James, um die ausgesetzte Belohnung in Höhe von 10 000 US-Dollar zu erhalten.

GARIBALDI

Mit dem Tod Giuseppe Garibaldis am 2. Juni 1882 stirbt ein großer italienischer Patriot und Soldat des Risorgimento.

In seiner Jugend diente er in der Marine des Königreichs Piemont-Sardinien. Dort geriet er unter den Einfluss des Guiseppe Mazzini, des großen Verkünders des italienischen Nationalismus. Später beteilige sich Garibaldi an einer fehlgeschlagenen Meuterei, bei der man beabsichtigte, eine republikanische Revolution in Piemont auszulösen. Er floh darauf nach Frankreich. Er lebte in Südamerika im Exil (1836-48) und erlernte die Taktiken des Guerillakriegs während der Befreiungsversuche in Brasilien und Uruguay. 1848 kehrte er mit einer kleinen Gruppe „Rothemden“ nach Italien zurück und kämpfte in Mailand im Befreiungskrieg gegen Österreich. Nachdem Papst Pius IX. nach Rom geflohen war (1848), verteidigte Garibaldi die Stadt kurzfristig gegen die Franzosen, die versuchten, die Papstherrschaft wieder einzuführen. Sein riskanter Rückzug durch Zentralitalien ließ ihn sehr bekannt werden. Bis 1854 lebte er im Exil und führte im Jahr 1859 eine Armee in einem weiteren Krieg gegen Österreich. Ohne Unterstützung durch die Regierung stellte er im Jahr 1860 eine etwa 1000 Soldaten umfassende Armee zusammen und griff Sizilien an. Im Mai des Jahres nahm er Palermo ein. Im August überquerte er die Straße von Messina und erreichte das Festland. Nach einem blitzartigen Kampf marschierte er durch Kalabrien und erreichte am 7. September Neapel, eine der größten Städte Italiens. Dort erklärte er sich zum „Diktator beider Sizilien“ (die Gebietsbezeichnung bezieht sich auf die Territorien des Königs von Neapel und umfasst Sizilien und den größten Teil Süditaliens).

Als Befehlshaber über 30 000 Soldaten schlug Garibaldi dann die größte Schlacht seines Lebens am Volturno nördlich von Neapel. Nach seinem Sieg hielt er in Sizilien und Neapel Volksentscheide ab, die es ihm ermöglichten, das gesamte Süditalien an König Victor Emmanuel II. zu übergeben. Der Monarch hielt am 7. November einen triumphalen Einzug in Neapel, Garibaldi an seiner Seite in der königlichen Karosse. Der ehemalige Diktator lehnte jedoch sämtliche Belohnungen ab. Er hatte nur um eines gebeten – die Erlaubnis als Vize-König weiterhin über Neapel zu regieren, bis sich die Umstände normalisiert hätten. Diese Bitte wurde ihm abgeschlagen, denn in den Augen der Konservativen war er ein gefährlicher Radikaler – ein Gegner des Klerus mit modernen Sozialreformideen. Er war auch dafür bekannt, dass er Rom vom Papst zurückerobern wollte, um es zur Hauptstadt Italiens zu machen. Für Victor Emmanuel schien dieser Plan zu riskant, obwohl der König Garibaldi später heimlich unterstützte, als dieser zwei erfolglose Versuche unternahm, die Kontrolle über den Kirchenstaat zu gewinnen.

(Fotografien von Garibaldi in zwei seiner auffallenden Kleidungsstücke. Bei der Dame handelt es sich um seine dritte Frau Francesca Armosino.) Gegen Ende seines Lebens nannte er sich selbst einen Sozialisten, aber sowohl Karl Marx als auch der Anarchist Mikhail Bakunin lehnten ihn ab. Zudem wurde er zu einer Art Pazifist, da seine Erfahrungen ihn gelehrt hatten, dass Kriege selten eine gerechte oder wirksame Methode sind, um Ziele zu erreichen. Garbibaldi galt als der Verfechter der Arbeiterrechte und der Frauenemanzipation. Außerdem war er ein religiöser Freidenker und mit seinem Glauben an die Gleichheit der Rassen und Abschaffung der Todesstrafe seiner Zeit weit voraus.

[3]
August 1882
Jules Ferry wird französischer Bildungsminister und schafft die Schulgebühren für Grundschulen, an denen Pflichtfächer und weltliche Fächer (nicht kirchliche Schulen) gelehrt wurden, ab.

20. August 1882
Die **Ouvertüre 1812** von Pjotr Tschaikowski wird in Moskau uraufgeführt. Das Werk erinnert an den Sieg der Russen über Napoleon.

4. September 1882
Das Unternehmen von Thomas Edison, **Edison's Electric Illuminating Company**, liefert Elektrizität und Licht in ein Gebiet von knapp zwei Quadratkilometren im unteren Teil von Manhattan.

5. September 1882
In New York findet zu Ehren der US-amerikanischen Arbeiter die erste **Parade am Labor Day** statt.

[4]
13. September 1882
Britische Streitkräfte unter dem Befehl von Sir Garnet Wolseley schlagen die Ägypter in der Schlacht von **Tel-el-Kebir**.

25. September 1882
Der Wiener Komponist und Dirigent **Karl Joseph Millöcker** feiert einen großen Erfolg mit seiner Operette *Der Bettelstudent*.

1882-1884

6. Dezember 1882
Die **Venus zieht** vor der Sonne vorbei. Dies ermöglicht die Berechnung der Astronomischen Einheit (AE), die durch die Entfernung zwischen Erde und Sonne definiert ist.

1883
Sir Evelyn Baring tritt die Herrschaft über Ägypten an, obwohl sein Titel nur der eines Generalkonsuls ist. Im Jahr 1907 dankt er ab. [1]

1883
Al-Mahdi bedroht die sudanesische Hauptstadt Khartum. Die Stadt wird durch eine ägyptische Garnison unter dem Oberbefehl des britischen Generals Charles George („Chinese") Gordon verteidigt. [2]

1883
Das erste vollautomatische **Maschinengewehr** wird von dem US-amerikanischen Ingenieur und Erfinder Hiram Maxim entwickelt. Das Maxim-MG ist zu weiten Teilen verantwortlich für den Beinamen des Ersten Weltkriegs „Maschinengewehr-Krieg". [3]

1883
Der französische Entdecker und Kolonialherr **Pierre Savorgnan de Brazza** gründet die Stadt Brazzaville am Nordufer des Kongos. Brazzaville wird Hauptstadt von Französisch-Kongo und später der Republik Kongo. [4]

1883
In Deutschland wird das erste allgemeine **Sozialversicherungsprogramm** eingeführt. Österreich (1888), Italien (1893), Schweden und die Niederlande (1901) entwickeln bald ihre eigenen Sozialversicherungssysteme.

[1] Baring, später Lord Cromer, regiert im Interesse Großbritanniens, der vielen anderen Länder, in deren Schuld Ägypten steht, und der ägyptischen Bauern, deren Lebensstandard um einiges angehoben wird.

[2] Al-Mahdi gilt bei seinen moslemischen Anhängern als ein Messias. Er ist bestrebt, die Herrschaft Ägyptens über den Sudan zu beenden.

[3] Das Maxim-Maschinengewehr nutzt den Rückstoß nach dem Abfeuern eines Schusses zum Laden und Abfeuern des nächsten Schusses im Patronengürtel.

[7] Zu Beginn seiner Laufbahn war Cody ein Scout und Reiter des Postdienstes Pony Express.

[4] De Brazza hat einen anziehenden Charakter und Körperbau. Er ist zwar gebürtiger Italiener, steht jedoch in den Diensten der Franzosen.

[8] Paul Krugers Afrikaaner oder Buren gewinnen durch den Sieg über die Briten im ersten Burenkrieg 1881 ihre Unabhängigkeit zurück.

[7]
1883
Die Wild-West-Show von **Buffalo Bill** Cody wird eröffnet. Sie bietet Scharfschießen, Kunstreiten und nachgestellte historische Szenen. Königin Viktoria besucht die Vorführung drei Mal im Jahr 1887.

16. Januar 1883
Der spanische Komponist und Geiger **Miguel Marqués y Garcia** veröffentlicht seine Operette *La cruz de fuego*.

19. Januar 1883
In der Nordsee kollidiert der deutsche Dampfer **Cimbria** mit dem britischen Dampfer **Sultan** und sinkt. 340 Menschen verlieren ihr Leben.

16. Februar 1883
Das US-amerikanische Monatsmagazin und Trendsetter unter den Frauenzeitschriften **The Ladies Home Journal** erscheint als Beilage zu den Zeitschriften *Tribune* und *Farmer*. Ab dem Jahr 1884 wird es unabhängig herausgegeben.

3. März 1883
Im Zuge des Gesetzes *Navy Act* wird der Bau der ersten **Stahlschiffe** für die US-Marine in Auftrag gegeben.

[8]
16. April 1883
Paul Kruger wird zum Präsidenten von Transvaal gewählt und gilt als der Gründer der Nation der Afrikaaner. Er behält sein Amt bis zu seiner Flucht nach Europa im Jahr 1900 nach dem Ausbruch des zweiten südafrikanischen Burenkrieges.

1883
Der Ausbruch des Vulkans **Krakatau** in Indonesien löst eine Katastrophe aus. Die Explosionen sind in einer Entfernung von 3 500 km noch zu hören.
Der Krakatau schleudert fast 21 km^3 Gesteinsbrocken in die Luft, und die Asche bedeckt eine Fläche von 480 000 km^2.

[5]

1883
Die **Brooklyn Bridge**, entworfen von John und Washington Roebling, wird nach 14 Jahren Bauzeit eröffnet. Die Brücke wird als eines der Meisterwerke der Ingenieurskunst des 19. Jahrhunderts gefeiert. Ihre Schönheit inspiriert Dichter und Künstler.

1883
Die **Fabian-Gesellschaft** wird in London gegründet. Sie ist eine der ersten sozialistischen Organisationen. Die Mitglieder glauben eher an die Entwicklung des Sozialismus als an die Revolution. Bei öffentlichen Treffen und Lehrveranstaltungen informieren sie die Menschen.

1883
Die Theater-Gesellschaft **Metropolitan Opera** wird in der Stadt New York durch eine Aufführung des *Faust* von Charles Gounod eröffnet.

1883
Der Luxus-Passagierzug **Orient Express** tritt die Jungfernreise von Paris nach Konstantinopel an. Er ist mit orientalischen Teppichen, Samtvorhängen, Mahagoni-Vertäfelung und mit Leder bezogenen Sesseln ausgestattet und bietet eine feine Küche.

[6]

1883
Die ersten vier Teile des Werks *Also sprach Zarathustra* des deutschen Philosophen **Friedrich Nietzsche** werden veröffentlicht. Der Untertitel lautet *Ein Buch für Alle und Keinen.*

DIE BROOKLYN BRIDGE WIRD EINGEWEIHT

Die Hängebrücke verläuft über dem East River in New York.

Die Brücke, welche die Stadtteile Brooklyn und Manhattan Island verbindet, war die erste, bei der Stahlseile eingesetzt wurden. Beim Bau benutzte man auch erstmalig pneumatische Senkkästen mit Sprengstoff.

Die Brooklyn Bridge (links) von John Augustus Roebling wurde unter immensen Schwierigkeiten errichtet (1869-83). Roebling starb zu Baubeginn an den Folgen eines Unfalls. Sein Sohn übernahm die Verantwortung als Chefingenieur und erkrankte während der Errichtung der New Yorker Pfeilerfundamente (1872) an der Dekompressionskrankheit.

Von seiner Wohnung in Columbia Heights aus gab er weiter Bauanweisungen, verfolgte die Arbeiten mit einem Feldstecher und ließ durch seine Frau Nachrichten an die Baustelle überbringen. Mindestens 20 Arbeiter wurden während des Baus getötet, und viele erkrankten an der Taucherkrankheit. Die Brooklyn Bridge war mit 486 Metern Hauptstützweite bis zur Errichtung der freitragenden Brücke über den Firth of Forth in Schottland 1890 die längste Brücke der Welt. Die Fahrdecke wird von vier Seilen getragen und ist für Kraftfahrzeuge und Fußgänger angelegt. Ein charakteristisches Merkmal ist die breite Promenade oberhalb der Fahrbahn.

Der Tag der Einweihung der Brücke (24. Mai 1883) wurde groß gefeiert. Der Bau selbst wurde zum Wahrzeichen der technischen Errungenschaften einer ganzen Generation. Sie inspirierte Dichter, allen voran Walt Whitman, Hart Carne und Marianne Moore sowie Fotografen und Maler wie Joseph Stella, John Marin und Berenice Abbott.

[5] Der Krakatau an der Sundastraße zwischen Java und Sumatra gelegen. Rund 36 000 Menschen sterben in dem Tsunami, den der Ausbruch des Vulkans auslöst.

[6] Der Rauchersalon und die Bibliothek an Bord des „Orient Express".

26. Mai 1883
Abd el-Kader, Emir von Mascara (seit 1832), stirbt in Damaskus, Syrien. Der militärische und religiöse Araberführer gründete den algerischen Staat und leitete die Algerier von 1840 bis 1846 in ihrem Kampf gegen die Vorherrschaft der Franzosen.

31. Mai 1883
Französische Streitkräfte bombardieren den Hafen von Tamatave auf Madagaskar und beginnen somit den **Franco-Hova Krieg**. Die Marine der Franzosen legt an, um Kontrolle über den nördlichen Teil Madagaskars zu erlangen.

15. Oktober 1883
Der Oberste US-Gerichtshof erklärt das Bürgerrechtsgesetz von 1875 für nicht verfassungskonform. Dieses Urteil schafft die Bedingungen für die **Rassentrennung** innerhalb der Privatwirtschaft. Sie wird erst Mitte des 20. Jahrhunderts abgeschafft.

20. Oktober 1883
Chile, Peru und Bolivien unterzeichnen den Vertrag von Ancón. Damit endet der **Pazifikkrieg**. Peru tritt die Gesamtherrschaft über die Provinz Tarapace an Chile ab.

28. September 1883
Das Nationaldenkmal **Germania** wird dem deutschen Volk in Niederwald präsentiert.

1884
Der von dem Kanadier Sandford Fleming entwickelte Plan zur Definition von **24 Zeitzonen** wird angenommen. Das System schafft die Rahmenbedingungen für die weltweite Zeitmessung.

1884

1884
Der US-amerikanische Arzt und Pionier der gesunden Ernährung **John Harvey Kellogg** beantragt ein Patent für Getreideflocken. Die Produktion der Cornflakes leitet sein Bruder William.

1884
Das Verfahren des **Gerbens** von Tierhäuten **mit Chrom** wird von Augustus Schultz erstmalig in den Vereinigten Staaten von Amerika patentiert.

1884
Der britische Fotograf **Eadweard Muybridge** fotografiert Sequenzen der Bewegungsabläufe beim Menschen und bei Tieren und veröffentlicht sie in *Figure Hopping* und weiteren Fotoserien. Die Aufnahmen dienen Künstlern und Wissenschaftlern als visueller Leitfaden.
[1]

1884
Der englische Ingenieur Charles Algernon Parsons erfindet die **Dampfturbine** als Kraftmaschine. Durch den Antrieb der Schaufeln mit Dampf werden Drehbewegungen in Hochgeschwindigkeit erreicht.

1884
Der deutsche Bakteriologe Friedrich Loeffler ist einer der Entdecker des **Diphtherie-Erregers**. Auf der Basis seiner Arbeiten verfasst er die Prinzipien der Verursachung von Krankheiten, die später unter dem Namen „Koch-Postulate" bekannt sind.

1884
Lewis E. Waterman erhält ein Patent auf den **Füllfederhalter**. Der moderne Füllfederhalter erhält seine Form in den späten 1800ern, da verschiedene Erfinder an seiner Verbesserung arbeiten.
[2]

[2] *Eine Reklame für die Füllfederhalter von Waterman.*

[1] *Bis zur Veröffentlichung von Sequenzen wie dieser stellten Künstler Pferde in vollem Galopp mit voll nach vorn gestreckten Vorderläufen und nach hinten gestreckten Hinterläufen dar. Diese Sequenz beweist auch, dass alle vier Läufe zu einem gewissen Punkt keinen Bodenkontakt mehr haben.*

[5] *„Badende bei Asnières" von Georges Seurat war das erste bedeutende neoimpressionistische Gemälde. Darin zeigen sich anfangs seine strengen Vorstellungen der Komposition und seine Technik des Divisionismus (oder Pointillismus). Bei dieser Methode werden Punkte und kurze Striche so gesetzt, dass leuchtende Sekundärfarben und präzisere Schatten dargestellt werden können.*

[6] *Maud Watson: ein langer Weg bis zu Martina Navrátilová und den Williams-Schwestern.*

[5]
1884
Die **Neoimpressionisten** gründen eine Gruppe, die sich der präzisen und wissenschaftlichen Methode des Malens widmet. Dazu im Gegensatz steht der augenscheinlich spontane Stil der Impressionisten.

1884
Der südwestliche Teil von Neuguinea wird britisches Protektorat und bleibt es bis 1906. Danach regiert Australien über die Region, bis **Papua-Neuguinea** 1973 unabhängig wird.

[6]
1884
In **Wimbledon** wird die erste Tennisweltmeisterschaft im Damen-Einzel ausgetragen. Maud Watson ist die erste Siegerin.

1. Februar 1884
Die ersten 10 Bände des Wörterbuchs **Oxford English Dictionary** werden in London herausgegeben. Der letzte Band ist erst am 19. April 1928 erhältlich.

8. Februar 1884
Der Geologe, Geograf und Lehrer **Arnold Henry Guyot** stirbt. Seine meteorologischen Beobachtungen führten zur Gründung des US-amerikanischen Wetteramtes. Der Guyot, eine abgeflachte unterseeische Vulkanspitze, wird nach ihm benannt.

19. Februar 1884
Die Firma Glastechnisches Laboratorium Schott & Genossen wird in Jena gegründet. Später wird sie in **Jenaer Glaswerk Schott & Genossen** umbenannt.

1884
Die Oper *Manon* von **Jules Massenet** wird in Paris uraufgeführt. Sie gilt als sein Meisterwerk. Die Oper ist von sinnlichen Melodien und gekonnter Personifizierung gekennzeichnet. Mittels Leitthemen und Motiven werden die Darsteller und Emotionen identifiziert und charakterisiert.
[3]

1884
Der französische Chemiker Comte Hilaire Bernigaud Chardonnet lässt sich die Kunstfaser **Rayon** patentieren. Auf der Pariser Weltausstellung 1889 stellt er aus Rayon hergestellte Produkte aus.

1884
Die **Dow Jones Aktienindizes** veröffentlichen den ersten Bericht im *Customer Afternoon Letter*. Die Indizes entwickeln sich zu dem gängigsten Indikator allgemeiner Trends der Aktien- und Wertpapierpreise in den Vereinigten Staaten von Amerika.

1884
Der englische Ingenieur **Frederick Henry Royce** gründet das Unternehmen F.H. Royce and Company für die Herstellung von Dynamos, Elektromotoren und Elektrokränen. Im Jahr 1906 gründet er zusammen mit Charles Stewart Rolls die Firma Rolls-Royce Ltd.
[4]

1884
Der deutsche Philosoph und Mathematiker **Gottlob Frege** veröffentlicht *Die Grundlagen der Arithmetik*. Er gehört zu den Pionieren der symbolischen Logik und hat großen Einfluss auf Bertrand Russell.

1884
Die Gesellschaft zur Unterstützung der Rechte von Kindern, die **National Society for the Prevention of Cruelty to Children**, wird in Großbritannien ins Leben gerufen.

[3] Marie Roze als „Manon Lescaut", die vom Unglück verfolgte Heldin der Oper von Massenet. Puccini komponierte ebenfalls eine bemerkenswerte Oper zu der Vorlage im Jahr 1893.

[9] Ein Mähdrescher der Marke McCormick im mittleren Westen der Vereinigten Staaten von Amerika. Dieses Modell wird von einem Mähdrescher abgelöst, der den geschnittenen Weizen automatisch zu Garben bindet. Somit sind Arbeitskräfte, die hinter der Maschine den Weizen zusammenrechen und die Garben binden, überflüssig.

[4] Frederick Henry Royce von der berühmten Firma Rolls-Royce. Sein separates Unternehmen, das elektrische Kräne herstellt, besteht bis zum Jahr 1932.

[7] Das Telefonieren in frühen Tagen.

[8] Judah P. Benjamin, eine der markantesten jüdischen Persönlichkeiten in den USA des 19. Jahrhunderts.

[10] Auf einem Reklameposter des Zirkus der Brüder Ringling sind die fünf Brüder oben links auf einem Foto dargestellt.

27. Februar 1884
Paul Kruger, Präsident der südafrikanischen Republik **Transvaal**, unterzeichnet in London einen Vertrag, der die britische Autorität über Transvaal beendet.

[7]
27. März 1884
Die erste **Fernsprechverbindung** mittels Kupferdrahtübertragung besteht zwischen Boston und New York. Ein begrenzter kommerzieller Telefondienst setzt später im Jahr ein.

12. März 1884
Das erste bundesstaatliche College für Frauen in den Vereinigten Staaten von Amerika, die **Mississippi University for Women**, wird auf Grundlage der Gesetzgebung Mississippis in Columbus eröffnet.

[8]
6. Mai 1884
Der prominente US-Rechtsanwalt **Judah P. Benjamin** stirbt in Paris. Er war der erste Amerikaner jüdischen Glaubens, der in den US-Senat gewählt wurde (1852; 1858 wiedergewählt) und hohe Ämter in der Regierung der Konföderation bekleidete.

[9]
13. Mai 1884
Der US-amerikanische Industrielle und Erfinder **Cyrus Hall McCormick** stirbt in Chicago. McCormick wird allgemein die Entwicklung (seit 1831) des Mähdreschers zugeschrieben.

[10]
19. Mai 1884
Die **Brüder Ringling** eröffnen in Baraboo, Wisconsin, einen kleinen Zirkus. Anfang des 20. Jahrhunderts haben sie das Geschäft zu dem führenden US-amerikanischen Zirkus Ringling Bros. und Barnum & Bailey Circus entwickelt.

1884-1885

9. August 1884
Die *La France*, das weltweit erste **Luftschiff**, tritt seine erste Reise an. Das von Charles Renard und Arthur Krebs gebaute Gefährt, kann unabhängig vom Wind in jede Richtung gesteuert werden.
[1]

15. November 1884
Die **Berliner West-Afrika Konferenz** findet statt. An dem Treffen nehmen die großen europäischen Länder teil, und man entscheidet über Fragen der Kolonialisierung im Kongo-Gebiet in Zentralafrika.

Dezember 1884
Der konservative mexikanische Politiker José de la Cruz **Porfirio Díaz** wird zum zweiten Mal Präsident von Mexiko.

1885
Das von dem US-Architekten William Le Baron Jenney entworfene 9-stöckige Gebäude der Home Insurance Company in Chicago ist der erste Wolkenkratzer, mit einer **Stahlträgerkonstruktion**. Auf diese Art können wirklich hohe Gebäude erst gebaut werden.

1885
Guy de Maupassant veröffentlicht seinen zweiten Roman **Bel-Ami** mit großem Erfolg (37 Auflagen in 4 Monaten). Er und Tschechow sind die Väter der modernen Kurzgeschichte.
[2]

1885
Der österreichische Chemiker und Ingenieur Carl Auer von Welsbach erfindet den **Glühstrumpf**, der auch heute noch für Kerosinlaternen und andere Laternen verwendet wird.

[1] Eine Postkarte, auf der Liebigs Fleischextrakt mittels des neuen Wunders – lenkbaren Luftschiffen – beworben wird.

[9] Rudolf Virchow in seinem Studierzimmer am pathologischen Institut umgeben von Schädeln und Skeletten.

[2] Guy de Maupassant. Viel zu früh stirbt er 1893 an Syphilis.

[6] Carl Benz gründete seine Firma 1883 mit dem Zweck stationäre Motoren zu bauen. Zwei Jahre später lenkt er seinen Motorwagen auf drei Rädern durch die Straßen von München.

[7] Der Prototyp des Daimler Motorrades.

[8] Heinrich Hertz zeigt, dass elektromagnetische Wellen reflektiert, gebrochen und polarisiert werden können. Zudem misst er Wellenlänge und Geschwindigkeit.

1885
Der deutsche Zytologe und Physiker Theodor Heinrich Boveri beginnt mit der Erforschung der **Chromosomen**. Er liefert den Beweis dafür, dass Chromosomen abgegrenzte, konstante Bereiche innerhalb des Zellkerns sind.

[6]
1885
Der deutsche Konstrukteur Carl Benz baut das erste einsatzfähige **Automobil mit integriertem Verbrennungsmotor**. Die Erfinder in der ganzen Welt experimentieren mit verschiednen Aspekten der Gestaltung von Kraftfahrzeugen.

[7]
1885
Die deutschen Mechanikingenieure Gottlieb Daimler und Wilhelm Maybach rüsten ein Fahrrad mit einem Benzinmotor aus. Dies ist das erste **Motorrad** der Welt.

[8]
1885
Der deutsche Physiker Heinrich Rudolph Hertz beginnt mit der Erzeugung und Vermehrung **künstlicher elektromagnetischer Wellen**. Diese Arbeit legt den Grundstein für die Forschungen im Hinblick auf die Radioübertragung.

1885
Adolf Neuendorff dirigiert die Musiker des Boston Symphony Orchestra während ihres ersten „Promenaden-Konzerts". Bald werden sie unter dem Namen **Boston Pops** bekannt. Sie unterhalten mit leichter klassischer Musik in Kaffeehausumgebung.

1885
Das Parteimitglied der Demokraten **Grover Cleveland** wird 22. Präsident der Vereinigten Staaten von Amerika. Er bleibt bis 1899 im Amt. Sein Vize-Präsident ist Thomas A. Hendricks.

1885
Der österreichische Waffenkonstrukteur Ferdinand von Mannlicher entwickelt **das System der Paketladung**, ein Mechanismus, mittels dessen das Patronenmagazin einer Waffe mit einer Bewegung nachgeladen werden kann. Er wird fast überall bei Automatikwaffen eingesetzt.

1885
In Kanada wird der erste **Nationalpark in Banff**, Alberta, angelegt. Hier ist die spektakuläre Landschaft der vorderen Gebirgszüge der Rocky Mountains zu sehen.
[3]

1885
Der konservative Politiker Robert Cecil, 3. Marquess of **Salisbury**, tritt die erste seiner drei Amtsperioden (1885–86, 1886–92, 1895–1902) als britischer Premierminister an. Er regiert über das große Kolonialreich Großbritanniens.
[4]

1885
Das US-Verbrauchermagazin **Good Housekeeping** wird gegründet. Die angestellten Nachforschungen geben Informationen über belastete Lebensmittel und helfen, die Formulierung des „Gesetzes zur Reinhaltung von Lebensmitteln und Arzneimitteln" in den USA anzuregen.

1885
Der englische Wissenschaftler Francis Galton beweist, dass menschliche **Fingerabdrücke** einzigartig sind und stellt das erste System zur Klassifizierung vor.
[5]

1885
Der US-amerikanische Postdienst verdoppelt zum ersten Mal seit 100 Jahren die Gebühr für die Beförderungsart **First-Class Mail**. Das Briefporto beträgt nun zwei Cent.

[3] Moraine Lake, vor den Rocky Mountains im Banff National Park, Kanada.

[4] Lord Salisbury. Man nennt ihn „einen wahren Tory – einen Verfolger der Politik der Depression". Er sagte: „Was auch immer passieren wird, es wird zum Schlechten sein. Deswegen ist es in unserem Interesse, dass so wenig wie möglich passiert."

[5] Francis Galton entwickelt unter dem Einfluss seines Cousins Charles Darwin ein Interesse an dem Thema der Vererbung. Er leistet in der Eugenik Pionierarbeit, die bald von Rassisten für deren Zwecke herangezogen wird.

[11] Eine spätere deutsche Karikatur von Leopold II., inmitten der abgeschlagenen Köpfe von Kongolesen, die Opfer der Zwangsarbeit in den Gummiplantagen dort wurden.

[10] Königin Maria Christina von Spanien mit ihren Kindern.: Alfons, Maria de la Mercedes und Maria Teresa.

1885
Gungunhana wird zum König des **letzten großen unabhängigen Bantu-Königreichs**, Gaza im heutigen Mosambik, gekrönt. Er spielt die europäischen Mächte gegeneinander aus, wird aber von den Portugiesen im Jahr 1895 besiegt.

[9]
1885
Der deutsche Arzt **Rudolf Virchow**, häufig auch „der Vater der Pathologie" genannt, beginnt das Studium der Kraniometrie. Durch seine Studien kann er viele damals herrschende Behauptungen und Theorien über die „arische Rasse" als falsch entlarven.

1885
In Hamburg findet der erste internationale **Eisschnelllaufwettbewerb** statt.

[10]
1885
Als **Alfons XII.** von Spanien im November stirbt, ist Erzherzogin Maria Christina von Österreich mit dessen Sohn schwanger, der im Mai 1886 geboren wird und als **Alfons XIII.** regiert. Seine Mutter bleibt bis 1902 Regentin.

[11]
1885
König **Leopold II.** von Belgien wird Herrscher über den Freistaat Kongo. Am Ende seines brutalen Regimes (1908) ist die Bevölkerung von etwa 20 Millionen auf 8 Millionen dezimiert.

1885
Leland und Jane Stanford gründen die **Stanford University** in Palo Alto, Kalifornien, in Gedenken an ihren Sohn Leland Stanford junior.

1885-1886

1885
Leo Daft, ein US-amerikanischer Ingenieur mit englischer Abstammung, führt die erste **elektrische Oberleitungsbuslinie** in Baltimore, Maryland, ein.

1885
Mark Twain veröffentlicht *Die Abenteuer von Huckleberry Finn*, eine Geschichte um einen Jugendlichen, der mit der Moral und den Schwierigkeiten des Lebens in einer Sklavenhalter-Gesellschaft kämpft.
[1]

1885
John Henry Lee, besser bekannt als John „Babbacombe" Lee, überlebt drei Versuche, ihn zu hängen. Er erhält den Beinamen „der Mann, den sie nicht hängen konnten" und stirbt um 1945.

1885
Der aus Serbien stammende US-amerikanische Ingenieur **Nikola Tesla** verkauft die Patentrechte an der Wechselstromtechnik an George Westinghouse.
[2]

1885
In Großbritannien wird ein Zusatzgesetz zum Strafgesetz erlassen. Seine vagen Formulierungen über strafbare **„grobe Unanständigkeiten"**, werden später so ausgelegt, dass sie auf gleichgeschlechtliche sexuelle Handlungen zwischen erwachsenen Männern anzuwenden sind.

1885
Die Firma Lever Brothers aus Großbritannien beginnt mit dem Verkauf von verpackten **Stücken Seife** aus tierischen und pflanzlichen Fetten. Das Unternehmen führt auch aggressives Marketingverhalten ein.
[3]

[1] Der Umschlag der ersten Ausgabe von „Die Abenteuer von Huckleberry Finn", einem der größten US-amerikanischen Romane.

[2] Nikola Tesla unterrichtet in Frankreich.

[3] Ein Beispiel für die wirkungsvolle bildliche Bewerbung von Seife der Lever Brothers.

[5] Das Staatsbegräbnis von Victor Hugo, einer Figur von enormer Bedeutung für die französischen Republikaner.

[4] Gordon, ebenso messianisch wie sein Gegner, der Mahdi, ist zu großen Teilen für seinen eigenen Tod verantwortlich, denn er ignorierte genaue Anweisungen zur Evakuierung des Sudans. Den Beinamen „Chinese Gordon" erhielt er, als er die Taiping-Rebellion für die Qing-Dynastie in den 1860er Jahren niederschlug.

26. März 1885
Der zweite Schlagabtausch der **Nordwest-Rebellion** unter der Leitung von **Riel** findet in Duck Lake, Saskatchewan, statt. Louis Riel führt die Métis an, die europäischer und indianischer Abstammung sind.

15. Mai 1885
Louis Riel ergibt sich, nachdem er zwei Aufstände gegen die kanadische Regierung wegen deren Bemühungen, die territorialen Rechte der Hudson Bay Company zu übernehmen, initiiert hat. Er wird wegen Hochverrats gehängt.

[5]
22. Mai 1885
Der französische Dichter, Romanschriftsteller und Dramaturg **Victor Hugo** stirbt in Paris.

20. Juli 1885
Der **professionelle Fußball** wird in Großbritannien förmlich legalisiert.

18. September 1885
Bulgarische Nationalisten in **Ostrumelien** organisieren einen Putsch und erklären die Einheit der Provinz mit Bulgarien. Dies führt zum Serbisch-Bulgarischen Krieg.

[6]
14. November 1885
Der **Serbisch-Bulgarische Krieg** beginnt mit der Kriegserklärung des serbischen Königs Milan Obrenović IV. an Bulgarien.

1885
Die psychologisch intensiv wirkenden Gemälde von Edward Munch, Vincent van Gogh und James Ensor signalisieren die Anfänge des **Expressionismus**.

1885
Das Konzept des **Sicherheitsfahrrads** wird durch das Model „Rover Safety", hergestellt von dem britischen Konstrukteur John K. Starley, populär gemacht. Es hat seinen gefährlichen Vorgängern gegenüber beträchtliche Vorteile und ist der Prototyp aller modernen Fahrräder.

1885
Die Eisenbahngesellschaft **Santa Fe Railway Company** erreicht den Talkessel in Los Angeles, und die **Northern Pacific Railway Company** erreicht Puget Sound. Der US-amerikanische Westen erfährt durch diese Erschließungen eine dauerhafte Veränderung.

1885
Der französische Wissenschaftler Louis Pasteur rettet einem an **Tollwut** erkrankten Jungen durch Anwendung neu entwickelter Impfverfahren das Leben. Die Behandlung von Tollwut mit Serum wird 1899 eingeführt.

ca. 1885
Angetrieben von Bismarck befiehlt die preußische Regierung die **Ausweisung von Polen und Juden** ohne deutsche Staatsbürgerschaft.

26. Januar 1885
Der britische General **Charles Gordon** und andere Verteidiger Khartums werden von sudanesischen Rebellen getötet.
[4]

DAS STAHLROSS

In sämtlichen Gebieten Nordamerikas dehnen sich rasch Eisenbahnstrecken aus.

Die Fertigstellung der ersten Zugverbindung zwischen der Atlantik- und Pazifikküste im Jahr 1869 war ein historisches Ereignis, das den Bauwahnsinn hinsichtlich der Schienenstrecken überall im restlichen Kontinent in den Schatten stellte.

Zu den am schnellsten wachsenden Verkehrsnetzen gehörte das der Eisenbahngesellschaft Santa Fe Railway. Einer ihrer Züge wird bei der Überquerung des Viadukts Canyon Diablo gezeigt (oben links). Die Gesellschaft wurde 1859 in Kansas unter dem Namen Atchinson and Topeka Railroad Company eingetragen. Später hatte sie großen Einfluss auf die Besiedlung des Südwestens der Vereinigten Staaten von Amerika. Ihr Gründer war Cyrus K. Holliday, ein Rechtsanwalt und Wirtschaftsförderer aus Topeka, der eine Eisenbahnlinie entlang des Santa Fe Trail bauen wollte. Der Handelsweg wurde im 19. Jahrhundert benutzt und verband Independence in Missouri mit Santa Fe in New Mexico. Die Hauptstrecke zur Grenze des US-Bundesstaates Colorado wurde 1872 fertig gestellt. Das Verkehrsnetz wurde in den 1880er und den frühen 1890er Jahren weiter ausgebaut und maß etwa 14 480 km.

In Kanada erfolgte die Fertigstellung einer zweiten transkontinentalen Hauptverbindung – die Canadian Pacific von Montreal nach Port Moody (ein Vorort von Vancouver) in British Columbia. Das Foto (oben links) zeigt das Einschlagen des letzten Nagels in Craigellachie, British Columbia. Die Gesellschaft schluckte später weitere Eisenbahnlinien und betrieb Schaufelraddampfer und Dampfschiffe auf Binnenschifffahrtswegen und eine Seeschifffahrtsflotte.

[6] Serben lesen eine in Belgrad veröffentlichte Liste mit Namen von Kriegsopfern.

[7] Die Art von Szene, die das Gesetz „Irish Home Rule" von Gladstone verbieten will: Ein Rammbock wird in der irischen Grafschaft Clare eingesetzt, um in ein Haus einzudringen und die Mieter wegen fehlender Mietzahlungen zwangsweise auszuquartieren. Eine Einheit der Polizei beobachtet den Vorfall.

Dezember 1885
Der erste **Indische Nationalkongress** tritt zusammen. Von den 1920ern an wird er von Mahatma Gandhi geleitet, dessen Strategie des gewaltfreien zivilen Ungehorsams 1947 zur Unabhängigkeit Indiens von Großbritannien führt.

[7]
1886
Das Gesetz **Irish Home Rule** des britischen Premierministers William E. Gladstone wird verabschiedet.

1886
Eine **jahrzehntelange Dürreperiode setzt im Westen der USA** ein. Menschen und Vieh verhungern. Die Rinder, die überlebt haben, sterben in Schneestürmen. Die Verluste sind so hoch, dass die US-amerikanische Cowboy-Ära endet.

1886
Acetanilid, eine synthetisch-organische Verbindung und Vorläufer von Paracetamol, wird als **Alternative zu Aspirin** eingeführt.

1886
Dankmar Adler und Louis Sullivan gewinnen den Auftrag für die Konstruktion des **Auditorium Building in Chicago**. Das Gebäude kündigt moderne Mehrzweckbauten an und kennzeichnet die professionelle Reife Sullivans.

1886
Der niederländische Mediziner Christiaan Eijkman reist nach Java, um die Tropenkrankheit **Beriberi** zu erforschen und macht schlechte Ernährung als Auslöser aus. Dies führt zur **Entdeckung der Vitamine**, für die er den Nobel-Preis erhält.

1886

1886
England und die Vereinigten Staaten von Amerika tragen das **erste Länderspiel im Polo** aus.

1886
Der französische Maler **Georges Seurat** vollendet das Werk *Sonntag Nachmittag auf der Insel La Grande Jatte*. In diesem und anderen Gemälden entwickelt er die Technik des Pointillismus, der auf der Studie von Farben, Licht und Sicht basiert.

1886
Der deutsche Chemiker Clemens Winkler entdeckt das **Germanium** (Ge). Das Element wird einmal entscheidend für die Herstellung von Halbleitern, Transistoren, Gleichrichtern und Fotozellen.

1886
Der deutsche Chemiker Viktor Meyer entwickelt ein Verfahren zur zuverlässigen Synthese von **Senfgas**. Das Gas ist eine der ersten Massenvernichtungswaffen. Auf den Schlachtfeldern des Ersten Weltkriegs wird es mit schrecklicher Wirkung eingesetzt.

1886
Robert Bosch eröffnet eine mechanische und elektrische Ingenieurswerkstatt in Stuttgart. Heute ist das Unternehmen der weltweit größte Lieferant von Fahrzeugbauteilen. *[1]*

1886
Die Programmmusik **Karneval der Tiere** von Camille Saint-Saëns wird uraufgeführt.

[2] Ludwig II.: Offiziellen Verlautbarungen nach hat er Selbstmord begangen, dennoch hat es immer Zweifel daran gegeben.

[3] Die Linotype-Setzmaschine, die das aufwändige Setzen der einzelnen Lettern von Hand unnötig macht. Gut zu erkennen ist die große Tastatur.

[4] Straßenbahnen in San Francisco samt Fahrer und Schaffner mit Schirmmützen.

[1] Der Ingenieur und Geschäftsmann Robert Bosch.

[5] Geronimo, rechts, mit einigen Angehörigen seines Stammes.

1886
Josephine Cochrane, eine in Chicago ansässige Dame, die gern Feste gibt, erfindet den **Geschirrspülautomaten**. Zunächst wird er in Restaurants und Hotels eingesetzt, ab 1949 dann auch in Privathaushalten.

1886
Die **Berner Übereinkunft** wird unterzeichnet. Sie dient dem Schutz des Urheberrechts. Die Unterzeichneten vereinbaren den Schutz von Werken, die in anderen Ländern der Vertragsstaaten erstveröffentlicht werden.

1886
Der Tabak-Erbe Griswold Lorillard trägt einen kurzen Smoking mit Satin-Revers auf einem Ball der oberen Zehntausend im Tuxedo Park Country Club nordwestlich von New York. Der **Tuxedo** ersetzt schnell den Frack als Abendgarderobe.

1886
Der britische Mediziner David Bruce isoliert und identifiziert den Erreger, der **Brucellose** hervorruft. Die Krankheit kann tödlich verlaufen und Menschen und Haustiere befallen.

18. Januar 1886
Das moderne **Feldhockey** wird mit der Bildung der Hockey Association in England geboren.

[6]
29. Januar 1886
Carl Benz erhält das Patent auf sein **Automobil** mit drei Rädern.

1886
Die Stadt **Johannesburg** wird in Südafrika nach der Entdeckung von Goldadern gegründet. Sie gehört zu den jüngsten Großstädten der Welt.

1886
John S. Pemberton aus Atlanta, Georgia, braut das Rezept für ein „Stärkungsmittel" zusammen, das **Coca-Cola** genannt wird.

1886
Ludwig II. von Bayern ertrinkt unter mysteriösen Umständen, kurz nachdem er für wahnsinnig erklärt wurde.
[2]

1886
Ottmar Mergenthalers erste **Linotype-Setzmaschinen** werden bei der *New York Tribune* in Betrieb genommen. Bald bestimmen sie den Standard des Maschinensatzes.
[3]

1886
Straßenbahnarbeiter streiken in New York und San Francisco. Sie erreichen die Umstellung auf einen 12-Stunden-Arbeitstag (vormals 14 Stunden), das Zugeständnis einer halbe Stunde Mittagspause und einen Lohn zwischen 2,00 und 2,50 US-Dollar pro Tag.
[4]

1886
Der Apachenhäuptling **Geronimo** kapituliert vor General Nelson A. Miles bei einer Konferenz in Skeleton Canyon in Arizona.
[5]

[7] Der Ungar Franz Liszt am Piano.

DIE FREIHEITSSTATUE

Symbol republikanischer Freiheit

Die gigantische Statue (links, im Bau) auf Liberty Island in der Upper New York Bay gedenkt der Freundschaft zwischen dem US-amerikanischen und dem französischen Volk. Sie hat eine Höhe von 93 Metern einschließlich Sockel. Die Statue stellt eine Frau dar, die eine Fackel in ihrer erhobenen rechten Hand hält und eine Tafel in der linken Hand, auf der das Datum der US-amerikanischen Unabhängigkeitserklärung (4. Juli 1776) vermerkt ist. Die Fackel misst von dem unteren Griffende bis zur Spitze 8,80 Meter und ist über eine 12,80 Meter hohe Leiter im inneren des Arms zu erreichen. Besucher werden per Fahrstuhl auf die Plattform im Sockel gebracht, die auch über eine Treppe zu erreichen ist. Eine Wendeltreppe führt zu der Besucherplattform in der Krone.

Der französische Historiker Edouard de Laboulaye schlug die Anfertigung der Statue vor. Das französische Volk steuerte die finanziellen Mittel bei, und im Jahr 1875 wurde mit dem Bau unter Leitung des Bildhauers Frédéric-Auguste Bartholdi begonnen. Die Statue ist aus Kupferblechen gefertigt, die von Hand in die richtige Form geschmiedet wurden. Der Unterbau besteht aus einem Grundgerüst aus vier riesigen Stahlträgern, die Eugène-Emmanuel Viollet-le-Duc und Alexandre-Gustave Eiffel konstruierten. Im Jahr 1885 wurde die Statue mit einer Höhe von 46 Metern und 225 Tonnen Gewicht auseinandergebaut und per Schiff nach New York City gebracht. Der von dem US-amerikanischen Architekten Richard Morris Hunt entworfene Sockel wurde erst später vollendet. Am 28. Oktober 1886 wurde die fertig montierte Statue vom US-amerikanischen Präsidenten Grover Cleveland eingeweiht.

[6] Das erste Automobil.

[8] Eine Lokomotive, die durch das Erdbeben in South Carolina entgleiste.

15. Mai 1886
Die US-amerikanische Dichterin **Emily Dickinson** stirbt in Amherst, Massachusetts.

23. Mai 1886
Leopold von Ranke, ein führender deutscher Historiker des 19. Jahrhunderts, stirbt. Seine wissenschaftlichen Methoden und wegweisenden Geschichtsseminare hatten einen großen Einfluss auf die Geschichtsschreibung des Westens.

18. Juli 1886
Der portugiesische Dichter **Cesário Verde** stirbt an Tuberkulose. Verde hatte die portugiesische Dichtkunst durch Einführung der Umgangssprache und Erkundung ihrer Ausdrucksfähigkeit wiederbelebt. Er beschrieb vor allem städtische Themen.

[7]
19. Juli 1886
Franz Liszt, der großartigste Klaviervirtuose seiner Zeit, spielt bei einem Konzert in Luxemburg zum letzten Mal Klavier. Er hat die Kompositionen für das Instrument immens erweitert.

[8]
31. August 1886
Ein **Erdbeben in Charleston, South Carolina**, fordert 100 Todesopfer und beschädigt Hunderte von Häusern. Mit 7,6 auf der Richterskala sind die Erdstöße bis Chicago und Kuba zu spüren.

28. Oktober 1886
Die **Freiheitsstatue**, ein Geschenk des französischen an das US-amerikanische Volk anläßlich der Hundertjahrfeier der Unabhängigkeitserklärung im Jahr 1876, wird vom US-Präsidenten Grover Cleveland offiziell eingeweiht.

1887
Am Trafalgar Square in London findet der Aufstand der Arbeitslosen und Sozialisten am **Bloody Sunday** statt.

1887
Ein Vertrag gewährt den Vereinigten Staaten von Amerika die ausschließliche Nutzung von **Pearl Harbor** auf Hawaii.

1887
Verdis Oper **Otello** wird in dem Operhaus „La Scala" in Mailand uraufgeführt. Die Oper basiert auf dem Schauspiel von Shakespeare, das Libretto stammt von Arigo Boito (siehe Oktober 1868).
[1]

1887
Die US-amerikanischen Physiker Albert Michelson und Edward Morley widerlegen die Existenz von lichtausstrahlendem Äther und beweisen, dass die **Lichtgeschwindigkeit** eine Konstante ist.

1887
Ein **Erdbeben** an der französischen Riviera fordert rund 2000 Todesopfer.

1887
Charles Follen McKim von McKim, Mead, and White, entwirft die öffentliche Bibliothek, die **Boston Public Library**. Sie ist eines der besten Beispiele für den US-amerikanischen Neoklassizismus des 19. Jahrhunderts.

DAS GOLDENE JUBILÄUM DER KÖNIGIN VIKTORIA

50 ruhmvolle Jahre auf dem Thron von England

Am 20. Juni 1887 nahm Königin Viktoria am ersten der beiden aufeinanderfolgenden Feiertage das Frühstück auf Windsor Castle in der Nähe des Mausoleums ein, das sie für ihren geliebten Ehemann Prinz Albert, der 1861 starb, hatte bauen lassen.

Dann begab sie sich in den speziell geschmückten königlichen Zug, der sie über die Hauptstrecke der Eisenbahngesellschaft Brunel Great Western Railway nach London brachte. Zuschauer reihten sich entlang der gesamten Strecke auf. Vom Bahnhof in Paddington fuhr sie nach Buckingham Palace, wo man ihr am Abend ein üppiges Bankett zubereitete. Fünfzig Könige und Fürsten aus dem Ausland nahmen zusammen mit den Oberhäuptern der britischen Kolonien in Übersee an dem Festmahl teil. Die verwitwete Königin wurde von Christian IX. von Dänemark durch den Abend begleitet. Zu ihrer anderen Seite saß König Georg I. von Griechenland an der Tafel, den Viktoria mit Willy anredete. Nach dem Abendessen versammelten sich die Gäste im Ballsaal, wo Musiker spielten.

Am zweiten Tag der Feierlichkeiten reiste Königin Victoria in einem von sechs kremfarbenen Rössern gezogenen offenen Landauer nach Westminister Abbey (links). Ihrer Kutsche folgten mehrere indische Fürsten in zeremonieller Kleidung und die indische Kavallerie. Große Menschenmengen säumten die Straßen. Mark Twain formulierte es so: „Die Massen reichten in beide Richtungen bis an den Horizont".

Die Königin kehrte darauf nach Buckingham Palace zurück, entfernte sich aber nicht lange aus den Augen der Öffentlichkeit. Sie erschien auf dem Balkon, von wo aus sie den Beifall der Tausende entgegennahm, die sich auf der Promenade und dem Constitution Hill aufhielten. Später kehrte sie in den königlichen Ballsaal zurück, um ihrer Familie dort speziell angefertigte Gedenkbroschen zu überreichen. Am Abend kleidete sie sich für ein weiteres Bankett in eine herrliche Robe, bestickt mit silbernen Rosen, Disteln und Kleeblättern. Danach empfing sie eine lange Prozession Diplomaten und indische Fürsten. Sie wurde daraufhin in ihrem Stuhl mit Blick auf den Garten geschoben, wo sie ein Feuerwerk ansah.

Auf persönlicher Ebene war das 50-jährige Thronjubiläum ein wichtiger Ansporn für ihre Moral, denn seit sie Witwe geworden war, empfand sie Staatsangelegenheiten als Last. Insbesondere erfreute sie sich an der Wärme des Empfangs durch ihre Untertanen.

1887
Das Unternehmen R.W. Sears Watch Company von Richard W. Sears veröffentlicht den ersten Postbestellkatalog. Mit Alvah C. Roebuch gründet er 1893 die Firma **Sears, Roebuck** and Company.

1887
Die schottischen Chemiker John S. MacArthur, Robert W. Forrest und William Forest erfinden das **Zyanidverfahren**. Es handelt sich um eine Methode der Abspaltung von Silber und Gold aus dem Muttergestein.

[3]
1887
Der schottische Schriftsteller Arthur Conan Doyle veröffentlicht *Eine Studie in Scharlachrot* und macht damit die unsterblichen Detektive **Sherlock Holmes** und Dr. Watson bekannt.

[4]
1887
Alfred Krupp stirbt. Sein einziger Sohn Friedrich Albert übernimmt die Leitung des großen Industrieunternehmens Krupp.

1887
Die Briten feiern das **Goldene Jubiläum von Königin Viktoria**, das 50. Jahr ihrer Regentschaft.

[5]
1887
Die Eisenbahngesellschaft **Canadian Pacific Railway** vollendet den Bau der Hauptstrecke von Montreal nach Port Moody (eine Vorstadt von Vancouver) in British Columbia.

1887
Die Stadt Denver in Colorado richtet den ersten **Rodeo-Wettbewerb** aus. Wie viele andere Sportarten auch, ist Rodeo eine reglementierte Version praktischer Tätigkeiten: Reiten und die Handhabung von Lassos sind wesentliche Fähigkeiten der Rancher. *[2]*

1887
Der französische postimpressionistische Künstler **Paul Gauguin** reist nach Martinique, Westindische Inseln. Er ist jedoch aufgrund einer Krankheit nach wenigen Monaten gezwungen zurückzukehren. Er hat in dieser Zeit über 20 Bilder gemalt.

1887
Der deutsche Wissenschaftler Adolf Fick erfindet die **Kontaktlinse**. Da sie aus Glas ist, kann sie nicht lange getragen werden. Sie korrigiert jedoch irreguläre Hornhautverkrümmungen.

1887
Der ungarische Entdecker Graf Sámuel Teleki und der österreichische Marineoffizier Ludwig von Höhnel treten in Pangini (im heutigen Tansania) eine Reise an, bei der sie Kenia durchqueren und den **Kilimanjaro** und **Mount Kenya** besteigen.

1887
Lloyd's of London vergibt die erste Versicherungspolice, die keine Seeversicherung ist. Die Versicherungsbörse wurde im 18. Jahrhundert ins Leben gerufen, um die Ladungen von Schiffen zu versichern.

1887
Der polnische Augenarzt L.L. Zamenhof erfindet **Esperanto**. Er beabsichtigt den Gebrauch der Sprache als internationale Zweitsprache.

[1] Verdi wählt den italienischen Tenor Francesco Tamagno als ersten Darsteller des Otello aus.

[3] Der intelligente Sherlock Holmes, mit charakteristischer Mütze, dem „Deerstalker", erläutert dem phlegmaitschen Dr. Watson auf einer Zugreise eine seiner Folgerungen. Diese Originalillustration aus dem Magazin „Strand" stammt von Sidney Paget.

[2] Bonnie McCarroll wird bei einem Rodeo in Oregon Anfang der 1900er Jahre von ihrem bockenden halbwilden Pferd abgeworfen.

[4] Die Krupp-Schmiede in Essen.

[5] Ein elementarer Schlafwagen der dritten Klasse mit herabklappbaren Betten in einem Zug der Canadian Pacific Railway.

1887
Der berühmte Aphorismus „Macht korrumpiert, absolute Macht korrumpiert absolut" wird von John Emerich Edward Dalberg, **Lord Acton**, in einem Brief an den Bischof Mandrell Creighton geprägt.

1887
Der französische Komponist **Claude Debussy** vollendet das Orchesterwerk *Le Printemps*.

1887
Das **Pasteur Institute** wird in Frankreich gegründet. Die dort tätigen Wissenschaftler bekämpfen ansteckende Krankheiten auf der ganzen Welt und retten das Leben von Millionen durch die Entwicklung von Impfstoffen und anderen Behandlungsarten.

1887
Das Unternehmen **Tokyo Electric Light Company** baut ein Kraftwerk mit 25 Kilowatt Leistung für die Versorgung der Stadt mit Strom.

1887
Emile Berliner lässt eine Variante des **Grammophons** patentieren, bei dem eine Scheibe an Stelle des in Edisons Phonographen verwendeten Zylinders eingebaut ist.

1887
Die **stärkste Überflutung in der Geschichte** des Gelben Flusses in China überschwemmt 129 500 Quadratkilometer Land und tötet über 900 000 Menschen.

1887-1888

1887
Die **Glenfiddich-Destillerie** von William Grant produziert den ersten Single-Malt Scotch.

1887
Zululand in Südafrika wird zur britischen Kronkolonie.

8. Februar 1887
In den Werkstätten von **Ernst Leitz** in Wetzlar wird das zehntausendste handgefertigte Binokularmikroskop hergestellt.
[1]

18. Juni 1887
Russland und das Deutsche Reich unterzeichnen den **Rückversicherungsvertrag**, in dem sie Neutralität vereinbaren, falls die jeweils andere Partei in einen Krieg mit einer dritten Großmacht verwickelt wird, außer, wenn Deutschland Frankreich angreift oder Russland Österreich.

3. Dezember 1887
Sadi Carnot, der Politiker mit Ingenieursausbildung, wird zum Präsidenten von Frankreich gewählt. 1894 fällt er dem Mordanschlag eines italienischen Anarchisten zum Opfer.
[2]

1888
Vincent van Gogh zieht von Paris nach Arles in Südfrankreich. Dort beginnt er mit der Arbeit an einer Vielzahl begeisternder Werke und setzt Farbe „willkürlicher ein, um mich selbst mit mehr Gewalt auszudrücken". Sein Pinselstrich zeugt von enormer Lebenskraft.
[3]

[1] Ansicht der Werkstätte Leitz um etwa 1890.

[3] „Sternennacht" von Vincent van Gogh. Er malte dieses Bild in Arles nach seinem Umzug von Paris im Februar 1888.

[2] Der französische Präsident Carnot. Sein wahrscheinlich wertvollster Beitrag zur Politik ist das Abblocken der rechtsgerichteten, diktatorischen Ambitionen des Generals Boulanger während der nächsten zwei Jahre.

[6] Carl Zeiss aus Jena.

[5] Eine Frau auf einer Kodak-Reklame, die zeigt, wie einfach die Bedienung der neuen Kameras ist.

1888
Der französische Chemiker Henry-Louis Le Chatelier entwickelt das **Prinzip vom kleinsten Zwang**. Das Prinzip macht es möglich, die Wirkung veränderter Bedingungen auf chemische Reaktionen vorauszusagen.

[5]
1888
George Eastman entwickelt den ersten tragbaren Fotoapparat, die **Kodak**. Mit Hilfe dieser Kamera und weiterer Film- und Fotoprodukte revolutioniert Eastman die Laienfotografie.

1888
Mit der Eröffnung des St. Andrews Golf Clubs in Yonkers, New York, wird **Golf** in US-Amerika zu einer organisierten Sportart.

[6]
1888
Der Optiker **Carl Zeiss**, Pionier in der Herstellung von optischen Linsen für Mikroskope und Kameras, stirbt. Sein Unternehmen wird darauf der Carl-Zeiss-Stiftung angegliedert.

1888
Die Amsterdamer Konzerthalle **Concertgebouw** wird eingeweiht. Ihre Akustik ist eine der besten in Europa.

1888
In Sudbury, Ontario, eröffnet ein **Nickelschmelzwerk**. Das Werk wird zu einem der größten Verursacher von Luftverschmutzung und saurem Regen in Nordamerika.

1888
Der US-amerikanische Chemiker Charles Martin Hall, Entdecker des elektrolytischen Verfahrens zur Gewinnung von Aluminium, gründet das Unternehmen Pittsburgh Reduction Company für die Produktion und Vermarktung von **kommerziellem Aluminium**.

1888
Der belgische Holzschnitzer Pierre Degeyter komponiert die Musik zu dem von Eugène Pottier, einem Transportarbeiter aus Paris, verfassten Text und veröffentlicht die **L'Internationale**. Von 1918 bis 1944 ist sie die Nationalhymne der Sowjetunion.

1888
Der in Belgien geborene US-amerikanische Erfinder Charles Joseph van Depoele erhält ein Patent auf die Wechselstrom-Kollektorbürste. Diese Technologie **stabilisiert die Spannung von elektrischem Strom**.

1888
Cecil Rhodes gründet das Unternehmen **De Beers** Consolidated Mining Ltd. in Südafrika. Die Firma entwickelt sich zu dem weltweit größten Produzenten und Lieferanten von Diamanten.
[4]

1888
Der US-amerikanische Lehrer George Safford Parker ist mit den im Handel erhältlichen Schreibwerkzeugen unzufrieden und gründet das Unternehmen **Parker Pen Company**.

1888
Frank Sprague, ein früherer Mitarbeiter von Thomas Edison, installiert das erste funktionstüchtige **elektrische Oberleitungssystem für Straßenbahnwagen** in Richmond, Virginia. Das neue Transportsystem wird bald von Hunderten anderen Städten übernommen.

[4] Das Sortieren von Rohdiamanten im südafrikanischen Kimberley.

[8] Prinz Heinrich und seine Braut inspizieren die Ehrengarde als Teil ihrer Hochzeitsfeierlichkeiten.

[9] John Boyd Dunlop mit dem ersten luftbereiftem Fahrrad.

[7] Eine Französin kühlt sich und ihren Welpen mittels eines Fächers, während sie ein kühles Getränk mit dem neu entwickelten Papierstrohhalm trinkt.

[10] Richard Burton in den 1880er Jahren. Vorbei ist seine Zeit als Afrikaforscher.

[7]
1888
Marvin Stone aus Washington, D.C, lässt ein Verfahren zur Herstellung von **Papierstrohhalmen** patentieren. Seine Methode der Spiralwicklung wird zum Standard für die Fertigung von Produkten aus Papierröhren wie Garnrollen, Nichtleitern und Hülsen.

[8]
1888
Prinz Heinrich von Preußen, jüngerer Bruder von Kaiser Wilhelm II., heiratet seine Cousine Prinzessin Irene von Hessen-Darmstadt.

1888
In Äthiopien bricht die tödliche Krankheit **Rinderpest** aus und dehnt sich im Osten und Süden Afrikas aus. Bis zum Jahr 1900 fallen der Rinderpest bis zu 95 Prozent des Viehbestands zum Opfer, und die ländlichen Gesellschaften sind zerstört.

[9]
1888
Der schottische Veterinär John Boyd Dunlop erfindet den **luftgefüllten Gummireifen**.

1888
Scholem Alejchem revitalisiert die jiddische Literatur durch Herausgabe von *Di Yidishe Folks-bibliothek* (Die jüdische Volksbibliothek) in Kiew.

[10]
1888
Richard Burton veröffentlicht den letzten Band von **Tausend und eine Nacht**. Seine Übersetzungen werden gerühmt aber auch als „entsetzliche Sammlung entwürdigender Sitten und Schilderungen des Lasters" angegriffen.

1888-1889

1888
Sir Thomas Francis Wade, der das bekannte **Wade-Giles System** für die Umschrift der chinesischen Sprache entwickelt hat, erhält die erste Professur für Sinologie an der Universität Cambridge.

1888
Der Amateursportverband **Amateur Athletic Union** wird in den Vereinigten Staaten von Amerika gegründet. Zielsetzung ist die Erhaltung des „Sports um des Sports willen".

1888
Die Fabriken von W. Duke & Sons produzieren 745 Millionen Zigaretten. Bald folgen „Zigarettenkriege" zwischen den größten Herstellern, und Washington Duke wird Präsident des Konglomerats **American Tobacco Company**.
$ [1]

1888
In Australien wird das erste **Foster's Lager** gebraut.

1888
Susan B. Anthony, May Wright Sewell, Frances Willard und andere gründen den Frauenverein **International Council of Women**. Ziel des Vereins ist die Förderung von Gesundheit, Frieden, Gleichstellung und Ausbildung in der ganzen Welt, insbesondere im Hinblick auf Frauen.

1888
Die großen Seemächte unterzeichnen die Konvention von Konstantinopel. Es wird vereinbart, dass der **Suezkanal** sowohl in Friedens- als auch in Kriegszeiten für Schiffe aus aller Welt offen sein soll. Großbritannien unterzeichnet erst im Jahr 1904.

[1] Eine freche Zigarettenkarte der Marke „Virginia Brights". Das Set besteht aus insgesamt neun Karten. Die Raucher werden zum Sammeln dieser Karten animiert, damit sie einer bestimmten Marke treu bleiben.

[4] Einige der Soldaten Wilhelms II. bei einer Parade.

[3] Das Jahr der drei Kaiser: Wilhelm I. (oben) stirbt, und sein kranker Sohn Friedrich III. (links) tritt die Thronnachfolge an. Als Friedrich stirbt, übernimmt Wilhelm II. den Thron. Das Deutsche Reich endet im Jahr 1918, bevor Prinz Heinrich (unten) das Thronerbe in der vierten Generation antreten kann.

[8] Nellie Bly. Ein Jahr vor ihrer Weltreise wurde sie berühmt, weil sie vorgab verrückt zu sein und so die barbarischen Bedingungen in einem Haus für geisteskranke Frauen in New York öffentlich machte.

[10] Der deutsche Komponist Johannes Brahms.

[5] Die Leiche einer der fünf Prostituierten, die Jack the Ripper tötete.

[3]
9. März 1888
Friedrich III., ein Invalide, wird Deutscher Kaiser (1888).

13. Mai 1888
In Brasilien werden die letzten Sklaven befreit. Vorausgegangene Maßnahmen in den Jahren 1871 und 1885 sorgten für die Freisetzung aller Kinder von Sklaven und aller Sklaven in einem Alter über 60.

[4]
15. Juni 1888
Wilhelm II., der für seine häufig militaristische Art und schwankende Politik bekannt wird, wird Deutscher Kaiser (1888-1918).

9. Oktober 1888
Erbaut zwischen 1848 und 1884 und eingeweiht im Jahr 1885, wird das **Washington Monument** in Washington, D.C., für die Öffentlichkeit frei gegeben. Der Marmorobelisk ehrt den ersten US-Präsidenten George Washington.

6. November 1888
Benjamin Harrison wird durch die Mehrheit der Stimmen der Wahlmänner US-Präsident, obwohl das Volk mit einer Mehrheit von 90 000 Stimmen für seinen Gegner Grover Cleveland gestimmt hatte.

[5]
10. November 1888
Die berüchtigte Mordserie von **Jack the Ripper** im Londoner Stadtteil Whitechapel findet ein Ende.

1888
José Maria de Eça de Queirós, der portugiesische Schriftsteller, der als einer der herausragendsten Romanautoren des Jahrhunderts galt, veröffentlicht *Os Maias*.

1888
Die **National Geographic Society** beginnt mit der Herausgabe des Monatsmagazins *National Geographic*.

1888
Theophilus von Kannel aus Philadelphia erfindet die **Drehtür**.

1888
Die Brüder Sheridan gründen die Londoner Tageszeitung **Financial Times**. Die Zeitung wird auf rosa Papier gedruckt. Die *Financial Times* ist das einzige Blatt in England, das tägliche Berichte über die Börse in London und den Weltmarkt herausbringt.

1888
Der **weltweit schlimmste Hagelsturm** tötet im indischen Moradabad fast 250 Menschen.

März 1888
Ein **dreitägiger Schneesturm fegt** über den Nordwesten der USA. Es fallen über 50 Zentimeter Schnee, der sich zu Schneewehen von mehr als 6 Metern Höhe auftürmt. Etwa 200 Schiffe sinken oder werden schwer beschädigt, und Hunderte von Menschen erfrieren.
[2]

[6] General Boulanger. Eine Leitfigur für die Franzosen, die Rache gegenüber den Deutschen suchen. Er zeigt Schwäche, als er die Möglichkeit hat, die Macht zu übernehmen.

[2] Die Folgen des großen Schneesturms in New York.

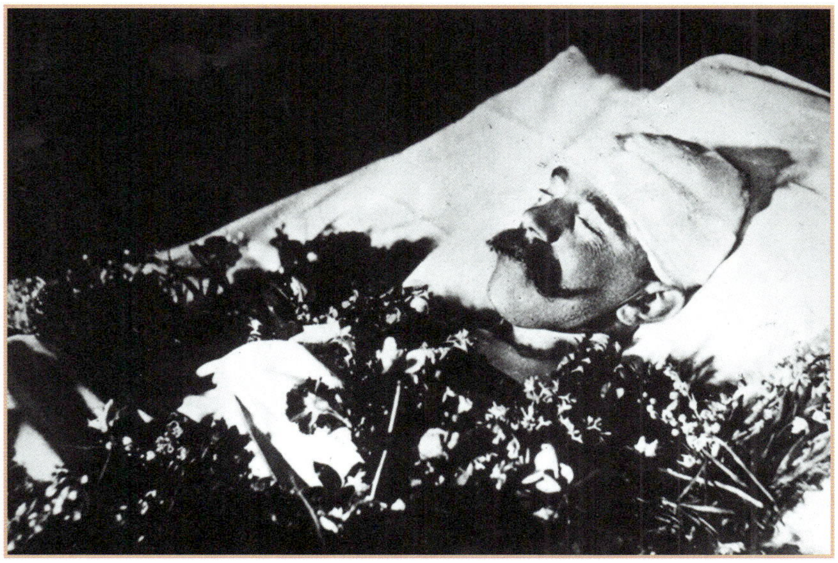

[7] Kronprinz Rudolf liegt nach dem Selbstmord zusammen mit seiner Geliebten Marie von Vetsera (links) in seiner Jagdunterkunft in Mayerling aufgebahrt.

[9] Andrew Carnegie, skrupelloser Arbeitgeber und großer Philanthrop.

[6]
1889
General Georges-Ernest-Jean-Marie Boulanger misslingt der Versuch eines Revanchistencoups in Frankreich.

[7]
1889
Der österreichisch-ungarische Thronerbe **Kronprinz Rudolf** begeht Selbstmord.

[8]
1889
Die US-amerikanische Journalistin **Nellie Bly** tritt ihre Weltreise an. Sie will den fiktiven Rekord des Phileas Fogg, Titelheld des Romans von Jules Verne *In achtzig Tagen um die Welt*, schlagen. Sie schafft die Reise in 72 Tagen, 6 Stunden und 11 Minuten.

[9]
1889
Die enormen Firmenbeteiligungen des Andrew Carnegie werden zur **Carnegie Steel Company** zusammengeführt. Die Teilhaberschaft mit beschränkter Haftung wird von nun an die US-amerikanische Stahlindustrie dominieren.

[10]
1889
Johannes Brahms spielt eine Version seines Werks *Ungarische Tänze*, damit es von einem Mitarbeiter des Erfinders des Phonographen, Thomas Edison, aufgenommen werden kann. Dies ist die **erste Aufnahme eines großen Komponisten.**

1889
Benjamin Harrison von der Republikanischen Partei tritt als 23. Präsident der Vereinigten Staaten von Amerika sein Amt an. Er bleibt bis 1893 im Dienst, und sein Vize-Präsident ist Levi Parons Morton.

1889

1889
Der Chemiker Herbert Henry Dow entdeckt einen neuen, weniger kostspieligen Prozess der Gewinnung von **Brom**. Das chemische Element wird in der Medizin und der Fotografie eingesetzt.

1889
Daniel Burnham und John W. Root entwerfen das 15-stöckige Chicagoer Gebäude **Monadnock Building**. Es ist das höchste Bauwerk, das von den Außenmauern und nicht durch eine innenliegende Eisen- oder Stahlkonstruktion gestützt wird.

1889
Ebenezer Howard veröffentlicht *Tomorrow: A Peaceful Path to Social Reform*. Es ist ein einflussreiches Buch, das die intellektuellen Grundlagen für die englische Bewegung **Garden City** legt.

1889
Der deutsche Philosoph **Friedrich Nietzsche** zeigt Symptome einer schweren Geisteskrankheit in Folge der Ansteckung mit Syphilis. Seine Mutter und seine Schwester pflegen ihn, bis er im Jahr 1900 stirbt.

1889
Victor Adler, bahnbrechender österreichischer Sozialist, spielt eine führende Rolle in der Gründung der Sozialdemokratischen Partei Österreichs.
[1]

1889
Der zukünftige US-Präsident **Theodore Roosevelt** kämpft als Mitglied der U.S. Civil Service Commission gegen die Korruption.

[6] Jerome K. Jerome.

[1] Victor Adler, mit weißem Hut, umgeben von Anhängern der Sozialisten.

DAS MOULIN ROUGE

Das Pariser Tanzlokal erlangt durch das Cancan-Kabarett Weltberühmtheit.

Das Moulin Rouge (oben) wurde in einem der berüchtigten Pariser Rotlichtbezirke auf dem Boulevard de Clichy in Pigalle eröffnet. Vor allem war es ein Tanzlokal, dessen besondere Attraktion ein abendliches Kabarett mit einem Zwischenprogramm war, bei dem auf der Bühne Cancan getanzt wurde. Der Tanz hatte sich in der französischen Arbeiterklasse bereits durchgesetzt. Die Tänzerinnen des Moulin Rouge machten daraus aber ein erregendes und kontroverses Spektakel, bei dem sie ihre Röcke hoben und ihre Beine so hoch schmissen, dass dem Publikum der Blick auf ihre Unterröcke gewährt wurde.

Bald gehörte das Moulin Rouge zu den Hauptattraktionen der Stadt. Sein Ruf fußte auf Lüsternheit, und die Geschäftsleitung war ständig bemüht in den Schlagzeilen der Zeitungen zu bleiben. So wurde der Klub einer der ersten etablierten Orte, an dem Striptease geboten wurde. Das ursprüngliche Konzept war, dass eine Frau sich auszieht, weil sie nach einem nicht vorhandenen Floh auf ihrem Körper sucht.

Selbstverständlich löste dies bei manchen Bürgern Entsetzen aus. Die meisten aber waren beeindruckt. Viele Ausländer kamen eigens nach Paris, um einen Abend im Moulin Rouge zu verbringen. Über die Jahre sah der Spielplan ein größeres Unterhaltungsprogramm vor, und bald wollten dort alle Stars des Variétés und der Tanzlokale auftreten.

Die Welt des Moulin Rouge in den Anfangstagen wurde in der Grafik von Henri de Toulouse-Lautrec (1864-1901, siehe 1891) unsterblich gemacht. Das Theater ist immer noch eines der meistbesuchten Touristenziele. Selbst Besucher, die sich keine Show ansehen, kommen doch, um das Gebäude von außen zu betrachten, denn es gehört zu den charakteristischen Wahrzeichen von Paris.

[4]
1889
Der deutsche Komponist **Richard Strauss** dirigiert das Orchester der Weimarer Oper bei der Uraufführung seiner Tondichtung *Don Juan*. Diese Komposition war sein erstes bedeutendes Werk.

1889
Bertha Freifrau von Suttner veröffentlicht ihre Novelle *Die Waffen nieder!*

1889
Louis Glass aus San Francisco erfindet die **Jukebox**.

1889
Eines der ersten und berühmtesten Kabaretts, das **Moulin Rouge**, wird in Paris eröffnet. Später kommt das Kabarett auch nach Deutschland sowie in die USA und bietet Unterhaltung durch populäre Musik.

[5]
1889
Auf der Weltausstellung in Paris werden zwei Meisterwerke aus Gusseisen gezeigt: der über 300 Meter hohe **Eiffelturm** von Gustave Eiffel und das **Palais des Machines** von Ferdinand Dutert und Victor Contamin.

[6]
1889
Der britische Autor **Jerome K. Jerome** veröffentlicht *Drei Mann in einem Boot*, die humorvolle Erzählung eines Ruderausflugs auf der Themse. *Drei Mann auf einer Bummelfahrt* (1900) beschreibt eine Reise nach Deutschland.

1889
Hull House gehört zu den ersten sozialen Einrichtungen Nordamerikas und wird von Jane Addams und Ellen Gates Starr in Chicago gegründet. Es bietet den Einwohnern der Stadt eine Vielzahl an sozialen und bildenden Diensten. Jane Addams erhält 1931 den Friedensnobelpreis.

1889
Menilek von Shewa wird Kaiser von Äthiopien.

1889
Sir John Fowler und Sir Benjamin Baker stellen in Schottland den Bau an der Brücke **Forth Bridge** fertig.
[2]

1889
In das Demarest-Gebäude in der Innenstadt von Manhattan wird der **erste elektrische Fahrstuhl** der Welt eingebaut.
[3]

1889
Die erste **elektrische Straßenbahn Europas** beginnt den Dienst in Northfleet in der englischen Grafschaft Kent.

1889
In Chicago wird das **Jugendgericht** eingeführt. Seine Urheber halten es für sinnlos und ungerecht, Kinder für Missetaten zu bestrafen und ziehen die Rehabilitierung vor.

[4] Richard Strauss, das Bindeglied zwischen der Spätromantik und den frühen modernen Musikepochen.

[2] Über die Forth Bridge führt die Schienenstrecke von Edinburgh aus in den Norden über einen breiten Meeresarm zu dem Fluss Firth of Forth. Die Hängebrückenkonstruktion verleiht ihr enorme Stabilität. Ein Unglück wie das des Zusammenbruchs der Tay Bridge wollte man so vermeiden.

[5] Der Bau des Eiffelturms erreicht den zweiten Stock.

[3] Ein Fahrstuhl von Otis.

[7] Die Brüder Renshaw. Sie gewinnen das Wimbledon-Doppel sieben Mal. William erlangt sieben Titel im Einzel, Ernest einen.

[7]
1889
William Renshaw, dem zusammen mit seinem Bruder Ernest die Wandlung des Tennis zu einem Zuschauersport zugeschrieben wird, gewinnt in Wimbledon den Titel im Herren-Einzel zum siebten Mal.

1889
Yamagata Aritomo, japanischer Soldat und Politiker, wird der erste Premierminister Japans und regiert (1889-91 und 1898-1900) in parlamentarischer Regierungsform.

ca. 1889
Der US-amerikanische Astronom George Ellery Hale erfindet den **Spektroheliografen**, ein Gerät zur fotografischen Aufnahme von Bildern der Sonne mit genauen Wellenlängen. Später gründet er die Observatorien in Yerkes und auf dem Mount Wilson.

ca. 1889
Das **Vergoldete Zeitalter**, (Gilded Age) eine Epoche krassen Materialismus und unverhohlener politischer Korruption in den Vereinigten Staaten von Amerika, ebbt gegen Ende des 19. Jahrhunderts ab.

10. Januar 1889
Frankreich erklärt die **Elfenbeinküste** zum Protektorat.

11. Februar 1889
In Barcelona erfolgt die Fertigstellung des Gebäudes Palau Güell von **Antoni Gaudi**.

1889

6. März 1889
Der serbische König **Milan Obrenović IV.** dankt nach 21 Jahren ab.

22. April 1889
Ab 12 Uhr mittag ist es gemäß US-amerikanischer Regierungsverordnung weißen Siedler gestattet, indianisches Territorium zu betreten. Dies löst eine Landflucht Zehntausender in das darauf so benannte **Oklahoma Territory** aus.
[1]

1. Mai 1889
Erster Mai – traditionell die Feier der Rückkehr des Frühlings bei der um den Maibaum getanzt wird – wird erstmalig vom Internationalen Kongress der Sozialisten als Arbeiterfeiertag eingeführt.
[2]

31. Mai 1889
Die South-Fork-Talsperre des Flusses Conemaugh in Pennsylvania bricht nach heftigen Regenfällen. **Johnstown** wird von einer 9 Meter hohen Flutwelle getroffen. Die Wassermassen spülen die nördliche Hälfte der Stadt weg, töten 2209 Menschen und zerstören 1600 Häuser.
[3]

Juni 1889
Wealth von Andrew Carnegie erscheint in der Zeitung *North American Review*. Es beschreibt das **Evangelium des Reichtums**: Ein Mann, der große Reichtümer ansammelt, hat die Pflicht, die Menschheit durch Menschenliebe zu verbessern. Wer „reich stirbt, stirbt in Schande".

8. Juli 1889
John L. Sullivan schlägt Jake Kilrain in 75 Runden und verteidigt somit seinen Titel in der letzten Schwergewichtsmeisterschaft gemäß der Boxregeln **London Prize Ring Rules**.

1880–1889

[1] Die Wagenkolonne der Siedler erstreckt sich soweit das Auge sehen kann.

[3] Die Folgen der Überflutung von Johnstown. Ein entwurzelter Baum steckt in einem auf die Seite geworfenen Haus.

[4] Die Front des Savoy Hotel am Flussufer der Themse. Der Impressionist Claude Monet hält sich häufig zum Arbeiten in einem der Hotelzimmer auf. Er ist eifrig damit beschäftigt, die sich ständig ändernden Nebellandschaften und Lichtverhältnisse über dem Fluss festzuhalten.

[2] Der Tanz um den Maibaum in Oxford, New York, beweist die Wiederbelebung des Interesses an den alten Traditionen, die in Großbritannien und den USA mit dem Maifeiertag in Verbindung gebracht werden.

8. Juli 1889
Der Journalist Charles Henry Dow veröffentlicht die erste Ausgabe von **The Wall Street Journal**.

14. Juli 1889
Die **Zweite Sozialistische Internationale** wird in Paris von Delegierten aus 20 Ländern gebildet und überdauert bis ins Jahr 1916.

[4]
6. August 1889
Das luxuriöse **Savoy Hotel** unter der Geschäftsleitung von César Ritz wird in London eröffnet. Ritz eröffnet bald darauf das Ritz Hotel in Paris.

10. August 1889
Das **Naturhistorische Museum**, mit dessen Bau 1871 begonnen wurde, wird endlich in Wien eröffnet. Bis zum Jahresende verzeichnet es bereits 175 000 Besucher.

15. November 1889
Kaiser Peter II. von Brasilien wird von einer Gruppe Militäroffiziere unter der Leitung von Manuel Deodoro da Fonseca zur Abdankung gezwungen.

23. Dezember 1889
Die Fußballmannschaft **Real Club de Huelva** wird gegründet. Heute ist es der älteste Fußballverein Spaniens.

Der indische Fürst oder Nawab von Junagadh, ca. 1890.

1890

1890
Großbritannien tauscht mit Deutschland **Helgoland gegen Uganda** ein.

1890
Die **Baring's Bank** in der Londoner City geht bankrott.

1890
Eine Finanzkrise führt zu einer politischen Krise in **Argentinien**. Eine Revolte wegen der Untätigkeit von Präsident Miguel Juárez Celman führt zu dessen Amtsverzicht. Vizepräsident Carlos Pellegrini tritt daraufhin das Amt an.

1890
Italien gründet eine Kolonie in **Eritrea** an der Westküste des Roten Meers. Sie grenzt an Äthiopien.

1890
Der US-amerikanische Architekt Louis Sullivan vollendet die Arbeit am **Wainwright Building** in St. Louis im US-Bundesstaat Missouri.

1890
Der Bestand des amerikanischen **Bisons**, von dem es 1865 noch ungefähr 50 Millionen Tiere gab, wird auf weniger als eine Million reduziert. Grund dafür sind die Nachfrage nach Fleisch und Häuten sowie die Strategie der US-Armee, die „Lebensgrundlage der Indianer" zu zerstören. *[1]*

[1] Passagiere der Kansas-Pacific Railroad beim Sport-Schießen auf Bisons in den 1870er Jahren. Der Lokomotivführer hat den Zug absichtlich angehalten, um ihnen das Zielen zu erleichtern. Das ist Töten um des Tötens willen.

[5] Wilhelm II. mit Bismarck außerhalb seines Hauses in Friedrichsruhe. Ohne den zurückhaltenden Einfluss von Bismarck wird der Kaiser außerordentlich zur deutschen Kriegslust beitragen.

[7] Wilhelmina, erste Königin der Niederlande.

[4] Der kunstvoll gestaltete Eingang zum New Scotland Yard, entworfen im extravaganten Neobarock-Stil von Richard Norman Shaw. Dies ist weit von Shaws Version des „Königin Anne Stils" entfernt, mit dem er sich in der Architektur einen Namen gemacht hatte.

[4]
1890
Das Hauptquartier von Londons Polizei, der Metropolitan Police, wird in ein neues Gebäude am **Scotland Yard** verlegt. Es liegt am Themseufer am Victoria Embankment in der Nähe der Houses of Parliament.

1890
Der norwegische Dramatiker Henrik Ibsen vollendet sein verwirrendes, einzigartig satirisches Schauspiel **Hedda Gabler**.

[5]
1890
Otto von **Bismarck** tritt als Premierminister Preußens zurück.

[6]
1890
Eine postume Sammlung der Gedichte von **Emily Dickinson**, die von Mabel Loomis Todd und T. W. Higginson editiert wurde, wird veröffentlicht. Das Unterfangen, die 1775 Gedichte von Dickinson zu veröffentlichen, setzt sich bis 1955 fort.

1890
Die erste vollständige Aufführung der Oper **Les Troyens** von Hector Berlioz findet in Karlsruhe 21 Jahre nach seinem Tod statt.

[7]
1890
König Wilhelm III. der Niederlande stirbt ohne einen männlichen Erben. Deshalb wird ein spezielles Gesetz verabschiedet, das es seiner Tochter **Wilhelmina** erlaubt, Königin zu werden.

1890
Der niederländische Geologe Eugene Dubois entdeckt Knochenfragmente eines **vorgeschichtlichen menschlichen Vorfahrens** auf der Insel Java. Er nennt das Wesen „aufrechter Affenmensch", da es ein Zwischenglied in der Evolution unserer affenartigen Vorfahren ist.

1890
Der deutsche Bakteriologe Emil von Behring entwickelt die erste Schutzimpfung gegen **Diphtherie**. Im nächsten Jahr wird er für seine neue Methode, Diphtherie mit einer Serum-Therapie zu behandeln, den Nobelpreis erhalten.

1890
Die Bakteriologen Emil von Behring (Deutschland) und Kitasato Shibasaburo (Japan) geben bekannt, dass das Blutserum von Tieren, die man dem **Tetanus-Bazillus** ausgesetzt hat, die Eigenschaften eines Gegengifts hat.

1890
Herman Hollerith erfindet eine Karten-Tabellarisierungsmaschine, um die amerikanische Volkszählung von 1890 durchzuführen. Seine Tabulating Machine Company wird sich 1924 mit der Computing-Tabulating-Recording Company verbinden, um IBM zu bilden.
$ *[2]*

1890
Die **Gibson-Girl**-Zeichnungen des Illustrators Charles Dana Gibson erscheinen zum ersten Mal in der Zeitschrift *Life*. Skizziert nach seiner Frau, wird das Gibson-Girl beginnen, das amerikanische Ideal der Fraulichkeit am Ende des Jahrhunderts zu prägen.
[3]

1890
John J. McLaughlin beginnt, sein Ginger-Ale mit dem Namen **Canada Dry** in einem Werk in Toronto herzustellen. Er vermarktet es als Mischgetränk für Saft und andere schmackhafte Getränke.
$

[8] Die Turmspitze des Ulmer Münsters.

[2] Die Hollerithmaschine mit Tabelliermaschine und Lochkartensortierer. Sie „liest" Lochkarten, indem sie diese über elektrische Kontakte führt. Geschlossene Stromkreise, die durch Loch-Positionen bestimmt werden, können dann ausgewählt und gezählt werden.

[3] Zwei typische Gibson-Girls ziehen bewundernde Blicke in London an.

[6] Ein Detail einer Daguerreotypie von Emily Dickinson aus dem Jahr 1848, das einzige bekannte Bild dieser äußerst zurückgezogen lebenden Dichterin. Zur Zeit ihres Todes 1886 waren nur sieben ihrer Gedichte veröffentlicht worden. Das stark eingreifende und unsensible Redigieren ihrer Texte wird die volle Anerkennung ihrer Originalität verzögern.

[9] Ein Mormonen-Ehemann mit seinen Frauen und Kindern.

[8]
1890
Die Arbeiten am **Ulmer Münster**, die 1377 begonnen worden waren, werden vollendet. Seine Turmspitze ist die höchste der Welt.

[9]
1890
Das Mormonentum verbietet offiziell die Praxis der **Polygamie**.

$
1890
Der **Sherman Antitrust Act** wird zum Gesetz. Es ist die erste durch den US-Kongress verordnete Gesetzgebung, die Machtkonzentrationen, die den Handel stören und die wirtschaftliche Konkurrenz reduzieren, verhindern soll.

1890
Der US-Bundesstaat Mississippi beginnt, **Maßnahmen zu verordnen, um das Wahlrecht für Afroamerikaner einzuschränken**. Diese Maßnahmen beinhalten eine Kopfsteuer, Tests der Lese- und Schreibkundigkeit und eine Großvater-Klausel.

1890
Die **University of Chicago** wird gegründet. Sie wird eine der führenden Forschungseinrichtungen der Welt werden.

1890
Die Depression von **Vincent van Gogh** wird schwerer. Er geht in die Felder in der Nähe von Auvers-sur-Oise und schießt sich in die Brust. Er kommt zu seinem Gasthof zurück und stirbt dort zwei Tage später.

1890-1891

1890
Hauptsächlich durch die Bemühungen des Naturforschers John Muir wird das Gebiet **Yosemite** in Kaliforniens Sierra Nevada zum Nationalpark ernannt.
[1]

1890
Der US-amerikanische Journalist Jacob Riis veröffentlicht **How the Other Half Lives** (Wie die andere Hälfte lebt), einen beeindruckenden Foto-Bericht über das Leben der Bewohner von Armenvierteln.
[2]

1890
William Stewart Halsted führt den Gebrauch von **Gummihandschuhen** in der Chirurgie am Johns Hopkins Krankenhaus in Baltimore, US-Bundesstaat Maryland, ein.

1890
Die Kurzoper des 21-jährigen Pietro Mascagni, **Cavalleria rusticana**, wird uraufgeführt. Geschrieben als Wettbewerbsbeitrag, wird dieses erste Beispiel des Verismus normalerweise mit *I Pagliacci* von Leoncavallo aufgeführt (siehe 1892).

ca. 1890
Der US-amerikanische Erfinder Thomas A. Edison und seine französischen Pendants, Auguste und Louis Lumière, führen die ersten **Filme** ein.
[3]

ca. 1890
Mitten in einer kontroversen Diskussion beginnen viele Gebiete in den Vereinigten Staaten, Gesetze zu erlassen, um sicherzustellen, dass **Milch pasteurisiert wird**.

[1] William Henry Jackson fotografiert die Yosemite-Wasserfälle vom Glacier Point.

[2] Eine der Fotografien von Jacob Riis zeigt eine italienische Lumpensammlerin, die ihr Baby hält.

[3] Die „Black Maria" von Edison, das erste Film-Studio. Es wurde neben seinem Laboratorium erbaut.

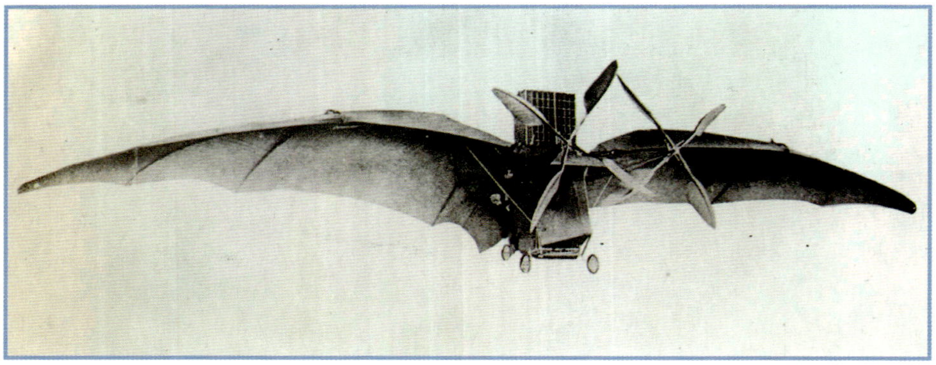

[7] Ein später von Ader erbautes Flugzeug, die „Avion III". Die Entwicklung wird durch das französische Kriegsministerium unterstützt, bis es sich als unbrauchbar erweist.

[6] Leo von Caprivi, ein preußischer General, der früher für die deutsche Admiralität verantwortlich war. Durch seine Politik der außenpolitischen Entspannung und innenpolitischen Kompromisse anstelle der Bismarckschen Konfrontationspolitik verschafft er sich bald Feinde unter den Protektionisten und Nationalisten.

ca. 1890
Der **Blues** entwickelt sich im tiefen Süden der USA. Das Genre hat einen riesigen Einfluss auf die populäre Musik im 20. Jahrhundert, besonders in den Vereinigten Staaten und in England.

[6]
20. März 1890
Leo von Caprivi, ein angesehener Soldat, wird Reichskanzler Deutschlands (1890-94).

20. Juni 1890
Der einzige Roman von Oscar Wilde, **Das Bildnis des Dorian Gray**, wird in den USA in *Lippincott's Monthly Magazine* veröffentlicht.

27. Juni 1890
Der in Kanada geborene US-amerikanische Boxer **George Dixon** wird der erste farbige Mann, der einen Weltmeistertitel im Boxen erringt. Er schlägt Nunc Wallace aus England in der 18. Runde eines Bantamgewicht-Titelkampfs k.o.

6. August 1890
Im Auburn Staatsgefängnis in New York wird William Kemmler als erster Gefangener durch **Tötung durch Stromschlag** zu Tode gebracht. Gemäß den Ärzten von Kemmler wird die Ausführung verpfuscht, und der Körper wird „stark verkohlt".

[7]
9. Oktober 1890
Dem Franzosen **Clément Ader** gelingt der erste Flug mit Selbstantrieb in der Geschichte. Er fliegt 50 Meter in seinem Flugzeug *Eole III*. Es hatte Flügel wie eine Fledermaus und eine kleine Dampfmaschine, um seinen Propeller anzutreiben.

ca. 1890
Deutschland beginnt einen schnellen Fortschritt ins **Industriezeitalter**. Das Land wird eine Verdoppelung der Zahl von Arbeitern im Maschinenbau sowie eine enorme Steigerung der Anzahl von Fabriken in Berlin und an der Ruhr erleben.
$ [4]

ca. 1890
Nach der Abdankung Bismarcks werden die deutschen **Sozialistengesetze** durch den Reichstag nicht erneuert.

ca. 1890
Der **Baumwoll-Kapselkäfer**, ein Baumwollschädling, fällt in die Vereinigten Staaten ein und wird eine Geißel für Baumwollpflanzer im Süden. Es wird geschätzt, dass zwischen drei Millionen und fünf Millionen Ballen Baumwolle jährlich von diesem Schädling zerstört werden.
$ [5]

ca. 1890
Der **erste unterirdische elektrische Zug** verkehrt in London von der King William Street in der City nach Stockwell, südlich der Themse. Die Strecke ist jetzt ein Teil der Londoner U-Bahn-Linie Northern Line.

ca. 1890
In den australischen Bundesstaaten New South Wales und Queensland steigt die **Anzahl der Gewerkschaften** stark an. Dasselbe geschieht auch in vielen anderen Ländern einschließlich der Vereinigten Staaten, Großbritanniens und Russlands.
$

ca. 1890
Der **Two-Step**, ein populärer Ballsaal-Tanz, kommt in den Vereinigten Staaten in Mode und ersetzt ältere Tänze wie die Polka und den Galopp.

[4] Deutsche Fabrikarbeiterinnen sortieren Bernstein, der an den Stränden der Baltischen Küste gesammelt wurde. Danach werden die Steine zu Schmucksachen verarbeitet.

[5] Beim Baumwollpflücken nahe Savannah im US-Bundesstaat Georgia.

WOUNDED KNEE

Massaker an nordamerikanischen Indianern

In einem Versuch, den harten Bedingungen ihrer Reservation in Pine Ridge zu entkommen, begannen die Teton-Sioux mit dem Geistertanz. Sie glaubten, dass dieser Ritus die Weißen verschwinden lassen würde. Die US-Armee unterwarf die Geistertanzbewegung, und der Häuptling Sitting Bull (links) wurde bei seiner Gefangennahme getötet (am 15. Dezember). Einige hundert Sioux versteckten sich in den Badlands, ergaben sich aber nahe dem Wounded Knee Creek in der Nacht des 28. Dezembers. Am nächsten Morgen, während einige der Indianer um ein Gewehr kämpften, wurde ein Schuss auf die US-Trooper abgefeuert, von denen einer fiel. Die Soldaten erwiderten das Feuer aus nächster Nähe mit Maschinengewehren und metzelten die schlecht bewaffneten Indianer nieder. Fliehende Indianer wurden verfolgt und noch Meilen vom Lager entfernt getötet. 144 wurden in einem Massengrab (unten) begraben. Ungefähr 30 Soldaten starben.

15. Dezember 1890
Der Häuptling der Teton-Sioux-Indianer, **Sitting Bull**, wird von US-amerikanischen Truppen am Great River im US-Bundesstaat South Dakota getötet.

29. Dezember 1890
Mehr als 200 Männer, Frauen und Kinder vom Stamm der Sioux werden von US-amerikanischen Truppen in einem Kampf am **Wounded Knee** niedergemetzelt. Dieses Ereignis schließt die Unterwerfung der nordamerikanischen Indianer ab.

1891
Ein massiver Goldrausch beginnt in Cripple Creek auf dem Hang des **Pikes Peak** im US-Bundesstaat Colorado. Die winzige Ansiedlung wird zu einer Goldgräberstadt und schnell eines der größten Goldfördergebiete in der Welt werden.

1891
Eine Präsidentendeklaration öffnet weitere 360 000 Hektar Indianerland im **Oklahoma-Territorium** für weiße Kolonisten.

$
1891
Ein in Großbritannien verabschiedetes Gesetz zum Gesundheitswesen verlangt, dass Metzger öffentlich auflisten, wie viel **verdorbenes Fleisch** sie an ihre Kunden verkauft haben.

1891
An der International YMCA Training School in Springfield, US-Bundesstaat Massachusetts, erfindet der Sportlehrer James Naismith das Spiel **Basketball**.

1891

1891
Charles Cruft präsentiert die erste Hunde-Show unter seinem Namen in London. Die Shows werden jährlich abgehalten, nach 1948 unter der Schirmherrschaft des Kennel Club. [1]

1891
Der niederländische Soldat und Anthropologe Eugène Dubois ist der Erste, der gezielt nach den Überresten früher Menschen sucht. Er nennt seinen Fund Pithecanthropus erectus oder **Java-Mensch**, heute klassifiziert als Homo erectus.

1891
Fabrikarbeiter in Deutschland erstreiten das Recht, mit ihren Arbeitgebern Verträge auszuhandeln.

1891
Der französische Maler **Claude Monet** erzeugt mehrfache Studien desselben Motivs in Serien. Diese Serien werden oft in Gruppen ausgestellt, zum Beispiel seine Serie von Heuschobern (1891) und von der Kathedrale von Rouen (1894). [2]

1891
Der französische Maler **Paul Gauguin** siedelt nach Tahiti über. Dort malt er pazifische Szenen in einem vereinfachenden, leuchtende Farben verwendenden Stil, den er in Frankreich entwickelte. [3]

1891
Henri de Toulouse-Lautrec erschafft sein erstes Werbeplakat, *Moulin Rouge – La Goulue*. Es ist eines von 30, die das schillernde Leben in den Cafés und Kabaretts sowie der Unterhaltungskünstler und Künstler im Pariser Stadtviertel Montmartre dokumentieren. [4]

[1] Teilnehmer an Crufts Hunde-Show in einer Warteschlange draußen mit ihren Eigentümern in den 1900er Jahren. Die Cross-Schwestern links sind wegen ihrer Pekinesen berühmt.

[4] Henri de Toulouse-Lautrec mit Tremolada, dem Besitzer des „Moulin Rouge“, vor einer Plakatwerbung für dieses Tanzlokal und Kabarett.

[2] Claude Monet in den 1880er Jahren.

[3] Paul Gauguin vor einem seiner Bilder aus Tahiti.

[7] Eine der Illustrationen von Hubert Herkomer für „Tess“.

1891
Der englische Arzt George Redmayne Murray behandelt erfolgreich Myxödeme (die Standardform der **Hypothyreose** = Schilddrüsenunterfunktion) mit einem Extrakt der Schilddrüse.

1891
Die **Rolltreppe** wird vom New Yorker Erfinder Jesse W. Reno entworfen, der seine Erfindung als ein „endloses Förderband“ bezeichnet.

1891
Die erste **Cafeteria** (Selbstbedienungsrestaurant) wird im YWCA in Kansas City, US-Bundesstaat Missouri, gegründet, um preisgünstige Mahlzeiten für arbeitende Frauen zur Verfügung zu stellen.

1891
Thomas A. Edison und William K.L. Dickson erfinden die **Filmkamera**.

[7]
1891
Thomas Hardy veröffentlicht seinen Roman **Tess von den d'Urbervilles: Eine reine Frau**, in dem er durch seine mitleidsvolle Beschreibung einer Heldin, die durch den Sohn ihres Arbeitgebers verführt wird, die sexuellen Sitten der Gesellschaft in Frage stellt.

1891
Das **Skansen**, ein Freilichtmuseum mit Zoo, wird in Stockholm eröffnet. Es präsentiert die Lebensweise in Schweden vor dem Industriezeitalter.

1891
Nikola Pasic wird Premierminister **Serbiens**. Im 20. Jahrhundert wird er einer der Gründer Jugoslawiens werden.

1891
Papst Leo XIII. gibt die Enzyklika **Rerum Novarum** heraus, in der er die Arbeitgeber dazu auffordert, die Lebensbedingungen ihrer Arbeiter zu verbessern.

1891
Altersrenten werden, zum ersten Mal überhaupt, in Deutschland eingeführt.

1891
Der schottische Arzt **Leander Starr Jameson** wird Verwalter der Territorien der British South Africa Company.
[5]

1891
Die **American Express** Company beginnt mit dem Inverkehrbringen ihrer Reiseschecks, die einen Reisenden gegen Diebstahl oder Verlust schützen.
[6]

1891
Das Chicago Orchestra, später umbenannt in **Chicago Symphony Orchestra**, wird vom deutsch-amerikanischen Dirigenten Theodore Thomas gegründet.

[5] Leander Starr Jameson, das Instrument der Expansionsbestrebungen von Cecil Rhodes in Afrika.

[9] Eine Einwandererfamilie aus Osteuropa erreicht gerade Ellis Island. Der Vater ist vielleicht vor ihnen angekommen, um einen Job zu bekommen und einen Platz zum Wohnen für sie zu finden.

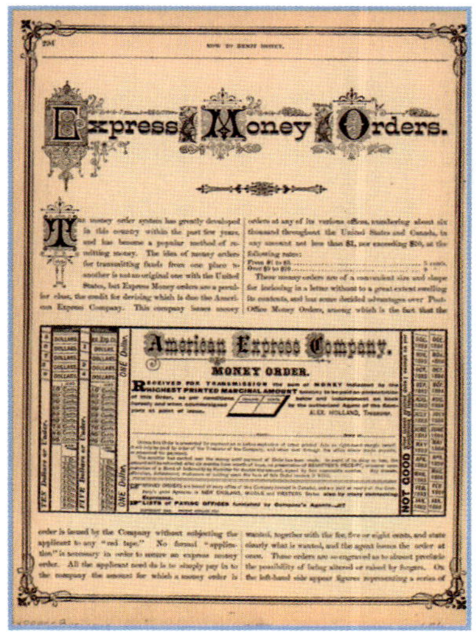

[6] Eine frühe American-Express-Geldanweisung.

[8] Walter Camp, „Vater des American Footballs".

[10] Eine Straßenszene in Chile.

[8]
1891
Der Footballtrainer der Yale Universität, **Walter Camp**, schreibt das erste Buch über den Sport. Er führt Regeländerungen ein und erklärt die Unterschiede zwischen Rugby und American Football.

ca. 1891
Wegen einer Missernte droht vielen **Russen der Hungertod**. Ländliche Bauern verüben Nahrungsmittelüberfälle in Städten. Der US-amerikanische Präsident William Henry Harrison reagiert auf die Notlage, indem er Mehl nach Russland schickt.

[9]
ca. 1891
Die **Einwanderungswelle** in die Vereinigten Staaten setzt sich in großem Umfang fort. Frühere Einwanderer waren hauptsächlich aus Nord- und Westeuropa gekommen. Jetzt stammen sie aus Süd- und Osteuropa sowie dem Nahen Osten.

ca. 1891
Die **Carl-Zeiss-Stiftung** (siehe 1888) erhält viele Aktienanteile vom Gründer der Stiftung, Carl Zeiss, und dessen Sohn.

ca. 1891
Extreme deutsche Nationalisten gründen aus Empörung über den Austausch Sansibars gegen Helgoland, den Kanzler von Caprivi mit Großbritannien durchgeführt hatte, den **Alldeutschen Verband**.

[10]
ca. 1891
Nachdem sich die Industrie stark ausgebreitet hat und die Anzahl der Arbeiterklasse angewachsen ist, beginnen in **Chile** Streiks in Fabriken, Salpeter-Gruben und öffentlichen Einrichtungen.

1891-1892

20. Januar 1891
König David Kalakaua von den **Hawaii-Inseln** stirbt. Ihm folgt seine Schwester, Königin Liliuokalani, nach.
[1]

31. Januar 1891
Ein **republikanischer Aufstand**, der letztendlich 1910 zur Gründung einer Republik führen wird, bricht in Oporto (Portugal) aus.

März 1891
Der zukünftige Zar **Nikolaus II.** und seine Frau Alexandra sind bei der Zeremonie anwesend, bei der das fernöstliche Segment der Transsibirischen Eisenbahn begonnen wird.
$ [2]

Mai 1891
Die **Carnegie Hall**, an der Seventh Avenue, Ecke 57. Straße in New York City gelegen, beginnt ihren Spielbetrieb. Pjotr Iljitsch Tschaikowski ist der Gast-Dirigent während der Eröffnungswoche.
[3]

1. Mai 1891
Zwei Menschen sterben und mehrere werden verletzt, als **Truppen auf streikende Arbeiter** bei der Sans-Pareille-Fabrik in Fourmies, Frankreich **schießen**.
$

28. September 1891
Der amerikanische Autor **Herman Melville** stirbt in New York City in Vergessenheit. Am Ende der 1840er Jahre war er unter den berühmtesten US-amerikanischen Schriftstellern gewesen, doch jetzt ruft sein Tod keine einzige Todesanzeige hervor.
[4]

[1] König David Kalakaua von den Hawaii-Inseln, früher die Sandwich-Inseln.

[3] Die Carnegie Hall, eine der Früchte der Philanthropie von Andrew Carnegie.

[4] Herman Melville. Viele seiner Tagebücher sowie der unbeendete Roman „Billy Budd“ werden nach seinem Tod veröffentlicht.

[2] Die Transsibirische Eisenbahn im Bau.

[8] Sir Arthur Conan Doyle und seine erste Frau auf ihrem „Rad für Zwei“.

1892
Der britische Chemiker und Physiker James Dewar verwendet doppelwandige Vakuumbehälter für die Lagerung von flüssigen Gasen bei niedrigen Temperaturen. Nach dem Prinzip wird die **Thermoskanne** entwickelt werden.

$
1892
Der Chicagoer Unternehmer William Wrigley Jr. beginnt, **Kaugummi** zu verkaufen.

1892
Ellis Island wird zur Haupteinwanderungsstelle in die Vereinigten Staaten. Während der nächsten drei Jahrzehnte werden ungefähr 17 Millionen Einwanderer ihre Tore durchschreiten.

1892
Der englische Unternehmer Marcus Samuel gründet **Shell Oil**, später Royal Dutch/Shell, und beendet damit das Monopol von Standard Oil im Fernen Osten.

1892
Der englische Gelehrte H.A. Giles veröffentlicht sein **Chinesisch-englisches Wörterbuch**, das sein Wade-Giles-System für die Transkription von chinesischen Sprachen in lateinische Schrift einführt.

[8]
1892
Der englische Songschreiber Harry Dacre hat großen Erfolg mit dem Lied **Daisy Bell (Ein Rad gebaut für Zwei)**.

18. Oktober 1891
„Plugger Bill" Martin gewinnt im New Yorker Madison Square Garden das erste internationale **Sechstagerennen**.

1892
Die **Deutsche Friedengesellschaft** wird gegründet. Sie besteht noch heute.

1892
Die afroamerikanische Journalistin Ida B. Wells-Barnett beginnt ihre Kampagne gegen das **Lynchen**. Ihre Zeitungsbüros werden in Brand gesteckt, und sie wird aus Memphis vertrieben.
[5]

1892
Die US-amerikanische feministische Schriftstellerin Charlotte Perkins Gilman schreibt ihre berüchtigte Novelle über den „Nebel" einer Wochenbettdepression und über die Hilflosigkeit, **The Yellow Wallpaper** (Die gelbe Tapete).
[6]

1892
Die US-Amerikanerin **Mary Cassatt** malt *La Toilette* (Das Bad). Beeinflusst von japanischen Drucken, beschwört es die Intimität der Mutter und des Kindes in einem kontrastarmen, kühnen Stil herauf.
[7]

1892
Bernhard Laurits Frederik Bang, ein dänischer Tierarzt, entdeckt einen Weg, um Milchviehherden von der **Tuberkulose** zu heilen.

[7] „La Toilette" von Mary Cassatt. Sie wurde von Degas gebeten, ihre Arbeiten zusammen mit denen der Impressionisten auszustellen, was sie von 1879 bis 1886 tat. Sie fungierte zudem als deren Botschafterin in den USA.

[5] Ida Wells-Barnett. Ihre Leitartikel, die in ihrer Zeitung, der „Memphis Free Speech", erscheinen, führen dazu, dass ihre Büros niedergebrannt werden.

[6] Charlotte Perkins Gilman. Sie verarbeitet in ihrer Geschichte ihre Erfahrungen eines Nervenzusammenbruchs während ihrer ersten Ehe.

[10] Gottlieb Daimler. Sein Vergaser folgt auf sein „Kraftfahrzeug" und Motorrad von 1886.

[9] Eines der von Panhard und Levassor gebauten Automobile mit Frontmotor wird in England ausgestellt.

1892
Der deutsche Dramatiker **Gerhart Hauptmann** veröffentlicht *Die Weber*. Sein Thema ist ein Aufstand unter den Webern seiner Heimat Schlesien.

1892
Frank Lloyd Wright unterstützt Louis Sullivan beim Entwurf des Charnley-Haus in Chicago. Allgemein wird angenommen, dass dies eines der frühsten Häuser von Wright ist.

[9]
1892
Die französischen Ingenieure René Panhard und Émile Levassor beginnen, ihre Erfindung zu verkaufen: das erste Fahrzeug mit einem **Verbrennungsmotor**, der **vorne am Fahrgestell** und nicht unter dem Fahrersitz angebracht ist.

1892
Der französische Oberst Alfred-Amédée Dodds vereitelt Aufstände von Eingeborenen im westlichen Afrika in **Dahomey**. Er begründet in diesem Gebiet ein französisches Protektorat.

[10]
1892
Der deutsche Ingenieur Gottlieb Daimler erfindet einen **Vergaser,** der verdunsteten Brennstoff mit Luft mischt, um ein brennbares Gas zu erzeugen.

1892
In Italien wird das **Mindestalter, mit dem ein Mädchen gesetzlich heiraten kann,** auf zwölf angehoben.

1892-1893

1892
In **Südafrika** beginnen die ersten Züge zwischen Johannesburg und Kapstadt zu verkehren.

1892
Im ersten Meisterschaftskampf mit gepolsterten Handschuhen und nach den Regeln des Marquis von **Queensberry** besiegt Jim Corbett Meister John L. Sullivan und erringt die Schwergewichtskrone.
[1]

1892
Der Schmied John Froehlich aus dem US-Bundesstaat Iowa baut das erste durch einen Benzinmotor angetriebene landwirtschaftliche Fahrzeug. Serienmäßig hergestellte **Benzintraktoren** signalisieren den Anfang der Landwirtschaft mit fossilen Brennstoffen.
[2]

1892
Die Währung in Österreich-Ungarn wird vom Gulden auf die **Krone** umgestellt.

1892
Der **Telemarkkanal** in Norwegen wird nach fünf Jahren Arbeit beendet. Seine 18 Schleusen heben und senken die Schiffe um insgesamt 72 Höhenmeter.

1892
Friedrich Wilhelm, der deutsche Kronprinz, wird im Alter von zehn Jahren in das Garderegiment aufgenommen.
[3]

[2] Ein früher Benzintraktor, der eine Ladung gebündelten Weizen zieht.

[7] Die Schauspielerin Lily Hanbury, die die Rolle der Lady Windermere prägte. Die Fotografie von 1895 zeigt sie im Zigeunerkostüm.

[1] Ein Werbeplakat für den Corbett-Sullivan-Kampf.

[6] Eine Karikatur des ägyptischen Khediven, Mohammed Tawfiq.

[9] Eine der Banken, welche die Daltons ins Visier genommen hatten.

ca. 1892
Die letzte größere **Cholera**-Epidemie in Europa bricht in Hamburg aus. Mehr als 8000 Menschen sterben. Die Krankheit wird dann von deutschen Passagieren an Bord des Schiffes *Moravia* nach Amerika eingeschleppt.

[6]
7. Januar 1892
Der Khedive (Vizekönig) von **Ägypten** Mohammed Tawfiq Pascha stirbt, nachdem er zwölf Jahre lang als machtloser Herrscher unter der britischen Besatzung regiert hat.

[7]
22. Februar 1892
Das erste Schauspiel von **Oscar Wilde,** *Lady Windermeres Fächer*, wird in London uraufgeführt. Die Rolle der Lady Windermere wird von der Schauspielerin Lily Hanbury gespielt.

[8]
21. Mai 1892
Die Oper von Ruggero Leoncavallo **I Pagliacci** wird zum ersten Mal gespielt, dirigiert von Arturo Toscanini.

[9]
5. Oktober 1892
Die berüchtigte **Dalton-Bande** wird von lokalen Stadtbewohnern in ein tödliches Feuergefecht verwickelt, als sie versucht, zwei Banken in Coffeyville, Kansas, auszurauben. Drei der vier Mitglieder der Bande werden getötet.

14. Oktober 1892
Die Kurzgeschichtensammlung *Die Abenteuer des Sherlock Holmes* von **Arthur Conan Doyle** wird veröffentlicht. Sie besteht aus den ersten zwölf Geschichten über seinen berühmten Detektiv.

1892
Rudolf Diesel aus Deutschland erhält ein Patent für einen effizienten Schweröl-Motor. Der **Dieselmotor** wird schließlich zahlreich in Lastwagen und Lokomotiven verwendet.

1892
Die **Coca-Cola Company** wird gegründet. Bis zum Ende des 20. Jahrhunderts ist ihr süßes, kohlensäurehaltiges Getränk eines der Erfolgsgetränke in der Welt und eine kulturelle Einrichtung in den Vereinigten Staaten.
[4]

1892
Die **General Electric Company** wird durch die Fusion von Edison General Electric und Thomson-Houston geschaffen.
[5]

1892
Die **Heinävesi Kirche**, die größte Holzkirche Finnlands, wird eingeweiht. Sie wurde von Josef Stenbäck entworfen.

1892
Die Reformierten Kirchen der **Niederlande** (NGK) werden durch eine Fusion der Christlichen Reformierten Kirche (CGK) und einer Gruppe von Reformierten Kirchen (GKV), die Anhänger von Abraham Kuyper, einem niederländischen Theologen und Staatsmann sind, gebildet.

1892
Der deutsche Chemiker Rudolf Rempel erfindet eine spezielle Glasart für die Konservierung von Speisen. Daraus gemachte Gefäße werden von Johann Carl **Weck** produziert und verbreiten sich schnell in Deutschland.

[4] Ein frühes Coca-Cola-Werbemittel: ein Lesezeichen, das die amerikanische Opernsängerin Lillian Nordica zeigt.

[5] Eine künstlerische Darstellung des Geistes der Elektrizität. Genau so, wie Dampf und Eisen von zentraler Bedeutung für die erste industrielle Revolution waren, sind Elektrizität, Stahl und Chemikalien die Zutaten der zweiten.

[8] Enrico Caruso, der berühmte Tenor, in der Rolle des Cano in „I Pagliacci".

[3] Der junge Kronprinz spricht mit Offizieren des Garderegiments.

[10] Das erste Riesenrad auf der Weltausstellung in Chicago.

8. November 1892
Die **Bombe eines Anarchisten** tötet sechs Menschen in einem Polizeirevier in der Avenue de l'Opera, Paris.

17. Dezember 1892
Das Ballett **Der Nussknacker** von Pjotr Iljitsch Tschaikowski wird zum ersten Mal am Mariinski Theater in St. Petersburg aufgeführt.

27. Dezember 1892
Der Grundstein für die Protestantische Episkopalkathedrale **St. John the Divine** wird im oberen Manhattan (New York) gelegt.

1893
Die **2nd Irish Home Rule Bill** (ein Gesetz, das u.a. ein gesamtirisches Parlament vorsah) von William E. Gladstone wird abgelehnt.

[10]
1893
Eine Erfindung von George Washington Gale Ferris, das erste **Riesenrad** der Welt, öffnet seine Tore zur Halbzeit der Weltausstellung in Chicago. Das Rad misst über 46 m im Durchmesser und hat 36 Kabinen, die jeweils 40 Menschen Platz bieten.

1893
Patty Smith Hill und Mildred Hill schreiben gemeinsam *Song Stories for the Kindergarten*, eine Liedersammlung. Sie enthält den Titel *Good Morning to All*, dessen Melodie für das Lied **Happy Birthday** benutzt werden wird.

1893

1893
Die **Weltausstellung wird in Chicago abgehalten**. Die Designer, angeführt von Daniel Burnham, führen den Neoklassizismus als den dominierenden Stil für die amerikanische öffentliche Architektur ein.
[1]

1893
Die Belgier Henry van de Velde und Victor Horta bringen den **Jugendstil** hervor, der auf anmutige, organische Formen begründet ist.
[2]

1893
Die **Elfenbeinküste** (Côte d'Ivoire) wird als eine französische Kolonie in Afrika gegründet.

1893
Die englische Reisende und Naturforscherin **Mary Kingsley** erforscht, die Konventionen ihrer Zeit ignorierend, das westliche Afrika. Auf ihrer Reise sammelt sie Käfer und Süßwasserfische für das British Museum.
[3]

1893
Frankreich baut eine Kolonialmacht in Südostasien auf und errichtet in **Laos** ein Protektorat. Bis 1895 wird das Land völlig unter französische Kontrolle gebracht.

1893
Französisch-Guayana wird als eine französische Kolonie in Südamerika gegründet.

[3] Mary Kingsley, die Nichte von Charles Kingsley. Bei der Beschreibung eines Sturzes in eine mit angespitzen Pfählen bestückte Tierfalle im afrikanischen Dschungel schreibt sie von „dem Segen eines guten dicken Rocks". Sie wird als Krankenschwester für gefangene Buren 1900 in Südafrika an Typhus sterben.

[1] Besucher auf der Weltausstellung in Chicago.

[5] Eugene Sandow, der eine der Attraktionen auf der Weltausstellung in Chicago ist.

[6] Die rund 76 m hohen Wände des Kanals von Korinth.

[5]
1893
Der US-Amerikaner **Florenz Ziegfeld** beginnt seine Showbusiness-Karriere als Manager des Kraftsportlers Eugene Sandow. Er wird die Theaterrevue zu sensationellen Höhen bringen.

1893
Manon Lescaut, eine Oper von Giacomo Puccini, wird uraufgeführt. Sie ist seine früheste Oper, die im Repertoire überlebt. Puccini verarbeitet dieselbe Geschichte wie Massenet für seine *Manon* von 1884: einen Roman von Abbé Prevost von 1731.

[6]
1893
Der **Kanal von Korinth** wird eröffnet. Er verbindet den Golf von Korinth mit dem Saronischen Golf. Dieser knapp 5,9 km lange Tiefwasser-Kanal war schon von Kaiser Nero im ersten Jahrhundert n. Chr. angedacht worden.

1893
Der erste **elektrische Toaster** wird in England von der Crompton Company entwickelt. Charles P. Strite, ein Angestellter einer Produktionsanlage in Minnesota, patentiert den Pop-Up-Toaster (der „Toastmaster") 1921.

1893
Die ersten **Ansichtskarten** werden auf der Weltausstellung in Chicago ausgegeben und werden zu einem Preis von einem Cent verkauft.

1893
Die **Independent Labour Party** formiert sich in Großbritannien. 1906 wird sie den Namen Labour Party annehmen und eine der beiden politischen Hauptparteien Großbritanniens werden.

1893
Der deutschstämmige US-amerikanische Ingenieur Charles Steinmetz legt dem Internationalen Elektrischen Kongress eine Berechnungsmethode vor. Sie wird es Ingenieuren erlauben, Apparate, die mit **elektrischem Wechselstrom** betrieben werden, theoretisch zu entwickeln.

1893
Die **Karelia Suite** von Jean Sibelius wird aus mehreren Stücken zusammengesetzt, die der finnische Komponist 1893 schrieb.

1893
Lillian D. Wald und Mary M. Brewster gründen das Henry Street Settlement House an Manhattans Lower East Side. Es wird das Stammhaus der ersten **Gemeindeschwestern**-Organisation werden.

1893
Neuseeland ist die erste Nation, die Frauen das Wahlrecht gewährt.

1893
Der norwegische Forscher **Fridtjof Nansen** sticht mit der *Fram* in See, um sich im Packeis über das polare Tiefseebecken treiben zu lassen. 1895 verlässt er das Schiff, um per Schlitten weiter nach Norden vorzudringen als alle Forscher vor ihm, und kehrt dann nach Norwegen zurück. *[4]*

1893
Der norwegische Expressionist **Edvard Munch** malt sein faszinierendstes Bild, *Der Schrei*, der in einer abstrahierten Landschaft widerhallt.

EDVARD MUNCH

Der norwegische Künstler enthüllt sein berühmtestes Gemälde.

Während seiner Kindheit, die sehr unglücklich war, weil beide Elternteile, ein Bruder sowie eine Schwester verstarben und eine weitere Schwester geisteskrank wurde, erhielt Edvard Munch nur eine geringe formelle künstlerische Ausbildung. Jedoch halfen ihm die Aufmunterung eines Kreises von Künstlern in Christiania (jetzt Oslo) und die Auseinandersetzung mit Impressionismus und Postimpressionismus, einen sehr eigenständigen Stil zu entwickeln. Dieser kristallisierte sich 1892 heraus, als sich der Künstler dem Alter von 30 Jahren näherte.

Eine der ersten – und nach der Ansicht vieler Menschen auch besten – Arbeiten seiner mittleren Schaffensperiode ist *Der Schrei*. Angeregt von einer halluzinatorischen Erfahrung, in der er einen „Schrei überall in der Natur" fühlte und hörte, bildet es ein von panischem Schrecken ergriffenes Wesen ab, das gleichzeitig leichenhaft und an ein Sperma oder Fötus erinnernd ist, dessen Konturen in den wirbelnden Linien des blutroten Himmels zurückgeworfen werden. In dieser Malerei wird Angst auf ein kosmisches Niveau erhoben, das schließlich mit dem Nachsinnen über den Tod und der Bedeutungsleere verbunden ist, die in der Existenzphilosophie von zentraler Bedeutung werden sollten. Das Gemälde wurde nicht als ein Bild des Kummers eines Mannes, sondern als den der Menschheit als Ganzes betrachtet. Die Kunst von Munch zeigte auch offensichtliche Sympathien mit der Dichtung und dem Drama seiner Tage und lädt zu Vergleichen mit der Arbeit der Dramatiker Henrik Ibsen und August Strindberg ein, deren beider Porträts er malte.

[4] Fridtjof Nansen auf Skiern. Zu dieser Zeit kommt das Skilaufen aus seinem Ursprungsland Norwegen in die Schweiz.

[2] Die Treppe und die Aufzugtüren im Majolika-Haus in Wien – ein überschwängliches Beispiel einer Metallarbeit im Jugendstil.

1893
Auf der Weltausstellung in Chicago wird der Prototyp eines **Reißverschlusses** von Whitcomb L. Judson vorgestellt.

1893
Die 9. Symphonie von Antonin Dvorak, **Aus der Neuen Welt**, hat ihre Premiere in der Carnegie Hall in New York.

1893
Spanien und mehrere nordmarokkanische Stämme bekämpfen sich im ersten **Rifkrieg.** Die Marokkaner kämpfen mit Waffen, die ihnen der spanische Kommandant Magallo verkauft hatte. Ihr Versuch, die spanische Enklave Melilla zu erobern, scheitert.

1893
Das satirische Schauspiel *Der Biberpelz* von **Gerhart Hauptmann** wird uraufgeführt. Es ist ein Beispiel für die deutsche Kunstgattung *Diebeskomödie*.

1893
William Wrigley Jr. führt die Kaugummisorte **Juicy Fruit** ein, die in den Vereinigten Staaten zur führenden Marke werden wird.

ca. 1893
Henry O. Tanner, ein Student von Thomas Eakins und der erste prominente afroamerikanische Maler, malt *The Banjo Lesson* (Die Banjo-Lehrstunde). Sein weiches Innenlicht gibt seinen Figuren eine abgeschwächte Intimität.

1893-1894

17. Januar 1893
Ein von Sanford Ballard Dole geführtes Komitee, das die Interessen der US-Zuckerindustrie vertritt, setzt die **hawaiische Königin Liliuokalani** ab. Dole wird Präsident einer provisorischen Regierung. [1]

9. Februar 1893
Die letzte Oper von Giuseppe Verdi, **Falstaff** (Libretto von Arrigo Boito), wird an der Mailänder Scala uraufgeführt.

30. Juni 1893
Der **Excelsior** – der zu dieser Zeit mit 995 Karat größte ungeschnittene jemals gefundene Diamant – wird in der De Beers Mine in Jagersfontein im Oranjefreistaat gefunden.

9. Juli 1893
Der Chirurg Daniel Hale Williams aus Chicago führt, ohne Anästhesie, die erste erfolgreiche **Operation am offenen Herzen** durch.

11. Juli 1893
Kokichi Mikimoto, ein japanischer Unternehmer, erntet die erste **Zuchtperle**, fünf Jahre nach der Eröffnung seiner Perlenzuchtfarm. [2]

31. Juli 1893
Henry Perky erhält ein US-amerikanisches Patent auf **Weizenschrot**-Zerealien.

[1] Liliuokalani, die letzte Königin der Hawaii-Inseln.

[6] George du Maurier, dessen Roman dem weichen Filzhut, den seine Heldin trug, den Namen „Trilby" verlieh sowie den Begriff „Svengali" prägte.

[2] Kokichi Mikimoto, der Perlenzüchter, mit vielen Perlenketten hinter sich.

[3] Gounod, der wegen seiner Werke „Faust" und „Ave Maria" in Erinnerung bleiben wird.

[7] Eine 1948er Version des Wilden Westens: Cowboys von einer nahe gelegenen Ranch versuchen ihr Glück an den Spielautomaten in der aufstrebenden Stadt Las Vegas.

1894
Ferdinand de Lesseps stirbt. Ein Held beim Bau des Suezkanals, ist er für einige der Schurke bei dem Versuch, den Panamakanal zu bauen.

1894
Der US-amerikanische Chirurg Charles McBurney entwickelt innovative diagnostische und chirurgische Techniken für die Behandlung der **Blinddarmentzündung**.

1894
Der Führer der Liberalen Partei, Archibald Philip Primrose, der 5. **Earl of Rosebery**, wird Premierminister Großbritanniens.

[6]
1894
Der britische Karikaturist und Romanschriftsteller George du Maurier veröffentlicht **Trilby** (Filzhut), in dem der boshafte Hypnotiseur Svengali erscheint. Der Name wird ein Synonym für eine Person, die versucht, andere unter ihren Willen zu zwingen.

[7]
1894
Charles August Fey baut den ersten modernen **Spielautomaten**. Er wird das erste Modell mit drei Walzen und automatischer Geldausschüttung entwerfen, sowie einen mit Hufeisen, Glocken und Spielkarten auf den Walzen.

1894
James Hennegan und W.H. Donaldson beginnen, die Zeitschrift *Billboard Advertising* zu publizieren. Später bilden sie Abteilungen für Theater (1901) und Film (1907) und gestalten so das Magazin in die Showbusiness-Wochenzeitschrift **Billboard** um.

18. Oktober 1893
Der französische Komponist Charles-François **Gounod** stirbt.
[3]

6. November 1893
Pjotr Iljitsch **Tschaikowski** stirbt in St. Petersburg während einer Cholera-Epidemie, wenige Tage nachdem er die Premiere seiner Symphonie Nr. 6 (Pathétique), die eine seiner berühmtesten Arbeiten werden wird, dirigiert hat.
[4]

1894
Erbschaftssteuern werden in Großbritannien eingeführt.

1894
Nach der Ermordung von Präsident Carnot durch einen Anarchisten wird Jean Paul Casimir-Périer **Präsident Frankreichs**. Gewählt, um Stabilität zu bringen, tritt er nach nur sechs Monaten zurück.
[5]

1894
Bernard Berenson veröffentlicht sein erstes Buch, *Venezianische Maler der Renaissance*. Sein kritisches Auge und außergewöhnliches Gedächtnis, seine wache Intelligenz und Bildung sorgen dafür, dass seine Meinung von wichtigen Sammlern und Museen eingeholt wird.

1894
Der US-amerikanische Komponist Charles B. Lawlor und der Lyriker James W. Blake schreiben **The Sidewalks of New York** („East side, west side, all around the town…“).

[8] Aubrey Beardsley auf einer Fotografie, die fast so fesselnd ist wie seine hervorragend dekadenten Illustrationen, die Kraft und Feinheit der Linie mit raffinierter und doch offensichtlicher Sexualität verbinden.

[9] Emanuel Lasker. Er wird den Schach-Weltmeistertitel innehaben, bis er 1921 von Capablanca besiegt wird.

[4] Tschaikowski, Russlands größter Komponist des 19. Jahrhunderts.

[5] Ein Präsident Frankreichs macht einen Spaziergang – Casimir-Périer.

[10] Ein früher Marks & Spencer-„Bazaar“, in Holloway, London.

[8]
1894
Der englische Grafiker **Aubrey Beardsley** illustriert das Schauspiel *Salomé* von Oscar Wilde mit grotesker „Fin de siècle“-Eleganz.

[9]
1894
Der deutsche Schachmeister Emanuel Lasker besiegt Wilhelm Steinitz bei einem Turnier um den **Weltmeistertitel im Schach**, den er bis 1921 halten wird.

1894
Die deutsche Grafikerin und Bildhauerin **Käthe Kollwitz** veröffentlicht ihren ersten Druck aus dem Zyklus *Der Weberaufstand*. Mit kühn akzentuierten Formen ist sie eine Verfechterin für die Opfer der sozialen Ungerechtigkeit, des Krieges und der Unmenschlichkeit.

1894
Das **Offshore oil-drilling** genannte Öl-Bohren in Küstennähe wird in kalifornischen Gewässern erprobt. Unterseeische Bohrungen erweisen sich als Quelle für den Rohstoff, aber auch als Ursache für Verschmutzungen durch Öl.

[10]
1894
Der in Polen geborene Großhändler Michael Marks und sein Geldgeber, Thomas Spencer, eröffnen den *Penny Bazaar*, der sich 1922 zu **Marks & Spencer**, Großbritanniens größter Einzelhandelskette entwickeln wird.

1894
Anthony Hopes verwegener Abenteuer-Roman, **Der Gefangene von Zenda**, der im mythischen mitteleuropäischen Land „Ruritanien“ spielt, wird in England veröffentlicht.

1894-1895

1894
Antoine-Joseph „Adolphe" Sax, ein belgischer Klarinettist und der Erfinder des **Saxofons**, stirbt.

1894
Die Bakteriologen Alexandre Yersin (Schweiz) und Kitasato Shibasaburo (Japan) entdecken unabhängig voneinander den Erreger der **Beulenpest** während eines Ausbruchs der Krankheit in China.

1894
Die südamerikanische Bergkette der **Anden** wird zum ersten Mal von einer Eisenbahn durchquert.
[1]

1894
Das deutsche Parlamentsgebäude (der **Reichstag**), entworfen von Paul Wallot, wird in Berlin eröffnet.
[2]

1894
Das **Internationale Olympische Komitee** wird in Paris gegründet.

1894
Der **Stanley Cup**, die älteste Trophäe, die Berufssportler in Nordamerika gewinnen können, wird zum ersten Mal ausgespielt. Sieger ist die Montreal Amateur Athletic Association. 1926 wird er Eigentum der National Hockey League (NHL).

[1] Die Anden bilden eine sensationelle Kulisse für die Viscas-Brücke.

[2] Der Reichstag, ein auffälliges architektonisches Symbol für Europas neuestes Kaiserreich.

[3] Truppen schützen einen Zug vor Streikenden in Chicago.

[6] Frauen, die Volleyball spielen.

[4] Der letzte Zar mit Zarin Alexandra, einer von vielen Enkelinnen von Königin Viktoria. Die Tante von Nikolaus, auch Alexandra mit Namen, ist die Frau des ältesten Sohnes von Königin Viktoria, des Prinzen von Wales.

[7] Ein Abguss von Rodins „Die Bürger von Calais" vor dem Victoria Tower bei den Houses of Parliament in Westminster.

3. Februar 1894
Das **erste US-amerikanische Stahlschiff**, der *Dirigo*, läuft in Bath, US-Bundesstaat Maine, vom Stapel.

$
21. Mai 1894
Der **Manchester Ship Canal** wird vollendet. 58 km lang, erlaubt er es Hochseeschiffen, ins Herz dieser inländischen englischen Industriestadt zu gelangen.

[3]
20. Juli 1894
Der **Pullman-Streik**, ein weit verbreiteter Eisenbahnerstreik in den Vereinigten Staaten, endet kurz nachdem Präsident Grover Cleveland Bundestruppen nach Chicago beordert hat.

29. Oktober 1894
Chlodwig Karl Viktor **Hohenlohe-Schillingsfürst** wird preußischer Premierminister und Reichskanzler Deutschlands (1894-1900).

1. November 1894
Nikolaus II. folgt seinem Vater, Alexander III., als Zar Russlands nach.

[4]
26. November 1894
Nikolaus II., der letzte Zar Russlands, heiratet **Alexandra** (ursprünglich Alix, Prinzessin von Hessen-Darmstadt).

1894
Der **Donghak-Aufstand** gegen die Joseon-Regierung, durchgeführt von Bauern und Anhängern der koreanischen apokalyptischen, antiausländischen Donghak-Bewegung, wird gewaltsam unterdrückt.

1894
Die **Tower Bridge** in London wird eröffnet. Diese bewegliche Brücke überspannt die Themse zwischen den Groß-Londoner Stadtgemeinden Tower Hamlets und Southwark. Sie ist eine besondere Sehenswürdigkeit, die ästhetisch den Tower Londons ergänzt.

1894
Friedrich Engels veröffentlicht den dritten Band von **Das Kapital**, zusammengestellt nach Entwürfen aus der Hinterlassenschaft seines Freundes und Mitarbeiters Karl Marx.

1894
China und Japan erklären Korea den Krieg. Die Japaner erringen eine Reihe einfacher Siege.

1894
Die letzte, in China entstandene **Beulenpest**-Pandemie der Welt erreicht die Häfen von Kanton und Hongkong, von wo sie sich 1898 nach Indien ausbreitet.

1894
William Ramsay, ein britischer Chemiker, entdeckt das **Argon**, ein träges (inertes) Gas. Er wird später drei andere (Neon, Krypton und Xenon) finden und zeigen, dass sie (mit Helium und Radon) eine komplette Familie von neuen Elementen, den **Edelgasen** bilden.

DIE ERÖFFNUNG DER TOWER BRIDGE

Eine einzigartige Konstruktion, die den Eingang zum Pool of London markiert

Die Tower Bridge ist eine zweiflügelige Klappbrücke (Zugbrücke), welche die Themse im zentralen London überspannt. Sie ist eine besondere Sehenswürdigkeit, die ästhetisch den Tower Londons ergänzt, der im rechten Hintergrund der Fotografie oben zu sehen ist.

Viele Jahre lang hätte die britische Hauptstadt mindestens noch eine Flussüberquerungsmöglichkeit gebraucht, um mit dem Nord-Süd-Straßenverkehr fertig zu werden. Er war aber nichts gebaut worden, weil alle vorgelegten Pläne die Größe der Schiffe eingeschränkt hätten, die darunter zur den Docks des Pool of London (Uferstreifen) im Zentrum der Stadt hätten passieren können.

Schließlich präsentierten zwei Architekten – Horace Jones und John Wolfe Barry – die vollkommene Lösung: eine Brücke, die angehoben werden konnte, um es den größten Schiffen zu erlauben, darunter durchzufahren. Nach acht Jahren Bauzeit wurde die Brücke – die erste in der britischen Hauptstadt östlich der London Bridge – 1894 vollendet. Sie stellt eine Öffnung von 76 m Breite zur Verfügung. Ihre Zwillingstürme erheben sich 61 m über die Themse. Zwischen den Türmen erstreckt sich ein Paar von glasbedeckten Laufgängen, die bei den Touristen populär sind. Die Laufgänge waren ursprünglich entworfen worden, um es Fußgängern zu erlauben, die Brücke sogar zu überqueren, während sie angehoben war. Sie wurden aber zu einem Treffpunkt für Prostituierte sowie Diebe und wurden deshalb von 1909 bis 1982 geschlossen. Die Tower Bridge wurde mit hydraulischen Pumpen bedient, die bis 1976 durch Dampf angetrieben wurden. Ab dann wurden elektrische Motoren eingesetzt.

[5] Dreyfus steht im Gerichtssaal, um seine Verurteilung anzuhören. Angeblich soll er den Deutschen Dokumente zugespielt haben.

[8] Oscar Wilde mit Lord Alfred Douglas, in den er vernarrt ist. Der Vater von Douglas, der Marquis von Queensberry (siehe 1867), wird Wilde wegen Homosexualität anklagen, woraufhin dieser zu einer Gefängnisstrafe verurteilt wird.

21. Dezember 1894
Der Verleger und Politiker **Sir Mackenzie Bowell**, ein Konservativer, wird Premierminister Kanadas (1894-96).

22. Dezember 1894
Claude Debussy erlangt seinen ersten Ruhm im Anschluss an die Premiere von *Prélude a l'après-midi d'un faune* (Vorspiel zum Nachmittag eines Faunes).

[5]
22. Dezember 1894
Fadenscheinige Beweise und Antisemitismus sorgen dafür, dass der französische Armeeoffizier **Alfred Dreyfus** wegen Verrats zu einer lebenslangen Gefängnisstrafe verurteilt wird. Die entstehende Kontroverse wird Frankreich zwölf Jahre lang teilen.

[6]
1895
Der US-Amerikaner William G. Morgan erfindet das Spiel **Volleyball**. Es ist für diejenigen gedacht, die das neue Spiel *Basketball* zu anstrengend finden. Morgan nennt das Spiel anfänglich „Mintonette".

[7]
1895
Auguste Rodins kolossale Bronzeskulptur, *Les Bourgeois de Calais* (**Die Bürger von Calais**), wird errichtet. Die Bürger hatten sich 1347 dem englischen König Edward III. als Geiseln gestellt.

[8]
1895
Die berühmte Komödie des britischen Dramatikers **Oscar Wilde**, *The Importance of Being Earnest*, feiert ihre Premiere in London.

1895-1896

1895
Der deutsche Physiker Wilhelm Conrad Röntgen entdeckt die **Röntgenstrahlen**. Die Entdeckung revolutioniert schnell die Physik, medizinische Diagnose und Technik.
[1]

1895
Die erste **US Open Golf Championship** wird im Newport Golf and Country Club im Bundesstaat Rhode Island ausgespielt.

1895
Der modische Beaux-Arts-Architekt Richard Morris Hunt vollendet **The Breakers, in Newport, Rhode Island**, für Cornelius Vanderbilt. Dieses Sommer-„Landhaus" mit Herrenhausausmaßen ist ein Testament des berühmten Überflusses des „Vergoldeten Zeitalters".
[2]

1895
Der französische Psychologe **Alfred Binet** gründet die Zeitschrift *L'Année Psychologique*. Er initiiert auch ein Laboratorium für Forschungen im Bereich der Kindeserziehung und beginnt damit eine lange und einflussreiche Karriere auf diesem Gebiet.

1895
Der in Indien geborene englische Schriftsteller Rudyard Kipling beendet seine mehrteiligen **Jungle Books** (Dschungelbücher). Er wird als erster englischer Autor den Nobelpreis für Literatur (1907) erhalten.
[3]

1895
King C. Gillette, ein US-amerikanischer Erfinder und Unternehmer, entwickelt den **Sicherheitsrasierer** mit Einwegklingen, der das herkömmliche gerade Rasiermesser ersetzt.

[2] The Breakers in Newport, Rhode Island.

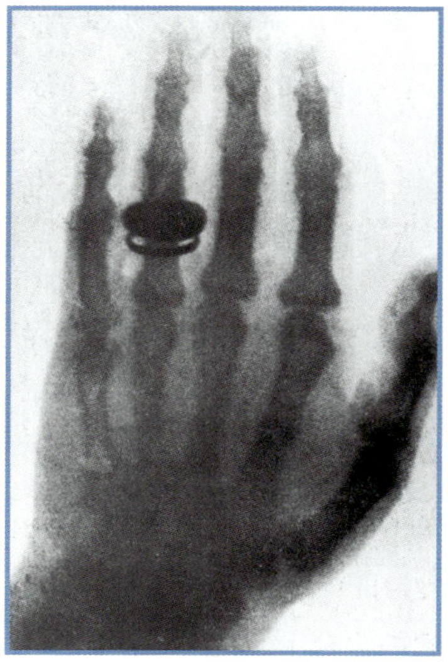

[1] Eine Röntgenaufnahme der Hand von Röntgens Frau, komplett mit einem Ring an einem Finger.

[3] Rudyard Kipling erfreut auch Kinder mit seinen „Just So"-Geschichten und „Puck of Pook's Hill". Erwachsene schätzen besonders seine Geschichten über Indien und andere Länder sowie seine Gedichte.

[5] Französische Truppen reisen zur Invasion Madagaskars ab.

[10] Theodor Fontane, Autor eines der berühmtesten deutschen Romane aller Zeiten.

[8] Der Start des 100-Yard-Sprintrennens – vor den Tagen des Startblocks – bei den ersten modernen Olympischen Spielen.

[6]
28. Dezember 1895
Das **Kino** wird geboren, als die Brüder Lumière einem zahlenden Publikum in Paris ein Programm aus mehreren Filmen zeigen. Die Vorstellung beinhaltet den an einem Stück gedrehten Film *Ankunft eines Zuges im Bahnhof von La Ciotat*.

[7]
29. Dezember 1895
Leander Starr Jameson startet einen erfolglosen Überfall (Jameson-Raid) auf die Transvaal, um die burische Regierung von Paul Kruger zu stürzen.

1896
Die „Colgate Ribbon Dental Cream", die erste **Zahnpasta in einer Tube**, wird in den Vereinigten Staaten auf den Markt gebracht.

1896
Der historische Roman **Quo Vadis** des polnischen Schriftstellers Henryk Sienkiewicz wird veröffentlicht. Zur Zeit des Kaisers Nero in Rom spielend, wird er mehrfach verfilmt und in 60 Sprachen übersetzt.

[8]
1896
Größtenteils dank der Anstrengungen von Pierre, Baron de Coubertin, werden die ersten modernen **Olympischen Spiele** in Athen abgehalten. 280 Männer aus 13 Ländern nehmen teil.

1896
Der englische Bakteriologe und Immunologe Almroth Edward Wright entwickelt eine **Schutzimpfung gegen Typhus**.

1895
Der Dramatiker und Autor **Oscar Wilde** wird wegen homosexueller Aktivitäten zu zwei Jahren harter Arbeit verurteilt.

1895
Das **erste Autorennen in den Vereinigten Staaten** findet am Thanksgiving Day (Erntedankfest) statt. Der Kurs läuft von Chicago nach Evanston, US-Bundesstaat Illinois, und wird von einem Auto gewonnen, das eine Durchschnittsgeschwindigkeit von 12 km/h erreicht.

1895
Die Insel **Taiwan** und die Pescadoren-Insel werden im Vertrag von Shimonoseki, der den ersten Japanisch-Chinesischen Krieg beendet, an Japan abgetreten.

15. Januar 1895
Félix Faure wird zum Präsidenten Frankreichs gewählt. Seine Präsidentschaft wird durch diplomatische Konflikte mit England, eine Annäherung an Russland und das anhaltende Problem der Dreyfus-Affäre bestimmt.
[4]

11. April 1895
Der kubanische Patriot José Julián Martí landet an der Spitze einer Invasionstruppe, deren Absicht es ist, die Unabhängigkeit von Spanien zu erreichen, auf **Kuba**.

30. September 1895
Französische Truppen besetzen Antananarivo, **Madagaskar**, nachdem sich Premierminister Rainilaiarivony geweigert hatte, das Land der französischen Oberherrschaft zu unterstellen.
[5]

[6] Ein Standbild aus dem Film der Lumières. Als sich der Zug näherte und auf der Leinwand größer wurde, befürchteten einige aus dem ersten Publikum, er würde ins Zimmer hineinrasen.

[7] Leander Starr Jameson (Vierter von links), umgeben von einigen Männern, die an seinem Überfall teilnahmen. Sie sind auf ihrem Weg zurück nach England, um sich mit ihm vor Gericht zu verantworten. Er wird eine Gefängnisstrafe absitzen, aber dann nach dem Burenkrieg als Premier der Kap-Kolonie nach Südafrika zurückkehren.

[12] Ein Deckblatt der Jugendstil-Zeitschrift „Münchner illustrierte Wochenschrift für Kunst und Leben".

[9] Der letzte Roman von Thomas Hardy erschüttert viele Spätviktorianer mit seiner offenherzigen Behandlung der Sexualität. Er wird auch „Juda, der Obszöne" genannt, und einige Buchhändler wickeln ihre Kopien in Packpapiertüten ein.

[4] Félix Faure. Der Sohn eines Gerbers wird gut mit dem Gepränge und den Situationen der Präsidentschaft fertig. Er soll aber 1899 traurige Berühmtheit durch seinem wenig erbaulichen Tod in den Armen seiner Mätresse, Madame Steinheil, erlangen.

[11] Guglielmo Marconi kommt nach England und wird dem Chefingenieur der Post vorgestellt. Er demonstriert seine Erfindung auf der Ebene von Salisbury und über den Bristoler Kanal hinweg.

[9]
1896
Die Phase des englischen Schriftstellers Thomas Hardy als Romanschriftsteller endet mit der Veröffentlichung seiner größten, dunkelsten Arbeit, **Jude the Obscure** (Juda, der Unberühmte).

1896
Der italienische Kinderarzt Scipione Riva-Rocci erfindet eine einfach zu handhabende Version des Sphygmomanometers, mit dem der **Blutdruck** gemessen werden kann.

[10]
1896
Theodor Fontanes Meisterwerk, der Roman **Effi Briest**, wird veröffentlicht.

1896
Teilweise angeregt von der Arbeit Wilhelm Röntgens aus dem vorherigen Jahr, entdeckt der französische Physiker Henri Becquerel die **Radioaktivität**.

[11]
1896
Der italienische Ingenieur **Guglielmo Marconi** meldet das erste von seinen Patenten für ein drahtloses Radiosystem an.

[12]
1896
Die Zeitschrift *Jugend* wird in München zum ersten Mal veröffentlicht. Sie bezieht ihren Namen von der deutschen Version des „Art Nouveau"-Stils, **Jugendstil**.

1896

1896
A.E. Housman veröffentlicht **A Shropshire Lad**, eine Gedichtsammlung über das englische Landleben und die junge Liebe. Sie wird von vielen in den Schützengräben des Ersten Weltkriegs gelesen.

1896
Otto Lilienthal stirbt in einem der vielen Segelflugzeuge, die er gebaut hat. Sie entstanden auf der Grundlage seiner Studien von Vogelflügeln und wurden dann erfolgreich geflogen. [1]

1896
Der nicaraguanische Dichter, Journalist und Diplomat **Rubén Darío** veröffentlicht *Profane Prosa und andere Gedichte*. Sie setzten die stilistischen Tendenzen seiner früheren Arbeiten fort, belegen aber auch den Einfluss zeitgenössischer französischer symbolistischer Dichter.

1896
Die Lancashire Steam Motor Company wird gegründet. Sie wird 1907 in **Leyland Motors** umbenannt und schließlich die British Leyland Motor Corporation werden. Sie baut die Mini Cooper und M.G.-Autos. [2]

1896
Der schwedische Wissenschaftler Svante Arrhenius beschreibt die physikalischen Vorgänge des **Treibhauseffekts** in der Atmosphäre, durch den Sonnenenergie auf der Erde gefangen wird. Er sagt auch die Erderwärmung voraus.

1896
Vier Brüder der Familie **Pathé** gründen die gleichnamige Gesellschaft in Paris. Sie wird die größte Filmausrüstungs- und Produktionsgesellschaft der Welt sowie eine Plattenfirma werden.

[1] Otto Lilienthal gleitet einen Hang hinab. Sein Körper hängt an einem seiner eleganten Segelflugzeuge.

[2] Ein früher Lastwagen der Royal Mail von Leyland Motors.

[6] Eine Anzeige für eine Filmshow mit einem „Vitascope" von Edison.

[5] Kaiser Menilek II. unter einem zeremoniellen Regenschirm mit seiner Frau Taitu.

[8] Eingänge zur Budapester U-Bahn auf dem Gizella-Platz (heute Vörösmarty tér).

Februar 1896
Der neugeborene Sohn von **Ferdinand**, Prinz (1887-1908) und erster König (1908-18) des modernen Bulgarien, wird in die Orthodoxe Kirche aufgenommen. Das stärkt die Machtposition Ferdinands.

1. Februar 1896
Die Uraufführung der Oper **La Bohème** von Giacomo Puccini findet statt. Sie wird eine der populärsten Opern im Repertoire werden.

16. Februar 1896
Richard Felton Outcaults Zeichnung eines Gassenjungen erscheint in der *New York World.* Betitelt das „Gelbe Kind" führt sie zu einem Pressekrieg, der den Ausdruck **yellow journalism** (gelber Journalismus) für die Sensationspresse prägen wird.

[5]
1. März 1896
Die äthiopische Armee von Kaiser **Menilek II.** erringt einen entscheidenden Sieg gegen die italienische Armee in Adwa, Äthiopien.

[6]
April 1896
In der Koster and Bial's Music Hall in New York City wird **Thomas Edisons Vitascope** zum ersten Mal öffentlich vorgeführt. Es wird für mehrere Jahre zum Standardgerät für Filmvorführungen in den Vereinigten Staaten werden.

[7]
April 1896
Die satirische illustrierte deutsche Wochenzeitschrift **Simplicissimus** wird von Albert Langen gegründet.

1896
Die Universität von New Jersey, 1746 gegründet, wird umbenannt in **Princeton University**.

1896
Die Pianistin **Clara Schumann**, Witwe des Komponisten Robert Schumann, stirbt. Sie hat ihr Leben der Bekanntmachung seiner Arbeiten gewidmet.
[3]

1896
Theodor Herzl veröffentlicht *Der Judenstaat*. Obwohl Herzl sterben wird, lange bevor der Staat Israel entsteht, ist er ein unermüdlicher Organisator, Propagandist und Diplomat, der hilft, den Zionismus zu einer politischen Bewegung von Weltbedeutung zu machen.
[4]

1896
Die Tramps „Weary Willie" und „Tired Tim" von Tom Brown sind die ersten Figuren, die regelmäßig in **britischen Cartoons** erscheinen.

1896
Victor Horta entwirft das Maison du Peuple in Brüssel. In diesem für den *Modernismus* wegweisenden Bauwerk wird die heimische Ziegel- und Steinarchitektur mit Eisen verbunden, um der sozialistischen Sache zu dienen.

1896
William Randolph Hearst veröffentlicht die erste **wöchentliche, farbige Cartoon-Beilage** im *Morning Journal*.

[7] Eine Bildgeschichte im „Simplicissimus", welche die Konventionen bei Duellen verspottet.

[4] Theodor Herzl zu Hause in Wien mit seinen Kindern.

[9] Samuel Pierpont Langley steht neben seinem Bolometer, einem Gerät, mit dem die Hitze im Spektrum der Sonne gemessen werden kann.

[3] Clara Schumann am Klavier.

[10] Auf dem Weg zu den Klondike-Goldfeldern herrschen schwere Bedingungen. Kleine Figuren kämpfen sich die verschneiten Hänge im Hintergrund hoch.

3. April 1896
Die italienische Sportzeitung **La Gazetta dello Sport** erscheint zum ersten Mal.

[8]
2. Mai 1896
Die **Budapester U-Bahn** wird von Kaiser Franz Josef als Teil der Festlichkeiten zur Feier des 1000. Jahrestags der ungarischen Landnahme eröffnet. Sie ist in weniger als zwei Jahren vom deutschen Unternehmen Siemens & Halske AG gebaut worden.

[9]
6. Mai 1896
Ein mit **Dampf angetriebenes Modellflugzeug**, das vom amerikanischen Astrophysiker und aeronautischen Pionier Samuel Pierpont Langley geschaffen wurde, fliegt ungefähr 900 m über den Fluss Potomac.

11. Juli 1896
Wilfrid Laurier, ein Mitglied der Liberalen Partei, wird Premierminister Kanadas (1896-1911). Er wird für seine Versuche bekannt werden, die Rolle des französischen Kanada im Bundesstaat und Kanadas Beziehungen zu Großbritannien festzulegen.

6. August 1896
Das französische Parlament stimmt dafür, **Madagaskar** als eine französische Kolonie zu annektieren.

[10]
17. August 1896
George Washington Carmack gräbt Gold im Bonanza Creek, einem Nebenfluss des **Klondike** im Yukon-Territorium in Kanada aus. Das löst einen Goldrausch im Klondike-Tal aus.

1896-1897

18. August 1896
Nach einer Überlieferung versammeln sich mehr als 200 Verbrecher am Brown's Hole im US-amerikanischen Westen. Butch Cassidy schlägt dort die Gründung eines Syndikats mit dem Namen **Wild Bunch** vor.
[1]

30. Dezember 1896
Der philippinische Nationalist **José Rizal** wird öffentlich hingerichtet. Dies bringt die Filipinos auf und vereinigt sie.

1897
Eine von Charles Algernon Parsons entwickelte Dampfturbine ermöglicht es der **Turbinia**, eine Geschwindigkeit von mehr als 34 Knoten zu erreichen. Es ist der erste Gebrauch einer Dampfturbine für den Antrieb auf See.
[2]

1897
An Bord der *Belgica* erforscht der Belgier Adrien de Gerlache die Westküste der **Antarktischen Halbinsel** und stößt so eine neue Welle der wissenschaftlichen polaren Erforschung an. Aus Unachtsamkeit muss das Schiff in der Bellingshausen-See überwintern.

1897
Der **spanische Premierminister** Antonio Cánovas del Castillo, der zum sechsten Mal dieses Amt bekleidet, wird von einem italienischen Anarchisten ermordet.
[3]

1897
Der US-amerikanische Kapellmeister John Philip Sousa komponiert den Militärmarsch **The Stars and Stripes Forever**.

[1] Die „Wild Bunch": von links nach rechts (stehend) William Carver, Harvey „Kid Curry" Logan; (sitzend) Harry „Sundance Kid" Langbaugh, Ben „the tall Texan" Kilpatrick, Robert LeRoy „Butch Cassidy" Parker.

[2] Der Bug der „Turbinia" ragt deutlich aus dem Wasser über die Bugwelle, und sie lässt ein eindrucksvolles Kielwasser hinter sich. Dies sind Indikatoren für die große Geschwindigkeit, mit der sie reist.

[3] Der Prozess des italienischen anarchistischen Mörders Michele Angiolillo vor dem spanischen Kriegsrat.

[6] Die Tate-Galerie auf der Millbank am Themseufer. Sie beherbergt heutzutage britische Kunst bis zur modernen Periode.

[5] Die Amsterdamer Börse (links).

[7] Ein Werbeplakat für die 20. Ausstellung von Secessions-Künstlern 1904.

1897
Spaniens größter realistischer Romanschriftsteller, **Benito Pérez Galdos**, wird in die Real Academia Española aufgenommen. Sein größter Roman trägt den Titel *Fortunata y Jacinta*.

1897
Rudolph Dirks erschafft die **Katzenjammer Kinder**, die erste völlig durchentwickelte Form des Zeitungscartoons: Er verwendet Sprechblasen, hat regelmäßig wiederkehrende Charaktere, und das Ganze wird in kleine regelmäßige Bilder eingeteilt.

[5]
1897
Der Architekt Hendrik Petrus Berlage beginnt mit den Arbeiten an der **Amsterdamer Börse**, einem der einflussreichsten Gebäude am Anfang des 20. Jahrhunderts.

[6]
1897
In London wird die **Tate-Galerie**, die von Sidney Smith entworfen wurde, für die Öffentlichkeit freigegeben.

[7]
1897
Die Gruppe **Wiener Secession** wird gegründet. Sie setzt sich aus Malern und Architekten zusammen, die gegen den Konservatismus des Wiener Künstlerhauses eintreten und sich deshalb davon getrennt haben.

1897
In Sansibar wird die Sklaverei gesetzlich abgeschafft.

1897
Die erste Ausgabe der **französischen feministischen Zeitung** *La Fronde* erscheint. Die Belegschaft besteht komplett aus weiblichen Journalistinnen, Herausgeberin ist Marguérite Durand.

1897
Der britische Automobilclub **Royal Automobile Club** (RAC) wird gegründet.

1897
Der britische Armeechirurg Ronald Ross entdeckt den von der Anophelesmücke übertragenen **Malariaparasiten**. Diese Entdeckung begünstigt den Kampf gegen die Malaria. Ross erhält für seine Arbeiten 1902 den Nobelpreis für Medizin.
[4]

1897
Der britische Physiker J.J. Thomson revolutioniert die Kenntnisse über den Aufbau des Atoms durch seine Entdeckung des **Elektrons**. Er wird 1906 den Nobelpreis für Physik erhalten.

1897
Der Bau der ersten **U-Bahn-Linie** in den Vereinigten Staaten wird vollendet. Auf der in Boston gebauten, 2,4 km langen Strecke verkehren Straßenbahnwagen.

1897
Der französische Künstler **Henri Rousseau**, zumeist als der Archetyp des modernen naiven Künstlers betrachtet, vollendet sein Werk *Der Schlafende Zigeuner*, das als das wichtigste seiner späteren Bilder gilt.

DIAMANTENES JUBILÄUM

Großbritannien und das Empire feiern 60 Jahre Viktorianisches Zeitalter.

Das sechzigjährige Thronjubiläum von Königin Viktoria – das auf die Anregung des Kolonialministers Joseph Chamberlain hin zu einem Fest des Britischen Empires erklärt worden war – war gekennzeichnet von vielen erinnerungswürdigen Veranstaltungen. Dennoch wurde der Anlass im Allgemeinen weniger großzügig gefeiert, als dies beim Goldenen Jubiläum der Fall gewesen war, hauptsächlich, weil die Monarchin jetzt viel zerbrechlicher war, als sie es noch 10 Jahre vorher gewesen war.

Der Höhepunkt kam am 22. Juni 1897, 60 Jahre und zwei Tage nachdem Viktoria nach dem Tod ihres Onkels, Wilhelms IV., diesem auf den britischen Thron nachgefolgt war. Die königliche Gesellschaft zog langsam durch die Straßen Londons vom Buckingham-Palast bis zur St.-Pauls-Kathedrale. Die Fotografie oben links zeigt die Kutsche Ihrer Majestät, als sie die Gerichtsgebäude auf der „Strand" passiert; zu Pferd (links außen) ihr Sohn, der Prinz von Wales, der zukünftige König Eduard VII.

Bei der Ankunft vor St. Pauls wurde ein kurzer Gottesdienst zum Erntedankfest außerhalb des Gebäudes abgehalten, weil die Königin zu schwach war, um die Treppe zum Westeingang zu besteigen. Elf Premierminister aus den Kolonien waren anwesend, außerdem zahlreiche auserwählte Vertreter der Kolonialstreitkräfte (links unten). Von der Kathedrale aus fuhr die königliche Kutsche die Königin am Mansion House (dem offiziellen Wohnsitz des Oberbürgermeisters von London) vorbei, über die London Bridge und durch Teile des südlichen Londons, bevor sie über die Westminster Bridge, vorbei an den Parlamentsgebäuden zum Buckingham-Palast zurückkehrte.

In ihrem Tagebuch schrieb die Königin: „Keiner jemals, glaube ich, wurde von solch einem Applaus begleitet, wie er mir zuteil wurde, als ich durch jene sechs Meilen von Straßen fuhr. Der Jubel war ziemlich ohrenbetäubend, und jedes Gesicht schien mit echter Freude erfüllt zu sein. Ich war sehr bewegt und erfreut."

[8] Bram Stoker (links), zu seiner Zeit eine sehr wichtige Figur in der britischen Theaterwelt als Betreiber des Lyceum-Theaters in einer Partnerschaft mit Sir Henry Irving. Bela Lugosi (rechts) spielt Graf Dracula in der 1931er Filmversion.

[9] Eine frühe Skifahrerin in der Schweiz in den 1890er Jahren.

[4] Sir Ronald Ross. Während seiner Jahre im Medizinischen Dienst in Indien begann er sich für die Erforschung der Malaria zu interessieren.

[8]
1897
Der irischstämmige Autor Bram Stoker veröffentlicht den Roman **Dracula**. Graf Dracula, die „untote" Hauptfigur aus Transylvanien, wird zum Prototyp des Vampirs, und seine Geschichte wird unzählige Male auf Bühnen und in Verfilmungen nacherzählt.

1897
Der japanische Arzt Ogata Masanori bezeichnet einen Ausbruch der Pest auf Formosa als „Rattenpest" und erkennt, dass **Rattenflöhe** den Pestbazillus tragen. Dies ist eine wichtige Entdeckung in der Studie der Krankheit.

1897
Die **1. Symphonie von Sergei Rachmaninow** erlebt eine unglückselige Uraufführung unter der Leitung des Dirigenten Alexander Glasunow. Der Misserfolg hält Rachmaninow Jahre lang davon ab, weitere größere Kompositionen zu schreiben.

1897
Die **Caritas**, eine karitative katholische Organisation, wird in Köln ins Leben gerufen. Caritas Internationalis wird im Laufe der Zeit in mehr als 200 Ländern operieren.

[9]
1897
Der in Mähren geborene Matthias Zdarsky veröffentlicht das **erste Lehrbuch für das Skifahren**, *Die alpine Lilienfelder Skifahrtechnik*. Das Buch hilft, den alpinen Skilauf als Sport zu definieren und zu verbreiten.

1897
Königin Viktoria feiert ihr **Diamantenes Jubiläum**. Sie kann auf 60 Jahre als Großbritanniens Königin zurückblicken.

1897-1898

1897
Die vom US-amerikanischen Erfinder Simon Lake entworfene *Argonaut* ist das erste **Unterseeboot,** das umfassend in offenem Wasser operiert.

1897
Die **Croquet Association**, die Krocket-Turniere im Vereinigten Königreich regelt, wird gegründet.
[1]

1897
Zum ersten Mal dürfen Frauen an Frankreichs **Ecole des Beaux-Arts** studieren.

1897
Die **Library of Congress** (Kongressbibliothek) in Washington, D.C., zieht in ihr neues Hauptgebäude ein.
[2]

1897
Das Schauspiel *Cyrano de Bergerac* des französischen Dramatikers **Edmond Rostand** wird in Paris uraufgeführt. Es ist Rostands populärstes und beständigstes Werk.
[3]

1897
Das Wissenschaftlich-humanitäre Komitee, das sich für die **Rechte von Homosexuellen** einsetzt, wird in Berlin gegründet. Es kämpft für eine gesetzliche Reform überall in Deutschland, den Niederlanden und Österreich. Bis 1922 bilden sich ungefähr 25 Zweigstellen.

[1] Kinder, die Krocket spielen. Ihre Anwendung der Regeln bleibt wahrscheinlich hinter dem zurück, was die Krocket-Vereinigung vorschreibt.

[3] Der berühmte britische Schauspieler und Theaterdirektor Sir Charles Wyndham in der Titelrolle der ersten englischen Produktion von „Cyrano de Bergerac". Sein Profil zeigt die volle Pracht der berühmten Nase von Cyrano.

[6] Pierre und Marie Curie während ihrer Flitterwochen ganz ungezwungen mit ihren neuen, rationalen Transportmitteln: Sicherheitsrädern.

[2] Der Lesesaal in der neuen Kongressbibliothek.

[7] Ein Panoramabild von Greater New York, mit der Warenbörse im Vordergrund (links), sehr vielen Masten und Segeln entlang und auf dem East River sowie der Brooklyn Bridge und Brooklyn.

1898
Alfred Cartier und sein Sohn Louis gründen ein Juweliergeschäft in Paris. **Cartier** wird bald der berühmteste Juwelier in der Welt werden und liefert Schmucksachen an die europäischen Königshäuser.

1898
Der Österreicher Georg Luger erfindet die **Luger-Pistole**, eine halbautomatische Handwaffe. Sie wird die Standardpistole der deutschen Streitkräfte von 1908 bis 1938 werden.

1898
Joshua Slocum aus Nova Scotia (Kanada) ist der erste Mann in der niedergeschriebenen Geschichte, der einhändig um die Welt segelte. Er hat in drei Jahren, zwei Monaten und zwei Tagen in seinem Fischerboot *Spray* 74 000 km durchsegelt.

1898
Der dänische Ingenieur Valdemar Poulsen erfindet das **Telegraphon**, einen Vorläufer des modernen magnetischen Tonaufnahmegeräts.

[6]
1898
Die französischen Physiker **Pierre und Marie Curie** entdecken Polonium und Radium. Sie werden sich 1903 den Nobelpreis für Physik mit Henri Becquerel teilen.

[7]
1898
Greater New York wird gebildet, als sich Manhattan mit den kürzlich geschaffenen Stadtgemeinden Brooklyn, Queens, Richmond und der Bronx zusammenschließt.

1897
Der erste **Zionisten-Kongress** trifft sich im schweizerischen Basel. An seinem Ende kommen die Delegierten überein, „die Errichtung einer Heimat für die Juden in einem unter öffentlichen Recht gesicherten Palästina" anzustreben.

1897
William McKinley von der republikanischen Partei tritt als 25. Präsident der Vereinigten Staaten sein Amt an. Er wird es bis 1901 innehaben. Seine Vizepräsidenten sind Garret A. Hobart (1897-99) und Theodore Roosevelt (1899-1901).
[4]

ca. 1897
Die **Bewegung der Reformpädagogik** nimmt in Europa und den Vereinigten Staaten Gestalt an. Kritisch gegenüber dem schmalen Spielraum von traditioneller Ausbildung und Strenge eingestellt, bemüht sie sich, das „ganze Kind" zu erziehen.
[5]

27. Februar 1897
Der französische General Joseph-Simon Gallieni schickt die Königin **Madagaskars** ins Exil. Dies ist ein wichtiges Ereignis in seinen Bestrebungen, die Insel zu befrieden und ins französische Kolonialreich zu integrieren.

20. Mai 1897
Während des Türkisch-Griechischen Krieges beugen sich die Griechen – die um die Annexion **Kretas** kämpfen – dem Druck der europäischen Mächte. Sie ziehen ihre Truppen aus Kreta zurück und stimmen einem Waffenstillstand auf dem Festland zu.

1898
Ahmadu Seku Tall, der zweite und letzte Herrscher des **Tukulor-Reiches in Westafrika**, das wegen seines Widerstands gegen die französische Besatzung bekannt wurde, stirbt im nördlichen Nigeria.

DIE WIENER SECESSION

Eine Bewegung des ausgehenden 19. Jahrhunderts, in der junge österreichische Künstler ihre Unabhängigkeit von etablierten Traditionen behaupten

Die Entwicklung einer eigenen Wiener Kunstschule begann 1897, als österreichische Künstler den traditionellen akademischen Stil, den die Maler des Künstlerhauses angenommen hatten, ablehnten. Unter der Führung von Gustav Klimt war die Secessions-Bewegung mit mehreren innovativen Architekten verbunden, u.a. Otto Wagner, Adolf Loos und Josef Hoffmann. Diese halfen dabei, ein kooperatives Unternehmen für Handwerk und Design, genannt die „Wiener Werkstätten", zu gründen, in dem Möbel und Designgegenstände erzeugt wurden.

Eine spätere Gruppe wurde um eine Ausstellung, bekannt als die „Kunstschau" herum gegründet, aus der einige der herausragendsten modernen österreichischen Maler, z.B. Oskar Kokoschka, Alfred Kubin und Egon Schiele hervorgingen.

Der Herzenswunsch der Bewegung war es, neue Ausdrucksweisen zu entwickeln. Dies fand seinen Ausdruck im von Joseph Maria Olbrich entworfenen und 1898 eröffneten Ausstellungshaus (links oben). Bekannt einfach als „Die Secession", trug das Gebäude über seinem Eingang die Aufschrift: „Der Zeit ihre Kunst, der Kunst ihre Freiheit."

Auf ihren Ausstellungsplakaten, Layouts und Illustrationen für die Secessions-Zeitschrift, *Ver Sacrum*, entwickelten Mitglieder grafisches Design in bislang unerforschte ästhetische Richtungen. Das Plakat von Koloman Moser für die 13. Secessions-Ausstellung (1902) ist eine Mischung von Zahlen, Beschriftung und geometrischen Verzierungen zu einen modularen Ganzen. Die Arbeit ist aus horizontalen, vertikalen und kreisförmigen Linien zusammengesetzt, die flache Gestalten rot, blau und weiß formen.

Die Secessionisten modifizierten die Art Nouveau – im deutschen Sprachraum als Jugendstil bekannt – auf eine klassische Weise. Ein Beispiel ist die Fassade des Majolika-Hauses von Otto Wagner (links unten), das mit einem geradlinigen Muster, das manchmal als „Peitschenhieb-" oder „Aal-Stil" bezeichnet wird, geschmückt ist. Die Experimente mit der reinen Form, die in den 1890er Jahren begonnen worden waren, gingen weiter und entwickelten sich im ersten Jahrzehnt des 20. Jahrhunderts, obwohl Klimt die Bewegung 1905 nach einer Unstimmigkeit mit Kollegen über ihre zukünftige Richtung verließ.

[4] Präsident McKinley mit seiner Frau, Ida Saxton McKinley.

[5] Eine der Standsäulen der Reformpädagogik: physische Freiluftübung oder Gymnastik für Kinder, hier im Crotona-Park in der Bronx.

1898
Heroin wird von der deutschen Bayer AG als Schmerzmittel verkauft. Man findet jedoch bald heraus, dass seine unerwünschten Nebenwirkungen seinen Wert als schmerzstillendes Mittel weit überwiegen, und es wird verboten werden.

1898
In der Republik Transvaal (Südafrika) errichtet Präsident Paul Kruger das erste **Wildreservat** als Reaktion auf Befürchtungen, dass die dortige Tierwelt ausgerottet wird. Daraus entsteht später der Kruger-Nationalpark.

1898
Joseph Maria Olbrich entwirft das **Secessions-Gebäude** in Wien. Gekrönt von einem riesigen Ball aus vergoldeten Lorbeerblättern, beherbergt das Gebäude die Wiener Secession, ein Zentrum des frühen Modernismus.

1898
Otto Wagner, einer der Gründer der europäischen modernen Architektur, entwirft das **Majolika-Haus** in Wien. Seine mit verzierten Platten gedeckte abwaschbare Fassade will ein Modell für moderne, hygienische Unterkünfte schaffen.

1898
Die **Universität Peking**, eine der ältesten und wichtigsten höheren Lehreinrichtungen in China, wird in Beijing gegründet.

1898
In der Hoffnung, den kürzlichen Erfolg von Coca-Cola wiederholen zu können, erfindet der Apotheker Caleb D. Bradham (1866-1934) in New Bern im US-Bundesstaat North Carolina die erste **Pepsi Cola**.

1898-1899

1898
Der russische Physiologe **Iwan Pawlow** beginnt mit seinen Forschungen, aus deren Ergebnissen er schließlich das Konzept des „bedingten Reflexes" entwickeln wird.
[1]

1898
Der englische Romanschriftstellers H.G. Wells veröffentlicht seine Science-Fiction-Geschichte **Der Krieg der Welten,** in der Außerirdische vom Mars in England einfallen.

1898
Der deutsche Automobilhersteller **Opel AG** wird gegründet, als die fünf Opel-Brüder beginnen, die Fahrrad- und Nähmaschinen-Fabrik von Adam Opel (1837-95) in eine Fertigungsanlage für Kraftfahrzeuge umzuwandeln.

1898
Die **Goodyear Tire & Rubber Company** wird von Charles und Frank Seiberling in Akron, US-Bundesstaat Ohio, gegründet.

1898
Die **Berliner Secession**, eine Gruppe von 65 jungen Künstlern, die enttäuscht vom Konservatismus des Vereins Berliner Künstler sind, tritt in die Fußstapfen der Wiener Secession (siehe 1897). Sie wird bis 1911 vom Künstler Max Liebermann angeführt.

1898
Theodore Roosevelt bildet das 1. US-Freiwilligen-Kavallerieregiment, bekannt als die **Rough Riders** (Raue Reiter), die nach Kuba entsandt werden. Ihr Angriff (zu Fuß) auf den Kettle Hill während des Kampfes um Santiago macht Roosevelt zum größten Nationalhelden des Krieges.
[2]

[1] Iwan Pawlow, nach dem der Pawlowsche Reflex benannt wurde.

[9] Kaiserin Elizabeth, Gemahlin von Kaiser Franz Josef I. Sehr auf ihre Figur bedacht, ließ sie sich angeblich in ihren Reitanzug einnähen, wenn sie in Großbritannien auf Fuchsjagd ging.

[2] Teddy Roosevelt (rechts) mit einigen seiner „Rough Riders" in Kuba.

[4] Alfred von Tirpitz, Marineminister.

[8] Britische Streitkräfte in Khartum nach der Schlacht von Omdurman.

11. Juni 1898
Der chinesische Kaiser Guangxu gibt seine erste Reformverordnung aus, die **Hundert-Tage-Reform**. Sie ist ein Versuch, das chinesische Staats- und Sozialwesen neu zu ordnen.

12. Juni 1898
Unter der Führung des Revolutionärs Emilio Aguinaldo erklären die **Philippinen** ihre Unabhängigkeit von Spanien.

30. Juli 1898
Otto Fürst von **Bismarck**-Schönhausen, treibende Kraft bei der Gründung des deutschen Kaiserreichs, stirbt.

13. August 1898
Während des Spanisch-Amerikanischen Krieges übernimmt die US-amerikanische Armee die Kontrolle über den philippinischen Hafen **Manila**.

[8]
2. September 1898
Anglo-ägyptische Truppen unter Sir Horatio Herbert Kitchener (der spätere Lord Kitchener) besiegen die sudanesischen Streitkräfte des Mahdisten-Anführers 'Abd Allah in der **Schlacht von Omdurman**.

[9]
10. September 1898
Elizabeth, Kaiserin von Österreich, stirbt in Genf, nachdem sie von Luigi Luccheni, einem italienischen Anarchisten, niedergestochen wurde.

1898
Das für das Royal Court Theatre vom englischen Dramatiker Arthur Wing Pinero geschriebene Schauspiel **Trelawny of the „Wells"** wird aufgeführt. Es porträtiert das Leben der Theatergesellschaften der 1860er Jahre, die eine im Verschwinden begriffene Tradition sind.
[3]

1898
Der Reichstag verabschiedet das erste von vier Flottengesetzen für die Entwicklung einer **deutschen Marine**. Wilhelm II. ist sowohl eifersüchtig auf als auch voller Bewunderung für die Flotten seiner Großmutter Königin Viktoria.
[4]

13. Januar 1898
Der französische Autor Émile Zola veröffentlicht einen offenen Brief in der Zeitung **L'Aurore**, der mit „J'accuse" (Ich klage an) beginnt. Er klagt den französischen Generalstab für seine Rolle in der Verurteilung des jüdischen französischen Armeeoffiziers Alfred Dreyfus 1894 an.
[5]

15. Februar 1898
Eine Explosion im Hafen von Havanna versenkt das **US-Kriegsschiff Maine** und tötet 260 amerikanische Matrosen. Der Spanisch-Amerikanische Krieg kündigt sich an.
[6]

24. April 1898
Spanien erklärt den Vereinigten Staaten den Krieg. Der **Spanisch-Amerikanische Krieg** führt zum Ende der spanischen Kolonialherrschaft in Amerika und zum Erwerb von Territorien im westlichen Pazifik und in Lateinamerika durch die USA.
[7]

1. Mai 1898
Die **Schlacht in der Bucht von Manila** endet mit einem Misserfolg der spanischen pazifischen Flotte gegen die US-amerikanische Marine. Die Niederlage führt zum Fall der Philippinen und trägt zum endgültigen amerikanischen Sieg im Spanisch-Amerikanischen Krieg bei.

[3] Das Ensemble von „Trelawny of the "Wells"". Die berühmtesten Schauspieler hier sind Gerald Du Maurier, Dritter von links im Hintergrund, Irene Vanbrugh in einem abgestuften Rock und Dion Boucicault rechts in einem Schlafrock.

[7] US-amerikanische Marinesoldaten und kubanische Aufständische (in Strohhüten) in der Guantanamo-Bucht auf Kuba. Im Vordergrund ist ein Colt-Maschinengewehr des Modells 1895 zu sehen.

L'AURORE
Littéraire, Artistique, Sociale
J'Accuse...!
RE AU PRÉSIDENT DE LA RÉPUBLI
Par ÉMILE ZOLA

[5] Der Brief von Zola an den französischen Präsidenten Faure. Zwei Tage, bevor er veröffentlicht wird, wird Major Esterhazy, der zweifelsfrei für die Deutschen spioniert und Dreyfus beschuldigt hatte, angeklagt und freigesprochen.

[10] Kitchener in einem „Tarboosh", oder „Fes", als Sirdar (Kommandant) der ägyptischen Armee.

[6] Ein Mast und einige der Aufbauten des US-amerikanischen Kriegsschiffs „Maine" ragen aus dem Wasser im Hafen von Havanna, Kuba.

[11] Eine Werbeanzeige einer französischen pharmazeutischen Firma für Aspirin aus der Zeitschrift „La Vie Parisienne".

[10]
18. September 1898
Britische Streitkräfte unter Sir Horatio Herbert Kitchener stehen französischen Truppen unter dem Befehl von Jean-Baptiste Marchand beim umstrittenen Fort von **Fashoda** im ägyptischen Sudan gegenüber.

12. Oktober 1898
In einem Kohlebergwerk in Virden, US-Bundesstaat Illinois, bricht ein Aufruhr aus, als **Streikbrecher** vor Ort gebracht werden. Dieses Ereignis ist ein Meilenstein in der Geschichte der US-Gewerkschaften.

18. Oktober 1898
Kurz vor Ende des Spanisch-Amerikanischen Krieges wird **Puerto Rico** an die Vereinigten Staaten übergeben.

10. Dezember 1898
Vertreter Spaniens und der Vereinigten Staaten unterzeichnen den **Frieden von Paris**, der den Spanisch-Amerikanischen Krieg beendet.

1899
Eine **Cholera-Pandemie** bricht aus. Sie wird bis 1923 andauern und in Indien, Arabien und entlang der afrikanischen Nordküste besonders viele Todesopfer fordern.

[11]
1899
Das deutsche chemische und pharmazeutische Unternehmen Bayer AG entwickelt **Aspirin** und bringt es als ein wirksames Schmerzmittel auf den Markt.

1899

1899
Die Ablegung einer **Fahrprüfung** wird verpflichtend für alle, die in Frankreich ein Automobil steuern möchten.

1899
Der afroamerikanische Komponist **Scott Joplin** veröffentlicht seinen *Maple Leaf Rag*, von dem schnell eine Million Kopien verkauft werden.
[1]

1899
Der US-amerikanische Wirtschafts- und Sozialwissenschaftler Thorstein Veblen veröffentlicht **The Theory of the Leisure Class** (Die Theorie der feinen Leute), in der er den Ausdruck „Geltungskonsum" prägt.
[2]

1899
Der US-amerikanische Romanschriftsteller **Frank Norris**, der erste wichtige naturalistische Schriftsteller in den Vereinigten Staaten, veröffentlicht den Roman *McTeague*, die Geschichte eines brutalen Zahnarzts, der seine geizige Frau ermordet.

1899
Die US-amerikanische Romanschriftstellerin **Kate Chopin** veröffentlicht *The Awakening* (Das Erwachen), eine offen feministische Novelle über das emotionale und sexuelle „Erwachen" einer Frau im ausgehenden 19. Jahrhundert.

1899
Der US-amerikanische Maler **Winslow Homer** erreicht den Höhepunkt seiner Karriere mit *The Gulf Stream*, in dem ein Mann träge auf dem Deck eines kleinen zerschmetterten Segelboots liegt, während ihn Haie umkreisen.

1890-1899

[1] Das Deckblatt der Notenblätter zum „Maple Leaf Rag" von Scott Joplin, dem Komponisten von „Swipesey Cake Walk", „Augustan Club Waltz" und „Sunflower Slow Drag".

[2] Thorstein Veblen behauptet in seinem Buch, dass extreme Kleidung, wie dieses Wespentaillen-Mieder, die Abgekehrtheit von jeglichem Bedürfnis, bescheiden innerhalb der eigenen Mittel zu leben, beweist.

[7] Mt. Rainier, vom ihn umgebenden Nationalpark aus betrachtet.

[8] Ein großer Fiat mit einer Panne um 1905. Während der Chauffeur unter die Motorhaube schaut, sonnen sich die Passagiere, die Schutzbrillen gegen den Staub tragen.

[6] Der französische Kriegsminister Mercier (links) mit, neben ihm, Oberst Jouart, Präsident des Militärgerichts, das über Dreyfus neu verhandelt. Sein sorgfältig gewähltes zweideutiges Urteil: „Schuldig, aber mit mildernden Umständen", wird gefällt, um das Gesicht der Armee zu wahren.

[9] Carsten Borchgrevink, 1894 Mitglied der ersten Expedition, die auf dem Antarktischen Kontinent an Land geht, sowie der erste Mann, der dort überwintert.

[6]
1899
Der jüdische französische Armeeoffizier **Alfred Dreyfus** wird durch ein weiteres Kriegsgericht für schuldig erklärt, wird aber vom französischen Präsidenten begnadigt.

1899
Louis Sullivan entwirft das Meisterwerk seiner späten Schaffensperiode, das Carson Pirie Scott Building in Chicago. Obwohl der Stahlstrukturrahmen klar sichtbar ist, fügt Sullivan eine meisterhafte Gusseisenverzierung zur Fassade hinzu.

[7]
1899
Der Mt.-Rainier-Nationalpark wird im US-Bundesstaat Washington geschaffen. Er soll helfen, den **Mt. Rainier**, einen inaktiven, nahezu 4400 m hohen Vulkan, und seine Umgebung zu bewahren.

1899
Die **Nippon Electric Company** wird mit finanzieller Unterstützung der US-amerikanischen Western Electric Company gegründet. Sie ist das erste japanische Gemeinschaftsunternehmen mit einer ausländischen Gesellschaft.

1899
Die Gesellschaft, aus der **DuPont** hervorgehen wird, wird gegründet. Acht Jahre später wird sie das Ziel einer US-amerikanischen Kartellklage, da sie in der amerikanischen Explosivstoff-Industrie nahezu eine Monopolstellung erreicht hat.

1899
Die **batteriebetriebene elektrische Taschenlampe** wird in den Vereinigten Staaten vom in Russland geborenen Erfinder Conrad Hubert patentiert.

1899
Die *Enigma-Variationen* von **Edward Elgar** werden unter der Leitung des Ungarn Hans Richter uraufgeführt. Sie bringen Elgar Anerkennung als ein führender Komponist und werden seine am häufigsten gespielte Kompositionen werden.
[3]

1899
Der englische Autor Rudyard Kipling veröffentlicht sein Gedicht **The White Man's Burden** (Die Bürde des weißen Mannes). Es wird gedeutet als Ermahnung an die Vereinigten Staaten, die „Bürde" der Zivilisierung der Philippinen auf sich zu nehmen.

1899
Der deutsche Archäologe Robert Koldewey beginnt Ausgrabungen im Irak, die das **Babylon** der Bibel freilegen werden. Während seiner 18 Jahre andauernden Tätigkeit dort werden das Ishtar-Tor sowie der biblische Turm zu Babel gefunden.

1899
In **Bolivien** übernehmen die Liberalen die Macht von den Konservativen in der sogenannten „Bundesrevolution".

1899
In Kansas beginnt die militante Abstinenzlerin **Carry Nation** ihre Kampagne für die Schließung von Saloons; sie greift Bars mit ihrem Beil an.
[4]

1899
Jean Sibelius, der führende Komponist Skandinaviens, schreibt sein Ton-Gedicht **Finlandia**; inspiriert wurde er von der skandinavischen Landschaft.
[5]

[3] Die „Enigma-Variationen" von Edward Elgar sind so benannt, weil sie versteckte musikalische Anspielungen auf die Charaktere mehrerer seiner Freunde enthalten.

[5] Jean Sibelius, die Verkörperung von Finnlands kultureller Identität, sowohl vor als auch nach der Erringung der Unabhängigkeit von Russland.

[4] Carry Nation, Bibel in einer Hand, Beil in der anderen. Sie nimmt es selbst in die Hand, in Kansas Saloons zu zerstören. Für ihre Aktionen wird sie verhaftet, bestraft, eingesperrt, angeschossen und zusammengeschlagen.

DIE GEBURT VON RENAULT

Der zukünftige größte Automobilhersteller Frankreichs

Louis Renault (auf dem Bild am Lenkrad des mittleren Fahrzeugs oben) baute sein erstes Automobil 1898. Bekannt als die „Voiturette", war es ein Umbau eines De-Dion-Bouton-Fahrrads mit einem revolutionären Dreiganggetriebe.

Renault schloss sich dann mit seinen älteren Brüdern, Fernand und Marcel, zusammen, um eine Reihe von kleinen Autos zu bauen, und bildete das Kraftfahrzeugunternehmen Renault Frères (Renault-Brüder). Fahrzeuge von Renault zogen viel Aufmerksamkeit auf sich, weil sie zahlreiche Straßenrennen gewannen, bis Marcel während eines 1903 durchgeführten Rennens von Paris nach Madrid getötet wurde. Das Unternehmen zog sich dann vom Rennsport zurück und konzentrierte sich auf die Produktion von Straßenfahrzeugen.

1905 führte Renault das erste von zwei Erfolgsmodellen ein, die häufig als Taxis eingesetzt wurden. Diese wurden während des Ersten Weltkriegs (1914-18) berühmt, als 600 Pariser Taxis verwendet wurden, um Soldaten zur ersten Schlacht an der Marne zu transportieren. Renault trug auch zu den Kriegsanstrengungen bei, indem man Granaten, Flugzeugmotoren und 1918 den Renault-Panzer produzierte. Dieser wurde in den letzten Monaten des Ersten Weltkriegs häufig als Truppenbegleitfahrzeug eingesetzt.

Louis Renault fuhr fort, die Produktionskapazität seines Werkes in Boulogne-Billancourt zu steigern, und nach dem Krieg erweiterte er seine Produktion um Farmausrüstung, See- und Industriemaschinerie sowie Dieselmotoren. Im Zweiten Weltkrieg kamen die Fabriken unter deutsche Kontrolle und viele wurden durch alliierte Bombardierungen schwer beschädigt. Als Paris 1944 befreit wurde, wurden die Fabriken, die nicht zerstört worden waren, von der französischen Regierung beschlagnahmt und verstaatlicht.

1899
Der erste Entwurf für eine **Büroklammer** wird vom norwegischen Erfinder Johan Vaaler zum Patent angemeldet. Er patentiert sein Design in Deutschland.

1899
Der französische Automobilhersteller **Renault**, der von Louis Renault und seinen Brüdern, Marcel und Fernand, gegründet wurde, erhält seine ersten Bestellungen.

[8]
1899
Der italienische Kraftfahrzeughersteller **Fiat** wird von Giovanni Agnelli in Turin gegründet.

[9]
1899
Das Expeditionsschiff *Southern Cross* setzt den in Norwegen geborenen australischen Forscher **Carsten Borchgrevink** am Kap Adare in der Antarktis ab, wo er die erste Überwinterung auf dem Antarktischen Kontinent vollzieht.

1899
Die **United Fruit Company** wird gegründet. Sie ist das Ergebnis der Fusion der Boston Fruit Company und anderer Firmen, die Bananen, die auf den karibischen Inseln, in Mittelamerika und Kolumbien angebaut werden, produzieren und vermarkten.

1899
Die Vereinigten Staaten geben eine erste Erklärung der **Open Door Policy** (Politik der offenen Tür) ab. Sie hat das Ziel, gleiche Rechte zwischen den Ländern, die mit China Handel treiben, sicherzustellen.

1899

1899
Der österreichische Journalist und Satiriker **Karl Kraus** gründet seine eigene Zeitschrift, *Die Fackel*. Darin greift er Korruption, nationalistische Aggression und die Psychoanalyse an.
[1]

1899
Der hervorragende deutsche Mathematiker David Hilbert schafft das moderne Konzept der Geometrie mit seinem Buch **Grundlagen der Geometrie**.

1899
Der Wiener Psychiater Sigmund Freud veröffentlicht **Die Interpretation von Träumen**, einen Meilenstein in der Psychoanalyse. Darin präsentiert er seine Theorie des Ödipuskomplexes. Seine Schriften über die kindliche Sexualität gehören zu seinen umstrittensten.
[2]

ca. 1899
Ein dreiteiliger **Gummigolfball** wird von Coburn Haskell, einen Golfspieler aus Cleveland, US-Bundesstaat Ohio, und Bertram G. Work von der B.F. Goodrich Company erfunden. Er wird das Golfspiel weltweit revolutionieren.
[3]

ca. 1899
Das **Fin de siècle** neigt sich seinem Ende zu. Der Ausdruck beschreibt eine Bewegung, die von Dekadenzdichtern Frankreichs und dem Ästhetizismus Englands angeführt wurde. Kultiviertheit und Realitätsflucht sind seine Markenzeichen.

18. Februar 1899
Émile Loubet wird zu Präsidenten Frankreichs gewählt. Er wird sowohl zum Bruch zwischen der französischen Regierung und dem Vatikan (1905) als auch zu verbesserten Beziehungen mit Großbritannien beitragen.

[2] Sigmund Freud. Er bringt die Idee vor, dass Träume eine unbewusste Darstellung von unterdrückten Wünschen, häufig sexuellen, sind.

[4] Britische Soldaten, die ihre neuen khakifarbenen Uniformen und Tropenhelme zum Schutz vor der Sonne tragen, simulieren in Südafrika für einen Pressefotografen eine Bajonettattacke.

[1] Das Deckblatt der Erstausgabe von „Die Fackel".

[3] Der französische Golfspieler Armaud Massy zielt mit seinem Driver auf einen der neuen Gummigolfbälle.

[4] Zwei Buren, ein Schulmeister und sein Schüler, Mitglieder der Truppen, die Mafeking belagern.

Mai 1899
George Horace Lorimer wird Redakteur der **The Saturday Evening Post**. Er steigert deren Auflage gewaltig, indem er Texte von Stephen Crane, Theodore Dreiser, Willa Cather und Anderen veröffentlicht.

18. Mai 1899
Die erste **Haager Friedenskonferenz** tritt zusammen, um Rüstungsbeschränkungen durchzusetzen. Obwohl sie bei ihrem primären Ziel scheitert, definiert sie die Bedingungen eines Staates im Kriegszustand und Gepflogenheiten im Krieg.

11. August 1899
Kaiser Wilhelm II. eröffnet den **Dortmund-Ems-Kanal**, der die Industriegebiete des östlichen Ruhrgebiets mit der Nordsee verbindet.

[4]
11. Oktober 1899
Der **Südafrikanische Krieg** (auch Zweiter Burenkrieg) beginnt zwischen Großbritannien und den zwei Buren-Republiken – Südafrikanische Republik (Transvaal) und Oranjefreistaat.

Ein Stammesangehöriger der Nez Perce und seine Frau, ca.1900.

1900

1900
Dem britischen Oberst Robert Baden-Powell gelingt es, die südafrikanische Stadt **Mafeking** gegen die zahlenmäßig weit überlegenen Buren zu halten.
[1]

1900
Die **Weltausstellung** findet in Paris statt.

1900
Die Central Line, Londons erste **U-Bahn-Linie**, wird eröffnet.
[2]

1900
Der erste britische motorisierte **Omnibus** wird in Betrieb genommen. Die bisher gebräuchlichen Pferdeomnibusse werden damit schon bald überflüssig.

1900
In Deutschland tritt das seit 1881 zusammengestellte **Bürgerliche Gesetzbuch** (BGB) in Kraft. Dieses wegweisende Projekt war die erste Kodifikation im Privatrecht, die für das gesamte Reichsgebiet Gültigkeit besaß. Das Gesetzbuch ist – mit zahlreichen Veränderungen – bis heute in Kraft.

1900
Der US-amerikanische Schriftsteller L. Frank Baum veröffentlicht das Kinderbuch **The Wizard of Oz** (Der Zauberer von Oz). Zahlreiche Fortsetzungen sowie Filmadaptionen tragen in der Folge zum Ruhm des Buches bei.

DIE WELTAUSSTELLUNG IN PARIS

Ein Jahrhundert in der Retrospektive

Die von April bis November 1900 auf einem vierteiligen Gelände entlang der Seine abgehaltene *Exposition Universelle de Paris* bot eine Rückschau auf die großen Errungenschaften des 19. Jahrhunderts. Die über 83 000 Hauptexponate waren in drei Kategorien aufgeteilt – Technik, Kunst sowie Erziehung und Wissenschaft. 43 Nationen nahmen an der Ausstellung teil, die über 50 Millionen Besucher anzog. Zu den beliebtesten Attraktionen zählten aus Pappmaschee und Gips gefertigte Kulissen, mit denen Industrieprodukte aus aller Welt angepriesen wurden.

Besonders beeindruckend unter den zahlreichen für die Ausstellung angefertigten Modellen war ein Riesenglobus auf dem Platz vor dem Eifelturm (links). Der Außendurchmesser der äußeren, auf vier Steinpfeilern montierten Kugel betrug 160 Meter. Darin befand sich eine weitere, etwas kleinere Kugel mit einem Durchmesser von 127,5 Metern, die eine Bibliothek mit einer Auswahl wertvoller und interessanter Bücher aus der Nationalbibliothek Frankreichs beherbergte.

[7] Ein eleganter Puccini posiert um 1900 für den Fotografen.

[6] Die der Tierwelt äußerst zugetane Beatrix Potter posiert im Alter von 15 Jahren mit ihrem Spaniel.

[2] Eine der Elektrolokomotiven, die die Waggons auf Londons neu eingerichteter Central Line zieht. Das Führerhaus ist so gebaut, dass die Lok in beide Richtungen fahren kann.

[1] Anlässlich der Befreiung von Mafeking versammelt sich eine jubelnde Menge vor Baden-Powells Wohnhaus in London, an dessen Fassade seine Initialen prangen.

[6]
1900
Die Britin **Beatrix Potter** veröffentlicht **The Tale of Peter Rabbit** (Die Geschichte von Peter Hase). Ihre bezaubernden Geschichten machen sie zu einer der beliebtesten Kinderbuchautorinnen des 20. Jahrhunderts.

[7]
1900
Giacomo Puccinis Oper **Tosca** feiert Premiere in Rom. Auch andere Kompositionen von Puccini, wie *La Bohème* (1896) und *Madame Butterfly* (1904), gehören zu den bedeutendsten Werken in der Geschichte der Oper.

[8]
1900
Der deutsche Physiker Max Planck begründet die **Quantentheorie**, womit er eine Revolution der modernen Physik in Gang setzt. Im Jahr 1918 wird er für seine Leistungen mit dem Nobelpreis für Physik ausgezeichnet.

1900
Enrico Caruso debütiert an der Mailänder Scala in *La Bohème*. Im Laufe seiner Karriere wird er zum beliebtesten italienischen Operntenor des frühen 20. Jahrhunderts. Er war einer der ersten Sänger, dessen Stimme auf Schallplatten dokumentiert wurde.

1900
Im westafrikanischen **Nigeria** werden britische Protektorate eingerichtet.

1900
In Paris erscheint die erste Ausgabe des **Guide Michelin**, dem ersten europäischen Restaurantführer.

1900
Antoni Gaudí baut die Villa Bell Esguard in Barcelona. Gaudís höchst eigenwilliger Stil ist geprägt von geschwungenen Linien und durch die Natur inspirierten organischen Formen.

1900
Bei den **Olympischen Spielen in Paris** gewinnt der US-Amerikaner Ray C. Ewry die Goldmedaille in allen drei Standsprungdisziplinen. Im Lauf seiner Karriere nimmt Ewry an acht Olympischen Sprungwettbewerben teil, die er allesamt gewinnt.
[3]

1900
Der Reichstag verabschiedet ein zweites Flottengesetz zur Aufrüstung der **Deutschen Hochseeflotte**, was zu einer verstärkten Rivalität mit Großbritannien führt.
[4]

1900
Mit Hilfe eines Kanals wird die Fließrichtung des **Chicago River** umgekehrt, sodass das Wasser nun vom Michigansee Richtung Inland zum Mississippi geleitet wird. Dies gilt als eine der größten Meisterleistungen in der Geschichte moderner Ingenieurskunst.

1900
In Paris wird der von Victor Laloux entworfene Bahnhof **Gare d'Orsay** eröffnet. Viele Jahre später wird das Gebäude zum Kunstmuseum *Musée d'Orsay* umgewandelt – bis heute eine der wichtigsten Touristenattraktionen der Stadt Paris.

1900
Der britische Archäologe Arthur John Evans entdeckt den Palast von **Knossos** auf Kreta.
[5]

[3] Ray C. Ewry beim Standhochsprung während der Olympiade in Paris. Er gewinnt diese Disziplin, wie auch den Standweit- und den Standdreisprung, die heute alle drei nicht mehr zum Olympischen Programm gehören.

[4] Eine Heckansicht der „SMS Kaiser Barbarossa", einem Kriegsschiff der Kaiserlichen Marine, beim Durchfahren des Nord-Ostsee-Kanals im Jahr 1902.

[5] Ein Fresko im minoischen Palast von Knossos. Diener tragen Weinkrüge zu Tisch.

[8] Max Planck, der Vater der Quantenphysik.

[9] Ein von Hector Guimard im Stil der Art Nouveau entworfener Eisenzaun am Eingang der Metro-Station „Bastille" in Paris.

[10] Ein Teilnehmer des Boxeraufstands, bewaffnet nur mit einem Bambusschild und einem Beil.

[9]
1900
Die erste Metro-Linie der **Pariser Métro** öffnet. Die Station Chatelet entwarf der Architekt Hector Guimard. Besonders charakteristisch für seine zahlreichen im *Art-Nouveau*-Stil gestalteten Metro-Eingänge ist der kleine Pavillon aus Glas und Schmiedeeisen.

1900
Die Firma Hills Brothers beginnt mit dem Verkauf von **vakuumverpacktem gemahlenem Kaffee** und läutet damit den bis in die 1980er Jahre dauernden Untergang der lokalen Kafferöstereien in den Vereinigten Staaten ein.

[10]
1900
Eine chinesische Geheimgesellschaft, die „Boxer", beginnt mit der Belagerung ausländischer Gesandtschaften in Beijing. Die Chinesische Regierung unterstützt den **Boxeraufstand**, da sie sich hiervon die Vertreibung aller ausländischen Kräfte erhofft.

1900
Die vom österreichischen Mönch Gregor Mendel um 1860 verfassten Arbeiten zur **Genetik** werden vom Holländer Hugo de Vries, dem Österreicher Erich Tschermak von Seysenegg und dem Deutschen Carl Correns unabhängig voneinander wiederentdeckt.

1900
Die britische **Labour Party** wird gegründet.

1900
In Frankreich wird die **Arbeitszeit** für Frauen und Kinder auf maximal elf Stunden am Tag begrenzt.

1900

1900
Der erste **Davis Cup** der Geschichte geht an das US-amerikanische Tennisteam.
[1]

1900
Vertreter aus 86 Fußballvereinen gründen in Leipzig den **Deutschen Fußball-Bund** (DFB).

1900
Die **Transsibirische Eisenbahn** nimmt ihren Betrieb auf, zunächst zwischen Moskau und Irkutsk.
[2]

1900
Bei einem Staatsbesuch in Belgien wird der **Prinz von Wales** von einem Anarchisten angeschossen.

1900
In der Architektur findet der **Prärie-Stil** zunehmende Verbreitung. Insbesondere im Mittleren Westen der USA bauen die Anhänger dieses Stils flache Gebäude mit großen Schornsteinen, die sich wie natürliche Erweiterungen in die Landschaft einfügen sollen.

1900
Der US-amerikanische Militärarzt Major Walter Reed beweist, dass **Gelbfieber** durch Moskitostiche übertragen wird.

1900-1909

[1] Der Gründer des Davis Cup, Dwight Davis (rechts), zusammen mit Holcombe Ward 1901 in Wimbledon.

[7] Der Feldmarschall Lord Roberts mit Mitgliedern seiner Truppe in Südafrika. Unter seinem Oberbefehl wendet sich das Blatt im Kampf gegen die Buren, der bis dahin von Misserfolgen gekennzeichnet war, zu Gunsten der Briten.

[6] Pferde, wohin man sieht. Ein Polizist versucht, den Verkehr vor dem Mansion House in der Londoner Innenstadt in Schach zu halten.

[2] Die Transsibirische Eisenbahn beim Durchqueren der Steppe, beobachtet von Kosaken.

[3] Carl Bechstein, Hersteller von Konzertflügeln für die großen Konzertpianisten der Welt.

ca. 1900
In Frankreich werden die ersten **Literaturmagazine** herausgebracht. Es handelt sich um Avantgarde-Journale, die literarische Werke abdrucken und sich kritisch mit ihnen sowie spezifischen literarischen Bewegungen auseinandersetzen.

[6]
ca. 1900
Der Einsatz von **Pferden** in den Städten erreicht seinen Höchststand. Allein in London müssen jährlich rund eine Million Tonnen Pferdedung von den Straßen entfernt werden.

29. Januar 1900
Der russische Revolutionär **Lenin** kehrt nach drei Jahren der Verbannung aus Sibirien zurück. Er emigriert zunächst ins Ausland, von wo aus er die Zeitung *Iskra* (Der Funke) herausbringt, ein revolutionäres Blatt, das heimlich nach Russland eingeführt wird.

30. April 1900
Der **Ständige Schiedshof** in Den Haag, der auf der Haager Friedenskonferenz von 1899 beschlossen wurde, wird eingerichtet. Sein Ziel ist die friedliche Beilegung internationaler Konflikte, die „weder Ehre noch lebenswichtige Interessen" betreffen.

[7]
Mai 1900
Infolge des gewonnenen Zweiten Burenkriegs (auch: Südafrikanischer Krieg) annektiert das Vereinigte Königreich die bis dahin unabhängigen Burenrepubliken **Oranjefreistaat** und **Transvaal** (Südafrikanische Republik).

21. Mai 1900
Russland annektiert die **Mandschurei**, was zu immer stärkeren Spannungen mit Japan führt, die später in den Russisch-Japanischen Krieg (1904-1905) münden werden.

1900
Wasser aus dem **Colorado River** wird ins kalifornische Imperial Valley umgeleitet, was die Region in Amerikas größtes landwirtschaftliches Anbaugebiet verwandelt.

1900
Der Klavierbauer Carl Bechstein, Gründer der **Pianoforte-Fabrik CA. Bechstein**, stirbt in Berlin.
[3]

1900
Zum ersten Mal nehmen auch Frauen an den **Olympischen Spielen** teil. Die englische Tennisspielerin Charlotte Cooper wird die erste Goldmedaillengewinnerin in der Geschichte der Olympischen Spiele.
[4]

ca. 1900
Der Entfesslungskünstler **Harry Houdini** beginnt seine Karriere und erlangt Weltruhm mit seinen wagemutigen Kunststücken.

ca. 1900
Der US-amerikanische Unternehmer George Eastman bringt die **Brownie-Kamera** auf den Markt, die erste einfach zu bedienende und erschwingliche Kamera für den Amateurgebrauch. Damit macht er die Fotografie zur populären Freizeitbeschäftigung für Jedermann.
[5]

ca. 1900
Die Erfindung der **Fetthärtung durch Hydrierung** von Baumwollsaat-Öl bereitet den Weg für die spätere großindustrielle Herstellung von Margarine. Gehärtete Fette ersetzen nach und nach flüssige Öle und tierische Fette beim Kochen.

HARRY HOUDINI

Ein ungarischer Immigrant erlangt Weltruhm als Entfesslungskünstler.

Harry Houdini (richtiger Name: Erik Weisz) erarbeitete sich einen Ruf für seine unglaublichen Leistungen auf dem Gebiet der Entfesselungskunst. Er befreite sich aus Fußfesseln, Seilen und Handschellen sowie aus den verschiedensten verschlossenen Behältern, von einer Milchkanne über Särge bis hin zu verriegelten Gefängniszellen. Bei einem typischen Auftritt (siehe links) wurde er in der Regel mit schweren Ketten gefesselt und dann in einen Behälter gesperrt, der verschlossen, verschnürt und beschwert wurde. Dieser Behälter wurde von einem Boot ins Wasser gelassen, auf dem Houdini, nachdem er sich unter Wasser befreit hatte, kurze Zeit später wieder auftauchte. Bei einem anderen im Freien stattfindenden Kunststück ließ er sich kopfüber in 23 Meter Höhe aufhängen und befreite sich dort oben in schwindelerregender Höhe aus einer Zwangsjacke. Houdinis unglaubliche Entfesselungskünste hingen zum Teil mit seiner großen körperlichen Kraft und Beweglichkeit zusammen, darüber hinaus aber auch mit seinem außergewöhnlichen Talent auf dem Gebiet der optischen Täuschungen und Illusionen.

[4] Charlotte Cooper. Kaum vorstellbar, dass sie mit diesem engen Kragen tatsächlich Tennis spielen konnte.

[8] Der erste Zeppelin bei seinem Jungfernflug über den Bodensee. Am Steuer sitzt Graf Zeppelin.

[9] König Umberto I. von Italien.

[10] Friedrich Nietzsche. Bruchstückhafte Ableitungen aus seinen Werken fanden nach 1918 bei den Nationalsozialisten und in deren Umfeld großen Anklang.

[5] Die Brownie-Boxkamera. „Kein Spielzeug", wie die Werbung betont.

14. Juni 1900
Die Vereinigten Staaten von Amerika annektieren **Hawaii** und verwandeln es in ein US-Territorium. Damit beenden sie ein Jahrhundert des Machtgerangels zwischen Frankreich, Großbritannien und den USA in dieser Region.

14. Juni 1900
In Frankreich findet das erste internationale **Automobilrennen** auf der Strecke von Paris nach Lyon statt.

[8]
2. Juli 1900
Der deutsche Flugpionier Ferdinand Graf von **Zeppelin** lässt zum ersten Mal eines seiner Starrluftschiffe (Zeppelin) starten.

[9]
29. Juli 1900
Der italienische König **Umberto I.** fällt einem Attentat durch den Anarchisten Gaetano Bresci zum Opfer. Nachfolger auf dem Thron wird sein Sohn Viktor Emanuel III.

3. August 1900
Der Industrielle Harvey Firestone gründet die **Firestone Tire & Rubber Company**.

[10]
25. August 1900
Friedrich Nietzsche stirbt in Weimar. Mit seinen Versuchen, die der westlichen Moral und Philosophie zu Grunde liegenden Motive zu demaskieren, beeinflusste Nietzsche nachfolgende Generationen von Dichtern und Denkern.

1900-1901

8. September 1900
Die Stadt **Galveston** in Texas wird von einem Hurrikan heimgesucht, der zwischen 6000 und 8000 Todesopfer fordert. Es ist die zu diesem Zeitpunkt schlimmste Naturkatastrophe Nordamerikas. [1]

17. Oktober 1900
Bernhard von Bülow wird preußischer Ministerpräsident und Reichskanzler des Deutschen Kaiserreichs (1900-1909). Seine Politik verfolgt einen expansiven deutschen Kolonialismus. [2]

November 1900
Im englischen *Blackwood's Magazine* wird der zweite und letzte Teil von **Joseph Conrads** Erzählung *Lord Jim* veröffentlicht.

1901
Der Schriftsteller **Frank Norris**, der erste bedeutende Vertreter des *Naturalismus* in den USA, veröffentlicht sein Meisterwerk *Der Oktopus*, in dem er den Kampf der kalifornischen Weizenbauern gegen das übermächtige Monopol der Eisenbahngesellschaft beschreibt.

1901
Der österreichische Immunologe und Pathologe Karl Landsteiner identifiziert die drei **Blutgruppenmerkmale** A, B und O anhand der Antigene auf der Oberfläche der roten Blutkörperchen. Durch diese Entdeckung werden Bluttransfusionen zu Routine-Eingriffen. [3]

1901
Basierend auf den Erkenntnissen des US-amerikanischen Pathologen und Bakteriologen Walter Reed, der beweisen konnte, dass Gelbfieber durch Moskitostiche übertragen wird, werden in Havanna **Brutstellenkontrollen** eingeführt, was die Region von der Krankheit befreit.

[1] Galveston: eine durch den Hurrikan bis auf die Grundfesten zerstörte Kirche.

[5] George Eastman mit einer seiner Kameras an Bord eines Schiffes.

[6] Emil von Behring, deutscher Pionier auf dem Gebiet der Immunologie und Träger des ersten Nobelpreises für Physiologie und Medizin.

[2] Fürst Bernhard von Bülow. „Unseren Platz an der Sonne" fordert er für die Deutschen ein.

[3] Karl Landsteiner.

[7] Ein früher Mercedes von Lionel Rothschild. Das Modell verfügt über einen Kettenantrieb, eine Ballhupe, Messing-Scheinwerfer und geflochtene Weidenkörbe.

1901
In **Les Combarelles**, einer Höhle im französischen Département Dordogne, werden über 300 aus dem Paläolithikum (Altsteinzeit, um 12 000 v. Chr.) stammende Felsbilder entdeckt, die u.a. Pferde, Nashörner und Mammuts darstellen.

1901
Der aus Schottland stammende amerikanische Industrielle Andrew Carnegie, einer der wichtigsten Philanthropen seiner Zeit, spendet 5,2 Millionen Dollar für die Einrichtung der ersten Zweigstellen der **New York Public Library**.

[5]
1901
Die **Eastman Kodak Company** wird gegründet als Nachfolge-Unternehmen einer bereits 1880 vom Kamera-Pionier George Eastman in Rochester, New York, gegründeten Firma zur Herstellung fotografischer Ausrüstung.

[6]
1901
In Schweden werden zum ersten Mal die vom schwedischen Erfinder und Industriellen Alfred Bernhard Nobel gestifteten **Nobelpreise** für Physik, Chemie, Physiologie oder Medizin, Literatur sowie für Friedensbemühungen vergeben.

[7]
1901
Gottlieb Daimler stellt den ersten **Mercedes** vor. Das Fahrzeug wird nach der Tochter des österreichischen Geschäftsmanns, Emil Jellinek, benannt. Als Dank verspricht der Konsul den Kauf und Vertrieb einer ganzen Jahresproduktion der Fahrzeuge.

1901
In Deutschland erscheint Thomas Manns erster Roman **Buddenbrooks – Verfall einer Familie**. Der Roman wird zu einem Klassiker der deutschen Literatur.

1901
Der englische Ingenieur Hubert Cecil Booth meldet den ersten funktionierenden **Staubsauger** zum Patent an. Betrieben wird das Gerät von einem Benzinmotor.
[4]

1901
Edmund Barton, ein Mitglied der Protectionist Party, welche die Schaffung eines australischen Bundes erfolgreich vorangetrieben hatte, wird zum ersten Premierminister Australiens ernannt.

1901
In Australien wird eine neue Weizensorte namens **Federation** eingeführt. Diese von dem australischen Agrarwissenschaftler William Farrer gezüchtete, dürreresistente Sorte ermöglicht die Ausweitung der australischen Weizenanbaugebiete Richtung Inland.

1901
J.P. Morgan, Elbert H. Gary, Charles M. Schwab und Andrew Carnegie gründen **US Steel** (*United States Steel Corporation*), das erste Milliarden-Unternehmen der Welt. Es ist zu diesem Zeitpunkt die teuerste und größte Fusion in der amerikanischen Geschichte.

1901
Der Erfinder **King Camp Gillette** leiht sich 5000 Dollar für die Gründung einer Rasierklingen-Fabrik. Seine innovative Verkaufsstrategie – er verkauft die Rasierer mit Verlust und holt sich den Profit durch den Verkauf der Klingen – verhilft ihm zu einem dauerhaften Erfolg.

1901
Die deutschen Meteorologen und Pioniere der Höhenwetterkunde Reinhard Süring und Arthur Berson erreichen bei einer Freiluft-Ballonfahrt in einer offenen Gondel, die zum Sammeln von Messdaten durchgeführt wird, die **Rekordhöhe von 10 800 Metern**.

[4] Ein frühes Staubsauger-Modell. Mit seinem elektrischen Antrieb stellt es bereits eine große Verbesserung zu vorangegangenen Modellen dar.

[8] Frédéric Passy, französischer Abgeordneter sowie Fürsprecher und Mitbegründer eines Internationalen Schiedsgerichts für Konfliktlösungen.

[10] Eine sprudelnde Ölquelle in Texas.

[9] Booker T. Washington vor dem Tuskegee Institute in Alabama, flankiert von Andrew Carnegie (rechts) und dem späteren US-Präsidenten W.H. Taft.

[11] König Eduard VII. folgt dem Sarg seiner Mutter, Königin Viktoria. Hinter ihm auf dem weißen Pferd reitet sein Neffe, der deutsche Kaiser Willhelm II.

[8]
1901
Der aus der Schweiz stammende Gründer des Roten Kreuzes, Henri Dunant (siehe auch 1863) und der französische Ökonom und Humanist Frédéric Passy erhalten gemeinsam den **ersten Friedensnobelpreis**.

[9]
1901
Up from Slavery (Vom Sklaven empor), die Autobiografie des afroamerikanischen Pädagogen und Sozialreformers **Booker T. Washington**, erscheint. Er war Gründer und Präsident des Tuskegee Institute, einer Bildungseinrichtung für Schwarze.

1. Januar 1901
Das **Commonwealth of Australia** wird gegründet. Es erhält eine schriftliche Verfassung, in der die Pflichten der föderalen Regierung sowie die Machtverteilung zwischen Regierung und den einzelnen Bundesstaaten festgelegt sind.

[10]
10. Januar 1901
In der Nähe der texanischen Stadt **Beaumont** wird Erdöl gefunden. Das Ölfeld erweist sich als eines der größten der gesamten USA. Angeblich gibt es hier mehr Öl als in allen anderen Erdölgebieten der USA zusammengenommen.

[11]
22. Januar 1901
Königin Viktoria von England stirbt. Am Ende ihrer langen Regentschaft, der längsten in der englischen Geschichte, hat sie es geschafft, das angeschlagene Ansehen und die Popularität der englischen Krone wiederherzustellen.

24. Juli 1901
Der US-amerikanische Schriftsteller **O. Henry** (Pseudonym von William Sydney Porter) wird nach drei Jahren Haft wegen Veruntreuung aus dem Gefängnis entlassen.

1901-1902

2. September 1901
In einer Rede legt Vizepräsident Theodore Roosevelt seinen politischen Ansatz der US-Außenpolitik dar: **„Speak softly and carry a big stick“** („Sprich sanft und trage einen großen Knüppel“).

6. September 1901
Der Republikaner **William McKinley**, der 25. Präsident der USA (1897-1901), wird während eines Besuchs der Weltausstellung in Buffalo, New York, vom Anarchisten Leon Czolgosz angeschossen.

7. September 1901
Mit der Unterzeichnung des **Boxerprotokolls** in Beijing wird der Boxeraufstand beendet. Als Sühne für die vielen getöteten Ausländer wird China zu hohen Reparationszahlungen an die Kolonialmächte verpflichtet.

9. September 1901
Der französische Künstler **Henri de Toulouse-Lautrec** stirbt. Der zu seinen Lebzeiten auch als „Seele von Montmartre“ bezeichnete Künstler wurde unter anderem bekannt für die Werbeplakate, die er für die Amüsierbetriebe des Viertels entwarf.
[1]

14. September 1901
Der US-Präsident William McKinley erliegt acht Tage nach dem auf ihn verübten Attentat seinen Schussverletzungen. Der bisherige Vizepräsident **Theodore Roosevelt** übernimmt das Präsidentenamt.
[2]

16. Oktober 1901
US-Präsident Theodore Roosevelt empfängt den schwarzen Pädagogen, Sozialreformer und Präsidenten des Tuskegee Instituts, **Booker T. Washington**, zu einem Dinner im Weißen Haus. Entrüstete Weiße verüben daraufhin Anschläge gegen Schwarze.

[1] Toulouse-Lautrec vor seiner Staffelei. Als Entschuldigung für seine Absinth-Abhängigkeit gab der aufgrund einer Erbkrankheit und mehrerer Kindheits-Verletzungen Kleinwüchsige an, er falle ja nicht tief, wenn er betrunken sei.

[6] Joseph Conrad. Der gebürtige Pole diente einige Jahre in der britischen Handelsmarine, aus der er 1894 ausschied.

[5] Arthur Balfour. Nicht nur Politiker und Premierminister von Rang und Namen, sondern auch Philosoph. Abgesehen davon machte er sich um die zunehmende Popularität des Golfsports verdient.

[3] Santos-Dumont bei seinem ersten Versuch, den Deutsch-Preis zu gewinnen. Kurz nach dieser Aufnahme kollidierte sein Luftschiff mit dem Dach des Restaurants Trocadéro. Nachdem er im dritten Anlauf den begehrten Preis endlich gewonnen hatte, spendete er den Großteil seines Preisgelds für Bedürftige.

[7] Der luxuriös ausgestatte Friseursalon im New Yorker Algonquin-Hotel.

[8] Ein Selbstporträt von Paul Cézanne.

1900-1909

[5]
1902
Der Konservative **Arthur James Balfour** wird britischer Premierminister. Als britischer Außenminister formuliert er später die Balfour-Deklaration von 1917, mit der Großbritannien offiziell den Zionismus anerkennt.

1902
Der österreichische Erfinder Carl Auer Freiherr von Welsbach gründet eine Fabrik zur Herstellung von **Metallfadenlampen**, einer frühen Form der Glühbirne. Sie ist eine große Verbesserung der vorher gebräuchlichen Kohlefadenlampen.

[6]
1902
Der britische Schriftsteller **Joseph Conrad** veröffentlicht seine Erzählung *The Heart of Darkness* (Herz der Finsternis). Conrad beschreibt in seinen Werken Individuen im Kampf mit der Natur, der Boshaftigkeit sowie dem eigenen inneren Wesen.

1902
Die Firma Binney & Smith aus Easton in Pennsylvania bringt die ersten **Wachsmalstifte** auf den Markt. Edwin Binney entwickelte die Stifte, indem er die von der Firma produzierten schwarzen Markiergeräte mit Öl und Farbpigmenten vermischte.

1902
Claude Debussys einzige fertiggestellte Oper, **Pelléas und Mélisande**, wird uraufgeführt.

[7]
1902
In New York wird das **Algonquin-Hotel** eröffnet. Es entwickelt sich zu einem beliebten Künstlertreffpunkt und wird berühmt für den in den 1920er Jahren regelmäßig stattfindenden „Algonquin Round Table“ einer losen Gruppe von Schriftstellern.

19. Oktober 1901
Der brasilianische Luftfahrtpionier **Alberto Santos-Dumont** gewinnt für seinen 11,3 Kilometer langen Flug vom Pariser Vorort Saint-Cloud zum Eifelturm und zurück in weniger als einer halben Stunde den mit 100 000 Franc dotierten Deutsch-Preis.
[3]

29. Oktober 1901
Der Anarchist **Leon Czolgosz** wird für sein Attentat auf den US-amerikanischen Präsidenten William McKinley hingerichtet.

12. Dezember 1901
Der italienische Physiker und Erfinder Guglielmo Marconi empfängt im kanadischen Neufundland die **erste transatlantische Funknachricht**. Ein Lehrer im englischen Cornwall sendet den Buchstaben S im Morsecode und Marconi empfängt ihn auf der anderen Seite des Ozeans.

1902
Die Residenz des US-Präsidenten in Washington, D.C., erhält offiziell den Namen **The White House** (Weißes Haus). Ursprünglich hieß das Gebäude *President's Palace*, wurde jedoch 1810 in *Executive Mansion* umbenannt, um Assoziationen zum Königtum zu vermeiden.

1902
Der amerikanische Erfinder Willis Haviland Carrier entwickelt die erste **Klimaanlage** zum Kontrollieren von Temperatur und Luftfeuchtigkeit innerhalb geschlossener Räume.

1902
Der amerikanische Fotograf **Alfred Stieglitz**, dessen Anliegen es war, die Fotografie zur Kunstform zu erheben, gründet die *Photo-Secession*, einen Club, der sich für die Fotografie als künstlerischem Ausdrucksmittel einsetzt.
[4]

[2] US-Präsident Theodore Roosevelt, strotzend vor Selbstvertrauen, beim Sprung über ein Hindernis im Chevy Chase Club in Washington.

[9] Die „Preußen": das weltweit einzige Schiff mit einer derartigen Anordnung der Segel.

[4] Eine eindrucksvolle Aufnahme von Alfred Stieglitz. Sie zeigt den East River mit Blick auf Lower Manhattan.

DAS FLATIRON BUILDING

Ein ungewöhnlicher Wolkenkratzer in New York

Obwohl der ursprüngliche Name „Fuller Building" lautete, ging das Bürogebäude aufgrund seines keilförmigen Grundrisses, der durch die ungewöhnliche Form der Baufläche an der Kreuzung der 23rd Street, Fifth Avenue und Broadway vorgegeben war, schon bald als Flatiron Building („Bügeleisengebäude") in die Geschichte ein.

Obwohl es mit seiner Höhe von 87 Metern niemals zu den höchsten Gebäuden Manhattans zählte – das 1899 fertig gestellte Park Row Building war stolze 32 Meter höher – war es doch von Anfang an eines der markantesten. An der spitz zulaufenden Seite beträgt die Breite lediglich zwei Meter.

Der Architekt Daniel Burnham, der bereits etliche Hochhäuser in Chicago gebaut hatte, kombinierte bei der Fassadengestaltung der aus mit Terrakotta und Stein verkleideten Stahlkonstruktion Elemente aus der französischen und italienischen Renaissance-Architektur, womit er das Gebäude vor dem monotonen Äußeren anderer Hochhäuser bewahrte.

Das Flatiron Building war ein Teil der Bemühungen, nördlich der Wall Street ein neues Geschäftszentrum zu etablieren. Auch wenn dieses Projekt insgesamt nicht von Erfolg gekrönt war, so zieht doch das Flatiron Building seit jeher unzählige Touristen und Fotografen an und wurde durch die berühmten Fotografien von Edward Steichen und Alfred Stieglitz unsterblich gemacht.

[8]
1902
In seiner letzten Schaffensperiode, gegen Ende seines Lebens, konzentriert sich **Paul Cézanne** auf das Malen provenzalischer Landschaften, wobei er die sichtbare Welt neu strukturiert, auf Perspektive verzichtet und Objekte in farbige Flächen verwandelt.

1902
Der deutsche Erfinder Arthur Korn entwickelt das erste **Verfahren zur Bildtelegrafie**.

1902
Mit einer Spende von zehn Millionen Dollar finanziert Andrew Carnegie die Gründung der **Carnegie Institution of Washington**, D.C. Die Stiftung kümmert sich um die Finanzierung wissenschaftlicher Forschungsprojekte.

1902
Das **Flatiron Fuller Building** in New York wird fertiggestellt. Das vom Chicagoer Architekten Daniel Burnham entworfene Hochhaus läuft an einer Seite spitz zu und erinnert so an ein Bügeleisen. Es war einer der höchsten Wolkenkratzer seiner Zeit.

[9]
1902
In Deutschland wird das Fünfmastvollschiff **Preußen** zu Wasser gelassen, das mit seinen sechs Segeln pro Mast einzigartig war.

1902
James Drummond Dole, Sohn eines Cousins des hawaiischen Präsidenten Sanford Dole, gründet die **Hawaiian Pineapple Company**.

1902
Die McCormick Harvesting Company fusioniert mit einigen anderen Herstellern landwirtschaftlicher Maschinen zur **International Harvester Company**.
[1]

1902
Der Kunstmäzen Karl Ernst Osthaus eröffnet das von ihm finanzierte Folkwang-Museum. 1922 fusioniert es mit dem Essener Kunstmuseum zum **Museum Folkwang**.

1902
Der US-Kongress verabschiedet den nach Senator John Spooner aus Wisconsin benannten *Spooner Act*, der den Bau des **Panamakanals** auf Staatskosten beschließt und Präsident Theodore Roosevelt zum Kauf der Rechte und der bisher geleisteten Arbeiten autorisiert.

1902
Eduard VII. von Großbritannien wird in der Westminster Abbey zum König gekrönt.
[2]

1902
Die **Berliner U-Bahn** nimmt ihren Betrieb auf.

1902
Bei einem Jagdausflug weigert sich der US-amerikanische Präsident Theodore Roosevelt, einen angebundenen kleinen Bären zu erschießen. Spielzeughersteller bringen daraufhin einen ausgestopften Stoffbären mit dem Spitznamen des Präsidenten auf den Markt: den **Teddybär**.

[1] Ein Mähbinder von McCormick bei der Weizenernte.

[3] Orville Wright beim Flug mit einem Doppeldecker-Gleitapparat in Kitty Hawk, North Carolina.

[6] Ein Haufen Schutt vor dem Markusdom in Venedig ist alles, was nach dem Einsturz des Turms noch übrig bleibt. Der Turm wird wieder aufgebaut.

[9] Arnold Schoenberg. In seinem Sextett „Verklärte Nacht“ blickt er noch zurück in die Welt von Brahms, Wagner und Mahler, zeigt jedoch auch bereits Hinweise auf seine spätere Hinwendung zur atonalen Musik.

[2] König Eduard VII. und seine Gemahlin Königin Alexandra im Krönungsornat mit den traditionell mit Hermelin besetzten Krönungsroben.

[7] Orville Wright bei seinem ersten Motorflug. Er erreicht eine Geschwindigkeit von 10,8 km/h und legt eine Strecke von 38 m zurück. Der Schlüssel zum Erfolg ist die Entwicklung eines kontrollierbaren Steuersystems.

[6]
14. Juli 1902
Der **Campanile des Markusdoms** in Venedig stürzt ein. Ein Fotograf, der den Zusammenbruch des Turms zufällig fotografisch festhält, macht ein Vermögen mit seiner Aufnahme. Der Wiederaufbau des Campanile dauert bis 1912.

[7]
1903
Nach vielen Jahren des Experimentierens und Studiums der Arbeit ihrer Vorgänger gelingt es den Brüdern **Orville und Wilbur Wright** in Kitty Hawk in North Carolina zum ersten Mal, einen Flug nach dem Prinzip „Schwerer als Luft“ durchzuführen.

1903
Der kanadische Geologe Albert Peter Low ist Kommandeur der *Neptune* bei der **ersten kanadischen Forschungsmission in der Arktis**. Seine Erkundungsreisen sind von Bedeutung für Kanadas Souveränitätsansprüche in der Arktis.

[8]
1903
Heinrich Zille, Zeichner und Fotograf von Figuren der deutschen sozialen Unterschicht, wird auf Betreiben von Max Liebermann in die Künstlergruppe *Berliner Secession* aufgenommen.

[9]
1903
Arnold Schoenbergs Streichsextett *Verklärte Nacht* wird in Wien uraufgeführt.

1903
Auguste Perret baut ein Wohnhaus in der Rue Franklin Nr. 25 in Paris. Der Franzose Perret, ein Pionier des Eisenbetonbaus, baute den ersten Häuserblock aus Beton.

1902
Die Brüder Wilbur und Orville Wright entwerfen und bauen ihren ersten erfolgreichen Flugapparat, einen **Doppeldecker-Gleitapparat**. Der Gleiter beweist, dass die Brüder die wichtigsten Probleme für Flüge nach dem Prinzip „Schwerer als Luft" gelöst haben.
[3]

26. März 1902
Der englische Finanzier, Staatsmann und Gründer des britisch dominierten Südafrika, Cecil Rhodes, veranlasst in seinem Testament die Einrichtung einer Stiftung, die ein **Rhodes-Stipendium** zum Besuch der Universität Oxford verleiht.
[4]

8. Mai 1902
Bei einem Ausbruch des **Mont Pelé** auf der Insel Martinique kommen ca. 30 000 Menschen ums Leben; etwa 15 Prozent der gesamten Inselbevölkerung. Das Ereignis ist so dramatisch, dass diese Art des Ausbruchs von Asche und Gas fortan „Pele-Typ" genannt wird.

17. Mai 1902
König Alfons XIII. von Spanien übernimmt die Macht im Staat, nachdem er 16 Jahre alt geworden ist.

31. Mai 1902
Der **Zweite Burenkrieg**, auch Südafrikanischer Krieg genannt, endet mit der Unterzeichnung des Friedens von Vereeniging.
[5]

12. Juli 1902
Das australische Parlament stimmt der Einführung des **Frauenwahlrechts** zu. Aborigines werden jedoch verfassungsmäßig weiterhin keine Bürgerrechte zugestanden.

[4] Cecil Rhodes inspiziert seine spätere Grabstelle. Sie befindet sich im Matopo-Gebirge in Simbabwe (dem früheren Südrhodesien).

[5] Eine Gruppe von Buren in britischer Gefangenschaft. Einige der Gefangenen in den ersten Reihen sind fast noch Kinder.

[12] Beim Eintreffen in Bordeaux erfährt Louis Renault, Rennfahrer und Mitbegründer des Automobilherstellers Renault, vom Tod seines Bruders Marcel, der ebenfalls am Rennen teilgenommen hatte.

[11] Papst Leo XIII., der älteste Papst mit dem drittlängsten Pontifikat.

[10] Ein Standfoto aus dem Film „Der große Eisenbahnraub".

[8] Frauen ziehen einen Wagen mit Brennholz über den Paradeplatz in Charlottenburg: eine Fotografie von Heinrich Zille.

1903
Der niederländische Physiologe Willem Einthoven entwickelt das **Elektrokardiogramm** zur Messung elektrischer Impulse der Herzmuskulatur.

[10]
1903
Edwin S. Porters Film **The Great Trainrobbery** (Der große Eisenbahnraub) erscheint und wird zu einem Kassenschlager.

[11]
1903
Nach 25 Jahren Pontifikat stirbt **Papst Leo XIII.** im Alter von 93 Jahren in seinem Büro. Nachfolger wird Pius X.

[12]
1903
Aufgrund der großen Anzahl von Unfällen brechen die französischen Behörden das **Autorennen Paris-Madrid** in Bordeaux ab.

1903
Henry Ford gründet die **Ford Motor Company**. Durch die Fließbandtechnik revolutioniert er die Fabrikproduktion in der industrialisierten Welt. Nach Fords Ansicht sollten Autos für den einfachen Mann gebaut werden und nicht Luxusgüter für Reiche sein.

1903
In der zum ersten Mal stattfindenden **World Series**, dem Finale der amerikanischen Baseball-Profiliga, besiegen die Boston Red Sox aus der American League die Pittsburgh Pirates aus der National League.

1903

1903
In seinem Artikel *Erforschung des Weltraums mittels Reaktionsapparaten* legt Konstantin Ziolkowski einige wichtige **Grundprinzipien der Raumfahrt** dar.

1903
Die US-Amerikanerin Mary Anderson erfindet den **Scheibenwischer**.

1903
Der US-Amerikaner Michael Owens erfindet die **Automatische Glasblasmaschine**, mit der er die Glasherstellungsindustrie revolutioniert.

1903
Die österreichische Schauspielerin **Tilla Durieux** wird vom Theaterregisseur Max Reinhard ans Deutsche Theater nach Berlin gerufen.
[1]

1903
Der Pitcher der New York Giants, **Christy Mathewson** stellt einen Rekord von 267 Strikeouts innerhalb einer Saison auf. Dieser Rekord bleibt über 50 Jahre lang unangefochten.

1903
Der Norweger **Roald Amundsen** bricht mit der kleinen Schaluppe *Gjøa* zur Erkundung der Nordwestpassage auf dem Seeweg auf. Die Vollendung dieses Plans inspiriert ihn zu einem Leben als Polarforscher und Abenteurer.
[2]

[2] Amundsen an Deck der „Gjøa“. Die Durchfahrt der Nordwestpassage auf dem Seeweg dauert bis Oktober 1905.

[7] Maurice Garin, Gewinner der ersten Tour de France, der den Spitznamen „der kleine Schornsteinfeger“ trug.

[1] Die zu ihrer Zeit führende deutsche Schauspielerin Tilla Durieux.

[9] Du Bois promovierte 1895 als erster Afroamerikaner an der Harvard Universität.

[8] Mitarbeiterinnen in der Zentrale der Women's Trade Union Leage in New York im Jahr 1910.

[6] Lenin, der Anführer der Bolschewiki, aufgenommen um 1900.

[6]
1903
Die Sozialdemokratische Arbeiterpartei Russlands spaltet sich in zwei Fraktionen, die moderaten **Menschewiki** und die extremistischen **Bolschewiki** unter der Führung Lenins.

[7]
1903
Der französische Radfahrer und Journalist Henri Desgrange veranstaltet die erste **Tour de France**. Das dreiwöchige Rennen gilt als das schwerste und prestigeträchtigste der Welt. Abgesehen von den beiden Weltkriegen findet es von nun an jährlich statt.

1903
Albert J. Parkhouse aus Jackson im US-Bundesstaat Michigan erfindet den **Drahtkleiderbügel**.

[8]
1903
In den USA wird die **Women's Trade Union League**, die erste nationale Vereinigung zum Schutz der Rechte arbeitender Frauen, gegründet.

[9]
1903
W.E.B. Du Bois veröffentlicht **The Souls of Black Folk** (Die Seelen der Schwarzen), worin er die duale Identität der schwarzen Amerikaner beschreibt und erklärt: „Das Problem des 20. Jahrhunderts ist die Rassentrennung“.

2. Januar 1903
Der US-amerikanische Präsident Theodore Roosevelt schließt eine Postdienststelle in Indianola im US-Bundesstaat Mississippi, da die Bewohner der Stadt sich weigern, eine **Afroamerikanerin als Postamtsvorsteherin** zu akzeptieren.

1903
Russland hält sich nicht an Japans Forderung, die **Mandschurei** zu verlassen. Dies führt zum Russisch-Japanischen Krieg (1904-05).

1903
Der russische Dramatiker Anton Tschechow vollendet sein letztes Werk **Der Kirschgarten**, das ein Jahr später in Moskau uraufgeführt wird.
[3]

1903
Mit der Herausgabe der Zeitschrift *McClure's Magazine*, die Korruption in kommunaler Politik und Wirtschaft aufdeckt, beginnt das Zeitalter der **Skandalberichterstattung**.

1903
Das erste Motorrad der Marke **Harley-Davidson** wird verkauft.
$ [4]

1903
Der Engländer S.F. Edge gewinnt das erste **Motorbootrennen** der Welt, den Harmsworth Cup.

1903
Das Gebäude für die **New York Stock Exchange** (Börse) wird fertiggestellt.
$ [5]

[4] Die erste Harley-Davidson, gezeigt auf einer Ausstellung anlässlich der Hundertjahrfeier des Motorradherstellers im Jahr 2003.

[5] Die New York Stock Exchange. Im Vordergrund ein Hansom-Taxi, eine zweisitzige, nach vorne hin offene Kutsche.

[3] Anton Tschechow. Seine tragische Komödie „Der Kirschgarten" erfordert von den Schauspielern, Stimmungen zu transportieren, ohne dabei auf konventionelle Handlungsweisen zurückgreifen zu können.

[10] Paul Gauguin. Er glaubt, dass Authentizität, Ernsthaftigkeit und Wahrheit am besten durch Nähe zur Natur, zum Primitiven und Volkstümlichen erreicht werden können.

[11] König Alexander. Das Aufschieben einer Konstitution und das Einsetzen seines unpopulären Schwagers als Thronfolger wurden ihm zum Verhängnis.

[12] Nach der Krönungszeremonie am 15. Juli 1903 schreitet Peter I. von Serbien die Stufen der Kathedrale hinab.

14. Februar 1903
Bei der ersten anerkannten **nationalen Fußballmeisterschaft in Deutschland** bezwingt der VfB Leipzig den DFC Prag im Endspiel in Hamburg mit 7:2.

April 1903
Bei einem **Pogrom in der russischen Stadt Kischinjow** werden 49 Juden getötet, was einen weltweiten Aufschrei der Entrüstung zur Folge hat.

[10]
8. Mai 1903
Der französische Maler **Paul Gauguin**, der in seinen Werken nach einem „primitiven" Ausdruck spiritueller und emotionaler Zustände strebte und der für sein künstlerisches Experimentieren bekannt war, stirbt auf den Marquesas-Inseln.

23. Mai 1903
Horatio Nelson Jackson und Sewall Crocker verlassen San Francisco in einem 1903 gebauten Winton-Automobil mit Fahrtziel New York. Am 26. Juli kommen sie dort an und sind somit die ersten, welche die **USA mit dem Auto durchquert** haben.

[11]
10. Juni 1903
Der **serbische König Alexander I.**, seine Frau Draga und einige weitere Angehörige seines Hofstaats fallen einem Staatsstreich zum Opfer.

[12]
11. Juni 1903
Peter Karadjordjević folgt als **Peter I. von Serbien** dem bei einem Staatsstreich getöteten Alexander I. auf den serbischen Thron.

15. Juni 1903
In Indianapolis im US-Bundesstaat Indiana gelingt es dem US-amerikanischen Rennfahrer Barney Oldfield zum ersten Mal, mit einem Auto **eine Meile in einer Minute** zu fahren.
[1]

28. Juni 1903
Der Verein deutscher Ingenieure (VDI) beschließt die Gründung des **Deutschen Museums** in München. Es wird zum weltgrößten Museum für Wissenschaft und Technik.

September 1903
Im US-Bundesstaat Massachusetts werden die ersten **Autokennzeichen** eingeführt.

Oktober 1903
Die Frauenrechtlerinnen Emmeline und Christabel Pankhurst gründen die **Women's Social and Political Union,** die sich für das Frauenwahlrecht einsetzt.
[2]

31. Oktober 1903
Als Reaktion auf die Konformität des offiziellen *Salon de Paris* (Pariser Salon) gründen die Maler Georges Rouault, André Derain, Henri Matisse und Albert Marquet den ersten **Salon d'Automne** (Pariser Herbstsalon).

1. November 1903
Der deutsche Historiker **Theodor Mommsen**, berühmt für sein Meisterwerk *Römische Geschichte*, stirbt in der Nähe von Berlin.

DER PANAMAKANAL

Die Arbeit an einem künstlichen Wasserweg quer durch Zentralamerika kann endlich beginnen.

Die Idee war nicht neu. Schon im 16. Jahrhundert hatten die Spanier ein großes Interesse an einer Abkürzung der Schifffahrtsroute zur amerikanischen Westküste über die Landenge in Zentralamerika, die den Seefahrern das Umsegeln des gefürchteten Kap Horns ersparen würde. Man untersuchte die Durchführbarkeit eines solchen Kanalbaus, kam jedoch zu dem Ergebnis, dass das Klima und die Bodenbeschaffenheit das Projekt unmöglich machten. Im Jahr 1881 wagte sich eine französische Firma an die Realisierung des Kanals, doch die Unternehmung brach 1889 zusammen. In einem 1903 geschlossenen Vertrag garantierte Panama den USA die Rechte für den Bau und den Betrieb eines Kanals in der Panamazone.

1904 wurde mit den Arbeiten begonnen. Die Amerikaner erkannten die Probleme der Franzosen beim Kanalbau – während der Arbeiten starben unzählige französische Arbeiter an tropischen Krankheiten, insbesondere Gelbfieber und Malaria – und widmeten sich zunächst der Lösung dieser Probleme. Amerikanische Ärzte untersuchten die Übertragungswege dieser Krankheiten und erst, als sie Wege gefunden hatten, diese einzudämmen, wurde 1906 mit der Wiederaufnahme der Arbeiten begonnen.

Zeitweilig waren über 40 000 Menschen an dem Projekt beteiligt. Die meisten Arbeiter kamen von den Westindischen Inseln Barbados, Martinique und Guadeloupe. Das Foto (links unten) zeigt einige der 1500 Barbadier, die auf der USS Ancon eingeschifft wurden. Darüber hinaus gab es noch unzählige Ingenieure, Bauleiter und Facharbeiter aus den USA. Schienenwege und das Heranschaffen von schwerem Arbeitsgerät waren logistische Herausforderungen, die gemeistert werden mussten. Bemerkenswert war die Verwendung von über 100 Dampflöffelbaggern, die bei der Aushebung zum Einsatz kamen. Die schwierige Bodenbeschaffenheit in diesem Gebiet machte diesen Bauabschnitt zu einer der größten Herausforderungen des gesamten Kanalbauprojekts. Bei durchschnittlichen Temperaturen von 38° Celsius und darüber trugen die Arbeiter mit Hilfe von Steinbohrern, Dynamit und Dampflöffelbaggern 73 Millionen Kubikmeter Erde und Gestein ab, um einen Aushub von 12 Metern zu erreichen, der Mindesttiefe des Kanals. An den Abhängen des Aushubs gab es unvorhersehbare Erd- und Gesteinsrutsche; an manchen Stellen hob sich der Boden der Aushebung allein aufgrund des Gewichts der steilwandigen Abhänge. Der bekannteste und größte Erdrutsch war der Cucaracha Slide von 1907, der über Jahre anhielt und mehrere Millionen Kubikmeter Schlamm in den bereits ausgehobenen Kanalabschnitt zurückspülte. Das Foto (links oben) zeigt die Bauarbeiten an den Schleusentoren der Gatún-Schleuse, in der Schiffe in Richtung Pazifik auf drei Schleusenstufen um insgesamt 26 Meter auf das Niveau des Gatúnsees angehoben werden.

Der 81 Kilometer lange Panamakanal wurde am 15. August 1914 für den Schiffsverkehr geöffnet. Er ist eine der größten Meisterleistungen der Ingenieurskunst, welche die Menschheit je hervorgebracht hat.

1904
Der Architekt **Albert Kahn** erhält den Auftrag zum Bau der neuen Fabrik für die Packard Motor Car Company in Detroit. Er revolutioniert später das Industrie- und Fabrikdesign und gilt als Vater der modernen Industriearchitektur.

[7]
1904
Ein Eisverkäufer stellt auf der Weltausstellung in St. Louis im US-Bundesstaat Missouri seine neueste Erfindung vor, eine konisch geformte Waffel als Behältnis von Speiseeis: die **Eistüte**.

1904
Der britische Diplomat **Roger Casement** macht auf die grausame Härte aufmerksam, mit der weiße Händler im Kongo die eingeborenen Arbeiter ausbeuten. Seine Enthüllungen führen zu einer Neuorganisation der belgischen Kolonialherrschaft im Kongo.

1904
Die polnisch-jüdische Marxistin **Rosa Luxemburg** wird in Berlin unter dem Vorwurf der Majestätsbeleidigung für sechs Wochen inhaftiert.

1904
Der Bau des **Panamakanals** beginnt.

1904
Cy Young wirft zum ersten Mal in der Geschichte der Major League ein *Perfect Game*, indem er keinen einzigen Spieler des Gegners die erste Base erreichen lässt. Young wird mit dem Rekord von 511 Siegen während seiner Karriere zur Baseball-Legende.

13. November 1903
Der französische Maler **Camille Pissarro**, eine Schlüsselfigur des Impressionismus, stirbt in Paris.
[3]

23. November 1903
Der italienische Tenor **Enrico Caruso** debütiert in Verdis *Rigoletto* in New York.
[4]

8. Dezember 1903
Der englische Soziologe und Philosoph **Herbert Spencer** stirbt in Brighton. Er war ein früher Fürsprecher der Evolutionstheorie und vertrat die Ansicht, dass das Individuum der Gesellschaft sowie die Wissenschaft der Religion überlegen seien.
[5]

19. Dezember 1903
Die **Williamsburg Bridge** in New York wird eingeweiht. Sie ist die erste Hängebrücke mit Stahltürmen.
[6]

30. Dezember 1903
Bei einem Feuer im **Chicagoer Iroquois-Theater** kommen 602 Menschen ums Leben.

1904
Ruggero Leoncavallos Oper **Der Roland von Berlin**, die er im Auftrag von Kaiser Wilhelm II. schrieb, wird in Berlin uraufgeführt.

[3] Pissarro stand von Anfang an im Zentrum des Impressionismus. Mit vielen bedeutenden Künstlern seiner Zeit – Renoir, Monet, Degas und Cézanne – verband ihn eine Freundschaft auf der Basis gegenseitiger Inspiration.

[4] Nach neun Jahren seiner Karriere erlebt Caruso seinen endgültigen internationalen Durchbruch mit seinem Engagement an der Metropolitan Opera in New York. 1904 trägt er mit seinen ersten Gesangsaufnahmen zum Siegeszug der Schallplatte bei.

[7] Londoner Kinder mit Eistüten, aufgenommen um 1905.

[6] Die über den East River führende Williamsburg Bridge im Bauzustand.

[5] Obwohl er mit dem Alter zunehmend konservativere Ansichten vertrat, bleibt Herbert Spencer bis zu seinem Lebensende ein Gegner des Imperialismus.

[2] Emmeline Pankhurst und ihre Tochter Christabel kurz nach ihrer Haftentlassung vor dem Gerichtsgebäude in der Bow Street im Jahr 1908. Das mangelnde Interesse der britischen Presse an den Rechten der Frau zwang die WSPU zu einer stärkeren Radikalisierung.

[1] Barney Oldfields frühe Meisterleistungen am Steuer trugen dazu bei, seinen und vor allem auch Henry Fords Namen unsterblich werden zu lassen.

1904
Der niederländische Physiker Hendrik Lorentz entwickelt die **Lorentz-Transformationen**, einen Satz von Gleichungen, die von essenzieller Bedeutung für die Relativitätstheorie sind.

1904
Der englische Chemiker Frederic Stanley Kipping leistet Pionierarbeit auf dem Gebiet der **Silikon-Chemie**. Silikone sind organische Derivate von Silizium und finden heute nahezu überall Anwendung, z.B. bei der Herstellung von synthetischem Gummi.

1904
Der englische Ingenieur John Ambrose Fleming, der erste Professor für Elektrotechnik in Großbritannien, meldet die **Vakuumdiode**, die eine Schlüsselkomponente der Radiotechnologie ist, zum Patent an.

1904
Frank Lloyd Wrights **Larkin Building** in Buffalo im US-Bundesstaat New York ist eines seiner bemerkenswertesten Bürogebäude mit gefilterter, klimatisierter Luft und automatischer Ventilation, Schalldämmung und ausbalancierten Lichtverhältnissen.

1904
Der deutsche Physiker Ludwig Prandtl entwickelt die Grenzschichttheorie, womit er zum Verständnis von Luftreibungswiderständen und der Art, wie **Stromlinienverkleidung** den Luftwiderstand von z.B. Flugzeugtragflügeln reduziert, beiträgt.

1904
Der italienische Einwanderer Amadeo Giannini gründet in San Francisco die **Bank of Italy**, die später mit der Bank of America fusioniert.

1904

1904
Lincoln Steffens veröffentlicht **The Shame Of The Cities**, eine Untersuchung über die Korruption in US-amerikanischen Großstädten.

1904
Luftgefüllte Gummireifen werden für Automobile verwendet. Ebenso werden Schneeketten für den Einsatz auf verschneiten Straßen eingeführt.
[1]

1904
Der deutsche Wissenschaftler Hermann Anschütz-Kaempfe gründet in Kiel das erste **Kreiselkompasswerk** der Welt.

1904
Die Architekturfirma McKim, Mead, and White baut die **Pennsylvania Station** in New York City. Der nach dem Vorbild klassischer römischer Bäder gestaltete Bahnhof ist ein bemerkenswertes Portal zur Stadt New York und ein Beispiel für den US-amerikanischen Neoklassizismus.
[2]

1904
US-Präsident Theodore Roosevelt verkündet das **Roosevelt-Corollary** als Ergänzung der **Monroe-Doktrin**. Darin postuliert er ein Interventionsrecht der USA in die inneren Angelegenheiten lateinamerikanischer Staaten, in Fällen offenkundigen „Unrechttuns oder Unvermögens".

1904
Der Weltfußballverband **FIFA** (*Fédération Internationale de Football Association*, deutsch: Internationale Föderation des Verbandsfußballs) wird gegründet.

[2] Pennsylvania Station. Unglücklicherweise wird der Bahnhof in den 1960er Jahren abgerissen.

[3] Frank Wedekind, der eine Vorreiterrolle beim Umgang mit dem Thema Sexualität spielte.

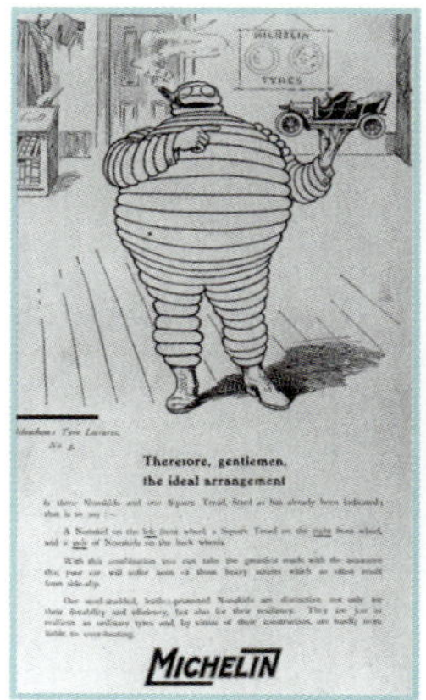

[1] Eine Werbung für luftgefüllte Gummireifen mit dem weltberühmten Michelin-Männchen. Es wirbt für rutschsichere Reifen.

[4] Hans Richter in der Robe eines Ehrendoktors der Musik.

1900-1909

[8] König Eduard VII. – auf Staatsbesuch in Frankreich zur Unterzeichnung der Entente Cordiale – beim Verlassen der Pariser Rathauses mit dem französischen Staatspräsidenten Émile Loubet.

[5] Nina Boucicault, die erste Peter-Pan-Darstellerin. Sie ist die Tochter von Dion Boucicault (siehe 1898).

1904
Die **Transsibirische Eisenbahnlinie**, die sich von Moskau über 9288 Kilometer bis Wladiwostok erstreckt, ist erstmalig durchgehend geöffnet und belebt Wirtschaft, Bergbau und Rohstoffindustrien in Sibirien.

1904
Im italienischen Larderello in der Toskana entsteht das erste **geothermische Kraftwerk** der Welt. In dem heutigen Erdwärmekraftwerk wird der Dampf aus mehrere hundert Meter tiefen Brunnen in die Turbinen geleitet.

1904
Der junge **Pablo Picasso** malt sein Bild *Die Büglerin*, in dem die Tiefe und Traurigkeit seiner *Blauen Periode* zum Ausdruck kommt.

1904
Tony Garnier entwirft seine **Cité Industrielle**. Sein Plan für eine ideale Industriestadt mit Wohnhäusern, Fabriken und Bürogebäuden wird nie ganz realisiert, zeigt aber bereits die Möglichkeiten moderner Stadtplanung.

Januar 1904
In Sankt Petersburg gründet sich der **liberale Befreiungsbund**, die erste größere politische Vereinigung liberaler Kräfte in Russland.

1. Februar 1904
Dänemark gewährt **Island** die Autonomie.

1904
Frank Wedekinds Drama **Die Büchse der Pandora** wird uraufgeführt. Es erzählt den Aufstieg und Fall der jungen Tänzerin Lulu. Die Geschichte diente als Vorlage für den gleichnamigen Stummfilm aus dem Jahr 1929 sowie Alan Bergs 1937 entstandene Oper *Lulu*.
[3]

1904
Der erste *Vanderbilt Cup* findet statt. Die werbewirksamen **Automobilrennen** tragen entscheidend zum Bekanntheitsgrad und zur technischen Verbesserung des immer noch neuen Transportmittels Auto bei.

1904
Das **London Symphony Orchestra** gibt sein erstes Konzert in der Londoner Queen's Hall. Englands erstes unabhängiges und selbstverwaltetes Orchester wird bis 1911 von Chefdirigent Hans Richter geleitet.
[4]

1904
Die Niederlande gewinnen den Krieg gegen das erbittert um seine Eigenständigkeit kämpfende Sultanat **Aceh** auf der Insel Sumatra.

1904
Das Bühnenstück **Peter Pan, oder der Junge, der nicht erwachsen werden wollte** wird in London uraufgeführt. Der schottische Dramatiker James Barrie fügt mit Peter Pan der englischsprachigen Sagenwelt einen neuen Charakter hinzu.
[5]

1904
Die **Olympischen Sommerspiele** finden in diesem Jahr zusammen mit der Weltausstellung in St. Louis im US-amerikanischen Bundesstaat Missouri statt.
[6]

DER RUSSISCH-JAPANISCHE KRIEG

Der Konflikt um territoriale Ausbreitung in Ostasien

Als Russland die strategisch wichtige Hafenstadt Port Arthur (heute: Lüshun in China) vereinnahmt hatte und weiter in die Mandschurei (im Nordosten Chinas) expandierte, stand es der erstarkenden Großmacht Japan gegenüber. Nachdem Russland dem mit Japan vereinbarten Truppenrückzug aus der Mandschurei nicht nachkam, zerstörte die japanische Flotte im Februar 1904 ohne vorherige Kriegserklärung die russische Kriegsflotte (links) im Hafen von Port Arthur und übernahm die Stadt. Japanische Landstreitkräfte schnitten der über den Landweg nach Port Arthur zu Hilfe eilenden russischen Armee den Weg ab und drängten sie bis Mukden (dem heutigen Shenyang) zurück. Im Oktober startete die russische Armee eine erneute Offensive, die jedoch aufgrund schlechter militärischer Führung keinen Erfolg hatte. Im Januar 1905 gab der korrupte russische Kommandeur von Port Arthur die Garnison auf, obwohl er über ausreichend Vorräte und Munition verfügte. Schwere Gefechte um die Stadt Mukden endeten im März 1905 mit dem Rückzug der russischen Truppen. Nach einer weiteren schweren Niederlage in der Seeschlacht bei Tsushima war Russland zu Friedensverhandlungen bereit. Mit dem Unterzeichen des Vertrags von Portsmouth gab Russland seine ostasiatische Expansionspolitik auf und Japan erhielt die Kontrolle über Korea sowie über weite Teile der Mandschurei.

[6] Die Automobilparade von New York nach St. Louis, anlässlich der Weltausstellung in St. Louis.

[7] Die japanische Infanterie, bereit für die Invasion Koreas.

7. Februar 1904
Ein Großbrand zerstört fast das gesamte Geschäftsviertel der Stadt **Baltimore**.

8. Februar 1904
Der **Russisch-Japanische Krieg** beginnt mit einem Überraschungsangriff japanischer Torpedoboote auf das russische Marine-Geschwader im Hafen von Port Arthur in der Mandschurei.

14. Februar 1904
Giacomo Puccinis Oper **Madame Butterfly** feiert in der Mailänder Scala Premiere.

[7]
März 1904
Japan marschiert in **Korea** ein.

[8]
8. April 1904
Mit der **Entente Cordiale** ebnen England und Frankreich den Weg für ihre spätere diplomatische Zusammenarbeit gegen den immer stärker werdenden Druck des Deutschen Kaiserreichs in der Zeit vor dem Ersten Weltkrieg.

18. April 1904
Jean Jaurès, ein Führer der SFIO – einer Vereinigung sozialistischer Gruppen in Frankreich – gründet die sozialistische Zeitung *L'Humanité*.

1904-1905

1. Mai 1904
Der böhmische Komponist **Antonín Dvořák**, bekannt für die Übersetzung von Volksmusik in die musikalische Sprache der Romantik des 19. Jahrhunderts, stirbt in Prag.
[1]

26. Mai 1904
Der japanischen Armee gelingt es, die russische Garnison in **Port Arthur** von den restlichen in der Mandschurei stationierten russischen Streitkräften abzutrennen.

15. Juni 1904
Beim Brand auf dem Raddampfer **General Slocum** während einer Ausflugsfahrt auf dem Hudson River kommen über 1000 Menschen ums Leben.
[2]

14. Juli 1904
Paul Kruger, der in der Geschichte Südafrikas als Gründer der Afrikaaner-Nation eine wichtige Rolle spielte, stirbt in der Schweiz.

21. Juli 1904
Der französische Rennfahrer Louis Rigolly durchbricht in Belgien die 100-Meilen-pro-Stunden-Grenze und stellt einen neuen Geschwindigkeitsrekord von **104 Meilen pro Stunde** auf. Das entspricht in etwa einer Geschwindigkeit von 167 Kilometern pro Stunde.

2. August 1904
Britische Streitkräfte marschieren in Tibets Hauptstadt **Lhasa** ein.
[3]

[1] Zwei seiner berühmtesten Werke, sein „Cellokonzert“ und seine Sinfonie Nr. 9 „Aus der neuen Welt“, komponierte Dvořák während seiner Zeit als Direktor des National Conservatory of Music in New York.

[2] Die brennende „General Slocum“ im East River.

[3] Die von Major Younghusband angeführte Expedition stößt nach Tibet vor. Die unbegründete Angst vor dem Einfluss Russlands auf Lhasa diente als Entschuldigung für die Invasion aus Britisch-Indien.

[9] Edith Wharton. Chronistin des Lebens und Werkens der New Yorker Neureichen.

[8] Percival Lowell. Sein besonderes Interesse galt dem Studium der sogenannten „Marskanäle“. Pluto wird erst 14 Jahre nach seinem Tod im Jahr 1916 entdeckt.

[7] Eine klassische Steichen-Fotografie von Besuchern eines Rennens in Paris.

[6] Bertha von Suttner. Sie war mit Alfred Nobel befreundet und regte ihn zur Idee der Stiftung eines Friedensnobelpreises an.

1905
Alfred Binet und Theodore Simon beginnen mit der Entwicklung eines **Intelligenztests zur Messung der geistigen Fähigkeiten von Kindern**, dem Binet-Simon-Test.

[7]
1905
Alfred Stieglitz eröffnet die erste Galerie des Clubs **Photo-Secession**, die später im Bezug auf ihre Adresse *Galerie 291* genannt wurde. Ausgestellt werden Arbeiten von Fotografen wie Edward Steichen.

[8]
1905
Der US-amerikanische Astronom **Percival Lowell** begibt sich gemeinsam mit dem Team seines Observatoriums auf die systematische Suche nach einem Planeten jenseits des Neptun.

[9]
1905
Die US-amerikanische Schriftstellerin, Dichterin und Essayistin **Edith Wharton** veröffentlicht ihren ersten und bekanntesten Roman *The House of Mirth* (Das Haus der Freude).

1905
Der deutsche Kaffeehändler Ludwig Roselius entwickelt den **koffeinfreien Kaffee**. Er hatte mit Kaffeebohnen experimentiert, die während des Transports in Meerwasser eingeweicht waren.

1905
Während der diesjährigen Saison im US-amerikanischen **College Football** sterben 18 Spieler durch Sportunfälle. Präsident Theodore Roosevelt versammelt Repräsentanten im Weißen Haus und fordert eine Reformierung des Spiels.

25. August 1904
Japan schlägt Russland in der Schlacht von Liaoynag. Die russische Armee wird bis **Mukden** zurückgedrängt.

18. Oktober 1904
Gustav Mahlers 5. Sinfonie wird in Köln uraufgeführt.
[4]

27. Oktober 1904
Die **New York City Subway**, das städtische U-Bahn-Netz der Stadt New York, wird eröffnet.

17. November 1904
George M. Cohans
Broadway-Show *Little Johnny Jones* feiert Premiere in New York. Für diese Show schrieb er Songs wie *Give My Regards to Broadway* und *Yankee Doodle Boy*.

30. November 1904
Die vier Erstplatzierten der zweiten **Tour de France** werden aufgrund verschiedener Regelverletzungen, wie z.B. Mitfahren in einem Auto, disqualifiziert.
[5]

1905
Die österreichische Pazifistin **Bertha von Suttner** erhält als erste Frau den Friedensnobelpreis. Sie hatte bereits 1889 mit ihrem Buch *Die Waffen nieder!* Aufsehen erregt und 1899 an der Ersten Haager Friedenskonferenz teilgenommen.
[6]

[4] Mahlers 5. Sinfonie gilt als Einstieg in seine zweite Schaffensperiode, in der seine Kompositionen ernster wurden. Er schreibt sie während seiner Zeit als Dirigent an der Wiener Hofoper.

[11] Albert Einstein. Die Abhandlungen, die er während seiner Arbeit im Schweizer Patentamt anfertigte, beschäftigen sich mit der Erklärung des Photoeffekts, der Brownschen Bewegung, der spezifischen Wärme von Festkörpern und mit der Speziellen Relativitätstheorie.

[12] Sun Yat-sen. 1896 wurde er von Mitgliedern einer chinesischen Gesandtschaft in London entführt, konnte jedoch glücklicherweise gerettet werden, bevor er nach China verschleppt wurde.

[5] Henri Cortot, einer der Teilnehmer der berühmt-berüchtigten zweiten Tour de France im Jahr 1904. Unpopulären Fahrern warf man Nägel auf die Strecke.

[10] Claude Debussy. Seine Kompositionen gelten als Bindeglied zwischen der späten Romantik und der Moderne. Er vollendete „La Mer" bei einem Aufenthalt im englischen Seebad Eastbourne.

DIE TOUR DE FRANCE

Kontroversen um das schwerste und prestigeträchtigste Radrennen der Welt

Die 1903 ins Leben gerufene Tour de France war vom französischen Radfahrer und Journalisten Henri Desgrange (1865-1940) dazu erdacht, die Auflage seiner Sportzeitung *L'Auto* (heute: *L'Equipe*) in die Höhe zu treiben. Die alljährlich im Juli stattfindende Tour bestand in den Anfangsjahren aus sechs Etappen in verschiedenen Regionen Frankreichs.

Sieger der Eröffnungstour von 1903 war der Franzose Maurice Garin. Er schien seinen Titel auch im Jahr 1904 halten zu können, doch sein Sieg wurde von nicht verstummenden Gerüchten über Betrug überschattet. Nach der Tour fanden die Organisatoren heraus, dass Garin sowie acht weitere Fahrer Teile der Strecke per Auto oder Zug zurückgelegt hatten. Alle Etappensieger sowie die ersten vier Gesamtsieger wurden daraufhin disqualifiziert, und der Titel ging an den erst 20-jährigen Henri Cornet, der ursprünglich auf dem fünften Platz gelandet war. Garin wurde für zwei Jahre gesperrt, und auch die anderen Betrüger erhielten Sperren von einem Jahr bis auf Lebenszeit (links: Hippolyte Aucouturier, der Zweitplatzierte von 1905).

1905
George Reid, der sich als Premier von New South Wales für wirtschaftlichen Aufschwung, Erhalt des freien Handels und Einführung einer Steuer zum Aufbruch von Landmonopolen eingesetzt hatte, wird australischer Premierminister.

[10]
1905
Der französische Komponist Claude Debussy, eine wegweisende Kraft in der Musikgeschichte des 20. Jahrhunderts, schreibt sein wahrscheinlich bekanntestes Werk **La Mer** (*Das Meer*), das die verschiedenen Stimmungen des Wassers heraufbeschwört.

[11]
1905
In seinem sogenannten *Annus mirabilis* (Wunderjahr) veröffentlicht der deutsche Physiker **Albert Einstein** gleich vier bahnbrechende Arbeiten, die unter anderem auch die spezielle Relativitätstheorie beinhalten.

1905
Der deutsche Chirurg Heinrich Braun stellt den Wirkstoff **Novocain** vor, ein Lokalanästhetikum, das zunächst in der Zahnheilkunde zum Einsatz kommt.

[12]
1905
Sun Yat-sen gründet in Tokio einen chinesischen Revolutionsbund, dessen Ziel ein politischer Wechsel in China ist.

1905
Baron **Paul Gautsch von Frankenthurn** wird zum zweiten Mal zum österreichischen Ministerpräsidenten gewählt. Nach 17 Monaten tritt er zurück, wird jedoch 1911 noch einmal gewählt.

1905

1905
Josef Hoffmann entwirft das **Palais Stoclet** in Brüssel. Die in Kooperation mit der *Wiener Werkstätte* entstandene elegante Jugendstil-Villa ist eine von Hoffmanns bekanntesten Arbeiten.
[1]

1905
Max Weber veröffentlicht **Die protestantische Ethik und der Geist des Kapitalismus** und stellt darin die These auf, dass die protestantische Ethik eine wichtige Rolle bei der Entstehung des europäischen Kapitalismus spielt.

1905
Die Norweger treiben mit ihrem **Walfang** die Ausbeutung der weltgrößten Walfanggebiete im Antarktischen Ozean voran und bringen innerhalb weniger Jahrzehnte viele Arten an den Rand des Aussterbens.

1905
Der deutsche Dichter **Christian Morgenstern** veröffentlicht seinen berühmten Gedichtband *Galgenlieder*.

1905
Das **Chinesische Prüfungssystem für Beamte**, das konfuzianische Texte als Basis für ein Rekrutierungsprogramm für Beamte heranzog, wird abgeschafft.

1905
In Südafrika wird der **Cullinan** entdeckt, der mit 3106 Karat größte je gefundene Rohdiamant.
[2]

[1] Das Palais Stoclet. Obwohl es in Brüssel steht, gilt es als Paradebeispiel des Baustils der „Wiener Secession".

[7] Ty Cobb schlittert auf die dritte Base.

[2] Der kolossale Cullinan-Diamant im ungeschliffenen Rohzustand.

[6] Die Fifth Avenue. Alvin Langdon Coburn benutzt den weichzeichnenden Effekt des Nebels für sein Bild einer magischen Stadtlandschaft.

[9] Die Lokomotive des Orient Express bei der Einfahrt in den Simplontunnel, aufgenommen um 1905.

[10] Joe und Myra Keaton mit ihrem Sohn Buster als Akrobatenfamilie im Vaudeville um 1905. Buster hat an der Rückseite seiner Jacke einen angenähten Griff, mit dem die Eltern ihn quer über die Bühne ins Publikum schleudern, das ihn dann wieder zurück auf die Bühne wirft.

[5] Sven Hedin, 1895 fotografiert in landestypischer Tracht – mit seinen Waffen und seiner wissenschaftlichen Ausrüstung – in Kashgar.

[6]
1905
In England wird erstmals das Wort **Smog**, eine Neuschöpfung aus *smoke* (Rauch) und *fog* (Nebel), geprägt. Eine weitere Verbreitung findet das Wort durch die hohe Luftverschmutzung in Großstädten nach 1950.

[7]
1905
Ty Cobb, einer der größten Spieler der Baseballgeschichte, beginnt seine Karriere als Profispieler bei den *Detroit Tigers*. Er erreicht Langzeitrekorde in verschiedenen Statistiken, so z.B. 4191 *Hits*, 2244 *Runs Scored* und 3033 absolvierte Spiele.

1905
Die US-amerikanischen Biologen Nettie Stevens und Edmund Beecher Wilson entdecken unabhängig voneinander, dass das Geschlecht eines Individuums durch die **X- und Y-Chromosomen** bestimmt wird.

[8]
1905
Der große österreichisch-jüdische Theaterregisseur und Intendant **Max Reinhardt** übernimmt die Leitung des Deutschen Theaters in Berlin.

[9]
1905
Der **Simplontunnel**, einer der längsten Eisenbahntunnel der Welt, wird eröffnet. Er verbindet die Städte Iselle in Italien und Brig in der Schweiz.

ca. 1905
Der vorwärts treibende, synkopierte **Ragtime** ist der vorherrschende Musikstil der US-amerikanischen Populärmusik.

1905
In New York City eröffnet die erste **Pizzeria** Amerikas. Die in Neapel erfundene Pizza tritt schon bald einen Siegeszug um die ganze Welt an.

1905
In Dresden gründet sich die deutsche Künstlergruppe **Die Brücke**. Sie spielt eine ausschlaggebende Rolle bei der Entwicklung des Expressionismus.

[3]

1905
Heinrich Mann veröffentlicht mit *Professor Unrat oder Das Ende eines Tyrannen* einen seiner bedeutendsten Romane. Er wird später unter dem Titel *Der blaue Engel* verfilmt. Heinrich Mann ist der ältere Bruder von Thomas Mann.

1905
In Pittsburgh, Pennsylvania, eröffnet das **Nickelodeon**. Der Name wird zum Oberbegriff für Tausende von neuen Kinos, die nun überall in den USA entstehen.

[4]

1905
Der schwedische Entdeckungsreisende und Archäologe **Sven Hedin** bricht zu seiner dritten Expedition nach Zentralasien auf, die bis 1909 dauern wird und auf der er die Quellen des Indus und des Brahmaputra findet.

[5]

1905
In Frankreich wird **Maurice Rouvier** als neuer Premierminister vereidigt. Um Deutschland in der Marokko-Krise (siehe 31. März 1905) entgegenzukommen, entlässt er den Außenminister Théophile Delcassé.

[3] Ein von Ludwig Kirchner gestaltetes Plakat für eine Ausstellung von Gemälden der expressionistischen Künstlergruppe „Die Brücke".

[4] Ein Nickelodeon-Theater, in dem gegen Eintritt von einem Nickel (fünf US-Cent) Kinofilme gezeigt wurden. Vor dem Eingang locken Kundenwerber Zuschauer an.

[12] Russische Streitkräfte beim Abzug aus der brennenden Stadt Mukden.

[11] Eine japanische Geschützgruppe nimmt Port Arthur unter Beschuss.

[8] Max Reinhardt. Er leitet das Deutsche Theater bis 1930.

[10]
ca. 1905
Vaudeville ist eine beliebte Form des leichten Unterhaltungstheaters, bestehend aus zehn bis 15 gemischten Einzelnummern, gestaltet von Zauberern, Akrobaten, Komödianten, dressierten Tieren, Jongleuren, Sängern und Tänzern.

[11]
2. Januar 1905
Im Russisch-Japanischen Krieg muss Russland **Port Arthur** (heute: Lüshun, China) an Japan abtreten.

22. Januar 1905
Bei einer Demonstration in Sankt Petersburg werden russische Arbeiter von russischen Soldaten beschossen. Der Tag geht als **Petersburger Blutsonntag** in die Geschichte ein.

23. Februar 1905
Der Chicagoer Rechtsanwalt Paul P. Harris gründet den ersten **Rotary Club**.

[12]
März 1905
Japanische Streitkräfte schlagen bei **Mukden** die russische Armee.

13. März 1905
Die Niederländerin Margaretha Geertruida MacLeod beginnt in Paris eine Karriere als professionelle Tänzerin. Ihr Künstlername lautet **Mata Hari**.

1905-1906

31. März 1905
Der Versuch Kaiser Wilhelms II., die Britisch-Französische Allianz durch Heraufbeschwören der **Marokko-Krise** zu beschädigen, misslingt.

27. April 1905
Die **Weltausstellung** im belgischen Lüttich wird eröffnet.

13. Mai 1905
Hiram Cronk, der letzte **Kriegsveteran des Krieges von 1812** (Britisch-Amerikanischer Krieg), stirbt im Alter von 105 Jahren.

29. Mai 1905
Im Russisch-Japanischen-Krieg erleidet die russische Flotte in der **Schlacht von Tsushima** eine Niederlage.

Juni 1905
Auf dem russischen **Kriegsschiff Potemkin** kommt es zu einer Meuterei.
[1]

Juni 1905
In Chicago wird die Arbeitergewerkschaft **Industrial Workers of the World** (IWW) gegründet, deren Mitglieder oft auch *Wobblies* genannt werden.

[11] Der Expressionist Max Pechstein, berühmt für seine zahlreichen Drucke sowie seine Gemälde.

[1] Afanasy Matjuschenko, hier im weißen Hemd, war Anführer der Meuterei auf dem Kriegsschiff „Potemkin".

[4] Eine stark dramatisierte Darstellung einer Versammlung von Streikenden, die von der russischen Polizei überrascht wird. Pistolen werden gezogen und belastende Dokumente verbrannt.

[5] Zar Nikolaus II. und Zarin Alexandra im prachtvollen russischen Krönungsornat.

[7] Die tschechische Sopranistin und berühmte Salome-Darstellerin Emmy Destinn.

[6] Haakon VII., der erste König des unabhängigen Norwegens, mit seiner Frau Maud, Tochter des Königs Eduard VII. von England.

[4]
Oktober 1905
In fast allen größeren russischen Städten wird ein **Generalstreik** ausgerufen.

26. Oktober 1905
Schweden erkennt die Unabhängigkeit Norwegens an.

26. Oktober 1905
Während der Russischen Revolution von 1905 wird der **St. Petersburg Sowjet** (ein Selbstverwaltungsorgan von Arbeitern) gegründet.

[5]
30. Oktober 1905
Zar Nikolaus II. erlässt das **Oktobermanifest**, das die unbegrenzte Autokratie in Russland beendet und den Übergang zu einer konstitutionellen Monarchie einleitet.

November 1905
Korea wird ein Protektorat Japans.

[6]
18. November 1905
Prinz Carl von Dänemark wird als **Haakon VII.** zum König von Norwegen gewählt.

7. Juni 1905
Norwegen erklärt seine Unabhängigkeit von Schweden.

23. Juni 1905
Das **dritte Motorflugzeug der Gebrüder Wright** ist der letzte Entwicklungsschritt auf dem Weg zu einem praktikablen Flugzeug, das für längere Zeit in der Luft bleiben kann und dabei die ganze Zeit der Kontrolle des Piloten unterliegt.

24. Juli 1905
Entgegen den Wünschen des deutschen Reichskanzlers von Bülow und des russischen Außenministeriums schließen der deutsche Kaiser Wilhelm II. und der russische Zar Nikolaus II. den **Freundschaftsvertrag von Björkö** in Finnland.

Herbst 1905
Die erste öffentliche Ausstellung der Künstlergruppe **Les Fauves** („Die Wilden") findet statt. Ihre Mitglieder verwenden reine und gleichmäßig gesättigte Farben. Zum Fauvismus gehören Künstler wie Henri Matisse und André Derain.
[2]

5. September 1905
Russland und Japan unterzeichnen in Portsmouth, New Hampshire, den **Friedensvertrag von Portsmouth**. Für seine Vermittlertätigkeit beim Aushandeln des Vertrags erhält der US-amerikanische Präsident Theodore Roosevelt 1906 den Friedensnobelpreis.
[3]

18. September 1905
In Rotterdam werden **elektrisch betriebene Straßenbahnen** eingeführt.

DIE BRÜDER WRIGHT

US-amerikanischen Erfindern gelingt der erste kontrollierte Motorflug.

Die Brüder Wilbur und Orville Wright betrieben zunächst eine Druckerei und später eine Fahrradwerkstatt, mit deren Einnahmen sie ihre frühen Experimente in der Flugzeugentwicklung finanzieren konnten. Ihr Interesse galt der Steuerbarkeit des Flugapparats, was eine essentielle Vorraussetzung für motorisiertes Fliegen war. Dazu bauten und flogen sie drei Doppeldecker-Gleitapparate (1900-02). Schließlich statteten sie ihren Flugapparat mit einem Propeller und einem Motor aus und starteten am 17. Dezember 1903 in der Nähe des Dorfes Kitty Hawk zu den ersten Flugversuchen. Orville gelang ein Flug von zwölf Sekunden und sein Bruder Wilbur brachte es später sogar auf 59 Sekunden.

Im Oktober 1905 waren die Brüder bereits in der Lage, bis zu 39 Minuten am Stück in der Luft zu bleiben und dabei sogar Kreise oder andere Manöver zu fliegen. Da sie ihren Erfolg nun nicht länger vor der interessierten Presse verbergen konnten und befürchteten, ihre Entdeckungen auf dem Gebiet des Flugzeugbaus könnten von anderen kopiert werden, beschlossen die Wrights, ihre Flugexperimente einzustellen, bis ihr Motorflugzeug durch Patente gesichert und der Verkauf durch Verträge geregelt war.

Sie gründeten ein eigenes Unternehmen zur Flugzeugherstellung und produzierten mit der Wright *Type B* (im Bild oben) die ersten Flugzeuge für die US-Armee. Später zeigten sie ihre Flugzeuge und ihre Flugkunst in Europa und den USA.

[2] Eine Ansicht der Themse mit Blick auf die Eisenbahnbrücke Charing Cross. Ein Ölgemälde des Malers André Derain.

[3] Präsident Roosevelt mit russischen und japanischen Abgesandten bei den Friedensverhandlungen.

[8] Lily Elsie, Darstellerin der „Lustigen Witwe" in London.

[10] Emma Goldman in späteren Jahren, kurz vor ihrer Ausweisung und Deportation nach Russland im Jahr 1919.

[9] Alfred Dreyfus. Nach seiner Rehabilitierung wird er wieder in die französische Armee aufgenommen und zum Major befördert.

28. November 1905
Der Journalist Arthur Griffiths gründet die republikanische irische Partei **Sinn Féin** (Wir selbst). Griffith wollte die irische Unabhängigkeit durch Abzug von Iren aus britischen Institutionen vorantreiben.

[7]
9. Dezember 1905
Richard Strauss' Oper **Salome** wird in Dresden uraufgeführt.

[8]
28. Dezember 1905
Franz Lehárs Operette **Die Lustige Witwe** wird in Wien uraufgeführt. Lehár entwickelte einen neuen Stil der Wiener Operette, indem er Walzerklänge, Anlehnungen an den Pariser Tanz *Cancan* sowie satirische Elemente einbrachte.

[9]
1906
Der französische Hauptmann **Alfred Dreyfus** wird von einer Militärkommission offiziell rehabilitiert.

[10]
1906
Die Anarchistin **Emma Goldman** gründet die Monatszeitschrift *Mother Earth* (Mutter Erde). Sie wird in den USA mehrfach verhaftet, unter anderem wegen Anstiftung zum Aufruhr und Verbreitung von Informationsmaterial über Geburtenkontrolle.

[11]
1906
Max Pechstein wird Mitglied der deutschen Künstlergruppe *Die Brücke*. Als einziges Mitglied der Gruppe hat er Malerei studiert.

1906-1907

1906
Béla Bartók und Zoltán Kodály veröffentlichen ihre erste Sammlung ungarischer Volksmusik und entfachen damit ein neues Interesse am systematischen Studium der nationalen Volksmusik.
[1]

1906
Der britische Biochemiker F.G. Hopkins beweist die Wichtigkeit bestimmter Aminosäuren (die später **Vitamine** genannt werden) für die Ernährung.

1906
Der kanadische Erfinder und Rundfunkpionier Reginald Fessenden führt die **erste Rundfunkübertragung mit Sprache und Musik** durch.

1906
Als erstes europäisches Land gewährt **Finnland** Frauen das Wahlrecht.

1906
Die deutschen Mediziner August von Wassermann, Albert Neisser und Carl Bruck entwickeln die **Serodiagnostik der Syphilis**, eine der ersten praktischen Anwendungen der Immunologie für die medizinische Diagnose.
[2]

1906
Der deutsche Neuropathologe **Alois Alzheimer** beschreibt die physikalischen Abnormalitäten des Gehirns einer an schwerer Demenz erkrankten Patientin und stellt das später nach ihm benannte Krankheitsbild als eigenständige Krankheit vor.

[1] Ein junger hutloser Béla Bartók beim Anhören ungarischer Volksmusik auf einem frühen Grammophon.

[8] „Der Kuss" von Gustav Klimt. Er ließ sich von byzantinischen Mosaiken und deren Verwendung von Blattgold inspirieren.

[3] J. Stuart Blackton (rechts) in späten Jahren mit seiner innovativen Farbfilmkamera.

[5] Der junge Anwalt und Aktivist Gandhi in Südafrika.

[2] August von Wassermann.

[6] Annette Kellermann in einem einteiligen Badeanzug, kurz vor dem Versuch, den Ärmelkanal schwimmend zu durchqueren.

[4] Der Rumäne Traian Vuia in seinem Eindecker, dem weltweit ersten seiner Art. Die besten Resultate sind eher als Sprung denn als ernsthaftes Fliegen zu bezeichnen.

[7] Rainer Maria Rilke. Er lebt ab 1900 in Paris, wo er als Sekretär des Bildhauers Auguste Rodin arbeitet und in den Bann von Cézanne gerät.

18. April 1906
Ein schweres Erdbeben erschüttert **San Francisco**, gefolgt von vier Tage dauernden Bränden, die auf über 10 Quadratkilometern 25 000 Gebäude im Wert von 350 Millionen Dollar zerstören. Etwa 3000 Menschen sterben.

23. April 1906
Der russische Zar Nikolaus II. verkündet eine **Russische Verfassung**. Die neuen Grundgesetze markieren das Ende der Autokratie, bleiben jedoch weit hinter den im Oktobermanifest versprochenen Reformen zurück.

[5]
September 1906
Bei einem Massenprotest in Johannesburg verkünden die von **Mahatma Gandhi** angeführten Inder, der Rassendiskriminierung durch die südafrikanische Regierung mit Gewaltlosigkeit und *Satyagraha* („Festhalten an der Wahrheit") begegnen zu wollen.

29. September 1906
Die USA besetzen **Kuba** als Reaktion auf die Aufstände im Zuge der Wiederwahl des Präsidenten Tomás Estrada Palma.

[6]
1907
Die australische Schwimmerin Annette Kellermann führt an einem Strand in der Nähe von Boston, Massachusetts, einen **einteiligen Badeanzug** vor. Kurz darauf wird sie wegen Erregung öffentlichen Ärgernisses festgenommen.

[7]
1907
Der österreichisch-ungarische Dichter und Lyriker **Rainer Maria Rilke** veröffentlicht seinen Gedichtband *Neue Gedichte*, in dem er den neuen Gedichttypus des *Dinggedichts* vorstellt.

1906
Der Hollywood-Regisseur J. Stuart Blackton entwickelt die ersten **Animationsfilme**.
[3]

1906
Luther Haws aus Berkeley in Kalifornien erfindet den **Trinkbrunnen**.

1906
König Alfons XIII. von Spanien und seine Braut, Prinzessin Victoria Eugénie von Battenberg, entgehen auf dem Rückweg von ihrer Hochzeit nur knapp einem Attentat. Die von einem Anarchisten gezündete Bombe verletzt und tötet jedoch viele andere Anwesende.

1906
Upton Sinclairs Roman **The Jungle** (Der Dschungel) enthüllt die katastrophalen hygienischen Zustände in der Chicagoer Fleischverarbeitungsindustrie. Noch im selben Jahr wird ein Gesetz zur Inspektion der Schlachthöfe erlassen sowie das erste Arzneimittelgesetz der USA.

18. Februar 1906
Armand Fallières wird zum Präsidenten Frankreichs gewählt.

18. März 1906
Der **erste Eindecker**, konstruiert vom rumänischen Erfinder Traian Vuia, legt eine Strecke von zwölf Metern zurück.
[4]

DAS ERDBEBEN VON SAN FRANCISCO

Ein Beben von weniger als einer Minute führt zur größten Naturkatastrophe in der Geschichte der Vereinigten Staaten.

San Francisco liegt auf der San-Andreas-Verwerfung, einer Fraktur der Erdkruste, die sich über gut 1300 Kilometer Länge vom nördlichen Ende des Golfs von Kalifornien quer durch das westliche Kalifornien bis hinein in den Pazifik nahe der Stadt erstreckt. Die von Zeit zu Zeit auftretenden stärkeren Erdbeben entlang des Verlaufs der Verwerfung wurden schon früh mit tektonischen Bewegungen der Erdkruste in Zusammenhang gebracht.

Das größte Erdbeben in dieser Region ereignete sich am 18. April 1906 gegen 5:12 Uhr morgens, als ein etwa 430 Kilometer langer Abschnitt der San-Andreas-Verwerfung aufbrach, der von San Juan Bautista in San Benito County bis Humboldt County und von dort vermutlich westwärts bis weit hinein ins Meer reichte. Das Erzittern des Erdbodens war von Los Angeles im Süden bis hinauf in den Norden nach Coos Bay im Bundesstaat Oregon, sowie hinein ins Inland bis ins westliche Nevada zu spüren. Nach heutigen Schätzungen hatte das Beben eine Stärke von mindestens 7,5, möglicherweise sogar 8,25 auf der Richterskala (sie wurde erst 1935 erfunden).

Die Stadt San Francisco wurde am härtesten getroffen. Die hier gezeigten Fotos vermitteln einen Eindruck von der Zerstörungsgewalt des Erdbebens: Ein Riss in einer Straße hat einen Karren nahezu verschluckt (links oben) und ein Holzgebäude steht kurz vor dem Zusammenbruch (links unten). Auch viele andere kalifornische Städte, wie San Jose, Salinas und Santa Rosa wurden empfindlich getroffen, obwohl sie bis zu 30 Kilometer vom Verlauf der San-Andreas-Verwerfung entfernt liegen. Man geht heute davon aus, dass das Epizentrum des Bebens sich im Meer befand, etwas außerhalb der Golden Gate Meerenge. Im Stadtzentrum von San Francisco kam es in Folge der Erschütterungen zu zahlreichen kleineren Bränden, z.B. durch während des Bebens umgestürzte brennende Öllampen, gebrochene Gasleitungen oder durch außer Kontrolle geratene Lagerfeuer in den Notunterkünften der nun zahlreichen Obdachlosen.

Die Einsatzkräfte der Feuerwehr bekamen das ausbrechende Chaos nicht in den Griff, zumal auch noch die Hauptwasserleitung zusammenbrach. Auch einige der Versuche, die Feuer einzudämmen – insbesondere die Entscheidung, durch Sprengungen beschädigter Gebäude Feuerschneisen zu schaffen – führten zu einer weiteren Ausbreitung der Brände, die schließlich zu einem flächendeckenden Großbrand zusammenwuchsen. Die Feuersbrunst zerstörte 490 Häuserblocks mit insgesamt 25 000 Gebäuden; 250 000 Menschen wurden obdachlos, 450 bis 700 Menschen verloren ihr Leben. Der Gesamtschaden wurde auf 350 bis 400 Millionen Dollar geschätzt.

Trotz der immensen Schäden erholte sich die Stadt sehr schnell, bereits 1915 war sie zum Großteil wieder aufgebaut. Die nachfolgenden geologischen Untersuchungen der Katastrophe von San Francisco führten zur Entwicklung der Theorie über den elastischen Rückprall (Elastic-Rebound-Theorie), die das Entstehen des Erdbebens durch Spannungsentladungen der sich in der San-Andreas-Verwerfung aneinander reibenden Erdplatten erklärt.

1907
Der Chemiker Eugène Schueller gründet in Frankreich die Kosmetikfirma **L'Oréal**, die zu einem der weltweit größten Hersteller für Haarpflegeprodukte und Kosmetik heranwachsen wird.

1907
Papst Pius X. veröffentlicht eine Enzyklika, in der er sich gegen den **Modernismus** wendet, speziell gegen Bibelinterpretation und Kirchenlehre auf der Basis moderner Philosophie, Wissenschaft und geschichtswissenschaftlicher Methoden.

1907
Der deutsche Tierhändler Carl Hagenbeck eröffnet in Hamburg einen gitterlosen Zoo mit von tiefen Gräben umgebenen und naturalistisch gestalteten Freigehegen, der noch heute als **Tierpark Hagenbeck** existiert.

1907
Ein Aufstand unzufriedener **rumänischer Bauern** gegen den Landbesitz einiger weniger Großgrundbesitzer breitet sich schnell von Moldawien bis in die Walachei aus.

[8]
1907
Gustav Klimt, ein führender Vertreter der *Wiener Secession*, findet in seinem aufwändigen Gemälde *Der Kuss*, welches er 1908 vollendete, unter dem Einfluss des Jugendstils zu einer ornamental-symbolischen Kunst mit stark erotischem Einschlag.

1907
Gustav Mahler vollendet seine *Sinfonie Nr. 8 in Es-Dur* für acht Gesangssolisten, zwei Chöre und ein großes Sinfonieorchester. Aufgrund der großen Anzahl benötigter Musiker erhielt die Sinfonie den Beinamen „Sinfonie der Tausend".

1907

1907
Hermann Muthesius und Henry van de Velde gründen den **Deutschen Werkbund**, mit dem Anspruch, auf die industrielle Fertigung von Massenprodukten handwerkliche Standards anzuwenden.

1907
Maria Montessori eröffnet ihr Kinderhaus (*Casa dei Bambini*) in einem Arbeiterviertel in Rom. Die von ihr entwickelte **Montessori-Pädagogik** legt Wert auf die individuellen Interessen der Kinder und selbstständiges Lernen.
[1]

1907
In Neuseeland wird **Mothercraft** eingeführt, ein Programm zur Anleitung von Müttern im Umgang mit Säuglingen. Als wichtig erachtet werden u.a.: Luft, Sonnenschein, Wasser, Nahrung, Kleidung, Baden, Übungen, Wärme, Sauberkeit, Zuwendung, Ruhepausen und Schlaf.
[2]

1907
Durch eine Fusion der Royal Dutch Petroleum in Den Haag und der Shell Transport and Trading Company in London entsteht die Unternehmensgruppe **Royal Dutch Shell Group**, die zu einer der größten Kapitalgesellschaften der Welt heranwachsen wird.
$ [3]

1907
Der Schweizer Psychologe und Psychiater **Carl Gustav Jung** trifft den Psychoanalytiker Sigmund Freud, mit dem ihn eine jahrelange Zusammenarbeit verbinden wird. Durch seine Kritik an dessen Libidotheorie kommt es zum Bruch mit Freud.
[4]

1907
In London gründet sich die **Bloomsbury-Gruppe**, ein Kreis von englischen Künstlern und Wissenschaftlern, zu deren Mitgliedern Vanessa Bell, Virginia Woolf, E.M. Forster, Lytton Strachey und John Maynard Keynes zählen.
[5]

[1] Drei Kleinkinder mit Sonnenhüten in einer Montessori-Einrichtung. „Spontane Selbstentfaltung“ ist ein Anliegen der Montessori-Pädagogik.

[4] Carl Jung. Er bezieht Erkenntnisse aus Träumen, Kunst, Mythologie und den Weltreligionen in seine Arbeit ein und warnt vor einem blinden Vertrauen auf Ratio und Wissenschaft.

[9] Revue-Tänzerinnen der Broadwayshow „The Ziegfeld Follies“ um 1915.

[3] Eine Werbung für Shell „Motorspirit“: Benzin.

[2] Wie badet man ein Baby? Eine Mothercraft-Unterrichtsstunde in einer Tageskrippe.

[5] Drei Schlüsselfiguren der Bloomsbury-Gruppe: der Biograph und Schriftsteller Lytton Strachey sowie die Schwestern Vanessa Bell (links) und Virginia Woolf (geborene Stephen).

1907
Der Zoologe Ross Granville Harrison kultiviert Kaulquappengewebe und erhält dabei lebende Nervenzellen. Seine **In-vitro-Kultivierung lebender Zellen** ermöglichen die Entwicklung der Neurologie und Neurophysiologie.

ca. 1907
Die Zahl der Todesopfer der Beulenpest in **Indien** steigt auf über eine Million.

Januar 1907
In **Österreich** wird das allgemeine, geheime und direkte Wahlrecht für Männer eingeführt.

1. Januar 1907
Agrarreformen in **Russland** beenden das bisherige System der Dorfgemeinschaften und erlauben Bauern das Verlassen einer solchen Gemeinschaft sowie den Privatbesitz und das Bewirtschaften von Grundeigentum.

10. Juni 1907
Ein **französisch-japanisches Abkommen** wird unterzeichnet, das für beide Staaten „eigene Territorien“ in China vorsieht und den Schutz der japanischen Interessensphären in China garantiert.

[9]
18. Juli 1907
Florenz Ziegfeld produziert in New York City zum ersten Mal die **Ziegfeld Follies** von 1907, eine Revue mit freizügig gekleideten Tänzerinnen, historischem Prunk und Comedy-Einlagen. Der Erfolg der Revue dauert über 23 Jahre an.

1907
Der britische Passagierdampfer **RMS Lusitania**, das größte Linienschiff dieser Zeit, geht auf Jungfernfahrt. Acht Jahre später wird es von einem deutschen U-Boot versenkt, was indirekt zum Kriegseintritt der USA in den Ersten Weltkrieg beiträgt.
[6]

1907
Der norwegisch-amerikanische Erfinder Ole Evinrude erfindet den ersten kommerziell erfolgreichen **Außenbordmotor**. Auch nachfolgende Modelle orientieren sich an dem von ihm entwickelten Getriebe, einem Vertikalantrieb mit Kegelradgetriebe (aus zwei zahnradartigen Antrieben).

1907
Die Gebrüder Ringling erwerben den Zirkus Barnum & Bailey, den sie unter dem Motto *„The Greatest Show on Earth"* (die größte Schau der Welt) zum **Ringling Brothers and Barnum & Bailey Circus**, dem größten Zirkus der Vereinigten Staaten, aufbauen.

1907
Auf der Isle of Man vor der Nordwestküste Englands findet zum ersten Mal das älteste Motorradrennen der Welt, die **Isle of Man Tourist Trophy**, statt.
[7]

1907
Ein von den Franzosen Gabriel Voisin und Leon Delagrange entwickeltes Flugzeug, bekannt unter dem Namen **Voisin**, wird das erste in größerer Stückzahl (etwa 75) hergestellte Flugzeug.
[8]

1907
In **Norwegen** erhalten Frauen das passive Wahlrecht.

[6] Die unter einem schlechten Stern stehende „Lusitania".

[7] Am Start der „Isle of Man Tourist Trophy" (TT) im Jahr 1911.

[8] Leon Delagrange kurz vor dem Start am Steuer eines Voisin-Doppeldeckers.

[10] Prinz Scipione Borghese. Forscher, Diplomat und Autorennen-Pionier.

[11] Eine Gruppenaufnahme der schwedischen Königsfamilie. König Oskar II. sitzend, sein ältester Sohn Gustav stehend als Dritter von links.

18. Juli 1907
Frankreich besetzt **Casablanca**, das später zum französischen Protektorat wird (1912-1956) und einen Aufschwung zur wichtigsten Hafenstadt Marokkos erlebt.

19. Juli 1907
Gojong, der **letzte König von Korea**, dankt im Angesicht der japanischen Besatzung nach 43 Jahren Amtszeit ab.

[10]
10. August 1907
Der Italiener **Prinz Scipione Borghese** gewinnt das erste organisierte Automobilrennen der Welt, die Rallye Peking-Paris. Er bewältigt die 12 000 Kilometer lange Strecke in einem 45 PS starken Itala.

10. September 1907
In Dallas eröffnet die erste Filiale der Nobelkaufhauskette **Neiman-Marcus**.

9. Oktober 1907
Der italienische Komponist **Romualdo Marenco** stirbt. Am bekanntesten wurde er durch seine Ballettmusik, insbesondere durch *Excelsior*, ein Vorgeschmack auf den italienischen *Futurismus* mit seiner Begeisterung für neue Erfindungen wie z.B. Elektrizität.

[11]
12. Dezember 1907
König Oskar II. von Schweden und Norwegen stirbt. Sein Nachfolger auf dem schwedischen Thron wird sein ältester Sohn Gustav V. Norwegen hatte 1905 seine Unabhängigkeit erklärt.

1908–1909

1908
Der Komponist **Gustav Mahler** wird für eine Saison Dirigent an der Metropolitan Opera in New York.

1908
Cass Gilbert beginnt mit dem Bau des **Woolworth Building** in New York. Aufgrund seiner gotischen Fassade erhält das Gebäude den Spitznamen „Kathedrale des Kommerz".

1908
Der US-amerikanische Dichter **Ezra Pound**, aufgrund seines merklichen Einflusses auf die Literatur des 20. Jahrhunderts oft als „poet's poet" (Dichter der Dichter) bezeichnet, veröffentlicht seine erste Gedichtsammlung *A lume spento* in Venedig.
[1]

1908
Kaiser Wilhelm II. gibt der britischen Zeitung *The Daily Telegraph* ein Interview. Seine Absicht, die deutsch-englische Freundschaft zu bewerben, verkehrt sich aufgrund seiner emotionalen Ausbrüche während des Interviews in das genaue Gegenteil.

1908
Der bereits drei Jahre zuvor auf der Internationalen Funkkonferenz in Berlin als Notrufzeichen festgelegte **Morsecode SOS** wird weltweit als internationales Notrufzeichen anerkannt.

1908
Ford stellt das **Modell T** vor. In den 19 Jahren, in denen es hergestellt wird, werden allein in den USA 15 500 000 Fahrzeuge verkauft, weitere 1 000 000 in Kanada und 250 000 in Großbritannien; zusammengenommen die Hälfte der weltweiten Automobilproduktion.
$ [2]

[7] Robert Baden-Powell mit einer Gruppe von Pfadfindern in einem englischen Pfadfinderlager, vermutlich kurz nach dem Ersten Weltkrieg.

[2] Das „Modell T" von Ford mit einer Höchstgeschwindigkeit von etwas über 70 km/h, umgangssprachlich auch „Tin Lizzy" (Blechliesel) genannt. Elektrische Anlasser wurden erst ab 1919 eingebaut.

[1] Ezra Pound. Nach dem Erscheinen seines ersten Gedichtbands zieht er nach London, wo er schon bald mit dem Dichter W.B. Yeats verkehrt.

[6] „Der Kuss" von Constantin Brancusi.

[8] Ein geschichtsträchtiger olympischer Moment: Der italienische Marathonläufer Dorando Pietri durchläuft die Ziellinie mit fremder Hilfe. Der Sieg wird ihm aufgrund der Hilfestellung wieder aberkannt.

[6]
1908
Der rumänische Bildhauer **Constantin Brancusi** fertigt sein berühmtestes Werk *Der Kuss* an, eine Plastik, in der die Verbundenheit zweier Menschen bis auf wenige wesentliche, symmetrische Grundlinien reduziert wird.

[7]
1908
Der britische General Robert Baden-Powell gründet die **Pfadfinder**. Die Pfadfinderbewegung verbreitet sich schnell in der ganzen Welt.

1908
Die deutsche Hausfrau Melitta Bentz erfindet den **Kaffeefilter**. Nach ersten Experimenten mit Löschblättern aus den Schulheften ihrer Kinder meldet sie ihre Erfindung zum Patent an und wird Unternehmerin.

1908
Österreich-Ungarn annektiert **Bosnien-Herzegowina** aus Angst vor der Bewegung der Jungtürken, welche die niedergehende Macht des Osmanischen Reiches aufhalten wollen. Die Serben missbilligen diese Maßnahme.

[8]
1908
Die **Olympischen Sommerspiele** finden in London statt.

1908
Der US-amerikanische Rechtsanwalt und Justizminister Charles J. Bonaparte gründet das *Bureau of Investigation* als bundespolizeiliche Ermittlungsbehörde des Justizministeriums. Später wird daraus das **FBI**.

1908
Frank Lloyd Wright entwirft das **Robie House** in Chicago. Das längliche, schmale Wohnhaus aus römischen Ziegeln ist mit seiner horizontalen Linienführung typisch für den von Wright geprägten *Prärie-Stil.*
[3]

1908
Der französische Schriftsteller und Moralist André Gide ist Mitbegründer der Zeitschrift **La Nouvelle Revue Française**, einem der wichtigsten Literaturmagazine Frankreichs vor dem Zweiten Weltkrieg.

1908
In Großbritannien wird eine **Sozialgesetzgebung** erlassen, einschließlich der ersten Arbeitslosenversicherung.

1908
Jack Johnson schlägt den Kanadier Tommy Burns und wird damit zum ersten afroamerikanischen Boxweltmeister im Schwergewicht.
[4]

1908
Der Chemiker Leo Baekeland erfindet **Bakelit**, den ersten Massenkunststoff. Diese neue Kunststoffart ersetzt schon bald das Zelluloid in nahezu allen Bereichen. Die Erfindung trug zur Entlastung der Wälder bei, schuf aber auch das Problem des nicht abbaubaren Plastikmülls.

1908
Der liberale Politiker **H.H. Asquith** wird neuer Premierminister Großbritanniens. Mit dem Parlamentsgesetz von 1911 schränkt er die Macht des englischen Oberhauses erheblich ein. Er führt die liberale Regierung bis in den Ersten Weltkrieg.
[5]

[3] Das Robie House von Frank Lloyd Wright.

[10] Die Begräbnisprozession der Kaiserinwitwe Cixi.

[11] Reihen von „Kewpies" auf einem Jahrmarkt um 1930.

[4] Jack Johnson beim Training in der Turnhalle.

[9] Menschen bleiben staunend stehen, als Henri Farman die Distanz von 27 Kilometern von Chalons nach Reims zurücklegt.

[5] H.H. Asquith wird Premierminister, da sein Vorgänger, Sir Henry Campbell-Bannerman, stirbt.

30. Juni 1908
In Sibirien kommt es zum **Tunguska-Ereignis**, einer bis heute ungeklärten riesigen Explosion, die 2000 Quadratkilometer Pinienwald dem Erdboden gleich macht und wahrscheinlich auf einen Meteoriteneinschlag zurückzuführen ist.

[9]
31. Oktober 1908
Der Franzose Henri Farman steuert sein Voisin-Kastendrachen-Flugzeug auf dem ersten **Überlandflug** Europas und legt dabei eine Strecke von 27 Kilometern zurück.

[10]
15. November 1908
Die **Kaiserinwitwe Cixi** von China stirbt. Es wird verkündet, ihr Neffe, Kaiser Guangxu, sei einen Tag vor ihr gestorben. Daher erklärt Cixi auf dem Totenbett den dreijährigen Neffen des Kaisers zum Thronfolger.

30. November 1908
Die USA und Japan unterzeichnen das **Root-Takahira-Abkommen**, in dem sie die Verhältnisse und politischen Einflüsse im pazifischen Raum klären und damit einen drohenden Krieg abwenden.

1909
Der Tod **König Leopolds II.** von Belgien führt zur Thronbesteigung seines Neffen Albert I.

[11]
1909
Die US-amerikanische Illustratorin, Schriftstellerin und Geschäftsfrau Rose Cecil O'Neill stellt auf einer ganzseitigen Anzeige in einer Frauenzeitschrift die **Kewpie Doll** vor. Die Puppe wird zu einem Verkaufsschlager.

1909
Die **Tragische Woche** (*Semana Trágica*) in Barcelona, ein durch Einberufungsbefehle an Reservisten ausgelöster Aufstand, wird gewaltsam beendet.

1909
Das **Walter Reed Army Medical Center** in Washington, D.C., wird gegründet.

1909
Der ehemalige Sozialarbeiter **Lewis Hine** dokumentiert in seinen Fotobänden *Child Labor in the Carolinas* und *Day Laborers Before Their Time* die Ausbeutung durch Kinderarbeit in US-amerikanischen Fabriken, Spinnereien und anderen Industriezweigen.

1909
Der US-amerikanische Zoologe und Genetiker Thomas Hunt Morgan entwickelt aufgrund seiner Kreuzungsversuche mit Fruchtfliegen eine **Theorie des Gens** und trägt damit entscheidend zur Weiterentwicklung der Vererbungslehre bei.

1909
Arnold Schoenberg beginnt mit der Komposition **atonaler Musik**. Erste Ergebnisse dieses großen Experiments der modernen Musik sind die *Drei Klavierstücke op. 11* und das Orchesterwerk *Fünf Orchesterstücke op. 16*.

1909
Der britische Händler und Yachteigner **Thomas Lipton** beginnt mit dem Mischen und Verkauf eigener Teesorten in New York City.
[1]

KINDERARBEIT

Ein Fotograf beleuchtet das Elend der Kinder.

Im Jahr 1904 gründete sich die Organisation National Child Labor Committee (NCLC), die sich zum Ziel gesetzt hatte, den US-Kongress zu Gesetzen gegen Kinderarbeit zu bewegen. Eine Studie von 1907 zeigt auf, dass in den USA zu diesem Zeitpunkt über zwei Millionen Kinder unter 16 Jahren in einem bezahlten Beschäftigungsverhältnis standen. Die NCLC-Aktivistin Jane Addams erklärte, „es ist kein Wunder, dass über 580 000 amerikanische Kinder zwischen zehn und 14 Jahren weder schreiben noch lesen können".

1908 beauftragte das NCLC den Fotografen Lewis Hine, die Kinderarbeit in den USA zu untersuchen und fotografisch zu dokumentieren. Hine bereiste das Land und schoss zahlreiche Bilder, wie das links gezeigte Foto von arbeitenden Kindern in einer Textilfabrik. Hine hielt auch Vorträge zum Thema. Dabei sagte er einmal: „Vielleicht haben Sie Angst vor diesen Bildern zur Kinderarbeit. Nun, so geht es uns auch, doch wir beabsichtigen, Sie und das ganze Land so lange mit diesen Bildern zu quälen, bis etwas unternommen wird und Fotos von arbeitenden Kindern Zeugnisse der Vergangenheit sein werden."

1900–1909

[5] Selma Lagerlöf. Ihr Kinderbuch „Die wunderbare Reise des kleinen Nils Holgersson mit den Wildgänsen" wird in über 30 Sprachen übersetzt.

[6] Ein 84-jähriger Russe aus Minsk bei der Arbeit in einem Kibbuz in Palästina im Jahr 1913. Zehn Jahre lang hatte er für die Finanzierung seiner Auswanderung gespart.

[7] Eine Menschenmenge in der Londoner Oxford Street am Eröffnungstag von Selfridges.

[1] Sir Thomas Lipton (in weißen Hosen) als Gastgeber von Thomas Alva Edison (Mitte links, mit Melone) an Bord einer seiner Yachten.

1909
Der französische Künstler und Chemiker Édouard Bénédictus meldet das von ihm entwickelte **Sicherheitsglas** zum Patent an. Es basiert auf einer mit zwei Glasschichten verbundenen Zelluloidschicht.

[5]
1909
Selma Lagerlöf erhält als erste Frau sowie als erste schwedische Schriftstellerin den Literaturnobelpreis.

1909
Im **Twickenham Stadium** in West-London findet das Eröffnungsspiel zwischen den Rugbymannschaften „Harlequins" und „Richmond" statt. Das Stadion wird Englands wichtigster Veranstaltungsort für Rugbyspiele.

[6]
1909
In Degania in Palästina wird der erste **Kibbuz** gegründet. Rasch folgen weitere Gründungen, und zu Beginn des 21. Jahrhunderts gibt es in Israel über 250 Kibbuzim mit über 100 000 Einwohnern.

[7]
1909
In der Londoner Oxford Street eröffnet das Kaufhaus **Selfridges**.

1909
England, Südafrika und Australien gründen den Weltkricketverband *Imperial Cricket Conference*. **Kricket** ist eine der Hinterlassenschaften des Britischen Weltreichs und wird auch noch in Afrika, Indien und der Karibik gespielt.

1909
Der Industriedesigner **Peter Behrens** beginnt mit dem Bau der Turbinenhalle der AEG in Berlin. Das massive Gebäude mit den großen Glaswänden gilt als Schlüsselwerk der modernen Industriearchitektur.

1909
Der britische Finanzminister **David Lloyd George** führt eine progressive Einkommensbesteuerung, insbesondere der Reichen, sowie eine Steuer für Grundbesitz ein. Die Gelder werden benötigt, um beim Wettrüsten mit der deutschen Kriegsmarine in Führung zu bleiben.

1909
Der in Russland geborene Maler **Wassily Kandinsky**, der bereits Mitglied der *Berliner Secession* ist, gründet in München die *Neue Künstlervereinigung München* (siehe auch 1910).

1909
Bei der Rückkehr nach dem Erreichen des Nordpols erfahren **Robert Peary** und sein afroamerikanischer Begleiter **Matthew Henson**, dass Frederick Cook ihnen zuvorgekommen ist, was ihm aufgrund mangelnder Beweise jedoch später wieder aberkannt wird.
[2]

1909
Auf der Nimrod-Expedition führt **Ernest Shackleton** eine Schlittenexpedition, bei der er bis auf 180 km an den Südpol herankommt. Eine andere Gruppe dieser Expedition erreicht den magnetischen Pol.
[3]

1909
Johanna von Orléans wird selig gesprochen. Im Hundertjährigen Krieg verhalf sie den Franzosen zum letztendlichen Sieg über die Engländer und wurde 1431 von den Engländern auf dem Scheiterhaufen verbrannt.
[4]

[2] Matthew Henson mit einem Moschuskalb.

[2] Robert Peary in einem prächtigen Fellanzug.

[3] Ernest Shackleton, Zweiter von links, bei der Rückkehr von seinem Versuch, den geografischen Südpol zu erreichen.

[4] Johanna von Orléans, dargestellt von der englischen Schauspielerin und Tänzerin Gabrielle Ray, die als frühes „Pin-up-Girl“ für Hunderte Postkartenmotive Modell stand.

[8] Ein vom Künstler Lovis Corinth gestaltetes Cover für „Elektra“, die Oper, in der sich Strauss am weitesten über die Grenzen der Tonalität hinausbewegt.

[9] Das von Aston Webb gestaltete Victoria & Albert Museum. Es befindet sich in direkter Nachbarschaft des „Sience Museum“ und des „Natural History Museum“.

1909
Die Japaner beginnen mit der **Besetzung Koreas**, die über 30 Jahre andauern wird.

1909
In den Niederlanden wird zum ersten Mal die **Elfstedentocht** (Elf-Städte-Tour) ausgetragen, ein Eisschnelllaufrennen, das nur in extrem kalten Wintern bei ausreichend dickem Eis ausgetragen werden kann.

1909
Der von Napoleon Le Brun gestaltete und dem Turm des Markusdoms in Venedig nachempfundene **Metropolitan Life Insurance Tower** in New York wird fertiggestellt. Das Bauwerk wird für einige Jahre das höchste der Welt sein.

[8]
1909
Die Oper **Elektra** mit der Musik von Richard Strauss und einem Libretto von Hugo von Hofmannsthal hat Premiere am Königlichen Opernhaus in Dresden.

1909
In Berlin findet Europas erstes **Sechstagerennen** statt. Sieger im Zweier-Mannschaftsfahren werden die US-amerikanischen Bahnradfahrer Moran und MacFarlane.

[9]
1909
König Eduard VII. und Königin Alexandra eröffnen im Londoner Stadtteil South Kensington das **Victoria & Albert Museum**, die weltgrößte Sammlung von Kunstgewerbe und Design.

1909

1909
Mit seinem ersten Auftritt im Théâtre du Châtelet erobert der russische Tänzer **Vaslav Nijinsky** Paris im Sturm. Seine Virtuosität und Verwandlungsfähigkeit machen ihn zu einem Weltstar.
[1]

1909
Der spanische Anarchist **Francisco Ferrer** wird in der Folge der *Semana Trágica* (Tragische Woche) hingerichtet, obwohl er sich zu diesem Zeitpunkt gar nicht in Barcelona aufgehalten hatte.

1909
Der Republikaner **William Howard Taft** wird der 27. Präsident der USA. Seine Amtszeit dauert bis 1913. Vizepräsident wird James S. Sherman.

1909
Der US-Amerikaner **George Bellows**, ein Mitglied der Ashcan School (einer Künstlergruppe des *Amerikanischen Realismus*), malt sein berühmtes Bild *Stag at Sharkey's*, das auf sehr realistische Weise eine ungeschönte Boxkampfszene darstellt.

20. Februar 1909
Der italienische Dichter Filippo Tommaso Marinetti veröffentlicht sein **Futuristisches Manifest**. Damit begeistert er eine Reihe italienischer Schriftsteller, Künstler und Architekten für Maschinen und Technik. Auch in Russland gewinnt der *Futurismus* großen Einfluss.
[2]

23. Februar 1909
In der Absicht, die autonomen Rechte Finnlands einzuschränken, löst Zar Nikolaus II. das **finnische Parlament** auf, zu dem seit 1905 alle Finnen – als einzigem Land in Europa auch Frauen – gleiches Wahlrecht hatten.

[1] Nijinsky in der Rolle des Petruschka im Jahr 1911.

[3] Der bärtige Bethmann-Hollweg mit Graf Lerchenfeld von Bayern. Seine Versuche, das Marine-Wettrüsten mit Großbritannien zu beenden, schlagen fehl.

[5] Ito Hirobumi, der insgesamt vier Mal japanischer Premierminister war. Als junger Mann gehörte er zu einer Gruppe von fünf Japanern, die 1863 zum Studium an das University College in London geschickt wurden.

[2] Filippo Tommaso Marinetti: „Kunst kann nichts anderes sein als Gewalt, Grausamkeit und Ungerechtigkeit."; „Preiset den Krieg – er ist die einzige Hygiene der Welt."

[4] Einen Tag nach der gelungenen Überquerung des Ärmelkanals posiert Louis Blériot in Dover gemeinsam mit seiner Frau vor seinem Flugzeug.

April 1909
Türkisch-muslimische Fundamentalisten ermorden in der Stadt Adana über **30 000 Armenier**.

Juli 1909
Orville und Wilbur Wright verkaufen ihren Militärflieger – das weltweit erste **Militärflugzeug** – an die Fernmeldetruppe der US-Armee.

[3]
14. Juli 1909
Theobald von Bethmann Hollweg wird deutscher Reichskanzler (1909-17). Es gelingt ihm, die Ausweitung des Ersten Balkankriegs zu einem großen Konflikt zwischen Österreich-Ungarn und Russland zu verhindern.

[4]
25. Juli 1909
Dem französischen Flugzeughersteller und Flieger **Louis Blériot** gelingt die erste Überquerung des Ärmelkanals in einem Flugzeug.

[5]
26. Oktober 1909
Der erfahrene japanische Staatsmann und Premierminister, Ito Hirobumi, wird in der chinesischen Stadt Harbin vom koreanischen Nationalisten An Chunggun erschossen. Der Anschlag beeinflusst Japans Entscheidung, **Korea** 1910 zu annektieren.

4. Dezember 1909
Ermanno Wolf-Ferraris einaktige *Opera buffa* **Susannens Geheimnis** wird in München uraufgeführt. Die Handlung dreht sich hauptsächlich um das Rauchen von Zigaretten.

Marschierende US-Soldaten bei einer Siegesparade 1918.

1910

1910
Zwei Brüder aus Nebraska gründen in Kansas City einen Kartengroßhandel. Daraus entsteht **Hallmark**, der weltgrößte Produzent von Grußkarten.

1910
Die **Trans-Anden-Eisenbahnstrecke**, die Chile und Argentinien miteinander verbindet, wird fertig gestellt.

1910
Adolf Loos baut **Haus Steiner in Wien.** Die schnörkellose, glatte Fassade wird nur von Fenstern durchbrochen. Dies trägt zu der überwältigenden Schlichtheit des Gebäudes bei.
[1]

1910
Der amerikanische Erfinder Elmer Sperry gründet die **Sperry Gyroscope Company**, einen bedeutenden Hersteller von Navigations- und Steuerungssystemen.

1910
Der amerikanische Physiker und Herzspezialist James Bryan Herrick entdeckt und beschreibt als Erster die **Sichelzellanämie**.

1910
Der französische Pilot Henri Fabre konstruiert *Le Canard* (die Ente), das **allererste Wasserflugzeug**.
[2]

[1] „Haus Steiner", Wien. Als Reaktion auf die Ausschweifungen der „Wiener Secession" setzt die moderne Einfachheit ein.

[5] Paul Ehrlich. Die Entwicklung von Sulfonamiden, Penizillin und Antibiotika nahm in den von ihm durchgeführten Versuchsreihen ihren Anfang.

[7] Japanische Polizisten umgeben von Koreanern mit ihren charakteristischen Kopfbedeckungen.

1910-1919

[4] Belmonte, als Bürokrat verkleidet, auf dem Cover des „Time Magazins".

[8] Max Factor trägt dem Stummfilmstar Louise Fazenda in den 1920ern Lippenstift auf.

1910
Frances Hodgson Burnetts Roman **Der geheime Garten** wird veröffentlicht.

1910
Der französische Künstler und Chemiker Édouard Bénédictus lässt sich die Erfindung des **Sicherheitsglases** patentieren. Beim Einschlagen verformt es sich lediglich oder es zerspringt in winzige, relativ harmlose Stücke anstatt in große, scharfkantige Teile.

[5]
1910
Der deutsche Arzt und Forscher Paul Ehrlich und sein Kollege Sahachiro Hata führen die **Chemotherapie** ein. Sie weisen nach, dass die synthetische Verbindung *Arsphenamin* (Salvarsan) gegen Syphilis wirksam ist.

1910
Der amerikanische Kongress verabschiedet ein Gesetz, das ein über 4000 km² großes Gebiet in Montana zum Naturreservat erklärt. So entsteht der **Glacier National Park**.

[6]
1910
Der französische Pionier der Fotografie Gaspard-Felix Tournachon, besser bekannt als **Nadar**, stirbt im Alter von 89 Jahren. 1858 war er der Erste, dem eine Luftbildaufnahme gelang, und zwar von einem Heißluftballon aus, der über Paris schwebte.

1910
John Randolph Bray, ein Zeitungscartoonist, ebnet bei **Zeichentrickfilmen** einem „Zelluloid"-Verfahren den Weg, das für alle zukünftigen Trickfilmzeichner zum Standard wird.

1910
Antoni Gaudí widmet sich voll und ganz der Arbeit an dem Templo Expiatorio de la **Família Sagrada in Barcelona**, Gaudís bei weitem ehrgeizigstem Projekt. Die gewaltige Kirche ist bei seinem Tode im Jahr 1926 noch unvollendet.

[3]

1910
Der spanische Stierkämpfer **Juan Belmonte**, der von vielen als größter Matador aller Zeiten angesehen wird, tötet im Alter von nur 18 Jahren seinen ersten Stier.

[4]

1910
Die in Kanada geborene US-Amerikanerin Florence Nightingale Graham eröffnet in New York einen Kosmetiksalon, der Grundstein für die unter dem Namen **Elizabeth Arden** bekannte Schönheitssalonkette wird.

1910
China schafft die **Sklaverei** ab.

1910
Wegen der großen Nachfrage nach Zobel- und Seehundfellimitaten beginnen chinesische Pelzjäger mit der Jagd auf Mandschurische Murmeltiere. Viele dieser Tiere leiden an der **Beulenpest**, die sich schnell ausbreitet und über einer Million Menschen das Leben kosten wird.

1910
Der norwegische Maler Edvard Munch malt die zweite Version des Gemäldes **Der Schrei** in Tempera auf Karton.

[3] Die „Família Sagrada", für viele der größte visuelle Anziehungspunkt in Barcelona. Laut letzten Schätzungen könnte sie im Jahr 2026 fertig gestellt werden.

[10] Drei US-amerikanische Pfadfinderinnen unterstützen die Kriegsanstrengungen durch das Sammeln von Kernen und Steinen, die zermahlen als Filtermaterial in Gasmasken verwendet werden.

[2] Jean Becu hebt 1911 in der Nähe von Marseille in „Le Canard" ab.

[6] Nadar posiert im Atelier in einem Ballonkorb.

[9] Georges Braque in seinem Atelier. Beeinflusst durch die große Cézanne-Retrospektive im Jahr 1907, arbeiten er und Picasso eng zusammen am „Kubismus". Sie sind entschlossen, sich von der Illusion abzuwenden, und stellen Gemälde als von Menschenhand geschaffene Objekte dar.

[7]

1910
Japan annektiert **Korea**. Die japanische Kolonialherrschaft über Korea beginnt.

[8]

1910
Max Factor kreiert ein Make-up, das speziell auf die Bedürfnisse der Darsteller in Schwarz-Weiß-Filmen ausgerichtet ist.

1910
Der mexikanische Revolutionär **Francisco Madero** vereinigt für kurze Zeit verschiedene demokratische Gruppen und Anti-Díaz-Kräfte und kann so Präsident werden (1911-1913).

[9]

1910
Pablo Picasso und Georges Braque beginnen mit der Entwicklung des analytischen **Kubismus**, bei dem die dargestellten Formen in geometrische Einzelteile zerlegt werden.

1910
Der Maler **Wassily Kandinsky**, der sich durch die traditionellen Motive in seiner Kreativität eingeschränkt fühlte, beginnt in seinen Gemälden mit abstrakten Formen zu experimentieren, wie bei *Improvisation 10*.

[10]

1910
Robert Baden-Powell gründet die **Girl Guides** (Pfadfinderinnengruppe) als Gegenstück zu den Boy Scouts (Pfadfindergruppe).

1910-1911

1910
Die Französin Baroness de Laroche (Baronin de Laroche) wird die **erste zertifizierte Pilotin** der Welt.
[1]

1910
Die seit 1143 währende **Monarchie in Portugal** wird abgeschafft und eine Republik ausgerufen.

1910
Der französische Chemotechniker Georges Claude erfindet das **Neonlicht**. Seine Erfindung findet breite Anwendung bei Leuchtschriften und wird zum Vorläufer des fluoreszierenden Lichts.

1910
Die **NAACP**, die Nationale Vereinigung zur Förderung farbiger Menschen, wird in New York gegründet. Sie kämpft für die Abschaffung von Rassentrennung und Diskriminierung, gegen Rassismus und dafür, dass Afro-Amerikaner zu ihren gesetzlich verankerten Rechten kommen.
[2]

1910
Die **S.S. Mauretania** stellt einen neuen transatlantischen Rekord auf. Für die Fahrt von Cobh in Irland nach New York braucht sie nur knapp fünf Tage.
[3]

1910
Gustav Mahlers 8. Symphonie für mehr als 1000 Musiker wird in München uraufgeführt.

[2] Demonstrationszug der NAACP im Jahr 1917 gegen Lynchjustiz.

[4] Der berühmte Regisseur der ersten Stunde, Mack Sennett (links), führt bei einem Dreh in Hollywood Regie, ca. 1915.

[9] Eine Studie für Chagalls Gemälde „Über Witebsk". Das traumhafte Thema – ein jüdischer Hausierer, der über die weißrussische Stadt fliegt – ist typisch für Chagalls Werke.

[3] Foto der „Mauretania" von Alfred Stieglitz.

[7] König Nikolaus von Montenegro wird von einem treuen Anhänger umarmt.

[8] Die mexikanischen Revolutionäre Pancho Villa (links) und Emiliano Zapata rauchen gemeinsam.

1910-1919

[7]
28. August 1910
Montenegro erklärt sich selbst zum unabhängigen Königreich.

1. Oktober 1910
Vor den Büros der **Los Angeles Times** explodiert eine Bombe und tötet 20 Menschen. Drei radikale Gewerkschaftsmitglieder, darunter die Brüder James und John McNamara, bekennen sich später zu der Tat.

[8]
20. November 1910
Francisco Madero startet in Mexiko eine Revolte und weckt in den Anführern verschiedener Untergrundorganisationen, wie z. B. Pancho Villa und Emiliano Zapata, Hoffnung. Der Diktator Porfirio Díaz wird 1911 vertrieben.

26. Dezember 1910
Das **London Palladium** wird eröffnet.

1911
Richard Strauss' Oper **Der Rosenkavalier**, die im Wien des 18. Jahrhunderts spielt, wird in Dresden unter der Leitung von Max Reinhardt uraufgeführt.

1911
Einer revolutionären Gruppe aus Wuhan, China, gelingt es völlig unerwartet, die Landesregierung zu stürzen. Dieser Erfolg hat die Abspaltung weiterer Provinzen zur Folge und führt zum Ende der 267 Jahre währenden **Qing-Dynastie**.

ca. 1910
Hollywood, Kalifornien wird zum Mekka für Filmstudios. Es verfügt sowohl über gemäßigte Temperaturen, die eine ganzjährige Produktion ermöglichen, und über eine breit gefächerte Topografie: Berge, Täler, Wälder, Seen, Inseln, Küste und Wüste.
[4]

20. Februar 1910
Der **ägyptische Ministerpräsident** Boutros Ghali wird ermordet.

6. Mai 1910
König Eduard VII. stirbt. Sein Nachfolger auf dem britischen Thron wird König Georg V.
[5]

31. Mai 1910
Louis Botha bildet die erste Regierung der **Union of South Africa** (Südafrikanische Union).

19. Juni 1910
Der **Halleysche Komet**, der rund alle 76 Jahre zurückkehrt, kann wieder am Himmel gesehen werden.

25. Juni 1910
Der Feuervogel von Igor Strawinski und Michel Fokine feiert an der Pariser Oper Premiere.
[6]

[1] Baroness de Laroche. Im Jahr 1919 stirbt sie bei einem Flugzeugabsturz.

[5] König Georg V. reitet neben Kaiser Wilhelm II. (auf dem weißen Pferd) im Trauerzug zum Begräbnis von König Eduard VII.

[6] Tamara Karsavina in der Titelrolle der ursprünglichen Inszenierung des Ballets Russes von „Der Feuervogel".

DIE ENTDECKUNG MACHU PICCHUS

Der amerikanischen Archäologe Hiram Bingham entdeckt in den peruanischen Bergen eine untergegangene Stadt der Inkas.

Machu Picchu, die antike Ruinenstadt der Inka, 80 km nordwestlich von Cuzco, Peru, gelegen, wurde 1911 von Hiram Bingham entdeckt, einem Professor der Universität Yale. Ein Quechua-Indianer aus der Region führte ihn dorthin. Die Stadt liegt oberhalb des Flusstals des Urubamba in einem engen Sattel zwischen zwei spitzen Gipfeln. Bingham suchte eigentlich Vilcabamba, die „verlorene Stadt der Inka", von der aus die letzten Herrscher der Inka bis 1572 Widerstand gegen die spanische Herrschaft leisteten (die Spanier haben sie nie gefunden).

Die Wohnhäuser in Machu Picchu wurden vermutlich von Mitte des 15. bis Anfang oder Mitte des 16. Jahrhunderts gebaut und besiedelt. Wege und tausende Stufen wurden in den Felsen gehauen. Sie verbinden die öffentlichen Plätze, die Wohngebiete, die Terrassen, den Friedhof und die Hauptgebäude. Die südlichen, östlichen und westlichen Bereiche werden von dutzenden abgestuften, landwirtschaftlich genutzten Terrassen umgeben, die früher durch ein Aquäduktsystem bewässert wurden. Einige dieser Terrassen wurden noch immer von ortsansässigen Indianern (links) benutzt, als Bingham 1911 ankam.

1911
Ein vom US-amerikanischen Bananenplantagenbesitzer Samuel Zemurray finanzierter und ausgerüsteter Militärputsch stürzt die honduranische Regierung und schafft eine **Bananenrepublik.**

1911
Der britische Physiker **Ernest Rutherford** stellt die moderne Theorie des Aufbaus von Atomen auf, nach der diese aus einem kompakten Kern bestehen, der von Elektronen umkreist wird.

1911
Der Amerikaner Benjamin Holt erfindet einen **Mähdrescher**, der Weizen sowohl ernten und dreschen als auch reinigen kann.

1911
Der amerikanische Historiker und Archäologe Hiram Bingham entdeckt die antike Inkastadt **Machu Picchu**, Peru.

[9]
1911
Der in Weißrussland geborene Künstler **Marc Chagall** zieht nach Paris. In seinen Gemälden finden sich nun die für ihn charakteristischen Elemente: russische und jüdische Themen, vielschichtiger Farbauftrag und eine traumhafte Atmosphäre.

1911
Die amerikanische Autorin **Edith Wharton** veröffentlicht den Roman *Ethan Frome.*

1911

1911
Charles F. Kettering erfindet den **elektrischen Anlasser** für Automobile und Lastwagen, wodurch diese sicherer werden. Der Mechanismus wird zuerst in Cadillacs eingebaut.

1911
Nach 28 Jahren Arbeit wird das von Giuseppe Sucani entworfene **Nationaldenkmal für Viktor Emmanuel II.** fertig gestellt.
[1]

1911
Der frühere Leiter der General Motors Corporation, W.C. Durant, gründet die **Chevrolet Motor Company**.

1911
Der französische Schriftsteller Gaston Leroux veröffentlicht seinen Roman **Das Phantom der Oper**, der später durch verschiedene Filme und Bühnenstücke berühmt wird.

1911
Der deutsche Architekt **Peter Behrens** entwirft die deutsche Botschaft in St. Petersburg. Die wuchtigen Formen machen aus dem Gebäude ein Emblem für die Macht neuzeitlicher Regierungen.

1911
Die deutsch-niederländische Schauspielerin **Adele Sandrock** feiert ihr Stummfilm-Debüt.
[2]

[1] Ein Teil des enormen Denkmals für Viktor Emmanuel II. in Rom, von den Einheimischen „Hochzeitstorte“ oder „die falschen Zähne“ genannt.

[6] Max Liebermann in seinem Berliner Atelier.

[5] Nachtaufnahme eines Grégoire-Modells während der ersten Rallye Monte Carlo.

[3] Eine typische, traumähnliche Szene von Giorgio de Chirico.

[4] Zuschauer entlang der Autorennstrecke in Indianapolis in Höhe der Ziellinie bei einem der ersten 500er-Rennen.

[2] Adele Sandrock, die insgesamt über 140 Filme dreht.

1911
Die *Berline* ist das erste Flugzeug, das mit einer **Passagier-Kabine** ausgestattet ist.

1911
Die **Schwarze Hand** wird gegründet. Sie bedient sich terroristischer Mittel, um die Befreiung außerhalb Serbiens lebender Serben aus Habsburger und Osmanischer Herrschaft voranzutreiben. Sie ermordet 1914 auch den österreichischen Erzherzog Franz Ferdinand.

1911
Dank einer Spende des schottischstämmigen Industriellen und Stahlkönigs Andrew Carnegie in Höhe von 125 Millionen Dollar wird die **Carnegie Corporation**, New York, gegründet. Ziel ist die Förderung der Bildung.

[4]
1911
Ray Harroun gewinnt in einem Marmon Wasp das erste **Indianapolis 500**-Autorennen.

1911
Leonardo da Vincis Gemälde **Mona Lisa** wird aus dem Louvre in Paris gestohlen. Ein patriotischer Italiener, der im Louvre angestellt war, wird 1913 bei dem Versuch geschnappt, das Gemälde an die *Uffizien* in Florenz zu verkaufen.

1911
W.C. Handys Musik markiert den Übergang vom *Ragtime* zum **Jazz.** Mit *Memphis Blues* (1911) und vor allem mit *St. Louis Blues* (1914) bringt er ein nostalgisches Element in die Musik, das typisch für die Musik der Farbigen im Süden der USA ist.

1911
Die Computing-Tabulating-Recording Company wird gegründet. 1924 erhält sie unter der Führung von Thomas Watson den Namen *IBM* – **International Business Machines** (Internationale Büromaschinen).

1911
Der italienische Maler **Giorgio de Chirico**, Begründer der *metaphysischen Malerei*, erschafft erste Gemälde, in denen klassische Statuen, dunkle Säulengänge und isolierte Figuren von ihren eigenen Schatten und von strenger Architektur erdrückt zu werden scheinen. [3]

1911
Der norwegische Forscher Roald Amundsen erreicht auf einer sorgfältig geplanten und durchgeführten Hundeschlittenfahrt den **Südpol**. Zuvor fing er Fische in großen Mengen und legte Lebensmittellager für den Rückweg an.

1911
Portugiesische Frauen erhalten das **Wahlrecht**.

1911
Rembrandts Haus in Amsterdam wird durch Königin Wilhelmina der Öffentlichkeit zugänglich gemacht.

1911
Der Schweizer Ingenieur Jacques E. Brandenberger erfindet das **Cellophan.**

AMUNDSEN ERREICHT DEN SÜDPOL

Der norwegische Entdecker gewinnt das Rennen gegen seinen britischen Rivalen.

Roald Amundsen war eine der bedeutendsten Persönlichkeiten auf dem Gebiet der Erforschung der Polargebiete. Der Norweger erreichte als Erster den Südpol. Er war der Erste, dem die Schiffsreise durch die Nordwest-Passage gelang und einer der Ersten, der die Arktis überflog.

Amundsen plante ursprünglich eine Reise zum Nordpol. Nachdem er aber erfuhr, dass Robert E. Peary dieses Ziel erreicht hatte, machte er sich 1910 auf den Weg zum Südpol. Als Amundsen im Juni Norwegen verließ, wusste außer seinem Bruder niemand, dass er zum Südpol unterwegs war anstatt Richtung Norden. Er segelte von den Madeira-Inseln auf direktem Weg über das Ross-Meer zur Bay of Whales (Walbucht) in der Antarktis. Das von ihm eingerichtete Basislager befand sich 60 Meilen (100 Kilometer) näher am Südpol als das Antarktislager des englischen Forschers Robert Falcon Scott, der mit einer konkurrierenden Expedition zum gleichen Ziel unterwegs war. Amundsen hatte einige Erfahrung mit Reisen in die Polarregionen. Also bereitete er sich sorgfältig auf die kommende Reise vor: Er unternahm schon einige Zeit vorher eine Fahrt dorthin und lagerte entlang des ersten Abschnitts der Route zum Pol Lebensmittel. Er beförderte die Vorräte mit Hilfe von Hundeschlitten, während Scott sich auf sibirische Ponys verließ.

Amundsen startete am 19. Oktober 1911 mit vier Gefährten, 52 Hunden und vier Schlitten. Er hatte unterwegs gutes Wetter und erreichte am 14. Dezember den Südpol (links). Die Forscher zeichneten am Pol wissenschaftliche Daten auf und traten am 17. Dezember den Rückweg an. Am 25. Januar 1912 erreichten sie wohlbehalten ihr Basislager an der Bay of Whales. Scott indessen erreichte den Südpol erst am 17. Januar. Auf dem schwierigen Rückweg kamen er und all seine Männer ums Leben.

[7] Peter Stolypin besiegt die russischen Revolutionäre und tritt für die Bauern ein, denen er immer mehr Land übereignen lässt.

[8] Leutnant Eugene Ely hebt mit einem Curtiss-Doppeldecker vom Flugdeck des Schlachtschiffs „Pennsylvania“ ab, nachdem er zuvor darauf gelandet war – es ist die erste Landung dieser Art.

[5]
1911
Henri Rougier, der auch schon Motorradrennfahrer und Pilot ist, gewinnt die erste **Rallye Monte Carlo** in einem Turcat-Méry.

[6]
1911
Max Liebermann gibt den Vorsitz der Künstlervereinigung Berliner Secession ab.

[7]
1911
Der russische Ministerpräsident **Peter Stolypin** wird durch einen Doppelagenten ermordet. Mit seinem Tod stirbt die Hoffnung Russlands, einen gewalttätigen Aufstand verhindern zu können.

1911
Walter Gropius und **Adolf Meyer** entwerfen das Faguswerk in Alfeld an der Leine in Deutschland. Das Besondere daran ist das schnörkellose, innovative Design mit den großen Fensterfronten.

1911
Manuel d'Arriaga wird zum ersten Präsidenten **Portugals** gewählt.

[8]
18. Januar 1911
Dem US-amerikanischen Piloten Eugene Ely gelingt die erste **Landung eines Flugzeugs auf dem Flugdeck eines Schiffs** auf dem Schlachtschiff *Pennsylvania* in der Bucht von San Francisco.

1911-1912

25. März 1911
Bei einem Brand in der **Triangle Shirtwaist Company** (einer Fabrik für Leibbinden) in New York City sterben 146 Menschen. Daraufhin werden Arbeitsschutzbestimmungen eingeführt.
[1]

17. April 1911
Die Insel **Ellis Island** vor New York erlebt eine Rekordeinwanderungswelle. An einem einzigen Tag wandern 11 745 Immigranten ein.
[2]

7. Juli 1911
Die USA, Japan, Russland und Großbritannien schließen ein Abkommen zum Schutz der **Pelzrobben**.

10. August 1911
Das britische Parlament genehmigt 1911 den Parliament Act, ein Gesetz, durch welches das **House of Lords** (britisches Oberhaus) sein absolutes Vetorecht bei der Gesetzgebung verliert.

28. September 1911
Unter dem Vorwand verletzter italienischer Interessen in den türkischen Provinzen **Tripolitana und Kyrenaika (Libyen)** stellt die italienische Regierung der Türkei ein Ultimatum und erklärt dieser einen Tag später den Krieg.

10. Oktober 1911
Robert Laird Borden wird kanadischer Premierminister (1911-1920). Er wird eine entscheidende Rolle bei der Umwandlung seines Landes von der Kolonie zur unabhängigen Nation spielen – vor allem, weil er eine eigenständige Mitgliedschaft Kanadas im Völkerbund fordert.

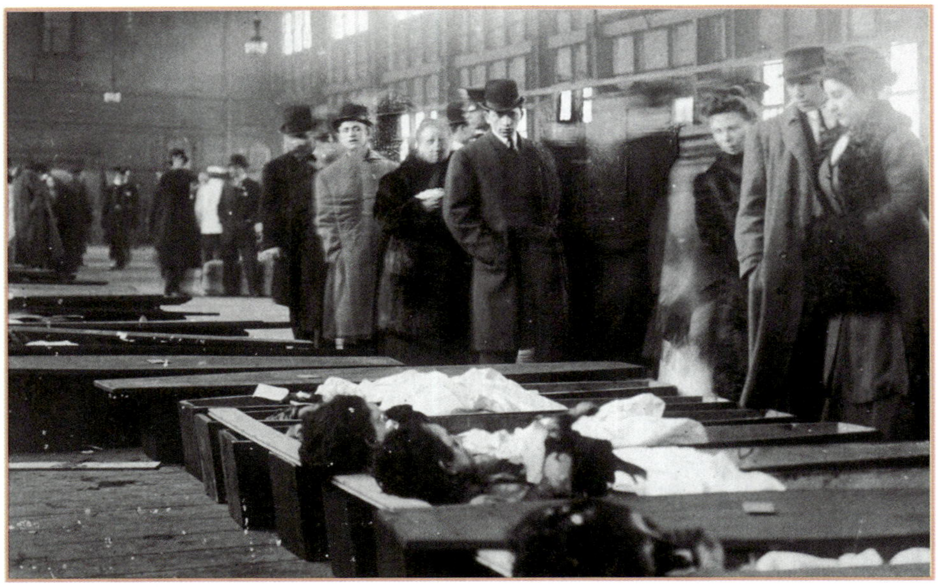

[1] Nach dem Feuer in der Triangle Shirtwaist Company gehen Menschen an den aufgereihten Leichnamen vorbei und versuchen, diese zu identifizieren.

[10] „Das blaue Pferdchen" von Franz Marc.

[2] Immigranten jubeln und schwenken ihre Hüte, als die Freiheitsstatue aus dem Nebel auftaucht und ihnen zeigt, dass sie Amerika erreicht haben.

[6] Ein Dreidecker vom Typ Fokker DR-1, wie er vom Roten Baron, Manfred von Richthofen, geflogen wurde. Dieses Flugzeug gehört einem anderen Fliegerass, Heinrich Gontermann, der hier neben der Maschine steht.

[7] Marcel Proust schaut quer in die Welt.

[5]
1912
Der britische Polarforscher Robert Falcon Scott erreicht den **Südpol**. Allerdings unterliegt er Roald Amundsen, der ihm um einen Monat zuvor gekommen ist. Seine Mannschaft und er kommen auf dem Rückweg um.

1912
Der **britische Auslandsgeheimdienst M16** wird durch den Kommandanten (später Sir) Mansfield Cumming gegründet. Dies ist Teil des Versuchs Englands, die Spionagetätigkeiten vor 1914 zu koordinieren.

1912
Der Produzent und frühere Kinobesitzer Carl Laemmle gründet die **Universal Pictures**, ein US-amerikanisches Filmstudio, das zu einem der führenden Produzenten von Filmreihen (in den 1920ern) und beliebten Horrorfilmen (in den 1930ern) wird.

[6]
1912
Der niederländische Flugzeugbauer Anton **Fokker** baut ein Flugzeug, das er *Fokker* nennt. Während des Ersten Weltkriegs präsentiert er einen Mechanismus, der es ermöglicht, mit einem Maschinengewehr durch den Propellerkreis zu schießen.

1912
Von Kautschuck-Tycoons finanziert, eröffnet nach sechsjähriger Konstruktionszeit die **Brazil's Madeira-Mamoro Railway** (Eisenbahnstrecke in Brasilien).

[7]
1912
Der französische Romanautor **Marcel Proust** beendet den ersten Entwurf seines siebenteiligen autobiografischen Romans *Auf der Suche nach der verlorenen Zeit*.

1912
Die schwedische Autorin und Nobelpreisträgerin **Selma Lagerlöf** schreibt den Roman *Der Fuhrmann des Todes*.

1912
Die US-amerikanischen Biochemiker Elmer McCollum und Marguerite Davis entdecken in Butter und Eiern den Nährstoff, der als **Vitamin A** bekannt werden wird.

1912
Der amerikanische Romanschriftsteller **Edgar Rice Burroughs** veröffentlicht die ersten Tarzangeschichten über den Sohn eines englischen Adeligen, der im afrikanischen Dschungel von Affen aufgezogen wurde.
[3]

1912
Der amerikanische Physiker James B. Herrick beschreibt als Erster die Ursachen für einen nicht tödlich endenden **Herzinfarkt**. Er verbindet verschiedene Symptome mit einem durch ein Blutgerinnsel ausgelösten Herzinfarkt.

1912
Die US-amerikanische Literatin **Harriet Monroe** bringt die Zeitschrift *Poetry* heraus, die durch die Veröffentlichung avantgardistischer Lyriker wie Ezra Pound, D.H. Lawrence und Hilda Doolittle zu Ansehen gelangt.

1912
Bei den olympischen Sommerspielen in Stockholm gewinnt der Halbindianer **Jim Thorpe** den Fünf- und den Zehnkampf. Später wird er Profispieler im Football und im Baseball.
[4]

[3] Elmo Lincoln, der erste Filmtarzan, in einer Szene des Stummfilms „Tarzan bei den Affen", 1918. Neben ihm Enid Markey als Jane.

[4] Jim Thorpe bei den olympischen Spielen in Stockholm beim Diskuswurf in Aktion. Innerhalb eines Jahres werden ihm die Goldmedaillen aberkannt, da er für seine Tätigkeit als Trainer in einem Jugendlager Geld angenommen hatte.

[8] König Christian X. von Dänemark.

[5] Captain Scott und seine Begleiter ziehen einen Schlitten durch die Antarktis.

[9] „Akt, eine Treppe hinabsteigend" von Marcel Duchamp.

1912
Der deutsche Meteorologe und Geophysiker Alfred Lothar Wegener stellt seine Theorie der **Kontinentalverschiebung** auf. Er geht davon aus, dass ein einzelner großer Kontinent, den er „Pangäa" nennt, nach und nach auseinander gebrochen ist.

[8]
1912
Der dänische König Frederick VIII. stirbt. Sein Sohn **Christian X.** folgt ihm auf den Thron.

1912
Raymond Poincaré führt die republikanisch-radikale Koalition und wird Ministerpräsident von Frankreich.

[9]
1912
Marcel Duchamp, der sich an die Futuristen anlehnt und den analytischen Kubismus weiterentwickelt, stellt in seinem Gemälde *Akt, eine Treppe hinabsteigend, Nr. 2* den menschlichen Körper als ein Gebilde aus Flächen dar.

[10]
1912
In München eröffnet die zweite Ausstellung einer Gruppe, zu der u.a. Klee, Macke, Marc und Münter gehören. Diese nennt sich, nach einem Bild von Kandinsky, das zerstört wurde, der **Blaue Reiter**.

1912
Der polnische Biochemiker Casimir Funk prägt den Begriff **„Vitamine"** (von vita=Leben und amin=Stickstoffverbindung) für lebenswichtige Substanzen, die über die Nahrung aufgenommen werden müssen.

1912
Roald Amundsen erreicht auf seiner Rückreise von der Antarktis mit der **Fram**, dem Schiff, das am weitesten südlich und nördlich gesegelt ist, da es schon mit Nansen in der Arktis war, Tasmanien.
[1]

1912
1912 gründet Juliette Gordon Low aus Savannah, Georgia, die erste **Girl Scout Troop** (Pfadfinderinnnengruppe) in den Vereinigten Staaten. Sie übernimmt die Struktur der britischen Girl Guides.

1912
Der Dachverband des **Better Business Bureau**-Systems (BBB) der Vereinigten Staaten und Kanadas wird zum Schutz der Kunden vor unfairen, irreführenden und betrügerischen Werbemaßnahmen und Verkaufspraktiken gegründet.

1912
Der Staat Massachusetts führt in den Vereinigten Staaten als **Erster einen Mindestlohn** ein. Dieser gilt nur für Frauen. 1938 wird für alle Staaten ein Mindestlohn in Höhe von 25 Cents pro Stunde festgelegt.

1912
Gründung der sich in ausländischem Besitz befindlichen Turkish Petroleum Company (türkische Ölgesellschaft) zur Ausbeutung der nahe **Kirkuk** im Irak gefundenen Ölvorkommen.

1912
In Stockholm wird die **International Amateur Athletic Federation** (IAAF) gegründet. Ziel ist die Vereinigung von 160 nationalen Leichtathletikverbänden.
[2]

DER UNTERGANG DER TITANIC

Schiffsunglück des Luxusliners in Friedenszeiten

In der Nacht vom 14. auf den 15. April 1912 sank das Luxuspassagierschiff *Titanic* auf seiner Jungfernfahrt auf dem Weg von Southampton, England, nach New York City. 1500 Passagiere und Crewmitglieder starben.

Die *Titanic* war eines der größten und luxuriösesten Schiffe der Welt. Sie hatte eine Bruttoregistertonnenzahl von 46 329 Tonnen; voll beladen betrug die Verdrängung (das Gewicht) 66 000 Tonnen. Die *Titanic* war 269 m lang und an der breitesten Stelle 28,20 m breit. Sie gehörte der White Star Line und war von William Pirries Belfaster Werft Harland und Wolff zum Betrieb auf der stark umkämpften Nordatlantikroute, die zur damaligen Zeit von der Cunard Line dominiert wurde, entworfen und gebaut worden. Die *Titanic* besaß einen Doppelboden und war in 16 Abteilungen unterteilt, die als wasserdicht angesehen wurden. Da der Dampfer auch dann noch schwimmfähig war, wenn vier Abteilungen geflutet wurden, erachtete man die Titanic als unsinkbar.

Am 10. April 1912 verließ die *Titanic* Southampton unter großem öffentlichem Interesse. Der erste Halt war in Cherbourg, Frankreich, wo viele Passagiere der ersten Klasse zustiegen. Danach legte der Dampfer in Queenstown (Cobh) an der Ostküste Irlands an. Dort stiegen vor allem Passagiere mit Dritte-Klasse-Tickets zu. Am 12. April machte sich das Schiff von dort aus auf den Weg über den Atlantik. Fünf Tage später sollte es in den Vereinigten Staaten eintreffen.

Am 14. April kollidierte das Schiff kurz vor Mitternacht 640 km südlich von Neufundland mit einem Eisberg. Dabei wurden mindestens fünf wasserdichte Abteilungen im Bug beschädigt. Die ersten vier der fünf Abteilungen füllten sich mit Wasser. Dadurch wurde der Bug nach unten gezogen. Die Abteilungen der *Titanic* waren oben nicht geschlossen, so dass das Wasser, nachdem der Bug durch die Schräglage unter die Wasserlinie gelangt war, von den vorderen, beschädigten Abteilungen in die angrenzenden Abteilungen nach Achtern lief und diese füllte. Das Schiff sank am 15. April um 2.20 Uhr nachts. Die Titanic verfügte nur über 1178 Plätze in den Rettungsbooten, hatte aber 2224 Passagiere an Bord. Außerdem wurden viele Rettungsboote schon zu Wasser gelassen, als sie nur zu einem geringen Teil gefüllt waren. So blieben viele Menschen auf dem sinkenden Schiff ihrem Schicksal überlassen. Das Unglück beherrschte sofort die Titelseiten der Zeitungen (das Foto links oben zeigt einen Zeitungsjungen beim Verkauf der *London Evening News* am 16. April vor dem Büro der White Star Line in London).

Untersuchungen in den USA und in Großbritannien kamen zu dem Ergebnis, dass der Leyland-Dampfer *Californian*, der während der ganzen Nacht weniger als 32 Kilometer entfernt war, dem angeschlagenen Dampfer hätte helfen können, wenn dessen Funker Dienst gehabt hätte und so die Notsignale der *Titanic* hätte auffangen können. Nur die Ankunft des Cunard-Liners *Carpathia* eine Stunde und 20 Minuten nach dem Untergang der *Titanic* verhinderte, dass es noch mehr Tote in dem eisigen Wasser gab.

Als Folge dieses Unglücks wurde das Seerecht geändert – alle Schiffe müssen nun für jeden Passagier an Bord einen Platz im Rettungsboot bereit stellen, auf jeder Fahrt müssen Rettungsübungen durchgeführt werden und die Funkstationen müssen rund um die Uhr besetzt sein.

[3]
ca. 1912
Die **Chicago Renaissance**, zu deren Vertretern Carl Sandburg, Theodore Dreiser, Vachel Lindsay und Sherwood Anderson gehören, gedeiht in der Dichtung, in der Prosaliteratur und im Journalismus.

30. März 1912
Mit dem Abkommen von Fez wird **Marokko** unter französisches Protektorat gestellt.

14./15. April 1912
Das britische Luxuspassagierschiff **Titanic** kollidiert auf seiner Jungfernfahrt von Southhampton, England, nach New York City mit einem Eisberg und sinkt. 1500 Passagiere und Besatzungsmitglieder sterben.

[4]
16. April 1912
Die amerikanische Fliegerin **Harriet Quimby** überquert als erste Frau den Ärmelkanal mit einem Flugzeug. Sie steuert ihren Eindecker des Typs French Blériot durch schwere Wolken von Dover, England, nach Hardelot, Frankreich.

Oktober 1912
Der **Erste Balkankrieg** beginnt, als Montenegro, Bulgarien, Griechenland und Serbien der Türkei den Krieg erklären.

14. Oktober 1912
Als Ex-Präsident **Theodore Roosevelt** zur Wiederwahl antritt, wird er von einem Attentäter angeschossen. Glücklicherweise trifft die Kugel zunächst sein Brillenetui und dann eine gefaltete Kopie seiner Rede, bevor sie in seinen Brustkorb eindringt.

1912
Die Herrschaft der **Qing-Dynasty** (1644-1911/12), der letzten Kaiserdynastie Chinas, endet mit der Abdankung des letzten Kaisers.

1912
Der South African Native National Congress wird gegründet. 1923 wird er umbenannt in **African National Congress** (Afrikanischer Nationalkongress – ANC). Er kämpft für das Wahlrecht in der Kapprovinz und später für die Abschaffung der Apartheid.

1912
Der von Hermann Anschütz-Kaempfe weiter entwickelte **Kreiselkompass** wird auf dem Kriegsschiff *Moltke* getestet. Von 1913 an wird er auf Handelsschiffen eingebaut.

1912
Der **Whitman's Sampler**, eine Pralinenschachtel, auf der verzeichnet ist, welche Füllungen die einzelnen Pralinen haben, wird auf den Markt gebracht.

1912
Die **Footballregeln der USA** werden geändert. Das vierte Down wird hinzugefügt, der Wert des Touchdowns wird von fünf auf sechs Punkte angehoben, die Größe des Footballs wird reduziert und die Maße für ein Footballfeld werden festgelegt (360 x 160 Fuß – ca. 120 x 50 m).

1912
In den USA werden aus Deutschland stammende **Wildschweine** angesiedelt.

[1] Die „Fram", das hölzerne Schiff, das den beiden Polen am nächsten kam.

[2] Schwedische Turner in Aktion bei den Wettbewerben im „Schwedischen System" bei den olympischen Spielen 1912. Die IAAF wird gebildet und soll entscheiden, welche Wettbewerbe und Regeln international gelten sollen.

[6] Die heiteren Gesichtszüge von Nofretete.

[4] Harriet Quimby, Theaterkritikerin und Drehbuchautorin. Im Juli 1912 sterben sie und ihr Begleiter bei einer Fahrt mit ihrem neuen Blériot-Zweisitzer.

[3] Theodore Dreiser (links) und Sherwood Anderson, zwei führende Mitglieder der Chicago Renaissance, bildeten in ihren Werken das zeitgenössische Stadtleben ab.

[5] Zwei albanische Mädchen in Landestracht vor einer britischen Delegation auf dem Balkan im Jahr 1915.

[7] Eine Nachbildung des Piltdown-Menschen, basierend auf den gefälschten Fragmenten eines Schädels und Kieferknochens, welche 1912 in Sussex, England „gefunden" wurden.

18. Oktober 1912
Der Krieg zwischen der Türkei und Italien endet. Tripolitana und Kyrenaika fallen in den Besitz Italiens und werden zur Kolonie **Libyen** zusammengeschlossen.

12. November 1912
Der spanische Ministerpräsident **José Canalejas** wird von dem Anarchisten Manuel Pardiñas ermordet.

[5]
28. November 1912
Die albanische Nationalversammlung ruft unter dem Vorsitz von Ismail Qemali in Vlora die **Unabhängigkeit Albaniens** aus.

[6]
6. Dezember 1912
In Amarna, Ägypten, findet Ludwig Borchardt die Büste der **Nofretete**, der Hauptfrau von Pharao Echnaton. Sie wird als eines der größten Meisterwerke der Welt angesehen, auch wenn manche behaupten, dass es sich um eine ihrer Töchter handeln könnte.

[7]
18. Dezember 1912
Bei einem Treffen der Geological Society of London wird die Entdeckung fossiler Überreste des sogenannten **Piltdown-Menschen**, einer untergegangenen Menschenart, bekannt gegeben. Später werden die Gebeine als Fälschung entlarvt.

1913
Mehrere kanadische Maler, die als Werbegrafiker in Toronto arbeiten, schließen sich bei einem Treffen zur **Group of Seven** zusammen. Diese widmet sich der Schaffung eines nationalen Stils.

1913

1913
In London wird ein Friedensvertrag unterzeichnet, der den **Ersten Balkankrieg** beendet und dem Osmanischen Reich fast alle seine Besitzungen in Europa nimmt.

1913
Die erste Gedichtsammlung des amerikanischen Dichters **Robert Frost**, *A Boy's Will*, wird in London mit der Unterstützung des modernistischen Dichters Ezra Pound veröffentlicht. *North of Boston* erscheint im darauffolgenden Jahr.
[1]

1913
Prinzessin Viktoria Luise, die einzige Tochter von Kaiser Wilhelm II., heiratet Prinz Ernst August III. von Hannover.
[2]

1913
Die **radioaktiven Verschiebungssätze** werden formuliert: Durch radioaktiven Zerfall werden Tochteratome produziert, die im Periodensystem der chemischen Elemente an anderer Stelle stehen als das Mutteratom: zwei niedriger beim Alphazerfall und eine höher beim Betazerfall.

1913
Edwin Lutyens, ein Architekt aus New Delhi, Indien, beginnt mit der Arbeit am Viceroy House. Die Pracht und die Herrlichkeit von Britisch-Indien drücken sich in diesem gewaltigen Gebäude in der neuen Hauptstadt besonders gut aus.
[3]

1913
Der Schweizer Linguist **Ferdinand de Saussure** stirbt. Er wird allgemein als „Vater" der Linguistik des zwanzigsten Jahrhunderts angesehen.

[3] Edwin Lutyens' „Viceregal Lodge" in Neu Delhi, der neue Sitz der Britisch-Indischen Regierung. Die große, auf einem Zylinder thronende Kuppel in der Mitte ist einer buddhistischen Stupa nachempfunden.

[8] Das neo-gotische Woolworth-Gebäude, für das Frank Woolworth 13 500 000 $ bezahlt – in bar.

[7] Die ehemaligen Armenhäuser in Haarlem, die nun das Frans-Hals-Museum beherbergen.

[1] Robert Frost. Bevor er als Lehrer zu arbeiten beginnt, war er ein wenig erfolgreicher Landwirt in New Hampshire, USA. In England trifft er die englischen Dichter Edward Thomas und Ezra Pound.

[8]
1913
Das von dem Architekten Cass Gilbert entworfene, 60stöckige **Woolworth-Gebäude** in New York City wird fertig gestellt. Es ist zu dieser Zeit das höchste Gebäude der Welt.

1913
Die *American Society for the Control of Cancer*, später die **American Cancer Society** (Amerikanische Krebsgesellschaft), wird gegründet.

1913
Die **Armory Show**, eine Ausstellung von Kunstwerken der Avantgarde und anderer moderner europäischer und US-amerikanischer Kunst in New York City, schockiert Kritiker und Publikum, inspiriert jedoch eine ganze Generation amerikanischer Künstler.

1913
Die B'Nai B'rith (Söhne des Bundes), die älteste und größte jüdische Loge der Welt, gründet die **Anti-Defamation League**, die gegen Vorurteile und Antisemitismus in Amerika eintritt.

1913
Die USA führen das **Zentralbanksystem** ein. Hauptaufgaben sind die Verwaltung der Geldreserven der Handelsbanken, die Vergabe von Krediten an die Handelsbanken und die Überwachung der Verteilung der Geldmittel.

1913
In der Sonntagsbeilage der *New York World* wird das erste moderne **Kreuzworträtsel** veröffentlicht.

1913
Der deutsche Chemiker Fritz Haber entwickelt das **Haber-Bosch-Verfahren**, das der synthetischen Herstellung von Ammoniak aus Wasserstoff und Stickstoff dient. Die Ammoniaksynthese läutet die Ära künstlicher Stickstoffdüngemittel ein, durch die die Getreideernte verbessert wird.
[4]

1913
In New York City eröffnet der **Grand Central Terminal** (Bahnhof).
[5]

1913
In Großbritannien verabschiedet das Parlament den *Temporary Discharge for Ill-Health Act of 1913*. Dieser sieht vor, sich **im Hungerstreik befindliche Gefangene** zeitweilig freizulassen und wieder zu inhaftieren, sobald sich deren Gesundheitszustand gebessert hat.
[6]

1913
Max Berg entwirft die **Jahrhunderthalle** in Breslau. Die aus Stahlbeton geschaffene Gedenkhalle zeigt die Formbarkeit und das grenzenlose Potential von Beton.

1913
In Haarlem, Niederlande, eröffnet das **Frans-Hals-Museum**. Neben Porträts dieses großen Malers des 17. Jahrhunderts werden dort auch eine Reihe meisterhafter Gruppenporträts ausgestellt, die vor allem zechende Offiziere verschiedener Bürgerwehren abbilden.
[7]

1913
Der Schweizer Chemiker **Alfred Werner** gewinnt den Nobelpreis für Chemie für seine Arbeiten über den Aufbau von Koordinationsverbindungen.

[5] Das bemerkenswerte Foto von Hal Morey vom Inneren des Grand Central Terminals in New York verwandelt diesen in einen Tempel des Transportwesens.

[4] Fritz Haber. Er ist nicht nur wegen des synthetischen Ammoniaks berühmt geworden, sondern auch für seine Erforschung des Chlorgases, das im Ersten Weltkrieg Anwendung fand, und für seine Erfindung von Zyklon B, dem Gas, das die Nazis in den Konzentrationslagern verwendeten.

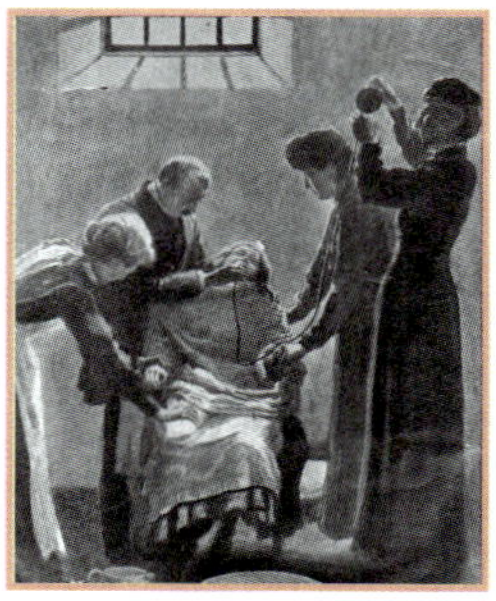

[6] Eine inhaftierte Suffragette im Hungerstreik wird zwangsernährt. Um derartige Szenen zu vermeiden, wird der „Cat and Mouse Act" erlassen.

[9] Roland Garros umringt von französischen Kolonialtruppen gleich nach seiner Landung in Tunesien.

[2] Prinzessin Viktoria Luise strahlt an ihrem Hochzeitstag.

1913
Der belgische Radrennfahrer **Philippe Thys** gewinnt die Tour de France, obwohl seine Radgabel bricht und er eine 30-Minuten-Strafe für deren Reparatur erhält.

1913
Bei der Premiere von Igor Strawinskys modernem Ballet **Die Weihe des Frühlings** in Paris, das von Waslaw Nijinski choreographiert wird, gibt es einen Skandal. Strawinsky ist ein bedeutender Vertreter der *Neuen Musik*.

1913
In New York City eröffnet das **Palace Theater**.

[9]
1913
Dem französischen Flieger **Roland Garros** gelingt der erste Nonstopflug über das Mittelmeer – von Fréjus in Südfrankreich nach Bizerta in Tunesien.

1913
5000 Suffragetten demonstrieren in Washington gemeinsam mit Alice Paul, der Gründerin der *Nationalen Frauenpartei*.

1913
Die US-amerikanische Reformerin Margaret Sanger veröffentlicht *The Woman Rebel*. Das Magazin liefert, allen gesellschaftlichen und gesetzlichen Verboten zum Trotz, Informationen zur **Geburtenkontrolle**.

1913-1914

1913
William D. Coolidge von General Electric erfindet die **Röntgenröhre**, die 1916 patentiert wird.

1913
Woodrow Wilson von der Demokratischen Partei wird der 28. Präsident der Vereinigten Staaten. Er wird bis 1921 regieren. Sein Vizepräsident ist Thomas R. Marshall.
[1]

ca. 1913
In Daytona Beach in Florida führt das Hoteliersehepaar Ball das **Shuffleboardspiel** ein.
[2]

18. Februar 1913
Raymond Poincaré, dessen Vorgehensweise als Ministerpräsident zu einem großen Teil die Politik mitbestimmt hat, die zur Beteiligung Frankreichs am Ersten Weltkrieg geführt hat, wird zum Präsidenten von Frankreich gewählt.
[3]

10. März 1913
In Toledo, Ohio, erreicht William Knox als **erster Bowlingspieler die Höchstpunktzahl von 300 Punkten** in einem Turnier des American Bowling Congress.

18. März 1913
König Georg I. von Griechenland wird ermordet.

[1] Präsident Woodrow Wilson bei seiner Amtseinführung in Begleitung seines Vorgängers William Howard Taft.

[2] Beim Shuffleboardspielen an Deck des Dampfers „Lusitania".

[7] Harry Vardon. Im Jahr 1900 gewann er die U.S. Open, 1913 wurde er Zweiter. Letzteres gelingt ihm 1920 im Alter von 50 Jahren noch einmal.

[3] Präsident Poincaré (links) begrüßt König Alfons XIII. von Spanien in Paris.

[8] Erste Inszenierung von „Pygmalion". Mrs. Patrick Campbell zeigt als Eliza Doolittle ihrem Vater, dem Müllkutscher Alfred, eine lange Nase, während Professor Higgins ihn zurückhält.

[7]
1914
Der Golfspieler **Harry Vardon** aus England gewinnt zum sechsten Mal die British Open. Nach ihm wurde die Vardon Trophy benannt. Sie wird jedes Jahr an den Profi mit der im Durchschnitt niedrigsten Schlagzahl verliehen.

1914
Ende Juli schließen innerhalb kurzer Zeit die **Börsen** in Montreal, Toronto, Madrid, London und New York.

[8]
1914
Der irische Dramatiker **George Bernard Shaw** inszeniert seine romantische Komödie *Pygmalion* in London. *Pygmalion* wird einerseits verfilmt (1938) und andererseits in ein erfolgreiches Musical (*My Fair Lady*) adaptiert (1956, Leinwandversion 1964).

1914
Der in Irland geborene Komponist Victor Herbert unterstützt die Gründung der **American Society of Composers, Arrangers and Producers (ASCAP)**, die das Copyright für Musik durchsetzen soll.

1914
Der italienische Architekt Antonio Sant'Elia entwirft mit der **Città Nuova** seine Vision von der Stadt der Zukunft. Sant'Elia, der niemals ein Bauwerk realisiert hat, hat trotz alledem die Futuristen und andere spätere Bewegungen in hohem Maße beeinflusst.

1914
Wilhelm Prinz zu Wied wird zum **Fürsten von Albanien** ernannt, einem neu gebildeten Staat, doch er regiert nur sechs Monate bevor er das Land wieder verlässt.

31. März 1913
Bei einem Konzert in Wien, bei dem Arnold Schönberg Werke **expressionistischer Komponisten** dirigiert, u.a. von Alban Berg und Anton von Webern, entsteht ein Tumult im Publikum, so dass es abgebrochen werden muss.
[4]

13. Juni 1913
Hudson Stuck und Harry Karstens führen eine Bergsteigergruppe auf den Südgipfel, den eigentlichen Gipfel des **Mount McKinley**. Sie sind damit die ersten Menschen, die den höchsten Punkt Nordamerikas erreichen (6194 Meter).
[5]

29. Juni 1913
Nach dem einjährigen Krieg gegen das Osmanische Reich streiten sich die Mitglieder des siegreichen Balkanbunds um die Verteilung der eroberten Gebiete, wodurch der **Zweite Balkankrieg** ausgelöst wird.
[6]

29. Juli 1913
Albanien wird, nachdem es in Vlora seine Unabhängigkeit erklärt hat, von den Großmächten Europas als unabhängiges Fürstentum anerkannt.

1914
Bruno Taut entwirft seinen **Glaspavillon für die Werkbundausstellung in Köln**. Tauts kleines, kristallenes Gebäude veranschaulicht die Faszination, die Glas auf die expressionistischen Architekten ausübte.

1914
George Washington Carver vom Tuskegee Institute veröffentlicht die Ergebnisse seiner Experimente mit **Erdnüssen und Süßkartoffeln**. Er macht alternative Getreidesorten populär und hilft bei der Erneuerung von ausgelaugtem Land im Süden der USA.

[5] Hudson Stuck (links) und Harry Karstens in ihrem Lager auf dem Mount McKinley.

[4] Das Plakat, das für das umstrittene Konzert moderner Musik in Wien wirbt.

[6] Ein einsatzbereites bulgarisches Geschütz. Der Schütze verwendet eine Protze, um das Ziel besser anvisieren zu können.

[9] Ein rundherum beflaggtes Fahrgastschiff wird durch den neu eröffneten Panamakanal geschleppt.

GEORGE WASHINGTON CARVER

Der Mann, der die Landwirtschaft im Süden der USA revolutionierte

Der Agrarchemiker George Washington Carver (oben, in seinem Labor) half, die Landwirtschaft im Süden der USA zu modernisieren. Er entwickelte neue Produkte, die auf Erdnüssen und Sojabohnen basierten, und warb für die Anpflanzung dieser Produkte als Möglichkeit, sich von der Abhängigkeit des Südens von Baumwolle zu befreien. 1914, als der Baumwollkapselkäfer die Baumwollerzeuger fast ruiniert hatte, offenbarte er der Öffentlichkeit seine Experimente und immer mehr Farmer im Süden stellten den Anbau auf Erdnüsse, Süßkartoffeln und deren Derivate um. Weite Flächen ausgelaugten Ackerlands wurden dank der Fähigkeit der Erdnusspflanze, der Luft Stickstoff zu entziehen und im Boden einzulagern, erneuert. So wurde der Süden zu einem bedeutenden neuen Lieferanten für landwirtschaftliche Produkte. Als Carver 1896 zum Leiter der Landwirtschaftsforschung am Tuskegee Institute (heute Tuskegee Universität) in Alabama ernannt wurde, sah man die Erdnusspflanze noch nicht als Feldfrucht an.

1914
Mahatma **Gandhi** kehrt nach zwanzigjährigem Aufenthalt in Südafrika nach Indien zurück.

1914
Der belgische Arzt Albert Hustin führt die erste **Bluttransfusion** durch – nicht von einem Körper zum anderen, sondern mittels einer Blutkonserve. Zur Hemmung der Blutgerinnung verwendet er Natriumcitrat.

1914
Der überaus produktive und begabte irische Schriftsteller **James Joyce** veröffentlicht seine Kurzgeschichtensammlung *Dubliners*. Seine Novelle *Ein Porträt des Künstlers als junger Mann* wird 1916 veröffentlicht.

1914
Der deutsche Maler **August Macke**, führendes Mitglied der Künstlergruppe *Blauer Reiter*, stirbt bei Kampfhandlungen in der Champagne.

1914
Auf der Suche nach einer Möglichkeit, das Rosten von Essbesteck zu verhindern, entwickelt Harry Brearley aus Sheffield, England, den ersten kommerziell erfolgreichen **rostfreien Edelstahl**.

[9]
1914
Der 80 Kilometer lange **Panamakanal**, eine der strategisch wichtigsten Wasserstraßen, wird eröffnet. Er verbindet den atlantischen und den pazifischen Ozean miteinander. Die USA haben die Hoheit über den Kanal.

1914-1915

1914
Nach dem Tod von Papst Pius X. wird Giacomo della Chiesa zu **Papst Benedikt** XV. ernannt. Seine Gebete für Frieden bleiben wirkungslos.
[1]

1914
Die Vergrößerung des **Nord-Ostsee-Kanals** wird beendet, so dass jetzt auch größere Schlachtschiffe ihn durchqueren können und auf dem Weg vom Baltikum zur Nordsee nicht mehr um Dänemark fahren müssen.
[2]

1914
In Glasgow wird zum ersten Mal die **Sunday Post** herausgegeben. Die Zeitung wird später von 80 Prozent der schottischen Leser über 15 Jahren gelesen werden.

1914
Für die britischen Offiziere im Ersten Weltkrieg wird der **Trenchcoat** entworfen. Die Modeschöpferin Coco Chanel wird diesen Stil später bei Männern und Frauen beliebt machen.
[3]

1914
Charles Pajeau kreiert die **Tinkertoys**. In den folgenden Jahrzehnten entwickelt sich das robuste Konstruktionsspielzeug aus Holz zu einem Verkaufsschlager in Europa und Amerika.

ca. 1914
Der andalusische Matador **Juan Belmonte** revolutioniert den Stierkampf, indem er die graziöse Handhabung des Tuchs und das sich Aussetzen der Gefahr über den Tötungsakt stellt.

[1] Papst Benedikt XV.

[4] Henry Fords Fließband, das Geheimnis hinter der Massenproduktion des Modell T. Die Idee soll von den Schlachtbändern in den Schlachtereien der Chicagoer Viehhöfe stammen.

[2] Ein Baggerschiff bei der Arbeit im Nord-Ostsee-Kanal.

[9] Unter dem Jubel der Menge marschieren im August französische „Poilus“ (franz. Soldaten im Ersten Weltkrieg) mit langen Bajonetten an den Gewehren durch Paris.

[11] Französische Soldaten richten bei der Schlacht an der Marne ein erbeutetes Maschinengewehr auf die Deutschen.

[3] Eines der wenigen guten Dinge, die von der Westfront kamen: der Entwurf des Trenchcoats, hier viel später interpretiert von der Burberry Company.

[10] Ein hastig in die Straße einer belgischen Küstenstadt gebuddelter Schützengraben der Deutschen.

4. August 1914
Die deutsche Armee marschiert auf ihrem Weg nach Frankreich in Belgien ein. Als Reaktion darauf erklärt **Großbritannien** Deutschland den Krieg.

Juli-August 1914
Russland kommt Serbien zu Hilfe und erklärt Österreich-Ungarn den Krieg. **Frankreich** verbündet sich mit Russland und Deutschland mit Österreich-Ungarn.

5. August 1914
In Cleveland, Ohio, werden die ersten roten und grünen **Verkehrsampeln** der Welt eingeführt.

[9]
10. August 1914
Frankreich erklärt Österreich-Ungarn den Krieg.

[10]
20. August 1914
Die **deutsche Armee erobert Brüssel**.

28. August 1914
Erstes größeres Eingreifen der britischen und der deutschen Marine im Ersten Weltkrieg bei der **Schlacht von Helgoland**.

5. Januar 1914
Nach dem großen Erfolg des **Modell T** erhöht der amerikanische Automobilhersteller Henry Ford den Lohn seiner Arbeiter von 2,40 $ auf 5,00 $ pro Tag. Gleichzeitig reduziert er die tägliche Arbeitszeit.
[4]

20. April 1914
Streikende Arbeiter einer Firma, die John D. Rockefeller gehört, werden von Mitgliedern der Miliz beschossen – 17 Menschen sterben. Wegen des so genannten **Ludlow-Massakers** soll sich Rockefeller der Unterstützung wohltätiger Zwecke verschrieben haben.

29. Mai 1914
Die **Empress of Ireland** der Canadian Pacific kollidiert im Sankt-Lorenz-Strom mit einem anderen Schiff. 1023 Menschen sterben.
[5]

28. Juni 1914
Erzherzog Franz-Ferdinand, der österreichisch-ungarische Thronfolger, und seine Gemahlin Sophie werden von Gavrilo Princip in **Sarajewo** ermordet. Dadurch wird der Erste Weltkrieg ausgelöst.
[6]

28. Juli 1914
Österreich-Ungarn nimmt die Ermordung des österreichischen Erzherzogs Franz-Ferdinand zum Vorwand, **Serbien** ein inakzeptables Ultimatum zu stellen, und erklärt dem slawischen Land den Krieg.
[7]

3. August 1914
Deutschland erklärt Frankreich den Krieg.
[8]

[5] Nach dem Sinken der „Empress of Ireland" wartet eine Menschenmenge vor den Büros der Canadian Pacific am Trafalgar Square auf Neuigkeiten.

[8] Deutsche Reservisten ziehen in den Krieg. Sie tragen noch zivile Kopfbedeckungen, während kleine Jungs ihre Pickelhauben aufhaben.

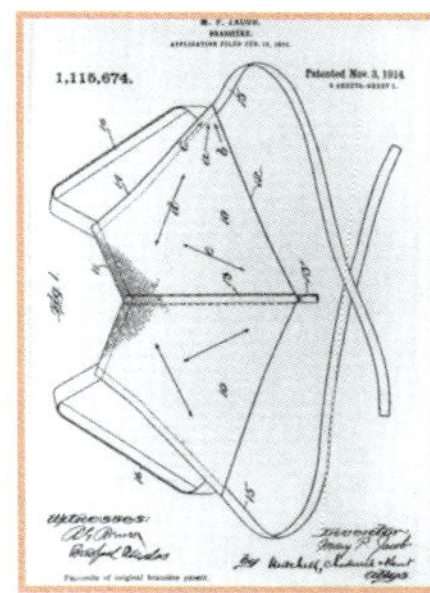

[12] Die Zeichnung, die dem ersten Patentantrag für einen Büstenhalter beigefügt war.

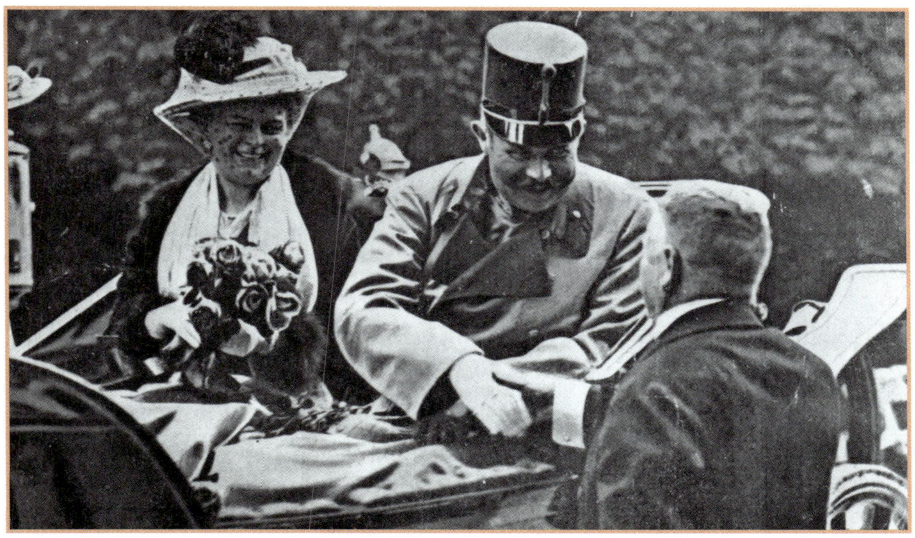

[6] Erzherzog Franz Ferdinand und seine Frau am Tag ihrer Ermordung. Er ist mit einer Tschechin verheiratet und hegt somit, ironischerweise, Sympathie für die slawischen Menschen innerhalb des österreichisch-ungarischen Reichs, wie z.B. Gavrilo Princip und seine Komplizen.

[7] Ein serbischer Soldat auf dem Weg zur Front wird von seiner Frau zum Bahnhof begleitet.

[11]
6. September 1914
Während des Ersten Weltkriegs starten französische und britische Kräfte bei der ersten **Schlacht an der Marne** eine Offensive gegen die vorrückenden Deutschen.

[12]
November 1914
Mary Phelps Jacob erhält das Patent für den elastischen **Büstenhalter**, der später das Korsett ersetzen wird.

5. November 1914
Frankreich und Großbritannien erklären der **Türkei** den Krieg, wodurch der Konflikt ausgeweitet wird.

Dezember 1914
An der westlichen Front gibt es einen inoffiziellen **Waffenstillstand zu Weihnachten**, bei dem britische, französische und deutsche Einheiten aus ihren Schützengräben kommen und sich im Niemandsland verbrüdern.

1915
Der britische Autor **Ford Madox Ford** veröffentlicht seinen Roman *Die allertraurigste Geschichte*, eine kontroverse Untersuchung westlicher Moral und Sexualität.

1915
Die Firma Corning Glass stellt **Pyrex** her, ein hitzebeständiges und schlagfestes Glas, das häufig für feuerfestes Geschirr und Kaffeemaschinen verwendet wird.

1915

1915
Der tschechische Schriftsteller **Franz Kafka** veröffentlicht *Die Verwandlung*. Es ist die Geschichte des Gregor Samsa, der eines Morgens erwacht und feststellt, dass er sich in einen Käfer verwandelt hat.
[1]

1915
Der englische Schriftsteller **D.H. Lawrence** veröffentlicht *Der Regenbogen*, seinen ersten modernistischen Roman. Die Fortsetzung, *Liebende Frauen*, erscheint 1921. Beide werden als unanständig verurteilt, genauso wie *Lady Chatterleys Liebhaber* (1928).
[2]

1915
Ernest H. Shackletons Schiff, die **Endurance**, zerschellt im Packeis des Weddell-Meers. Damit endet eine der bis dahin ehrgeizigsten Polarexpeditionen.
[3]

1915
Die **Ford** Motor Company produziert das millionste Automobil.
[4]

1915
Frankreich verbietet gesetzlich die Produktion von **Absinth**, einem Kräuterlikör, der unter anderem aus Wermut hergestellt wird und von dem man dachte, dass er Halluzinationen und Psychosen hervorrufe.
[5]

1915
Der französische Physiker Paul Langevin entwickelt zur Unterwasserortung von Gegenständen das **Sonar**.

[1] Franz Kafka mit Melone. Brachte sie ihn auf die Idee mit den Schutzhelmen für Industriearbeiter – eine Erfindung, die ihm zugeschrieben wird – während er bei einer Versicherungsgesellschaft arbeitete?

[2] D.H. Lawrence. Sein autobiografischer Roman „Söhne und Liebhaber" wurde 1913 veröffentlicht.

[3] Ein magisches Bild von Shackletons Schiff, der „Endurance".

[5] Die Verlockungen des Absinth: Werbeplakat aus dem 20. Jahrhundert für eine spezielle Marke.

[8] „Big Willie", das zweite Panzermodell. Die hinten befestigten Räder haben die Aufgabe, die Lenkung zu unterstützen. Der Gitterkorb auf dem Panzer soll Bomben und Granaten ableiten.

[4] In der Fordfabrik wird ein Motor am Chassis befestigt.

[6] Emmerich Kálmán in späteren Jahren.

[8]
1915
Das Admiralty Landships Commitee baut in Großbritannien den ersten **Militärpanzer**, genannt „Little Willie". Ein zweites Modell, genannt „Big Willie", folgt kurz darauf.

1915
William Fox, ein Filmvorführer und -verleiher aus New York City, gründet die **Fox Film Corporation**. 1935 vereinigt sich diese mit Twentieth Century Pictures, wodurch eines der größten US-amerikanischen Filmstudios entsteht.

1915
Der **Ku Klux Klan** lebt wieder auf. Der Hass des alten Klans war gegen Schwarze gerichtet, der neue Klan, lehnt auch Katholiken, Juden, Ausländer und gewerkschaftlich organisierte Arbeitnehmer ab.

1915
Mit der Entwicklung der Metallhülse durch den amerikanischen Erfinder Maurice Levy beginnt die Massenproduktion des **Lippenstifts.**

1915
In Provincetown, Massachusetts, starten die **Provincetown Players** mit ihren Aufführungen. Die Gruppe wurde von einer Reihe theaterferner Schriftsteller und Künstler gegründet. Ziel war die Produktion neuer und experimenteller Stücke.

13. Januar 1915
Avezzano in den Abruzzen wird durch das schlimmste aufgezeichnete **Erdbeben in Italien** zerstört. Mehr als 12 000 Menschen sterben.

1915
Der französische Pilot **Roland Garros** erfindet ein Maschinengewehre, mit dem man durch einen Propeller hindurchschießen kann. Dieses Geheimnis geht an die Deutschen verloren, als er hinter den feindlichen Linien abstürzt.

1915
Das erfolgreichste Werk des ungarischen Komponisten Emmerich Kálmán, die Operette **Die Csárdásfürstin**, wird in Wien uraufgeführt.
[6]

1915
Die osmanischen Türken, die Teile des von Alters her den **Armeniern** gehörenden Lands kontrollieren, werfen diesen vor, sich mit den Russen verbündet zu haben.

1915
Der in Polen geborene, britische Anthropologe **Bronislaw Malinowski** beginnt auf den Trobriand-Inseln, Neuguinea, mit Feldstudien. Seine Erfahrungen und Schriften fördern die Schaffung des Gebiets der Sozialanthropologie.

1915
Europäische Sozialisten halten in Zimmerwald in der Schweiz eine **Anti-Kriegs-Konferenz** ab.

1915
Der Stummfilm-„Vamp" und eines der ersten Sexsymbole des Kinos, **Theda Bara**, dreht *A Fool There Was*, ihren ersten großen Film.
[7]

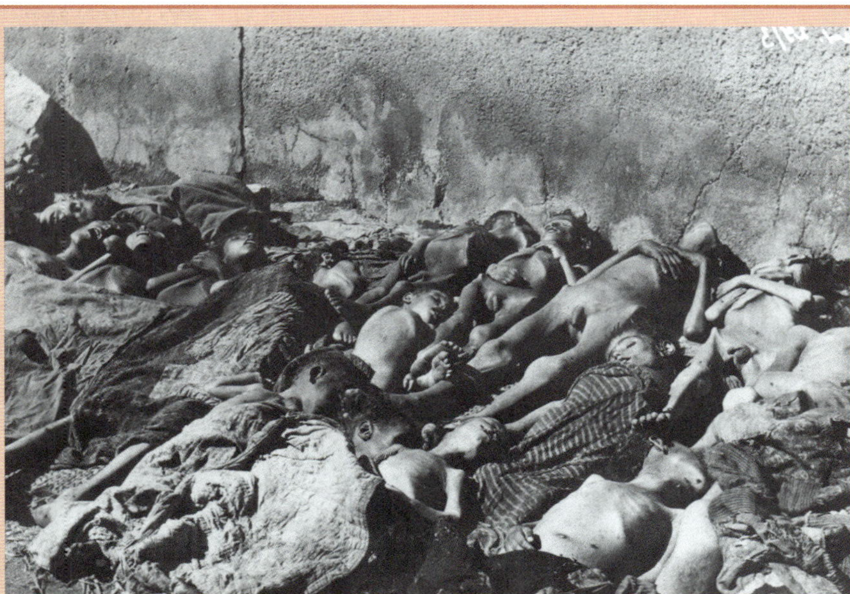

MASSAKER AN DEN ARMENIERN

Völkermord im Osmanischen Reich

Schätzungsweise an die zwei Millionen christliche Armenier lebten Ende der 80er Jahre des 19. Jahrhunderts im Osmanischen Reich. Damals begannen die Armenier in den östlichen Provinzen, unterstützt durch Russland, eine territoriale Autonomie anzustreben. Zur gleichen Zeit erhöhte Abdülhamid II., der Sultan des Osmanischen Reichs, den Armeniern drastisch die Steuern und entfachte unter ihnen Ressentiments gegen die benachbarten Kurden. Damit wollte er alle separatistischen Gedanken in seinem Reich unterdrücken. Als sich die Armenier in Sasun weigerten, die repressiven Steuern zu zahlen, wurden sie zu Tausenden von türkischen Truppen und kurdischen Stammesangehörigen getötet und ihre Dörfer niedergebrannt (1894).

In der Hoffnung, Aufmerksamkeit für ihre Sache zu erlangen, setzten armenische Revolutionäre zwei Jahre später ein weiteres Zeichen: Sie besetzten die Osmanische Bank in Istanbul. In dem darauf folgenden Chaos wurden mehr als 50 000 Armenier von Banden muslimischer Türken umgebracht, welche offenkundig von Regierungstruppen geleitet wurden.

Das letzte und größte Massaker fand während des Ersten Weltkriegs (1914-1918) statt. Armenier aus der Kaukasusregion des russischen Zarenreichs stellten zur Unterstützung der russischen Armee gegen die Türken Freiwilligenbataillone auf. Anfang 1915 rekrutierten diese Bataillone hinter den türkischen Linien in der Türkei lebende Armenier. Als Antwort darauf ordnete die türkische Regierung die Deportation von rund 1 750 000 Armeniern nach Syrien und Mesopotamien an. Als Folge dieses aufgezwungenen Exodus verhungerten etwa 600 000 Armenier (oben) oder wurden von türkischen Soldaten und Polizisten auf dem Weg durch die Wüste umgebracht. Mehrere hunderttausend weitere wurden ins Exil gezwungen.

[7] Theda Bara, geboren als Theodosia Goodman. Sie ist das erste Sexsymbol. Die Bezeichnung „Vamp" ist die Abkürzung für Vampir.

[9] Filmplakat für „The Birth of a Nation" (Die Geburt einer Nation), das ein Ku-Klux-Klan-Mitglied zu Pferd zeigt.

[10] Deutsche Matrosen halten auf dem Kommandoturm eines aufgetauchten U-Boots Ausschau.

18. Januar 1915
Japan überreicht China die **Einundzwanzig Forderungen**. Es möchte spezielle Privilegien in China haben. Der chinesische Präsident, Yuan Shikai, wird dazu gezwungen, fast alle Forderungen zu akzeptieren.

28. Januar 1915
Der Kongress ruft die **U.S. Coast Guard** (Küstenwache) ins Leben. Dazu vereinigt sie den Revenue Cutter Service mit dem U.S. Lifesaving Service.

[9]
8. Februar 1915
Der Zeichen setzende Film **Die Geburt einer Nation** von D.W. Griffith feiert in Clune's Auditorium in Los Angeles Premiere.

[10]
18. Februar 1915
Deutsche Truppen starten eine gegen die Briten gerichtete **U-Boot-Blockade**.

18. März 1915
Russland, England und Frankreich unterzeichnen das geheime **Abkommen von Konstantinopel**, in dem die Aufteilung des Osmanischen Reichs nach dem Krieg geregelt wird. Die Russische Revolution wird seine Durchführung verhindern.

April 1915
Die türkische Regierung beginnt mit der **Vertreibung von Armeniern** nach Syrien. Von den 1,75 Millionen deportierten Menschen sterben 600 000 den Hungertod oder durch die Hand türkischer Soldaten.

1915-1916

22. April 1915
Mit dem Ablassen von **Chloringas** auf einer Länge von sechs Kilometern entlang der Frontlinie führen deutsche Truppen bei der Zweiten Flandernschlacht die systematische chemische Kriegsführung ein.
[1]

23. April 1915
Der englische Dichter **Rupert Brooke** stirbt auf dem Weg nach Gallipoli in der Türkei an Blutvergiftung. Am bekanntesten von ihm ist *1914*, eine Sammlung von Kriegssonetten.
[2]

25. April 1915
Das *Australian and New Zealand Army Corps* (ANZAC) landet auf **Gallipoli** im Westen der Türkei. Die Invasion, an der auch britische und französische Truppen beteiligt sind, misslingt wegen schlechter Planung und mangelhafter Führung.

26. April 1915
Italien stimmt dem geheimen Londoner Abkommen zu, das es dazu verpflichtet, innerhalb eines Monats in den Ersten Weltkrieg gegen Österreich-Ungarn einzutreten. Im Gegenzug versprechen die Alliierten Italien beträchtliche Territorien und Geld.

7. Mai 1915
Ein deutsches U-Boot versenkt die **Lusitania**, einen britischen Ozeandampfer. Dies trägt indirekt zum Eingreifen der USA in den Ersten Weltkrieg bei.

23. Mai 1915
Italien erklärt Österreich-Ungarn den Krieg und greift an der Seite der Alliierten in den Ersten Weltkrieg ein.

[1] Deutsche Soldaten verlassen sich darauf, dass der Wind das Giftgas Richtung Feind bläst. Es ist unglaublich, dass sie keine Gasmasken tragen.

[2] Rupert Brooke: „Sollte ich sterben, denkt nur so von mir…"

[5] Douglas Haig 1916 in Frankreich, zusammen mit Premierminister David Lloyd George und General Joseph Joffre, dem französischen Oberbefehlshaber.

[6] Bombenabwurf aus der Luft in den frühen Tagen, vor der Erfindung der ferngesteuerten Bombenhalterungen unter den Flugzeugen.

The New York Times.

LUSITANIA SUNK BY A SUBMARINE, PROBABLY 1,000 DEAD; TWICE TORPEDOED OFF IRISH COAST; SINKS IN 15 MINUTES; AMERICANS ABOARD INCLUDED VANDERBILT AND FROHMAN; WASHINGTON BELIEVES THAT A GRAVE CRISIS IS AT HAND

DIE LUSITANIA

Britischer Dampfer von deutschem U-Boot versenkt

Am 7. Mai 1915 wurde der britische Ozeandampfer *Lusitania* durch ein deutsches U-Boot vor der Küste Irlands versenkt. Das britische Marineamt hatte die *Lusitania* angewiesen, dieses Gebiet zu meiden und die Ausweichtaktik des Zickzackkurses anzuwenden, doch die Mannschaft ignorierte diese Empfehlungen. Obwohl es unbewaffnet war, beförderte das Schiff Munition für Gewehre und Granaten für die Alliierten. Die Deutschen hatten davor gewarnt, dass sie das Schiff versenken würden. Die vielen Toten – 1198 Menschen starben, darunter 128 US-Bürger – empörten die Öffentlichkeit (oben, britische Matrosen bei einer Trauerprozession für die Opfer in Irland). Die USA protestierten gegen die deutsche Vorgehensweise und Deutschland schränkte seine U-Boot-Kämpfe gegen England ein. Als es die uneingeschränkten Kämpfe wieder aufnahm, traten die USA im April 1917 in den Ersten Weltkrieg ein.

[5]
17. Dezember 1915
Douglas Haig wird Oberbefehlshaber der British Expeditionary Force. Sein Zermürbungskrieg führt zu enormen Verlusten auf britischer Seite, aber nur zu geringen Gebietsgewinnen – bis 1918 schließlich der Durchbruch gelingt.

1916
In Deutschland trägt die **Kartoffelfäule** zum Hungertod von 700 000 Zivilisten und Soldaten innerhalb der folgenden zwei Jahre bei.

1916
Nach mehrjähriger Forschungsarbeit veröffentlicht der deutsche Physiker Albert Einstein seine **allgemeine Relativitätstheorie**. Man wird ihn später als einflussreichsten Physiker des 20. Jahrhunderts ansehen.

[6]
1916
Der **Luftkrieg** entwickelt sich rasch und Flugzeuge werden sowohl für offensive Aufgaben als auch für Aufklärungsflüge eingesetzt: Bombardierung, Beschuss, Angriffe auf Flugzeuge und U-Boote.

1916
Die amerikanische Dichterin H. D. (**Hilda Doolittle**) veröffentlicht *Seagarden*, ihren ersten Gedichtband. Dadurch etabliert sie sich als wichtige Stimme unter den jungen radikalen Imagisten.

[7]
1916
Das deutsche Fliegerass **Oswald Boelcke** stellt acht wichtige Regeln für den Luftkampf auf. Ironischerweise stürzt er kurz darauf mit seinem Flugzeug ab und stirbt.

31. Mai 1915
Ein deutscher **Zeppelin** wirft über London Bomben ab und tötet dabei sieben Menschen. Es ist die erste strategische Bombardierung eines zivilen Angriffsziels.
[3]

24. Juli 1915
Mehr als 800 Menschen sterben, als das Ausflugsboot **Eastland** auf dem Chicago River kentert.

28. Juli 1915
US-Marinesoldaten marschieren nach der Ermordung des haitianischen Premierministers in **Haiti** ein und besetzen die Insel. Die US-Regierung wird 19 Jahre lang die Staatsgeschäfte kontrollieren.

Oktober 1915
Bulgarien erklärt Serbien den Krieg und tritt so an der Seite der Zentralen Mächte in den Ersten Weltkrieg ein.

12. Oktober 1915
Die englische Krankenschwester **Edith Cavell** wird hingerichtet, weil sie alliierten Soldaten geholfen hat, aus dem von Deutschland besetzten Belgien zu fliehen. Als die Alliierten die Nachricht von ihrem Tod verbreiten, wird sie zu einer angesehenen Heldin.
[4]

19. November 1915
Der Arbeiterführer und Liedermacher **Joe Hill** wird von Staatsbeamten aus Utah hingerichtet und zum Volkshelden der amerikanischen Arbeiterbewegung.

[3] Ein zerstörtes Haus in Shoreditch im Osten Londons nach einem Zeppelinangriff.

[8] „Intoleranz". Das Thema dieses Films wurde gewählt, um der Kritik entgegenzuwirken, die Griffith wegen des Rassismus in „Die Geburt einer Nation" entgegenschlug. Der Film verwebt vier Handlungsstränge miteinander.

[10] Eugene O'Neill. Sein Theaterstück wird von den Provincetown Players aufgeführt.

[11] Jean-Jules Jusserand mit seiner Frau. Zu seinen Lebzeiten sind auch die von ihm geschriebenen Bücher über das mittelalterliche England sehr beliebt.

[4] Edith Cavell einige Zeit vor dem Ersten Weltkrieg mit einem Kind.

[9] David Lloyd George inspiziert Truppen in einem Ausbildungslager.

[7] Oswald Boelcke.

$

1916
Der US-amerikanische Holzhändler William E. Boeing gründet, nachdem er mit dem Marineoffizier Conrad Westervelt ein einmotoriges Wasserflugzeug entwickelt hat, die Aero Products Company, die 1917 in **Boeing Airplane Company** umbenannt wird.

1916
Der chinesische Pädagoge und Revolutionär Cai Yuanpei wird zum Rektor der **Peking-Universität** ernannt. Unter seiner Führung emtwickelt sie große Einfluss auf die Entwicklung eines neuen nationalistischen Geistes und die Sozialreformen in China.

[8]
1916
D.W. Griffith führt bei **Intoleranz**, seinem zweiten Stummfilmmeisterwerk, Regie.

[9]
1916
David Lloyd George von der Liberal Party löst H.H. Asquith als britischen Premierminister ab und dominiert im letzten Teil des Ersten Weltkriegs die politische Szene Englands.

[10]
1916
Eugene O'Neill gibt mit *Bound East for Cardiff* sein Debüt als Dramatiker. O'Neill wird zu einem der bekanntesten Dramatiker des Jahrhunderts und gewinnt 1936 den Nobelpreis für Literatur.

[11]
1916
Jean-Jules Jusserand, der französische Botschafter in Washington D.C., veröffentlicht das Buch *With Americans of Past and Present Days*. Dieses Werk wird den **ersten Pulitzer-Preis** für Geschichte gewinnen.

1916
Jeannette Rankin wird in den Kongress von Montana, USA, gewählt. Sie ist das erste weibliche Mitglied des US-Repräsentantenhauses.
[1]

1916
Der deutsche Maler **Franz Marc**, Mitglied der Künstlervereinigung *Blauer Reiter*, wird in der Schlacht um Verdun getötet, bevor er zurückgeholt werden kann. Sein Name stand auf einer Liste bekannter Künstler, die aus den Kampfhandlungen herausgehalten werden sollten.

1916
Der Psychologe Lewis Madison Terman führt den Terminus **I.Q. (Intelligenzquotient)** ein und entwirft den ersten weit verbreiteten Intelligenztest.

1916
Der spanische Komponist Enrique **Granados** y Campiña stirbt. Berühmt sind vor allem seine *Goyescas* (Klaviersuiten).

1916
Franz Josef I., Kaiser von Österreich-Ungarn, stirbt im Alter von 86 Jahren.

1916
Das mit Asche bedeckte Ödland im Südwesten Alaskas, das unter dem Namen **Valley of Ten Thousand Smokes** bekannt ist, wird zum ersten Mal gesichtet. Einst war es ein grünes Tal, das jedoch beim Ausbruch des Vulkans Novarupta im Jahr 1912 zerstört wurde.

OSTERAUFSTAND (EASTER RISING)

Militante irische Republikaner wollen Unabhängigkeit von England.

Am Ostermontag, 24. April 1916, erheben sich in Dublin irische Republikaner gegen die britische Herrschaft. Gut 1560 Irish Volunteers und 200 Mitglieder der Irish Citizen Army erobern in Dublin unter der Führung von Patrick Pearse und Tom Clarke das Hauptpostamt und andere strategische Punkte. Nach fünftägigem Kampf schlagen britische Soldaten (oben, Scharfschützen am Kai von Dublin) den Aufstand nieder. 15 Anführer werden vor Gericht gestellt und hingerichtet. Obwohl die meisten Iren die Rebellion nicht befürworten, lösen die Hinrichtungen Abscheu gegen die britische Obrigkeit aus. Der Aufstand läutet das Ende der britischen Machtstellung in Irland ein.

[3] Französische Truppen in Verdun unter Beschuss.

[4] Einige von Pancho Villas Banditen mit Bewachern, nachdem sie bei einem Vergeltungsangriff gegen Mexiko von US-Truppen gefangengenommen wurden.

[3]
21. Februar 1916
Als die Franzosen eine großangelegte Offensive der Deutschen zurückschlagen, beginnt die **Schlacht um Verdun**, eines der verheerendsten Gefechte im Ersten Weltkrieg mit enormen Verlusten.

[4]
9. März 1916
Bei einem Überfall auf Columbus, New Mexico, töten **Pancho Villas** Männer über ein Dutzend Menschen.

[5]
1. April 1916
Die Alliierten erobern eine Fokker, ein Eindeckerflugzeug, das mit **Anton Fokkers Synchronisationsmechanismus** ausgestattet ist. Durch ihn kann ein Maschinengewehr durch den Propellerkreis hindurchschießen. Schon bald wird er übernommen.

24. April 1916
Mitglieder der Irish Volunteers und der Irish Citizen Army erobern beim **Osteraufstand** (Easter Rising) strategische Punkte in Dublin. Dies läutet das Ende der britischen Herrschaft in Irland ein.

29. April 1916
Rund 10 000 britische Soldaten kapitulieren nach fünfmonatiger Belagerung in **Kut**, Irak, vor den osmanischen Türken.

[6]
31. Mai 1916
Die britische und die deutsche Marine treffen in der **Schlacht von Jütland** aufeinander.

1916
Der Tenor Enrico Caruso macht seine vielleicht berühmteste und populärste Aufnahme – von **O sole mio**.

1916
Die **Confederación Sudamericana de Fútbol** *(CONMEBOL)* wird gegründet. Sie wird zum Dachverband des Fußballs in Südamerika.

1916
Die **Dada**-Bewegung in der Kunst nimmt bei verschiedenen Treffen mehrerer minimalistischer Künstler im Cabaret Voltaire in Zürich ihren Anfang.

1916
In den USA wird die **Erbschaftssteuer** wieder eingeführt. Damit soll die Mobilmachung für den Ersten Weltkrieg finanziert werden.

1916
Die **Olympischen Sommerspiele** fallen wegen des Ersten Weltkriegs aus.

ca. 1916
Die Zahl der **deutschen arbeitenden Frauen** erhöht sich aufgrund des Kriegs um 17 Prozent.
[2]

[7] Sir Roger Casement, vermutlich gefesselt, kurz vor seiner Hinrichtung wegen der Beschaffung von Waffen in Deutschland für die irischen Rebellen.

[1] Jeannette Rankin. Die lebenslange Pazifistin stimmt gegen einen Eintritt der USA in den Ersten und Zweiten Weltkrieg und führt 1968 in Washington D.C. eine Demonstration von 5000 Frauen gegen den Vietnamkrieg an.

[8] Britische Soldaten mit Maschinenpistolen tragen bei der Schlacht an der Somme Gasmasken.

[6] Ein Kriegsschiff schießt bei der Schlacht von Jütland auf die deutsche Hochseeflotte.

[2] Frauen arbeiten in einer Munitionsfabrik der Firma Krupp.

[5] Der niederländische Flugzeugbauer Anton Fokker 1918 mit den deutschen Fliegerassen Hermann Göring (rechts) und Bruno Loerzer. Göring wird später zu einem frühen, führenden Mitglied der Nazipartei. Er gründet die Gestapo und die Luftwaffe.

Juni 1916
Scherif Hussain I. ibn Ali von Mekka lehnt sich mit Unterstützung der Briten gegen die Osmanen auf. Er nimmt **Mekka** ein, scheitert aber an der Eroberung Medinas.

1. Juli 1916
Coca-Cola führt die berühmte Konturflasche ein. Damit soll sich der Softdrink, der jetzt unter dem Namen Coca-Cola classic bekannt ist, von Imitationen unterscheiden.

[7]
3. August 1916
Der in Irland geborene, im öffentlichen Dienst stehende **Sir Roger Casement** wird in London wegen Landesverrats hingerichtet. Er wird zu einem der Nationalhelden der Revolte gegen die britische Herrschaft in Irland.

14. September 1916
Der US-amerikanische Philosoph **Josiah Royce** stirbt. Er stellte die Individualität und den Willen über den Intellekt. Diese Meinung beeinflusst in großem Maße die Philosophie des 20. Jahrhunderts in den USA.

15. September 1916
Die Briten sind die Ersten, die im Ersten Weltkrieg **Panzer** in Gefechte schicken. Von den 32 Panzern, die bei der Schlacht an der Somme eingesetzt werden, erreichen neun die deutschen Linien.

[8]
13. November 1916
Die hauptsächlich von Briten betriebene, verlustreiche viermonatige Offensive gegen deutsche Stellungen entlang der **Somme** endet.

1916-1917

5. November 1916
Der deutsche und der österreichische Kaiser proklamieren die Errichtung des **Königreichs Polen**, auch wenn dessen Status und Grenzen nicht genau definiert werden.

Dezember 1916
Der Indische Nationalkongress und die All-India Muslim League stimmen dem **Lucknow-Pakt** zu, der die Struktur der indischen Regierung und das Verhältnis zwischen Hindus und Moslems regeln soll.

30. Dezember 1916
Grigori Jefimowitsch **Rasputin** wird von russischen Konservativen vergiftet, um seinen Einfluss auf Zarin Alexandra und die Zarenfamilie zu beenden.
[1]

1917
Die amerikanische Dramatikerin und Dichterin **Edna St. Vincent Millay** veröffentlicht ihren ersten Band mit romantischen Gedichten: *Renascence and Other Poems.*

1917
Arabische Streitkräfte nehmen am Roten Meer unter der Führung von T.E. Lawrence (**Lawrence von Arabien**) den Hafen von Aqaba, der den osmanischen Türken gehört, ein.
[2]

1917
Donald F. Jones entwickelt eine Technik zur Züchtung von Hybridpflanzen, die unter dem Namen „double cross" bekannt ist. Das erste **Hybridgetreide**, das Inzuchtlinien enthält und kommerziell hergestellt wird, kommt 1921 in den Handel.

[1] Rasputin, der am russischen Zarenhof zu großem Einfluss gelangt ist, da scheinbar nur er in der Lage ist, die Bluterkrankheit des kleinen Zarewitsch unter Kontrolle zu halten.

[2] T.E. Lawrence in arabischer Tracht. Was auch immer die Legenden, die er zulässt und zum Teil sogar fördert, über ihn sagen: Er ist und bleibt ein bemerkenswertes Phänomen.

[7] Die Mannschaft des U-Boots „U3" posiert neben dem Kommandoturm.

FEBRUARREVOLUTION

Das Ende der russischen Monarchie

Das Band zwischen dem Zaren und den meisten Russen war 1917 zerrissen. Korrupte Politiker und unwirtschaftliches Arbeiten waren weit verbreitet. Die reaktionäre Politik des Zaren und die wiederholte Auflösung der Duma (des Parlaments), das Hauptresultat der Revolution von 1905, hatte sogar bei moderaten Elementen Unzufriedenheit verbreitet. Die vielen Minderheiten im russischen Zarenreich wurden unter der russischen Vorherrschaft immer widerspenstiger.

Aber erst die erfolglose Teilnahme der Regierung am Ersten Weltkrieg brachte schließlich die Herausforderung, der sich das alte Regime nicht stellen konnte. Mit einer schlechten Ausrüstung versehen und unter mangelhafter Führung erlitt die russische Armee in einer Schlacht nach der anderen katastrophale Verluste gegen die deutsche Armee. Der Krieg zeigte, dass Russland auf militärischer Ebene nicht mehr ebenbürtig war mit den Nationen aus Mittel- und Westeuropa. Außerdem brachte er die Wirtschaft zum Erliegen.

Ende Februar brachen in der Hauptstadt Petrograd (das frühere St. Petersburg) Aufstände wegen der Lebensmittelknappheit aus. Es gab in der ganzen Stadt Streiks, politische Zusammenkünfte und Kundgebungen (oben, Demonstranten versammeln sich vor dem Winterpalast). Als sich die meisten Petrograder Garnisonen der Revolte anschlossen, war Zar Nikolaus II. gezwungen, am 2. März abzudanken. Als sein Bruder, Großfürst Michael, den Thron ablehnte, endete die mehr als 300-jährige Herrschaft der Romanows.

Ein Ausschuss der Duma ernannte eine provisorische Regierung. Diese Regierung, die als erste Etappe auf dem Weg zu einem permanenten, demokratisch-parlamentarischen Gemeinwesen in Russland gesehen wurde, wurde wiederum von den Bolschewisten gestürzt, die im Oktober 1917 die sowjetisch-kommunistische Regierung schufen.

[6]
ca. 1917
De Stijl, eine niederländische Bewegung in der modernen Kunst und der Architektur, vereinigt sich rund um die Zeitschrift *De Stijl*. Zu den Mitgliedern gehören Piet Mondrian, Gerrit Rietveld und J.J.P. Oud.

17. Januar 1917
Die USA kaufen Dänemark für 25 Millionen Dollar drei der **Jungferninseln** ab – St. Thomas, St. John und St. Croix.

[7]
3. Februar 1917
Die USA, die noch nicht in den Ersten Weltkrieg eingetreten sind, brechen die diplomatischen Beziehungen zu Deutschland ab, nachdem dieses angekündigt hat, wieder **uneingeschränkte U-Boot-Kämpfe** aufnehmen zu wollen.

5. Februar 1917
Mexiko verabschiedet seine heute noch gültige Staatsverfassung.

16. Februar 1917
In Madrid öffnet nach 425 Jahren erstmals wieder eine spanische **Synagoge** ihre Pforten.

2. März 1917
Der Jones-Shafroth-Act tritt in Kraft. Darin wird festgelegt, dass **Puerto Rico** zum Territorium der USA gehört, von diesen „organisiert, aber nicht inkorporiert" wird. Alle Puerto Ricaner erhalten die US-Staatsbürgerschaft.

1917
Aufgrund der Anti-Deutschen-Stimmung im Ersten Weltkrieg wird der Name des Herrscherhauses in Großbritannien von Sachsen-Coburg-Gotha in **Windsor** geändert.
[3]

1917
Hu Shi, Chinas liberalster Kopf in der Ära der nationalistischen Republik, stellt in der Literaturzeitschrift *Neue Jugend* acht Grundsätze zur **literarischen Reform** auf und startet damit eine Bewegung, die sich um die Aufnahme der Umgangssprache in die chinesische Literatur bemüht.

1917
An der Ostfront stirbt der deutsche Schriftsteller **Walter Flex**, Autor der bewegenden Novelle *Der Wanderer zwischen beiden Welten*.

1917
Marcel Duchamp, ein Mitglied der Dada-Bewegung, stellt mit seinen „Ready-mades" die Definition von Kunst in Frage. Dazu gehört auch *Fountain*, ein gewöhnliches Urinal, das er in einem Kunstmuseum ausstellt.
[4]

1917
Generalmajor **Paul von Lettow-Vorbeck** zieht sich mit seiner Schutztruppe von Deutsch-Ostafrika nach Portugiesisch-Mosambik zurück, um den britischen Truppen zu entkommen.
[5]

1917
Präsident Venustiano Carranza richtet den ersten Nationalpark Mexikos ein, den „Desierto de Los Leones" (**Wüste der Löwen**) im Südwesten von Mexico City. Er umfasst ausgedehnte Flächen mit Bergen, Pinienwäldern, Quellen und Aquädukten.

[3] König Georg V. und Königin Mary fahren mit ihrer Tochter, der Princess Royal, und einem ihrer jüngeren Söhne (in der Uniform eines Seekadetten) spazieren.

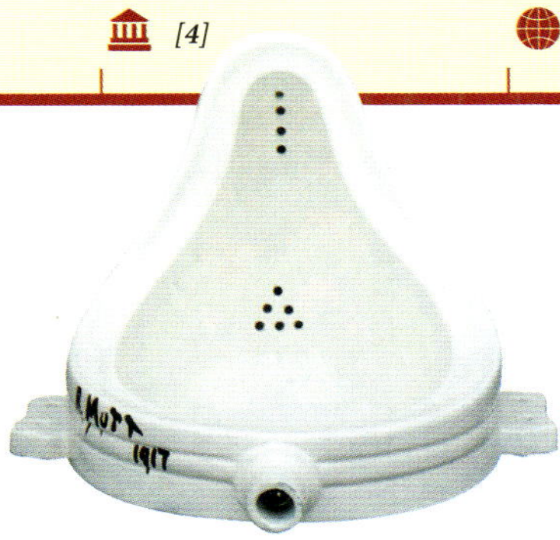

[4] Die Anfänge konzeptioneller Kunst? Marcel Duchamp nennt ein Urinal eine Skulptur und so wird es sogleich zu einer.

[6] „Komposition IX, Opus 18" von Theo van Doesburg, einem Mitglied der De Stijl-Gruppe und Herausgeber der gleichnamigen Zeitschrift. Ein weiterer Schritt zur Abstraktion.

[8] Zar Nikolaus II. nach seiner Abdankung mit einigen Familienmitgliedern im Arrest.

[9] Lenin hält, umgeben von bolschewistischen Anhängern, eine Rede.

[5] Deutsche Kolonialtruppen marschieren in Dar es Salaam in Deutsch-Ostafrika (dem heutigen Tansania) hinter der Militärkapelle.

8. März 1917
Aufstände in St. Petersburg markieren den Beginn der **Februar-Revolution** und die erste Phase der Russischen Revolution.

[8]
15. März 1917
Während der ersten Phase der Russischen Revolution **ist Zar Nikolaus II. gezwungen, abzudanken**. Damit endet die Herrschaft der Romanows.

29. März 1917
Der Vollbluthengst **Man o' War** kommt in Kentucky zur Welt. Bei einer Umfrage der Associated Press im Jahr 1950 wird er mit überwältigender Mehrheit zum besten Pferd der ersten Hälfte des 20. Jahrhunderts gewählt.

2. April 1917
US-Präsident Woodrow Wilson bittet den Kongress um Zustimmung, **Deutschland den Krieg zu erklären** und damit in den Ersten Weltkrieg einzutreten.

[9]
16. April 1917
Einen Monat nachdem der russische Zar zur Abdankung gezwungen wurde, beendet Wladimir Iljitsch Uljanow, genannt **Lenin**, sein 17 Jahre währendes Exil und kehrt zur Bildung einer provisorischen Regierung nach Russland zurück.

13. Mai 1917
In **Fátima** in Portugal sehen drei kleine Bauernkinder eine Frau, die sich als die „Liebe Frau vom Rosenkranz" vorstellt – das heißt als Maria, Mutter von Jesus.

1917-1918

27. Juni 1917
Griechenland erklärt den Zentralen Mächten den Krieg.

16. Juli 1917
Georg Michaelis, dessen Regierung sich als vollständig abhängig vom militärischen Oberkommando erweist, wird Reichskanzler von Deutschland (1917).

20. Juli 1917
Die „Deklaration von Korfu" wird unterzeichnet. Darin wird die Errichtung eines vereinten **jugoslawischen Staats** nach dem Ersten Weltkrieg vereinbart.

24. Juli 1917
Die in den Niederlanden geborene Tänzerin und Kurtisane **Mata Hari**, deren Name zum Synonym für die verführerische Spionin wird, wird der Spionage für Deutschland bezichtigt, vor Gericht gestellt, für schuldig befunden und durch ein Exekutionskommando erschossen.
[1]

August 1917
Die Briten beginnen zur Entlastung der französischen Armee mit der **Offensive von Passchendaele**. Im November endet die Offensive da, wo sie begonnen hat – nachdem 500 000 Alliierte und 250 000 Deutsche gefallen sind.
[2]

24. Oktober 1917
Während des Ersten Weltkriegs kommt es bei der Schlacht von **Caporetto** zum Rückzug bzw. zur Kapitulation von insgesamt 600 000 Italienern.
[3]

[1] Mata Hari, wie es scheint, kurz vor dem Ende des „Tanzes der sieben Schleier".

[2] Die ganze Grausamkeit von Passchendaele: Tote und verwundete Briten liegen im Schlamm.

[6] Polizisten aus Seattle mit Schutzmasken während der Grippeepidemie. Man schätzt, dass mehr als die Hälfte der Weltbevölkerung infiziert wurde.

[7] Babe Ruth im Trikot der Boston Red Sox.

[10] Der Physiker Max Planck.

[8] Eine elegante Britin wirft ihren Wahlzettel in die Wahlurne.

[9] Siegfried Sassoon. An der Westfront zeigt er sich noch todesmutig, bevor er später zu einer pazifistischen Haltung gelangt. Man schickt ihn in eine Nervenklinik, damit er nicht vor ein Kriegsgericht muss.

1918
Die amerikanische Schriftstellerin **Willa Cather**, die vor allem über das Leben in der Prärie schreibt, veröffentlicht den Roman *Meine Antonia*.

[6]
1918
Durch eine weltweite **Grippepandemie** sterben etwa 30 Millionen Menschen. Durch Truppenbewegungen und aus dem Wehrdienst entlassene Soldaten breitet sich die Krankheit auf allen Kontinenten aus.

[7]
1918
Babe Ruth gewinnt die erste von seinen zwölf American League Home Run-Kronen. Die Heldentaten des Baseball-Schlagmanns sind so berühmt, dass für bemerkenswerte Leistungen beim Schlagen der Begriff „Ruthian" geprägt wird.

[8]
1918
In Großbritannien wird das Gesetz **Representation of People Act** verabschiedet. Damit erhalten alle Männer ab 21 Jahren und alle Frauen ab 30 Jahren das Recht zu wählen.

1918
Edwin H. Armstrong erfindet den **Superheterodyneempfänger**, ein Gerät, mit dem man schwache, hochfrequente elektromagnetische Wellen, die für den Radio-, Radar- und Fernsehempfang gebraucht werden, konvertieren und verstärken kann.

[9]
1918
Der englische Dichter **Siegfried Sassoon** veröffentlicht *Counter-Attack*, eine Sammlung von Antikriegsgedichten, in denen er seine Kriegserlebnisse in Frankreich verarbeitet.

2. November 1917
In einem Brief an Baron Rothschild, einen Führer der britischen Juden, übermittelt A.J. Balfour, der britische Außenminister, die **Balfour-Erklärung**, in der er die Unterstützung Englands bei „der Schaffung einer nationalen Heimstätte für das jüdische Volk in Palästina" zusichert.

6. November 1917
Als die **Bolschewisten in Russland die Macht an sich reißen**, beginnt die zweite Phase der russischen Revolution von 1917. [4]

20. November 1917
Bei der **Schlacht von Cambrai** starten die Briten als erstes Land eine Panzeroffensive. [5]

2. Dezember 1917
Georg Graf von Hertling, ein konservativer deutscher Staatsmann und Philosoph, wird für das letzte Jahr des Ersten Weltkriegs Reichskanzler.

6. Dezember 1917
Nach der bolschewistischen Revolution erklärt **Finnland** sich für unabhängig von Russland.

7. Dezember 1917
Die Vereinigten Staaten erklären der **österreichisch-ungarischen Monarchie** den Krieg.

[4] Mitglieder der Roten Garde und der Marineinfanterie während der Oktoberrevolution vor der Isaak-Kathedrale in St. Petersburg.

[5] Britische Panzer werden mit dem Zug transportiert, damit sie bei der Schlacht von Cambrai eingesetzt werden können. Die Holzbündel können vor dem Panzer in Gräben geworfen werden, damit er nicht stecken bleibt.

[3] Italienische Truppen nach ihrer Niederlage gegen die österreichisch-ungarischen und deutschen Streitkräfte bei Caporetto im heutigen Slowenien.

[11] Eine politische Versammlung Anfang 1918 auf dem Roten Platz in Moskau.

1918
Die US-Regierung erlässt, zum Teil auch als Antwort auf die Russische Revolution von 1917 und den irischen Osteraufstand von 1916, das Gesetz **Sedition Act**, das den Bürgern verbietet, sich kritisch über die Regierung, die Fahne oder das Militär zu äußern.

1918
Lu Xun, Chinas berühmtester Schriftsteller der Moderne, veröffentlicht seine erste Kurzgeschichte, *Tagebuch eines Verrückten*. Es ist die erste komplett in der Umgangssprache geschriebene Geschichte westlichen Stils, die veröffentlicht wird.

[10]
1918
Der deutsche Physiker **Max Planck** erhält den Nobelpreis für seine Quantentheorie.

1918
Die praktische und bequeme **Armbanduhr** wird immer beliebter. Vor dem Ersten Weltkrieg wurde die Taschenuhr bevorzugt.

1918
Kanada gibt den Frauen das **Recht zu wählen**.

[11]
1918
Der **russische Bürgerkrieg** zwischen den royalistischen „Weißen" und den bolschewistischen „Roten" beginnt.

1918

8. Januar 1918
US-Präsident Woodrow Wilson gibt sein **14-Punkte-Programm** bekannt, einen Friedensplan für die Zeit nach dem Ersten Weltkrieg.

14. Februar 1918
Russland führt den **Gregorianischen Kalender** ein und springt vom 1. auf den 14. Februar, so dass es datumsmäßig mit den restlichen europäischen Staaten gleichauf ist.

16. Februar 1918
Die aus zwanzig **litauischen Abgeordneten** bestehende Taryba (Staatsrat) proklamiert ihr Land zum unabhängigen Staat.

3. März 1918
Der zweite von zwei Friedensverträgen von **Brest-Litowsk** beendet die Kampfhandlungen zwischen den Zentralen Mächten und Sowjetrussland im Ersten Weltkrieg.
[1]

19. März 1918
Der US-Kongress befürwortet die **Umstellung auf die Sommerzeit**, ein Verfahren, bei dem alle Uhren vorgestellt werden, so dass es während der üblichen Arbeitszeit mehr Tageslicht gibt (aber wegen ihrer Unbeliebtheit muss sie 1919 wieder abgeschafft werden).

21. März 1918
Die zweite Schlacht an der Somme, auch **Frühjahrsoffensive** genannt, die einen großen Vormarsch gegen die alliierten Kräfte an der Westfront bringt, beginnt.
[2]

[1] Deutschland und Österreich-Ungarn (links) und die russischen Kommunisten (rechts) unterzeichnen den Friedensvertrag von Brest-Litowsk.

[2] Deutsche Sturmtruppen dringen während der Frühjahrsoffensive vor.

[8] Eine US-amerikanische Einheit kämpft mit Gewehren in der Nähe von St. Mihiel in den Argonnen.

[13] Kriegsopfer: Zwei vermutlich durch Gas erblindete französische Soldaten werden eine Straße entlang geführt, die durch einen hohen Sichtschutz vor der Observierung durch Feinde geschützt ist.

[7] Prinz Max von Baden und seine Familie. Er wird die Abdankung des Kaisers ohne dessen Einwilligung verkünden und dann selbst zurücktreten.

[9] Tomáš Masaryk (Bildmitte), der erste Präsident der Tschechoslowakei.

29. September 1918
Am Tag des bulgarischen Waffenstillstands und des britischen Angriffs an der Westfront **bietet der deutsche Reichskanzler Georg von Hertling seinen Rücktritt an**.

5. Oktober 1918
Die alliierten Truppen durchbrechen die **Siegfriedstellung**.

[7]
5. Oktober 1918
Maximilian Prinz von Baden wird Reichskanzler von Deutschland (1918). Wegen seines Rufs, besonders humanitär zu sein, hält Kaiser Wilhelm II. ihn für fähig, den Ersten Weltkrieg zu einem schnellen Ende zu bringen.

[8]
8. Oktober 1918
Corporal Alvin Cullum York nimmt im Ersten Weltkrieg während der Meuse-Argonne-Offensive selbstständig 132 Deutsche gefangen und tötet 25 weitere.

26. Oktober 1918
Der preußische General Erich **Ludendorff** wird auf Prinz Maximilians Geheiß hin von Kaiser Wilhelm II. gezwungen zurückzutreten, in dem Bestreben, ein Waffenstillstandsabkommen zu schließen.

[9]
28. Oktober 1918
Tomáš Masaryk, Edvard Beneš und andere Führer künden die Bildung eines unabhängigen **tschechoslowakischen Staates** an.

1. April 1918
In Großbritannien wird die **Royal Air Force** gegründet.
[3]

21. April 1918
Manfred Freiherr **von Richthofen**, Deutschlands großes Fliegerass im Ersten Weltkrieg, wird abgeschossen und stirbt bei einem Kampf in der Nähe von Amiens, Frankreich.
[4]

15. Mai 1918
Die erste regelmäßige **Luftpostlinie** der Vereinigten Staaten wird zwischen New York City und Washington D.C. in Betrieb genommen.

16. Juli 1918
Der ehemalige russische Zar, **Nikolaus II., und seine Familie** werden von den Bolschewisten hingerichtet.
[5]

18. Juli 1918
Der französische General Ferdinand **Foch**, der Truppen der Entente anführt, startet während der zweiten Schlacht an der Marne – der letzten großen Offensive der Deutschen im Ersten Weltkrieg – einen Gegenangriff, der die Deutschen zu einem überstürzten Rückzug zwingt.
[6]

27. September 1918
Britische Truppen greifen in der letzten Offensive, die während des Ersten Weltkriegs an der Westfront gestartet wird, die **Siegfriedstellung** (auch „Hindenburglinie“ genannt) an.

[3] Das Geschwader Nummer 1 der Royal Air Force posiert in Frankreich vor seinen Flugzeugen.

[6] Französische Kolonialtruppen sammeln Waffen ein, die die Deutschen zurückgelassen haben oder die ihnen bei der zweiten Schlacht an der Marne abgenommen wurden.

[4] Manfred von Richthofen in seinem Dreidecker, einer Fokker, im Gespräch mit einem Mechaniker.

[11] Josef Pilsudski. Er kämpfte bis zu dessen Niederlage gegen Russland, entzieht dann Deutschland und Österreich-Ungarn aber seine Unterstützung.

[5] Zar Nikolaus II. und seine Kinder in Jekaterinenburg einige Tage vor ihrer Erschießung.

[10] Wilfried Owen, der größte britische Kriegsdichter und Schützling von Siegfried Sassoon.

[13] In London wird der Waffenstillstand gefeiert.

[12] Marschall Foch, der Oberbefehlshaber der Alliierten (unten Mitte, mit Stock) vor seinem Eisenbahnwagen in Compiègne, wo das Waffenstillstandsabkommen unterzeichnet wird.

[10]
4. November 1918
Der englische Dichter **Wilfred Owen**, Autor einiger der besten Gedichte, die die Kampferlebnisse im Ersten Weltkrieg detailliert beschreiben, wird eine Woche vor dem Waffenstillstand getötet.

9. November 1918
Friedrich Ebert, einer der Anführer der sozialdemokratischen Bewegung in Deutschland, wird für einen Tag Reichskanzler. Nach der Niederlage versucht er, das Land durch die Schaffung der Weimarer Republik zu einen.

[11]
10. November 1918
Josef Pilsudski, polnischer Revolutionär und erster Staatschef des wieder neugegründeten Polen, reist nach Warschau und erklärt **Polen** zum unabhängigen Staat.

[12]
11. November 1918
Um 5 Uhr morgens unterzeichnen Deutschland und die Zentralen Mächte im Eisenbahnwagen von Ferdinand Foch, dem Kommandanten der alliierten Armeen, ein **Waffenstillstandsabkommen**. Sechs Stunden später endet der Erste Weltkrieg.

12. November 1918
Nach Kaiser Karls Abdankung beschließt der Nationalrat von **Österreich**, dass „Deutschösterreich eine demokratische Republik“ und „Bestandteil der deutschen Republik“ ist.

[13]
November 1918
Im **Ersten Weltkrieg** sterben rund 8,5 Millionen Soldaten an ihren Verwundungen oder an Krankheit, 21 Millionen sind kriegsversehrt und 7,7 Millionen weitere werden gefangen genommen oder vermisst.

13. November 1918
Der ägyptische Patriot Saad Zaghlul gründet die **Wafd-Partei** (arabisch: „Ägyptische Delegation"), eine nationalistische Partei, die dazu beiträgt, Ägypten von Großbritannien unabhängig zu machen.

23. November 1918
Paul von **Lettow-Vorbeck**, der deutsche Kommandant in Ostafrika, kapituliert unbesiegt. [1]

Dezember 1918
David Lloyd George erringt bei **landesweiten Wahlen** in Großbritannien als Führer der Nationalliberalen Koalition einen erdrutschartigen Sieg und verspricht ein Land, das dazu „taugt, als Heimat für Helden zu dienen".

4. Dezember 1918
US-Präsident Woodrow Wilson bricht nach Frankreich auf, um an der **Pariser Friedenskonferenz** teilzunehmen, wo, nach dem Ende der Kampfhandlungen des Ersten Weltkriegs, der Völkerbund gegründet und der Versailler Vertrag aufgesetzt wird.

30. Dezember 1918
Der **Spartakusbund** wird auf einem Parteitag in die Kommunistische Partei Deutschlands überführt.

1919
Der Augenzeugenbericht des amerikanischen Journalisten John Reed über die russische Revolution, **10 Tage, die die Welt erschütterten**, wird veröffentlicht. [2]

[2] Ein Plakat aus der Zeit der Revolution (1919). Es zeigt einen russischen Matrosen.

[1] General Paul von Lettow-Vorbeck (rechts) und Dr. Heinrich Schnee, der für die politische Leitung in Deutsch-Ostafrika verantwortlich war.

DIE UNITED ARTISTS CORPORATION

Filmschaffende aus Hollywood gründen ihre eigene Gesellschaft, um die schöpferische und finanzielle Kontrolle zu behalten.

Die United Artists Corporation, eine Filmproduktionsgesellschaft und gleichzeitig ein Filmverleih, wird am 5. Februar 1919 von dem Komödianten Charlie Chaplin (dritter von links), von den beliebten Filmstars Mary Pickford (links) und deren Ehemann Douglas Fairbanks (rechts) und von dem Regisseur D.W. Griffith (zweiter von links) gegründet. Letzterer war ein Pioneer in der Entwicklung spezieller Aufnahmetechniken. Sie waren die führenden Filmschaffenden ihrer Zeit und wollten in Bezug auf ihre Filme vollkommene Freiheit bei der Herstellung, der Verwertung und der Werbung haben. Außerdem wollten Sie sich die höchstmöglichen Einnahmen sichern. Zu dieser Zeit versuchten die Hollywoodproduzenten und die Filmverleiher, ihre Hand stärker auf die Gagen ihrer Stars und die kreative Kontrolle der Filme zu legen. Die vier Partner erhielten Rat und Unterstützung von dem bekannten Rechtsanwalt und demokratischen Politiker William Gibbs McAdoo (dem Schwiegersohn von Präsident Woodrow Wilson). Die Filmgesellschaft kümmerte sich auch um die Verbreitung von qualitativ hochwertigen Filmen unabhängiger Produzenten.

United Artists war die erste große Filmproduktionsgesellschaft, die von Künstlern und nicht von Geschäftsleuten geleitet wurde. Sie war auch die Erste, die als Vertriebsagentur für Filme tätig wurde, die nicht von ihr selbst produziert wurden. In den 1920er Jahren hatte United Artists Erfolg mit Filmen, in denen Charlie Chaplin (u.a. *Goldrausch*), Gloria Swanson, Norma Talmadge, Buster Keaton und Rudolph Valentino mitspielten. Die Filmgesellschaft stellte sich der neuen Herausforderung der Tonfilme in den 1930er Jahren mithilfe solch talentierter Produzenten wie Samuel Goldwyn, Howard Hughes und Alexander Korda.

1919
Robert H. Goddard, der Vater der modernen Raketentechnik, veröffentlicht seine richtungsweisende Abhandlung **A Method of Reaching Extreme Altitudes** (Eine Methode zum Erreichen extremer Höhen).

1919
Als die Eingeborenen von Neuguinea sehen, dass die Vertreter der Kolonialmächte Waren mitbringen, bildet sich der sogenannte **Cargo-Kult**, der sich auf dem Glauben gründet, dass ein neues Zeitalter der Segnungen angebrochen ist.

[6]
1919
Das Bühnenstück *Die Wandlung* des deutschen expressionistischen Dramatikers **Ernst Toller** wird in Berlin uraufgeführt, während dieser, wegen seiner Teilnahme an dem durch den linken Flügel initiierten Umsturz in München im Gefängnis sitzt.

1919
Der erste Ortsverband von **Save the Children** wird in Großbritannien gegründet. Ursprünglich wurde die Institution ins Leben gerufen, um europäischen Kindern zu helfen; später entwickelt sich daraus eine international tätige Organisation.

1919
Die **Internationale Arbeitsorganisation** wird gegründet und dem Völkerbund angegliedert. Heute ist sie eine spezialisierte Unterorganisation der Vereinten Nationen, die sich der Verbesserung von Arbeitsbedingungen und Lebensstandards widmet.

1919
Die **Radio Corporation of America (RCA)** wird gegründet.

1919
Die in Amerika geborene **Lady Nancy Astor** wird das erste weibliche Mitglied des House of Commons (britisches Unterhaus).
[3]

1919
Arthur Eddington beobachtet während einer totalen Sonnenfinsternis die Krümmung von Lichtstrahlen und erbringt damit den ersten Nachweis für die Richtigkeit von Einsteins allgemeiner Relativitätstheorie.
[4]

1919
Hans Poelzig entwirft das **Große Schauspielhaus, Berlin**. Mit seinen stalaktitähnlichen Formen im höhlenartigen Inneren gehört das Theater zu den Hauptbaudenkmälern der expressionistischen Architektur.

1919
Der oberste US-Gerichtshof bestätigt die Verurteilung eines amerikanischen Sozialisten mit der Begründung, dass die **Freiheit der Meinungsäußerung** eingeschränkt werden darf, wenn eine „deutliche und akute Gefahr besteht, dass [sie] das substanziell Böse hervorruft."

1919
Admiral von Reuter befiehlt der deutschen Flotte in **Scapa Flow**, der britischen Marinebasis vor den Orkney-Inseln im Norden Schottlands, sich nach der Kapitulation selbst zu versenken. Fast alle Boote werden später geborgen und verschrottet oder für Schießübungen verwendet.
[5]

1919
Der Journalist **H.L. Mencken** veröffentlicht sein Werk *Die amerikanische Sprache*, eine Sammlung amerikanischer (und nicht britischer) Ausdrücke und Redensarten. 1945 und 1948 veröffentlicht Mencken umfangreiche Ergänzungen.

[3] Nancy Astor schaut zufrieden, als die Wahlergebnisse bekannt gegeben werden, die ihr einen Sitz im House of Commons sichern.

[7] Anton Drexler in bayrischer Tracht beim Rauchen einer traditionellen Pfeife.

[6] Ernst Toller.

[4] Arthur Eddington. Als man ihm sagt, dass nur drei Personen wissen, was Relativität ist, antwortet er: „Oh, wer ist der Dritte?"

[5] Das deutsche Schlachtschiff „Hindenburg" kurz bevor es in den Fluten von Scapa Flow versinkt.

1919
Die **United Artists Corporation** (Filmgesellschaft) wird gegründet. „Die Wahnsinnigen haben jetzt also die Führung der Irrenanstalt übernommen", stichelt Richard Rowland, der Präsident von Metro Pictures.

1919
Das Wort **„Sunkist"** wird in die Schale einer Apfelsine gebrannt. Damit wird es zur ersten Handelsmarke von Frischobst.

1919
US-Präsident **Woodrow Wilson** erhält für seine Verdienste um die Gründung des Völkerbunds den Friedensnobelpreis.

1919
Walter Gropius übernimmt die Leitung des **Bauhaus**, einer Schule für Design und Kunst. Dort wird eine ganze Generation moderner Architekten ausgebildet und inspiriert, während die dort entwickelten Bauformen die Kultur des 20. Jahrhunderts beeinflussen.

1919
In Deutschland, Österreich, Polen und der Tschechoslowakei wird das **Frauenwahlrecht** eingeführt.

[7]
5. Januar 1919
Anton Drexler gründet in München die **Deutsche Arbeiterpartei**, den Vorläufer der NSDAP.

1919

Januar 1919
Beim **Spartakus-Aufstand** in Berlin werden die Kommunisten unter Rosa Luxemburg und Karl Liebknecht von einem rechtsextremen, paramilitärischen Freikorps bezwungen.
[1]

15. Januar 1919
Die deutschen Spartakisten **Rosa Luxemburg und Karl Liebknecht** werden von Angehörigen des rechtsgerichteten Freikorps ermordet.
[2]

21. Januar 1919
Mit der Ermordung von zwei Polizisten durch Mitglieder der Irish Republican Army (IRA) in der Grafschaft Tipperary beginnt der **Irische Unabhängigkeitskrieg**.
[3]

29. Januar 1919
Der 18. Zusatzartikel zur Verfassung der Vereinigten Staaten, die **Prohibition**, wird ratifiziert und tritt ein Jahr später in Kraft.
[4]

6. Februar 1919
Die verfassunggebende deutsche Nationalversammlung tritt zusammen und gründet die **Weimarer Republik**

11. Februar 1919
Der Sozialdemokrat **Friedrich Ebert** wird zum ersten Reichspräsidenten der Weimarer Republik gewählt. „Ich hasse die Revolution wie die Sünde."
[5]

[1] Soldaten, die zum Spartakusbund übergelaufen sind, neben einem unzulänglich gepanzerten Wagen, „schießen" auf loyale Offiziere im Berliner Schloss.

[3] Beim Kampf um die irische Unabhängigkeit wird nach einem Zwischenfall in Dublin, bei dem zwei Polizisten erschossen wurden, ein Opfer weggetragen.

[2] Karl Liebknecht.

[5] Friedrich Ebert inspiziert 1924, am fünften Jahrestag der Verfassung der neuen Republik, die Armee.

[8] Gabriele d'Annunzio, Macher und literarische Figur, Dramatiker und Flieger. Er hat enorm große Ambitionen für Italien, aber seine Taten und Methoden sind häufig fragwürdig.

[4] Zu Beginn der amerikanischen Prohibition werden mit Alkohol gefüllte Fässer aufgeschlagen und geleert.

27. Juli 1919
Die **Chicagoer Rassenunruhen** von 1919 werden entfacht, nachdem ein junger Schwarzer gesteinigt und im Lake Michigan ertränkt wurde, weil er in einem Bereich gebadet hatte, der für Weiße reserviert war.

August 1919
Großbritannien bestätigt die Unabhängigkeit **Afghanistans** unter der Regentschaft von Amanullah Khan.

11. August 1919
Die **Weimarer Verfassung** wird offiziell verkündet, wodurch Deutschland zur Republik wird.

14. August 1919
Gustav Bauer, ein Büroangestellter und Mitglied der Sozialdemokratischen Partei, der den „Zentralverein der Bureauangestellten Deutschlands" gründete, wird Reichskanzler der Weimarer Republik (1919-1920).

10. September 1919
Österreich und die Alliierten Mächte unterzeichnen den Vertrag von Saint-Germain, der die Feindseligkeiten zwischen diesen Staaten beendet.

[8]
12. September 1919
Der nationalistische italienische Dichter **Gabriele d'Annunzio** leitet die Besetzung der Hafenstadt Fiume an der Adria (heute Rijeka, Kroatien) und rückt damit die Fiume-Frage in den Vordergrund.

13. April 1919
Britische Truppen schießen auf eine Gruppe unbewaffneter indischer Demonstranten. Schätzungsweise 379 Menschen werden getötet und weitere 1200 verwundet. Dies wird als das **Massaker von Amritsar** bekannt.

20. April 1919
In dem anhaltenden Konflikt um Vilnius **verjagen polnische Truppen die russische Rote Armee** – die zuvor die neu eingesetzte Regierung Litauens ihres Amtes enthoben hatte – und besetzen die Stadt.

4. Mai 1919
In Beijing protestieren Studenten gegen die Versailler Entscheidung, dass Japan die Rechte und Besitztümer der Deutschen in Shandong erhalten soll. Der Begriff **„Bewegung des vierten Mai"** wird später für die gesamte intellektuelle Revolution zwischen 1917 und 1921 in China verwendet.

19. Mai 1919
Mustafa Kemal landet in Samsun in Anatolien und beginnt, gegen die Anordnungen seiner Vorgesetzten, mit der Organisation einer nationalen türkischen Widerstandsbewegung. Dies wird häufig als der Beginn des türkischen Befreiungskriegs angesehen.
[6]

Juni 1919
John Alcock und Arthur Whitten Brown gelingt der erste **Transatlantikflug** von Neufundland nach Irland.
[7]

28. Juni 1919
Der **Versailler Vertrag** wird in Schloss Versailles in Frankreich unterzeichnet. Dies bedeutet das Ende des Ersten Weltkriegs.

DER VERSAILLER VERTRAG

Abkommen zur Beendigung des Ersten Weltkriegs

Am 11. November 1918 wurde ein Waffenstillstandsabkommen unterzeichnet, das den Krieg in Europa beendete. Daraufhin fand in Schloss Versailles, in einem Vorort von Paris, die Friedenskonferenz statt. Am 1. Juni 1919 trafen sich dort die Führer der Alliierten. Das Foto ganz links zeigt den britischen Premierminister David Lloyd George (links), den französischen Ministerpräsidenten Georges Clemenceau (Mitte) und US-Präsident Woodrow Wilson (rechts) bei der Ankunft. Vier Wochen später, am 28. Juni, wurde der Friedensvertrag im Spiegelsaal von Schloss Versailles unterzeichnet (oben links). (Das Bild unten links zeigt feiernde französische Bürger am Tag der Unterzeichnung in den Straßen von Paris).

Der Vertrag wurde hauptsächlich von den USA, Großbritannien und Frankreich ausgehandelt, ohne Beteiligung der Verlierer des Kriegs. Deutschland wurde gezwungen, die Schuld an den Verlusten der Alliierten anzuerkennen und beträchtliche Reparationszahlungen zu leisten. Es verlor 10 Prozent seiner europäischen Territorien, die Besitzungen in Übersee wurden konfisziert und die militärischen Einrichtungen reduziert. Obwohl einige Bedingungen des Vertrags in den 1920ern gemildert wurden, war die Verbitterung darüber Nährstoff für ein Umfeld, das den Faschismus in Italien und den Aufstieg der NSDAP in Deutschland begünstigte. Der Vertrag brachte auch den Völkerbund, die Internationale Arbeitsorganisation und den Ständigen Internationalen Gerichtshof (später Internationaler Gerichtshof) hervor.

[6] Mustafa Kemal (Kemal Atatürk) – die Gesichtszüge verraten seinen energischen Charakter.

[7] Der zweimotorige Bomber Vickers „Vimy", in dem Alcock und Brown über den Atlantik flogen.

16. September 1919
Die **Amerikanische Legion** wird gegründet, eine Organisation, die sich aus US-amerikanischen Kriegsveteranen zusammensetzt.

$
7. Oktober 1919
Die **Royal Dutch Airlines (KLM)** wird gegründet. Sie wird die am längsten durchgängig betriebene Fluggesellschaft.

28. Oktober 1919
Der US-amerikanische Kongress setzt sich über das Veto von Präsident Woodrow Wilson hinweg und verabschiedet das **Volstead-Gesetz**, das verschärfte Richtlinien für das Alkoholverbot vorgibt.

27. November 1919
Der **Vertrag von Neuilly-sur-Seine**, in dem die Friedensbedingungen für **Bulgarien** nach dem Ersten Weltkrieg festgelegt werden, wird von dem besiegten Land und den Alliierten Mächten unterzeichnet.

Art Déco-Revuetänzerinnen 1929

1920

1920
In Racine, Wisconsin, wird die **Trockenhaube,** ein Gerät zum Trocknen frisierter Haare, erfunden.
[1]

1920
Adolf Hitler formuliert sein 25-Punkte-Programm, das zum Fundament der **nationalsozialistischen Partei** wird.

1920
In den Vereinigten Staaten beginnt mit der Bildung der **Negro National League** die Teilnahme von Afroamerikanern am professionellen Baseball. Die *Negro League* wird mit Einführung der *Major Leagues* in den 1940ern aber hinfällig.
[2]

1920
Agatha Christie veröffentlicht ihren ersten Kriminalroman *Das fehlende Glied in der Kette,* in dem sie ihren intellektuellen Meisterdetektiv Hercule Poirot vorstellt.

1920
Big Bill Tilden gewinnt die erste von sechs aufeinander folgenden US-Tennismeisterschaften. Er gewinnt insgesamt 70 amerikanische und internationale Titel.
[3]

1920
Donald Douglas gründet die **Douglas Aircraft Company**.

[7] Clara Zetkin (Mitte) verlässt mit zwei Anhängerinnen den Reichstag.

[2] Das Chicago American Giants Team, Mitglied der Negro National League.

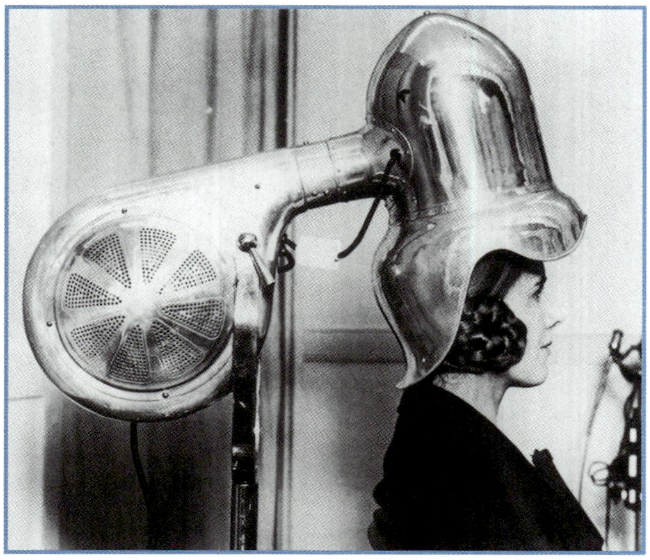

[1] Eine Trockenhaube in einem Friseursalon der späten 1920er. Sie sieht aus wie ein Helm aus einem alten Science-Fiction-Magazin.

[3] Bill Tilden bei Wimbledon: voller Grazie und Anmut. Er gewinnt 11 Grand Slam Titel im Männereinzel.

[7]
1920
Clara Zetkin, einflussreiche deutsche Sozialistin und Verfechterin der Frauenrechte, wird für die Kommunistische Partei Deutschlands (KPD) in den Reichstag gewählt.
Sie bleibt bis 1933 Mitglied des Reichstags.

1920
Die **Suzuki Motor Company** – einer der führenden Hersteller von Motorrädern und anderen Leichtkraftfahrzeugen – wird gegründet.

1920
Nach erfolglosen Versuchen, sie der UdSSR einzuverleiben, erkennt die **bolschewistische Regierung** Estland, Lettland und Litauen als unabhängige Staaten an.

[8]
1920
Die linke **Rote Ruhrarmee** kämpft und verliert gegen die Reichswehr und die Freikorps einen Bürgerkrieg um die Kontrolle der Ruhr.

1920
Die **Juilliard Musical Foundation** wird gegründet. Sie wird bald darauf die renommierte Juillard Schule für Kunsterziehung in New York City leiten.

1920
Die Rechtsorganisation **American Civil Liberties Union** (ACLU) (amerikanische Bürgerrechtsunion) wird gegründet. Sie setzt sich für die verfassungsmäßigen Rechte in den Vereinigten Staaten ein.

1920
Edith Wharton veröffentlicht **The Age of Innocence** (Das Zeitalter der Unschuld), für das sie im folgenden Jahr den Pulitzer-Preis für Romane gewinnt.

1920
Der englische Dramatiker **Noël Coward** schreibt die erste seiner berühmten „Comedies of Manners" *I'll Leave It to You*. Zu seinen späteren Werken gehören *Bitter Sweet* (1929) und *Private Lives* (1930).
[4]

1920
John T. Thompson, ein pensionierter US-amerikanischer Armeeoffizier, lässt sich die Thompson Maschinenpistole, auch **Tommy Gun** genannt, patentieren.
[5]

1920
Max Liebermann wird Präsident der Preußischen Akademie der Künste.

1920
In Australien wird die **Qantas Airways** gegründet. Sie ist die älteste Fluggesellschaft der Englisch sprechenden Welt und nimmt 1922 ihren Betrieb auf.

1920
Durch **Main Street** (Hauptstraße) kann Sinclair Lewis seinen Ruf als führender US-amerikanischer Schriftsteller bestätigen. Es folgen *Babbitt* (1922) und *Dr. med. Arrowsmith* (1925). 1930 gewinnt er den Nobelpreis für Literatur.
[6]

[4] Noël Coward mit Lilian Braithwaite in seinem Schauspiel „The Vortex".

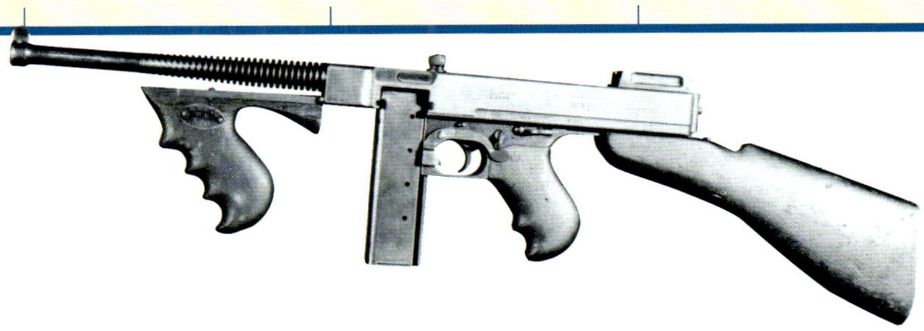

[5] Ein frühes Modell der Tommy Gun. Diese hat ein konventionelles Magazin und nicht die, wie sonst für diese Marke übliche, runde Version.

[6] Sinclair Lewis. Innerhalb kurzer Zeit verkauft er zwei Millionen Exemplare von „Hauptstraße".

[9] Suzanne Lenglen bei den Olympischen Spiele in Antwerpen.

[8] Mitglieder der Roten Ruhrarmee marschieren durch Lohberg an der Ruhr.

1920
Die **National Football League** wird in Canton, Ohio, mit Jim Thorpe als ihrem ersten Präsidenten gegründet.

1920
Der 19. Zusatzartikel zur amerikanischen Verfassung wird verabschiedet und gewährt den Frauen das Wahlrecht.

1920
Die **Royal Canadian Mounted Police** (RCMP) wird eingeführt und erhält die Zuständigkeit als Vollzugsbehörde in allen kanadischen Provinzen und Hoheitsgebieten.

[9]
1920
Im belgischen Antwerpen finden die **Olympischen Sommerspiele** statt.

1920
Die Vereinigten Staaten werden zu einer vorwiegend **städtischen Nation**, da mehr als die Hälfte der Bevölkerung in Städten lebt.

1920
Die englische University of Oxford lässt die **ersten weiblichen Studenten zum Studium mit akademischem Abschluss** zu.

1920
Die Niederlande weigern sich, den **ehemaligen Kaiser Wilhelm II.**, der bei ihnen Zuflucht gesucht hat, an die Alliierten auszuliefern.
[1]

1920
König Alexander I. von Griechenland wird von seinem **Hausaffen** gebissen und stirbt an einer Blutvergiftung.

ca. 1920
Die Bewegung des **Russischen Konstruktivismus** gibt, inspiriert von den Werken Wladimir Tatlins, in Moskau das *Realistische Manifest* heraus.

ca. 1920
Junge Frauen prägen den neuen Stil der **Flappers** – sie rauchen Zigaretten, schneiden sich die Haare kurz, tragen kurze Röcke und wollen nicht mehr von Anstandsdamen bewacht werden. Die „Jazz-Ära" beginnt.
[2]

10. Januar 1920
In Genf wird der **Völkerbund** gegründet.
[3]

14. Februar 1920
Mit der Einführung des **Frauenwahlrechts in den Vereinigten Staaten** bildet Carrie Chapman Catt in Chicago die *League of Women Voters* (Liga der Wählerinnen).

RUSSISCHER KONSTRUKTIVISMUS

Kunst- und Architekturbewegung

Der *Konstruktivismus* wurde anfänglich vom *Kubismus* und *Futurismus* beeinflusst und soll im Jahre 1913 mit den „Reliefbildern" von Wladimir Tatlin – abstrakten, geometrischen Konstruktionen – begonnen haben. Die im Ausland lebenden russischen Bildhauer Antoine Pevsner und Naum Gabo schlossen sich Tatlin und seinen Anhängern in Moskau an und wurden nach der Veröffentlichung des gemeinsam verfassten *Realistischen Manifests* im Jahre 1920 zu den Sprechern der Bewegung. Aus dem Manifest wurde der Name „Konstruktivismus" abgeleitet, denn eine der darin enthaltenen Direktiven war, Kunst zu „konstruieren".

Andere, mit dem *Konstruktivismus* in Verbindung gebrachte, berühmte Gestalten waren Alexander Rodschenko und El Lissitzky (rechts ist Rodschenko's Bild *A Picturesque Composition* aus dem Jahre 1919 zu sehen). Der sowjetische Widerstand gegen den ästhetischen Radikalismus der Konstruktivisten führte schließlich zur Auflösung der Gruppierung. Tatlin und Rodschenko blieben in der Sowjetunion, wobei sich letzterer der Fotografie zuwandte, aber Gabo und Pevsner beeinflussten die Gruppe der Abstraction-Création in Paris. In den späten 1930er Jahren verbreitete Gabo den *Konstruktivismus* in England und mit Beginn der 1940er Jahre auch in den USA.

[1] Der ehemalige Kaiser Wilhelm II.

[2] Die Requisiten der „Flappers": Schwarze Seidenstrümpfe, kurzer Rock, Glockenhut, Zigarettenhalter.

[7] Mary Pickford und Douglas Fairbanks brechen zu ihren Flitterwochen nach Europa auf.

[8] Ein irischer Tatverdächtiger wird mit vorgehaltener Pistole von den „Black and Tans" durchsucht. Hinter ihnen auf dem Boden liegt ein Toter.

[6] Eine Massendemonstration für die Demokratie vor dem alten Königlichen Palast in Berlin.

[3] Der Völkerbund unterbricht eine Sitzung in Genf für ein Gruppenfoto.

1920-1929

[7]
28. März 1920
Die US-amerikanischen Filmschauspieler **Mary Pickford** und **Douglas Fairbanks** heiraten.

16. Mai 1920
Jeanne d'Arc, französische Nationalheldin, wird von Papst Benedikt XV. heilig gesprochen.

4. Juni 1920
Der **Vertrag von Trianon** wird von den Vertretern Ungarns auf der einen Seite und den alliierten Mächten auf der anderen unterzeichnet und beendet für diese Region *de jure* den Ersten Weltkrieg.

21. Juni 1920
Der bekannte Strafrechtsanwalt **Konstantin Fehrenbach**, Mitglied der Katholischen Zentrumspartei, wird Kanzler der Weimarer Republik (1920–21).

[8]
Juli 1920
Die britische Regierung stellt die **Black and Tan** Hilfspolizisten ein. Den Namen erhalten sie wegen ihrer khakifarbenen und dunkelgrünen Uniformen. Sie werden bei den heftigen Repressalien gegen die Irische Republikanische Armee eingesetzt.

12. Juli 1920
Die unabhängige Republik **Litauen**, welche die einmarschierenden sowjetischen Truppen erfolgreich vertrieben hat, unterzeichnet einen Friedensvertrag mit Russland.

18. Februar 1920
Paul Deschanel wird zum Präsidenten Frankreichs gewählt.

29. Februar 1920
Die von tschechischen und slowakischen Führern gewählte Nationalversammlung verabschiedet eine neue demokratische Verfassung und bringt so den Zusammenschluss der beiden Staaten zur **Tschechoslowakei** einen Schritt weiter.

1. März 1920
Miklós Horthy wird zum Regenten Ungarns gewählt und blockiert alle Versuche König Karls IV., wieder auf den Thron zu kommen. Das führt zu einer „Monarchie ohne Monarch", die in den folgenden Jahren immer mehr unter deutschen Einfluss gerät.
[4]

13. März 1920
Berlin wird bei einem von Wolfgang Kapp geleiteten **Putsch der Rechten** eingenommen. Dieser Versuch, die neu gebildete Weimarer Republik zu stürzen, wird vier Tage später wieder zunichte gemacht, als ein Generalstreik Kapps Autorität schwächt.
[5]

19. März 1920
Józef Pilsudski wird zum Marschall von Polen ernannt.

27. März 1920
Hermann Müller, Führer der Sozialdemokratischen Partei, wird Kanzler der Weimarer Republik für die erste von zwei Koalitionsregierungen (1920; 1928-30).
[6]

[4] Admiral Horthy marschiert durch Budapest. Er kam an die Macht, nachdem das kurzlebige kommunistische Regime unter Béla Kun in Ungarn durch die Intervention rumänischer Truppen beendet wurde.

[5] Ein gepanzerter Wagen des Freikorps geschmückt mit Schädel und gekreuzten Knochen, einem Symbol, das viele dieser irregulären Einheiten benutzten. Der behelmte Mann hält den Lauf eines Flammenwerfers. Die Regierung löst schließlich die Freikorps auf, die den Kapp-Putsch angeheizt hatten.

[9] Ludwig Ganghofer, ein begeisterter deutscher Nationalist und Anhänger des Kaisers.

[11] Die „Kairo-Gang", britische Agenten, die am „Blutigen Sonntag" von irischen Republikanern getötet wurden.

[10] Gandhi mit seiner Frau Kasturba. Sein Ruf nach gewaltfreiem Widerstand erfolgt nach einem Massaker in Amritsar im Jahre 1919.

[9]
2. August 1920
Der deutsche Dramatiker und Romanautor **Ludwig Ganghofer** stirbt. Seine „Heimatromane" mit einem idyllisch dargestellten, bayrisch-alpinen Hintergrund haben sich über 30 Millionen Mal verkauft.

[10]
September 1920
Mahatma Gandhi organisiert Indiens ersten, groß angelegten **gewaltlosen Widerstand** gegen die britische Herrschaft, der unter dem Namen „Nicht-Kooperations-Bewegung" bekannt wird

23. September 1920
Alexandre Millerand, bekannt wegen seines Wunsches, die Macht des Präsidenten durch Verfassungsänderungen zu stärken, wird zum Präsidenten Frankreichs gewählt.

12. Oktober 1920
Der **Russisch-Polnische Krieg** über den Besitz der Ukraine endet.

[11]
21. November 1920
Am **Bloody Sunday** tötet die Irische Republikanische Armee 11 vermeintliche englische Agenten. Die „Black and Tans" rächen sich und töten 12 Iren und verletzen 60.

16. Dezember 1920
Der Völkerbund beschließt die Bildung eines **Ständigen Internationen Gerichtshofs**.

1921

1921
Eine große **Hungersnot** tötet mehr als fünf Millionen Menschen in der Sowjetunion.
[1]

1921
Schweden schafft die **Todesstrafe** ab.

1921
Bei der Washingtoner Konferenz verhandelt der US-Außenminister Charles Evans Hughes das **erste wirksame Abrüstungsabkommen** in der Geschichte.

1921
Peter I. Karadjordjevic stirbt. Er war von 1903 bis 1918 König von Serbien und dann erster König von Serbien, Kroatien und Slowenien (Jugoslawien).

1921
Der britische Pädagoge A.S. Neill eröffnet **Summerhill**, eine revolutionäre Schule mit dem Ziel der Selbstverwirklichung.

1921
Der kanadische Arzt Frederick Banting and seine Kollegen Charles H. Best und J.J.R. Macleod entdecken das **Insulin**. Ihre Entdeckung verändert die Behandlung der Diabetespatienten.
[2]

[1] Kinder aus einer von der Hungersnot betroffenen Gegend werden bei ihrer Ankunft in Moskau mit Schuhwerk versorgt.

[2] Banting und Best mit einem der diabetischen Hunde, an denen das Insulin zuerst getestet wurde.

[6] Der Entwurf eines Wolkenkratzers aus Glas von Mies van der Rohe aus dem Jahre 1920.

[5] Rex Ingram (links), der sich nicht gut mit dem Schauspieler versteht, gibt Rudolph Valentino Regieanweisungen in „Die vier apokalyptischen Reiter".

[8] Der deutsche Komponist Engelbert Humperdinck.

1920–1929

[6]
1921
Ludwig Mies van der Rohe entwirft in Berlin einen Wolkenkratzer aus Glas. Er wird zwar nicht gebaut, doch der Entwurf eines ganz aus Glas bestehenden Gebäudes wird zum Symbol eines neuen Architekturzeitalters.

[7]
1921
Der gebürtige Italiener Rudolph Valentino spielt die Hauptrolle im Film **Der Scheich** und wird prompt zum „Liebhaber" der 1920er Jahre.

1921
Marie Stopes gründet die erste Klinik für Empfängnisverhütung des Vereinigten Königreichs. Zwar ruft ihre Arbeit besonders in der Katholischen Kirche heftigen Widerstand hervor, sie kann aber die Church of England beträchtlich beeinflussen.

1921
Der norwegische Meteorologe Vilhelm Bjerknes entwickelt die Idee der Warm- und Kaltfronten, die grundlegend für die **moderne Meteorologie** und Wettervorhersage wird.

1921
Der für Johnson & Johnson tätige Baumwolleinkäufer Earle Dickson entwickelt den **Wundschnellverband**.

[8]
1921
Der deutsche Komponist **Engelbert Humperdinck** stirbt. Er war vor allem bekannt für seine Oper *Hänsel und Gretel*.

1921
Der Schachmeister **Emanuel Lasker** aus Deutschland wird vom Kubaner José Raúl Capablanca besiegt, der damit Laskers 27 Jahre dauernde Herrschaft als Schachweltmeister beendet.
[3]

1921
Der große Opernsänger **Enrico Caruso** stirbt im Alter von 48 Jahren.

1921
Internationale Mächte beginnen, das **Flottenwettrüsten** einzuschränken und Sicherheitsabkommen für den Pazifik auszuarbeiten. Die Konferenz führt im folgenden Jahr zur Erarbeitung und Unterzeichnung einiger wichtiger und weniger wichtiger Verträge.

1921
Der italienische Immigrant Simon Rodia beginnt mit der Errichtung der **Watts Towers** in Los Angeles. Die 17 Turmspitzenkonstrukte bestehen aus zerbrochenen Fliesen, Porzellan, Steinen, Flaschen sowie Muschelschalen und werden bald zum nationalen Wahrzeichen.
[4]

1921
Langston Hughes, afroamerikanischer Dichter und führender Publizist der Erfahrungen der Schwarzen in den Vereinigten Staaten, veröffentlicht sein erstes Gedicht **The Negro Speaks of Rivers** (Der Neger spricht von Strömen).

1921
Rudolph Valentino wird durch den Film *Die vier apokalyptischen Reiter* nach dem gleichnamigen Roman von Vicente Blasco Ibáñez zum Star.
[5]

[3] Lasker (links) spielt gegen Capablanca. Das hier gezeigte Spiel endet mit einem Remis.

[10] Das Siegel mit einem Stier von Mohenjodaro, einer Stadt des Indus-Tals.

[7] Rudolph Valentino als Scheich umarmt Agnes Ayers, die ziemlich verblüfft zu sein scheint.

[4] Simon Rodia posiert mit einem Ausschnitt seiner „Watts Towers".

[9] Sacco und Vanzetti, mit Handschellen aneinander gefesselt.

1921
Der **erste Kongress der kommunistischen Partei Chinas** findet in Shanghai statt, ermutigt durch die bolschewistische Revolution in Russland.

1921
Der Medizinstudent John A. Larson entwickelt den ersten erfolgreichen **Lügendetektor**. Dieser misst physiologische Merkmale wie Blutdruck, Puls und Atmung, während die Testperson Fragen beantwortet.

1921
Die **Haager Regeln** – das internationale Seerecht über die Rechte und Pflichten eines Frachtführers – werden beim Treffen der Internationalen Gesetzesvereinigung im belgischen Brüssel vorgestellt. Sie werden 1923 verabschiedet.

[9]
1921
In der sehr umstrittenen Verhandlung im Fall **Nicola Sacco** und **Bartolomeo Vanzetti**, zweier italienischer Einwanderer, werden diese in Braintree, Massachusetts, als Doppelmörder verurteilt.

[10]
1921
Die **Indus Zivilisation** – die früheste, bekannte, städtische Kultur des indischen Subkontinents – wird bei Harappa im Punjab entdeckt.

1921
Das US-amerikanische **General Accounting Office** (GAO = oberster Rechnungshof) wird eingeführt und soll dem Kongress bei der Überprüfung aller staatlichen Aufwands- und Ertragsberechnungen helfen.

1921-1922

1921
Der US-amerikanische Oberste Gerichtshof entscheidet im Fall Truax gegen Corrigan, dass das **Streikpostengesetz** aus Arizona **verfassungswidrig ist.** Dies ist ein Sieg für die organisierte Arbeit.

1921
Warren G. Harding von der Republikanischen Partei wird bis 1923 der 29. Präsident der Vereinigten Staaten. Calvin Coolidge ist sein Vizepräsident. Harding verstirbt im Amt im Jahre 1923.

1921
Thomas Midgley Jr. empfiehlt die Verwendung von **Bleitetraethyl im Benzin** für Motoren mit höherer Kompression. Trotz der bekannten Gesundheitsrisiken geben die Autoabgase immer mehr Blei in die Atmosphäre und Biosphäre ab.

1921
Spanien verliert nach dem vom Nationalistenführer **Abd-el-Krim** ausgerufenen Rif-Krieg vorübergehend sein Protektorat in Nordmarokko. 12 000 Spanier sterben bei der Schlacht von Anual.
[1]

ca. 1921
Die **Sonnenbräune** wird dank des Einflusses von Designer Coco Chanel zum Zeichen des Wohlstands und exotischer Reisen. Bisher wurde die sonnengebräunte Haut mit im Freien verrichteter Arbeit in Verbindung gebracht.
[2]

Februar 1921
Reza Khan stürzt die Regierung Persiens (des heutigen Irans). Er wird als Reza Schah Pahlavi der **Schah von Iran** (1925-41).
[3]

[6] Erzberger (links) hält 1919 ein kurzfristig einberufenes Treffen im Zug ab.

[11] Der Vampir Graf Orlok, gespielt von Max Schreck, wird im Film „Nosferatu" durch das Sonnenlicht vernichtet.

[5] Mussolini um 1920 herum trägt einen Schnauzbart zur Schau.

[7] Der Sarg des Unbekannten Britischen Soldaten in Boulogne, kurz bevor er auf eine Kanalfähre und zur Beisetzung in die Westminster Abbey gebracht wird.

[2] Sonnenbaden, die neue Mode.

[9] Katholiken beten in der Downing Street um einen erfolgreichen Abschluss der Verhandlungen über eine Beilegung des anglo-irischen Konflikts, die zurzeit dort stattfinden. Man beachte die vorübergehend aufgebaute, hölzerne Straßensperre im Hintergrund.

[8] Karl IV., der 1916 nach dem Tod von Kaiser Franz Josef die Habsburger Titel erbte.

4. November 1921
Hara Takashi, Japans Premierminister, wird von einem jungen Rechtsradikalen ermordet.

[7]
11. November 1921
Der Jahrestag des Endes des Ersten Weltkriegs, der erste Tag des Waffenstillstands, wird mit der Beerdigung der Leichen **unbekannter Soldaten** in Grabstätten in Paris, London und außerhalb von Washington, D.C., begangen.

[8]
16. November 1921
Das ungarische Parlament verabschiedet ein Gesetz, das die Habsburger Herrschaft formell beendet. **Karl IV.**, Großneffe und Erbe von Kaiser Franz Josef, weigert sich abzudanken. Er stirbt 1922 im Exil.

[9]
6. Dezember 1921
Die britische Regierung und die irischen Führer Arthur Griffith, Michael Collins und andere unterzeichnen den **Anglo-Irischen Vertrag**, mit dem der Freie Irische Staat als unabhängiges Mitglied des Britischen Commonwealth anerkannt wird.

13. Dezember 1921
Der **Vier-Mächte-Pakt** wird von den USA, Großbritannien, Japan und Frankreich unterzeichnet. Er legt fest, dass im Falle etwaiger Unstimmigkeiten zwischen zwei der Staaten über „eventuelle Probleme im Pazifik" alle Beteiligten konsultiert werden müssen.

1922
Die US-Notenbank richtet ein **Banküberweisungssystem** ein. Somit entfällt der tatsächliche Transfer von Wertpapieren von einer Stadt zur anderen und das Risiko von Verlust oder Diebstahl wird reduziert.

März 1921
Matrosen des **Marinestützpunktes Kronstadt** protestieren gegen die herrschenden Sowjets. Sie verlangen Reformen sowie politische Freiheiten. Der Aufstand wird niedergeschlagen, zwingt die Kommunistische Partei jedoch zu wirtschaftlichen Reformen.

März 1921
In der Sowjetunion wird die **Neue Wirtschaftspolitik** (NEP) eingeführt. Sie bedeutet einen vorübergehenden Rückzug aus der vorherigen Politik der extremen Zentralisierung und des doktrinären Sozialismus.

8. März 1921
Der spanische Ministerpräsident **Eduardo Dato Iradier** wird von Anarchisten ermordet.
[4]

10. Mai 1921
Joseph Karl Wirth, der sich später für die Erfüllung der deutschen Verpflichtungen aus dem Versailler Vertrag einsetzt und beständiger Gegner des deutschen Militarismus ist, wird Kanzler der Weimarer Republik (1921-22).

21. Mai 1921
Benito Mussolini und 32 weitere Faschisten werden ins italienische Parlament gewählt.
[5]

26. August 1921
Der deutsche Finanzminister **Matthias Erzberger**, einer der Unterzeichner des Waffenstillstandsvertrags von 1918, wird ermordet.
[6]

[1] Abd-el-Krim. Sein Kampf gegen die Spanier und Franzosen in Marokko dauert bis 1926.

[3] Reza Schah Pahlavi mit dem zukünftigen Schah Mohammad Reza auf seinem Schoß.

[10] Streikende Bergleute mit ihren Frauen und Kindern in West Virginia.

[4] Eduardo Dato, der von katalanischen Anarchisten ermordet wurde.

DAS GRAB DES TUTANCHAMUN

Howard Carter entdeckt beispiellose Schätze im Grab des Pharaos.

Im Jahre 1922 beschloss der Antiquitätensammler und 5. Earl of Canarvon, ein letztes Mal die Ausgrabungen im Tal der Könige auf der Suche nach dem legendären Grab des Tutanchamun zu finanzieren. Howard Carter, ein britischer Ägyptologe, leitete die Ausgrabungen. Am 4. November 1922 entdeckte Carter die ersten Hinweise auf ein Grab, das sich als das des Tutanchamuns herausstellte. Aber erst am 26. November erreichte man den zweiten verschlossenen Zugang, hinter dem sich die Schätze verbargen. Das Grab hatte die Serie von Grabräubereien am Ende der 20. Dynastie überstanden und war noch unversehrt. Im kleinen Grab lag die Mumie des Königs in einem Nest von drei Särgen (links, Carter untersucht sie gerade). Die anderen Räume waren voller Möbel, Statuen, Kleidungsstücke, einem Streitwagen, Waffen, Stäben und vielen anderen Gegenständen. In den folgenden 10 Jahren überwachte Carter den Abtransport der Gegenstände, von denen die meisten heute im Ägyptischen Museum in Kairo zu sehen sind.

$ [10]
1922
Ein **Streik der Bergleute** in den Vereinigten Staaten dauert fast sechs Monate und fügt der Kohleindustrie des Landes erheblichen Schaden zu.

1922
Arnold Lunn aus England führt beim Abfahrtski die **Slalomtore** ein und erfindet somit den modernen alpinen Skislalom.

1922
Nach dem Tod Benedikt XV. wird Ambrogio Ratti zum **Papst Pius XI.** gewählt.

1922
Awangarda Krakowska, die Gruppierung der polnischen Avantgarde-Literatur, die sich gegen die lyrische Poesie der bekanntesten zeitgenössischen Dichter Polens auflehnt, wird in Krakau gegründet.

[11]
1922
Der großartige, deutsche, expressionistische Film **Nosferatu** (Untertitel: *Eine Symphonie des Grauens*) wird in Berlin zum ersten Mal gezeigt.

1922
Der britische Archäologe Howard Carter leistet einen der wichtigsten und berühmtesten Beiträge zur Ägyptologie: die Entdeckung des noch weitgehend unversehrten Grabes von **König Tutanchamun**.

1922
Der herausragende deutsche Außenminister **Walter Rathenau** wird von Rechtsradikalen ermordet.

1922
Der deutsche Aktienmarkt bricht zusammen; die galoppierende Inflation schlägt Wurzeln und führt im folgenden Jahr zu einem wirtschaftlichen Zusammenbruch.
[1]

1922
Der Führer der irischen Republikaner, **Michael Collins**, wird während des Bürgerkriegs von republikanischen Dissidenten erschossen. Der Bürgerkrieg brach aus, nachdem Collins einen Vertrag mit Großbritannien zur Anerkennung des Freien Irischen Staates unterzeichnet hatte.

1922
James Joyces Meisterwerk der modernen Literatur, **Ulysses**, das einen Tag (16. Juni 1904) im Leben von Stephen Dedalus, Leopold Bloom und Molly Bloom beschreibt, wird in Paris veröffentlicht.

1922
Le Corbusier stellt das Konzept für die „Stadt für drei Millionen Einwohner" vor. Sein aus mehreren kreuzförmigen Hochhäusern bestehendes Projekt in Paris hat einen großen Einfluss auf die moderne Stadtplanung.
[2]

1922
Fürst Albert von Monaco stirbt und sein Sohn **Louis II.** wird sein Nachfolger.

ULYSSES WIRD VERÖFFENTLICHT

Das Meisterwerk des irischen Schriftstellers

Im Jahre 1920 ging der irische Schriftsteller James Joyce auf Einladung von Ezra Pound nach Paris. Sein Roman *Ulysses* wurde dort am 2. Februar 1922 von Sylvia Beach (oben mit Joyce), der Eigentümerin der Buchhandlung mit dem Namen „Shakespeare and Company" veröffentlicht. Joyce schrieb sieben Jahre an diesem Buch und zu Anfang war es in den USA und Großbritannien verboten. *Ulysses* ist als eine moderne Parallele zu Homers Odyssee aufgebaut. Die gesamte Handlung des Buches spielt an einem einzigen Tag in Dublin. Die drei zentralen Charaktere – Stephen Dedalus, Leopold Bloom und Molly Bloom – sollen die modernen Gegenstücke zu Telemachos, Odysseus und Penelope sein. In dem Buch experimentiert er mit der Sprache und erforscht die literarischen Methoden, wie zum Beispiel den inneren Monolog und die Erzählweise des Bewusstseinsstroms. Sein Buch betrachten viele als den bedeutendsten englischsprachigen Roman des 20. Jahrhunderts.

[2] Le Corbusier, ungewöhnlich frivol, balanciert eine Vase auf dem Kopf. Sein Bruder, der Geigenspieler und Komponist Albert Jeanneret, sitzt neben ihm und links ist der kubistische Maler Amédée Ozenfant zu sehen. Mit ihm zusammen schreibt Le Corbusier zwei Bücher, in denen sie für den Purismus eintreten, eine kompromisslose Form des Kubismus, die großen Wert auf die Idee des „Goldenen Schnitts" legt.

[1] Ein Mann wird in Berlin verhaftet, als er Geld umtauscht; in dem Versuch, die deutsche Währung zu retten, hatte man dies verboten.

[7] Das Kabinett von Sánchez Guerra.

[5]
1922
Beim Wettbewerb um den **Chicago Tribune Tower** werden Vorschläge aus aller Welt und für jeden erdenklichen Stil eingereicht. Das Siegerkonzept kommt von Raymond Hood und John Mead Howells.

1922
Das erste kommerziell eingesetzte **Schneemobil** für ein oder zwei Passagiere wird von Joseph-Armand Bombardier aus Kanada gebaut und verkauft. Es wird in Nordamerika ein beliebtes Freizeitfahrzeug.

1922
Der **Ständige Internationale Gerichtshof** hat in Den Haag seine erste Sitzung. 1946 wird er nach der Gründung der Vereinten Nationen zum Internationalen Gerichtshof.

1922
Bertolt Brechts Schauspiel *Trommeln in der Nacht* wird in München uraufgeführt.

[6]
1922
Die **British Broadcasting Corporation (BBC)** wird gegründet. Die Gründungsurkunde gewährt ihr ein Monopol in allen Bereichen des Rundfunks in Großbritannien. Zwar muss sie sich gegenüber dem Parlament verantworten, ist aber sonst völlig unabhängig.

1922
James Harold Doolittle, Leutnant der US-amerikanischen Luftwaffe, fliegt in weniger als 22 Stunden von Florida nach Kalifornien und vollendet somit den ersten Flug von Küste zu Küste innerhalb eines Tages.

1922
In den **Niederlanden** finden die ersten Wahlen statt, bei denen alle Männer und Frauen wählen dürfen. Bis dahin galt das Wahlrecht nur für wohlhabende Männer.

1922
Leonard Thompson, ein 14-jähriger, an Diabetes schwer erkrankter Junge bekommt im Toronto General Hospital seine erste **Insulinspritze** und erholt sich wieder.

1922
Der russische Mathematiker und Naturwissenschaftler Alexander Alexandrowitsch Friedmann ist einer der ersten Befürworter der Idee, dass der **Urknall** am Beginn der Entwicklung des Universums steht.

1922
Sir Leonard Woolley, ein britischer Archäologe, entdeckt die alte sumerische Stadt Ur (im heutigen Irak) und beginnt mit deren Ausgrabung. So trägt er beträchtlich zum Wissen über die alte mesopotamische Zivilisation bei. [3]

1922
Der schweizerische Maler und Mitglied der „Bauhaus"-Gruppierung **Paul Klee** entwickelt eine abstrakte, grafische Zeichensprache, die er zum Beispiel in seinem Werk *Die Zwitscher-Maschine* anwendet.

1922
Das wüste Land, berühmtestes und umfangreichstes Werk des US-amerikanischen Dichters der Moderne T.S. Eliot, wird veröffentlicht und hoch gelobt. [4]

[5] Der Chicago Tribune Tower, oben mit Strebebogen.

[3] Einer aus Sir Leonard Woolleys Funden aus Ur: Eine Einlegearbeit mit sumerischen Streitwagen, Kriegern und Gefangenen, die sich heute im British Museum befindet.

[6] Stanton Jeffries, seinen Zuhörern als „Onkel Jeff" bekannt, macht in den Anfängen der BBC Rundfunksendungen für Kinder.

[8] Das Lincoln Memorial: „Er rettete die Union." Der Maßstab ist durch das Kind am Sockel zu erkennen.

[4] T.S. Eliot. Die große Auswahl an Quellen, auf die Eliot zurückgreift, die literarischen Anspielungen, die er macht oder die Zitate, die er in „Das wüste Land" einfügt, sind das ideale Jagdrevier für englische Literaturwissenschaftler.

ca. 1922
The Fugitives, eine Gruppe angesehener Schriftsteller aus dem Süden, formiert sich unter der Führung von John Crowe Ransom an der Vanderbilt University in Nashville, Tennessee.

28. February 1922
Ägypten wird für unabhängig erklärt.

[7]
8. März 1922
Der konservative spanische Politiker **José Sánchez Guerra y Martinez** wird Ministerpräsident. Schon im Dezember verliert er sein Amt wieder.

[8]
30. Mai 1922
Das **Lincoln Memorial** wird in Washington, D.C., eingeweiht.

Juli 1922
Als Reaktion auf eine gefälschte Präsidentenwahl erhebt sich in **Rio de Janeiro** eine Handvoll verärgerter Militäroffiziere zu einem schlecht vorbereiteten und erfolglosen Putsch.

11. August 1922
Deutschland über Alles wird die Nationalhymne Deutschlands.

1922-1923

27. September 1922
In Griechenland **dankt König Konstantin I.** zugunsten seines ältesten Sohnes **ab**, der daraufhin König Georg II. wird.
[1]

24. Oktober 1922
Benito Mussolini ruft zum **Marsch auf Rom** auf und wird zum Diktator Italiens.
[2]

1. November 1922
Die Grosse Nationalversammlung stimmt auf Geheiß von **Mustafa Kemal** (Atatürk) für die Abschaffung des Sultanats in der Türkei.
[3]

22. November 1922
Der parteilose deutsche Politiker und Wirtschaftsmagnat **Wilhelm Carl Josef Cuno** wird Kanzler der Weimar Republik (1922-23) und amtiert auch während der französisch-belgischen Invasion des Ruhrgebiets (1923).

30. Dezember 1922
Die russischen und transkaukasischen Sowjetrepubliken sowie die ukrainischen und weißrussischen Sowjetrepubliken vereinigen sich zur **Union der Sozialistischen Sowjetrepubliken** auf dem Gebiet des ehemaligen russischen Reiches.

1923
General **Primo de Rivera** führt nach der jüngsten Niederlage Spaniens durch Abd-el-Krim in Marokko einen Militärstreich in seinem Land an und kann sich selbst als Diktator etablieren.
[4]

[1] König Konstantin. Seine Abdankung erfolgte nach der Niederlage im griechisch-türkischen Krieg (1920-22).

[2] Mussolini, Mitte, führt den Marsch auf Rom an.

[4] König Alfons von Spanien (rechts) mit Primo de Rivera und anderen Kabinettmitgliedern.

[3] Die Griechen fliehen von Smyrna (Izmir) nach dessen Einnahme durch Mustafa Kemals Truppen. Dies kennzeichnet die endgültige Niederlage der Griechen durch die Türken und die Festigung von Kemals Stellung innerhalb der Türkei.

[9] W.B. Yeats mit seiner Frau.

[8] E.E. Cummings. Seine Wahl, in Europa und hier speziell in Paris zu leben, ist typisch für die US-amerikanischen Schriftsteller seiner Generation.

[10] Jelly Roll Morton (am Klavier) und seine „Red Hot Peppers“: „Hello Central, give me Doctor Jazz“ (Hallo Zentrale, geben Sie mir Doktor Jazz).

1923
Die Vereinigten Staaten führen die **Kreditkarten** ein, die anfangs von Hotels und Tankstellen ausgegeben werden. Diese Branche wird nach dem Zweiten Weltkrieg schnell expandieren.

[8]
1923
E.E. Cummings veröffentlicht seinen ersten Gedichtband *Tulips and Chimneys* (Tulpen und Kamine).

1923
Vertreter der Kriminalpolizei aus 20 Nationen kommen in Wien zusammen und bilden die **Internationale Kriminalpolizeiliche Kommission** (IKPK). Die Organisation wird später in „Interpol" umbenannt.

1923
Ich und Du des deutsch-jüdischen Religionsphilosophen Martin Buber wird veröffentlicht. Es wird zum Klassiker der **Doktrin des theologischen Dialogs**.

[9]
1923
Der irische Dichter und Dramatiker **William Butler Yeats** erhält den Nobelpreis für Literatur.

[10]
1923
Jelly Roll Morton, der amerikanische Jazz-Komponist und Pianist, der wegbereitend war für die vorbereiteten und teilinstrumentellen Effekte bei Auftritten von Jazz-Bands, nimmt seine erste Platte auf.

1923
Der US-amerikanische Ingenieur Lee De Forest entwickelt das funktionierende System eines **Tonfilms**.
[5]

1923
Der US-amerikanische Lyriker **William Carlos Williams** veröffentlicht seine Sammlung neuer Gedichte und Prosa *Spring and All*.

1923
Der erste Grand Prix d' Endurance wird ausgetragen, auch bekannt als das **24-Stunden-Rennen von Le Mans**.
[6]

1923
Der österreichische Romanautor und Journalist Felix Salten veröffentlicht **Bambi**, einen Klassiker der Kinderliteratur und Gleichnis für Erwachsene. Es ist die einfühlsam erzählte Geschichte über das Leben von Wild.

1923
Bobrennen werden international als Sport anerkannt. Ein Jahr später werden sie in das Programm der ersten Olympischen Winterspiele im französischen Chamonix aufgenommen.
[7]

1923
Calvin Coolidge von der Republikanischen Partei wird 30. Präsident der Vereinigten Staaten. Er bleibt bis 1929 im Amt, sein Vizepräsident ist Charles G. Dawes.

[5] Versuche der Verwendung von Ton beim Filmen in der Mojave-Wüste: Fox Movietone.

[7] Der britische Viererbob in Aktion, 1924 in Chamonix.

[6] Ein getunter britischer Bentley in den Boxen von Le Mans.

[11] Walter Gropius (links), der deutsche modernistische Architekt und Gründer der „Bauhaus"-Bewegung, sowie seine Frau und Le Corbusier in „Les Deux Magots", dem berühmten Pariser Café.

[13] Französische gepanzerte Wagen patrouillieren in den Straßen von Essen an der Ruhr.

[12] Margaret Bondfield. Sie wird als erste Frau Ministerin des britischen Kabinetts.

[11]
1923
Le Corbusier veröffentlicht sein einflussreiches **Vers une architecture** (Zu einer neuen Architektur), eine polemische Lobrede auf den Wert des funktionalistischen, von Maschinen inspirierten Designs.

[12]
1923
Margaret Bondfield ist die erste Frau, die als Vorsitzende des Trades Union Congress fungiert, der nationalen Organisation britischer Gewerkschaften. Später wird sie als erste Frau Ministerin des britischen Kabinetts.

1923
Der mexikanische Revolutionär und Guerillakrieger **Pancho Villa** wird von Scharfschützen auf seiner Farm im Staat Chihuahua getötet.

[13]
1923
Gegen den Willen Großbritanniens und der USA beginnen französische und belgische Truppen die **Ruhrbesetzung**, als Deutschland mit den Reparationszahlungen in Verzug gerät.

1923
Plato und die so genannten Pythagoreer, eines der Hauptwerke des deutschen Philosophen Erich Frank, wird veröffentlicht.

1923
Der in Russland geborene US-amerikanische Ingenieur Wladimir Zworykin lässt sich das **Ikonoskop**, eine elektronische Bildspeicherröhre und wichtiger Beitrag zur Entwicklung des ersten Fernsehers, patentieren.

1923-1924

1923
Der tschechische Schriftsteller **Jaroslav Hašek**, Verfasser von *Der Brave Soldat Schwejk*, stirbt im Alter von 39 Jahren an Tuberkulose.

1923
Bei Byblos in Phönizien (dem heutige Libanon) wird der **Ahiram Epitaph** gefunden. Es ist der älteste Fund mit phönizischer Inschrift und stammt aus dem 11. Jahrhundert v. Chr.

1923
Stanley Baldwin wird zum britischen Premierminister ernannt. Er regiert in drei Amtszeiten zwischen 1923 und 1937. Als Konservativer ist er Premierminister während der Zeit des Generalstreiks 1926, der Äthiopienkrise 1935 und der Abdankungskrise 1936.
[1]

1923
In den Bergen oberhalb von Los Angeles wird der Schriftzug **Hollywood** errichtet. Er lautet ursprünglich „Hollywoodland", jedoch werden die letzten vier Buchstaben nach einer Renovierung in den 1940ern weggelassen. 1978 wird das ganze Schild neu gebaut.
[2]

1923
Der **Milky Way Schokoriegel** wird geschaffen, der erste von vielen von der Firma Mars eingeführten Schokoladenriegeln; andere Riegel sind „Snickers" und „Mars".

1923
Die **Poetical Works of Dafydd Nanmor** werden veröffentlicht. Mit diesem Buch feiert man die Werke des walisischen Dichters aus dem 15. Jahrhundert.

DAS ERDBEBEN VON TOKIO

Japan wird von einer Katastrophe heimgesucht.

Ein schweres Erdbeben erschütterte am 1. September 1923 gegen Mittag die Gegend um die Städte Tokio und Yokohama. Das Foto zeigt die durch Erdbeben und Feuer verursachten Schäden auf der Honjokuchu Street und in der Region Kanda. Die Zahl der Toten bei dieser Katastrophe wurde auf mehr als 140 000 geschätzt. 54 % der Backsteingebäude und 10 % der Stahlbetonbauten stürzten ein. Viele hunderttausend Häuser wurden entweder durch das Beben oder durch Brände dem Erdboden gleichgemacht. Das Beben löste auch eine Flutwelle aus, die bei Atami in der Sagami-Bucht eine Höhe von 12 Metern erreichte und dort 155 Häuser zerstörte und 60 Menschen tötete.

Das einzige japanische Erdbeben vergleichbarer Stärke im 20. Jahrhundert ereignete sich am 16. Januar 1995 bei Kobe. Dabei starben etwa 5100 Menschen und es gab in der Stadt enorme Schäden und großflächige Brände.

[1] Stanley Baldwin zündet bei der Ruderregatta von Henley die für ihn typische Pfeife an. Seine Frau und seine Tochter sind bei ihm.

[2] Die Originalversion des Hollywood-Schilds.

[4] Gustav Stresemann, der effektive deutsche Kanzler und angesehenste Politiker der Weimarer Epoche.

[3] „Meine Frau und Töchter im Garten", gemalt von Joaquin Sorolla im Jahre 1907.

24. Juli 1923
Der **Vertrag von Lausanne**, der Abschlussvertrag des Ersten Weltkriegs, wird im schweizerischen Lausanne unterzeichnet.

30. Juli 1923
Das **Ross-Nebengebiet** in der Antarktis wird von Neuseeland beansprucht.

[3]
10. August 1923
Der spanische Maler **Joaquin Sorolla y Bastida** stirbt. Sein Stil ist eine Variante des Impressionismus und seine besten, im Freien gemalten Werke porträtieren lebhaft die sonnige Küste von Valencia.

[4]
13. August 1923
Gustav Stresemann, Mitglied der Deutschen Volkspartei, wird Kanzler der Weimarer Republik. Seine Partei ist zum großen Teil für die Wiederherstellung des internationalen Status Deutschlands nach dem Ersten Weltkrieg verantwortlich.

1. September 1923
Ein starkes **Erdbeben** erschüttert um die Mittagszeit die Gegend von Tokio und Yokohama, tötet mehr als 140 000 Menschen und zerstört 54 % der Backsteingebäude und 10 % der Stahlbetonbauten.

7. September 1923
Die Internationale Kriminalpolizeiliche Kommission, **Interpol**, wird in Wien gegründet.

1923
Die Typografie wird von Pelican Press veröffentlicht; es ist ein bedeutendes Buch mit Schriftmustern und zugleich auch eine Abhandlung über die Buchproduktion.

1. Februar 1923
Die private Armee der **Schwarzhemden**, die Benito Mussolini dabei half, in Italien an die Macht zu kommen, wird offiziell in eine nationale Miliz umgewandelt, die „Freiwillige Faschistische Miliz für Nationale Sicherheit".

3. März 1923
Die erste Ausgabe des wöchentlich erscheinenden Nachrichtenmagazins **Time** wird herausgegeben.

26. März 1923
Sarah Bernhardt, eine der bekanntesten Figuren der Bühnengeschichte, stirbt in Paris.

25. Mai 1923
Das Vereinigte Königreich gewährt **Transjordanien die Autonomie** (heutiges Jordanien).

9. Juni 1923
Das **bulgarische Militär** stürzt die Regierung des Ministerpräsidenten Alexander Stamboliyski; er wird am 14. Juni hingerichtet.

[8] Im Jahre 1923 ist es in Deutschland billiger, ein Zimmer mit Banknoten zu tapezieren als mit Tapete.

[6] Mustafa Kemal in der Uniform der Janitscharen, der Elitetruppe des osmanischen Sultans.

[10] Johnny Weissmüller. 1932 spielt er den Tarzan im ersten der zwölf Filme und erfindet den berühmten Tarzanschrei.

[9] Wilhelm Marx verlässt ein Wahllokal. Er schafft es, ein Jahr nach der Inflation von 1923 wieder Stabilität einzuführen.

[5] Ein älteres jüdisches Paar auf dem Weg ins gelobte Land Palästina.

[7] Adolf Hitler während des Bierhallenputschs mit Alfred Rosenberg, dem obersten Rassenideologen der Nazis, und einem Kommandeur des Freikorps, rechts.

[5]
29. September 1923
Durch die Balfour-Erklärung von 1917 in Gang gesetzt, wird die **britische Mandatsherrschaft** für die Einrichtung einer jüdischen Heimstätte in Palästina schließlich vom Rat des Völkerbundes gebilligt und tritt somit in Kraft.

[6]
29. Oktober 1923
Die Große Nationalversammlung erklärt die **Türkei** zur Republik und Mustafa Kemal wird zum ersten Präsidenten gewählt.

[7]
8.-9. November 1923
Adolf Hitler versucht mit seinem **Bierhallenputsch** einen Aufstand in München; der Putsch schlägt fehl und Hitler wird inhaftiert. Diese Zeit nutzt er, um sein politisches Manifest *Mein Kampf* zu schreiben

[8]
15. November 1923
Nach einer wuchernden **Inflation in Deutschland** – ein einziger US-amerikanischer Dollar kostet jetzt 4,2 Trillionen Deutschmark, zu Beginn des Jahres waren es noch 7260 Mark – bricht die Wirtschaft zusammen.

[9]
30. November 1923
Wilhelm Marx, Führer der römisch-katholischen Zentrumspartei, beginnt die erste seiner zwei Amtsperioden als Kanzler der Weimarer Republik (1923-25; 1926-28).

[10]
1924
Bei den Olympischen Sommerspielen in Paris gewinnt der US-amerikanische Schwimmer **Johnny Weissmüller** die ersten drei seiner insgesamt fünf Goldmedaillen. Später spielt er in einigen Filmen den Tarzan.

1924

1924
König Georg II. von Griechenland dankt ab, da die Demütigung durch die Türken zwei Jahre zuvor weiterhin Wirkung zeigt. Griechenland wird Republik.

1924
Der Wahabi Sultan von Nejd, **Abdul-Aziz Ibn Saud**, erobert Hejaz und dringt in Mekka ein.

1924
In einer Anthrazitmine in Zentralpennsylvania wird ein **Fliessband** erfolgreich zum Transport von Kohle zu einer Reihe von Waggons am Mineneingang transportiert. 1960 haben Fliessbänder die Loren zum Zwischentransport der Kohle vollständig ersetzt.

1924
Der britische Romanautor und Literaturkritiker E.M. Forster veröffentlicht sein Meisterwerk **A Passage to India**.

1924
Der im Ausland lebende chilenische Dichter **Pablo Neruda** veröffentlicht die meistgelesene Gedichtsammlung *Veinte poemas de amor y una canción desesperada* (Zwanzig Liebesgedichte und ein Lied der Verzweiflung).

1924
Der französische Dichter André Breton schreibt das **Surrealistische Manifest**, in dem er für den Zufall und das Unbewusste in der Kunst wirbt und einer der wichtigsten Bewegungen der Kunst des 20. Jahrhunderts einen Namen gibt. *[1]*

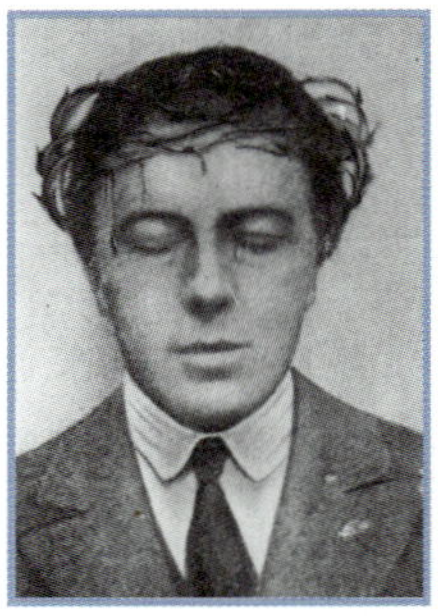

[1] André Breton mit einer Dornenkrone. Er ist ehemaliger Dadaist, ehemaliger Krankenwärter in einem Krankenhaus für Soldaten mit Kriegsneurosen und zukünftiger Kommunist: In der Gegenwart versucht er, den „reinen psychischen Automatismus" zu schaffen.

[7] Menschenmengen bei Lenins Beerdigung auf dem Roten Platz in Moskau. Es wird eine Unsterblichkeitskommission eingerichtet, die für seinen immerwährenden Ruf als großer Revolutionsführer sorgen soll.

[3] Käthe Kollwitz.

[8] Lenin (links), mit seinem Nachfolger Stalin, den er verabscheute und außer Gefecht gesetzt hätte, wäre er nicht handlungsunfähig geworden.

[9] Herma Planck-Szabo aus Österreich gewinnt bei den olympischen Spielen in Chamonix eine Goldmedaille im Eiskunstlauf.

1924
Der US-amerikanische autodidaktische Elektroingenieur William P. Lear verkauft der Motorola Company den ersten erfolgreichen Entwurf eines **Autoradios**.

1924
Der südafrikanische Medizinanthropologe und Paläontologe Raymond Dart entdeckt den ersten **fossilen Australopithecus** in einem Kalksteinbruch bei Taung in Südafrika.

1924
Der englische Erfinder John Harwood lässt sich **die erste Automatikarmbanduhr patentieren**.

1924
Das erste Teilstück der **Autostrada**, der italienischen Autobahn, wird zwischen Venedig und Turin begonnen.

1924
Mit Unterstützung der Liberalen bildet die Labour Party unter Leitung von James Ramsay MacDonald die **erste Labour-Regierung Großbritanniens**. Seine Minderheitsregierung scheitert binnen eines Jahres.

ca. 1924
Faschisten entführen und töten den italienischen Sozialistenführer **Giacomo Matteotti**.

1924
George Gershwins **Rhapsody in Blue** wird uraufgeführt. Es dirigiert Kapellmeister Paul Whiteman. Das revolutionäre Werk baut Merkmale der Jazzsprache (Blue Notes, synkopierte Rhythmen, lautmalerische instrumentale Effekte) in einen symphonischen Kontext ein

[2]

1924
Die Lithografie **Nie Wieder Krieg** der deutschen Künstlerin Käthe Kollwitz ist der Höhepunkt ihrer grafischen Arbeiten, die sich intensiv mit der sozialen Gerechtigkeit beschäftigen.

[3]

1924
Der deutsche Autor **Thomas Mann** veröffentlicht seinen großen Roman *Der Zauberberg*. Er erhält 1929 den Nobelpreis für Literatur.

[4]

1924
Dem deutschen Piloten Hugo Eckener gelingt in dem **Zeppelin ZR-3** die erste Atlantiküberquerung mit einem Luftschiff. Er wird mit dem *Graf Zeppelin* 1929 um die Welt fliegen.

[5]

1924
John Ford, US-amerikanischer Filmregisseur und Hollywoods bekanntester Westernregisseur, ist Regisseur und Herausgeber des ersten teuren „großen Western" *The Iron Horse*.

[6]

1924
Radikale und Sozialisten bilden in Frankreich zum ersten Mal eine **Volksfront** (Cartel des Gauches) und gewinnen die Wahlen. Der radikale Edouard Herriot wird Ministerpräsident.

[2] George Gershwin. Er bittet Ravel um Unterricht; als Ravel erfährt, wie viel er verdient, sagt er: „Wie wär's, wenn Sie MIR Unterricht gäben?"

[4] Thomas Mann mit seiner Frau Katia.

[5] Hugo Eckener mit seiner Mannschaft vor dem „ZR-3", der später den Namen „USS Los Angeles" bekommt.

[6] John Ford. Er gewinnt 4 Academy Awards (Oscars) als bester Regisseur, mehr als jeder andere. Er ist berühmt für seine wegweisenden Drehortaufnahmen, besonders für die im Monument Valley in Utah.

MUSSOLINI, *IL DUCE*

Der italienische Diktator gewinnt die Wahlen.

Da er die Regierungsform einer Diktatur befürwortete, bildete Benito Mussolini (rechts, mit seinem zahmen Löwen Ras) im Jahre 1919 eine politische Gruppierung, die den Beginn des Faschismus in Italien kennzeichnete. 1922 organisierte er den „Marsch auf Rom", um den von den Sozialisten geführten Generalstreik zu verhindern. Nach dem Sturz der Regierung wurde er zum Ministerpräsidenten ernannt. Er war sehr darauf bedacht, zu zeigen, dass er nicht nur der Führer des Faschismus war sondern auch Oberhaupt eines vereinten Italiens und präsentierte dem König daher eine Liste von Ministern, von denen die meisten nicht zu seiner Partei gehörten. Er machte jedoch deutlich, dass er autoritär regieren wollte. Er erhielt für ein Jahr lang die volle diktatorische Macht und setzte in diesem Jahr ein Gesetz durch, das es den Faschisten ermöglichte, ihre Mehrheit im Parlament zu festigen. Die Wahlen im Jahr 1924 waren zweifellos gefälscht, sicherten aber seine persönliche Macht.

[7]

21. Januar 1924
Wladimir Iljitsch Uljanow, genannt **Lenin**, Gründer der russischen Kommunistischen Partei, stirbt im russischen Gorki an einem Schlaganfall.

[8]

Januar 1924
Josef Stalin beginnt mit seinen Bemühungen, die Macht in der UdSSR zu übernehmen.

1. Februar 1924
Um der Inflation Einhalt zu gebieten, führt der polnische Ministerpräsident Wladyslaw Grabski eine polnische Währung ein, den auf Gold basierenden **Zloty**.

[9]

25. Februar 1924
Im französischen Chamonix werden die ersten **Olympischen Winterspiele** eröffnet.

April 1924
Der von den Faschisten dominierte „Block" gewinnt bei den Parlamentswahlen in Italien 64 Prozent der Stimmen und 374 Sitze. Dies bedeutet **Benito Mussolinis** Aufstieg zur Macht.

20. April 1924
Die türkische Große Nationalversammlung stimmt für die Verabschiedung einer gänzlich republikanischen Verfassung mit General Mustafa Kemal als erstem Präsidenten der Republik und vollendet so die **Auflösung des Osmanischen Reichs**.

1924-1925

4. Mai 1924
In Paris finden die **Olympischen Spiele** mit mehr als 3000 Teilnehmern statt.

10. Mai 1924
J. Edgar Hoover wird zum Direktor des US-amerikanischen *Federal Bureau of Investigation* (FBI) ernannt. Er behält dieses Amt bis zu seinem Tod im Jahre 1972.

3. Juni 1924
Franz Kafka stirbt an Tuberkulose. Seine posthum veröffentlichen Romane – besonders *Der Prozess* (1925) und *Das Schloss* (1926) – drücken die Ängste und Entfremdung eines Menschen im 20. Jahrhundert aus.

8. Juni 1924
Die britischen Bergsteiger **George Mallory und Andrew Irvine** werden zuletzt am frühen Nachmittag bei dem Versuch gesehen, den Mount Everest zu besteigen. Ob sie je den Gipfel erreicht haben, ist eines der großen Rätsel des 20. Jahrhundert. [1]

13. Juni 1924
Gaston Doumergue beginnt sein Amt als Präsident Frankreichs.

17. Juli 1924
Fan Stilian Noli, ein russisch-orthodoxer Bischof, wird Ministerpräsident und Regent von **Albanien**.

[6] Lion Feuchtwanger.

[2] Französische Fahrradtruppen an der Ruhr.

[1] George Mallory klettert vor dem Ersten Weltkrieg in den Alpen.

[5] Virginia Woolf, wahrscheinlich eine der zentralsten Figuren in der Bloomsbury Gruppe. Ihre Briefe und Tagebücher werden sogar noch mehr geschätzt als ihre Romane.

[7] Bix (Bismark) Beiderbecke. Er stirbt 1931 in jungen Jahren und ist ein Opfer der selbst gebrannten Schnäpse während der Prohibition.

[11] Ein Samstagabend in den 1930ern in der „Grand Ole Opry". Die Bühne ist voller Interpreten von Country und Western Music.

1920-1929

[5]
1925
Die britische Schriftstellerin Virginia Woolf vollendet mit **Mrs. Dalloway** einen ihrer lyrischsten und brillantesten Romane. *Zum Leuchtturm* und *Orlando* erscheinen 1927 und 1928.

[6]
1925
Der deutsche Schriftsteller Lion Feuchtwanger schreibt den historischen Roman **Jud Süß**, die Geschichte eines jüdischen Bankiers aus dem 18. Jahrhundert an einem deutschen Königshof und zugleich eine Anklage gegen den Antisemitismus.

1925
Charles T. Manley perfektioniert seine elektrische **Popcornmaschine**, mit der die Popcornverkäufer in den Kinosälen hin- und hergehen können. Mit dem Verkauf von Popcorn verdient man oft mehr als mit den Eintrittskarten.

1925
Die **Greenwich Mean Time** (GMT) wird von den Astronomen übernommen. Nun beginnt der astronomische Tag genau wie der Kalendertag um Mitternacht.

1925
In der Mode erreicht der **Rocksaum** Anfang des 20. Jahrhunderts die bis dahin kürzeste Länge, nämlich Knielänge.

[7]
1925
Der Jazzkornettist **Bix Beiderbecke**, ein herausragender Improvisator und Komponist der 1920er Jahre und der erste bedeutende weiße Jazzsolist, beginnt mit den großen farbigen Vorkämpfern Louis Armstrong, King Oliver, und Jimmy Noone zu spielen.

August 1924
Die französischen Truppen ziehen sich aufgrund des Dawes-Plans über die Reorganisation des deutschen Finanzsystems und die Reparationszahlungen langsam von der **Ruhr** zurück.
[2]

26. November 1924
Nach der Niederlage der „weißen" Russen und der Chinesen wird die **Mongolische Volksrepublik** ausgerufen.

29. November 1924
Giacomo Puccini, einer der größten Opernkomponisten, stirbt im Alter von 65 Jahren in Brüssel.

1925
Der US-amerikanische Romanautor F. Scott Fitzgerald veröffentlicht **Der Große Gatsby**, seine dauerhafte Erzählung von East Egg und West Egg (hier waren Manhattan und Long Island Vorbild).
[3]

1925
Während einer Diphtherie-Epidemie in Alaska kämpft ein Team von Hundeschlittenführern gegen Schneestürme an und bringt mittels Hundeschlitten das Serum von Anchorage nach Nome. Die Statue des Leithundes **Balto** wird im Central Park in New York errichtet.
[4]

1925
Die **Bell Laboratories**, die Forschungslabors der American Telephone and Telegraph (AT&T) werden eröffnet. Sie gehören zu den bekanntesten wissenschaftlichen und technischen Forschungslabors des 20. Jahrhunderts.

[3] F. Scott Fitzgerald mit seiner Frau Zelda und Tochter Frances auf dem Linienschiff, das sie nach Europa bringt. Zelda trägt eine große Puppe und Fitzgerald hat einen Hund an der Leine.

[9] „Drei Brüder" wird verfilmt. Der Regisseur Herbert Brenon von Paramount sorgt für Verwirrung, als er neben dem Star Ronald Colman (mit Käppi) einen mexikanischen Sombrero trägt.

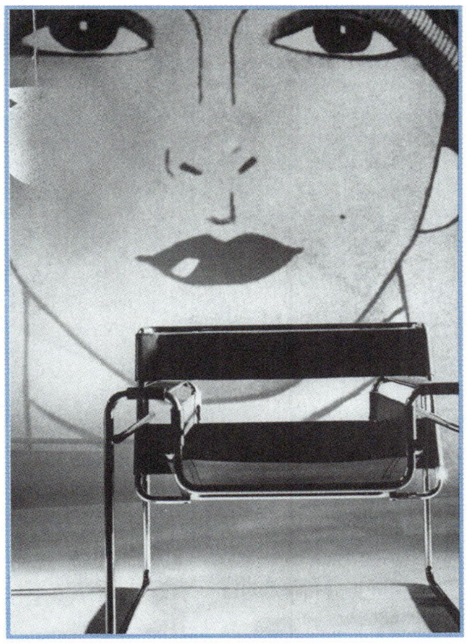

[8] Der klassische Marcel-Breuer-Stuhl.

[10] Prajadhipok, König von Siam. Da er im England in Eton und an der Royal Military Academy ausgebildet wurde, setzt er sich dort nach seiner Abdankung im Jahre 1935 zur Ruhe.

[4] Balto, der Alaska-Husky nimmt in den Händen des Bildhauers Frederick Roth Gestalt an.

[8]
1925
Marcel Breuer entwirft, inspiriert von einem Fahrradlenker, einen innovativen Stuhl mit einem Rahmen aus Metallrohren; dieses Design wird oft nachgeahmt.

[9]
1925
Beau Geste (Drei Brüder) von P.C. Wren wird veröffentlicht und taucht die französische Fremdenlegion als Zuflucht für Verbrecher, unglücklich Verliebte und glücklose Adlige unter falschem Namen in ein romantisches Licht.

[10]
1925
Prajadhipok, oder Rama VII., wird als der **letzte absolute König von Siam** gekrönt. Unter seiner Herrschaft richtet die Thai-Revolution von 1932 eine konstitutionelle Monarchie ein.

1925
Richard G. Drew von 3M, einem amerikanischen Schleifpapierhersteller, erfindet das erste **Kreppband** für die Autolackierung. 1930 erfindet er auch das erste durchsichtige Klebeband, das unter dem Namen *Scotch Tape* bekannt wird.

[11]
1925
Die **Grand Ole Opry** wird in Nashville in Tennessee gegründet. Sie ist eines der bedeutendsten Zentren für Country-Music-Vorführungen und macht Nashville zur Hauptstadt der Country Music.

1925
Fred Waller aus Long Island erhält das erste Patent für einen Entwurf von **Wasserski**.

1925-1926

1925
Das **Bauhaus**, Architekturrichtung, Design und Schule für angewandte Künste, zieht in ein Gebäude nach Dessau um, das vom Gründer Walter Gropius entworfen wurde.

1925
In Gedenken an Stalins Verteidigung der Stadt Zarizyn während des russischen Bürgerkriegs wird diese in **Stalingrad** (das heutige Wolgograd) umbenannt.

1925
Der in Deutschland geborene Ingenieur Gerhard Fischer erfindet in den Vereinigten Staaten einen **tragbaren Metalldetektor**.

1925
Der Trompeter **Louis Armstrong** kreiert seine wichtigsten frühen Werke, die Aufnahmen mit den *Armstrong Hot Five* und *Hot Seven* von 1925-28, nach denen er als erster großer Jazzsolist gefeiert wird. [1]

1925
Der neue **Charleston**-Tanz fegt durch alle Gesellschaftsschichten der westlichen Welt.

1925
Marschall Philippe Pétain, Held von Frankreichs Verteidigung bei Verdun im Jahre 1916, führt eine gemeinsame französisch-spanische Armee von 250 000 Mann gegen die Rif-Stämme des Abd-el-Krim in **Marokko** an, der ein Jahr später schließlich besiegt werden kann. [2]

BAUHAUS

Einflussreiche, zukunftsorientierte, deutsche Schule für Architektur und angewandte Künste

Sie wurde von Walter Gropius gegründet mit dem Ideal Kunst, Kunstfertigkeit und Technologie zu integrieren. Da sie erkannten, dass im Zeitalter der maschinellen Massenproduktion ein erfolgreiches Design Voraussetzung ist, lehnten die Mitglieder die Kunst- und Kunsthandwerksbewegung ab, die Wert auf einzeln gefertigte Luxusobjekte legte. Bauhaus wird oft mit einem strengen, aber elegant geometrischem Stil mit äußerst ökonomischen Mitteln verbunden, tatsächlich sind aber die von den Mitgliedern geschaffenen Werke höchst vielfältig. Zu der Fakultät gehörten Josef Albers, László Moholy-Nagy, Lyonel Feininger, Paul Klee, Wassily Kandinsky und Marcel Breuer. Die Schule befand sich bis 1925 in Weimar, dann bis 1932 in Dessau (links, von Gropius entworfen) und in seinen letzten Monaten in Berlin, bis der letzte Direktor Mies van der Rohe die Schule schloss, weil er ahnte, dass es sonst die Nazis täten.

[4] Die Polizeiwache in Schanghai, wo die Sikh-Polizei unter der britischen Kommandantur im Mai das Feuer eröffnet und einige Demonstranten tötet. Schanghai hat internationale Enklaven, daher die Anwesenheit ausländischer Polizeikräfte.

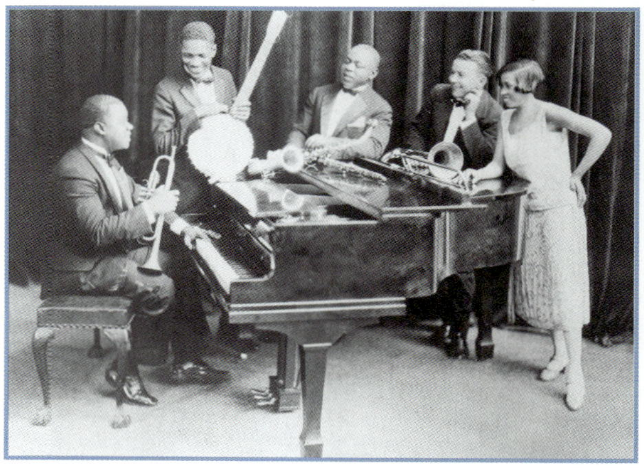

[1] Louis Armstrongs Hot Five: Louis Armstrong spielt die Trompete, Johnny St. Cyr das Banjo, Johnny Dodds das Saxophon, Kid Ory die Posaune und Armstrongs zweite Frau Lil Hardin das Piano.

[6] Clarence Darrow als Verteidiger (links) und William Jennings Bryan als Ankläger versuchen, beim „Affenprozess“ um Scopes in ihren Hemdsärmeln und mit Hilfe des Ventilators kühl zu bleiben.

[5] Die deutsche Schauspielerin Camilla Horn in ihrem Chrysler Cabriolet.

[4]
30. Mai 1925
Die **Ermordung von 13 Labour-Demonstranten in Schanghai** durch die britische Polizei löst in China eine Serie von Streiks und Demonstrationen aus. Die Kommunistische Partei Chinas profitiert sehr von der Stimmung.

[5]
6. Juni 1925
Der Autohersteller **Chrysler Corporation** wird gegründet.

23. Juni 1925
Die Expedition unter der Leitung von **A.H. MacCarthy** und **H.F. Lambert** erreicht als erste den Gipfel des Mount Logan, des zweithöchsten Bergs Nordamerikas.

[6]
10. Juli 1925
Der berühmte **„Affenprozess“ gegen Scopes** beginnt in Dayton, Tennessee. Dem Hochschuldozenten Scopes wird vorgeworfen, er verletze Landesgesetze, indem er die Evolutionstheorie lehre.

[7]
18. Juli 1925
Der erste Band von **Mein Kampf** erscheint. Das von Adolf Hitler verfasste politische Manifest wird zur Bibel des Nationalsozialismus im deutschen Dritten Reich. Zwei Jahre später wird der zweite Band veröffentlicht.

25. August 1925
Die letzten französischen Truppen verlassen Düsseldorf und Duisburg und beenden so die französische Besetzung des **Ruhrgebiets**.

1. Januar 1925
Norwegens Hauptstadt, das ehemalige Christiania, wird in **Oslo** umbenannt.
[3]

6. Januar 1925
Leon Trotzki wird von Stalin zum Rücktritt von seinem Amt als Volkskommissar für das Kriegswesen und Marineangelegenheiten sowie als Vorsitzender des revolutionären Militärrats der Sowjetunion gezwungen. Er behält aber vorläufig seinen Sitz im Politbüro.

16. Januar 1925
Der deutsche parteilose Staatsmann **Hans Luther**, hilft dabei, Deutschlands katastrophale Inflation nach dem Ersten Weltkrieg unter Kontrolle zu bringen und wird Kanzler der Weimarer Republik (1925-26).

10. April 1925
Die erste Regierung unter dem Führer der radikalen Partei Frankreichs, Ministerpräsident **Édouard Herriot** versagt. Er kam mit der Unterstützung der linksgerichteten Koalition „Cartel des Gauches" an die Macht.

15. April 1925
Der deutsche Serienmörder **Fritz Haarmann**, der mindestens 24 Personen umgebracht hat, wird in Hannover enthauptet.

30. Mai 1925
Der britische Forscher **Percy Fawcett** wird zuletzt gesehen, als er das Amazonasgebiet betritt. Er taucht nie wieder auf und sein Verschwinden bleibt eines der spannendsten Rätsel der modernen Forschung.

[8] Die Ministerpräsidenten und Außenminister Europas sitzen im Außenministerium in London am runden Tisch und unterzeichnen die Locarno-Verträge.

[9] A.A. Milne (oben) und sein Sohn, Christopher Robin (ganz oben), als schwermütiger, geharnischter Ritter.

[3] Ansicht von Oslo.

[2] Marschall Petain bei einer Zwischenlandung in Barcelona auf seinem Weg nach Marokko, wo er das Kommando übernehmen wird.

[7] Ein Exemplar der ersten Ausgabe von „Mein Kampf", das Hitler während seiner Gefängnisstrafe für die Anstiftung zum fehlgeschlagenen Bierhallenputsch schrieb.

[10] Sylvia Beach posiert mit dem neuen Talent Ernest Hemingway vor ihrer Buchhandlung.

[8]
1. Dezember 1925
Deutschland, Frankreich, Belgien, Großbritannien und Italien unterzeichnen die **Verträge von Locarno**, eine Reihe von Vereinbarungen, die den Frieden in Westeuropa sichern sollen.

1926
Nach acht Kabinettsperioden der Volksfront (siehe 1924) innerhalb von zwei Jahren bildet **Raymond Poincaré** sein viertes Kabinett, kürzt die Ausgaben der französischen Regierung und erhöht die Steuern, um den Franc zu stabilisieren.

1926
Ein **Generalstreik** von Mitgliedern des Gewerkschaftskongresses, bei dem die Arbeiter gegen Lohnkürzungen protestieren, bringt die Wirtschaft in Großbritannien zum Stillstand.

1926
Eine **Rebellion der Linken in Nicaragua** zwingt die US-amerikanische Marine zur Intervention. Diese Intervention ebnet später den Weg für das diktatorische Regime der Somozas.

[9]
1926
A.A. Milne veröffentlicht **Pu der Bär**. Die Geschichten von Christopher Robin und seinen Stofftieren Pu, Tiger, Ferkel und I-Ah, werden zu einem Klassiker der Kinderliteratur.

[10]
1926
US-Schriftsteller Ernest Hemingway veröffentlicht sein Buch **The sun also rises** (Fiesta), ein Roman über eine Gruppe von ziellosen Emigranten, die Hemingway als die „Lost Generation" der Nachkriegszeit beschreibt.

1926

1926
Der US-amerikanische Dichter aus der New Critic und Fugitive Bewegung, **Allen Tate**, schreibt sein berühmtestes Gedicht *Ode to the Confederate Dead* (Ode an die konföderierten Toten).

1926
Der US-amerikanische Physiker Robert Goddard überwacht den Flug der ersten **Flüssigtreibstoffrakete** in Auburn, Massachusetts. Später wird er als einer der Begründer der modernen Raketentechnologie anerkannt.

1926
Der US-amerikanische Luftfahrtpionier **Richard Byrd** behauptet, als erster den Nordpol überflogen zu haben. Sein im Jahre 1996 gefundenes Logbuch lässt jedoch vermuten, dass er ihn gar nicht erreicht hat.

1926
Die manchmal als realistische, manchmal als abstrakte Malerin bezeichnete US-Amerikanerin **Georgia O'Keeffe** konzentriert sich mit *Black Iris III* auf das Innere einer Blume.

1926
Die Arbeiten am **Chrysler Building** in New York beginnen. Der von William Van Alen entworfene, berühmte Wolkenkratzer im Art-deco-Stil ist geschmückt mit Ornamenten, die stilisierten Autoteilen nachempfunden sind.

1926
Gertrude Ederle aus New York ist die erste Frau, die den Ärmelkanal durchschwimmt.
[1]

SERGEI EISENSTEIN

Der große russische Filmregisseur erreicht ein weltweites Publikum.

Sergei Eisenstein produzierte seinen ersten Spielfilm, *Streik*, 1924 im Alter von 26 Jahren. Ein Jahr später führte er auf Anordnung des Zentralexekutivkomitees der UdSSR die Regie in dem Film *Panzerkreuzer Potemkin* zur Erinnerung an die russische Revolution im Jahre 1905. Da im Hafen und der Innenstadt von Odessa gedreht wurde, war der Film mehr als nur kommunistische Propaganda: Seine Veröffentlichung im Jahre 1926 im Westen hatte eine durchschlagende Wirkung und er ist immer noch eines der Meisterwerke der Kinowelt (1958 wurde er von einer internationalen Jury zum besten Film aller Zeiten gewählt). Seine Qualität liegt nicht nur in der tiefen Menschlichkeit, mit der die Charaktere behandelt werden oder in seiner sozialen Bedeutung oder in der formellen Perfektion von Rhythmus und Bearbeitung, sondern es sind vielmehr alle diese Aspekte zusammen, die sich gegenseitig vergrößern und vervielfachen.

[4] André Malraux. Er hat sich verleiten lassen, Skulpturen aus dem Tempel von Angkor Wat im französischen Indochina zu plündern.

[3] René Lacoste und Suzanne Lenglen in Wimbledon.

[1] Dick mit Fett eingerieben will Gertrude Ederle den Ärmelkanal durchschwimmen.

1926
Die Ford Motor Company verkündet ihre Pläne, die tägliche Arbeitszeit auf acht Stunden zu reduzieren und die **Fünf-Tage-Woche** einzuführen.

[4]
1926
Der französische Archäologe und Romanschriftsteller **André Malraux** veröffentlicht einen Vergleich zwischen der westlichen und östlichen Kultur, *Die Lockung des Westens.* Als Pilot kämpft er im spanischen Bürgerkrieg auf der Seite der Republikaner.

1926
Francisco Franco wird Spaniens jüngster General.

1926
Die **Philadelphia-Camden Brücke**, die mit 525 m Länge den Fluss Delaware von Pennsylvania nach New Jersey überspannt, wird offiziell für den Verkehr freigegeben. Sie wird später in Benjamin Franklin Brücke umbenannt.

1926
Der **Stanley Cup** wird Eigentum der National Hockey League und jedes Jahr dem Bestplatzierten der Liga übergeben.

1926
Der berühmte Film des russischen Regisseurs Sergei Eisenstein, **Panzerkreuzer Potemkin**, wird das erste Mal in einem anderen Land als der Sowjetunion vorgeführt.

1926
Der gebürtige Ungar und Bauhaus-Mitglied **László Moholy-Nagy** experimentiert mit Bildern, die direkt auf Fotopapier belichtet werden und produziert abstrakte Arbeiten, die so genannten Fotogramme.

1926
Kodak beginnt mit der Herstellung von **16mm-Film**. Dieser ermöglicht tragbare Filmkameras.

1926
Der norwegische Erfinder Erik Rotheim entwickelt die erste **Spraydose**.

1926
Der Verleger Hugo Gernsback gründet das Science-Fiction Magazin **Amazing Stories**. In den 1930ern trägt das Magazin dazu bei, dass das Genre als ernsthafte (wenngleich populäre) Literaturform anerkannt wird.
[2]

1926
René Lacoste gewinnt die US Open Tennismeisterschaften.
[3]

1926
John Logie Baird führt zum ersten Mal erfolgreich in London einen **Fernseher** vor.

[2] Deckblatt der Ausgabe von „Amazing Stories" vom August 1927. Es enthält Geschichten von H.G. Wells und Julian Huxley.

[5] Am Nantasket Beach in Massachusetts geparkte Autos am 4. Juli 1925.

[6] Chicagos Union Station, ein weiterer Transporttempel.

[7] Eamon de Valera.

1926
Die humoristische US-amerikanische Schriftstellerin **Dorothy Parker** veröffentlicht ihren ersten Gedichtband, *Enough Rope*, mit durchschlagendem Erfolg.

[5]
ca. 1926
Der **Besitz an Autos** nimmt rapide zu. Mittlerweile besitzen die US-Amerikaner viermal so viele Autos wie noch vor einem Jahrzehnt.

[6]
ca. 1926
Der Bahnhof **Union Station** in Chicago wird eröffnet und ist anfangs Knotenpunkt für vier Eisenbahnlinien.

[7]
ca. 1926
Eamon de Valera gibt den Vorsitz der kompromisslosen republikanischen irischen Partei „Sinn Fein" auf, akzeptiert die Legitimität des Freien Irischen Staates und gründet die neue Partei „Fianna Fáil" (Krieger des Schicksals).

ca. 1926
Die Herstellung und der Verkauf von Spirituosen in den USA geht trotz des 21. Zusatzartikels weiter. Viele meinen, dies sei die Schuld der Regierung, die die **Prohibition** an den Orten, an denen sie unbeliebt sei, in unterschiedlicher Weise durchsetze.

15. April 1926
Robertson Aircraft, eine der Gesellschaften, die sich später zu American Airlines entwickeln, unternimmt den ersten **Postflug** zwischen Chicago und St. Louis mit Charles A. Lindbergh als Piloten.

1926-1927

25. April 1926
Giacomo Puccinis unvollendete Oper **Turandot** wird nach seinem Tod unter der Regie von Arturo Toscanini in der Scala aufgeführt.

12. Mai 1926
An Bord des Luftschiffes *Norge* führen der Norweger Roald Amundsen, der US-Amerikander Lincoln Ellsworth und der Italiener Umberto Nobile den ersten unbestrittenen **Flug über den Nordpol** durch.

28. Mai 1926
Ein unblutiger Militärputsch stürzt die parlamentarische Regierung Portugals und bringt **General António Oscar de Fragoso Carmona** an die Macht.

23. August 1926
Der US-amerikanische Filmschauspieler **Rudolph Valentino**, „Der große Liebhaber", stirbt plötzlich im Alter von 31 Jahren. Dies ruft bei seinen Fans große Trauer hervor.
[1]

8. September 1926
Der **Völkerbund** stimmt einstimmig für die Aufnahme Deutschlands.
[2]

25. Dezember 1926
Der japanische Kaiser **Taisho** stirbt und beendet damit seine 12-jährige Herrschaft, unter der die japanische Wirtschaft modernisiert wurde.

FLUG ÜBER DEN NORDPOL

Das Luftschiff „Norge" schafft die erste Arktisüberquerung.

Der norwegische Forscher Roald Amundsen erreichte 1911 als erster Mensch den Südpol. Die Gewinne aus seinem Antarktisabenteuer verwendete Amundsen zum Aufbau eines erfolgreichen Schifffahrtsunternehmens. Er kaufte ein neues Schiff, die Maud, und versuchte 1918 seinen Plan, über den Nordpol zu treiben, zu verwirklichen. Er wurde jedoch gezwungen, diesen Plan aufzugeben und stattdessen den Nordpol per Flugzeug zu erreichen.

Bei einem Flug (1925) mit dem US-amerikanischen Forscher Lincoln Ellsworth kam er bis auf 250 km an den Pol heran. 1926 flog er zusammen mit Ellsworth und dem italienischen Ingenieur Umberto Nobile im Luftschiff Norge (links, bei der Abreise von Kings Bay) über den Nordpol. Dabei flogen sie von Spitzbergen (jetzt Svalbard) nördlich von Norwegen bis nach Alaska. Die Streitereien um die Anerkennung seines Flugs verbitterten seine letzten Jahre. 1928 verlor Amundsen sein Leben, als er Nobile nach dessen Absturz mit einem Luftschiff in der Nähe von Spitzbergen zu Hilfe eilen wollte.

[6] Charles Nungesser mit seinem Copiloten François Coli vor ihrem Flugzeug „L'Oiseau Blanc", bevor sie in Frankreich starten.

[7] Junge Poliopatienten in der Roosevelt's Georgia Warm Springs Foundation.

[8] Hermann Hesse. In der Gegenkultur der 1960er und 1970er Jahre erlebt das Interesse an seinen Werken einen neuen Aufschwung.

[1] Rudolph Valentino feierlich aufgebahrt.

[6]
1927
Charles Nungesser, ein erfolgreicher französischer Kampfpilot im Ersten Weltkrieg, verschwindet spurlos bei dem Versuch, den Atlantik im Flugzeug zu überqueren.

1927
Der kommerzielle **Transatlantische Telefondienst** beginnt zwischen New York und London. Ein Anruf kostet für die ersten drei Minuten 75 Dollar.

1927
Dorothy Gerber macht sich Gedanken über **Babynahrung in Konserven**. Die Produktion der Gerber-Babynahrung beginnt im Jahre 1928 in der Konservenfabrik der Familie Gerber in Fremont, Michigan.

[7]
1927
Franklin D. Roosevelt gründet die **Georgia Warm Springs Foundation.** Es soll ein Krankenhaus für Patienten werden, die wie er an Kinderlähmung leiden.

1927
Der deutsche Physiker Werner Heisenberg verkündet seine **Unschärferelation**. Demzufolge ist es unmöglich, gleichzeitig sowohl den Ort als auch den Impuls eines Elementarteilchens zu kennen.

1927
Die deutschen Physiker **H. Geiger und W. Müller** erfinden den Geigerzähler. Dieses Gerät erleichtert die Laborstudien – und später die industrielle Verwendung – von radioaktivem Material.

1927
In Österreich bricht ein ziviler Konflikt zwischen den privaten Truppen der Heimwehr (Faschisten) und des Schutzbunds (Sozialisten) aus. Der Justizpalast im sozialistischen **Wien** wird niedergebrannt und 89 Demonstranten werden von der Polizei getötet.
[3]

1927
Alvar Aalto entwirft die Viipuri Bibliothek in Finnland. Aalto erschafft ein Gebäude, das sich in die Waldlandschaft einfügt und eine wichtige regionale Bearbeitung des *Internationalen Stils* ist.
[4]

1927
Die US-amerikanische Schriftstellerin **Willa Cather** veröffentlicht den Roman *Der Tod kommt zum Erzbischof* über Missionarspioniere in der Gegend von Santa Fe, New Mexico.

1927
Der US-amerikanische Erfinder Buckminster Fuller führt seine **Dymaxion Dwelling Machine** vor, ein sechsseitiges, vorgefertigtes Haus aus Metall, das von einem zentralen Mast getragen wird.
[5]

1927
August Sander zeigt 60 Fotos vom *Menschen des 20. Jahrhunderts*; zwei Jahre später veröffentlicht er das Buch *Antlitz der Zeit*, die erste der geplanten soziologischen, fotografischen Studien über die Klassengesellschaft Deutschlands.

1927
Der kanadische Anthropologe **Davidson Black** entdeckt in der Nähe von Peking den *Peking-Menschen*, einen prähistorischen Urmenschen, den er später mit dem *Java-Menschen* vergleichen wird.

[3] Leichen und Blut auf den Pflastern Wiens nach einem Straßenkampf im Juli.

[4] Alvar Aaltos Viipuri Bibliothek, die 1935 vollendet wurde und nun auf russischem Gebiet steht.

[5] Buckminster Fullers „Dymaxion Dwelling Machine“: eine spätere Bearbeitung der ursprünglich sechseckigen Version.

[2] Der deutsche Außenminister Gustav Stresemann spricht bei der Sitzung des Völkerbundes, als Deutschland aufgenommen wird.

[10] Ölquelle bei Irkuk im Irak.

[9] Leon Trotzki und Männer der Roten Armee 1925.

[8]
1927
Der deutsche Schriftsteller **Hermann Hesse** veröffentlicht seinen berühmten Roman *Steppenwolf*, der genau wie seine anderen Romane stark von der östlichen Philosophie beeinflusst ist. Er erhält 1946 den Nobelpreis für Literatur.

[9]
1927
Josef Stalin betrachtet Leon Trotzki weiterhin als politischen Feind und entlässt ihn aus dem Zentralkomitee der KPdSU.

1927
Federico Garcia Lorcas Schauspiel *Mariana Pineda* hat bei seiner Uraufführung in Madrid großen Erfolg. Es handelt vom Leben einer Heldin des Widerstands gegen die Tyrannei Ferdinands VII.

[10]
1927
Erdölsucher entdecken bei Kirkuk im Irak **Öl** und sind erstaunt, dass aus der Quelle Baba Gurgur Nr. 1 jeden Tag zehntausende Barrel Öl sprudeln, bis sie schließlich geschlossen wird.

1927
Einige **spanische Dichter und Schriftsteller**, unter anderem Luis Cernuda und Frederico Garcia Lorcas, arbeiten zusammen an einer Erinnerungsausgabe der Gedichte von Luis de Góngora y Argote. Sie erhalten dafür den Namen *Generación del 1927*.

1927
Die Zyklonen-**Achterbahn** auf Coney Island wird eröffnet. Sie wird bald zu einem nationalen Wahrzeichen.

1927-1928

1927
36 Filmindustriebosse gründen die **Academy of Motion Picture Arts and Sciences** (Akademie für Filmkunst und -wissenschaft).

1927
In London finden die ersten Weltmeisterschaften im **Tischtennis** statt.

1927
Der Deutsche Werkbund unterstützt die **Ausstellung der Weißenhofsiedlung** in Stuttgart. Mit Beiträgen von Walter Gropius, Le Corbusier und anderen wird hier der Status moderner Architektur zusammengefasst.
[1]

1927
Der Singer **Al Jolson** tritt im Film *The Jazz Singer* auf, dem ersten Spielfilm mit synchronisierter Sprache, Musik und Klangeffekten. Er revolutioniert die Filmindustrie und kennzeichnet das Ende der Stummfilmära.
[2]

1927
Franz Lehars Operette *Der Zarewitsch* wird mit **Richard Tauber** in der Hauptrolle zum ersten Mal in Berlin aufgeführt.
[3]

1927
Warren A. Marrison entwickelt in den Bell Laboratories die **Quarzuhr.**

[1] Das Wohnprojekt der Weißenhofsiedlung. Der lange Appartementblock (rechts) ist ein Entwurf von Ludwig Mies van der Rohe, das Haus von Le Corbusier ist links zu sehen.

[2] In einem Kino wird der Film „The Jazz Singer“ gezeigt, mit einem aufblasbaren Al Johnson vor der Tür.

[5] Ein Foto aus einem typischen UFA Film der Nazi-Ära „Vom Täter fehlt jede Spur“.

[6] Charles Lindbergh vor seinem Flugzeug.

[3] Richard Tauber, mit Monokel im Auge, und Franz Lehar.

9. Mai 1927
Feiern in **Australien** markieren den offiziellen Umzug des föderalen Parlaments von Melbourne in die neue Hauptstadt Canberra.

[6]
20.-21. Mai 1927
In seinem Eindecker *Spirit of St. Louis* gelingt **Charles A. Lindbergh** der erste durchgehende Transatlantik-Soloflug. Er fliegt vom Roosevelt Field auf Long Island in New York bis zum Le Bourget Aerodome in Paris.

18. Juli 1927
Der US-amerikanische Baseballspieler **Ty Cobb** schafft den 4000. Treffer in seiner Karriere.

1. August 1927
Aus dem **Nanchang-Aufstand** in China wird die *Kommunistische Volksbefreiungsarmee* geboren. Sie ist heute die vereinte Organisation der chinesischen Land-, See- und Luftstreitkräfte und eine der größten Militärkräfte der Welt.

22. September 1927
Gene Tunney verteidigt erfolgreich seinen Weltmeistertitel im Schwergewichtboxen, als er Jack Dempsey nach einem umstrittenen *Long Count* in der siebten Runde besiegt.

November 13, 1927
Der **Holland Tunnel** wird eröffnet. Er verbindet die Canal Street in Manhattan mit Jersey City und ist eine Alternative zu den Fährbooten.

1927
Das Golfturnier um den **Ryder Cup** wird zum ersten Mal ausgetragen. Man wechselt zwischen britischen und US-amerikanischen Austragungsorten.

1927
Fritz Langs legendärer Science-Fiction-Film **Metropolis**, der im Jahr 2000 spielt, wird in den deutschen Babelsberg Studios gedreht.
[4]

1927
Die **U.S. Food and Drug Administration** wird als Vollstreckungsbehörde gebildet und soll die Reinheit und Sicherheit von Nahrungsmitteln, Nahrungsmittelzusätzen, Medikamenten, Chemikalien, Kosmetika sowie Haushalts- und Medizinartikel kontrollieren.

1927
Alfred Hugenberg kauft die **UFA Filmgesellschaft,** die sich teilweise bei der Produktion von *Metropolis* übernommen hatte. Nach 1933 produziert sie am laufenden Band nationalsozialistische Propagandafilme.
[5]

26. März 1927
Die **Mille Miglia**, das berühmte Autorennen durch Italien, wird feierlich eröffnet.

7. April 1927
Die erste öffentliche Vorführung eines **Videophone** findet zwischen Herbert Hoover in Washington und Offiziellen der American Telephone & Telegraph Company (AT&T) in New York statt.

[4] Maria, der weibliche Roboter in „Metropolis".

[8] Walt Disney stellt sich mit Mickey Mouse zum Foto auf.

[9] Chiang Kai-shek (rechts) mit dem ehemaligen Playboy und drogenabhängigen Herrscher der Mandschurei, Zhang Xueliang, dem Nachfolger seines ermordeten Vaters, eines Kriegsherrn. Zhang tut sein Bestes, um die Japaner aus der Mandschurei herauszuhalten.

[7] Sonja Henie übt in St. Moritz.

1928
Papst Pius XI. veröffentlicht die Enzyklika **Mortalium Animos**, in der er die Ökumene verurteilt.

1928
Die ein Jahr alte Gesellschaft „United Independent Broadcasters" ändert ihren Namen in **Columbia Broadcasting System** (CBS). Dieses kleine Radionetzwerk wird Mitte des Jahrhunderts zu einer vorherrschenden Rundfunkgesellschaft.

1928
Der US-amerikanische Künstler **Charles Demuth**, ein Repräsentant des Präzisionismus, vollendet sein Gemälde *I Saw the Figure 5 in Gold*. Sowohl die Technik als auch die Symbolik haben einen besonderen Einfluss auf den Proto-Pop-Künstler Jasper Johns.

[7]
1928
Bei den Olympischen Winterspielen in St. Moritz gewinnt die 15-jährige Norwegerin **Sonja Henie** die Goldmedaille im Eiskunstlauf. Sie kann ihren Triumph 1932 und 1936 wiederholen.

[8]
1928
Der Zeichentrickmaler Walt Disney stellt seine Mickey Mouse in dem animierten Zeichentrickfilm *Steamboat Willie* vor. **Mickey Mouse** wird zu einer der bekanntesten animierten Zeichentrickfiguren der Welt.

[9]
1928
Chiang Kai-shek, Soldat und Staatsmann, wird zum Oberhaupt der nationalistischen Regierung Chinas.

1928

1928
Die besonders für ihre Zahncreme bekannte Firma Colgate & Company wird von der für seine Seife bekannten **Palmolive-Peet Company** aufgekauft.

1928
Die Dreigroschenoper, die der Dramatiker **Bertolt Brecht** zusammen mit dem Komponisten **Kurt Weill** schuf, wird in Berlin uraufgeführt. [1]

1928
Die Distillers Corporation, eine Destillerie von Samuel Bronfman mit Sitz in Montreal, kauft die Firma Joseph E. Seagram & Sons. Es folgt die Umbenennung in **Distillers Corporation-Seagrams Ltd.**, die bereits 1940 einer der größten Destillerien in Kanada und den Vereinigten Staaten ist.

1928
Während des Präsidentschaftswahlkampfes sagt **Herbert Hoover**, „Wir sind dem Ideal der Abschaffung der Armut näher ... als jedes andere Land jemals zuvor". Ein Jahr später erfahren die Vereinigten Staaten den schlimmsten wirtschaftlichen Zusammenbruch ihrer Geschichte.

1928
Die Planung für das zukünftige **Rockefeller Center** in New York beginnt. John D. Rockefeller Jr. finanziert zum großen Teil das Bauprojekt, durch das in einer Zeit weit verbreiteter Arbeitslosigkeit 75 000 Arbeitsplätze auf einmal entstehen. [2]

1928
Der englische Künstler und Schriftsteller **Percy Wyndham Lewis** veröffentlicht *The Childermass*, den ersten einer ausdrucksvollen Folge von politisch-theologischen Romanen aus der Zeit des *Human Age*. [3]

[1] Kurt Weill. Seine „Dreigroschenoper" ist eine freie Überarbeitung der „Beggar's Opera" aus dem 18. Jahrhundert.

[3] Percy Wyndham Lewis.

[2] Das Stahlgerüst eines weiteren Gebäudes des Rockefeller Centers wird errichtet.

1920-1929

1928
Das Orchesterstück **Boléro** von Maurice Ravel (ursprünglich ein Ballett) löst bei der Uraufführung in Paris fast Tumulte aus. Es soll das am häufigsten gespielte Stück klassischer Musik der Welt sein.

1928
Die Brüder Paul und Joseph Galvin gründen in Chicago die Firma Galvin Manufacturing Corporation, die später in **Motorola** umbenannt wird.

1928
Alle politischen Parteien Italiens, außer der **Faschistischen Partei Mussolinis**, werden verboten und die Parlamentswahlen abgeschafft.

1928
Otto Frederick Rohwedder erfindet die Brotschneidemaschine.

1928
R.R.R. Dhlomo veröffentlicht das Buch **An African Tragedy** (Eine afrikanische Tragödie). Es ist der erste in Englisch verfasste Roman eines Zulu-Schriftstellers.

[7]
1928
Der schottische Bakteriologe **Alexander Fleming** entdeckt das Penizillin. Es ist das bis dahin wirksamste und vielseitigste Antibiotikum und verändert die medizinische Behandlung während des Zweiten Weltkriegs und danach.

1928
Die englische Fliegerin **Amy Johnson** erwirbt ihren Pilotenschein. Zwar scheitert ihr Rekordversuch für den ersten Soloflug von London nach Darwin in Australien, aber er verleiht ihr als „Königin der Lüfte" eine große Bekanntheit.

1928
Der Finne **Paavo Nurmi** gewinnt den 10 000-Meter Lauf bei den Olympischen Spielen in Amsterdam. Dies ist die letzte seiner sechs Einzelgoldmedaillen aus drei Olympischen Spielen.
[4]

1928
In La Sarraz in der Schweiz findet der **Congres Internationaux d'Architecture Moderne (CIAM)** als ein Forum für die Verteidigung der Werte der Avantgarde-Architektur statt.

1928
Der *Hwange National Park* wird als ein Wildreservat in Rhodesien eröffnet, dem heutigen nordwestlichen Teil **Simbabwes**. Er wird einer der größten Zufluchtsorte für Elefanten in Afrika.
[5]

1928
Der irische Dramatiker **George Bernard Shaw**, Nobelpreisträger für Literatur 1925, veröffentlicht die enzyklopädische, politische Abhandlung *The Intelligent Woman's Guide to Socialism and Capitalism* (Wegweiser für die intelligente Frau zum Sozialismus und Kapitalismus).
[6]

1928
Jacob Schick, ein pensionierter Oberst der US-amerikanischen Armee, entwickelt den ersten **elektrischen Rasierapparat**. Er bringt ihn 1931 auf den Markt.

[4] Paavo Nurmi, der „fliegende Finne", hinter Vilho Ritola beim 5000-Meter Lauf in Amsterdam.

[5] Ein getöteter Elefant wird in Rhodesien zum Essen zerteilt.

[7] Alexander Fleming in seinem Labor im St. Mary's Hospital, Paddington, London, mit einer Penizillinkultur in einer Petrischale.

[6] George Bernard Shaw wärmt sich vor dem Feuer die Hände.

[8] Das Raketenauto von Opel.

1928
Die vom schwedischen Finanzier Ivar Kreuger gegründete Svenska Tändsticks AB kontrolliert wahrscheinlich mehr als die Hälfte der **Streichholzproduktion** der Welt.

[8]
1928
Fritz von Opel erreicht mit dem *RAK 2* Testwagen, dem **Raketenauto,** eine Geschwindigkeit von 230 km/h.

1928
Der deutsche Ingenieur Fritz Pfleumer erfindet das **Tonband**.

1928
Die **Benguela Railway** verbindet Belgisch Kongo mit der angolanischen Hafenstadt Lobito, die schon bald von der wachsenden Entwicklung profitieren kann.

1928
In New York wird der erste vollständige Tonfilm **The Lights of New York** gezeigt.

1928
Das **Wahlalter für Frauen** im Vereinigten Königreich wird auf 21 Jahre heruntergesetzt.

1928-1929

1928
Das Theaterstück **Topaze** von Marcel Paul Pagnol feiert in Paris seine Premiere. Es sichert ihm den Ruf als bedeutender französischer Dramatiker und wird am Broadway gespielt sowie verfilmt.
[1]

Mai 1928
Die *Academy of Motion Picture Arts and Sciences* nimmt einen Vorschlag an, **Academy Awards** in zwölf Kategorien zu verleihen, unter anderem auch für die beste Produktion.
[2]

16. Mai 1928
Der Polarforscher **Roald Amundsen** verschwindet, als er zur Rettung der Mannschaft von **Umberto Nobiles** Luftschiff fliegt, das auf dem Rückweg vom Nordpol auf einer Eisscholle abgestürzt war.
[3]

17. Juli 1928
Der mexikanische Präsident **Álvaro Obregón** stirbt, nachdem er von dem römisch-katholischen José de León Toral, der Obregón für religiöse Verfolgungen verantwortlich machte, angeschossen wurde.
[4]

27. August 1928
Der **Briand-Kellogg-Pakt** zwischen Frankreich und den USA wird unterzeichnet als eine von vielen Bemühungen, den Frieden nach dem Ersten Weltkrieg zu festigen.
[5]

1. September 1928
Ahmed Bey Zogu wird zum König von Albanien erklärt. Er wird bis 1939 als **Zogu I.** regieren.
[6]

[1] Marcel Paul Pagnol, der den französischen Film bedeutend beeinflusst, rühmt besonders das Leben im „Midi“, dem Süden Frankreichs.

[2] Filmstar Dolores Del Rio mit ihrem Ehemann Cedric Gibbons, der die Oskarstatuette entwarf, und Filmregisseur Fritz Lang.

[5] Außenminister Frank Kellogg unterzeichnet den Briand-Kellogg-Pakt. Er wird später auf Russland, Großbritannien und Deutschland ausgeweitet und verurteilt das „Zurückgreifen auf einen Krieg zur Durchsetzung internationaler Unstimmigkeiten“.

[4] Álvaro Obregón.

[10] Popeye, der Seemann.

[6] König Zogu mit seinen Schwestern und seiner Mutter. Vor 1928 war er zunächst Ministerpräsident und dann Präsident von Albanien. Er überlebt 55 Attentate.

1929
Clarence Birdseye beginnt mit dem weit verbreiteten Einzelhandel von **tiefgekühlten Lebensmitteln**. Seine Tiefkühlmethoden verändern das Essverhalten der US-Amerikaner.

1929
Der 1344 begonnene Bau der **St. Vitus Kathedrale** in Prag wird beendet.

[9]
1929
Das deutsche Luftschiff **Graf Zeppelin** stellt mit 6300 Kilometern einen Streckenrekord für den längsten Flug eines Luftschiffs auf.

[10]
1929
Elzie Segar führt den Zeichentrickmatrosen **Popeye** in die Zeichentrickserie *Thimble Theatre* in einer Zeitung ein.

1929
Der englische Schriftsteller **Graham Greene** veröffentlicht seinen ersten Roman *Zwiespalt der Seele*. Er schreibt nicht nur Romane, sondern auch „Unterhaltungsromane“, wie z.B. *The Confidential Agent* (1939), der einem Kriminalroman nahe kommt.

1929
Enzo Ferrari bildet ein Team für Autorennen, die Scuderia Ferrari, die das offizielle Team für die Firma Alfa Romeo bleibt, sogar als Ferrari selbst 1932 seine Karriere als Rennfahrer beendet.

18. September 1928
Der spanische Ingenieur Juan de la Cierva überfliegt als erster den Ärmelkanal in einem **Autogiro.** Sein Vorläufer eines Hubschraubers unterscheidet sich von diesem darin, dass der Rotor nicht angetrieben wird, sondern sich frei bewegt.
[7]

Dezember 1928
Bolivien und Paraguay zerstreiten sich wegen des **Chaco Boreal,** einem umstrittenen Wildgebiet. Der Streit eskaliert 1932 zum Chaco-Krieg, der 1935 mit 100 000 Toten endet.
[8]

1929
Der US-Amerikaner **Avery Brundage** beginnt seinen 24-jährigen Vorsitz des US-amerikanischen Olympischen Verbands und Komitees. Er übernimmt außerdem von 1952 bis 1972 den Vorsitz des Internationalen Olympischen Komitees.

1929
Der US-amerikanische Physiker Ernest Lawrence entwirft das erste **Zyklotron**, ein Instrument zur Beschleunigung von Teilchen auf sehr hohe Energien.

1929
In den Vereinigten Staaten tritt im Sommer eine ganz gewöhnliche **Rezession** auf, obwohl die Aktienkurse weiterhin auf Rekordhöhen ansteigen.

1929
Der Belgier **René Magritte** bringt durch sein *The Betrayal of Images* eine philosophische Note in den Surrealismus. Sein bekanntestes Werk erforscht und verwischt die Grenze zwischen Repräsentation und Realität.

[7] Ciervas Luftfahrzeug „Autogiro".

[11] Erich Maria Remarque (rechts) mit dem gebürtigen Deutschen Carl Laemmle von Universal Pictures, der beim berühmten Film nach Remarques Roman 1930 Regie führt.

[3] Der italienische General Umberto Nobile verabschiedet sich aus der Gondel seines Luftschiffs, bevor er sich auf den Flug über den Nordpol macht. Nobile überlebt den anschließenden Absturz.

[8] Bolivianische Bauern, die zum Kampf im aussichtslosen Chaco-Krieg angeheuert wurden.

[9] Das Luftschiff „Graf Zeppelin" über dem Brandenburger Tor in Berlin.

1929
Deutschlands Schulden gegenüber ausländischen Investoren erreichen eine Höhe von fast 15 Billionen Mark und die **Kurse auf dem deutschen Aktienmarkt** stürzen Ende dieses Jahres in den Keller, was den Aufstieg Adolf Hitlers fördert.

[11]
1929
Der deutsche Schriftsteller **Erich Maria Remarque** veröffentlicht seinen klassischen Roman über den Ersten Weltkrieg *Im Westen nichts Neues*. Das Buch wird sofort ein internationaler Erfolg.

1929
Der deutsche Schriftsteller **Alfred Döblin** veröffentlicht *Berlin Alexanderplatz*, seinen bekanntesten und expressionistischsten Roman.

1929
Die in der afroamerikanischen Pfingstkirchenbewegung beheimatete Gospelmusik findet ihren Meister in den Werken des „Vaters der Gospelmusik", **Thomas Dorsey**, der die geistliche Musik mit Blues vermischt.

1929
Herbert Hoover von der Republikanischen Partei wird 31. Präsident der Vereinigten Staaten. Er bleibt bis 1933 im Amt. Sein Vizepräsident ist Charles Curtis.

1929
Leon Trotzki wird aus der Sowjetunion ausgewiesen.

1929

1929
J.D. Cockcroft und E.T.S. Walton entwickeln den ersten **Teilchenbeschleuniger**. Mit ihm spalten sie 1932 Lithiumkerne mit Protonen, ohne radioaktive Substanzen zu verwenden.

1929
Der ehemalige Geflügellandwirt **Heinrich Himmler** wird zum Oberhaupt der nationalsozialistischen SS ernannt. Zu diesem Zeitpunkt hat die SS nur 280 Mitglieder und gehört zu der viel größeren, von Ernst Röhm geleiteten SA. Bereits 1933 hat die SS jedoch schon 33 000 Mitglieder.

1929
Ludwig Mies van der Rohe entwirft den **Deutschen Pavillon** für die Weltausstellung in Barcelona im selben Jahr. Der Pavillon besteht aus verschwenderisch luxuriösen Materialien und wird eines seiner Meisterwerke.

1929
Der deutsche Schnelldampfer **Bremen** nimmt seinen Dienst auf und bricht die 1901 von der *Mauretania* aufgestellte Rekordzeit für eine Atlantiküberquerung um drei Stunden.

1929
Die **Pan American Airways** richten eine 19 000 Kilometer lange Flugverbindung zwischen den Vereinigten Staaten, Kuba, Haiti, der Dominikanischen Republik, Puerto Rico, Mexiko, Britisch Honduras (Belize), Panama und Kolumbien ein.
$ *[1]*

1929
Josef Stalins **erster Fünf-Jahres-Plan** kollektiviert die Landwirtschaft und industrialisiert die Sowjetunion. Dies führt in den 1930er Jahren zu Umweltverschmutzung und Hungersnöten. Man vermutet, dass etwa 10 Millionen Menschen in der Landbevölkerung gestorben sind.
[2]

[4] Das Gebäude des MOMA in New York am Tag der Eröffnung im Jahre 1939.

[2] Notleidende russische Kleinbauern, Opfer von Stalins Fünf-Jahres-Plan.

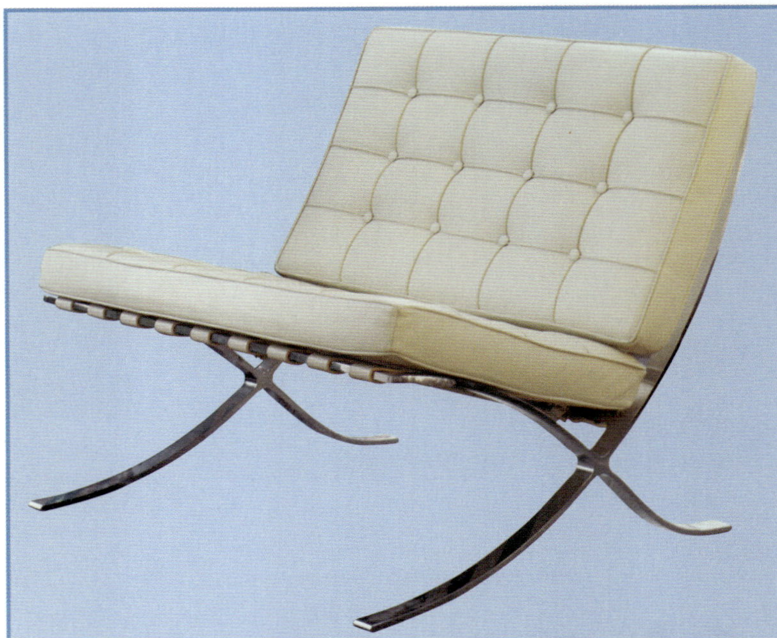

WELTAUSSTELLUNG IN BARCELONA

Die Ausstellung zieht die internationale Aufmerksamkeit auf die spanische Stadt und präsentiert Kunst und Handel in Europa.

Die Weltausstellung von 1929 löste einen wichtigen kulturellen und wirtschaftlichen Aufschwung in Barcelona aus, dessen Entwicklung zuvor durch den Konflikt, der Spanien polarisierte, gebremst worden war.

Der Felssporn Montjuïc, der den Hafen von Barcelona überblickt, wurde speziell für dieses Ereignis landschaftlich gestaltet, wobei das Herzstück der spektakuläre Font Magica (magischer Brunnen) war. Im Zuge der enormen Bauprojekte wurde einer der Hauptplätze, die Plaça d'Espanya, durch den Anbau des Palau Nacional verändert. Dieses große Gebäude sollte eigentlich nach der Ausstellung wieder abgerissen werden, aber man ließ es dann doch stehen und machte es fünf Jahre später zum Museu Nacional d'Art de Catalunya (MNAC). Es beherbergt nun die größte katalanische Kunstsammlung der Welt. Nicht weit davon liegt das Poble Espanyol (spanisches Dorf). Das Werk des katalanischen Architekten Josep Puig i Cadafalch war ein Experiment, bei dem die besten Merkmale ländlicher Gebäude aus ganz Spanien vereint werden sollten in dem Versuch, ein ideales Dorf zu schaffen. Auch dieses wurde nach der Ausstellung so belassen und ist auch heute noch eine der Hauptattraktionen der Stadt.

Ein weiteres bedeutendes Gebäude war der von Mies van der Rohe entworfene Pavillon. Der Barcelona Chair, den er und Lilly Reich für den Pavillon entwarfen, wurde zu einem Kultstück der Möbel des 20. Jahrhunderts.

1929
In Finnland entsteht die **Lappo-Bewegung**. Diese faschistische Bewegung bedroht die demokratischen Institutionen des jungen Staates und bestimmt eine Zeit lang die Politik der Regierung.

[4]
1929
Das **Museum of Modern Art** (MOMA) wird in New York eröffnet. Es ist das erste wichtige US-amerikanische Museum, das sich dem 20. Jahrhundert und der Kunst der Avantgarde-Bewegung widmet.

1929
Thomas Midgley Jr. erfindet den **Fluorchlorkohlenwasserstoff**, der unter dem Markennamen *Freon* hergestellt wird. Er wird für Kühlmittel verwendet, jedoch stellt sich schließlich heraus, dass er schädlich für die Ozonschicht der Erde ist.

1929
In französischen Poissy beginnen die Arbeiten am **Savoye Haus**, dem berühmtesten Haus, das der Schweizer Le Corbusier entworfen hat.

11. Februar 1929
In Paris tritt ein Komitee zusammen, dass den **Young-Plan** entwickelt, die Überarbeitung des Dawes-Plans von 1924. Er sollte die Reparationszahlungen Deutschlands für den Ersten Weltkrieg neu verhandeln.

14. Februar 1929
Mitglieder der Schmugglerbande um **Al Capone** metzeln eine rivalisierende Bande unter George „Bugs" Moran in Chicago nieder. Die schändlichen Morde gehen unter dem Namen *St. Valentine's Day Massacre* in die Geschichte ein.

1929
Die Auburn Automobile Company unter Leitung des US-amerikanischen Industriellen Errett Lobban Cord bringt den **Cord L-29** heraus, den ersten, in großem Unfang verkauften Wagen mit Vorderradantrieb.

1929
Der **Chicago Defender**, Anfang und Mitte der 1920er Jahre die einflussreichste afroamerikanische Zeitung, hat eine Auflage von mehr als 250 000 pro Woche.

1929
Hans Berger aus Deutschland entwickelt den **Elektroenzephalographen** zur Messung und Aufzeichnung der Gehirnströme.

1929
Durch die Ausweisung Leon Trotzkis aus der Sowjetunion und den Ausschluss von Nikolai Bucharin aus dem Politbüro kann **Josef Stalin** seine Macht als Oberhaupt der Kommunistischen Partei festigen.

1929
Chaim Weizmann gründet die Jewish Agency, einen internationalen Verband, der die World Zionist Organization repräsentiert. Sie hat ihren Hauptsitz in Jerusalem. *[3]*

1929
Das Königreich von Serbien, Kroatien und Slowenien wird in **Jugoslawien** umbenannt.

[1] Ein Flugzeug der Pan American, im Hintergrund der majestätische, 6962 m hohe Aconcagua in den Anden.

[3] Chaim Weizmann, einer der wichtigsten Figuren des Zionismus.

[6] Menschenmengen laufen in der Nähe der Börse in der Wall Street zusammen, als der „Große Knall" die Finanzwelt in die Knie zwingt.

[5] „Wie viele Bataillone hat der Papst?" Mitglieder des militärischen Gefolges von Papst Pius XI., ca. 1930.

20. Februar 1929
Der US-amerikanische Kongress akzeptiert formell die Abtretungsverträge des östlichen Samoa und bildet **Amerikanisch-Samoa**.

[5]
7. Juni 1929
Die am 11. Februar 1929 von Benito Mussolini für Italien und dem Kardinalstaatssekretär Pietro Gasparri für den Vatikan unterschriebenen **Lateranverträge** werden ratifiziert und der Vatikanstaat wird souveräner Staat.

[6]
24. Oktober 1929
Die Rekordzahl von 12 894 650 Aktien wird verkauft und löst so den ersten Tag der Panik des **Großen Knalls von 1929** aus, den so genannten *Schwarzen Donnerstag.*

29. Oktober 1929
Nur fünf Tage, nachdem an einem Tag fast 13 Millionen Aktien am US-Aktienmarkt verkauft worden waren, werden an diesem Tag weitere 16 Millionen Aktien verkauft. Dieser *Schwarze Dienstag* gibt der als **Große Depression** bekannten Krise neue Nahrung.

5. Dezember 1929
Tadschikistan wird zum vollwertigen Mitglied der Sowjetunion ernannt. Es erlebt eine Aufsehen erregende wirtschaftliche und soziale Umwandlung.

Eine Schlange, die darauf wartet, das Gebäude „Perisphere" auf der Weltausstellung in New York 1939 zu betreten.

1930

1930
Ein Klassiker des deutschen Films, *Der blaue Engel*, macht die sinnliche Titelfigur **Marlene Dietrich** bekannt.
[1]

1930
Der US-amerikanische Astronom Clyde Tombaugh entdeckt einen Himmelskörper, den er **Pluto** nennt. Viele Jahre gilt er als der am weitesten entfernte und kleinste Planet. Im Jahr 2006 entscheidet die Wissenschaft, dass Pluto „nur" ein Zwergplanet ist.

1930
Der US-amerikanische Romanschriftsteller Dashiell Hammett veröffentlicht sein Meisterwerk „hartgesottener" Fiktion, **Der Malteser Falke**. Die Filmversion mit Humphrey Bogart in der Hauptrolle wird zu einem Kinoklassiker.
[2]

1930
Der bei der Firma DuPont beschäftigte Chemiker Wallace H. Carothers veranlasst Forschungsarbeiten, die im Jahr 1931 zu der Entdeckung von **Neopren** führen. Es ist die erste vollsynthetische Faser.

1930
Miguel **Primo de Rivera**, Diktator von Spanien, tritt aus Gesundheitsgründen zurück und stirbt sechs Wochen später.
[3]

1930
Ellen Church wird von der Fluggesellschaft United Airlines als Stewardess eingestellt. Sie rekrutiert sieben weitere Krankenschwestern, die als die ersten **Flugbegleiterinnen** arbeiten.
[4]

[1] Reklameplakat für die deutschsprachige Originalaufführung von „Der blaue Engel".

[2] Dashiell Hammett. Seine Jahre an der Pinkerton Detektive Agency liefern das Material für seine Bücher.

[10] Der Bluessänger Huddie „Leadbelly" Ledbetter.

[7] Die Kapitäne Uruguays und Argentiniens (links) begrüßen sich per Handschlag beim ersten Fußballweltmeisterschaftsendspiel in Montevideo.

[4] Hübsch, lebhaft und tüchtig: Die Traumstewardess begrüßt die Passagiere an Bord.

DER SALZMARSCH

Gandhi startet in Indien seine gewaltfreie Kampagne.

Im Dezember 1928 brachte Mahatma Gandhi im Kongress in Kalkutta die entscheidende Resolution ein, die verlangte, dass die britische Regierung die Herrschaft innerhalb eines Jahres an Indien abtrat. Andernfalls drohte er mit einer landesweiten gewaltfreien Kampagne zum Ziel der Unabhängigkeit Indiens. Im März 1930 rief er die Satyagraha (gewaltfreie Widerstandsbewegung) ins Leben, die sich gegen die Besteuerung von Salz wendete und die ärmsten Menschen im Land betraf. Gandhi (vierter von links) marschierte mit seinen Anhängern von Ahmedabad zum Arabischen Meer. Am 25. April kam er in dem Küstendorf Dandi an. Am nächsten Tag entnahm er in einer symbolischen Geste als Zeichen der Missachtung der Briten einen Klumpen salzhaltiger Erde vom Meeresufer. Der Salzmarsch war eine der spektakulärsten und erfolgreichsten Kampagnen in Gandhis gewaltfreiem Kampf gegen die britische Herrschaft. Über 60 000 Menschen wurden in der Folge des Marsches festgenommen. Ein Jahr später willigte Gandhi nach Gesprächen mit dem Vize-König Lord Irwin in einen Waffenstillstand ein. Er beendete den zivilen Ungehorsam und erklärte sich als einziger Repräsentant des indischen Nationalkongresses zur Teilnahme an der „Round Table Conference" in London bereit.

1930
Der multinationale Konzern **Unilever** wird durch den Zusammenschluss des britischen Seifenherstellers Lever Brothers und des niederländischen Margarineherstellers Margarine Unie gegründet.

[7]
1930
Uruguay gewinnt die erste Fußballweltmeisterschaft. Sie findet alle vier Jahre statt und gehört zu den beliebtesten Sportereignissen der Welt.

[8]
1930
Der deutsche Boxer **Max Schmeling** gewinnt in einem Kampf gegen Jack Sharkey aus den USA aufgrund dessen Disqualifikation den Weltmeistertitel im Boxschwergewicht.

1930
Gandhi unternimmt seinen Salzmarsch. Er macht sich auf den Weg ans Meer, um in einer symbolischen Geste steuerfreies Salz zu holen. Damit drückt er die Missachtung gegenüber der britischen Herrschaft über Indien aus.

[9]
1930
Das britische **Luftschiff R-101** stürzt in Frankreich ab und wird völlig zerstört. Der Unfall kostet 48 Menschenleben.

1930er Jahre
Der US-amerikanische Medizinforscher **Charles Richard Drew** entwickelt die erste Blutbank *Plasma for Britain* in Großbritannien. 1941 wird er Direktor des Blutspendendienstes des Roten Kreuzes.

1930
Der englische Luftfahrtingenieur **Frank Whittle** erhält das erste Patent auf ein Strahltriebwerk.

1930
Die britische Pilotin **Amy Johnson** fliegt allein von England nach Australien.
[5]

1930
Michael Cullen eröffnet in New York den ersten **Supermarkt** und ändert damit die Einkaufsgewohnheiten der Menschen. In seinem Geschäft *King Kullen* verkauft er Artikel in Großmengen mit niedrigeren Gewinnspannen und erfindet so den Massenverkauf.

1930
Der mexikanische Muralist **Diego Rivera** beginnt mit der Arbeit an einem Wandbild für den Nationalpalast in Mexiko-Stadt. Seine plakativen, stilisierten Arbeiten machen ihn zu einem der bekanntesten und renommiertesten lateinamerikanischen Künstler.
[6]

1930
Die Lotteriegesellschaft **Irish Sweepstakes** wird von der irischen Regierung zugelassen. Die Gewinne kommen Krankenhäusern in Irland zu Gute. 1987 wird sie durch eine staatliche Lotterie ersetzt.

1930
Die erste anteilige Reparationszahlung der Deutschen erfolgt. Sie war gemäß des von den US-Amerikanern gesponserten **Young Plans** zur Zahlung fällig. Die Gesamthöhe der Reparationszahlungen war auf 26,35 Milliarden US-Dollar beziffert.

[5] Amy Johnson trifft im nordaustralischen Darwin ein. 19 Tage zuvor war sie in England gestartet.

[6] Wandbild von Diego Rivera im Nationalpalast in Mexiko-Stadt. Es stellt den Anbau und die Zubereitung von Mais dar.

[3] Primo de Rivera (Mitte) verlässt nach der Abdankung den Königspalast in Madrid.

[8] Max Schmeling beim Training.

[11] Ein frühes Modell der elektrischen Kühlschränke von General Electric.

[9] Die „R-101“ kurz vor dem Ablegen für den ersten Flug nach Indien. Der Flug wird der letzte sein, denn das Luftschiff stürzt in Frankreich ab und fängt Feuer.

ca. 1930
Die westafrikanische Mücke (Anopheles gambiae) gelangt an Bord von Flugzeugen nach Brasilien. Sie löst die größte **Malaria-Epidemie** in der Geschichte des Landes aus.

[10]
ca. 1930
Die US-amerikanischen Folklore- und Musikforscher **Alan Lomax** und **John Lomax** besuchen die Gefängnisse im tiefen Süden der USA. Sie nehmen Folklorelieder für die Nationalbibliothek auf und entdecken Huddie „Leadbelly“ Ledbetter.

[11]
ca. 1930
Elektrische Kühlschränke verdrängen die Eiskisten aus US-amerikanischen Küchen.

21. Januar 1930
Großbritannien, die USA, Frankreich, Italien und Japan führen Gespräche über die **Abrüstung der Marine**. Sie vereinbaren die Reglementierung der Kriegsführung mit Unterseebooten und ein 5-jähriges Stillhalteabkommen beim Bau großer Schiffe.

11. März 1930
William Howard Taft ist der erste US-Präsident, der auf dem Militärfriedhof Arlington National Cemetery in Arlington, Virginia, begraben wird.

28. März 1930
Die größte Stadt der Türkei wird offiziell in **Istanbul** umbenannt. Sie wurde etwa 657 v. Chr. als Byzanz erbaut und erhielt im 4. Jahrhundert n. Chr. den Namen Konstantinopel, nach Konstantin dem Großen.

30. März 1930
Der konservative deutsche Politiker **Heinrich Brüning**, Mitglied der katholischen Zentrumspartei, wird Reichskanzler. Seine Regierung löst den rechtsgerichteten Ruck hin zur Diktatur aus.
[1]

17. Juni 1930
Die USA erheben den **Smoot-Hawley-Schutzzoll**. Der durchschnittliche Zoll wird damit um etwa 20 Prozent erhöht und verschlechtert die angeschlagene Weltwirtschaft weiter.

16. Juli 1930
Die Fluggesellschaft **Trans World Airlines** (TWA) wird durch Zusammenschluss von Bereichen der Western Air Express (1925 gegründet) und Transcontinental Air Transport (1928 gegründet) gegründet. Später in dem Jahr bietet sie in den USA Flugdienste von Küste zu Küste an.

11. September 1930
Auf der Vulkaninsel **Stromboli** vor der Nordküste Siziliens bricht der gleichnamige Vulkan aus. Er schleudert Gesteinsbrocken über eine Entfernung von mehr als 3 Kilometern in die Luft.

2. November 1930
Tafari Makonnen wird zum Kaiser von Äthiopien gekrönt und nimmt den Namen **Haile Selassie** an.
[2]

12. November 1930
Die erste von den Briten einberufene **Round Table Conference** (Gespräche am runden Tisch) findet in London statt. Zur Debatte steht die zukünftige Verfassung Indiens.

DAS EMPIRE STATE BUILDING

Fertigstellung des größten Gebäudes der Welt

In der ersten Hälfte des 20. Jahrhunderts entstanden aufgrund fortschreitender Großbautechniken viele spektakuläre Wolkenkratzer in den Vereinigten Staaten von Amerika. Die Stadt New York erhielt ihre charakteristische Silhouette, die aus Stahlunterkonstruktionen und Eisenbeton aufgebaut war. Die konventionellen Methoden des Bauens aus Steinen und Mauerwerk hatten mit den bis zu 16-stöckigen Bürohäusern in den 1800er Jahren die Grenzen des Machbaren erreicht. Die Zukunft lag in den Stahlgerüsten, die man zuerst in den 1880er Jahren in Chicago konstruiert hatte. Die wichtigen Zutaten für den Bau der neuen hohen Gebäude oder der folgenden Wolkenkratzer waren im Überfluss vorhanden: kostengünstiger Stahl für die Säulen, Balken und Gitterträger und effiziente Personenaufzüge. Das Vorhandensein dieser Entwicklungen und die Nachfrage nach immer mehr Büroflächen verursachten die Hochkonjunktur im Bau von Wolkenkratzern.

Das Empire State Building (links oben) in New York gehört zu den berühmtesten Gebäuden dieser Ära. Der Demokrat und frühere Gouverneur von New York, Alfred E. Smith, und der Financier John Jakob Raskob halfen bei der Beaufsichtigung des Baus und der Bauleitung. Über 55 000 Tonnen Stahl aus Pittsburgh, 10 Millionen Ziegelsteine und fast 6000 Kubikmeter Kalkstein aus Indiana wurden verbaut. Das Gebäude wurde in nur 410 Tagen nach Baubeginn von über 3000 Arbeitern fertig gestellt (links unten, ein Bauarbeiter wird zu seinem Arbeitsplatz gehoben; im Hintergrund ist das Chrysler-Gebäude zu sehen). Die offizielle Eröffnung fand am 1. Mai 1931 durch Präsident Herbert Hoover statt. Jedoch fiel die Errichtung des Gebäudes in den Beginn der großen Depression, und über viele Jahre hinweg blieb der größte Teil der Flächen unvermietet.

Der Stahlhochbau hat 102 Stockwerke, ragt 448,7 Meter in die Höhe (einschließlich eines Antennenaufbaus) und war der erste Wolkenkratzer dieser gigantischen Höhe. Die Stabilität der Konstruktion wurde im Juli 1945 unter Beweis gestellt, als ein B-25 Bomber über dem Gebäude abstürzte und nur geringen Schaden anrichtete. Bis zum Jahr 1954 war es die höchste erbaute Struktur der Welt überhaupt und bis zum Jahr der Errichtung des World Trade Centers 1972 das weltweit höchste Gebäude. Nach der Zerstörung des World Trade Centers im Jahr 2001 nahm es wieder den Platz des höchsten Gebäudes in New York ein.

[2] Tafari Makonnen von Äthiopien.

[6] Salvador Dali.

1931
Der französische Autor und Künstler Jean de Brunhoff erfindet die Figur **Babar der Elefant**. Die Figur gehört zu den beliebtesten in der Kinderliteratur.

[5]
1931
Die deutsche Tennisspielerin **Cilly Aussem** gewinnt den Wimbledon-Titel im Dameneinzel.

1931
Die spanische Wählerschaft stimmt für die Wandlung des Landes in eine **Republik**. Alfons XIII. geht ins Exil, das Frauenwahlrecht wird eingeführt und Kirche und Staat werden getrennt. Manuel Azana wird Premierminister.

1931
Louis S.B. Leakey beginnt im Olduvai-Tal in Tanzania seine Suche nach den ersten menschlichen Vorfahren. Seine dortigen Entdeckungen stützen die Theorie, dass die Menschen vor etwa 2,5 Millionen Jahren in Afrika ihren Ursprung hatten.

[6]
1931
Der spanische Maler **Salvador Dalí** erschafft das surrealistische Werk *Die Beständigkeit der Erinnerung*. Es stellt zerlaufende Uhren in einer kahlen Landschaft dar.

1931
In New York City wird das **Empire State Building** erbaut. Mit 381 Metern ist es zu dieser Zeit das höchste Bauwerk weltweit und bleibt es auch bis zum Jahr 1954.

1931
Der US-amerikanische Komponist Hoagy Carmichael nimmt mit Isham Jones den Hit **Stardust** auf. Das Lied ist bereits seit der Veröffentlichung im Jahr 1927 populär und bleibt ein Klassiker.

1931
Der US-amerikanische Physiker Robert Van de Graaff baut den ersten elektrostatischen Bandgenerator am MIT. Der **Van-de-Graaf-Generator** wird zu einem der meist eingesetzten Teilchenbeschleuniger.

1931
Die US-amerikanische Schriftstellerin **Pearl Buck** veröffentlicht *Die gute Erde*. Es ist der erste von mehreren Romanen, die sich mit dem Leben in China befassen. 1938 gewinnt sie den Nobelpreis für Literatur.

1931
Die **Great Depression** (Große Depression) hält die Vereinigten Staaten von Amerika fest im Griff. Es kommt zu einer Bankenkrise und Hungermärschen.

1931
Billie Holiday tritt in den Nachtklubs von Harlem auf. Sie hat einen lebhaften Singstil, der sie zwischen den 1930er und den 1950er Jahren zur führenden Jazzsängerin macht. *[3]*

1931
Der englische Schauspieler **Boris Karloff** gibt seine berühmteste Vorstellung in der Rolle des Monsters in *Frankenstein*. Der Film gehört zu den ersten großen Horrorfilmen Hollywoods. Der Roman der englischen Autorin Mary Shelley lieferte die Vorlage. *[4]*

[5] Cilly Aussem.

[3] Billie Holiday tritt 1943 im Metropolitan Opera House auf.

[7] Paul Doumer. Er wird von einem verrückten Emigranten aus Weißrussland ermordet.

[1] Der deutsche Reichskanzler Heinrich Brüning, nachdem er in der Reichspräsidentschaftswahl von 1932 für Hindenburg gestimmt hatte. Er ist ein Anhänger des aufgeklärten Absolutismus in einem Land, das die Depression fest im Griff hat und in dem sich Nationalsozialisten und Kommunisten Straßenkämpfe liefern.

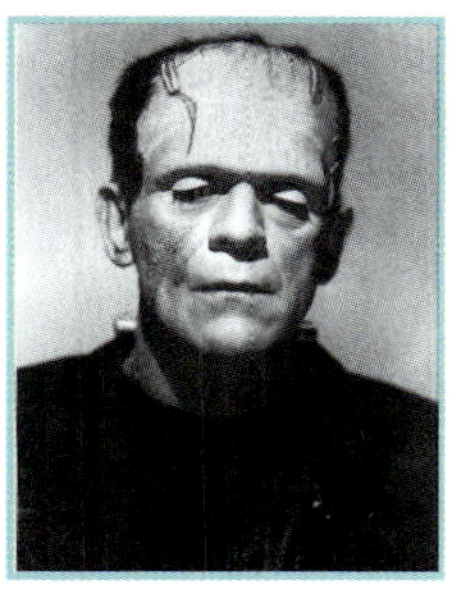

[4] Boris Karloff in der Rolle des Monsters in „Frankenstein".

[8] Japanische Truppen marschieren in die Mandschurei ein. Diese große Beute hatte Japan schon lange im Auge.

1931
In der **deutschen Politiklandschaft** bilden sich drei Gruppen: die *Harzburger Front* – Stahlhelm, Nationalsozialisten (NSADAP) und Hugenbergs DNVP; die *Eiserne Front* – Sozialdemokraten und die katholische Zentrumspartei; und die *Kommunisten*.

21. Februar 1931
In Peru kommt es zur ersten dokumentierten **Flugzeugentführung**.

3. März 1931
The Star-Spangled Banner, geschrieben von Francis Scott Key während des Krieges im Jahr 1812, wird per Kongressbeschluss offiziell zur **Nationalhymne** der Vereinigten Staaten von Amerika erklärt.

[7]
13. Mai 1931
Paul Doumer wird Präsident von Frankreich. Seine Amtszeit endet, als ein Attentäter eine tödliche Kugel auf ihn abfeuert.

[8]
18. September 1931
Bei dem sogenannten **Mukden-Zwischenfall** inszeniert die japanische Armee in der Mandschurei einen Sprengstoffanschlag auf die Eisenbahn. Unter diesem Vorwand gewinnen sie innerhalb von drei Monaten die Kontrolle über die gesamte Mandschurei.

7. November 1931
In der Provinz Jiangxi im südwestlichen China rufen die chinesischen Kommunisten die **Jiangxi**-Sowjetrepublik unter einer Sowjetregierung aus.

1932

1932
Der gebürtige Österreicher **Hitler** erhält die deutsche Staatsbürgerschaft.

1932
Aldous Huxley veröffentlicht *Schöne neue Welt*. Es ist ein dystopischer Roman, der im 25. Jahrhundert spielt und die Entwicklung der künstlichen Befruchtung und des Klonens andeutet.
[1]

1932
Die US-amerikanische Autorin Laura Ingalls Wilder veröffentlicht **Laura im großen Wald**. Es ist das erste Buch über ihr Leben im Grenzland des mittleren Westens. Die warme und aufrichtige Beschreibung ist die eines Lebens, das durch seine pure Einfachheit malerisch wirkt.

1932
Die US-amerikanische Pilotin **Amelia Earhart** ist die erste Frau, die allein über den Atlantik fliegt.
[2]

1932
Die **Olympischen Sommerspiele** finden in Los Angeles mit über 1300 Teilnehmern statt.
[3]

1932
Der britische Physiker James Chadwick entdeckt das **Neutron**. 1935 wird er für diese Leistung mit dem Nobelpreis für Physik ausgezeichnet.

[1] Aldous Huxley, Mitglied einer Familie im Zentrum der intellektuellen Elite Englands. Seine anderen Romane wie „Narrenreigen" und „Kontrapunkt des Lebens" sind gute Leitfäden zum Verständnis des Lebens und der Ansichten dieser Kreise während der 1920er und 1930er Jahre.

[2] Amelia Earhart. Sie sieht selbst kurz nach ihrer Landung in Derry in Nordirland noch elegant aus.

[3] Schwedische Fans feiern den Sieg von Johan Oxenstierna im olympischen Fünfkampf.

[8] Salazar. Er regiert Portugal bis zum Jahr 1968.

[7] Stalin und verschiedene Mitglieder des Politbüros umgeben von glücklichen Kindern. Dies ist ein typisches Beispiel der Malerei des sozialistischen Realismus von Wasilji Swarog.

[9] Verleihung der Medaillen an die Mannschaft des Viererbobs in Lake Placid. Die US-amerikanischen Teams erreichen den ersten und zweiten Platz, Deutschland den dritten.

1932
Ole Kirk Christiansen nennt sein Unternehmen **Lego**. Der Name ist eine Abkürzung der dänischen Worte für „Spiel gut". Legosteine aus Kunststoff gibt es ab 1949.

[7]
1932
In der Sowjetunion wird der **sozialistische Realismus** zum offiziellen Kunst- und Literaturstil erklärt. In der Folge entstehen Kunstwerke von makelloser politischer Reinheit und zermürbender Mittelmäßigkeit.

1932
In der Gruppenausstellung *Surréalisme* in der Julien Levy Gallery in New York werden einige der Konstruktionen des US-amerikanischen Künstlers Joseph Cornell aus **Fundsachen** gezeigt.

[8]
12. Januar 1932
Antonio de Oliveira **Salazar** wird Diktator Portugals.

[9]
4. Februar 1932
Die Vereinigten Staaten von Amerika richten die ersten **Olympischen Winterspiele** in Lake Placid, New York, aus.

März 1932
Während des Streiks in der **Ford Motor Company** in Dearborn, Michigan, kommt es zu Gewalt.

1932
Den britischen Physikern **John Douglas Cockcroft** und **Ernest Walton** gelingt erstmals die Spaltung eines Atomkerns. Dazu bombardieren sie Atomkerne aus Lithium und Bor mit Protonen.
[4]

1932
Der Zeitungsverleger Carl C. Magee ist wegen des Automobilverkehrs und den Schwierigkeiten des Parkens beunruhigt und erfindet daher in Oklahoma City die **Parkuhr**.
[5]

1932
Der deutsche Forscher Gerhard Domagk gibt die Entdeckung der antibakteriellen Wirkung des **Sulfonamids Prontosil** bekannt. Es ist das erste synthetische Mittel zur Heilung allgemeiner bakterieller Infektionen beim Menschen.

1932
Die US-amerikanischen Fotografen Ansel Adams, Imogen Cunningham, Edward Weston und Willard van Dyke gründen die **Group f.64**. Die Gruppe zieht scharfe, detailgetreue, technisch virtuose Fotografien gegenüber weichgezeichneten Kompositionen vor.

1932
Henry-Russell Hitchcock und Philip Johnson führen durch ihre namengebende Show im New Yorker Museum of Modern Art den Begriff **International Style** in den allgemeinen Sprachgebrauch ein.

1932
Eamon de Valera wird Präsident von Irland.
[6]

[4] Lord Rutherford, Direktor des Laboratoriums Cavendish Laboratory in Cambridge, steht zwischen Walton (links) und Cockcroft.

[10] Das Baby der Lindberghs.

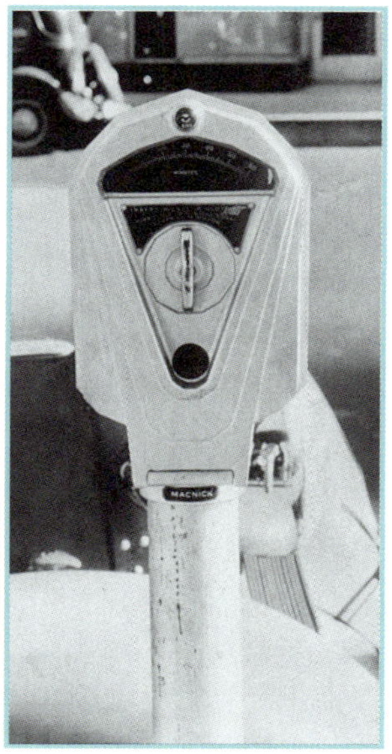

[5] Eine frühe Parkuhr zum Aufziehen.

[11] Ein Wahlplakat Hindenburgs in Berlin, der dem Reichskanzler Brüning für seine Unterstützung dankt, indem er ihn aus dem Amt entlässt. Der Reichskanzler war die letzte Hoffnung für das Überleben eines Rests an Demokratie in Deutschland.

[6] Eamon de Valera in der Victoria Station in London neben den Stufen des Abteils, in dem er zu einem Treffen mit Staatsoberhäuptern nach Genf fährt.

[10]
1. März 1932
Der Sohn des US-amerikanischen Piloten **Charles A. Lindbergh** wird im Kleinkindalter aus dem elterlichen Haus entführt. Bruno Hauptmann wird später der Entführung und Ermordung des Babys überführt.

[11]
10. April 1932
In der deutschen Reichspräsidentschaftswahl erreicht Hitler den zweiten Platz hinter Feldmarschall **Paul von Hindenburg**. Er wurde mit großer Mehrheit und durch Unterstützung der Sozialdemokraten und der Zentrumspartei wiedergewählt.

Mai 1932
25 000 Kriegsveteranen, bekannt unter dem Namen **Bonus Marchers**, treffen in Washington ein. Sie fordern die Auszahlung von Zuwendungen, die erst 1945 fällig sind.

10. Mai 1932
Albert Lebrun wird zum letzten Präsidenten der französischen Dritten Republik gewählt. Er strebt nach dem Erhalt der französischen Einheit angesichts interner politischer Zwietracht und der Bedrohung durch die deutsche Militärmacht.

15. Mai 1932
Inukai Tsuyoshi, Premierminister von Japan, wird von ultranationalistischen Marineoffizieren ermordet. Dies beendet die Teilnahme von Parteien an der Regierung in der Zeit vor dem Zweiten Weltkrieg.

1. Juni 1932
Der deutsche Politiker und Diplomat **Franz von Papen**, der eine führende Rolle in der Auflösung der Weimarer Republik spielen wird, wird Reichskanzler.

1932-1933

16. Juni 1932
Die **Lausanner Reparationskonferenz** findet mit dem Ziel statt, die Reparationszahlungen Deutschlands an die ehemaligen Alliierten und verbündeten Mächte des Ersten Weltkriegs zu tilgen.

24. Juni 1932
Durch eine unblutige **Revolution** wird der thailändische König Prajadhipok gestürzt. Somit endet die absolute Monarchie in dem Land, und es beginnt das Zeitalter der Regierung auf Verfassungsgrundlage.

2. Juli 1932
Franklin D. Roosevelt prägt in der Dankesrede für die Nominierung als Präsidentschaftskandidat der Demokraten den Ausdruck **New Deal**.

19. September 1932
Die spanischen Ständeversammlungen gewähren **Katalonien** die Autonomie.

18. September 1932
Durch einen königlichen Erlass werden die Doppelkönigreiche Hejaz und Najd mitsamt deren Schutzgebieten unter dem Namen **Königreich von Saudi-Arabien** zusammengefasst.

8. November 1932
In der Zeit der Großen Depression gelingt es dem Demokraten **Franklin D. Roosevelt** leicht, den amtierenden Republikaner Herbert Hoover in der US-amerikanischen Präsidentschaftswahl zu schlagen. Er regiert schließlich noch drei weitere Amtsperioden.
[1]

DER NEW DEAL

Roosevelts Maßnahmen für den wirtschaftliche Wiederaufschwung

Als Roosevelt 1932 für die Präsidentschaft kandidierte, befanden sich die USA in einer Finanzkrise. Er musste schnell reagieren, um das Vertrauen der Öffentlichkeit wiederherzustellen. Der Ausdruck *New Deal* stammt aus seiner Dankesrede von 1932, in der er die Kandidatur annahm und dem US-amerikanischen Volk mit den Worten „a new deal for the American people" (sinngemäß: eine Neuverteilung unter dem amerikanischen Volk) eine neue Sozialpolitik versprach. Die Gesetzgebung unter dem Programm *New Deal* wurde hauptsächlich während der ersten drei Monate des Jahres 1933 (Roosevelts „hundert Tage") eingeführt. Es wurden Behörden geschaffen für öffentliche Arbeitsprogramme, so das Civilian Conservation Corps in Form einer Arbeitsbeschaffungsmaßnahme (auf dem Foto sind junge Männer zu sehen, die Taschen mit ihrer Ausrüstung tragen und sich auf dem Weg in kalifornische Arbeitscamps befinden), zur Wiederbelebung der industriellen Produktion, zur Börsenaufsicht, für die Regulierung der Finanzinstitutionen, für die Unterstützung der Landwirtschaft sowie für die Energieversorgung und den Hochwasserschutz.

In einer zweiten Gesetzgebungsphase (1935-36), oft auch als *Second New Deal* bezeichnet, wurden weitere Behörden für öffentliche Projekte gegründet sowie ein Sozialversicherungssystem eingeführt. Einige Gesetzgebungen wurden vom Obersten US-Gerichtshof als nicht verfassungsgemäß erklärt, und manche der Programme erreichten ihre Ziele nicht. Spätere Regierungen führten jedoch viele Reformen fort und änderten so die Rolle der Regierung für immer.

[3] Clara Zetkin.

[6] Ernst Thälmann.

[5] Berliner Polizisten stehen vor einem Restaurant, das als Wahllokal dient, anlässlich der Wahl im März 1933 Schlange. Trotz des Würgegriffs in dem die Nationalsozialisten das Land halten, erreichen sie nur eine knappe Mehrheit. Dies wird für lange Zeit die letzte Wahl in Deutschland sein.

1933
Der deutsche Elektroingenieur **Ernst Ruska** erfindet das Elektronenmikroskop. Das erste, auf seinem Design basierende, kommerzielle Elektronenmikroskop kommt 1939 auf den Markt.

[5]
1933
Deutschland verbietet alle politischen Parteien außer der **Nationalsozialistischen Deutschen Arbeiter Partei (NSDAP)**.

[6]
1933
Der deutsche kommunistische Reichspräsidentschaftskandidat **Ernst Thälmann** wird verhaftet und in Isolationshaft gebracht, bevor er dann in Buchenwald auf Hitlers Befehl 1944 erschossen wird.

1933
Der Mitbegründer der Football-Liga, George Halas, trainiert die **Chicago Bears**. Sie gewinnen das erste Meisterschaftsspiel der National Football League gegen die New York Giants mit 23:21.

1933
Mao Dun veröffentlicht *Shanghai im Zwielicht*. Er gilt allgemein als der bedeutendste chinesische Autor realistischer Romane in der Zeit des Nationalismus (1912-49).

[7]
1933
Am Massachusetts Institute of Technology konstruieren der Ingenieur Vannevar Bush und seine Studenten den Schrittrechner, einen leistungsstarken **Analogrechner**.

3. Dezember 1932
Der deutsche Militäroffizier **Kurt von Schleicher**, ein Kontrahent Adolf Hitlers, wird der letzte Reichskanzler der Weimarer Republik.
[2]

27. Dezember 1932
Josef Stalin führt in der Sowjetunion das von Wladimir Iljitsch Lenin vormals als schlimmstes Stigma zaristischer Rückständigkeit denunzierte **inländische Ausweissystem** wieder ein.

1933
Die deutsche kommunistische Politikerin **Clara Zetkin** wird nach dem Brand aus dem Reichstag verwiesen. Sie geht in die Sowjetunion ins Exil. Später im Jahr stirbt sie und wird an der Kremlmauer beerdigt.
[3]

1933
Die exzentrische US-amerikanische Schriftstellerin Gertrude Stein beendet die Arbeit an ihrem ersten Buch mit kommerziellem Erfolg, **The Autobiography of Alice B. Toklas**, in Paris.

1933
Der Bau an der ersten **Autobahn** zwischen Frankfurt und Heidelberg beginnt. Hitler verspricht ein Straßennetzwerk von 6000 Kilometern Länge und Arbeit für über 600 000 Menschen.
$ [4]

1933
Salazar formiert die **portugiesische Geheimpolizei** PIDE.

[1] Roosevelt mit seiner Frau und seinem Sohn, an dem er sich festhält, während seiner Wahlkampagne für die US-Präsidentschaft.

[2] Der Reichskanzler Kurt von Schleicher geht mit seinen Dackeln spazieren. Er und seine Frau werden von den Nationalsozialisten 1934 in der „Nacht der langen Messer" getötet.

[4] Eine kaum befahrene Autobahnstrecke zu früheren Zeiten.

[7] Vannevar Bush (links) hinter seinem „elektrischen Gehirn", dem Intergraph, am MIT.

[8] Barkeeper in „Sloppy Joe's" in Chicago schenken Gästen, die das Ende der Prohibition feiern, Getränke aus.

[9] King Kong mit Fay Wray über der Silhouette von Manhattan.

[8]
1933
Nach dreizehn Jahren endet die **Prohibition** in den Vereinigten Staaten von Amerika.

[9]
1933
King Kong, das bekannteste aller Filmmonster, hat Premiere.

1933
Anlässlich der Hundertjahrfeier der Stadt wird die Weltausstellung **Chicago World Fair** ausgerichtet. Das Thema ist technische Innovation.

1933
Der deutsch-jüdische Künstler **Max Pechstein** wird von der Preußischen Akademie der Künste verwiesen.

1933
Albert Einstein schlägt die Gründung einer Zweigstelle der International Relief Association in den USA vor, um von Hitler verfolgten Deutschen zu helfen. Er lebt seit Dezember 1932 in den Vereinigten Staaten von Amerika.

1933
Das Brettspiel **Monopoly** wird entwickelt. Es wird schnell das beliebteste Spiel aller Zeiten.

1933-1934

1933
In Großbritannien wird das **Jugendschutz- und Jugendgerichtsgesetz** erlassen. Es legt die Grundlagen der Resozialisierung straffälliger sowie vernachlässigter Kinder fest.

1933
Der britische Biochemiker **Ernest Kennaway** isoliert das erste chemisch reine Karzinogen.

1933
Die erste vollständige englische Übersetzung (von Arthur Waley) des Buches **Die Geschichte des Prinzen Genji** wird veröffentlicht. Das Buch wurde in Japan um das Jahr 1000 n. Chr. geschrieben und gilt als der weltweit erste Roman.

1933
Der Deutsch-US-amerikanische **Bund**, eine pro-nationalsozialistische militärähnliche Gruppe, schließt sich zu einer Organisation zusammen. Die Gruppe ist in den Jahren unmittelbar vor Eintritt der USA in den Zweiten Weltkrieg aktiv.
[1]

1933
Der spanische Präsident Niceto Zamora fordert den Führer der Radikalen Republikanischen Partei **Alejandro Lerroux** zur Regierungsbildung auf.

1933
Der US-Kongress gründet die **Tennessee Valley Authority (TVA)** und leitet damit ein ausgedehntes Programm der Errichtung von Staudämmen, Wasserkraftwerken und Hochwasserschutzprojekten ein.

DER REICHSTAG BRENNT

Der Beginn der Hitler-Diktatur

Der Brand des Reichstags in Berlin in der Nacht des 27. Februars 1933 (oben) war ein entscheidendes Ereignis für den Aufbau der nationalsozialistischen Diktatur. Adolf Hitler hatte sich das Amt des Reichskanzlers nach den Wahlen im November 1932 gesichert. Seine Nationalsozialistische Deutsche Arbeiter Partei (NSDAP) hatte jedoch keine absolute Mehrheit. Zwischenzeitlich wird angenommen, dass Hitlers Propagandaminister Josef Goebbels den Plan für die Brandlegung durch die Nationalsozialisten erdacht hatte. Es sollten jedoch die Kommunisten in Verdacht geraten. Der beschuldigte Brandstifter war der Niederländer Marinus van der Lubbe. Manche behaupteten, dass nationalsozialistische Anhänger ihn an den Tatort gebracht haben. Andere behaupteten, dass es keinen Beweis für die Mittäterschaft der Nationalsozialisten an dem Vergehen gäbe, sondern Hitler lediglich aus Lubbes unabhängiger Tat Kapital geschlagen hat. Einen Tag nach dem Brand, am 28. Februar 1933, begann Hitlers Diktatur mit der Verordnung des Reichspräsidenten zum Schutz von Volk und Staat (Reichstagsbrandverordnung). Die Verordnung hob den verfassungsgemäßen Schutz der politischen und persönlichen Rechte und der Eigentumsrechte auf.

[1] Ein Treffen der Nationalsozialisten in White Plains, New York, vom Deutsch-US-amerikanischen Bund organisiert.

[4] Keine 1,50 Meter groß und mit vielen Orden geschmückt, spricht Dollfuss bei einem Treffen der Vaterländischen Front.

[6] Bücherverbrennung durch die Nationalsozialisten auf dem Berliner Opernplatz.

27. Februar 1933
Der Berliner **Reichstag** (das Parlamentsgebäude) gerät in Brand. Es wird weitgehend angenommen, dass der Vorfall der nationalsozialistischen Regierung zuzuschreiben ist, die damit die Öffentlichkeit gegen ihre Gegner einstimmen wollte.

[4]
4. März 1933
Engelbert Dollfuss, Kanzler von Österreich, fürchtet eine sozialistische Revolte und löst das österreichische Parlament auf.

[5]
10. März 1933
In Deutschland entstehen die ersten Konzentrationslager, einschließlich **Dachau**, wo mindestens 32 000 Menschen an Krankheiten, Unterernährung, körperlicher Unterdrückung oder durch Gewalt in Form von Hinrichtungen sterben.

25. April 1933
Die deutsche Geheime Staatspolizei **Gestapo** wird von Hermann Göring gegründet.

[6]
Mai 1933
Studentenschaften und Nationalsozialisten verbrennen **undeutsche Bücher**.

[7]
17. Mai 1933
Der norwegische Armeeoffizier, Diplomat und Politiker **Vidkun Quisling** gründet die Partei *Nationale Einheit*.

1933
Das US-amerikanische Gesetz *Hare-Hawes-Cutting Act* legt ein genaues Datum für die **Unabhängigkeit der Philippinen** von den USA fest. US-amerikanische Bauern, die den Wettbewerb fürchten, und philippinische Führungskräfte haben darauf gedrängt.

1933
Warner Brothers bringt zwei Musicals von **Busby Berkeley** heraus: *Gold Diggers* und *Footlight Parade*. Die Extravaganzen von Berkeley's Tänzerinnen werden bekannt wegen des ausgeklügelten Sets und innovativer Kameratechniken, die das Genre revolutionieren.
[2]

5. Januar 1933
Der Bau an der **Golden Gate Bridge** in San Francisco beginnt. Die Hängebrücke wird wegen der Pracht ihrer Gestaltung gefeiert.

29. Januar 1933
Der fiktive Charakter des **Lone Ranger** wird von dem Radiosender WXYZ in Detroit, Michigan, vorgestellt.
[3]

30. Januar 1933
Adolf Hitler, Vorsitzender der Nationalsozialistischen Deutschen Arbeiter Partei, wird Reichskanzler von Deutschland. Sobald er im Amt ist, baut er eine absolute Diktaturherrschaft auf.

31. Januar 1933
Der Radikalsozialist **Edouard Daladier** wird französischer Premierminister. Er bleibt bis September im Amt.

[2] Eine Szene aus Busby Berkeleys „Footlight Parade". Auf den ersten Blick sieht die Aufstellung der Tänzer wie ein Flugzeugmotor aus.

[7] Vidkun Quisling inspiziert um 1935 eine Ehrengarde in Deutschland.

[8] Émile Roux mit seiner Waffe gegen Krankheiten, dem Mikroskop.

[3] Earl Grosser, der Lone Ranger, war aufgrund seiner besessenen jungen Zuhörerschaft gezwungen, bei der Radioübertragung die schwarze Maske seiner Figur zu tragen.

[9] Das Gefängnis auf Alcatraz: „The Rock" (Der Fels).

[5] Gefangene werden in einem der neuen Konzentrationslager, hier in Oranienburg, zur Arbeit gezwungen. Die Nationalsozialisten verheimlichen diese Lager nicht, wie die Existenz dieses Pressefotos beweist.

[10] Ein Auto voller Okies (aus Oklahoma stammende Menschen) kommt auf der Suche nach Arbeit nach San Francisco. Sie flüchten aus der „Staubschüssel".

[8]
3. November 1933
Der französische Bakteriologe **Émile Roux** stirbt in Paris. Er ist für seine Forschungsarbeit über Diphtherie und Tetanus und seine Zusammenarbeit mit Louis Pasteur bei der Entwicklung von Impfstoffen bekannt.

[9]
1934
Alcatraz, die Felseninsel in der Bucht von San Francisco, dient von nun an als Bundesgefängnis für die gefährlichsten Zivilgefangenen.

1934
Der US-amerikanische Wissenschaftler **Harold C. Urey** erhält für die Entdeckung des schweren Wasserstoffs Deuterium den Nobelpreis für Chemie.

1934
Die gebürtig aus Australien stammende britische Schriftstellerin P.L. Travers veröffentlicht ihr erstes Buch: **Mary Poppins**. Es handelt von einer zaubernden, geradlinigen, aber reizenden Kinderfrau.

1934
Die von Himansu Rai gegründete Filmgesellschaft Bombay Talkies führt die emporstrebende indische Filmindustrie, genannt **Bollywood,** an.

[10]
1934
Die Verwüstungen innerhalb der **American Dust Bowl** (Staubschüssel; wegen der Staubstürme so genannt) erreichen ihren Höhepunkt. Tausende Bauern müssen mit ihren Familien die Großen Ebenen verlassen.

1934

1934
Die Golflegende **Bobby Jones** hilft bei der Organisation der jährlichen Meisterschaft im Augusta National Golf Club im US-Bundesstaat Georgia.
[1]

1934
Leopold III. wird nach dem Tod Alberts I. König von Belgien.

1934
Die **Verfassung Mexikos** wird geändert, um die präsidiale Amtszeit auf sechs Jahre auszudehnen.

1934
Als Reaktion auf die düsteren wirtschaftlichen Umstände ernennt sich Karlis Ulmanis selbst zum faschistischen Diktator von **Lettland**.

1934
Die erste politische Partei Marokkos, das **Comité d'Action Marocain**, wird gegründet, um der wachsenden Herrschaft Frankreichs über Marokko zu begegnen. Zudem hat die Partei die Sicherung der Anerkennung der Gleichstellung von Marokkanern und Franzosen zum Ziel.

1934
Shirley Temple singt in dem Kinofilm *Bright Eyes* ihr Erkennungslied *On the Good Ship Lollipop*. Der Film verhilft ihr zu ihrer Karriere in Hollywood und macht sie zu einem der beliebtesten Stars.
[2]

[4] Clyde Barrow und Bonnie Parker bevor sie dem Gesetz in die Falle gehen.

[5] Die Dionne-Fünflinge singen 1940 im Radio.

[2] Shirley Temple zeigt ihr gewinnendes Lächeln. Neben ihr steht der Schauspieler James Dunn.

[1] Bobby Jones nach dem Schwung.

[6] Adolf Hitler bei einer Kundgebung mit Ernst Röhm, Führer der SA-Braunhemden, zu seiner Rechten. Sowohl die Streitkräfte als auch Hitler selbst fühlen sich durch die millionenstarke Sturmabteilung bedroht. Daher hat die Armee keine Einwände, als Hitler die SS mit der Erschießung Röhms und anderer SA-Führungsmitglieder am 30. Juni beauftragt.

17. Februar 1934
Albert I., König von Belgien, stürzt beim Klettern ab und stirbt. Er führte die belgische Armee durch den Ersten Weltkrieg und sein Land durch die Zeit des Wiederaufbaus.

[4]
23. Mai 1934
Das berühmt-berüchtigte US-amerikanische Gangsterpaar **Bonnie und Clyde** wird in der Nähe von Gibsland, Louisiana, bei einer Schießerei mit der Polizei getötet.

[5]
28. Mai 1934
Die Geburt der **Dionne-Fünflinge** bei Callandar im kanadischen Ontario ist die erste dokumentierte Fünflingsgeburt. Die Eltern sind Oliva und Elzire Dionne.

[6]
30. Juni 1934
In der **Nacht der langen Messer** lässt Adolf Hitler kurzerhand viele führende SA-Mitglieder exekutieren. Die Sturmabteilung war eine paramilitärische Organisation, die bei Kundgebungen aufmarschierte und mit Gewalt gegen politische Gegner einschritt.

[7]
22. Juli 1934
John Dillinger, der berühmteste US-amerikanische Bankräuber, stirbt. Er findet seinen Tod, als ihm das FBI, die Polizei des Bundesstaates Indiana und Anna Sage, eine Freundin und Bordellbesitzerin, eine Falle stellen.

25. Juli 1934
Der österreichische **Kanzler Dollfuss** wird in Wien bei einem fehlgeschlagenen Coup der österreichischen Nationalsozialisten, welche die Vereinigung mit Deutschland zum Ziel hatten, ermordet.

1934
In der Schweiz wird das **Schweizer Bankengesetz** erlassen. Laut Gesetz macht sich strafbar, wer Informationen zu Kunden und deren Konten ohne Einwilligung preisgibt.

1934
In Verbindung mit der School of American Ballet wird die **American Ballet Company** von Lincoln Kirstein und Edward Warburg gegründet. George Blanchine wird künstlerischer Leiter.
[3]

1934
William Beebe und Otis Barton, Erfinder der **Tiefseetauchkugel**, tauchen auf eine Rekordtiefe von 923 Meter vor der Küste der Bermudas.

30. Januar 1934
Die **Stavisky Affäre**, der angebliche Selbstmord eines hochkarätigen jüdischen Schwindlers, führt zum Sturz des französischen Premierministers Chautemps und der Wiedereinsetzung Daladiers.

6. Februar 1934
Französische Rechtsgerichtete greifen die Abgeordnetenkammer **Chambre des Deputés** an. Sie beschuldigen die sozialistische Regierung der Mittäterschaft und Verschleierung der Stavisky Affäre. 15 Menschen werden getötet und 1000 verletzt.

9. Februar 1934
Die **Balkanentente** wird geschlossen. Sie ist ein gegenseitiges Verteidigungsabkommen zwischen den Ländern Griechenland, Türkei, Rumänien und Jugoslawien. Es hat die Garantie der territorialen Integrität und politischen Unabhängigkeit im Falle des Angriffs zum Ziel.

[3] Zwei Tänzerinnen auf einem Fensterbrett in der School of American Ballet.

[7] Ein Poster auf dem ein kurzer Wochenschaubericht über John Dillinger, Staatsfeind Nr. 1, angekündigt wird.

[10] Mao Zedong und Zhou Enlai auf dem „Langen Marsch“.

[9] Sofort nachdem der Attentäter geschossen hat, wird er von König Alexanders Chauffeur und einem berittenen Polizisten überwältigt.

[8] Paul von Hindenburgs Sarg auf dem Weg zum Begräbnis in Tannenberg, wo er seinen größten Sieg über die Russen im August 1914 feierte.

[8]
2. August 1934
Der Reichspräsident der Weimarer Republik **Paul von Hindenburg** stirbt. Seine Amtszeiten waren von politischer Instabilität, wirtschaftlicher Depression und der Machtergreifung Adolf Hitlers gekennzeichnet.

12. September 1934
Die baltischen Staaten **Estland, Lettland und Litauen** unterzeichnen einen Freundschafts- und Zusammenarbeitsvertrag. Darin vereinbaren sie die gegenseitige Verteidigung – hauptsächlich gegen das nationalsozialistische Deutschland.

[9]
9. Oktober 1934
König Alexander I. von Jugoslawien wird in Marseille von einem Terroristen getötet. Verantwortlich für den Anschlag ist die kroatische Ustascha-Bewegung. Der Attentäter wird auf der Stelle von der Menschenmenge gelyncht.

[10]
15. Oktober 1934
Die chinesischen Kommunisten ziehen sich auf dem **Langen Marsch** von ihrem Stützpunkt in Südostchina zur Stadt Yan'an in Nordwestchina zurück, um der Zerstörung durch die nationalistischen Armeen von Chiang Kai-shek zu entkommen.

22. Oktober 1934
Der berüchtigte Verbrecher **Charles „Pretty Boy“ Floyd** wird in einem Feld bei East Liverpool, Ohio, von FBI-Agenten tödlich getroffen.

27. November 1934
Baby Face Nelson, der US-amerikanische Bankräuber, der für seine grausamen Morde und sein jugendliches Aussehen bekannt ist, wird in einer wilden Schießerei mit FBI-Agenten getötet.

1934-1935

1. Dezember 1934
Lázaro Cárdenas, Mitglied der Partido Nacional Revolucionario (Nationale Revolutionspartei) wird zum Präsidenten von Mexiko gewählt und initiiert eine Reihe von Reformprogrammen.

13. Dezember 1934
Der britische Astronom J.P.M. Prentice entdeckt die **Nova Herculis**. Sie gehört zu den hellsten Novä des 20. Jahrhunderts.

13. Dezember 1934
Der peruanische Dichter **José Santos Chocano** stirbt. Er ist bekannt für die Versuche, die Geschichte und Kultur Lateinamerikas in seiner Dichtkunst darzustellen.

1935
Im kohlereichen linksrheinischen **Saargebiet** findet eine Volksabstimmung statt. Das Gebiet steht seit 1919 unter der Verwaltung des Völkerbundes. Die Bergbauminen stehen unter der Kontrolle Frankreichs. Über 90 Prozent stimmen für die Wiedervereinigung mit Deutschland. *[1]*

1935
Der US-amerikanische Komponist **Irving Berlin** komponiert die Musik zu seinem ersten Filmmusical *Top Hat* mit Fred Astaire und Ginger Rogers in den Hauptrollen. Er hat durch die Lieder *White Christmas* und *God Bless America* Berühmtheit erlangt.

1935
Die US-amerikanische Sängerin **Ella Fitzgerald** beginnt ihre Karriere bei dem Orchester von Chick Webb. In den 1940er und 1950er Jahren gehört sie zu den bekanntesten Jazz-Sängerinnen. *[2]*

DIE *NORMANDIE*

Das französische Passagierschiff gewinnt auf seiner Jungfernfahrt das „Blaue Band".

Die *Normandie* war das erste große Schiff, dass gemäß der Konvention für die Sicherheit auf See aus dem Jahr 1929 gebaut wurde. Sie war so konstruiert, dass das vordere Ende des Promenadendecks als Wellenbrecher diente und so selbst bei rauer See die Beibehaltung einer hohen Geschwindigkeit ermöglichte. Die *Normandie* (oben links in der Werft in Saint-Nazaire kurz nach ihrem Stapellauf im Jahr 1932) wurde von der Compagnie Générale Transatlantique (CGT) gebaut. Sie bot sieben verschiedene Klassen der Unterbringung mit insgesamt 1975 Kojen. Die Crew bestand aus 1345 Mitgliedern. Das Schiff machte den Stil der Moderne, oder *Art Deco*, populär (unten links, Tür zwischen dem Raucher- und dem Großen Salon). Der Bug hatte die von dem Konstrukteur Wladimir Yourkewitsch bevorzugte U-Form. Turboelektrische Antriebsmaschinen mit 160 000 PS ermöglichten bei den Probefahrten im Jahr 1935 Geschwindigkeiten von 32,1 Knoten. Am 29 Mai 1935 lief die Normandie auf ihrer Jungfernfahrt aus Le Havre mit Kurs auf New York aus. Das Schiff lief nach nur 4 Tagen, 3 Stunden und 14 Minuten ein und gewann das *Blaue Band*, das vormals die *Rex* trug.

Im Wetteifer mit der *Normandie* baute Cunard die *Queen Mary*, die 1934 vom Stapel lief. Mit ihren 297 Metern Länge hatte Großbritannien jetzt auch ein Schiff in der 300er-Kategorie. Es erreichte zwar nicht die Eleganz der französischen Rivalin und war auch etwas langsamer, aber das Schicksal meinte es besser mit ihr. Die *Normandie* brannte 1942 in einem Dock in New York ab, als sie zum Truppenschiff umgerüstet wurde.

[6] Robert Watson-Watt experimentiert mit einem flugdrachengestützten Funksender.

[5] Carl von Ossietzky. Das offizielle Foto aus dem Konzentrationslager trägt die Überschrift: „Dieser gejagte Mann war ein Nobelpreisträger".

[2] Ella Fitzgerald mit dem Bandleader Chick Webb.

1935
George Gallup gründet die **Gallup Organization**. Das Meinungsforschungsinstitut legt Wert auf die Objektivität und Unabhängigkeit spezieller Interessen.

1935
Clifford Odets schreibt **Waiting for Lefty**. Die Schauspieler und das Publikum stehen am Ende der Erstaufführung auf und signalisieren ihre Solidarität mit den New Yorker Taxifahrern, indem sie „Strike! Strike! Strike!" („Streikt!") rufen.

1935
Der japanische neosensualistische Schriftsteller **Kawabata Yasunari** beginnt mit der Arbeit an dem Roman Yukiguni (Schneeland). Im Jahr 1968 wird er mit dem Nobelpreis für Literatur ausgezeichnet.

[5]
1935
Der radikale deutsche Pazifist **Carl von Ossietzky** erhält den Friedensnobelpreis während er in einem Konzentrationslager interniert ist.

1935
Das neue französische Linienschiff **Normandie** bricht die Rekordzeit für die Überquerung des Atlantiks und wird dafür mit dem *Blauen Band* prämiert.

[6]
1935
Der schottische Physiker **Robert Watson-Watt** entwickelt die erste Radarausrüstung, mittels derer Objekte durch die Reflektion der Radarwellen aufgespürt werden.

1935
Die Anthropologin Margaret Mead veröffentlicht **Jugend und Sexualität in primitiven Gesellschaften** und ficht damit die westlichen Annahmen zum Thema der geschlechtlichen Beziehungen an.
[3]

1935
Die Autorin Enid Bagnold veröffentlicht den Roman **Velvet, das Mädchen mit dem Pferd**. Es erzählt die Geschichte eines ehrgeizigen 14-jährigen Mädchens, das mit einem Pferd, das nur 10 britische Pfund gekostet hat, zum Sieg in einem großen Rennen reitet.

1935
Adolf Hitler gründet die **Luftwaffe** und erteilt Hermann Göring den Oberbefehl über die deutschen Luftstreitkräfte.

1935
Die britischen Chemiker Eric Fawcett und Reginald Gibson entwickeln im Labor **Polyethylen**. Das erste industriell hergestellte Polyethylen wird im Zweiten Weltkrieg zur Isolierung von Radarleitungen eingesetzt.

1935
Die französischen Physikwissenschaftler Frédéric und Irène Joliot-Curie erhalten den Nobelpreis für Physik für die Herstellung **künstlicher radioaktiver Elemente** durch die Bestrahlung leichterer Elemente mit Röntgenstrahlen.

1935
Die Arbeiten an dem französischen Verteidigungssystem begann 1929 und wird jetzt beschleunigt. Es erstreckt sich von Luxemburg bis zur Schweiz, und wird als **Maginot-Linie** bezeichnet. Der Einspruch des politisch neutralen Belgiens verhindert die Verlängerung des Systems dort.
[4]

[7] Malcolm Campbell führt seinen neuen „Bluebird" der englischen Presse vor. Später im Jahr stellt er einen neuen Geschwindigkeitsrekord zu Land auf. Er erreicht in Daytona Beach in Florida ein Tempo von 444 Kilometer pro Stunde. Er ist auch der erste Fahrer, der ein Automobil auf über 483 Stundenkilometer bringt.

[4] Das augenscheinlich beeindruckende Ausmaß der Maginot-Linie wird in diesem Foto deutlich. Viele Teile des Systems befinden sich unter der Erde.

[3] Margaret Mead. In ihrem ersten Buch „Coming of Age in Samoa" (1928) schilderte sie, dass Jugendliche dort Gelegenheitssex haben. In ihrem zweiten Buch schreibt sie von der dominanten Stellung der Frau in bestimmten Teilen Neuguineas. Noch heute sind beide Behauptungen stark diskutiert.

[1] Im Saargebiet findet eine Massenkundgebung der Minderheit statt, die gegen die Wiedervereinigung mit Deutschland ist. Viele Fäuste ragen zum kommunistischen Gruß auf.

[7]
1935
Malcolm Campbell bricht den Geschwindigkeitsrekord zu Land mit einem Automobil namens *Bluebird*.

1935
Die Anglo-Persian Oil Company wird in **Anglo-Iranian Oil Company** umbenannt. Aus ihr entsteht die British Petroleum Company, kurz BP.

1935
Sämtliche politischen Parteien werden in Bulgarien von **König Boris** verboten. So befreit er sich aus der Vorherrschaft einer Offiziersliga. Bis zu seinem Tod 1943 regiert er faktisch als Diktator.

1935
Die **Richter-Skala** zur Messung der Stärke von Erdbeben wird am California Institute of Technology von Charles Francis Richter und Beno Gutenberg entwickelt.

1935
Edward Beneš wird Präsident der Tschechoslowakei und damit Nachfolger von Tomáš Masaryk. Er war seit 1918 Außenminister des Landes. Die beiden Politiker sind die Schlüsselfiguren hinter der Unabhängigkeit der Tschechoslowakei.

1935
Die US-Bundesbehörde Works Progress Administration (WPA) ruft die Programme **Federal Art Project** und **Federal Writers' Project** ins Leben. Schriftsteller wie Ralph Ellison und Saul Bellow finden in den Projekten Unterstützung.

1935-1936

1935
Das erste erfolgreiche kommerzielle Flugzeug, die **DC-3**, wird geflogen. Es kann je nach Typ 21 oder 28 Passagiere transportieren oder 2700 Kilogramm Fracht befördern.
[1]

1935
Toyota baut die Prototypen der ersten Lastkraft- und Personenkraftwagen. Als Teil der Toyoda Automatic Loom Works wird das Unternehmen 1937 als Toyota Motor Company eingetragen.

1935
Der deutsche Komponist **Richard Strauss** wird zum Rücktritt als Präsident der Reichsmusikkammer gezwungen. Er hatte sich geweigert, den Namen des jüdischen Librettisten Stefan Zweig für die Oper *Die schweigsame Frau* aus dem Programmheft zu streichen.

1935
Der in Großbritannien ansässige Verleger Allen Lane gründet den Verlag **Penguin Books** und ist damit Vorreiter in der Publikation von Taschenbüchern. Sein Glaube an einen Markt für qualitativ hochwertige Bücher zu niedrigen Preisen hilft, eine neue Leserschaft zu finden.

2. Januar 1935
Das von einer großen Öffentlichkeit verfolgte Gerichtsverfahren gegen **Bruno Hauptmann** beginnt in New Jersey. Er ist der Kindesentführung und des Mordes an dem kleinen Sohn des berühmten US-amerikanischen Piloten Charles A. Lindbergh angeklagt.
[2]

30. März 1935
400 000 Demonstranten marschieren gegen den Faschismus durch die Straßen von **Madrid**.

[1] Eine „Douglas DC-3“ der American Airlines. Das Flugzeug ist auch als „Dakota“ oder „C-47“ bekannt. In den Vereinigten Staaten von Amerika werden über 10 600 Stück des Modells gebaut, weitere werden auf Grundlage von Lizenzen in Russland und Japan gebaut.

[9] Baron Gottfried von Cramm.

[2] Bruno Hauptmann auf dem Weg nach Trenton, New Jersey, wo er für den Mord an dem Baby der Lindberghs auf dem elektrischen Stuhl hingerichtet wird.

[6] Einband der Partitur eines der Stücke aus „Porgy and Bess“.

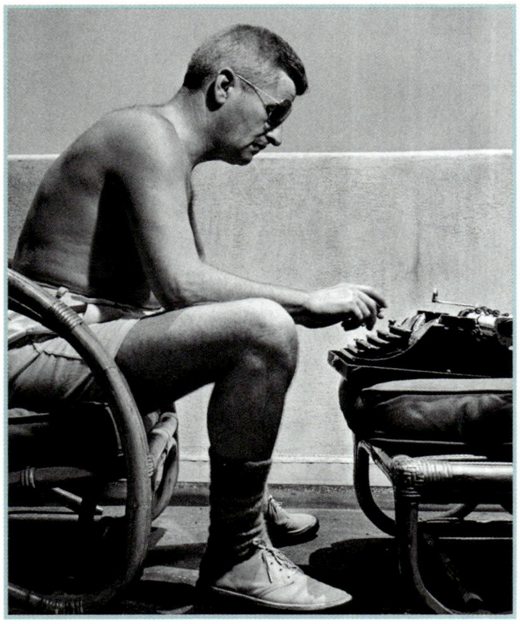

[7] William Faulkner bei der Arbeit in Hollywood.

[8] Eine Heeresabteilung marschiert in Nürnberg. Im Hintergrund ist ein Teil der von Speer speziell entwickelten Architektur zu sehen.

1930-1939

[5]
10. Oktober 1935
Die seit 1924 in **Griechenland** bestehende republikanische Zwischenregierung endet durch einen Coup unter der Leitung von General Kondylis. Georg II. kehrt auf den Thron zurück.

[6]
10. Oktober 1935
George Gershwins Oper **Porgy and Bess** feiert am Broadway die Eröffnung.

November 1935
Acht US-amerikanische Gewerkschaften kündigen die Gründung des Verbands **Committee for Industrial Organization (CIO)** an. Der Verband CIO organisiert die Schüsselunternehmen in der Stahl-, Gummi- und Automobilindustrie.

[7]
1936
Absalom, Absalom! vom aus dem Süden der USA stammenden William Faulkner ist fertig, wird aber schon bald nicht mehr aufgelegt. Als es wiederentdeckt wird, feiert man es als den besten US-amerikanischen Roman des 20. Jahrhunderts.

[8]
1936
Albert Speer entwirft das **Zeppelinfeld** in Nürnberg. Speer bevorzugt die neoklassische Architektur und schafft durch die gewaltige Überproportionierung ein übermächtiges und unmenschliches Bauwerk.

[9]
1936
Der deutsche Tennisspieler Baron **Gottfried von Cramm**, zweimaliger Sieger des French Open, schafft es in Wimbledon in das erste von drei aufeinander folgenden Endspielen im Einzel. Er verliert alle drei Endspiele.

Mai 1935
Die Selbsthilfegruppe **Anonyme Alkoholiker** wird mit dem Treffen zweier Alkoholiker, die ihr Trinkproblem in den Griff bekommen möchten, ins Leben gerufen. Es handelt sich dabei um „Bill W." (William Griffith Wilson) und „Dr. Bob S." (Robert Holbrook Smith).

2. Mai 1935
Die Bauern in **Luzon** auf den **Philippinen** erheben die Waffen gegen die herrschenden repressiven Pachtgesetze.

15. Mai 1935
Die erste Linie der **Moskauer Untergrundbahn** wird eröffnet.

12. September 1935
Der US-amerikanische Unternehmer, Pilot und Filmproduzent **Howard Hughes** stellt den Geschwindigkeitsweltrekord im Überlandflug von 567,108 Stundenkilometern mit einem Flugzeug eigener Bauart auf.
[3]

15. September 1935
Die **Nürnberger Rassengesetze** werden von der Nationalsozialistischen Partei bei einem Reichsparteitag in Nürnberg angenommen. Die Gesetze stammen von Adolf Hitler und sind gegen die Juden gerichtet.

3. Oktober 1935
Auf Befehl von Benito Mussolini überfallen italienische Streitkräfte **Abessinien** (Äthiopien) in der Hoffnung, ein „neues römisches Reich" zu erschaffen. Der äthiopische Kaiser Haile Selassie gibt darauf den Befehl zur Mobilisierung der Truppen.
[4]

[12] Das Gebäude Fallingwater von Frank Lloyd Wright.

[3] Howard Hughes vor einem speziell nach seinen Angaben umgebauten Boeing-Kampfflugzeug.

[10] Dorothea Langes bezeichnende Fotografie.

[5] König Georg II. von Griechenland.

[4] Haile Selassie, Kaiser von Äthiopien, stellt seinen Fuß auf eine nicht detonierte italienische Bombe.

[11] Der Staudamm „Boulder Dam" an der Grenze zwischen Nevada und Arizona wird später in „Hoover Dam" umbenannt.

[10]
1936
Die US-amerikanische Fotografin **Dorothea Lange** stellt die verzweifelte Notlage der Flüchtlinge aus der Staubschüssel in einem Foto mit dem Titel *Migrant Mother, Nipomo, California* dar.

[11]
1936
Nach sechs Baujahren erfolgt die Fertigstellung des **Boulder Dam**. Der Staudamm zügelt den Fluss Colorado und dient der Stromerzeugung. 1947 wird er in Hoover Dam umbenannt.

1936
Der britische Mathematiker und Logiker **Alan Turing** beschreibt eine universelle Rechenmaschine.

1936
Die britische Pilotin **Beryl Markham** fliegt als erste Frau ohne Begleitung von Osten nach Westen über den Atlantik.

1936
John Maynard Keynes veröffentlicht die *Allgemeine Theorie der Beschäftigung, des Zinses und des Geldes*. Darin plädiert er für eine von der Regierung gestützte Politik der Vollbeschäftigung als Heilmittel gegen wirtschaftliche Rezession.

[12]
1936
Frank Lloyd Wright entwirft das meisterhafte **Fallingwater** in Bear Run, Pennsylvania. Das Haus ist so erdacht, dass es sich in die Landschaft integriert. Es ist eine reife Verfeinerung von Wrights Ideen zur organischen Architektur.

1936
Arbeitslose aus der Schiffbaustadt **Jarrow** am Fluss Tyne im Nordosten Englands marschieren nach London.

1936
Bei den Olympischen Sommerspielen in Berlin lässt der afroamerikanische **Jesse Owens** Adolf Hitlers Behauptungen von der Überlegenheit der arischen Rasse verstummen, als er vier Goldmedaillen gewinnt.

1936
Der Verleger Henry Luce gibt in der Stadt New York die erste Ausgabe des Fotomagazins **Life** heraus. Das Magazin hebt superb ausgewählte neue Fotografien, Artikel und Essays zu internationalen Themen der Fotografie hervor.
[1]

1936
John Reith, Generaldirektor der British Broadcasting Corporation (BBC), führt die weltweit **erste regelmäßige Fernsehübertragung ein**. Sein Konzept der Ausstrahlung von Programmen als Dienst an der Öffentlichkeit beeinflusst das Fernsehen in vielen anderen Ländern.

1936
Lao She, Chinas renommiertester moderner Humorist, veröffentlicht **Camel Xiangzi**. Es ist die tragische Geschichte eines Rikscha-Fahrers in Beijing. Die englische Übersetzung mit dem Titel *Rickshaw Boy* (1945), der ein glückliches Ende hinzugefügt wurde, wird zum Bestseller.

1936
Die **niederländische Prinzessin Juliana** heiratet den deutschen Bernhard Prinz zur Lippe-Biesterfeld.
[2]

DER SPANISCHE BÜRGERKRIEG

Franco übernimmt in Spanien die militärische Herrschaft.

Am 18. Juli 1936 bei Sonnenaufgang gab General Francisco Franco, Generalstabschef der spanischen Armee, in einer Radiosendung von den Kanarischen Inseln aus den militärischen Aufstand gegen die Republikaner bekannt. Die Republikaner hatten zwar die Wahlen im Februar gewonnen, es war ihnen aber nicht gelungen, in Spanien Ordnung zu schaffen. Am folgenden Tag flog er nach Marokko und übernahm die Kontrolle über das Protektorat und die Streitkräfte, die es besetzt hielten. Nach der Ankunft in Spanien marschierte Franco mit seiner Armee nach Madrid, das sich in den Händen der Regierung befand. Franco wurde zum Staatsoberhaupt oder Generalissimo des nationalistischen Aufstands erklärt. Es dauerte drei weitere Jahre, bis seine Rebellenregierung vollständige Kontrolle über Spanien hatte. (Oben: Schuljungen tragen bei einem Marsch in Irun die schwarzen Hemden der Nationalisten.)

[5] Ein Teil der nationalistischen Truppen Francos.

[3] Ein Protestmarsch der Volksfront nach dem Angriff durch Rechtsgerichtete im Februar 1936. Bei dem Vorfall wurde Blum aus seinem Wagen gezerrt und schwer zusammengeschlagen.

[5] Franco salutiert bei einer Parade.

[2] Die niederländische Prinzessin Juliana.

[6] Mitglieder der American International Brigade aus Lateinamerika und den USA erhalten in Spanien eine Lektion.

[4]
27. Mai 1936
Die **Queen Mary**, ein britischer Ozeandampfer mit 80 000 Bruttoregistertonnen, läuft zu ihrer Jungfernfahrt von Southampton nach Cherbourg in Frankreich aus.

[5]
8. Juli 1936
Der Anführer der rechtsgerichteten nationalistischen Rebellen **Francisco Franco** dringt in Spanien ein und leitet somit den spanischen Bürgerkrieg ein.

August 1936
Der erste einer Serie von Schauprozessen und eine Reihe von geschlossenen Verhandlungen beginnen in der Sowjetunion. Damit beginnt die **Große Säuberung**, in Folge derer viele bedeutende Bolschewiken hingerichtet oder inhaftiert werden.

26. August 1936
Der **Britisch-Ägyptische Vertrag** legt die Souveränität Ägyptens nach 50 Jahren britischer Besetzung fest.

[6]
14. Oktober 1936
Die erste Gruppe von 500 Auszubildenden der **Internationalen Brigaden** trifft im spanischen Albacete ein. Sie kämpfen im spanischen Bürgerkrieg auf der Seite der Republikaner.

25. Oktober 1936
Deutschland und Italien begründen die **Achse Berlin-Rom**.

1936
In **Fort Knox** im Norden von Kentucky wird das U.S. Bullion Depository errichtet. Es ist ein massives, bombensicheres Bauwerk mit mechanischen Schutzvorrichtungen. Der größte Teil der Goldreserven der USA wird darin gelagert.

1936
Die Diktaturherrschaft des General Ioannis **Metaxas** wird von König Georg II. von Griechenland bestätigt. Der Grund dafür ist ein drohender Aufstand der Kommunisten.

1936
Das Bündnis der **Volksfront** zwischen den Sozialisten und den Kommunisten wird in Frankreich geschlossen. Leon Blum wird bei den Wahlen im Mai zum ersten sozialistischen Premierminister von Frankreich gewählt. Er bleibt für ein Jahr im Amt.
[3]

26. Februar 1936
Eine Gruppe konservativer junger Militäroffiziere unternimmt in Japan einen Putschversuch und ermordet Premierminister **Saito Makoto**. Der Coup schlägt fehl, aber er fördert den Militarismus. Für Japan bedeutet dies einen weiteren Schritt in Richtung des Zweiten Weltkriegs.

7. Mai 1936
Die Streitkräfte Adolf Hitlers besetzen in Missachtung der Vertragsbedingungen erneut das **Rheinland**. Frankreich und Großbritannien schlagen nicht zurück.

9. Mai 1936
Sieben Monate nach der Invasion Äthiopiens und der Vertreibung des Kaisers Haile Selassie I. ins Exil besetzt Italien **Äthiopien** als Teil Italienisch-Ostafrikas.

[1] Ein Titelbild aus den Anfängen des Magazins „Life" auf dem der erste Sessellift der Welt in Sun Valley, Idaho, zu sehen ist.

[4] Die „Queen Mary" verlässt Clydebank im schottischen Glasgow, wo sie gebaut und ausgestattet wurde.

[7] Eduard VIII. mit Wallis Simpson (Mitte) auf einer Kreuzfahrt durch die Adria.

[8] Elemente aus der Minotaurus-Sage und der Stierkampfarena, für beides hegt Picasso eine beständige Obsession, verhelfen „Guernica" zur universellen Darstellung der Folgen des Kriegs.

25. November 1936
Deutschland und Japan schließen den **Antikomintern-Pakt** gegen die Sowjetunion.

[7]
11. Dezember 1936
Eduard VIII. legt die Krone nieder. Er ist der einzige britische Monarch, der je freiwillig abdankte. Ursache war die ihm versagte Heirat mit der geschiedenen Amerikanerin Wallis Simpson. An diesem Datum wird seine Abdankung formell genehmigt.

12.-25. Dezember 1936
Der chinesische nationalistische Oberbefehlshaber **Chiang Kai-shek** wird von einem seiner eigenen Generäle, Zhang Xueliang, überwältigt. Der General will statt gegen die chinesischen Kommunisten gegen die Japaner kämpfen.

1937
Die afroamerikanische US-Schriftstellerin Zora Neale Hurston veröffentlicht ihr Meisterwerk **Und ihre Augen schauten Gott**. Der Roman wird nicht neu aufgelegt und erst in den 1970ern wiederentdeckt.

[8]
1937
Nach der Bombardierung des baskischen Dorfes Guernica durch die Legion Condor der deutschen Luftwaffe malt Pablo Picasso sein **Guernica**. Er verbildlicht damit die dem Kubismus innewohnenden Kräfte der Darstellung von Schrecken und Tragödie.

1937
Der US-amerikanische Chemiker Wallace H. Carothers leitet ein Forschungsteam, das **Nylon** entwickelt. Die Herstellung einer nützlichen Faser aus leicht erhältlichen Zusammensetzungen führt zu einer rasanten Entwicklung in der Vielfalt von Synthetikfasern.

1937
Der US-amerikanische Physiker Chester F. Carlson erfindet die **Xerographie**. Es ist ein elektrostatisches trockenes Kopierverfahren mit vielen Einsatzmöglichkeiten.

1937
Der US-amerikanische Physiker Ernest Lawrence und der Arzt John Lawrence entwickeln die Neutronentherapie zur Behandlung von Krebsgeschwüren. Die erste Patientin, die mit der **Strahlentherapie** behandelt wird, ist ihre Mutter Gunda.

1937
Das Konzentrationslager **Buchenwald** wird eingerichtet. Es gehört zu den ersten und größten Konzentrationslagern, welche die Nationalsozialisten auf deutschem Boden errichten.

1937
Die dänische Schriftstellerin **Isak Dinesen** veröffentlicht ihren autobiografischen Roman über ihr Leben in den afrikanischen Ngong-Bergen *Out of Africa*.

1937
Mickey Rooney spielt in dem Film *A Family Affair* die Rolle des Andy Hardy, Sohn eines Richters einer Kleinstadt im Teenageralter. Die idealisierte Familie Hardy stellt sich als so erfolgreich heraus, dass MGM in den folgenden neun Jahren 14 weitere Filme dreht. [1]

1937
Nationalsozialistische Propagandisten initiieren die **Ausstellung Entartete Kunst** in München. Die Kombination offizieller Feindseligkeit und die Auswanderung vieler Künstler beendet Deutschlands Beitrag zur Modernen Kunst.

[4] Nach der Erschießung von Polizeibeamten und Zivilisten führt die palästinensische Polizei unter britischen Kommando arabische Verdächtige zum Verhör.

[5] Die exotische Tänzerin La Jana spielt in beiden Eichberg-Filmen eine Hauptrolle.

[2] Der Verkehr rollt über die neu errichtete Golden Gate Bridge.

[1] Mickey Rooney in „Out West with the Hardys“.

30. Januar 1937
Adolf Hitler weist die Kriegsschuldklausel aus dem Versailler Vertrag zurück, fordert die Rückgabe früherer deutscher Kolonien und erklärt, dass **das Reich** eine Ära internationaler Zusammenarbeit beginnen wird.

[5]
27. Februar 1937
Zwei Filme des deutschen Regisseurs **Richard Eichberg,** *Der Tiger von Eschnapur* und *Das indische Grabmal*, werden in Berlin uraufgeführt.

6. März 1937
Der Reifenhersteller Firestone schließt die Fabriken in Akron, Ohio. Grund war die Forderung nach der Anerkennung der Gewerkschaft United Rubber Workers of America als alleiniger **Tarifverhandlungspartner** für die 10 000 Arbeiter.

19. März 1937
Papst Pius XI. verfasst eine antikommunistische Enzyklika, in dem er die Staaten dazu auffordert: „alles [zu] tun, um zu verhindern, daß eine gottlose Propaganda, die alle Fundamente der Ordnung umkehrt, in ihren Ländern Unheil anrichtet".

22. März 1937
Das französische Linienschiff **Normandie** stellt einen neuen transatlantischen Rekord auf. Es fährt die 4775 Kilometer lange Route von Ambrose Light in den USA nach Bishop's Rock in Großbritannien in 4 Tagen, 6 Minuten und 23 Sekunden.

29. April 1937
In Deutschland greift die nationalsozialistische Regierung die katholische Kirche an. Es werden **Massenprozesse** angekündigt, bei denen über 1000 Priester, Mönche und Laienbrüder der Unsittlichkeit angeklagt werden.

1937
Carl Orffs **Carmina Burana** wird in Frankfurt uraufgeführt.

1937
Die über der Bucht von San Fransisco verlaufende **Golden Gate Bridge** wird eingeweiht.
[2]

1937
Die National Gallery of Art in Washington, D.C, wird gegründet, als der Financier **Andrew Mellon** eine Gemäldesammlung europäischer Meister und eine große Geldsumme spendet.
[3]

1937
Das Nickelschmelzwerk in **Norilsk** im Nordwesten Sibiriens wird eröffnet. Das Werk ist die weltweit größte einzelne Quelle, aus der atmosphärisches Schwefeloxid aufsteigt. In den 1980ern emittiert es eine größere Menge des Schadstoffs als ganz Italien.

1937
Octavian Goga wird Premierminister von **Rumänien**. Er ist Antisemit und navigiert das Land nicht nur in die politische Richtung Deutschlands, sondern lässt sich auch auf die eigene rumänische Faschistengruppe ein, die „Eiserne Garde".

1937
In **Palästina** dauern die Unruhen an, da die arabische Bevölkerung gegen den wachsenden Zustrom von Juden protestiert.
[4]

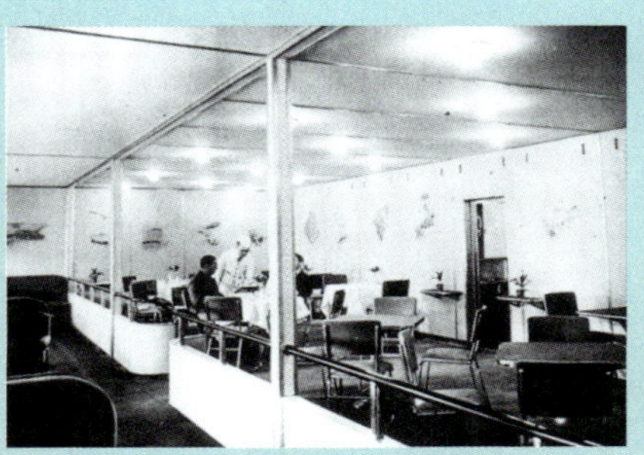

DIE *HINDENBURG*

Das größte Luftschiff verbrennt bei einem spektakulären Unglück.

Die *Hindenburg* war ein 245 Meter langes Luftschiff und wie ein konventioneller Zeppelin gebaut. Sie startete erstmals im März 1936 in Friedrichshafen. Die Höchstgeschwindigkeit betrug 135 Stundenkilometer, die Reisegeschwindigkeit lag bei 126 Stundenkilometern. Obwohl sie für die Füllung mit Helium konzipiert war, wurde sie aufgrund der Exportbeschränkungen der Vereinigten Staaten von Amerika gegenüber dem nationalsozialistischen Deutschland mit leicht entflammbarem Wasserstoff gefüllt. Im Jahr 1936 nahm die *Hindenburg* den kommerziellen Dienst (oben links, das Speisezimmer) über den Nordatlantik auf und transportierte 1002 Passagiere auf 10 planmäßigen Flügen zwischen Deutschland und den USA.

Am 6. März 1937 fing die *Hindenburg* während der Landung in Lakehurst, New Jersey, bei der ersten planmäßigen Atlantiküberquerung (ganz oben links) Feuer (oben links) und wurde komplett zerstört. 36 der an Bord befindlichen 97 Passagiere wurden getötet (links, Zeitungsverkäufer auf der Fleet Street in London). Das Feuer wurde offiziell der Entladung atmosphärischer Elektrizität in der Nähe eines leckgeschlagenen Wasserstofftanks am Luftschiff zugeschrieben. Jedoch wurde spekuliert, dass das Luftschiff einem anti-nationalsozialistischem Sabotageakt zum Opfer fiel. Das Unglück beendete den Einsatz von Luftschiffen im kommerziellen Flugverkehr.

[3] Der monumentale Portikus der National Gallery of Art in Washington, D.C. Die fensterlosen Gänge zu beiden Seiten machen deutlich, dass dies ein Gebäude ist, in dem Bilder aufgehängt werden.

[6] König Georg VI. mit seiner Frau, der Königin Elisabeth, und ihren zwei Töchtern, Elisabeth (links) und Margaret, nach der Krönung auf dem Balkon des Buckingham Palasts.

3. Mai 1937
Die US-amerikanische Autorin **Margaret Mitchell** erhält den Pulitzer-Preis für ihren Roman *Vom Winde verweht*. 1939 wird die äußerst populäre Geschichte zu einem preisgekrönten Werk verfilmt.

6. Mai 1937
Die **Hindenburg** ist das größte Luftschiff, das je gebaut wurde. Sie geht über der Lakehurst Naval Air Station, New Jersey, in Flammen auf. 36 der an Bord befindlichen 97 Passagiere werden getötet.

[6]
12. Mai 1937
Georg VI. wird zum König von Großbritannien gekrönt. Er bestieg den Thron tatsächlich schon am 11. Dezember 1936.

17. Mai 1937
Juan Negrin folgt Francisco Largo Caballero im Amt des spanischen Premierministers. Zu der Zeit nimmt der von den Sowjets ausgehende kommunistische Einfluss auf die Kriegsbemühungen der Republikaner zu.

22. Mai 1937
Die sowjetische Regierung berichtet von der Hinrichtung von mehr als 20 **Verschwörern gegen Stalin** in Tiflis (heute Tbilissi) in Georgien.

25. Mai 1937
Die mailändische Zeitung von Benito Mussolini befiehlt den **italienischen Juden** den Faschismus entweder voll und ganz zu unterstützen oder das Land zu verlassen.

1937-1938

28. Mai 1937
Neville Chamberlain wird Premierminister von Großbritannien. Sein Name wird mit der „Beschwichtigungspolitik" gegenüber dem von Adolf Hitler regierten Deutschland identifiziert.

31. Mai 1937
Deutsche Kriegsschiffe bombardieren die spanische Stadt **Almeria** als Antwort auf die Bombardierung des Schlachtschiffs *Deutschland* am 29. Mai durch die spanischen Loyalisten.

2. Juli 1937
Bei dem Versuch einmal um die Erde zu fliegen, verschwinden **Amelia Earhart** und ihr Navigator Fred Noonan über dem Pazifik in der Nähe der Datumsgrenze. Das Flugzeugwrack wird nie gefunden.

7. Juli 1937
Der **Zweite Chinesisch-Japanische Krieg** beginnt mit einem kleineren Zusammenstoß zwischen japanischen und chinesischen Truppen in der Nähe von Beijing, da China sich gegen den wachsenden Einfluss der Japaner auf sein Gebiet wehrt. *[1]*

21. August 1937
Die UdSSR und China unterzeichnen einen **Nichtangriffspakt**. Darauf entsendet die Sowjetunion umgehend Munition, militärische Ratgeber und Hunderte von Flugzeugen mit sowjetischen Piloten, um in China gegen einfallende japanische Truppen zu kämpfen.

11. Dezember 1937
Italien tritt aus dem Völkerbund aus.

[3] General Erich Ludendorff.

[1] Ein chinesischer Soldat feuert in den frühen Tagen des Zweiten Chinesisch-Japanischen Kriegs mit einem Maschinengewehr auf Japaner.

[5] Don Budge in Wimbledon bei dem Schlagen einer kontrollierten Rückhand voller Eleganz.

[6] Nylonstrümpfe: Sie werden über Jahrzehnte zum Standard der Damenbekleidung, bis sie von Nylonstrumpfhosen abgelöst werden.

[7] Joe Louis steht wieder in seiner Ecke, nachdem er Max Schmeling zu Boden gebracht hat. Der Schiedsrichter zählt bis zehn.

[5]
1938
Der US-Amerikaner **Don Budge** ist der erste Amateurspieler, der den Tennis *Grand Slam* (Wimbledon sowie die australischen, französischen und US-Open) in einem Jahr gewinnt.

1938
Der allegorische Roman *Ogboju Ode Ninu Igbo Irunmale* (Wald der Tausend Dämonen) von **Daniel Olorunfemi Fagunwa** ist der erste in der Sprache der Yoruba verfasste Roman. (Yoruba ist eine Niger-Kongo-Sprache und in Nigeria verbreitet.)

[6]
1938
DuPont beginnt mit der Produktion von **Nylon**. Es wird durch chemische Synthese von Verbindungen aus Luft, Wasser und Kohle oder Petroleum produziert und führt zu einer rasanten Entwicklung in der Vielfalt von Synthetikfasern.

1938
Der französische Koch Prosper Montagné veröffentlicht **Larousse Gastronomique**, eine enzyklopädische Dokumentation der Rezepte und Techniken der klassischen französischen Küche.

[7]
1938
Der Boxweltmeister im Schwergewicht **Joe Louis** aus den Vereinigten Staaten von Amerika nimmt Rache für die einzige je erlittene Niederlage, indem er den Deutschen Max Schmeling in der ersten Runde k.o. schlägt.

1938
Der ungarische Journalist und surrealistische Maler **László József Bíró** erfindet den Kugelschreiber. In manchen Ländern wird er unter dem Namen „Biro" bekannt.

1930-1939

13. Dezember 1937
Die japanische Armee nimmt Beijing, Hankow und Schanghai ein. Darauf dringt sie bis Nanjing vor, wo sie das **Massaker von Nanjing** begeht und bis zu 300 000 Chinesen tötet.
[2]

20. Dezember 1937
General Ludendorff stirbt. Im Ersten Weltkrieg war er ein Stabsoffizier ersten Ranges und gehörte in den 1920er Jahren zu den ersten nationalsozialistischen Reichstagsmitgliedern, brach aber dann mit Hitler.
[3]

29. Dezember 1937
Der Freie Irische Staat gibt eine neue Verfassung bekannt und ändert seinen Namen in **Eire (Irland)**.

1938
Ein Fehler in dem Laboratorium des DuPont-Unternehmens inspiriert den US-amerikanischen Chemiker Roy Plunkett zur Entwicklung von **Teflon**. Das Polymer wird gern für die Antihaftbeschichtung von Kochgeschirr eingesetzt.

1938
Action Comics bringt **Superman** heraus. Die Texte sind von Jerry Siegel und die Zeichnungen von Joseph Shuster.
[4]

1938
Die US-amerikanischen Firmen Corning Glass und Owens-Illinois stellen zusammen ein Fiberglasunternehmen auf die Beine. Das neue Unternehmen Owens-Corning Fiberglas Corporation wird führender Hersteller von Produkten zur **Isolierung**.

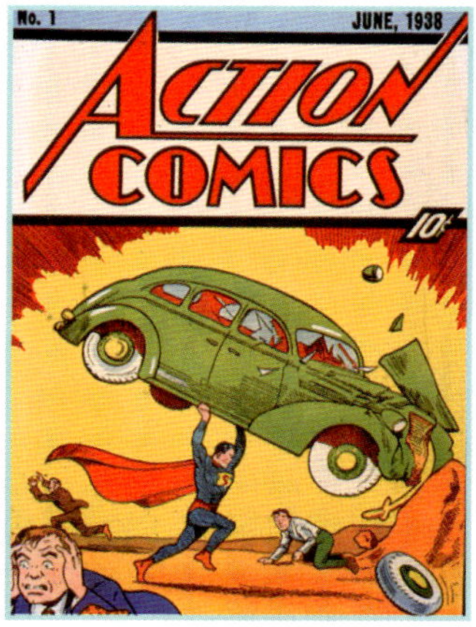

[4] Ein Titelblatt des ersten Action-Comics stellt „Superman" der Welt vor.

[9] Sudetendeutsche begrüßen die deutschen Truppen, nachdem die Tschechoslowakei gezwungen worden war, das Grenzgebiet im Sudentenland unter dem Münchner Vertrag vom Oktober 1938 an Deutschland abzutreten. Das Motorrad und der Beiwagen sind mit Blumen geschmückt.

[2] Zerstörungen in Schanghai nach einem japanischen Bombenangriff.

[10] Der Quastenflosser.

[8] Das offizielle Plakat der FIFA für die Fußballweltmeisterschaft in Frankreich.

[8]
1938
Italien schlägt Ungarn im Endspiel der **Fußballweltmeisterschaft** mit 4:2.

1938
Der **Mount Nyamulagira**, ein Vulkan in den Virunga-Bergen in Belgisch-Kongo, bricht mit solcher Gewalt aus, dass der Südwesthang aufreißt und die Lava bis an den 25 Kilometer südlich gelegenen Kivu-See fließt.

1938
Das nationalsozialistische Deutschland organisiert die **Ritscher-Expedition**, um in der Antarktis deutsches Gebiet zu beanspruchen.

1938
Das Orchester der US-amerikanischen Rundfunk- und Fernsehanstalt NBC spielt das **Adagio for Strings von Samuel Barber** unter der Leitung von Arturo Toscanini. Das Stück erlangt außerordentliche Popularität in den USA und Europa.

[9]
1938
Die 3 500 000 zählende deutsche Minderheit im **Sudetenland** in der Tschechoslowakei verlangt die Autonomie. Adolf Hitler setzt sich für ihre Sache ein. Die Tschechoslowakei tritt das Sudetenland später im Jahr an Deutschland ab.

[10]
1938
Ein lebendes Exemplar des **Quastenflossers** wird vor der Ostküste Südafrikas entdeckt. Es handelt sich um ein archaisches Meereslebewesen von dem man glaubte, dass es vor über 60 Millionen Jahren ausgestorben sei.

1938
Die Zeichentrickfigur **Bugs Bunny** von den Warner Brothers Pictures gibt ihr Debüt.

ca. 1938
Grandma Moses (Anna Mary Robertson Moses), damals in ihren späten 70ern, beginnt mit der naiven Malerei von Szenen aus dem Landleben in den USA.

16. Januar 1938
Das Orchester von **Benny Goodman** gibt in der Carnegie Hall ein Konzert. Es ist ein Höhepunkt in seiner Karriere als der „König des Swings". Die Konzertaufnahmen wurden seitdem mehrmals neu aufgelegt und werden als eines der besten Jazz-Live-Alben gerühmt.

28. Januar 1938
Der deutsche Rennfahrer **Bernd Rosemeyer** stirbt bei dem Versuch, den Weltgeschwindigkeitsrekord erneut zu brechen. Sein Auto fährt etwa 440 Stundenkilometer, als es vom Seitenwind erfasst wird und sich mehrmals überschlägt.
[1]

10. Februar 1938
König Karl von Rumänien verkündet eine korporativistische Diktatur, um der Machtergreifung durch die pro-nationalsozialistische *Eiserne Garde* entgegenzuwirken. Er erhält Unterstützung von Armand Calinescu, seinem Innenminister und späterem Premierminister.
[2]

16. Februar 1938
Der österreichische Kanzler **Kurt von Schuschnigg** nimmt einen österreichischen Nationalsozialisten in sein Parlament auf. Dies ist der erste Schritt hin zum deutschen Staatsstreich.
[3]

[2] Armand Calinescu. Er kämpft, damit das ölreiche Rumänien nicht, wie von der „Eisernen Garde" geplant, in die Hände des Deutschen Reichs fällt.

[3] Der österreichische Nationalsozialist Arthur Seyss-Inquart (Mitte) verlässt Berlin, um wie von Hitler gefordert den Posten als österreichischer Außenminister anzutreten.

[4] Die Österreicher begrüßen die deutschen Streitkräfte im Zuge des „Anschlusses" in Salzburg.

REICHSPOGROMNACHT

Nationalsozialistisches Pogrom gegen deutsche Juden

In der Nacht vom 9. auf den 10. November 1938 griffen die deutschen Nationalsozialisten Juden und deren Besitz an. Der verharmlosende Name *Kristallnacht* bezog sich auf die Glasscherben, die danach auf den Straßen lagen (links). Korrekterweise verwendet man die Bezeichnungen *(Reichs)Pogromnacht* oder *Novemberpogrom*. Der Vorwand für dieses Vorgehen war die Erschießung des deutschen Diplomaten Ernst von Rath am 7. des Monats in Paris durch den polnisch-jüdischen Studenten Herschel Grynszpan. Die Nachricht von Raths Tod erreichte Adolf Hitler am 9. November in München während der Jahresfeier des fehlgeschlagenen Hitler-Ludendorff-Putsches von 1923. Nach Rücksprache mit Hitler drängte Joseph Goebbels dort auf gewaltsame Vergeltungsmaßnahmen, die wie „spontane Demonstrationen" aussehen sollten. Die Gewalttätigkeiten führten zum Tod von 91 Juden, und Hunderte wurden schwer verletzt. Etwa 7500 jüdische Geschäfte wurden ausgebrannt und rund 1000 Synagogen in Brand gesteckt oder beschädigt. Die Gestapo verhaftete 30 000 jüdische Männer, denen sie die Freilassung unter der Bedingung anboten, dass sie auswandern und ihr Vermögen abtreten.

14. Juli 1938
Japan lehnt die Einladung für die Ausrichtung der **Olympischen Spiele** 1940 ab. Man wählt stattdessen Helsinki als Austragungsort.

21. Juli 1938
Bolivien und Paraguay unterzeichnen den **Chaco-Friedensvertrag**. Er beendet einen in Abständen immer wieder aufflammenden Krieg zwischen den Ländern, der 1928 begann.

August 1938
Zwei französische Kabinettsminister danken aufgrund einer Erklärung des **Premierministers Eduard Daladier** ab, in der er die Verlängerung der Arbeitswoche von nun 40 Stunden verlangte, um das Verteidigungsprogramm Frankreichs zu beschleunigen.

14. August 1938
Die **Queen Mary** stellt einen neuen Rekord für die Ostwärtsüberquerung des Atlantischen Ozeans auf: 3 Tage, 20 Stunden, 42 Minuten. Sechs Tage zuvor hatte sie den Rekord für die Westwärtsüberquerung aufgestellt.

1. September 1938
Ausländischen Juden, die nach 1919 nach Italien eingewandert sind, wird befohlen, das Land innerhalb von sechs Monaten zu verlassen. Am nächsten Tag schließt die **italienische Regierung** nicht-arische Lehrer und Schüler von sämtlichen Schulen aus.

29. September 1938
Polen verlangt die Abtretung von **Teschen**. Dies ist ein reiches Gebiet, das in der Folge des Streits zwischen Polen und der Tschechoslowakei um diese Region nach dem Ersten Weltkrieg aufgeteilt wurde.

13. März 1938
Der **Anschluss**, die politische Union von Österreich und Deutschland, wird ausgerufen.
[4]

13. März 1938
Leon Blum tritt die zweite Amtszeit als französischer Premierminister an. Er übernimmt das Amt von Camille Chautemps, dessen Appell an die Plenarmächte für Sparsamkeit und Deflation abgelehnt wurde. Nach drei Wochen wird Blum durch Daladier ersetzt.

17. März 1938
Polen stellt Litauen ein Ultimatum in dem Bemühen, die territoriale Auseinandersetzung über die Stadt Vilnius zu beenden.

27. März 1938
Die Universität in Chicago belegt, dass die Nationalsozialisten **1684 Lehrkräfte** entlassen haben. Rund 800 wurden entlassen, weil sie Juden, Katholiken oder „politisch unverlässlich" waren. Unter ihnen waren Albert Einstein, James Franck, Gustav Hertz und Franz Haber.

10. April 1938
Eine kontrollierte Volksbefragung in **Österreich**, kurz nach Hitlers Einmarsch in dem Land, zeigt, dass 99,7 Prozent der Österreicher für den „Anschluss" sind.

Juli 1938
Der US-amerikanische Unternehmer, Pilot und Filmproduzent **Howard Hughes** fliegt mit einer „Lockheed 14" in 91 Stunden und 14 Minuten um die Erde. Am 14. Juli landet er in New York City.
[5]

[1] Bernd Rosemeyer fährt in einem Auto Union über die AVUS-Teststrecke in Berlin.

[7] Orson Welles am Rundfunkmikrofon.

[8] Charlie „Bird" Parker hat bald einen führenden Einfluss auf den aufkommenden Jazzstil „Bebop".

[6] Der britische Premierminister Neville Chamberlain trifft von seinem Flug aus München in England ein. Er hält das Vertragsdokument hoch, von dem er behauptet, dass es „den Frieden in unserer Zeit" sichern wird.

[5] Howard Hughes fliegt in seiner „Lockheed 14 Super Electra" über den East River in New York.

[6]
30. September 1938
Der britische Premierminister Chamberlain und der französische Premierminister Daladier schließen mit Hitler das **Münchener Abkommen** über den Anschluss des Sudetenlandes ab, in der Hoffnung, den Zweiten Weltkrieg verhindern zu können.

[7]
30. Oktober 1938
Die von Orson Welles für den Rundfunk bearbeitete Fassung von **Krieg der Welten** von H.G. Wells löst eine landesweite Panik aus. Tausende Zuhörer fürchten eine reale Invasion vom Planeten Mars.

9. November 1938
Im Deutschen Reich bricht in der **Reichspogromnacht** die organisierte Gewalt gegen Juden aus. 30 000 jüdische Männer werden in Konzentrationslager gebracht.

10. November 1938
Kemal Atatürk, Gründer der modernen Türkei, stirbt im Alter von 57 Jahren.

15. November 1938
In Barcelona findet eine Abschiedsparade für die Freiwilligen der **Internationalen Brigaden**, die im spanischen Bürgerkrieg für die Republikaner gekämpft haben, statt.

[8]
1939
Der Altsaxophonspieler **Charles Parker** zieht nach New York. Dort spielt er mit Dizzy Gillespie und anderen prominenten Vertretern des Jazz. Er erarbeitet sich den Ruf des besten Improvisationsmusikers.

1939

1939
Der US-amerikanische Erfinder John Atanasoff baut den ersten zweckgebundenen **elektronischen Rechner**.

1939
Die Skulpturen *Lobster Trap* und *Fish Tail* von **Alexander Calder** bringen Gleichgewicht und kinetische Bewegung in die moderne Bildhauerei. Er erfindet die bewegliche Skulptur, die *Mobile* genannt wird (die Bezeichnung stammt von Marcel Duchamp).

1939
Die **Weltausstellung** in New York findet statt. Alvar Aaltos einfühlsamer Einsatz von Holz für den finnischen Pavillon bricht mit der Faszination an der Technologie, die in der modernen Architektur und der Ausstellung selbst vorherrscht.
[1]

1939
Der US-amerikanische Romanschriftsteller **John Steinbeck** veröffentlicht *Früchte des Zorns*. In dem Werk fasst er die Bitterkeit der Großen Depression zusammen und erweckt weitreichende Sympathie für das Elend der umherziehenden Landarbeiter.
[2]

1939
Der US-amerikanische Romanschriftsteller Raymond Chandler stellt mit **Der große Schlaf** den Detektiv Philip Marlowe vor. Sein Roman verhilft abgebrühten Detektivromanen zur Anerkennung als ernstzunehmende Literaturform.

1939
In einem ungewöhnlich gutem Jahr für **Kinofilme** werden *Vom Winde verweht, Der Zauberer von Oz, Die Spielregel, Ringo, Die Frauen, Mr. Smith geht nach Hollywood* und *Ninotschka* uraufgeführt.
[3]

[1] Die Weltausstellung in New York: Auf dem Plakat sind der „Trylon" und die „Perisphere" zu sehen, die über einen Aufzug zugänglich sind und über einen geschwungenen Gang verlassen werden können.

[2] „Die Früchte des Zorns". Henry Fonda (Mitte) in einer Szene aus John Fords Filmbearbeitung des Romans von John Steinbeck.

[3] Der Film, in dem, wie das Poster besagt, der in Schweden geborene Star Greta Garbo lacht.

[3] „Der Zauberer von Oz". Dorothy (Judy Garland) neben der „Vogelscheuche" und dem „Zinnmann" in einer Werbeaufnahme.

[6] Zwei frühe Hubschraubertypen, erfunden von dem russischen Immigranten Igor Sikorsky.

[7] Ein Plakat der spanischen Republikaner, auf dem sie ihre Anhänger auffordern, Madrid weiterhin zu verteidigen. Sollte Franco die Stadt erobern, würde auch Katalonien im Norden fallen.

1939
Reinhard Heydrich wird Leiter des Reichssicherheitshauptamtes, das für die gesamte Sicherheits- und Geheimpolizei im Deutschen Reich verantwortlich ist.

1939
Der schweizerische Chemiker Paul Müller entdeckt die Eigenschaften des **DDT** als Insektizid. Anfangs wird DDT erfolgreich gegen die meisten Insekten eingesetzt, es schädigt aber Vögel, Amphibien und andere Tiere und wird daher 1970 weitgehend verboten.

1939
In Deutschland findet der erste erfolgreiche Flug eines **Düsenflugzeugs** statt. Den Motor der Heinkel *He 178* hat Hans Pabst von Ohain konstruiert.

[6]
1939
Der in Russland geborene US-amerikanische Flugzeugingenieur Igor Sikorsky baut den ersten einsatzfähigen **Hubschrauber**.

1939
Der **View-Master**, eine moderne Version des Stereoskops, wird auf der Weltausstellung in New York 1939 vorgestellt. Der Bildbetrachter wird über Kamerafachgeschäfte vermarktet.

1939
Thomas Joseph Mooney wird vom Gouverneur von Kalifornien begnadigt. Mooney ist ein US-amerikanischer sozialistischer Organisator und Aktivist, der in Verbindung mit einem Bombenanschlag in San Francisco 1916 schuldig gesprochen wurde.

1939
Norwegen erhebt Anspruch auf das **Königin-Maud-Land** in der Antarktis.

1939
In Deutschland leitet man die **Aktion T4** ein, Euthanasiemorde an geistig und körperlich behinderten sowie gemütskranken Deutschen, die von dem Ideal der arischen Überlegenheit abweichen. Dabei kommen zum ersten Mal Gaskammern und Massenkrematorien zum Einsatz.

1939
Der deutsche Maler und Kunstlehrer **Hans Hofmann** bricht aus dem Stil der expressionistischen Landschaften und Stillleben aus. Er entwickelt einen völlig abstrakten Stil aus kräftigen Pinselstrichen und satten Farben.

6. Juni 1939
Sigmund Freud stirbt im Alter von 83 Jahren im Exil in London. Ein Jahr zuvor hatte er Wien verlassen, nachdem er mehrmals von den Nationalsozialisten aufgesucht worden war.
[4]

1939
Der aus Martinique stammende Dichter **Aimé Césaire** veröffentlicht *Cahier d'un retour au pays natal* (Zurück ins Land der Geburt). Das Werk gehört zu den bedeutendsten Dichtungen der Négritude-Bewegung.

1939
Die Mitgliedschaft deutscher Jungen in der **Hitlerjugend** wird vorgeschrieben. Ab nun sind die Jungen auch gegen den Wunsch der Eltern gezwungen teilzunehmen.
[5]

[4] Sigmund Freud in Paris mit seiner Tochter Anna, links außen, Marie Bonaparte, Gattin des Prinzen Georg von Griechenland, und deren Sohn Fürst Peter.

[8] Marian Anderson singt mit Lincolns schweigendem Einverständnis.

[7] Madrid ist gefallen. Die früheren republikanischen Soldaten schwören dem nationalistischen Regime Francos in einer Zeremonie, bei der sie die Fahne küssen, die Treue.

[5] Eine Fahnenzeremonie der Hitlerjugend.

10. Februar 1939
Pius XI. stirbt. Sein Nachfolger ist der Kardinalstaatssekretär Eugenio Pacelli als **Papst Pius XII**.

23. März 1939
Die Ungarn fallen in der **Slowakei** ein und erobern Gebiete zurück, die sie auf Grundlage des Vertrags von Trianon 1920 abtreten mussten. Die Slowakei ist seit der Annektierung der tschechischen Provinzen anfangs des Monats durch die Deutschen unabhängig.

[7]
28. März 1939
Francisco Franco, Führer der nationalistischen Streitkräfte im spanischen Bürgerkrieg, nimmt die Hauptstadt **Madrid** ein und stürzt die Regierung der spanischen Republik.

7. April 1939
Der italienische Diktator Benito Mussolini erklärt **Albanien** zum Protektorat seines Landes. Es setzt Italiens Victor Emmanuel III. als König ein. Der albanische König Zog I. geht ins Exil.

[8]
9. April 1939
Die afroamerikanische US-Opernsängerin **Marian Anderson** gibt ein Konzert an dem Denkmal *Lincoln Memorial*, nachdem ihr der Auftritt in der Konzerthalle Constitution Hall durch die Frauenvereinigung Töchter der Amerikanischen Revolution untersagt wurde.

26. April 1939
Robert Menzies wird in das Amt des Premierministers von Australien gewählt. Er verstärkt das militärische Bündnis mit den USA, unterstützt das industrielle Wachstum und fördert die Immigration aus Europa.

30. April 1939
Der Sender National Broadcasting Company (NBC) überträgt die **erste öffentliche Fernsehausstrahlung** in den Vereinigten Staaten von Amerika auf der Weltausstellung in New York.

20. Mai 1939
Das Flugzeug *Yankee Clipper* der Pan American Airways führt den **transatlantischen Luftpostdienst** ein. Die Flugroute verläuft von Port Washington im Bundesstaat New York nach Lissabon. [1]

22. Mai 1939
Adolf Hitler und Benito Mussolini unterzeichnen den **Stahlpakt**. Es ist ein volles militärisches und politisches Bündnis zwischen dem Deutschen Reich und Italien. [2]

23. August 1939
Das Deutsche Reich und die Sowjetunion unterzeichnen einen **Nichtangriffspakt**. Die Interessensphären in Osteuropa werden damit zwischen Deutschland und der Sowjetunion aufgeteilt.

1. September 1939
Deutschland überfällt **Polen**.

3. September 1939
Großbritannien, Frankreich und Neuseeland erklären **Deutschland** den Krieg. [3]

DEUTSCHLAND BESETZT POLEN

Der Zweite Weltkrieg beginnt.

Am 31. August 1939 um 12:40 Uhr befahl Adolf Hitler den Angriff auf Polen für 4:45 am nächsten Morgen. Die Invasion begann wie befohlen (links, motorisierte deutsche Streitkräfte auf dem Vormarsch). Der deutsche Angriff oder Blitzkrieg war schnell und heftig. Die Deutschen nutzten den Überraschungseffekt, die Geschwindigkeit und enorme Feuerkraft ihrer Armee, um die polnischen Kräfte zu übermannen. Sämtliche deutschen Truppen machten schnelle Fortschritte bei dem großen Umzingelungsmanöver. Die polnische Verteidigung war schon durch willkürliche Anstrengungen isolierter Truppenteile geschwächt, als sie ein weiterer Schlag traf: Am 17. September 1939 marschierten sowjetische Streitkräfte im Osten Polens ein. Am darauf folgenden Tag flohen die polnische Regierung und das Oberkommando ins Exil. Die Garnison in Warschau hielt den Deutschen bis zum 28. September stand. Der letzte große Truppenteil der polnischen Armee hielt den Widerstand bis zum 5. Oktober aufrecht.

[1] Die „Yankee Clipper“ wird von Eleanor Roosevelt getauft.

[3] Ein Zeitungsverkäufer auf dem Trafalgar Square.

[2] Hitler und Mussolini bei einem Besuch Hitlers in Italien im Jahr 1938, wo die Grundlagen für den Stahlpakt aus dem Jahr 1939 gelegt werden.

17. September 1939
Die **Sowjetarmee** marschiert von Osten in Polen ein, und die polnische Regierung flieht nach Rumänien.

30. November 1939
Im Herbst 1939 weigert sich **Finnland**, der Sowjetunion eine Marinebasis zu gewähren und schlägt Zugeständnisse anderer Art ebenfalls ab. Daraufhin greift Russland mit einer Gesamttruppenstärke von etwa 1 Million Soldaten Finnland an.

Ein Junge sitzt auf einer angeschwemmten Mine und isst ein Eis, 1940.

1940

1940
Der Afroamerikaner **Richard Wright** vollendet seinen Roman *Native Son.*

1940
Der ehemalige **König Alfons XIII.** stirbt. Sein Sohn Don Juan wird Anwärter auf den spanischen Thron.
[1]

1940
Die US-amerikanischen Physiker Edwin M. McMillan und Philip H. Abelson beschießen Uran mit Neutronen und produzieren so auf künstliche Weise das erste **transuranische** Element (Neptunium).

1940
Ernest Hemingway veröffentlicht seinen berühmtesten Roman *Wem die Stunde schlägt.* Es beruht zum Teil auf den Erlebnissen des Autors während des Spanischen Bürgerkriegs. Hemingway bekommt 1954 den Nobelpreis für Literatur.
[2]

1940
Nachdem ihm viele Konservative im Unterhaus die Unterstützung verwehren, tritt der britische Premierminister **Neville Chamberlain** von seinem Amt zurück. An seine Stelle tritt Winston Churchill.
[3]

1940
Bei seiner ersten Rede im Unterhaus stellt sich Premierminister **Winston Churchill** dem bevorstehenden Kampf: „Ich habe nichts zu bieten außer Blut, Mühsal, Tränen und Schweiß". Dann verpflichtet er sich und seine Nation dem totalen Krieg.
[4]

[1] Juan de Bourbon 1945 im Exil mit seiner Frau und seinen Kindern. Sein ältester Sohn Juan Carlos (Mitte) wird 1975 König von Spanien.

[2] Ernest Hemingway (Mitte) in Spanien mit zwei anderen Journalisten während des Spanischen Bürgerkriegs.

[4] Churchill (Mitte rechts, mit Stock) schreitet mit großen Schritten durch die Innenstadt von London und vermittelt so den Londonern um ihn herum seine eigene Energie und Trotzhaltung.

[7] König Haakon trifft mit seinem Sohn Prinz Olaf in London Krankenschwestern.

[7]
1940
König Haakon von Norwegen und **Königin Wilhelmina** von den Niederlanden fliehen mit ihren Familien nach Großbritannien, als die Deutschen in ihre Länder einmarschieren.

1940
Vannevar Bush wird der erste Leiter des American National Defense Research Committee (NDRC), das die Forschung von Radar, Medizin und Atomwaffen in Kriegszeiten lenkt.

14. Januar 1940
Das FBI gibt die Verhaftung von 18 Mitgliedern der **Christlichen Front** in New York bekannt. Sie werden angeklagt, „den Sturz der amerikanischen Regierung geplant zu haben."

19. Februar 1940
In **Deutschland** tritt ein **Erlass** in Kraft, demzufolge alle Fabriken, Bauernhöfe und Wälder auf polnischem Territorium dem Reich einverleibt werden.

1. März 1940
In Italien wird den **Juden** verboten, ihren Beruf auszuüben, außer sie dienen ihren jüdischen Mitbürgern.

12. März 1940
Finnland stimmt den sowjetischen Friedensbedingungen zu, um den **Russisch-Finnischen Krieg** zu beenden. Es muss u.a. die Karelischen Landenge abtreten und die Errichtung eines sowjetischen Marinestützpunkts auf der Halbinsel Hanko hinnehmen.

1940
Winston Churchill mahnt die Briten: „Deshalb sollten wir uns für unsere Pflichten wappnen und zwar so, dass sogar nach tausend Jahren, wenn es dann noch das britische Reich und sein Commonwealth gibt, die Menschen sagen werden: Das war ihre beste Stunde."

1940
Charlie Chaplin spielt in seinem ersten vertonten Film **Der große Diktator**, in dem er Adolf Hitler auf vernichtende Weise verhöhnt. Es wird der einträglichste Film des Komödianten.
[5]

1940
Das ehemalige Mitglied der Gruppe *f.64*, **Edward Weston**, veröffentlicht seinen Rückblick auf Kalifornien und den Westen. Dieses und andere Werke verschaffen ihm den Ruf des bedeutendsten Fotografen des Jahrhunderts.

1940
Frank Sinatra, ein Veteran des Harry James and Tommy Dorsey Orchestra, erreicht zum ersten Mal im Radioprogramm *Your Hit Parade* als Solist nationale Berühmtheit.
[6]

1940
Wegen des Zweiten Weltkriegs finden die **Olympischen Spiele** weder im Sommer noch im Winter statt.

1940
St. Louis in Missouri ist die erste Industriestadt mit einem umfassenden Programm zur Reduzierung der Rauchentwicklung. Man verursacht deutlich weniger Rauch, Ruß und **Luftverschmutzung**.

[5] Charlie Chaplin parodiert Hitler als der „Große Diktator".

[6] Frank Sinatra zu Anfang der 1940er Jahre.

[10] Belgische Flüchtlinge suchen in einem Graben Schutz, als deutsche Tiefflieger die Straße, auf der sie sich befinden, zu bombardieren drohen.

[3] Churchill verlässt nach seiner ersten Kabinettssitzung als Premierminister den Garten der Downing Street Nr. 10. Links neben ihm ist Kingsley Wood, Minister für Luftfahrt, und rechts Anthony Eden, Außenminister.

[8] Ein amerikanischer Zerstörer, die „Hammann", liegt im September auf Anker vor Hawaii zusammen mit anderen Schiffen der US-Pazifikflotte.

[9] Die Besatzung eines deutschen Panzers spricht auf dem Weg durch Holland mit der Infanterie.

28. März 1940
Präsident Franklin D. Roosevelt unterschreibt ein Gesetz, das die Höchststrafe für **Spionage** gegen die USA von zwei auf zehn Jahre Haft erhöht.

9. April 1940
Deutsche Truppen dringen in Dänemark und Norwegen ein. **Norwegen** erklärt Deutschland den Krieg. Obwohl britische Truppen dem Land zu Hilfe eilen, fällt es an Deutschland.

18. April 1940
Ein Komitee des **Indian National Congress** ruft die Bevölkerung als Protestmaßnahme gegen die britische Herrschaft zum zivilen Ungehorsam auf.

[8]
7. Mai 1940
Die **US-amerikanische Pazifikflotte** erhält den Befehl, bis auf unbestimmte Zeit in hawaiischen Gewässern zu bleiben.

[9]
10. Mai 1940
Deutschland beginnt mit der Invasion **Belgiens, Luxemburgs** und der **Niederlande**.

[10]
18. Mai 1940
Brüssel fällt an das eindringende deutsche Heer und wird unter harten Bedingungen besetzt.

1940-1941

26. Mai 1940
Die von den Deutschen abgeschnittene britische Expeditionsstreitmacht und andere Truppen der Alliierten beginnen mit der Evakuierung vom französischen **Dünkirchen** nach England.
[1]

9. Juni 1940
Deutsche Panzereinheiten unter Generalmajor **Erwin Rommel** überqueren im Zweiten Weltkrieg beim Vorstoß zur französischen Atlantikküste die Seine.

10. Juni 1940
Italien erklärt Frankreich und Großbritannien den Krieg und tritt somit in den Zweiten Weltkrieg ein.

14. Juni 1940
Der erste Transport polnischer politischer Häftlinge kommt in **Auschwitz** an, das zum größten Konzentrations-, Vernichtungs- und Arbeitslager des nationalsozialistischen Deutschlands wird und in dem mehr als eine Million Menschen sterben.

17. Juni 1940
Die sowjetische Rote Armee dringt in **Lettland** ein, das daraufhin der UdSSR einverleibt wird.

18. Juni 1940
Nachdem Frankreich an die Nationalsozialisten gefallen ist, appelliert der französische General **Charles de Gaulle** in einer Rundfunkübertragung von London aus an seine Landsleute, den Zweiten Weltkrieg unter seiner Leitung weiterzuführen.
[2]

[1] Lange Reihen britischer und französischer Truppen, die am Strand von Dünkirchen auf ihren Abtransport warten.

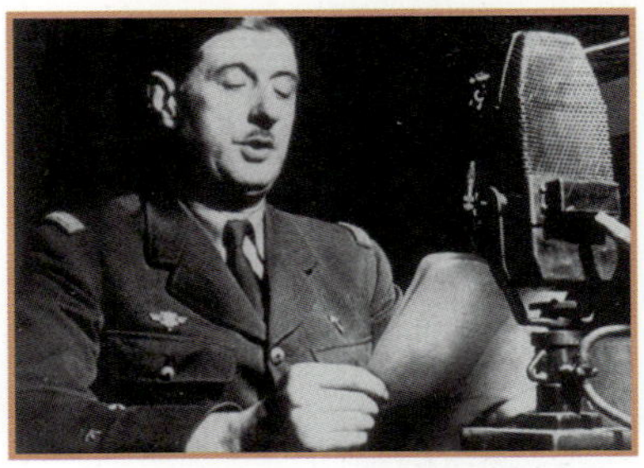

[2] General de Gaulle sendet seinen Aufruf an die Franzosen, den Kampf unter seiner Leitung weiterzuführen.

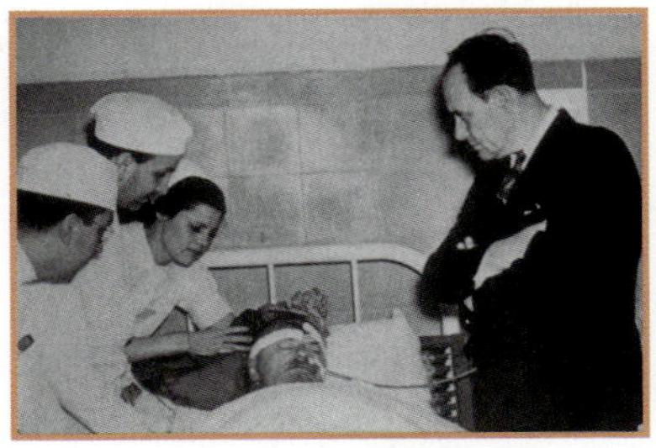

[5] Trotzki im Krankenhaus. Das Pflegepersonal beobachtet ihn besorgt angesichts des nahenden Todes. Sein Mörder durchschlug seine Schädeldecke mit einem Eispickel.

[3] Marschall Pétain (links) trifft Hitler im Oktober in Frankreich.

[6] Deutsche „Dornier Z-17"-Bomber über Ostlondon. Zwischen ihnen ist deutlich das Greyhound Stadion in West Ham zu sehen.

[5]
20. August 1940
Leon Trotzki wird von einem stalinistischen Agenten in Mexiko ermordet. Er war Führer der russischen Oktoberrevolution von 1917 und später Volkskommissar für äußere Angelegenheiten und Kriegswesen.

[6]
September 1940
Die **Luftwaffe** beendet ihre Bombenangriffe auf die Flughäfen und beginnt mit der Bombardierung Londons, dem sogenannten **London Blitz**. Das war ein Glück für die britische Luftwaffe, die sonst handlungsunfähig geworden wäre.

22. September 1940
Jean Decoux, der nach dem Fall Frankreichs vom Vichy-Regime zum französischen Generalgouverneur von **Indochina** ernannt wurde, schließt mit den Japanern einen Vertrag ab, der ihnen erlaubt, Truppen in Indochina zu stationieren.

[7]
23. Oktober 1940
Hitler und Franco treffen sich ein einziges Mal im französischen Hendaye. Franco lässt sich nicht verführen und hält Spanien aus dem Zweiten Weltkrieg heraus.

28. Oktober 1940
Sieben in Albanien stationierte italienische Divisionen dringen in **Griechenland** ein. Innerhalb von zwei Wochen werden sie von den griechischen Streitkräften unter dem Kommando von Alexandros Papagos aufgehalten und zurückgedrängt.

[8]
5. November 1940
Franklin D. Roosevelt wird zum dritten Mal zum Präsidenten der Vereinigten Staaten gewählt. Das ist beispiellos in der amerikanischen Geschichte.

22. Juni 1940
Die französische Regierung unter Marschall Philippe Pétain, wegen der Verteidigung Verduns im Jahre 1917 zum Volkshelden gekürt, unterzeichnet den Waffenstillstandsvertrag mit Deutschland. So entsteht das **Vichy-Regime**, das mit den Deutschen kollaboriert.
[3]

3. Juli 1940
Die **britische Marine** greift die **französische Flotte** an und zerstört sie, als diese in Nordafrika vor Anker liegt. 1147 französische Matrosen sterben dabei. Sie wollten sich nicht mit den Briten verbinden, die es sich wiederum nicht leisten konnten, dass die Flotte an Deutschland fällt.
[4]

10. Juli 1940
Der **Battle of Britain** (Luftschlacht um England) beginnt. Die deutsche Luftwaffe bombardiert Konvois, Flugplätze und später auch zivile Ziele.

August 1940
Italienische Truppen überrennen **Britisch-Somaliland** in Ostafrika.

1. August 1940
John F. Kennedys Buch *Why England Slept* wird veröffentlicht. Es ist eine kritische Darstellung des britischen Militärs, das zum Bestseller wird.

3. August 1940
Litauen wird von der UdSSR nach der sowjetischen Besatzung der baltischen Staaten „akzeptiert". Estland wird annektiert.

DIE LUFTSCHLACHT UM ENGLAND

Die deutsche Luftwaffe kann die Royal Air Force nicht vernichten.

Nach dem Fall Frankreichs beginnt Deutschland mit einer Serie von Luftangriffen auf Großbritannien, die eine Invasion (*Operation Seelöwe*) vorbereiten soll. Die Luftschlacht war im Großen und Ganzen Mitte September 1940 vorbei, als die Invasion auf unbestimmte Zeit verschoben wurde. Obwohl die Royal Air Force große Verluste hinnehmen musste (links, britische Piloten laufen zu ihren Flugzeugen), konnte sie der deutschen Luftwaffe doch durch kluge Taktik, frühzeitige Luftabwehr und u.a. durch Radar und Auskundschaften der deutschen Geheimcodes Einhalt gebieten. Da die britischen Piloten sich näher an ihren Stützpunkten befanden, konnten sie länger in der Luft bleiben. Außerdem beging die Luftwaffe den taktischen Fehler, von der Bombardierung der Flugplätze und der Radarausrüstung zu Luftangriffen auf London überzugehen.

[9] Die Tacoma Narrows Bridge schwingt kurz vor ihrem Einsturz.

[4] Französische Matrosen bekämpfen einen Brand an Bord ihres Schiffes bei Mers-el-Kebir.

[8] Franklin D. Roosevelt redet zu 25 000 Menschen im Madison Square Garden in New York vor seiner beeindruckenden Wiederwahl.

[7] Hitler und Franco salutieren demonstrativ am Bahnhof von Hendaye.

[9]
7. November 1940
Die **Tacoma Narrows Bridge** zwischen der Halbinsel Olympia und Tacoma in Washington bricht bei einer Windgeschwindigkeit von etwa 67 km/h auseinander.

24. Dezember 1940
Japan und **Thailand** verkünden einen Vertrag, in dem sie sich verpflichten, die territoriale Integrität des jeweils anderen zu respektieren.

1941
Der US-amerikanische Dichter **John Crowe Ransom** veröffentlicht sein berühmtes Buch mit Essays, *The New Criticism*, mit dem er der Literaturtheorie des *New Criticism* zu mehr Anerkennung verhilft.

1941
Der **Anti-Comintern Pakt** wird für weitere fünf Jahre erneuert. Zu den Unterzeichnern gehören Deutschland, Japan, Italien, Spanien, Finnland, Rumänien, Bulgarien, die Slowakei, Kroatien, Dänemark, Ungarn, China und Mandschukuo.

1941
Nach großem Widerstand bildet das Kriegsministerium die ausschließlich aus Schwarzen bestehende 99. Pursuit Squadron der US-Luftwaffe unter dem Kommando von Benjamin Oliver Davis Jr., die später die **Tuskegee Airmen** genannt werden.

1941
Der deutsche Ingenieur Konrad Zuse baut den **Z3**, den ersten prozessorgesteuerten Computer (der auch Binärdarstellungen verwendet).

1941

1941
Bertolt Brechts Schauspiel *Mutter Courage und ihre Kinder* wird in Zürich uraufgeführt.

1941
Der ehemalige deutsche Kaiser **Wilhelm II.** stirbt im Exil in Holland.

1941
Les Paul entwirft die erste **elektrische Gitarre** mit einem festen Körper.

1941
Let Us Now Praise Famous Men mit Texten von James Agee und Fotos von Walker Evans enthüllt die Misere von Farmpächtern in Alabama. Die Kombination aus lyrischen Texten und fesselnden Bildern schafft ein Buch mit großer Ausdruckskraft.
[1]

1941
Die Schokoladenbonbons von **M&M** mit den bunten Zuckergusshüllen werden eingeführt.

1941
In einer einzigen Saison der Baseball Liga gibt es gleich zwei überragende Leistungen: **Ted Williams** erreichte einen Schlagdurchschnitt von .406 in diesem Jahr und **Joe DiMaggio** stellt mit einem Basehit in 56 aufeinander folgenden Spielen einen Rekord auf.

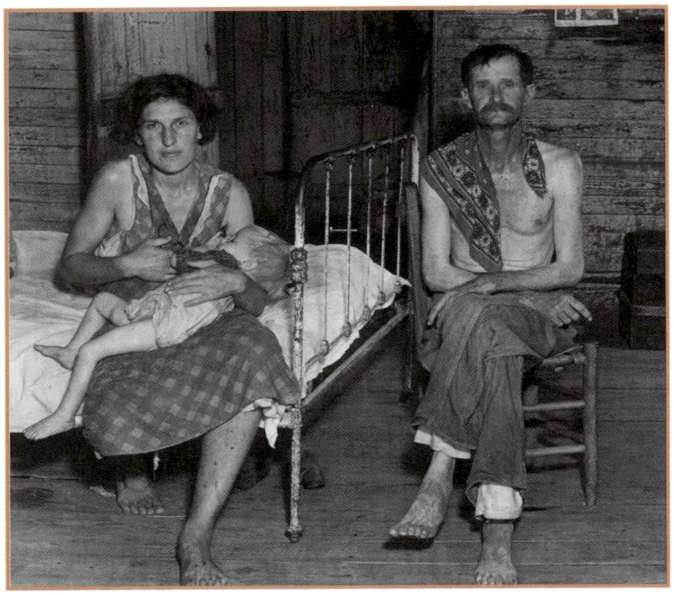

[1] Ein Farmpächter aus Alabama mit Frau und Kind, fotografiert von Walker Evans.

[3] Die Presse ist im Weißen Haus dabei, als Präsident Roosevelt das Leih- und Pachtgesetz unterschreibt, eine Rettungsleine für Großbritannien.

[8] Martin Bormann (links) mit Ritter von Epp, dem ehemaligen Oberst der Freikorps und nationalsozialistischen Gouverneur von Bayern.

[4] Feuerwehrleute in Berlin bekämpfen einen durch die britischen Bomber verursachten Brand.

[3]
11. März 1941
Der US-Kongress verabschiedet das **Leih- und Pachtgesetz**, mit Hilfe dessen die USA seine Alliierten im Zweiten Weltkrieg mit Kriegsmaterial, Lastwagen, Lebensmitteln und anderen Rohstoffen versorgen kann.

April 1941
Konoe Fumimaro, Japans Ministerpräsident (1937-39, 1940-41) verwendet seine gesamte Energie auf Verhandlungen mit den USA. 1945 wird er von der Besatzungsarmee verdächtigt, ein Kriegsverbrecher zu sein und verhaftet. Er begeht später Selbstmord.

6. April 1941
Die nationalsozialistischen Armeen dringen in **Jugoslawien** und **Griechenland** ein.

[4]
9. April 1941
Britische Flugzeuge bombardieren das Zentrum **Berlins** und beschädigen die Oper und andere Gebäude.

13. April 1941
Japan schließt mit der Sowjetunion im Zweiten Weltkrieg einen Neutralitätspakt.

17. April 1941
Jugoslawien ergibt sich den deutschen Invasionstruppen.

1941
Orson Welles schafft sein Meisterwerk **Citizen Kane**. Die innovative Erzähltechnik und die Verwendung von Fotografie, Lichteffekten und Musik machen diesen Film richtungweisend. Welles schrieb das Drehbuch, führte Regie, war Produzent und spielte im Film selbst mit.
[2]

1941
Die Pazifistin **Jeannette Rankin** ist die einzige Kongressabgeordnete, die gegen die Beteiligung der USA am Zweiten Weltkrieg stimmt.

1941
Willie Mosconi gewinnt die erste seiner 15 Pool-Billard-Meisterschaften. Er ist berühmt für seine präzisen und ausgefallenen Stöße und verschafft dem Spiel in den USA so mehr Anerkennung.

6. Januar 1941
Der US-Präsident Franklin D. Roosevelt formuliert in seiner **Rede zur Lage der Nation** vor dem Kongress die **vier Freiheiten**.

22. Januar 1941
Japan bietet sich als Vermittler im **Konflikt zwischen Thailand und Frankreich** um die Grenze Indochinas an. Neun Tage später wird ein Waffenstillstandsvertrag an Bord eines japanischen Kreuzers vor Saigon in Vietnam unterzeichnet.

4. Februar 1941
General Metaxas, der griechische Diktator, stirbt kurz vor der Invasion seines Landes durch die Deutschen.

[2] Orson Welles als „Citizen Kane", eine Figur, die William Randolph Hearst nachempfunden wurde.

[6] Das Poster eines afroamerikanischen Piloten ermutigt die US-Amerikaner zum Kauf von Kriegsanleihen.

[7] Die Überreste der Messerschmidt 110, in der Rudolf Hess über die Nordsee flog und sich dann mit dem Schleudersitz über Schottland rettete.

[5] Deutsche Fallschirmjäger gehen bei der Schlacht um Kreta Ende Mai an den Leichen britischer und griechischer Soldaten vorbei.

[9] Überlebende, die nach der Versenkung der „Bismarck" aufgenommen wurden, werden nach England gebracht.

[5]
Mai 1941
Das gesamte griechische Festland und alle ägäischen Inseln Griechenlands, auch **Kreta**, fallen an die deutschen Invasionstruppen. Die griechischen ionischen Inseln werden von italienischen Truppen besetzt.

[6]
1. Mai 1941
Der Verkauf von **US-Kriegsanleihen** und Briefmarken wird für die Öffentlichkeit freigegeben.

[7]
10. Mai 1941
Rudolf Hess, Adolf Hitlers stellvertretender Parteivorsitzender, fliegt auf eigene Initiative zu einer erfolglosen Mission heimlich nach Großbritannien, um einen Frieden zwischen England und Deutschland auszuhandeln.

[8]
13. Mai 1941
Martin Bormann wird nach dem Flug von Hess nach Großbritannien zum Stellvertreter Hitlers in der nationalsozialistischen Partei.

18. Mai 1941
Der **Herzog von Spoleto**, der Cousin von König Viktor Emmanuel III., wird König von Kroatien.

[9]
27. Mai 1941
Die britische Marine versenkt das deutsche Kriegsschiff **Bismarck**.

1941-1942

22. Juni 1941
Deutschland bricht den **deutsch-sowjetischen Nichtangriffspakt** von 1939 und greift im Zweiten Weltkrieg die Sowjetunion an.
[1]

29. Juni 1941
Das **FBI** nimmt 29 Tatverdächtige in der Gegend von New York wegen des Verdachts der Spionage und Verschwörung fest.

14. August 1941
Winston Churchill und Franklin D. Roosevelt geben die **Atlantik-Charta** heraus. Es ist die gemeinsame Erklärung, dass sie unter anderem keine territorialen Veränderungen ohne die freiwillige Zustimmung der beteiligten Völker wünschen.
[2]

8. September 1941
Die lange Belagerung **Leningrads** (St. Petersburg) durch deutsche und finnische Streitkräfte beginnt. Sie dauert 872 Tage und verursacht enorme Entbehrungen, bis eine sowjetische Offensive schließlich die Deutschen aus den Vororten der Stadt vertreiben kann.
[3]

16. September 1941
Reza Schah Pahlavi dankt aus Gesundheitsgründen ab. Ihm folgt sein 21-jähriger Sohn Mohammed Reza Pahlavi auf den Thron des Iran.

28.-29. September 1941
Die Nationalsozialisten töten in **Babyn Yar**, einer Schlucht am nördlichen Rand von Kiew in der Ukraine, 33 771 Juden. Baby Yar wird zum Symbol der ersten Tötungsphase des Holocaust und ist Werk der „Einsatzgruppen" – der mobilen Tötungseinheiten.
[4]

[1] Deutsche Panzereinheiten rücken weiter nach Russland vor, durch ein brennendes Dorf hindurch, das wahrscheinlich die Bewohner selbst in Brand setzten, bevor sie flohen.

[3] „Lasst uns Leningrad mit unserer Brust schützen": ein russisches Propagandaposter.

[5] Eine der Skulpturen von Robert Delaunay.

[2] Churchill und Roosevelt bei einem Sonntagsgottesdienst an Bord des Kriegsschiffes „Prince of Wales" in der Placentia Bay, Neufundland, wo sie die „Atlantik-Charta" verfassten.

PEARL HARBOR

Japan startet einen Angriff auf die Vereinigten Staaten von Amerika.

Am 7. Dezember 1941 starteten die Japaner einen Überraschungsangriff aus der Luft auf die US-amerikanische Pazifikflotte im Marinestützpunkt Pearl Harbor auf der südlichen Insel Oahu, Hawaii. Der Angriff lähmte die US-Flotte vorübergehend und führte schließlich dazu, dass die USA in den Zweiten Weltkrieg eingriffen.

Der erste japanische Sturzbomber tauchte um 07.55 Uhr über Pearl Harbor auf. Der größte Schaden wurde den Kriegsschiffen in den ersten 30 Minuten des Angriffs zugefügt. Die *Arizona* wurde vollkommen zerstört und die *Oklahoma* kenterte. Die *California*, *Nevada* und *West Virginia* (links) sanken im flachen Wasser. Mehr als 180 Luftfahrzeuge wurden zerstört. Es gab mehr als 3400 Verletzte unter den US-Truppen, davon starben mehr als 2300. Jedoch befanden sich die drei zur Pazifikflotte gehörenden Flugzeugträger zu dieser Zeit nicht in Pearl Harbor und konnten so entkommen. Bis auf die *Arizona* und die *Oklahoma* konnten zudem alle Schiffe wieder repariert und in Dienst genommen werden. Auch schafften es die Japaner nicht, die wichtigen Öllagereinrichtungen zu zerstören.

7. Dezember 1941
Japanische Bomber starten einen Überraschungsangriff auf den US-Marinestützpunkt **Pearl Harbor** auf der Insel Oahu, Hawaii, und führen so die Beteiligung der USA am Zweiten Weltkrieg herbei.

8. Dezember 1941
Der US-Kongress erklärt **Japan** den Krieg.

10. Dezember 1941
Japanische Truppen landen auf der philippinischen Insel **Luzón**. Der Hauptangriff, der zum größten Teil von einer Division durchgeführt wird, findet am Golf von Lingayén etwa 160 km nord-nordöstlich von Manila statt.

10. Dezember 1941
Los Angeles wird für drei Stunden verdunkelt.

10. Dezember 1941
Das britische Kriegsschiff *Prince of Wales* und der Schlachtkreuzer *Repulse*, die von Singapur aus losfahren, um die japanische Kommunikation während der Landung der Japaner auf **Malaya** abzuschneiden, werden von japanischen Flugzeugen versenkt.

11. Dezember 1941
Adolf Hitler erklärt nach den japanischen Angriffen auf US-amerikanische, britische und niederländische Stellungen im Pazifik und Ostasien, dass sich Deutschland mit den USA im Krieg befindet.

25. Oktober 1941
Der französische Maler und Bildhauer **Robert Delaunay** stirbt. Sein besonderes Interesse galt der Farbe und er versuchte, die Grundlagen des *Kubismus* auf sie anzuwenden. Dieser Versuch wurde *Orphismus* getauft.
[5]

17. November 1941
Der ehemalige Flugexperte des Ersten Weltkriegs und Chef des Reichsluftfahrtministeriums **Ernst Udet** begeht Selbstmord. Göring hatte ihn für die Niederlage bei der Luftschlacht um England verantwortlich gemacht.

26. November 1941
Der US-amerikanische Außenminister **Cordell Hull** sendet eine schroffe Botschaft an Japan und fordert den vollständigen Abzug aus China und Indochina.

Dezember 1941
Der von **Fedor von Bock** geführte deutsche Sturm auf Moskau wird durch den extrem kalten Winter und den Widerstand der zähen sowjetischen Truppen aufgehalten.
[6]

6. Dezember 1941
Großbritannien erklärt Finnland, Ungarn und Rumänien den Krieg.

7. Dezember 1941
Adolf Hitler verordnet den **Nacht-und-Nebel-Erlass**, eine geheime Richtlinie für die Verhaftung und Exekution von „Personen, die die Sicherheit Deutschlands gefährden".

[6] Russische Soldaten ziehen eine Panzerabwehrkanone in eine neue Stellung bei Moskau.

[4] Babyn Yar: Reihenweise müssen sich die Juden am Rand eines Grabens aufstellen. Dann erschießen sie die Männer der Einsatzgruppen von hinten.

[7] Britische Soldaten und Matrosen hier auf dem Weg zu einem Kriegsgefangenenlager, verlassen Hongkong, nachdem es von den Japanern eingenommen wurde.

[8] Mitarbeiter des „Manhattan Projekts" versammeln sich an einem Turm bei Los Alamos, der mit 100 Tonnen TNT bestückt ist und als Teil eines Atomexperiments gesprengt werden soll.

22. Dezember 1941
Einhunderttausend japanische Truppen landen im Golf von Lingayén, um von dort die **Philippinen** zu erobern.

23. Dezember 1941
Am Anfang des Zweiten Weltkriegs besiegen die japanischen Invasionstruppen die US-Truppen bei der **Schlacht um Wake**.

[7]
25. Dezember 1941
Britische und kanadische Verteidiger treten den britischen Außenposten **Hongkong** an die japanischen Invasionstruppen ab.

1942
Ein Team unter der Leitung des in Italien geborenen, US-amerikanischen Physikers **Enrico Fermi** überwacht die erste kontrollierte nukleare Kettenreaktion (in einem Squash Court unter dem Stagg Field der University of Chicago).

1942
Das Werk *Nighthawks* des US-amerikanischen Malers **Edward Hopper** fängt die Atmosphäre städtischer Selbstprüfung und Isolation am späten Abend ein.

[8]
1942
Die US-amerikanische Forschung der Atomspaltung wird in das **Manhattan Projekt** eingearbeitet. Die Mitarbeiter des Projekts entwickeln und bauen die Atombomben, die 1945 über Hiroshima und Nagasaki abgeworfen werden.

1942

1942
Bing Crosbys Aufnahme von Irving Berlins Lied *White Christmas* wird zu einem der berühmtesten Lieder in der US-amerikanischen Geschichte.

1942
Der brasilianische Romanautor und Sozialkritiker **Jorge Amado** veröffentlicht seinen Klassiker *Terras do sem fim* (Kakao oder Herren des Landes), ein panoramischer Roman über das Leben auf einer Plantage in Bahia.

1942
Der französische Schriftsteller Albert Camus veröffentlicht seinen ersten Roman **L'Étranger** (Der Fremde). 1957 erhält er den Nobelpreis für Literatur.
[1]

1942
In Deutschland wird das Hauptnetz der **Autobahn** vervollständigt. Mit nur beschränktem Zugang und ohne Kreuzungen bildet es das erste nationale Schnellstraßensystem.
[2]

1942
Der deutsche Ingenieur Wernher von Braun entwickelt die **Fernlenkwaffe**; das ist ein Flugkörper, dessen Flugbahn verändert werden kann, nachdem er bereits abgeschossen wurde.

1942
Die 13-jährige **Anne Frank**, ihre Familie und vier andere Juden verstecken sich in Amsterdam, um der Verfolgung durch die Nationalsozialisten zu entgehen. Im März 1945 stirbt sie im Konzentrationslager Bergen-Belsen. Ihr Tagebuch über die Jahre im Unterschlupf wird zum Literaturklassiker.
[3]

[5] Ein Ladenbesitzer japanischer Abstammung im kalifornischen Oakland hofft, dass er so am Tag nach dem Angriff auf Pearl Harbor seine Einstellung klarstellen kann.

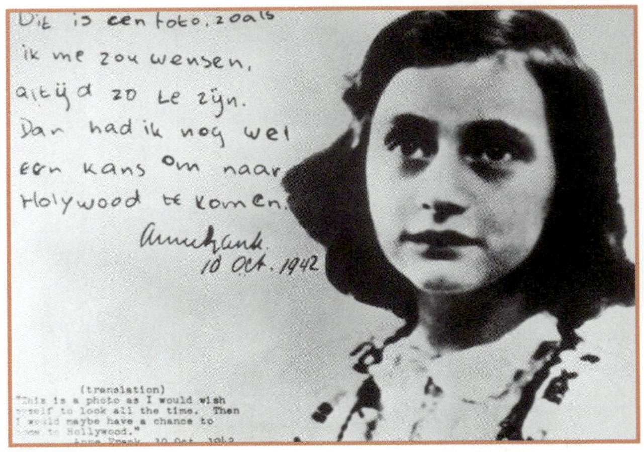

[3] Anne Frank: „Wie auf diesem Foto würde ich gerne immer aussehen. Dann hätte ich vielleicht eine Chance, nach Hollywood zu kommen."

[1] Der französische Schriftsteller Albert Camus, bekannt für sein Engagement für die Linke sowie für seine Romane und Essays.

[7] Douglas MacArthur (mit Kappe, vorne sitzend) bei einer Inspektion der in Neuguinea kämpfenden australischen Truppen.

[6] Auf Java gefangen genommene US-amerikanische Soldaten.

[5]
19. Februar 1942
Der US-amerikanische Präsident Franklin D. Roosevelt unterzeichnet die Verfügung, die eine **Internierung** japanisch-stämmiger Amerikaner zulässt.

24. Februar 1942
Die **Stimme Amerikas** wird zum ersten Mal in Deutschland ausgestrahlt, um der Propaganda der Nationalsozialisten entgegenzuwirken.

[6]
28. Februar 1942
Japanische Truppen landen auf der Insel **Java** und besetzen sie bis 1945.

5. März 1942
Dimitri Schostakowitschs 7. Sinfonie wird in Kuibyschew uraufgeführt. Sie ist dem russischen Widerstand während der Belagerung Leningrads gewidmet.

8. März 1942
Japanische Truppen nehmen im Zweiten Weltkrieg **Rangun** in Birma (jetzt Yangôn, Myanmar) ein.

10. März 1942
Das FBI verschleppt den Bass-Sänger der Metropolitan Opera **Ezio Pinza** als ausländischen Feind nach Ellis Island.

9. Januar 1942
Joe Louis schlägt Buddy Baer bei der 20. Verteidigung seines Weltmeistertitels im Schwergewicht in der ersten Runde k.o.

13. Januar 1942
Der US-amerikanische Industrielle **Henry Ford** patentiert die Kunststoffautoproduktion.

15. Januar 1942
Die USA setzt 1800 Firmen in den restlichen fünf neutralen europäischen Ländern, die mit den Achsenmächten Geschäfte abschließen, auf eine **Schwarze Liste**.

26. Januar 1942
Die ersten **US-amerikanischen Expeditionsstreitmächte**, die im Zweiten Weltkrieg in Europa landen sollen, erreichen Nordirland.

31. Januar 1942
Die gesamte **Malaiische Halbinsel** fällt an die japanischen Truppen, als die Briten über die Straße von Johor gedrängt werden.

15. Februar 1942
Singapur ergibt sich bedingungslos den Japanern. *[4]*

[8] Pierre Laval und Präsident Petain gehen eine Straße in Vichy entlang.

[4] Weiße Flagge und Union Jack: In Singapur führen britische Offiziere die mehr als 130 000 Männer an, die vor den Japanern kapituliert haben.

[2] Hitler wird von Bauarbeitern auf einem Lastwagen bei der Eröffnung eines neuen Teilstücks der Autobahn begrüßt.

[10] US-amerikanische Torpedobomber überfliegen ein brennendes japanisches Schiff bei der „Schlacht um Midway".

[9] Die „Lexington" brennt ab, während der Zerstörer „Hammann" (siehe 7. Mai 1940) fast 500 Überlebende aufnimmt. Die „Hammann" wird bei Midway versenkt, als sie einem anderen getroffenen Träger, der „Yorktown", zu Hilfe eilt.

[7]
11. März 1942
Der US-amerikanische **General Douglas MacArthur** übernimmt nach seinem Einsatz auf der Halbinsel Bataan auf den Philippinen das Kommando über alliierte Truppen im Südwestpazifik.

[8]
18. April 1942
Pierre Laval wird Ministerpräsident des unbesetzten Vichy-Frankreichs.

[9]
8. Mai 1942
Bei der **Schlacht am Korallenmeer** wird die *Lexington* als erster US-Flugzeugträger versenkt. Jedoch können die japanischen Truppen, die in Richtung des strategisch wichtigen Port Moresby in Neuguinea vorrücken, zurückgedrängt werden.

22. Mai 1942
Mexiko tritt ebenfalls in den Zweiten Weltkrieg ein, als es Deutschland, Italien und Japan den Krieg erklärt.

30. Mai 1942
Während des Zweiten Weltkriegs entsendet die britische **Royal Air Force** mehr als 1000 Bomber nach Köln.

[10]
4. Juni 1942
Japan wird bei der **Schlacht um Midway** von den US-Amerikanern zurückgeschlagen.

1942-1943

9. Juni 1942
Als Vergeltungsmaßnahme für die Ermordung Reinhard Heydrichs durch tschechische Untergrundkämpfer werden die Bewohner des Dorfes **Lidice** zusammengetrieben und die meisten von ihnen getötet.

21. Juni 1942
Tobruk in Libyen fällt an das deutsche Afrikakorps unter Feldmarschall **Erwin Rommel**, der dann weiter nach El Alamein in Ägypten vorrückt.
[1]

13. Juli 1942
FBI-Agenten verhaften acht Männer und sechs Frauen, die verdächtigt werden, acht wegen Sabotage angeklagten, nationalsozialistischen Tatverdächtigen geholfen zu haben.

7. August 1942
Beim ersten großen Angriff der Alliierten auf dem pazifischen Kriegsschauplatz landet die US-amerikanische Marine auf **Guadalcanal,** nimmt das Flugfeld von den Japanern ein und löst so den Beginn eines gut sechs Monate dauernden Kampfes aus.

23. Oktober 1942
Die Briten starten unter Feldmarschall **Bernard Montgomery** einen erfolgreichen Großangriff auf die Deutschen bei El Alamein in Ägypten.
[2]

25. November 1942
Leslie Groves und **J. Robert Oppenheimer** wählen Los Alamos in New Mexico als den Schauplatz für das *Projekt Y*, bei dem die erste Atombombe entwickelt wird.

[1] Erwin Rommel in der nordafrikanischen Wüste. Die Brille ist zum Schutz gegen Staub und Sand.

[2] Montgomery mit seinem Lieblingsbarett, auf dem sich Abzeichen der unter seinem Kommando stehenden Regimenter befinden.

[5] Menschenmengen vor dem Paramount Theater vor einem Auftritt Frank Sinatras.

[6] Ein Gruppenfoto der All-American Girls Professional Baseball League.

[8] Roosevelt (zweiter von links) und Churchill (rechts) in Casablanca mit den Generälen Giraud (links) und de Gaulle, beide Anwärter auf das Kommando der französischen Truppen in Nordafrika.

[5]
1943
Frank Sinatras Auftritt im New Yorker Paramount Theater löst fast eine Hysterie aus unter den Massen von jungen kreischenden, weiblichen Fans – den sogenannten **Bobby-Soxers** (Backfischen).

[6]
1943
Die **All-American Girls Professional Baseball League** wird vom Besitzer der Chicago Cubs Philip Wrigley gegründet. Bis zu ihrer Auflösung 1954 entwickelt sie sich von einem Lückenbüßer in Kriegszeiten zu einem professionellen Vorzeigeprojekt.

1943
Die Briten bauen den **Colossus Computer**, der allgemein als der erste richtige Computer anerkannt wird, um die deutschen Geheimcodes zu dechiffrieren. Alan Turing gehört zum Dechiffrierteam „Bletchley Park".

2. Januar 1943
Vertreter aus 26 Ländern, die sich mit den Achsenmächten im Krieg befinden, unterzeichnen in Washington eine **Deklaration der Vereinten Nationen**, in der sie sich verpflichten, keine separaten Waffenstillstands- oder Friedensverträge zu schließen.

[7]
15. Januar 1943
Tripolis in Libyen fällt an die 8. Armee des britischen Generals Bernard Montgomery.

[8]
17. Januar 1943
Der britische Premierminister Winston Churchill und der US-amerikanische Präsident Franklin D. Roosevelt treffen sich in **Casablanca** in Marokko.

26. November 1942
Der Film **Casablanca** hat Premiere. Er spielt in Marokko während des Zweiten Weltkriegs unter der Regie von Michael Curtiz mit den Hauptdarstellern Humphrey Bogart, Ingrid Bergman und Paul Henreid. Er wird zum meist gefeierten Film Hollywoods.
[3]

27. November 1942
Die französische Marine versenkt bei **Toulon** 73 ihrer eigenen Schiffe, damit sie nicht den Deutschen in die Hände fallen.
[4]

24. Dezember 1942
Admiral François Darlan, eine der führenden Figuren des Vichy-Regimes unter Marschall Philippe Pétain, wird in Algier ermordet.

1943
Der US-amerikanische Korrespondent **Ernie Pyle** veröffentlicht *Here Is Your War*, eine Briefsammlung von der Front. Bei seinem Tod im Jahre 1945 ist er der berühmteste Korrespondent des Zweiten Weltkriegs.

1943
Der US-amerikanische Mikrobiologe Selman Waksman isoliert **Streptomycin**, das erste Antibiotikum, das gegen gram-negative Erreger wirkt (die Krankheiten wie die Tuberkulose verursachen).

1943
Duke Ellington, einer der erfolgreichsten Pioniere des Big-Band-Jazz, komponiert *Black, Brown and Beige*. Es ist ein Porträt der afroamerikanischen Geschichte, das Jazz mit klassischen Formen verbindet.

[3] Casablanca: Humphrey Bogart trinkt auf diesem Poster mit Sydney Greenstreet, während Ingrid Bergmans koloriertes Profil rechts zu sehen ist.

[9] Ausbruch des Parícutin.

DIE BEFREIUNG STALINGRADS

Deutschland kann die sowjetische Stadt nicht einnehmen.

Im Sommer 1942 rückte das deutsche Heer bis zu den Vororten der Stadt Stalingrad vor, konnte sie aber trotz wiederholter Angriffe durch die 6. Armee unter Friedrich Paulus und einem Teil der vierten Panzerdivision unter Hermann Hoth gegen die entschlossene Verteidigung durch die sowjetische Rote Armee nicht einnehmen. Am 19. November starteten die Sowjets einen Gegenangriff in Form eines Zangenangriffs im Norden und Süden der Stadt und konnten die sechste Armee und einen Teil der vierten Division am 23. November in Stalingrad umzingeln (oben, vorrückende sowjetische Truppen). Ein Versuch der Deutschen, Paulus Mitte Dezember zu befreien, schlug fehl. Auf Befehl Adolf Hitlers kämpfte Paulus weiter und schaffte es dadurch, dass zumindest die im Kaukasus belagerten deutschen Truppen entkommen konnten. Am 31. Januar 1943 verweigerte Paulus Hitler den Gehorsam und kapitulierte. Am 2. Februar ergaben sich die letzten 91 000 Mann den Sowjets. Die Sowjets bargen 250 000 deutsche und rumänische Leichen in und um Stalingrad. Offizielle russische Kriegshistoriker schätzen, dass 1 100 000 sowjetische Soldaten bei der Verteidigung der Stadt ihr Leben verloren.

[4] Die französische Flotte zerstört sich selbst bei Toulon. Dieses Foto wurde einen Tag nach der Versenkung aufgenommen und zeigt die brennenden Schiffe im Hafen.

[7] Der erste britische Panzer, ein „Valentine", dringt mit einem Dudelsackpfeifer an Bord in Tripolis in Nordafrika ein.

18. Januar 1943
Um Kosten für Arbeit und Ausrüstung zu sparen, verbietet die USA den Verkauf von **geschnittenem Brot**.

22. Januar 1943
Jeglicher japanischer Widerstand in **Papua** auf Neuguinea, einer wichtigen Stellung der Alliierten bei Port Moresby, endet.

31. Januar 1943
Der deutsche Feldmarschall **Friedrich Paulus** kapituliert gegen die sowjetische Rote Armee. Seine Truppen ergeben sich zwei Tage später.

5. Februar 1943
Der US-amerikanische Mittelgewichtsboxer **Jake La Motta**, der „Bronx Bull", boxt gegen Sugar Ray Robinson und fügt ihm dessen erste Niederlage zu.

[9]
20. Februar 1943
Der Vulkan **Parícutin** in Michoacán, Mexiko, bricht aus und verschüttet zwei Dörfer.

22. Februar 1943
Drei Mitglieder der **Weißen Rose,** einer Bewegung des gewaltlosen Widerstands, werden des Verrats für schuldig befunden, da sie Flugblätter gegen den Krieg verteilten. Nur wenige Stunden später werden sie durch Enthaupten hingerichtet.

1943-1944

28. März 1943
Der russische spätromantische Komponist und Pianist **Sergej Rachmaninow** stirbt in den USA, nachdem er einen Monat zuvor die US-amerikanische Staatsbürgerschaft erhalten hatte. *[1]*

5. April 1943
Die deutschen Truppen in Nordafrika ergeben sich in **Tunesien**.

13. April 1943
Das **Thomas Jefferson Memorial** wird im East Potomac Park am Südufer des Tidal Basin in Washington eröffnet. *[2]*

19. April 1943
Der **Aufstand im Warschauer Ghetto** beginnt und wird vier Wochen später am 16. Mai niedergezwungen. Es war ein Akt des Widerstandes der polnischen Juden gegen die Besetzung durch die Nationalsozialisten.

Mai 1943
Die Lancaster Bomber der 617. Schwadron der britischen Luftwaffe führen den **Dambusters' Raid** (Zerstörung der Talsperren) an den Talsperren des Möhnesees und des Edersees aus. *[3]*

Juli 1943
Kursk, die größte aller Panzerschlachten, beginnt mit 6000 Panzern. Russland gewinnt sie schließlich im August. *[4]*

[3] Die Möhneseetalsperre bricht unter dem „Dambusters' Raid".

[2] Der Rundbau mit Kuppeldach des Jefferson Memorials.

[8] Kinder grüßen mit dem nationalsozialistischen Gruß bei der Beerdigung Königs Boris von Bulgarien.

[1] Rachmaninow spielt vor.

AUFSTAND IM GHETTO

Die Juden in Polen leisten Widerstand gegen die Nationalsozialisten.

Als Teil von Adolf Hitlers „Endlösung" zur „Befreiung" Europas von den Juden errichteten die Nationalsozialisten Ghettos in den Gebieten unter deutscher Kontrolle, wo sie die Juden internierten, bis sie hingerichtet werden konnten. Das Warschauer Ghetto bestand aus dem alten jüdischen Viertel von Warschau. Bis zum Juli 1942 hatten die Nazis schon 500 000 Juden aus den umliegenden Gebieten dort zusammengetrieben. Obwohl jeden Monat tausende Juden schon allein an Hunger und Krankheiten starben, begannen die Deutschen, jeden Tag mehr als 5000 Juden zu „Arbeitslagern" auf dem Land zu deportieren (oben, jüdische Familien werden zusammengetrieben). Als sich im Ghetto die Gerüchte verbreiteten, dass das Ziel in Wahrheit die Gaskammern in Treblinka ist, griff die Jüdische Kampforganisation (ZOB) die Nazis an und tötete 50 von ihnen, was die Deportationen stoppte.

Am 19. April sandte Heinrich Himmler 2000 SS-Leute und Armeetruppen, um das Ghetto von den restlichen Juden zu räumen. Vier Wochen kämpfte die ZOB mit Pistolen und handgemachten Bomben, zerstörte Panzer und tötete einige hundert Deutsche, bis ihr Munitionsvorrat erschöpft war. Am 8. Mai konnten die Nazis den ZOB-Hauptquartiersbunker einnehmen. Viele der überlebenden ZOB-Kämpfer nahmen sich selbst das Leben, um einer Gefangenschaft zu entgehen. Der Kampf dauerte bis zum 16. Mai, als der SS-Führer erklärte: „Das Warschauer Ghetto ist nicht mehr." In den 28 Tagen des Aufstands wurden mehr als 40 000 Juden getötet oder deportiert.

22.-26. November 1943
Die erste **Kairokonferenz** wird abgehalten. Winston Churchill, Franklin D. Roosevelt und Chiang Kai-shek verkünden das Ziel, Japan seine seit 1914 eingenommenen Territorien wieder zu entledigen.

24. Dezember 1943
General **Dwight D. Eisenhower** wird zum Kommandeur der alliierten Expeditionsstreitmächte in Europa ernannt.

1944
Ansel Adams fotografiert den *Mount Williamson – Clearing Storm,* mit der typischen Beherrschung farblicher Eigenschaften und Kompositionen. Adams gehört zu den bedeutendsten Landschaftsfotografen des 20. Jahrhunderts.

1944
Appalachian Spring, ein Ballett von Aaron Copland, wird zum ersten Mal von Martha Grahams Ensemble aufgeführt. Coplands Werk ist bemerkenswert wegen der Verwendung von Melodien aus der Volksmusik.

1944
Aramco (die Arab American Oil Company) wird als Joint Venture zwischen einigen US-amerikanischen Ölgesellschaften und der saudischen Regierung gebildet.

1944
Der argentinische Schriftsteller **Jorge Luis Borges** gewinnt mit seinen *Ficciones* eine internationale Anhängerschaft. Es ist eine Sammlung von Erzählungen, die den Leser auf verwirrende Weise mit Gelehrsamkeit und Phantasie konfrontieren.

22. Juli 1943
Unter dem Kommando des US-amerikanischen Generals **George S. Patton** nehmen die Truppen der Alliierten Palermo an der nordwestlichen Spitze Siziliens ein und verschaffen sich so eine strategisch wichtige Stellung, von der aus sie in das Festland Italiens eindringen können.
[5]

2. August 1943
Das US-amerikanische Torpedoboot *PT-109* unter dem Kommando von **John F. Kennedy** wird von einem japanischen Zerstörer versenkt.
[6]

17. August 1943
Die Alliierten landen in Süditalien. Die Landung in **Salerno** folgt am 9. September.
[7]

28. August 1943
König Boris III. von Bulgarien stirbt. Obwohl er offiziell Verbündeter Deutschlands war, schaffte er es, sich aus dem Krieg mit Russland oder den Kämpfen mit den USA und Großbritannien herauszuhalten.
[8]

12. September 1943
Deutsche Kommandotruppen bewerkstelligen die Flucht **Benito Mussolinis** nach München.

28. November 1943
Die vom US-Präsidenten Franklin D. Roosevelt, dem britischen Premierminister Winston Churchill und dem sowjetischen Premier Josef Stalin besuchte **Teherankonferenz,** auf der Stalin auf eine Invasion Frankreichs drängt, beginnt an diesem Tag.

[4] Ein deutscher Soldat hält seinen Kopf, ein toter Kamerad liegt neben ihm bei der Schlacht um Kursk.

[5] Italienische Truppen ergeben sich auf Sizilien.

[7] US-amerikanische Truppen landen an der Küste von Salerno in der Nähe von Neapel.

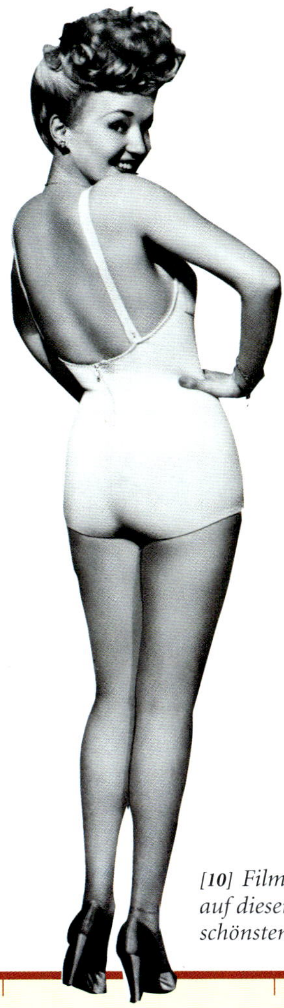

[6] John F. Kennedy (ganz rechts) mit der Mannschaft seines PT-Boots im Südpazifik.

[9] Der US-amerikanische Finanzminister Henry Morgenthau (links) bei Bretton Woods zusammen mit seinem britischen Amtskollegen John Maynard Keynes, der einmal zur „Bloomsbury Gruppe" gehörte.

[10] Filmstar Betty Grable zeigt auf diesem berühmten Foto die schönsten Beine in diesem Geschäft.

1944
Der in Österreich geborene, britische Wirtschaftswissenschaftler **Friedrich A. Hayek** veröffentlicht sein Buch *The Road to Serfdom* (Der Weg zur Knechtschaft), eine Kritik der zentralen Planwirtschaft. Es wird sofort ein Bestseller.

[9]
1944
Delegierte aus 44 Ländern treffen sich in **Bretton Woods** in New Hampshire, um Gesetzesentwürfe für einen Internationalen Währungsfond zur Förderung des Welthandels, der Investitionen und des Wirtschaftswachstums zu verfassen.

[10]
1944
Pinup-Poster des US-amerikanischen Filmstars **Betty Grable** steigern die Moral der alliierten Truppen in den mittleren Kriegsjahren.

1944
Der Psychologe **Bruno Bettelheim** wird Direktor der Sonia Shankman Orthogenic School an der Universität von Chicago, an der er Forschungen an autistischen und emotional gestörten Kindern betreibt.

1944
Hugo Schmeisser aus Deutschland entwirft das **Sturmgewehr**, eine leichte Waffe, die selbst auf eine Distanz von etwa 275 m sehr genau ist. Der Entwurf entstammt einem Konzept, das die zukünftigen Infanteriewaffen von nun an entscheidend beeinflusst.

1944
Der US-amerikanische Pharmazeut Benjamin Green entwickelt die erste kommerziell erfolgreiche **Sonnencreme**.

1944

1944
Deutsche Truppen halten auf den Hängen des **Monte Cassino** und dann in den Ruinen des Klosters aus und blockieren so den Vormarsch der Alliierten auf Rom bis zum Mai.
[1]

1944
In den USA, Großbritannien und Deutschland werden die ersten **Flugzeuge mit Düsenantrieb** entwickelt. In den folgenden Jahrzehnten werden viele Arten von Düsenantrieben im Flugzeugbau verwendet.
[2]

1944
König Michael von **Rumänien** lässt Marschall Antonescu, den Diktator, der das Land ins deutsche Lager überlaufen ließ, verhaften und erklärt Deutschland den Krieg.

1944
Die vom Luftfahrtingenieur **Wernher von Braun** entworfene V-2 Rakete tritt in Dienst und greift Städte in England an. Von Braun und seine Mitarbeiter laufen 1945 zu den Vereinigten Staaten über.
[3]

1944
Der Berater des US-amerikanischen Kriegsministeriums Raphael Lemkin prägt den Ausdruck **Genozid**, der sich vom griechischen *genos* (Volk, Stamm, Rasse) und dem lateinischen *caedere* (töten) ableitet, in seiner Arbeit über die Achsenherrschaft im besetzten Europa.

27. Januar 1944
Die **sowjetische Rote Armee** vertreibt die deutschen und finnischen Truppen aus Leningrad (St. Petersburg) und beendet damit die 872 Tage dauernde Belagerung.
[4]

[1] Die Ruinen des Klosters auf dem Gipfel des Monte Cassino.

[7] Ein deutscher Scharfschütze hat in Paris kurz nach dessen Befreiung das Feuer eröffnet. Ein französischer Soldat sucht Schutz hinter einem Auto, hinter dem sich bereits ein Gendarme und ein mit einem Gewehr bewaffneter Widerstandskämpfer verstecken.

[3] Eine Flüssigtreibstoffrakete V-2, die sogenannte „Vergeltungswaffe 2", wird für den Abschuss in Norddeutschland vorbereitet. Vor dem Abheben wird sie in eine vertikale Position gebracht.

[5] GIs bei Falaise posieren am Ende der Schlacht neben dem Wrack eines deutschen Panzers.

[6] Widerstandskämpfer tauchen nach dem erfolglosen Aufstand aus den Ruinen Warschaus auf.

[8] Ein britischer Panzer voller jubelnder Anwohner fährt durch Brüssel, das die Deutschen verlassen haben.

24. Juli 1944
Sowjetische Truppen befreien das Konzentrations- und Vernichtungslager **Majdanek** am Stadtrand von Lublin in Polen.

[5]
August 1944
Der Kessel von Falaise ist der Höhepunkt der Normandiekampagne, bei der die deutsche fünfte und siebte Panzerdivision zerstört werden.

[6]
1. August 1944
Der Warschauer Aufstand des polnischen Untergrunds beginnt gegen die Deutschen, wird aber von Russland nicht unterstützt und deshalb niedergeschlagen.

12. August 1944
Der US-amerikanische Luftwaffenpilot **Joseph P. Kennedy Jr.**, der Sohn von Joseph P. Kennedy und Bruder des zukünftigen Präsidenten John F. Kennedy, stirbt bei einem Flugzeugabsturz, als er im Zweiten Weltkrieg in geheimer Mission unterwegs ist.

[7]
25. August 1944
Etwa zwei Monate nach der Landung der Alliierten in der Normandie **wird Paris befreit**, als die Freie Französische Zweite Panzerdivision unter General Jacques Philippe Leclerc in die Stadt eindringt.

[8]
5. September 1944
Britische Truppen eilen von der Seine aus durch Nordfrankreich, um **Brüssel** und Belgien zu befreien.

1. Februar 1944
Der niederländische abstrakte Maler strenger geometrischer Werke **Piet Mondrian** stirbt in New York. Er war Mitglied der Gruppe *De Stijl*.

6. Juni 1944
Unter der Leitung des US-Generals Dwight D. Eisenhower beginnt eine alliierte Armada aus Schiffen, Flugzeugen und Landungsbooten sowie 156 000 Soldaten den Einmarsch in Nordfrankreich von England aus – die berühmte **Landung in der Normandie** (D-Day).

15. Juni 1944
Die US-Marine greift **Saipan** auf den Marianen-Inseln an.

19. Juni 1944
Die japanische vereinte Flotte und die US-amerikanische 5. Flotte liefern sich eine große Luft- und Seeschlacht, die **Schlacht in der Philippinensee**, welche die USA am nächsten Tag für sich entscheiden kann.

17. Juli 1944
Der deutsche Feldmarschall **Erwin Rommel** wird schwer verletzt, als sein Auto von britischen Kampffliegern von der Straße gedrängt wird.

20. Juli 1944
Deutsche Militäroffiziere versuchen, Adolf Hitler im Rahmen der **Operation Walküre** zu töten.

[4] Zwei russische Scharfschützen tarnen sich im Schnee an der Leningrader Front.

[2] Die Messerschmidt 262A-1 kann bis zu 850 km/h erreichen. Obwohl sie eine vorzügliche Waffe ist, wird sie nicht in großer Stückzahl gebaut. Und es gibt noch nicht einmal genug Treibstoff für die bereits existierenden Exemplare.

[9] Sherman-Panzer der British Guards Armoured Division mit Männern aus dem amerikanischen 505. Fallschirm- und Infanterieregiment an Bord kurz vor dem ersten erfolglosen Versuch, am 19. September die Brücke von Nijmegen einzunehmen.

DIE LANDUNG IN DER NORMANDIE

Invasion der Alliierten in Nordeuropa

Die größte Landung von Amphibienfahrzeugen in der Geschichte begann am 6. Juni 1944 in der Normandie in Frankreich. Sie wurde auch „Operation Overlord" genannt und brachte 156 000 US-amerikanische, britische und kanadische Soldaten in mehr als 5000 Schiffen und 10 000 Flugzeugen über den Ärmelkanal (oben, US-amerikanische Verstärkung beim Ausschiffen). Unter dem Kommando von General Dwight D. Eisenhower landeten die Alliierten an fünf Stränden der Normandie und richteten trotz des heftigen Widerstands der Deutschen und großer Verluste an den Stränden mit den Kodenamen „Omaha Beach" (unten) und „Juno Beach" schnell Lager ein. Zwar wurden sie durch heftige Kämpfe bei Cherbourg und um Caen aufgehalten, jedoch konnten die alliierten Truppen Mitte Juli aus den Ausgangsstellungen ausbrechen und einen Vormarsch starten.

11. September 1944
Winston Churchill und Franklin D. Roosevelt treffen sich in Kanada anlässlich der **zweiten Quebec-Konferenz**.

[9]
19. September 1944
Während der **Operation Market Garden** versuchen die Alliierten, die Rheinbrücken einzunehmen. Die Brücke über den Fluss Waal bei Nijmegen wird eingenommen, aber der Versuch, die Rheinbrücke bei Arnheim zu nehmen, scheitert.

7. Oktober 1944
Die **Dumbarton Oaks Konferenz** endet. Hier formulierten die Vereinigten Staaten, China, die Sowjetunion und Großbritannien Vorschläge für eine Weltorganisation, die zum Grundstein der Vereinten Nationen wird.

14. Oktober 1944
Der deutsche Feldmarschall **Erwin Rommel**, der „Wüstenfuchs", nimmt sich mit einer Dosis Gift das Leben, als seine Beteiligung an einer Verschwörung zum Mord an Adolf Hitler entdeckt wird.

23. Oktober 1944
US-amerikanische Truppen unter der Leitung des **Admirals William F. Halsey Jr.** beginnen auf der zentralen philippinischen Insel Leyte eine entscheidende Luft- und Seeschlacht gegen die Japaner.

7. November 1944
Franklin D. Roosevelt besiegt Thomas E. Dewey und wird zum vierten Mal zum Präsidenten der Vereinigten Staaten von Amerika gewählt, ein bisher beispielloses Ereignis.

1944-1945

15. Dezember 1944
Das Flugzeug mit dem US-amerikanischen Bigband-Leader und Posaunist **Glen Miller** verschwindet spurlos über dem Ärmelkanal.

16. Dezember 1944
Die deutschen Truppen versuchen, sich in den Ardennen durch die Linien der Alliierten zu drängen und beginnen die **Ardennenoffensive**.
[1]

1945
Der US-amerikanische Elektroingenieur Percy L. Spencer erhält das Patent für einen **Mikrowellenofen**, ein Gerät, das mittels hochfrequenter elektromagnetischer Wellen, den sogenannten Mikrowellen, Speisen gart.

1945
Der schwedische Diplomat **Raoul Wallenberg**, der das Leben von zehntausenden Juden gerettet haben soll, wird von der Geheimpolizei in Ungarn verhaftet und in die UdSSR verschleppt.

1945
Der britische Autor **George Orwell** veröffentlicht *Animal Farm* (Farm der Tiere), eine politische Fabel, die auf der Geschichte der russischen Revolution und deren Verrat durch Stalin beruht. Sie endet mit der Einsicht: „Alle Tiere sind gleich, aber einige Tiere sind gleicher."
[2]

1945
Der britische Bildhauer **Henry Moore** beginnt mit der Arbeit an seiner *Reclining Figure* aus Ulmenholz. Um die menschliche Gestalt anzudeuten, verwendet er sowohl Lücke als auch Masse.
[3]

[1] Deutsche Soldaten kommen an einem brennenden, US-amerikanischen Halbkettenfahrzeug vorbei; 19 000 Amerikaner werden bei der Ardennenoffensive getötet.

[2] George Orwell kämpfte im spanischen Bürgerkrieg auf der Seite der Republikaner.

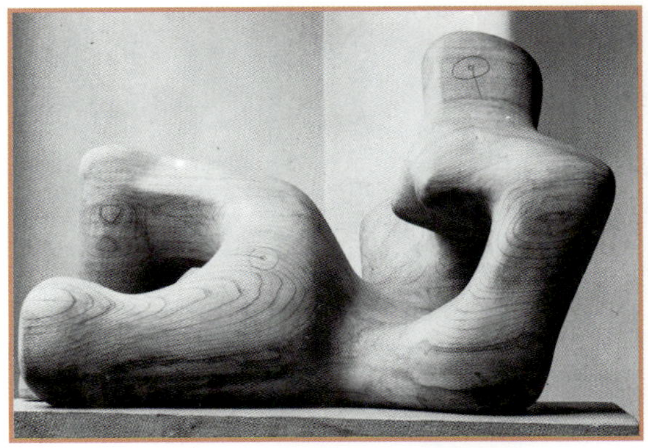

[3] Henry Moores monumentale „Reclining Figure" aus Ulmenholz.

[7] Ein kranker Roosevelt zwischen Churchill und Stalin in Jalta.

[6] Kinderhäftlinge in Auschwitz.

[9] Abladen von Nachschub in Iwojima.

1945
Sir Gladwyn Jebb aus Großbritannien dient bis 1946 als amtierender Generalsekretär der Vereinten Nationen.

[6]
27. Januar 1945
Das Konzentrationslager der Nationalsozialisten im polnischen **Auschwitz** wird von sowjetischen Truppen befreit.

30. Januar 1945
Das deutsche Luxuslinienschiff **Wilhelm Gustloff**, das man zur Evakuierung der entlang der baltischen Küste vor den Russen fliehenden Menschen benutzte, wird von einem sowjetischen U-Boot torpediert. Mindestens 6000 Menschen sterben.

[7]
4. Februar 1945
Die **Jalta-Konferenz** mit Franklin D. Roosevelt, Winston Churchill und Josef Stalin beginnt. Sie wollen einen Plan zur endgültigen Bezwingung und Besetzung des nationalsozialistischen Deutschlands entwerfen.

[8]
13.-15. Februar 1945
Das Zentrum von **Dresden** wird durch britische und US-amerikanische Bomber völlig zerstört und mindesten 25 000 Menschen sterben. Die Randbezirke bleiben aber zum größten Teil unversehrt.

[9]
19. Februar 1945
Die US-amerikanische Marine erobert **Iwojima,** um den Japanern die Kontrolle über diese strategisch wichtige Insel zu entreißen. Diese leisten in der anschließenden Schlacht heftigen Widerstand.

1945
König Peter II. von Jugoslawien wird von der verfassungsgebenden Versammlung des Amtes enthoben und **Marschall Tito** (Josip Broz), der Leiter der kommunistischen Partisanen, zum Ministerpräsidenten ernannt.

1945
Clement Attlee wird Premierminister des Vereinigten Königreichs. In seiner sechsjährigen Amtszeit wird der Wohlfahrtsstaat eingerichtet, ein großer Teil der britischen Industrie verstaatlicht und Indien die Unabhängigkeit zugesprochen.
[4]

1945
Der Shintoismus wird durch einen Erlass der alliierten Besatzungsstreitmächte als offizielle Religion Japans **abgeschafft.** Der Erlass verbietet staatliche Beihilfe und Unterstützung für die Shinto-Heiligtümer und erkennt die Göttlichkeit des Kaisers nicht an.

1945
In **Frankreich** dürfen die Frauen das erste Mal an den nach dem Krieg stattfindenden Wahlen teilnehmen.

1945
Die französischen Schriftsteller Jean-Paul Sartre und Simone de Beauvoir gründen **Les Temps Modernes**, ein einflussreiches Kunst- und Politikmagazin. Sartre erhält 1964 den Literaturnobelpreis, den er aber ablehnt.
[5]

1945
Jackie Robinson ist der erste afroamerikanische Baseballspieler in der neuzeitlichen Liga, in der er für die Brooklyn Dodgers spielt.

[4] Clement Attlee und seine Frau Violet jubeln in der Zentrale der Labour Party, als er die Wahl gewinnt.

[10] Auf dem Berg Suribachi auf Iwojima wird die Flagge gehisst.

[8] Das Zentrum von Dresden, nachdem die Bomber ihr Werk vollbracht haben.

[5] Jean-Paul Sartre und Simone de Beauvoir, ungekrönter König und Königin der linken Pariser Literaturszene: „Gegen den Kommunismus zu sein, bedeutet, gegen das Proletariat zu sein."

[12] Harry Truman sitzt auf Roosevelts Stuhl und spricht zur Nation.

[11] Der Flugzeugträger „Bunker Hill" wird bei Okinawa von einem japanischen Kamikaze-Flugzeug getroffen.

[10]
23. Februar 1945
Sechs US-amerikanische Soldaten hissen im Zweiten Weltkrieg die **US-amerikanische Flagge auf dem Berg Suribachi**. Das Foto, das diesen Moment für die Nachwelt festhält, wird eines der berühmtesten Bilder des Krieges.

9. März 1945
Die US-amerikanische Luftwaffe wirft Napalmbomben auf **Tokio** ab und verursacht Brände, die ein Viertel der Stadt zerstören und mehr als 80 000 Zivilisten töten.

22. März 1945
In Kairo bildet sich die **Arabische Liga** aus Ägypten, Syrien, dem Libanon, Irak, Transjordanien (jetzt Jordanien), Saudi-Arabien und dem Jemen als regionale Organisation der arabischen Staaten im Nahen Osten.

24. März 1945
Der US-amerikanische Pianist und Sänger Nat King Cole belegt mit seiner Platte *King Cole Trio* als erster Interpret den ersten Platz in der neu gebildeten Hitparade des **Billboard** Magazins.

[11]
1. April 1945
US-amerikanische Truppen landen im Zweiten Weltkrieg auf der japanischen Insel **Okinawa.** Es folgt die längste und blutigste Schlacht der Amerikaner im Pazifik seit Guadalcanal im Jahre 1942.

[12]
12. April 1945
Harry S. Truman von der Demokratischen Partei wird nach dem Tode Franklin Roosevelts der 33. Präsident der Vereinigten Staaten von Amerika. Im Jahre 1948 wird er wiedergewählt, sein Vizepräsident ist Alben W. Barkley.

28. April 1945
Der italienische Diktator **Benito Mussolini**, „Il Duce" genannt, versucht aus Italien zu fliehen, wird gefangen und hingerichtet.
[1]

29. April 1945
Die US-amerikanische 7. Armee befreit zehntausende Gefangene aus dem nationalsozialistischen Konzentrationslager **Dachau.**
[2]

30. April 1945
Der deutsche Diktator Adolf Hitler und seine Frau Eva Braun, die er erst kurz zuvor geheiratet hat, begehen in einem Bunker in Berlin Selbstmord. **Hitler erschießt sich** und seine Frau nimmt Gift. Seinen Anweisungen folgend werden ihre Leichen verbrannt.

April-Mai 1945
In **Berlin** dauern die heftigen Straßenkämpfe bis zum Nachmittag des 2. Mai an.
[3]

7. Mai 1945
Eine deutsche Delegation, zu der unter anderem auch General Alfred Jodl gehört, kommt zu General Dwight D. Eisenhowers Hauptquartier im französischen Reims und unterzeichnet dort die Dokumente zur **Kapitulation Deutschlands**.
[4]

8. Mai 1945
Der **V-E Day** (Victory in Europe Day) kennzeichnet das Ende des Zweiten Weltkriegs in Europa. Im Pazifik dauert der Krieg noch an.
[5]

HIROSCHIMA UND NAGASAKI

Die Vereinigten Staaten werfen Atombomben auf japanische Städte ab.

Während des Zweiten Weltkriegs entwickelten die USA in einem Programm mit dem Namen Manhattan Project Atombomben. Die erste zu Kriegszwecken verwendete Atombombe warfen die Vereinigten Staaten am 6. August 1945 auf die japanische Stadt Hiroschima ab. Die Explosion hatte die Kraft von mehr als 15000 Tonnen TNT und zerstörte sofort und vollständig 10 Quadratkilometer im Zentrum der 343000 Einwohner zählenden Stadt. Rund 70000 Einwohner wurden auf der Stelle getötet, zigtausende starben in den Folgewochen an radioaktiver Verstrahlung; mehr als 67 % der Stadtstruktur wurde vernichtet oder beschädigt (das Foto zeigt die pilzförmige Wolke, die sich über Hiroschima bildet, als der Rauch 6000 Meter hoch aufsteigt). Eine weitere Atombombe wurde am 9. August 1945 auf die japanische Stadt Nagasaki abgeworfen und verursachte eine ähnlich starke Detonation vergleichbar mit 21000 Tonnen TNT. Hier starben mindestens 20000 Menschen auf der Stelle und rund 40000 innerhalb der nächsten vier Monate, etwa 40 % der Stadt wurden zerstört oder erheblich beschädigt. Am nächsten Tag begannen die Japaner mit den Kapitulationsverhandlungen.

[1] Die Leichen Mussolinis und seiner Frau, die von italienischen Partisanen getötet wurden, werden in Mailand der Lächerlichkeit preisgegeben.

[4] General Jodl (Mitte) unterzeichnet die bedingungslose Kapitulation.

[3] Russische Infanteristen laufen in Berlin an der Leiche eines Deutschen vorbei.

6. August 1945
Hiroschima ist die erste Stadt der Welt, die von einer Atombombe getroffen wird. Sie wird von dem US-amerikanischen B-29 Bomber *Enola Gay* abgeworfen. Schätzungen schwanken zwischen 90000 und 140000 Toten.

8. August 1945
Die Vereinigten Staaten von Amerika, die Sowjetunion und Großbritannien unterzeichnen den **Londoner Vertrag** und geben ihre Zustimmung zu den Nürnberger Prozessen.

9. August 1945
Die zweite Atombombe wird abgeworfen, diesmal auf das japanische **Nagasaki**. Es sterben zwischen 60000 und 80000 Menschen.

17. August 1945
Sukarno erklärt die **Unabhängigkeit Indonesiens** von den Niederlanden. Nach der Übergabe der Souveränität vier Jahre später wird er der erste Präsident des Landes (1949-67).

19. August 1945
Eine von **Vo Nguyen Giap** gebildete Kommandotruppe des vietnamesischen Nationalistenführers Ho Chi Minh dringt in die vietnamesische Hauptstadt Hanoi ein.

2. September 1945
Ho Chi Minh erklärt Vietnams Unabhängigkeit von Frankreich.

1. Juni 1945
In einer Rede formuliert der indonesische Nationalistenführer **Sukarno** die *Pancasila* – die fünf Prinzipien – die zur grundlegenden Philosophie des unabhängigen indonesischen Staates werden.

26. Juni 1945
In San Francisco wird die **Charta der Vereinten Nationen** unterzeichnet.

[6]

Juli 1945
Die **koreanische Halbinsel** wird bei der Potsdamer Konferenz am 38. Breitengrad geteilt. Was als vorübergehende Teilung gedacht war, wird zur Staatsgrenze zwischen dem in Richtung Amerika orientierten Südkorea und dem kommunistischen Regime in Nordkorea.

16. Juli 1945
Etwa 100 km nordwestlich von Alamogorde in New Mexico wird an der „Trinity Site" die erste **Atombombe** gezündet.

17. Juli 1945
Josef Stalin, Winston Churchill und Harry S. Truman treffen sich anlässlich der **Potsdamer Konferenz**, dem letzten Gipfeltreffen der Alliierten des Zweiten Weltkriegs.

23. Juli 1945
Philippe Pétain aus Frankreich wird wegen Verrats im Zweiten Weltkrieg der Prozess gemacht.

[7]

[6] General Smuts, der Ministerpräsident von Südafrika, unterzeichnet die Charta der Vereinten Nationen.

[2] Die Häftlinge in Dachau bejubeln ihre Befreier.

[7] Marschall Pétain. Ihm wurde von der Schweiz Asyl angeboten, was er aber ablehnte. Seine Todesstrafe wird in eine lebenslängliche Gefängnisstrafe umgewandelt.

[5] Ein Kuss auf dem Times Square in New York am V-E Day.

[8] Die Japaner kapitulieren.

[8]

2. September 1945
Der Zweite Weltkrieg ist beendet mit der offiziellen Kapitulation Japans an Bord des US-Kriegsschiffes *Missouri*. Insgesamt wurden mehr als 55 Millionen Menschen getötet, davon waren mehr als die Hälfte Zivilisten und mindestens 5,6 Millionen Juden.

8. September 1945
Die ersten US-Truppen dringen in den südlich des **38. Breitengrads** gelegenen Teil der koreanischen Halbinsel ein, um die japanische Kapitulation entgegenzunehmen. Nördlich des Breitengrads ergeben sich die Japaner den sowjetischen Truppen.

25. September 1945
Der ungarische Komponist **Béla Bartók** stirbt im Alter von 64 Jahren in New York. Er praktizierte schon früh die ethnische Musikwissenschaft.

3. Oktober 1945
Das **May-Johnson Gesetz** wird in den US-Kongress eingebracht. Es soll die Atombombe geheim halten und legt Sicherheitsvorschriften fest.

2. Oktober 1945
Die Charta der Vereinten Nationen, der ersten internationalen Weltorganisation, tritt in Kraft. Sie wird nach Ende des Zweiten Weltkriegs verfasst und soll den **Weltfrieden** und friedliche Beziehungen zwischen den Nationen erhalten.

1946
Robert Penn Warren, der US-amerikanische Dichter der „Fugitive"-Bewegung und prominenter Romanautor aus dem Süden, veröffentlicht seinen bekannten politischen Roman *All the King's Men* (Das Spiel der Macht).

1946

1946
Die US-amerikanische metaphysische „Dichterin des Scharfsinns" **Elizabeth Bishop** veröffentlicht ihren ersten Gedichtband *North & South.*

1946
In der sowjetischen Besatzungszone Deutschlands (die spätere **DDR**) werden die Sozialdemokraten gezwungen, zusammen mit den Kommunisten die Sozialistische Einheitspartei Deutschlands (SED) zu bilden.
[1]

1946
Der **Volkswagen Käfer** wird in Wolfsburg hergestellt.
[2]

1946
Willard F. Libby entwickelt die **C-14 Datierung** (Radiokohlenstoffdatierung) zur Altersbestimmung von Fossilien und archäologischen Proben für eine Alterzeitspanne von 500 bis 50 000 Jahren. Er erhält 1960 den Nobelpreis für Chemie.

1946
In Long Island in New York beginnen die Arbeiten an der **Levittown**, dem Prototyp einer Vorortbesiedlung in Massenproduktion.

1946
Der in Ungarn geborene US-amerikanische Mathematiker John von Neumann verfasst zusammen mit Arthur Burks und Herman Goldstine die Schrift, die den Aufbau des modernen von-Neumann-**Computers** beschreibt.

[1] Zwei der im neuen Ostdeutschland regierenden russischen Marionetten: Wilhelm Pieck und Otto Grotewohl von der SED.

[2] Käfer soweit das Auge reicht.

[5] Das New York City Ballet: Marjorie Tallchief und George Skibine tanzen 1948 das „Concerto Barocco".

[8] Der britische Außenminister Ernest Bevin mit dem russischen Delegierten an seiner Seite hält während der ersten Generalversammlung der Vereinten Nationen eine Rede.

1940–1949

[5]
1946
Die Choreographen George Balanchine und Lincoln Kirstein gründen die Ballet Society in New York, die 1948 in **New York City Ballet** umbenannt wird.

[6]
1946
In Großbritannien wird der **National Health Service** als staatliche Organisation eingerichtet. Er bietet (von geringen Gebühren abgesehen) freie medizinische Versorgung für die gesamte Bevölkerung.

1946
Der japanische Kaiser **Hirohito** wird dazu gezwungen, seinem Volk zu verkünden, dass er nicht göttlich ist.

[7]
1946
Trygve Lie aus Norwegen wird der erste Generalsekretär der Vereinten Nationen. Er behält dieses Amt, bis er im Jahre 1952 zurücktritt.

1946
Die Plastikbehälter von **Tupperware** halten Einzug in die Supermärkte, werden jedoch erst durch die privaten „Verkaufspartys" richtig berühmt.

10. Januar 1946
Das Funkerregiment des US-amerikanischen Heeres stellt **Funkkontakt** mit dem Mond her. Ein vom Labor in Belmar, New Jersey, zum Mond gesandtes Signal wird innerhalb von 2,4 Sekunden an die Sendestation zurückgeschickt.

1946
Ludwig Mies van der Rohe beginnt mit seiner Arbeit am **Farnsworth House** in Plano, Illinois. In dem Versuch, einen perfekten Platz für ein Haus zu finden, scheint er dieses über dem Boden schweben zu lassen.

1946
Der Gangster **Bugsy Siegel** eröffnet das Flamingo Hotel in Las Vegas. Damit wird die Wüstenstadt zum Zentrum des Glücksspiels und der Unterhaltung.
[3]

1946
In Londoner Krankenhäusern werden **penizillinresistente Bakterien** gefunden. Von nun an beginnt der Wettlauf des menschlichen Einfallsreichtums in der pathogenen und medizinischen Forschung mit der mikrobiellen Entwicklung.

1946
Procter & Gamble entwickeln *Tide*, das erste synthetische **Waschmittel**. Im Jahre 1949 führen sie *Joy* ein, das erste synthetische Flüssigwaschmittel.

1946
Die neue Verfassung der Föderativen Volksrepublik **Jugoslawien** nach sowjetischem Vorbild wird verabschiedet. Belgrad wird Hauptstadt.

1946
Der vollständig elektronische **ENIAC** (electronic numerical integrator and computer) ist voll funktionsfähig. Im Zweiten Weltkrieg wurde er gebaut, um die Reichweite der Artillerie zu berechnen und wird nach dem Krieg verwendet, um Berechnungen für die Wasserstoffbombe anzustellen.
[4]

[3] Das Flamingo Hotel in Las Vegas nimmt langsam Gestalt an. Vor ihm steht der berüchtigte Meyer Lansky, Gangster und Freund von Bugsy Siegel.

[9] Zoltan Tildy, ungarischer Präsident bis 1948, als die Kommnisten die Macht an sich reißen.

[4] Eine einfache Version des ENIAC-Rechners, den Dr. Andrew Donald Booth in England baut.

[7] Generalsekretär Trygve Lie bei den Vereinten Nationen. Er war Außenminister der norwegischen Exilregierung im Zweiten Weltkrieg. Seinen wohl bedeutendsten Auftritt hat er, als er 1950 die Unterstützung für Südkoreas Verteidigung organisiert.

[6] Zwei Kinder werden im Bristol Health Centre orthopädisch behandelt. Das gehört zum neuen britischen National Health Service.

[8]
10. Januar 1946
In London findet die erste **Generalversammlung der Vereinten Nationen** statt.

28. Januar 1946
Die chilenische Regierung ruft einen sechs Tage dauernden Ausnahmezustand aus, nachdem während der **Ausschreitungen in Santiago** zwischen der Polizei und chilenischen Gewerkschaftlern vier Menschen gestorben sind.

31. Januar 1946
Der brasilianische Generalmajor **Eurico Gaspar Dutra** wird als Präsident Brasiliens vereidigt. Unter seiner Regierung wird die verfassungsmäßige Demokratie wieder eingeführt.

[9]
1. Februar 1946
Ungarn wird Republik und der Ministerpräsident Zoltan Tildy wird von der ungarischen Nationalversammlung zum Präsidenten gewählt.

5. März 1946
Der britische Premierminister Winston Churchill prägt in einer Rede in Fulton, Missouri, den seitdem allgemein bekannten Begriff **Eiserner Vorhang**, der die Trennung zwischen der Sowjetunion und der westlichen Welt beschreibt.

9. März 1946
Der finnische Ministerpräsident **Juho K. Paasikivi** wird vom Parlament zum Präsidenten Finnlands gewählt.

3. April 1946
Der japanische Armeegeneral **Homma Masaharu** wird für die Erzwingung des Todesmarschs von Bataan hingerichtet.

12. April 1946
Die Liberale Partei und die Progressive Partei, beide konservativ ausgerichtet, gewinnen in der ersten allgemeinen Wahl in Japan nach Ende des Zweiten Weltkriegs die Kontrolle über das **Parlament.**

29. April 1946
Tojo Hideki, Japans Ministerpräsident von 1941 bis 1944, wird der Kriegsverbrechen angeklagt und muss vor den Internationalen Militärgerichtshof für den Fernen Osten. Er wird für schuldig befunden und erhängt.

[1]

12. Mai 1946
Da die Parteien der Hindus und der Muslime sich nicht auf eine gemeinsame Grundlage einigen können, scheitern die Verhandlungen über ein unabhängiges vereintes **Indien**.

26. Mai 1946
Yoshida Shigeru wird Ministerpräsident Japans und amtiert fast durchgehend von 1946 bis 1954. Er führt das Land zurück zu wirtschaftlichem Wohlstand und bestimmt die Richtung für die Kooperation mit den Vereinigten Staaten und Westeuropa nach dem Krieg.

2. Juni 1946
In der Zeit nach dem Zweiten Weltkrieg stimmt **das italienische Volk** in einem Referendum dafür, die regierende Monarchie durch eine Republik zu ersetzen.

NÜRNBERGER PROZESSE

Nationalsozialisten werden der Kriegsverbrechen angeklagt.

In der Zeit von 1945 bis 1946 führte der internationale Militärgerichtshof im deutschen Nürnberg eine Reihe von Prozessen durch. Die Anklage gegen die nationalsozialistischen Führungskräfte bestand aus vier Anklagepunkten: Verbrechen gegen den Frieden (Planung, Anstiftung und Durchführung von Aggressionskriegen entgegen internationaler Verträge und Abkommen), Verbrechen gegen die Menschlichkeit (Vernichtungen, Deportationen und Völkermord), Kriegsverbrechen (Verletzung von Kriegsrecht) und „gemeinsame Planung oder Verschwörung zur Ausübung“ der in den ersten drei Anklagepunkten aufgeführten Straftaten. Nach insgesamt 216 Verhandlungstagen wurde der Urteilsspruch für 22 der ursprünglich 24 Angeklagten am 1. Oktober 1946 verkündet. Drei Angeklagte wurden freigesprochen. Vier Angeklagte wurden zu Freiheitsstrafen von 10 bis 20 Jahren verurteilt: Karl Dönitz, Baldur von Schirach, Albert Speer und Konstantin von Neurath. Drei Angeklagte wurden zu lebenslänglicher Haft verurteilt: Rudolf Hess (mit den Händen auf der Bank), Walther Funk und Erich Raeder. Für zwölf Angeklagte wurde die Todesstrafe durch Erhängen ausgesprochen. Die ersten zehn wurden am 16. Oktober 1946 erhängt: Hans Frank, Wilhelm Frick, Julius Streicher, Alfred Rosenberg, Ernst Kaltenbrunner, Joachim von Ribbentrop (zweiter von rechts), Fritz Sauckel, Alfred Jodl, Wilhelm Keitel (ganz rechts) and Arthur Seyss-Inquart. Martin Bormann wurde in Abwesenheit angeklagt und zum Tode verurteilt. Hermann Göring (ganz links) beging Selbstmord, bevor er hingerichtet werden konnte.

[1] Tojo Hideki während der Verhandlung, bei der es um sein Leben geht.

[6] Georgi Dimitrow.

[5] Britische Soldaten durchsuchen die Ruinen des King David Hotels in Jerusalem nach möglichen Überlebenden.

[5]
22. Juli 1946
Die Irgun Zvai Leumi, eine gewaltbereite, jüdische, rechtsgerichtete Untergrundbewegung in Palästina, jagt einen Flügel des **King David Hotels** in Jerusalem in die Luft und tötet 91 Soldaten und Zivilisten.

[6]
8. September 1946
In **Bulgarien** wird die Monarchie beendet. Im November wird der Kommunist Georgi Dimitrow zum Ministerpräsidenten gewählt.

1. Oktober 1946
Für 22 der ursprünglich 24 Angeklagten in den Nürnberger Prozessen wird der Urteilsspruch verkündet. Sie sind vor dem **Internationalen Militärgerichtshof** nach dem Zweiten Weltkrieg als Kriegsverbrecher angeklagt worden.

[7]
16. Oktober 1946
Zehn der zwölf während der **Nürnberger Prozesse** zum Tode verurteilten ehemaligen Nationalsozialisten werden hingerichtet.

23. November 1946
Mindestens 6000 vietnamesische Zivilisten werden bei der Bombardierung der Hafenstadt **Haiphong** durch die Franzosen getötet.

28. November 1946
Vincent Auriol wird zum ersten Präsidenten der Vierten Französischen Republik gewählt.

6. Juni 1946
Argentinien und die Sowjetunion nehmen nach 28 Jahren Pause ihre diplomatischen Beziehungen wieder auf.

8. Juni 1946
Die niederländisch-indonesischen Souveränitätsverhandlungen scheinen fehlgeschlagen, als der Präsident der indonesischen Republik **Sukarno** seine Anhänger öffentlich dazu aufruft, sich gegen die Niederländer zu mobilisieren.
[2]

28. Juni 1946
Enrico de Nicola wird provisorisches Staatsoberhaupt der neu gebildeten italienischen Republik, nachdem zuerst König Viktor Emmanuel III. und dann Umberto II. abgedankt haben.
[3]

2. Juli 1946
Der tschechoslowakische Kommunist **Klement Gottwald** wird Ministerpräsident an der Spitze einer Koalitionsregierung nach einem Erfolg bei den Wahlen im Mai.
[4]

4. Juli 1946
Die **Republik der Philippinen** wird als unabhängiges Land ausgerufen mit Manuel Roxas als erstem Präsidenten.

21. Juli 1946
Eine Revolte in **Bolivien** führt zur Ermordung von Präsident Gualberto Villarroel. Er wird an einem Laternenmast auf einem öffentlichen Platz in La Paz aufgehängt.

[4] Klement Gottwald, ein doktrinärer Stalinist.

[3] Mitglieder des neuen italienischen Parlaments geben ihre Stimmen ab.

[8] Ho Chi Minh. Er hat vietnamesische Rivalen im Kampf gegen die Franzosen eliminieren lassen, so dass er der einzige Mittelpunkt der Opposition ist.

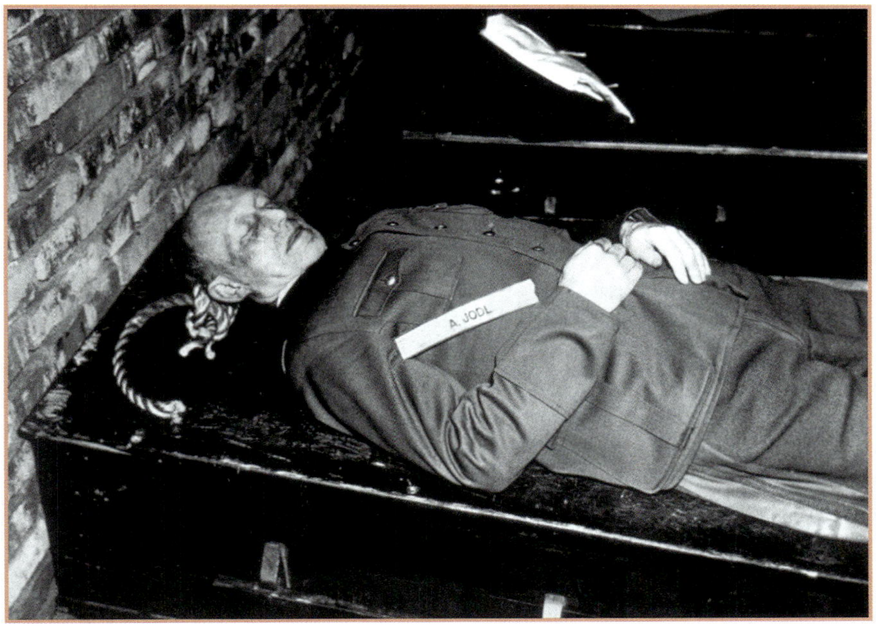

[7] Die Leiche von Jodl, dem wichtigsten Berater Hitlers und Chef des Wehrmachtführungsstabs nach seiner Hinrichtung in Nürnberg.

[2] Präsident Sukarno. Seine Entschlossenheit, die vollkommene Unabhängigkeit Indonesiens von den Niederlanden zu erreichen, wurde deutlich durch seine Bereitschaft, während deren Besetzung des Landes zu Kriegszeiten mit den Japanern zu kollaborieren.

[9] Die französische Schauspielerin Barbara Loage in einem Bikini, den sie sich aus einem Meter Stoff selbst genäht hat.

1. Dezember 1946
Miguel Alemán, Kandidat der Partido Revolucionario Institucional (Revolutionäre Institutionelle Partei), wird zum Präsidenten von Mexiko gewählt und führt das Land durch eine Periode wirtschaftlichen Wachstums.

11. Dezember 1946
Der **United Nations International Children's Emergency Fund** (UNICEF) wird von den Vereinten Nationen gegründet und soll die Not der Kinder lindern, deren Länder im Zweiten Weltkrieg verwüstet wurden.

15. Dezember 1946
Siam wird in der Generalversammlung der Vereinten Nationen einstimmig als 55. Mitglied der Vereinten Nationen aufgenommen.

[8]
19. Dezember 1946
Die vom vietnamesischen Nationalisten Ho Chi Minh gegründete Viet Minh beginnt den **Ersten Indochinakrieg** gegen Frankreich.

1947
Earl W. Flosdorf erhält ein Patent für das Verfahren des **Gefriertrocknens** von Lebensmitteln und anderen biologischen Materialien.

[9]
1947
Ein gewagter, aus zwei Teilen bestehender Damenbadeanzug, der **Bikini**, kommt in Mode. Er wird nach einer Insel im Pazifik benannt, auf der Tests mit Atombomben durchgeführt werden.

1947

1947
Ein rätselhaftes Objekt stürzt bei **Roswell** in New Mexico auf die Erde. Viele Menschen sind überzeugt, dass es sich um ein außerirdisches UFO handelt und die Regierung die Einzelheiten dazu geheim hält.
[1]

1947
Ein Hirtenjunge entdeckt in einer Höhle bei Khirbat Qumran an der Nordwestküste des Toten Meers die erste der **Schriftrollen von Qumran.** Sie stammen aus dem dritten bis ersten Jahrhundert v. Chr. Die 15 000 Teile sind die Reste von etwa 800 bis 900 Schriftrollen.
[2]

1947
Die US-Amerikaner John Bardeen, Walter Brattain und William Shockley erfinden in den Bell Laboratories den **Transistor**. Sie bekommen 1956 dafür den Nobelpreis für Physik.

1947
Der französische Modeschöpfer **Christian Dior** führt mit Tellerröcken und engen Taillen den femininen *New Look* ein, der einen starken Kontrast zur praktischen Kleidung zu Kriegszeiten bildet.

1947
Edwin Herbert Land erfindet die **Sofortbildfotografie.** Dieses Verfahren entwickelt und druckt die Fotografien in nur einem Schritt und ist eine beispiellose Erneuerung seit der Einführung des Rollfilms. Sein Produkt wird unter dem Namen *Polaroid Land* Kamera bekannt.
[3]

1947
Der Jazztrompeter und -sänger **Louis Armstrong**, der berühmteste und beliebteste Jazzmusiker der USA seit den 1930er Jahren, gründet sein „All Stars"-Jazzensemble.
[4]

DER *NEW LOOK*

Französischer Modeschöpfer erobert die Modewelt.

Im Jahrzehnt nach dem Zweiten Weltkrieg dominierte Christian Dior, der französische Modeschöpfer, die Welt der Mode. Dior ließ sich für den französischen diplomatischen Dienst ausbilden, fing aber während der Finanzkrise in den 1930er Jahren an, Mode für die wöchentlich erscheinende Illustrierte *Figaro Illustré* zu zeichnen. 1947 stellte er, unterstützt vom französischen Textilhersteller Marcel Boussac, seinen revolutionären *New Look* vor und rief wegen der radikal verlängerten Rocklänge international kontroverse Reaktionen hervor. Sein Stil zeigte schmale Schultern, eine natürliche Taillenweite sowie voluminöse Röcke (oben) und stellte eine drastische Veränderung zu den gepolsterten Schultern und kurzen Röcken während des Zweiten Weltkriegs dar. Der *New Look* wurde über Nacht zum Erfolg.

[1] Das UFO von Roswell auf einem Flugplatz der hier ansässigen Armee. Es stellt sich als Teil eines Radarzieles heraus.

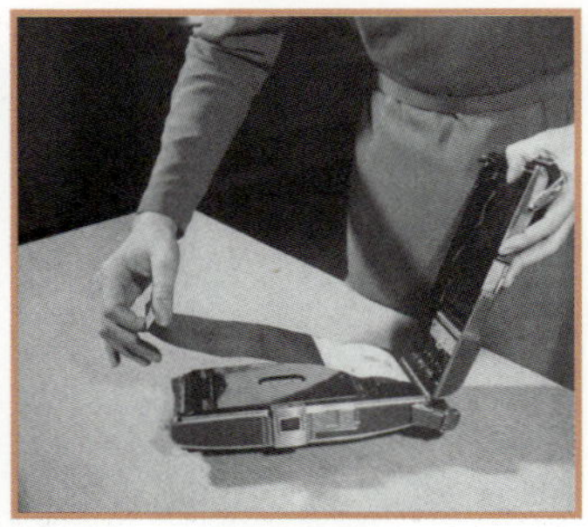

[3] Die neue Polaroidkamera „produziert Bilder in nur einer Minute".

[4] „Saint Louis Blues": Das Titelbild eines Notenblatts zeigt Louis Armstrong und seine „All Stars".

[2] Eine der Qumran-Schriftrollen: Sie gehört zum Buch des Jesaja.

1947
General Franco erklärt **Spanien** zur Monarchie, obwohl er das Land bis zu seinem Tod 1975 weiterhin regiert.

5. Februar 1947
Der Kommunist **Boleslaw Beirut** wird zum Präsidenten Polens gewählt. Er wird schon bald der „polnische Josef Stalin" genannt.

12. März 1947
US-Präsident Harry S. Truman formuliert die später sogenannte **Truman Doktrin**, als er den Kongress dazu auffordert, Griechenland und der Türkei zu helfen, die beide kommunistischen Bedrohungen ausgesetzt sind.

1. April 1947
König Georg II. von Griechenland stirbt. Sein Bruder **Paul I.** folgt ihm auf den Thron.

2. April 1947
Der Vorschlag, der USA die alleinige Treuhänderschaft über die einst zu **japanischem Mandatsgebiet gehörenden Inseln im Pazifik** zu erteilen, wird vom UN-Sicherheitsrat einstimmig angenommen.

20. April 1947
Kronprinz Frederik folgt nach dem Tod seines Vaters Christian X. als **König Frederik IX.** auf den Thron Dänemarks.

1947
Das vom dänischen Zimmermann und Spielzeughersteller Ole Kirk Christiansen 1932 erfundene Bauspielzeug **Lego** wird sowohl aus Kunststoff als auch aus Holz hergestellt. *Lego* ist bald eines der beliebtesten Spielzeuge der Welt.

1947
Der norwegische Ethnologe und Abenteurer **Thor Heyerdahl** versucht zu beweisen, dass die Osterinseln und Hawaii von einem Urvolk aus Amerika besiedelt wurden, indem er auf einem Balsaholzfloß, dem sogenannten *Kon-Tiki*, von Peru aus gen Westen segelt.
[5]

1947
Richard Rodgers und Oscar Hammersteins **Oklahoma!** wird unter der Choreografie von Agnes De Mille auf dem Broadway aufgeführt. Die Lieder und Tänze sind Teil der Handlung und Erzählung, und nicht nur einfach Zwischenspiele.

1947
Die **Central Intelligence Agency** (CIA), der wichtigste Auslandsgeheimdienst und Spionageabwehrdienst der USA wird offiziell gegründet.

1947
Der französische Schriftsteller **André Gide** erhält den Nobelpreis für Literatur.
[6]

1947
Unter Verwendung von Bleicherde, einer sehr saugfähigen Lehmzusammensetzung, entwickelt der US-amerikanische Unternehmer Edward Lowe das **Katzenstreu**.

[5] Thor Heyerdahl vor dem Segel des „Kon-Tiki".

[8] Eine Dreschmaschine als Teil des Marshall-Hilfeplans für Europa in Betrieb in Österreich, ihre Herkunft ist deutlich sichtbar.

[9] Lord Mountbatten, Indiens letzter Vizekönig, mit dem Moslemführer Jinnah, rechts, und dem Kongressleiter Nehru, links. Im Hintergrund ist Lord Ismay, einer der Berater des Vizekönigs, zu sehen.

[6] André Gide.

[7] Ferenc Nagy (Mitte). Er und seine Partei der Kleinbauern versuchen, den Kommunisten Widerstand zu leisten. Er wird zum Rücktritt gezwungen, als diese seinen Sohn entführen.

9. Mai 1947
Der erste Kredit, den die **Weltbank** nach ihrer Gründung vergibt, geht an Frankreich und zwar über 250 000 000 Dollar für den Wiederaufbau nach dem Krieg.

[7]
31. Mai 1947
Ferenc Nagy wird seines Amtes als Ungarns Ministerpräsident enthoben, als er sich im Urlaub in der Schweiz befindet.

[8]
5. Juni 1947
In einer Ansprache in der Harvard University formuliert der US-amerikanische Außenminister George C. Marshall die Idee des **Marshall-Plans.** Dies ist ein europäisches Selbsthilfeprogramm, das die USA finanzieren soll.

[9]
15. Juni 1947
Der britische Plan zur **Teilung Indiens** in einen hinduistischen und einen moslemischen Staat wird vom gesamtindischen Komitee der Kongresspartei angenommen. Das Komitee lehnt jedoch eine Unabhängigkeit der Fürstenstaaten ab.

19. Juni 1947
Der US-Amerikaner Albert Boyd stellt einen **Geschwindigkeitsrekord** auf, als er in einem *P-80R* Düsenflugzeug der amerikanischen Streitkräfte eine Geschwindigkeit von 1003,594 km/h erreicht.

Juli 1947
George F. Kennan fordert in einem Artikel in der Zeitschrift *Foreign Affairs* unter der Signatur *X* Zurückhaltung. Dies wird bald die Grundhaltung Amerikas in seiner Außenpolitik gegenüber der Sowjetunion.

15. August 1947
Großbritanniens lange Herrschaft über **Indien** endet offiziell und das Land erhält die Unabhängigkeit als zwei separate Herrschaftsgebiete, Indien und Pakistan. *[1]*

21. August 1947
Der franko-italienische Autodesigner und -hersteller **Ettore Bugatti** stirbt. Sein jüngerer Bruder Rembrandt war ein angesehener Bildhauer von Tierskulpturen.

23. August 1947
Ein Militärputsch in **Ecuador** führt zum Sturz von Präsident Jose Naria Velasco Ibarra. Verteidigungsminister Colonel Carlos Mancheno übernimmt die Macht und ernennt sich selbst zum Präsidenten.

23. August 1947
Die griechische Regierung unter Ministerpräsident **Demetrios Maximos** tritt zurück, nachdem sie das Land nicht dazu bringen kann, gegen die Guerillas zu kämpfen.

16. September 1947
Dr. Oswaldo Aranha von Brasilien wird zum Präsidenten der zweiten regulären Sitzung der UN-Generalversammlung gewählt.

14. Oktober 1947
Der US-amerikanische Pilot **Chuck Yeager** durchbricht bei einem Testflug mit einem *X-1* Raketenflugzeug die Schallmauer. Er stellt 1953 mit 2640 km/h einen neuen Geschwindigkeitsrekord in einem *X-1A* Raketenflugzeug auf.

[1] Inder feiern in Kalkutta ihre Unabhängigkeit.

[3] Hollywoodstars stehen, um im Komitee für unamerikanische Aktivitäten besser sehen zu können. Von links: Danny Kaye, June Havoc, Humphrey Bogart. Bogarts Ehefrau Lauren Bacal sitzt neben ihm.

[2] Prinzessin Elizabeth und Prinz Philip auf dem Balkon des Buckingham Palasts am Tag ihrer Hochzeit.

[4] König Michael von Rumänien im Exil in Lausanne, zusammen mit seiner Mutter.

[6] Fanny Blankers-Koen mit ihren drei olympischen Einzelgoldmedaillen.

1948
Die Bewegung des **abstrakten Expressionismus** beginnt sich zu entwickeln. Es ist eine Bewegung, welche die Malerei in den 1950er Jahren dominiert und die USA zum Weltzentrum der modernen Kunst macht.

1948
Al-Ghawar, das größte Ölfeld der Welt, wird in Saudi-Arabien entdeckt. Ölfunde im Nahen Osten lassen die Energiepreise sinken und führen zu einer ernormen Intensivierung dieser Energiequelle in der westlichen Welt.

1948
Der US-amerikanische Forscher Alfred Kinsey veröffentlicht **Sexual Behavior in the Human Male** (*Das Sexualverhalten des Mannes*). Fünf Jahre später erscheint sein Buch über das Sexualverhalten der Frau.

1948
US-amerikanische Forscher verkünden, dass **Kortison**, eine in den Nebennieren produzierte Substanz, entzündungshemmende Wirkung hat und lindernd bei Arthritis wirkt.

[6]
1948
Bei den Olympischen Sommerspielen in London ist **Fanny Blankers-Koen** aus den Niederlanden die erfolgreichste Sportlerin. Sie gewinnt vier Goldmedaillen: im 100-Meter Lauf, im 200-Meter Lauf, über 80 Meter Hürden und mit der 4 x 100-Meter-Staffel.

1948
Die britische **Labourregierung** verstaatlicht die Produktion und Verteilung der Stromversorgung sowie das Eisenbahnnetz.

9. November 1947
Bangkok wird in einem von Feldmarschall Luang Pibul Songgram geführten Staatsstreich von einer **siamesischen Militärgruppe** eingenommen. Songgram verkündet anschließend den Sturz der Regierung unter Ministerpräsident Thawan Thamrong Nawasawat.

20. November 1947
Prinzessin Elisabeth, die britische Thronanwärterin, und Prinz Philip, der Duke von Edinburgh, heiraten in London.
[2]

24. November 1947
Eine Gruppe von Filmproduzenten, Regisseuren und Drehbuchautoren, die im Oktober 1947 vor dem **Komitee für unamerikanische Aktivitäten** auftrat, gründet aus Verachtung vor dem Kongress die *Hollywood Ten*.
[3]

29. November 1947
Die Generalversammlung der Vereinten Nationen übernimmt eine (nicht realisierte) Resolution, die eine Teilung **Palästinas** in zwei separate Staaten fordert, einen arabischen und einen jüdischen, wobei eine Wirtschaftsunion beibehalten werden soll.

30. Dezember 1947
König Michael von Rumänien wird vom kommunistischen Regime zum Abdanken gezwungen, dieses ruft dann die Republik aus.
[4]

1948
Der **Hale Reflektor,** das zu dieser Zeit mit 500 cm größte Teleskop, wird im Mount Palomar Observatorium in Kalifornien eingeweiht.
[5]

MANOLETE STIRBT BEIM STIERKAMPF

Der größte spanische Matador seiner Generation wird getötet.

Der Matador „Manolete" – der Kosename für Manuel Laureano Rodríguez Sánchez – war in Spanien ein Held und verdiente in den 1940er Jahren in nur acht Jahren 4 Millionen Dollar durch seine Auftritte und Werbeverträge. Er kämpfte bis zu 100 Mal pro Jahr und wurde 11 Mal schwer verletzt. Als er seine Absicht verkündete, sich zur Ruhe zu setzen, überredete man ihn zu einem letzten Kampf, in dem er gegen den größten Stier kämpfen sollte. Am 29. August 1947 trat er in der Corrida in Linares zusammen mit seinem jungen Rivalen Dominguín auf, der mit dem ersten Stier gut zurechtkam. Manoletes zweiter Stier war „Islero" von der gefürchteten Miura-Zuchtrasse. Im Moment der Tötung, als Manolete seinen Degen in den Stiernacken versenken wollte, wurde er aufgespießt und tödlich verletzt. Die ganze Nation trauerte um ihn. Die Zeitungen verkündeten: „Er starb beim Töten und tötete beim Sterben." Sein Leben wurde als Verkörperung des Stierkampfethos *La fiesta brava* angesehen.

[7] Der französische Skifahrer Henri Oreiller in Aktion.

[5] Das Mount Palomar Observatorium. Für den Hale-Reflektor wird eigens ein Gebäude gebaut.

[8] Peter Goldmark demonstriert die Kapazität einer LP. Die Platten, die er in der Hand hält, können genauso viel Musik abspielen wie alle 78er Platten aus dem hohen Stapel neben ihm.

1948
Baby ist der erste speicherprogrammierte, digitale Rechner und wurde an der Universität Manchester in England gebaut.

1948
Belgien, die Niederlande und Luxemburg bilden die **Benelux** Zollunion.

1948
Der britische Ingenieur **Andrew Donald Booth** erfindet den Magnettrommelspeicher für Computer.

[7]
1948
Beide Disziplinen des Alpinskisports (Abfahrt und Slalom) sind bei den Olympischen **Winterspielen** im schweizerischen St. Moritz zum ersten Mal **olympische Disziplinen**.

1948
Der in Ungarn geborene Elektroingenieur Dennis Gabor entwickelt die **Holografie**. Er erhält für seine Erfindung im Jahre 1971 den Nobelpreis für Physik.

[8]
1948
Der in Ungarn geborene US-Ingenieur Peter Carl Goldmark ist Leiter eines Teams, das die **Langspielplatte (LP)** entwickelt und die Platten mit 78 Umdrehungen pro Minute ersetzt. Eine LP bietet so viel Platz wie sechs 78er-Platten.

1948

1948
Kevin Tuohy entwickelt die moderne Kontaktlinse aus Kunststoff. Die erste, noch aus Glas gefertigte Kontaktlinse, die eine Hornhautverkrümmung ausglich, hatte Adolf Fick im Jahre 1887 entwickelt.

1948
Der am MIT arbeitende Mathematiker Norbert Wiener veröffentlicht sein Werk über **Kybernetik**, eine wegbereitende Abhandlung über Steuerungs- und Kommunikationssysteme, die sich auf seine Forschung in der Brandbekämpfung und Neurologie stützte.

1948
Norman Mailer veröffentlicht *The Naked and the Dead* (Die Nackten und die Toten), das sofort als einer der besten US-amerikanischen Romane nach dem Zweiten Weltkrieg gefeiert wird.

1948
Die Physiker George Gamow und Ralph Alpher erarbeiten die moderne Version des Modells vom **Urknall** über die Entstehung des Universums.

1948
Kletten, die er beim Wandern aufsammelte, bringen den schweizerischen Erfinder George de Mestral auf die Idee, ein Befestigungsband aus Textil herzustellen, den **Klettverschluss**. Winzige Häkchen und Schlaufen halten zwei Stoffstücke zusammen.

1948
Fred Morrison lässt den Entwurf einer **Frisbee-Wurfscheibe** patentieren.
[1]

[2] Juden betrachten die Zerstörung durch eine von den palästinensischen Arabern im März in Jerusalem gezündete Bombe.

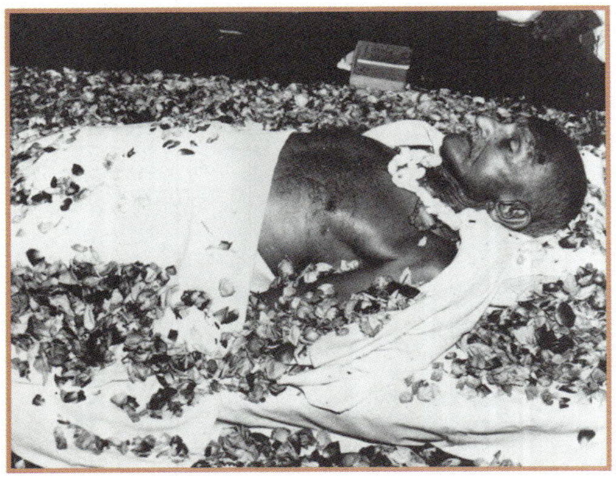

[4] Gandhis Leiche liegt aufgebahrt, bevor sie zur Einäscherung zum Fluss Jumna gebracht wird.

[5] So schüchtern die Kommunisten die Opposition in der Tschechoslowakei ein: Ein „Aktionskommando" aus bewaffneten Arbeitern marschiert durch Prag.

[4]
30. Januar 1948
Mahatma Gandhi wird vom hinduistischen Nationalisten Nathuram Godse in Delhi in Indien ermordet.

4. Februar 1948
Ceylon (das heutige Sri Lanka) erhält seine Unabhängigkeit von Großbritannien.

[5]
25. Februar 1948
Die Kommunisten reißen die Regierung in der **Tschechoslowakei** an sich.

3. April 1948
US-Präsident Harry S. Truman verabschiedet den von George C. Marshall entworfenen **Marshall-Plan** als Gesetz. Damit soll die Wirtschaft der westlichen und südeuropäischen Länder belebt und die Demokratie in dieser Region gefördert werden.

16. April 1948
Um die Wirtschaft nach dem Zweiten Weltkrieg zu fördern, bilden 16 europäische Länder die **Organisation für Europäische Wirtschaftliche Zusammenarbeit** (später Organisation für wirtschaftliche Zusammenarbeit und Entwicklung).

30. April 1948
Die Charta für die **Organisation amerikanischer Staaten** wird nach Abschluss der Neunten Panamerikanischen Konferenz in Bogotá, Kolumbien, unterzeichnet. Sie soll die wirtschaftliche, militärische und kulturelle Kooperation fördern.

1948
Die Vereinten Nationen gründen die **Weltgesundheitsorganisation (WHO)**, um die internationale Zusammenarbeit in der Medizin und im Gesundheitswesen voranzubringen.

1948
Die **Friedenstruppen der Vereinten Nationen** werden zum ersten Mal eingesetzt, um den Waffenstillstand in Kaschmir und Palästina zu beobachten. Die Truppen, die dem Befehl des UN-Sicherheitsrates unterstehen, erhalten im Jahre 1988 den Friedensnobelpreis.

1948
Die Gewalt zwischen den Arabern und Juden geht weiter bis zu **Israels Unabhängigkeit** im Mai.
[2]

ca. 1948
Jazz-Interpreten, unter ihnen vor allem Altsaxofonist Charlie Parker und Trompeter Dizzy Gillespie, experimentieren mit **Bepop**, einem flüssigen Improvisationsstil mit chromatischen Akkorden und komplexen Rhythmen.
[3]

1. Januar 1948
Enrico de Nicola wird nach Inkrafttreten der neuen Verfassung offiziell zum Präsidenten der italienischen Republik ernannt, tritt aber vor den ersten Wahlen im Mai zurück und Luigi Enaudi zieht in den *Quirinale* ein.

4. Januar 1948
Der südostasiatische Staat **Burma** (Myanmar) erhält offiziell seine Unabhängigkeit. Damit ist der zwischen dem burmesischen Führer Aung San und dem britischen Premierminister Clement Attlee 1947 verhandelte Machtwechsel abgeschlossen.

[1] Die Anfänge des Frisbees: Die Studenten des Kenyon College spielen damit.

[3] Dizzy Gillespie, König der Bepop-Trompeter.

[6] Junge Israelis in Tel Aviv feiern die Unabhängigkeitserklärung ihres Landes am 14. Mai.

[7] Ein Menschenmenge in Berlin sieht zu einem US-amerikanischen „C-47" Frachtflugzeug herauf, das auf dem Flughafen Tempelhof landet; es bringt einen Teil der Lieferungen aus dem Westen.

[8] Präsident Syngman Rhee zusammen mit General Douglas MacArthur bei einer Feier anlässlich der Gründung Südkoreas.

[9] Kim Il Sung, Ministerpräsident Nordkoreas und Gründer seiner kommunistischen Dynastie.

10. Mai 1948
In **Südkorea** werden vor der Bildung einer Republik, unterstützt von der UN, Wahlen abgehalten.

[6]
14. Mai 1948
Israel erklärt seine Unabhängigkeit und wird schnell von den Vereinigten Staaten von Amerika, der Sowjetunion und vielen anderen Ländern anerkannt. Somit erfüllt sich der zionistische Traum eines international anerkannten jüdischen Staates.

7. Juni 1948
Präsident Benes aus der **Tschechoslowakei** weigert sich, die kommunistische Machtübernahme durch Ministerpräsident Klement Gottwald abzusegnen, der von der Arbeitermiliz und der Polizei unterstützt wird. Er tritt zurück und Gottwald wird Präsident.

[7]
24. Juni 1948
Die **Berliner Blockade** wird verstärkt, als die Sowjetunion verkündet, dass die westlichen Alliierten keine Rechte mehr in Berlin haben.

[8]
15. August 1948
Die **Republik Korea** (Südkorea) wird offiziell eingeweiht mit Seoul als Hauptstadt und Syngman Rhee als Präsidenten.

[9]
25. August 1948
Die **Demokratische Volksrepublik Korea** (Nordkorea) wird gegründet mit Pjöngjang als Hauptstadt und Kim Il Sung als Ministerpräsidenten.

1948-1949

August/September 1948
Die **Alger-Hiss-Affäre** beginnt damit, dass das Mitglied der US-Regierung der Mitgliedschaft in einem kommunistischen Spionagering in den 1930er Jahren beschuldigt wird.
[1]

4. September 1948
Königin Wilhelmina der Niederlande dankt ab und ihre Tochter Juliana folgt ihr auf den Thron.
[2]

17. September 1948
Der schwedische Philanthrop und Diplomat **Graf Folke Bernadotte** wird von jüdischen Extremisten ermordet, als er für die Vereinten Nationen als Vermittler zwischen Arabern und Israelis tätig ist.
[3]

18. September 1948
Bei der sogenannten **Madiun Affäre**, die Teil eines Rebellionsversuchs gegen die Regierung Sukarno ist, ergreift ein ansässiger Kommunist die Macht in Madiun in Indonesien.

15. November 1948
Der kanadische Staatsmann und Jurist **Louis Saint Laurent** wird Premierminister (1948-57). Er gehört zur Liberalen Partei, welche die kanadische Einheit erhalten und Reformen auf den Weg bringen will.

Dezember 1948
Die Generalversammlung der UN segnet die **Völkermordkonvention** ab. Sie definiert Völkermord als Handlungen, die dazu dienen sollen, eine ganze oder Teile einer Gruppe anderer nationaler, ethnischer, rassischer oder religiöser Herkunft zu vernichten.

[3] Graf Folke Bernadotte (links) mit dem US- amerikanischen Diplomaten Ralph Bunche, der sein Nachfolger als UN-Vermittler wird.

[2] Königin Juliana der Niederlande mit ihrem Ehemann Prinz Bernhard bei der feierlichen Eröffnung des Parlaments kurz nach ihrer Thronbesteigung.

[7] Bob Cousy. Seine Karriere mit den Boston Celtics beginnt zusammen mit dem Start der NBA. Als Starspieler und Kommentator bleibt er noch viele Jahre bekannt. Sein Trikot mit der Nummer 14 hängt auch heute noch unter dem Dach des Boston Garden.

[1] Der Kongressabgeordnete Richard Nixon (links) erlangt Bekanntheit durch seine feindselige Befragung von Hiss vor dem Komitee für unamerikanische Aktivitäten im August 1948.

[6] Miles Davis. Er tritt als eigenständiger Solist aus dem Schatten Charlie Parkers.

1949
Die französische Existentialistin Simone de Beauvoir veröffentlicht ihr Buch **Das andere Geschlecht**, ein wissenschaftlicher und leidenschaftlicher Appell für die Abschaffung des Mythos des „ewig Weiblichen".

1949
In seinem Werk *Chicago 1949* und anderen Arbeiten verfolgt der US-amerikanische Fotograf **Aaron Siskind** die Abstraktion in Fotografien, indem er verwitterte, gezeichnete Gesichter zu seinen Motiven macht.

[6]
1949
Der Jazztrompeter **Miles Davis** veröffentlicht *Birth of the Cool*, das den coolen Jazzstil der Westküste definiert. Seine späteren Alben sind Meilensteine des modalen Jazz, Jazz-Rock und elektronischen Jazz.

1949
Joseph Chifley von der Labour-Partei wird Premierminister von Australien. Seine Amtszeit ist vor allem bekannt wegen der Bankreformen sowie der Ausweitung der Sozialleistungen und der Immigration.

1949
Philip Johnson entwirft sein Glashaus in New Canaan, Connecticut. Es ist eines seiner ersten Werke und erinnert an die Arbeiten von Mies van der Rohe.

[7]
1949
Die National Basketball League und die Basketball Association of America vereinigen sich zur **National Basketball Association (NBA)**.

10. Dezember 1948
Die Generalversammlung der Vereinten Nationen verabschiedet die **Allgemeine Erklärung der Menschenrechte**.

1949
Aldo Leopolds **A Sand County Almanac** wird posthum veröffentlicht. Es ist eines der einflussreichsten US-amerikanischen Bücher über Nachhaltigkeit und Ökologie in der ersten Hälfte des 20. Jahrhunderts.

1949
Der US-amerikanische Chemiker Linus Pauling und seine Kollegen zeigen, dass die **Sichelzellenanämie** eine *Molekularkrankheit* ist, die durch eine einzige Veränderung der Aminosäure im Hämoglobinmolekül verursacht wird.

1949
Der britische Romanautor George Orwell veröffentlicht seinen zutiefst antiutopischen Roman **1984**, in dem er die Gefahren einer totalitären Herrschaft untersucht. Er wird schnell zu einem Literaturklassiker.
[4]

1949
Einer der bekanntesten deutschen Schriftsteller, **Erich Kästner**, der besonders für seine satirischen Gedichte und Kinderbücher wie *Emil und die Detektive* berühmt wurde, veröffentlicht das Buch *Das doppelte Lottchen*.
[5]

1949
Der in Finnland geborene US-amerikanische Architekt **Eliel Saarinen** beginnt mit der Arbeit an seinem jüngsten Meisterwerk, der christlich-lutherischen Kirche in Minneapolis, Minnesota.

SIMONE DE BEAUVOIR

Die französische Feministin veröffentlicht ihr wohl bekanntestes Buch.

In der zweibändigen, wissenschaftlichen Abhandlung *Le Deuxième Sexe* (Das andere Geschlecht) plädiert Simone de Beauvoir – die Lebensgefährtin des französischen Existentialisten und Philosophen Jean-Paul Sartre – leidenschaftlich für die Abschaffung des Mythos des „ewig Weiblichen", wie sie es ausdrückte.

Dieses Buch basiert auf dem Gedanken, dass durch alle Zeiten hinweg die Frauen als eine Abweichung, eine minderwertigere Version des „normalen" Mannes betrachtet wurden. De Beauvoir dagegen definierte die Frauen auf eine philosophische Art und Weise und legte so den intellektuellen Grundstein für eine Bewegung, die in der westlichen Welt immer einflussreicher werden sollte. *Le Deuxième Sexe* wurde in über 40 verschiedene Sprachen übersetzt und zum internationalen Bestseller. Es war ein bahnbrechendes Werk und wurde zum Klassiker der feministischen Literatur.

[5] Erich Kästner.

[4] Während US-amerikanische Truppen ein Landemanöver üben, erinnern eine derbe Karikatur von Stalin und eine berühmte Phrase aus George Orwells Buch daran, wer wirklich der Feind ist.

[8] Chaim Weizmann wird als erster israelischer Präsident vereidigt.

1949
Der theoretische Physiker Richard Feynman führt die **Feynman-Diagramme** ein, die eine wesentlich vereinfachte Methode zur Berechnung der Reaktionen von Elementarteilchen liefern.

14. Januar 1949
Der spanische Komponist, Dirigent und Pianist **Joaquin Turina** stirbt. Er ließ sich in seiner Arbeit besonders von der traditionellen andalusischen Musik inspirieren.

21. Januar 1949
Die Vereinigten Staaten von Amerika erkennen die durch die Revolutionen in **Venezuela** und **El Salvador** errichteten Militärregimes an.

29. Januar 1949
Das britische Außenministerium verkündet die tatsächliche Anerkennung **Israels**.

16. Februar 1949
In Jerusalem tagt zum ersten Mal der **Knesset** (hebräisch für „Versammlung"), das Einkammerparlament von Israel und zugleich oberste Staatsbehörde.

[8]
17. Februar 1949
Chaim Weizmann wird zum ersten Präsidenten Israels gewählt.

1949

2. März 1949
Die **B-50** Superfortress der US-amerikanischen Luftwaffe landet in Fort Worth in Texas und beendet damit den ersten Nonstop-Flug um die Welt.
[1]

8. März 1949
Die Unabhängigkeit **Vietnams** innerhalb der französischen Union wird in einem Briefwechsel zwischen dem französischen Präsidenten Vincent Auriol und dem ehemaligen Kaiser von Annam, Bao Dai, anerkannt.

20. März 1949
Die **Deutsche Mark** wird zum einzigen legalen Zahlungsmittel in den westlichen Sektoren Berlins. In Erwartung dieses Ereignisses hatte Josef Stalin 1948 mit der Berliner Blockade begonnen.
$ [2]

4. April 1949
Die **North Atlantic Treaty Organization (NATO)** wird ins Leben gerufen. Es ist ein militärisches Bündnis zwischen Belgien, Kanada, Dänemark, Frankreich, Island, Italien, Luxemburg, den Niederlanden, Norwegen, Portugal, dem Vereinigten Königreich und den USA.
[3]

14. April 1949
Neunzehn ehemalige nationalsozialistische Amtsträger und Militäroffiziere werden als letzte Angeklagte vom US-amerikanischen **Kriegsverbrechertribunal** zu Haftstrafen verurteilt.

18. April 1949
Eire wird offiziell zur **Republik Irland**, als ein Gesetz in Kraft tritt, das auch die letzte Verbindung zum Vereinigten Königreich kappt.

[1] Ein B-50 Bomber (links) wird während des Flugs betankt.

[2] Die Währung der Reichsmark wird durch die Deutsche Mark ersetzt: der erste Schritt zur Errichtung eines westdeutschen Staates.

[3] Außenminister Ernest Bevin unterzeichnet in Washington Großbritanniens Mitgliedschaft bei der NATO, Harry Truman unter der Palme schaut ihm zu.

[6] Mitglieder des Ku Klux Klan marschieren mit maskierten Gesichtern durch Pell City in Alabama.

[7] Konrad Adenauer, vor dem Krieg Bürgermeister Kölns, spricht in Berlin, nachdem er Kanzler geworden ist.

[6]
28. Juni 1949
Alabamas Gouverneur unterzeichnet ein Gesetz, das auf gegen den **Ku Klux Klan** gerichtet ist und das Tragen von Kapuzen oder Masken in der Öffentlichkeit verbietet.

18. Juli 1949
Dem **Königreich Laos** wird von der französischen Union durch einen in Paris unterzeichneten Vertrag die Unabhängigkeit verliehen.

12. August 1949
Eine internationale Konferenz verabschiedet in **Genf vier Konventionen** über die Behandlung von Verwundeten und Kranken der bewaffneten Kräfte im Feld und zur See, die Behandlung von Kriegsgefangenen und den Schutz von Zivilisten im Krieg.

14. August 1949
Die Regierung des Präsidenten Husni al-Zaim von **Syrien** wird durch eine Gruppe Armeeoffiziere gestürzt. Zaim wird ohne Formalitäten vor Gericht gestellt und exekutiert.

28. August 1949
Sechs Veteranen des Amerikanischen Bürgerkriegs treffen sich zum 83. und letzten Mal in Indianapolis im Lager der **Grand Army of the Republic**.

12. September 1949
Der liberale Politiker und Autor **Theodor Heuss** wird der erste Bundespräsident der Bundesrepublik Deutschland (1949-59). Er war Parteivorsitzender der FDP und half nach dem Krieg bei der Formulierung der neuen Verfassung Deutschlands.

24. April 1949
Kommunistische Kräfte besetzen die chinesische Hauptstadt Nanjing, nachdem sie nahezu ohne Gegenwehr seitens der Anhänger der nationalistischen Regierung unter Präsident **Chiang Kai-shek** den Jangtse-Fluss überqueren können.

2. Mai 1949
Das wichtigste Werk des US-Dramatikers Arthur Miller, **Tod eines Handlungsreisenden**, gewinnt den Pulitzerpreis. Es ist die tragische Geschichte des Willy Loman, der von falschen Werten, die zum großen Teil die Werte seiner Gesellschaft sind, zerstört wird.

9. Mai 1949
Nach dem Tod seines Großvaters Louis II. wird Fürst Rainier III. der Herrscher von **Monaco**.
[4]

12. Mai 1949
Die Sowjetunion hebt die Blockade **Berlins** auf.
[5]

6. Juni 1949
Die Aktienpreise in der **New Yorker Börse** fallen auf ihren niedrigsten Wert seit Mai 1947.

12. Juni 1949
Die **University of California in Berkeley** verkündet, dass alle Fakultätsmitglieder und Verwaltungsangestellte einen Treueid zu leisten hätten, um Kommunisten und andere Agitatoren aussondern zu können.

[4] Fürst Rainier beim Begräbnis seines Großvaters.

[5] Der erste Lastwagenkonvoi erreicht Berlin nach Aufheben der Blockade.

[10] Russische Soldaten patrouillieren im September in Leipzig, einen Monat bevor die sowjetische Besatzungszone zur Deutschen Demokratischen Republik wird.

[9] Mao Zedong verkündet die Gründung der Volksrepublik China, dabei steht er ganz oben auf dem Platz des Himmlischen Friedens.

[8] Griechische Regierungstruppen, mit von den Briten gelieferten Waffen und US-amerikanischen Parkas, kämpfen gegen ihre kommunistischen Landsleute.

[7]
14. September 1949
Konrad Adenauer wird erster Kanzler der Bundesrepublik Deutschland (1949-63). Er tut viel für die Versöhnung seines Landes mit seinen ehemaligen Feinden, besonders Frankreich.

[8]
Oktober 1949
Der **griechische Bürgerkrieg**, der seit 1945 wütet, als kommunistische Guerillas die Macht an sich reißen wollten, endet mit deren Niederlage.

[9]
1. Oktober 1949
Mao Zedong verkündet die Gründung der Volksrepublik China auf dem Tianammen Platz (Platz des Himmlischen Friedens) in Peking.

[10]
7. Oktober 1949
In der sowjetischen Besatzungszone Deutschlands tritt eine Verfassung in Kraft, die den Staat **Deutsche Demokratische Republik** bildet, der bis 1990 neben der Bundesrepublik existiert.

7. Oktober 1949
Johannes Dieckmann, Mitglied der Liberal-Demokratischen Partei Deutschlands, wird Präsident (1949 und 1960) der Deutschen Demokratischen Republik.

8. Oktober 1949
Elpidio Quirino wird wieder zum Präsidenten der Republik der Philippinen gewählt.

8. Oktober 1949
Frankreich und **Kambodscha** unterzeichnen einen Vertrag, in dem Kambodschas Status als unabhängiger Staat der französischen Union bestätigt wird.
[1]

11. Oktober 1949
Wilhelm Pieck, Mitglied der Sozialistischen Einheitspartei Deutschlands, wird Präsident der Deutschen Demokratischen Republik (1949-1960).
[2]

12. Oktober 1949
Otto Grotewohl wird zum Ministerpräsidenten der Deutschen Demokratischen Republik gewählt; alle Schlüsselpositionen des Kabinetts werden mit kommunistischen Veteranen besetzt.
[2]

2. November 1949
Die Niederlande und die Republik Indonesien unterzeichnen den **Vertrag von Den Haag**. Dies ist ein Versuch, den Konflikt um Indonesiens Unabhängigkeitserklärung zu beenden.

Dezember 1949
Rumänien erlaubt den **Juden, nach Israel zu gehen** und erhält im Gegenzug dafür Zahlungen von der israelischen Regierung. Über 100 000 Juden gehen, fast 40 000 Juden kommen außerdem aus Bulgarien und viele Tausende aus der Türkei.
[3]

27. Dezember 1949
Vier Jahre nachdem der nationalistische Revolutionsführer Sukarno Indonesiens Unabhängigkeit erklärt hat, geht die Souveränität über dieses Land von den Niederlanden offiziell an die Vereinigten Staaten von **Indonesien** über.

[1] König Norodom Sihanouk II. von Kambodscha mit dem französischen Kolonialminister Coste-Fleuret.

[2] Wilhelm Pieck (links) und Otto Grotewohl, beide kommunistische Veteranen. „Auch wenn alles demokratisch aussehen soll, müssen wir dennoch die Kontrolle behalten", ist ihre Devise für den Osten Deutschlands.

[3] Neu in Israel angekommene jüdische Immigrantenfamilien schauen aus ihren provisorischen Zeltunterkünften heraus.

IMMIGRANTEN IN ISRAEL

Die israelische Regierung erlaubt Juden aus aller Welt, sich in dem neuen Land niederzulassen.

Die UN stimmte 1947 für eine Teilung des palästinensischen Gebietes in einen jüdischen und einen arabischen Staat. Die Unabhängigkeitserklärung Israels am 14. Mai 1948 wurde von den Vereinigten Staaten, der Sowjetunion und vielen anderen Regierungen schnell anerkannt und so erfüllte sich der zionistische Traum eines international anerkannten jüdischen Staates. Jedoch drangen sofort fünf arabische Staaten in Israel ein – Ägypten, der Irak, Libanon, Syrien und Transjordanien. Israel gewann den Krieg und als der endgültige Waffenstillstand gesichert war, war die neue Staatsfläche um ein Fünftel größer als der ursprüngliche Teilungsplan vorgesehen hatte. In den Anfangsjahren musste Israel einen riesigen Strom an Einwanderern aufnehmen, darunter einige hunderttausend fast mittellose Überlebende des Holocaust und viele sephardische Juden aus den arabischen Staaten (links, jemenitische Juden in einem Immigrantenlager in Rosh Ha'ayin im Jahre 1949), die sich nach der arabischen Niederlage 1948 in ihren Heimatländern zunehmend unsicherer fühlten. Infolgedessen verabschiedete die Knesset im Jahre 1950 das „Gesetz der Rückkehr", das den Juden die sofortige Staatsbürgerschaft einräumte.

Ein Glas Wein vor dem Carlton Hotel in Cannes, 1958.

1950

1950
Der US-Amerikaner **Jackson Pollock** erschafft das nichtgegenständliche Gemälde *Autumn Rhythm*. Er verwendet das *Action Painting*, bei dem die Farbe auf die Leinwand getropft oder geschüttet wird.

1950
Der britische Mathematiker und Logiker Alan Turing schlägt einen Test zur Feststellung von künstlicher Intelligenz vor. Dieser wird später unter dem Namen **Turing-Test** bekannt.

1950
Der britische Schriftsteller C.S. Lewis veröffentlicht *Die Abenteuer im Wandschrank oder: Der Löwe und die Hexe*. Es ist die erste von sieben Geschichten über das Königreich Narnia. **Die Chroniken von Narnia** sind spannend, humorvoll, originell und bewegend.
[1]

1950
Die DDR und Polen unterzeichnen ein Abkommen, mit dem sie die **Oder-Neisse-Linie**, die bei der Potsdamer Konferenz im Jahr 1945 vorläufig festgelegt wurde, als neue Grenze zwischen beiden Staaten anerkennen. Die Bundesrepublik erkennt die Grenze erst 1970 an.
[2]

1950
In Südafrika nimmt die **Apartheid** zu. Durch zwei Gesetze, dem *Population Registration Act* (Registrierung der Bevölkerung) und dem *Group Areas Act* (Zuweisung spezieller Wohnviertel für bestimmte Ethnien), wird die Rassentrennung streng durchgesetzt.
[3]

1950
Ludwig Erhard wird in Konrad Adenauers erstem Kabinett zum Wirtschaftsminister der Bundesrepublik Deutschland ernannt. Er setzt das höchst erfolgreiche Konzept der Sozialen Marktwirtschaft um und entwickelt es weiter.
[4]

[3] *Ein Demonstrationszug gegen Apartheid in Südafrika irgendwann in den 1950er Jahren. Die Fahnen haben die Farben des African National Congress.*

[1] *C.S. Lewis in seinem Zimmer im Magdalen College in Oxford.*

[4] *Ludwig Erhard.*

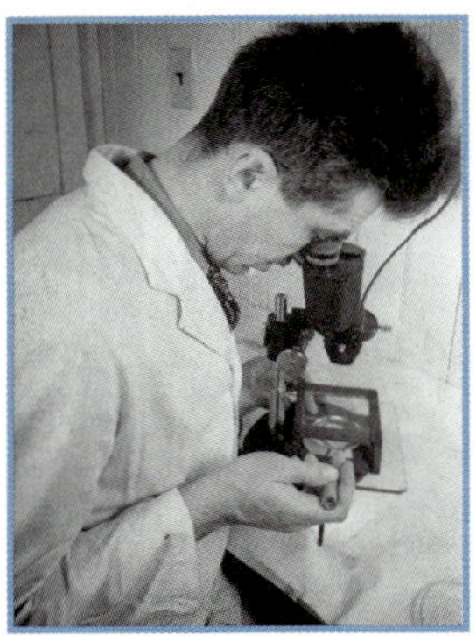

[9] *Gregory Pincus zählt unter einem Mikroskop unbefruchtete Eizellen.*

[2] *Die DDR und Polen unterzeichnen in Zgorzelec das Abkommen zur Oder-Neisse-Linie.*

1950–1959

1950/51
Das Internationale Olympische Komitee beschließt, dass die Bundesrepublik Deutschland und Japan an den **Olympischen Spielen** des Jahres 1952 teilnehmen dürfen.

[9]
Anfang der 1950er Jahre
In den USA entwickeln Gregory Pincus, John Rock und Min Chueh Chang die **Antibabypille** für die Frau.

ca. 1950
Es gibt deutliche Anhaltspunkte dafür, dass das Rauchen eine der Ursachen für **Lungenkrebs** und andere schwere Krankheiten ist. Es gibt erste Kampagnen zur Aufklärung der Konsumenten.

ca. 1950
Die ersten Autos werden mit **Sicherheitsgurten**, die zuerst in Flugzeugen Anwendung fanden, ausgestattet.

ca. 1950
Jean Piaget entwickelt seine Theorie zur kognitiven Entwicklung des Kindes, die seiner Meinung nach aus vier Stadien besteht. Piagets Arbeiten auf dem Feld der Kinderpsychologie lassen ihn zu einer der zentralen Figuren dieser Disziplin werden.

ca. 1950
Der weltweite Verbrauch an **fossilen Brennstoffen** übersteigt zum ersten Mal 20 Milliarden Megawatt. Darin spiegelt sich der schnell ansteigende Verbrauch derartiger Energieträger wider.

1950
Le Corbusier beginnt mit der Arbeit an Notre-Dame-du-Haut in Ronchamp, Frankreich. Die mächtige Kirche mit ihrem ausschweifenden Dach versinnbildlicht den Wandel des Meisterarchitekten zu einem plastischeren und figürlicheren Stil.
[5]

1950
Der geheimnisvolle, öffentlichkeitsscheue amerikanische Schriftsteller J.D. Salinger veröffentlicht **Der Fänger im Roggen**, seinen berühmten Roman über das Erwachsenwerden.
[6]

1950
Der betagte französische Maler **Henri Matisse** beginnt mit der Erschaffung großformatiger, farbenfroher „Scherenschnitte", bei denen das Motiv gegenüber der Form und der Farbkomposition in den Hintergrund tritt.
[7]

1950
Das erste Bild aus **Willem de Koonings** „Woman"-Zyklus deutet auf die energische Pinselführung des *abstrakten Expressionismus* hin.
[8]

1950
Bei den **Fußballweltmeisterschaften** der Männer schlägt Uruguay Brasilien im Endspiel mit 2:1.

1950
Die Broadwayproduktion **Guys and Dolls**, die auf den Geschichten von Damon Runyon basiert, wird uraufgeführt.

[5] Le Corbusiers Notre-Dame-du-Haut.

[7] Henri Matisse vor einer Buntglasscheibe im Stile seiner „Scherenschnitte".

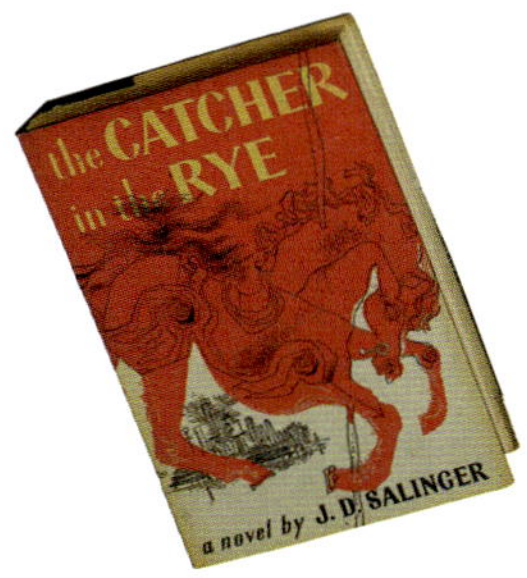

[6] Die erste Ausgabe von J.D. Salingers Roman.

[8] Willem de Kooning in seinem Atelier.

6. Januar 1950
Großbritannien gibt bekannt, dass es die **Volksrepublik China** anerkennen wird.

7. Februar 1950
Großbritannien und die Vereinigten Staaten erkennen die Regierungen von **Laos** und **Kambodscha** und auch die von Bao Dai geführte, vietnamesische Regierung in **Französisch-Indochina** an.

8. Februar 1950
Die Volkskammer der DDR bestätigt die Einrichtung des Ministeriums für Staatssicherheit (Kurzform: **Stasi**). Die Stasi wird zu einer der meistgehassten und -gefürchtetsten Institutionen der ostdeutschen kommunistischen Regierung.

15. Februar 1950
Juho Paasikivi wird wieder zum Präsidenten von Finnland gewählt. Er pflegt auch weiterhin die guten Beziehungen, die er – dank der Neutralität seines Landes – zur Sowjetunion aufgebaut hat.

23. Februar 1950
Die Labour-Partei gewinnt unter der Führung von **Clement Attlee** zum zweiten Mal in Folge, wenn auch nur knapp, die landesweiten Wahlen in Großbritannien.

3. März 1950
Der Ministerpräsident des von Frankreich besetzten **Saarlands,** Johannes Hoffmann, unterzeichnet gemeinsam mit dem französischen Außenminister Robert Schuman ein Abkommen zur engeren Zusammenarbeit.

1. März 1950
Urho Kekkonen wird zum Ministerpräsidenten von Finnland gewählt und führt die Politik der „aktiven Neutralität" seines Landes fort.
[1]

17. März 1950
Die Universität von Kalifornien gibt die Entdeckung eines neuen Elements bekannt. Es erhält den Namen **Californium**.

23. März 1950
Sophokles Venizelos wird an der Spitze einer liberalen Minderheitsregierung Premierminister von Griechenland.

8. April 1950
Der Inder Jawaharlal Nehru handelt mit Liaquat Ali Khan aus Pakistan den **Vertrag von Delhi** aus, der den Flüchtlingen, die nach den im Dezember 1949 abgebrochenen Beziehungen vertrieben worden waren, eine gefahrlose Durchreise garantiert.
[2]

14. Mai 1950
Bei den Parlamentswahlen in der **Türkei** schlägt die Demokratische Partei mit überwältigendem Vorsprung die Republikanische Volkspartei, die seit 1923 an der Macht war.

25. Mai 1950
In New York City wird der **Brooklyn-Battery-Tunnel**, der zu diesem Zeitpunkt längste Fahrzeugtunnel der USA, formell für den Verkehr geöffnet.

DER KOREAKRIEG

Die Vereinten Nationen ziehen zum ersten Mal in den Krieg.

Die Teilung Koreas in zwei Länder sollte nach dem Zweiten Weltkrieg nur eine zeitlich begrenzte Maßnahme sein, doch während der Norden ein Satellitenstaat der Sowjetunion wurde, unterstützten die Vereinigten Staaten den Süden. Im Jahr 1950 marschierte Nordkorea in Südkorea ein und US-Präsident Harry S. Truman entsandte Truppen zur Unterstützung Südkoreas. Der Sicherheitsrat der Vereinten Nationen fasste ohne den abwesenden Delegierten der Sowjets den Beschluss, alle Mitgliedsstaaten der UN zu Hilfe zu rufen, um Nordkorea zu stoppen. Anfangs drängten die Nordkoreaner die Armeen Südkoreas und der USA an die südliche Spitze der koreanischen Halbinsel zurück, aber eine von General Douglas MacArthur geplante Truppenanlandung wendete das Blatt. Die UN-Truppen kamen über den Seeweg nach Inchon, 200 Meilen hinter den nordkoreanischen Linien (siehe Bild oben). Sie rückten bis nahe der Grenze zwischen Nordkorea und China vor. Daraufhin traten die Chinesen in den Krieg ein und schlugen die Streitkräfte der UN bis zum 38. Breitengrad zurück. 1951 begannen Friedensgespräche und 1953 wurde ein Waffenstillstand vereinbart.

[2] Jawaharlal Nehru.

[1] Urho Kekkonen, Ministerpräsident und später Präsident von Finnland.

[6] Türkische Soldaten der UN-Truppen durchsuchen in Korea chinesische Kriegsgefangene.

[8] Ferdinand Porsche.

1950-1959

5. Juli 1950
Das israelische Parlament, die Knesset, beschließt das **Gesetz der Rückkehr**, das allen Juden die Möglichkeit zur Immigration nach Israel und die sofortige Erlangung der israelischen Staatsbürgerschaft garantiert.

[5]
21. Juli 1950
Ein Werbegag für einen Zirkus missrät, als der Elefant „Tuffi", der in einem Wagen der **Wuppertaler Schwebebahn** mitfährt, die Seitenwand durchbricht und in der Wupper landet. Er verletzt sich dabei zum Glück nur leicht.

22. Juli 1950
Nach einem sechs Jahre währenden Exil im Ausland kehrt **König Leopold III.** nach Belgien zurück.

15. September 1950
Truppen der Vereinten Nationen landen in **Inchon**, Südkorea, und vereiteln so eine Invasion der Nordkoreaner.

22. September 1950
Ralph J. Bunche, der Leiter der Treuhandangelegenheiten der Vereinten Nationen und einstmaliger Vermittler in Palästina, erhält den Friedensnobelpreis.

29. Oktober 1950
König Gustav V. von Schweden, der 1907 den Thron bestieg und ein starker Befürworter der Neutralität Schwedens im Zweiten Weltkrieg war, stirbt in Stockholm.

5. Juni 1950
Die **ARD**, ein Konsortium der öffentlich-rechtlichen Landesrundfunkanstalten der Bundesrepublik Deutschland, wird gegründet.

15. Juni 1950
Die Bundesrepublik Deutschland stimmt für einen Beitritt zum **Europarat**, der 1949 eingerichtet wurde, um die Rechte und Grundfreiheiten des Menschen zu schützen und zu stärken.

24. Juni 1950
Über dem Michigansee verschwindet ein Flugzeug der Northwest Airlines mit 58 Menschen an Bord. Das Wrack wird niemals gefunden. Es ist das bis dahin schlimmste **Flugzeugunglück** der kommerziellen Luftfahrt in den USA.

25. Juni 1950
Nordkoreanische Truppen starten eine ausgewachsene Invasion über den 38. Breitengrad hinweg gen Süden. Damit beginnt der **Koreakrieg**.
[3]

27. Juni 1950
Die US-amerikanische Marine und Luftwaffe werden von **Präsident Harry S. Truman** zum Kämpfen nach Korea geschickt.

Juli 1950
Die UN bilden in Korea einen gemeinsamen Kommandostab, dem **General Douglas MacArthur** als Kommandant vorsteht. 16 Mitgliedsstaaten entsenden bewaffnete Kontingente, doch die USA stellen den Hauptteil der Lufteinheiten, der Seestreitkräfte, des Materials und der Finanzen.
[4]

[3] Koreaner fliehen mit ihrem Hab und Gut aus dem Gebiet, in dem es zu Kampfhandlungen mit den nordkoreanischen Invasoren kommen wird, in Richtung Süden.

[4] US-amerikanischer Gigant: General Douglas MacArthur brüllt bei der Landung in Inchon den US-Marinesoldaten Befehle zu.

[5] Die Wuppertaler Schwebebahn.

[7] Helen Frankenthaler in ihrem Atelier mit zimmerhohen Gemälden.

[6]
November 1950
Eine große Anzahl **chinesischer Truppen dringt in Korea ein**. Nach der Landung der UN-Truppen in Inchon ziehen sie entlang des Yalu-Flusses weiter. Bis zum Ende des Jahres 1952 werden 1,2 Millionen Chinesen im Koreakrieg eingesetzt.

2. November 1950
Papst Pius XII. verkündet in einer päpstlichen Bulle, dass die leibliche Aufnahme der Jungfrau Maria in den Himmel ein Dogma der römisch-katholischen Kirche ist.

1951
Die **DDR** verabschiedet den ersten Fünfjahresplan.

1951
Nachdem die Labour-Partei sechs Jahre lang die Regierung gestellt hatte, wird **Winston Churchill** von den Konservativen zum zweiten Mal britischer Premierminister.

[7]
1951
Die US-amerikanische Malerin **Helen Frankenthaler**, eine Vertreterin des *abstrakten Expressionismus*, führt ihre erste „One-Woman-Show" auf. Ihre Arbeiten sind wegen der leuchtenden Farben und des lyrischen Stils berühmt.

[8]
1951
Ferdinand Porsche, Konstrukteur des Volkswagens und verschiedener Sportwagen, stirbt.

1951

1951
Die australischen Behörden bringen bewusst eine Kaninchenkrankheit, die **Myxomatose**, nach Australien. Sie wollen dadurch eine Eindämmung der Kaninchenpopulationen erreichen.

1951
Am Südufer Londons und in den nahegelegenen Battersea Pleasure Gardens findet das **Festival of Britain** statt. Von den charakteristischen Bauwerken, wie dem Skylon und dem Dome of Discovery, steht heute nur noch die Royal Festival Hall.
[1]

1951
Die deutschstämmige US-amerikanische Politologin und Philosophin **Hannah Arendt** veröffentlicht ihr Buchs *Elemente und Ursprünge totaler Herrschaft*, in dem es u.a. um Antisemitismus, Imperialismus und Rassismus geht. Sie wird zur bedeutenden politischen Vordenkerinnen.

1951
Der italienischstämmige US-amerikanische Komponist **Gian Carlo Menotti** wird von der NBC beauftragt, die erste Oper fürs Fernsehen zu schreiben. Es entsteht *Amahl und die nächtlichen Besucher*.

1951
Der britische **Ferranti I** (Manchester Mark I) ist der erste Computer, der kommerziell produziert wird.
[2]

1951
Der erste UNIVAC (Universal Automatic Computer) wird an das Statistische Bundesamt der USA geliefert. Damit wird die Ära des **„Big Iron"** eingeläutet.

[1] Ein Teil des Dome of Discovery beim Festival of Britain. Es sieht aus, als hätte man eine Untertasse umgekehrt auf eine andere gestellt. Als die konservative Regierung wieder an die Macht kommt, wird der auffällige High-Tech-Bau auf deren Anordnung hin abgerissen.

[2] Zwei Damen führen im Science Museum in London ein Spiel auf dem Ferranti-Computer vor.

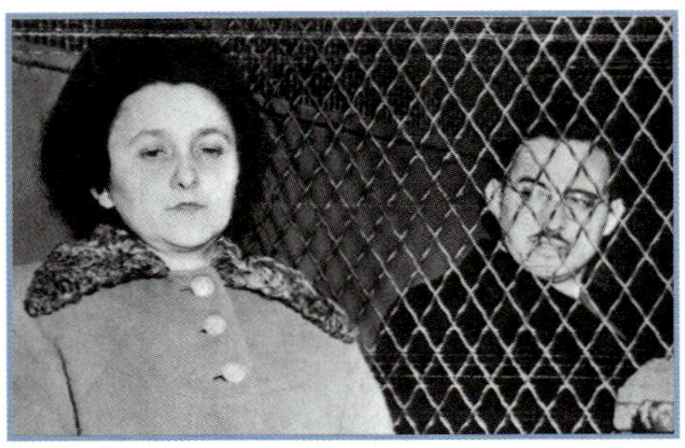

[4] Julius und Ethel Rosenberg in einem Polizeiwagen, kurz bevor sie auf dem elektrischen Stuhl hingerichtet werden.

[5] André François Poncet, französischer Hochkommissar in Deutschland, führt Bundeskanzler Adenauer durch Paris.

[6] Die Hauptstraße von North Topeka, Kansas, nach den schlimmsten Überschwemmungen in der Geschichte der USA.

27. Februar 1951
Der **22. Zusatz** zur Verfassung der USA, der die Begrenzung der Präsidentschaft auf zwei Amtszeiten regelt, wird ratifiziert.

[4]
29. März 1951
Julius und Ethel Rosenberg werden der Spionage für schuldig befunden und wegen der Weitergabe militärischer Geheimnisse der USA an die Sowjetunion zum Tode verurteilt.

[5]
April 1951
Bundeskanzler Konrad Adenauer besucht zum ersten Mal in seiner Amtszeit **Paris**.

11. April 1951
Nach seiner Drohung, chinesische Städte zu bombardieren, wird **General Douglas MacArthur** durch Präsident Harry S. Truman seines Kommandos in Korea enthoben.

18. April 1951
In Paris wird ein Abkommen unterzeichnet, das den **Schuman-Plan** umsetzt. Dieser besagt, dass die westeuropäische Kohle- und Stahlproduktion zusammengeschlossen werden sollte.

4. Juni 1951
Im Streitfall **Dennis gegen die Vereinigten Staaten** bestätigt der Oberste Gerichtshof der USA die Verurteilung mehrerer führender Politiker der Kommunistischen Partei, die sich für einen gewaltsamen Sturz der US-Regierung eingesetzt hatten.

1951
Die Staatschefs von Belgien, Frankreich, Italien, Luxemburg, den Niederlanden und der Bundesrepublik Deutschland unterzeichnen den **Vertrag von Paris**, der die Gründung der Europäischen Gemeinschaft für Kohle und Stahl besiegelt.

1951
Der tschechoslowakische Leichtathlet **Emil Zátopek** läuft als erster Mann 20 Kilometer in unter einer Stunde.

27. Januar 1951
Die **Atomenergiekommission der USA** lässt auf einem Übungsgelände der Air Force, im Bundesstaat Nevada, nordwestlich von Las Vegas, eine Atombombe zünden.
[3]

1. Februar 1951
Die UN-Hauptversammlung billigt mit 44 zu 7 Stimmen eine US-Resolution, die das kommunistische China des Angriffs auf **Korea** bezichtigt.

16. Februar 1951
Josef Stalin sagt, er glaube nicht, dass ein Weltkrieg unausweichlich sei, Kriegstreiber könnten es jedoch so weit bringen; die UN habe mit der Verurteilung des chinesischen Vorgehens in Korea ihren Untergang besiegelt und die UdSSR habe in großem Maße abgerüstet.

26. Februar 1951
Der US-amerikanische Schriftsteller James Jones veröffentlicht den Roman **Verdammt in alle Ewigkeit** über die Armee der USA in Hawaii vor dem Angriff auf Pearl Harbor im Jahr 1941.

[3] Über Nevada und den beobachtenden Truppen bildet sich ein Atompilz.

[9] Iranische Frauen, alle in westlicher Kleidung, marschieren zur Unterstützung der Nationalisierungsbewegung der Ölindustrie durch Teheran.

[7] König Leopold unterzeichnet die Abdankungsurkunde. Sein Sohn Baudouin (rechts) sieht zu.

[8] Eva „Evita" Perón. Sie ist Vorkämpferin für die „descamisados" (die Hemdlosen), die arme Bevölkerung Argentiniens. Im darauf folgenden Jahr stirbt sie.

[6]
14. Juli 1951
US-Präsident Harry S. Truman erklärt die Bundesstaaten Kansas und Missouri nach **Überschwemmungen** zu Katastrophengebieten.

[7]
16. Juli 1951
König Leopold III. von **Belgien**, dessen Ansehen durch seine Vorgehensweise während des Zweiten Weltkriegs gelitten hat, dankt zu Gunsten seines Sohnes Baudouin ab.

[8]
August 1951
Der **argentinische Präsident Juan Perón** tritt zur Wiederwahl an. Seine größte Waffe im Wahlkampf ist seine Frau Eva, die für seinen Sieg mitverantwortlich ist.

[9]
22. August 1951
Unter dem iranischen Premierminister Mohammed Mossadegh gibt es erste Verhandlungen über die **Verstaatlichung der Ölindustrie**. Die britische Mission endet ohne eine Einigung.

1. September 1951
Australien, Neuseeland und die Vereinigten Staaten unterzeichnen das **ANZUS-Abkommen**.

8. September 1951
Japan erkennt die Unabhängigkeit Koreas an und verzichtet auf seine Ansprüche auf Taiwan, die Pescadores-Inseln, die Kurilen und Südsachalin sowie die pazifischen Inseln, die vom Völkerbund unter sein Mandat gestellt worden waren.

1951-1952

12. September 1951
Papst Pius XII. ruft in einer durch den **Vatikan** veröffentlichten Enzyklika alle Christen dazu auf, sich zu „vereinen und unter einem Banner gegen den Kommunismus zu kämpfen".

24. Oktober 1951
Präsident Harry S. Truman gibt eine Erklärung ab, die den Kriegszustand mit Deutschland formell beendet. Damit folgt er einem entsprechenden Kongressbeschluss.

24. Dezember 1951
König Idris I. erklärt in Bengasi die Unabhängigkeit des neuen Königreichs **Libyen** in Nordafrika.

1952
In Deutschland wird **Paul Celans** Gedicht *Todesfuge*, das den Mord an Juden unter dem Naziregime behandelt, veröffentlicht. Es enthält die berühmte Zeile: „Der Tod ist ein Meister aus Deutschland, sein Auge ist blau". *[1]*

1952
Albert Schweitzer, der aus dem Elsass stammende deutsche Theologe, Philosoph, Organist und Missionsarzt in Afrika, erhält den Friedensnobelpreis für sein Wirken im Namen der „Brüderschaft der Nationen". *[2]*

1952
In der Hammersley-Region in Australien wird ein Berg aus reinem **Eisenerz** entdeckt. Dies bleibt zehn Jahre lang ein Geheimnis, bis eine Gesetzesänderung es dem Entdecker erlaubt, ihn auszubeuten.

[1] Paul Celan.

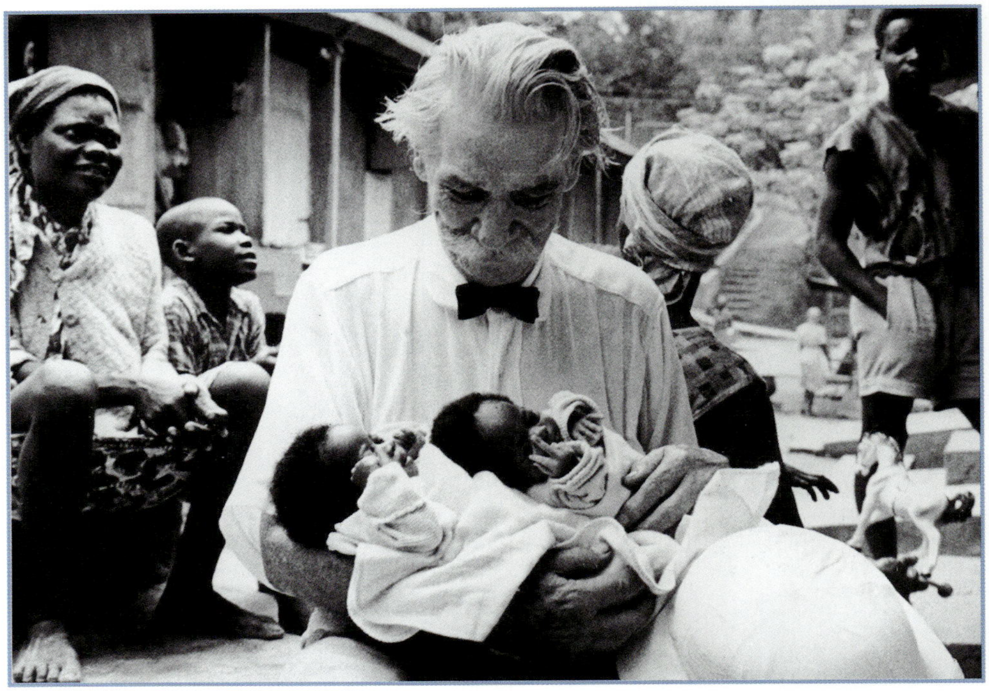

[2] Albert Schweitzer mit zwei Babys vor seinem Krankenhaus in Lambaréné in Französisch-Äquatorial-Afrika.

[5] Das Lever House: das erste Gebäude in New York mit Curtain-Wall-Fassade.

[6] John Cage. Im gleichen Jahr komponiert er auch „4'33''" (4 Minuten, 33 Sekunden) – nicht gerade der Klang der Stille, aber die Hintergrundkulisse, die das Publikum zu dieser Zeit hören mag.

[9] Dylan Thomas: In seinen letzten Jahren scheint immer ein volles Glas in der Nähe seiner Lippen gewesen zu sein. Er stirbt 1953.

[7] Flannery O'Connor war eine streng gläubige Katholikin mit einem sardonischen Sinn für Humor.

[5]
1952
Gordon Bunshaft vom Architekturbüro Skidmore, Owings & Merrill entwirft das **Lever House**, New York City. Es ist einer der ersten modernen Wolkenkratzer in New York. Der Turm scheint über dem Boden zu schweben.

1952
Der britische Archäologe Michael Ventris entziffert die **Linearschrift B**, die von der Mykenischen Kultur, ca. 1450 v. Chr., verwendet wurde.

[6]
1952
John Cage erschafft für einen Tanz von Jean Erdman sein erstes Werk, das aus zu einer Montage zusammengesetzten Tonbandaufnahmen besteht – *Imaginary Landscape No. 5.* Cage wird zu einem der bekanntesten Nachkriegskomponisten der USA.

1952
John Hetrick entwickelt ein Sicherheitskissen für Autos. Es wird zum Prototypen für den **Airbag**.

1952
Joseph Woodland entwickelt den **Barcode**, mit dessen Hilfe Daten in ein Computersystem eingespeist werden können. Er wird ein allgegenwärtiger Bestandteil des täglichen Warenverkehrs.

[7]
1952
Die verschrobene Schriftstellerin **Flannery O'Connor** aus dem Süden der USA veröffentlicht ihr Comic-Meisterwerk *Die Weisheit des Blutes*.

1952
Durch anhaltenden starken **Smog** sterben in London etwa 4000 Menschen. Dies führt dazu, dass auf politischer Ebene Maßnahmen gegen innerstädtische Luftverschmutzung ergriffen werden.
[3]

1952
Bei den Olympischen Sommerspielen in Helsinki, Finnland, gelingt dem Tschechoslowaken **Emil Zátopek** ein übermenschliches Kunststück: er gewinnt das 5000- sowie das 10 000-m-Rennen und auch den Marathon.

1952
Der Boxer **Rocky Marciano** löst Jersey Joe Walcott als Weltmeister im Schwergewicht ab. Bis zu seinem Rücktritt im Jahr 1956 bleibt Marciano unbesiegt. Er gewinnt 43 seiner 49 siegreichen Kämpfe als Profi durch k.o.

1952
Das **CERN**, eine Einrichtung für physikalische Forschungen in der Nähe von Genf, wird gegründet. Es entwickelt sich zu einem der größten und produktivsten Zentren für Grundlagenforschung in der Welt.

1952
Der englische Dramatiker Samuel Beckett schreibt sein postmodernes, experimentelles Theaterstück **Warten auf Godot**, in dessen Verlauf nichts passiert.
[4]

1952
Der französische Fotograf **Henri Cartier-Bresson** veröffentlicht *Der entscheidende Moment*. Darin bringt er seine Theorie zum Ausdruck, dass die Fotografie, in Momenten außergewöhnlicher Klarheit, die Bedeutung hinter der äußeren Erscheinung einfangen kann.

[3] Um die Eros-Statue am Piccadilly Circus wirbelt Smog.

[8] Eigil Nansen, Enkel des Forschers, mit der Olympischen Flamme bei der Eröffnungsveranstaltung in Oslo.

[4] Eine Produktion von „Warten auf Godot“ aus dem Jahr 1953.

EMIL ZÁTOPEK

Der große Langstreckenläufer gewinnt bei Olympia in Helsinki drei Goldmedaillen.

Emil Zátopek, der wegen seines schwerfälligen Laufstils „die tschechische Lokomotive“ genannt wurde, begann 1940 – zu dieser Zeit arbeitete er noch in einer Schuhfabrik – mit dem Laufen, als er dazu ermuntert wurde, an einem 1500-Meter-Rennen teilzunehmen. Obwohl es ihm an Training mangelte, kam er als Zweiter ins Ziel. Von da an konzentrierte er sich gänzlich auf das Laufen. Zátopek zog 1946 zum ersten Mal die internationale Aufmerksamkeit auf sich, als er noch Gefreiter in der tschechischen Armee war: Er fuhr mit dem Fahrrad von Prag nach Berlin, um an einem 5000-m-Lauf der Alliierten Besatzungsmächte teilzunehmen, den er dann gewann. (Das Foto zeigt ihn als Führenden beim 5000-m-Lauf).

Bei den Olympischen Spielen 1952 in Helsinki stellte er im 5000- und im 10 000-m-Lauf olympische Rekorde auf und lief den Marathon so schnell wie keiner vor ihm. In seiner Karriere stellte er 18 Weltrekorde auf. Den Rekord im 10 000-m-Lauf hatte er von 1949 bis 1954 inne. Er stellte auch Weltrekorde über 5000 m, 10 Meilen, 20 km, 15 Meilen, 25 km und 30 km auf.

1952
Forschungen des US-amerikanischen Kardiologen **Paul M. Zoll** führen zur Entwicklung des Defibrillators. Zoll konzentriert sich später darauf, Herzschrittmacher zu verbessern und kleiner werden zu lassen.

1952
Der von der US-amerikanischen Ärztin Virginia Apgar entwickelte **Apgar-Test** wird eingeführt. Basierend auf einem Punktesystem, bei dem der beste Wert 10 beträgt, wird durch den Test der Gesundheitszustand neugeborener Babys ermittelt.

[8]
1952
Die **Olympischen Winterspiele** finden in Oslo, Norwegen statt.

1952
Der US-amerikanische Pfarrer Norman Vincent Peale veröffentlicht **Die Kraft positiven Denkens.** Es wird zu einem der meistverkauften religiösen Bücher seiner Zeit.

[9]
1952
Der walisische Lyriker **Dylan Thomas** veröffentlicht seine *Gesammelten Werke*.

ca. 1952
Als Vorsorgemaßnahme beginnen Viehzüchter mit der routinemäßigen Verabreichung von **Antibiotika** an ihr Vieh.

11. Januar 1952
Die UN-Hauptversammlung beschließt, eine **Kommission für Abrüstung**, die aus Vertretern des Sicherheitsrats und Kanadas bestehen soll, zu gründen.

26. Januar 1952
Nachdem Banden viele britische, US-amerikanische und französische Unternehmenssitze in Kairo zerstört haben, wird in ganz **Ägypten** das Kriegsrecht ausgerufen.

6. Februar 1952
König Georg VI. von Großbritannien stirbt in Sandringham in Norfolk. Seine Tochter, Prinzessin Elisabeth, wird Königin Elisabeth II.
[1]

3. März 1952
Das puertoricanische Volk bestätigt mit überwältigender Mehrheit eine Verfassung, die ihnen die **Selbstverwaltung** unter US-amerikanischer Kontrolle gibt.

27. März 1952
Ein Attentat auf **Konrad Adenauer** scheitert.

2. April 1952
General Dwight D. Eisenhower konstatiert in seinem ersten Jahresbericht als Oberbefehlshaber der Alliierten Streitkräfte in Europa, dass die **freie Welt** sich viel besser verteidigen kann als noch ein Jahr zuvor.

[1] Königin Elisabeth, bekannt als „Queen Mum", gefolgt von der neuen Königin, Elisabeth II., dahinter Prinzessin Margaret. Alle sind in tiefer Trauer, als sie den Sarg des toten Königs von Sandringham House nach London begleiten.

[4] 1959 marschiert die Volksarmee der DDR während einer Parade anlässlich des „Tags der Befreiung" am Sowjetischen Ehrenmal in Ostberlin vorbei.

[8] Agatha Christie 1958 bei einer Feier anlässlich der Rekord-Aufführung (2239.) der „Mausefalle".

[5] Ernest Hemingway sieht dem Helden seines mit dem Pulitzer-Preis ausgezeichneten Romans nicht unähnlich.

[6] In Nairobi inhaftierte Angehörige des Kikuyu-Stamms, die verdächtigt werden, zu den „Mau Mau" zu gehören.

6. September 1952
In Kanada wird von Montreal aus die erste Fernsehsendung ausgestrahlt, und zwar von der **Canadian Broadcasting Corporation** (CBC).

[5]
8. September 1952
Ernest Hemingways *Der alte Mann und das Meer* wird veröffentlicht. Es ist die Heldengeschichte eines alten kubanischen Fischers, der einen riesigen Fisch nach einem ausgiebigen Kampf einfängt. Allerdings wird er auf dem Heimweg von Haien aufgefressen.

3. Oktober 1952
Großbritanniens erste atomare Waffe detoniert erfolgreich auf den Montebello-Inseln, ca. 50 Meilen nordwestlich von Australien.

22. Oktober 1952
Der **Iran** bricht die diplomatischen Beziehungen zu Großbritannien formell ab.

[6]
30. Oktober 1952
Mehr als 500 Menschen sollen in **Kenia** verhaftet worden sein, da die britischen Machthaber weiterhin versuchen, dem Terror der militanten, nationalistischen „Mau Mau" Einhalt zu gebieten.

1. November 1952
Auf einem Atoll der Marschall-Inseln testen Edward Teller und andere US-amerikanische Wissenschaftler die erste **Wasserstoffbombe**, deren Kraft aus einer unkontrollierten, sich selbst erhaltenden nuklearen Kettenreaktion resultiert.

28. April 1952
Nach sieben Jahren des schnellen gesellschaftlichen und ökonomischen Wandels in **Japan**, die der Kapitulation nach dem Zweiten Weltkrieg folgten, endet die Besetzung des Landes durch die Alliierten.

28. Mai 1952
Bei Demonstrationen von Kommunisten gegen die Ankunft General Matthew Ridgways in Paris, verhaftet die französische Polizei mehr als 600 Menschen, darunter **Jacques Duclos,** den Führer der Kommunisten.

1. Juni 1952
Die Bewohner **Westberlins** werden von den sowjetischen Machthabern aus der DDR ausgesperrt.

14. Juni 1952
In Groton, Connecticut, nimmt Präsident Harry S. Truman die Kiellegung der **USS Nautilus** vor, dem weltweit ersten atomgetriebenen U-Boot.
[2]

23. Juli 1952
Die „Freien Offiziere", eine nationalistische Militärgruppierung, die von Oberst **Gamal Abdel Nasser** geleitet wird, stürzen König Faruk I. von Ägypten. Der Putsch beendet die Monarchie und bringt Nasser an die Macht.
[3]

5. August 1952
Die **DDR** kündigt die Bildung einer Nationalen Volksarmee an.
[4]

[2] Der Kommandoturm der „Nautilus".

[9] James Watson mit einem Molekularmodell der DNS.

[7] Dwight D. Eisenhower freut sich über seinen Sieg.

[3] Die „Freien Offiziere" treffen sich in Kairo. Mohammed Naguib führt den Vorsitz, Gamal Nasser sitzt zu seiner Rechten und Anwar Sadat zwei Plätze weiter.

WASSERSTOFFBOMBE

Die Vereinigten Staaten zünden eine Wasserstoffbombe, die eine mehrere hundert Mal stärkere Kraft besitzt als die Atombombe.

Im September 1951 kündigte das Los Alamos Scientific Laboratory für November 1952 den Test eines neuen Bombentyps an, der auf dem Teller-Ulam-Prinzip basiert (eine von Edward Teller und Stanislaw M. Ulam entwickelte zweistufige, durch Strahlung hervorgerufene Implosion). Die technische Entwicklung dieses Bauteils, das den Codenamen „Mike" erhielt, begann im Oktober 1951. Unvorhergesehene Schwierigkeiten machten im März 1952 jedoch eine grundlegende Neuplanung des Experiments notwendig. „Mike" wog 82 Tonnen, was zum Teil an dem kryogenen Kühlsystem lag, das dazu benötigt wurde, das Deuterium in flüssigem Zustand zu halten.

Diese Wasserstoffbombe wurde am 1. November 1952 bei der Operation „Ivy" am Eniwetok-Atoll auf den Marschall-Inseln im westlichen Pazifik erfolgreich gezündet. Durch die Explosion entstand ein großer Atompilz (oben). Die Explosion der Bombe entsprach der Wirkung von 10 Millionen Tonnen (10 Megatonnen) TNT. Teller wurde danach in den USA als „Vater der Wasserstoffbombe" bezeichnet.

Dieses Ereignis läutete eine neue Phase des internationalen Wettrüstens ein. Die UdSSR testete die erste Wasserstoffbombe am 12. August 1953, gefolgt von Großbritannien (Mai 1957), China (1967) und Frankreich (1968). Die Produktion von Atombomben nahm rapide zu und Ende der 1980er Jahre lagerten 40 000 thermonukleare Sprengkörper in den Waffenlagern der Atommächte der Welt.

[7]
4. November 1952
Dwight D. Eisenhower gewinnt die Präsidentschaftswahlen mit knappem Vorsprung. Dadurch erlangen die Republikaner die Kontrolle sowohl über den Senat als auch über das Repräsentantenhaus.

[8]
25. November 1952
Agatha Christies Theaterstück *Die Mausefalle* startet in London. Es wird dort bis heute aufgeführt. Damit ist es das am längsten ununterbrochen gespielte Theaterstück aller Zeiten.

12. Dezember 1952
Ein marokkanisches Gericht in **Casablanca** verurteilt 167 Araber zu Haftstrafen, weil sie gegen die französische Regierung demonstriert haben.

[9]
1953
Der US-amerikanische Genforscher James D. Watson entdeckt gemeinsam mit dem britischen Wissenschaftler Francis Crick, dass die **DNS** die Struktur einer Doppelhelix hat.

1953
Der US-amerikanische Science-Fiction-Autor Ray Bradbury stellt seinen bekanntesten Roman, **Fahrenheit 451**, fertig.

1953
Der US-amerikanische Chirurg John H. Gibbon Jr. führt mit Hilfe einer **Herz-Lungen-Maschine** die erste Operation am offenen Herzen durch.

1953-1954

1953
Der US-amerikanische Schriftsteller **Saul Bellow** veröffentlicht seinen gefeierten dritten Roman *Die Abenteuer des Augie March*. Im Jahr 1976 erhält er den Nobelpreis für Literatur.

1953
Der Schwede **Dag Hammarskjöld** wird Generalsekretär der Vereinten Nationen. Er bekleidet dieses Amt, bis er im September 1961 bei einem Flugzeugunglück stirbt.
[1]

1. Januar 1953
Der US-amerikanische Country-Musiker **Hank Williams** stirbt. Zu seinen meistverkauften Aufnahmen gehören *Cold, Cold Heart, Your Cheatin' Heart,* und *Hey, Good Lookin'*.
[2]

14. Januar 1953
Der als **Marschall Tito** bekannte Josip Broz wird Präsident von Jugoslawien.
[3]

20. Januar 1953
Der Republikaner **Dwight D. Eisenhower** wird 34. Präsident der Vereinigten Staaten. Er bleibt bis 1961 im Amt. Sein Vizepräsident ist Richard M. Nixon.

31. Januar-5. Februar 1953
Eine schwere **Nordsee-Sturmflut** führt zu Überflutungen der Tiefebenen in den Niederlanden und Belgien und verwüstet die Küsten von Großbritannien, Deutschland und Frankreich. 1794 Menschen sterben allein in den Niederlanden.
[4]

[2] Hank Williams' Tod im Alter von nur 29 Jahren beraubt das 20. Jahrhundert eines seiner einflussreichsten und beliebtesten Komponisten und Performer.

[9] Eine einzige Mormonenfamilie aus Short Creek, Arizona.

[4] Eine durch die große Nordsee-Sturmflut überflutete Straße in Dordrecht, Niederlande.

[10] In Korea beginnt der Gefangenenaustausch: US-amerikanische Kriegsgefangene klettern von einem Lastwagen und gehen durch das Willkommenstor in Panmunjeom.

[8] General Nagib nimmt den Beifall des ägyptischen Volks entgegen, während rechts von ihm ein nachdenklicher Nasser steht.

[3] Marschall Tito raucht durch eine Pfeife hindurch eine Zigarette.

[8]
18. Juni 1953
Der ägyptische Revolutionsrat erklärt **Ägypten** zur Republik. Muhammad Nagib wird Präsident und Ministerpräsident.

[9]
26. Juli 1953
In **Short Creek, Arizona,** werden bei einer groß angelegten Razzia praktisch alle Einwohner über 18 Jahren verhaftet. Damit soll das letzte Zentrum organisierter Polygamie beseitigt werden.

27. Juli 1953
Der Koreakrieg wird durch ein Waffenstillstandsabkommen beendet. Der **38. Breitengrad** bildet nun die Grenze zwischen Nord- und Südkorea.

[10]
5. August 1953
Gemäß den Auflagen des koreanischen Waffenstillstandsabkommens beginnt in **Panmunjeom** der Austausch von Kriegsgefangenen.

8. August 1953
Der Vorsitzende des Ministerrats der UdSSR, G.M. Malenkow, teilt dem Obersten Sowjet mit, dass die USA kein Monopol auf die **Wasserstoffbombe** habe; auch die UdSSR ist im Besitz einer derartigen Bombe.

19. August 1953
Durch einen von der CIA organisierten Putsch kommt der **Schah** im Iran wieder an die Macht und der populistische Führer Mohammed Mossadegh wird verhaftet.

5. März 1953
Der sowjetische Machthaber **Josef Stalin** stirbt in Moskau. Sein Nachfolger wird Georgi Malenkow.
[5]

26. März 1953
Mitglieder der terroristischen Vereinigung **Mau Mau** schlachten in der Nähe von Nairobi, Kenia, 150 treue Stammesangehörige der Kikuyu ab.

27. Mai 1953
Der neuseeländische Bergsteiger Edmund Hillary und sein Partner, der Sherpa Tenzing Norgay, erreichen den Gipfel des **Mount Everest**. Sie sind die ersten Menschen, die es bis zum Gipfel und wieder zurück schaffen.
[6]

2. Juni 1953
Die 27-jährige Tochter von König Georg VI. wird in Westminster Abbey zur **Königin Elisabeth II.** des Vereinigten Königreichs gekrönt. Nach dem Tod ihres Vaters im Februar 1952 hatte sie den Thron geerbt.

13. Juni 1953
Imre Nagy wird Nachfolger von Ministerpräsident Mátyás Rákosi in Ungarn.

17. Juni 1953
In der DDR findet ein **Arbeiteraufstand** gegen die kommunistische Regierung statt. Dieser wird jedoch von sowjetischen Panzern niedergeschlagen.
[7]

KÖNIGIN ELISABETH II.

In Großbritannien beginnt ein neues Elisabethanisches Zeitalter.

Nach ihrer Krönung am 2. Juni 1953 kehrte die neue Monarchin zum Buckingham Palast zurück. Dort erschien sie auf dem Balkon und nahm den Jubel der Öffentlichkeit entgegen. Auf dem Foto sind neben der Königin (links) unter anderem ihr Ehemann, Prinz Philip, der dreijährige Prinz Charles und die 18 Monate alte Prinzessin Anne zu sehen.

Mit der Krönung von Königin Elisabeth II. erlebte das Fernsehen in Großbritannien einen fulminanten Start: 20 Millionen Zuschauer verfolgten das Ereignis.

[6] *Edmund Hillary und Tenzing Norgay auf dem Rückweg vom Gipfel des Mount Everest.*

[7] *Während des Aufstands der ostdeutschen Arbeiter geht in Ostberlin das Kolumbushaus am Potsdamer Platz in Flammen auf.*

[1] *Dag Hammarskjöld.*

[5] *Stalins aufgebahrter Leichnam. Schon bald wird er in das Mausoleum am Roten Platz überführt werden, in dem bereits Lenin begraben ist.*

26. August 1953
Nach dem Ende eines dreiwöchigen **Streiks** funktioniert das französische Post-, Eisenbahn- und Gemeindewesen Berichten zufolge wieder normal.

7. September 1953
Nikita Chruschtschow wird Erster Sekretär der Kommunistischen Partei der Sowjetunion.

8. November 1953
Die Partei des Diktators **António Salazar**, Nationale Union, gewinnt bei den Wahlen in Portugal alle Parlamentssitze.

8. Dezember 1953
In einer Rede vor der **UN-Hauptversammlung** appelliert Präsident Dwight D. Eisenhower an die UdSSR, sich den USA anzuschließen und eine internationale Vereinigung zu unterstützen, welche die friedliche Nutzung der Kernenergie fördert.

1954
Der US-amerikanische Chemiker **Linus Pauling** erhält für die Anwendung der Quantentheorie auf molekulare Verbindungen den Nobelpreis für Chemie. 1962 erhält er auch noch den Friedensnobelpreis.

1954
Kurz vor seinem Tod veröffentlicht der US-amerikanische Dichter **Wallace Stevens** *The Collected Poems of Wallace Stevens.*

1954

1954
Der britische Maler **Francis Bacon** wird bei seinem Werk *Head with Sides of Beef* von Alten Meistern beeinflusst, fügt aber eine unverwechselbare Sichtweise des Grauens und der Entstellung hinzu.

1954
In den Vereinigten Staaten wird das **Farbfernsehen** eingeführt.

1954
Der Engländer **Roger Bannister** ist der Erste, der die Meile unter vier Minuten läuft.
[1]

1954
Der englische Schriftsteller William Golding veröffentlicht seinen gefeierten Roman **Lord of the Flies** (Herr der Fliegen). 1983 erhält er den Nobelpreis für Literatur.

1954
IBM entwickelt **FORTRAN**, die erste höhere Programmiersprache.

1954
J.R.R. Tolkien veröffentlicht den ersten Teil seines dreiteiligen, epischen Fantasy-Romans **Der Herr der Ringe**. Nachdem es 1965 in den USA als Taschenbuch herauskommt, erlangt es Kultstatus. Bis zum Jahr 2000 werden mehr als 50 Millionen Exemplare davon verkauft.
[2]

[1] Roger Bannister läuft beim Rennen der Universität Oxford über die Ziellinie.

[6] Marilyn Monroe und Joe DiMaggio heiraten: die bekannteste Verbindung zwischen zwei Berühmtheiten.

[2] J.R.R. Tolkien in seinem Arbeitszimmer. Er ist Professor am Lehrstuhl für Angelsächsisch und später auch für Englisch an der Universität von Oxford.

[5] Ein Passagierflugzeug des Typs „Comet" wird untersucht, um herauszufinden, aus welchem Grund diese Flugzeuge verunglücken.

[4] Juri Andropow, Chef des KGB von 1967 bis 1982.

1954
Die Bundesrepublik Deutschland schlägt bei der **Fußballweltmeisterschaft** Ungarn im Finale mit 3:2.

[5]
1954
Aufgrund einer Unglücksserie britischer Düsenflugzeuge des Typs **Comet** werden diese aus dem Verkehr gezogen. Es stellt sich heraus, dass es strukturelle Schwächen bei den runden Fenstern gibt, die durch Materialermüdung verursacht werden.

[6]
14. Januar 1954
Der Baseballspieler **Joe DiMaggio** und die Schauspielerin Marilyn Monroe heiraten im Rathaus von San Francisco.

15. Januar 1954
Britische Sicherheitskräfte geben in Kenia die Gefangennahme von Waruhiu Itote („General China") bekannt, dem zweithöchsten Führer der terroristischen Vereinigung **Mau Mau**.

16. Januar 1954
René Coty wird zum Präsidenten von Frankreich gewählt.

23. Februar 1954
In Pittsburgh, Pennsylvania, werden die ersten Schulkinder mit dem von Jonas E. Salk entwickelten **Impfstoff gegen Kinderlähmung** geimpft.

1954
Mit der Veröffentlichung von *Glück für Jim*, einem der bekanntesten Werke der „Angry Young Men", startet **Kingsley Amis** seine lange und herausragende Schriftstellerkarriere.

1954
Die französische Schriftstellerin **Françoise Sagan** veröffentlicht im Alter von neunzehn Jahren den Roman *Bonjour Tristesse*, der sich eine Million Mal verkauft.
[3]

1954
Der Pianist George Wein organisiert das jährlich in Rhode Island, USA, stattfindende **Newport Jazz Festival**. Es ist das erste Outdoor-Musikfestival, das ausschließlich dem Jazz gewidmet ist.

1954
In der Sowjetunion wird der **KGB** gegründet. Er soll als „Schwert und Schild der Kommunistischen Partei" dienen. Er ist zugleich Auslandsgeheimdienst und nationaler Sicherheitsdienst.
[4]

1954
Die **sowjetische Neulandkampagne** wird mit dem Ziel gestartet, Millionen Hektar Land in der Steppe von Russland und Kasachstan urbar zu machen. Sie stellt die letzte große Umnutzung von Grasland zum Ackerbau in der Geschichte der Welt dar.

1954
Der Begriff **New Brutalism** wird für mehrere von Le Corbusier und anderen Architekten in den 1950er Jahren entworfene Gebäude aus nacktem Beton verwendet.

DAS WUNDER VON BERN

Der Sieg im Finale über die Favoriten des Turniers kündet das Aufkommen einer neuen Weltmacht im Fußball an.

Das Besondere an den vierten Weltmeisterschaften war nicht so sehr der Triumph der westdeutschen Mannschaft, sondern mehr noch deren Finalsieg über Ungarn, das zu dieser Zeit fraglos die beste Mannschaft der ganzen Welt stellte.

Das Finale, das bei strömendem Regen im schweizerischen Bern stattfand, begann wie von den Meisten erwartet. Ungarn eilte, wie es aussah, einem deutlichen Sieg entgegen: nach zehn Minuten lag es mit 2:0 in Führung. Doch ihr Spielmacher, Ferenc Puskás, laborierte an einer Verletzung und zeigte schon bald Schwächen. Dies erlaubte es den Deutschen, innerhalb von acht Minuten gleichzuziehen.

Der Held der deutschen Mannschaft war der Torwart Toni Turek, der alle Bälle hielt, während die Ungarn einen Angriff nach dem anderen starteten. Sieben Minuten vor dem Schlusspfiff machte sich Helmut Rahn am anderen Ende des Spielfelds davon und erzielte sein zweites Tor in diesem Spiel. Damit brachte er der Bundesrepublik Deutschland den 3:2-Sieg. Das „Wunder von Bern" erzeugte eine riesige Euphorie im Nachkriegsdeutschland.

[7] Französische Fallschirmjäger landen in Dien Bien Phu. Im Hintergrund kann man die Hügel erkennen, von denen aus die Artillerie der Viet Minh den Nachschub der Franzosen durch die Luft vereitelt.

[3] Françoise Sagan, die von François Mauriac einmal als „charmantes kleines Monster" bezeichnet wurde.

1. März 1954
Fünf Mitglieder des US-Repräsentantenhauses werden im Plenarsaal von Attentätern angeschossen, die später als **puertoricanische Nationalisten** identifiziert werden.

7. März 1954
Die Sowjetunion nimmt zum ersten Mal an einer internationalen **Eishockey-**Meisterschaft teil und gewinnt den Weltmeistertitel.

26. März 1954
Die sowjetische Regierung erklärt, dass die **Deutsche Demokratische Republik** ein souveräner Staat geworden ist, fügt aber gleichzeitig hinzu, dass die sowjetischen Truppen vorläufig dort stationiert bleiben.

22. April 1954
Der permanente Ermittlungsausschuss des US-Senats beginnt mit öffentlichen Anhörungen zum Streit zwischen seinem Vorsitzenden, **Senator Joseph R. McCarthy**, und der US-Armee.

[7]
7. Mai 1954
Bei der **Schlacht von Dien Bien Phu** im Ersten Indochinakrieg überrumpelt Viet Minh-General Vo Nguyen Giap die Franzosen, indem er mit 40 000 Soldaten deren Festung umzingelt und diese mit Hilfe schwerer Artillerie einnimmt.

17. Mai 1954
Der Oberste Gerichtshof der USA entscheidet im Fall **Brown gegen das Erziehungsministerium** von Topeka einstimmig, dass die Rassentrennung in öffentlichen Schulen verfassungswidrig ist.

1954-1955

3. Juli 1954
In Großbritannien endet um Mitternacht die **Rationierung** von Fleisch und Speck.
[1]

13. Juli 1954
Die mexikanische Malerin **Frida Kahlo** stirbt. Ihre intensiven Selbstporträts, für die sie zumeist helle Farben verwendete, haben sie berühmt werden lassen.
[2]

21. Juli 1954
Die Genfer Konferenz beschließt die Teilung **Vietnams** entlang des 17. Breitengrads.

22. Juli 1954
Die kommunistische Regierung **Nordvietnams** verkündet die Zusammensetzung ihres Kabinetts unter Premierminister Ho Chi Minh.

6. August 1954
Es wird angekündigt, dass die nationale westdeutsche Fluggesellschaft Deutsche **Lufthansa** AG heißen wird und im April 1955 den Flugbetrieb aufnehmen soll.
$ [3]

3. November 1954
Die an der **New Yorker Börse** notierten Aktien erzielen die höchsten Zuwächse seit dem 5. September 1939.
$

[1] Die Auslage eines britischen Metzgers in der Zeit der Rationierung: Das Fleisch ist ausgezeichnet mit der Anzahl der Rationierungscoupons (-Punkte) pro Pfund, die beim Kauf abgegeben werden müssen und mit dem Höchstpreis.

[4] Konrad Adenauer gibt Nikolai Bulganin (links) und Nikita Chruschtschow in Moskau die Hand.

[3] Zwei Lufthansaflugzeuge des Typs „Convair“ warten 1955 in einem Hangar darauf, in Betrieb genommen zu werden.

[9] Ray Kroc isst einen seiner eigenen McDonald's-Hamburger, einen der ersten Milliarde.

[7] Marion Anderson bei einer Probe an der Metropolitan Opera.

[8] Die Family of Man-Ausstellung im Museum of Modern Art.

1950-1959

[7]
1955
Marian Anderson tritt als erste Afroamerikanerin bei einer Aufführung der Metropolitan Opera in New York City auf. Bevor sie die Partie der „Ulrica“ in Verdis *Maskenball* zu singen beginnt, erhält sie Standing Ovations.

[8]
1955
Der Fotograf **Edward Steichen** organisiert als Kurator die Ausstellung *The Family of Man* im Museum of Modern Art in New York City. Sie besteht aus 503 Bildern aus aller Welt, die auf dem Konzept der menschlichen Solidarität basieren.

1955
Im US-amerikanischen Fernsehen erfreuen sich **Quizshows** großer Beliebtheit. Sie erzielen hohe Einschaltquoten und werden von Eltern und Pädagogen unterstützt, die den Schwerpunkt auf intellektuellem Können gutheißen.

[9]
1955
Ray Kroc eröffnet das erste **McDonald's**-Fast-Food-Restaurant in Des Plaines, Illinois. Bis zum Ende des Jahres 1963 verkauft das Unternehmen mehr als eine Milliarde Hamburger – ein Erfolg, den man stolz bekannt gibt.

1955
Die Radio Corporation of America (RCA) entwickelt den ersten elektronischen Synthesizer. Er wird in den 1960er und 1970er Jahren von **Robert Moog** und anderen verbessert werden. Elektronische Instrumente revolutionieren moderne Kompositionen.

[10]
1955
Sir Anthony Eden löst Winston Churchill als konservativer Premierminister Großbritanniens ab. Ein Jahr später gehört er mit zur Gruppe derer, die den Angriff der Engländer und Franzosen auf Ägypten leiten, bei dem es um die Rechte am Suez-Kanal geht.

2. Dezember 1954
Der US-Senat beschließt, **Senator Joseph R. McCarthy** für sein unverantwortliches Vorgehen bei den Ermittlungen gegen Kommunisten in den USA eine Rüge zu erteilen.

1955
Der Kanzler der Bundesrepublik Deutschland, Konrad Adenauer, reist nach Moskau, um die Entlassung der letzten 10 000 deutschen Kriegsgefangenen in Russland zu arrangieren: die **Heimkehr der 10 000**.
[4]

1955
Die erste **Fernbedienung** für Fernsehgeräte wird hergestellt. Sie wurde von Robert Adler entworfen und funktioniert mittels der Übertragung von Ultraschalltönen zum Fernsehapparat. In den 1980er Jahren wird dieses Verfahren durch Infrarottechnik ersetzt werden.

1955
In den Bell Laboratories wird der erste mit **Transistoren bestückte Computer** fertiggestellt.

1955
In Anaheim, Kalifornien, wird der erste **Disneyland-Themenpark** eröffnet. Er wird schon bald zum Anziehungspunkt für Touristen aus aller Welt. Dies festigt Walt Disneys zentrale Stellung in Amerikas Unterhaltungsindustrie.
[5]

1955
Johnny Cash unterzeichnet einen Vertrag bei Sun Records. Lieder wie *Cry, Cry, Cry, Folsom Prison Blues, Hey, Porter* und *I Walk the Line* bringen ihm beträchtliche Aufmerksamkeit ein. 1957 ist Cash der erfolgreichste Country-Sänger in den USA.
[6]

[2] Frida Kahlo. Trotz der offensichtlichen Selbstbesessenheit in ihrer Kunst werden noch einige Jahrzehnte vergehen, bevor ihr heutiges Ansehen und ihr Ruhm – dank Biografien, Filmen und Ausstellungen – zu wachsen beginnen.

[5] Karussell mit gigantischen Teetassen im Disneyland, Kalifornien.

[11] Die Generäle Hans Speidel und Adolf Heusinger gemeinsam mit Theodor Blank, dem ersten westdeutschen Verteidigungsminister nach dem Krieg, kurz nachdem sie zu den beiden ersten Bundeswehrgenerälen ernannt worden sind.

[10] Churchill gibt das Premierministeramt an Anthony Eden weiter, seinen designierten Nachfolger, den er einige Jahre warten ließ.

[6] Johnny Cash bei einem Konzert.

1955
Die Bundesrepublik Deutschland tritt der **NATO** (North Atlantic Treaty Organisation) bei.

[11]
1955
Die Armee der Bundesrepublik Deutschland, die **Bundeswehr**, wird gegründet.

1955
In **Japan** wird die Liberaldemokratische Partei gegründet. Abgesehen von einer kurzen Phase Anfang der 1990er Jahre, wird die Partei den Rest des Jahrhunderts bis ins 21. Jahrhundert hinein die Regierung stellen.

1955
Der **Mickey Mouse Club** ist in den USA eine der beliebtesten Fernsehsendungen für Kinder und die charakteristische schwarze Kappe mit den Mausohren ist einer der meistverkauften Artikel in der Geschichte des Merchandisings.

1955
Der von Jonas Salk entwickelte **Impfstoff** gegen Kinderlähmung kommt auf den Markt. Durch die Impfstoffe von Jonas Salk und Albert Sabin wird die Kinderlähmung, die zu einer der gefürchtetsten Kinderkrankheiten gehörte, praktisch ausgerottet.

1955
Die Anzahl der **Kraftfahrzeuge** steigt auf weltweit über 100 Millionen an.

1955

1. Januar 1955
Nach der Ermordung von José Antonio Remón wird **José Roman Guizado** Präsident von Panama. Guizado wird noch vor Ablauf des Jahres ebenfalls ermordet werden.
[1]

1. Januar 1955
Die U.S. Foreign Operations Administration (US-Behörde für Auslandstätigkeiten) startet direkte finanzielle Hilfsmaßnahmen für die Länder Südvietnam, Kambodscha und Laos in **Indochina**.
[2]

3. Januar 1955
Das US-Außenministerium erklärt 27 Prozent der USA zu Sperrgebieten für **sowjetische Bürger**.

5. Januar 1955
Die Internationale Bank für Wiederaufbau und Entwicklung (Weltbank) gibt den Ausschluss der **Tschechoslowakei**, des einzigen osteuropäischen Mitgliedslands, bekannt.

8. Januar 1955
Das Amt für Mentalhygiene des Staates New York berichtet, dass sich bei **psychisch kranken Menschen** nach der Behandlung mit Thorazin und Reserpin, zwei neuen Medikamenten, Besserungen eingestellt haben.

9. Januar 1955
Die Atomenergiekommission der USA kündigt an, privaten Firmen bei der Entwicklung und Inbetriebnahme von **Atomkraftwerken** zu helfen.

[1] Politiker aus Panama: Präsident Guizado (Dritter von rechts) mit Mitgliedern seines Kabinetts.

[2] Außenminister John Foster Dulles fliegt mit seinen Beratern zu einem Treffen der South East Asia Treaty Organization (SEATO).

[6] Der Unglücksort gleich nach dem Unfall des Mercedes in Le Mans.

[4] Der wegen seines Siegs und der Amphetamine, die er legalerweise eingenommen hat, um beim Mille Miglia-Rennen wach zu bleiben, berauschte Stirling Moss. Auf seinem staubbedeckten Gesicht zeichnen sich deutlich die Umrisse seiner Brille ab.

2. März 1955
Die US-amerikanische Post hört auf, den in den USA lebenden Abonnenten, die *Prawda* und die *Iswestija* (die größten **sowjetischen Zeitungen**) zuzustellen.

[3]
30. März 1955
Der Kinofilm **Die Faust im Nacken** erhält den Oscar für den besten Film des Jahres 1954. Die Auszeichnungen für die besten Hauptdarsteller gehen an Marlon Brandon und an Grace Kelly für ihre Rolle in Alfred Hitchcocks Film *Das Fenster zum Hof.*

5. April 1955
Es wird berichtet, dass der Versuch, Imam Ahmad, den Herrscher über das arabische Königreich **Jemen**, zu stürzen, gescheitert ist.

30. April 1955
Die Universität von Kalifornien gibt die Entdeckung eines neuen chemischen Elements bekannt. Es hat die Ordnungszahl 101 und erhält den Namen **Mendelevium**.

[4]
Mai 1955
Der britische Rennfahrer Stirling Moss wird durch seinen Sieg beim 1600 km langen Straßenrennen **Mille Miglia** in Italien weltberühmt.

3. Mai 1955
Venezuela gibt seine Entscheidung bekannt, aus der Internationalen Arbeitsorganisation auszutreten.

10. Januar 1955
Das chinesische (taiwanesische) Verteidigungsministerium erklärt, dass die von Nationalisten gehaltenen **Tachen Islands**, 200 Meilen nördlich von Taiwan, Ziel eines eintägigen Flugzeugangriffs chinesischer Kommunisten geworden sind.

19. Januar 1955
US-Präsident Dwight D. Eisenhower hält die **erste Pressekonferenz** eines Präsidenten ab, **die im Fernsehen übertragen wird**.

22. Januar 1955
Einar Gerhardsen von der Norwegischen Arbeiterpartei bildet seine zweite Regierung. Sie wird bis 1963 Bestand haben. Er war bereits von 1945 bis 1951 Ministerpräsident und wird es noch einmal von 1963 bis 1965 sein.

25. Januar 1955
Die **sowjetische Regierung** beendet nun auch formell den Kriegszustand zwischen der UdSSR und Deutschland, der seit dem Zweiten Weltkrieg herrschte.

15. Februar 1955
Die **Atomenergiekommission der USA** gibt zu, dass durch die Wasserstoffbombe, welche die USA 1954 im Pazifik getestet haben, ein Gebiet von über 18 000 km² radioaktiv verseucht wurde.

16. Februar 1955
Die General Electric Company enthüllt, dass ihre Wissenschaftler **künstliche Diamanten** mit Industriequalität erschaffen haben.

[3] Marlon Brando und Eva Marie Saint in Elia Kazans „Die Faust im Nacken".

[5] Dieses Quintett schlägt dem Eisenbahnerstreik ein Schnippchen. Es hat ein Fünf-Personen-Rennrad der Marke Dunlop aus dem Jahr 1897 wieder ans Laufen gebracht.

[7] Bertrand Russell bei einer Pressekonferenz, die er einberufen hat, um vor den Gefahren eines Atomkriegs zu warnen.

14. Mai 1955
Die Sowjetunion ruft den **Warschauer Pakt** ins Leben. Anfangs gehören Albanien, Bulgarien, die Tschechoslowakei, die DDR, Ungarn, Polen und Rumänien dazu. In diesen Ländern werden sowjetische Militäreinheiten stationiert.

[5]
31. Mai 1955
In Großbritannien wird aufgrund eines landesweiten Eisenbahnerstreiks der **Ausnahmezustand** ausgerufen.

[6]
11. Juni 1955
Pierre Levegh wird beim 24-Stunden-Rennen von **Le Mans** mit seinem Mercedes in die Zuschauermenge geschleudert. Beim schlimmsten Unfall in der Geschichte des Motorsports sterben 82 Menschen. Mercedes zieht sich aus dem Rennsport zurück.

[7]
9. Juli 1955
Neun bedeutende Wissenschaftler, darunter Bertrand Russell und Albert Einstein, unterzeichnen eine Erklärung, mit der sie die Menschheit dazu aufrufen, auf **Kriege zu verzichten**.

8. August 1955
In Genf wird eine internationale Konferenz zur **friedlichen Nutzung von Atomenergie** eröffnet, an der Abgeordnete aus 72 Nationen, unter anderem aus der UdSSR, teilnehmen.

12. August 1955
Der deutsche Schriftsteller und Nobelpreisträger **Thomas Mann** stirbt in der Nähe von Zürich.

1955-1956

18. August 1955
Die **Organisation Mittelamerikanischer Staaten** eröffnet in Antigua, Guatemala, ihre erste Konferenz.

20. August 1955
Griechenland beantragt bei der UN die Selbstbestimmung des von Großbritannien kontrollierten **Zypern**, in dem die Griechen den Türken zahlenmäßig überlegen sind.
[1]

23. August 1955
Eine **Canberra**, ein britisches, zweistrahliges Kampfflugzeug, fliegt in der Rekordzeit von 14 Stunden, 21 Minuten und 45,4 Sekunden von London nach New York und wieder zurück.

27. August 1955
Australiens Tennismannschaft holt sich mit Siegen in den ersten drei von fünf Spielen den **Davis Cup** von den USA zurück.

4. September 1955
Die UN vermeldet, dass sowohl Ägypten als auch Israel dem dringenden Appell, eine generelle Waffenruhe im **Gaza**-Gebiet durchzusetzen, bedingungslos zugestimmt haben.

16. September 1955
Über ganz **Argentinien** wird das Kriegsrecht verhängt, da Rebellen die Kontrolle über den Süden Argentiniens und über die Provinz Córdoba fordern.

[3] *James Dean und ein schnelles Auto. Vielleicht ist es der Porsche, in dem er sterben wird.*

[5] *Nashua mit seinem Trainer Jim Fitzsimmons.*

[1] *Erzbischof Makarios, Oberhaupt der griechisch-zypriotischen Gemeinde, nach einer Rede, mit der er bei seinem Volk für einen passiven Widerstand eintrat.*

[6] *Der bartlose Allen Ginsberg (Mitte) in einer Fernsehshow mit Norman Mailer (links) und dem britischen Autor Ashley Montagu.*

[4] *Rosa Parks (Mitte) fährt nach ihrem Sieg in einem Bus ohne Rassentrennung.*

[2] *Juan Perón spricht, kurz bevor er gestürzt wird, von einem Balkon aus zu den Menschen.*

26. Oktober 1955
Österreich verabschiedet ein Gesetz, das seine immerwährende Neutralität festlegt. Kurz zuvor hat Österreich zum ersten Mal seit dem „Anschluss" im Jahr 1938 seine Unabhängigkeit wiedererlangt.

[4]
1. Dezember 1955
In Montgomery, Alabama, wird **Rosa Parks** wegen Verletzung des Rassentrennungsgesetzes der Stadt festgenommen, weil sie sich in einem Bus weigerte, ihren Sitzplatz einem weißen Mitfahrer zu überlassen.

[5]
15. Dezember 1955
Nashua, das erfolgreichste Rennpferd der USA des Jahres 1955, wird für 1 251 200 $ an ein Bieterkonsortium verkauft. Es ist das erste Rennpferd, für das eine Million Dollar gezahlt wird.

1956
Der US-Amerikaner **Mark Rothko** fertigt sein Gemälde *Orange and Yellow* (Orange und Gelb) an. In diesem Beispiel für Farbfeldmalerei werden Rechtecke mit leicht changierenden Farben und unklaren Kanten nebeneinander gestellt.

1956
Der US-amerikanische Lyriker **John Berryman** veröffentlicht sein erfolgreichstes Kurzgedicht, *Homage to Mistress Bradstreet*.

[6]
1956
Allen Ginsberg, ein Vertreter der *Beat Generation*, veröffentlicht sein Gedicht **Howl**, in dem er die US-amerikanische Gesellschaft anprangert. Es ist seine Antwort auf Walt Whitmans Werk *Grashalme*.

19. September 1955
Rashid Karami bildet eine neue **libanesische Regierung**, die diejenige von Sami as-Solh ersetzt.

19. September 1955
Präsident Juan Perón wird nach einer von demokratisch gesinnten Offizieren angeführten Militärrevolte gestürzt und flieht nach Paraguay.
[2]

22. September 1955
In Israel wird zum ersten Mal **Öl** gefunden, und zwar in der Nähe von Huleikat in der Negev-Region.

22. September 1955
Das erste kommerzielle Fernsehprogramm Großbritanniens, das sich durch **Werbung** finanziert, wird aus London gesendet.

30. September 1955
Der US-amerikanische Filmschauspieler **James Dean**, ein Symbol der verwirrten, rastlosen und idealistischen Jugend der 1950er Jahre, stirbt bei einem Autounfall in Paso Robles, Kalifornien.
[3]

18. Oktober 1955
Die Universität von Kalifornien verkündet die Entdeckung eines **neuen Atomteilchens** – des Antiprotons.

[7] Ella Fitzgerald singt im Nachtclub „Mr. Kelly's".

[8] Der Trans World Airlines Terminal des Idlewyld Airport (heute John F. Kennedy International Airport).

HEARTBREAK HOTEL

Elvis Presley zum ersten Mal an der Spitze der US-Charts

Nach der Aufnahme von fünf Singles für die Plattenfirma Sun Records, legte Elvis Presley – ein vom Blues beeinflusster Popsänger mit Bariton-Stimme – sein Management in die Hände von „Colonel" Tom Parker, einem Manager von Country-Musikern, der Eddy Arnold und Hank Snow zu Stars gemacht hatte. Parker arrangierte es, dass Presleys Plattenvertrag und die Rechte an seinen Liedern an große New Yorker Firmen verkauft wurden, an RCA Victor bzw. Hill and Range. Sun erhielt insgesamt 35 000 $ und Elvis 5000 $.

Presley (links) begann daraufhin mit Aufnahmen in den RCA-Studios in Nashville, Tennessee, und zwar gemeinsam mit seiner ursprünglichen Band – Gitarrist Scotty Moore, Bassist Bill Black und Schlagzeuger D.J. Fontana – und mit mehreren Hintergrund-Musikern. Mit seinem auffallenden Erscheinungsbild wurde er zu einer landesweiten Sensation. Das im Januar 1956 aufgenommene *Heartbreak Hotel* stand acht Wochen an der Spitze der US-amerikanischen Billboard Singlecharts. Weitere Chartstürmer desselben Jahres waren *Don't Be Cruel* und *Love Me Tender*. Der „King" hatte das Land erobert.

1956
Eine Collage des britischen Künstlers **Richard Hamilton**, die auf gängige Bilder und die Kommerzialisierung nach dem Krieg abzielt, stellt den Beginn der *Pop Art-Bewegung* dar.

1956
Der ägyptische Schriftsteller **Nagib Machfus** beendet *Die Kairo-Trilogie*, eine Trilogie historischer Romane. 1988 erhält er als erster arabischer Schriftsteller den Nobelpreis für Literatur.

[7]
1956
Ella Fitzgerald beginnt mit den Aufnahmen zu der 19teiligen „Songbook"-Reihe. Sie nimmt fast 250 herausragende Lieder von Richard Rodgers, Cole Porter, George Gershwin, Duke Ellington, Jerome Kern, Irving Berlin und Johnny Mercer auf.

1956
Elvis Presley veröffentlicht den Song **Heartbreak Hotel**. Presley hilft mit, den *Rock 'n' Roll* beim weißen Publikum populär zu machen. Er wird, auch noch über seinen Tod im Jahr 1977 hinaus, zu einer festen Größe der US-amerikanischen Popkultur.

[8]
1956
Der in Finnland geborene, US-amerikanische Architekt Eero Saarinen beginnt mit den Arbeiten am **Trans World Airlines Terminal**, New York City. Die geschweifte Form des Betonbaus erinnert an einen riesigen Vogel.

1956
Als Reaktion auf den Smog in London im Jahr 1952 wird in Großbritannien der **Clean Air Act** (Luftreinhalteverordnung) beschlossen, der die Emissionen von Kohle regelt. Die Kohle wird in vielen Haushalten schon bald durch Öl und Gas ersetzt.

1956

1956
In England geht **Calder Hall**, das weltweit erste kommerziell genutzte Kernkraftwerk, ans Netz. Man glaubt, dass elektrische Energie bald „zu preiswert, um gemessen zu werden" sein wird.
[1]

1956
Der indische Rechtsanwalt und Regierungspolitiker **Bhimrao Ramji Ambedkar** bringt 200 000 Hindus, die wie er zu den „Unberührbaren" zählen, dazu, zum Buddhismus überzutreten, um der Unterdrückung des hinduistischen Kastensystems zu entkommen.
[2]

1956
Mies van der Rohe beginnt mit den Arbeiten am **Seagram Building** in New York City. Der äußerst moderne Wolkenkratzer zeichnet sich durch die raffinierte Verwendung weniger verschiedener Materialien aus.
[3]

1956
Brigitte Bardot gelangt durch den Film *...und immer lockt das Weib* zu Weltruhm.
[4]

1956
In China wird die **„Hundert-Blumen-Bewegung"** gestartet, die eine größere Meinungsfreiheit gewährleisten soll. Der Name leitet sich von einer historischen chinesischen Redewendung ab: „Lasst hundert Blumen blühen und hundert Schulen wetteifern."

1956
Die **Olympischen Winterspiele** finden in Cortina d'Ampezzo in Italien und die **Sommerspiele** im australischen Melbourne statt.
[5]

[3] Das Seagram Building in New York. Durch die Pfeiler im Erdgeschoss, die das Gewicht des Gebäudes tragen, sieht es so aus, als würde es schweben.

[1] Calder Hall in Windscale (oder Sellafield, wie es seit 1985 genannt wird) in der Grafschaft Cumbria. 2003 wird es geschlossen.

[5] Die sowjetische Turnerin Larissa Latynina bei Olympia in Melbourne auf dem Schwebebalken. Sie gewinnt dort vier Goldmedaillen und 1960 noch mal drei in Rom.

[5] Anton (Toni) Sailer aus Österreich, Goldmedaillengewinner in Cortina im Riesenslalom, im Slalom und in der Abfahrt.

[7] Ein Hollywood-Märchen wird wahr: Filmstar Grace Kelly heiratet ihren Prinzen, Rainier von Monaco.

2. März 1956
Marokko erklärt seine Unabhängigkeit von Frankreich und Sultan Mohammed V. bildet die erste Regierung des Landes.

21. März 1956
Marty gewinnt den Oscar als bester Film des Jahres 1955. Die Preise für den besten Schauspieler und die beste Schauspielerin gehen an Ernest Borgnine und Anna Magnani.

22. März 1956
Martin Luther King Jr. wird von einem State Court (einzelstaatliches Gericht) für schuldig befunden, rechtswidrig zum Boykott von Bussen mit Rassentrennung in Montgomery, Alabama, aufgerufen zu haben.

23. März 1956
Pakistan wird formell zu einer Republik innerhalb des Britischen Commonwealth.

14. April 1956
In Chicago wird ein elektronisches Gerät vorgeführt, mit dem Fernsehsendungen für eine spätere Wiedergabe auf **Magnetbändern** aufgezeichnet werden können.

16. April 1956
Der österreichische Ministerrat beschließt, dass **Österreich** Mitglied im Europarat werden darf.

1956
Spanien gibt sein Protektorat im Norden **Marokkos** auf.

1956
John Osbornes Schauspiel **Blick zurück im Zorn**, das den Konformismus angreift und die große Frustration zum Ausdruck bringt, feiert in London Premiere. Damit wird das literarische Phänomen des „Angry Young Man“ geboren.
[6]

1. Januar 1956
Der **Sudan** wird zu einer unabhängigen Republik.

24. Januar 1956
Die Gouverneure von Georgia, Mississippi, South Carolina und Virginia verständigen sich darauf, gemeinsam gegen die Entscheidung des Obersten Gerichtshofs der USA vorzugehen, die **Rassentrennung in öffentlichen Schulen** aufzuheben.

25. Februar 1956
Der 20. Kongress der Kommunistischen Partei der Sowjetunion endet mit der geheimen Rede des Parteichefs **Nikita S. Chruschtschow**, in der er den früheren sowjetischen Staatschef Josef Stalin anprangert.

29. Februar 1956
In **Somalia**, einem Treuhandgebiet der UN (das frühere Italienisch Somaliland), finden die ersten landesweiten Wahlen statt.

[2] Harijans (Unberührbare) demonstrieren vor einem Jain-Tempel in Delhi, weil sie keinen Zutritt zu den Geburtstagsfeierlichkeiten von Mahatma Gandhi erhalten haben, der sich für ihr Recht einsetzte, wie alle anderen Inder behandelt zu werden.

[4] Brigitte Bardot 1956 beim Filmfestival von Cannes.

[6] Der Dramatiker John Osborne (rechts) mit Kenneth Haigh, der den Jimmy Porter in Osbornes Theaterstück „Blick zurück im Zorn“ spielte, welches am Londoner Royal Court Theatre (im Hintergrund) Premiere feierte.

[8] Eine Prozession buddhistischer Mönche in safrangelben Gewändern zieht an der Shwedagon Pagode in Burma vorbei.

17. April 1956
Die **Kominform**, das 1947 gegründete Kommunistische Informationsbüro, wird als Teil des sowjetischen Programms zur Aussöhnung mit Jugoslawien abgeschafft.

[7]
19. April 1956
Die US-amerikanische Schauspielerin Grace Kelly heiratet Fürst Rainier von Monaco und wird **Fürstin Gracia Patricia**.

7. Mai 1956
Die Gewinner des **Pulitzer-Preises** des Jahres 1955 werden bekannt gegeben. Darunter sind MacKinlay Kantor für seinen Roman *Andersonville* und Frances Goodrich und Albert Hacket für ihr Theaterstück *Das Tagebuch der Anne Frank.*

14. Mai 1956
Papst Pius XII. billigt die **Entnahme der Hornhaut** von verstorbenen Personen, um damit blinden Menschen wieder zur Sehfähigkeit zu verhelfen.

19. Mai 1956
Papst Pius XII. verurteilt **künstliche Befruchtungen** als unmoralisch und gegen den Glauben verstoßend.

[8]
24. Mai 1956
In ganz Indien gibt es Feierlichkeiten aus Anlass des 2500. Jahrestages der Entstehung des **Buddhismus**.

1956-1957

13. Juni 1956
Die 74 Jahre währende Besetzung des **Suez-Kanals** endet, als die letzten britischen Truppen von Port Said aus nach Zypern fahren.

20. Juli 1956
Der Sicherheitsrat der Vereinten Nationen spricht sich einstimmig dafür aus, die Aufnahme **Marokkos** zur UN zu empfehlen.

26. Juli 1956
Der ägyptische Präsident **Gamal Abdel Nasser** übernimmt die Kontrolle über den Suez-Kanal und verstaatlicht ihn.
[1]

11. August 1956
Der US-amerikanische Maler **Jackson Pollock**, ein führender Vertreter des *abstrakten Expressionismus*, der seinen großen Erfolg und die ernsthafte Wertschätzung seiner radikalen Schütt- und Tropftechnik verdankt, stirbt bei einem Autounfall.

14. August 1956
Der deutsche Dramatiker **Bertolt Brecht** stirbt in Ostberlin. Nach der Niederschlagung der Aufstände im Jahr 1953 schlug er der Regierung der DDR vor, das undankbare Volk abzuwählen und einfach ein neues zu wählen.
[2]

31. August 1956
Die **sowjetische Leichtathletikmannschaft** bricht die Teilnahme an einer Sportveranstaltung in London ab, da die britische Polizei eine sowjetische Leichtathletin wegen Ladendiebstahls festgenommen hat.

[2] Bertolt Brecht im Jahr 1936.

[1] Präsident Nasser.

[5] Die Suez-Krise sorgt für einen Benzinmangel in Großbritannien. Eine Feuerschluckerin, die als „stationärer Motor" eingestuft wird, um den Rationierungsvorschriften zu entsprechen, holt sich die ihr zugewiesene Menge ab.

[3] Eines der Schiffe, die am Eingang zum Suez-Kanal von den Ägyptern versenkt wurden, um den Wasserweg zu blockieren.

[4] Britische Truppen nach der anglo-französischen Invasion im November auf Patrouille in Port Said.

[6] Althea Gibson auf dem Weg zu ihrem Wimbledonsieg im Einzel.

1. November 1956
Der **Nobelpreis** für Physik wird William B. Shockley, Walter H. Brattain und John Bardeen (USA), der Preis für Chemie Sir Cyril Hinshelwood (Großbritannien) und Nikolai N. Semjonow (UdSSR) zuerkannt.

7. November 1956
Das **Nobelkomitee** gibt bekannt, dass es keinen würdigen Preisträger für den Friedensnobelpreis der Jahre 1955 und 1956 gefunden hat.

10. Dezember 1956
Die **Filmindustrie** überarbeitet und lockert zum ersten Mal ihren Moralkodex seit dessen Einführung im Jahr 1930.

[5]
17. Dezember 1956
In Großbritannien wird wieder das **Benzin rationiert**. Es ist das erste Mal seit Mai 1950.

1957
In **Kyshtym** im Ural-Gebirge kommt es zu einem Reaktorunfall. Zwischen 70 und 80 Tonnen radioaktiven Materials entweichen; 11 000 Menschen werden evakuiert. Dieser Zwischenfall wird bis 1989 von offizieller sowjetischer Seite verschwiegen.

[6]
1957
Althea Gibson ist die erste afroamerikanische Tennisspielerin, die in Wimbledon das Einzel gewinnt.

14. September 1956
Ägypten übernimmt die uneingeschränkte Kontrolle über den Suez-Kanal. Die Arbeiten werden fast vollständig von Ägyptern übernommen, da die meisten ausländischen Angestellten kündigen.

14. Oktober 1956
In einer Radioansprache missbilligt **Papst Pius XII.** die Beschäftigung von Frauen in der Schwerindustrie.

18. Oktober 1956
Der Nobelpreis für Medizin geht an Dickinson W. Richard und André F. Cournand von der Columbia-Universität und an Werner Forßmann (Bundesrepublik Deutschland) für ihre Forschungen im Bereich der **Kardiologie**.

23. Oktober 1956
Der **Ungarische Volksaufstand** beginnt mit einer riesigen Demonstration in Budapest.

29. Oktober 1956
Israels Armee besetzt den Gaza-Streifen und greift die ägyptische **Sinai-Halbinsel** an.
[3]

5. November 1956
In geheimer Absprache mit Israel dringen Fallschirmjäger und konventionelle Streitkräfte aus **Frankreich und Großbritannien** in die Suez-Kanal-Zone in Ägypten ein. Der Einspruch der Vereinigten Staaten zwingt sie jedoch zum Rückzug.
[4]

DER UNGARISCHE VOLKSAUFSTAND

Das ungarische Volk erhebt sich gegen die kommunistische Herrschaft, doch die Rebellion wird schnell und brutal durch sowjetisches Militär niedergeschlagen.

Die Entscheidung des sowjetischen Staatschefs Nikita Chruschtschow, einige Verbrechen seines Vorgängers Josef Stalin einzuräumen, hat Tür und Tor geöffnet für aufgestaute Kritik und Unmut gegen die kommunistischen Führer Ungarns.

Der ungarische Parteichef Mátyás Rákosi wird im Juli 1956 abgesetzt und durch Erno Gero ersetzt. Doch Gero ist nicht in der Lage, die Flut der Unruhen und die große Unzufriedenheit einzudämmen, die sich Ende Oktober in aktive Kämpfe verwandeln (oben links: ungarische Freiheitskämpfer; rechts: ein von Demonstranten erschlagener Oberst der verhassten Geheimpolizei (AVO)). Deshalb ruft er die Sowjetunion zu Hilfe. Die erste Phase des ungarischen Volksaufstands endet mit einem Sieg für die Rebellen: Imre Nagy wird Premierminister und stimmt, als Antwort auf die Forderungen des Volks, einem Mehrparteiensystem zu. Am 1. November ruft er Ungarns Unabhängigkeit aus und bittet die Vereinten Nationen um Hilfe. Am 4. November marschiert die Sowjetunion in Ungarn ein und beendet den Aufstand. Dabei profitiert sie von der fehlenden Reaktion der westlichen Mächte auf Nagys Hilfeersuchen und davon, dass Großbritannien und Frankreich in Kämpfe mit Ägypten eingebunden sind.

[3] Der israelische General Moshe Dayan mit seiner berühmten Augenklappe umgeben von seinen Männern im Sinai.

[7] Kwame Nkrumah zusammen mit der Herzogin von Kent bei den Unabhängigkeitsfeiern Ghanas in Accra. Ghana war früher die Goldküstenkolonie.

[8] Premierminister Harold Macmillan gemeinsam mit seiner Frau Dorothy 1957 beim Epson-Derby.

1957
Frankreich gibt das **Saarland**, das es seit 1945 besetzt hielt, an die Bundesrepublik Deutschland zurück.

1957
Eero Saarinen beginnt in der Nähe von Washington, D.C., mit den Arbeiten am **Dulles International Airport Terminal**. Das Gebäude ist ein Meisterwerk des skulpturellen Designs und sein bekanntestes Bauwerk.

[7]
1957
Ghana wird als erste afrikanische Kolonie unabhängig von Großbritannien. Kwame Nkrumah wird erster Staatspräsident.

[8]
1957
Harold Macmillan von der Conservative Party wird nach dem Rücktritt von Sir Anthony Eden zum britischen Premierminister ernannt.

1957
Der französische Künstler ungarischer Abstammung, Victor Vasarely, malt *Vega*, eine charakteristische Arbeit der **Op Art**. Dabei experimentiert er mit optischen Effekten.

1957
Israel zieht seine Armee von der Sinai-Halbinsel zurück und übergibt den Gaza-Streifen an UN-Truppen.

1957

1957
Das berühmte deutsche Segelschiff **Pamir**, das als Segelschulschiff im Einsatz war, gerät in den Wirbelsturm „Carrie“ und sinkt vor den Azoren. 80 von 86 Menschen an Bord sterben.
[1]

1957
Mit Liedern wie *Folsom Prison Blues* und *I Walk the Line* festigt **Johnny Cash** seine Position als führender Country-Sänger.

1957
Leonard Bernsteins Musical **West Side Story**, das auf William Shakespeares *Romeo und Julia* basiert, erlebt in New York seine Uraufführung. Es wird von Jerome Robbins choreografiert.
[2]

1957
Es gibt erste Kontrollen des Kohlendioxid-Gehalts der Atmosphäre. Schon bald wird deutlich, dass der **CO_2-Gehalt** aufgrund der Verwendung fossiler Brennstoffe und der Abholzung von Wäldern ansteigt.
[3]

1957
Die Zentralfigur der *Beat Generation*, Jack Kerouac, veröffentlicht **Unterwegs**, einen der einflussreichsten Romane des 20. Jahrhunderts.
[4]

1957
In China startet die Anti-Rechts-Bewegung gegen kritische Äußerungen über die Regierung. Damit **endet die Hundert-Blumen-Bewegung**.

[6] Nixon und Eisenhower bei der zweiten Amtseinführung Eisenhowers als Präsident.

[3] In Halifax, einer Textilstadt in Yorkshire, England, blasen Schornsteine Rauch in die Atmosphäre.

[7] Wladyslaw Gomulka schreibt ein Autogramm, nachdem er bei den Wahlen in Polen seine Stimme abgegeben hat.

[2] Die Kampfszene in „West Side Story“: Mitglieder der Banden der „Jets“ und der „Sharks“ machen sich für einen Messerkampf bereit.

[6]
20. Januar 1957
US-Präsident Dwight D. Eisenhower und Vizepräsident Richard M. Nixon legen in einer privaten Zeremonie im Weißen Haus den Eid für die zweite Amtszeit ab.

[7]
20. Januar 1957
Die Nationale Einheitsfront von **Wladyslaw Gomulka** erzielt einen überwältigenden Sieg bei den polnischen Parlamentswahlen, bei denen die Wähler zum ersten Mal in einem kommunistischen Land eine gewisse Entscheidungsmöglichkeit hatten.

9. Februar 1957
Die **Sowjetunion** ratifiziert als erstes Land die Satzung der Internationalen Atomenergieorganisation.

14. Februar 1957
Abgesandte der USA und Chinas nehmen in Genf Gespräche auf. Dabei geht es um US-Gefangene in **China** und um Besuche von US-Nachrichtenreportern in China.

16. Februar 1957
Andrei Gromyko, der für sein schwermütiges Aussehen bekannt ist, wird Außenminister der Sowjetunion. Diesen Posten wird er bis in die 1980er Jahre hinein innehaben.

20. Februar 1957
Das Oberste Zivilgericht von England erklärt die von **George Bernard Shaw** testamentarisch verfasste Verfügung, dass jemand ein 40-Buchstaben-Alphabet entwickeln soll, für unwirksam.

1957
Willy Brandt wird zum Regierenden Bürgermeister von West-Berlin gewählt. Später wird er Bundeskanzler der Bundesrepublik Deutschland.

1957
In Großbritannien wird der **Wolfenden-Report** veröffentlicht, der empfiehlt, wie Gesetze mit verschiedenen sexuellen Verhaltensweisen umgehen sollen. U.a. sollen private homosexuelle Beziehungen zwischen erwachsenen Personen, die beide damit einverstanden sind, legalisiert werden.

ca. 1957
In den Vereinigten Staaten kommt das **Windsurfen** auf, als Kalifornier Aspekte des Segelns und des Surfens für ein Ein-Personen-Wasserfahrzeug kombinieren, das Windsurfbrett genannt wird.
[5]

12. Januar 1957
Der chinesische Staatschef **Zhou Enlai** erklärt in einer Rede in Warschau, dass das Hauptproblem der kommunistischen Welt die Vermeidung „fundamentaler Konflikte" unter seinen Mitgliedern sei.

15. Januar 1957
Die ägyptische Regierung gibt die sofortige **„Ägyptisierung"** aller britischen und französischen Banken und Versicherungsgesellschaften in Ägypten bekannt.

20. Januar 1957
In Trombay, in der Nähe von Bombay, wird das **erste Kernkraftwerk Indiens** durch Premierminister Jawaharlal Nehru eingeweiht.

[5] Ein Windsurfbrett in Aktion, hier mit einem Passagier.

[1] Die „Pamir". Sie ist das letzte Handelssegelschiff, das um Kap Hoorn gesegelt ist. Das war im Jahr 1949.

[8] Prinz Philip in der Uniform der Grenadier Guards.

[4] Einige Vertreter der „Beat Generation" treffen sich in einem Café: der Maler und Musiker Larry Rivers (links), neben ihm Jack Kerouac, der Dichter Allen Ginsberg (rechts). Der Musiker David Amram stochert in seinen Zähnen. Der Dichter Gregory Corso trägt die wollene Mütze.

[9] Konrad Adenauer (Mitte) unterzeichnet für Deutschland die „Römischen Verträge".

[8]
22. Februar 1957
Königin Elisabeth II. verleiht ihrem Mann **Philip, Herzog von Edinburgh**, den Titel „Prinz des Vereinigten Königreichs".

13. März 1957
Mehr als 40 Menschen sollen in **Havanna** bei einem überraschenden Umsturzversuch getötet worden sein.

20. März 1957
Eamon de Valera wird zum dritten Mal zum Premierminister von Irland gewählt.

[9]
25. März 1957
Die **Römischen Verträge** werden unterschrieben. Damit werden die Europäische Gemeinschaft, der Gemeinsame Markt und die Europäische Atomgemeinschaft begründet.

31. März 1957
Während einer Konferenz auf den Bermuda-Inseln klagt das sowjetische Außenministerium die Vereinigten Staaten und Großbritannien an, „den Kurs für die direkte Vorbereitung eines **Atomkriegs** einzuschlagen".

3. April 1957
Nach mehrere Tage währenden heftigen Aufständen wird in ganz **Chile** der Belagerungszustand ausgerufen und eine Ausgangssperre verhängt.

1957

18. April 1957
Die **Atomenergiekommission der USA** meldet, dass die Sowjetunion eine der größten nuklearen Explosionen der aktuellen Testreihe des Landes durchgeführt hat.

19. April 1957
Das erste britische Schiff, das Gebühren an die Betreiber des **ägyptischen Suez-Kanals** zahlen muss, beendet die Durchfahrt durch den Kanal.

23. April 1957
Der zehnjährige **Robert Strom** aus New York City gewinnt bei einem Fernsehquiz die Rekordsumme von 192 000 $.

6. Mai 1957
Die Columbia-Universität gibt die Preisträger des Pulitzer-Preises von 1956 bekannt. Unter anderem wird **Eugene O'Neill** posthum für sein Schauspiel *Long Day's Journey into Night* geehrt und George F. Kennan für sein historisches Werk *Russia Leaves the War*. *[1]*

6. Mai 1957
Der Oberste Gerichtshof der USA urteilt in zwei Fällen, dass eine Zulassung als Anwalt nicht nur wegen der früheren Mitgliedschaft in einer **Kommunistischen Partei** oder wegen prokommunistischer Meinungen verweigert werden darf.

24. Mai 1957
Die US-Botschaft in **Taipei**, Taiwan, wird bei antiamerikanischen Aufständen, die über die Stadt hinwegfegen, zerstört. *[2]*

[3] Chruschtschow in voller Aktion.

[1] Eugene O'Neill.

[5] Stan Laurel und Oliver Hardy.

[2] Zerstörte Möbel und Schreibmaschinen aus der Botschaft der USA in Taipei, Taiwan.

Juli 1957
Die **Pugwash-Konferenzen**, eine Reihe von Treffen von Wissenschaftlern, welch die Probleme nuklearer Waffen und der Weltsicherheit diskutieren, finden bei Cyrus Eaton in kanadischen Pugwash statt.

1. Juli 1957
Das **Internationale Geophysikalische Jahr**, 1957-1958, beginnt. Wissenschaftler und Techniker aus über 70 Ländern arbeiten bei einer 18-monatigen Untersuchung der Erde und ihrer physikalischen Umgebung zusammen.

5. Juli 1957
Auf dem Atomtestgelände in Yucca Flat, Nevada, wird die stärkste **Atomexplosion** auf dem nordamerikanischen Kontinent seit 1945 ausgelöst.

19. Juli 1957
Vom Testgelände in Nevada aus wird die erste US-Rakete mit einem **Atomsprengkopf** abgeschossen.

29. Juli 1957
Die **Internationale Atomenergieorganisation** wird gegründet.

6. August 1957
Der **Argentinier Juan Fangio** gewinnt in seinem Maserati den Deutschen Grand Prix auf dem Nürburgring und sichert sich damit den fünften Gewinn der Fahrer-WM, was einen Rekord bedeutet. Es ist außerdem sein vierter Titel in Folge.

2. Juni 1957
Der Erste Sekretär der Kommunistischen Partei der Sowjetunion, **Nikita Chruschtschow**, sagt in einem in den USA ausgestrahlten Fernsehinterview, dass die Sowjetunion zu einer schrittweisen Abrüstung bereit sei.
[3]

4. Juni 1957
Die **Amerikanische Krebsgesellschaft** vermeldet in ihrem Abschlussbericht an die amerikanische Ärztekammer, dass es einen starken Zusammenhang zwischen dem Rauchen und Lungenkrebs gibt.

10. Juni 1957
Der **Oberste Gerichtshof der USA** urteilt mit 6 zu 2 Stimmen, dass die Verhandlungen gegen zwei Frauen vor dem Militärgericht, die angeklagt waren, ihre Männer – zwei Soldaten – in Übersee umgebracht zu haben, verfassungswidrig sind.

12. Juni 1957
Die **Mayflower II**, ein Nachbau der ursprünglichen *Mayflower*, kommt, 53 Tage nachdem sie Plymouth in England verlassen hat, in Providencetown, Massachusetts, an.

21. Juni 1957
John Diefenbaker, Chef der Progressiv-konservativen Partei Kanadas, wird zum Premierminister gewählt. Er wird eine Ersatzwahl ansetzen müssen, da wegen der Herstellung nuklearer Waffen in Kanada mehrere Minister zurückgetreten sind.
[4]

24. Juni 1957
Der Oberste Gerichtshof der USA entscheidet in drei Fällen, dass **obszöne Literatur** nicht unter die verfassungsmäßigen Garantien der Rede- und Pressefreiheit fällt.

[6] Juliette Gréco.

[4] John Diefenbaker nimmt nach seiner Wahl zum Premierminister von Kanada Gratulationen entgegen.

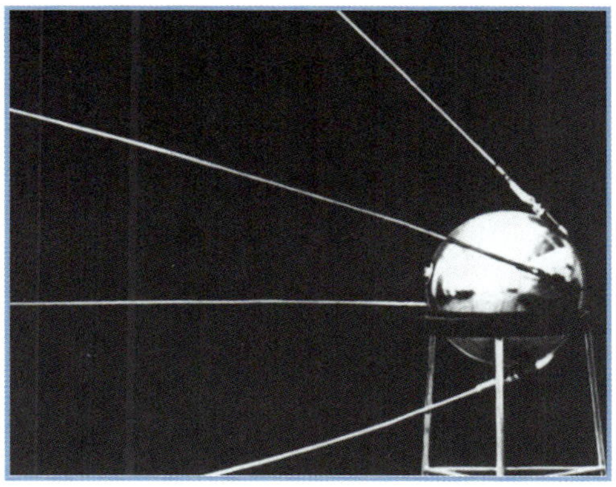

[7] Der original Sputnik vor dem Abschuss.

FANGIO

Argentinischer Rennfahrer holt seinen fünften WM-Titel.

Die Weltmeisterschaftsrennen der Formel 1 wurden in den ersten Jahren von dem argentinischen Fahrer Juan Manuel Fangio dominiert, der fünf der ersten acht, jährlich ausgefahrenen Titel holte, vier davon in Folge (1951, 1954, 1955, 1956 und 1957).

Fangio sicherte sich 1957 den fünften Weltmeistertitel beim Grand Prix auf dem Nürburgring. Dieser Sieg freute ihn ganz besonders, da er ihn mit Maserati errungen hatte. Er fuhr seit kurzem für diesen Konstrukteur, nachdem er Ferrari verlassen hatte, mit denen er eine erbitterte Auseinandersetzung hatte, obwohl er im Vorjahr die Weltmeisterschaft für sie gewonnen hatte. (Fangio hatte auch mit Alfa Romeo und Mercedes-Benz WM-Titel geholt).

In einem aufregenden letzten Rennen, in dem es um den Titel ging, führte Fangio eine ganze Weile, doch nach einem ungünstigen Boxenstopp lag er nur zehn Runden vor Schluss mit 50 Sekunden hinter zwei Ferraris zurück. Doch dann brach er wieder und wieder den Rundenrekord, bis er zwei Runden vor Schluss den Rückstand auf zwei Sekunden verringert hatte. In der vorletzten Runde schob er sich auf den zweiten Platz vor und überholte dann noch den Führenden. Er kam mit 3,6 Sekunden Vorsprung vor dem Feld ins Ziel. Dies war Fangios 23. Sieg in einem Grand Prix, sein vierter WM-Titel in Folge und sein fünfter überhaupt. Er gewann noch ein Rennen, bevor er sich 1958 zurückzog und in seiner Heimat Argentinien für Mercedes-Benz zu arbeiten begann.

[5]
7. August 1957
Der Schauspieler **Oliver Hardy** – von „Dick und Doof", dem ersten großen Filmkomikerduo Hollywoods – stirbt in Hollywood. Stan Laurel stirbt am 23. Februar 1965.

12. August 1957
Nach terroristischen Anschlägen der IRA verhängt die Regierung von **Nordirland** über Newry und die angrenzenden Bezirke, die Grafschaften Down und Armagh, eine Ausgangssperre.

[6]
23. August 1957
Der auf dem Roman *Fiesta* von Ernest Hemingway basierende Film *Zwischen Madrid und Paris* mit der französischen Schauspielerin **Juliette Gréco** wird uraufgeführt.

21. September 1957
Olav V. wird **König von Norwegen**. Er folgt seinem Vater Haakon VII. auf den Thron, der 52 Jahre regiert hatte – seit Norwegen von Schweden unabhängig geworden war.

24. September 1957
Die Aufhebung der Rassentrennung gerät in den Blickpunkt, als Bundestruppen nach **Little Rock**, Arkansas, entsendet werden. Sie sollen dort die Ordnung aufrechterhalten und das Recht schwarzer Studenten auf Besuch der örtlichen High School durchsetzen.

[7]
4. Oktober 1957
Die Sowjetunion schickt den kleinen Satelliten **Sputnik 1** ins Weltall und läutet damit das Weltraumzeitalter ein.

1957-1958

8. Oktober 1957
Ein Unfall im Kernreaktor von **Windscale** im Nordwesten Englands löst ein Feuer aus, das 16 Stunden lang brennt und zehn Tonnen geschmolzenes radioaktives Brennmaterial im Reaktorkern hinterlässt.
[1]

12. Oktober 1957
Laut einer von der **UNESCO** herausgegebenen Broschüre sind schätzungsweise rund 44 Prozent der erwachsenen Weltbevölkerung Analphabeten.

17. Oktober 1957
Der französische Romanautor und Dramatiker **Albert Camus** erhält den Nobelpreis für Literatur des Jahres 1957.

3. November 1957
Der sowjetische Satellit **Sputnik 2** wird gestartet. An Bord befindet sich die Hündin Laika, das erste lebendige Wesen, das ins Weltall geschossen wird und die Erde umkreist.
[2]

26. November 1957
Es kommt heraus, dass US-Präsident **Dwight D. Eisenhower** einen leichten Schlaganfall erlitten hat, doch seine Ärzte berichten, dass er gute Fortschritte in Richtung einer vollständigen Genesung macht.

17. Dezember 1957
Die Vereinigten Staaten feuern zum ersten Mal eine Atlas-**Interkontinentalrakete** mit Erfolg ab.

[1] Die Kernkraftanlage Windscale/Calder Hall an der Küste der Grafschaft Cumbria.

[2] Sputnik 2 und die Hündin Laika (auch „Zitrönchen" genannt) auf einer albanischen Briefmarke.

[9] Pelé bringt den schwedischen Torhüter in der Luft in Bedrängnis.

[8] Der junge König Faisal II. von Irak. Hinter ihm der uniformierte Kronprinz Abd al-Ilah.

[11] Mamie Eisenhower, die Präsidentengattin, tauft die Boeing 707 der Pan American World Airways auf den Namen „America". Es ist die erste 707, die in Dienst gestellt wird.

[7] Jasper Johns einmal nicht in seinem Atelier.

[10] Ein mit missgebildeten Armen geborenes Kind, dessen Mutter in der Schwangerschaft Thalidomid (Contergan) eingenommen hat.

[7]
1958
Eine Ausstellung des US-Amerikaners **Jasper Johns** mit Gemälden, die Flaggen und Zielscheiben abbilden, erschüttert die Kunstwelt. Damit bringt Johns die gegenständliche Malerei in die Moderne Kunst zurück.

[8]
1958
Iraks **König Faisal II.** und mehrere Mitglieder seiner Familie werden bei einem von General Abd al-Karim Qasim angeführten Putsch getötet.

[9]
1958
Die siebzehnjährige Fußballsensation **Pelé** führt Brasilien im Weltmeisterschaftsfinale zu einem 5:2-Sieg über Schweden. Pelé wird zum Nationalhelden Brasiliens und einer der bekanntesten Sportler der Welt.

[10]
1958
Thalidomid (Contergan) kommt auf den Markt. Es stellt sich schon bald heraus, dass es schwere Missbildungen bei Babys hervorruft, deren Mütter diesen Wirkstoff in der frühen Schwangerschaftsphase eingenommen haben.

1958
Nach der Unterzeichnung der Römischen Verträge am 25. März 1957 durch Frankreich, die Bundesrepublik Deutschland, Italien und die Benelux-Staaten, entsteht die **Europäische Wirtschaftsgemeinschaft** (EWG).

[11]
1958
Die **Boeing 707**, der erste US-amerikanische Jet im Linienverkehr, nimmt den Betrieb auf.

1958
In Fort Worth, Texas, eröffnet J.F. Cantrell den ersten **Waschsalon**. Er nennt ihn „Washateria".

1958
Der US-Amerikaner **Bobby Fischer** erwirbt als jüngste Spieler der Welt den Titel des Schachgroßmeisters. Später wird er der erste amerikanische Schachweltmeister.
[3]

1958
Der US-amerikanische Tänzer und Choreograf Alvin Ailey Jr. gründet das **Alvin Ailey American Dance Theater**. Das bekannteste Stück des Ensembles ist *Revelations* (1960), ein kraftvolles, frühes Werk Aileys, das zu afroamerikanischen Spirituals getanzt wird.
[4]

1958
Der US-amerikanische Physiker **James Van Allen** verkündet die Entdeckung des die Erde umgebenden *Van-Allen-Strahlungsgürtels*.

1958
Als ein britisches Flugzeug bei schlechtem Wetter zu starten versucht, kommt es in **München** zu einem Unglück. 23 Menschen werden getötet, darunter acht Mitglieder der Fußballmannschaft von Manchester United, drei Mitarbeiter des Clubs und acht Journalisten.
[5]

1958
Boris Pasternak wird der Nobelpreis für Literatur zuerkannt. Er wird aber gezwungen, ihn abzulehnen. Sein episches Werk **Doktor Schiwago**, das in der Sowjetunion kritisiert und nicht veröffentlicht wurde, wird in 18 Sprachen übersetzt.
[6]

[3] Bobby Fischer spielt 1957 im Manhattan Chess Club gegen den philippinischen Meister Rodolfo Tan Cardoso.

[4] Alvin Ailey hält eine Tänzerin.

[6] Boris Pasternak an seinem Haus vor den Toren Moskaus.

[5] Eines der Triebwerke des Flugzeugs vom Typ „Elizabethan" der British European Airways nach dem Unglück.

[12] Ein Ofen im Hinterhof, Teil des „Großen Sprungs nach vorn" in China. Rund 600 000 Stück werden gebaut, aber das darin hergestellte Metall erweist sich als unbrauchbar.

[13] Teresa Brewer, eine der beliebtesten Sängerinnen der 1950er Jahre, zeigt mit zwei Hula-Hoop-Reifen ihr Können.

[12]
1958
Die Kommunistische Partei Chinas startet den **Großen Sprung nach vorn**, eine Industrialisierungskampagne, die eine solch zerstörerische Wirkung auf die chinesische Landwirtschaft hat, dass zwischen 1958 und 1960 zwanzig Millionen Menschen verhungern.

1958
Robert Noyce von der Firma Fairchild Semiconductor und Jack Kilby von Texas Instruments erfinden unabhängig voneinander den **Mikrochip**.

1958
Die 1946 entstandene Vierte Republik Frankreichs wird durch die **Fünfte Republik** abgelöst. 80 Prozent der Wähler sprechen sich bei einer Volksbefragung im September dafür aus.

1958
Das US-Fernsehen wird durch den **Twenty-One-Skandal** erschüttert. Kandidaten mehrerer Quizshows (u. a. der Show *Twenty-One*) geben zu, dass ihnen schon vorher die richtigen Antworten verraten wurden.

[13]
1958
Die Wham-O Company in Kalifornien beginnt mit der Produktion eines neuen Spielzeugs: dem **Hula-Hoop-Reifen**.

1958
Der westafrikanische Schriftsteller **Chinua Achebe** beendet seinen einfühlsamen Roman *Okonkwo oder Das Alte stürzt*.

1958

13. Januar 1958
Linus C. Pauling überreicht dem UN-Generalsekretär Dag Hammarskjöld eine von 9235 Wissenschaftlern unterschriebene Petition, mit der sie auf die **Einstellung von Nuklearwaffentests** drängen.
[1]

20. Januar 1958
In Buenos Aires, Argentinien, nimmt der **erste Kernreaktor Lateinamerikas** den Betrieb auf.

22. Januar 1958
Der UN-Sicherheitsrat fasst einstimmig den Beschluss, eine strengere Kontrolle der zwischen Israel und Jordanien gelegenen entmilitarisierten Zone **Jerusalems** durch die UN zu fordern.

27. Januar 1958
Die **Regierungen der Sowjetunion und der USA** verkünden, dass sie sich darauf geeinigt haben, den Austausch in den Bereichen Kultur, Technik, Bildung und Sport auszuweiten.

31. Januar 1958
Die USA bringen ihren ersten Satelliten in Umlauf. Der Satellit **Explorer 1** markiert den Eintritt des Landes in das Weltraumrennen.
[2]

8. Februar 1958
Französische Kampfflugzeuge bombardieren ein tunesisches Dorf nahe der algerischen Grenze. Angaben zufolge werden 68 Menschen getötet.

[1] Linus Pauling (Mitte) ruft zum Stopp von Atombombentests auf.

[2] Der US-amerikanische Nachrichtensprecher Walter Cronkite erklärt die Raketentechnik, die bei der Explorer-1-Mission zur Anwendung kam.

[6] Vom Regen durchnässte Mitglieder der CND marschieren mit ihrem neuen Symbol nach Aldermaston.

[5] Nikita Chruschtschow in Ungarn. Es ist zweifelhaft, ob die ungarischen Zuschauer seine Euphorie teilen.

[7] Van Cliburn.

26. März 1958
Das **irakische Parlament** bewilligt Frauen mit Grundschulbildung verfassungsmäßige Rechte und ermächtigt König Faisal II., eine Union mit „einem oder mehreren arabischen Ländern" zu bilden.

[5]
27. März 1958
Nikita Chruschtschow ersetzt Nikolai Bulganin als Ministerpräsident.

31. März 1958
Die Sowjetunion kündigt einen **Stopp der Atombombentests** an und ruft die USA und Großbritannien dazu auf, dasselbe zu tun.

[6]
April 1958
Die britische **Campaign for Nuclear Disarmament** (CND, Kampagne für nukleare Abrüstung) organisiert den ersten Ostermarsch zum Atomwaffenforschungszentrum bei Aldermaston, England. Dabei wird das Friedenszeichen eingeführt.

1. April 1958
Durch einen Streik von 1 000 000 Angestellten im öffentlichen Dienst wird die **französische Wirtschaft** lahm gelegt.

[7]
13. April 1958
In Moskau gewinnt der Texaner **Van Cliburn** im Fach Klavier den ersten Preis im internationalen Tschaikowski-Wettbewerb der UdSSR.

13. Februar 1958
Der Irak und Jordanien schließen sich zur **Arabischen Föderation** zusammen, die von König Faisal II. von Irak geführt wird.

16. Februar 1958
Der US-amerikanische Flieger **Donald G. Farrell** beendet im Rahmen eines Experiments an der School of Aviation Medicine in San Antonio, Texas, einen siebentägigen „Simulationsflug zum Mond".

19. Februar 1958
Die kommunistischen Länder China und Nordkorea künden in **Pjöngjang** an, dass alle kommunistischen Kräfte Chinas bis Ende 1958 aus Nordkorea abgezogen werden.
[3]

21. Februar 1958
Ägypten und Syrien stimmen in nationalen Volksabstimmungen fast einstimmig für die Errichtung der **Vereinigten Arabischen Republik**, deren erster Präsident der ägyptische Präsident Gamal Abdel Nasser werden soll.

2. März 1958
Vivian E. Fuchs und ein britisches Team kommen nach der Durchquerung des antarktischen Kontinents nach 3400 km am Ziel an.
[4]

19. März 1958
Der Ausschuss für Erdsatelliten des nationalen Komitees der USA für das internationale geophysikalische Jahr empfiehlt als Auftakt zur bemannten Raumfahrt ein langfristiges Programm zur wissenschaftlichen **Untersuchung des Monds** und der Planeten.

[3] Kim Il-Sung und chinesische Kommandeure werden vor ihrem Abzug aus Nordkorea mit Reis beworfen – das soll Glück bringen.

[4] Vivian Fuchs neben einer der Pistenraupen, die bei der Durchquerung der Antarktis eingesetzt wurden.

[9] Nixons Auto wird in Caracas von antiamerikanischen Demonstranten angegriffen.

[8] Das „Atomium", Mittelpunkt der Weltausstellung in Brüssel. Im Vordergrund die Eskorte König Baudouins bei der Eröffnung.

[10] Tote Heuschrecken verstopfen die Lüftungsschlitze eines Autos.

[8]
16. April 1958
In Brüssel wird die **Weltausstellung** eröffnet.

21. April 1958
Die **Sowjetunion** gibt offiziell bekannt, dass der Werktag in der Schwerindustrie auf sieben Stunden gekürzt werden muss und auf sechs Stunden für Bergarbeiter.

9. Mai 1958
Es kommt ans Tageslicht, dass die letzten vier von den Vereinigten Staaten gefangen gehaltenen **Nazi-Kriegsverbrecher** auf Bewährung frei gelassen wurden.

[9]
13. Mai 1958
Hunderte Demonstranten greifen das Auto von **Vize-Präsident Richard Nixon** an, als dieser in Caracas, Venezuela, eintrifft. Präsident Eisenhower beordert Truppen zu den Stützpunkten in der Karibik, um die Sicherheit Nixons zu gewährleisten.

15. Mai 1958
General Charles de Gaulle verkündet, dass er bereit ist, wieder die Macht in Frankreich zu übernehmen. Er wird auf dem Weg zu diesem Ziel durch den drohenden Aufruhr bei den französischen Streitkräften in Algerien unterstützt, den nur er beilegen kann.

[10]
11. Juni 1958
Präsident Dwight D. Eisenhower lehnt die Forderung der Gouverneure von Colorado und Kansas ab, schrittweise den Notstand für die Staaten auszurufen, die von Heuschrecken heimgesucht werden.

1958-1959

16. Juni 1958
Imre Nagy, Premierminister während der Ungarischen Volksaufstände im Jahr 1956, wird gehängt, obwohl ihm freies Geleit zugesagt wurde.

Juni-Juli 1958
In **Zypern** eskaliert die Gewalt zwischen griechischen und türkischen Zyprioten. Britische Truppen versuchen, die Ordnung wieder herzustellen.

9. Juli 1958
Die **Sowjetunion** fordert die USA erneut zu einer „eindeutigen Aussage" auf, mit der sie sich verpflichten, alle Atomtests zu stoppen. Dies sei das Hauptziel der derzeitigen Gespräche über die Kontrollen eines Atomtestverbots.

20. Juli 1958
Jordanien beendet alle diplomatischen Beziehungen zur Vereinigten Arabischen Republik.

26. Juli 1958
Dem britischen Thronfolger **Prinz Charles** wird von seiner Mutter, Elisabeth II., der Titel „Prince of Wales" verliehen.
[1]

29. Juli 1958
Nachdem die Sowjetunion den ersten von Menschenhand geschaffenen Satelliten ins Weltall schoss, unterzeichnet US-Präsident Dwight D. Eisenhower ein Gesetz, dass die Gründung der **NASA** (National Aeronautics and Space Administration) vorsieht.

[2] Die „Nautilus" kehrt nach Portland Harbor in den USA zurück, nachdem sie unter dem Nordpol durchgetaucht ist.

[1] Prinz Charles in der Schulkleidung des von ihm besuchten privaten Internats.

[5] Das offizielle Hochzeitsfoto des Kronprinzen von Japan mit Prinzessin Michiko. Neben ihnen Kaiser Hirohito und die Kaiserin.

[5]
27. November 1958
Die Verlobung des japanischen Kronprinzen **Akihito** mit der bürgerlichen Michiko Shoda wird bekannt gegeben.

28. November 1958
Ein Bundesgericht mit drei Richtern urteilt in New Orleans, dass das in Louisiana geltende **Gesetz zur Rassentrennung bei Sportlern** verfassungswidrig ist.

1. Dezember 1958
Adolfo López Mateos wird zum Präsidenten von Mexiko gewählt. Er verfolgt die weitere Ausweitung der Agrarreform und der industriellen Erschließung.

1. Dezember 1958
Arthur S. Flemming, Minister für Gesundheit, Bildung und Soziales der USA, berichtet, dass 1958, wegen der Schließung öffentlicher Schulen zur Vermeidung der Integration, zusammen gerechnet beinahe 1 000 000 Schultage ausgefallen sind.

12. Dezember 1958
Die Vereinigten Staaten, Großbritannien und die Sowjetunion verständigen sich in **Genf** auf die Strukturen einer Organisation zur Überwachung des Atomtestverbots.

21. Dezember 1958
Der deutsch-jüdische Schriftsteller **Lion Feuchtwanger**, Autor von *Jud Süß*, stirbt in Los Angeles.

3. August 1958
Das Atom-U-Boot **Nautilus** taucht unter der dicken Eiskappe des Nordpols durch – eine noch nie da gewesene Leistung.
[2]

2. September 1958
In Londons Stadtviertel **Notting Hill**, in dem viele Immigranten von den karibischen Inseln leben, brechen Rassenunruhen aus.

28. September 1958
Madagaskar stimmt für die Autonomie innerhalb der Französischen Gemeinschaft.
[3]

28. Oktober 1958
Das Kardinalskollegium wählt im elften Wahlgang Angelo Giuseppe, Kardinal Roncalli, Patriarch von Venedig, zum 262. Papst der römisch-katholischen Kirche. Er nennt sich **Johannes XXIII**.
[4]

28. Oktober 1958
Boris Pasternak wird aus dem Schriftstellerverband der UdSSR ausgeschlossen. Einen Tag später verzichtet Pasternak, nachdem er ihn zuvor schon akzeptiert hatte, „freiwillig" auf den Nobelpreis für Literatur des Jahres 1958.

6. November 1958
Ein Gericht in Johannesburg, **Südafrika** belegt 128 Afrikanerinnen mit einer Geldstrafe, weil sie gegen die Passgesetze demonstriert hatten.

[3] In Madagaskar warten Kinder nach der Entscheidung für die Autonomie auf die Ankunft von General de Gaulle.

[4] Papst Johannes XXIII. wird prunkvoll vor den Petersdom in Rom getragen.

[6] Charles de Gaulle hält im Oktober in Algerien eine Rede über die neue Verfassung der noch jungen Fünften Republik Frankreichs, die ihn zu einem sehr mächtigen Präsidenten werden lässt.

[7] Bill Russell springt an einem Verteidiger der Cincinnati Royals vorbei in Richtung Korb.

[6]
21. Dezember 1958
Charles de Gaulle wird zum Präsidenten der Fünften Republik Frankreichs gewählt. Er hat nun weitaus mehr Macht als zuvor.

1959
Der Naturforscher und Insektenkundler H.W. Bates kehrt von einer Reise zum Amazonas mit Exemplaren von 14 712 Tierarten, darunter 8000 neuen Insektenarten, zurück. Ihm zu Ehren erhielt die **Batessche Mimikry** ihren Namen.

[7]
1959
Der Center-Spieler **Bill Russell** führt die Boston Celtics zur ersten von acht Meisterschaften der National Basketball Association in Folge.

1959
Das durch eine Trisomie bei Chromosom 21 ausgelöste **Down-Syndrom** ist die erste Abweichung, die bei Chromosomen festgestellt wird.

1959
Der englische Geiger und Lehrer Neville Marriner gründet in London die **Academy of St. Martin-in-the-Fields**. Das Kammermusik-Ensemble wird zu einem der bekanntesten und populärsten Orchester der Welt.

1959
Fischer des japanischen Dorfs **Minamata** stürmen die Firma Chisso, welche die örtliche Bucht so stark mit Quecksilber verseucht hat, dass die Fischerei zu Grunde gerichtet wurde und bei der Bevölkerung neurologische Schäden verursacht wurden.

1959

1959
In **Zwei Kulturen und die wissenschaftliche Revolution** argumentiert der britische Wissenschaftler C.P. Snow, dass Wissenschaft und Literatur zu beiderseitigem Nachteil stark voneinander abweichen.

1959
Der deutsche Schriftsteller und Dramatiker **Günter Grass**, der in der Freien Stadt Danzig (heute Gdansk in Polen) geboren wurde, veröffentlicht den ersten Teil seiner Danzig-Trilogie, *Die Blechtrommel*.
[1]

1959
Oscar Niemeyer beginnt mit der Ausarbeitung der Entwürfe für die Stadt Brasilia in Brasilien. Für die Hauptstadt im Landesinneren wird der *Internationale Stil* verwendet, um Brasiliens politische und ökonomische Modernität zu demonstrieren.
[2]

1959
Der Liedtexter Berry Gordy Jr. gründet die **Motown Recording Corporation**. Das Plattenlabel hat einige der populärsten Musiker der 1960er Jahre unter Vertrag, u. a. Diana Ross & The Supremes, Smokey Robinson & The Miracles, Stevie Wonder und Marvin Gaye.
[3]

1959
Der in der Schweiz geborene Fotograf Robert Frank veröffentlicht **The Americans**. Darin setzen sich Bilder von gewöhnlichen Kleinstadtszenen zu einem Porträt Amerikas zusammen.

1959
Die **Barbiepuppe** wird auf einer Spielwarenmesse in New York City vorgestellt. Die Puppe wurde von Ruth Handler geschaffen und wird zu einer der bekanntesten Ikonen der US-amerikanischen Popkultur nach dem Krieg.
[4]

[1] Günter Grass.

[2] Das Gerippe von Brasílias römisch-katholischer Kathedrale, an dem die kegelförmige Vorhangfassade befestigt wird.

[3] Ein Treffen von Motown-Sängern: Berry Gordy am Klavier, Smokey Robinson im Hintergrund und Stevie Wonder (rechts, mit Sonnenbrille).

[4] Die Barbie-Kollektion wächst: Hier gesellt sich ihr männliches Pendant Ken zu ihr. Zwischen ihnen sieht man eine Single-Schallplatte mit den Liedern der beiden.

CASTRO WIRD REGIERUNGSCHEF

Revolution in Kuba

Am 1. Januar 1959 siegten nach dreijährigem Guerillakrieg 800 Rebellen gegen die 30 000 Mann starke Armee der kubanischen Regierung. Daraufhin floh der Diktator Fulgencio Batista aus Kuba.

Im Februar wurde Fidel Castro, der unangefochtene Revolutionsführer, in Kubas neuer provisorischer Regierung, welcher der gemäßigte Liberale Manuel Urrutia als Präsident vorstand, Befehlshabender Kommandant der Streitkräfte. Als Urrutia im Juli 1959 zurücktreten musste, übernahm Castro die Kontrolle. Auf dem Bild ist zu sehen, wie der neue Regierungschef eine Rede hält.

Castro begann seine Regierungszeit mit dem Versprechen, den Bürgern ihre Rechte wiederzugeben und moderate Reformen durchzuführen. Doch nachdem er sich als Kubas Führer etabliert hatte, verfolgte er eine radikalere, kommunistische Politik und feindete öffentlich die USA an.

[8] Ein einsamer schwarzer Student an einer High School in Norfolk, Virginia.

[10] Hastings Banda kehrt als Herrscher von Malawi, wie Njassaland wieder genannt wird, zurück. Er tritt immer stärker als Diktator auf.

[7]
3. Januar 1959
Alaska wird als 49. Bundesstaat in die USA aufgenommen. Es ist der erste Bundesstaat, der nicht an die anderen angrenzt. Als flächenmäßig größter Staat vergrößert er das Staatsgebiet um beinahe 20 Prozent.

1. Februar 1959
In der **Schweiz** lehnen zwei von drei (männlichen) Stimmberechtigten den Vorschlag zur Änderung der Verfassung ab, durch die Frauen das Wahlrecht bei nationalen Wahlen erhalten sollen.

[8]
2. Februar 1959
In Arlington und Norfolk, Virginia, besuchen **afroamerikanische Kinder** zum ersten Mal Schulen, die bis dahin nur Weißen vorbehalten waren.

[9]
3. Februar 1959
Buddy Holly, einer der Wegbereiter des *Rock 'n' Roll*, kommt bei einem Flugzeugabsturz ums Leben. Mit ihm sterben Ritchie Valens und „The Big Bopper". Man erinnert sich daran als „The Day the Music died" (Der Tag, an dem die Musik starb).

16. Februar 1959
Nachdem er die Truppen des Diktators General Fulgencio Batista besiegt hat, wird Fidel Castro Staatschef von **Kuba**. Er macht den Inselstaat zum ersten kommunistischen Land der westlichen Hemisphäre.

[10]
3. März 1959
Die Regierung von **Njassaland** (heute Malawi) ruft den Notstand aus. Sie verbietet den African National Congress (ANC) in Njassaland und weist deren Parteichef, Hastings Banda, aus.

1959
Der *PDP-1* von der Digital Equipment Corporation ist der erste **Minicomputer**. Er wurde speziell für die Verwendung in Laboren und Forschungseinrichtungen entwickelt.

1959
Das tibetische Volk lehnt sich vergeblich gegen die kommunistischen chinesischen Kräfte auf, die die Region seit 1950 besetzt halten. Der 15. **Dalai Lama** muss nach Indien ins Exil fliehen.
[5]

1959
Die **Winnipeg Blue Bombers** gewinnen den ersten modernen Grey Cup of Canadian football (Trophäe im kanadischen Football).

1959
Volvo führt den Drei-Punkt-Gurt ein. Dieser wurde von dem schwedischen Ingenieur Nils Bohlin entwickelt und hält sowohl den Oberals auch den Unterkörper zurück, wodurch das Verletzungsrisiko gemindert wird. Er entwickelt sich weltweit zur Standardsicherheitseinrichtung in Autos.

1959
Die französische Sängerin **Edith Piaf** nimmt das ungemein erfolgreiche Lied *Milord* auf. 1968 folgt ihr berühmtester Titel *Non, je ne regrette rien.*

ca. 1959
Computer, die bis dahin fast ausschließlich für Regierungsvorhaben verwendet wurden, finden nun langsam auch beim Raffinieren von Ölen, bei der Stromerzeugung und in anderen Produktionsbereichen Anwendung.
[6]

[5] Tibetische Mönche geben unter der Aufsicht chinesischer Soldaten ihre Waffen ab.

[6] Ein Computer im Forschungslabor der Standard Oil Company in Warrenville Heights, Ohio.

[7] Spruchbänder in Anchorage, die Alaskas Status als Bundesstaat der USA feiern.

[11] Lorraine Hansberry (in der Mitte links) bei der Premierenfeier ihres Stücks in Sardi's Restaurant, New York.

[9] Buddy Holly.

[12] Der Dalai Lama in Tibet, bevor er gezwungen wird, nach Indien zu fliehen.

4. März 1959
Erzbischof Makarios kehrt aus dem Exil zurück und wird Präsident der neuen griechisch-türkischen Regierung von **Zypern**.

[11]
11. März 1959
Lorraine Hansberrys Theaterstück *A Raisin in the Sun* ist das erste Stück einer Afroamerikanerin, das am Broadway aufgeführt wird.

23. März 1959
J. Edgar Hoover, der Chef des FBI, teilt mit, dass es einen 14 Mitglieder aus den USA und Kanada umfassenden Ring zerschlagen hat, der Angaben zufolge 45 000 $ bei Gewinnspielen in Zeitungen gewann, indem er sich vorher die Lösungen besorgt hat.

[12]
28. März 1959
China löst die aufständische tibetische Regierung des **Dalai Lama** auf und ernennt den Panchen Lama zum Herrscher von Tibet.

4. April 1959
In Westafrika wird die **Mali-Föderation** gebildet, ein kurzlebiger Zusammenschluss der autonomen Gebiete des Senegal und der Sudanesischen Republik unter der Führung von Léopold Senghor.

7. April 1959
Die Stimmberechtigten in **Oklahoma** stimmen eindeutig für eine Aufhebung der Prohibition. Damit ist Mississippi der letzte „trockene" Staat.

1959

20. April 1959
Die britische Ballerina **Margot Fonteyn** wird von den Behörden Panamas wegen des Verdachts auf revolutionäre Umtriebe ihres Mannes Roberto de Arias verhaftet.
[1]

29. April 1959
Die Außenminister der Mitgliedsstaaten des **Warschauer Pakts** verlautbaren nach einem Treffen in Warschau in einem Kommunikee, dass sich die „Aussichten, internationale Spannungen zu verringern, merklich gebessert haben".

28. Mai 1959
Zwei Affen werden aus der Karibik zurückgeholt, nachdem sie einen Flug in 300 Meilen Höhe im Nasenkonus einer Mittelstreckenrakete des Typs **IRBM**, die von der US-Armee von Cape Canaveral, Florida, aus gestartet wurde, unbeschadet überstanden haben.
[2]

3. Juni 1959
Der Mond dient als Reflektor für die Übertragung aufgezeichneter Funkmeldungen von Präsident Dwight D. Eisenhower in Westford, Massachusetts, an den kanadischen Premierminister Diefenbaker in Prince Albert, Saskatoon.

23. Juni 1959
Sean Lemass wird Premierminister von **Irland** und Eamon de Valera wird Präsident.

24. Juni 1959
Ein anonymer britischer Sammler kauft **Peter Paul Rubens'** Altarbild für 770 000 US-Dollar. Dies ist bis zu diesem Zeitpunkt der höchste bei einer Auktion gezahlte Preis für ein Gemälde.

DAS GUGGENHEIM-MUSEUM IN NEW YORK

Eines der großartigsten Gebäude von Frank Lloyd Wright wird in Manhattan eröffnet.

Im Jahr 1959 erhielt das Guggenheim-Museum – eine von Solomon R. Guggenheim (1861-1949), dem Sohn des Multimillionärs und Bergbau-Tycoons Meyer Guggenheim, begonnene Kunstsammlung – eine dauerhafte Bleibe in einem von Frank Lloyd Wright entworfenen, innovativen Neubau auf der Fifth Avenue in der Nähe des Central Parks.

Das Gebäude stellt einen radikalen Abschied vom traditionellen Design bisher gebauter Museen dar. Es hat die Form einer nach oben hin größer werdenden Spirale aus massivem, schlichtem Beton, die sich in sanften Kurven nach oben windet (oben links). Die Ausstellungsfläche besteht aus einer spiralförmigen Rampe mit insgesamt sechs „Etagen" (oben rechts), die um den offenen Bereich in der Mitte führt, welcher durch eine Glaskuppel beleuchtet wird. An den schrägen Außenwänden „schweben" viele Gemälde an verborgenen Metallarmen. Das Guggenheim-Museum ist im Besitz einer reichen Sammlung europäischer Gemälde des gesamten 20. Jahrhunderts und US-amerikanischer Gemälde aus der zweiten Hälfte des Jahrhunderts. Auch moderne Plastiken sind zahlreich vertreten.

[1] Margot Fonteyn mit ihrem Ehemann, dem Diplomaten Roberto Arias aus Panama.

[2] Bei seiner Rückkehr auf die Erde wird die Temperatur eines Totenkopfäffchen-Astronauten gemessen.

[7] Das Cover der Zeitschrift „Time" zeigt, wie Lunik 3 den Mond umkreist.

22. September 1959
Das erste **Telefonkabel** zwischen Nordamerika und Europa wird in Betrieb genommen. Es verbindet Clarenville in Neufundland mit Penmarch in Frankreich.

25. September 1959
Die französische Delegation verlässt die Hauptversammlung der UN, nachdem der Abgesandte Saudi-Arabiens die Soldaten der französischen Armee in **Algerien** als „Folterknechte" bezeichnet hat.

21. Oktober 1959
Das von Frank Lloyd Wright entworfene **Guggenheim-Museum** wird in New York City eröffnet. Das wuchtige, spiralförmige Design sticht aus dem typischen urbanen Straßenbild hervor und zieht die Blicke auf sich.

[7]
27. Oktober 1959
Die Sowjetunion veröffentlicht das erste Foto von der Rückseite des Monds. Es wurde von **Lunik 3** aufgenommen.

30. Oktober 1959
In **Stanleyville, Belgisch-Kongo**, gibt es Zusammenstöße zwischen der Polizei und der Armee auf der einen Seite und aufständischen Gruppen, die sich gegen Weiße auflehnen, auf der anderen Seite.

5. November 1959
Der Friedensnobelpreis des Jahres 1959 wird dem britischen Staatsmann und Autor **Philip Noel-Baker** für seinen Einsatz für die Abrüstung zuerkannt.

24. Juli 1959
Der sowjetische Staatschef Nikita Chruschtschow und der Vizepräsident der USA Richard M. Nixon lassen sich bei einer US-amerikanischen Ausstellung in Moskau auf eine improvisierte, formlos geführte **„Küchendebatte"** ein.
[3]

25. Juli 1959
Das erste **Luftkissenboot**, *SRN 1*, stellt bei der Überquerung des Ärmelkanals seine Fähigkeiten unter Beweis.
[4]

12. August 1959
Die High Schools von **Little Rock** in Arkansas nehmen den Unterricht wieder auf und öffnen zwei bisher nur weißen Schülern vorbehaltene Schulen für Kinder anderer Hautfarben. Die Polizei unterbindet Pöbeleien an der Central High School, dem Schauplatz der Unruhen von 1957.
[5]

21. August 1959
Hawaii wird als 50. Bundesstaat in die USA aufgenommen. Die Insel liegt mehr als 2000 Meilen westlich des Festlands.
[6]

12. September 1959
Die Sowjetunion schickt **Lunik 2** ins All, die erste Weltraumsonde, die den Mond erreicht.
[7]

13. September 1959
Heinrich Lübke von der Christlich Demokratischen Union (CDU) wird Bundespräsident der Bundesrepublik Deutschland (1959-1969).

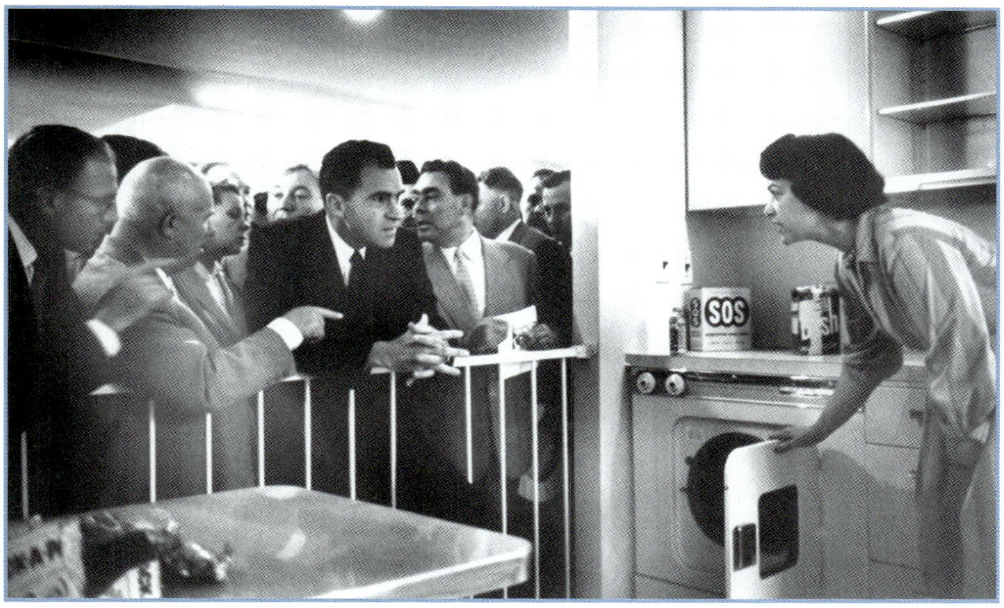

[3] Die „Küchendebatte" auf der Moskauer Ausstellung vor einem Küchenstand zwischen Nixon und Chruschtschow. Chruschtschow deutet mit dem Finger, um seiner Ansicht Nachdruck zu verleihen.

[4] Der von Christopher Cockerell erfundene Prototyp des britischen „SRN 1"-Luftkissenboots.

[5] Ein weiterer Protest an der Central High School in Little Rock, Arkansas.

[6] Hawaii feiert den Beitritt zur USA.

17. November 1959
Die Universität von Columbia gibt die Entdeckung eines unter Wasser liegenden Plateaus im **Nordpolarmeer** bekannt. Das Plateau bedeckt eine Fläche, die zwei Mal so groß ist wie Connecticut.

1. Dezember 1959
In Washington, D.C., unterzeichnen zwölf Staaten ein Abkommen. Damit wird die **Antarktis** zu einem Schutzgebiet für wissenschaftliche Forschungen, das frei von militärischen Aktivitäten bleiben soll.

4. Dezember 1959
Die Federal Aviation Administration fordert eine **Altersgrenze** von 60 Jahren für Piloten, die in der kommerziellen Luftfahrt der USA eingesetzt werden.

19. Dezember 1959
Walter Williams, der letzte Veteran des Amerikanischen Bürgerkriegs, stirbt im Alter von 117 Jahren in Houston, Texas.

65th Birthday SALE
SALE
68
Catalina

Straßenverkehr in New York City, 1960.

1960

1960
Der britische Filmregisseur Sir Alfred Hitchcock dreht **Psycho**. Hitchcocks größtes Talent ist seine meisterliche Beherrschung der technischen Mittel, um Spannung aufzubauen und aufrechtzuerhalten.
[1]

1960
Die US-amerikanische Dichterin **Anne Sexton** veröffentlicht ihre erste Gedichtsammlung, *To Bedlam and Part Way Back*. Vieles in ihrer Arbeit spiegelt ihre Depressionen wider.
[2]

1960
Die **Olympischen Winterspiele** finden im kalifornischen Squaw Valley statt.

1960
Der **Brasília-Belém Highway**, ein Teil des Transamazonas-Highways, öffnet Amazonien für eine schnelle Kolonisation und leitet eine Epoche der schnellen Abholzung im größten Regenwald der Welt ein.

1960
COBOL (Common Business-Oriented Language), die zweite Hauptprogrammiersprache auf höherem Niveau, wird veröffentlicht.

1960
Harper Lee veröffentlicht ihren einzigen Roman, **To Kill a Mockingbird** (Wer die Nachtigall stört). Er wird ein großer Erfolg bei Kritikern wie Lesern und bleibt lange Zeit sehr populär.
[3]

[2] Anne Sexton mit ihren zwei Töchtern. Sie begann auf den Vorschlag ihres langjährigen Therapeuten hin, Gedichte zu schreiben.

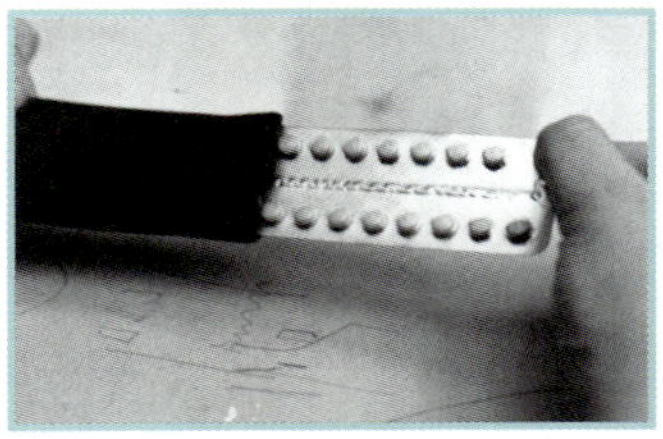

[7] „Die Pille": Eine pro Tag, die Verpackung nützlicherweise nummeriert, so dass man prüfen kann, ob man auf dem aktuellen Stand ist.

[3] Harper Lee in ihrer Heimatstadt, Monroeville, US-Bundesstaat Alabama. Von ihrem Buch werden 30 Millionen Exemplare gedruckt.

[6] Ein Fotokopiergerät für den öffentlichen Gebrauch in einer Londoner Bahnstation: 10 Penny pro Kopie.

[1] Alfred Hitchcock am Drehort von „Psycho".

[8] Der barfüßige Abebe Bikila lässt den Marokkaner Abdesselem Rhadi hinter sich.

[6]
1960
Die Haloid Xerox Company bringt ein **Fotokopiergerät** für Normalpapier auf den Markt. Das Gerät revolutioniert die Bürotechnik und läutet das Ende für das Kohlepapier ein.

1960
Die **Organisation erdölexportierender Länder (OPEC)** wird gegründet, um die Verkaufspolitik ihrer Mitglieder zu koordinieren und sie mit technischer und wirtschaftlicher Hilfe zu versorgen.

[7]
1960
Die US-amerikanische Bundesbehörde zur Überwachung von Nahrungs- und Arzneimitteln genehmigt die Entwicklung **„der Pille"**, eines hormonellen oralen Empfängnisverhütungsmittels. Die Pille löst die sexuelle Revolution der 1960er Jahre aus.

[8]
1960
Bei den Olympischen Sommerspielen in Rom gewinnt der Äthiopier **Abebe Bikila**, auf bloßen Füßen laufend, die erste seiner zwei Goldmedaillen im Marathonlauf.

ca. 1960
Die Zahl von **Traktoren** in Deutschland übertrifft erstmals die Zahl von in der Landwirtschaft eingesetzten Pferden. Der Triumph der auf fossile Brennstoffe gegründeten Landwirtschaft in Westeuropa beginnt.

ca. 1960
Das **Wasserbett** wird als eine Alternative für die Federkernmatratze eingeführt. Es wird zu einem der ikonischen Gegenstände des Jahrzehnts.

1960
Bewässerungsprojekte im sowjetischen Zentralasien lenken Wasser vom **Aralsee** ab, der bald zu schrumpfen beginnt.

1960
Joan Baez veröffentlicht ihr erstes Folk-Album. Diese Musikrichtung wird in den 1960er Jahren ein großes Wiederaufleben erfahren. Baez ist durch ihre Vermischung von Musik und politischem Aktivismus typisch für das Zeitalter.
[4]

1960
Kishi Nobuske, der Premierminister Japans von 1957 bis 1960, unterzeichnet einen revidierten **Sicherheitsvertrag zwischen den USA und Japan**, der eine turbulente Oppositionswelle hervorruft.

1960
Sowjetische Techniker werden aus China abgezogen, da die Verstimmungen zwischen der Volksrepublik China und der UdSSR wachsen.

1960
Der schweizerische Ozeanograph Jacques Piccard und Leutnant Don Walsh von der US-Marine tauchen mit dem Tiefseetauchgerät **Trieste** im pazifischen Marianengraben, dem tiefsten Gebiet der Meere, auf eine Rekordtiefe von rund 10900 m hinab.
[5]

1960
Der Nachrichtensatellit **Echo I** wird gestartet. Dieser vom US-amerikanischen Kommunikationsingenieur John Robinson Pierce entwickelte Satellit markiert den Anfang der effizienten weltweiten Radio- und Fernsehkommunikation.

SIT-IN-PROTESTE

Die US-amerikanische Bürgerrechtsbewegung startet eine friedliche Demonstration gegen die Rassentrennung.

Am 1. Februar 1960 wurde die Sit-In-Bewegung (größtenteils unter der Schirmherrschaft des kürzlich gebildeten Student Nonviolent Coordinating Committee, SNCC) in Greensboro, North Carolina, ins Leben gerufen, als schwarze Studenten des Agricultural and Technical College of North Carolina sich in einem getrenntrassigen Woolworth-Imbiss (oben) hinsetzten und auf Bedienung warteten.

Diese Form des Protests war nicht neu – sie folgte den gewaltlosen Methoden des zivilen Ungehorsams von Mahatma Gandhi, dem Führer des Widerstands gegen die britische Besatzung Indiens. Tatsächlich hatte es mindestens drei vorherige Ereignisse dieser Art während der Bürgerrechtsbewegung gegeben – in Chicago (1943), St Louis (1949) und Baltimore (1953) – aber keines hatte viel Medieninteresse hervorgerufen. Dieses Mal jedoch wurde das Sit-In weithin publik gemacht und löste eine Kettenreaktion aus. Ähnliche Proteste wurden zuerst am 13. Februar in Nashville, Tennessee, und dann in vielen anderen Städten abgehalten und erzwangen schließlich die Aufhebung der Rassentrennung in Warenhäusern, Supermärkten, Bibliotheken und Filmtheatern.

[4] John Baez. Von der Folk-Musik wird sie bald zu Pop, Rock, Gospel und Country wechseln.

[5] Das Tauchgerät (Bathyscaphe) „Trieste" von Jacques Piccard. Der zylindrische Schwimmkörper (oben) ist mit Benzin gefüllt, was Auftrieb ergibt, da dies leichter als Wasser ist. Unten ist der Stahlball, in dem die Mannschaft sitzt. Wenn die Mannschaft zur Oberfläche zurückkehren will, werden zwei Tonnen Ballast ausgestoßen.

ca. 1960
Die Zahl der **Weltbevölkerung** erreicht drei Milliarden.

1. Januar 1960
Kameruns erster Tag der Unabhängigkeit ist von Gewalt geprägt.

24. Januar 1960
General Maurice Challe erklärt den Belagerungszustand über Algier. Er befiehlt zusätzliche Truppen in die Stadt, um einem Aufruhr von rechtsgerichteten europäischen Einwohnern, die das Bewilligen der Unabhängigkeit fürchten, entgegenzutreten.

2. Februar 1960
Afroamerikanische Universitätsstudenten sitzen still vor Imbissständen in Geschäften in Greensboro, North Carolina. Der **Sit-in** genannte Protest richtet sich gegen die Weigerung der Geschäfte, sitzende Afroamerikaner zu bedienen.

3. Februar 1960
Der britische Premierminister Harold Macmillan kritisiert in einer Rede vor dem Parlament der **Südafrikanischen Union** heftig die Rassenpolitik dieses Landes.

13. Februar 1960
Frankreich bringt seine erste Atombombe in der Sahara-Wüste zur Detonation.

1960

3. März 1960
Elvis Presley kehrt nach einer zweijährigen Militärdienstzeit in Deutschland nach Hause zurück.

21. März 1960
Ungefähr 70 schwarzafrikanische Demonstranten werden von der Polizei während eines Protests gegen Südafrikas Passgesetze in **Sharpeville**, Provinz Gauteng, getötet.
[1]

1. April 1960
Tiros I, der erste US-amerikanische Satellit, der für die Übertragung von detaillierten Fernsehbildern vom Wetter der Erde konstruiert wurde, wird von Cape Canaveral, Florida, aus in eine Umlaufbahn geschossen.

27. April 1960
Nach mehreren Jahren als autonome Republik in der Französischen Union wird das westafrikanische Land **Togo** unabhängig.

27. April 1960
Syngman Rhee, der autokratische Präsident der Ersten Republik Südkoreas, tritt zurück und geht auf den Hawaii-Inseln ins Exil.

1. Mai 1960
Ein US-amerikanisches **U-2-Aufklärungsflugzeug** wird in der Nähe von Swerdlowsk in der Sowjetunion abgeschossen. Der Pilot Francis Gary Powers wird festgenommen. Das Ereignis wird als die *U-2-Affäre* bekannt.
[2]

[1] Tote, Sterbende und Verwundete des Sharpeville-Massakers.

[2] Gary Powers. Als er von einer der neuen Boden-Luft-Raketen abgeschossen wird (hier erfuhren die Vereinigten Staaten zum ersten Mal von deren Existenz), verwendet er die Giftnadel mit Muschelgift, die zur Standardausrüstung gehört, nicht.

[8] Präsident Makarios unterzeichnet die Unabhängigkeitserklärung Zyperns.

[3] Das Team von Real Madrid feiert seinen Sieg mit dem Europapokal.

[7] Bei einer Unabhängigkeitsfeier in Französisch-Kongo umarmt ein Kongolese im traditionellen Kostüm eine Kolonistin.

5. August 1960
Obervolta (heute Burkina Faso, was „Land der Unbestechlichen" bedeutet), ein Binnenland im westlichen Afrika, verkündet seine Unabhängigkeit. Damit enden mehr als 60 Jahre französische Herrschaft.

7. August 1960
Die Elfenbeinküste (**Côte d'Ivoire**) erklärt ihre Unabhängigkeit von Frankreich.

[7]
15. August 1960
Die **Republik Kongo** (Kongo-Brazzaville) erreicht die Unabhängigkeit von Frankreich.

[8]
16. August 1960
Die Insel **Zypern** wird eine unabhängige Republik.

20. August 1960
Der **Senegal** trennt sich von der Mali-Föderation und erklärt seine volle Unabhängigkeit.

[9]
September 12, 1960
Walter Ulbricht, ein gelernter Möbeltischler und Mitglied der Sozialistischen Einheitspartei Deutschlands (SED) wird Staatsoberhaupt (1960-73) der Deutschen Demokratischen Republik.

10. Mai 1960
Die spanische Fußballmannschaft **Real Madrid** gewinnt den Europapokal der Landesmeister zum fünften Mal in Folge. Im Endspiel wird Eintracht Frankfurt 7:3 geschlagen. Damit hat Real den Wettbewerb jedes Mal gewonnen, seitdem er eingeführt wurde.
[3]

22. Mai 1960
Eines der stärksten jemals aufgezeichneten Erdbeben erschüttert die Südküste **Chiles** und tötet ungefähr 5700 Menschen. Die entstehenden Flutwellen bringen Tod und Zerstörung nach Japan, auf die Hawaii-Inseln und an die Pazifikküste der Vereinigten Staaten.
[4]

23. Mai 1960
Der israelische Premierminister David Ben-Gurion verkündet in der Knesset die Festnahme von **Adolf Eichmann** durch israelische Agenten. Eichmann war eine leitende Figur bei der Durchführung des nationalsozialistischen Programms der Judenvernichtung.
[5]

9. Juli 1960
Die **Thresher**, das erste von einer ganzen Klasse von US-amerikanischen nuklear angetriebenen Angriffsunterseebooten, wird vom Stapel gelassen. Bereits drei Jahre später sinkt sie beim verheerendsten U-Bootunfall in der Geschichte.

20. Juli 1960
Sirimavo R.D. Bandaranaike wird Premierministerin von Ceylon (das heutige Sri Lanka). Sie ist das erste weibliche Staatsoberhaupt der Welt.
[6]

3. August 1960
Die **Republik Niger** erhält ihre Unabhängigkeit von Frankreich.

[4] Eine Erdspalte, die sich in einer Straße in Valdivia, Chile, durch das Erdbeben geöffnet hat.

[6] Frau Bandaranaike, die Witwe des ermordeten ceylonesischen Premierministers, bei einer Wahlkampfveranstaltung.

[9] Walter Ulbricht. 1945 war er von den Russen aus Moskau eingeflogen worden, um die Gründung der KPD bzw. später der SED zu organisieren und sicherzustellen, dass Kommunisten in den Schlüsselpositionen waren. Jetzt bekommt er seine Belohnung.

[10] Kennedy und Nixon bei einer Fernseh-Debatte. Nixon verliert sie wegen seines Dreitagesbarts.

[11] Cassius Clay auf dem Olympischen Siegerpodest in Rom als Gewinner der Goldmedaille im Halbschwergewicht. Kurz danach wird er Berufsboxer.

[5] Adolf Eichmann wartet im Gefängnis in Israel auf seinen Prozess. Er war in Südamerika entführt worden.

24. September 1960
Der erste atomar angetriebene Flugzeugträger, die **USS Enterprise**, wird von den Vereinigten Staaten in Dienst gestellt.

[10]
26. September 1960
Die erste in einer Reihe von historischen **Fernseh-Debatten** (gesehen von ungefähr 85 bis 120 Millionen Zuschauern) zwischen dem US-Präsidentschaftskandidaten John F. Kennedy und Vizepräsident Richard M. Nixon wird übertragen.

1. Oktober 1960
Nigeria erhält seine Unabhängigkeit von Großbritannien, bleibt aber ein Mitglied des „Commonwealth of Nations".

15. Oktober 1960
Das gesamte städtische Eigentum auf **Kuba** wird verstaatlicht.

[11]
29. Oktober 1960
Cassius Clay, der später seinen Namen in Muhammad Ali ändern wird, gewinnt seinen ersten Profi-Boxkampf.

1. November 1960
Der **Benelux-Vertrag**, der die völlige Wirtschaftsvereinigung der drei Vertragsländer abschließt, tritt in Kraft.

1960-1961

8. November 1960
John F. Kennedy wird zum Präsidenten der Vereinigten Staaten gewählt. Sein Vizepräsident ist Lyndon B. Johnson.
[1]

28. November 1960
Mauretanien erklärt seine Unabhängigkeit und verlässt die Französische Union.

14. Dezember 1960
Die Erklärung zur Gründung der **Organisation für wirtschaftliche Zusammenarbeit und Entwicklung** wird von 18 europäischen Ländern, den Vereinigten Staaten und Kanada unterzeichnet.

15. Dezember 1960
Der belgische **König Baudouin** heiratet die Spanierin Dona Fabiola de Mora y Aragon.

1961
Die US-amerikanischen Geophysiker Harry Hess und Robert Dietz bringen die Theorie vor, dass sich die **Erdkruste entlang der Ozeanrücken** teilt und Täler erzeugt, in die sich heiße Lava aus dem Inneren der Erde ergießt.

1961
Das unglückliche **Mohole-Projekt**, in dem Wissenschaftler versuchen, durch die Kruste der Erde zum Mantel zu bohren, beginnt.

[1] JFK mit seiner Tochter, Caroline, am Wahltag.

[7] Zwei Mitglieder des Friedenskorps bei der Arbeit mit kolumbianischen Kindern.

[5] Rudolf Nurejew, der nach seiner Flucht in den Westen für einen Auftritt im BBC-Fernsehen probt.

[6] Gemusterte Strumpfhose.

[10] Juri Gagarin an einem russischen Ausstellungsstand in Londons Earls Court.

[5]
1961
Während eines Gastspiels des Kirow-Balletts in Paris im Juni entzieht sich der Balletttänzer **Rudolf Nurejew** sowjetischen Sicherheitsbeamten am Flughafen und bittet in Frankreich um Asyl.

[6]
1961
Die **Strumpfhose** setzt sich bei den Frauen als Ersatz für die Nylonstrümpfe durch. Diese waren in den 1940er Jahren entwickelt worden, um Seidenstrümpfe zu verdrängen.

7. Januar 1961
Die Staatsoberhäupter Ghanas, Guineas, Malis, Marokkos sowie der Vereinigten Arabischen Republik treffen sich in Casablanca und geben ihre Absicht bekannt, eine **afrikanische Organisation** ähnlich der NATO zu gründen.

17. Januar 1961
Patrice Lumumba, der erste Premierminister des kürzlich unabhängig gewordenen ehemals belgischen Kongos, wird von einer Splittergruppe im Land festgenommen, dann einer anderen übergeben und von dieser ermordet.

20. Januar 1961
Der US-amerikanische Präsident John F. Kennedy sagt in seiner **Antrittsrede**: „Und so, meine amerikanischen Mitbürger: Fragen Sie nicht, was Ihr Land für Sie tun kann – fragen Sie, was Sie für Ihr Land tun können."

27. Januar 1961
Die gesetzgebende Körperschaft des US-Bundesstaates Georgia genehmigt die Aufhebung der **Rassentrennungsgesetze** in öffentlichen Schulen des Staates.

1961
Der schweizerische Dramatiker **Friedrich Dürrenmatt** veröffentlicht sein Schauspiel *Die Physiker*, ein satirisches Stück über Wissenschaftler und deren Verantwortung.

1961
Paraguay verleiht den Frauen als letzte Republik in Amerika das Wahlrecht.

1961
Roger Maris bricht einen lange gehaltenen Baseball-Rekord. Er erzielt in einer Saison 61 Home Runs und schlägt damit den Rekord von 60 Home Runs von Baby Ruth aus dem Jahr 1927.
[2]

1961
Die schottische Romanschriftstellerin und Literaturkritikerin **Muriel Spark** veröffentlicht ihren bekanntesten Roman, *The Prime of Miss Jean Brodie* (Die Lehrerin).
[3]

1961
Der **World Wildlife Fund** wird in London gegründet, teilweise als Antwort auf Berichte über abnehmende Tierarten-Bestände in Ostafrika. Nunmehr soll die Bewahrung von gefährdeten Tierarten und ihren Habitaten gefördert werden.

1961
Sithu U Thant aus Birma (heute Myanmar) wird Generalsekretär der Vereinten Nationen. Er wird dieses Amt bis 1971 innehaben.
[4]

[8] Die Hunde der sowjetischen Akademie der Wissenschaft, allesamt potentielle Astronauten.

[3] Muriel Spark. Ihre emanzipierte Edinburgher Lehrerin, Jean Brodie, wird in der Filmversion ihres Romans von der Schauspielerin Maggie Smith perfekt gespielt.

[4] U Thant, eine Zigarre rauchend.

[2] Roger Maris mit einem Trikot, das die Summe seiner Home Runs feiert.

[9] Floyd Patterson in der Offensive gegen Ingemar Johansson.

7. Februar 1961
Präsident John F. Kennedy bittet den US-Kongress um die Erhöhung des **Bundesmindestlohns** von 1,00 $ auf 1,25 $ pro Stunde und diesen mehr Arbeitern zu gewähren.

[7]
1. März 1961
Das **Friedenskorps** wird vom US-amerikanischen Präsidenten John F. Kennedy durch den „Peace Corps Act" gegründet. Es wird von seinem Schwager R. Sargent Shriver geleitet.

[8]
9. März 1961
Radio Moskau gibt bekannt, dass die UdSSR ein fast 5 Tonnen schweres **Raumschiff, das einen Hund beförderte**, und andere lebende „biologische Proben" in eine Umlaufbahn gebracht und sicher gelandet hat.

[9]
13. März 1961
Floyd Patterson schlägt Ingemar Johansson in Miami Beach, Florida, in der sechsten Runde k.o. und holt sich damit die Schwergewichtsmeisterschaft der Berufsboxer zurück.

23. März 1961
Die **sowjetische Regierung** schafft die Zensur für ausgehende Nachrichtenmeldungen ab.

[10]
12. April 1961
Der sowjetische Kosmonaut **Juri Gagarin** wird der erste Mensch, der in den Weltraum reist. Sein Flug an Bord des Raumfahrzeugs *Wostok-1* dauert 1 Stunde und 29 Minuten. Sein Raumflug bringt ihm unmittelbare Weltberühmtheit.

1961

12. April 1961
Präsident John F. Kennedy verspricht, dass die US-amerikanischen Streitkräfte unter keinen Bedingungen in **Kuba** eingreifen werden, um Fidel Castro zu stürzen.

12. April 1961
Die Atomenergie-Behörde der USA gibt die Entdeckung des Elements **Lawrencium** (die Nummer 103 im Periodensystem der Elemente) bekannt.

15. April 1961
Drei **kubanische Luftwaffenstützpunkte** werden bombardiert. Der kubanische Außenminister Raul Roa klagt an, dass die Angriffe „der Beginn einer groß angelegten, durch die Vereinigten Staaten geplanten Invasion sind."
[1]

17. April 1961
Ungefähr 1500 gegen Fidel Castro gerichtete Exil-Kubaner starten eine erfolglose Invasion Kubas in der **Schweinebucht** (Bahía de los Cochinos) an der Südwestküste. Die Invasion wird von der US-amerikanischen Regierung finanziert und geleitet.

23. April 1961
Der französische Präsident Charles de Gaulle nimmt diktatorische Vollmachten an, um den Aufstand in **Algerien** zu zerschlagen.

27. April 1961
Sierra Leone erreicht die Unabhängigkeit innerhalb des britischen Commonwealth.

BERLINER MAUER

Über Nacht wird eine große Barriere durch und um die historische Hauptstadt Deutschlands erbaut.

Die Berliner Mauer wurde in der Nacht vom 12. auf den 13. August 1961 als Ergebnis einer Verordnung, die am 12. August durch die Volkskammer der DDR verabschiedet worden war, errichtet. Die ursprüngliche Mauer, die aus Stacheldraht und Steinblöcken bestand, wurde später durch eine Reihe von bis zu 4 Meter hohen, Stacheldraht überspannten Betonwänden ersetzt. Zusätzlich wurden Wachtürme und Gewehrstellungen errichtet sowie Minen gelegt. In den 1980er Jahren erstreckte sich das System von Wänden, elektrisierten Zäunen und Befestigungen über 45 km Länge quer durch Berlin und teilte die Stadt in zwei Teile. Weitere 120 km Grenzanlagen um Westberlin herum trennten es vom Rest der Stadt ab.

[1] Die Überreste eines Flugzeugs, das am Flughafen von Santiago auf Kuba durch den von den Vereinigten Staaten organisierten und bezahlten Luftangriff zerstört wurde. Dieser Angriff ist ein Vorläufer zur Landung in der Schweinebucht. Kennedy sagt zwei weitere Luftangriffe ab, weil er eine „glaubwürdige Abstreitbarkeit" aufrechterhalten möchte.

[6] Der britische Flugzeugträger „HMS Centaour" durchfährt den Suez-Kanal auf dem Weg nach Kuwait, um dessen Unabhängigkeit zu verteidigen.

28. Mai 1961
Amnesty International wird in London gegründet. Die Organisation will die Öffentlichkeit über die Menschenrechte informieren und politischen Gefangenen zur Freiheit verhelfen. 1977 erhält sie den Friedensnobelpreis.

[5]
31. Mai 1961
Michael Ramsey, der ehemalige Erzbischof Yorks, wird als der hundertste **Erzbischof von Canterbury**, das Haupt der anglikanischen Kirche, inthronisiert.

7. Juni 1961
Bolivien wird unter Belagerungszustand versetzt, nachdem die Regierung bekannt gibt, dass sie einen kommunistischen Anschlag zu ihrem Sturz verhindert hat.

[6]
25. Juni 1961
Der **Irak** erhebt Ansprüche auf **Kuwait**, da das Scheichtum am Persischen Golf ein „integraler Bestandteil" des Iraks sei. Sechs Tage zuvor hat Großbritannien Kuwaits Unabhängigkeit anerkannt.

5. Juli 1961
Achtzig Moslems werden bei Zusammenstößen während **nationalistischer algerischer Demonstrationen** und eines Generalstreiks ermordet.

23. Juli 1961
Die UdSSR prangert die **Satellitenstarts** von *Tiros III* (Wetter) und *Midas III* (Raketen-Frühwarnsystem) als Ausdruck der Spionage und Aggression der Vereinigten Staaten an.

1. Mai 1961
Der kubanische Premierminister **Fidel Castro** erklärt in einer Rede in Havanna, dass Kuba eine sozialistische Nation geworden ist und keine Wahlen mehr abhalten wird.
[2]

1. Mai 1961
Harper Lee wird für ihren Roman *To Kill a Mockingbird* der Pulitzer Preis zuerkannt.

1. Mai 1961
Die erste größere **Flugzeugentführung** innerhalb der Vereinigten Staaten findet statt, als ein Mann ein kommerzielles Verkehrsflugzeug auf dem Weg von Miami nach Key West, Florida, zum Flug nach Kuba zwingt.

5. Mai 1961
Weniger als einen Monat nach dem Flug von Juri Gagarin unternimmt der US-amerikanische Astronaut **Alan B. Shepard Jr.** einen 15-minütigen suborbitalen Flug in der Mercury-Kapsel *Freedom 7*.
[3]

16. Mai 1961
Der koreanischer General **Park Chung-hee** stürzt die Zweite Republik Südkoreas in einem unblutigen Staatsstreich. Er bleibt zwei Jahre lang Führer einer Junta, dann gewinnt er die erste von drei Wahlen zum Präsidenten der Dritten Republik.
[4]

27. Mai 1961
Die italienische Fußballmannschaft „Fiorentina" (AC Florenz) gewinnt den ersten **Europapokal der Pokalsieger**.

[2] Fidel Castro (links) bei einer Feier zum 1. Mai, während derer er die Wahlen abschafft. Ernesto Che Guevara ist rechts.

[5] Erzbischof Michael Ramsey (rechts) 1966 in Rom mit Papst Paul VI.

[3] Alan Shepard kurz nachdem er und seine Kapsel aus dem Atlantik geborgen wurden.

[7] Jomo Kenyatta (rechts) wird kurz nach seiner Freilassung aus dem Gefängnis in Kenia von Hastings Banda, dem politischem Führer des Nachbarstaates Njassaland (Malawi) begrüßt.

[4] Der Südkoreaner Park Chung-hee.

[8] Bertrand Russell während einer Pause seiner Verhandlung am Bow Street Amtsgericht in London.

13. August 1961
Die DDR beginnt, eine Mauer zu bauen, die das kommunistische **Ostberlin von Westberlin** trennt. Sie soll verhindern, dass die besten und klügsten Bewohner das Land verlassen.

[7]
14. August 1961
Jomo Kenyatta, seit 1953 wegen seiner Beteiligung am Mau-Mau-Aufstand in Kenia inhaftiert, wird freigelassen. Seine Partei hat eine klare Mehrheit bei den Wahlen unter einer neuen Verfassung, die der Unabhängigkeit den Weg ebnen soll, gewonnen.

31. August 1961
Die **UdSSR** gibt bekannt, dass sie ihre Atombombentests wiederaufnehmen wird. Die Vereinigten Staaten verurteilen die Entscheidung als „Erpressung".

5. September 1961
US-Präsident John F. Kennedy befiehlt die Wiederaufnahme amerikanischer **Kernwaffentests,** verkündet aber, dass sie „im Laboratorium und unterirdisch ohne radioaktiven Niederschlag stattfinden sollen."

[8]
12. September 1961
Der 89-jährige Philosoph **Bertrand Russell** wird zu einer Gefängnisstrafe verurteilt, weil er öffentlich dazu aufgefordert habe, während einer Anti-Atomdemonstration in London das Gesetz zu übertreten.

19. September 1961
Die Bewohner **Jamaikas** stimmen in einem nationalen Referendum mit großer Mehrheit dafür, nicht länger in der Westindischen Föderation zu verbleiben.

1961-1962

19. Oktober 1961
Georg von Bekesy von der Harvard University wird der Nobelpreis für Medizin für seine Theorien über das menschliche Gehör zuerkannt.
[1]

26. Oktober 1961
Der Jugoslawe **Ivo Andric** erhält den Nobelpreis für Literatur. Er gilt als Teil der kroatischen, serbischen und bosnischen Literatur.
[2]

27. Oktober 1961
Die erste **Saturn-Rakete** wird erfolgreich gestartet; einige Jahre später wird die Saturn V die Trägerrakete für die Apollo-Mondlandeflüge sein.
[3]

4. November 1961
Konstantinos Karamanlis wird der Premierminister **Griechenlands**.

15. November 1961
Rembrandts Gemälde **Aristoteles vor der Büste des Homer** wird vom Metropolitan Museum of Art für 2 300 000 $, dem höchsten bis zu diesem Zeitpunkt jemals erzielten Versteigerungspreis, gekauft.
[4]

2. Dezember 1961
Der kubanische Premierminister **Fidel Castro** gibt bekannt, dass er seit langem ein Marxist ist und Kuba in den Kommunismus führen wird.

[1] Der in Ungarn geborene Georg von Bekesy (links).

[2] Ivo Andric. Sein berühmtester Roman ist „Die Brücke über die Drina".

[4] Der Preis des Rembrandt-Gemäldes ist sensationell genug, um die Aufmerksamkeit des „Time Magazines" zu erregen.

[12] Rudolf Augstein, Herausgeber von „Der Spiegel", wird verhaftet abgeführt. Er wird, wegen Verrats angeklagt, 103 Tage im Gefängnis verbringen, bevor er im Anschluss an weit verbreitete öffentliche Demonstrationen und Proteste freigelassen wird.

[9] John Steinbeck während der Nobelpreis-Verleihung, umgeben von den DNS-Entdeckern Maurice Wilkins, Francis Crick und James Watson. Ebenfalls auf dem Bild sind John Kendrew (rechts) und Max Perutz (Zweiter von links). Sie erhielten ihren Preis für ihre Arbeiten über die Struktur von kugelförmigen Proteinen.

[3] Brainerd D. Holmes, Direktor der NASA für bemannten Raumflug, mit einem Modell der Saturns C-5 Rakete.

[8] Starfighter mit dem Eisernen-Kreuz-Abzeichen der Luftwaffe.

[8]
1962
Die deutsche Luftwaffe beginnt damit, den US-amerikanischen Lockheed **Starfighter** einzusetzen. Von den 912 Starfightern der Luftwaffe stürzen 292 ab und 116 deutsche Piloten sterben dabei.

[9]
1962
John Steinbeck erhält den Nobelpreis für Literatur für seine Romane, von denen viele im Salinas Valley in Kalifornien spielen.

1962
Nick Holonyak Jr. erfindet die **Leuchtdiode (LED)**, ein Halbleiter-Gerät, das infrarotes oder sichtbares Licht ausstrahlt, wenn es unter elektrischen Strom gesetzt wird. Sichtbare LEDs werden größtenteils als Hinweis- oder Anzeigelampen verwendet.

1962
Der Spieler der Philadelphia Warriors **Wilt Chamberlain** erzielt 100 Punkte in einem einzelnen Spiel, ein neuer Rekord in der National Basketball Association (NBA).

1962
Papst Johannes XXIII. beruft das **Zweite Vatikanische Konzil** ein. Es reformiert die katholische liturgische Praxis und versucht, das Konzept der Kirche mit den Bedürfnissen und Werten der zeitgenössischen Kultur zu verbinden.

1962
Der stumme Frühling von Rachel Carson, ein Exposé über die biologischen Auswirkungen von in den USA weit verbreiteten chemischen Schädlingsbekämpfungsmitteln wird veröffentlicht und hilft, ein neues Umweltbewusstsein anzufachen.

9. Dezember 1961
Tanganjika wird unabhängig und Julius Nyerere sein erster Ministerpräsident. 1964 wird sich das Territorium mit der Insel Sansibar vereinigen, um Tansania zu bilden.

15. Dezember 1961
Adolf Eichmann wird von einem israelischen Gericht in Jerusalem zum Tode verurteilt. Der Schuldspruch erging für Verbrechen gegen das jüdische Volk, Verbrechen gegen die Menschheit und Kriegsverbrechen während des nationalsozialistischen Regimes in Deutschland.

1962
Der US-amerikanische Astronaut **John H. Glenn Jr.** umkreist die Erde dreimal in seinem Raumschiff *Friendship 7* und landet dann im Atlantischen Ozean in der Nähe der Bahamas.
[5]

1962
Das Seiden-Diptychon *Marilyn* von **Andy Warhol,** aus mehreren Bildern der Schauspielerin Marilyn Monroe bestehend, lenkt die Aufmerksamkeit auf die Reproduzierbarkeit und Vermarktung von Pop-Ikonen.
[6]

1962
Brasilien besiegt die Tschechoslowakei im Finale der **Fußballweltmeisterschaft** der Männer mit 3:1.

1962
James Bond – 007 jagt Dr. No, die erste Verfilmung eines Agentenromans von Ian Fleming, ist ein Kassenerfolg. Sean Connery spielt den britischen Agenten 007 – James Bond –, der das internationale Verbrechen bekämpf und charmant bezaubernde Frauen umgarnt.
[7]

[5] John Glenn und „Friendship 7" vor dem Start.

[6] Das „Marilyn-Diptychon" auf einer Ausstellung in der slowakischen Stadt Medzilaborce, aus der die Eltern von Andy Warhol in die USA emigrierten.

[7] Ein Szenenbild aus dem ersten Film über James Bond, „Dr. No": Sean Connery mit Ursula Andress.

[11] Nelson Mandela zur Zeit seiner Haft.

[10] Die Isetta.

[10]
1962
Der deutsche Automobilhersteller BMW beendet die Produktion der **Isetta**. 161 728 Fahrzeuge dieses Modells wurden gefertigt.

[11]
1962
Der südafrikanische politische Aktivist **Nelson Mandela** wird verhaftet und zu fünf Jahren Gefängnis verurteilt. Zwei Jahre später wird er wegen Sabotage, Verrat und gewaltsamen Komplotts zu einer lebenslangen Freiheitsstrafe verurteilt.

1962
Telstar, der erste Nachrichtensatellit, wird in eine Umlaufbahn gebracht. Er wird von US-amerikanischen Firmen genutzt.

1962
Das erste Album der Beatles, **Please Please Me**, wird in Großbritannien veröffentlicht. Geführt von John Lennon und Paul McCartney werden die Beatles eine der wichtigsten Popgruppen aller Zeiten werden.

[12]
1962
Die **Spiegel-Affäre**: Die Büros des Magazins *Der Spiegel* werden durchsucht und sein Herausgeber auf Anordnung von Verteidigungsminister Franz Josef Strauss verhaftet, weil es die Unvorbereitetheit der Bundeswehr bloßgestellt hatte.

1962
Die neue **Kathedrale von Coventry** wird in England eingeweiht. Sie ersetzt die im Blitzkrieg zerstörte Kirche. In ihr finden sich Arbeiten von Künstlern wie Graham Sutherland und John Piper.

1962

1962
Wladimir Nabokow veröffentlicht seinen Roman *Fahles Feuer*, der seine Beherrschung unorthodoxer Strukturen erweitert und vollendet.

1962
Der westindische Dichter **Derek Walcott** vollendet seine erste Gedichtssammlung *In a Green Night*. Er wird 1992 den Nobelpreis für Literatur erhalten.

ca. 1962
Öl übertrifft Kohle als anteiliger Lieferant der Energieproduktion auf der Erde.

10. Februar 1962
Der US-amerikanische Pilot Francis Gary Powers, der nach dem Abschuss seines U-2 Flugzeugs durch die Sowjetunion 1960 gefangen genommen wurde, wird gegen den inhaftierten sowjetischen Spion **Rudolf Abel** ausgetauscht.

24. Februar 1962
Das chinesische Außenministerium erklärt, dass eine Zunahme der militärischen Präsenz der USA in **Südvietnam** eine Bedrohung der Sicherheit des kommunistischen Chinas ist und fordert einen unmittelbaren Abzug des gesamten US-Personals aus diesem Gebiet.

26. Februar 1962
Die **Irisch-Republikanische Armee (IRA)** gibt das Ende ihrer Gewaltaktionen gegen die Teilung Irlands bekannt. Sie löst ihre Armee auf und entlässt ihre Freiwilligen.

[2] Unabhängigkeitsfeiern in Algier.

[4] Norman Manley, der Premierminister des Landes, auf dem Weg zur Kingstoner Kathedrale, um Jamaikas Unabhängigkeit zu feiern.

[5] Ein Westdeutscher, der gegen den Tod von Peter Fechter protestiert, wird von der Westberliner Polizei fort getragen.

[3] Marilyn Monroe singt ein paar Monate vor ihrem Tod „Happy Birthday, Mr. President“ auf einer Demokratischen Spendensammelveranstaltung im Madison Square Garden zum Geburtstag von Präsident Kennedy.

[6] Leonard Bernstein probt mit dem New Yorker Philharmonie-Orchester ein oder zwei Tage vor dem Konzert im Lincoln Center.

[2]
3. Juli 1962
Algerien erringt seine Unabhängigkeit von Frankreich.

13. Juli 1962
Eugene McNeely, der Präsident von AT&T, und Jacques Marette, der französische Minister für Kommunikation, halten das erste offizielle **transatlantische Telefongespräch** über „Telstar“ ab.

[3]
5. August 1962
Die US-amerikanische Schauspielerin **Marilyn Monroe** – eine kulturelle Ikone, deren Image als Sexsymbol von Filmen wie *Blondinen bevorzugt* stammt (1953), – stirbt nach der Einnahme einer Überdosis von Schlaftabletten.

[4]
6. August 1962
Nach 300 Jahren britischer Herrschaft wird **Jamaika** ein unabhängiges Land innerhalb des britischen Commonwealth of Nations.

[5]
17. August 1962
Die Tötung von **Peter Fechter** an der Berliner Mauer durch Wachposten der DDR führt zu erregten Demonstrationen von 5000 Westberlinern. US-Soldaten werden ausgepfiffen, weil sie Fechter nicht halfen.

7. September 1962
Baronin Karen Blixen (Pseudonyme **Isak Dinesen** und **Tania Blixen)** stirbt. Ihre Werke *Afrika - dunkel lockende Welt*, *Phantastische Erzählungen* und *Babettes Gastmahl* bleiben in Erinnerung.

14. April 1962
Georges Pompidou wird Premierminister Frankreichs unter Präsident de Gaulle.

3. Mai 1962
Die US-Luftwaffe gibt die erste Übertragung von Fernsehbildern mittels eines **Satelliten aus einer Umlaufbahn** bekannt.

14. Mai 1962
Die griechische Prinzessin Sophia heiratet Don Juan Carlos von **Spanien.**

30. Mai 1962
Das *War Requiem* von **Benjamin Britten** wird in der Birminghamer Kathedrale uraufgeführt.

31. Mai 1962
Der Staat Israel hängt den deutschen SS-Offizier **Adolf Eichmann**, der 1946 aus einem Gefangenenlager entflohen war und sich knapp 14 Jahre versteckt gehalten hatte, wegen seiner Beteiligung an der Ausrottung der Juden während des Zweiten Weltkriegs. *[1]*

2. Juli 1962
Der sowjetische Premierminister **Nikita Chruschtschow** warnt in einer Fernsehrede, dass sich die UdSSR dem Zurückschlagen jedes Angriffs auf das Kommunistische China anschließen wird.

[1] Adolf Eichmann in einem Kasten aus kugelsicherem Glas während seines Prozesses.

[7] Sonny Liston steht über seinem geschlagenen Gegner Floyd Patterson.

KUBAKRISE

Gefährliche Konfrontation zwischen den Vereinigten Staaten und der Sowjetunion über die Stationierung sowjetischer Atomraketen auf Kuba

Am 16. Oktober 1962 entdeckte ein US-amerikanisches U-2-Spionage-Flugzeug eine ballistische Rakete auf einer Abschussbasis auf Kuba. Die Anlage war dem kommunistischen Regime der Insel von der Sowjetunion geliefert worden, und Kubas Nähe zu den Vereinigten Staaten schürte Ängste vor einem dritten Weltkrieg. Die Vereinigten Staaten reagierten mit einer „Quarantäne“ (Seeblockade) der Insel. Die Fotografie (links oben) zeigt das US-amerikanische Blockade-Schiff Vesole beim Abfangen der *Potzunov*, eines mit Raketen beladenen sowjetischen Frachters im Wasser vor Havanna. Als US-Präsident John F. Kennedy am 22. Oktober im Fernsehen und Radio sprach, wartete die Welt besorgt auf die amerikanische Reaktion auf die Krise. Die Fotografie (links unten) zeigt eine Menge von in einem Fernsehausstellungsraum versammelten Amerikanern, welche die Rede sehen wollen.

Mehrere Tage lang befanden sich die Vereinigten Staaten und die Sowjetunion am Rand eines Krieges. Der sowjetische Premierminister Nikita Chruschtschow war schließlich bereit, die Raketen als Gegenleistung für eine Geheimerklärung der USA, seine eigenen Raketen aus der Türkei zurückzuziehen und niemals Kuba anzugreifen, zu entfernen.

[6]
23. September 1962
Leonard Bernstein dirigiert das New Yorker Philharmonie-Orchester bei einem Konzert zur Eröffnung der **Philharmonic Hall**, dem ersten vollendeten Gebäude des Lincoln Center for the Performing Arts in New York City.

[7]
25. September 1962
Sonny Liston wird Boxweltmeister im Schwergewicht durch einen K.-o.-Sieg in der ersten Runde gegen Floyd Patterson in Chicago.

18. Oktober 1962
Francis Crick (Cambridge), James Watson (Harvard) und H.F. Wilkins (London) erhalten den **Nobelpreis für Medizin** für ihre Forschungen über die molekulare Struktur der DNS, die physische Basis der Vererbung.

22. Oktober 1962
US-Präsident John F. Kennedy versetzt die amerikanische Bevölkerung wegen der „Kubakrise" in Alarmbereitschaft. Er verhängt eine Marineblockade, um weitere Raketenlieferungen in den Inselstaat 145 km von der Küste der USA zu verhindern.

28. Oktober 1962
Der sowjetische Premierminister Nikita Chruschtschow kapituliert vor den US-amerikanischen Forderungen, die Lieferung von Nuklearraketen nach Kuba zu beenden, und beendet damit die **Kubakrise**.

14. November 1962
Das äthiopische Parlament und die eritreische Gesetzgebende Versammlung stimmen einmütig für die Abschaffung von Eritreas Bundesstaatsstatus. **Eritrea** (heute seit 1993 unabhängig) wird eine Provinz des äthiopischen Kaiserreiches.

1962-1963

20. November 1962
Präsident John F. Kennedy unterzeichnet eine Durchführungsverordnung, die **Rassendiskrimination** in allen Unterkünften verbietet, die mit staatlicher Unterstützung erbaut oder gekauft wurden.

1963
Der bei der Xerox Corporation beschäftigte US-amerikanische Erfinder Douglas Engelbart erfindet die **Computermaus**.

1963
Die US-amerikanische Dichterin und Romanschriftstellerin **Sylvia Plath** veröffentlicht ihren einzigen Roman, *The Bell Jar* (Die Glasglocke) unter einem Pseudonym.

1963
Barbra Streisand veröffentlicht ihr erstes Soloalbum, das zwei Grammy-Preise gewinnt. Es gibt viele Stimmen, die sie für die größte Pop-Sängerin ihrer Generation halten.
[1]

1963
Betty Friedan veröffentlicht *Der Weiblichkeitswahn oder Die Selbstbefreiung der Frau*, das den Anfang der **Frauenbewegung** einläutet. Die Bewegung strebt nach gleichen Rechten und Möglichkeiten für Frauen in Wirtschaft, persönlichem Leben und Politik.

1963
Günter Grass veröffentlicht den dritten Teil seiner Danziger Trilogie, *Hundejahre*.

DER *ÉLYSÉE*-VERTRAG

Frankreich und Deutschland bauen nach zwei Weltkriegen wieder eine Verbindung auf und werden die herausragenden Nationen Europas.

Der *Élysée-Vertrag* war ein bilateraler Vertrag, der in Paris am 22. Januar durch General Charles de Gaulle, Präsident der französischen Republik, und Dr. Konrad Adenauer, Kanzler der Bundesrepublik Deutschland, geschlossen wurde. Er brachte die zwei Länder nach Jahren der Feindseligkeit zusammen, indem sie sich verpflichteten: „Die beiden Regierungen konsultieren sich vor jeder Entscheidung in allen wichtigen Fragen der Außenpolitik und ... in den Fragen von gemeinsamem Interesse, um so weit wie möglich zu einer gleichgerichteten Haltung zu gelangen.“

Der *Élysée-Vertrag* begründete ein neues Zeitalter der deutsch-französischen wirtschaftlichen sowie militärischen Zusammenarbeit und des Bildungsaustausches. Er machte Frankreich und die Bundesrepublik zum Zentrum eines neuen Europas. Den Anstoß zu dem Vertrag gaben die Kriegsmüdigkeit und der gemeinsame Entschluss, die Konflikte zwischen den zwei Mächten, die über Hunderte von Jahren angedauert hatten, zu beenden. Zudem kämpfte Deutschland um seine nationale Sicherheit sowie die Wiedereingliederung in Westeuropa, und Frankreich versuchte, sich wieder als eine Weltmacht – nach der zerstörerischen Kriegsbesetzung durch die Nazis – zu etablieren.

Der Vertrag wurde nicht allgemein begrüßt, sondern von Oppositionsparteien in Frankreich und Deutschland und von den Regierungen Großbritanniens und der USA kritisiert. Die Unterzeichner waren bestrebt, Animositäten zu verhindern, indem sie eine Präambel einfügten, die nach enger Zusammenarbeit mit den Ländern der NATO und einer Wiedervereinigung des geteilten Deutschlands verlangte.

[4] Osamu Watanabe wird bei den Olympischen Spielen von Tokio 1964 zum Sieger über Nodar Chochaschwili aus der UdSSR erklärt.

[6] Ein bartloser Alexander Solschenizyn.

[7] Die Rolling Stones: (von links nach rechts) Mick Jagger, Keith Richards, Brian Jones, Bill Wyman und Charlie Watts.

[6]
1963
Der leidenschaftliche Roman des russischen Schriftstellers **Alexander Solschenizyn** *Ein Tag im Leben des Iwan Denissowitsch* wird wegen seiner politischen Inhalte von der Kandidatenliste für den Lenin-Preis gestrichen.

1963
Bob Dylan hat seinen ersten Auftritt beim Newport Folk Festival und wird geradezu zum „König der Folkmusik“ gekrönt. Sein Lied, *The Times They Are A-Changin'* (1964), wird augenblicklich zur Hymne für seine Generation.

[7]
1963
The Rolling Stones, angeführt von Mick Jagger, beginnen, *Rockmusik* zu spielen. Sie offenbart eine einzigartige Vision von der dunklen Seite der Gegenkultur der nach-1950er Jahre.

1963
Die Bürgerrechtsbewegung erreicht einen dramatischen Höhepunkt mit einem massiven **Marsch auf Washington, D.C.**, wo ein Publikum von mehr als 200 000 Menschen Martin Luther King Jr. hört, der seine Rede „Ich habe einen Traum“ hält.

1963
Die **Flüssigkristallanzeige (LCD)** wird vom US-amerikanischen Elektroingenieur George Heilmeier erfunden. Dieses elektronische Anzeigegerät funktioniert, indem es eine veränderliche elektrische Stromspannung auf eine Schicht von flüssigem Kristall schickt.

1963
Die **Organisation für afrikanische Einheit** (OAU; später die Afrikanische Union) wird gegründet.

1963
Der konservative Politiker **Sir Alec Douglas-Home** wird Premierminister des Vereinigten Königreichs. In seiner ein Jahr währenden Amtszeit gewinnt er wegen seines strikten Antikommunismus die Anerkennung der USA.
[2]

1963
Im Prozess **Gideon gegen Wainwright** erklärt das US-amerikanische Oberste Gericht, dass das im Sechsten Zusatzartikel garantierte Recht auf einen Rechtsbeistand für Angeklagte in staatlichen sowie an Bundesgerichtshöfen gilt.

1963
Indem er Bilder aus Cartoons loslöst und radikal vergrößert, übernimmt **Roy Lichtenstein** die stilisierte Gewalt von populären Bildern, so z.B. in seinem Bild *Whaam!*.
[3]

1963
Der Japaner **Watanabe Osamu** gewinnt seine zweite Weltmeisterschaft im Federgewicht des Freistilringens. Nach einem Olympischen Sieg im nächsten Jahr zieht er sich ungeschlagen mit mehr als 300 Siegen zurück.
[4]

1963
US-Präsident Kennedy besucht Berlin und hält seine berühmte Rede, in der er erklärt: „Ich bin ein Berliner".
[5]

1963
Robert Venturi entwirft das Vanna Venturi House in Chestnut Hill, US-Bundesstaat Philadelphia. Dieses Haus ist eine sanfte Parodie auf die heimische Architektur und eines der Hauptgebäude des Postmodernismus.

[3] Roy Lichtenstein vor einem seiner berühmtesten Bilder, „Whaam!", in der Tate-Galerie in London.

[2] Alec Douglas-Home. Dass er die von „Rauch gefüllten Zimmer", in denen das Auswahlverfahren der Konservativen Partei stattfindet, als Premierminister verlässt, ist eine Überraschung.

[5] Präsident Kennedy wird von Kanzler Adenauer und dem Bürgermeister von Berlin, Willy Brandt, in einer Autokolonne durch Berlin begleitet.

[1] Barbra Streisand.

1963
Lyndon B. Johnson von der Demokratischen Partei tritt im November nach der Ermordung John F. Kennedys als 36. Präsident der Vereinigten Staaten sein Amt an. Er wird es bis 1969 innehaben. Sein Vizepräsident ist Hubert H. Humphrey.

22. Januar 1963
Bundeskanzler Konrad Adenauer und Präsident Charles de Gaulle treffen sich in **Paris** und unterzeichnen den Élysee-Vertrag, der die deutsch-französische Zusammenarbeit bestätigt.

4. Februar 1963
Zwei britische Journalisten erhalten Gefängnisstrafen, weil sie sich weigern, die Quelle ihrer im Zusammenhang mit dem **Vassall-Spionagefall** geschriebenen Geschichten bekannt zu geben.

5. Februar 1963
US-Präsident John F. Kennedy schlägt dem Kongress ein **Bundeshilfsprogramm** zur Verringerung von Geisteskrankheiten und geistigen Behinderungen vor.

21. März 1963
Das US-Bundesgefängnis in der Bucht von San Francisco, **Alcatraz Island**, in dem einige der gefährlichsten zivilen Gefangenen – einschließlich Al Capone und Robert Stroud, dem „Gefangenen von Alcatraz" – eingesessen haben, wird geschlossen.

5. April 1963
Die **Sowjetunion** akzeptiert einen US-amerikanischen Vorschlag für eine direkte Nachrichtenverbindung zwischen Washington, D.C., und Moskau, um die Gefahr eines zufälligen Krieges zu reduzieren.

1963-1964

12. April 1963
Martin Luther King Jr. wird während anhaltender Rassenunruhen bei Aktionen gegen die Rassentrennung in Birmingham, US-Bundesstaat Alabama, verhaftet.

18. April 1963
James B. Campbell vom Medizinischen Zentrum der New Yorker Universität verkündet die erfolgreiche **Verpflanzung von menschlichen Nervenfasern**.

22. April 1963
Der kanadischer Politiker und Diplomat **Lester Bowles Pearson**, Träger des Friedensnobelpreises von 1957 und ein Mitglied der Liberalen Partei, wird Premierminister (1963-68). Er wird als Vermittler in internationalen Streitfällen bekannt werden.

22. Mai 1963
Der griechische Politiker und Pazifist **Gregoris Lambrakis** wird von einem Lieferwagen überfahren, der von zwei Extremisten der äußersten Rechten gesteuert wird, und stirbt fünf Tage später.

22. Mai 1963
Der Ministerrat der **NATO**, der sich im kanadischen Ottawa, Ontario, trifft, beschließt die Errichtung einer alliierten atomar bewaffneten Truppe, die von 10 der 15 Mitgliedsstaaten gestellt wird.

11. Juni 1963
Die buddhistischen Proteste gegen die südvietnamesische Regierung nehmen an Intensität zu. **Quang Duc**, ein buddhistischer Mönch, begeht Selbstmord, indem er sich selbst auf einer Saigoner Straße verbrennt. *[1]*

KENNEDY ERMORDET

Der US-Präsident wird in Dallas erschossen.

John F. Kennedy bereiste Texas teilweise, um seine Unterstützung für den Gouverneur des Staates, John B. Connally II., zu zeigen. Am Freitag, dem 22. November 1963, befanden sich die zwei Männer und die First Lady, Jacqueline Kennedy, in einer offenen Limousine, die langsam in einer Autokolonne durch die Innenstadt von Dallas fuhr (links). Um 12 Uhr 30 wurde der Präsident von zwei Gewehrkugeln getroffen. Eine schlug in seinem Hals und eine in seinem Kopf ein. Er wurde kurz nach der Ankunft im Parkland Memorial Hospital für tot erklärt. Gouverneur Connally, obwohl auch ernstlich verwundet, genas. Vizepräsident Lyndon B. Johnson legte den Eid als Präsident um 14 Uhr 38 ab. Lee Harvey Oswald, ein 24-jähriger Bürger von Dallas, wurde wegen des Mordes angeklagt. Zwei Tage später wurde Oswald von Jack Ruby, einem lokalen Nachtklubbesitzer mit Verbindungen zur kriminellen Unterwelt im Keller eines Polizeireviers von Dallas erschossen.

[4] Die Lokomotive, die den Postzug zieht, wurde von den Räubern bei einer Brücke angehalten. So konnten die Taschen mit dem Geld leicht auf darunter wartende Fahrzeuge geworfen werden.

[5] Ludwig Erhard, Motor der sozialen Marktwirtschaft, „Kapitalismus mit Herz".

[6] Das Begräbnis des Präsidenten: Sein Sohn salutiert; seine Brüder stehen zu beiden Seiten seiner Witwe.

5. August 1963
Die Vereinigten Staaten, die Sowjetunion und das Vereinigte Königreich unterzeichnen in Moskau den **Vertrag zum Verbot von Nuklearwaffentests**.

[4]
8. August 1963
Beim **Großen Postraub** stehlen bewaffnete Räuber £ 2,6 Millionen aus dem Zug der Royal Mail von Glasgow nach London in der Nähe von Bridego Bridge, nördlich von London.

[5]
16. Oktober 1963
Ludwig Erhard, ein Mitglied der Christlich Demokratischen Union, wird Kanzler der Bundesrepublik Deutschland (1963-66). Er gilt als der Hauptarchitekt des Wirtschaftsaufschwungs Deutschlands nach dem Zweiten Weltkrieg.

2. November 1963
Der südvietnamesische Präsident **Ngo Dinh Diem** wird ermordet. Er hatte Hunderte von Buddhisten, von denen er behauptete, sie hätten kommunistische Aufständische unterstützt, einsperren und töten lassen.

7. November 1963
Elf westdeutsche Bergarbeiter, die 14 Tage lang verschüttet gewesen waren, werden gerettet. Das Ereignis wird als **Wunder von Lengede** bekannt.

22. November 1963
Der bekannteste politische Mord in der neueren US-amerikanischen Geschichte ereignet sich an diesem Tag. **John F. Kennedy**, der 35. US-Präsident (1961-63), wird in Dallas, Texas, erschossen, während er in einem offenen Auto durch die Stadt fährt.

16. Juni 1963
Die sowjetische Kosmonautin **Walentina Tereschkowa** wird die erste Frau im Weltraum in ihrem Raumfahrzeug *Wostok 6*. Sie kehrt am 19. Juni zur Erde zurück, nachdem sie die Erde 48mal umkreist hat.

17. Juni 1963
Die griechische Regierung tritt nach einem Streit zwischen dem konservativen Premierminister, **Constantine Karamanlis**, und König Paul I. zurück. Wahlen im November enden mit einem Patt, und der König befiehlt George Papandreou, eine Zwischenregierung zu bilden.

21. Juni 1963
Giovanni Battista Montini wird zum Papst der römisch-katholischen Kirche gewählt. Er nimmt den Namen **Paul VI.** an.
[2]

Juli 1963
Der britische Kriegsminister **John Profumo** belügt das Parlament über seine Affäre mit Christine Keeler, die eine Geliebte eines russischen Militärattachés war. Die Wahrheit kommt ans Licht und Profumo tritt zurück. Er leitet damit den Fall der Regierung von Harold Macmillan ein.
[3]

1. Juli 1963
Der US-amerikanische Postdienst führt einen „Zonenverbesserungsplan-Code" ein, allgemein bekannt als die **Postleitzahl**.

2. August 1963
In Belgien werden drei Sprachgebiete geschaffen: ein französischsprachiges (Wallonie), ein flämischsprachiges und ein sehr kleines deutschsprachiges. Brüssel und sein unmittelbare Umgebung bleiben mehrsprachig.

[1] Die Fotografie von Quang Duc trägt viel dazu bei, um im Westen die Aufmerksamkeit auf die Bestechlichkeit und Unfähigkeit seines Verbündeten, der Regierung von Südvietnam, zu richten.

[7] Paul Hindemith.

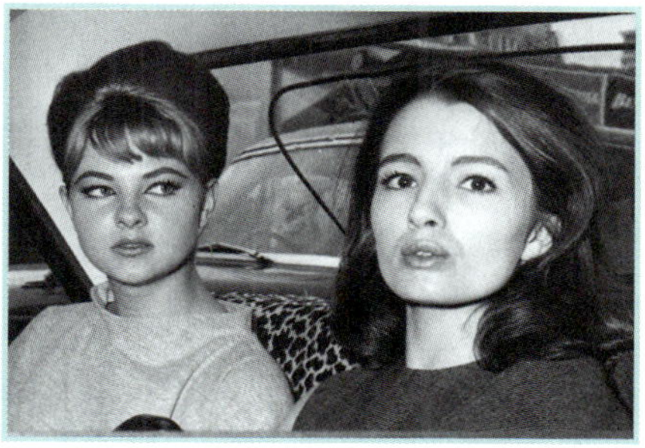

[3] Christine Keeler (rechts) und das Showgirl Mandy Rice-Davies, nachdem sie im Prozess gegen Stephen Ward ausgesagt haben. Beide arbeiteten für Ward. Nun wird er wegen unmoralischer Einkünfte – amtlich für Zuhälterei – angeklagt. Es war Ward, der John Profumo Keeler vorstellte.

[2] Papst Paul VI. in der Sixtinischen Kapelle nach der Ehrerbietung der Kardinäle für ihn nach seiner Wahl.

[8] Autos, die durch den von einem Erdbeben in Alaska hervorgerufenen Tsunami zerstört wurden. Sie befinden sich in Kalifornien, mehr als 2400 Kilometer entfernt.

24. November 1963
Der Nachtklub-Besitzer **Jack Ruby** aus Dallas erschießt Lee Harvey Oswald, der wegen des Mordes am US-amerikanischem Präsidenten John F. Kennedy angeklagt ist.

[6]
25. November 1963
US-Präsident **John F. Kennedy** wird mit vollen militärischen Ehren auf dem Arlington National Cemetery begraben.

[7]
28. Dezember 1963
Der deutsche Komponist **Paul Hindemith** stirbt.

1964
Der US-amerikanische Physiker **Murray Gell-Mann** führt das Konzept des Quarks ein. Es ist ein Partikel, das der Baustein von Elektronen, Protonen, Neutronen und anderen Elementarteilchen ist.

[8]
1964
Ein **Erdbeben** der Stärke 8,5 auf der Richterskala erschüttert den Prince William Sound in Alaska. Es zerstört Seward, Valdez sowie Anchorage und löst einen zerstörenden Tsunami aus.

1964
Der äthiopische Marathonläufer **Abebe Bikila** wird der erste Athlet, der zwei Olympische Marathonläufe gewinnen kann. In Tokio gewinnt er in Weltrekordzeit und verbessert so auch seinen eigenen Olympischen Rekord.

1964

1964
Der italienische Filmregisseur Sergio Leone veröffentlicht den ersten *Italowestern*, **Für eine Handvoll Dollar**. Clint Eastwood spielt die Hauptrolle als „der Mann ohne Namen". [1]

1964
Bei den Olympischen Sommerspielen in Tokio gewinnt die sowjetische Turnerin **Larissa Latynina** sechs Medaillen. Damit hat sie zu ihrem Karriereende ihre Anzahl an gewonnenen Olympischen Medaillen auf einen Rekord von 18 erhöht.

1964
Die Mittelmeerinsel **Malta** erhält ihre Unabhängigkeit von Großbritannien.

1964
Der japanische Romanschriftsteller **Oe Kenzaburo** veröffentlicht seinen autobiografischen Roman, *Eine persönliche Erfahrung*, über einen Vater und seinen geistig behinderten Sohn. Er wird 1994 den Nobelpreis für Literatur gewinnen.

1964
John Kemeny und Thomas Kurtz von der Universität Dartmouth entwickeln die Programmiersprache **BASIC** (Beginner's All-Purpose Symbolic Instruction Language = Symbolische Allzweckinstruktionssprache für Anfänger).

1964
Der Vorsitzende der Labour Party, **Harold Wilson**, beginnt seine erste Amtszeit als Premierminister des Vereinigten Königreichs (1964-70). Er wird eine weitere von 1974-1976 absolvieren. [2]

[1] Clint Eastwood im ersten von Sergio Leones gesitteten, hoch stilisierten Western, die dem Genre neues Leben einhauchen.

[6] Cassius Clay wird Schwergewichtsweltmeister.

[2] Harold Wilson reist Erster Klasse.

[4] Eric Tabarly auf der „Pen Duick II" in Newport, Rhode Island, am Ende seiner Reise.

[3] Schlittschuhläuferin Lidija Skoblikowa mit ihren vier Olympischen Goldmedaillen. Sie gewann weitere zwei 1960.

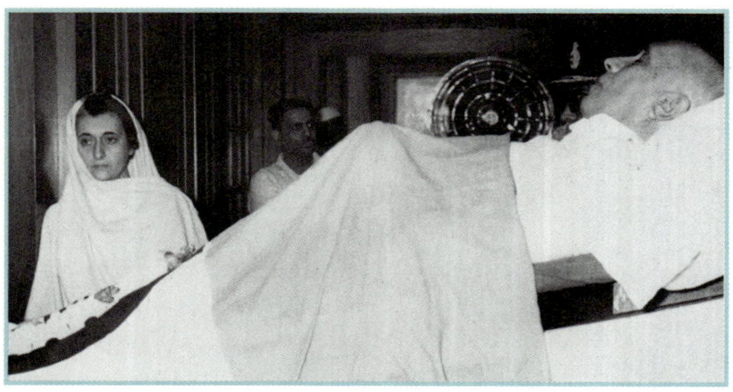

[7] Der Leichnam von Nehru, mit seiner Tochter Indira Gandhi, der zukünftigen Premierministerin von Indien, dahinter.

[5] Lyndon B. Johnson und Martin Luther King Jr. bei der Unterzeichnung des Civil Rights Act.

8. Januar 1964
US-Präsident Lyndon B. Johnson fordert in seiner „Rede zur Lage der Nation" eine Verminderung der Rüstungsausgaben und einen **„Krieg gegen die Armut"**.

18. Februar 1964
Die Vereinigten Staaten beenden alle militärischen und finanziellen Hilfen für Großbritannien, Frankreich sowie Jugoslawien und ihre Militärpräsenz in Spanien und Marokko wegen der Verweigerung dieser Länder, den Handel mit **Kuba** einzustellen.

[6]
25. Februar 1964
Der US-amerikanische Boxer Muhammad Ali, zu dieser Zeit bekannt als **Cassius Clay**, wird durch einen K.o.-Sieg in der 7. Runde über Sonny Liston Weltmeister im Schwergewicht.

6. März 1964
Nach dem Tod seines Vater, König Paul I., besteigt **Konstantin I.** den griechischen Thron.

5. April 1964
General **Douglas MacArthur** stirbt im Walter Reed Medical Center in Washington, D.C.

19. Mai 1964
Es wird bekannt gegeben, dass mindestens 40 versteckte Mikrofone in den Wänden der **US-amerikanischen Botschaft in Moskau** gefunden worden sind.

1964
Die Russin **Lidija Skoblikowa** wird die erste Athletin, die vier Goldmedaillen bei einer Winterolympiade gewinnt. Sie entscheidet in Innsbruck alle Wettbewerbe im Eisschnelllauf der Frauen für sich.
[3]

1964
Die **Palästinensische Befreiungsorganisation (PLO)** wird bei einem arabischen Gipfeltreffen gebildet, um palästinensische Gruppen unter einer Organisation zusammenzubringen. Sie wird bekannt wegen ihres Guerillakriegs mit Israel nach dem Sechstagekrieg vom Juni 1967.

1964
Der französische Sportsegler **Eric Tabarly** gewinnt das Observer Singlehanded Transatlantic Race (eine Einhand-Transatlantikregatta) mit der *Pen Duick II*.
[4]

1964
Mit der Veröffentlichung des Albums *Meet the Beatles* durch Capitol Records blüht die **Beatlemania** voll auf. Obwohl es nicht ihr erstes Album ist, ist es mit 5,4 Millionen Kopien eines der meistgekauften.

1964
Der US-amerikanische Präsident Lyndon B. Johnson unterzeichnet den **Civil Rights Act** (Bürgerrechte-Gesetz). Nunmehr können die Bundesbehörden Rassendiskriminierung am Arbeitsplatz, bei Wahlen und beim Gebrauch öffentlicher Einrichtungen verhindern.
[5]

ca. 1964
In **Japan** entstehen „Paukschulen", *Juku* genannt. Sie sollen den Schülern beim Lernen helfen und sie auf Prüfungen vorbereiten. Der Begriff *Juku* stammt aus der Zeit der Tokugawa-Shogune.

BEATLEMANIA

Die Beatles nehmen die USA im Sturm.

Die sensationelle Ankunft der Beatles in New York am 7. Februar 1964 machte sie zur führenden Popgruppe in der Welt und öffnete die Tore der USA für britische Musiktalente.

Ihr Triumph war ihnen nicht leicht gemacht worden. Obwohl sie bereits Erfolge in den britischen Hitlisten gehabt hatten, waren sie von Capitol Records, dem US-amerikanischen Arm ihres britischen Musiklabels, EMI, abgewiesen worden. (Ihre frühen Singles waren von der kleinen Chcagoer Firma Vee-Jay herausgebracht worden.) Nur wenige in der Plattenindustrie glaubten, dass die „Pilzköpfe" ihren Liverpooler Charme über den Atlantik bringen könnten.

Die Direktoren bei Capitol überlegten sich es anders, nachdem der Manager der Beatles, Brian Epstein, der Gruppe einen Auftritt in der *Ed Sullivan Show* (links, oben) verschaffte. Schnell veröffentlichten sie *I Want To Hold Your Hand*. Innerhalb von 10 Tagen nach dem US-Verkaufsstart vom 26. Dezember 1963 hatte die Single eine Million Kopien verkauft.

Als die Beatles am Kennedy Airport eintrafen, hatte sich eine 3000-köpfige Menge – meistens Teenager (links unten) – versammelt, um sie zu begrüßen. Der folgende Rummel – bekannt als *Beatlemania* – war etwas Neues. Musiker im 19. Jahrhundert lösten sicherlich auch Begeisterung aus – man denke an Franz Liszt – aber das war bevor die modernen Massenmedien die Möglichkeit einer kollektiven Hysterie schufen.

Im Sommer 1964, als die Beatles in *A Hard Day's Night* auftraten, einem Film, der das Phänomen der *Beatlemania* darstellte, war der Einfluss der Gruppe auf die Welt offensichtlich. Unzählige junge Leute trugen das typische lange Haar der Band-Mitglieder, benutzten den flippigen Humor und ahmten die Nach-Mir-Die-Sintflut-Hemmungslosigkeit nach.

Im Gefolge der Beatles hatten etliche britische Gruppen große Erfolge in den Vereinigten Staaten; unter den ersten, die folgten, waren The Searchers.

[7]
27. Mai 1964
Der ehemalige indische Premierminister **Jawaharlal Nehru**, ein Führer der indischen Unabhängigkeitsbewegung der 1930er und 1940er Jahre, stirbt in New Delhi.

6. Juli 1964
Njassaland befreit sich von der britischen Herrschaft und wird das unabhängige Land **Malawi** innerhalb des britischen Commonwealth.

14. Juli 1964
Jacques Anquetil gewinnt die **Tour de France** zum fünften Mal.

21. Juli 1964
Rassenunruhen zwischen Chinesen und Malaien ereignen sich in **Singapur**. Sie halten drei Tage an. 21 Menschen werden getötet.

August 1964
Die **Leichen von drei Bürgerrechtlern**, die von weißen Rassisten ermordet wurden, werden in der Nähe von Philadelphia im US-Bundesstaat Mississippi gefunden.

5. August 1964
Der US-Präsident Lyndon B. Johnson bringt die **Tonkin-Resolution** vor den Kongress.

1964-1965

10. August 1964
Papst Paul VI. gibt seine erste Enzyklika, **Ecclesiam Suam** (Seine Kirche), heraus, in der er seine Bereitschaft verkündet, in internationalen Streitigkeiten zu vermitteln.

27. September 1964
Die **Warren-Kommission** kommt zu dem Schluss, dass weder Lee Harvey Oswald noch Jack Ruby Teil einer Verschwörung zur Ermordung von US-Präsident John F. Kennedy waren.

15. Oktober 1964
Nikita Chruschtschow zieht sich zurück. Alexei N. Kossygin übernimmt das Ministerpräsidentenamt, und **Leonid I. Breschnew** wird der Parteisekretär und eigentliche Führer der UdSSR.
[1]

16. Oktober 1964
China, das sich verstärkt bemüht, eine Atommacht zu werden, lässt erfolgreich seine erste Atombombe explodieren.

22. Oktober 1964
Der französische Philosoph und Schriftsteller **Jean-Paul Sartre** lehnt den Nobelpreis für Literatur ab.

21. November 1964
Die **Verrazano Narrows Bridge**, die den New Yorker Hafen von Brooklyn zur Staten Island überspannt, wird für den Verkehr geöffnet.
[2]

[7] Bob Dylan spielt elektrisch mit einer Fender Stratocruiser in Newport.

[1] Die neue Ordnung in Russland: Kossygin links, Breschnew rechts, Verteidigungsminister Malinowski in der Mitte. Russland will keine bedrohlichen und abenteuerlichen Situationen mehr, wie es sie mit Chruschtschow erlebt hat.

[9] Die „Who“: (von links nach rechts) Pete Townshend, Keith Moon, Roger Daltrey und John Entwhistle.

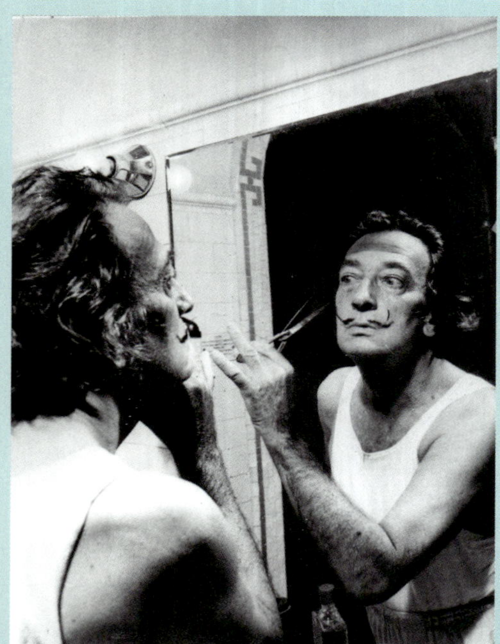

DALÍ

Dem surrealistischen Maler wird Spaniens höchster ziviler Orden verliehen.

Die Verleihung des Großkreuzes des Ordens Isabellas der Katholischen an Salvador Dalí 1964 war eine öffentliche Anerkennung des Beitrags des Künstlers zur spanischen Kultur und seines nationalen Ansehens.

Zwar gab es gemeinhin Übereinstimmung darüber, dass die besten Jahre des Künstlers hinter ihm lagen – er war jetzt 61 – doch die Ehre galt hauptsächlich seinem Lebenswerk. Ein anderer Grund für seine Anerkennung durch die konservative spanische Gesellschaft war der immer religiösere Inhalt seiner späten Arbeiten – christliche Malerei hatte weitgehend seine früheren Beschäftigungen mit surrealistischer Malerei und Psychoanalyse verdrängt.

Die Regierung dieser Zeit war auch begierig darauf, Dalí zu ehren, als einen der wenigen bedeutenden Künstler, die nach dem Bürgerkrieg in Spanien verblieben waren – die meisten, einschließlich Pablo Picasso, waren weggezogen und hatten geschworen, nie mehr zurückzukehren, solange Franco an der Macht blieb. Dalí hingegen arbeitete in seinem heimischen Katalonien ohne Unterbrechung bis 1949. Einige Kritiker behaupteten, dass er ein faschistischer Sympathisant war, aber er hatte durchaus starke Verbindungen zur Linken. Die Wahrheit ist wahrscheinlich, dass Dalí einfach kein politischer Künstler war. (links, Dali 1964 beim Zurechtmachen seines berühmten Schnurrbarts.)

[7]
1965
Liedermacher **Bob Dylan** sorgt beim Newport Folk Festival für einen Skandal, weil er und seine Band auf elektrischen Instrumenten und *Rock 'n' Roll* spielen.

[8]
1965
Der Kunstrasen wird erfunden. Weil das Produkt im Houstoner Astrodome ausgelegt wird, wird es bekannt als **Astroturf**. Dort wurde ein neuer Belag gesucht, weil das Bemalen der Fensterscheiben das Sonnenlicht so abschirmte, dass kein Gras mehr wuchs.

1965
Der Oberste Gerichtshof der USA entscheidet, dass ein Landesgesetz, das den Gebrauch von **empfängnisverhütenden Mitteln** verbietet, „das Recht auf die eheliche Privatsphäre“ verletzt, die von der *Bill of Rights* zugesichert wird.

1965
Der **Computer 360 von IBM** mit dem Betriebssystem *OS/360* legt einen Standard für Büromaschinen fest.

1965
Der **integrierte Schaltkreis PDP-8** wird eingeführt.

1965
Der kalorienarme Süßstoff **Aspartame** wird in den Vereinigten Staaten von James Schlatter entwickelt.

10. Dezember 1964
Martin Luther King Jr. wird der Friedensnobelpreis zuerkannt.
[3]

12. Dezember 1964
Kenia wird am ersten Jahrestag seiner Unabhängigkeit von Großbritannien zur Republik.
[4]

21. Dezember 1964
Mit einer Mehrheit von 185 Stimmen schafft das britische Unterhaus die **Todesstrafe** ab.

1965
Truman Capote, ein Romanschriftsteller und Dramatiker aus dem Süden der USA, vollendet seinen journalistischen „non-fiktionalen" Roman, *In Cold Blood* (Kaltblütig). Er erzählt die Geschichte eines Massenmords im ländlichen Kansas und seiner Täter.
[5]

1965
Architekt Richard Meier beginnt den Bau des **Smith Hauses** im US-Bundesstaat Connecticut.
[6]

1965
Gordon Moore (später Intel Corporation) definiert die Zeitspanne, in der sich die CPU-Leistung von Computern jeweils verdoppeln wird (12 Monate).

[4] Jomo Kenyatta, mit seinem typischen Fliegenwedel, genießt den Beifall der kenianischen Bevölkerung am Unabhängigkeitstag 1963.

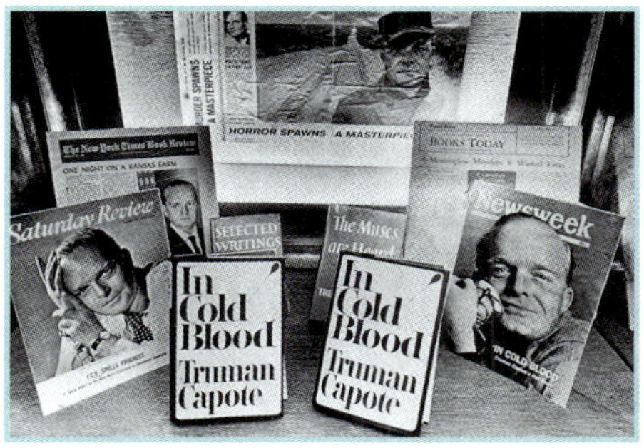

[5] Eine Schaufensterwerbung am Büro der Herausgeber von „Kaltblütig", mit Titelblättern von Truman Capote, Artikeln und Rezensionen.

[6] Richard Meiers Smith House in Darien, Connecticut. Sein Stil entwickelte sich aus den Arbeiten der Vorkriegs-Modernisten, in jeder Farbe, so lange sie Weiß ist.

[3] Martin Luther King Jr. mit seinem Nobelpreis.

[2] Die Verrazano-Narrows Bridge.

[8] Der Astroturf wird im Astrodome von als Astronauten angekleideten Platzwarten verlegt. Um das grelle Sonnenlicht abzuhalten, wurden die Fensterscheiben der Kuppel bemalt, was das Wachstum des „echten" Grases behinderte.

[10] Singende und tanzende Hare Krishna Anhänger, die zu einem vertrauten Anblick auf westlichen Straßen werden.

[9]
1965
Die britische Rockgruppe **The Who** veröffentlichen ihr erstes Album, *I Can't Explain*.

1965
Die USA und Mexiko schließen einen Vertrag, der die US-Industrie im **nördlichen Mexiko** fördert. Eine schnelle Industrialisierung folgt und erlaubt es vielen US-Unternehmen, ihre Firmen nach Mexiko zu verlegen, wo es weniger Vorschriften gibt.

1965
Generalissimus Franco trifft jüdische Vertreter, um die Legalisierung von jüdischen Gemeinschaften in **Spanien** zum ersten Mal seit 1492 zu besprechen.

1965
Das Kinderhilfswerk der Vereinten Nationen (UNICEF) erhält den Friedensnobelpreis für seine Arbeit in der internationalen **Jugendfürsorge**.

1965
Das japanische Baseballteam der **Yomiuri Giants** gewinnt den ersten von neun aufeinander folgenden japanischen Meistertiteln.

[10]
1965
Die Organisation „Vaishnava Hindu", populär bekannt als **Hare Krishna**, wird in den Vereinigten Staaten von A.C. Bhaktivedanta gegründet.

1965

1965
Der chinesische Historiker **Wu Han** wird wegen seines Schauspiels *Hai Rui wird seines Amtes enthoben* angegriffen. Das ist das Vorspiel zur Großen Proletarischen **Kulturrevolution**.

24. Januar 1965
Sir Winston Churchill stirbt in seinem Haus in London in seinem 91. Lebensjahr.
[1]

4. Februar 1965
Das Drama *Der Stellvertreter* von **Rolf Hochhuth**, 1963 uraufgeführt, wird in Italien verboten. Es klagt Papst Pius XII. an, nicht genug getan zu haben, um Juden vor dem Holocaust während des Zweiten Weltkriegs zu schützen.

21. Februar 1965
Malcolm X, der Konzepte des Rassenstolzes und schwarzen Nationalismus in den Vereinigten Staaten artikulierte, wird ermordet. Er wird nach dem posthumen Erscheinen seiner Autobiografie *The Autobiography of Malcolm X* zum ideologischen Helden.
[2]

12. März 1965
US-amerikanische Marinesoldaten in **Südvietnam** liefern sich ihr erstes Feuergefecht mit Kräften des Vietkong.

18. März 1965
Der sowjetische Kosmonaut Alexei Archipowitsch Leonow steigt aus der Luftschleuse seiner Raumkapsel *Woschod 2* aus und wird der erste Mensch, der einen **Weltraumspaziergang** macht.

[2] Malcolm X. Er rückte von der „Nation of Islam" ab hin zum traditionellen Islam. Daraufhin wurde er von Mitgliedern der „Nation" ermordet.

[3] Martin Luther King Jr., seine Frau, Coretta Scott King und andere Aktivisten beim Marsch nach Montgomery.

[1] Winston Churchill liegt aufgebahrt im mittelalterlichen Großen Saal des Palastes von Westminster. Die „Household Cavalry" steht Wache, während Hunderttausende gewöhnlicher Bürger vorbeiziehen, um ihre letzte Aufwartung zu machen.

RASSENUNRUHEN IN L.A.

Die langsame Durchsetzung der Bürgerrechte stachelt Afroamerikaner zum Protest an.

Trotz der Verabschiedung des National Voting Rights Act (Wahlrechtsgesetz) von 1965 waren viele Farbige unzufrieden mit dem langsamen Fortschritt der Integration. In den meisten Großstädten des Landes brachen Rassenunruhen aus. Zu einer der schlimmsten Ausschreitungen kam es im Bezirk Watts in Los Angeles, wo Tausende von Afroamerikanern, die durch langjährige soziale Ungerechtigkeiten verärgert waren, randalierten, Geschäfte anzündeten und das Gebiet vom 11. bis zum 16. August ausplünderten. Die Fotografie zeigt Mitglieder der Nationalgarde, die während des Aufruhrs auf brennende Gebäude vorrücken. Bevor die Ordnung wiederhergestellt wurde, wurden 34 Menschen getötet, fast 4000 verhaftet und mehr als 1000 verletzt. Hunderte von Gebäuden waren zerstört worden.

2. Juli 1965
Titel VII des *Civil Rights Act* von 1964 – dem ersten US-amerikanischen Bundesgesetz, das die Diskriminierung von Minderheitsgruppen in der privaten Beschäftigung verbietet – tritt in Kraft.

13. Juli 1965
Das US-amerikanische Repräsentantenhaus verabschiedet ein Kompromissgesetz, das eine **Gesundheitswarnung** auf Zigarettenpaketen, Kartons und Behältern ab dem 1. Januar 1966 verlangt.

15. Juli 1965
Die 1964 von der NASA gestartete unbemannte Raumsonde **Mariner 4** passiert den Mars und sendet Nahaufnahmen seiner Oberfläche. Die Bilder beweisen, dass die von einigen vermuteten Kanäle auf dem Planeten in Wirklichkeit Trugbilder sind.

26. Juli 1965
Die **Republik der Malediven** erlangt ihre Unabhängigkeit von Großbritannien.

6. August 1965
Der **Voting Rights Act** wird US-amerikanisches Gesetz. Er schafft u.a. die Tests von Lese- und Schreibkundigkeit ab und sorgt für eine Bundesaufsicht bei der Registrierung der Stimmberechtigten (in erster Linie im Süden).

11. August 1965
Im Bezirk Watts in Los Angeles brechen **Rassenunruhen** aus. Sie fordern 34 Menschenleben.

21. März 1965
US-Amerikanische Bürgerrechtsaktivisten unter der Führung von Martin Luther King Jr. beginnen den berühmten **Protestmarsch von Selma nach Montgomery**, Alabama. Sie hatten sich um Bundesschutz bemüht und ihn erhalten.
[3]

6. April 1965
Early Bird, der erste kommerzielle Nachrichtensatellit der Welt, wird von Cape Kennedy, Florida, gestartet.

7. April 1965
Die britische Regierung führt eine Gesetzgebung ein, die **Rassendiskriminierungen** in allen „öffentlichen Bereichen" verhindern soll.

29. April 1965
Das US-amerikanische Bildungsministerium setzt das Frühjahr 1967 als Zieldatum für die vollständige **Rassenzusammenführung** in amerikanischen öffentlichen Schulen.

25. Mai 1965
Cassius Clay (später Muhammad Ali) schlägt Sonny Liston in der ersten Runde eines Kampfes in Lewiston, Maine, k.o. und behält so seinen Weltmeistertitel im Schwergewicht.

5. Juni 1965
Edward H. White II. steigt während seiner dritten Umlaufbahn aus seiner Raumkapsel *Gemini 4* aus und treibt ungefähr 20 Minuten im Raum. Damit ist er der erste US-amerikanische Astronaut, der einen Weltraumspaziergang unternimmt.
[4]

[6] Anne Downey beobachtet die Polizei, die das Saddleworth Moor nach der Leiche ihrer Tochter absucht. Sie war eines der Kinder, die von Ian Brady und Myra Hindley sadistisch ermordet und dann dort begraben wurden.

[4] Edward H. White, ca. 190 km über dem Pazifik.

[5] Indonesische Studenten feiern das Scheitern des Staatsstreichs der „Bewegung 30. September". Suharto beschuldigt fälschlicherweise die Kommunisten . Hunderttausende von ihnen werden getötet.

[7] Der Gateway Arch in St. Louis nähert sich der Vollendung.

28. August 1965
US-Präsident Lyndon B. Johnson unterzeichnet ein Gesetz, das die Tötung, die Entführung oder den Angriff auf den Präsidenten der Vereinigten Staaten zu einem Bundesvergehen macht.

18. September 1965
Die japanischen Astronomen Ikeya Kaoru und Seki Tsutomu entdecken den **Kometen Ikeya-Seki**.

[5]
30. September 1965
In Indonesien kidnappt und ermordet eine Gruppe von Verschwörern aus den Reihen des Militärs sechs Armeegeneräle. Der Versuch eines Staatsstreichs durch die **Bewegung 30. September** wird von Präsident Suharto durchgekreuzt.

[6]
Oktober 1965
Die **Moor-Morde**, vielleicht die berüchtigtste Mordserie in Großbritannien im 20. Jahrhundert, beginnen.

3. Oktober 1965
US-Präsident Lyndon B. Johnson unterzeichnet ein Gesetz, welches das **Einwanderungsquoten-System** abschafft. Er akzeptiert auch das Angebot von Fidel Castro, kubanischen Bürgern mit Verwandten in den USA die Einwanderung zu erlauben.

[7]
28. Oktober 1965
Der **Gateway Arch** (Torbogen) in St. Louis, Missouri, wird vollendet. Er wurde vom in Finnland geborenen Architekten Eero Saarinen entworfen, um der historischen Rolle von St. Louis als „dem Tor nach Westen" zu gedenken.

1965-1966

11. November 1965
Der Premierminister von Südrhodesien, **Ian Smith**, erklärt die einseitige Unabhängigkeit von Großbritannien, um die weiße Minderheitsherrschaft aufrechtzuerhalten.
[1]

ca. 1965
Die **„Grüne Revolution"** vergrößert mit neuen Getreidearten und Düngern beträchtlich die weltweiten Ernteerträge von Reis, Weizen und Mais.
[2]

1966
Ein dreijähriger, nicht offiziell erklärter Krieg zwischen Indonesien und Malaysia (mit britischer Unterstützung) endet mit der Unterzeichnung einer Vereinbarung in **Jakarta**. Darin wird gefordert, den Status der umstrittenen Staaten Sarawak und Sabah auf Borneo zu bestimmen.

1966
Der italienische Filmstar **Sophia Loren** heiratet den geschiedenen Carlo Ponti in Paris, nachdem sie französische Bürger geworden sind, um dies tun zu können.

1966
Die US-amerikanische Ingenieurin Stephanie Kwolek entdeckt ein Polyamid-Lösungsmittel, das zur Produktion von **Kevlar**, dem Hauptmaterial von kugelsicheren Westen, führt.

1966
Der US-amerikanische Folksänger **Bob Dylan** wird in einen ernsten Motorradunfall verwickelt und zieht sich für zwei Jahre völlig zurück. Das bringt seine Karriere, in der er während sieben Jahren mehr als 10 Millionen Alben weltweit verkaufte, zu einem jähen Halt.

[1] Ian Smith auf einer sorgfältig arrangierten Fotografie vor den Viktoria-Fällen. Es ist das erste Bild von ihm, das nach der Veröffentlichung der einseitigen Unabhängigkeiterklärung seines Landes aufgenommen wurde.

[2] Ein ungarisches Mädchen mit einer neuen Maissorte.

[3] Captain Kirk, Doktor „Pille" McCoy und Mister Spock, Charaktere aus der Serie „Raumschiff Enterprise".

[5] Indira Gandhi bei einem Besuch bei Präsident Johnson im Weißen Haus.

[4] Bobby Moore, der englische Kapitän, küsst den Weltmeister-Pokal. Neben ihm sind George Cohen (links), Geoff Hurst und Martin Peters zu sehen.

1966
Der indische Premierminister Lal Bahadur Shastri und der pakistanische Präsident Muhammad Ayub Khan treffen sich in Taschkent (damals UdSSR), um ihren Konflikt über **Kaschmir** zu beenden.

[5]
1966
Indira Gandhi wird Vorsitzende der Kongress-Partei und die erste weibliche Premierministerin Indiens.

1966
Maulana Karenga, ein Professor für Afrikanistik an der California State University in Long Beach, entwickelt **Kwanzaa** als ein nichtreligiöses Fest für Familie und Gemeinschaft.

1966
Die **National Organization for Women (NOW)** (Nationale Organisation für Frauen) wird von Betty Friedan und anderen Delegierten der Dritten Nationalen Konferenz von staatlichen Kommissionen zum Status von Frauen gegründet.

1966
US-Präsident Lyndon B. Johnson genehmigt ein Gesetz, das ein neues **Verkehrsministerium**, das 12. Ministerium des Kabinetts, schafft.

1966
Das sowjetische Raumfahrzeug **Venus 3**, das am 16. November 1965 gestartet worden war, stürzt auf der Venus ab. Es war das erste von Menschen geschaffene Objekt, das einen anderen Planeten berührte.

1966
Der US-amerikanische Autor und Film- und Fernsehproduzent Gene Roddenberry entwickelt die populären Science-Fiction-Fernsehserie **Raumschiff Enterprise**, der andere Serien und eine Reihe von Filmen folgen.
[3]

1966
Anton LaVey gründet die **Church of Satan** (Kirche des Teufels), eine Gegenkultur-Gruppierung, die antibürgerliche Werte fördern will.

1966
England besiegt die Bundesrepublik Deutschland im **Endspiel der Fußballweltmeisterschaft** der Männer mit 4:2.
[4]

1966
Frankreich zieht sich von der militärischen Teilnahme in der NATO zurück.

1966
Harold Holt von der Liberal Party wird Premierminister Australiens. Er wird die US-amerikanische Politik in Vietnam unterstützen und Lyndon B. Johnson nach Australien einladen. Johnson wird der erste amtierende US-Präsident sein, der Australien besucht.

1966
Huey Newton und Bobby Seale gründen die **Black Panther Party**, eine US-amerikanische revolutionäre Partei für die Rechte der farbigen Bevölkerung, in Oakland, Kalifornien.

LOREN HEIRATET PONTI

Italienische Filmschönheit heiratet umstrittenen geschiedenen Filmproduzenten.

Sophia Scicolone traf Carlo Ponti erstmals 1950 während eines Schönheitswettbewerbs, in dem sie Bewerberin und er Juror war. Ihre Beziehung wuchs, und Ponti leitete ihre Karriere. Unter ihrem Künstlernamen Sophia Loren erreichte sie erste Berühmtheit in dem Film *Aida* (1953), in der sie in der Hauptrolle zum Gesang von Renata Tebaldi die Lippen bewegte.

1957 wurde Ponti in Mexiko von seiner Frau Giuliana geschieden und heiratete die Loren. Eine Scheidung aber war in Italien verboten, und 1962 wurde die Ehe von der Römisch-Katholischen Kirche annulliert. Ponti wurde wegen Bigamie angeklagt. Daraufhin zog er mit Giuliana und Sophia nach Frankreich, wo die Scheidung legal war. Die Ehe wurde 1965 geschieden. Nun konnten sich Ponti und Loren in einer Zivilzeremonie in Sèvres trauen lassen.

[6] Tom Stoppard zuhause.

[7] Präsident Johnson bei einem Besuch von US-Truppen in Vietnam.

1966
Die **Beatles** geben ihren Abschied von Live-Auftritten bekannt, um sich völlig auf die Ausnutzung der Möglichkeiten des Aufnahme-Studios zu konzentrieren.

1966
Die lateinamerikanische Gipfel-Konferenz gibt die **Erklärung von Bogota** heraus, die nach einer schnellen Wirtschaftsvereinigung Lateinamerikas verlangt.

[6]
1966
Das Schauspiel **Rosencrantz and Guildenstern are dead** von Tom Stoppard wird beim Edinburgher Festival uraufgeführt. Das Schauspiel belegt die sprachliche Virtuosität des in der Tschechoslowakei geborenen englischen Dramatikers.

[7]
Januar 1966
In seiner dritten Rede zur Lage der Nation verkündet Präsident Lyndon B. Johnson die US-amerikanische Unterstützung für **Vietnam** „bis die Aggression beendet ist" und verspricht, sein Reformprogramm „Great Society" fortzusetzen.

31. Januar 1966
Die Sowjetunion startet **Luna 9**, das erste Raumfahrzeug, das eine weiche Landung auf dem Mond machen wird.

25. Februar 1966
Leonid Breschnew wird Vorsitzender einer Kommission, die eine neue Satzung für **Kollektive** ausarbeiten soll. Sie beruht auf einer sowjetischen Entscheidung, das 30 Jahre alte Landwirtschaftssystem zu diskutieren und zu revidieren.

1966-1967

25. März 1966
Das US-amerikanische Oberste Gericht entscheidet, dass die **Kopfsteuer von Virginia** als Voraussetzung, bei einer Wahl mitwählen zu dürfen, verfassungswidrig ist.

31. März 1966
Die Labour Party gewinnt die Wahlen in Großbritannien und **Harold Wilson** kann mit einer viel größeren Mehrheit weiterregieren.

8. April 1966
Leonid Breschnew wird Generalsekretär der KPdSU.

26. Mai 1966
Guyana, früher eine Kolonie der Niederländer, dann der Franzosen und später der Briten, erreicht seine Unabhängigkeit.

30. Juli 1966
Zum ersten Mal bombardieren **US-amerikanische Flugzeuge** die entmilitarisierte Zone (DMZ), die Nordvietnam von Südvietnam trennt.

August 1966
Mao Zedong startet die große proletarische **Kulturrevolution,** um den Geist der Revolution in China zu erneuern. Er schließt Schulen und ermuntert Gruppen von Jugendlichen, „Rote Garden" genannt, dazu, alle traditionellen Werte anzugreifen und Parteibeamte zu kritisieren.

DIE KULTURREVOLUTION

Eine Bewegung, die von Mao Zedong gestartet wurde, um den Geist der Revolution in China zu erneuern

Mao fürchtete die Entstehung einer städtischen bürgerlichen Schicht aus der traditionell elitären chinesischen Gesellschaft. Zudem glaubte er, dass Programme, die eingerichtet worden waren, um Korrekturen am erfolglosen „Großen Sprung Vorwärts" durchzuführen, zeigten, dass es seinen Mitstreitern an Engagement fehlte. Deshalb organisierte er Chinas städtische Jugend in Gruppen, die „Rote Garden" genannt wurden. Einige von ihnen werden (links) gezeigt, wie sie die „Bibel" der Revolutionäre, Maos „Kleines Rotes Buch", in dem politische Slogans aufgeführt sind, empor halten.

Die „Roten Gardisten" schlossen Chinas Schulen und griffen alle traditionellen und „bürgerlichen" Werte an. Sie zersplitterten bald in heftig konkurrierende Gruppen, und 1968 sandte Mao Millionen von ihnen ins ländliche Hinterland, um wieder Ordnung in die Städte zu bringen. Eine Koalition von Mao-Getreuen innerhalb der Regierung „reinigte" dann die gemäßigteren Elemente.

[1] Francis Chichester an Bord seiner Jacht.

[7] Ein Minirock in London.

[8] Die Green Bay Packers während des ersten „Super Bowls".

15. November 1966
Das US-amerikanische **Gemini-Programm**, das den bemannten Mondflug vorbereiten soll, kommt mit der Wasserung von *Gemini 12* zu einem erfolgreichen Abschluss.

30. November 1966
Barbados, eine zu den Kleinen Antillen zählende Insel in der Karibik, erreicht die volle Unabhängigkeit von Großbritannien. Es hatte bereits 1961 die innere Selbstverwaltung erhalten.

[6]
1. Dezember 1966
Der konservative Politiker **Kurt Georg Kiesinger**, ein Mitglied der Christlich Demokratischen Union (CDU), wird Kanzler (1966-69) der Bundesrepublik Deutschland.

19. Dezember 1966
Die Generalversammlung der Vereinten Nationen verabschiedet den **Weltraumvertrag**, einen internationalen Vertrag, der die Parteien verpflichtet, den Weltraum nur zu friedlichen Zwecken zu nutzen.

[7]
ca. 1966
Der **Minirock**, mit einem Saum um mehrere Zentimeter über dem Knie, revolutioniert die Frauenkleidung und eröffnet ein neues Zeitalter in der Mode. Konservativere Beobachter sind über seine Knappheit empört.

1967
Die britischen Radioastronomen Jocelyn Bell und Antony Hewish entdecken den ersten **Pulsar**, einen Himmelskörper, der äußerst regelmäßige Stöße von Radiowellen ausstrahlt.

27. August 1966
Der britische Abenteurer **Sir Francis Chichester** sticht von Plymouth in England aus in See. In einer Einhand-Weltumseglung mit der *Gypsy Moth IV* durchsegelt er die 14100 Meilen nach Sydney in 107 Tagen. Er kehrt nach Plymouth um Kap Hoorn herum in 119 Tagen zurück.
[1]

31. August 1966
Der Senkrechtstarter-Jagdbomber **Harrier** macht seinen ersten Flug.
[2]

16. September 1966
Das **neue Metropolitan Opera House** im Lincoln Centre in New York City wird mit der Weltpremiere von Samuel Barbers *Antonius und Cleopatra* eröffnet.

30. September 1966
Botsuana (früher das britische Protektorat von Bechuanaland) wird zu einer unabhängigen Republik unter der Führung von Präsident Sir Seretse Khama.
[3]

21. Oktober 1966
Eine riesige Kohleabraumhalde rutscht einen Berg hinab, ergießt sich über **Aberfan** in Südwales und begräbt u.a. eine Schule unter sich. 144 Menschen, größtenteils Kinder, sterben.
[4]

November 1966
Florenz erlebt die schlimmsten Überschwemmungen in seiner Geschichte, als der Arno über seine Ufer tritt. Viele Kunstwerke und wertvolle Bücher werden schwer beschädigt.
[5]

[2] Eine frühe Version dessen, was der Senkrechtstarter „Harrier" werden wird, entfernt sich vertikal.

[6] Kanzler Kiesinger mit seinem neuen Kabinett. Sein Vizekanzler, Willi Brandt, ist rechts.

[5] Der Fußboden der Galerie, in der Michelangelos „David" ausgestellt ist, während der Überschwemmungen in Florenz mit einer Schicht Schlamm bedeckt.

[3] Sir Seretse Khama.

[4] Retter graben in der Kohleabraumhalde, die nach starken Regenfällen aufgeweicht und abgerutscht ist und dabei einen Teil einer Schule in Aberfan verschüttet hat.

1967
Der kolumbianische Autor **Gabriel García Márquez** vollendet seinen epischen Roman *Hundert Jahre Einsamkeit*. Während der Schauplatz realistisch ist, gibt es fantastische Episoden, eine Kombination bekannt als *magischer Realismus*.

[8]
1967
Das Team von **Green Bay** aus der National Football League besiegt Kansas City aus der American Football League im ersten *Super Bowl*. Drei Jahre später verschmelzen sich die Ligen zur National Football League.

1967
Der Boxweltmeister im Schwergewicht, **Muhammad Ali**, lehnt seine Einberufung in die Streitkräfte aus religiösen Gründen ab. Er wird daraufhin wegen Verstoßes gegen das Einberufungsgesetz verurteilt und vom Boxsport ausgeschlossen.

1967
IBM führt die **Diskette** als Speichermedium für Computerdaten ein.

1967
In **Japan** verklagen Asthmatiker den petrochemischen Komplex der Stadt Yokkaichi auf Schadensersatz. Der Prozess ist einer von mehreren, die schnell sowohl die Gesetzeslage als auch die Umweltqualität in Japan ändern.

1967
Das US-amerikanische Oberste Gericht erklärt, dass die gesetzlichen Verbote von **gemischtrassischen Ehen** der Rassendiskriminierung dienen und so den 14. Zusatzartikel verletzen.

1967
Japan führt als erstes Land der Welt ein grundlegendes Gesetz zur Kontrolle der Umweltverschmutzung ein und begründet somit den ersten umfassenden Umweltschutz.

1967
John McEwen von der Country Party wird Premierminister Australiens nach dem Tod seines Amtsvorgängers Harold Holt.

1967
Der kenianische Anthropologe **Richard Leakey** entdeckt den Fundort von Koobi Fora, die reichhaltigste Fundstelle von frühmenschlichen Überresten, die bis heute irgendwo auf der Welt entdeckt wurde.

1967
Der private einverständliche Geschlechtsverkehr zwischen Erwachsenen, einschließlich des **gleichgeschlechtlichen Geschlechtsverkehrs**, wird in England entkriminalisiert.

1967
Der südafrikanische Chirurg Christiaan Barnard führt die erste **Herzverpflanzung beim Menschen** durch.

1967
Die **Weltausstellung in Montreal** wird vom Pavillon der USA beherrscht. Die massive geodätische Kuppel wurde von Buckminster Fuller entworfen.
[1]

[5] Catherine Deneuve als eine Frau aus dem Mittelstand, die in einem Bordell arbeitet, um ihrer Gefühllosigkeit zu entfliehen.

[1] Die Hochbahn und die geodätische Kuppel auf der Montrealer Weltausstellung.

[6] Donald Campbell, der 1964 kurz sowohl den Geschwindigkeitsweltrekord zu Land als auch zu Wasser hielt, stirbt in seinem Boot „Bluebird K7". Er erreichte eine Geschwindigkeit von mehr als 480 km/h, traf jedoch bei seiner Fahrt zurück auf Wellen, die er bei seinem ersten Lauf erzeugt hatte und überschlug sich. Das Boot wurde durch einen modifizierten Düsenantrieb angetrieben.

[7] GIs rücken auf offenem Gelände gegen den Viet Cong vor.

[5]
1967
Der französische Filmstar **Catherine Deneuve** spielt die Hauptrolle in dem Film *Belle de Jour*, in dem der berühmte surrealistische spanische Regisseur-Veteranen Luis Bunuel Regie führt.

[6]
4. Januar 1967
Donald Campbell stirbt auf dem See Coniston Water im Lake District in England bei einem Versuch, den Geschwindigkeitsweltrekord zu Wasser zu brechen.

14. Februar 1967
Ein Vertrag, der Kernwaffen in Lateinamerika verbietet, wird in **Mexiko City** unterzeichnet.

20. Februar 1967
Die National Gallery of Art in Washington, D.C., gibt bekannt, dass sie das Gemälde *Das Bildnis der Ginevra Benci* von **Leonardo da Vinci** von Franz Josef II. von und zu Liechtenstein für einen Rekordpreis von 5 bis 6 Millionen Dollar gekauft hat.

[7]
22. Februar 1967
Eine Streitmacht von mehr als 25 000 US-amerikanischen und südvietnamesischen Truppen startet ungefähr 70 Meilen nördlich von Saigon die **Operation „Junction City"**, die größte Offensive des Vietnam-Krieges.

27. Februar 1967
Saint Kitts und Nevis (mit **Anguilla**) wird ein unabhängiger, im British Commonwealth verbleibender Staat.

1967
Der **Verband Südostasiatischer Nationen (ASEAN)** wird von Indonesien, Malaysia, den Philippinen, Singapur und Thailand gegründet, um das Wirtschaftswachstum, den sozialen Fortschritt und die kulturelle Entwicklung sowie Frieden und Sicherheit zu fördern.

1967
Die BBC führt als erste Sendeanstalt in Europa regelmäßige **Farbfernsehsendungen** ein.

1967
Die Beatles veröffentlichen ihr klassisches psychedelisches Konzeptalbum **Sgt. Pepper's Lonely Hearts Club Band** auf dem Höhepunkt des „Sommers der Liebe."
[2]

1967
Der erste **Geldautomat** wird bei einer Filiale der Barclays PLC Bank in Enfield, einer Vorstadt Londons, installiert. Um 2007 wird es weltweit 1,5 Millionen Automaten geben.
[3]

1967
Die drei Besatzungsmitglieder von **Apollo 1**, Kommandant Virgil I. „Gus" Grissom, Senior-Pilot Ed White und Pilot Roger B. Chaffee, werden die ersten Todesopfer der US-amerikanischen Raumfahrt, als ein Feuer ihre Raumkapsel während einer Start-Simulation zerstört.

1967
Der französische linguistische Philosoph **Jacques Derrida**, Schöpfer der kritischen Methode *Dekonstruktion*, veröffentlicht seine bekannteste Arbeit *Grammatologie*.
[4]

[2] Die Beatles feiern „Sgt. Pepper" im Haus ihres Managers Brian Epstein. John Lennon trägt eine schottische Felltasche sowie einen afghanischen Mantel.

[3] Der allererste Geldautomat.

[4] Jacques Derrida.

[9] Autor Benjamin Spock, Martin Luther King Jr., Father Frederick Reed und Cleveland Robinson, ein Gewerkschaftsführer, marschieren gegen den Krieg in Vietnam.

[8] Die „Torrey Canon" ist auseinander gebrochen. Ihre ausgelaufene Ladung verschmutzt viele Kilometer von französischen und britischen Stränden, aber genauso viel, wenn nicht mehr Schaden wird durch die 10 000 Tonnen zur Reinigung verwendeter Lösungsmittel angerichtet.

[10] Israelische Halbkettenfahrzeuge mit gut gelaunten Truppen, die nach Ägypten vorrücken.

3. März 1967
Der karibischen Insel **Grenada** wird die innere Selbstverwaltung zugestanden. Sie ist die letzte von sieben Inseln aus den Inselgruppen über und unter dem Winde, die diesen Status seit dem 27. Februar erhält.

[8]
18. März 1967
Der Großtanker **Torrey Canyon** läuft mit 120 000 Tonnen Rohöl an Bord auf einem Felsen zwischen Cornwall und den Scilly-Inseln auf. Es ist die erste derartig große Katastrophe, die zu einer Ölpest führt.

[9]
15. April 1967
Mehr als 100 000 **Friedensdemonstranten**, unter ihnen Martin Luther King Jr., marschieren durch die Straßen New York Citys und versammeln sich vor den Vereinten Nationen, um gegen den Krieg in Vietnam zu protestieren.

24. April 1967
Der sowjetische Kosmonaut **Wladimir Komarow** stirbt als erster Mensch bei einer Raumfahrtmission, als sich sein Raumfahrzeug bei der Landung in seinem Fallschirm verfängt.

2. Juni 1967
Der deutsche Student **Benno Ohnesorg** wird während einer Demonstration in Berlin gegen den Besuch des Schahs von Persien erschossen.

[10]
5.-10. Juni 1967
Israelische Streitkräfte bezwingen im **Sechstagekrieg** die ägyptischen, jordanischen und syrischen Truppen. Sie erhalten die Kontrolle über die Sinai-Halbinsel, das Westjordanland, den Gazastreifen, die Golanhöhen und ganz Jerusalem.

1967-1968

15.-16. Juni 1967
Das **Monterey** Pop Festival ist das erste kommerzielle US-amerikanische Musik-Festival. Es treten u.a. auf: Jimi Hendrix, The Who, Janis Joplin, Jefferson Airplane, The Grateful Dead und The Byrds.
[1]

29. Juni 1967
Araber und Israelis treffen zum ersten Mal seit 19 Jahren ungehindert in **Jerusalem** aufeinander, als die Barrieren, welche die Stadt in Sektoren teilten, entfernt werden.

15. August 1967
Der Führer der US-amerikanischen Nazi-Partei **George Lincoln Rockwell** wird in Arlington, Virginia, von einem ehemaligen Helfer erschossen.
[2]

21. August 1967
Der populäre griechische Komponist **Mikis Theodorakis** wird verhaftet und ins Gefängnis gesperrt, weil er sich dem „Regime der Obersten" von George Papadopoulos und Stylianos Pattakos, die im April in einem Staatsstreich die Macht ergriffen hatten, entgegengestellt hat.

3. September 1967
Schweden stellt seinen Straßenverkehr erfolgreich von Links- auf Rechtsverkehr um. Vorangegangen waren vier Jahre der Planung und Fahrzeugumbauten.

8. Oktober 1967
Die prominente kommunistische Leitfigur der kubanischen Revolution, der südamerikanische Guerillakämpfer **Che Guevara**, wird in Bolivien festgenommen. Er wird später von der bolivianischen Armee erschossen.
[3]

[1] Jimi Hendrix auf dem Monterey Pop Festival.

[2] George Lincoln Rockwell hält eine Rede. John Patler, sein späterer, vermutlicher Mörder, ist neben ihm.

[3] Der Leichnam von Che Guevara wird von der bolivianischen Armee Journalisten präsentiert, einen Tag nachdem er erschossen wurde.

[6] Stanley Kubrick. „2001" ist der erste Film, der wegen seiner vielen Spezialeffekte bekannt wird.

[7] Arthur Ashe in Wimbledon 1968. 1975 wird er der erste Afroamerikaner werden, der dort gewinnt.

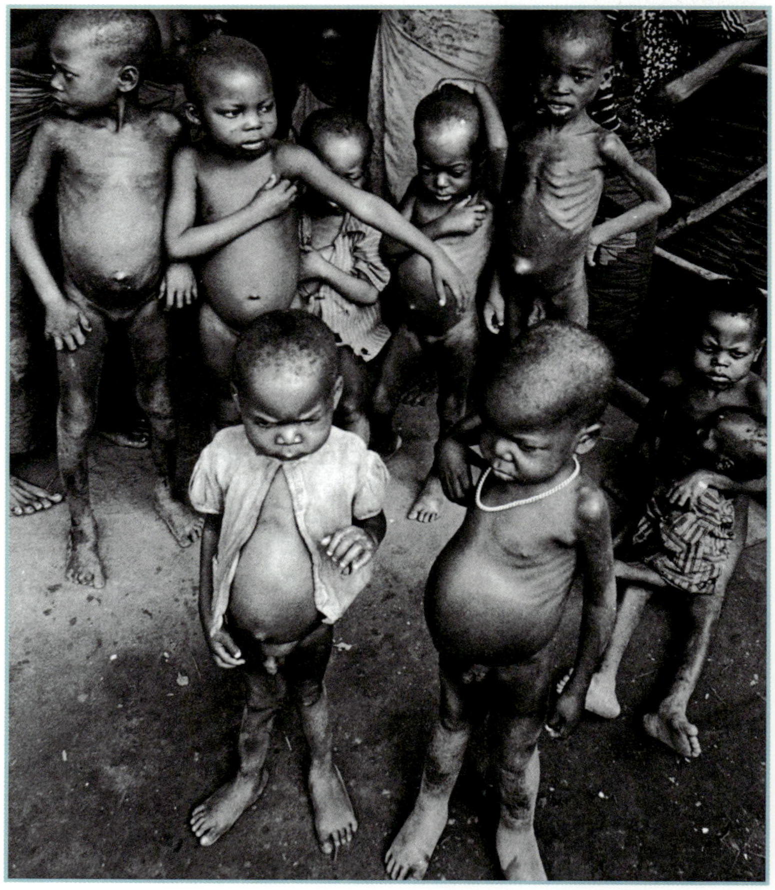

[8] Kinder aus Biafra mit vor Hunger aufgeblähten Bäuchen. Bilder wie dieses regen Luftbrücken mit Hilfsgütern an, die von nichtstaatlichen westlichen Organisationen durchgeführt werden.

[6]
1968
Der US-amerikanische Filmregisseur Stanley Kubrick dreht den äußerst erfolgreichen Science-Fiction-Klassiker, **2001: Odyssee im Weltraum**, der einen Oscar für Spezialeffekte erhalten wird.

[7]
1968
Der US-amerikanische Tennisspieler **Arthur Ashe** siegt sowohl bei den Amateur- als auch bei den offenen US-Meisterschaften im Herreneinzel und wird damit zum ersten afroamerikanischen Gewinner eines Major-Titels bei den Männern.

1968
Aurelio Peccei beruft eine Konferenz ein, aus der sich der **Club of Rome** entwickeln wird. Der Klub veröffentlicht pessimistische Visionen über Rohstoffmangel und Umweltsorgen. Die Publikation *Die Grenzen des Wachstums* (1972) beschreibt diese Position.

[8]
1968
Der Bürgerkrieg in Nigeria geht in sein zweites Jahr. Unter dem Oberst Ojukwu hatte sich ein Gebiet im Südosten des Landes unter dem Namen **Biafra** abgespalten. Den Menschen dort droht wegen einer Blockade der Hungertod.

[9]
1968
Kommunen werden zu einer populären Lebensgemeinschaft unter den Mitgliedern der Gegenkultur in den Vereinigten Staaten und Europa. Der größte Teil löst sich innerhalb von ein paar Jahren auf, aber einige existieren Jahrzehnte lang.

1968
Tests auf Doping und Überprüfungen des weiblichen Geschlechts werden zum ersten Mal während der **Olympischen Sommerspiele** in Mexiko City eingeführt.

11. November 1967
Die letzten britischen Truppen verlassen **Aden.** Die Stadt wird bald zur Hauptstadt der Demokratischen Volksrepublik Jemen.
[4]

22. November 1967
Die **Resolution 242 der Vereinten Nationen** beendet den Sechstagekrieg. Sie fordert die arabischen Staaten auf, Israels Recht auf Existenz zu akzeptieren, und von Israel, sich von den gerade eroberten Territorien zurückzuziehen.

1. Dezember 1967
Griechenland und die Türkei schließen einen international vermittelten Vertrag, der die Probleme löst, die zu einem Krieg um **Zypern** zu führen drohten.

5. Dezember 1967
Der Arzt Benjamin Spock und der Dichter Allen Ginsberg sind unter den 264 Personen, die verhaftet werden, als mehr als 1000 Menschen versuchen, eine New Yorker Musterungsstelle zu schließen. Die Aktion ist Teil einer nationalen **„Stoppt die Einberufungen"-Woche.**

14. Dezember 1967
Biochemiker der Stanford Universität berichten, dass sie eine synthetische Version der **DNS** erzeugt haben.

1968
Die französische Filmschauspielerin **Jeanne Moreau**, die mit ihrer Rolle in dem Meisterwerk von François Truffaut von 1962, *Jules und Jim*, Ruhm erlangte, spielt die Hauptrolle in seinem weniger erfolgreichen Film *Die Braut trug schwarz.*
[5]

[9] Das Kommune-Leben: die „Familie" von „Mystic A". Lange Haare, Bärte und Perlen für die Männer, lange Röcke für die Frauen. Eine Flucht aus der Uniformität in eine Art Uniform.

[10] James Brown, ein fesselnder Darsteller auf der Bühne mit enormer Energie. Er behauptet, der „härteste Arbeiter im Showbusiness" zu sein.

[5] Jeanne Moreau.

[11] Tim Williams, der Häuptling der Klamath River Hurok Indianer aus Kalifornien spricht zu einer Menge, bevor die Alcatraz Insel (im Hintergrund) besetzt wird.

[9] Rainer Langhans und Uschi Obermaier, zwei Gründer der „Kommune 1" in Berlin, fotografiert hier nach deren Auflösung bei dem Versuch, in München eine neue Kommune aufzuziehen.

[4] Britische Soldaten ergreifen einen Aufrührer in Aden ein paar Monate, bevor die letzten von ihnen diesen Vorposten des britischen Reiches am Roten Meer verlassen.

1968
In der vielleicht größten Einzelleistung in der Leichtathletik-Geschichte verbessert der US-Amerikaner **Bob Beamon** bei den Olympischen Sommerspielen in Mexiko City den Weltrekord im Weitsprung um 55 Zentimeter auf 8,90 m.

[10]
1968
James Brown, „der Pate des Souls", feiert den Anstieg der afroamerikanischen politischen Macht mit dem Lied *Say It Loud – I'm Black and I'm Proud* (Sag es laut – ich bin schwarz, und ich bin stolz).

1968
John Gorton von der Liberal Party, die ein militärisches Engagement in Vietnam aufrechterhalten und die Rolle der Bundesregierung bei Ausbildung, Wissenschaft und Besteuerung ausbreiten wird, wird Premierminister Australiens.

[11]
1968
Die **Amerikanische Indianer Bewegung (AIM)** wird in Minneapolis, Minnesota, gegründet. Sie wird Alcatraz Island (1969-71) sowie Wounded Knee in South Dakota (1973) besetzen, um gegen die Indianerpolitik der US-Regierung zu protestieren.

1968
Die ersten **Special Olympics** werden in Chicago abgehalten. Gesponsert werden sie von der Kennedy Foundation und dem Chicago Park District, um geistig behinderten Personen einen Treffpunkt für athletische Wettbewerbe zu bieten.

1968
Die **Glomar Challenger** beginnt, Tiefseebohrungen durchzuführen. Sie nimmt Erdkrustenproben in Wassertiefen von mehr als 7000 Metern, welche die Geologie revolutionieren, da sie die Hypothese der Ozeanbodenspreizung unterstützen.

1968

1968
Die kanadische Firma Bombardier entwickelt kleine Wasserfahrzeuge, so genannte Aufsitzboote. Andere Hersteller erzeugen ihre eigenen Modelle wie den **Jet Ski** von Kawasaki.

1968
Die **Olympischen Winterspiele** finden in Grenoble, Frankreich, statt.

1968
Das Jahr kennzeichnet den weltweiten Höhepunkt des Baus großer Dämme (höher als 15 m). Mehr **Dämme** in einem einzelnen Jahr wurden weder vorher noch seitdem gebaut.

6. Januar 1968
Alexander Dubcek kommt in der Tschechoslowakei an die Macht. Er wird das liberale sozialistische Experiment beginnen, das als „Prager Frühling" bekannt wird.
[1]

7. Januar 1968
Die unbemannte US-amerikanische Raumsonde **Surveyor 7** wird gestartet. Ein paar Tage später vollführt sie eine weiche Landung auf dem Mond.

31. Januar 1968
Nordvietnamesische Truppen beginnen die **Tet-Offensive**, die bis Oktober dauern wird. Sie wird zu einer militärischen Katastrophe für den Norden, erschüttert aber auch nachhaltig die US-amerikanische Entschlossenheit.
[2]

[2] Verwundete US-Marinesoldaten werden auf einem Panzer während der heftigen Kämpfe bei Hué zu Beginn der Tet-Offensive abtransportiert.

[9] Der Yippies-Anführer Jerry Rubin stellt ihren Präsidentschaftskandidaten, Pigasus, während der Demokratischen Wahlversammlung in Chicago vor.

[1] Alexander Dubcek.

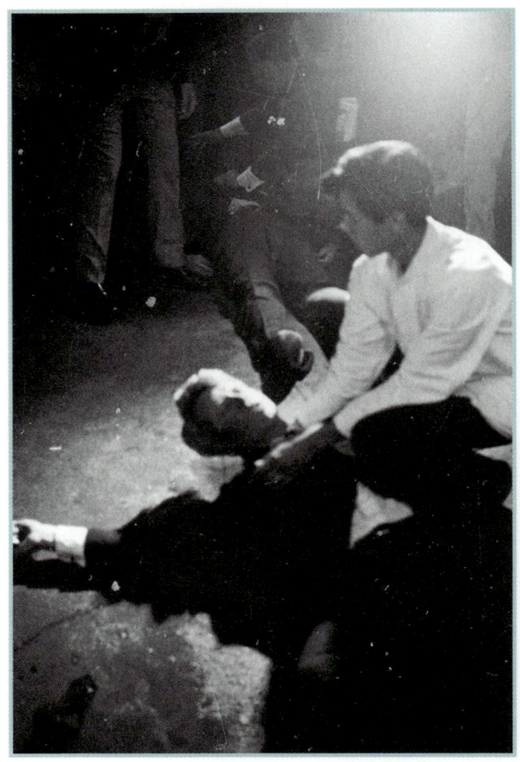

[7] Robert F. Kennedy liegt auf dem Fußboden der Küche des Ambassador Hotels, kurz nachdem er angeschossen wurde. Der Hilfskellner Juan Romero tut sein Bestes, um ihm zu helfen.

[8] Tschechoslowakische Bürger versuchen, einen russischen Panzer in Prag in Brand zu stecken, während einer von ihnen ihm mit einer tschechoslowakischen Fahne gegenübersteht.

1. Juni 1968
Die blinde und taube US-amerikanische Autorin **Helen Keller** stirbt in Westport, Connecticut.

[7]
6. Juni 1968
Der US-amerikanische Senator **Robert F. Kennedy** stirbt an einer Schusswunde, die ihm von dem Attentäter Sirhan Sirhan zugefügt wurde.

1. Juli 1968
Die Vereinigten Staaten, das Vereinigte Königreich, die UdSSR und 59 weitere Staaten unterzeichnen den **Atomwaffensperrvertrag** in einem Versuch, die Ausbreitung von Kernwaffen zu stoppen.

[8]
20. August 1968
Die Warschauer-Pakt-Staaten (außer Rumänien und Albanien) fallen unter Führung der Sowjetunion in die Tschechoslowakei ein, um den **Prager Frühling** zu beenden.

[9]
23. August 1968
Yippies, Mitglieder der Internationalen Jugend Partei (YIP), und ihr Präsidentschaftskandidat, ein Schwein, werden im Chicagoer Behördenviertel verhaftet.

24. August 1968
Frankreich bringt seine erste **Wasserstoffbombe** im Südlichen Pazifik zur Detonation und wird damit die fünfte Atommacht in der Welt.

18. Februar 1968
Das Vereinigte Königreich wechselt von der Mittleren Greenwicher Zeit (**Greenwich Mean Time – GMT**) auf die Mitteleuropäische Zeit (MEZ), eine Stunde weiter.

16. März 1968
Während des Krieges von Vietnam töten US-amerikanische Soldaten auf einer „Suchen-und-zerstören-Mission" 500 unbewaffnete Dorfbewohner im kleinen Ort **My Lai**, der für einen Stützpunkt des Viet Cong gehalten wurde.
[3]

4. April 1968
Der Führer der Bürgerrechtsbewegung **Martin Luther King Jr.** wird in Memphis, Tennessee, von James Earl Ray ermordet. Im Laufe der folgenden Woche brechen Unruhen in ungefähr 125 US-amerikanischen Städten aus.
[4]

20. April 1968
Pierre Elliot Trudeau von der Liberalen Partei wird Premierminister Kanadas. Er wird die französische separatistische Bewegung entmutigen, die Bildung einer neuen Verfassung leiten und Beziehungen zu China aufnehmen.
[5]

Mai 1968
Wochen des Aufruhrs und der **Demonstrationen in Paris** durch französische Studenten und Teile der Arbeiterschaft bringen das Land zu einem faktischen Stillstand.
[6]

Juni 1968
Die irakische Armee stürzt das Arif-Regime mit der Unterstützung einiger Zivilisten. Sie ebnet damit dem Aufstieg der **Ba'th-Partei** den Weg.

[3] Frauen und Kinder, die von der US-Armee in My Lai zusammengetrieben wurden und bald darauf erschossen werden.

[4] Bürgerrechtsführer Andrew Young und andere weisen auf die Stelle hin, von welcher der Schuss, der Martin Luther King Jr. tötete, herkam. Er liegt zu ihren Füßen.

[6] Französische Polizisten stellen sich Studenten auf einer Pariser Straße auf dem linken Seineufer während „Les Événements", wie der Maiaufruhr genannt wird, entgegen.

[5] Pierre Trudeau wird nach seiner Wahl zum Premierminister beglückwünscht.

[10] Jacqueline Kennedy mit ihrem neuen Ehemann, Aristoteles Onassis.

19. September 1968
Micky Maus feiert seinen 40. „Geburtstag".

2. Oktober 1968
Das blutigste Aufeinandertreffen von Militär und Studenten in einem neunwöchigen Studentenstreik ereignet sich in **Mexiko City**.

3. Oktober 1968
Der peruanische Präsident Fernando Belaúnde Terry wird abgesetzt; Generalmajor **Juan Velasco Alvarado** führt die neue Militärregierung an.

11. Oktober 1968
Das US-amerikanische Raumfahrzeug **Apollo 7** vollführt mit einer vollen Besatzung von drei Astronauten an Bord einen Flug mit 163 Erdumläufen. Dies ist ein großer Schritt auf dem Weg, einen Menschen zum Mond zu bringen.

[10]
20. Oktober 1968
Die ehemalige „First Lady" **Jacqueline Kennedy** heiratet den griechischen Schiffsmagnaten Aristoteles Onassis.

31. Oktober 1968
Der US-amerikanische Präsident Lyndon B. Johnson befiehlt das Ende der amerikanischen Bombardierungen von **Nordvietnam**.

1968-1969

16. Dezember 1968
Die **spanische Regierung** erklärt eine Verordnung von 1492, die Juden aus Spanien vertreibt, für ungültig.

23. Dezember 1968
82 Besatzungsmitglieder der **USS Pueblo** werden frei gelassen. Sie befanden sich 11 Monate wegen angeblicher Spionage in nordkoreanischer Gefangenschaft.

ca. 1968
Der **Minimalismus** erscheint in der Malerei, Bildhauerei und Musik. In den bildenden Künsten ist der *Minimalismus* eine Reaktion gegen die Subjektivität des *abstrakten Expressionismus.*

1969
Kanada gewährt der französischen Sprache in nationalen Regierungsangelegenheiten den gleichen amtlichen Status wie der englischen.

1969
Der US-amerikanische Romanschriftsteller **Kurt Vonnegut** vollendet seinen komischen und satirischen Roman *Slaughterhouse Five* (Schlachthof 5).
[1]

1969
ARPANET, der erste Bestandteil dessen, was später das *Internet* werden wird, wird eingeführt.

[1] Kurt Vonnegut. Sein Roman beruht auf seiner Zeit als Kriegsgefangener in Deutschland 1945, als er die alliierten Bombardierungen Dresdens miterlebte.

[4] Golda Meir mit ihrer allgegenwärtigen Zigarette.

[5] James Earl Ray. Sein Schuldbekenntnis führt dazu, dass es keine richtige Verhandlung gibt, während derer die volle Wahrheit hätte ans Tageslicht kommen können.

[6] Thor Heyerdahl blickt auf sein nach ägyptischen Vorbildern aus Papyrusbündeln gefertigtes Schiff, in dem er den Atlantik zu überqueren hofft.

[7] US-amerikanische Beamte patrouillieren das mexikanische Grenzgebiet.

[4]
1969
Golda Meir wird die erste weibliche Premierministerin Israels.

1969
Die **Intel Corporation** entwickelt den *4004*, den ersten Mikroprozessor. Er wird 1972 in der Raumsonde *Pionier 10* verwendet werden.

[5]
1969
James Earl Ray bekennt sich des Mordes an Martin Luther King Jr. für schuldig. Er wird in einem Schnellgerichtsverfahren in Memphis, Tennessee, zu 99 Jahren Gefängnis verurteilt.

1969
Ken Thompson von den Bell Laboratories entwickelt das **UNIX** Computer-Betriebssystem.

[6]
1969
Der norwegische Anthropologe und Autor **Thor Heyerdahl** und seine Mannschaft geben ihr Papyrus-Boot *Ra* auf. Mit ihrer Fahrt hatten sie versucht zu beweisen, dass die alten Ägypter den Atlantischen Ozean hätten durchqueren können.

[7]
1969
Die **Operation Intercept**, mit der die USA versuchen, den Schmuggel von Rauschgiften aus Mexiko zu unterbinden, tritt entlang der Grenze der Vereinigten Staaten zu Mexiko in Kraft.

1969
Bonny, ein in einem NASA-Raumflug, der eigentlich 30 Tage dauern sollte, eingesetzter **Schweinsaffe,** stirbt 12 Stunden nachdem er am neunten Tag zurückgeholt wurde.

1969
Der Bürgerrechtsführer **Ralph D. Abernathy** beginnt, Märsche in Charleston, South Carolina, anzuführen, um einen seit einem Monat andauernden Streik von Krankenhausangestellten zu unterstützen.
[2]

1969
Die Währungen von 14 afrikanischen Nationen, alle ehemalige französische Kolonien, werden wieder an den abgewerteten **Franc** gebunden.

1969
Äquatorialguinea verhängt den staatlichen Notstand. Dies geschieht neun Tage nach einer Bitte um eine UN-Friedenstruppe, die aggressive Übergriffe von spanischen Truppen verhindern sollte.

1969
Fatah-Führer **Jassir Arafat** wird zum Vorsitzenden der Befreiungsorganisation von Palästina (PLO) gewählt.
[3]

1969
Gary Starkweather von der Xerox Corporation erfindet den **Laserdrucker**.

[2] Ralph Abernathy (Mitte) mit anderen Aktivisten der Southern Christian Leadership Conference (SCLC) in Georgia. Jesse Jackson ist an seiner rechten Seite und Andrew Young an seiner linken.

[8] Die Mannschaft von Monty Python (von links nach rechts): John Cleese, Graham Chapman, Michael Palin, Terry Jones und Eric Idle.

[3] Jassir Arafat mit einem Maschinengewehr, das sein Image als harter Mann belegen soll, in Amman mit dem damaligen jordanischen Premierminister Abdul Mon'er Rifai.

[9] US-Präsident Richard M. Nixon wird von einer begeisterten Menge in Deutschland begrüßt.

[8]
1969
Die erste Folge der absurden Comedy-Show **Monty Python's Flying Circus** wird im britischen Fernsehen übertragen. Im Laufe der Jahre erreicht sie einen weltweiten Kultstatus.

1969
Der peruanische Präsident **Juan Velasco Alvarado** gibt die Beschlagnahme des gesamten Vermögens der International Petroleum Company bekannt.

1969
Plácido Domingo gibt sein Debüt an der Scala in Mailand. Der in Spanien geborene Tenor fällt durch seine widerhallende und starke Stimme auf.

[9]
1969
Richard M. Nixon von der republikanischen Partei wird der 37. Präsident der Vereinigten Staaten. Er wird bis 1974 im Amt bleiben. Seine Vizepräsidenten sind Spiro T. Agnew (1969-73) und Gerald R. Ford (1973-74).

1969
Unruhen während der Entscheidungsspiele für die Qualifikation zur Fußball-Weltmeisterschaft führen zu einem Streit zwischen El Salvador und Honduras. Honduras bricht die diplomatischen Beziehungen zu El Salvador ab.

1969
Saigon wird während der laufenden kommunistischen Offensive im Vietnamkrieg Ziel von Raketenangriffen, die sehr schwere und große Zerstörungen anrichten.

1969

1969
Durch eine Kabinettsänderung in Spanien kommt eine Fraktion des **Franco-Regimes** ins Blickfeld der Öffentlichkeit, die hauptsächlich aus Mitgliedern der katholischen Organisation „Opus Dei" besteht.

1969
Tansania, das als erstes Land vom US-Friedenscorps unterstützt wurde, beendet das Mandat des Corps.

1969
Die **Weathermen**, eine Splittergruppe der Organisation „Studenten für eine Demokratische Gesellschaft" (SDS) veranstaltet vier Tage lang andauernde radikale Aktionen, um „den Krieg nach Hause zu bringen". [1]

1969
Der batteriebetriebene **Rauchmelder** wird von Randolph Smith und Kenneth House von der Interstate Engineering Corporation in Kalifornien zum Patent angemeldet.

1969
Das populäre Fernsehprogramm **Sesamstraße** des Children's Television Workshop wird zum ersten Mal ausgestrahlt. Seine Hauptcharaktere, einschließlich „Bibo" und „Krümelmonster" sind die Geistesprodukte des Puppenmachers Jim Henson. [2]

1969
Der erste gewerblich erfolgreiche **Videokassettenrekorder** wird von der Firma Sony eingeführt. Die nachfolgende Entwicklung des Betamax-Formats durch Sony und des VHS-Formats durch die Matsushita Corporation machen Videorekorder erschwinglich.

[1] „Weathermen" protestieren gegen die Gerichtsverhandlung gegen die „Chicago Sieben", selbsternannte „Revolutionäre". Ihr Name stammt aus einer Zeile von Bob Dylan: „Du brauchst keinen Wetteransager (weatherman), um zu wissen, in welche Richtung der Wind bläst."

[2] Mitglieder des Teams der „Sesamstraße", einschließlich „Bibo", am Drehort.

[8] Olof Palme.

[4] Georges Pompidou: „Ja, ich bin im Zentrum."

[6] Die Polizei von Ulster verschießt Tränengas während des „Kampfs von Bogside" in einem katholischen Gebiet von Londonderry am 12. August. Drei Tage später werden britische Truppen zum ersten Mal auf den Straßen Belfasts aufmarschieren.

[3]
16. Januar 1969
Der tschechoslowakische Student **Jan Palach** verbrennt sich in Prag selbst. Die Aktion ist ein Protest gegen die sowjetische Unterdrückung der Reformen der tschechoslowakischen Regierung des vorigen Jahres.

28. April 1969
Der französische Staatspräsident **Charles de Gaulle** tritt, im Anschluss an seinen Misserfolg in einem Referendum, zurück. Er zieht sich dauerhaft aus der Politik zurück und beginnt, seine Memoiren zu schreiben.

[4]
15. Juni 1969
Der französische Staatsmann, Bankdirektor und Lehrer **Georges Pompidou**, der Premier der Fünften französischen Republik von 1962 bis 1968 war, wird zum Präsidenten gewählt.

1. Juli 1969
Gustav Heinemann von der Sozialdemokratischen Partei Deutschlands wird Bundespräsident der Bundesrepublik Deutschland (1969-74).

[5]
8. Juli 1969
Edward Kennedy, Bruder von John und Robert Kennedy, zerstört seine politische Karriere, als er einen Autounfall, an dem er auf der Insel Chappaquiddick, in der Nähe von Martha's Vineyard in Massachusetts, beteiligt war, nicht sofort anzeigt.

20. Juli 1969
Der US-Astronaut **Neil Armstrong** wird der erste Mensch, der die Oberfläche des Mondes betritt. Als er aussteigt, sagt er, „Es ist ein kleiner Schritt für einen Mann, ein riesiger Sprung für die Menschheit." Mit ihm landet „Buzz" Aldrin.

1969
Der erste **Nobelpreis für Wirtschaftswissenschaften** wird an Ragnar Frisch aus Norwegen und Jan Tinbergen aus den Niederlanden für ihre Arbeit in *Ökonometrie* vergeben.

1969
Die Regierung von US-Präsident Nixon verordnet ein Ende des Gebrauchs des Schädlingsbekämpfungsmittels **DDT** innerhalb von 30 Tagen.

1969
Die Zeitung **The Saturday Evening Post**, gegründet 1821, kündigt das Ende ihres Erscheinens an.

1969
Die Fernsehhochzeit von **Tiny Tim** (Herbert Khaury) und „Miss Vicky" (Victoria Budinger) zieht das größte Publikum an, das jemals für eine Spätabend-Talkshow in den Vereinigten Staaten registriert wird.

1969
Die US-amerikanische Bundesbehörde zur Überwachung von Nahrungs- und Arzneimitteln berichtet, dass sie den Gebrauch von **Antibabypillen** für „sicher" hält.

12. Januar 1969
Der American Football Quarterback **Joe Namath**, der einen Sieg „garantiert" hatte, führt die New York Jets zu einem 16-7 Sieg über die favorisierten Baltimore Colts beim *Super Bowl III.*

DIE MENSCHHEIT AUF DEM MOND

Die Vereinigten Staaten gewinnen das Rennen um die bemannte Mondlandung gegen die Sowjetunion.

Am 16. Juli begannen die US-Amerikaner Neil Armstrong, Edwin „Buzz" Aldrin und Michael Collins die Apollo 11 Mission, den ersten Versuch einer Mondlandung. Während Collins in der Mondumlaufbahn im Kommandomodul verblieb, landete Armstrong das Mondmodul mit dem Spitznamen „Eagle" (Adler) auf einer flachen Lava-Ebene, dem Meer der Ruhe, um 16 Uhr 18 US-amerikanische Ostsommerzeit am 20. Juli (21 Uhr 18 MEZ). Er berichtete der Flugleitung, "Houston. Basis „Meer der Ruhe" hier. Der Adler ist gelandet." Sechseinhalb Stunden später öffnete Armstrong die Tür des Mondmoduls und machte den ersten menschlichen Schritt auf der Oberfläche eines anderen Himmelskörpers. Als er dies tat, bemerkte er: „That's one small step for [a] man, one giant leap for mankind." (Das ist ein kleiner Schritt für [einen] Mann, ein riesiger Sprung für die Menschheit. – Er ließ unabsichtlich das „a" in dem Satz, den er vorbereitet hatte, aus.)Nach Armstrong betrat Aldrin (links) die Mondoberfläche. Die zwei Astronauten blieben zweieinhalb Stunden, erforschten und nahmen Gesteinsproben, bevor sie abhoben und zu Collins ins Kommandomodul zurückkehrten.

[5] Senator Teddy Kennedy, eine Halskrause als Folge des Unfalls tragend, kehrt mit seiner Frau Joan vom Begräbnis von Mary Jo Kopechne, die bei dem Unfall starb, zurück. Die Presse wartet schon.

[9] Willy Brandt, Apostel der „Neuen Ostpolitik" – die Ausräumung gefährlicher Reibungspunkte mit dem Osten durch Verträge.

[7] Ein Werbeplakat für Woodstock.

[3] Zwei Mädchen bei der Totenwache auf dem Wenzelsplatz in Prag am Tag vor dem Begräbnis von Jan Palach, umgeben von Kränzen, die zu seinem Gedenken niedergelegt wurden. Palach starb am 19. Januar.

[6]
Juli-August 1969
Konfessionsstreitigkeiten kommen in **Nordirland** auf. Die Kämpfe werden drei Jahrzehnte dauern und zum Aufstieg der IRA führen.

[7]
15.-17. August 1969
Die dreitägige **Woodstock** Kunst- und Musik-Veranstaltung, einer der Höhepunkte der Gegenkultur der 1960er Jahre, findet in der Nähe von Woodstock, New York, statt.

[8]
14. Oktober 1969
Der sozialdemokratische schwedische Premierminister **Olof Palme** bildet eine Regierung.

15. Oktober 1969
Der Präsident von Somalia, **Abdirashid Ali Shermarke**, wird ermordet.

[9]
21. Oktober 1969
Willy Brandt, Führer der Sozialdemokratischen Partei und Träger des Friedensnobelpreises 1971 für seine Anstrengungen zur Versöhnung zwischen seinem Land und denjenigen des Ostblocks, wird Kanzler der Bundesrepublik Deutschland.

6. Dezember 1969
Bei einem Musikkonzert in Livermore, Kalifornien, werden Mitglieder der Motorrad-Bande **Hell's Angels** als Sicherheitskräfte angestellt. Während die Rolling Stones spielen, springt ein Mann mit einer Pistole auf die Bühne und wird erstochen.

Mick Jagger und die Rolling Stones auf der Bühne, 1976

1970

1970
Die englische Band **Black Sabbath** bringt ihr Debüt-Album heraus. Es trägt den Titel *Black Sabbath* und gilt im Allgemeinen als das erste richtige Heavy-Metal-Album.
[1]

1970
Demonstrationen für die **Gleichberechtigung der Frauen** kennzeichnen den fünfzigsten Jahrestag der Einführung des Frauenwahlrechts in den Vereinigten Staaten von Amerika.
[2]

1970
Ein Geschworenengericht spricht die US-amerikanische politische Aktivistengruppe **Chicago Seven** frei. Sie stand unter dem Verdacht, zum Zeitpunkt der Democratic National Convention (Versammlung der demokratischen Partei) 1968 in Chicago Ausschreitungen geplant zu haben.

1970
Ein mit einem Messer bewaffneter und als Priester verkleideter Attentäter unternimmt einen Mordversuch an **Papst Paul VI.** Der Papst befand sich auf einer Reise nach Asien und in den Südpazifik. Er war gerade auf den Philippinen angekommen.

1970
Befürworter der **Indochina-Politik** des US-Präsidenten Richard Nixon treffen am Rathaus in New York ein. Die Massenversammlung hat 60 000 bis 150 000 Teilnehmer.

1970
Airbus Industrie wird in Europa gegründet. Der Zweck des Unternehmens ist das Ausfüllen der Marktlücke hinsichtlich des Baus von Passagierflugzeugen mit großen Kapazitäten für Kurz- bis Mittelstreckenflüge, die gegenüber US-amerikanischen Maschinen konkurrenzfähig sind.

[2] Demonstration in New York für die Emanzipation der Frauen.

[6] Belmondo und Delon.

[7] Die Boeing 747 mit breitem Rumpf und charakteristischer Wölbung im Profil.

[4] Der Assuan-Staudamm im Jahr 1967, als man die Wassermassen zum ersten Mal passieren ließ.

[1] Black Sabbath.

[5] Paul McCartney mit seiner Frau Linda in Kintyre.

[4]
1970
Der **Assuan-Staudamm** wird fertig gestellt. Er schützt Ägypten nun vor Überflutungen und liefert Wasser für Dürrezeiten, bedeutet aber auch das Ende eines 5000 Jahre alten Bewässerungssystems.

1970
IBM entwickelt die **Floppy Disk** für das Speichern und Transportieren von Daten.

1970
Der japanische Romanschriftsteller **Mishima Yukio** vollendet seine großartige Reihe *Das Meer der Fruchtbarkeit*. Daraufhin verübt er Selbstmord als Protest gegen die „Rückgratlosigkeit" Japans.

1970
New Yorks Bürgermeister John V. Lindsay versetzt die Stadt in Alarmbereitschaft, da eine Temperaturumkehr den Verschmutzungsgrad gefährlich ansteigen lässt. Tokio, Sidney und andere Großstädte erfahren ebenfalls eine **Umweltverschmutzungskrise**.

[5]
1970
Paul McCartney gibt die Auflösung der Beatles bekannt.

[6]
1970
Die französischen Schauspieler Jean-Paul Belmondo und Alain Delon spielen in dem Film **Borsalino** Kleinganoven im Marseille der 1930er Jahre. Der Titel bezieht sich auf ein Hutmodell der Firma Borsalino, das Delon in dem Film trug.

1970
Der US-amerikanische Blues- und Rockgitarrist **Jimi Hendrix** stirbt im Alter von 27 Jahren an den Folgen einer nicht beabsichtigten Überdosis an Barbituraten.
[3]

1970
Der US-Kongress beschließt die Gründung von **Amtrak**. Mit dieser Maßnahme sollen die US-amerikanischen Eisenbahngesellschaften in der Bereitstellung von Dienstleistungen entlastet werden, und die Qualität soll verbessert werden.

1970
Brasilien schlägt Italien in der **Fußballweltmeisterschaft** mit 4:1.

1970
Chilenische Forscher entwickeln das kupferhaltige Intrauterinpessar als **Verhütungsmittel**.

1970
In **Italien** wird die zivilrechtliche Ehescheidung legalisiert. Die mächtige römisch-katholische Kirche erkennt sie jedoch nicht an.

1970
Der britische Molekularbiologe John B. Gurdon beweist, dass das **Klonen** möglich ist. Gurdon transplantiert den reifen Zellkern einer Kaulquappe in das Ei eines Frosches. Das Ei entwickelt sich daraufhin zu einem ausgewachsenen Frosch.

[3] Jimi Hendrix: Viele halten ihn für den größten E-Gitarristen aller Zeiten.

[8] Stewardessen verschiedener Fluggesellschaften stellen sich in der Hoffnung an, an Bord der Concorde fliegen zu dürfen. Sie flog erstmals im Jahr 1969.

CHARLES MANSON

Der Prozess gegen den Anführer des Kults und seine Anhänger

Charles Manson gehört zu den berüchtigtsten Kriminellen der USA. Ab einem Alter von neun Jahren verbrachte Manson einen großen Teil seines Lebens wegen Straftaten wie einfachem Diebstahl, bewaffnetem Raubüberfall, Einbruch und Autodiebstahl in Besserungsanstalten für Jugendliche oder in Gefängnissen. Nach seiner Freilassung im Jahr 1967 zog Manson nach San Francisco. Dort scharte er eine kleine, aber treu ergebene Gruppe von Anhängern um sich, die aus der unkonventionellen Jugendszene der Stadt stammten. Bis zum Jahr 1968 hatte er sich zum Oberhaupt der „Manson Family" entwickelt. Sie war eine religiöse Kommune, die sich dem Studium und der Umsetzung seiner exzentrischen religiösen Lehren widmete. Seine Ideen entnahm er sowohl dem Bereich der Science-Fiction als auch dem Okkulten und der Randpsychologie. Er predigte das Nahen eines apokalyptischen Rassenkrieges, der die Vereinigten Staaten von Amerika verwüsten und der „Family" eine Machtposition verschaffen würde.

Mansons Kontrolle über seine Anhänger wurde 1968-69 drastisch deutlich, als die „Family" auf seinen Befehl mehrere Morde beging. Das bekannteste ihrer Opfer war die Schauspielerin Sharon Tate, die Frau des Filmregisseurs Roman Polanski. Sie wurde zusammen mit drei Gästen in ihrem Haus in Los Angeles getötet. Das Gerichtsverfahren gegen Manson und seine Anhänger im Jahr 1970 wurde von einer breiten Öffentlichkeit verfolgt (links, Manson mit dem öffentlichen Strafverteidiger Fred Schaefer). 1971 wurde Manson zum Tode verurteilt. Nach Abschaffung der Todesstrafe in Kalifornien im Jahr 1972 wurde seine Strafe in lebenslange Haft umgewandelt.

1970
Rhodesien erklärt sich zur Republik und löst die letzten Verbindungen zur Britischen Krone.

1970
Südafrika wird aus dem Internationalen Olympischen Komitee ausgeschlossen.

[7]
1970
Die **Boeing 747** nimmt den Flugbetrieb auf. Durch den *Jumbojet* werden transkontinentale und internationale Flugreisen schneller, einfacher und beliebter.

[8]
1970
Die **Concorde** erreicht eine Spitzengeschwindigkeit von Mach 2.

1970
Gambia wird als Republik innerhalb des British Commonwealth ausgerufen.

1970
In Los Angeles beginnt das Gerichtsverfahren gegen **Charles Manson** und drei Frauen wegen des Mordes an Sharon Tate und ihren Gästen im August 1969.

1970

1970
Die US-amerikanische Finanzbehörde IRS gibt bekannt, dass Privatschulen, an denen **Rassendiskriminierung** ausgeübt wird, den Status der Steuerbefreiung verlieren.

1970
Der deutsche Bundeskanzler Willy Brandt fällt in Warschau vor dem Denkmal zu Ehren der Juden, die im Ghetto während des Aufstands 1943 getötet wurden, auf die Knie. Seine Tat geht als **Warschauer Kniefall** in die Geschichte ein.
[1]

1970
In den Vereinigten Staaten von Amerika wird zur Bekämpfung der Luftverschmutzung das Gesetz **Clean Air Act** erlassen. Es verpflichtet das Verkehrsministerium zur Reduzierung des Schadstoffausstoßes von Kraftfahrzeugen.

1970
Die zweitägige Feier zu Ehren des einhundertsten Geburtstags von Lenin beginnt in **Moskau**.

1970
US-amerikanische Bodentruppen schließen den Rückzug aus **Kambodscha** ab.
[2]

1970
Der US-Senator George McGovern gibt die Gründung des **Komitees zur Beendigung des Krieges** bekannt. Ziele des Komitees sind u.a. das Finanzierungsverbot für militärische Zwecke in Kambodscha und der komplette Rückzug der US-Truppen aus Südvietnam.

[2] US-amerikanische Soldaten in Kambodscha schauen von ihrem gepanzerten Fahrzeug auf tote Viet Cong oder Kambodschaner am Straßenrand herab.

[1] Willy Brandts Geste der Demut und Buße während seines Staatsbesuchs in Polen.

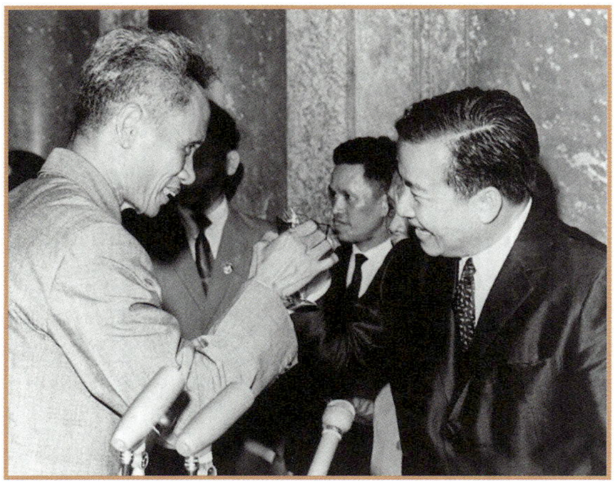

[4] Prinz Sihanouk bringt in Hanoi einen Trinkspruch auf den Premierminister Nordvietnams Phan Van Dong aus. Es waren die Angebote des Prinzen an die Nordvietnamesen, die General Lol Nol dazu brachten, einen Coup gegen ihn zu führen.

[5] Bruno Kreisky wird von Präsident Franz Jonas (links) in sein Amt eingeschworen.

[7] Beschäftigte von Mobil bei einer Probebohrung auf einer Plattform im Beryl-Ölfeld in der Nordsee.

5. März 1970
Der **Atomwaffensperrvertrag** vom 24. November 1969 ist von 45 Ländern ratifiziert und tritt in Kraft.

[4]
18. März 1970
Prinz Norodom Sihanouk von Kambodscha wird durch einen unblutigen Coup gestürzt. Später im Jahr wird die Khmer-Republik ausgerufen.

19. März 1970
In Erfurt treffen sich erstmals seit der Teilung **Deutschlands** die Staatsführer von Ost- und Westdeutschland.

[5]
21. April 1970
Bruno Kreisky wird der erste sozialistische und jüdische Kanzler von **Österreich**.

Mai 1970
Der isländische Vulkan **Hekla** bricht aus und bleibt für mehrere Wochen aktiv.

[6]
4. Mai 1970
Nationalgardisten in Ohio erschießen vier Studenten während der Protestaktionen gegen den Krieg an der **Kent State University**.

1970er Jahre
Unter Verwendung eines Klebstoffes mit niedrigem Haftgrad, der von dem Chemiker Spencer Silver entwickelt wurde, stellt der Chemieingenieur Arthur Fry den **Post-it-Zettel** her. 1980 brachte 3M ihn auf den Markt, und seitdem gehört er zu den führenden Büroartikeln.

ca. 1970
Britische und US-amerikanische Medizinforscher entwickeln das Verfahren des **CAT-Scans**. Tausende von Röntgenstrahlen liefern dabei ein detailliertes Abbild.

ca. 1970
Der Schweizer **Niklaus Wirth** entwirft die Programmiersprache *Pascal* für das Lehren der strukturierten Computerprogrammierung.

12. Januar 1970
Der Versuch der Abspaltung der Region Biafra von **Nigeria** endet mit der Flucht des Generals Chukwuemeka Odumegwu in die Elfenbeinküste.

16. Januar 1970
Oberst Muammar al-Gaddafi wird Staatsoberhaupt von Libyen.
[3]

Februar 1970
In Kairo findet ein Gipfeltreffen zwischen **Ägypten**, Libyen und dem Sudan statt. Zur Debatte steht ein möglicher Militäreinsatz gegen Israel.

[6] Einer der Studenten, die durch die Nationalgardisten an der Kent State University erschossen oder verwundet wurden.

[8] Edward Heath als Premierminister bei seiner ersten Konferenz der Konservativen . Seine Nachfolgerin als Parteivorsitzende Margaret Thatcher ist ebenfalls zu sehen.

[3] Oberst Gaddafi. Es wird sich herausstellen, dass er zu den großen Überlebenskünstlern unter den Diktatoren der Welt gehört.

[9] Natalia Makarowa in „Giselle" im Covent Garden.

[10] Jochen Rindt in der Boxengasse, an dem Nachmittag, an dem er tödlich verunglückte.

[7]
Juni 1970
In der **Nordsee** werden Ölfelder entdeckt.

4. Juni 1970
Das Königreich **Tonga** erreicht innerhalb des British Commonwealth die Unabhängigkeit.

7. Juni 1970
Der britische Romanschriftsteller, Essayist sowie Sozial- und Literaturkritiker **E.M. Forster** stirbt in Coventry in der englischen Grafschaft Warwickshire.

[8]
18. Juni 1970
Die Konservativen gewinnen die britische Parlamentswahl, und **Edward Heath** wird Premierminister.

[9]
September 1970
Die russische Balletttänzerin **Natalia Makarowa** setzt sich in London ab und erhält Asyl in Großbritannien.

[10]
5. September 1970
Der österreichische Rennfahrer **Jochen Rindt** kommt bei einer Trainingsrunde vor dem italienischen Grand Prix in Monza ums Leben.

1970-1971

16. September 1970
König Hussein von Jordanien ruft in Folge der Entführung von vier internationalen Passagierflugzeugen in Amman durch die Volksfront zur Befreiung Palästinas (PFLO) das Kriegsrecht aus.
[1]

25. September 1970
Die Feindseligkeiten während des **Black September**, der kurze aber gewalttätige Bürgerkrieg zwischen der Palästinensischen Befreiungsorganisation (PLO) und Jordanien, kommen zu einem Ende.
[2]

8. Oktober 1970
Alexander Issajewitsch Solschenizyn wird mit dem Nobelpreis für Literatur ausgezeichnet.

10. Oktober 1970
Fidschi erhält die Unabhängigkeit von Großbritannien.

10. Oktober 1970
Pierre Laporte, Arbeitsminister von Quebec, wird von der **Front de Libération du Québec** entführt. Eine Woche später wird er ermordet aufgefunden.

24. Oktober 1970
Die Wahl von **Salvador Allende** zum ersten marxistischen Präsidenten Chiles wird bestätigt.
[3]

[1] Leila Khaled. Sie erlangt vorübergehend Berühmtheit, als sie als einer der palästinensischen Terroristen im Austausch für das Leben der Passagiere an Bord der in Amman entführten Flugzeuge freigelassen wird. Sie war an den Flugzeugentführungen 1969 beteiligt.

[2] Das Magazin „Time" druckt für die Ausgabe, in der von dem „Black September" berichtet wird, als Titelblatt ein Plakat der PLO.

[7] Pierre Verdon, ehemaliger Koch im Weißen Haus, mit einem frühen Modell des Mixgeräts bzw. der Küchenmaschine.

[3] Salvador Allende. Er ist das erste marxistische Staatsoberhaupt, das durch freie Wahlen in das Amt gewählt wird.

[6] Kiri Te Kanawa als Gräfin in „Figaros Hochzeit". Sie singt die Rolle zuerst in Santa Fe und dann im Covent Garden. Im Jahr 1981 hören 600 Millionen Menschen bei der Hochzeit von Prinz Charles und Prinzessin Diana ihren Gesang.

[8] Idi Amin bei der Amtseinweihung als neues Staatsoberhaupt von Uganda.

[6]
1971
Die neuseeländische Sopranistin **Kiri Te Kanawa** erlangt in der Rolle der Gräfin in Mozarts Oper *Figaros Hochzeit* internationalen Ruhm.

1971
Pakistan gewinnt die erste Weltmeisterschaft im Feldhockey.

1971
Der peruanische Priester **Gustavo Gutiérrez** veröffentlicht die *Teologia de la liberación*. Die *Befreiungstheologie* wendet ihre Religion an, um den Armen und Unterdrückten durch Engagement in politischen und zivilen Angelegenheiten zu helfen.

[7]
1971
Pierre Verdon stellt **Le Magi-Mix** aus. Es handelt sich um eine kompakte Küchenmaschine, die auf einem früheren Modell für die Gastronomie basiert.

2. Januar 1971
In dem Glasgower Fußballstadion **Ibrox Park** stürzt bei Spielende eine Absperrung ein. Das Unglück fordert 66 Tote.

1971
Die Vereinten Nationen stimmen für die Mitgliedschaft der **Volksrepublik China** und den Ausschluss der Republik China (Taiwan).

1971
Renzo Piano und Richard Rogers beginnen mit den Arbeiten am **Centre Pompidou** in Paris. Das unkonventionelle Gebäude wird 1977 fertig gestellt. Zunächst ist es verschrieen, wird dann jedoch zu einer beliebten Touristenattraktion.
[4]

1971
Greenpeace wird im kanadischen Vancouver als Antwort auf die Atomtests im Pazifik gegründet. Die Organisation wächst schnell zu der größten Gruppe von Umweltschützern, die Protestaktionen organisiert. In Dutzenden von Ländern entstehen Niederlassungen.

1971
Südvietnamesische Truppen marschieren mit US-amerikanischer Unterstützung in **Laos** ein. Nach sechs Wochen und hohen Verlusten werden sie jedoch wieder vertrieben.

1971
Intel bringt den *4004* auf den Markt. Es handelt sich um einen Computerchip, der 2300 Transistoren enthält und der der weltweit erste **Mikroprozessor** ist.

1971
Die UdSSR gewinnt die neunte **Eishockey-Weltmeisterschaft** in Folge.
[5]

1971
Die US-amerikanische Börse **NASDAQ**, an der weltweit elektronischer Wertpapierhandel betrieben wird, wird eröffnet.

[4] Das Centre Pompidou, ein ikonisches, hochtechnisches Gebäude, bei dem sämtliche Leitungen von innen nach außen gelegt wurden – auch die Aufzüge und Rohre –, wodurch im Inneren große, offene, nicht verstellte Ausstellungsräume geschaffen werden konnten.
Der Forderung der Architekten, die Hälfte des Grundstücks in Form eines Vorplatzes frei zu lassen, wird zu ihrer Überraschung nachgegeben.

[5] Im Tor für die UdSSR.

[9] „The Spirit of Ecstasy": Die Figur auf dem Kühlerverschluss ist das Markenzeichen von Rolls-Royce.

1971
34 Länder nehmen das **Übereinkommen über Feuchtgebiete von internationaler Bedeutung insbesondere als Lebensraum für Wasser- und Watvögel** an. Die unterzeichnenden Länder müssen mindestens ein Schutzgebiet errichten.

1971
Unter Verwendung des neuen Kunststoffs Polymacon entwickelt Bausch & Lomb eine neue Art der weichen und flexiblen **Kontaktlinse**.

1971
William McMahon von der Liberal Party wird australischer Premierminister. Der Oppositionsführer Gough Whitlam stellt ihn jedoch in den Schatten.

[8]
25. Januar 1971
Durch einen Staatsstreich unter der Leitung von Generalstabschef Idi Amin wird **Ugandas** Präsident Milton Obote des Amts enthoben.

25. Januar 1971
Charles Manson und drei seiner weiblichen Anhänger werden des vorsätzlichen Mordes an der Schauspielerin Sharon Tate und sechs weiteren Personen im Jahr 1969 schuldig gesprochen.

[9]
4. Februar 1971
Rolls-Royce wird von der britischen Regierung verstaatlicht, als das Unternehmen Konkurs anmeldet. Das Automobilgeschäft wird von den Geschäftszweigen der Triebwerkherstellung für Flugzeuge und Schiffe im Jahr 1973 getrennt.

1971

7. Februar 1971
Männliche Wahlberechtigte in der Schweiz sprechen sich in einer Volksbefragung für das aktive und passive Frauenwahlrecht bei Parlamentswahlen aus.

15. Februar 1971
Das britische Pfund Sterling wird im Zuge der Umstellung auf das **Dezimalsystem** offiziell in 100 New Pence eingeteilt.
[1]

8. März 1971
Joe Frazier besiegt Muhammad Ali im Kampf um die Weltmeisterschaft im Boxschwergewicht im Madison Square Garden in New York.
[2]

22. März 1971
Der argentinische Präsident **Roberto Marcelo Levingston** wird in einem unblutigen Staatsstreich von Oberhäuptern der Streitkräfte des Amts enthoben.

26. März 1971
Mitglieder der **Awami-Liga** gründen in Kalkutta (Kolkata) eine Exilregierung und erklären Bangladesch zu einem unabhängigen Staat.

29. März 1971
In Zusammenhang mit dem Massaker von My Lai im März 1968 wird der US-Lieutenant **William Calley** des Mordes für schuldig befunden.

[2] Muhammad Ali lässt locker seine Deckung fallen, als er Joe Fraziers Linken ausweicht.

[4] Erich Honecker verleiht einem DDR-Panzerkommandanten einen Orden.

[1] Ein Plakat in London, das den Verbrauchern Hilfestellung bei der Umrechnung von zehn Shilling, zwei Shilling und einem Shilling in das neue Dezimalsystem gibt.

[6] James B. Irwin salutiert vor der US-amerikanischen Flagge auf dem Mond. Rechts ist das Mondgefährt „LVR“ zu sehen.

1. Juli 1971
Der **26. Zusatzartikel** der US-amerikanischen Verfassung wird ratifiziert. Er gewährt Bürgern ab dem Alter von 18 Jahren das Wahlrecht.

26. Juli 1971
Das **belgische Parlament** verabschiedet konstitutionelle Reformgesetze, auf Grund derer die Sprachen Flämisch und Französisch zu Amtssprachen erklärt werden.

[6]
31. Juli 1971
Die Astronauten an Bord von *Apollo 15,* James B. Irwin und David Scott, machen erstmalig Gebrauch von dem vierrädrigen, batteriebetriebenen **Lunar Roving Vehicle** (LRV). Sie erkunden damit die Oberfläche des Mondes extensiv.

[7]
6. August 1971
Der schottische Segler **Chay Blyth** schließt seine 292-tägige Weltumseglung von Osten nach Westen ab.

[8]
9. August 1971
Nordirland beruft sich auf die außerordentlichen Vollmachten, Personen ohne vorausgegangene Gerichtsverhandlung in Präventivhaft nehmen zu dürfen. Die mutmaßlichen Anführer der Provisorischen Irisch-Republikanischen Armee (PIRA) werden verhaftet.

15. August 1971
Bahrain erklärt seine Unabhängigkeit von Großbritannien.

10. April 1971
US-amerikanische Journalisten reisen seit 1949 erstmalig in China ein, um von den **Tischtenniswettkämpfen** zwischen den USA und China zu berichten.
[3]

22. April 1971
Der Tod des Präsidenten von Haiti **François Duvalier** wird bekannt gegeben. Sein Sohn Jean-Claude wird als „Präsident auf Lebenszeit" in das Amt erhoben.

3. Mai 1971
Erich Honecker tritt die Nachfolge von Walter Ulbricht als Vorsitzender der Sozialistischen Einheitspartei Deutschlands (SED) an.
[4]

3. Mai 1971
In Washington, D.C., schlägt der Versuch von **protestierenden Kriegsgegnern** fehl, die US-Regierung bei der Arbeit zu behindern. Über 7000 werden verhaftet – ein Rekord für Washington.
[5]

13. Mai 1971
Die **New York Times** veröffentlicht Dokumente hinsichtlich einer geheimen Studie des Pentagons über die Geschichte der Verwicklung der USA in Vietnam.

Juli 1971
Zhou Enlai, Premier- und Außenminister der Volksrepublik China, trifft sich in Beijing mit dem US-amerikanischen Abgesandten **Henry Kissinger**. Das Treffen führt zu einem Besuch Chinas durch US-Präsident Richard Nixon im Jahr 1972.

[3] Die US-amerikanische Tischtennismannschaft vor der Chinesischen Mauer. Die Einladung des Teams ist der Anfang der sogenannten „Ping-Pong-Diplomatie" zwischen China und den USA.

[5] Ehemalige GIs nehmen in Washington an einem Protestmarsch gegen den Vietnamkrieg teil.

[7] Chay Blyth am Start seiner Weltumsegelung.

[9] Präsident Mobutu in vollem Ornat mit Leopardenfellhut, Wappenkette und Stern.

[8] Britische Soldaten bewachen Häuser in Belfast, die Mitte August durch Bomben der IRA abgebrannt sind.

3. September 1971
Die vier Kriegsalliierten unterzeichnen ein Übereinkommen über **Berlin**, gemäß dem das Reisen zwischen den beiden Teilen der Stadt erleichtert wird und die Bedingungen für die West-Berliner im Allgemeinen verbessert werden.

25. September 1971
Die **italienische Polizei** entdeckt über 40 gestohlene Kunstwerke im Zuge einer landesweiten Maßnahme gegen Banden, die Kirchen und private Sammlungen plünderten.

26. September 1971
Israel gibt bekannt, dass es dem Aufruf des UN-Sicherheitsrates, die Entwicklungen im besetzten Jerusalem zu stoppen, nicht Folge leisten wird.

10. Oktober 1971
Die Sozialistische Partei Österreichs gewinnt die **österreichischen Parlamentswahlen**. Bruno Kreisky regiert nun mit absoluter Mehrheit.

24. Oktober 1971
Die **südafrikanische Polizei** durchsucht vor Tagesbeginn die Häuser von 115 prominenten Personen, von denen viele der Apartheid-Politik kritisch gegenüberstehen.

[9]
27. Oktober 1971
Mobutu Sese Seko benennt die Demokratische Republik Kongo um und gibt dem Land den Namen **Zaire**.

1971-1972

12. November 1971
Der US-amerikanische Präsident Richard Nixon gibt bekannt, dass bis Mitte Februar 1972 weitere 45 000 Soldaten aus **Vietnam** abgezogen werden.

17. November 1971
Die **Revolutionary Party Thailands** und Angehörige der Streitkräfte übernehmen in einem unblutigen Staatsstreich die Macht.

28. November 1971
Der jordanische Premierminister **Tal** wird in Kairo von palästinensischen Guerillakämpfern erschossen.

Dezember 1971
Die indische Armee marschiert in Ostpakistan ein. Die pakistanischen Verteidigungskräfte ergeben sich nach 13 Tagen, und der Staat **Bangladesch** entsteht.
[1]

2. Dezember 1971
Sechs Scheichtümer am Persischen Golf schließen sich zu den **Vereinigten Arabischen Emiraten** zusammen und erklären ihre Unabhängigkeit.

10. Dezember 1971
Der deutsche Bundeskanzler **Willy Brandt** wird mit dem Friedensnobelpreis ausgezeichnet.

[1] Indische Soldaten dringen nach Ostpakistan vor.

[7] Kurt Waldheim. Im Jahr 1986 wird er trotz der Kontroversen hinsichtlich seines Verhaltens während der Kriege in Jugoslawien und Griechenland, das er verheimlicht hatte, Bundespräsident von Österreich.

[8] Jean-Marie Le Pen spricht in den 1980er Jahren zum französischen Parlament.

[5] Das Labor Fermilab des US-amerikanischen Energieministeriums in Batavia, Illinois: Der Teilchenbeschleuniger-Komplex und das zentrale Versorgungsgebäude.

[4] Mark Spitz mit seinen sieben Goldmedaillen.

[6] Eine Amisch-Familie in ihrem Wagen.

[4]
1972
Bei den Olympischen Sommerspielen in München gewinnt der US-amerikanische Schwimmer **Mark Spitz** als erster Sportler sieben Goldmedaillen bei einer Olympiade und stellt in allen sieben Wettkämpfen Rekorde auf.

1972
Das Unternehmen Atari Inc. bringt das Videospiel **Pong** in Spielhallen auf den Markt. Der kommerzielle Erfolg des Spiels kennzeichnet den Beginn der Ära der Massenpopularität von elektronischen Spielen.

1972
Dennis Ritchie von Bell Laboratories entwickelt die Programmiersprache *C*.

[5]
1972
Der erste **Teilchenbeschleuniger** von Fermilab wird in Betrieb genommen. Es handelt sich um ein Proton-Synchroton, einen zyklischen Teilchenbeschleuniger mit einem Speicherringumfang von 6,3 Kilometern.

1972
Gough Whitlam von der Labour Party wird Premierminister von Australien. Seine erfolglose Regierungszeit findet ein Ende, als er 1975 vom Generalgouverneur aus dem Amt entlassen wird.

[6]
1972
Der Oberste US-Gerichtshof urteilt in dem Fall einer **altamischen Religionsgemeinschaft**, die ihre Kinder nicht länger als acht Jahre zur Schule gehen lassen will, dass die freie Ausübung der Religion über dem Interesse des Staates an Allgemeinbildung steht.

12. Dezember 1971
Senator **John Barnhill**, Mitglied der nordirischen Unionist Party, wird ermordet und sein Haus bombardiert.

1972
Robert Venturi, Denise Scott Brown und Steven Izenour schreiben **Learning from Las Vegas**. Das üppige und einflussreiche Werk beschäftigt sich mit der Studie des protzigen Baustils im kommerzialisierten Las Vegas.

1972
In Stockholm findet eine Umweltkonferenz der Vereinten Nationen statt. Dieses erste allgemeine, internationale Treffen führt zur Entwicklung des **UN-Umweltschutzprogramms**, das sich hauptsächlich mit Fragen der Umweltverschmutzung beschäftigt.

1972
Die US-amerikanische Dichterin **Denise Levertov** von den „Black Mountain poets" lässt ihren frühen sinnlichen Stil in *Footprints*, einer ihrer beliebtesten Sammlungen, wieder aufleben.

1972
Der US-amerikanische Filmregisseur Francis Ford Coppola veröffentlicht den Film **Der Pate**. In den Jahren 1974 und 1990 folgen Fortsetzungen.
[2]

1972
Die US-amerikanische Romanschriftstellerin Eudora Welty veröffentlicht ihren Roman **The Optimist's Daughter**, für den sie mit dem Pulitzer Preis ausgezeichnet wird.
[3]

[2] *Marlon Brando, dessen Mund voller Baumwolle ist, um seine Aussprache und seine Gesichtszüge zu ändern, gibt eine meisterhafte Vorstellung als Oberhaupt einer Mafia-Familie bzw. Pate.*

[3] *Die Autorin Erica Jong sitzt zu Füßen von Eudora Welty.*

NIXON IN CHINA

Der diplomatische Durchbruch des US-Präsidenten

Nixons bedeutendste Leistung in der Außenpolitik war wahrscheinlich der Aufbau direkter Beziehungen zur Volksrepublik China nach 21 Jahren der Entfremdung. Nach einer Reihe diplomatischer Kontakte auf niedriger Ebene im Jahr 1970 und der Aufhebung der Handels- und Reisebestimmungen der USA, signalisierten die Chinesen, dass sie Gespräche auf höchster Ebene begrüßen würden. Daraufhin entsandte Nixon seinen nationalen Sicherheitsberater Henry Kissinger zu Geheimgesprächen nach China. Der Besuch Nixons in China 1972 war der erste Staatsbesuch eines amtierenden US-Präsidenten (hier mit dem Premierminister Zhou Enlai zu seiner Rechten). Bei Abschluss der Begegnung wurde das *Communiqué von Schanghai* unterzeichnet, in dem die USA formell das politische *Ein-China-Prinzip* anerkannten, nach dem es nur ein China gibt und Taiwan zu China gehört. Die Verständigung mit China erfolgte teilweise um Nutzen aus der wachsenden Kluft in den späten 1960er Jahren zwischen China und der Sowjetunion zu ziehen, und sie verhalf Nixon zu mehr Einfluss in den sowjetischen Beziehungen.

[7]
1972
Der Österreicher **Kurt Waldheim** wird Generalsekretär der Vereinten Nationen. Er bleibt bis 1981 im Amt. China legt gegen eine dritte Amtszeit Waldheims ein Veto ein.

1972
Der Passagierdampfer **Queen Elizabeth** brennt in Hongkong ab. Über 50 Jahre war der Dampfer der größte der Welt.

[8]
1972
Jean-Marie Le Pen, ein rechtsgerichteter französischer Politiker, gründet die Partei Front National.

1972
Die **Schuhmarke Nike** kommt auf den Markt. Bis 1979 hat die Marke 50 % des US-amerikanischen Laufschuhmarkts erobert. In den 1990er Jahren kommt das Unternehmen wegen Enthüllungen über die Bedingungen in Produktionsfabriken in Verruf.

1972
In Sri Lanka wird die Guerillaorganisation **Tamil Tigers** gegründet. Die Eliteeinheit „Black Tigers" begeht Selbstmordattentate, unter anderem auch die mutmaßliche Ermordung des indischen Premierministers Rajiv Gandhi im Mai 1991.

1972
Texas Instruments bringt den ersten **Taschenrechner** auf den Markt. Er wiegt knapp 375 Gramm und kostet etwa 150 US-Dollar.

1972

14. Januar 1972
Nach dem Tod König Friedrichs IX. von **Dänemark** folgt ihm seine Tochter Margarethe II. auf den Thron.

17. Januar 1972
Aziz Sidky bildet eine neue, kriegsorientierte Regierung in **Ägypten**. Er hatte Mahmoud Fawzi am vorausgegangenen Tag als Premierminister abgelöst.

22. Januar 1972
Großbritannien unterzeichnet einen Beitrittsvertrag mit der **Europäischen Wirtschaftsgemeinschaft** (EWG).
[1]

30. Januar 1972
Bei einem Vorfall, der später als **Bloody Sunday** bekannt wird, eröffnen britische Fallschirmjäger das Feuer auf Demonstranten in Londonderry in Nordirland. Von den protestierenden katholischen Bürgerrechtlern werden 13 getötet und 14 verletzt.
[2]

13. Februar 1972
Die **Olympischen Winterspiele** im japanischen Sapporo kommen zum Ende. Die Sowjetunion führt die teilnehmenden Nationen mit 16 Goldmedaillen an.

17. Februar 1972
Giulio Andreotti wird in das Amt des Premierministers von Italien erhoben.
[3]

[2] Ein britischer Fallschirmjäger schiebt einen der Demonstranten am „Bloody Sunday“ vor sich her.

[7] Die Herzogin und der Herzog von Windsor erreichen England an Bord eines transatlantischen Passagierdampfers.

[1] Edward Heath unterzeichnet in Brüssel den Beitrittsvertrag zur Europäischen Wirtschaftsgemeinschaft. Zu seiner Rechten befindet sich das Kabinettsmitglied Sir Alec Douglas-Home, zu seiner Linken das Kabinettsmitglied Geoffrey Rippon.

[5] Zulfikar Ali Bhutto. Er stirbt 1979 eines gewaltsamen Todes durch Erhängen.

[6] Michelangelos „Pietà“.

[4] Fünf der Angeklagten im Prozess gegen die „Harrisburg Seven“: Unter ihnen zwei römisch-katholische Priester und eine Nonne. Ihr Anführer, der Antikriegsaktivist Philip Berrigan, ist nicht im Bild.

10. April 1972
Die **Konvention über das Verbot der Entwicklung, Herstellung und Lagerung bakteriologischer Waffen und Toxinwaffen sowie über die Vernichtung solcher Waffen** wird von über 150 Ländern unterzeichnet.

16. April 1972
Im National Zoo in Washington, D.C., kommen zwei **Große Pandas** an. Die USA haben sie von China im Tausch gegen zwei Moschusochsen erhalten.

[5]
21. April 1972
Zulfikar Ali Bhutto wird nach Maßgabe der von ihm am Vortag unterzeichneten neuen Verfassung in das Amt des Präsidenten von Pakistan eingeschworen. Das Kriegsrecht wird aufgehoben.

26. April 1972
Der jugoslawische Präsident Tito und der rumänische Präsident Nicolae Ceausescu weihen die Talsperre **Eisernes Tor** ein. Sie ist Europas größtes Elektrizitätswerk an der Donau.

[6]
21. Mai 1972
Michelangelos Pietà, eine Skulptur der Jungfrau Maria mit dem Leichnam Christi, wird im Petersdom in Rom mutwillig stark beschädigt.

22. Mai 1972
Ceylon wird innerhalb des British Commonwealth zu einer unabhängigen Republik und ändert seinen Namen in **Sri Lanka**.

18. Februar 1972
Der Oberste Gerichtshof des US-Bundesstaats Kalifornien erklärt die **Todesstrafe** in dem Staat für verfassungswidrig, da sie eine grausame und ungewöhnliche Strafe darstellt.

26. Februar 1972
In der äthiopischen Stadt Addis Abeba wird ein Übereinkommen getroffen, das den 16-jährigen Bürgerkrieg im **Sudan** beendet.

März 1972
Der US-amerikanische Senat genehmigt einen Zusatzartikel zur Verfassung, gemäß dem die Diskriminierung aufgrund des Geschlechts verboten wird. Der **Gleichberechtigungszusatzartikel** wird von zu wenigen Bundesstaaten ratifiziert und daher nicht verabschiedet.

20. März 1972
Der Kolumnist Jack Anderson beginnt mit der Herausgabe von Material, das darauf hindeutet, dass die Telefongesellschaft ITT in Zusammenarbeit mit der CIA den Versuch der Manipulation der Präsidentschaftswahlen 1970 in **Chile** unternommen hat.

5. April 1972
Die Verhandlung gegen die **Harrisburg Seven** führt nicht zu einer Verurteilung der Angeklagten. Ihnen wurde vorgeworfen, die Entführung von Henry Kissinger, dem Berater des Präsidenten, und Sprengstoffattentate auf Regierungsgebäude geplant zu haben.
[4]

7. April 1972
Der vermeintliche Mafia-Anführer **Joseph Gallo** wird bei einer morgendlichen Geburtstagsfeier in einem New Yorker Restaurant getötet. Die Behörden fürchten den Beginn eines Syndikatkrieges.

[3] Giulio Andreotti trifft am Quirinalspalast, dem Dienstsitz des Präsidenten, in Rom ein.

[8] Ein israelischer Sicherheitsbeamter deutet nach dem Massaker auf das Blut auf dem Boden.

[9] Das Watergate-Gebäude in Washington.

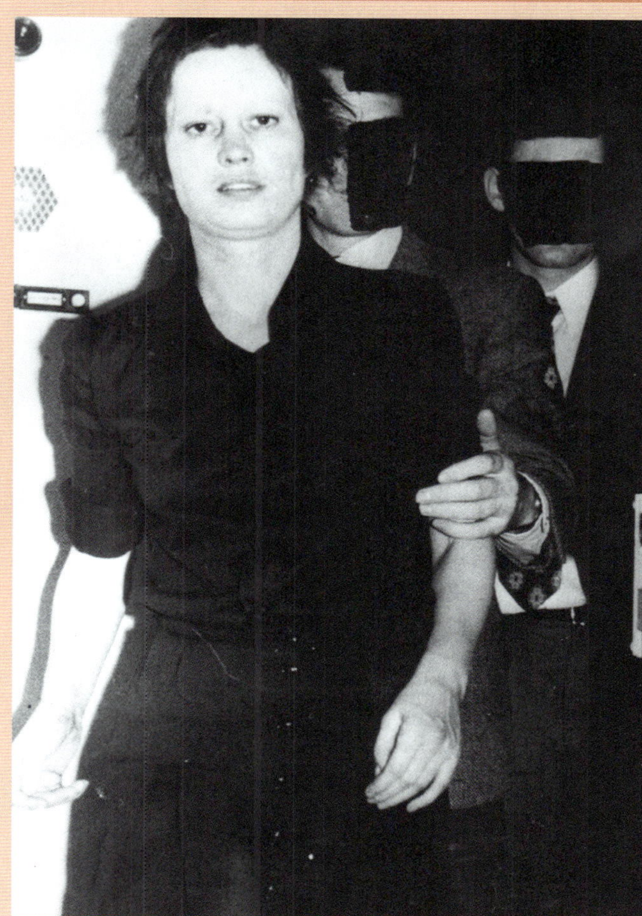

BAADER-MEINHOF

Anführer der deutschen militanten linksgerichteten Gruppe verhaftet

Die Rote Armee Fraktion oder Baader-Meinhof-Bande war eine Gruppe radikaler Linker, die 1968 gegründet und nach zwei ihrer ersten Anführer Andreas Baader und Ulrike Meinhof benannt wurde. In den Anfangsjahren bezogen die Mitglieder der Terroristengruppe ihre Mittel aus Banküberfällen und verübten Bomben- und Brandanschläge, insbesondere auf Unternehmen in der Bundesrepublik und deutsche sowie US-amerikanische Militäreinrichtungen in der Bundesrepublik Deutschland. Außerdem entführten und töteten sie prominente Persönlichkeiten aus Politik und Wirtschaft. 1972 nahmen die deutschen Behörden mehrere Bandenmitglieder, einschließlich Andreas Baader und Ulrike Meinhof (oben), fest.

22. Mai 1972
Die englische Schauspielerin **Margaret Rutherford** stirbt. Sie ist weltberühmt für ihre Filmrolle als *Miss Marple*.

26. Mai 1972
Die Sowjetunion und die USA unterzeichnen den **ABM-Vertrag** zur Begrenzung von Raketenabwehrsystemen. Voraussetzung ist, dass jedes Land nicht mehr als zwei Raketenabwehrbasen hat und kein landesweites Abwehrsystem aufbauen kann.

[7]
28. Mai 1972
Der **Herzog von Windsor** stirbt. Er regierte kurzzeitig im Jahr 1936 als König Eduard VIII., bevor er abdankte, um eine geschiedene US-Amerikanerin heiraten zu können.

[8]
30. Mai 1972
Drei **japanische Gewehrschützen** in den Diensten der palästinensischen Guerilla töten in Israel am Lod International Airport 25 Menschen und verletzen 76 weitere.

Juni 1972
Mitglieder der westdeutschen Stadtguerillaorganisation, die unter dem Namen **Rote Armee Fraktion oder Baader-Meinhof-Bande** bekannt ist, werden wegen ihrer Beteiligung an einer Reihe von Morden festgenommen.

[9]
17. Juni 1972
Fünf Männer, die später verhaftet werden, brechen in die Räume des Gebäudekomplexes **Watergate** in Washington, D.C., und den Hauptsitz des Democratic National Committee ein. Die Einbrüche lösen den *Watergate-Skandal* aus.

1972-1973

25. Juni 1972
Berichten zufolge hat Frankreich mit den Atomtests am **Mururoa Atoll** im Pazifik trotz des Protests vieler Länder begonnen.

29. Juni 1972
In dem Urteil des Obersten US-Gerichtshofs in der Sache Furman gegen Georgia heißt es, dass die willkürliche Verhängung der **Todesstrafe** eine grausame und ungewöhnliche Bestrafung ist.

Juli 1972
Die Schauspielerin **Jane Fonda**, Tochter von Henry Fonda, besucht Hanoi im Protest gegen den Vietnamkrieg.
[1]

6. August 1972
Die Zahl der Todesopfer der monatelangen Überflutung der Insel **Luzon**, die zu den Philippinen gehört, steigt auf 427.

9. August 1972
In Uganda setzt der Diktator **Idi Amin** Südasiaten ohne ugandische Staatsbürgerschaft eine Frist von 90 Tagen zum Verlassen des Landes.
[2]

27. August-1. September 1972
Die russische Turnerin **Olga Korbut** gewinnt drei Mal olympisches Gold bei den Olympischen Spielen in München.
[3]

[1] Jane Fonda fotografiert die Bombenschäden. Sie sind das Ergebnis der Angriffe durch „B-52"-Bomber auf die nordvietnamesische Hauptstadt.

[2] Asiaten aus Uganda landen in Großbritannien, nachdem sie von Idi Amin des Landes verwiesen wurden.

[5] Das Lunachod.

[7] Bob Marley.

[4] Tim Curry in der Hauptrolle des Außerirdischen Dr. Frank-N-Furter, des „transsexuellen Transvestiten aus Transylvanien". Bildaufnahme aus der Filmversion von 1975.

[3] Olga Korbut.

23. Dezember 1972
Erdbeben zerstören über die Hälfte der Fläche von **Managua** in Nicaragua und fordern 10 000 bis 12 000 Todesopfer.

31. Dezember 1972
Der Baseballstar **Roberto Clemente** stirbt bei einem Flugzeugabsturz. Er war auf dem Weg nach Nicaragua, um den Überlebenden des Erbebens gespendete Hilfslieferungen zu bringen.

1973
Der Oberste US-amerikanische Gerichtshof spricht in der Sache **Roe gegen Wade** Frauen das Recht auf Abtreibung zu. Das Urteil legalisiert die Abtreibung auf Verlangen während der ersten drei Schwangerschaftsmonate.

[4]
1973
Das Bühnenkultmusical **The Rocky Horror Show** von Richard O'Brien wird in London aufgeführt.

1973
Der postmoderne US-amerikanische Romanschriftsteller **Thomas Pynchon** veröffentlicht sein langatmiges, paranoides Meisterwerk *Die Enden der Parabel*.

[5]
1973
Das sowjetische Mondmobil **Lunachod 2** beginnt mit einer funkgesteuerten Entdeckungsfahrt auf dem Mond.

1. September 1972
Bobby Fischer gewinnt die 21. Partie in dem Meisterschaftsspiel gegen den Russen Boris Spassky. Damit wird er der erste US-amerikanische Schachweltmeister.

5. September 1972
Palästinensische Terroristen greifen die Einrichtungen der israelischen Teilnehmer im **Münchener Olympiadorf** an und töten zwei Athleten. Bei dem folgenden Rettungsversuch sterben neun der als Geiseln genommenen Sportler, fünf Angreifer und ein westdeutscher Polizist.

25. September 1972
Die **norwegische Bevölkerung** stimmt in einem Volksentscheid mit einer Mehrheit von über 53 Prozent gegen den Eintritt in die Europäische Wirtschaftsgemeinschaft.

29. September 1972
China und Japan unterzeichnen ein Übereinkommen zur Beendigung des technischen Kriegszustands, in dem sich die Länder seit 1937 befinden. **Taiwan** beendet die diplomatischen Beziehungen mit Japan.

24. November 1972
Finnland ist das erste westliche Land, das sowohl die Bundesrepublik als auch die DDR formell anerkennt und diplomatische Beziehungen mit beiden Staaten aufnimmt.

7. Dezember 1972
Unter der Leitung des US-amerikanischen Astronauten **Eugene Andrew Cernan** findet der letzte bemannte Flug zum Mond statt. Damit ist das Apollo-Programm beendet.

OLYMPIA-TRAGÖDIE

Palästinensische Terroristen nehmen Sportler des israelischen Teams als Geiseln.

Das Ereignis trug sich während der Olympischen Sommerspiele 1972 in München zu, als acht palästinensische Terroristen der Gruppe „Schwarzer September" am 5. September in das olympische Dorf eindrangen und zwei Mitglieder des israelischen Teams töteten. Neun weitere Israelis wurden als Geiseln genommen, da die Terroristen (links, ein Terrorist im olympischen Dorf) über die Freilassung von 200 palästinensischen Gefangenen in Israel verhandeln wollten. Die Geiseln und die Terroristen wurden mit zwei Hubschraubern zum nahe gelegenen Luftstützpunkt Fürstenfeldbrück geflogen. Dort warteten Mitglieder des Mossad (israelischer Geheimdienst), die deutsche Polizei und deutsche Scharfschützen. Alle Geiseln, fünf der Geiselnehmer und ein deutscher Polizist wurden bei einem fehlgeschlagenen Rettungsversuch getötet.

Die Tragödie unterbrach die Wettkämpfe und warf einen langen Schatten über das, was zuvor bemerkenswert freudige Spiele gewesen waren. Sämtliche Wettbewerbe wurden für einen Tag ausgesetzt, und im Olympiastadion wurde eine Gedenkfeier für die Opfer gehalten. Die Entscheidung des Präsidenten des Internationalen Olympischen Komitees Avery Brundage, die Wettkämpfe nach dem Anschlag weiterzuführen, traf auf große Kritik. Während der folgenden Olympiaden wurden die Sicherheitsbestimmungen in den olympischen Dörfern verschärft.

[6] Owen K. Garriott während eines rekordverdächtigen siebenstündigen Spaziergangs im All an der Raumstation „Skylab". Garriott verbringt 59 Tage dort.

[8] Das Opernhaus von Sydney. Jørn Utzon nahm einige Jahre vor Fertigstellung des Baus von dem Projekt Abstand, da er die Bemühungen der Bauingenieure und anderer, die seine Konzepte in ein realisierbares Gebäude umsetzten, als Einmischung empfand.

[6]
1973
Nach der Einrichtung der ersten US-amerikanischen Raumstation **Skylab** nehmen drei Astronautenteams mehrere Wochen der wissenschaftlichen und medizinischen Forschungsarbeit im Weltraum auf.

1973
Die US-amerikanischen Biochemiker Stanley N. Cohen und Herbert W. Boyer leisten Pionierarbeit in der **Gentechnik**.

[7]
1973
Das Album *Catch a Fire* des jamaikanischen Musikers **Bob Marley** erlangt internationale Popularität und macht die Zuhörerschaft in Europa und den USA auf die Reggae-Musik aufmerksam.

1973
Robert Metcalf von dem Unternehmen Xerox Corporation erfindet das **Ethernet**. Es handelt sich um ein Hochgeschwindigkeitsnetzwerk für die Anbindung lokaler Computer an verschiedene Geräte.

1973
Das niederländische Fußballteam **Ajax Amsterdam** gewinnt den dritten Europameisterschaftstitel in Folge.

[8]
1973
Das von dem dänischen Architekten Jørn Utzon gebaute **Opernhaus in Sydney** wird fertig gestellt. Es ist bald eines der weltweit bekanntesten Bauwerke. Es wirkt wie eine Reihe segelförmiger, übereinanderliegender Muscheln.

1973

1973
Die populäre **Chipko-Bewegung** als Widerstand gegen das Abholzen setzt in Nordindien ein. Chipko wird zu einer der großen Umweltschutzbewegungen in schlechter entwickelten Ländern.

1973
Zwischen Anchorage und Nome in Alaska findet das erste **Iditarod-Hundeschlittenrennen** über die traditionelle Distanz von 1770 Kilometern statt.

1973
Die Inner London Education Authority (Städtische Bildungsbehörde in London) verbietet die **Prügelstrafe** an Grundschulen. Die Entscheidung signalisiert die schwindende Beliebtheit körperlicher Züchtigung in Europa und Nordamerika.

1973
Durch das Ölembargo der **OPEC** steigen die Weltenergiepreise zum ersten Mal seit 1945. Es führt zu einer kurzfristigen wirtschaftlichen Krise, spornt aber die Entwicklung energiesparender Technologien und Ideologien an.
$ [1]

1973
Die **durchdrückbare Trinköffnung** für Getränkedosen wird erfunden.

1. Januar 1973
Großbritannien, Dänemark und Irland treten den ursprünglichen sechs Mitgliedern des **Gemeinsamen Markts** (EWG) bei.
[2]

[1] Schild an einer kalifornischen Tankstelle während des Ölembargos der OPEC.

[7] Der Komet „Kohoutek".

[8] Hector Campora (links) mit Juan Perón in Rom. Perón lebte seit 1955 im Exil, kehrt aber im Juni nach Argentinien zurück.

[3] Der isländische Vulkan Eldfell gibt eine spektakuläre Vorstellung.

[4] Der philippinische Präsident Marcos.

4. März 1973
Mitglieder der terroristischen Vereinigung **Schwarzer September** ergeben sich den sudanesischen Behörden, nachdem sie die saudi-arabische Botschaft in Khartum fast drei Tage besetzt hielten und drei Menschen töteten.

[7]
7. März 1973
Der gleichnamige tschechoslowakische Astronom entdeckt den **Kometen Kohoutek**. Als der Komet in Sonnennähe kommt, leuchtet er zwar nicht so stark wie erwartet, ist aber mit dem bloßen Auge zu erkennen.

[8]
11. März 1973
Der Präsidentschaftskandidat der Peronistischen Partei **Hector J. Campora** gewinnt in Argentinien bei den ersten Wahlen seit 1965 49 Prozent der Stimmen. Später im Jahr 1973 tritt Campora zugunsten der Amtsrückkehr von Juan Perón zurück.

17. März 1973
Ein Pilot der kambodschanischen Luftwaffe bombardiert mit einem Flugzeug den Präsidentenpalast in Phnom Penh. 43 Menschen werden getötet und 50 verwundet. **Präsident Lon Nol** wird bei dem Angriff nicht verletzt und hebt die Bürgerrechte auf.

$
20. März 1973
Die **französischen Fluglotsen** kehren nach einem monatelangen Streik an die Arbeit zurück. Während des Streiks setzten viele ausländische Fluggesellschaften Reisen nach Paris aus.

29. März 1973
US-amerikanische Truppen verlassen **Saigon** (Ho-Chi-Minh-Stadt), da sich die Vereinigten Staaten von Amerika aus dem Vietnamkrieg zurückziehen.

20. Januar 1973
Amilcar Cabral, Vorsitzender der Afrikanischen Partei für die Unabhängigkeit von Guinea und den Kapverden, wird vor seinem Haus in Conakry in Guinea ermordet.

23. Januar 1973
Der seit Tausenden von Jahren inaktive Vulkan **Eldfell** auf der isländischen Insel Heimaey bricht aus und erfordert die Evakuierung der Stadt Vestmannaeyjar.
[3]

27. Januar 1973
Mit Unterzeichnung des **Pariser Abkommens** endet der Vietnamkrieg, der längste Krieg, den die USA geführt haben. Das Abkommen sieht den Austausch von Gefangenen und den einseitigen Truppenabzug der US-amerikanischen Streitkräfte aus Nordvietnam vor.

27. Januar 1973
Der philippinische Präsident **Ferdinand Marcos** erlässt eine neue Verfassung, die seine Herrschaft zeitlich unbegrenzt macht. Zudem dehnt er das Kriegsrecht auf unbestimmte Zeit aus.
[4]

30. Januar 1973
G. Gordon Liddy und James W. McCord, die an der Kampagne für die Wiederwahl des US-Präsidenten Richard Nixon beteiligt waren, werden des Versuchs für schuldig befunden, den Hauptsitz der Demokraten im Watergate-Gebäudekomplex abzuhören.
[5]

12. Februar 1973
Die ersten aus Nordvietnam freigelassenen **US-amerikanischen Kriegsgefangenen** werden von Hanoi zum Luftwaffenstützpunkt Clark auf den Philippinen geflogen.
[6]

[5] James McCord steht neben seinem Rechtsanwalt, während dieser mit Journalisten spricht. Unter den Journalisten befindet sich auch Carl Bernstein von der „Washington Post" (rechts). Das von Bernstein und Bob Woodward gemeinsam geschriebene Buch „All the President's Men" („Die Watergate-Affäre") ist der Schlüsseltext für die Watergate-Affäre.

[6] Bevor sie in die Heimat zurückgesendet werden, stellen sich US-amerikanische Kriegsgefangene in Hanoi auf und melden sich vor den US-amerikanischen Repräsentanten.

[2] Gertrude Shilling führt die Kleidung vor, die sie bei den Pferderennen in Ascot anlässlich der Feier der Erweiterung des Gemeinsamen Marktes tragen wird.

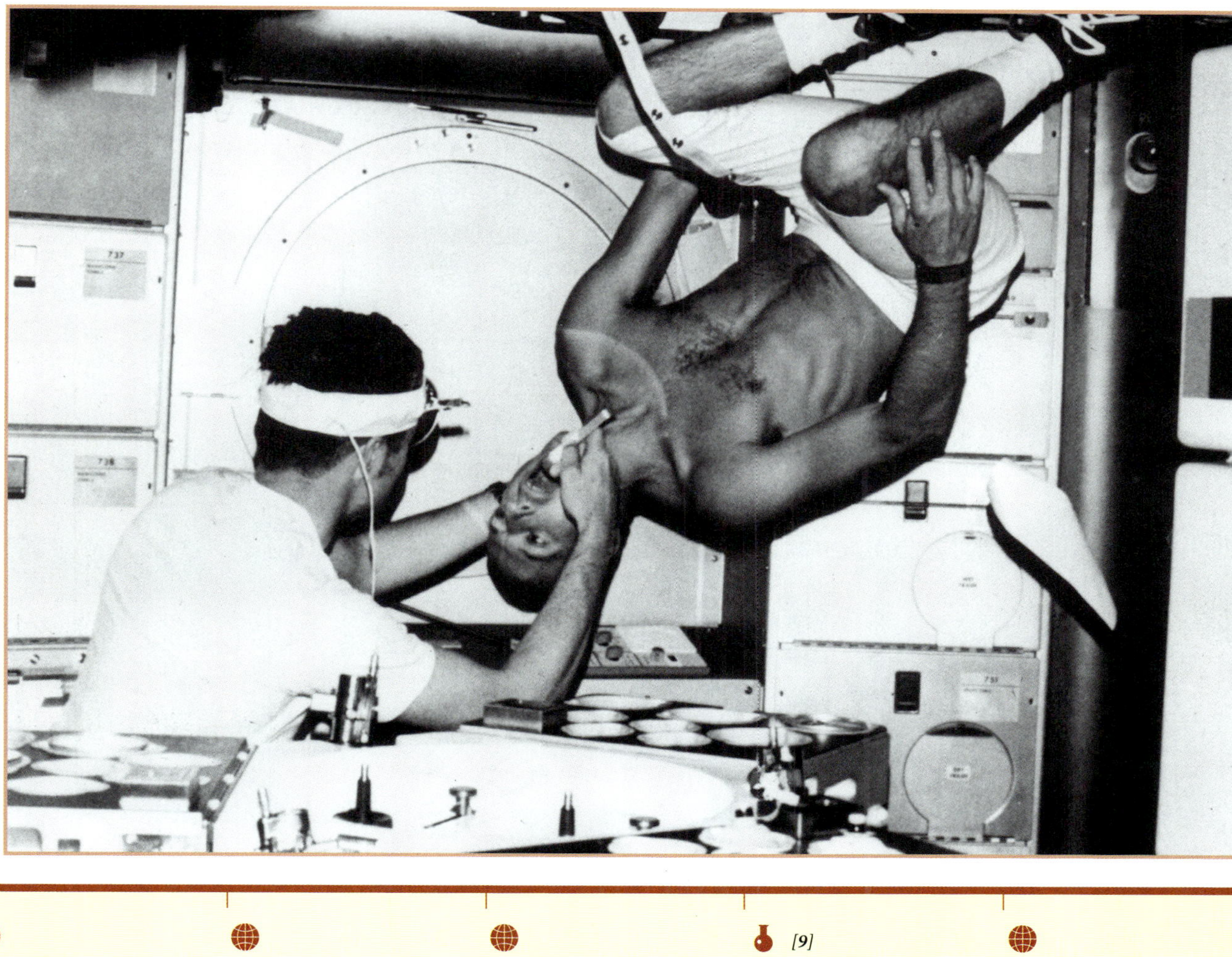

[9] Das Leben an Bord der Raumstation „Skylab": Joseph P. Kerwin untersucht Charles Conrad, der schwerelos im Raum schwebt.

14. April 1973
Eine Ölanlage in US-amerikanischer Hand in der Nähe der libanesischen Stadt Sidon wird von der bis dahin unbekannten **Libanesischen Revolutionsgarde** in die Luft gesprengt.

7. Mai 1973
Rechtsgerichtete Demonstranten marschieren durch **Madrid**. Sie verlangen den Rücktritt des spanischen Kabinetts und, dass die Befugnisse der Streitkräfte und der Polizei ausgeweitet werden.

17. Mai 1973
Die argentinische Regierung beendet den Ausnahmezustand, der durch die Ermordung des Konteradmirals außer Dienst **Hermes Quijada** durch Linksgerichtete ausgelöst wurde.

1. Juni 1973
Das **griechische Militärregime** erklärt die Gründung einer Republik und die Abschaffung der Monarchie. Später im Sommer spricht sich das Volk in einer Abstimmung mit großem Abstand für eine neue Verfassung aus.

[9]
22. Juni 1973
Drei Astronauten aus der US-amerikanischen Raumstation **Skylab** kehren sicher auf die Erde zurück. Sie hatten eine Rekordzeit von 28 Tagen im All verbracht. Während dieser Zeit nahmen sie zwei große Reparaturen an der Station vor.

4. Juli 1973
Barbados, Guyana, Jamaika und Trinidad gründen auf der Basis des Vertrags von Chaguaramas die **Karibische Wirtschaftsgemeinschaft**.

1973-1974

10. Juli 1973
Die **Bahamas** erhalten innerhalb des Commonwealth die Unabhängigkeit von Großbritannien.

19. August 1973
Georgios Papadopoulos tritt nach Abschaffung der Monarchie sein Amt an. Er hat sich selbst zum Präsidenten Griechenlands erklärt.
[1]

28. August 1973
Die Stockholmer Polizei nimmt zwei Männer fest, die vier Geiseln seit dem 23. August im Tresorraum einer Bank gefangen hielten. Die gezeigte sympathisierende Reaktion der Geiseln mit ihren Geiselnehmern bezeichnet man seitdem als **Stockholm-Syndrom**.

11. September 1973
General **Augusto Pinochet** führt einen Staatsstreich durch und stürzt die Regierung des chilenischen Präsidenten Salvador Allende.
[2]

12. September 1973
Elf farbige Bergleute werden von der **südafrikanischen Polizei** in der Goldmine Western Deep Levels in Carletonville bei Aufständen gegen die Lohnpolitik getötet.

19. September 1973
König Carl XVI. Gustaf von Schweden übernimmt den **schwedischen Thron** von seinem Großvater Gustaf VI.

[1] Georgios Papadopoulos, eine Schlüsselfigur in der Zeit des griechischen Militärregimes, wird Präsident, da man ein Komplott der Anhänger der Monarchie innerhalb der griechischen Seestreitkräfte fürchtet. Er reicht dem griechischen Oberbefehlshaber die Hand.

[2] Salvador Allende verlässt den Präsidentenpalast mit seinen Leibwächtern kurz bevor er in einem Staatsstreich getötet wird.

[5] Die 110 Stockwerke des Sears Tower.

[6] Einige der Kriegerfiguren der Terrakottaarmee machen immer noch einen überwältigenden Eindruck, obwohl ihre Waffen zu Staub zerfallen und ihre Farben verblasst sind.

[4] Spanische Polizisten schieben ein Auto, das durch die Bombe, die den Premierminister tötete, beschädigt wurde.

[7] Eddie Merckx fährt eine Siegesrunde mit den Fahrern, die den zweiten und dritten Platz erreichten.

6. Dezember 1973
Gerald R. Ford wird als Nachfolger von Spiro T. Agnew in das Amt des US-Vize-Präsidenten eingeschworen.

[4]
20. Dezember 1973
Baskische Separatisten ermorden den spanischen Premierminister Luis Carrera Blanco.

[5]
1974
Mit einer Höhe von 443 Metern ist der **Sears Tower** in Chicago das höchste Gebäude der Welt und hält diesen Status bis in die späten 1990er Jahre.

[6]
1974
Nordöstlich der chinesischen Stadt Xi'an beginnen Archäologen mit den Ausgrabungen am **Grab von Shi Huangdi**, Kaiser der Qin-Dynastie. Die Grabstätte enthält eine Armee von etwa 6000 äußerst detailliert und lebensgroß dargestellten Tonfiguren.

1974
Die Performance des deutschen avantgardistischen Künstlers **Joseph Beuys** *Coyote* in einer New Yorker Galerie kombiniert politische mit spirituellen Zielen.

[7]
1974
Der Belgier **Eddy Merckx** gewinnt zum fünften Mal die Tour de France und erreicht damit den von dem Franzosen Jacques Anquetil aufgestellten Rekord.

3. Oktober 1973
Willi Stoph, Mitglied der Sozialistischen Einheitspartei, wird Staatsoberhaupt (1973-76) der Deutschen Demokratischen Republik.

6. Oktober 1973
An dem jüdischen Feiertag **Yom Kippur** greifen Ägypten und Syrien Israel an und verursachen dort heftige Verluste. Die israelischen Streitkräfte schlagen erfolgreich zurück, und der Krieg endet ergebnislos.

10. Oktober 1973
Der US-amerikanische Vize-Präsident **Spiro T. Agnew** tritt zurück und plädiert dafür, die Anklage wegen der Nichterklärung einer Zahlung von 29 500 US-Dollar während seiner Amtszeit als Gouverneur des US-Bundesstaates Maryland fallen zu lassen.

17. Oktober 1973
Die österreichische Dichterin, Essayistin, Autorin von Kurzgeschichten und Stückeschreiberin für das Radio **Ingeborg Bachmann** stirbt in Rom im Alter von 47 Jahren.
[3]

19. Oktober 1973
Einheiten der libanesischen Polizei und Armee stürmen die Niederlassung der Bank of America in **Beirut** und nehmen arabische Guerillakämpfer fest, die mit der Sprengung des Gebäudes gedroht hatten. Zwei Geiseln und zwei Gewehrschützen werden getötet.

3. Dezember 1973
In Washington, D.C., unterzeichnen acht Nationen das historische Artenschutzabkommen **CITES** (Convention on International Trade in Endangered Species of Wild Fauna and Flora) und regulieren damit die Ein- und Ausfuhrbestimmungen für gefährdete Pflanzen- und Tierarten.

DER YOM-KIPPUR-KRIEG

Israel wird von ägyptischen und syrischen Truppen überrascht.

Am 6. Oktober 1973 – dem jüdischen Versöhnungstag Yom Kippur – starteten ägyptische und syrische Militärs einen Überraschungsangriff auf die israelischen Streitkräfte am Suezkanal und in den Golanhöhen. Die arabischen Armeen zeigten bessere Fähigkeiten als in mehreren vorausgegangenen Kriegen, und die israelischen Streitkräfte erlitten heftige Verluste (links, israelische Panzer fahren an verwundeten Soldaten vorbei). Die israelische Armee erholte sich jedoch von den frühen Rückschlägen, drang auf syrischen Boden vor und umzingelte die dritte ägyptische Armee durch das Überqueren des Suezkanals und die Einrichtung von Militärstellungen am Westufer. Israel und Ägypten unterzeichneten im November ein Waffenstillstandsabkommen und am 18. Januar 1974 Friedensverträge. Die Abkommen sahen vor, dass Israel sich aus den Gebieten im Sinai westlich des Mitla- und Gidi-Passes zurückzieht, während Ägypten die Truppenstärke am Ostufer des Kanals reduziert.

[8] Erno Rubik inmitten von Zauberwürfeln.

[3] Ingeborg Bachmann.

[11] Brian Faulkner, Vorsitzender der Ulster Unionist Party und Premierminister von Nordirland.

[9] Hank Aaron schlägt den Home-Run, der den Rekord von Babe Ruth bricht.

[10] Gerd Müller schießt für Deutschland das Tor, das den Weltmeisterschaftstitel sichert.

[8]
1974
Erno Rubik, Dozent an der Akademie für angewandte Künste und Design in Budapest, erfindet den **Zauberwürfel** und lässt ihn patentieren. Der Würfel ist ein in der ganzen Welt beliebtes Knobelspiel.

[9]
1974
Hank Aaron von den Atlanta Braves bricht den Home-Run-Rekord von Babe Ruth in Erstligaspielen. Aaron beendet seine Karriere mit 755 Home-Runs.

1974
Sato Eisaku, ehemaliger Premierminister von Japan, wird (zusammen mit Sean MacBride) mit dem Friedensnobelpreis ausgezeichnet. Dank seiner Politik kam es zur Unterzeichnung des Atomwaffensperrvertrags durch Japan.

1974
Der US-amerikanische Kongress verabschiedet den **Federal Election Campaign Act**. Das Gesetz regelt die Wahlkampffinanzierung und sieht die Offenlegung und Einschränkung einzelner Beiträge vor.

[10]
1974
Die Bundesrepublik Deutschland schlägt die Niederlande im Endspiel der **Fußballweltmeisterschaft** mit 2:1.

[11]
1. Januar 1974
Die **Nordirische Koalition**, die sich aus Protestanten und Katholiken zusammensetzt, tritt den Dienst in der belagerten Provinz an. Damit enden 21 Monate der direkten Verwaltung durch die britische Regierung.

1974

4. Februar 1974
Patricia Hearst, Enkelin des verstorbenen Zeitungsverlegers William Randolph Hearst, wird von einer Gruppe entführt, die mit der Symbionese Liberation Army in Verbindung steht.
[1]

7. Februar 1974
Grenada erhält die Unabhängigkeit vom Vereinigten Königreich.

13. Februar 1974
Die Sowjetunion deportiert den regimekritischen Romanschriftsteller **Alexander Solschenitzyn**. Dies ist die erste Ausweisung eines bedeutenden politischen Dissidenten aus der Sowjetunion seit 1929. Damals hatte Joseph Stalin Leon Trotzky ins Exil geschickt.
[2]

1. März 1974
Sieben ehemalige Regierungsbeamte aus dem Weißen Haus und Teilnehmer an Nixons Wahlkampagne werden vor der großen Geschworenenkammer, die sich mit der **Watergate-Affäre** befasst, wegen Verschwörung, Behinderung der Justiz und Falschaussage angeklagt.
[3]

2. März 1974
In **Burma** endet das Militärregime nach elf Jahren. Gemäß einer soeben ratifizierten Verfassung wird Burma eine sozialistische Republik mit einem Ein-Parteien-System.

29. März 1974
Berichten zufolge wurden 22 Menschen im indischen Bundesstaat **Bihar** getötet. Es waren Aufstände wegen steigender Lebensmittelpreise und politischer Korruption ausgebrochen.

[1] Patty Hearst stellt sich auf die Seite ihrer Entführer und beteiligt sich mit einer Maschinenpistole bewaffnet an einem Banküberfall. Sie wird von einer Sicherheitskamera erfasst.

[2] Solschenitzyn wird bei seiner Ankunft in Zürich von der Presse umzingelt. Seine Ausweisung erfolgte aufgrund der Veröffentlichung von Informationen über Russlands eigenes Arbeitslagersystem in „Der Archipel Gulag".

[3] John Erlichman trifft nach seiner Verurteilung auf die Presse. Als Berater Nixons sind er, H.R. Haldemann und der Rechtsberater John W. Dean die Hauptfiguren im Watergate-Fall.

[7] Rauch und Flammen steigen aus dem Westminster-Palast auf. In dem Gebäude befinden sich das Parlament und die mittelalterliche Westminister Hall.

[8] Michail Baryschnikow wärmt sich vor dem Auftritt mit dem American Ballet Theater auf.

18. Mai 1974
Bei einem unterirdischen Test in der **Wüste von Rajasthan** zündet Indien seine erste Atombombe. Somit wird die Nation zur sechsten Atommacht. Die indische Regierung spricht von einem „friedlichen Atomwaffenexperiment".

27. Mai 1974
Valéry Giscard d'Estaing wird zum Präsidenten von Frankreich gewählt.

Juni 1974
Berichten zufolge sind 10 000 bis 30 000 Menschen in **Indien**, vornehmlich in dem Bundesstaat Bihar, aufgrund einer der schlimmsten Pockenepidemien in der jüngsten Geschichte gestorben.

[7]
17. Juni 1974
Westminster Hall in London wird durch eine Bombenexplosion beschädigt. Elf Menschen werden verletzt. Die Polizei vermutet dahinter einen Angriff durch die Provisional Irish Republican Army.

26. Juni 1974
Aufgrund schwerer Verluste im Devisenhandel wird die Abwicklung des westdeutschen **Bankhauses I.D Herstatt KG** angeordnet. Es war eine der größten Privatbanken des Landes.

30. Juni 1974
Die Mutter von Martin Luther King Jr., **Alberta King**, fällt einem Attentat zum Opfer, während sie in der Ebenezer Baptist Church in Atlanta Orgel spielt.

10. April 1974
Golda Meir gibt ihre „unwiderrufliche" Entscheidung bekannt, als Premierministerin von Israel abzudanken. Sie hatte das Amt seit 1969 inne.

25. April 1974
Eine sieben Mann starke Junta unter der Führung von **General António Spínola** reißt in Portugal die Macht an sich, nachdem regimekritische Militärführer die Kontrolle über die Regierung in einem unblutigen Staatsstreich erhalten haben.
[4]

6. Mai 1974
Der deutsche Bundeskanzler Willy Brandt tritt nach Enthüllung der Tatsache, dass sein persönlicher Assistent **Günter Guillaume** für die DDR spioniert hat, zurück.
[5]

7. Mai 1974
Walter Scheel, Mitglied der Freien Demokratischen Partei, wird geschäftsführender Bundeskanzler (1974) der Bundesrepublik Deutschland.

15. Mai 1974
Drei palästinensische Guerillakämpfer nehmen 90 Schulkinder in **Ma'alot in Israel** als Geiseln und verlangen die Freilassung von 20 in Israel gefangen gehaltenen Guerillakämpfern. Zwanzig Kinder und drei Guerillakämpfer werden getötet, als israelische Soldaten die Schule stürmen.

16. Mai 1974
Der Herausgeber der einflussreichen Wochenzeitung *Die Zeit*, **Helmut Schmidt**, Mitglied der Sozialdemokratischen Partei, wird Bundeskanzler (1974-82) der Bundesrepublik Deutschland.
[6]

[4] Portugiesische Soldaten in den Straßen während des Spinola-Coups.

[10] Türkisch-zypriotische Kriegsgefangene. Die Türken sandten wegen des Coups der griechischen Nationalisten gegen Präsident Makarios eine Armee nach Nordzypern. Bald kontrollieren sie zwei Fünftel der Insel.

[6] Helmut Schmidt. Er ist bodenständiger und nicht so visionär wie sein Vorgänger Willy Brandt.

[11] Nixon signalisiert das Siegeszeichen beim Verlassen des Geländes des Weißen Hauses nach seinem Rücktritt.

[9] Isabel Perón, zweite Ehefrau von Juan Perón, wird von der Vize-Präsidentin zur Präsidentin.

[5] Willy Brandt mit Günter Guillaume an seiner Seite am 1. Mai 1974.

[8]
30. Juni 1974
Der sowjetische Tänzer **Michail Baryschnikow** setzt sich bei einer Tournee durch Kanada ab.

[9]
1. Juli 1974
Isabel Perón wird das erste weibliche Staatsoberhaupt eines amerikanischen Staates, als sie nach Juan Peróns Tod dessen Nachfolge antritt.

1. Juli 1974
Walter Scheel, Mitglied der Freien Demokratischen Partei, wird Bundespräsident der Bundesrepublik Deutschland (1974-79).

[10]
20. Juli 1974
Die Türkei marschiert unter dem Vorwand des Schutzes von türkischen Inselbewohnern in **Zypern** ein. Der Vorfall führt zur Gründung der Türkischen Republik Nordzypern. Nur die Türkei erkennt das abtrünnige Gebiet nördlich der „grünen Linie" an.

[11]
8. August 1974
Drei Tage nachdem der US-Präsident **Richard M. Nixon** seine Beteiligung an der Verschleierung der Watergate-Affäre zugegeben hat, kündigt er seinen Rücktritt für den folgenden Tag an. Am 9. August wird Gerald R. Ford in das Amt eingeschworen.

8. September 1974
Der medienwirksame Versuch des Stuntmans **Evel Knievel**, den Snake River Canyon in Idaho mittels einer dampfbetriebenen Rakete zu überqueren, schlägt fehl.

1974-1975

8. September 1974
Der US-amerikanische Präsident **Gerald R. Ford** spricht dem ehemaligen Präsidenten Richard M. Nixon die volle Begnadigung aus.

10. September 1974
Guinea-Bissau erhält die Unabhängigkeit von Portugal.

12. September 1974
Der Kaiser von Äthiopien, **Haile Selassie I.**, wird von der *Derg*, einer Militärjunta aus revolutionären Soldaten, abgesetzt.
[1]

19. September 1974
Der **Wirbelsturm Fifi** tötet Tausende von Menschen in Honduras und richtet millionenschwere Verwüstungen an.

Oktober 1974
Die UN-Generalversammlung gewährt der **Palästinensischen Befreiungsorganisation (PLO)** die Anerkennung als „Repräsentanten des palästinensischen Volkes". Im November erhält die PLO den Beobachterstatus.

1. Oktober 1974
In **Beijing** wird der 25. Jahrestag der kommunistischen Regierung Chinas groß gefeiert. Bemerkenswerterweise ist der Vorsitzende Mao Zedong abwesend. Es wird angenommen, dass er für einen Auftritt auf dem Podium am Tor des himmlischen Friedens zu schwach ist.
[2]

[1] Kaiser Haile Selassie zum Zeitpunkt seiner Absetzung.

[2] Chinesische Schulmädchen führen ein Tanz- und Singspiel unter Einsatz von Holzgewehren im Andenken an die Revolution auf.

[5] Darwin in Nordaustralien. Die Stadt bietet nach dem Wüten des Zyklons ein Bild der Verwüstung.

[6] Garfield Sobers schlägt wieder einmal die englischen Bowler.

[5]
25. Dezember 1974
Ein Zyklon trifft auf **Darwin in Australien**. In der verheerendsten Naturkatastrophe in der Geschichte Australiens werden 90 Prozent der Stadt zerstört und 47 Menschen getötet.

30. Dezember 1974
Offizielle Berichte deuten darauf hin, dass fast 5000 Menschen bei einem Erdbeben getötet wurden, das Städte im nördlichen **Pakistan** am 8. Dezember heimsuchte.

31. Dezember 1974
Der Verkauf von **Goldbarren** wird in den Vereinigten Staaten von Amerika legalisiert. Der überall angekündigte Goldrausch bleibt jedoch aus, da nur wenige Käufe getätigt werden.

1975
Atari bringt das Videospiel **Pong** für den Gebrauch zu Hause heraus. Es ist im Jahr 1975 ein Muss als Weihnachtsgeschenk und nur bei *Sears and Roebuck* erhältlich.

1975
Bill Gates und Paul G. Allen, zwei alte Schulfreunde aus Seattle, gründen **Microsoft**. Der Name ist eine Kombination der Wörter *microcomputer* und *software*.

[6]
1975
Der Kricketspieler **Garfield Sobers** von den Westindischen Inseln wird zum Ritter geschlagen. In seiner Karriere hat er Testspielrekorde in Runs (8032) und Centuries (26) gesetzt und gilt als einer der besten Kricketspieler.

11. Oktober 1974
US-Präsident Gerald R. Ford gründet die Aufsichtsbehörde für die zivile Nutzung der Kernenergie **Nuclear Regulatory Commission** (NRC) in den Vereinigten Staaten von Amerika.

15. Oktober 1974
Der Gouverneur von Massachusetts, Francis Sargent, ordnet die Mobilisierung von Mitgliedern der **Nationalgarde** an. Grund ist der Ausbruch von rassistischer Gewalt angesichts der gerichtlich vorgeschriebenen gemischtrassigen Busbeförderung von Schulkindern in Boston.
[3]

30. Oktober 1974
Muhammad Ali schlägt George Foreman bei dem Boxkampf *Rumble in the Jungle* k.o. und gewinnt den Weltmeisterschaftstitel im Boxschwergewicht zurück.
[4]

29. November 1974
In einem historischen Durchbruch in einem hauptsächlich römisch-katholischen Land stimmt das französische Parlament für die **Legalisierung der Abtreibung** während der ersten zehn Schwangerschaftswochen.

13. Dezember 1974
Malta wird zur Republik, bleibt aber Mitglied des British Commonwealth.

24. Dezember 1974
Papst Paul VI. klopft drei Mal an die Heilige Pforte des Petersdoms in Rom, die seit 1950 – dem letzten Heiligen Jahr in der römisch-katholischen Kirche – verschlossen war und führt eine Prozession in die Kirche zur Einweihung des Heiligen Jahres 1975 an.

[3] Internatsbusse für Kinder in Boston nebst Polizei im Hintergrund.

[10] Alexei Leonow (eine Kamera haltend) und Thomas P. Stafford bewegen sich durch die Luke zwischen der Apollo und der Sojus.

[4] Der „Rumble in the Jungle" in Kinshasa ist einer der berühmtesten Kämpfe Muhammad Alis.

[7] Malcolm Fraser. Er bleibt bis 1983 an der Macht, die er aufgrund der umstrittenen Entlassung von Gough Whitlam erlangte.

[8] Beverly Sills vor dem Lincoln Center in New York.

[9] Das Atheneum von Richard Meier.

1975
Achtzehn Nationen nehmen die **Barcelona-Konvention** an. Sie ist ein Übereinkommen zur Einschränkung der Verschmutzung des Mittelmeeres.

[7]
1975
Der liberale Politiker **Malcolm Fraser** wird australischer Premierminister.

[8]
1975
In der Rolle der Pamira in der Oper *Die Belagerung von Korinth* gibt **Beverly Sills** im Alter von 46 Jahren ihr Debüt an der Metropolitan Opera in New York.

1975
Der in Polen geborene Mathematiker Benoit B. Mandelbrot prägt die Bezeichnung **Fraktal** für eine Klasse komplexer geometrischer Formen, die ein neues Geometriesystem entstehen lassen.

[9]
1975
Der Architekt **Richard Meier** beginnt mit den Arbeiten am Atheneum in New Harmony, Indiana. Es ist fest den Prinzipien der Moderne verhaftet und kennzeichnet doch die Entfernung vom strikten Festhalten an sie.

[10]
1975
Beim **Apollo-Sojus-Testprojekt** docken zwei Raumschiffe im All aneinander an. Höhepunkt ist der Händedruck im Weltall zwischen dem Apollo-Kommandeur Thomas P. Stafford und dem Sojus-Kommandeur Alexei Leonow.

1975

1975
Die großen **Automobilhersteller** in den USA führen Preisermäßigungen für Neuwagenkäufe ein. Es ist ein Versuch, die Industrie aus dem schlimmsten Einbruch seit den 1940er Jahren zu manövrieren.

1975
Durch Genmanipulation entdecken die argentinischen Forscher Cesar Milstein und Kollegen wie man **monoklonale Antikörper** produzieren kann. Dazu werden bestimmte Lymphozyten mit kultivierten Myelom-Zelllinien verschmolzen, die sich unendlich reproduzieren.

1975
Die englische Schauspielerin und Sängerin **Jane Birkin** und ihr zweiter Ehemann **Serge Gainsbourg** spielen die Hauptrollen in ihrem ersten Film *Je t'aime … moi non plus.* Dies war ebenfalls der Titel ihres bekannten Liedes aus dem Jahr 1969.
[1]

ca. 1975
Die Weltbevölkerung übersteigt die Grenze von **vier Milliarden**.

ca. 1975
Die Entwicklung des schnelleren und manövrierfähigeren Polyurethan-Rads bewirkt eine erneute Vorliebe für das **Skatebordfahren**.
[2]

2. Januar 1975
General **Jean-Bédel Bokassa**, Präsident der Zentralafrikanischen Republik, benennt Elisabeth Domitien zur ersten Premierministerin des Landes. Sie ist die erste Frau, die in einem afrikanischen Land diese Stellung einnimmt.

[2] Ein Skateboardfahrer zeigt sein Können auf einer speziell angelegten Bahn.

[8] Der britische Premierminister Harold Wilson, US-Präsident Gerald Ford, der französische Präsident Valéry Giscard d'Estaing und der deutsche Bundeskanzler Helmut Schmidt in Helsinki.

[3] Margaret Thatcher kurz nach ihrer Wahl.

DER FALL SAIGONS

Der Vietnamkrieg endet.

Anfang März 1975 leiteten die Nordvietnamesen die erste Phase in einer Offensive zur Vereinnahmung Südvietnams ein, von der man annahm, dass sie zwei Jahre dauern würde. Tatsächlich fielen die Regierung und die Streitkräfte des Südens in weniger als zwei Monaten. Tausende südvietnamesische Soldaten zogen sich unorganisiert zunächst aus den zentralen Gebirgen und dann aus Hué und Da Nang zurück. Am 21. April trat der Präsident der Republik Vietnam Nguyen Van Thieu zurück und floh nach Taiwan. Am 30. April ergab sich die verbleibende Regierung Südvietnams bedingungslos, und nordvietnamesische Panzerkolonnen besetzten Saigon kampflos (links). Die verbliebenen US-Amerikaner entkamen durch hektische Flucht per Luft oder See mit der Hilfe von vietnamesischen Freunden und Kollegen. Es wurde eine Militärregierung eingerichtet, und am 2. Juli 1976 wurde das Land offiziell unter dem Namen Sozialistische Republik Vietnam mit Hanoi als Hauptstadt vereint. Saigon wurde in Ho-Chi-Minh-Stadt umbenannt. Der 30-jährige Kampf um die Kontrolle über Vietnam war vorüber.

22. April 1975
Ein unblutiger Militärputsch entfernt den Staatschef von **Honduras**, General Oswaldo López Arellano, aus seinem Amt. Er ist in eine 1,25 Millionen Dollar schwere Bestechung durch die US-Firma United Brands verwickelt.

24. April 1975
Terroristen greifen die bundesdeutsche Botschaft in **Stockholm** an. Sie töten den Militärattaché und nehmen 12 Geiseln. Es ist ein Vergeltungsschlag gegen die Weigerung der Bundesrepublik Deutschland, 26 Anarchisten freizulassen.

30. April 1975
Die südvietnamesische Hauptstadt **Saigon** (Ho-Chi-Minh-Stadt) fällt kampflos in die Hände nordvietnamesischer Truppen. Die verbliebenen US-Amerikaner entkommen durch hektische Flucht per Luft oder See.

15. Mai 1975
Tabei Junko aus Japan, in Begleitung von Ang Tsering aus Nepal, ist die erste Frau, die den Gipfel des **Mount Everest** erreicht.

[7]
5. Juni 1975
Genau acht Jahre nach der Schließung während des arabisch-israelischen Krieges im Jahr 1967 wird der **Suezkanal** vom ägyptischen Präsidenten Anwar as-Sadat wieder geöffnet.

25. Juni 1975
Nach 470 Jahren der Kolonialherrschaft wird das Gebiet, das vorher als Portugiesisch Ostafrika bekannt war, zur unabhängigen **Volksrepublik Mosambik**.

11. Februar 1975
Die britische konservative Partei wählt **Margaret Thatcher** zur Vorsitzenden.
[3]

17. Februar 1975
Aus der städtischen Galerie der Modernen Künste in **Mailand** werden 28 Gemälde gestohlen; darunter auch Werke von Cézanne, Gauguin, Renoir und van Gogh.

9. März 1975
Die belgische Romanschriftstellerin **Marie Gevers** stirbt. Ihr Werk beschreibt das Kempenland, die ländliche Gegend, in der sie den größten Teil ihres Lebens verbrachte.

9. März 1975
Die Arbeiten an der 1270 Kilometer langen **Ölpipeline durch Alaska** beginnen. Es ist das größte private Bauprojekt in der Geschichte der USA. Im Jahr 1977 wird der Bau abgeschlossen.
[4]

25. März 1975
Der **saudische König Faisal** wird von seinem Neffen ermordet. Sein Bruder, der Kronprinz Khalid ibn Abd al-Aziz al-Saud, wird Thronfolger.
[5]

17. April 1975
Die Regierung von Lon Nol in Kambodscha bricht zusammen, die kommunistischen Kräfte der **Roten Khmer**, unter der Führung von Pol Pot, dringen in Phnom Penh ein und vertreiben die Bürgerschaft in ländliche Gebiete.
[6]

[4] Die Pipeline schlängelt sich durch die Landschaft Alaskas. Große Teile der Leitung verlaufen wie hier wegen des Permafrosts überirdisch.

[1] Jane Birkin und Serge Gainsbourg.

[6] Soldaten der Roten Khmer dringen in die kambodschanische Hauptstadt Phnom Penh ein.

[5] König Faisal (links). Hinter ihm steht Kronprinz Fahd, der während der Herrschaft seines Halbbruders Khalid die faktische Regierung Saudi-Arabiens übernimmt, bis er 1982 die Thronfolge antritt. Prinz Sultan, der saudische Verteidigungsminister, steht zu seiner Rechten.

[7] Die Schifffahrt nimmt den Verkehr durch den Suezkanal auf.

[9] Martina Nawratilowa auf dem Platz Nummer 1 in Wimbledon.

26. Juni 1975
Der indische Präsident **Fakruddin Ali Ahmed** erklärt den Notstand und hebt viele verfassungsgemäßen Rechte auf.

12. Juli 1975
Den Inselstaaten **São Tomé** und **Príncipe** wird die Unabhängigkeit von Portugal ausgesprochen.

30. Juli 1975
Jimmy Hoffa, Präsident der Gewerkschaft International Brotherhood of Teamsters von 1957 bis 1971, verschwindet unter bisher ungeklärten Umständen aus einem Restaurant in Detroit.

[8]
1. August 1975
Die **Schlussakte von Helsinki** wird unterzeichnet. Die Vereinbarungen dienen dem Abbau von Spannungen zwischen Ost und West durch die Sicherung der gegenseitigen Anerkennung des Status quo in Europa nach dem Zweiten Weltkrieg.

26. August 1975
Der äthiopische Kaiser **Haile Selassie I.** stirbt. Möglicherweise fällt er einem Attentat zum Opfer. Er hatte sein Land nach dem Zweiten Weltkrieg etabliert und den Beitritt in den Völkerbund und die Vereinten Nationen herbeigeführt.

[9]
September 1975
Die tschechische Tennisspielerin **Martina Nawratilowa** bittet in den Vereinigten Staaten von Amerika um politisches Asyl.

1975-1976

5. September 1975
Lynette „Squeaky" Fromme, eine Anhängerin von Charles Manson, unternimmt einen Mordversuch an dem US-Präsidenten Gerald Ford.

14. September 1975
Der arbeitslose Lehrer Wilhelmus de Rijk schlitzt eines der berühmtesten Gemälde von **Rembrandt**, *Die Nachtwache*, im Amsterdamer Rijksmuseum mehrfach mit einem Brotmesser auf.

16. September 1975
Papua-Neuguinea erhält die vollständige Unabhängigkeit von Australien.

9. Oktober 1975
Andrei D. Sacharow, Vater der Wasserstoffbombe der Sowjetunion, ist der erste Sowjetbürger, der den Friedensnobelpreis gewinnt.

1. November 1975
Der umstrittene italienische Dichter, Autor und Filmregisseur **Pier Paolo Pasolini** wird von einem 17-jährigen Jugendlichen ermordet, indem er ihn wiederholt mit seinem eigenen Alfa Romeo überfährt. 2005 kommen Zweifel an dem Fall auf, er wird aber nicht erneut verhandelt.
[1]

11. November 1975
Angola erklärt nach dem Rückzug der Portugiesen die Unabhängigkeit.

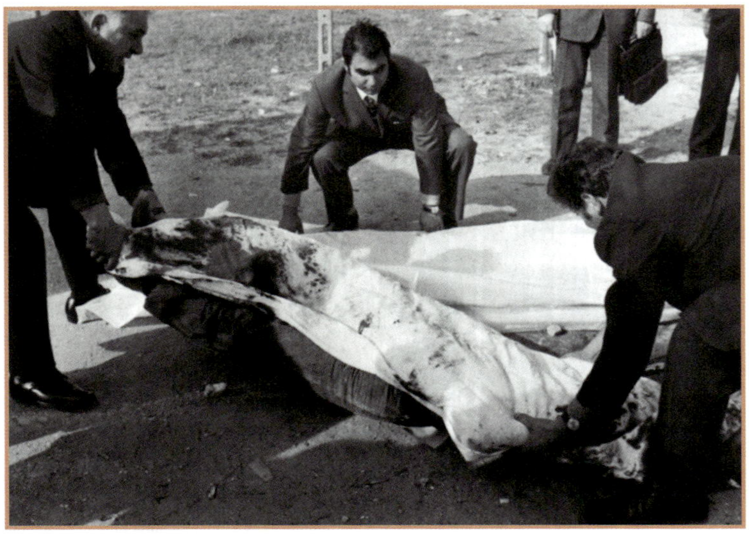

[1] Pasolinis Leiche wird vom Tatort des Mordes entfernt.

[8] Betty Williams (links), die Zeugin des Todes der drei Kinder in Nordirland wurde, feiert zusammen mit ihrer Tante Mairéad Corrigan (rechts) die Gründung der Organisation „Peace People".

[5] Philip Glass.

[6] Nadia Comaneci im Alter von 14 Jahren auf dem Schwebebalken.

[7] Die schwedische königliche Hochzeit.

[9] James Callaghan.

[5]
1976
Die Oper *Einstein on the Beach* des US-amerikanischen Komponisten **Philip Glass** wird uraufgeführt und gewinnt dem intellektuellen Minimalisten Glass eine große Anhängerschaft.

[6]
1976
Bei den Olympischen Sommerspielen in Montreal erzielt die Turnerin **Nadia Comaneci** erstmals die perfekte Punktzahl von 10 bei einem olympischen Turnwettstreit. Insgesamt erhält sie sieben solcher Wertungen in den Wettkämpfen.

[7]
1976
König Carl XVI. Gustaf von Schweden heiratet die Herzogin Silvia Sommerlath.

[8]
1976
Betty Williams und Mairéa Corrigan-Maguire gründen die **Peace People Organization**. Diese gemeinsame Friedensorganisation von Katholiken und Protestanten entsteht, nachdem drei Kinder bei Kämpfen in Nordirland getötet wurden.

[9]
1976
Der britische Außenminister **James Callaghan** wird nach dem Rücktritt von Harold Wilson der zweite Premierminister aus den Reihen der Labour Party in Folge.

1976
In drei Fällen urteilt der Oberste US-amerikanische Gerichtshof, dass die **Todesstrafe** keine Verletzung des Achten Zusatzartikels der Verfassung darstellt, wenn sie nach bestimmten Richtlinien in Fällen vorsätzlichen Mordes verhängt wird.

22. November 1975
Juan Carlos wird zwei Tage nach dem Tod von Francisco Franco König von Spanien.

Dezember 1975
Der **libanesische** Präsident Suleiman Kalalan Franjieh beschuldigt die PLO, den Bürgerkrieg, der Beirut zerstört, gefördert zu haben. Die aus Jordanien verwiesenen palästinensischen Flüchtlinge stellen sich auf die Seite der Drusen gegen die maronitischen Christen.
[2]

6. Dezember 1975
Die **Belagerung der Balcombe Street** beginnt. Vier Schützen der IRA nehmen in einem Haus in London zwei Geiseln. Zuvor hatten sie einen Mann ermordet und ein Restaurant angegriffen. Die Polizei umstellt das Haus, und die Schützen ergeben sich am 12. Dezember.
[3]

7. Dezember 1975
Kurz nach der Unabhängigkeitserklärung wird **Osttimor** von indonesischen Streitkräften besetzt.

29. Dezember 1975
In **New York** explodiert eine Bombe, die 11 Todesopfer und 75 Verletzte fordert. Die Bombe wurde in einem menschenüberfüllten Schließfachbereich im Hauptterminal des Flughafens La Guardia gezündet.

1976
Der **Aboriginal Land Rights Act** gewährt den australischen Aborigines Landrechte, insbesondere hinsichtlich der Territorien von religiöser Bedeutung.
[4]

JUAN CARLOS

Der Beginn der spanischen Ära nach Franco

Am 22. November 1975, zwei Tage nach dem Tod von General Francisco Franco, besteigt Juan Carlos den spanischen Thron, der seit dem Exil seines Großvaters Alfons XIII. im Jahr 1931 unbesetzt war.

Es war zunächst unklar, ob Juan Carlos die Macht würde halten können und, falls es ihm gelingen sollte, was für eine Art Herrscher er sein würde. Schließlich hatte Franco ihn 20 Jahre lang herangezogen, und 1969 hatte er der Nationalbewegung des Diktators die Treue geschworen. Politische Kommentatoren sagten voraus, dass der neue König entweder den Faschismus fortsetzten würde oder dass ihm die Autorität fehlen würde, um ihm eine Ende zu setzen.

Juan Carlos I. zeigte sehr bald sehr viel liberalere und demokratischere Prinzipien als die meisten Menschen erwartet hätten, und er setzte sie in die Tat um. 1976 ernannte er den reformerischen Premierminister Adolfo Suárez und sprach sich für die Wiederbelebung politischer Parteien und die Amnestie politischer Gefangener aus. (Oben, Thronrede am 22. November.)

[4] Ein Aborigine neben altertümlichen Zeichen auf dem Corroboree Rock in der Simpson-Wüste im Northern Territory in Australien.

[2] Palästinensische Flüchtlinge mit einem christlichen Milizsoldaten in Beirut.

[3] Die Polizei geht vor den belagerten Schützen der IRA in der Balcombe Street in Stellung.

1976
Die Arbeitsministerin **Tina Anselmi** ist die erste Frau im italienischen Kabinett.

1976
Eine polynesische Schiffsbesatzung unter der Leitung von Ben Finney segelt mit Hilfe traditioneller Navigationsmethoden in dem 19 Meter langen **seetüchtigen Doppelrumpfkanu** *Hokule'a* von Hawaii in den Süden nach Tahiti.

1976
Der Personal-Computer **Apple I** kommt auf den Markt.

1976
Der erste bekannte Ausbruch des **Ebola-Virus** in Zaire (Demokratische Republik Kongo) fordert Hunderte von Toten durch schwere Blutungen. Die Sterblichkeitsrate steigt von 50 auf 90 Prozent.

1976
Der Wirtschaftwissenschaftler **Muhammad Yunus** erfindet das Grameen-Modell (bengalisch für „ländlich") für das Bankgeschäft, in dessen Rahmen kleine Kredite an arme Personen vergeben werden.

1976
Im englischen Coventry wird die **International Lesbian and Gay Association** gegründet. Die Gesellschaft setzt sich für die Menschenrechte ein und kämpft gegen die Diskriminierung von Homosexuellen, Bisexuellen und Transsexuellen.

1976

1976
Die **Olympischen Winterspiele** finden in Innsbruck in Österreich statt.

21. Januar 1976
Die **Concorde** wird in regelmäßigen Dienst genommen. Der Bau des Ultraschallflugzeugs wurde von der britischen und französischen Regierung finanziert. [1]

4. Februar 1976
Ein **Erdbeben** fordert in Guatemala 23 000 Menschenleben und über 75 000 Verletzte. [2]

24. Februar 1976
Das Regime **Fidel Castro** nimmt die kubanische Verfassung an. Sie erlaubt nur eine politische Partei – die Kommunistische Partei Kubas.

26. Februar 1976
Spanien tritt die **Westsahara** ab.

8. März 1976
Über 100 **Meteoriten** schlagen in der Nähe von Kirin im nordöstlichen China ein. Bei dem wahrscheinlich heftigsten Meteoritenhagel in der dokumentierten Geschichte wiegt der schwerste Meteorit 1770 Kilogramm.

[1] Die Concorde: Aufgrund des Ultraschallknalls sind ihre Flugrouten eingeschränkt. Viele Länder möchten sie nicht in ihrem Luftraum haben.

[2] Die Folgen des Erdbebens in Guatemala.

[5] Eine Straßenblockade im südafrikanischen Soweto. Die Aufstände begannen als Protest gegen die Vorgabe, dass der Unterricht an Schulen in der Sprache Afrikaans stattzufinden habe.

[7] Der CN Tower in Toronto.

3. Juni 1976
Etwa 5000 **Milchbauern in Quebec** beteiligen sich auf dem Parliament Hill in Ottawa an einer Protestaktion. Sie protestieren gegen die Senkung der Milchquoten und anderer Zuschüsse für Landwirte.

5. Juni 1976
Der neu erbaute **Staudamm** am Teton in Idaho bricht. Die folgende Überschwemmung tötet einen Menschen und raubt 30 000 Menschen das Zuhause.

20. Juni 1976
Die **Tschechoslowakei** schlägt die Bundesrepublik Deutschland im Endspiel der Europameisterschaft im Elfmeterschießen.

26. Juni 1976 [7]
In Toronto wird der **CN Tower** eröffnet. Er wurde von der Canadian National Railway Company erbaut und verursachte Kosten von 63 Millionen Kanadischen Dollar. Mit einer Höhe von 553 Metern ist er das höchste freistehende Gebäude der Welt.

2. Juli 1976
Süd- und Nordvietnam werden vereint, und die politische Führung erklärt das Land zur sozialistischen Republik.

4. Juli 1976
Die **Vereinigten Staaten von Amerika** feiern das 200-jährige Bestehen mit Prunk, Gebeten, Spielen, Paraden, Picknicks und Feuerwerken.

23. März 1976
Der **Internationale Pakt über bürgerliche und politische Rechte** tritt in Kraft. Er beinhaltet fast alle Rechte, die in der Allgemeinen Erklärung der Menschenrechte von 1948 verankert sind.

24. März 1976
María Estela (Isabel) Martínez de Perón, seit 1974 argentinische Präsidentin, wird von den Oberbefehlshabern dreier Truppengattungen der Streitkräfte Argentiniens abgesetzt und verhaftet.
[3]

April 1976
Hua Guofeng wird Ministerpräsident der Volksrepublik China.
[4]

28. Mai 1976
Die Vereinigten Staaten von Amerika und die Sowjetunion unterzeichnen einen Fünfjahresvertrag, der die Größe **unterirdischer Nuklearexplosionen** zu friedlichen Zwecken einschränkt und den USA die Inspektion sowjetischer Tests gestattet.

Juni 1976
Eine Demonstration von 10 000 farbigen Studenten im südafrikanischen **Soweto** in der Nähe von Johannesburg wächst zu einem Aufstand aus. Mehrere Townships und zwei Universitäten sind einbezogen. 175 Menschen sterben und mehr als 1000 werden verletzt.
[5]

Juni-Juli 1976
Palästinensische Terroristen entführen eine Maschine der Air France und landen in **Entebbe** in Uganda. Nachdem die Flugzeugentführer die Crew und sämtliche Passagiere, die nicht wie Israelis aussehen, freigelassen haben, retten israelische Kommandotruppen fast alle Geiseln.
[6]

[3] General Jorge Videla. Er wird nach der Absetzung von Isabel Perón argentinischer Präsident. Während des Regimes der Militärjunta, der er bis 1981 vorsteht, verschwinden fast 30 000 Argentinier. Wahrscheinlich ist, dass sie ermordet wurden. Nach Wiederherstellung der Demokratie im Jahr 1983 verbringt er fünf Jahre in Haft.

[4] Hua Guofeng ist ein kaum bekannter Politiker aus der Heimatprovinz des Vorsitzenden Mao. Dennoch folgte er der korrekten maoistischen Linie sorgfältig.

[6] Der israelische Verteidigungsminister Shimon Peres (links) gratuliert israelischen Fallschirmtruppen und deren Kommandeur Major Dan Shomron zu ihrer erfolgreichen Leistung in Entebbe.

[8] Eine Fotografie der Marsoberfläche von der Stelle, an der „Viking 1" eine Bodenprobe entnommen hat.

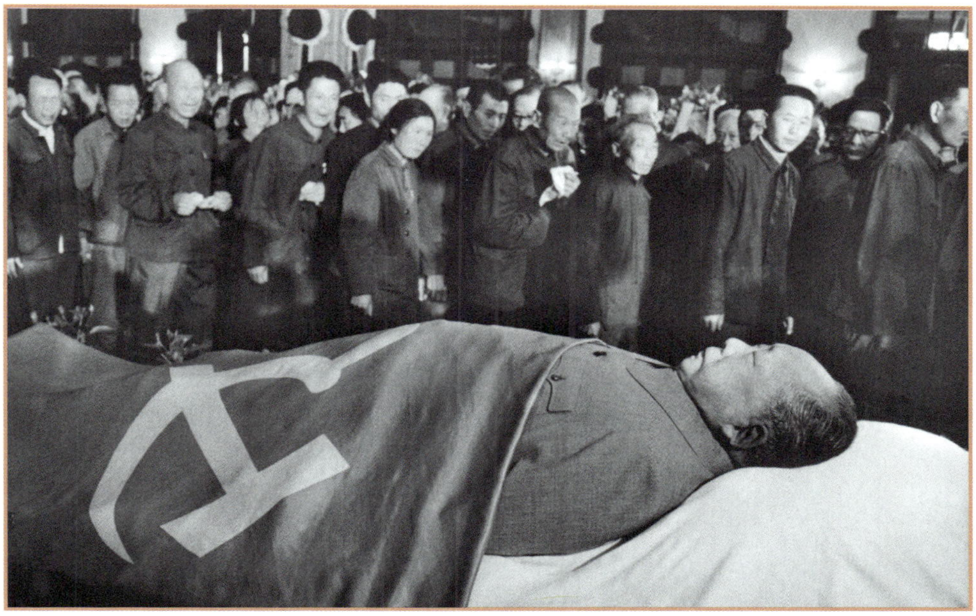

[9] Mao Zedong liegt aufgebahrt. Die offizielle Bildunterschrift besagt: „Kleinbauern aus den Randregionen Beijings erweisen den sterblichen Überresten des hoch angesehenen und geliebten Führers mit grenzenlos tiefem, proletarischem Mitgefühl die Ehre."

[8]
20. Juli 1976
Nach einer Reisezeit von fast einem Jahr landet die robotergesteuerte Raumsonde **Viking 1** auf dem Mars und beginnt mit der Übermittlung von Informationen über die Atmosphäre sowie den Boden des Planeten und sendet Fotos der felsigen Oberfläche.

28. Juli 1976
Ein Erdbeben in der Industriestadt **Tangshan** in **China** tötet über 240 000 Menschen.

August 1976
Tanaka Kakuei, Premierminister von Japan von 1972 bis 1974, wird angeklagt. Er hat während seiner Amtszeit Bestechungsgelder von etwa 2 000 000 US-Dollar von der Lockheed Aircraft Corporation angenommen.

[9]
9. September 1976
Mao Zedong stirbt. Er war der unangefochtene Vorsitzende der Kommunistischen Partei Chinas nach dem Langen Marsch (1934-35) und dominierte China in der Zeit nach der Übernahme durch die Kommunisten im Jahr 1949.

10. September 1976
Über Nordjugoslawien ereignet sich das bisher schwerste **Flugunglück in der Luft**, als eine jugoslawische *DC-9* und eine *Trident* der British Airways zusammenstoßen. Alle 176 Passagiere werden getötet.

16. September 1976
Die **Episkopalkirche** genehmigt die Weihe von Frauen zu Priesterinnen und Bischöfinnen.

1976-1977

30. September 1976
Kalifornien ist der erste US-Bundesstaat, in dem es unheilbar Kranken erlaubt wird, den Verzicht auf lebensverlängernde Maßnahmen zu verfügen, wenn der Tod des Patienten unmittelbar bevorsteht.

5. Oktober 1976
Die Christdemokraten unter Helmut Kohl erhalten die meisten Stimmen bei den **Bundestagswahlen in der Bundesrepublik Deutschland**. Helmut Schmidts sozial-liberale Koalition bleibt jedoch im Amt.
[1]

11. Oktober 1976
In China werden die Mitglieder der **Viererbande** verhaftet, nachdem sie mit dem Tod Mao Zedongs ihren Einfluss verloren haben.

12. Oktober 1976
Der chinesische Premierminister **Hua Guofeng** wird zum Nachfolger von Mao Zedong als Vorsitzender der Kommunistischen Partei Chinas bestimmt.

13. Oktober 1976
Wissenschaftler der Universität in Michigan geben bekannt, dass sie mittels Röntgenverfahren und anhand von Haarproben die Mumie der Großmutter von Pharao Tutenchamun als die **Pharaonen-Gemahlin Teje** identifizieren konnten. Sie lebte etwa 1400 bis 1360 vor Christus.

21. Oktober 1976
US-Amerikaner gewinnen fünf **Nobelpreise**: Saul Bellow – Literatur, Baruch S. Blumberg und D. Carleton Gajdusek – Medizin, Milton Friedman – Wirtschaftswissenschaften, Burton Richter und Samuel C.C. Ting – Physik, William N. Lipscomb – Chemie.
[2]

[2] Der Nobelpreisträger Milton Friedman, der die Theorie des „Monetarismus" entwickelte, die in den letzten Jahrzehnten des 20. Jahrhunderts von großem Einfluss war.

[8] Star Wars (von links nach rechts): Mark Hamill (als Luke Skywalker), Carrie Fisher (als Prinzessin Leia) und Harrison Ford (als Han Solo).

[3] Erich Honecker in der äußerst symbolträchtigen Umarmung des russischen Bären Leonid Breschnew. Honecker bleibt in der Deutschen Demokratischen Republik an der Macht bis Russland unter Gorbatschow seinen Griff löst. Die Kommunisten in der DDR sind danach auf sich gestellt.

[7] Die Sex Pistols. John Lydon (Johnny Rotten) öffnet eine Dose Bier und bespritzt die Kamera.

[9] Reggie Jackson.

[7]
1977
Die britische Punkband **Sex Pistols** bringt die anarchische Single *God Save the Queen* zum 25. Thronjubiläum von Königin Elisabeth II. heraus.

[8]
1977
George Lucas' **Star Wars** wird veröffentlicht. Es ist ein intergalaktischer Mantel-und-Degen-Film mit bunten Charakteren, realistischen außerirdischen Kulissen und einer Vielzahl atemberaubender Effekte.

1977
Die US-amerikanische Fotografin **Cindy Sherman** veröffentlicht in ihrer Reihe *Untitled Film Stills* (fertig gestellt im Jahr 1980) Selbstporträts im Stil des *Film Noir*, die Fragen zu Stereotypen und der Identität aufwerfen.

[9]
1977
In der größten Schlagserie der World Series im Baseball schlägt **Reggie Jackson** in einem Spiel drei aufeinander folgende Home-Runs.

1977
In **Paris** wird das Centre National d'Art et de la Culture Georges Pompidou eröffnet.

1977
Wissenschaftler an Bord des Tieftauch-Unterseebootes *Alvin* entdecken Muscheln, Krebse und Würmer, die an heißen Schwefelschloten in den Tiefen des **Mittelatlantischen Rückens** leben.

29. Oktober 1976
Erich Honecker, Mitglied der Sozialistischen Einheitspartei Deutschlands, wird Staatsoberhaupt (1976-89) der Deutschen Demokratischen Republik.
[3]

2. November 1976
Jimmy Carter, der frühere demokratische Gouverneur von Georgia und zukünftiger Träger des Friedensnobelpreises im Jahr 2002, wird zum 39. Präsidenten der Vereinigten Staaten von Amerika gewählt. Er schlägt Gerald R. Ford knapp. Sein Vize-Präsident ist Walter Mondale.
[4]

1. Dezember 1976
José López Portillo wird Präsident von Mexiko. Er beutet die natürlichen Gas- und Ölreserven mit Hilfe des staatlichen mexikanischen Mineralölkonzerns Petróleos Mexicanos (Pemex) aus.
[5]

20. Dezember 1976
In einem Banktresor in London entdeckt man eine Schatzkiste mit **Literaturwerken aus dem 19. Jahrhundert**. Darunter befinden sich Manuskripte von Lord Byron und Percy Bysshe Shelley.

21. Dezember 1976
Das unter liberianischer Flagge fahrende Tankschiff **Argo Merchant** bricht in zwei Teile, nachdem es in der Nähe von Nantucket Island auf Grund lief. Mehr als 28 Millionen Liter Rohöl ergießen sich in den Nordatlantik.

1977
Steven P. Jobs und Stephen G. Woszniak entwickeln den ersten massenhaft produzierten Heimcomputer **Apple II**. Der PC von IBM kommt 1981 auf den Markt.
[6]

[4] Jimmy Carter und Walter Mondale bei der Democratic National Convention. Rosalynn Carter und Tochter Amy sind links zu sehen.

[5] Der mexikanische Präsident Portillo.

[6] Steve Jobs mit einem „Apple II"-Computer. Auf dem Monitor ist ein Schachspiel zu sehen.

[10] Das Cover des Soundtrack-Albums von „Saturday Night Fever" mit der australischen Gruppe Bee Gees und dem Star John Travolta in Pose auf der Tanzfläche.

[11] Königin Elisabeth in einem feierlichen Umzug in der herrlichen Krönungskutsche, die in den 1760er Jahren für König Georg III. gebaut wurde.

[1] Helmut Schmidt und seine Frau vergleichen seine und Willy Brandts identische Krawatten.

[10]
1977
Die Bee Gees nehmen den Soundtrack für den Film **Saturday Night Fever** auf und sorgen für eine explosionsartige Entwicklung des Disco-Fiebers.

1977
Wangari Maathai vom nationalen kenianischen Frauenrat **National Council of Women of Kenya** organisiert das *Green Belt Movement*, ein Aufforstungsprojekt. Im Jahr 2004 erhält sie für ihre Leistungen den Friedensnobelpreis.

[11]
1977
Königin Elisabeth II. von Großbritannien feiert ihr 25. Thronjubiläum.

1977
Die interplanetarischen US-amerikanischen Sonden *Voyager 1* und *Voyager 2* treten die Reise an. Vor Verlassen des Sonnensystems sammeln die **Sonden** eine Fülle an Informationen über die äußeren Planeten und sorgen für eine Vielzahl von Entdeckungen.

1977
Walter Payton von den Chicago Bears erläuft mit 275 Yards in einem Spiel der US-amerikanischen National Football League (NFL) einen Rekord. Er beendet seine Karriere mit einem Gesamtrekord von 16 726 gelaufenen Yards.

1. Januar 1977
Don Juan, Graf von Barcelona, gibt den Verzicht auf seinen Anspruch auf den **spanischen Thron**, zwei Jahre nachdem sein Sohn als König Juan Carlos gekrönt wurde, öffentlich bekannt.

1977

17. Januar 1977
Gary Gilmore ist nach zehn Jahren die erste Person, die in den Vereinigten Staaten von Amerika hingerichtet wird.

19. Januar 1977
In einer seiner letzten Amtshandlungen als US-Präsident begnadigt Gerald Ford die als **Tokyo Rose** bekannte Iva Toguri D'Aquino. Sie war des Landesverrats im Zweiten Weltkrieg schuldig gesprochen.

19. Januar 1977
Radioastronomen des **Max Planck Institutes** in Bonn berichten den Fund von Wassermolekülen in einem Nebel, der etwa 2,2 Millionen Lichtjahre von der Erde entfernt liegt.

31. Januar 1977
In der Tschechoslowakei bricht unter den Intellektuellen Unmut aus. Prominente Intellektuelle unterzeichnen die **Charta 77**, eine Petition, in der sie sich über das kommunistische Regime beklagen.
[1]

8. Februar 1977
Larry C. Flynt, Herausgeber des Magazins *Hustler*, wird von einem Gericht in Cincinnati, Ohio, wegen der Begünstigung von Obszönitäten und der Beteiligung am organisierten Verbrechen für schuldig befunden.

Februar 1977
Die NASA beginnt mit den Testflügen der **Raumfähre** *Orbiter 1*.
[2]

[8] Ein Titelblatt des Magazins „Time", auf dem das entführte Flugzeug und einige der Beteiligten zu sehen sind.

[5] Beschäftigte in New York auf ihrem Heimweg im Dunklen.

[2] Die erste Raumfähre wird von einer „747" mitgenommen.

[4] Der Orient Express auf seiner letzten Reise.

[4]
22. Mai 1977
Nach 94 Dienstjahren fährt der berühmte **Orient Express** ein letztes Mal die 3050 Kilometer lange Strecke von Paris nach Istanbul.

8. Juli 1977
Bei einer zweifachen Explosion und einem Brand an der Pump-Station Nr. 8 der **Transalaska Pipeline** werden ein Ingenieur getötet und fünf Arbeiter verletzt. Die erst im Monat zuvor in Betrieb genommene Station muss sofort geschlossen werden.

[5]
13. Juli 1977
New York City verharrt aufgrund eines **Stromausfalls** für 23 Stunden in der Dunkelheit. Viele Menschen sind in den oberen Stockwerken von Häusern gefangen, Plünderungen und Brandstiftungen führen zu 4000 Verhaftungen.

22. Juli 1977
Nachdem er während der Kulturrevolution (1966-76) die Gunst der Kommunistischen Partei Chinas verloren hatte, kehrt **Deng Xiaoping** jetzt an die Macht zurück. Die Partei setzt ihn in sämtliche seiner früheren Ämter wieder ein.

[6]
September 1977
In Südafrika wird der farbige Aktivist **Steve Biko** getötet, während er sich in Polizeigewahrsam befindet. Seiner Beisetzung wohnen 15 000 Menschen bei, einschließlich vieler westlicher Diplomaten.

[7]
16. September 1977
Die US-amerikanische Opernsopranistin **Maria Callas** stirbt. Im Laufe ihrer Karriere belebte sie klassische Koloraturen mit ihrer lyrischen und dramatischen Vielseitigkeit und erreichte unter ihren Bewunderern Kultstatus.

24. Februar 1977
Britische Wissenschaftler berichten von der Entschlüsselung der vollständigen genetischen Struktur eines lebenden Organismus, **eines Virus**. Die Forschungsarbeit widerlegt die Ansicht, dass jedes Gen nur den Code für die Reproduktion einer Art Eiweißmolekül enthält.

9. März 1977
Anhänger der **Hanafi-Muslim-Sekte** besetzen drei Gebäude in Washington, D.C. Eine Person wird getötet und knapp 20 werden verletzt, als die Terroristen das Islamische Zentrum, die Moschee, den Hauptsitz von B'nai B'rith, und das Rathaus stürmen.

16. März 1977
Ein italienischer Mechaniker entführt eine Boeing *727*, mit dem Ziel, das Sorgerecht für seine zwei jungen Töchter zu erhalten. Es gelingt, ihm eine der Töchter abzuholen, bevor die schweizerische Polizei der 44-stündigen Nervenprobe am **Flughafen Zürich** ein Ende setzt.

27. März 1977
Eine Pan Am *747* und eine KLM *747* kollidieren auf einer Startbahn auf den **Kanarischen Inseln**. 582 Menschen werden getötet.
[3]

28. März 1977
Der 38-jährige Präsident der Republik Kongo **Major Marien Ngouabi** wird in seinem Amtssitz in Brazzaville erschossen.

9. April 1977
Die **spanische Regierung** legalisiert trotz großer Meinungsverschiedenheiten, insbesondere von Seiten des Militärs, die kommunistische Partei. Damit wird das von dem langjährigen Oberbefehlshaber Francisco Franco ausgesprochene Verbot nach 38 Jahren aufgehoben.

[1] Václav Havel, leitende Persönlichkeit der Charta-77-Bewegung und zukünftiger Präsident der Tschechischen Republik.

[10] Anwar as-Sadat (rechts) und der israelische Präsident Menachem Begin vor der Knesset.

[7] Maria Callas. Ihre letzten Lebensjahre verbrachte sie zurückgezogen in Paris.

[3] Die Wracks am Flughafen Santa Cruz auf Teneriffa nach dem schlimmsten Flugzeugunglück aller Zeiten.

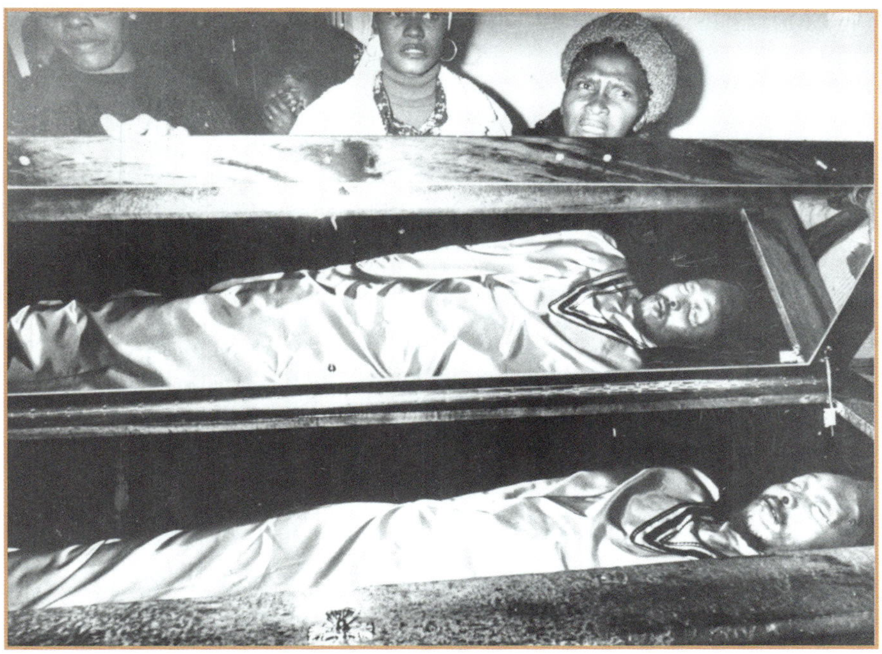

[6] Der Leichnam von Steve Biko in einem mit Spiegeln ausgekleideten Sarg.

[9] Britische Feuerwehrmänner streiken zum ersten Mal.

3. Oktober 1977
Elf Mitglieder der linksgerichteten Terrorgruppe **Japanische Rote Armee** ergeben sich in Algier den Behörden. Damit endete die 5-tägige Tortur, die am 28. September mit der Entführung einer *DC-8* der Japan Airlines über Indien begonnen hatte.

10. Oktober 1977
Ein Brigadegeneral der philipinischen Armee und 33 weitere Mitglieder des Militärpersonals werden auf der Insel Jolo getötet. Sie wollten mit einem Anführer der Befreiungsfront **Moro National Liberation Front** über eine Amnestie sprechen.

[8]
17./18. Oktober 1977
Ein Team der GSG 9 der deutschen Bundespolizei stürmt die entführte Lufthansamaschine *Landshut* auf dem somalischen **Flughafen in Mogadischu**. Alle Entführer sterben. Drei inhaftierte Mitglieder der Roten Armee Fraktion begehen Selbstmord.

4. November 1977
Der ehemalige Direktor der CIA, Richard Helms, wird beschuldigt, vor dem Senatsausschuss, der die **Aktivitäten der CIA in Chile** untersuchte, nicht „vollständig, umfassend und wahrheitsgetreu" ausgesagt zu haben. Er streitet weder ab noch gesteht er.

[9]
14. November 1977
Etwa 30 000 britische Feuerwehrmänner beginnen einen **landesweiten Streik** für eine Lohnerhöhung von 30 Prozent. Armeetruppen werden für Löscharbeiten herangezogen, müssen jedoch auf überholte Fahrzeuge zurückgreifen.

[10]
19. November 1977
Nach dem arabisch-israelischen Krieg von 1973-74 widmete sich der ägyptische Präsident **Anwar as-Sadat** der Friedensarbeit. An diesem Tag tritt er seine historische Israelreise an, während der er dessen Parlament einen Friedensplan vorlegt.

1977-1978

4. Dezember 1977
Nur ein Jahr nach Erklärung der Zentralafrikanischen Republik zu einer Monarchie krönt sich Jean-Bédel Bokassa zum Kaiser und nimmt den Namen **Kaiser Bokassa I.** an.
[1]

6. Dezember 1977
Die südafrikanische Regierung gewährt **Bophuthatswana** offiziell die Unabhängigkeit. Das von Farbigen bewohnte Homeland besteht aus sechs getrennten Bezirken.

10. Dezember 1977
Die Menschenrechtsorganisation **Amnesty International** erhält den Friedensnobelpreis.

25. Dezember 1977
Der Stummfilmkomiker, Produzent, Autor und Regisseur **Charlie Chaplin** stirbt im Alter von 88 Jahren. Er war eine Stummfilmgröße und erschuf die geliebte Rolle des *Little Tramp*.
[2]

1978
Norwegen bohrt eine natürliche Erdgaslagerstätte im **Polarmeer** an.

1978
In **Jonestown** im Nordwesten von Guyana führt der Kopf des Kults Peoples Temple, Jim Jones, seine Anhänger in einen Massenselbstmord, bei dem 913 Menschen sterben.

[1] Kaiser Bokassa. Heute erinnert man sich an ihn, weil er Präsident Giscard d'Estaing angeblich Diamanten angeboten hat und aufgrund der Tatsache, dass er Körperteile von ermordeten Mitgliedern seines Kabinetts in der Tiefkühltruhe aufbewahrte.

[2] Charlie Chaplins Witwe Oona und weitere Familienangehörige bei seinem Begräbnis in der Nähe von Genf.

[3] Irina Rodnina und Alexander Zaytsew in Aktion.

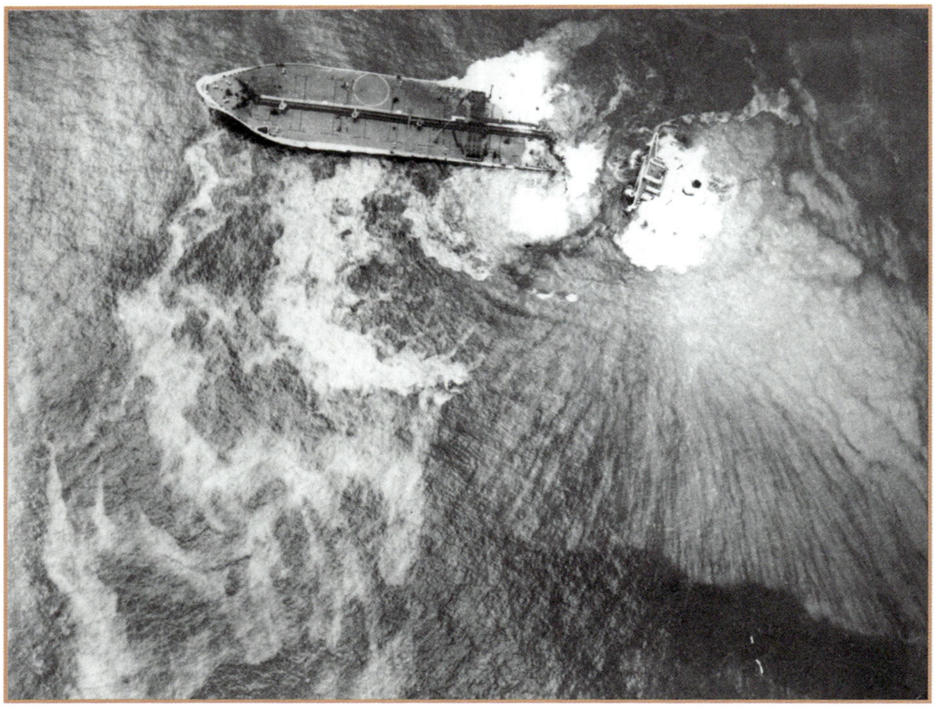

[6] Die „Amoco Cadiz" liegt vor der Küste der Bretagne auf Grund. Der Tanker hatte 230 000 Tonnen Rohöl geladen, als die Ruderanlage versagte und der Kapitän zu spät um Hilfe bat.

[7] Premierminister Ian Smith von Südrhodesien gibt vor, die Situation sei normal, indem er traditionelle Staatssymbole des britischen Militärs zur Schau trägt, wie auch bei dieser Parade.

1978
In Bristol im US-Bundesstaat Connecticut wird der Sender **Entertainment and Sports Programming Network (ESPN)** gegründet. Bis zum Jahr 1996 ist es das größte US-amerikanische Kabelfernsehnetzwerk.

[6]
1978
Der Öltanker **Amoco Cadiz** läuft vor der bretonischen Küste im Atlantik aus. Etwa 300 Kilometer Küstengebiet werden mit Öl verseucht.

1978
Der im Exil lebende, jüdisch-ägyptische, kommunistische Aktivist **Henri Curiel** wird in Paris ermordet. Er hat sich durch seine anti-kolonialen Aktivitäten und die Unterstützung für einen palästinensisch-israelischen Frieden viele Feinde gemacht.

[7]
1978
Für die weiße Herrschaft des Ian Smith in **Rhodesien** schlägt die letzte Stunde. Unter dem Druck zweier verschiedener Lager der Guerillakämpfer überträgt er die Macht allmählich auf farbige Autoritäten.

ca. 1978
Citicorp baut ein Netzwerk von Geldautomaten auf. In den folgenden Jahren werden diese Automaten für die Tätigung einfacher Bankgeschäfte äußerst beliebt.

6. Januar 1978
US-Außenminister Cyrus Vance übergibt die mit Edelsteinen besetzte **Krone des St. Stephan** an die ungarischen Behörden. Die Stephanskrone wurde dem US-amerikanischen Militärpersonal 1945 anvertraut, damit sie nicht in die Hände der Sowjets fällt.

1978
Marschall **Tito** wird auf Lebenszeit zum Präsidenten von Jugoslawien ernannt.

1978
Die britische Anthropologin **Mary Leakey** entdeckt im tansanischen Olduvai-Tal Fußabdrücke, die vor 3,5 Millionen Jahren von Vormenschen hinterlassen wurden.

1978
Die sowjetische Eiskunstläuferin **Irina (Konstantinovna) Rodnina** gewinnt die zehnte Weltmeisterschaft im Paarlauf in Folge (zuerst mit Alexeij Ulanow, dann mit Alexander Zaytsew).
[3]

1978
Die neue, aufgrund eines Volksentscheids angenommene **spanische Verfassung** setzt 40 Jahren Militärdiktatur ein Ende und stellt die Demokratie wieder her.
[4]

1978
Der in Polen geborene US-amerikanische Romanschriftsteller **Isaac Bashevis Singer** wird mit dem Nobelpreis für Literatur ausgezeichnet. Er ist Chronist des jüdischen Lebens in Polen und den USA und der gefeiertste jüdische Autor des Jahrhunderts.
[5]

1978
Der sowjetische Gewichtheber in der Superschwergewichtsklasse **Wassili Alexejew** stellt den letzten seiner 80 Weltrekorde im Gewichtheben auf.

JONESTOWN

Massenselbstmord von Kultmitgliedern in Guyana

Im Jahr 1977 wanderten James Warren Jones, US-amerikanischer Priester und Kultoberhaupt, und Hunderte seiner Anhänger nach Guyana aus und gründeten eine landwirtschaftliche Kommune namens Jonestown. Als Anführer der Sekte konfiszierte Jones die Reisepässe und Dollarbeträge in Millionenhöhe. Er manipulierte seine Anhänger durch das Androhen von Erpressung, Prügel und Tod.

Zudem ordnete er bizarre Generalproben für einen ritualisierten Massenselbstmord an. Am 14. November 1978 erreichte der US-amerikanische Beauftragte Leo Ryan zusammen mit einer Gruppe von Presseleuten und Verwandten der Kultmitglieder Guyana, um eine inoffizielle Ermittlung hinsichtlich des Vorwurfs von Fällen des Missbrauchs durchzuführen. Vier Tage später gab Jones den Auftrag, Ryan, seine Begleiter und 14 Abtrünnige des Kults zu töten, als sie von einer Flugpiste in der Nähe von Jonestown abfliegen wollten. Als er erfuhr, dass nur Ryan und vier weitere Personen getötet wurden und dass diejenigen, die entkommen waren, möglicherweise die Behörden ins Spiel bringen würden, setzte Jones seinen Selbstmordplan durch. Am 18. November befahl er seinen Anhängern, ein mit Zyanid versetztes Getränk zu sich zu nehmen. Dem kam die große Mehrheit unerklärlicherweise ohne Fragen nach (oben). Jones selbst starb an den Folgen einen Kopfschusses. Die Zahl der Todesopfer unter den Kultanhängern wurde schließlich mit 913 angegeben (darunter 276 Kinder).

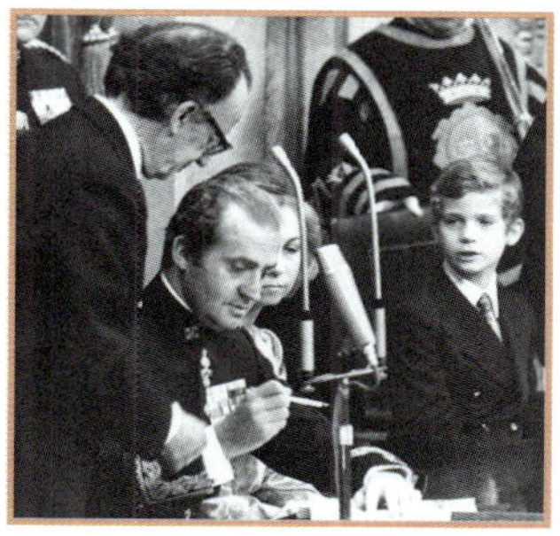

[4] König Juan Carlos unterzeichnet die neue Verfassung in einer Sondersitzung des spanischen Parlaments vor den Augen seiner Frau und seines Sohnes.

[5] Isaac Bashevis Singer.

[8] Aldo Moro, zum Posieren vor der Fahne der Roten Brigade gezwungen. Seine Leiche wird am 9. Mai in Rom im Kofferraum eines Autos gefunden.

4. Februar 1978
Ein gefährliches radioaktives Fragment des sowjetischen Satelliten **Cosmos 954**, der am 24. Januar über Kanada auseinanderfiel, wird im Eis des **Großen Sklavensees** in Nordkanada geborgen.

9. Februar 1978
Der kanadische Außenminister gibt vor dem Parlament bekannt, dass 11 sowjetische Diplomaten aus **Kanada** ausgewiesen werden, weil sie einen äußerst ausgefeilten Spionagering betrieben haben.

15. Februar 1978
Leon Spinks siegt über Muhammad Ali und wird damit Weltmeister im Boxschwergewicht.

19. Februar 1978
Bei dem Angriff auf eine entführte Maschine auf dem **Flughafen von Larnaca** auf Zypern werden 15 von 74 ägyptischen Mitgliedern der Kommandotruppe getötet.

6. März 1978
Die **Rückführung** US-amerikanischer und mexikanischer Gefangener, die im Dezember 1977 begann, endet mit der Rückkehr von 48 US-Amerikanern und 36 Mexikanern in ihre Heimatländer.

[8]
16. März 1978
Der ehemalige italienische Premierminister **Aldo Moro** wird in Rom von linksgerichteten Terroristen entführt. Er ist Vorsitzender der regierenden christdemokratischen Partei und gehört zu den angesehensten Politikern des Landes.

1978-1979

26. März 1978
Die offizielle Eröffnung des neuen internationalen Flughafens **Narita** in Japan wird aufgrund von Demonstrationen, hauptsächlich von Umweltschützern und Landwirten, verschoben.

6. April 1978
US-Präsident Jimmy Carter unterzeichnet ein Gesetz zur Anhebung des vorgeschriebenen Rentenalters. Ein Großteil der Beschäftigten kann nun mit 70 anstatt mit 65 aus dem Berufsleben treten.

7. April 1978
Eine Ausgabe der **Gutenberg-Bibel** wird bei Christie's in New York für 2,2 Millionen US-Dollar versteigert.
[1]

20. April 1978
Eine **südkoreanische Boeing 707** mit 100 Passagieren kommt weit vom Kurs ab und fliegt in sowjetisches Gebiet. Dort macht das Flugzeug eine Bruchlandung, nachdem ein sowjetisches Kampfflugzeug die Maschine angeblich unter Feuer genommen hat.

20. Mai 1978
Agenten der US-amerikanischen bundespolizeilichen Ermittlungsbehörde FBI verhaften zwei Sowjetbürger wegen des Verdachts der **Spionage**. Beide sind Beschäftigte der Vereinten Nationen.

6. Juni 1978
Die **kalifornische Wählerschaft** stimmt mit überwältigender Mehrheit für einen Zusatzartikel der Verfassung, der die Vermögenssteuer um 57 Prozent sinken lässt. Das Ergebnis gilt als der Beginn einer nationalen Revolte gegen kürzlich angehobene Steuern.

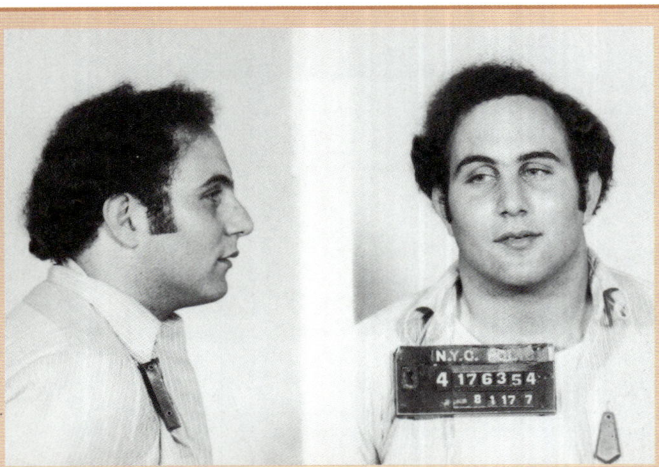

SON OF SAM

Serienmörder erhält Freiheitsstrafe auf Lebenszeit.

David Berkowitz (oben, in Polizeigewahrsam) war ein mehrfacher Mörder, der New York während der Jahre 1976 und 1977 terrorisierte. Er löste eine der größten Personenfahndungen in der US-amerikanischen Geschichte aus. Berkowitz beging den ersten Mordversuch im Dezember 1975. Das weibliche Opfer überlebte trotz mehrerer Stichwunden. Dann ermordete er 1976 eine Frau und griff in der Folgezeit mehrere Paare an. Bei diesen Angriffen tötete er weitere fünf Menschen. Während der von ihm begangenen Mordserie schickte er Briefe an die New Yorker Zeitungen, die er mit „Son of Sam" (Sohn von Sam) unterschrieb. Damit bezog er sich auf den Dämon, der seiner Ansicht nach in dem schwarzen Labrador seines Nachbarn lebte.

Berkowitz wurde am 10. August 1977 verhaftet; elf Tage nachdem er seinen letzten Mord begangen hatte. Er wurde 1978 schuldig gesprochen und zu 315 Jahren Haft verurteilt.

[5] Der Heißluftballon Double Eagle II über der Küste von Dorset.

[7] US-Präsident Jimmy Carter lächelt während des Händedrucks zwischen dem ägyptischen Staatspräsidenten Anwar as-Sadat (links) und dem israelischen Ministerpräsidenten Menachem Begin in Camp David, Maryland.

[1] Eine Seite der Gutenberg-Bibel, die in den 1450er Jahren gedruckt wurde und farbige Verzierungen (Buchmalereien) in Form von handgemalten Vögeln und Blattwerk enthält.

[9] Anatoli Karpow.

[4] Der Leichnam von Papst Paul VI. liegt aufgebahrt im Petersdom. Ein Schweizer Gardist steht Wache.

[4]
6. August 1978
Das spirituelle Oberhaupt der römisch-katholischen Kirche, **Papst Paul VI.**, stirbt im Alter von 80 Jahren in seinem Sommerwohnsitz in Castel Gandolfo an einem Herzinfarkt.

[5]
17. August 1978
Ben L. Abruzzo, Maxie Anderson und Larry Newman gelingt in dem Ballon **Double Eagle II** die erste transatlantische Ballonfahrt.

19. August 1978
Berichten zufolge gießen Brandstifter in einem überfüllten Kinosaal in **Abadan im Iran** Benzin auf dem Boden aus, verschließen die Türen und setzen das Gebäude in Brand. Die Feuersbrunst fordert 430 Menschenleben.

[6]
22. August 1978
Aufständische **Sandinisten** besetzen den Nationalpalast in Managua in Nicaragua. Sie halten über 1000 Menschen für zwei Tage in Geiselhaft im Widerstand gegen die Regierung Somoza.

26. August 1978
Kardinal Albino Luciani wird zum Papst gewählt. Er trägt den Namen **Johannes Paul I.** Er stirbt bereits 33 Tage später an einem Herzinfarkt.

[7]
September 1978
Der US-Präsident Jimmy Carter lädt zu Friedensgesprächen zwischen dem ägyptischen Präsidenten Anwar as-Sadat und dem israelischen Premierminister Menachem Begin ein, die zum **Camp-David-Abkommen** führen.

22. Juni 1978
James W. Christy und Robert S. Harrington entdecken den einzig bekannten Satelliten des Planeten Pluto, **Charon**.

25. Juni 1978
Argentinien schlägt die Niederlande 3:1 in der Nachspielzeit des Endspiels und sichert sich im River-Plate-Stadion in Buenos Aires den ersten **Fußballweltmeisterschaftstitel**.

26. Juni 1978
Der Südflügel des historischen **Schlosses Versailles** wird durch eine Bombe französischer Radikaler mit großer Sprengkraft schwer beschädigt. Drei der vierzehn Räume im Erdgeschoss und die darin aufbewahrten Kunstwerke von unermesslichem Wert werden komplett zerstört.

7. Juli 1978
Die **Salomonen** erhalten die Unabhängigkeit.

14. Juli 1978
Der sowjetische Regimekritiker **Anatoli B. Schtscharanski** wird zu drei Jahren Gefängnis und zehn Jahren Arbeitslager verurteilt. Er wurde von einem Moskauer Gerichtshof des Hochverrats, der Spionage und anti-sowjetischer Aufwiegelung für schuldig befunden. [2]

25. Juli 1978
Louise Joy Brown wird in Großbritannien geboren. Sie ist das erste durch künstliche Befruchtung empfangene Kind. Die britischen Ärzte Patrick Steptoe und R.G. Edwards leisten auf dem Gebiet dieser Technik Pionierarbeit. [3]

[6] Sandinisten nehmen hinter einer Barrikade aus Pflastersteinen in Nicaragua Stellung ein.

[2] Anatoli Schtscharanski auf dem Titelblatt des Magazins „Time“. Seine gerichtliche Verfolgung ist kein gutes Vorzeichen für die Entspannung zwischen Ost und West.

[8] Papst Johannes Paul II.

[3] Louise Joy Brown, das erste In-vitro-Baby.

15. September 1978
Muhammad Ali gewinnt im Kampf gegen Leon Spinks zum dritten Mal den Weltmeistertitel im Boxschwergewicht.

[8]
16. Oktober 1978
Der polnische Kardinal Karol Wojtyla wird zum Papst gewählt und nimmt den Namen **Johannes Paul II.** an. Er ist der erste nicht-italienische Papst seit 455 Jahren und der erste aus einem slawischen Land.

[9]
17. Oktober 1978
Der Schachweltmeister **Anatoli Karpow** aus der Sowjetunion verteidigt seinen Titel erfolgreich gegen seinen Herausforderer Viktor Kortschnoi.

3. November 1978
Dominica erreicht die Unabhängigkeit und Patrick Roland John wird der erste Premierminister der Inselrepublik.

31. Dezember 1978
Die US-amerikanische Polizei ermittelt gegen **John Wayne Gacy** wegen Verdachts des Massenmords. In seinem Haus hat man bereits 26 Leichen gefunden. Er wird wegen Vergewaltigung und Mord an 33 Jungen und Männern hingerichtet.

1979
Die erste europäische **Trägerrakete Ariane** startet in den Weltraum.

1979

1979
In **China** wird das erste Umweltschutzgesetz erlassen, aber die Durchsetzung lässt zu wünschen übrig. Die Luft- und Wasserqualität in Chinas Städten verschlechtert sich rasch.

1979
In China wird die **Ein-Kind-pro-Familie-Politik** bekannt gegeben. Es ist eine Maßnahme zur Verlangsamung des Bevölkerungszuwachses. Die Bevölkerungszahl Chinas nähert sich dem Wert von einer Milliarde.
[1]

1979
Deng Xiaoping kündigt die **Vier Modernisierungen** an. Es handelt sich dabei um ein Programm der Kommunistischen Partei Chinas für die wirtschaftliche Erholung nach der Kulturrevolution.

1979
Großbritannien erlebt den **Winter of Discontent** (Winter des Unbehagens), als Beschäftigte im öffentlichen Dienst von Müllmännern bis zu Totengräbern in Streik gehen.
[2]

1979
Frank Gehry entwirft das Gehry House in Santa Monica, Kalifornien. Er verwendet mondäne und glanzlose Materialien sowie gebrochene Formen und erfindet somit fast im Alleingang den *Dekonstruktivismus* in der Architektur.
[3]

1979
Mit der Veröffentlichung von *Rapper's Delight* der Sugarhill Gang erfährt die Musik des **Hip-Hop** erstmals landesweite Popularität in den USA.

[1] Auf einer Plakatwand in China wird die Ein-Kind-Familie angepriesen.

[2] Auf den Straßen der Innenstadt von London türmen sich Müllberge.

[7] Deng Xiaoping im Weißen Haus mit Jimmy Carter Ende Januar.

[8] Pol Pot: 1,7 Millionen Kambodschaner sterben unter seinem Regime.

[10] Sid Vicious mit seiner US-amerikanischen Freundin Nancy Spungen.

1979
Wissenschaftler geben die Ausrottung der **Pockenkrankheit** bekannt.

[7]
1. Januar 1979
Die Volksrepublik China und die Vereinigten Staaten von Amerika nehmen offiziell volle **diplomatische Beziehungen** auf. Dies geschieht in Einlösung des am 15. Dezember 1978 in Beijing und Washington, D.C., überraschend gemachten Versprechens.

1. Januar 1979
Schweden ist das erste Land, in dem **Sprühdosen** verboten werden.

[8]
7. Januar 1979
Die kambodschanische Hauptstadt fällt an die Vietnamesen. Damit endet das Regime des mörderischen **Pol Pot**.

[9]
1. Februar 1979
Das Raumschiff **Voyager 1** fotografiert den Jupiter aus einer Entfernung von 32,7 Millionen Kilometern.

[10]
2. Februar 1979
Sid Vicious von den Sex Pistols, frühe Vertreter des britischen Punk-Rocks, stirbt in New York an einer Überdosis Drogen.

1979
Der iranische **Schah Reza Pahlavi** geht im Januar nach Monaten der bürgerlichen Unruhen ins Exil. Der Ajatollah Ruhollah Chomeini kehrt im Februar aus dem Exil zurück, und im März wird auf der Basis einer Volksabstimmung die islamische Republik begründet.

1979
Die mazedonische Missionarin **Mutter Teresa**, Gründerin des Ordens der Missionarinnen der Nächstenliebe – eine römisch-katholische Frauengemeinschaft, die sich der Hilfe der Armen verschrieben hat – erhält den Friedensnobelpreis.
[4]

1979
Im Gebäude der **Vereinten Nationen** in New York wird ein Konzert zugunsten der UNICEF gegeben. Am Tag danach wird es weltweit gesendet. Veranstaltet wurde es von den Bee Gees, weitere Teilnehmer waren Donna Summer, ABBA, Rod Stewart und Earth, Wind & Fire.
[5]

1979
Die konservative Partei stellt mit **Margaret Thatcher** die erste Premierministerin Großbritanniens.
[6]

1979
Die partielle Kernschmelze des Atomreaktors auf **Three Mile Island** in Pennsylvania zerstört das Prestige der Kernenergieindustrie in den USA.

1979
Der **Pritzker-Preis** für Architektur wird ins Leben gerufen. Es ist eine der höchsten Auszeichnungen in dem Fachgebiet.

[4] Mutter Teresa erhält den Nobelpreis.

[3] Frank Gehry vor seinem Haus in Santa Monica, Kalifornien.

[9] Jupiters Mond Io, von der „Voyager 1" fotografiert.

[6] Margaret Thatcher, hier mit ihrem Mann Denis, feiert ihren Sieg.

[11] Ajatollah Chomeini verlässt sein Exil in Frankreich und wird bei seiner Ankunft in Teheran begrüßt.

[5] ABBA bei den Proben für das UNICEF-Konzert im Gebäude der Vereinten Nationen.

[11]
11. Februar 1979
Nach mehreren Tagen intensiver Gewaltausbrüche im Iran ist den Anhängern des **Ajatollah Ruhollah Chomeini** der Sieg sicher, als die Armee ihre Neutralität erklärt und der Premierminister Schapur Bachtiar zurücktritt.

14. Februar 1979
Der US-amerikanische Botschafter in Afghanistan, **Adolph Dubs**, wird in Kabul von moslemischen Extremisten entführt und erschossen.

17. Februar 1979
Nach dem Ende des Vietnamkriegs stärkt **Vietnam** die Beziehungen zur Sowjetunion und nicht zu China. In Folge einer Reihe von anti-chinesischen, pro-sowjetischen Manövern Vietnams marschiert China in dem südlichen Nachbarstaat ein.

[9]
5. März 1979
Die US-amerikanische Raumsonde *Voyager 1* fliegt an **Io**, dem innersten Satelliten des Planeten Jupiter, vorbei und bemerkt neun aktive Vulkane auf dessen Oberfläche.

26. März 1979
Das historische **Friedensabkommen zwischen Israel und Ägypten** wird unterzeichnet. Vereinbart wurde es von Menachem Begin und Anwar as-Sadat auf Grundlage der Verhandlungstätigkeit von US-Präsident Jimmy Carter in Camp David 1978.

4. April 1979
Der ehemalige pakistanische Präsident **Zulfikar Ali Bhutto** wird gehängt, nachdem er eines Mordkomplotts für schuldig befunden wurde.

1979

11. April 1979
Der ugandische Diktator **Idi Amin** wird abgesetzt.
[1]

14. April 1979
In **Monrovia**, der Hauptstadt von Liberia, schlägt eine Demonstration gegen den erheblichen Anstieg der Kosten für Reis in eine gewaltsame Konfrontation mit dem Militär um. Es gibt Hunderte Verletzte, und über 40 Menschen werden getötet.

27. April 1979
Fünf führende **sowjetische Regimekritiker** werden im Austausch gegen zwei sowjetische Bürger, die 1978 in den USA der Spionage für schuldig befunden wurden, am Kennedy International Airport in New York erwartet.

25. Mai 1979
Alle 272 Personen an Bord einer **DC-10** der **American Airlines** finden auf der Stelle den Tod, als das Flugzeug während des Starts eine Turbine verliert und Sekunden später auf dem O'Hare International Airport in Chicago verunglückt.

4. Juni 1979
Der fortschrittliche Konservative **Joseph Clark** wird Premierminister von Kanada (1979-80).

18. Juni 1979
Der US-Präsident Jimmy Carter und das sowjetische Staatsoberhaupt Leonid Breschnew unterzeichnen das **SALT-II-Abkommen**.

[1] Idi Amin, kurz vor dem Machtverlust, testet zusammen mit Soldaten, die ihm noch treu sind, einen Raketenwerfer.

[5] Lord Mountbatten einen Monat vor seiner Ermordung mit seinem Großneffen Prinz Charles auf dem Poloplatz Smith's Lawn im Windsor Great Park.

[6] Robert Mugabe und Joshua Nkomo, die Anführer der Patriotischen Front, auf der Lancaster House Conference. Mugabe gewinnt die ersten Wahlen in Simbabwe, die während der Konferenz beschlossen wurden, und regiert das Land dann in einer zunehmend tyrannischen Art.

[3] Jubelnde sandinistische Guerillakämpfer haben die Familie Somoza vertrieben und Nicaragua übernommen.

[4] Alexander Godunow.

[3]
21. August 1979
Die Junta der **Sandinisten** in Nicaragua verfasst eine Reihe von provisorischen Gesetzen, in denen sie die Grundrechte garantiert und neue Sozialprogramme verspricht, insbesondere bei der medizinischen Versorgung und Bildung.

[4]
23. August 1979
Alexander Godunow, 30-jähriger Tänzer und Solist des Bolschoi-Balletts, erhält in den Vereinigten Staaten von Amerika politisches Asyl, nachdem er sich während des Engagements des Bolschoi-Balletts in New York abgesetzt hat.

[5]
27. August 1979
Der britische Staatsmann **Lord Mountbatten**, Veteran des Zweiten Weltkriegs und letzter Vize-König von Indien, wird von der Provisional Irish Republican Army ermordet.

[6]
September 1979
In London entscheidet man bei der **Lancaster House Conference** über die Zukunft Rhodesiens (Simbabwe). An dem Treffen nehmen die Anführer der Patriotischen Front, der gemäßigte Bischof Abel Muzorewa und Ian Smith teil.

1. Oktober 1979
Nach 76 Jahren der Verwaltung durch die USA übernimmt Panama die Kontrolle über den **Panama-Kanal**.

26. Oktober 1979
Park Chung-hee, Präsident der Dritten Republik Südkoreas, wird von seinem lebenslangen Freund Kim Jae Kyu, dem Kopf des koreanischen Geheimdienstes, ermordet.

25. Juni 1979
Der NATO-Oberbefehlshaber Alexander Haig entkommt in Belgien einem Mordversuch durch die Terroristen der Baader-Meinhof-Bande (**Rote Armee Fraktion**).

1. Juli 1979
Karl Carstens wird deutscher Bundespräsident (1979-84). Er ist Mitglied der CDU und sorgt für die Gestaltung seines Landes im Europa der Nachkriegszeit.

3. Juli 1979
Der deutsche **Bundestag** stimmt nach einer erbitterten Debatte mit 255 zu 222 Stimmen für die Abschaffung des Verjährungsgesetzes für Mord und ermöglicht damit die weitere rechtliche Verfolgung von Kriegsverbrechen durch die Nationalsozialisten.

11. Juli 1979
Beim jährlichen Treffen in London legt die **Internationale Walfangkommission** ein Mindestfangverbot von 10 Jahren für das Rote Meer, das Arabische Meer und den größten Teil des Indischen Ozeans fest.

11. Juli 1979
Die US-amerikanische Raumstation **Skylab** tritt während der 4981. Erdumrundung geplant in die Atmosphäre ein und verglüht über Australien und dem Indischen Ozean. Die Station war seit 1973 im All.

16. Juli 1979
Saddam Hussein wird irakischer Präsident, nachdem Ahmad Hassan al-Bakr aus gesundheitlichen Gründen aus dem Amt ausscheidet.
[2]

GEISELDRAMA IM IRAN

Die US-Botschaft in Teheran wird von revolutionären Studenten besetzt.

Im Oktober 1979 wurde das US-amerikanische Auswärtige Amt darüber informiert, dass der abgesetzte iranische Monarch, der Schah des Iran, medizinischer Behandlung bedürfe, die, so dessen Abgesandte, nur in den Vereinigten Staaten von Amerika möglich sei. Im Gegenzug informierten die US-amerikanischen Behörden den iranischen Premierminister Mehdi Bazargan über die bevorstehende Ankunft des Schahs auf US-amerikanischem Boden. Der Schah kam am 22. Oktober in New York City an. Die erste Reaktion der iranischen Öffentlichkeit war moderat. Am 4. November wurde die US-Botschaft in Teheran jedoch von einem Mob von etwa 3000 teilweise bewaffneten Personen angegriffen, die nach einer kurzen Belagerung 63 US-amerikanische Frauen und Männer als Geiseln nahmen (oben, eine US-amerikanische Geisel wird von einem iranischen Geiselnehmer der Presse vorgeführt). Innerhalb der nächsten fünf Tage bemühten sich Repräsentanten von US-Präsident Jimmy Carter und in Teheran postierte Diplomaten anderer Länder vergeblich um die Freilassung der Geiseln. Einer US-amerikanischen Delegation unter der Leitung des ehemaligen Justizministers Ramsey Clark wurde die Einreise in den Iran verwehrt.

Das Geiseldrama zog sich über fast 15 Monate hin. Als diplomatische Mittel nicht zur Freilassung der Geiseln in Teheran führten, griff Carter im April 1980 auf eine militärische Rettungsaktion zurück. Er hatte gehofft, den Erfolg des brillanten israelischen Kommandos wiederholen zu können, bei dem im Jahr 1976 im ugandischen Entebbe 103 Passagiere befreit werden konnten. Die Operation schlug aber auf beschämende Weise fehl. Erst im Januar 1981, nach Carters überwältigender Niederlage im Kampf um die Wiederwahl, wurden die Geiseln freigelassen.

[2] Saddam Hussein, neuer Herrscher des Irak.

[7] Sir Anthony Blunt, Marxist, Direktor des Courtauld Institute of Art an der Universität von London, Direktor der königlichen Gemäldesammlung und zusammen mit Burgess, Maclean und Philby der „vierte Mann" in einem russischen Spionagering.

[8] Typische afghanische Mudschaheddin. Die Kämpfer werden die Russen letztendlich zum Rückzug aus ihrem Land zwingen.

27. Oktober 1979
Saint Vincent und die Grenadinen, ein Inselstaat innerhalb der Kleinen Antillen in der Ostkaribik, erhält die Unabhängigkeit.

4. November 1979
Die **Geiselkrise im Iran** beginnt mit der durch Ajatollah Ruhollah Chomeini sanktionierten Besetzung der US-Botschaft in Teheran durch militante iranische Kräfte.

[7]
15. November 1979
Die britische Premierministerin Margaret Thatcher offenbart, dass **Sir Anthony Blunt** im Zweiten Weltkrieg als Spion für die Sowjetunion gearbeitet hat. Der hoch angesehene Kunsthistoriker war auch Berater der britischen Königin.

3. Dezember 1979
Die iranische Bevölkerung stimmt mit überwältigender Mehrheit für eine neue Verfassung, die den schiitischen Islam zur Staatsreligion macht und **Ajatollah Chomeini** zum politischen und religiösen Oberhaupt des Landes auf Lebenszeit bestimmt.

3. Dezember 1979
Mit Automatikgewehren bewaffnet überfallen **puertoricanische Terroristen** in der Nähe von San Juan einen Bus der US-Marine mit 18 Passagieren. Zwei Menschen werden dabei getötet und zehn weitere verletzt.

[8]
24. Dezember 1979
Die Sowjetunion marschiert in **Afghanistan** ein, um ein marxistisches Regime zu unterstützen.

Mit Hammer und Meißel werden im November 1989 Souvenirs aus der Berliner Mauer geschlagen.

1980

1980
In Panama wird der **Darién National Park** gegründet. Er ist Heimat verschiedenartiger wilder Tiere und verhindert die Ausbreitung bestimmter ansteckender Krankheiten.

1980
Japan wird der größte Automobilhersteller der Welt.

1980
Der französische Filmstar **Gérard Depardieu** gewinnt seinen ersten César als bester Hauptdarsteller für seine Rolle in dem Film *Die letzte Metro.*
[1]

1980
Der Architekt Michael Graves entwirft das Portland Public Service Building in Portland, Oregon. Knallige Farben, überdimensionaler *Art-deco-Stil* und ägyptische Ornamente machen dieses Gebäude zum Inbegriff des **postmodernen Stils**.

1980
Der polnische Dichter **Czeslaw Milosz** gewinnt den Nobelpreis für Literatur. Milosz ist sowohl für seine Dichtung als auch für seine Essays bekannt, in denen er philosophische und politische Themen behandelt.
[2]

1980
Die südafrikanische Schriftstellerin **Nadine Gordimer** veröffentlicht ihre umfangreiche Kurzgeschichtensammlung *Die Umarmung eines Soldaten.* Sie gewinnt im Jahr 1991 den Nobelpreis für Literatur.

[1] Gerard Depardieu.

[7] Im Westjordanland schreitet ein israelisches Besiedlungsprogramm voran, drei Jahre nach der UN-Resolution, die den Abbau solcher Siedlungen forderte.

[8] König Beatrix und ihr Ehemann Claus.

[6] Kronprinzessin Victoria und ihr Bruder Prinz Carl Philip zusammen mit den Eltern.

[4] Eric Heiden startbereit bei den olympischen Spielen in Lake Placid.

[2] Czeslaw Milosz. Er bekam erst in Frankreich und dann 1951 in den USA politisches Asyl.

[6]
1. Januar 1980
Die Thronfolge für den **schwedischen Thron** wird geändert, so dass Prinzessin Victoria noch vor ihrem jüngeren Bruder die Thronfolgerin wird.

11. Januar 1980
Der kubanische Präsident **Fidel Castro** übernimmt die persönliche Kontrolle der Ministerien für Verteidigung, Gesundheitsfürsorge, Kultur und Innere Angelegenheiten.

22. Februar 1980
Während der olympischen Winterspiele besiegt die US-amerikanische **Eishockeynationalmannschaft** vor dem Hintergrund des *Kalten Krieges* die als Favoriten geltende Mannschaft der Sowjetunion.

[7]
1. März 1980
Alle 15 Mitglieder des UN-Sicherheitsrats, darunter die USA, verabschieden eine Resolution, die Israel zum Abbau seiner Siedlungen im **Westjordanland** und im Gazastreifen auffordert.

7. April 1980
Die US-amerikanische Regierung beendet offiziell ihre diplomatischen Beziehungen zum **Iran** und fordert alle iranischen Diplomaten auf, die USA bis Mitternacht des kommenden Tages zu verlassen.

18. April 1980
Simbabwe erlangt die Unabhängigkeit von Großbritannien.

1980
Die USA und etwa 60 weitere Nationen **boykottieren** aus Protest gegen den Einmarsch der Sowjetunion in Afghanistan die olympischen Sommerspiele in Moskau.

1980
Die **norwegische Ölbohrinsel** *Alexander Kielland* versinkt in der Nordsee und reißt 123 der 212 Mitglieder zählenden Mannschaft mit in den Tod.

1980
Zhao Ziyang wird zum Ministerpräsidenten Chinas ernannt, nachdem seine Politik des Wirtschaftswachstums als Parteisekretär in der Provinz Sechuan erfolgreich war. Seine Politik wird richtungsweisend für Chinas weitere wirtschaftliche Entwicklung.
[3]

1980
Der Amerikaner **Eric Heiden** gewinnt bei den olympischen Winterspielen in Lake Placid alle fünf Goldmedaillen im Eisschnelllauf.
[4]

ca. 1980
Forscher aus Großbritannien führen ein Gerät für Magnetresonanztomografie (**MRT**), das sich auf die Entdeckung der Kernspinresonanz im Jahre 1946 stützt, in die medizinische Praxis ein.
[5]

ca. 1980
Die **Compact Disc** taucht in den Plattenläden auf. Innerhalb eines Jahrzehnts ersetzt die kleine digitale Scheibe praktisch die phonographischen Platten und verbessert die Qualität der Tonaufnahmen enorm.

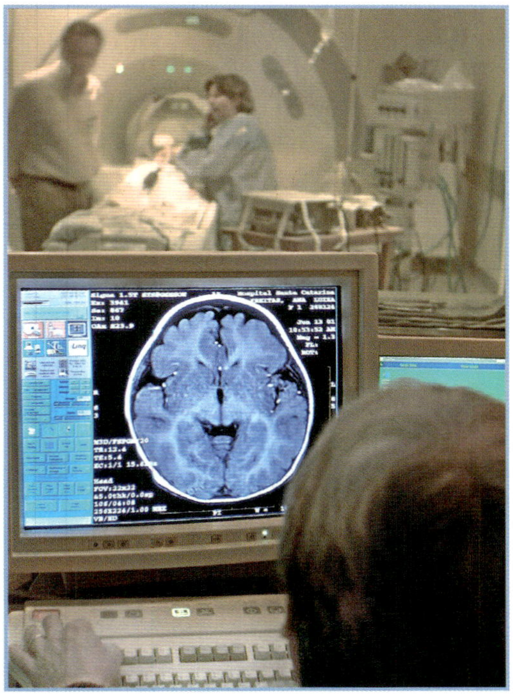

[5] Ein MRT-Gerät (hinten) und zu was es fähig ist (auf dem Bildschirm im Vordergrund), etwa 20 Jahre nach seiner Entwicklung.

[3] Zhao Ziyang (rechts) mit seinem Vorgänger, Hua Gaofeng. Zhao Ziyang bildet zusammen mit Deng Xiaoping ein effektives Team, das Chinas wirtschaftliches Potential freisetzt.

[9] Der Mount St. Helens bricht aus.

[8]
30. April 1980
Königin Beatrix besteigt den Thron der Niederlande. Ihre Heirat mit einem deutschen Diplomaten sorgt wegen dessen ehemaliger Mitgliedschaft in der Hitlerjugend und dem deutschen Heer für Furore. Jedoch legt sich die Feindseligkeit bald wieder.

Mai 1980
Ein bewaffneter Aufstand für die Wiederherstellung der Demokratie wird in der südkoreanischen Stadt **Kwangju** niedergeschlagen. Das Kriegsrecht wird ausgeweitet, alle politischen Aktivitäten werden verboten und die Universitäten geschlossen.

4. Mai 1980
Marschall Tito, der Präsident von Jugoslawien, stirbt. Gesandte aus mehr als 140 Ländern wohnen seiner Beisetzung in Belgrad bei.

[9]
18. Mai 1980
In der Cascade-Bergkette bricht der **Mount St. Helens** in einer der heftigsten Eruptionen aus, die je in Nordamerika aufgezeichnet wurden. Tausende von Tieren werden getötet und 10 Millionen Bäume durch den Luftstoß umgeknickt.

20. Mai 1980
Die Wähler lehnen in **Quebec** ein Referendum ab, das es der Regierung von Quebec ermöglicht hätte, mit der Landesregierung über den Souveränitätsstatus zu verhandeln.

1. Juni 1980
Das Cable News Network (CNN) von Ted Turner beginnt mit einer **24-stündigen Live-Nachrichtensendung**. Sie erlangt wegen der ununterbrochenen Berichterstattung während des Golfkrieges im Jahr 1991 Aufmerksamkeit.

1980-1981

28. Juli 1980
Peru kehrt zur Demokratie zurück, als mit der Vereidigung von Fernando Terry zum Präsidenten die zwölf Jahre dauernde Militärherrschaft endet.

30. Juli 1980
Die israelische **Knesset** (Parlament) verabschiedet ein Gesetz, das ganz Jerusalem zur Landeshauptstadt macht.

11. August 1980
Das Zentralkomitee der chinesischen kommunistischen Partei veröffentlicht eine Anweisung, nach der die meisten öffentlichen Bilder, Statuen, Parolen und Gedichte des ehemaligen Vorsitzenden **Mao Zedong** zu entfernen sind.

20. August 1980
Die Vereinigten Staaten geben bekannt, dass sie ein Flugzeug entwickelt haben, das nicht durch Radar aufgespürt werden kann. Das so genannte **Tarnkappenflugzeug** soll mit einem besonderen Material beschichtet sein, das die Radarwellen von sich ablenkt.
[1]

27. August 1980
Chun Doo Hwan wird zum Präsidenten der Republik Südkorea gewählt. Ende der 1980er Jahre drückt er eine neue Verfassung durch, die ihm eine Herrschaft mit fester Hand erlaubt. Letztendlich dauert diese aber nur eine Amtszeit von sieben Jahren.

31. August 1980
Der polnische Arbeiteraktivist **Lech Walesa** und Polens erster Vizeministerpräsident, **Mieczyslaw Jagielski**, unterzeichnen ein Abkommen, das den Arbeitern erlaubt, sich frei und unabhängig zu organisieren.

[1] Der Tarnkappenbomber.

[3] Jiang Qing aus der „Viererbande" beim Prozess. Sie war einer der kompromisslosen Befürworter der Kulturrevolution, die darauf abzielte, Hua Guofeng zu stürzen. Ihr Urteil wird von Todesstrafe in eine lebenslängliche Gefängnisstrafe umgewandelt.

[4] Hu Yaobang: Er wird 1987 entlassen und dient als Sündenbock für die Studentenunruhen. Sein Tod im Jahre 1989 löst die Besetzung des Tianamen-Platzes aus. Deng Xiaoping steht rechts neben ihm.

[2] Trauernde versammeln sich nach dem Mord an John Lennon im Central Park in New York.

[5] Die Pyramide am Louvre.

[2]
8. Dezember 1980
Der ehemalige Beatle **John Lennon** wird in New York City von einem geisteskranken Fan ermordet, eine Tat, die international große Trauer hervorruft.

[3]
1981
Die Viererbande, die vier mächtigsten Mitglieder einer radikalpolitischen Elite, zu denen auch Mao Zedongs dritte Ehefrau Jiang Qing gehörte, werden für ihren Beitrag zur Umsetzung der brutalen Politik Maos während der Kulturrevolution verurteilt.

1981
Cesar Pelli beginnt mit der Arbeit am World Financial Center und Plaza in New York. Der Komplex verdeutlicht Pellis herausragendes Können in der städtischen Form und die Rückbesinnung auf Plätze, die für die Öffentlichkeit zugänglich sind.

1981
Chariots of Fire wird für sieben Academy Awards nominiert und gewinnt fünf, unter anderem die Auszeichnung für den besten Film des Jahres.

[4]
1981
Der Generalsekretär der chinesischen kommunistischen Partei **Hu Yaobang** wird zum Parteivorsitzenden befördert. 1982 trägt er dazu bei, dieses Amt abzuschaffen, damit die Partei in Zukunft nicht mehr nur von einer Person geführt wird.

[5]
1981
I.M. Pei gewinnt mit dem Entwurf seiner Glaspyramide die Ausschreibung für das Museum Louvre in Paris. Anfangs ist sie sehr umstritten, wird aber schließlich genauso geliebt wie das umgebende Gebäude.

12. September 1980
Leitende Offiziere der türkischen Armee führen unter **General Kenan Evren** ohne Blutvergießen einen Putsch in ihrem Heimatland aus.

22. September 1980
Delegierte aus 36 Gewerkschaften treffen sich, um sich unter der Führung von Lech Walesa zu verbünden und die **Solidarność** zu gründen. Sie wird polnische Gewerkschaft, politische Partei und zugleich Brutstätte des Widerstands gegen die sowjetische Kontrolle.

22. September 1980
Der **Krieg zwischen Iran und Irak** beginnt, als irakische Streitkräfte an der gemeinsamen Landesgrenze in den Westiran eindringen.

23. Oktober 1980
Etwa 60 000 US-amerikanische Schauspieler und Fernseh- und Radioschaffende beenden ihren 94 Tage dauernden **Streik**. Sie akzeptieren eine Erhöhung von 32,5 Prozent über einen Zeitraum von drei Jahren bei den Mindesteinkommen.

12. November 1980
Die US-amerikanische Raumsonde **Voyager 1** erreicht den Planeten Saturn.

4. Dezember 1980
Die **UNESCO** veröffentlicht einen Bericht, demzufolge ein Drittel der Weltbevölkerung weder lesen noch schreiben kann.

SOLIDARNOŚĆ

Eine Gewerkschaft führt zum Niedergang des Kommunismus in Polen.

Ein Arbeiterstreik in der Lenin-Schiffswerft in Gdansk im Jahre 1980 führte zu weiteren Arbeiterstreiks in Polen und zwang die Regierung, den Forderungen nach unabhängigen Gewerkschaften nachzugeben. Es wurde eine Gewerkschaft mit dem Namen Solidarność gegründet, welche die regionalen Arbeitergruppen zusammenbringen sollte. Lech Walesa (links, mit Anhängern in Warschau) wurde zum Vorsitzenden gewählt. Die Bewegung erreichte wirtschaftliche Reformen und freie Wahlen, bevor der Druck der Sowjetunion die polnische Regierung zur Abschaffung der Gewerkschaft im Jahre 1981 zwang. Im Fokus weltweiter Aufmerksamkeit wurde Solidarność als Untergrundorganisation weitergeführt, bis die Regierung 1989 sich schließlich gezwungen sah, sie als legal anzuerkennen. Bei den freien Wahlen 1989 gewannen die Kandidaten der Solidarność die meisten der per Wahl bestimmten Sitze in der Versammlung und bildeten eine Koalitionsregierung.

[9] Drei TGVs im Pariser Bahnhof Montparnasse.

[7] Ronald und Nancy Reagan nach seiner Vereidigung.

[8] Königin Elizabeth II. und Prinz Philip bei einem Staatsbesuch bei der Präsidentin von Island, Vigdis Finnbogadottir.

[6] „Ignaz oder Die Verschwörung der Idioten", ein ganz eigentümlicher Roman aus New Orleans, erscheint elf Jahre nach dem Selbstmord des Autors.

1981
IBM verkauft **Personal Computer** mit dem Betriebssystem MS-DOS von Microsoft.

[6]
1981
John Kennedy Toole erhält posthum den Pulitzer Preis für seinen exzentrischen Roman *Ignaz oder Die Verschwörung der Idioten.*

[7]
1981
Ronald Reagan von der Republikanischen Partei wird 40. Präsident der Vereinigten Staaten von Amerika. Er amtiert bis 1989. Sein Vizepräsident ist George H.W. Bush.

[8]
1981
Vigdis Finnbogadottir wird zur Präsidentin Islands gewählt und ist somit das **erste weibliche Staatsoberhaupt** der Welt.

$ [9]
1981
Mit dem **TGV** (train à grand vitesse) wird ein Hochgeschwindigkeitszug bei der französischen Eisenbahn eingesetzt. Der erste TGV fährt von Paris nach Lyon.

1981
Israelische Flugzeuge werfen Bomben auf **Iraks einzigen Kernreaktor** ab, um die Entwicklung von Atomwaffen zu verhindern.

1981

1981
Die USA führen die **Raumfähren ein**. Die wieder verwendbaren Raumfahrzeuge *Columbia*, *Challenger*, *Discovery* und *Atlantis* sind so entworfen, dass sie wieder zur Erde zurückgleiten können.
[1]

1981
Im April brechen in England zuerst in Brixton in Südlondon und dann im Juli in Southall in Westlondon und Toxteth in Liverpool innerstädtische **Unruhen** aus.
[2]

1981
Dem Büro des **United Nations High Commissioner for Refugees** (UNHCR), einer 1951 von der UN gegründeten internationalen Hilfsorganisation für Flüchtlinge, wird der Friedensnobelpreis verliehen.

1981
Das Programm **MTV** erscheint . Die „Veejays" präsentieren Musikvideos, Reportagen und Musiknachrichten. Die schnelle Entwicklung und ausgeklügelten Technologien bei den Musikvideos haben eine bemerkenswerte Wirkung auf Filme, Werbespots und das Fernsehen.

Januar 1981
Heftige Regenfälle verwüsten das Gebiet von **Mindanao** auf den Philippinen, richten große Schäden an Straßen und Brücken an, töten fast 200 Menschen und machen etwa 300 000 Personen obdachlos.

1. Januar 1981
Griechenland tritt als zehntes Mitglied der Europäischen Wirtschaftsgemeinschaft bei.

[1] Die Raumfähre Columbia landet in Begleitung eines Kampfflugzeugs.

[8] Eine andere Art, die Arbeitslosigkeit in Großbritannien darzustellen.

[2] Der Londoner Stadtteil Brixton am zweiten des drei Tage dauernden Aufruhrs. Feuerwehrleute stehen neben einem niedergebrannten Gebäude.

[6] François Mitterrand bei einer Pressekonferenz in London mit Margaret Thatcher, die auf die Simultanübersetzung lauscht.

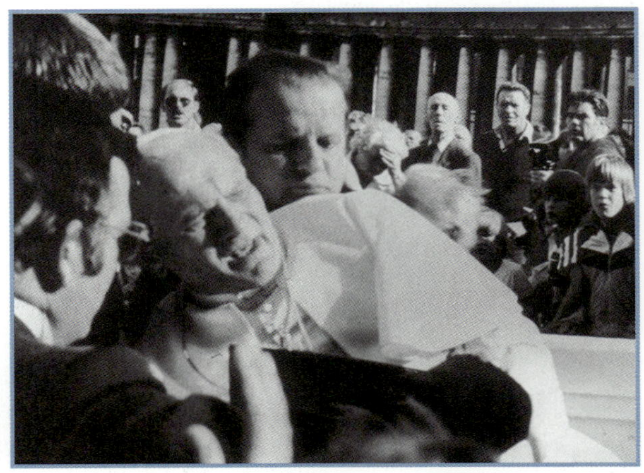

[7] Papst Johannes Paul II. mit schmerzverzerrtem Gesicht, nachdem er auf dem Petersplatz angeschossen wurde.

[5] Personenschützer umringen den verwundeten US-Präsidenten und halten den Attentäter fest.

[5]
30. März 1981
In Washington wird der zwei Monate zuvor vereidigte 40. Präsident der Vereinigten Staaten **Ronald Reagan** vom Attentäter John W. Hinckley Jr. angeschossen und schwer verwundet.

[6]
10. Mai 1981
François Mitterrand wird zum Präsidenten Frankreichs gewählt und ist damit der erste Sozialist in diesem Amt. Er führt sein Land zu einer engeren politischen und wirtschaftlichen Zusammenarbeit mit Westeuropa.

[7]
13. Mai 1981
Papst Johannes Paul II. überlebt ein Attentat in Vatikanstadt, bei dem er auf dem Petersplatz vom Türken Mehmet Ali Agca angeschossen und schwer verwundet wird.

21. Mai 1981
Die **Weltgesundheitsorganisation (WHO)** stimmt mit überwältigender Mehrheit für die Abschaffung der Milchnahrung für Säuglinge in den Ländern der Dritten Welt. Nur die Vereinigten Staaten stimmen dagegen.

[8]
23. Juni 1981
Die britische Regierung verkündet, dass die **Arbeitslosigkeit** des Landes auf 11,1 Prozent angestiegen ist und sich somit auf dem höchsten Stand seit 50 Jahren befindet.

[9]
29. Juli 1981
Prinz Charles und **Lady Diana Spencer** heiraten in der St. Pauls Kathedrale in London. Etwa 500 Millionen Menschen sehen sich die weltweit im Fernsehen übertragene Hochzeitszeremonie an.

16. Januar 1981
Leon Spinks, der ehemalige Boxweltmeister im Schwergewicht (1978), wird vor seinem Haus in Detroit überfallen. Seine Angreifer entkommen mit seinen herausnehmbaren Goldzähnen und dem Blaufuchsmantel.

20. Januar 1981
Das **Geiseldrama im Iran** wird beendet, als Ayatollah Ruhollah Khomeini die 52 US-amerikanischen Geiseln freilässt, die 15 Monate gefangen gehalten wurden.

7. Februar 1981
Ein Feuer fegt am Ende einer dreistündigen Morgenvorstellung durch das Hauptzelt des Zirkus Venus in **Bangalore** in Indien, in dem sich etwa 4000 Besucher aufhalten. Von den 66 getöteten Personen werden die meisten zu Tode getrampelt.

9. Februar 1981
General Wojciech Jaruzelski wird Ministerpräsident von Polen.
[3]

23. Februar 1981
Ein Putschversuch durch rechtsgerichtete Armeeangehörige in Spanien scheitert wegen der unnachgiebigen Haltung von **König Juan Carlos**.
[4]

6. März 1981
Klaus Grabowski, ein verurteilter Kinderschänder, wird in Lübeck von der Mutter des Mädchens erschossen, das er erwürgt und sexuell missbraucht hat. Grabowski hatte zuvor einer Kastration zugestimmt, um der lebenslangen Haftstrafe zu entgehen.

[3] General Jaruzelski verkündet im Dezember 1981 die Verhängung des Kriegsrechts in Polen.

[9] Prinz Charles und Prinzessin Diana nach ihrer Hochzeit auf dem Balkon des Buckingham Palasts.

[4] Oberstleutnant Tejero Molina überfällt zu Beginn des Militärputschversuchs mit 300 Mitgliedern der Guardia Civil mit vorgehaltener Waffe die spanischen Cortes (Parlament).

[10] Muslimische fundamentalistische Attentäter feuern auf die Tribüne, von der aus Sadat der Militärparade zusah.

August 1981
In der Zeit von Anfang Mai bis Ende August sterben etwa 200 Menschen an einem **giftigen Speiseöl**, das in Spanien illegal an der Haustüre verkauft wurde. Mindestens 11 000 weitere Personen tragen Gesundheitsschäden davon.

September 1981
Picassos Gemälde **Guernica** wird vom Museum of Modern Arts in New York ins Museum Prado in Madrid verlegt. Picasso verfügte, dass sein Bild erst nach Spanien zurückkehren dürfe, wenn dort die Demokratie wiederhergestellt sei.

6. September 1981
Ein Polizeihubschrauber mit einem Kabinettsminister und fünf Parlamentsmitgliedern verschwindet während eines Sturms über dem nördlichen Teil **Thailands**; man geht davon aus, dass alle elf Insassen tot sind.

18. September 1981
Frankreich schafft die **Todesstrafe** ab.

26. September 1981
Die zweimotorige **Boeing 767-200** startet in Everett in Washington ihren Jungfernflug.

[10]
6. Oktober 1981
Anwar as-Sadat wird von Mitgliedern einer radikalen Randgruppe der muslimischen Opposition in Ägypten ermordet.

1981-1982

1. November 1981
Antigua und Barbuda erhalten die Unabhängigkeit vom Vereinigten Königreich. Vere Bird wird der erste Ministerpräsident.

30. November 1981
Vertreter der Vereinigten Staaten von Amerika und der Sowjetunion führen in Genf erste Gespräche über eine Reduzierung **atomarer Mittelstreckenraketen** in Europa.

1982
Italien gewinnt nach 44 Jahren zum ersten Mal wieder die **Fußballweltmeisterschaft**. Der dritte Sieg erfolgt in dem Spiel gegen den mächtigen und regelmäßigen Finalisten Bundesrepublik Deutschland, das 3:1 endet.

1982
Das Album *Thriller* von **Michael Jackson**, eines der erfolgreichsten Alben, die je produziert wurden, erscheint. Der Verkauf wird durch Jacksons Musikvideos für das MTV-Kabelfernsehen unterstützt.
[1]

1982
Der US-amerikanische Filmregisseur und -produzent **Steven Spielberg** veröffentlicht zwei aufeinander folgende Kassenschlager: *Poltergeist* und *ET – der Außerirdische*.
[2]

1982
Die US-amerikanische Schriftstellerin Alice Walker bekommt den Pulitzer Preis für ihren Roman **Die Farbe Lila**, der das Heranwachsen und die Selbstverwirklichung einer afroamerikanischen Frau in Georgia beschreibt.
[3]

[1] Das Cover von Michael Jacksons Album „Thriller“.

[10] Jacky Ickx und sein Beifahrer Derek Bell führen in ihrem Porsche beim Start des Rennens von Le Mans 1982.

[2] Steven Spielberg führt Regie in „E.T“.

[9] Rauch steigt im westlichen Beirut auf nach dem Beschuss durch die Israelis.

[3] Alice Walker. Steven Spielberg führt Regie bei der Verfilmung ihres Romans.

[8] John Belushi.

1982
Der **Camcorder**, ein tragbares Videoaufnahmegerät, wird von der Sony Corporation in Japan entwickelt.

Februar 1982
Die First Lady Nancy Reagan startet ihre Antidrogenkampagne **Just Say No** und reist dafür durch Florida und Texas, wo sie verschiedene Einrichtungen besucht, um dem Problem des Drogenmissbrauchs mehr Aufmerksamkeit zu verschaffen.

[8]
5. März 1982
Der US-amerikanische Komiker **John Belushi**, der wegen seiner Rollen in *Ich glaub', mich tritt ein Pferd* und *Blues Brothers* berühmt wurde, stirbt an einer Überdosis Heroin und Kokain.

10. März 1982
Die US-Regierung unter Ronald Reagan verhängt ein Embargo auf aus **Libyen** importiertes Öl sowie auf den Export von Hochtechnologie dorthin. Das Land war vergeblich aufgefordert worden, die Unterstützung des Terrorismus zu unterlassen.

19. März 1982
Nach einem Streit unter argentinischen Arbeitern und britischen Wissenschaftlern auf der von den Briten kontrollierten Insel South Georgia mobilisieren sich **argentinische Truppen**. Dies führt zum Einmarsch Argentiniens auf den Falklandinseln.

17. April 1982
Das Kanada-Gesetz, auch Verfassungsgesetz genannt, tritt in Kraft und gewährt Kanada bestimmte einzelne Rechte, bewahrt seine parlamentarische Obergewalt und macht es zu einem vollständig unabhängigen und souveränen Staat.

1982
Ein vom US-amerikanischen Mediziner Robert K. Jarvic entwickeltes **künstliches Herz** wird einem Patienten eingepflanzt. Der erste Empfänger überlebt 112 Tage und stirbt an den Folgen verschiedener, physischer Komplikationen, die durch das Implantat verursacht wurden.
[4]

1982
Bei den World Aquatic Championships erhält der US-amerikanische Turmspringer **Greg Louganis** als erster Sportler von allen Bewertungsrichtern die Höchstpunktzahl 10.
[5]

1982
Grace Kelly, ehemalige US-amerikanische Schauspielerin und Fürstin von Monaco (Gracia Patricia), stirbt bei einem Autounfall in Frankreich.
[6]

1982
Spanien öffnet zum Teil die Grenze zu **Gibraltar**.

1982
Javier Pérez de Cuéllar aus Peru wird Generalsekretär der UN. Er bleibt bis 1991 im Amt.

1982
Das **AT&T Building** des Architekten Philip Johnson wird in New York eröffnet. Die Spitze sieht aus wie eine Chippendale-Kommode und verdeutlicht so Johnsons Hinwendung zur *Postmoderne*.
[7]

[4] Dr. Robert Jarvik hält ein künstliches Herz hoch.

[5] Greg Louganis. Die meisten Menschen erinnern sich wohl an den Augenblick in seiner Karriere, als er während eines schwierigen Sprungs bei den olympischen Spielen in Seoul 1988 mit dem Kopf gegen ein unteres Sprungbrett stößt. Er macht jedoch weiter und gewinnt.

[6] Fürstin Gracia mit ihrem Mann Fürst Rainier bei der Ankunft in der Oper von Monte Carlo am Nationalfeiertag.

[7] Das AT&T Building in New York, vollendet mit einem gebrochenen Giebel im „postmodernen Stil".

DER FALKLANDKRIEG

Ein kurzer, aber heftiger Krieg um den Besitz der Inseln im Südatlantik

Sowohl Argentinien als auch Großbritannien hatten schon lange die Hoheitsgewalt über die Falklandinseln für sich beansprucht, und es hatte immer wieder langwierige Gespräche über die Zukunft der abgelegenen Inseln zwischen den beiden Ländern gegeben.

Am 2. April 1982 verlor die Militärregierung Argentiniens wegen des fehlenden diplomatischen Fortschritts die Geduld und besetzte die Inseln mit etwa 10 000 Soldaten. Die britische Premierministerin Margaret Thatcher reagierte darauf mit der Entsendung von Schiffen mit Spezialeinheiten in dieses Gebiet. Innerhalb von drei Monaten besiegten die britischen Streitkräfte die Argentinier und besetzten das Land erneut. Großbritannien verlor etwa 250 Mann – darunter auch Besatzungsmitglieder der Antelope (links) – und Argentinien etwa 700. Die Niederlage Argentiniens schadete dem Ansehen der Militärregierung, so dass 1983 wieder eine zivile Regierung eingeführt werden konnte.

11. Mai 1982
Lee Chul Hi und seine Frau Chang Yong Ja werden in **Südkorea** wegen des Betrugs auf Seouls Freiverkehrsbörse (Schaltergeschäfte) verhaftet. Damit wird ein enormer Darlehenbetrug aufgedeckt.

30. Mai 1982
Spanien wird das sechzehnte Mitglied der NATO und damit die erste Nation, die nach dem Beitritt der Bundesrepublik Deutschland im Jahre 1955 aufgenommen wird.

[9]
6. Juni 1982
Israel dringt in den **Libanon** ein und besiegt die Palästinensische Befreiungsorganisation PLO, die syrischen Streitkräfte und verschiedene linke, libanesische Gruppen.

7. Juni 1982
Nach zwei Jahren des Bürgerkriegs nehmen die Truppen der Rebellen unter dem Kommando des ehemaligen Ministerpräsidenten Hissen Habré die Hauptstadt des **Tschad**, N'Djamena, ein und stürzen die Regierung des Präsidenten Goukouni Oueddei.

14. Juni 1982
Mit dem Kapitulationsersuchen der großen argentinischen Garnison bei Port Stanley an die britischen Streitkräfte endet der **Falklandkrieg**.

[10]
20. Juni 1982
Der belgische Rennfahrer **Jacky Ickx** stellt einen Rekord auf, als er zum fünften Mal das 24-Stunden-Rennen von Le Mans gewinnt.

1982-1983

21. Juni 1982
Der Buckingham Palast verkündet die Geburt des Sohnes von Prinz Charles und Prinzessin Diana. **Prinz William** von Wales wird der Zweite in der britischen Thronfolge.
[1]

21. Juni 1982
John Hinckley Jr. wird aufgrund seiner Unzurechnungsfähigkeit für nicht schuldig an dem Attentat auf den US-amerikanischen Präsidenten Ronald Reagan befunden.

22. Juni 1982
Das US-amerikanische Justizministerium klagt 18 Japaner der Verschwörung zum Diebstahl von **Fabrikationsgeheimnissen** von der Firma IBM an, dem international führenden Unternehmen in der Computerindustrie.

29. August 1982
Die schwedische Filmschauspielerin **Ingrid Bergman** stirbt.
[2]

1. September 1982
Der mexikanische Präsident **José López Portillo** schließt alle Privatbanken des Landes, damit sie „direkt in den Dienst der Nation gestellt werden" können.

1. September 1982
Etwa 60 Prozent der Farmen in Australien sind unmittelbar von einer der schlimmsten **Dürreperioden** in der Geschichte der Nation betroffen.

[1] Prinzessin Diana hält Prinz William, und sein Vater schaut zu.

[6] Felipe Gonzalez.

[5] Ein Junge sucht nach einem Namen auf dem Mahnmal der Vietnamveteranen.

*[8] Alan Alda (Mitte, zweiter von links) beim Dreh mit anderen Hauptdarstellern der Serie „M*A*S*H".*

[7] Bill Gates, über seinem Kopf schwebt nicht etwa ein Heiligenschein, sondern eine Diskette.

[5]
10. November 1982
Das von Maya Lin entworfene **Vietnam Veterans Memorial** (Mahnmal der Vietnamveteranen) wird in Washington enthüllt.

12. November 1982
Der ehemalige Leiter des KGB **Juri Wladimirowitsch Andropow** übernimmt das Amt des Generalsekretärs der Kommunistischen Partei der UdSSR.

[6]
2. Dezember 1982
Der Sozialist **Felipe Gonzalez** wird Ministerpräsident von Spanien. Er regiert bis 1996 in vier aufeinander folgenden Amtszeiten.

10. Dezember 1982
Das **Seerechtsübereinkommen** wird von 117 Nationen unterzeichnet.

1983
Das **Internet** wird eingerichtet und verbindet Computerbenutzer in der ganzen Welt miteinander, die nun Daten jeder Art miteinander teilen können. Es wird besonders für E-Mails eingesetzt.

[7]
1983
Die Microsoft Corporation bringt das **Betriebssystem Windows** heraus, eine Weiterentwicklung des bekannten MS-DOS. Der Software-Entwickler Bill Gates wird damit zum reichsten Mann der Welt.

Oktober 1982
Der Karikaturist Jim Davis verdrängt mit einem seiner **Garfield**-Comics das Buch *The Joy of Sex* von der Bestsellerliste der Taschenbücher.

1. Oktober 1982
Helmut Kohl wird Bundeskanzler der Bundesrepublik Deutschland. Er ist Mitglied der Christlich Demokratischen Union. In seine Amtszeit bis 1990 fällt auch die Wiedervereinigung von Ost- und Westdeutschland.
[3]

7. Oktober 1982
Die **New Yorker Börse** stellt einen eintägigen Rekord auf, als 147 070 000 Aktien den Besitzer wechseln. Die Erholung des Marktes geht in der darauf folgenden Woche weiter, als eine Wochenrekordzahl von 592 460 000 Aktien gehandelt wird.

11. Oktober 1982
Eine Gruppe von **Sikhs** belagert Indiens Parlament in Neu Delhi, tötet dabei vier Menschen und verletzt viele weitere Personen.

4. November 1982
Ruud Lubbers wird Ministerpräsident der Niederlande. Er behält dieses Amt bis 1994 für drei aufeinander folgende Regierungsperioden und wird damit zum niederländischen Ministerpräsident mit der längsten Amtszeit.

5. November 1982
Der französische Filmschauspieler und Regisseur **Jacques Tati** stirbt.
[4]

[2] Ingrid Bergman im Jahre 1942, dem Jahr vor dem Erscheinen von „Casablanca", einem ihrer bekanntesten Filme.

[4] Jacques Tati steigt aus dem Auto, wie nur er es vermag.

[9] Henry Kissinger in El Salvador bei der Aufgabe, die er am besten beherrscht, der Aushandlung diplomatischer Verträge.

[10] Carl Lewis beim Weitsprung.

[3] Helmut Kohl. In seine Amtszeit fällt die Vereinigung Deutschlands.

1983
Ein im **Zoo von San Diego** geborener kalifornischer Kondor ist das erste in Gefangenschaft gezüchtete Exemplar dieser vom Aussterben bedrohten Tierart.

[8]
1983
Nach 11 Jahren und 251 Sendungen wird die US-amerikanische Fernsehserie **M*A*S*H** abgesetzt.

[9]
1983
Nach einer mehr als sechs Jahre dauernden Unterbrechung wird der ehemalige Sicherheitsberater und Außenminister **Henry Kissinger** vom US-Präsidenten Ronald Reagan zum Leiter einer nationalen Kommission für Mittelamerika ernannt.

1983
US-Forscher untersuchen die **Muskeldystrophie** vom Typ *Duchenne* und entdecken, dass sie durch einen Gendefekt auf dem 23. Chromosom verursacht wird. Damit wird zum ersten Mal ein bestimmter Marker einer Erbkrankheit entdeckt.

[10]
1983
Beim Leichtathletiktreffen TAC ist der US-amerikanische Leichtathlet **Carl Lewis** der erste Sportler seit 1886, der den 100-Meter-Lauf, den 200-Meter-Lauf und den Weitsprung bei einer nationalen Leichtathletikmeisterschaft im Freien gewinnt.

1983
Bob Hawke von der Labour-Partei wird Ministerpräsident Australiens. Er wird bekannt dafür, dass er Australiens zänkische Gewerkschaften besänftigt und durch die Senkung der Inflationsrate die Stimmung in der Industrie verbessert.

1983

1983
Der britische Schauspieler **Ben Kingsley** spielt die Hauptrolle im Film *Gandhi* von Sir Richard Attenborough, der 1983 acht Oscars gewinnt.
[1]

1983
Brunei erhält die Unabhängigkeit von Großbritannien.

1983
Compaq führt den ersten, tragbaren Nachbau eines IBM-PCs ein.

1983
Der deutsche Neo-Expressionist **Anselm Kiefer**, der noch mit dem Legat des Nationalsozialismus zu kämpfen hat, vollendet das Werk *Dem unbekannten Maler*, in dem eindringliche Bilder aus verkrusteter Farbe und Stroh entstehen.

1983
Der schwedische Tennisspieler **Björn Borg** tritt im Alter von 26 Jahren zurück. In seiner neunjährigen Karriere gewann er 41 Prozent der Grand Slam Turniere im Herreneinzel, an denen er teilnahm, unter anderem fünfmal hintereinander das Turnier von Wimbledon.
[2]

1983
Im **Iran** müssen die Frauen ab sofort einen *Chador* tragen (ein bodenlanges Gewand, das Kopf und Körper bedeckt). Ein Auftreten ohne Schleier wird mit einer Gefängnisstrafe von 1 bis 12 Monaten geahndet.
[3]

[1] Ben Kingsley mit seinem Oscar für den besten Hauptdarsteller.

[7] George Lucas umgeben von Figuren aus „Star Wars“ auf dem Titelblatt des „Time“-Magazins.

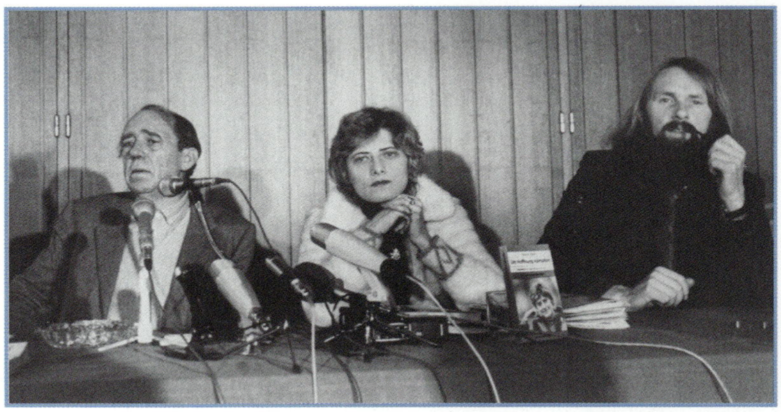

[6] Die deutsche Partei der Grünen: Petra Kelly, Mitte, mit Schriftsteller Heinrich Böll rechts und Lukas Beckmann, dem Vorsitzenden der Grünen von 1984 bis 1987, links. Im Jahre 1990 erhielten sie schon nicht mehr genug Stimmen für den Einzug in den Bundestag.

[2] Björn Borg hebt 1980 den Wimbledon-Pokal für das Männereinzel empor. Er hat nach dem Sieg über John McEnroe dort seinen fünften Titel gewonnen.

[5] Joan Miró vor einem seiner Bilder bei einer Ausstellung seiner Werke in London.

[5]
1983
Der spanische, surrealistische Maler **Joan Miró** stirbt und damit das letzte noch lebende Mitglied aus der Gruppe der Schriftsteller und Maler, deren Werke die westliche Literatur und Kunst revolutionierten.

1983
Eine staatliche Kommission empfiehlt, dass die US-amerikanische Regierung den ungefähr noch 60 000 lebenden **Japanamerikanern**, die während des Zweiten Weltkriegs interniert worden waren, jeweils 20 000 US-Dollar zahlt.

[6]
1983
Die Partei Die Grünen zieht mit 27 Abgeordneten und einem Umweltschutzprogramm in den Bundestag der Bundesrepublik Deutschland ein. Sie ist seit drei Jahrzehnten die erste neue Partei im Bundestag.

1983
Die Regierung der Sandinistischen Nationalen Befreiungsfront in **Nicaragua** verkündet offiziell, dass fast alle Bürger, die das Land in den letzten Jahren verlassen haben, ohne Angst vor Bestrafung zurückkehren können.

[7]
1983
Die dritte Folge der US-amerikanischen **Star-Wars**-Reihe, *Die Rückkehr der Jedi-Ritter*, kommt heraus.

1983
Die **US-amerikanische Botschaft in Beirut** im Libanon wird durch eine Autobombe nahezu vollkommen zerstört. Unter den Toten befinden sich auch 17 US-Amerikaner.

1983
In Großbritannien wird den Insassen eines Automobils gesetzlich vorgeschrieben, auf den Vordersitzen einen **Sicherheitsgurt** anzulegen.

1983
Lech Walesa, der Gründer der Solidarność, der mittlerweile verbotenen Vereinigung polnischer Gewerkschaften, erhält den Friedensnobelpreis.

1983
Der malaysische Kabinettsminister **Datuk Mokhtar bin Haji Hashim** wird wegen des Mordes am Sprecher der Negri-Sembilan-Staatsversammlung zum Tode verurteilt.

1983
Menachem Begin teilt dem israelischen Kabinett mit, dass er in Kürze offiziell als Ministerpräsident und Vorsitzender der Herut-Partei zurücktreten wird.
[4]

1983
Präsident Ronald Reagan unterschreibt das Gesetz zur Reform des US-amerikanischen Sozialversicherungssystems, um so dessen kurz- und langfristige Solvenz zu gewährleisten.

1983
Crack – kristallisiertes Kokain – taucht zum ersten Mal auf US-amerikanischen Straßen auf. Die sehr stark abhängig machende Droge, die wahrscheinlich in der Karibik entwickelt wurde, hat schnell verheerende Auswirkungen.

BOMBENANSCHLAG IN BEIRUT

US-Botschaft wird von Selbstmordattentätern angegriffen.

Am 18. April brachte ein Lieferwagen gegen Mittag eine 900-kg-Bombe auf das Gelände der Botschaft. Sie wurde vom Fahrer gezündet, der zusammen mit mehr als 60 weiteren Personen bei der Explosion starb. Einige der durch die Bombe verursachten Schäden sind oben zu sehen. Selbstmordattentate kamen später immer häufiger vor, besonders im Nahen Osten.

Der Anschlag in Beirut erfolgte nach der US-amerikanischen Intervention im libanesischen Bürgerkrieg und dem Massaker an Palästinensern in den Flüchtlingslagern von Sabra und Shatila durch die libanesische christliche Miliz. Die Verantwortung für den grausamen Anschlag übernahm später der Islamische Dschihad, eine vom Iran unterstützte Organisation, deren Ziel die Vertreibung aller Amerikaner aus dem Libanon war.

[3] Iranische Frauen in „Chadors“. Ironischerweise nehmen sie hier 1985 an der UN-Weltfrauenkonferenz in Nairobi in Kenia teil.

[8] Klaus Barbie während seines Aufenthalts in Frankreich im Jahre 1943.

[4] Ein kränkelnder Menachem Begin bei der Bekanntmachung seines Rücktritts.

1983
Fred Sinowatz ist der Nachfolger von Bruno Kreisky als Bundeskanzler von **Österreich**.

1983
Das westdeutsche Magazin *Stern* verkündet, dass es 60 Bände von **Adolf Hitlers Tagebüchern** erworben hat. Später kann die Regierung beweisen, dass es sich um Fälschungen handelt.

1983
Fünfundzwanzig Terroristen, Mitglieder der **italienischen Roten Brigade**, werden für den Mord am ehemaligen Ministerpräsidenten Aldo Moro im Jahre 1978 zu lebenslangen Haftstrafen verurteilt.

1983
In Libyen beginnen die Arbeiten am **Great Man-Made River** (GMR). Es handelt sich um eines der größten Wasserverteilungsprojekte und soll Süßwasser aus dem Boden unter der Sahara zur libyschen Küste bringen.

17. Januar 1983
Nigerias Innenminister fordert alle illegalen Ausländer auf, bis zum Ende des Monats das Land zu verlassen. Der Erlass betrifft etwa zwei Millionen Menschen.

[8]
25. Januar 1983
Klaus Barbie, ein nationalsozialistischer Kriegsverbrecher, wird in Bolivien festgenommen. Er wird an Frankreich ausgeliefert, wo er 1954 in Abwesenheit für seine Verbrechen während des Zweiten Weltkriegs zum Tode verurteilt wurde.

1983-1984

23. März 1983
US-Präsident Ronald Reagan gibt die **Strategic Defence Initiative** bekannt, die gemeinhin als *Star Wars* bekannt wird. Es ist eine Verteidigungsstrategie gegen mögliche atomare Angriffe.
[1]

9. Juni 1983
Die britische konservative Premierministerin **Margaret Thatcher** wird nach ihrem Sieg im Falklandkrieg und wegen der Uneinigkeit der Labour-Parte bei den Wahlen ohne Schwierigkeiten im Amt bestätigt.
[2]

18. Juni 1983
Sally Ride ist die erste US-Amerikanerin, die ins Weltall fliegt. Sie wird zusammen mit vier anderen Astronauten an Bord der Raumfähre *Challenger* in den Weltraum befördert.
[3]

27. Juni 1983
Der **US-amerikanische Aktienmarkt bricht zusammen**. Dadurch gehen in den folgenden vier Jahren 74 Eisenbahnlinien in den Bankrott, 15 000 Unternehmen gehen pleite und 600 Banken schließen.

21. Juli 1983
Die niedrigste jemals auf der Erde gemessene Temperatur von -89.2°C (-128.6 Grad Fahrenheit) wird in der **Station Wostok** in der Antarktis gemessen.

17. August 1983
Der Lyriker **Ira Gershwin** stirbt in Beverly Hills in Kalifornien. Er schrieb die Texte von bekannten Liedern zu Dutzenden und arbeitete zusammen mit Komponisten wie Moss Hart, Kurt Weill, Jerome Kern, Harry Warren und Harold Arlen sowie seinem Bruder George.

[1] So sieht ein Künstler eine im Weltraum stationierte Abfangrakete auf Kollisionskurs mit einer atomaren Interkontinentalrakete (ICBM).

[2] Margaret Thatcher am letzten Tag des Wahlkampfs vor den Toren der Fabrik auf der Isle of Wight, in der die in Großbritannien entwickelten Hovercraft-Schiffe gebaut werden.

[6] Steve Jobs von der Apple Corporation mit dem neuen Apple-„Macintosh"-Computer.

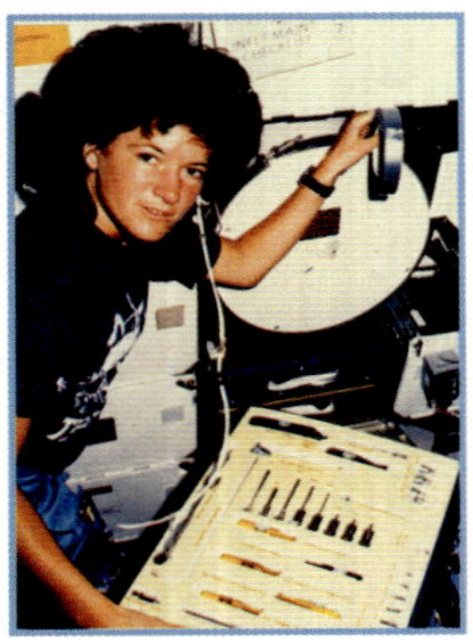

[3] Sally Ride mit Werkzeugkiste an Bord der „Challenger".

[10] Linda Hunt mit ihrem Oscar für ihre Darstellung des männlichen chinesisch-australischen Kleinwüchsigen Billy Kwan.

[8] Ted Hughes enthüllt in seinem Amt als Hofdichter eine Bodentafel in der Poet's Corner in der Westminster Abbey im Gedenken an die Dichter des Ersten Weltkriegs, zu denen unter anderem Wilfred Owen, Siegfried Sassoon und Ivor Gurney gehören.

[9] Alec Jeffreys hält einen genetischen „Fingerabdruck" hoch.

[6]
1984
Apple führt den **Macintosh** ein und macht die grafische Benutzeroberfläche GUI bekannt.

[7]
1984
Im jugoslawischen Sarajevo finden die **Olympischen Winterspiele** statt.

1984
Bei den Olympischen Sommerspielen in Los Angeles wiederholt der US-Amerikaner **Carl Lewis** die Meisterleistung von Jesse Owens und gewinnt in den gleichen vier Disziplinen wie Owens bei den olympischen Spielen 1936 in Berlin die Goldmedaille.

[8]
1984
Der britische Dichter **Ted Hughes** wird für die vielen Jahre fruchtbaren Schaffens zum Hofdichter ernannt.

[9]
1984
Der britische Genwissenschaftler Alex Jeffreys entwickelt den **Genetischen Fingerabdruck**, der sich auf die wissenschaftliche Analyse der Erbanlagen eines Menschen stützt.

1984
Geraldine Ferraro wird Walter Mondales Kandidatin für das Amt des Vizepräsidenten der Demokraten. Das ist das erste Mal, dass eine der großen US-amerikanischen Parteien eine Frau für die Vizepräsidentschaft aufstellt.

23. Oktober 1983
Ein Terrorist fährt als Selbstmordattentäter einen Lastwagen voller Sprengstoff durch eine Reihe von Absperrungen auf das Gelände des Hauptquartiers der US-Marine auf dem Flughafen von **Beirut** im Libanon und tötet 241 US-amerikanische Soldaten.
[4]

25. Oktober 1983
Das US-amerikanische Heer marschiert in den kleinen Inselstaat **Grenada** ein.

2. November 1983
US-Präsident Ronald Reagan unterschreibt ein Gesetz, das zum Gedenken an **Martin Luther King Jr.** den dritten Montag im Januar zum Nationalfeiertag erklärt.

1984
Der schwarze, südafrikanische, anglikanische Erzbischof **Desmond Tutu** erhält für seinen Kampf gegen die Apartheid den Friedensnobelpreis.
[5]

1984
Die indische Armee greift im Harimandir (dem goldenen Tempel) bei Amritsar, einem der heiligsten Orte der Sikh-Religion, **Separatisten der Sikh** an.

1984
Der US-amerikanische Forscher Robert Gallo und der französische Forscher Luc Montagnier verkünden unabhängig voneinander die Entdeckung des Virus, das AIDS verursacht, nämlich das **Human Immunodeficiency Virus (HIV)**.

[11] Mitterand und Kohl festigen bei Verdun die deutsch-französischen Beziehungen.

[5] Erzbischof Tutu versucht, eine Menge zu beruhigen, die einen vermeintlichen Informanten der Polizei angreift.

[4] Ein überlebender Marinesoldat wird im Libanon auf einer Bahre aus den Trümmern geborgen.

[7] Die britischen Eistänzer Jayne Torvill und Christopher Dean gewinnen in Sarajevo die Goldmedaille im Eistanz. Ihre dramatischen Interpretationen führen den Eistanz auf eine völlig neue, künstlerische Ebene. Sie bekommen für ihre Kür von allen zwölf Punktrichtern die Bestnote.

[12] Kareem Abdul-Jabbar.

[10]
1984
Linda Hunt erhält als erste Schauspielerin einen Oscar für die Darstellung einer Person des anderen Geschlechts in dem Film *Ein Jahr in der Hölle*.

1984
In **Äthiopien** verhungern zwischen 600 000 und einer Million Menschen nach einer Dürreperiode. Eine internationale Hilfsaktion wird daraufhin ins Leben gerufen.

[11]
5. Januar 1984
Präsident **Mitterand** und Kanzler **Kohl** halten sich bei einer Feier zur Erinnerung an die Toten des Zweiten Weltkriegs an den Händen.

9. Februar 1984
Der sowjetische Ministerpräsident **Juri Andropow** stirbt 15 Monate, nachdem er das Amt von Leonid Breschnew übernahm. Er wird durch Konstantin Tschernenko ersetzt.

1. April 1984
Der US-amerikanische Entertainer **Marvin Gaye** wird von seinem Vater in Los Angeles erschossen.

[12]
5. April 1984
Kareem Abdul-Jabbar überholt Wilt Chamberlain als Topscorer der National Basketball Association.

1984-1985

August 1984
Der gut erhaltene Körper eines Mannes aus der Eisenzeit, der so genannte **Lindow Man**, wird in Lindow Moss, einem Torfmoor in Cheshire von Torfstechern gefunden.

17. September 1984
Martin Brian Mulroney, Vorsitzender der kanadischen Progressive Conservative Party, wird Ministerpräsident. Er führt das Land zu einem großen wirtschaftlichen Aufschwung.

Oktober 1984
Yasuhiro Nakasone wird als Vorsitzender der liberaldemokratischen Partei bestätigt und zum zweiten Mal Ministerpräsident. In seiner Amtszeit kann er das Wirtschaftswachstum in Japan fortführen und die Nation zum größten Gläubiger der Welt machen.

12. Oktober 1984
Im **Grand Hotel im englischen Brighton**, in dem die konservative Partei eine Konferenz abhält, explodiert eine Bombe der IRA. Fünf Personen sterben, dreißig werden verletzt. Margaret Thatcher besteht darauf, dass die Konferenz weitergeführt wird.
[1]

31. Oktober 1984
Die indische Ministerpräsidentin **Indira Gandhi** wird von ihren zu den Sikh gehörenden Leibwächtern getötet. Dies geschieht aus Rache dafür, dass sie bewaffnete Truppen in ihr Allerheiligstes, den Goldenen Tempel von Amritsar, gesandt hat.
[2]

6. November 1984
Der US-Präsident **Ronald Reagan** gewinnt in einem erdrutschartigen Sieg über den demokratischen Kandidaten Walter F. Mondale zum zweiten Mal die Präsidentschaftswahl.
[3]

[1] Die Front des Grand Hotels in Brighton nach der Explosion der IRA-Bombe.

[2] Indira Gandhis Leiche wird nach ihrer Ermordung verbrannt. Anwesend sind ihr Sohn Rajiv, der neue Ministerpräsident, mit einer weißen Kappe, seine Tochter Priyanka und seine Frau Sonia.

[6] Reihen von Porzellan aus der Küche der „Titanic" auf dem Meeresboden in etwa 4000 m Tiefe.

[7] Ein Kind, das in den Straßen von Rio in Brasilien lebt.

[8] Daniel Ortega, Anführer der Sandinisten und nun Präsident Nicaraguas.

1985
Der kanadische Avantgarde-Zirkus **Cirque du Soleil** startet eine Tournee. Bis zum Jahre 2007 tourt der *Cirque du Soleil* mit neun verschiedenen Shows und hat Dauervorstellungen in Orlando, Las Vegas und New York.

1985
Die erste **Enzyklopädie auf CD** wird eingeführt. Innerhalb eines Jahrzehnts werden elektronische Enzyklopädien äußerst beliebt: In den 1990er Jahren werden mehr CDs verkauft als gedruckte Exemplare in den letzten 200 Jahren.

[6]
1985
Ein Team von Ozeanografen unter der Leitung von Robert Ballard entdeckt in einer Tiefe von fast 4000 Metern das Wrack der **Titanic.** Das Schiff sank 1912.

1985
Der Konservative **Anibal Cavaco Silva** wird Ministerpräsident Portugals. Er amtiert zehn Jahre lang und erlebt damit die längste Amtszeit eines demokratisch gewählten portugiesischen Ministerpräsidenten. 2006 wird er Präsident Portugals.

[7]
ca. 1985
Brasilianische Straßenkinder organisieren sich zu einer nationalen Bewegung der Straßenjungen und -mädchen. Diese Interessenvertretung unterstützt die Verabschiedung neuer Kinderschutzgesetze. Zuvor waren Straßenkinder meist Opfer von Folter und Mord.

1985
Palästinensische Terroristen aus der Gruppe **Abu Nidal** greifen fast gleichzeitig auf den Flughäfen in Rom und Wien Passagiere an den Check-In-Schaltern der El Al (israelische Fluggesellschaft) an. Dabei werden 18 Personen getötet und 120 verletzt.

3. Dezember 1984
In **Bhopal** in Indien ereignet sich der schlimmste Fabrikunfall in der Geschichte, als in einer Fabrik für Insektizide etwa 54 Tonnen Gas entweichen. Es sterben zwischen 15 000 und 20 000 Menschen und ungefähr eine halbe Million erleiden schwere gesundheitliche Probleme.
[4]

1985
Bernard Hinault aus Frankreich gewinnt als dritter Radrennfahrer zum fünften Mal die Tour de France.

1985
Britische Wissenschaftler entdecken enorme, jahreszeitlich bedingte Reduzierungen in der **Ozonschicht** der Erdatmosphäre. Diese schützt das Leben auf der Erde vor der gefährlichen ultravioletten Strahlung.

1985
Der **erste registrierte Name einer Internetdomain** wird ausgegeben, er lautet *symbolic.com*.

1985
Pete Rose von den Cincinnati Reds überbietet den Hits-Rekord von Ty Cobb (4191) und wird damit zum Topscorer im Baseball.
[5]

1985
In Peking wird die Kompaktversion der **Encyclopaedia Britannica** in chinesischer Sprache veröffentlicht. Das zehnbändige Werk ist das erste gemeinsame Projekt der Volksrepublik China mit einem westlichen Verlag.

[4] Opfer der Bhopal-Katastrophe, erblindet durch das austretende Gas.

[3] Ronald Reagan beim Wahlkampf für seine Wiederwahl.

[10] Michail Gorbatschow mit seinem auffälligen Muttermal.

[9] Der Fels von Gibraltar ragt über dem Eingang zum Mittelmeer auf.

[5] Pete Rose.

[8]
10. Januar 1985
Bei einer Zeremonie, der mit dem kubanischen Präsidenten Fidel Castro nur ein ausländisches Staatsoberhaupt beiwohnt, wird Daniel Ortega Saavedra zum Präsidenten von **Nicaragua** vereidigt.

14. Januar 1985
Sechzehn Personen, darunter ein presbyterianischer Geistlicher sowie katholische Priester und Nonnen, werden angeklagt, **Ausländer aus Mittelamerika** in die USA **geschmuggelt** oder ihnen Zuflucht gewährt zu haben.

[9]
5. Februar 1985
Spanien schafft offiziell alle Einschränkungen für den Grenzübertritt von und nach **Gibraltar** ab. Die Landesgrenze zu dieser kleinen britischen Enklave auf der Südspitze Spaniens war vor anderthalb Jahrzehnten geschlossen worden.

10. Februar 1985
Der seit 20 Jahren inhaftierte Führer des verbotenen südafrikanischen African National Congress, **Nelson Mandela**, lehnt das Angebot der Regierung ihn freizulassen ab. Mandela will nicht auf Gewalt verzichten, was die Bedingung für seine Freilassung ist.

26. Februar 1985
Neun Männer werden beschuldigt, zu einer Strafkommission zu gehören, die über fünf Familien der **Cosa Nostra** in New York richtete. Die Urteile zeigen, dass die Justiz nicht länger nur einzelne Personen, sondern die Organisation der Mafia selbst bekämpft.

[10]
11. März 1985
Michail Gorbatschow ist der Nachfolger Konstantin Tschernenkos als Regierungschef der Sowjetunion.

1985-1986

17. April 1985
Der Antidiskriminierungsparagraph der drei Jahre alten **kanadischen** Verfassung wird als Gesetz verabschiedet, obwohl viele regionale Gesetze noch umgeschrieben werden müssen.

Mai 1985
Tragödien beim Fußball: Am 11. Mai kommen bei einem Brand im Stadion von **Bradford City** in Yorkshire 56 Menschen ums Leben und am 29. Mai sterben 41 Menschen im **Heysel-Stadion** in Belgien.
[1]

5. Mai 1985
Präsident Ronald Reagan ignoriert die Proteste von jüdischen Organisationen, US-amerikanischen Kriegsveteranengruppen und zahlreichen Mitgliedern des US-Kongresses und stattet einem Soldatenfriedhof in der Bundesrepublik Deutschland einen kurzen Besuch ab.

17. Mai 1985
Das **japanische Parlament** billigt ein Gesetz, das den Frauen neue Arbeitsmöglichkeiten eröffnet, weil es bestimmte Einschränkungen bezüglich Arbeitszeit und Arbeitsstunden lockert.

25. Mai 1985
Fast 40 000 Menschen ertrinken in **Bangladesch**, als ein mörderischer Wirbelsturm über die Bucht von Bengalen fegt und eine haushohe Welle über die kleinen, bewohnten Inseln im Gangesdelta treibt.
[2]

10. Juni 1985
Israel schließt den Abzug seiner Truppen aus dem **Libanon** in drei Phasen ab, lässt jedoch eine nicht benannte Zahl von Patrouillen, Beratern und Beobachtern in der „Sicherheitszone" zurück, die es entlang der nordisraelischen Grenze im Libanon eingerichtet hat.
[3]

[1] Zuschauer fliehen von den Tribünen im Heysel-Stadion in Belgien, als eine Wand nach Krawallen einstürzt. Viele Menschen werden zu Tode getrampelt.

[2] Einwohner von Bangladesch, deren Häuser durch den Wirbelsturm zerstört wurden, sitzen und warten auf die Verteilung von Nahrungsmitteln.

[3] Ein israelischer Soldat mit Gebetsschal auf dem Kopf bei der Andacht, als das israelische Heer aus dem Libanon abgezogen wird.

[5] Die halb versunkene „Rainbow Warrior", nachdem die vom französischen Geheimdienst gelegten Bomben explodiert sind. Sie versuchte, die französischen Atomtests im Pazifik zu verhindern.

[8] Die Trümmer eines Hotels in Mexico City nach den Erdbeben.

[9] Marilyn Klinghoffer verlässt in Ägypten die „Achille Lauro". Ihr Ehemann Leon, 69, wurde während der dreitägigen Entführung getötet und über Bord geworfen. Sein Tod wird später zum Thema einer Oper.

9. September 1985
Sowohl farbige als auch weiße Jugendliche ziehen randalierend durch das **englische Birmingham**. Die Plünderungen und Brandstiftungen dauern bis zum folgenden Tag an und richten sich besonders gegen die Asiaten.

[8]
19. September 1985
Das erste von zwei heftigen **Erdbeben** erschüttert Mexiko und viele Gebäude in Mexiko City stürzen ein. Es folgen groß angelegte Versuche, die unter den Trümmern Verschütteten zu bergen, jedoch schätzt man, dass mehr als 20 000 Menschen starben

[9]
7. Oktober 1985
Mitglieder der Palästinensischen Befreiungsfront, eine von Abu Abbas angeführte Splittergruppe der Palästinensischen Befreiungsorganisation PLO, entführen ein italienisches Kreuzfahrtschiff, die **Achille Lauro**.

11. Oktober 1985
Der **Friedensnobelpreis** geht in diesem Jahr an die Organisation „Internationale Ärzte für die Verhütung des Atomkriegs" mit Sitz in Boston, der 135 000 Mitglieder aus 41 Nationen angehören.

25. Oktober 1985
Der argentinische **Präsident Raúl Alfonsín** verhängt einen 60-tägigen Belagerungszustand. So will er der Gewalt Herr werden, die von rechtsgerichteten Befürwortern der Amnestie für die ehemaligen Militärführer angefacht worden sein soll.

6. November 1985
Polens neu gebildetes Sejm (Parlament) wählt **General Wojciech Jaruzelski** zum Vorsitzenden des Staatsrats (Präsident). Er ersetzt Henryk Jablonski, der dieses Amt seit 1972 innehatte.

14. Juni 1985
Argentinien schafft den Peso ab und ersetzt ihn durch den Austral mit einem Festwert von 1,25 US-Dollar, der damit etwa 1000-mal so hoch ist wie der des Pesos.

7. Juli 1985
Boris Becker wird mit 17 Jahren der bis dahin jüngste Gewinner des Wimbledon-Turniers im Herreneinzel.
[4]

10. Juli 1985
Das Greenpeace-Schiff **Rainbow Warrior** wird mit zwei Bomben versenkt, als es im Hafen von Auckland in Neuseeland liegt.
[5]

13. Juli 1985
Verschiedene **Live-Aid**-Konzerte erbringen Spenden für die Hungerleidenden in Äthiopien. Die Konzerte finden gleichzeitig an verschiedenen Orten rund um den Globus statt.
[6]

15. Juli 1985
In Nairobi in **Kenia** wird eine Frauenkonferenz eröffnet, die das Ende der „Dekade der Frau" der UN kennzeichnet. Die Konferenz wird einberufen, um die Errungenschaften und Misserfolge der letzten 10 Jahre zu bewerten und die Ziele für die nächsten 15 Jahre festzulegen.

12. August 1985
In Zentraljapan ereignet sich das schwerste Flugzeugunglück, in das nur ein Flugzeug verwickelt ist. Ein **Jumbojet der Japan Air Lines** stürzt ab, als der Pilot die Kontrolle über das manövrierunfähige Flugzeug verliert. Nur vier der insgesamt 524 Passagiere überleben.
[7]

[4] Boris Becker auf dem Weg zu seinem ersten Sieg in Wimbledon.

[11] Diego Maradona aus Argentinien mit dem Weltmeisterschaftspokal. Im Viertelfinale gegen England schoss er das so genannte „Tor des Jahrhunderts".

[10] Rettungskräfte versuchen erfolglos, das Leben eines Mädchens zu retten, das mehr als 60 Stunden lang unter den Trümmern in der Stadt Armaro eingeklemmt war.

[7] Ein verkohlter Berghang und ein Teil des Flügels der abgestürzten „747" der Japan Airlines.

[6] Mick Jagger tritt zusammen mit Tina Turner bei einem Live-Aid-Konzert im JFK-Stadion in Philadelphia auf.

[10]
13. November 1985
In den Zentralkordilleren der Anden im westlichen Teil Kolumbiens bricht zweimal der **Mount Ruiz** aus und begräbt die Stadt Armero am Fluss Lagunilla unter sich. Etwa 25 000 Menschen sterben.

1986
Der US-amerikanische Golfspieler **Jack Nicklaus** stellt mit sechs Siegen in einem Masters-Turnier einen Rekord auf. In seiner Karriere wird Nicklaus fünf Mal zum Golfer des Jahres der Professional Golfers' Association ernannt.

[11]
1986
Argentinien besiegt die Bundesrepublik Deutschland im Finale der **Fußballweltmeisterschaften** der Herren mit 3:2.

1986
Die Ausstellung im vom japanischen Architekten **Isozaki Arata** entworfenen Museum für zeitgenössische Kunst in Los Angeles bestätigt ihn als einen der führenden Designer der Welt.

1986
Der nigerianische Drehbuchautor, Dichter und Schriftsteller **Wole Soyinka** erhält den Nobelpreis für Literatur. Er schreibt über Westafrika in einem satirischen Stil und mit tragischem Gespür für die Hindernisse des Fortschritts .

1986
Das Grundmodul der sowjetischen Raumstation **Mir** wird in die Erdumlaufbahn befördert. Im Laufe des nächsten Jahrzehnts werden weitere Module angebaut. Es entsteht ein vielseitig einsetzbares Weltraumlabor.

1986

1986
In den Vereinigten Staaten wird der erste **gentechnisch hergestellte Impfstoff** gegen Hepatitis B zum Verkauf zugelassen.

1986
Die Internationale Walfangkommission erlässt versuchsweise ein **Moratorium zum kommerziellen Walfang**. Diese Vereinbarung reduziert den durch die Jagd auf Wale ausgeübten Druck, so dass sich die Population der meisten Arten etwas erholen kann.

1986
Blei wird in den USA als Zusatzstoff im Benzin verboten. Infolgedessen sinkt der durchschnittliche Bleigehalt im Blut der US-amerikanischen Bevölkerung um mehr als 75 Prozent.

1986
Eine Untersuchung in der **Iran-Contra-Affäre** bringt ans Tageslicht, dass der US-amerikanische nationale Sicherheitsrat heimlich Waffen an den Iran verkauft und einen Teil des Erlöses an die Contras, die von den USA unterstützten Rebellen in Nicaragua, weitergeleitet hat.

1. Januar 1986
Spanien und **Portugal** treten als elftes und zwölftes Mitglied der Europäischen Gemeinschaft bei.

6. Januar 1986
General Samuel K. Doe, der seit seiner Machtergreifung 1980 das Staatsoberhaupt Liberias ist, wird als Präsident einer neuen zivilen Regierung vereidigt. [1]

[3] Mario Soares.

[7] Die Fahne der Europäischen Gemeinschaft.

[1] Samuel Doe, Mitte, der erste Herrscher afrikanischer und nicht amerikanisch-liberianischer Abstammung. Sein Regime ist gekennzeichnet durch den Anstieg von Verfolgungswahn und Korruption.

[5] Olof Palme. Ein Kleinkrimineller und Drogenabhängiger namens Christer Pettersson wird für die Tötung zwei Jahre später verurteilt, aber das Urteil wird nach einer Berufung aufgehoben.

[6] Der Halleysche Komet zieht seine Bahn vor einem Hintergrund aus Sternen.

[2] Die Raumfähre „Challenger“ hinterlässt eine riesige Rauchfahne, als sie 73 Sekunden nach dem Start explodiert.

[4] Imelda Marcos belohnt ihren Ehemann, den Präsidenten Ferdinand Marcos, nur ein paar Tage vor ihrer Flucht von den Philippinen für seinen „Wahlsieg“ mit einem Kuss.

13. März 1986
Die sowjetischen Kosmonauten Leonid Kizim und Wladimir Solowjew werden an Bord einer Sojus-Rakete zur Raumstation *Mir* befördert und werden deren erste Bewohner.

15. März 1986
Der Richterrat der **American Medical Association** erklärt, dass es für einen Arzt ethisch vertretbar ist, einem Patienten, der sich zweifellos in einem irreversiblen Koma befindet, jegliche lebensverlängernde medizinische Behandlung vorzuenthalten.

[6]
11. April 1986
Der **Halleysche Komet** erreicht bei seiner jüngsten Erdumkreisung sein Perigäum (den Punkt, an der er der Erde am nächsten ist).

14. April 1986
Ein Geschwader in Großbritannien stationierter US-amerikanischer Kampfflugzeuge wirft auf verschiedene Ziele in **Libyen** Bomben ab und tötet oder verwundet einige von Muammar al-Gaddafis Kindern. Gaddafi selbst entgeht dem Angriff knapp.

25.-26. April 1986
In **Tschernobyl in der Ukraine** entweicht aus einem Atomkraftwerk radioaktives Material in großen Mengen und breitet sich über Weißrussland, Russland und die Ukraine aus. Sogar der Westen bis Frankreich und Italien ist betroffen.

8. Mai 1986
Oscar Arias Sanchez wird als Präsident von Costa Rica vereidigt.

26. Januar 1986
Die US-amerikanische Raumfähre **Challenger** explodiert kurz nach ihrem Start. Die gesamte Besatzung – bestehend aus sechs Astronauten und einer Privatperson, der Lehrerin Christa McAuliffe – stirbt.
[2]

7. Februar 1986
Nach politischen Unruhen flieht der haitianische Präsident **Jean-Claude Duvalier** mit US-amerikanischer Hilfe nach Frankreich.

16. Februar 1986
Der Sozialist **Mario Soares** wird der erste zivile Präsident Portugals.
[3]

25. Februar 1986
Der philippinische Präsident **Ferdinand E. Marcos** flieht nach einem gefälschten Wahlerfolg über Corazon Aquino unter dem Druck der Vereinigten Staaten aus seiner Heimat nach Hawaii. Aquino wird daraufhin Präsidentin.
[4]

26. Februar 1986
Der sowjetische Staatspräsident Michail Gorbatschow treibt die Idee von **Glasnost** voran, einer Politik der Öffnung und Transparenz in allen Bereichen der sowjetischen Regierung sowie der Informationsfreiheit.

28. Februar 1986
Olof Palme, der international bekannte Ministerpräsident von Schweden (1969-76, 1982-86), wird in Stockholm ermordet. Zu seinen streng pazifistischen Überzeugungen gehörte auch der Widerstand gegen den Vietnamkrieg.
[5]

TSCHERNOBYL

Die Explosion eines sowjetischen Kernkraftwerks ist der schlimmste nukleare Unfall der Geschichte.

Am 25. und 26. April 1986 führten Techniker des Kernkraftwerks in Tschernobyl, etwa 65 km nördlich von Kiew, ein schlecht vorbereitetes Experiment durch. Arbeiter schalteten die Stromversorgung und die Notstromaggregate des Reaktors ab und fuhren die meisten Steuerstäbe aus den Kernen hoch, während man den Reaktor noch mit 7 Prozent der Leistung weiterlaufen ließ. Diese Fehler wurden durch weitere Fehler verschlimmert und am 26. April um 01.23 Uhr schließlich geriet die Kettenreaktion im Reaktor außer Kontrolle. Mehrere Explosionen lösten einen riesigen Feuerball aus und rissen den schweren Reaktordeckel aus Stahl und Beton ab. Dies und das folgende Feuer im Grafitreaktorkern gab große Mengen radioaktiven Materials in die Atmosphäre ab, wo es durch Winde über weite Entfernungen hinweg transportiert wurde.

Am 27. April wurden die 30 000 Bewohner der in der Nähe liegenden Stadt Pryp'yat langsam evakuiert. Man versuchte, den Unfall zu vertuschen, jedoch meldeten schwedische Messstationen ungewöhnlich hohe Mengen radioaktiver Strahlung in der Luft. Dadurch war die sowjetische Regierung gezwungen zuzugeben, dass sich ein Unfall ereignet hatte.

Bis zum 4. Mai konnten die Hitze und die aus dem Reaktor austretende Radioaktivität eingedämmt werden. Die radioaktiven Partikel wurden an etwa 800 Stellen vorübergehend vergraben, und im Laufe des Jahres umbaute man den hochradioaktiven Reaktorkern mit einem Mantel aus Beton und Stahl.

Anfänglich starben 32 Menschen an den Folgen des Unfalls von Tschernobyl. Viele weitere Dutzend erlitten schwere Erkrankungen, die durch die Strahlung verursacht wurden. Viele dieser Personen starben später an den Folgen. Die Radioaktivität, die der Wind bis nach Europa trug, war um einiges höher als die durch die auf Hiroshima und Nagasaki abgeworfenen Atombomben verursachte Strahlung. Das 1996 in Weißrussland aufgenommene Foto zeigt einen vierjährigen Jungen, bei dem Leukämie diagnostiziert wurde und der seinen Kopf auf dem Fußende seines Bettes ablegt.

[7]
26. Mai 1986
Der Rat der Europäischen Gemeinschaft führt offiziell eine **Fahne** für die Gemeinschaft ein: einen Kreis aus zwölf gelben Sternen auf blauem Hintergrund.

1. Juni 1986
Die **Vereinten Nationen** billigen ein Aktionsprogramm zur Erholung und Entwicklung der afrikanischen Wirtschaft. Dies ist das erste Mal, dass die UN die Initiative zur Lösung wirtschaftlicher Probleme in einer bestimmten Region der Welt ergreift.

18. Juni 1986
Kurt Waldheim wird zum Präsidenten Österreichs gewählt.

14. Juli 1986
Der ehemalige FBI-Agent **Richard W. Miller** wird wegen Spionage für die Sowjetunion zu zwei lebenslangen Haftstrafen und 50 Jahren Gefängnis verurteilt. Miller ist der erste FBI-Agent der je wegen Spionage verurteilt wurde.

25. Juli 1986
Eine **Dürre** verwüstet die Vereinigten Staaten. Landwirtschaftsexperten schätzen, dass die in acht mittelatlantischen und südlichen Staaten herrschende Dürre bei Getreide und Vieh einen Verlust im Wert von etwa 2 Milliarden Dollar verursacht.

21. August 1986
Schätzungsweise 1700 Bewohner eines abgelegenen Dorfes im Nordwesten von **Kamerun** werden im Schlaf durch giftige Gase getötet, die aus einem Kratersee aufsteigen.

1986-1987

6. September 1986
Zwei Terroristen dringen in die **Neve Shalom Synagoge in Istanbul** ein, feuern mit Maschinengewehren und werfen Granaten. Sieben Rabbiner und 14 weitere Personen werden getötet.

2. Oktober 1986
Der Senat der Vereinigten Staaten überstimmt das Veto des Präsidenten Ronald Reagan gegen Sanktionen gegen **Südafrika**, da es sich beharrlich weigert, die Apartheid abzuschaffen.
[1]

27. Oktober 1986
Prominente Führer von zwölf verschiedenen Religionsgemeinschaften schließen sich **Papst Johannes Paul II.** im italienischen Assisi zu einem Weltgebetstag für den Frieden an.
[2]

1. Dezember 1986
Das **Musée d'Orsay** wird in Paris in einem ehemaligen Bahnhofsgebäude, dem Gare d'Orsay, eröffnet.
[3]

23. Dezember 1986
Dick Rutan und Jeana Yeager schreiben Luftfahrtgeschichte, als sie in ihrem Flugzeug **Voyager** nach einem neuntägigen Flug auf dem Luftwaffenstützpunkt Edwards in Kalifornien landen, ohne auf dem Boden oder in der Luft nachgetankt zu haben.

1987
Der Ausdruck **Virtuelle Realität (VR)** wird 1987 vom US-amerikanischen Computerexperten und Künstler Jaron Lanier geprägt. Seine Forschung und Technik steuern viele Produkte zum wachsenden VR-Geschäft bei.

[2] Der Dalai Lama mit anderen religiösen Führern in Assisi, der Heimat des Heiligen Franziskus. Ein Franziskanermönch, rechts, hält einen Korb mit weißen Tauben, eine Taube sitzt auf seinem ausgestreckten Arm und zwei weitere auf seiner Schulter.

[1] Demonstranten vor der südafrikanischen Botschaft in Washington.

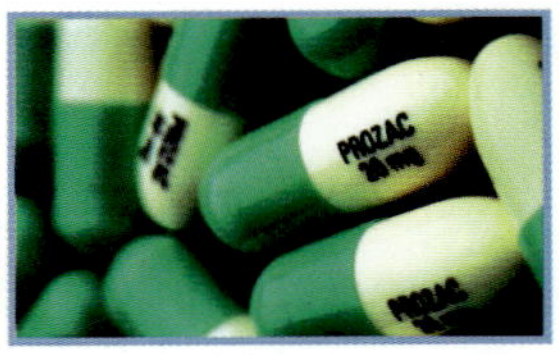

[6] Prozac-Tabletten.

[7] John Whitney Payson, der ehemalige Besitzer, steht bei Sothebys neben seinem Gemälde. Heute befindet es sich im Getty Center in Los Angeles.

[4] Andrés Segovia.

[6]
1987
Prozac wird in den USA zum ersten Mal verschrieben. Es revolutioniert die Behandlung von Depressionen und ist das erste Antidepressivum von der Art der sogenannten selektiven Serotonin-Wiederaufnahmehemmer.

1987
Die afroamerikanische Schriftstellerin und Gewinnerin des Pulitzer Preises **Toni Morrison** veröffentlicht ihren meistgefeierten Roman *Menschenkind*. 1993 bekommt sie als erste afroamerikanische Frau den Literaturnobelpreis.

[7]
1987
Das Bild **Iris** von Vincent Van Gogh wird im Auktionshaus Sotheby in New York für 49 Millionen Dollar versteigert und ist damit das bis dahin teuerste Bild, das je verkauft wurde.

1987
Die USA und die Sowjetunion schließen ein **Abkommen über atomare Mittelstreckenraketen**. Dies ist die erste Vereinbarung über die Abschaffung einer ganzen Waffengattung: landgestützte Mittel- und Kurzstreckenraketen.

1987
Für das **Nintendo**-Unterhaltungssystem wird *Die Legende von Zelda* herausgegeben. Das Spiel beinhaltet neue Elemente, wie zum Beispiel Fenster, die aktiviert werden können, um die Gegenstände oder Fähigkeiten des Helden zu kontrollieren.

1987
24 Nationen unterzeichnen in **Montreal das Protokoll über Substanzen, die die Ozonschicht abbauen**. Damit vereinbaren sie die Reduzierung der Erzeugung von Fluorkohlenwasserstoff, um den Rückgang des Ozons in der Stratosphäre zu verlangsamen.

1987
Die Arbeiten am **Eurotunnel** beginnen. Der Eisenbahntunnel unter dem Ärmelkanal zwischen England und Frankreich soll das Straßen- und Eisenbahnnetz Großbritanniens mit dem Kontinent verbinden. Der „Chunnel" wird 1994 eröffnet.

1987
Der spanische klassische Gitarrist **Andrés Segovia** stirbt in Madrid im Alter von 94 Jahren.
[4]

1987
Christian Lacroix präsentiert seine erste Kollektion der *Haute Couture* und macht die wadenlangen „Pouf"-Röcke und riesigen Hüte mit schüsselähnlichen Rändern voller Blumen zum Modeschlager. Er wird einer der führenden Modedesigner seiner Zeit.
[5]

1987
Der Computerprogrammierer Larry Wall bringt **Perl** heraus, eine umfassende praktische Programmiersprache, die eine der wichtigsten Grundlagen für die schnelle Entwicklung der Programmierung von PCs wird.

1987
Les Miserables erhält acht Tony Awards, unter anderem für die beste Originalmusik und das beste Musical.

1987
Unsere gemeinsame Zukunft, herausgegeben von der Weltkommission für Umwelt und Entwicklung, beeinflusst wesentlich die Entwicklung und Anwendung moderner Umweltschutzgesetze.

[3] Im Musée d'Orsay, in dem sich hauptsächlich französische Gemälde und Skulpturen aus der Zeit von 1848 bis 1915 befinden.

[8] Matt Groening mit seiner Figur Homer Simpson.

[5] Eine eindrucksvolle Kreation von Christian Lacroix, nach spanischem Vorbild mit einer engen, schwarzen, bestickten Jacke und spanischem Hut, sowie mit dem für ihn typischen „Pouf"-Rock.

[9] Terry Waite in Beirut kurz vor seiner Entführung, umringt von bewaffneten Wachen.

[10] Corazon Aquino während einer Werbeveranstaltung für die neue Verfassung für ihr Land.

[8]
1987
Die vom Karikaturisten Matt Groening erschaffenen **Simpsons** erscheinen als Serie von 30 Sekunden langen Spots in der Tracey Ullman Show. Die Comicsendung wird wegen ihres Erfolges zu halbstündigen Episoden verlängert.

[9]
Januar 1987
Terry Waite, der britische Vermittler bei der Freilassung von Geiseln und zeitweise Gesandte des Erzbischofs von Canterbury, wird selbst in Beirut entführt. Er wird erst im November 1991 freigelassen.

4. Februar 1987
Kolumbianische Soldaten fangen **Carlos Enrique Lehder Rivas**, einen ehemaligen Staatssenator, der vermutlich mit Drogengeschäften zum Multimillionär wurde, und liefern ihn aufgrund des Auslieferungsabkommens von 1979 an die USA aus.

[10]
18. Februar 1987
Die philippinischen Wahlberechtigten stimmen für die neue Verfassung nach dem Vorschlag von **Präsidentin Corazon Aquino**.

22. Februar 1987
Der US-amerikanische Popkünstler **Andy Warhol** stirbt im Alter von 58 Jahren.

März 1987
Jonathan Jay Pollard, ein ziviler Analytiker des Geheimdienstes der US-Marine, wird wegen des Verkaufs von geheimen amerikanischen Dokumenten an Israel zu lebenslanger Haft verurteilt.

1987-1988

3. März 1987
Der italienische Ministerpräsident und Sozialist **Bettino Craxi** tritt als Vorsitzender der regierenden Fünf-Parteien-Koalition zurück.

6. März 1987
Die Fähre **Herald of Free Enterprise** sinkt vor dem belgischen Zeebrugge, da eines der Bugtore offen gelassen wurde.
[1]

7. März 1987
Der US-amerikanische Boxer **Mike Tyson** erhält als jüngster Boxer im Schwergewicht den Weltmeistergürtel der World Boxing Association (WBA), nachdem er James Smith in 12 Runden besiegt hat.
[2]

19. März 1987
Der Fernsehprediger **Jim Bakker** von der American Assemblies of God legt sein Amt nieder, nachdem ihm vorgeworfen wird, sich der sexuellen Nötigung schuldig gemacht und Schmiergeld gezahlt zu haben, um die Angelegenheit geheim zu halten.

20. März 1987
AZT (Azidothymidin) wird von der US-amerikanischen Behörde für Arzneimittelzulassungen als erstes Medikament für die Behandlung von AIDS zugelassen.

13. April 1987
Der portugiesische Ministerpräsident Anibal Cavaco Silva und der chinesische Ministerpräsident Zhao Ziyang unterschreiben in Peking eine Erklärung, mit der die portugiesische Kolonie **Macao** am 20. Dezember 1999 an China zurückgegeben werden soll.

[1] Die gekenterte britische Roll-On-Roll-Off-Fähre „Herald of Free Enterprise“ liegt auf einer Sandbank. 184 Menschen sterben bei dieser Katastrophe.

[2] Der gut gebaute Mike Tyson.

[5] Das Gefängnis Spandau kurz nach dem Ende des Krieges.

[8] Der Käfig für die Häftlinge im speziell für den Mafia-Prozess angefertigten Gerichtszimmer in Palermo. Der Mafia-Boss Giuseppe Caló, „der Kassierer“, schaut zu.

[6] Der Boden der New Yorker Börse am Tag, als der Dow Jones um 500 Punkte fällt.

[7] Govan Mbeki wird von Winnie Mandela bei seiner Freilassung von Robben Island begrüßt. Mandelas Ehemann Nelson befindet sich noch dort im Gefängnis.

15. Oktober 1987
Bei einem Militärputsch in **Burkina Faso** wird das Staatsoberhaupt Thomas Sankara gestürzt. Er selbst und acht weitere Menschen sterben.

[6]
19. Oktober 1987
Der **Dow-Jones-Index** fällt um fast 23 Prozent. Dies ist der höchste Rückgang in einem Tag in der Geschichte des Aktienmarkts.

[7]
5. November 1987
Der ehemalige Führer des African National Congress, der 77-jährige **Govan Mbeki**, wird von der südafrikanischen Regierung freigelassen. Mbeki wurde 1964 wegen der Planung eines gewaltsamen Sturzes der weißen Regierung verurteilt.

29. November 1987
In **Haiti** werden die ersten Präsidentschaftswahlen seit 30 Jahren auf Eis gelegt, da die wochenlange Gewalt noch an Stärke zunimmt, als die Wähler zur Urne gehen. Erst nach zwei Monaten können die Wahlen wieder stattfinden.

8. Dezember 1987
In den von Israel besetzten Gebieten beginnt die so genannte *Intifada*, ein Aufstand der **Palästinenser.**

15. Dezember 1987
In Manila geht das zweitägige Treffen der **Association of Southeast Asian Nations** (ASEAN) zu Ende. Es ist erst das dritte Treffen seit der Gründung dieser Organisation vor 20 Jahren.

28. Mai 1987
Der bundesdeutsche Jugendliche **Mathias Rust** gibt die sowjetische Luftabwehr der Lächerlichkeit preis, als er mit seinem Leichtflugzeug nach Moskau fliegt und auf dem Roten Platz landet, ohne erfasst zu werden.
[3]

1. Juni 1987
Der libanesische Ministerpräsident **Rashid Karami** stirbt, als eine Bombe an Bord des Militärhubschraubers explodiert, der ihn von Tripolis nach Beirut bringt.

3. Juni 1987
Margaret Thatcher, **die „eiserne Lady"**, wird zum dritten Mal hintereinander zur Premierministerin Großbritanniens gewählt.

4. Juli 1987
Klaus Barbie wird wegen Verbrechen gegen die Menschlichkeit zu einer lebenslangen Haftstrafe verurteilt. Er war während des Zweiten Weltkriegs Chef der Gestapo im französischen Lyon.
[4]

17. August 1987
Rudolf Hess, 93, wird tot in seiner Zelle im Gefängnis von Spandau in Berlin aufgefunden. Der frühere Handlanger Hitlers war der letzte Häftling in diesem Gefängnis und saß dort seit den Nürnberger Prozessen im Jahre 1946 ein.
[5]

3. September 1987
Jean-Baptiste Bagaza, der Präsident von **Burundi**, wird von Militärführern gestürzt.

[3] Mathias Rust bei der Gerichtsverhandlung in Moskau nach seiner Landung auf dem Roten Platz. Er wird zu einer Haftstrafe verurteilt.

[4] Klaus Barbie.

[9] Ein Teil von Andy Warhols Sammlung von 137 Porzellankeksdosen. Der Geschäftsmann Gedalio Grindberg, Bild, kauft sie für 200 000 Dollar.

INTIFADA

Palästinensische Proteste gegen israelische Besetzung nehmen neue Formen an.

Im Dezember 1987 töteten israelische Soldaten im Gazastreifen einen arabischen Jugendlichen, der dort demonstrierte. Daraufhin breiteten sich in den von Israel besetzten Gebieten schon bald weitflächige Unruhen aus, die zu 21 Toten in nur zwei Wochen führten. Dies war der Beginn der ersten *Intifada* („abschütteln"), einer Welle palästinensischer Proteste in verschiedenen Formen – ziviler Ungehorsam, Demonstrationen (links), Streiks, Boykott israelischer Produkte, Graffiti und die Aufstellung von Straßensperren.

Dann schlugen die israelischen Streitkräfte im Westjordanland und in Ostjerusalem hart zu. Im Gegenzug vermehrte die Fatah-Gruppe der Palästinensischen Befreiungsorganisation (PLO) ihre Angriffe auf Israel von Stützpunkten im Libanon aus, so dass die Friedensgespräche im Nahen Osten eine neue Dringlichkeit erreichten.

[8]
16. Dezember 1987
In Palermo in Sizilien endet der längste und bedeutendste Prozess gegen Führungsleute der **Mafia** in der Geschichte Italiens. Es werden 338 der 452 Angeklagten verurteilt.

20. Dezember 1987
Vor der Küste von **Mindoro auf den Philippinen** kollidiert eine Fähre mit vermutlich mehr als 2900 Menschen an Bord mit einem Öltanker mit 13 Mann Besatzung. Nur 26 Menschen überleben mit schweren Brandverletzungen.

29. Dezember 1987
Der sowjetische Kosmonaut **Juri Romaneko** kehrt in einer *Sojus TM-3* zur Erde zurück, nachdem er die Rekordzeit von 326 Tagen in der Raumstation *Mir* verbracht hat.

[9]
1988
Ein Jahr nach dem **Tod von Andy Warhol** werden in einer zehntägigen Auktion seine Bilder und die persönliche Sammlung (u.a. mehr als 130 Keksdosen) bei Sotheby's in New York versteigert und 20 Millionen Dollar für seine Stiftung erzielt.

1988
Als er halbseitig gelähmt ist, verändert der US-amerikanische Maler **Chuck Close** seine Technik und bemalt ein Kachelgitter mit elliptischen und eiförmigen Formen. Aus der Ferne betrachtet verbinden sie sich zu dynamischen, deformierten Gesichtern.

1988
Präsident Mitterand wird mit 54 Prozent der Stimmen wiedergewählt und besiegt damit den Ministerpräsidenten Jacques Chirac.

1988

1988
Der Schwede Jan Boklöv gewinnt das **Skispringen** in Lake Placid mit dem neu entwickelten V-Stil. Die meisten anderen Springer wenden diesen Stil bald ebenfalls an.

1988
Die US-Amerikanerin **Florence Griffith Joyner** wird mit ihren Rekordzeiten im 100-Meter-Sprint (10,49 Sekunden) und 200-Meter-Sprint (21,34 Sekunden) die schnellste Frau der Welt.
[1]

1988
Der US-amerikanische Autor von Kurzgeschichten, **Raymond Carver**, der vor allem für seine ehrlichen Porträts der Menschen aus der Arbeiterklasse bekannt ist, veröffentlicht seine letzte Sammlung *Where I'm Calling From*.
[2]

1988
Der anglo-indische Romanautor Salman Rushdie veröffentlicht sein umstrittenes Werk **Satanische Verse**. Nachdem er von iranischen muslimischen Geistlichen zum Tode verurteilt wird, muss er sich verstecken.
[3]

1988
Der finnische Skispringer Matti Nykänen wird in Calgary in Kanada der erste **dreifache Goldmedaillengewinner** bei olympischen **Winterspielen**. Katarina Witt aus der DDR gewinnt zum zweiten Mal hintereinander die Goldmedaille im Eiskunstlauf.

1988
Bei den 24. Olympischen Spielen in Seoul in Südkorea gewinnt die Schwimmerin **Kristin Otto** aus der DDR als erste Frau bei einer Olympiade sechs Goldmedaillen.
[4]

[3] Salman Rushdie.

[2] Raymond Carver. Er stirbt im August.

[4] Kristin Otto mit ihren sechs Goldmedaillen. Die DDR wird später beschuldigt, in großem Maße leistungssteigernde Medikamente im Sport verwendet zu haben.

[1] Florence Griffith Joyner feiert den Sieg im 100-Meter-Sprint bei den Olympischen Spielen in Seoul.

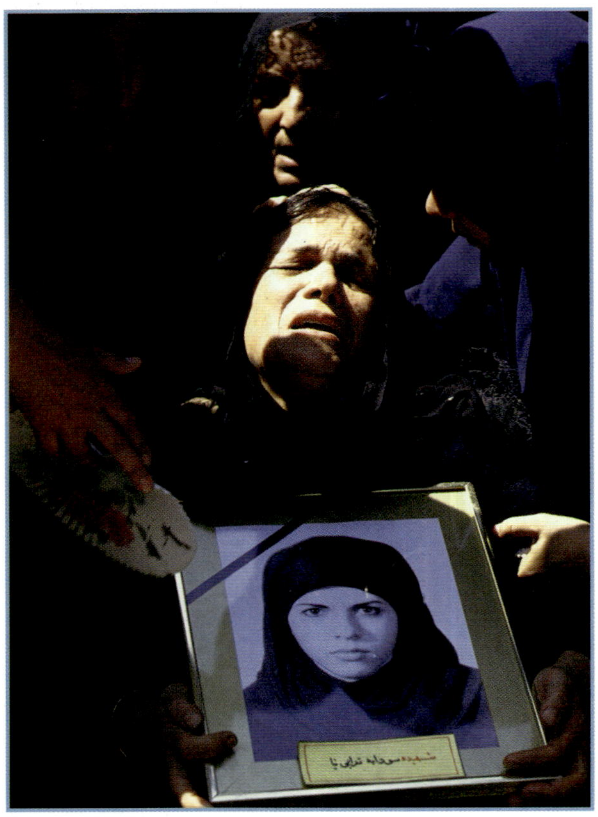

[8] Eine Mutter hält das Foto eines Mädchens, das bei dem Vorfall mit der „Vincennes" getötet wurde.

[9] Der brasilianische Regenwald wird abgebrannt, um Platz für den Getreideanbau zu schaffen.

1988
Die **italienischen Roten Brigaden** töten den Senator Roberto Ruffilli, einen Berater des Ministerpräsidenten.

1988
Der rumänische Präsident **Nicolae Ceausescu** verkündet, dass er tausende Dörfer in seinem Land dem Erdboden gleichmachen und die Bewohner in Wohnblocks umsiedeln will.

[8]
1988
Die amerikanisch-iranischen Beziehungen erreichen einen neuen Tiefpunkt, als das US-amerikanische Kriegsschiff **Vincennes** im Persischen Golf irrtümlich einen iranischen Airbus abschießt.

[9]
1988
Die Waldrodungen im brasilianischen **Amazonasgebiet** erreichen ihren Höhepunkt und erregen international Besorgnis.

1988
In Großbritannien formieren sich die Liberaldemokraten aus der Liberalen Partei und der **Sozialdemokratischen Partei**. Sie belegen eine liberale Mitte-Links-Position.

1988
Die Wirtschaft **Namibias** im Südwesten Afrikas verschlechtert sich. Deswegen überlegt Südafrika, das Gebiet abzugeben. Namibia erhält innerhalb der folgenden zwei Jahre die Unabhängigkeit von Südafrika.

1988
Die **Carnegie Hall** feiert den 100. Geburtstag des US-amerikanischen Songschreibers Irving Berlin mit einem Konzert zu seinen Ehren. Er schrieb die Musik zu 18 Filmen.
[5]

1988
Die **Fußballnationalmannschaft der Niederlande** besiegt die Mannschaft der Sowjetunion im Endspiel der Europameisterschaft mit 2:0 und wird Europameister.

1988
Die Fast-Food-Kette **McDonald's** plant die Öffnung von Restaurants in der Sowjetunion.
[6]

1988
Die Hip-Hop-Gruppe **Public Enemy**, deren Mitglied Chuck D den *Rap* mit der berühmten Bezeichnung „schwarzes CNN" charakterisierte, bringt sein politisch gefärbtes *It Takes a Nation of Millions to Hold Us Back* heraus.
[7]

1988
Die Gewaltwelle der **Intifada** zwischen den Israelis und den Palästinensern dauert in Israel an.

1988
Der Linke **Rodrigo Borja Cevallos** wird zum Präsidenten Ecuadors gewählt. Seine Präsidentschaft ist gekennzeichnet durch die Aufstände und Forderungen der Eingeborenen nach Landrechten.

[5] Die Sängerin Nell Carter bei der Feier zu Ehren von Irving Berlins Geburtstag.

[6] Ein Lastwagen von McDonald's liefert in Moskau Vorräte an. Auf der Seite prangt der Slogan vom „Big Mac" in kyrillischer Schrift.

[7] Flavor Flav (rechts) und Chuck D von Public Enemy.

[10] Die „Parade der Segel", ein Teil der Feierlichkeiten zur 200-Jahr-Feier, zieht an der Oper von Sydney vorbei.

[11] Bill Cosby und Phylicia Rashad beim Dreh der „Cosby Show".

1988
Die Gewalt in **Nordirland** dauert an. Mitglieder der SAS erschießen vermeintliche IRA-Attentäter in Gibraltar. Wochen später werden zwei britische Soldaten bei einem Begräbnis der IRA gelyncht.

[10]
1988
Australien feiert den 200. Jahrestag der Ankunft der ersten europäischen Siedler.

1988
Der US-amerikanische Sänger **Bobby McFerrin** veröffentlicht sein Album *Simple Pleasures*, auf dem auch das Lied *Don't Worry, Be Happy* ist.

[11]
ca. 1988
Die beim Sender NBC ausgestrahlte Serie **The Cosby Show**, die eine stabile, wohlhabende afroamerikanische Familie zeigt, bleibt weiter im Programm als eine der beliebtesten Fernsehserien.

ca. 1988
Der Verkauf von Videorekordern und Videokassetten boomt weiterhin, obwohl mittlerweile die Läden, die **Videokassetten** ausleihen, einen guten Anteil am Profit haben.

ca. 1988
Die nach dem Zweiten Weltkrieg geborene, so genannte **Baby-Boom-Generation** produziert Babys in Rekordzahl. Die US-amerikanische Regierung meldet die höchste Geburtenrate seit einem Vierteljahrhundert.

1988-1989

25. Februar 1988
Roh Tae Woo wird Präsident der Republik Südkorea, nachdem die zwei wichtigsten Kandidaten der Opposition diese bei den Wahlen im November 1987 zersplittert hatten.

März 1988
Oberstleutnant Oliver North wird in der Iran-Contra-Affäre angeklagt.

März 1988
Saddam Hussein erlaubt den irakischen Streitkräften, chemische Waffen gegen die Einwohner des kurdischen Dorfes Halabja einzusetzen. Damit verursacht der den Tod von 5000 Menschen.
[1]

10. April 1988
Die **Seto Great Bridge** über den Inlandsee in Japan wird für den Verkehr geöffnet.
[2]

August 1988
Wegen der zunehmenden Wirtschaftsprobleme im **Iran** und den letzten Erfolgen des Irak auf dem Schlachtfeld wird der Iran gezwungen, einen von der UN verhandelten Waffenstillstand zu akzeptieren, gegen den er sich zuvor immer gewehrt hatte.
[3]

10. September 1988
Mit ihrem Sieg bei den US Open kann **Steffi Graf** ihren Grand Slam vervollständigen. Sie ist seit Margaret Court im Jahre 1970 die erste Frau, die diese Leistung vollbringt.
[4]

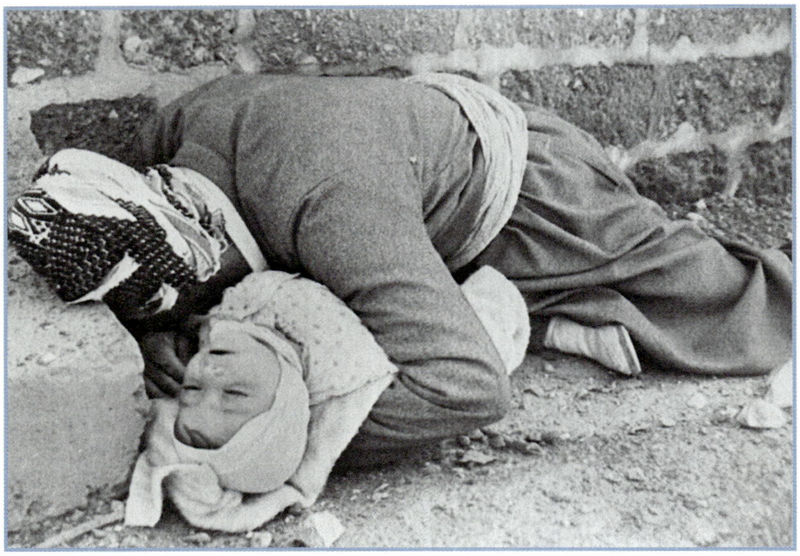

[1] Eine tote Mutter mit Baby in Halabja nach dem irakischen Angriff mit chemischen Waffen.

[4] Steffi Graf auf dem Weg zu ihrem Sieg in Wimbledon. Sie gewinnt 1988 auch die olympische Goldmedaille im Einzel.

[3] Iranische Kriegsgefangene, die während der „Glaube an Got"- Offensive des Irans gefangen genommen wurden.

[2] Die Seto Great Bridge in Japan. Eigentlich sind es sechs Brücken, die sich über eine Gesamtlänge von gut 9 Kilometer erstrecken.

LOCKERBIE

Durch eine an Bord der „747" versteckte Bombe stürzt das Flugzeug in der Nähe von Lockerbie in Schottland ab.

Am 21. Dezember explodierte das Flugzeug Pan Am 103 auf dem Weg vom Londoner Flughafen Heathrow zum Kennedy Airport in New York mitten in der Luft. Die Wrackteile landeten in der Stadt Lockerbie (links) und deren Umgebung. 259 Menschen wurden an Bord des Flugzeugs getötet und 11 am Boden.

Die Ermittler fanden heraus, dass der Absturz durch eine 450 g schwere Plastikbombe im Frachtraum des Flugzeugs verursacht worden war. Sie wurde wahrscheinlich in einem Gepäckstück aus einem Anschlussflug aus Frankfurt in Deutschland versteckt. Im Jahre 2001 befand ein schottisches Gericht, das aus Sicherheitsgründen in den Niederlanden saß, den Libyer Abd al-Baset al-Megrahi des Mordes schuldig. Ein zweiter, ebenfalls angeklagter Libyer wurde freigesprochen.

21. Dezember 1988
Die 747 Clipper *Maid of the Seas* der Fluggesellschaft Pan Am explodiert über **Lockerbie in Schottland.** Die Opfer und Wrackteile werden durch den 100 Knoten starken Wind über fast 1400 km² verteilt.

1989
In **Warschau** bestätigt ein Gericht offiziell wieder den legalen Status de- polnischen Gewerkschaftsunion Solidarność, die im Oktober 1982 durch das Kriegsrecht für illegal erklärt worden war.

1989
Die afroamerikanische Sozialaktivistin **Barbara Harris** wird trotz des Widerstandes des Erzbischofs von Canterbury und anderen zur Weihbischöfin von Massachusetts geweiht. Sie ist damit die erste Frau in einem solchen Amt.

1989
Der US-amerikanische Physiker **Norman Ramsey** teilt sich den Nobelpreis für Physik mit Wolfgang Paul (Deutschland) und Hans-Georg Dehmelt (USA). Ramsey erhält seinen Preis für die Entwicklung der Atomuhr, das präziseste Zeitmessgerät der Welt.

1989
Etwa 200 000 Letten nehmen an der wohl größten **anti-russischen Demonstration** der sowjetischen Geschichte teil, da sie die lettische Sprache als Amtssprache in ihrer Republik einführen wollen.

[7]
1989
Ayatollah Ruhollah Khomeini stirbt in Teheran. Er wurde nach dem Sturz des Schahs Mohammad Reza Pahlavi im Jahre 1979 der höchste geistliche Führer und die unangefochtene politische Autorität im Iran.

13. Oktober 1988
Der Erzbischof von Turin in Italien behauptet, dass eine C-14-Datierung des **Grabtuchs von Turin** darauf hinweise, dass es aus der Zeit des Mittelalters stammt. Der Ursprung des Grabtuchs bleibt jedoch umstritten.
[5]

November 1988
Der demokratische Kandidat und Gouverneur von Massachusetts, **Michael Dukakis**, verliert die Präsidentschaftswahlen gegen den Republikaner George H.W. Bush.

15. November 1988
Bei einem Treffen in Algier erklärt der **Palästinensische Nationalrat** auf Drängen des Vorsitzenden der PLO, Jassir Arafat, die Unabhängigkeit des Staates Palästina im Westjordanland und Gazastreifen.

16. November 1988
Benazir Bhutto wird zur Ministerpräsidentin von Pakistan gewählt und ist damit die erste Frau, die in der Neuzeit ein muslimisches Land regiert. Sie ist von 1988 bis 1990 und ein weiteres Mal von 1993 bis 1996 Ministerpräsidentin.
[6]

1. Dezember 1988
Der zur Partido Revolucionario Institucional (institutionalen revolutionären Partei) gehörende **Carlos Salinas de Gortari** wird mit knappem Ergebnis Präsident von Mexiko. Er wird das Nordamerikanische Freihandelsabkommen (NAFTA) mit aushandeln.

7. Dezember 1988
Bei einem Erdbeben in **Armenien** sterben zwischen 50 000 und 100 000 Menschen.

[5] Das Grabtuch von Turin, mit dem vom Computer verstärkten Gesicht, welches das Antlitz von Christus sein soll.

[9] Kunststudenten haben bei einer Demonstration für Demokratie eine Freiheitsstatue auf dem Tiananmen-Platz aufgestellt.

[6] Benazir Bhutto hält nach ihrer Wahl eine Pressekonferenz ab.

[8] Präsident George Bush und seine Frau Barbara bei dem Ball zur Vereidigung.

[7] Die aufgebahrte Leiche von Ayatollah Khomeini.

[10] Der kenianische Wildparkleiter und Anthropologe Richard Leakey vor erwildertem Elfenbein, das verbrannt werden soll.

1989
Die chinesisch-amerikanische Schriftstellerin **Amy Tan** veröffentlicht ihr Buch *Die Töchter des Himmels*, eine Geschichte über vier chinesische Mütter und ihre chinesisch-amerikanischen Töchter.

1989
Dänemark ist das erste Land, das die eingetragenen Partnerschaften von gleichgeschlechtlichen Paaren einführt.

[8]
1989
George H.W. Bush von der Republikanischen Partei wird der 41. Präsident der Vereinigten Staaten von Amerika. Sein Vizepräsident ist Dan Quayle.

1989
In den ersten, halbwegs freien nationalen Wahlen seit der Oktoberrevolution 1917 gehen die **sowjetischen Bürger** an die Urnen, um die Vertreter des Volkskongresses zu wählen.

[9]
1989
Jiang Zemin wird nach den massiven Studentenprotesten auf dem Tiananmen-Platz der Nachfolger Zhao Ziyangs als Generalsekretär der chinesischen kommunistischen Partei. 1997 wird Jiang der höchste Staatsmann Chinas.

[10]
1989
Der kenianische Präsident **Daniel arap Moi** verbrennt bei einer Versammlung von Umweltschützern, Regierungsbeamten und Reportern im Nairobi-Nationalpark einen 12 Tonnen schweren Stapel von Elefantenstoßzähnen.

1989

1989
Der rumänische Präsident **Nicolae Ceausescu**, der wohl brutalste und fanatischste kommunistische Führer in Osteuropa, flieht aus Bukarest, als große Menschenmengen gegen ihn revoltieren.
[1]

1989
In der Schweizer Forschungsanstalt für Physik, CERN, beginnen Wissenschaftler mit der Arbeit am **World Wide Web**. Dieses Netzwerk soll der Umlauf wissenschaftlicher Vorabdrucke und Forschungsberichte beschleunigen.

1989
Die 12 Mitgliedsstaaten der Europäischen Gemeinschaft beschließen, bis zum Ende des Jahrhunderts die Herstellung und Verwendung der für die **Ozonschicht** schädlichen Chemikalien einzustellen. Diese Schicht schützt die Erde vor der gefährlichen Ultraviolettstrahlung.

1989
Dem 14. **Dalai Lama** wird für seine gewaltlosen Bemühungen, Tibet aus der chinesischen Herrschaft zu befreien, der Friedensnobelpreis verliehen.

1989
Das für die **Mukoviszidose** verantwortliche Gen wird isoliert. Damit kann ein Gentest für diese vererbbare Stoffwechselstörung entwickelt werden, die bei den Betroffenen zum frühzeitigen Tod führt.

1989
Der US-Kongress gewährt den **Contras in Nicaragua** Hilfe in Höhe von 49,7 Millionen Dollar für den Kampf gegen das sandinistische Regime des Präsidenten Daniel Ortega.

DER FALL DER BERLINER MAUER

Die berüchtigte Grenze zwischen Ost und West wird nach 28 Jahren abgebaut.

Die Mauer war von der DDR erbaut wurden, um den Flüchtlingsstrom der Ostdeutschen in den Westen zu stoppen. Bis zur Nacht vom 12. auf den 13. August 1961, als mit dem Bau begonnen wurde, waren bereits ungefähr 2,5 Millionen Menschen vor dem kommunistischen Regime geflohen.

Schließlich wurde die Berliner Mauer Teil eines 3,6 m hohen Mauersystems, das mit Stacheldraht, Wachtürmen, Selbstschussanlagen, Minen, elektrischen Zäunen und anderen Verstärkungen gesichert war. Das System erstreckte sich über 45 km durch die Stadt und teilte sie in zwei Teile. Außerdem verlief es weitere 134 km um Westberlin herum und trennte es damit vom Rest der DDR.

Die Berliner Mauer galt bald als das Symbol des Kalten Krieges und der Teilung Deutschlands und Europas. Etwa 5000 DDR-Bürger schafften (mit verschiedenen Mitteln) die Überquerung der Mauer und kamen sicher im westlichen Teil Berlins an, während weitere 5000 von den DDR-Behörden bei Fluchtversuchen verhaftet und 191 bei der Grenzüberquerung getötet wurden.

Die unnachgiebige, kommunistische Führung der DDR wurde im Oktober 1989 niedergezwungen, als eine Welle der Demokratisierung durch Osteuropa schwappte. Am 9. November öffnete die Regierung der DDR die Landesgrenze zur Bundesrepublik Deutschland (und zu Westberlin). Die Mauer wurde an verschiedenen Stellen durchbrochen, so dass die DDR-Bürger frei in den Westen reisen konnten. Die Fotos zeigen DDR-Grenzsoldaten, die zusehen, wie ein Mann oben auf der Mauer eine deutsche Fahne schwenkt (oben links) und Bürger auf der Westseite der Mauer, welche die Mauer erklimmen (links unten). Bundesrepublik und DDR wurden nicht lange danach zu einem gemeinsamen Land wiedervereint.

[6] Sowjetische Panzer ziehen aus Afghanistan ab.

[7] Ein einsamer Student steht am Tag nach den Schüssen auf die Demonstranten vor einem Panzer am Zugang zum Tiananmen-Platz.

1989
Der Vorsitzende der Palästinensischen Befreiungsorganisation (PLO), **Jassir Arafat**, wird vom Exekutivkomitee der PLO zum Präsidenten des neu ausgerufenen Staates Palästina ernannt.

[5]
7. Januar 1989
Kaiser Hirohito stirbt. Er bestieg 1926 den japanischen Thron und herrschte während des Zweiten Weltkriegs und danach. Sein Tod ist zugleich das Ende einer Ära, denn er war der Monarch mit der längsten Herrschaft in der japanischen Geschichte.

[6]
15. Februar 1989
Unter Präsident **Michail Gorbatschow** zieht die Sowjetunion ihre letzten Truppen aus Afghanistan ab, nachdem sie das Land seit 1979 besetzt hatte.

[7]
4. Juni 1989
Massive Studentendemonstrationen auf dem Pekinger **Tiananmen-Platz** (Platz des himmlischen Friedens) werden von den chinesischen Behörden gewaltsam beendet. Dabei sterben Hunderte von Menschen.

[8]
14. Juli 1989
Der **Grande Arche** de la Fraternité (Großer Bogen der Brüderlichkeit) wird anlässlich des 200. Jahrestags der französischen Revolution im Pariser Viertel La Défense mit Militärparaden eingeweiht.

4. September 1989
Die National Aeronautics and Space Administration (NASA) und die US-amerikanische Luftwaffe schießen die letzte **Titan-III-Rakete** ab.

1989
Tausende Bürger aus der DDR marschieren bei den so genannten **Montagsdemos** regelmäßig jeden Montag durch ihre Städte und fordern die Demokratie.
[2]

1989
Der Öltanker **Exxon Valdez** läuft vor dem Prince William Sund in Alaska auf Grund. Winde und hoher Wellengang verteilen die Ladung, die große Küstengebiete verseucht. Durch den Ölteppich sterben 500 000 Vögel, ca. 3000 Meerotter, 300 Robben und 250 Weißkopfseeadler.
[3]

1989
Der US-Senat stimmt mit 92 zu 0 Stimmen dafür, dass das republikanische Mitglied des Repräsentantenhauses **Dick Cheney** zum Außenminister nominiert wird.

1989
Der Oberste US-amerikanische Gerichtshof entscheidet mit 5 zu 4 Stimmen, dass der **Erste Zusatz** zur Verfassung, der die Meinungsfreiheit garantiert, alle Gesetze ungültig macht, die es friedlichen Aktivisten verbieten, aus Protest die USA-Flagge zu verbrennen.

1989
Die Generalversammlung der **Vereinten Nationen** verabschiedet die **Konvention über die Rechte von Kindern**. Sie ist eine der bekanntesten Menschenrechtskonventionen und wird bis 1995 von 180 Nationen ratifiziert.

1989
Wayne Gretzky bricht den Scorer-Rekord von Gordie Howe in der National Hockey League, der bei 1850 Punkten lag. Im Jahre 1999 beendet er seine Karriere mit einem Punktestand von 2857.
[4]

[1] Ein Freiheitskämpfer verfolgt am 24. Dezember Mitglieder der Geheimpolizei „Securitate" in Bukarest, einen Tag bevor Nicolae Ceausescu und seine Frau Elena vor ein Erschießungskommando gestellt werden.

[3] Abschöpfen des Ölteppichs von der „Exxon Valdez" im Prince William Sund in Alaska – ein Teil der aus 41 635 Tonnen Rohöl bestehenden Ladung.

[4] Wayne Gretzky.

[2] Ein kleines Mädchen mit einem Spruchband in Ostberlin.

[8] Der Bogen in La Défense.

[9] Tschechoslowakische Mengen feiern den Sturz des kommunistischen Regimes auf dem Wenzelsplatz in Prag.

[5] Die neue Kaiserin Michiko in tiefer Trauer, nach der Meditation vor dem Sarg ihres Schwiegervaters Kaiser Hirohito.

17. Oktober 1989
Ein Erdbeben erschüttert **San Francisco**, tötet mehr als 60 Menschen und verursacht schwere Schäden im Hafenbereich sowie an einigen Autobahnen. Die modernen Bürotürme bleiben weitgehend unversehrt.

9. November 1989
Die **Berliner Mauer**, die lange Zeit als Symbol des *Kalten Krieges* galt, wird von der Regierung der DDR geöffnet.

[9]
17. November 1989
Das brutale Vorgehen der Polizei gegen eine Demonstration anlässlich des 50. Jahrestages einer Studentendemonstration im von Deutschland besetzten Prag löst massive Demonstrationen gegen die Regierung der **Tschechoslowakei** aus.

15. Dezember 1989
In Timisoara in **Rumänien** arten Demonstrationen aus und markieren den Anfang einer Revolution, die einige Tage später zum Sturz und zur Absetzung des Kommunistenführers Nicolae Ceausescu führt.

20. Dezember 1989
Die Vereinigten Staaten starten die **Operation Just Cause**, die militärische Invasion Panamas. Der erste Angriff richtet sich hauptsächlich gegen das Hauptquartier des Staatsoberhaupts Manuel Noriega in Panama-Stadt.

22. Dezember 1989
Das **Brandenburger Tor** in Berlin wird wieder geöffnet und symbolisiert damit die Wiedervereinigung von Ost- und Westdeutschland.

Eine chinesische Turnerin beim Training.

1990-1991

1990
Der konservative Politiker **John Major** wird nach dem Rücktritt von Margaret Thatcher Premierminister von Großbritannien.

1990
Der britische Informatiker Tim Berners-Lee erfindet das Übertragungsprotokoll für den Informationsaustausch über das Internet. 1991 entwickelt sich daraus das **World Wide Web** (WWW).
[1]

1990
Eine Ausstellung der Arbeiten des US-amerikanischen Fotografen **Robert Mapplethorpe** wird kritisiert, da er sadomasochistische und homoerotische Themen anspricht. Sie entfacht eine Debatte hinsichtlich staatlicher Fördergelder für „obszöne" Kunst.

1990
In Korea führt **Kim Young Sam** seine Demokratische Wiedervereinigungspartei mit der regierenden Demokratischen Gerechtigkeitspartei des Präsidenten Roh Tae Woo zusammen. Als Kandidat der entstandenen Liberaldemokratischen Partei gewinnt Kim die Präsidentschaftswahlen 1992.

1990
Microsoft bringt **Windows 3.0** heraus. Diese Version ersetzt erfolgreich DOS.

1990
Das technisch hoch entwickelte **Hubble-Weltraumteleskop** für sichtbares Licht wird von der Raumfähre *Discovery* in eine Erdumlaufbahn gebracht. Unglücklicherweise stellt sich schnell heraus, dass es schwere Konstruktionsfehler und mehrere Fehlfunktionen aufweist.
[2]

[5] Die Fassade der Opera de la Bastille.

[1] Tim Berners-Lee ist als Physiker bei der Europäischen Organisation für Kernforschung (CERN) beschäftigt, als er das World Wide Web erfindet.

[8] Ein DDR-Nummernschild wurde geändert. Es spiegelt die neue Realität wieder und hat hohe Symbolkraft.

[6] Präsidentin Chamorro erhält von einem Contra-Kämpfer ein „AK-47" als Symbol für das Ende des Kampfes zwischen Contras und Sandinisten in Nicaragua überreicht.

MANDELA AUS DER HAFT ENTLASSEN

Seine Freilassung läutet das Ende der Apartheid in Südafrika ein.

Nelson Mandela wurde 1962 ursprünglich inhaftiert, weil er zu Sabotageaktionen gegen das Apartheid-Regime in Südafrika aufforderte. Am 12. Juni 1964, während er bereits in Haft war, wurde er wegen Sabotage, Hochverrats und gewaltsamer Verschwörung zu einer lebenslangen Freiheitsstrafe verurteilt.

Von 1964-82 war Mandela Gefangener des Robben Island Gefängnisses nahe Kapstadt. Daraufhin saß er bis 1988 im Hochsicherheitsgefängnis Pollsmoor ein. Dann wurde er wegen einer Tuberkulose-Erkrankung in ein Krankenhaus eingewiesen. Während seiner langen Gefangenschaft erfuhr Mandela große Befürwortung durch die farbige Bevölkerung Südafrikas und Unterstützung durch die internationale Gemeinschaft, die der Apartheid ablehnend gegenüberstand.

Unter wachsendem internationalem Druck entließ die südafrikanische Regierung unter Präsident F.W. de Klerk Nelson Mandela am 11. Februar 1990 aus dem Gefängnis. Die öffentliche Freude der farbigen Bevölkerung kannte keine Grenzen (links). Am 2. März wurde Mandela zum stellvertretenden Vorsitzenden des African National Council (ANC) gewählt, und im Juli 1991 übernahm er von Oliver Tambo das Amt des Präsidenten. Mandela und de Klerk arbeiteten für die Abschaffung der Apartheid und einen friedlichen Übergang zu einer nicht rassistischen Demokratie in Südafrika. Im Jahr 1993 wurden sie mit dem Friedensnobelpreis ausgezeichnet.

[4]
1990
Deutschland schlägt Argentinien im Endspiel der **Fußballweltmeisterschaft** der Herren mit 1:0.

[5]
1990
Das neue Pariser Opernhaus **L'Opera de la Bastille** wird mit der Aufführung von *Les Troyens* von Hector Berlioz eröffnet.

ca. 1990
Die japanische Wirtschaftsblase, die auf leicht erhältlichen Krediten und Spekulationen fußte, platzt und führt **in Japan** zu einer jahrelangen wirtschaftlichen **Rezession**.

ca. 1990
Die **Weltbevölkerung** steigt über die Marke von fünf Milliarden.

2. Februar 1990
Der südafrikanische Präsident **F.W. de Klerk** hebt das 30jährige Verbot der Partei African National Congress auf. Dies führt zur Freilassung von Nelson Mandela und kennzeichnet das Ende der Apartheid.

[6]
25. Februar 1990
In Nicaragua siegt **Violeta Barrios de Chamorro** vom durch US-amerikanische Finanzmittel unterstützten Parteienbündnis Unión Nacional Opositora überraschend über den amtierenden Präsidenten Daniel Ortega von der Sandinistischen Befreiungsfront.

1990
Das **Humangenomprojekt** wird unter der Schirmherrschaft des US-amerikanischen Ministeriums für Energie und der Nationalen Gesundheitsbehörden ins Leben gerufen. Zielsetzung des Projekts ist die Zuordnung sämtlicher Gene auf allen menschlichen Chromosomen.

1990
Der US-amerikanische Beirat der nationalen Gesundheitsbehörden für rekombinante DNS genehmigt die erste **Gentherapie** beim Menschen. Sie dient der Behandlung von Adenosin-Deaminase-Defizienz und schwerer kombinierter Immundefizienz.

1990
Litauen ist die erste Sowjetrepublik, die ihre Unabhängigkeit erklärt. Im Januar 1991 unternehmen russische Spezialeinheiten den Versuch, die Kontrolle zurückzuerhalten. Nachdem aber 13 Litauer bei der Verteidigung des Fernsehsenders in Wilnius getötet werden, ziehen sie ab.

1990
Michail Gorbatschow wird zum Präsidenten der UdSSR gewählt und setzt sein Liberalisierungsprogramm fort.

1990
Die erst 20 Jahre alte **Videospielindustrie** verbucht Jahreseinnahmen von über 10 Milliarden US-Dollar.

1990
Drei berühmte **Opterntenöre** – Luciano Pavarotti, José Carreras und Plácido Domingo – geben am Abend des Weltmeisterschaftsendspiels in Rom unter der Leitung des Dirigenten Zubin Mehta ein Konzert. Ihr Erfolg führt zu einer Reihe von Aufnahmen und weiteren Konzerten.
[3]

[2] Das Hubble-Weltraumteleskop ist noch über das Fernsteuerungssystem mit der „Discovery“ verbunden. Im Hintergrund ist die Erde zu sehen.

[10] Lech Walesa schüttet sich bei einer Pressekonferenz des Europäischen Rats in Straßburg vor Lachen aus.

[3] Die drei Tenöre proben für ihr Konzert in der Caracalla-Therme in Rom: (von links nach rechts) Plácido Domingo, José Carreras und Luciano Pavarotti.

[7] US-amerikanische Marinesoldaten testen einige Tage nach ihrer Ankunft in Saudi-Arabien ihre Schutzkleidung gegen chemische Kriegsführung. Die Androhung Saddam Husseins hinsichtlich des Einsatzes von chemischen Waffen wird ernst genommen.

[9] Kaiser Akihito auf dem Weg zu einem Shinto-Schrein innerhalb des Kaiserpalastes, um dort seinen Vorfahren von seiner Inthronisierung zu berichten.

[4] Der deutsche Fußballstar Jürgen Klinsmann am Ball im Spiel gegen Kolumbien.

[7]
2. August 1990
Der **Irak** fällt in Kuwait ein, und Saddam Husseins folgende Weigerung seine Truppen zurückzuziehen löst den ersten Golfkrieg aus. Internationale Streitkräfte unter der Leitung der Vereinigten Staaten von Amerika postieren sich in Saudi-Arabien.

[8]
3. Oktober 1990
Deutschland wird nach vier Jahrzehnten der durch den *Kalten Krieg* verursachten Teilung vereint. Die Deutsche Demokratische Republik existiert nicht länger und wird in Form von fünf Bundesländern in die Bundesrepublik Deutschland integriert.

[9]
12. November 1990
Der japanische **Kaiser Akihito** – gemäß der Tradition der 125. direkte Nachfahre von Japans legendärem ersten Kaiser Jimmu – besteigt formell den Thron. Fast zwei Jahre sind nach dem Tod seines Vaters Hirohito vergangen.

[10]
9. Dezember 1990
Lech Walesa – Vorsitzender der ersten unabhängigen Gewerkschaft Polens Solidarność und Träger des Friedensnobelpreises im Jahr 1983 – gewinnt die erste direkte Präsidentschaftswahl in Polen mit einem Erdrutschsieg.

1991
König Harald V. von **Norwegen** besteigt nach dem Tod seines Vaters Olav V. den Thron.

1991
Angeführt von der Stürmerin Mia Hamm gewinnen die Vereinigten Staaten von Amerika die erste **Weltmeisterschaft im Damenfußball**.

1991
Paul Keating von der Labour Party wird Premierminister von Australien.

1991
Robert Venturis **Sainsbury-Flügel** der National Gallery in London wird eingeweiht. Venturis Anbau respektiert den Stil des Originalgebäudes und trägt die einzigartige Handschrift des Architekten.

1991
Die aus Seattle stammende Rockband **Pearl Jam** bringt ihre Debüt-CD *Ten* heraus. Der Erfolg der Gruppe kennzeichnet die wachsende Popularität des in den 1980er Jahren in Seattle entwickelten *Grunge-Rocks*. [1]

1991
Die Vorsitzende der birmanischen Opposition **Aung San Suu Kyi**, Tochter des ermordeten birmanische Nationalisten Aung San, erhält den Friedensnobelpreis. [2]

1991
Aufgrund der **Strategic Arms Reduction Talks** (Verhandlungen über die Verringerung strategischer Waffen) werden die Sowjets zur Reduzierung ihres Arsenals an nuklearen Sprengköpfen und Bomben um 25 Prozent, die USA um 15 Prozent aufgefordert.

1991
Der französische Sänger, Liederschreiber, Komponist und Filmregisseur **Serge Gainsbourg** stirbt. Trotz seiner berüchtigten Auftritte im Fernsehen in den 1980er Jahren, bei denen er betrunken war, erreicht er nach seinem Tod schnell einen Legendenstatus in Frankreich.

[1] Die „Grunge"-Band Pearl Jam bei einem Auftritt in Seattle im Februar 1991 nur wenige Monate nach ihrer Gründung. Sie sind die erfolgreichste US-amerikanische Rockband der 1990er. Sie erfreuen sich auch heute noch einer bedeutenden Präsenz und werden für ihre prinzipientreuen Standpunkte hinsichtlich einer Reihe von Themen über die Jahre hinweg bewundert.

[7] Die französische Premierministerin Edith Cresson.

[2] Aung San Suu Kyi spricht nach fast sechs Jahren des Hausarrests am vierten Tag ihrer Befreiung im Jahr 1995 zu einer Gruppe von Anhängern.

[5] Das Werk des Leuchtenden Pfads. Ein peruanischer Polizist steht neben einem der Bombenkrater, die durch die von der Gruppe verursachten Explosionen im Mai 1992 in Lima entstanden.

[6] Chittagong, Bangladesch, nach dem Zyklon, der Windgeschwindigkeiten bis zu 230 km/h erreichte.

31. März 1991
Zum ersten Mal seit 1923 geben die **Albaner** in einer freien Mehrparteienwahl ihre Stimmen ab.

[5]
5. April 1991
Mitglieder der **Sendero Luminoso (Leuchtender Pfad)**, einer peruanischen maoistischen Guerillagruppe, greifen eine Vielzahl von Zielen in der Hauptstadt Lima an und trennen etwa die Hälfte der Bevölkerung des Landes von der Stromversorgung.

24. April 1991
Angola steht vor dem Ende des Bürgerkriegs. Der angolanische Präsident Jose Eduardo dos Santos erklärt die Ausrichtung seiner Partei Popular Liberation Movement of Angola (MPLA) zum Marxismus-Leninismus für nichtig.

[6]
30. April 1991
Ein Zyklon von ungeheurem Ausmaß wütet etwa acht Stunden über **Bangladesch**. Schätzungen zufolge sterben 138 000 Menschen und Millionen verlieren ihr Zuhause.

3. Mai 1991
Die **Eidgenössische Bankenkommission** gibt bekannt, dass bis September 1992 der größte Teil der berühmt-berüchtigten schweizerischen Geheimkonten geschlossen werden.

12. Mai 1991
Das Königreich **Nepal** hält die erste Mehrparteienwahl seit 1959 ab. Das Land hat eine neue Verfassung, die der Monarchie nie dagewesene Grenzen auferlegt.

16. Januar 1991
Der durch die irakische Besetzung Kuwaits im August 1990 ausgelöste **Krieg im Persischen Golf** beginnt mit einer Offensive der US-amerikanischen Luftstreitkräfte gegen den Irak. Die Kampagne endet erst mit der Erklärung des Waffenstillstands am 28. Februar.
[3]

24. Februar 1991
Die US-amerikanische Bodenoffensive im Golfkrieg wird über einen Monat nach dem Luftangriff gegen den Irak gestartet, um das vom Irak besetzte **Kuwait** zu befreien.
[4]

15. März 1991
Die französische Regierung gibt bekannt, dass die westlichen Nationen die Abschreibung von 50 Prozent der Schulden **Polens** in Höhe von 33 Milliarden US-Dollar vereinbart haben.

18. März 1991
Der mexikanische Präsident Carlos Salinas befiehlt die sofortige Schließung der größten Ölraffinerie in **Mexiko-Stadt**, um einen der größten Verursacher von Umweltverschmutzung in der Hauptstadt auszuschalten.

19. März 1991
Ethnische Kurden im Nordirak melden die Eroberung von **Kirkuk**. Die Stadt ist die viertgrößte des Landes und Standort einer bedeutenden Ölraffinerie. Saddam Hussein schlägt diesen Aufstand der Kurden und der Schiiten im Süden jedoch brutal nieder.

22. März 1991
General Moussa Traore, seit 1968 Präsident von Mali, erklärt den Notstand. Dies geschieht in dem Bemühen, die größten Aufstände gegen die Regierung in der Geschichte des westafrikanischen Landes zu unterdrücken.

[10] Ein Mitglied der Islamic Salvation Front schwenkt während einer Demonstration in Algier den Koran. In der Zange befindet sich ein verbogener Nagel, der wahrscheinlich die algerische Regierung symbolisiert, die gewaltsam entfernt werden muss.

[4] US-amerikanische Streitkräfte passieren einen brennenden, eingegrabenen irakischen Panzer.

[9] Zwei Tage nachdem der ehemalige Präsident Äthiopiens, Mengistu, ins Exil gegangen ist, wird eine von seiner Regierung errichtete Lenin-Statue in Addis Abeba umgeworfen.

[8] Rajiv Gandhi bei der Wahlkampagne in Indien im Jahr 1991 fünf Tage bevor er in Südindien von einem srilankischen Tamilen ermordet wird. Dies geschah als Racheaktion für die Hilfe, welche die indischen Streitkräfte der Armee Sri Lankas im Kampf gegen die Tamil Tigers gewährt hat.

[3] Ein Bombenflugzeug an Bord des Flugzeugträgers „USS John Kennedy" steht kurz vor dem Start einer gegen irakische Ziele gerichteten Mission.

[7]
15. Mai 1991
Edith Cresson von der Sozialistischen Partei wird erste Premierministerin Frankreichs. Sie verliert ihr Amt jedoch, weil die Arbeitslosenzahlen steigen und die Unterstützung durch ihre Partei wegbricht.

[8]
21. May 1991
Während der gewalttätigsten Kampagne in der Geschichte Indiens wird **Rajiv Gandhi**, der auf eine zweite Amtszeit als Premierminister hofft, ermordet.

[9]
21. Mai 1991
Oberstleutnant **Mengistu Haile Mariam**, Präsident von Äthiopien, gibt seinen Rücktritt bekannt und flieht dann per Flugzeug nach Simbabwe.

31. Mai 1991
Der angolanische Präsident Jose Eduardo dos Santos und Jonas Savimbi, Vorsitzender der aufständischen National Union for the Total Independence of Angola **(UNITA)**, unterzeichnen einen Friedensvertrag zur Beendigung des 16jährigen Bürgerkriegs.

3. Juni 1991
Frankreich gibt die Entscheidung bekannt, dem Atomwaffensperrvertrag von 1968 beizutreten.

[10]
5. Juni 1991
Der algerische Präsident **Chadi Bendjedid** erklärt den Notstand und verschiebt die Wahlen. Damit reagiert er auf 12 aufeinander folgende Tage des Aufstands von islamischen Fundamentalisten in der Hauptstadt Algier.

1991

12. Juni 1991
Boris Jelzin gewinnt die russische Präsidentschaftswahl in der ersten direkten Volkswahl der Republik. Er bleibt bis nach dem Zusammenbruch der Sowjetunion Präsident des unabhängigen Russlands.
[1]

12. Juni 1991
Der **Pinatubo**, ein Vulkan etwa 90 Kilometer nordwestlich von Manila, bricht nach über 600 Jahren der Ruhe wieder aus
[2]

17. Juni 1991
Das südafrikanische, nur aus Weißen bestehende Parlament erklärt in einer historischen Abstimmung das 41 Jahre alte Gesetz der Rassenzuordnung, den **Population Registration Act**, für nichtig.

20. Juni 1991
Der deutsche Bundestag stimmt in einer bedeutenden politischen Entscheidung mit 337 zu 320 Stimmen für die Ernennung **Berlins** zur Hauptstadt des wiedervereinten Deutschlands.
[3]

25. Juni 1991
Slowenien und **Kroatien** erklären ihre Unabhängigkeit von Jugoslawien. Nach wenigen Tagen der Kämpfe mit der jugoslawischen Armee lässt man Slowenien gewähren. In Kroatien beginnt jedoch ein erbitterter Konflikt.
[4]

7. Juli 1991
König Hussein von Jordanien führt den größten Teil der Freiheiten wieder ein, die eingeschränkt wurden, als er im arabisch-israelischen Krieg 1967 das Kriegsrecht ausrief: Meinungsfreiheit, Pressefreiheit und Versammlungsfreiheit.

[1] Russische Demokratie. Boris Jelzin und seine Frau auf dem Weg zur Stimmabgabe bei der Wahl, aus der er als Präsident Russlands hervorgehen wird.

[2] Eine spektakuläre Wolke aus vulkanischer Asche und Rauch türmt sich über dem Pinatubo auf. Die Aufnahme wurde vom US-Luftwaffenstützpunkt Clark Air Base aus gemacht.

[3] Die deutsche Fahne ist über dem restaurierten Reichstagsgebäude in Berlin gehisst. Hier tagt das deutsche Parlament nach der Wiedervereinigung und dem Umzug aus Bonn. Auf dem Ziergiebel prangen die Worte „Dem deutschen Volke".

[4] Serbisches Artilleriefeuer zerstört kroatische Ziele.

[7] Gorbatschow hält am 24. August eine Rede auf der Beerdigung von drei Menschen, die bei dem gegen ihn gerichteten Staatsstreich getötet wurden. Am selben Tag tritt er als Vorsitzender der sowjetischen kommunistischen Partei zurück.

23. September 1991
Etwa 3000 **Fallschirmjäger aus Zaire** begehen in der Hauptstadt Kinshasa zwei Tage lang Plünderungen und Brandstiftungen.

25. September 1991
Bei einem Treffen in New York unter dem Vorsitz des UN-Generalsekretärs vereinbaren der Präsident Alfredo Cristiani von **El Salvador** und fünf Guerilla-Kommandeure einen Entwurf für die politische und wirtschaftliche Zukunft des Landes.

[8]
15. Oktober 1991
Die nach 5100 Jahren noch gut erhaltene Mumie von **Ötzi,** dem **Mann aus dem Eis,** wird in einem Gletscher in Tirol entdeckt. Später wird bekannt, dass er an den Folgen eines Pfeilschusses in seinen Rücken starb.

23. Oktober 1991
Vertreter der vier Fraktionen, die seit Jahren um die Macht in **Kambodscha** Kriege führen, näher sich einer endgültigen Beilegung ihrer Differenzen durch die Unterzeichnung eines offiziellen Friedensvertrags in Paris.

27. Oktober 1991
Die japanische liberal-demokratische Regierungspartei (LDP) wählt den 72jährigen **Kiichi Miyazawa** zum neuen Premierminister des Landes.

[9]
29. Oktober 1991
Großbritannien und Vietnam unterzeichnen nach monatelangen Verhandlungen ein Übereinkommen, das die zwangsweise Rückführung zehntausender **vietnamesischer Flüchtlinge** bewilligt, die in Gefängnissen in Hongkong einsitzen.

10. Juli 1991
Der US-amerikanische Präsident George H.W. Bush gibt bekannt, dass er die **Wirtschaftssanktionen**, die die Vereinigten Staaten von Amerika 1986 über Südafrika verhängt hatten, aufhebt.

8. August 1991
Der 34jährige britische Fernsehjournalist **John McCarthy** wird im Libanon freigelassen. Er wurde über fünf Jahre lang von der Islamic Jihad, einer pro-iranischen Terrorgruppe, in Geiselhaft gehalten.
[5]

19. August 1991
Vertreter der harten Linie aus den Kreisen hochrangiger sowjetischer Beamter versuchen den Präsidenten Michail Gorbatschow zu stürzen, während dieser Urlaub auf der Krim macht. Er kehrt am nächsten Tag nach **Moskau** zurück und ist fest entschlossen, die Verschwörer zu bestrafen.
[6]

24. August 1991
Michail Gorbatschow tritt als Generalsekretär der Kommunistischen Partei zurück. Obwohl er nicht nach der Abschaffung der Partei verlangt oder seine eigene Mitgliedschaft kündigt, fügt er ihr doch absichtlich irreparablen Schaden zu.
[7]

28. August 1991
Dreizehn ehemalige hochrangige Sowjetbeamte werden aufgrund ihrer tatsächlichen oder vermuteten Beteiligung an dem **fehlgeschlagenen Staatsstreich** gegen den Präsidenten Michail Gorbatschow des Hochverrats angeklagt.

19. September 1991
Der UN-Sicherheitsrat stimmt mit 13 zu 1 Stimmen dafür, dass der **Irak** Öl im Wert von bis zu 1,6 Milliarden US-Dollar innerhalb von sechs Monaten verkaufen darf.

[9] Vietnamesische Bootsflüchtlinge, die in der Regierungswerft in Hongkong festgehalten werden.

[6] Ein herausfordernder Jelzin versammelt Russland hinter sich und spricht nach dem Militärcoup gegen den Präsidenten Gorbatschow am 19. August 1991 vor dem Gebäude der Russischen Föderation in Moskau auf einem Panzer stehend.

[11] Kenneth Kaunda hält 1990 in Angola eine Rede. Es war das Jahr bevor er die Präsidentschaft über Sambia verliert.

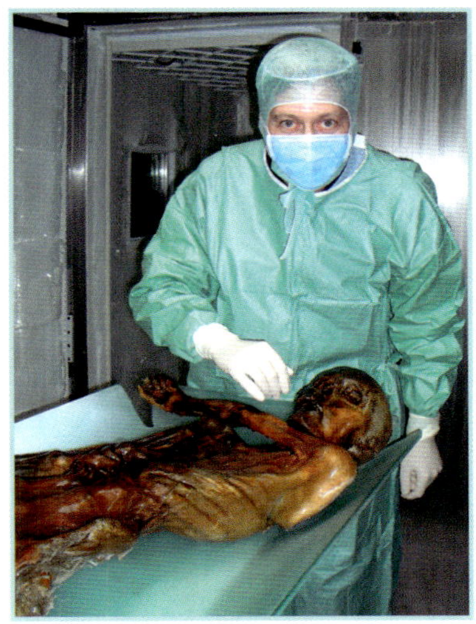

[8] Ötzi wird einer lange verzögerten Obduktion unterzogen.

[10] Hannah Ashrawi, Mitglied der palästinensischen Delegation während der Gespräche in Madrid, spricht für die Sache der Palästinenser.

[5] Eine glückliche Heimkehr. Die befreite Geisel John McCarthy, mit seinem Vater an seiner Seite, winkt von den Stufen des Flugzeugs, das ihn von Beirut nach England zurückgebracht hat.

[12] Terry Anderson schafft es auf das Titelblatt des Magazins „Time", nachdem er über sechseinhalb Jahre im Libanon gefangen gehalten wurde.

[10]
30. Oktober 1991
Vertreter Israels, der arabischen Nationen und der Palästinenser treffen sich im Königspalast in Madrid zu **Friedensgesprächen über den Nahen Osten**.

[11]
31. Oktober 1991
Kenneth Kaunda gibt die Präsidentschaft an Frederic Chiluba ab, der die Wahl in Sambia mit großem Vorsprung gewonnen hat. Kaunda war seit der Unabhängigkeit Sambias von Großbritannien im Jahr 1964 der einzige Herrscher des Landes.

5. November 1991
Schätzungsweise drei bis vier Millionen farbige Arbeiter beenden in **Südafrika** einen zweitägigen Streik, den die Partei African National Congress und die Gewerkschaft Congress of South African Trade Unions ausgerufen haben.

9. November 1991
Ein europäisches Forscherteam des Joint European Toru Laboratoriums im englischen Oxfordshire generiert die bisher größte jemals erzeugte Energiemenge mittels einer kontrollierten **Kernfusion**.

27. November 1991
Khieu Samphan, Staatsoberhaupt Kambodschas während des Terrorregimes der Roten Khmer, wird kurz nachdem er als Vertreter der Roten Khmer in den neuen Obersten Nationalrat zurückgekehrt ist, von einer Volksmenge durch Schläge schwer verletzt.

[12]
4. Dezember 1991
Der US-amerikanische Korrespondent der Associated Press **Terry Anderson** wird aus der Geiselhaft muslimischer Terroristen im Libanon nach 2455 Tagen in Gefangenschaft durch den Islamic Jihad befreit.

1991-1992

16. Dezember 1991
Die **Vereinten Nationen** stimmen mit 111 zu 25 Stimmen für die Aufhebung der Resolution, die speziell den Zionismus als eine Form des Rassismus bezeichnete.

18. Dezember 1991
Mexikos Abgeordnetenkammer bewilligt mit großer Mehrheit Änderungen an der Verfassung, welche die Feindseligkeit der Regierung gegenüber der Römisch-Katholischen Kirche beendet.

25. Dezember 1991
Michail Gorbatschow tritt als Präsident der Sowjetunion zurück. [1]

31. Dezember 1991
Die Sowjetunion besteht per Gesetz nicht mehr. **Russland** und andere frühere Sowjetrepubliken haben ihre Unabhängigkeit erklärt und am 21. Dezember 1991 die Gemeinschaft Unabhängiger Staaten gegründet.

31. Dezember 1991
Andauernde Bemühungen um die Beendigung des 12jährigen Bürgerkriegs in **El Salvador** zeigen im Hauptquartier der Vereinten Nationen in New York Erfolg, als Präsident Alfredo Cristiani und die Anführer der fünf linksgerichteten Armeen ein Friedensabkommen schließen.

1992
Nach 151 Jahren stellt das britische Satiremagazin **Punch** die Veröffentlichung ein.

AUFSTÄNDE DER HINDU UND MOSLEMS

Spannungen zwischen den beiden Hauptreligionen Indiens arten in Gewalt aus.

Die Babur-Moschee aus dem 16. Jahrhundert in Ayodhya, im nördlichen indischen Bundesstaat Uttar Pradesh, war für die Hindu schon lange ein Stein des Anstoßes. Sie behaupteten, dass die Moslems sie erbauten, nachdem sie einen Tempel niedergerissen hatten.

Auf Demonstrationen vor dem Gebäude (oben) folgte die Zerstörung der Moschee durch einen Mob militanter Hindu; die nachfolgenden Aufstände verbreiteten sich über das ganze Land und führten zum Tod von über 1000 Menschen.

Obwohl mit dem Glauben, dass die Moschee der Geburtsort des Hindu-Gottes Rama sei, tiefer religiöser Eifer verbunden war, spielte auch die Auffassung nationalistischer Hindu, dass Indien ein Land der Hindu und die Muslime grundsätzlich Fremde seien, eine gewichtige Rolle.

[5] Ein Feuerwerk über dem Schloss von Schneewittchen in Euro Disney.

[3] Thomas Klestil.

[4] Boutros Boutros-Gahli wird in der Nähe von Mogadischu von somalischen Kindern begrüßt.

1992
Die wachsende Globalisierung in der **Automobilindustrie** führt zur Eröffnung japanischer Produktionswerke in Großbritannien und den USA sowie zur Umstrukturierung europäischer Firmen.

[5]
1992
Disneyland Paris wird eröffnet und entwickelt sich zu Europas größter Attraktion.

1992
Agenten des FBI erschießen die Frau des weißen Rassisten Randy Weaver und verwunden mehrere andere, die sich in einer Hütte in **Ruby Ridge**, Idaho, versteckt hielten. Der Sohn Weavers wurde bereits vorher bei einer Schießerei getötet.

1992
Frankreich spricht für ausgewählte öffentliche Stellen ein **Rauchverbot** aus, aber das Gesetz wird weitgehend ignoriert.

[6]
1992
Die sechsmonatige Weltausstellung **Expo '92** findet im spanischen Sevilla statt.

1992
Hindu-Nationalisten greifen im indischen **Ayodhya** eine moslemische Moschee an und lösen in Indien, Pakistan und Bangladesch Aufstände aus.

1992
Auf Grundlage des **Vertrags von Maastricht** wird die Europäische Union gegründet. Der Vertrag kennzeichnet einen bedeutenden Schritt zur politischen Einheit. Diese liefert in manchen Kreisen jahrelangen Grund zu wachsendem Unbehagen.

1992
Die von dem US-amerikanischen Biologen Edward O. Wilson verfasste Schrift **The Diversity of Life** wird veröffentlicht. Er verfolgt, wie sich die auf der Erde lebenden Spezies diversifizierten, und er untersucht das große durch den Menschen verursachte Artensterben im 20. Jahrhundert.

1992
Dänemark schlägt Deutschland im Finale 2:0 und gewinnt die Fußballeuropameisterschaft. Die dänische Mannschaft hatte sich nicht qualifiziert und erhielt erst eine Einladung, nachdem Jugoslawien von dem Wettbewerb ausgeschlossen wurde.
[2]

1992
Thomas Klestil wird zum Bundespräsidenten von **Österreich** gewählt.
[3]

1992
Kanada und **Australien** führen angesichts hoher Arbeitslosigkeit eine Politik zur Einschränkung der Immigration ein.

1992
Der Ägypter **Boutros Boutros-Ghali** wird Generalsekretär der Vereinten Nationen. Er bleibt bis 1996 im Amt.
[4]

[2] Die dänische Mannschaft feiert den Sieg.

[8] US-Präsident George H.W. Bush (links) und Fidel Castro leisten sich beim „Erdgipfel" in Rio de Janeiro unfreiwillig Gesellschaft und vermeiden sorgsam die gegenseitige Anerkennung.

[6] Eine Replik des Schiffs „Victoria" von Ferdinand Magellan wurde für die Expo '92 gebaut. Er war der Erste, der die Welt umsegelte. Das Schiff legte 1519 in Sevilla ab und kehrte 1522 dorthin zurück. Die Kathedrale Sevillas ist im Hintergrund zu sehen.

[1] Eine russische Menge macht deutlich, dass die Ära der Sowjets vorüber ist: Keine roten Fahnen, statt dessen die neue russische Trikolore und das durchgestrichene Porträt des letzten sowjetischen Präsidenten Gorbatschow

[7] Rigoberta Menchú (Mitte) demonstriert mit guatemaltekischen Indios.

1992
König Juan Carlos annulliert das **Alhambra-Edikt** aus dem Jahr 1492, das alle Juden aus Spanien verweist.

1992
Das **Nordamerikanische Freihandelsabkommen (NAFTA)** wird von den USA, Kanada und Mexiko unterzeichnet. Aufgrund der Vereinbarung werden die meisten Zölle und andere Handelsbarrieren allmählich abgeschafft.

[7]
1992
Rigoberta Menchú, eine guatemaltekische Aktivistin für die Rechte der Indios, gewinnt den Friedensnobelpreis. Sie verfolgt auch weiterhin Kampagnen für die Rechte der Indigenen, obwohl ihre Glaubwürdigkeit auf dem Prüfstand steht.

[8]
1992
In Rio de Janeiro findet die Konferenz der Vereinten Nationen über Umwelt und Entwicklung (UNCED) statt – umgangssprachlich als **Erdgipfel** bezeichnet, um die wirtschaftliche Entwicklung mit dem Umweltschutz in Einklang zu bringen.

1992
Der japanische Pavillon von **Tadao Ando** wird auf der Expo '92 im spanischen Sevilla eröffnet. Er präsentiert Andos Fähigkeit, die architektonischen Ideen des Westens und Japans zu verschmelzen, und zeigt seine Faszination für Raum und Licht.

1992
Der ehrgeizige, 170 Kilometer lange **Europakanal** wird eröffnet. Er verbindet die Flüsse Donau und Main und ermöglicht den Schiffsverkehr zwischen der Nordsee und dem Schwarzen Meer.

1992-1993

1992
In Barcelona finden die **Olympischen Sommerspiele** statt. Es ist die erste Sommer-Olympiade seit 1972, die nicht von einem politischen Boykott betroffen ist.
[1]

1992
Die Pequot-Indianer eröffnen in Connecticut das **Foxwoods Casino**. Innerhalb weniger Jahre entwickelt sich das Spielkasino in indianischer Hand zur Konkurrenz für Las Vegas und Atlantic City.

1992
Das britische Rock-Quintett **Radiohead** veröffentlicht das Album *Creep*. Das Markenzeichen der Gruppe ist das Experimentieren mit den akustischen Möglichkeiten des *Rock*. Auf ihrem Meisterklasse-Album *OK Computer* (1997) beginnen diese Experimente in ernsthafter Form.
[2]

1992
Die englische FA **Premier League** wird aus den ersten 19 Mannschaften der Ersten Liga und den 3 Mannschaften, die aus der Zweiten in die Erste Liga aufsteigen, gebildet.
[3]

1992
Im französischen Albertville finden die **Olympischen Winterspiele** statt.

1992
Der karibische Dichter, Dramatiker, Journalist und Maler **Derek Walcott** erhält den Nobelpreis für Literatur.
[4]

[1] *Ein Turmspringer im Olympia-Park vor der Kulisse Barcelonas.*

[2] *Radiohead: Der Sänger Thom Yorke vorn mit (von links nach rechts) Phil Selway, Ed O'Brian, Colin Greenwood und Johnny Greenwood.*

[4] *Derek Walcott.*

[10] *Ein Devisenmakler im Londoner Finanzdistrikt gibt am „Schwarzen Mittwoch" schreiend Anweisungen zum Kauf oder Verkauf.*

[6] *Ein Beamter der kalifornischen Autobahnpolizei leitet den Verkehr um ein brennendes Einkaufszentrum in Los Angeles herum.*

[8] *Die durch den Hurrikan Andrew zerstörte Front eines Wohnblocks in Miami.*

[6]
29. April 1992
Ein Schöffengericht spricht vier Polizisten aus Los Angeles frei. Sie waren der Beteiligung an der Körperverletzung an **Rodney King**, einem farbigen Autofahrer, angeklagt. Es kommt umgehend zu Aufständen in Los Angeles.

20. Juni 1992
In **Paraguay** wird eine neue Verfassung in Kraft gesetzt. Sie kündigt das Ende des Militärregimes von Alfredo Stroessner an, der das Land seit den 1950ern regierte.

[7]
29. Juli 1992
Der ehemalige DDR-Staatschef **Erich Honecker** wird von der Jelzin-Regierung nach Berlin ausgeliefert. Gegen ihn wird Anklage wegen Totschlags erhoben, da er den Grenzwachen den Schießbefehl auf Flüchtlinge in den Westen erteilt hatte.

[8]
August 1992
Der **Hurrikan Andrew** trifft auf die Bahamas und Südflorida. 250 000 Menschen verlieren ihr Zuhause, und der Orkan verursacht Sachschäden in Rekordhöhe.

24. August 1992
Südkorea und China einigen sich in Beijing auf die Aufnahme diplomatischer Beziehungen. Koreas bestehende Verbindungen zu **Taiwan** werden unverzüglich abgebrochen.

[9]
28. August 1992
US-amerikanische Frachtflugzeuge beginnen mit der Hilfslieferung an 1,5 Millionen **Somalier**, die nach internen Konflikten vor dem Hungertod stehen. Pro Tag sterben über 1000 Menschen. Im Dezember treffen US-amerikanische Soldaten in Somalia ein.

Januar 1992
Lennart Meri wird der zweite Präsident von Estland und der erste, der im Land selbst gewählt wird.
[5]

1. Februar 1992
Der US-amerikanische Präsident George H.W. Bush und der russische Präsident Boris Jelzin unterzeichnen eine Erklärung allgemeiner Prinzipien, die den **Kalten Krieg** beendet. Die Staatsoberhäupter vereinbaren „jegliche Relikte der Feindseligkeiten aus dem *Kalten Krieg* abzuschaffen."

3. März 1992
Bosnien und Herzegowina erklärt seine Unabhängigkeit. Der Schwerpunkt des Balkankriegs liegt jetzt in Kroatien, das zu einem Drittel unter der Kontrolle der Serben ist. Die Belagerung von Sarajewo beginnt, ebenso die „ethnische Säuberung" durch die Serben.

17. März 1992
Fast 69 Prozent der weißen **südafrikanischen Wähler** stehen hinter den Reformen von F.W. de Klerk – welche die Aufhebung rassistisch diskriminierender Gesetze einschließen – und bestätigen damit effektiv die Abschaffung der Apartheid.

26. März 1992
Der Weltmeister im Boxschwergewicht **Mike Tyson** wird zu sechs Jahren Haft verurteilt, nachdem er einer Vergewaltigung in Indianapolis, Indiana, für schuldig befunden wurde.

5. April 1992
Eine **Veranstaltung zum Thema der Abtreibung** wird von der US-amerikanischen Frauenorganisation National Organization for Women gesponsert und bringt schätzungsweise 750 000 Menschen nach Washington, D.C., um sich dort gegen Anti-Abtreibungsgesetze zu wehren.

KRIEG IN BOSNIEN

Eine neue Phase in der Auflösung Jugoslawiens

Nachdem Bosnien und Herzegowina seine Unabhängigkeit von Jugoslawien erklärt hatte, sah es sich zunehmenden Spannungen innerhalb der drei Hauptgruppen gegenüber: Bosnier (44% der Bevölkerung), Serben (33%) und Kroaten (18%). Die führenden Weltnationen legten verschiedene Lösungsvorschläge für die wachsende Krise vor, von denen jedoch keiner für alle Beteiligten akzeptabel war. Schließlich lehnte die bosnische Regierung den Plan zur Schaffung „sicherer Häfen" für Bosnier innerhalb serbischer und kroatischer Gebiete ab. Zuerst kämpften Kroaten und Bosnier gemeinsam gegen die Serben, später bekämpften sie sich auch untereinander. In Mostar zerstörte kroatisches Bombardement die berühmte Brücke aus dem 16. Jahrhundert, welche die bosnischen und kroatischen Stadtteile miteinander verband. In der Zwischenzeit belagerten die Serben Sarajewo. Auf dem Foto (links) ist ein bosnischer Soldat in der Stadt zu sehen, der das Feuer auf serbische Heckenschützen erwidert. Sekunden später war der Soldat tot.

[5] Lennart Meri aus Estland.

[7] Erich Honecker mit seinen Anwälten bei der Gerichtsverhandlung, die in Kürze wegen seines schlechten Gesundheitszustandes ausgesetzt wird. Er geht mit seiner Tochter nach Chile, wo er 1994 stirbt.

[3] Manchester United gewinnt am Ende der Fußballsaison 1992-93 die erste Meisterschaft der Premier League. Trainer Alex Ferguson ist in der hinteren Reihe als 2. von rechts zu sehen.

[9] Hungernde somalische Kinder.

3. September 1992
Die Vereinten Nationen nehmen das **Chemiewaffenabkommen** an. Das Abkommen verbietet den Einsatz von chemischen Waffen zu Kriegszwecken und die Entwicklung, Herstellung, den Erwerb, Besitz oder die Weitergabe.

[10]
16. September 1992
John Major sorgt dafür, dass Großbritannien das Europäische Währungssystem verlässt. Das Pfund erleidet am so genannten **„Schwarzen Mittwoch"** eine Entwertung.

1993
Die Europäische Gemeinschaft baut weitere Handelsschranken ab, um den **Europäischen Binnenmarkt** zu schaffen.

1993
Der Präsident von Burundi **Melchior Ndadaye** wird bei einem Staatsstreich getötet.

1993
Hunderte US-amerikanischer Soldaten wurden im Vietnamkrieg als **im Kampf vermisst** gemeldet. Aus einem Bericht des US-Senats geht jetzt hervor, dass es keine handfesten Beweise dafür gibt, dass sie immer noch gefangen gehalten werden.

1993
Die US-amerikanische Schriftstellerin **Toni Morrison** gewinnt den Literaturnobelpreis weil sie „die männliche Dominanz in der schwarzamerikanischen Literatur gebrochen hat".

1993

1993
Eine Ausstellung der Werke von **Lucian Freud** wird im Metropolitan Museum of Art in New York eröffnet und sorgt für Kontroversen hinsichtlich der realistischen und intensiven Aktdarstellungen.

1993
Der Computerprogrammierer Marc Andreessen entwickelt den ersten **Browser** für die Darstellung von Text und Bildern über das Internet.

1993
Der Demokrat **William J. Clinton** wird 42. Präsident der Vereinigten Staaten von Amerika. Sein Vize-Präsident ist Albert Gore Jr.
[1]

1993
Der Bau am **Drei-Schluchten-Damm** beginnt am Jangtsekiang in China. Nach fast 40 Jahren des Planens und der Kritik soll hier das weltgrößte Wasserkraftprojekt entstehen.
[2]

1993
Serbische Soldaten greifen in Gorazde einen Sicherheitsbereich der UN an. In dem Gebiet um Mostar halten die erbitterten Kämpfe im Bürgerkrieg in **Bosnien und Herzegowina** an.
[3]

1993
Hosokawa Morihiro wird seit 1955 der erste japanischer Premierminister, der nicht aus den Reihen der liberaldemokratischen Partei stammt.

[2] Der Drei-Schluchten-Damm soll 2011 betriebsfertig sein. Der Bau erfordert die Umsiedlung von 1,5 Millionen Menschen; zudem gibt es große Bedenken hinsichtlich der Ansammlung von Schlamm an der Basis des Damms.

[9] Kathryn C. Thornton nimmt Reparaturarbeiten am Hubble-Weltraumteleskop vor. Die Wartungsanleitung ist an ihrem Arm befestigt.

[3] Eine in den Kämpfen zwischen bosnischen Kroaten und bosnischen Moslems zerstörte Moschee in der Nähe von Vitez in Zentralbosnien. Davor ist ein UN-Fahrzeug mit französischer Besatzung zu sehen. Erst im Jahr 1994 gelingt es der USA, den Frieden zwischen diesen beiden Kräften zu vermitteln, und sie verbünden sich gegen die bosnischen Serben.

[7]
1993
Sears, Roebuck and Company stellt die Herausgabe ihres Versandkatalogs **the big book** nach 97 Jahren ein.

1993
Der Sozialdemokrat **Poul Nyrup Rasmussen** tritt nach Poul Schlütter das Amt des dänischen Premierministers an.

1993
US-Präsident Bill Clinton schlägt eine **don't ask, don't tell**-Politik vor, die es homosexuellen Männern und Frauen gestattet beim Militär zu dienen, unter der Bedingung, dass sie öffentliche Bekundungen ihrer sexuellen Orientierung vermeiden.

1993
Mehrere Entwickler bringen den **PDA** (Personal Digital Assistant) auf den Markt. Diese handflächengroßen Computer haben keine Tastatur. Das von den Benutzern mit einem Spezialstift auf den Bildschirm Handgeschriebene wird von einer Software umgewandelt.

1993
Steven Spielbergs **Jurassic Park** übertrifft die durch den Film *E.T.: Der Außerirdische* erzielten Einnahmen bei weitem.

1993
Die **Tschechoslowakei** wird aufgelöst. Václav Havel, der ehemalige Präsident der Tschechoslowakei, wird Präsident der Tschechischen Republik, während Michal Kováč Präsident der Slowakei wird.

1993
Tansu Ciller wird erste Ministerpräsidentin der Türkei.
[4]

1993
Kim Campbell wird erste Premierministerin Kanadas.
[5]

1993
Der Mathematiker Andrew Wiles gibt bekannt, dass er einen Beweis für **Fermats letztes Theorem**, eines der ältesten Rätsel der Mathematik, gefunden hat. Zwei Jahre später veröffentlicht Wiles eine kräftigere, endgültige Version des Beweises.

1993
Das Microsoft-Betriebssystem Windows 3.0 und seine folgenden Versionen erreichen Verkaufszahlen von einer Million pro Monat. Fast 90 Prozent aller PCs weltweit verfügen über ein **Microsoft-Betriebssystem**.

1993
Der Filmdirektor **Federico Fellini** stirbt. Er ist für viele Filme wie *La Strada* (1954, Das Lied der Straße), *Le notti di Cabiria* (1957, Die Nächte der Cabiria) und La Dolce Vita (1960, Das süße Leben) berühmt.
[6]

1993
In **Paraguay** findet die erste demokratische Wahl in der Geschichte des Landes statt. Die regierende Colorado-Partei gewinnt, aber die Oppositionskandidaten erhalten zusammen fast 60 Prozent der Stimmen.

[1] Bill Clinton spielt auf einem Ball in der Amtsantrittswoche Saxofon.

[4] Tansu Ciller beim Händedruck mit dem US-amerikanischen Außenminister Warren Christopher im Jahr 1996.

[5] Kim Campbell, Premierministerin von Kanada.

[7] Das Titelblatt des Sears, Roebuck Katalogs von 1942.

[6] Federico Fellini.

[8] Die „Braer".

[8]
1993
Der **Öltanker Braer** läuft vor den Shetland-Inseln nördlich von Schottland wegen eines Maschinenschadens auf Grund und bricht auseinander. Etwa 85 000 Tonnen Rohöl laufen aus.

1993
Irland und Großbritannien unterzeichnen die **Downing-Street-Deklaration**. Darin verpflichten sie sich, für beide Seiten annehmbare politische Strukturen in Nordirland und zwischen den beiden Inseln anzustreben.

1993
Die USA und Russland unterzeichnen das **START-II-Abkommen** (Vertrag zur Verringerung strategischer Nuklearwaffen). Es legt die völlige Beseitigung landbasierter Raketen mit mehreren Sprengköpfen und die Verringerung der Langstreckenatomwaffen fest.

1993
In Weil am Rhein eröffnet das **Vitra Design Museum**. Unter den vielen bemerkenswerten Gebäuden befindet sich eine Feuerwache, die von dem im Irak geborenen dekonstruktivistischen Architekten Zaha Hadid entworfen wurde.

[9]
1993
US-amerikanische Astronauten reparieren das **Hubble-Weltraumteleskop**. Der Betrieb wurde 1990 aufgenommen, aber es funktionierte seitdem nicht so gut wie erwartet.

1993
Der Mafiaboss **Salvatore Riina**, bekannt unter dem Namen „die Bestie", wird nach 23 Jahren auf der Flucht in Palermo auf Sizilien festgenommen.

1993

1993
Die Wähler in **Puerto Rico** entscheiden sich für den Erhalt des Status als Teil des US-amerikanischen Commonwealth und gegen die Angliederung als 51. US-Bundesstaat.

1993
In einem Kampf mit den Rebellentruppen des somalischen Kriegsfürsten General Muhammad Farah Aydid werden mindestens 12 US-Soldaten getötet und 75 verletzt. darufhin verspricht US-Präsident Bill Clinton, die US-amerikanischen Truppen aus **Somalia** abzuziehen.
[1]

ca. 1993
Der in Saudi-Arabien geborene **Osama bin Laden** gründet ein Terrornetzwerk mit dem Namen al-Qaida (die Basis). Es besteht hauptsächlich aus militanten Moslems, die bin Laden in Afghanistan getroffen hat, als er dort gegen die sowjetische Besatzung kämpfte.
[2]

11. Februar 1993
Die **polnische Fähre** *Jan Heweliusz* sinkt in der Ostsee vor der Küste von Rügen. 54 Menschen verlieren ihr Leben.

26. Februar 1993
Auf das **World Trade Center** in New York City wird ein Bombenanschlag verübt. Islamische Radikale werden später der Tat überführt.

März 1993
Der russische Präsident **Boris Jelzin** entgeht der Amtsenthebung, da es seinen Gegnern nicht gelingt, eine Zweidrittelmehrheit zu erhalten. Später im Jahr übernehmen seine Gegner das Parlamentsgebäude, nachdem Jelzin das Parlament aufgelöst hat.
[3]

[1] Eine somalische Frau von den Streitkräften des Armeeführers Muhammad Farah Aydid trägt einen Granatenwerfer.

[10] Michael Jordan geht in die Luft.

[5] Pete Sampras – die dominante Figur im Tennis der Herren.

[2] Osama bin Laden.

[3] Das Parlamentsgebäude in Moskau mit den von dem Präsidenten Jelzin herbeibefohlenen Panzern, die seine Gegner im Gebäude durch Beschuss zur Unterwerfung zwingen sollten. Hinweise auf den Beschuss sind zu sehen, denn aus den Fenstern quillt der Rauch.

[9] Waldemar Pawlak mit Kardinal Josef Glemp, dem polnischen Primas.

1. Mai 1993
Der Präsident von Sri Lanka **Ranasinghe Premadasa** wird zusammen mit dem größten Teil seiner Leibwächter und mehreren Beratern getötet, als ein Selbstmordattentäter die an seinem Körper befestigten Sprengladungen zündet.

27. Mai 1993
In **Florenz** explodiert eine von Terroristen gelegte Bombe und zerstört einen Flügel der berühmten Uffizien.

Juni 1993
Kiichi Miyazawa tritt als Vorsitzender der liberaldemokratischen Partei und Premierminister Japans zurück. In der folgenden Wahl verliert die LDP das erste Mal in ihrer 38jährigen Geschichte die Mehrheit im Parlament.

[7]
9. Juni 1993
Der japanische Kronprinz Naruhito heiratet **Masako Owada**, eine Bürgerliche, die ihre Karriere im Außenministerium für die Heirat mit dem Prinzen aufgab.

4. August 1993
Der ruandische Präsident **Juvenal Habyarimana** und zwei Anführer der rebellierenden Rwandan Patriotic Front unterzeichen in Tansania ein Friedensabkommen, dass den Bürgerkrieg zwischen der Hutu-Mehrheit und den Tutsi beenden soll.

9. August 1993
Prinz Albert wird als König von Belgien vereidigt und folgt seinem Bruder König Baudouin I. auf den Thron.

12. März 1993
Eine Serie von Bombenanschlägen im westlichen **Indien** zerstört eine Vielzahl von Gebäuden, einschließlich mehrerer Stockwerke der Börse in Bombay. In der heftigsten kriminellen Gewaltwelle in Indiens Geschichte werden über 300 Menschen getötet und 2000 verletzt.
[4]

12. April 1993
Pete Sampras aus den USA steht in der Weltrangliste der Tennisspieler auf Platz 1. Später im Jahr stellt er bedeutende Rekorde auf: 1011 Asse (nicht erreichbare erste Aufschläge), Einnahmen von 3 648 075 US-Dollar und einen Vorsprung von 683 Punkten in der Rangliste.
[5]

15. April 1993
Das **Allen Guttmacher Institute** veröffentlicht eine Studie, derzufolge Männer, die sich selbst als ausschließlich homosexuell bezeichnen, ein Prozent der Bevölkerung ausmachen. Jahrzehntelang hatte der in dem Kinsey Report dargestellte Prozentsatz von 10 Prozent gegolten.

19. April 1993
Etwa 80 Mitglieder der **Branch Davidians**, einem apokalyptischer Kult unter der Leitung von David Koresh, werden bei einem Aufeinandertreffen mit dem FBI in der Nähe von Waco, Texas, getötet.

23. April 1993
Nach langen Jahren ausländischer Herrschaft und jahrzehntelangen Kriegen, beginnen in dem kleinen ostafrikanischen Land **Eritrea** drei Wahltage, während derer in einem Volksentscheid bestimmt werden soll, ob das Land seine Unabhängigkeit von Äthiopien erklärt.
[6]

Mai 1993
Der UN-Sicherheitsrat gründet ein Strafgericht zur Verfolgung von Personen, die für schwerwiegende Verletzungen der internationalen Menschenrechte verantwortlich sind. Damit sollen weitere **ethnische Säuberungen** in den Balkan-Regionen verhindert werden.

[4] Nach den Bombenanschlägen vor dem Büro der Air India in Bombay. Man geht davon aus, dass die Anschläge von einer Verbindung aus islamischen Militanten und Verbrechern aus Bombay als Racheaktion für die Zerstörung der Ayodhya-Moschee 1992 und nachfolgender Aufstände ausgeübt wurden.

[7] Der japanische Kronprinz mit seiner Braut.

[6] Die Eritreer feiern in Massawa das Ergebnis des Volksentscheids über die Unabhängigkeit. Ehemals eine italienische Kolonie, stand Eritrea bis 1952 unter britischer Verwaltung und war von da ab Teil von Äthiopien.

[8] Jitzchak Rabin (links) und Jassir Arafat schütteln sich auf die Ermutigung durch Bill Clinton hin die Hände. Arafat hat der Gewalt und dem Terrorismus öffentlich abgeschworen; Israel und die PLO haben sich gegenseitig anerkannt.

ETHNISCHE SÄUBERUNG AUF DEM BALKAN

Die gewaltsame Vertreibung von Kroaten aus einer von Serben dominierten Region kennzeichnet den Beginn einer neuen Phase beim Zerfall des jugoslawischen Staates.

Alarmiert durch den deutlich werdenden Nationalismus in der kroatischen Präsidentschaftskampagne des Franjo Tudjman, erklärte die serbische Mehrheit in der kroatischen Region Krajina eine unabhängige Republik und begann mit Hilfe der jugoslawischen (serbischen) Armee mit der systematischen Zerstörung von kroatischen Städten und Dörfern. Die Stadt Vukovar war am schlimmsten betroffen.

Ziel der Gewalttaten war die Ausweisung aller Nicht-Serben aus dem Gebiet. Die als „ethnische Säuberung" bekannte Praktik wurde von der UN-Generalversammlung als eine „Form des Völkermords" denunziert, und der UN-Sicherheitsrat gründete einen Gerichtshof, der bei Verdacht auf Kriegsverbrechen und Verbrechen an der Menschheit ermittelte. Bevor die Feinseligkeiten zu einem Ende kamen, gab es jedoch viele Fälle der „ethnischen Säuberung" im ehemaligen Jugoslawien. (Links, kroatische Flüchtlinge aus Zentralbosnien.)

[8]
13. September 1993
Der israelische Premierminister Jitzchak Rabin und der Vorsitzende der Palästinensischen Befreiungsorganisation (PLO) Jassir Arafat unterzeichnen einen Rahmenvertrag über die **palästinensische Selbstverwaltung** im Westjordanland und Gaza-Streifen.

[9]
19. September 1993
Nach den **Wahlen in Polen** gelangt eine Koalition der Demokratischen linken Allianz und der Polnischen Volkspartei unter der Führung von Waldemar Pawlak an die Macht.

24. September 1993
Norodom Sihanouk wird zum zweiten Mal zum König von Kambodscha gekrönt.

[10]
6. Oktober 1993
Michael Jordan zieht sich mit der Bemerkung „ich habe sonst nichts mehr zu beweisen" aus dem professionellen Basketballsport zurück. Im März 1995 kehrt er zurück.

1. November 1993
Der Gründungsvertrag der Europäischen Union, der **Vertrag von Maastricht**, tritt in Kraft. Er führt die EU-Bürgerschaft sowie ein zentrales Bankensystem ein und ebnet den Weg für die Einführung des Euros im Jahr 2002.

4. November 1993
Jean Chrétien wird Premierminister Kanadas. Während seiner Amtszeit belasten sich die Beziehungen zu den USA, besonders durch seine Weigerung, 2003 kanadische Truppen in den Irakkrieg zu schicken.

1993-1994

30. Dezember 1993
Der **Vatikanstaat** und Israel unterzeichnen in Jerusalem eine Vereinbarung, gemäß der diplomatische Beziehungen aufgebaut und eine Kooperation beginnen soll.

1994
Die Autofähre **Estonia** sinkt in der Ostsee. Bei dem größten Schiffsunglück in der Nachkriegsgeschichte Europas verlieren 852 Menschen ihr Leben. [1]

1994
Ein US-amerikanisches Forscherteam unter der Leitung des Genforschers Mark H. Skolnick entdeckt das **BRCA1-Gen**. Es handelt sich um Mutationen, von denen man annimmt, dass sie für 5 bis 10 Prozent der Erkrankungen an Brustkrebs verantwortlich sind.

1994
Brasilien schlägt Italien im Endspiel der **Fußballweltmeisterschaft** nach einem 0:0 nach der regulären Spielzeit und der Verlängerung mit 3:2 im Elfmeterschießen.

1994
Nach dem Tod von John Smith wird **Tony Blair** zum Vorsitzenden der britischen Labour-Partei gewählt. Er führt die Partei zu einem erdrutschartigen Sieg in den Wahlen im Jahr 1997. [2]

1994
In Paris wird das Amerikanische Zentrum von **Frank Gehry** eröffnet. Der komplexe Grundriss und die Anlehnung an die traditionelle französische Architektur machen Gehry zu einem der bedeutendsten Architekten seiner Generation.

[1] Ein Rettungsschiff hebt die Bugklappe der „Estonia" aus der Ostsee.

[5] Heimische Fans bekennen während eines Langlaufwettbewerbs anlässlich der Winterolympiade 1994 Farbe.

[2] Tony Blair und seine Frau Cherie am Tag seiner Ernennung zum Vorsitzenden der Labour-Partei mit dem Symbol der roten Nase für „New Labour".

[4] Diese Fahrzeuge werden für die erste Reise des Ärmelkanalzuges von England aus geladen.

[9] Nelson Mandela bei einer Wahlkundgebung im März.

1994
Die Mighty Morphin **Power Rangers,** von der japanischen Firma Bandai erfunden, werden zu einem internationalen Hit. Es werden Spielzeugfiguren hergestellt und Fernsehserien sowie Filme ausgestrahlt.

1994
Die Gesundheitsorganisation Pan American Health Organization erklärt **paralytische Poliomyelitis (Polio)** in Nord- und Südamerika und in der Karibik für ausgerottet.

[4]
1994
Die ersten Passagiere reisen durch den **Ärmelkanal-Tunnel**.

[5]
1994
Die **Olympischen Winterspiele** finden im norwegischen Lillehammer statt.

1994
Im **Jemen** bricht der Bürgerkrieg zwischen Nord und Süd wegen einer Auseinandersetzung über die Teilung der Macht aus. Bis zur Vereinigung im Jahr 1990 gab es getrennte Republiken.

[6]
22. März 1994
Aldrich Ames, ein früheres Mitglied der Abwehreinheit gegen sowjetische Spionage in der CIA, wird verhaftet und der Spionage für die russische Regierung in Moskau angeklagt. Er soll vor und nach dem Zerfall der Sowjetunion als Spion fungiert haben.

1994
Der japanische Schriftsteller **Kenzaburo Oe** ist der zweite japanische Autor, der den Literaturnobelpreis erhält.

1994
John F. Nash von der Princeton University, John C. Harsanyi von der University of California at Berkeley und Reinhard Selten von der Universität Bonn teilen sich 1994 den Wirtschaftsnobelpreis für ihre Arbeit an der **Spieltheorie**.

1994
Kim Jong Il übernimmt das Amt des nordkoreanischen Staatsoberhauptes, als sein Vater Kim Il-sung stirbt. Im Oktober 1997 wird er zum Vorsitzenden der Koreanischen Arbeiterpartei ernannt, und im September 1998 nimmt er offiziell das höchste Staatsamt ein.

1994
Die Church of England (Anglikanische Kommunion) weiht 32 **Priesterinnen**. Der kontroverse Schritt bringt die internationale Debatte über den Platz der Frauen in Kirchenhierarchien in den Vordergrund.
[3]

1994
Die Säuberung der Kunstwerke in der **Sixtinischen Kapelle** ist vollendet. Die ursprüngliche Lebendigkeit und Leuchtkraft von Michelangelos berühmten Fresken ist wiederhergestellt.

1994
Der **Europarat** führt als Bedingung für die Mitgliedschaft ein, dass zukünftige Mitgliedsstaaten Todesurteile aufheben und für die Abschaffung der Strafe arbeiten. 1998 nimmt die Europäische Union eine ähnliche Regelung an.

RESTAURIERUNG DER SIXTINISCHEN KAPELLE

Die Reinigung nahm 15 Jahre in Anspruch und stellt den ehemaligen Glanz einiger der größten Kunstschätze des Vatikans wieder her.

Das zehnjährige Restaurierungsprojekt wurde 1989 abgeschlossen. Schmutz, Rauch und die Firnis von Jahrhunderten wurden von den Fresken an der Decke der Sixtinischen Kapelle entfernt. Sie waren von Papst Julius II. 1508 in Auftrag gegeben worden und von 1508-12 von Michelangelo gemalt worden.

Die Restaurierung des *Jüngsten Gerichts* – das Fresko an der Westwand der Kapelle ist ebenfalls von Michelangelo und wurde von Papst Paul III. in der Zeit von 1534-41 in Auftrag gegeben – nahm mehr Zeit in Anspruch. Das Foto (links) zeigt Papst Johannes Paul II. (in gelber Robe) bei der Messfeier vor dem gerade restaurierten Meisterstück am 8. April.

[6] Aldrich Ames in Hand- und Fußfesseln.

[3] Zwei der 32 Priesterinnen der Church of England in der Kathedrale von Bristol nach der Priesterweihe.

[7] Kurt Cobain.

[8] Der Schauplatz an der Nyarubuye Kirche in Ruanda, wo 4000 Zivilisten von der Hutu-Miliz am 25. Mai ermordet wurden.

30. März 1994
Der französische Premierminister **Edouard Balladur** gibt den Forderungen von Studenten nach und widerruft einen Regierungsbeschluss, der es Arbeitgebern erlaubt hätte, junge Menschen für Leistungen unter dem Mindestlohn anzustellen.

[7]
5. April 1994
Der alternative Rocker **Kurt Cobain** von Nirvana, die gequälte Stimme der *Generation X*, begeht Selbstmord.

6. April 1994
Cyprien Ntaryamira und Juvenal Habyarimana, die Präsidenten von **Burundi** und **Ruanda**, werden getötet, als ihr Flugzeug bei der Landung in der Hauptstadt Ruandas, Kigali, verunglückt.

[8]
7. April 1994
In Ruanda beginnen die Gewalttaten zwischen Extremisten der **Hutu** und der **Tutsi**. Die Angriffe entwickeln sich zum Völkermord, da etwa 800 000 Menschen, hauptsächlich Tutsi, innerhalb der nächsten drei Monate getötet werden.

[9]
10. Mai 1994
Nelson Mandela, dessen Kampf für die Abschaffung der Apartheid ihn ins Gefängnis brachte (1962-90), wird Präsident von Südafrika. Es sind die ersten Wahlen in dem Land, bei der alle Rassen vertreten sind.

25. Mai 1994
Holland Ford von der Johns Hopkins University in Baltimore, Maryland, gibt bekannt, dass das Hubble-Weltraumteleskop überzeugende Beweise für ein **supermassereiches schwarzes Loch** im Zentrum der Galaxie *M87* geliefert hat.

1994-1995

27. Mai 1994
Alexander Solschenitzyn kehrt nach Russland zurück, nachdem er wegen der Veröffentlichung seines Buches *Der Archipel Gulag* seit dem 13. Februar 1974 im Exil gelebt hat.

17. Juni 1994
Der US-amerikanische Football-Held **O.J. Simpson** wird des Mordes an seiner Exfrau Nicole Simpson und ihrem Freund Ronald Goldman angeklagt. Im folgenden Jahr wird er jedoch frei gesprochen.

31. Juli 1994
Eine Resolution des UN-Sicherheitsrates autorisiert den Einsatz „jeglicher nötigen Mittel", um die Demokratie in **Haiti** wiederherzustellen.

11. August 1994
Der kubanische Präsident **Fidel Castro** deutet in einer Rede an, dass seine Regierung die Ausreisebestimmungen für diejenigen lockern wird, die das Land verlassen möchten. Dies führt dazu, dass Tausende Kubaner in selbstgebauten Booten und Flößen Segel in Richtung Florida setzen.
[1]

31. August 1994
Die **IRA** gibt den Waffenstillstand in Nordirland bekannt. Die protestantische Loyalistische paramilitärische Gruppe tut es ihr im Oktober gleich.

21. September 1994
Timothy D. White, ein Paläontologe an der University of California in Berkeley, gibt die Entdeckung urtümlicher Fossilien in Äthiopien bekannt. Die Fossilien stammen von einem affenartigen Lebewesen, dass ein Vorfahre des modernen Menschen ist.

TSCHETSCHENIEN

Russland marschiert in die abtrünnige südliche Republik ein.

Nach der Übernahme der Präsidentschaft durch Dschochar Dudajew in Tschetschenien im Jahr 1991 verfolgte dieser eine nationalistische und aggressive antirussische Politik. Der Einmarsch russischer Truppen in die Kaukasusrepublik erfolgte am 11. Dezember, nachdem im August 1994 der von den Russen gestützte Versuch der tschetschenischen Opposition zum Sturz Dudajews misslungen war.

Der Kampf um die Hauptstadt Grozny war lang und blutig. Obwohl die Russen die Stadt im März 1995 einnahmen, wurde eine Reihe von Waffenstillstandsvereinbarungen ausgehandelt und gebrochen, da der Widerstand tschetschenischer Guerillakämpfer in anderen Landesteilen weiterging.

Der Krieg dauerte bis zum 31. August 1996. Bestätigte Statistiken zu den Opferzahlen gibt es nicht, aus manchen Quellen verlautet aber, dass mindestens 5000 Russen und bis zu 100 000 Tschetschenen getötet wurden, von denen ein Großteil Zivilisten waren. Unter den Opfern war auch Dudajew, der im April 1996 bei einem Angriff ums Leben kam. Der Ausgang des Krieges war ergebnislos, und die Kämpfe flackerten später wieder auf. (Oben, tschetschenische Soldaten in Grozny, Dezember 1994.)

[1] Die US-Küstenwache rettet kubanische Flüchtlinge, nachdem ihr Floß 40 Kilometer vor der kubanischen Küste gekentert ist.

[9] Miguel Indurain im Gelben Trikot.

[5] Shoko Asahara, Kopf der Aum-Sekte.

[4] Ein eingestürztes Gebäude blockiert die Hauptstraße in der Stadtmitte von Kobe.

1995
Eine Vielzahl von Studien zeigt, dass **osteuropäische** Länder zu den Nationen mit dem höchsten Verschmutzungsgrad auf der Welt gehören. So sind 82 % der polnischen Wälder durch sauren Regen geschädigt.

1995
US-amerikanischen Wissenschaftler gelingt die Herstellung des **Bose-Einstein-Kondensats**. Es handelt sich um einen Aggregatzustand, den Albert Einstein und der indische Physiker Satyendra Bose 1924-25 vorhersagten.

[4]
1995
Die japanische Stadt **Kobe** wird von einem Erdbeben erschüttert, das circa 5100 Menschenleben fordert, enormen Schaden anrichtet sowie Großbrände auslöst.

[5]
1995
Die japanische buddhistische Sekte **Aum Shinrikyo** („höchste Wahrheit") setzt das Nervengas Sarin im Untergrundbahnsystem von Tokio frei. 12 Menschen werden getötet und Tausende verletzt.

[6]
1995
Der in Bulgarien geborene Objektkünstler **Christo** (bekannt aufgrund der Verpackung von großen Objekten, einschließlich Inseln) und seine Frau Jeanne-Claude wickeln den Berliner Reichstag in silberne Tücher.

[7]
1995
Die weitergehende Debatte über die **globale Erwärmung** beherrscht die Umweltnachrichten, da Klimaforscher Beweise für langfristige Temperaturerhöhungen verkünden.

14. Oktober 1994
Naguib Mahfouz, der 82jährige Schriftsteller und Literaturnobelpreisträger im Jahr 1988, wird in Kairo von militanten Islamisten erstochen.
[2]

15. Oktober 1994
Drei Jahre nachdem ihn ein Putsch zur Flucht zwang, kehrt Präsident **Jean-Bertrand Aristide**, Haitis erster aufgrund von freien Wahlen ernannter Präsident, nach Haiti zurück und drängt auf Versöhnung.

1. November 1994
Die US-amerikanische Weltraumorganisation NASA startet die **Raumsonde Wind** für eine Mission, die einen „Blütenblatt-Orbit" zwischen der Sonne und der Erde einschließen soll, um die Weltraumumgebung in dieser Region zu erforschen.

10. November 1994
Das **irakische Parlament** stimmt der Anerkennung der Staatssouveränität Kuwaits und der bestehenden, wie von den Vereinten Nationen festgelegten Grenze zu.

22. November 1994
Der **Vulkan Merapi** bricht auf der Insel Java aus und tötet 64 Menschen.

11. Dezember 1994
Russische Soldaten marschieren in **Tschetschenien** ein. Ziel ist die Unterdrückung einer aufständischen tschetschenischen Regierung unter der Führung von Dschochar Dudajew.
[3]

[8] Seamus Heaney.

[2] Naguib Mahfouz.

[7] Der Twitcher-Gletscher in South Georgia im Südatlantik kalbt.

[10] Buzz Lightyear, die Hauptfigur in „Toy Story".

[3] Russische T-72-Panzer nähern sich der tschetschenischen Hauptstadt Grozny. Der Panzer rechts trägt ein Minenräumsystem.

[6] Der von Christo verpackte Reichstag.

1995
Die Bibliotheque Nationale de France (französische Nationalbibliothek) von **Dominique Perrault** wird fertig gestellt. Sie ist eine der vielen aus architektonischer Sicht bedeutenden Bibliotheken, die in den 1990er Jahren erbaut wurden.

[8]
1995
Der irische Dichter **Seamus Heaney** erhält den Literaturnobelpreis.

[9]
1995
Der Spanier **Miguel Indurain** gewinnt als Erster die Tour de France fünf Mal in Folge.

1995
Norwegen schlägt Deutschland im Endspiel der **Fußballweltmeisterschaft der Frauen** mit 2:0.

1995
Das von Pierre Omidyar gegründete Online-Auktionshaus **eBay** wird in Betrieb genommen.

[10]
1995
Pixar bringt den ersten gänzlich computer-animierten Film, **Toy Story**, heraus. Er ist äußerst erfolgreich und 1995 weltweit der Spielfilm mit den höchsten Einnahmen. Der Film spielt zwei Oscars und viele andere Auszeichnungen ein.

1995

1995
Papst Johannes Paul II. führt Programme ein, die der Entspannung doktrinärer oder theologischer Spaltungen zwischen der Römisch-Katholischen und der Orthodoxen Kirche im Osten dienen sollen.

1995
Sun Microsystems führt die **Programmiersprache Java** ein.

1995
Der Tod des Gitarristen **Jerry Garcia** kennzeichnet das Ende von Grateful Dead, einer der ältesten und ikonoklastischsten Bands im Bereich der psychedelischen Rockmusik.
[1]

1995
Das **Requiem der Versöhnung** gedenkt des 50. Jahrestages des Endes des Zweiten Weltkriegs. Es ist eine Römisch-Katholische Totenmesse in vierzehn Abschnitten, ein jeder von einem anderen Komponisten aus einem der in den Krieg verwickelten Länder geschrieben.

1995
In Cleveland in Ohio wird die **Rock and Roll Hall of Fame** eröffnet. Sie ehrt Künstler, Produzenten, Textschreiber und Diskjockeys.
[2]

1995
Die US-amerikanische Raumfähre *Atlantis* dockt an die russische Raumstation **Mir** an. Es beginnt ein neues Zeitalter der internationalen Zusammenarbeit in der Raumforschung und -erforschung.

[4] Ein Flachrelief mit der Darstellung der Totengöttin Osiris an der Wand des königlichen Mausoleums.

[1] Jerry Garcia an der Gitarre im Jahr 1994.

[2] Die Eröffnungsfeier der Rock and Roll Hall of Fame.

[5] Jacques Chirac (links) mit dem scheidenden Präsidenten François Mitterrand.

DIE BOMBE VON OKLAHOMA CITY

Der schlimmste nationale Terrorakt in der Geschichte der USA

Am 19. April explodierte eine selbstgebaute Bombe und fügte dem Alfred P. Murrah Federal Building (links) großen Schaden zu. Insgesamt wurden 168 Menschen getötet, darunter 19 Kinder.

Die Polizei verhaftete kurz darauf zwei Männer: Timothy McVeigh und Terry Nichols. Beide waren ehemalige Soldaten der US-Armee, und standen mit der extrem rechtsgerichteten und militanten Patriot-Bewegung in Verbindung. Man nahm an, dass ihr Verbrechen als Antwort auf das Verhalten der US-Regierung während der Belagerung von Waco zu sehen war. McVeigh wurde des elffachen Mordes, der Verschwörung und des Gebrauchs einer Massenvernichtungswaffe schuldig gesprochen. 2001 wurde das Todesurteil an ihm vollstreckt – seit 1963 war er die erste Person, die in den Vereinigten Staaten aufgrund einer in den USA begangenen Straftat hingerichtet wurde. Nichols erhielt eine lebenslange Freiheitsstrafe.

11. Mai 1995
Nach einer über dreiwöchigen Debatte innerhalb des UN-Hauptquartiers in New York vereinbaren die Vertreter von 174 Nationen die unbefristete Verlängerung des **Atomwaffensperrvertrags**.

[4]
15. Mai 1995
Kent R. Weeks, Ägyptologe an der American University in Kairo, berichtet von der Entdeckung eines königlichen Mausoleums im **Tal der Könige**. Man geht davon aus, dass es sich um das Grab der Söhne von Ramses II. handelt.

[5]
17. Mai 1995
Jacques Chirac, ehemaliger französischer Premierminister (1974-76, 1986-88) wird zum Präsidenten von Frankreich gewählt.

25. Mai 1995
Die Legislative in **Australiens** Northern Territory stimmt für ein Gesetz hinsichtlich der Rechte unheilbar Kranker, das den Patienten das Recht gewährt, um Sterbehilfe zu bitten, wenn sie leiden.

30. Mai 1995
Die Weltgesundheitsorganisation (WHO) gibt bekannt, dass laut aktueller Statistiken 153 Menschen in **Zaire** nach einer Ansteckung mit dem Ebola-Virus gestorben sind.

[6]
Juli 1995
Amazon.com, gegründet von Jeff Bezos, verkauft das erste Buch.

1. Januar 1995
Österreich, Finnland und Schweden treten der **Europäischen Union** bei.

1. Januar 1995
Die **Welthandelsorganisation** nimmt ihre Arbeit der Überwachung und Liberalisierung des Welthandels auf.

3. Januar 1995
Die Weltgesundheitsorganisation (WHO) gibt bekannt, dass die Anzahl von gemeldeten Fällen der Erkrankung an **AIDS** eine Million überstiegen hat.
[3]

18. Januar 1995
Der französische Minister für Kultur und frankophone Angelegenheiten Jacques Toubon bestätigt, dass in Südfrankreich **Höhlenmalereien** und Gravuren entdeckt wurden. Man nimmt an, dass sie aus einer Zeit von vor 17 000 bis 20 000 Jahren stammen.

2. März 1995
Zwei Teams von Teilchenphysikern des Fermi National Laboratory in Batavia, Illinois, geben die Entdeckung des **Top Quark** bekannt. Es ist das letzte von sechs Quarks, von denen man annimmt, dass sie die Bausteine aller Materie sind.

19. April 1995
Eine selbst gebastelte Bombe mit großer Sprengkraft wird, in einem gemieteten Lastwagen versteckt, in **Oklahoma City** gezündet.

[3] *Ein Poster warnt in Hanoi, Vietnam, davor, dass Prostitution und Drogenkonsum zu AIDS führen können.*

[7] *Bosnisch-serbische Soldaten im verlassenen Srebrenica, eine Woche nachdem sie diesen „sicheren Bereich" der Vereinten Nationen besetzt haben. Das Massaker an den männlichen Einwohnern ist die schlimmste Gräueltat in Europa nach 1945.*

[6] *Jeff Bezos mit einem Teil des Lagerbestands von Amazon.*

[9] *Der belgische Fußballer Jean-Marc Bosman mit seinen Rechtsanwälten im Europäischen Gerichtshof in Luxemburg, nachdem er das Recht auf einen freien Transfer erstritten hat.*

[8] *Jitzchak Rabin (rechts) mit Außenminister Shimon Peres etwa eine Stunde vor der Ermordung Rabins.*

[7]
Juli 1995
Die bosnisch-serbische Armee unter General Ratko Mladic begeht das Massaker in **Srebrenica**. 8000 bosnische moslemische Männer und Jungen werden getötet.

27. Juli 1995
Mit Genehmigung des US-amerikanischen Gesundheitsamtes geben Forscher des Duke University Medical Center bekannt, dass sie die Möglichkeit der Verpflanzung von **Organen verschiedener Spezies** in den Menschen testen werden.

4. September 1995
Frauen aus 185 Ländern kommen in Beijing zur **Vierten Weltkonferenz der Frauen** zusammen. Die Versammlung vereinbart zum Abschluss am 15. September die Errichtung einer „Aktionsplattform".

[8]
4. November 1995
Der israelische Premierminister **Jitzchak Rabin**, zusammen mit Shimon Peres und Jassir Arafat Träger des Friedensnobelpreises 1994, wird bei der Teilnahme an einer Friedenskundgebung von einem jüdischen Extremisten ermordet.

[9]
15. Dezember 1995
Der Europäische Gerichtshof urteilt, dass alle Fußballer in der Europäischen Union nach Vertragsende das Recht auf einen **freien Transfer** haben.

23. Dezember 1995
Alexander Kwasniewski, ein ehemaliges Mitglied der polnischen kommunistischen Partei, wird als Präsident des Landes eingeschworen. Er hat Lech Walesa, Polens ersten Präsidenten in der Zeit nach dem Kommunismus, knapp geschlagen.

1996

1996
Der **Prinz von Wales und Prinzessin Diana** werden nach Jahren der Trennung **geschieden**.

1996
Ein von einer US-amerikanischen Agentur in Auftrag gegebener Bericht über die **Verstümmelung weiblicher Genitalien** drängt auf Maßnahmen, um dem Ritual, das weltweit an mehr als 85 Millionen Frauen vollzogen wurde, ein Ende zu bereiten.

1996
Der britische Ruderer **Steve Redgrave** gewinnt bei den Olympischen Sommerspielen in Atlanta, Georgia, im Zweier ohne Steuermann die Goldmedaille. Er ist der erste Ausdauersportler der bei vier verschiedenen Olympiaden gewinnt.
[1]

1996
Geologen geben bekannt, dass sie in einem 4,5 Milliarden Jahre alten **Marsmeteoriten** Hinweise auf organische Materie gefunden haben, was annehmen lässt, dass es auf dem Mars Leben gab. Der Fund löst Kontroversen aus.

1996
Der Däne Bjarne Riis ist der erste Skandinavier, der je die **Tour de France** gewann. 2007 gibt er zu, damals leistungssteigernde Mittel zu sich genommen zu haben.

1996
John Howard von der Labour-Partei wird Premierminister von Australien. Er führt mehrere kontroverse Arbeitsgesetzreformen ein, unter anderem die Abschaffung der Klauseln hinsichtlich ungerechtfertigter Entlassung aus Arbeitsverhältnissen.
[2]

[1] Steve Redgrave. Er gewinnt seine Medaille zusammen mit Matthew Pinsent, wie auch schon 1992 in Barcelona. Im Jahr 2000 gewinnt er eine fünfte Goldmedaille im britischen Vierer ohne Steuermann.

[5] Garry Kasparow nimmt zu Beginn des sechstägigen Wettstreits über sechs Spiele einen der Bauern des IBM „Deep Blue". Feng-hsiung Hsu, Hauptkonstrukteur des Schachcomputers „Deep Blue", gibt den Zug in den Rechner ein.

[6] Karch Kiraly bei einem Spiel während der Olympiade in Atlanta.

[7] Das spektakuläre Dach des Tokyo International Forum.

[4] Bischof Belo und der mitstreitende Aktivist für die Unabhängigkeit Osttimors José Ramos-Horta mit ihren Nobel-Auszeichnungen. Ramos-Horta wird 2001 Präsident von Osttimor.

1996
Der Taschencomputer **Palm Pilot** kommt auf den Markt. Es ist der erste wirklich erfolgreiche Personal Digital Assistant (PDA).

[6]
1996
Den ersten olympischen Wettkampf im **Beach-Volleyball** gewinnen Kent Steffes und Karch Kiraly aus den USA. Für Kiraly, der wohl den Ruf des besten Volleyballspielers trägt, ist es die dritte olympische Goldmedaille.

1996
Das **Übergreifende Atomteststoppabkommen**, gemäß dessen sämtliche Formen nuklearer Testexplosionen verboten werden sollen, tritt nicht in Kraft, da einige der 44 Länder, deren Unterschriften benötigt wurden, sich dagegen entscheiden.

[7]
1996
Der Bau am Tokyo International Forum, entworfen vom US-amerikanischen Architekten **Rafael Viñoly**, wird fertig gestellt. Die enorme selbsttragende Glashalle (etwa 200 Meter lang) ist aus technologischer und ästhetischer Sicht eine Glanzleistung.

1996
Die US-amerikanische Fernsehmoderatorin **Oprah Winfrey** nimmt einen Buchklub-Beitrag in ihre beliebte Show auf. Da ihre Auswahl an Büchern sofort zu Bestsellern wird, sorgt sie in der Literaturwelt für eine Sensation.

[8]
20. Januar 1996
Palästinensische Wähler im Gaza-Streifen und im Westjordanland unterstützen Jassir Arafats Ansinnen auf die Präsidentschaft über die palästinensische Autonomiebehörde mit überwältigender Mehrheit.

1996
Die von dem argentinischen Architekten Cesar Pelli entworfenen **Petronas Twin Towers** in Kuala Lumpur, Malaysia, werden fertig gestellt. Sie gehören zu den höchsten Gebäuden der Welt und schlagen den Sears Tower in Chicago um 8,80 m.
[3]

1996
Die polnische Lyrikerin **Wislawa Szymborska** erhält den Literaturnobelpreis.

1996
Proteinasehemmer stellen eine neue Behandlungsmethode von **AIDS** dar, die die Überlebensrate stark verbessert.

1996
Der Römisch-Katholische Bischof und Ost-Timoraktivist **Carlos Filipe Ximenes Belo** erhält den Friedensnobelpreis. Belo ist einer von vielen Klerikern der Dritten Welt, die für die Menschenrechte kämpfen.
[4]

1996
In **Schweden** findet der erste Weltkongress gegen die kommerzielle sexuelle Ausbeutung von Kindern statt.

1996
Der Schachcomputer **Deep Blue** wirft neue Fragen zum Thema der künstlichen Intelligenz auf, nachdem er den besten menschlichen Spieler, Garry Kasparow, geschlagen hat.
[5]

[3] Die Petronas Twin Towers. Sie sind größtenteils aus hochfestem Stahlbeton gebaut, da Stahl in dieser Zeit knapp war.

[2] John Howard. Er wird 1998, 2001 und 2004 wiedergewählt und führt Australien durch eine Zeit bedeutenden Wohlstands.

[9] Die ausgebrannte Ruine des Opernhauses Teatro La Fenice in Venedig.

[8] Jassir Arafat an der Wahlurne.

[10] Der letzte Kubaner aus dem Flüchtlingslager in Guantanamo Bay. Zu Hochbetriebszeiten waren dort 46 000 Flüchtlinge untergebracht, einschließlich 20 000 haitischer Schiffsflüchtlinge.

21. Januar 1996
Zwei Tage nachdem die *North Cape* in der Nähe des **Block Island National Wildlife Refuge**, Rhode Island, auf Grund gelaufen ist und durch das Auslaufen von Millionen Litern Öl einen Ölteppich verursacht hat, beginnen die Reinigungsarbeiten.

27. Januar 1996
Oberst **Ibrahim Baré Maïnassara** führt in Niger einen erfolgreichen Militärcoup gegen die demokratische Regierungspartei von Präsident Mahamane Ousmane durch.

[9]
29. Januar 1996
Ein Brand zerstört eines der monumentalsten Gebäude in Venedig, das 204 Jahre alte Opernhaus **Teatro La Fenice**. Das Feuer kann erst nach neun Stunden gelöscht werden.

[10]
31. Januar 1996
Rund 125 Kubaner werden nach Florida geflogen. Sie waren die letzten von unzähligen Flüchtlingen, die im US-Marinestützpunkt **Guantanamo Bay** auf Kuba untergebracht waren. Die Lager werden daraufhin offiziell geschlossen.

9. Februar 1996
Der deutsche Physiker **Peter Armbruster** stellt das chemische Element 112 her. Es handelt sich um ein superschweres Transuran.

17. Februar 1996
Ein **Erdbeben** und ein dadurch ausgelöster Tsunami fordern in Indonesien 108 Todesopfer. 423 Menschen werden verletzt und 58 vermisst.

1996

17. Februar 1996
Aus dem **Öltanker** *Sea Empress*, der an der Hafeneinfahrt des Milford Haven am 15. Februar in Wales auf Grund lief, laufen 73 000 Tonnen Rohöl aus.

18. Februar 1996
In einem Londoner Bus explodiert eine **Bombe der IRA**. Knapp 10 Tage zuvor explodierte eine von der IRA gelegte Bombe in den Docklands in London und beendete damit die 17monatige Waffenruhe.
[1]

19. März 1996
Zum ersten Mal seit 1992 werden **Sarajevo** und fünf Vorstädte unter der Regierungsgewalt der von Moslems dominierten Regierung von Bosnien und Herzegowina vereint.
[2]

19. März 1996
Bei einem der schlimmsten Brände in der Geschichte der Philippinen werden in einer **Diskothek in Manila** 159 der 400 Gäste getötet. Der Nachtklub war nur für 35 Personen ausgelegt.

23. März 1996
In der ersten direkten Präsidentschaftswahl in der chinesischen Geschichte gewinnt **Lee Tenghui** eine zweite fünfjährige Amtzeit als Präsident der Republik China auf Taiwan.

27. März 1996
Die Europäische Union (EU) gibt ein weltweites Exportverbot für **Britisches Rindfleisch** bekannt. Man befürchtet, dass BSE (Bovine spongiforme Enzephalopathie) eine ähnliche Krankheit beim Menschen auslöst.

[1] Ein neues Bürogebäude in den umgestalteten Docklands in London, das von der am 9. Februar explodierten Bombe der IRA zerstört wurde.

[6] Oliver Bierhoff feiert seinen Siegestreffer.

[2] In Sarajewo kann wieder ohne Angst vor Granatwerfern und Heckenschützen Fußball gespielt werden.

[7] Ein US-Kampfjet hebt vom Flugzeugträger „Carl Vinson" ab, um einen Vergeltungsschlag gegen das Eindringen der irakischen Truppen in die kurdische Sicherheitszone im Nordirak zu fliegen.

10. Mai 1996
Nach dem Massaker an 35 Menschen Ende April in **Tasmanien** vereinbaren die nationalen, staatlichen und territorialen Regierungen in Australien das Verbot des Verkaufs und Besitzes von automatischen und halbautomatischen Waffen.

8. Juni 1996
Steffi Graf schlägt **Arantxa Sanchez Vicario** im längsten Finale der Damenmeisterschaft im French Open und gewinnt ihren 19. Grand Slam Titel.

[6]
30. Juni 1996
Deutschland schlägt die Tschechische Republik und gewinnt dank Oliver Bierhoffs „Goldenem Tor" in der Nachspielzeit den dritten **Europameisterschaftstitel** im Fußball.

27. Juli 1996
Eine **Rohrbombe** explodiert im Olympic Centennial Park in Atlanta, Georgia. Bei diesem ersten Terroranschlag auf die Olympischen Spiele seit der Olympiade in München im Jahr 1972, wird eine Person getötet und 111 werden verletzt.

August 1996
Chun Doo Hwan und Roh Tae Woo, ehemalige **Präsidenten von Südkorea**, werden wegen ihrer Beteiligung an einem Staatsstreich 1979 sowie am Aufstand in Kwangju 1980 zum Tode verurteilt. Beide werden im Dezember 1997 begnadigt.

16. August 1996
Der jüngste Präsident der Dominikanischen Republik, **Leonel Fernández Reyna**, wird im Alter von 42 Jahren in das Amt eingeschworen. Er führt in Kürze Maßnahmen gegen die Korruption und für die Verbesserung der Wirtschaft ein.

3. April 1996
Beamte der US-amerikanischen Bundespolizei aus Montana nehmen Theodore J. Kaczynski fest. Es wird angenommen, dass es sich bei ihm um den als **„Unabomber"** bekannten Serienmörder handelt.

18. April 1996
Über 100 Zivilisten werden getötet und viele weitere verletzt, als israelische Soldaten Artilleriegeschosse auf ein Lager der Vereinten Nationen in **Qana im Libanon** abfeuern. In dem Lager leben libanesische Flüchtlinge.
[3]

21. April 1996
Aus der italienischen Wahl geht das Olivenbaum-Bündnis des **Romano Prodi** siegreich hervor. Er tritt an die Stelle von Silvio Berlusconi.

3. Mai 1996
Bei der ersten amtlichen Überprüfung der **Genfer Konvention** aus dem Jahr 1980 über inhumane Waffen vereinbaren die Unterzeichnenden, den Einsatz von Landminen innerhalb der nächsten Dekade zu beschränken.
[4]

4. Mai 1996
José María Aznar von der konservativen Alianza Popular wird Premierminister von Spanien. Er hält das Amt bis 2004 und führt das Land in eine verbesserte Wirtschaftslage, während der Terror durch islamische Terroristen und die baskische Untergrundorganisation ETA auflebt.
[5]

9. Mai 1996
Das **kanadische Parlament** verabschiedet einen Zusatz (153–76) zu dem bundesstaatlichen Menschenrechtsgesetz, der die Diskriminierung von homosexuellen Regierungsangestellten und Beschäftigten von Institutionen, die der Regierung unterstehen, verbietet.

[4] Prinzessin Diana mit einem Landminenopfer in Angola. Sie machte die Kampagne gegen Landminen zu einem persönlichen Kreuzzug.

[5] José María Aznar.

[3] Rauch quillt aus dem UN-Lager in Qana nach dem Artilleriebeschuss durch die Israelis. Dies geschah während der 16tägigen Bombardierung durch Artillerie und Luftstreitkräfte, die den Angriff auf Nordisrael durch die Hisbollah verhindern sollte.

KABUL UNTER DEN TALIBAN

Extremisten nehmen die afghanische Hauptstadt ein.

Die Taliban – eine ultrakonservative, politische und religiöse Gruppierung – entstand 1994 in der südafghanischen Provinz Kandahar als Treibkraft für eine soziale Ordnung. Die meisten Mitglieder waren Studenten, die an islamischen Religionsschulen ausgebildet wurden. Sie unterwarfen die örtlichen Kriegsfürsten, die den Süden des Landes kontrollierten, schnell. Ende des Jahres 1996 war es der Gruppierung aufgrund der öffentlichen Unterstützung für die Taliban innerhalb der in Südafghanistan lebenden ethnischen Gruppe der Paschtunen und der Hilfe von konservativen islamischen Elementen außer Landes möglich, ihre Macht zu festigen. Das Foto (links) zeigt Schützen der Taliban 30 Kilometer nördlich von Kabul. Am Jahresende fiel die Hauptstadt in die Hände der Taliban, und sie erhielten die effektive Kontrolle über Afghanistan.

[7]
9. September 1996
Den zweiten Tag in Folge feuern Schiffe der US-Marine und US-Luftwaffe Marschflugkörper auf **irakische Militär- und Kommandoziele** südlich des 32. Breitengrades als Antwort auf die irakische Truppenbewegung entlang des 36. Breitengrades.

27. September 1996
Anführer der **Taliban** belagern die Stadt Kabul und erklären ganz Afghanistan zu einem islamischen Staat.

5. November 1996
Nach einer politischen Kampagne, die von vielen US-Amerikanern als zu lang und zu kostspielig empfunden wird, wird der Demokrat **Bill Clinton** mit 379 Wahlstimmen als US-Präsident wiedergewählt.

9. November 1996
Evander Holyfield gewinnt durch technisches KO gegen Mike Tyson zum dritten Mal den Weltmeistertitel im Boxschwergewicht.

30. November 1996
Ein Block grauen Sandsteins, als **Stone of Scone** bekannt, wird 700 Jahre nachdem er unter König Eduard I. als Kriegsbeute mit nach England genommen wurde, an Schottland zurückgegeben.

10. Dezember 1996
Der südafrikanische Präsident **Nelson Mandela** unterzeichnet eine neue Verfassung, die den Übergang von einer langen Periode der weißen Minderheitsregierung (Apartheid) zu einer voll ausgewachsenen Demokratie besiegelt.

1996-1997

19. Dezember 1996
Als Reaktion auf die Forderung, Fernsehsendungen hinsichtlich der darin enthaltenen Gewalt, Obszönitäten und Sexszenen einzustufen, wird ein **Freigabesystem** auf Altersbasis vorgeschlagen.

1997
1,5 Millionen Feiernde säumen anlässlich der **Love Parade** die Straßen von Berlin. Die jährliche Feier hat Friede, Spaß und Technomusik zum Thema.
[1]

1997
Der Schriftsteller **Philip Roth** wird für seinen Roman *American Pastoral* mit dem Pulitzer-Preis ausgezeichnet.
[2]

1997
Der Boxer **Mike Tyson** wird im Kampf um den Meisterschaftstitel im Schwergewicht der World Boxing Association disqualifiziert, weil er ein Stück des Ohres von Evander Holyfield abgebissen hat.
[3]

1997
Den US-amerikanischen Verbrauchern wird die **Digital Video** (oder versatile) **Disc** (DVD) als Alternative zu Videokassetten vorgestellt.

1997
Die **Spice Girls** demonstrieren „Girl Power" und schreiben englische Geschichte, da ihre ersten vier Singles den ersten Platz in den britischen Charts belegen.
[4]

[1] Berlins jährliche Love Parade.

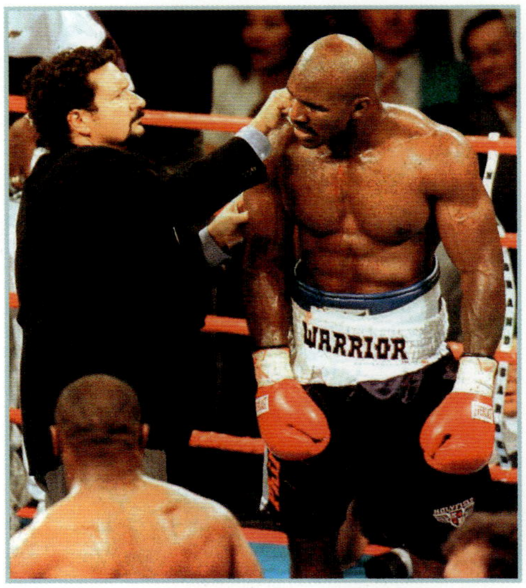

[3] Evander Holyfields Ohr wird von einem Ringarzt untersucht. Das Blut läuft über seinen Arm und seine Brust. Mike Tyson wird disqualifiziert und Holyfield gewinnt den Kampf.

[8] Ein Krug für den Gebrauch am Tisch, etwa aus dem Jahr 100 v. Chr., der aus den Tiefen des Mittelmeeres geborgen wurde.

[2] Philip Roth.

[9] Ein Tamagotchi. Das virtuelle Haustier wächst innerhalb von zehn Tagen heran, wenn der Besitzer sich durch das Drücken der richtigen Knöpfe um es kümmert.

DAS ERSTE GEKLONTE TIER

Die Geburt eines künstlich gezeugten Schafs lässt zwar die Herzen der Wissenschaftler höher schlagen, hat aber alarmierende moralische Folgen.

Die Bekanntgabe der Geburt des Schafs Dolly (links), dem ersten Klon eines Säugetiers, im Februar 1997 durch eine Gruppe von Wissenschaftlern im schottischen Edinburgh fand internationales Interesse wegen der neuen medizinischen und landwirtschaftlichen Möglichkeiten und der neuen ethischen Fragen, die dieser Durchbruch auslöste. Der Begriff „*klonen*" (abgeleitet von dem griechischen Wort klon für Zweig) weist streng gesehen auf das Schneiden eines Ablegers in der Pflanzenzucht hin, aber er wird auch zur Beschreibung der Produktion von genetisch modifizierten Tieren mittels Nukleustransfer verwendet. Bei einem Nukleustransfer werden die Chromosomen einer unbefruchteten Eizelle entnommen und mit dem Zellkern einer anderen Spenderzelle ersetzt. Da der übertragene Zellkern fast sämtliche Eigenschaften des resultierenden Nachkommens bestimmt, sieht ein Klon aus wie sein „Elternteil", von dem die Spenderzelle stammt. In Folge von Dollys Geburt, wurde in Italien das Klonen von Säugetieren verboten, wohingegen andere Ländern die Technik begrüßten. Dolly wurde sechs Jahre alt.

[8]
1997
Der Ozeanforscher **Robert Ballard** entdeckt acht antike Schiffe 762 Meter unterhalb einer alten Handelsroute. Der Fund führt zur *Tiefseearchäologie*.

1997
Schottische Forscher geben bekannt, dass sie das erste geklonte Säugetier produziert haben – das Schaf **Dolly**.

1997
Sieben Monate nach dem Start landet der *Mars Pathfinder* auf der Oberfläche des Planeten **Mars** und beginnt mit der Übertragung von Daten. Das Programm kennzeichnet die Wiedergeburt interplanetarischer Missionen der NASA.

1997
Die Sängerin Sarah McLachlan gründet **Lilith Fair**. Es handelt sich um eine Sommertournee weiblicher Musikerinnen. Der phänomenale Erfolg beweist die Marktfähigkeit von weiblichen Künstlern.

[9]
1997
Das auf dem japanischen Markt 1996 eingeführte virtuelle Haustier **Tamagotchi** erreicht die USA. Zu den weiteren neuen elektronischen Spielzeugen gehört ActiMates „Barney", eine Version des beliebten violetten Dinosauriers.

[10]
1997
Das Milliarden Dollar teure **Getty Center**, entworfen von Richard Meier, wird in Los Angeles eröffnet. Der Museumskomplex auf einer Bergkuppe umfasst einen von dem konzeptionellen Künstler Robert Irwin gestalteten Garten.

1997
Frank Gehrys **Guggenheim Museum** wird im spanischen Bilbao eröffnet. Das viel diskutierte Gebäude hat gewundene Außenwände, die in glänzendes Titan gehüllt sind, und höhlenartige Innenräume.
[5]

1997
Jan Ullrich ist der erste Deutsche, der die Tour de France gewinnt. 2006 ist er gezwungen von der Teilnahme an dem Wettstreit zurückzutreten, da der Verdacht des Dopings besteht. Bjarne Rijs übernimmt die Leitung der Mannschaft, für die Ullrich fahren sollte (siehe 1996).

1997
Tony Blair wird Premierminister von Großbritannien. Er ist der jüngste Premierminister seit 1812 und zum Zeitpunkt seines Rücktritts im Jahr 2007 blickt er auf die längste Amtszeit zurück.
[6]

1997
Im ersten Regierungsprogramm der New Labour-Partei – und vielleicht auch dem mutigsten – gewährt der Finanzminister Gordon Brown der **Bank von England** die Befugnis, den Leitzinsatz ohne Konsultation der Regierung festzulegen.

1997
J.K. Rowling veröffentlicht **Harry Potter und der Stein der Weisen** (1997). Das Buch hat sofortigen Erfolg und spricht Kinder (für die es eigentlich geschrieben war) und Erwachsene gleichermaßen an.
[7]

1997
Der gebürtige Ghanaer **Kofi Annan** wird Generalsekretär der Vereinten Nationen. Er bleibt bis 2006 im Amt.

[4] Die Spice Girls bei den MTV Music Awards in New York. „Posh Spice", in schwarz, links, erreicht weitere Berühmtheit als Victoria Beckham, Ehefrau des englischen Fußballers.

[10] Das Getty Center.

[6] Tony Blair wird einen Tag nach seiner Wahl in der Downing Street begrüßt.

[7] J.K. Rowling versieht das Buch eines US-amerikanischen Fans in Washington mit einem Autogramm.

[11] Tiger Woods tritt nach seinem ersten Sieg im Masters in Augusta auf der 18. Spielbahn vor Freude so kräftig in die Luft, dass Grasbüschel hoch fliegen.

[5] Das Guggenheim Museum in Bilbao: Beispiel für das Gebäude als Skulptur; die Struktur des Museums verdrängt die Bedeutung des Inhalts.

1997
Der Massenselbstmord von 39 Mitgliedern der Gruppe **Heaven's Gate** in Südkalifornien weckt die Sorge über Gruppen, die zur Jahrtausendwende eine Apokalypse erwarten.

[11]
1997
Tiger Woods gewinnt mit 270 Schlägen über 72 Löcher das Masters Turnament. Er ist der erste Golfspieler afrikanischer und asiatischer Herkunft, der einen bedeutenden professionellen Golftitel gewinnt.

1997
Die Einnahmen der USA aus **Wettspielen** erreichen 47,6 Milliarden Dollar. In den 1980er und 1990er Jahren ist die Anzahl der Kasinos, die Popularität und die soziale Akzeptanz des Glückspiels in den Vereinigten Staaten von Amerika stark gestiegen.

1997
Das Unternehmen **Woolworth Corporation** schließt die letzten günstigen Kaufhäuser in den Vereinigten Staaten von Amerika.

1997
Die **Weltmusik** festigt sich als Nischenprodukt innerhalb der Popmusik. Angespornt wurde diese Entwicklung durch Marketingentwicklungen, technologischen Fortschritt und die Zusammenarbeit unter Musikern im Westen, Afrika und Asien.

8. Januar 1997
Das Fürstentum **Monaco** beginnt mit einer einjährigen Feier zu Ehren des 700. Jahrestages der Familie Grimaldi, die im Jahr 1297 die Macht übernahm und Monaco 1419 fest in Besitz nahm.

1997-1998

13. Januar 1997
Präsident **Abdala Bucaram** von Ecuador besucht den Präsidenten Alberto Fujimori von Peru. Es ist der erste offizielle Besuch eines ecuadorianischen Präsidenten in Peru seit 150 Jahren.

14. Januar 1997
Griechische Archäologen geben bekannt, dass sie eine antike Stätte in **Athen** entdeckt haben, bei der es sich möglicherweise um das Lyzeum von Aristoteles handeln könnte.

23. Januar 1997
Madeleine Albright, ehemalige US-Botschafterin der UN, nimmt unter US-Präsident Bill Clinton das Amt der Außenministerin an. Sie ist die erste Frau, die diesen Kabinettsposten bekleidet.
[1]

23. Januar 1997
Manche Astrologen sind der Ansicht, dass das **Zeitalter des Wassermanns** kurz bevorsteht, denn zum ersten Mal seit 1475 bilden eine Reihe von Planeten, die Sonne und der Mond im Frühlingspunkt des Sternzeichens Wassermann einen perfekten sechszackigen Stern.

13. Februar 1997
Der Börsenwirtschaftsindex **Dow Jones** steigt zum ersten Mal über 7000 und schließt mit 7022,44 Punkten.

19. März 1997
Der US-amerikanische Maler **Willem de Kooning** stirbt. Der gebürtige Niederländer war ein bedeutender Vertreter des *abstrakten Expressionismus* und des *Action-Paintings*. Seine Serie *Frauen I–VI* erregte wegen der brutalen Darstellungen und impulsiven Technik Aufsehen.
[2]

[1] Madeleine Albright (rechts) mit Hillary Clinton.

[9] Der Senator und Astronaut John Glenn geht an Bord der Raumfähre.

[8] Eine Massenhochzeit der Moon-Sekte in Washington: Herr und Frau Moon erhalten Blumengestecke.

[7] Prinz Charles und seine Söhne William und Harry betrachten vor Dianas Beisetzung die an einem Zaun des Kensington-Palastes niedergelegten Blumen.

[2] Willem de Kooning.

11. September 1997
Die schottischen Wähler stimmen mit überwältigender Mehrheit für die Schaffung eines **Schottischen Parlaments** mit der Befugnis der Steuererhebung. Zwei Jahre darauf findet die erste Sitzung des Parlaments statt.

9. Oktober 1997
Der italienische Bühnenautor **Dario Fo** erhält den Literaturnobelpreis.

[8]
29. November 1997
Bei einer Feier, die in der ganzen Welt per Satellit ausgestrahlt wird, versammeln sich etwa 28 000 Paare im RFK Stadium in Washington, D.C., zu einer Massenhochzeit, die von dem Oberhaupt der Vereinigungskirche **Sun Myung Moon** durchgeführt wird.

15. Dezember 1997
Janet Rosenberg Jagan wird zur Präsidentin von Guyana gewählt. Sie ist die erste Frau, die in Südamerika ein Präsidentenamt bekleidet, und die erste weiße Präsidentin von Guyana.

15. Dezember 1997
Das US-amerikanische Verteidigungsministerium befiehlt, dass sämtliche 1,4 Millionen im öffentlichen Dienst befindlichen Amerikaner gegen **Milzbrand** (Anthrax), eine potentielle biologische Waffe, geimpft werden.

18. Dezember 1997
Kim Dae Jung wird zum Präsidenten von Südkorea gewählt. Er ist der erste Oppositionsführer, der in der Geschichte des Landes dieses Amt gewinnt.

5. April 1997
Der US-amerikanische Dichter **Allen Ginsberg**, dessen Gedicht *Howl* aus dem Jahr 1956 als US-amerikanisches Meisterstück gilt, stirbt in der Stadt New York.
[3]

1. Juni 1997
Ein Geschworenengericht in Denver, Colorado, befindet den rechtsgerichteten Soziopathen **Timothy McVeigh**, Anhänger der Milizbewegung, des Mordes in 168 Fällen und der Verschwörung hinsichtlich der Bombenattentate in Oklahoma im Jahr 1995 für schuldig.

1. Juli 1997
Großbritannien gibt **Hongkong** an die Volksrepublik China zurück. 1842 wurden Teile von Hongkong britisches Kolonialgebiet.
[4]

23. Juli 1997
Slobodan Milošević wird Präsident der Bundesrepublik Jugoslawien (bestehend aus Serbien und Montenegro), nachdem er bereits seit 1989 Präsident Serbiens war. Im Jahr 2006 stirbt er während des Völkermordprozesses gegen ihn im Gefängnis.
[5]

25. Juli 1997
In Kambodscha halten die Anführer der Revolutionsbewegung der Roten Khmer ein Volksgericht gegen den langzeitigen Anführer der Bewegung **Pol Pot** und verurteilen ihn zu lebenslanger Freiheitsstrafe. Kurze Zeit später verschwindet er.
[6]

31. August 1997
Prinzessin Diana von Großbritannien wird zusammen mit ihrem Begleiter Dodi Fayed bei einem Autounfall in Paris getötet. Ihr Tod sorgt für einen nie da gewesenen Ausdruck der Volkstrauer, was ihre enorme Bedeutung für die nationale Psyche beweist.
[7]

[3] Allen Ginsberg.

[4] Der Gouverneur Chris Patten nimmt die britische Fahne in Empfang, nachdem sie zum letzten Mal am Government House in Hongkong herabgelassen wurde.

[5] Slobodan Milošević und seine mächtige Frau Mirjana Marković, nachdem er in das Amt des Präsidenten eingeschworen wurde.

[10] Das Bild der Zerstörung in Cavalese.

[6] Eine aus verschiedenfarbigen Schädeln konstruierte Landkarte von Kambodscha in einer ehemaligen Schule in Phnom Penh. Heute befindet sich dort ein Museum.

[11] Tara Lipinski aus den USA.

1998
Ein Forschungsteam in Hawaii unter der Leitung von Ryuzo Yanagimachi produziert die weltweit erste **geklonte Maus**, von der wiederum mehrere andere Klone hergestellt werden.

[9]
1998
Der US-amerikanische Astronaut **John Glenn** kehrt nach einer 36jährigen Unterbrechung in den Weltraum zurück. Mit 77 ist er der älteste Mensch, der je ins All reiste.

1998
Der Roman *Amsterdam* vom britischen Schriftsteller **Ian McEwan** wird mit dem Booker-Preis ausgezeichnet.

[10]
1998
Das Flugzeug eines US-amerikanischen Piloten durchtrennt in Cavalese in der Nähe von Trento in Italien das Kabel einer **Seilbahn**, in der sich Skifahrer befanden. Alle zwanzig Passagiere sterben beim Aufprall.

[11]
1998
Die fünfzehnjährige Eisläuferin **Tara Lipinski** ist die jüngste weibliche Teilnehmerin, die in einem Einzelwettbewerb in Nagano in Japan Olympisches Gold gewinnt.

1998
Frankreich schlägt Brasilien im Finale der **Fußballweltmeisterschaft** mit 3:0.

1998

1998
Keizo Obuchi von der LDP wird Premierminister von Japan. Im Jahr 2000 erleidet er einen Schlaganfall und Yoshiro Mori tritt an seine Stelle.

1998
Der **Europäische Gerichtshof für Menschenrechte** wird eingerichtet.

1998
Die Kampfhandlungen zwischen **serbischen Kräften** und der **Befreiungsarmee des Kosovo** eskalieren. Das Eingreifen der NATO führt zu einem Waffenstillstand und teilweisen Rückzug der serbischen Truppen aus der Provinz Kosovo. [1]

1998
Durch genetische Analysen werden die Überreste von **Zar Nikolaus II., Zarin Alexandra**, drei ihrer Töchter (wahrscheinlich Anastasia, Tatiana und Olga) und vier ihrer Bediensteten identifiziert. Die Überreste werden in einem Staatsbegräbnis in St. Petersburg erneut beigesetzt.

1998
Der Schriftsteller **José Saramago** ist der erste Portugiese, der den Literaturnobelpreis gewinnt.

1998
Der neue **Internationale Flughafen Hongkong** auf der künstlich angelegten Insel Chek Lap Kok wird eröffnet. Er ist eines der größten öffentlich zugänglichen Gebäude der Welt. [2]

[1] Kosovo-Albaner können im Oktober während einer vorübergehenden Waffenruhe in ihre Häuser zurückkehren. Die Kämpfe gehen aber bald weiter.

[4] Karine Ruby aus Frankreich, Siegerin im Snowboard-Wettbewerb der Damen.

[2] Der Flughafen in Hongkong erstreckt sich scheinbar ins Unendliche.

[5] Der kenianische Präsident Daniel arap Moi. Außerhalb Afrikas gilt sein Regime als zunehmend repressiv und korrupt.

[3] Sergei Brin und Larry Page.

[6] Bono von der irischen Rockband U2 hält bei einer Kundgebung für die Annahme des Volksentscheids die Arme von David Trimble von der Ulster Unionist Party (links) und von John Hume von der Social Democratic Labor Party (SDLP) hoch.

1998
Der **Vatikan** veröffentlicht eine Stellungnahme, in der man sich für das Versagen der Katholischen Kirche entschuldigt, Juden und andere Opfer des Holocaust vor der Verfolgung durch die Nationalsozialisten zu schützen.

[5]
5. Januar 1998
Daniel arap Moi wird für eine fünfte Amtszeit in Folge als Präsident von Kenia eingeschworen.

22. Januar 1998
Einer der berüchtigtsten Terroristen der USA, **Theodore Kaczynski**, der so genannte „Unabomber", der bei 16 Anschlägen zwischen 1979 und 1995 drei Menschen getötet und 22 verletzt hat, wird zu lebenslanger Freiheitsstrafe verurteilt.

[6]
22. Mai 1998
Per Volkentscheid wird in Irland und Nordirland – die erste Abstimmung in ganz Irland seit 1918 – das **Karfreitagsabkommen** angenommen. Es sieht die Bildung der Northern Ireland Assembly (Parlament) und grenzübergreifende Zusammenarbeit vor.

17. Juli 1998
Die Vereinten Nationen verfassen das Statut zur Gründung des **Internationalen Strafgerichtshofs**, der vier Jahre später die Arbeit aufnimmt.

[7]
7. August 1998
Islamische Terroristen sprengen die **US-amerikanischen Botschaften in Kenia und Tansania** mit Bomben in die Luft. Unter den 268 Toten befinden sich 12 US-Amerikaner; Tausende werden verletzt.

1998
Sergei Brin und Larry Page von der Universität in Stanford schalten die **Google-Suchmaschine** frei.
[3]

1998
Bei den **Olympischen Winterspielen** im japanischen Nagano werden erstmalig Wettkämpfe in den olympischen Disziplinen Snowboarding und Curling ausgetragen.
[4]

1998
Die brasilianische Regierung gibt bekannt, dass sie 25 Millionen Hektar des **Amazonas-Regenwalds** unter Schutz stellt.

1998
Der erste US-amerikanische Fernsehsender beginnt mit der Ausstrahlung in **Digital High Definition** Qualität (HDTV). HDTV soll die nicht-digitalen Signale ersetzen, da es schärfere und hellere Bilder liefert.

1998
Die Internet Corporation for Assigned Names and Numbers wird gegründet. Sie gibt die Verwaltungsregeln hinsichtlich der Internet-Domain-Namen öffentlich bekannt, um Streitigkeiten über **Domain-Namen** auszuräumen.

1998
Das US-amerikanische Gesundheitsamt lässt das erste Medikament zur oralen Einnahme gegen männliche Impotenz, **Viagra** (Sildenafil), zu.

DIE LEWINSKY-AFFÄRE

Sex-Skandal erschüttert die USA und kostet den Präsidenten fast sein Amt.

Der US-Präsident Bill Clinton musste sich 1998 wegen mehrfacher Anklagepunkte „persönlicher Unanständigkeit" verantworten. Er wurde zur Aussage in einem laufenden Fall der sexuellen Belästigung gezwungen, den Paula Corbin Jones gegen ihn vorbrachte, als Clinton Gouverneur von Arkansas war. Die Klage wurde abgewiesen, aber Clinton willigte in die Zahlung von 850 000 US-Dollar an Jones ein.

Der Verhandlung im Jones-Fall folgte eine weitere Klageerhebung gegen Clinton, dieses Mal wegen seiner Beziehung zu einer Praktikantin, Monica Lewinsky (links mit dem US-Präsidenten). Er stritt die Anschuldigungen vor Gericht ab, bekannte sich aber dann in einer Fernsehansprache zu einer „unangemessenen Beziehung". Ende des Jahres wurde Clinton wegen Amtsvergehens angeklagt. Der Senat sprach ihn 1999 von den Anklagepunkten des Meineids und der Behinderung der Justiz frei.

[7] Tote und Verletzte werden aus der zerstörten US-Botschaft in Nairobi geborgen.

[8] Graffitisprüche in Bilbao fordern eine Amnestie der gefangenen ETA-Terroristen nach der Verkündung der Waffenruhe.

[9] Gerhard Schröder. Er macht sich durch Versuche, das soziale Wohlfahrtsprogramm zu beschneiden, unbeliebt.

8. September 1998
Mark McGwire von den St. Louis Cardinals bricht den Rekord von Roger Maris von 1961 in den meisten Home Runs in einer regulären Baseball-Saison, indem er den 62. Home Run in der Saison schlägt (er beendet die Saison mit 70 Home Runs).

9. September 1998
Der unabhängige Ermittler **Kenneth W. Starr** übersendet dem Kongress den Untersuchungsbericht über seine Ermittlungen hinsichtlich der Transaktion von US-Präsident Bill Clinton in der Whitewater-Affäre und im Bezug auf Monica Lewinsky.

[8]
16. September 1998
Die baskische Separatistenorganisation **ETA** verkündet nach 30 Jahren terroristischer Guerillaanschläge auf Spanien, die 800 Todesopfer forderten, einen unbefristeten Waffenstillstand. Der Frieden dauert 14 Monate.

19. Oktober 1998
Das Anti-Kartellverfahren, das die US-Regierung gegen die **Microsoft Corporation** angestrengt hat, beginnt in Washington, D.C.

[9]
27. Oktober 1998
Der Sozialdemokrat **Gerhard Schröder** wird deutscher Bundeskanzler. Zu seinem Regierungsprogramm gehören Maßnahmen gegen die hohe Arbeitslosigkeit, die Einschränkung von Atomenergie und der wirtschaftliche Aufbau.

3. November 1998
Wissenschaftler geben eine Entdeckung in der autonomen Region Hui in Ningxia bekannt. Es handelt sich um einen bisher unbekannten Teil der insgesamt 7245 Kilometer langen **Chinesischen Mauer** von 25 Kilometern.

1998-1999

5. November 1998
Die Zeitschrift **Nature** veröffentlicht einen Bericht aus dem hervorgeht, dass DNS-Tests bestätigt haben , dass Thomas Jefferson mindestens ein Kind mit seiner Sklavin Sally Hemings gezeugt hat.

24. November 1998
Das britische Parlament entzieht den Mitgliedern des Oberhauses mit erblichem Titel das Stimmrecht. Später erhalten es jedoch 92 **Mitglieder des Oberhauses mit erblichem Titel** zurück.

26. November 1998
Tony Blair ist der erste britische Premierminister, der im Dáil Eireann, dem irischen Parlament, spricht.

9. Dezember 1998
Die Generalversammlung der Vereinten Nationen erklärt den **Antisemitismus** zu einer Form des Rassismus.

19. Dezember 1998
Das US-amerikanische Repräsentantenhaus strengt ein **Amtsenthebungsverfahren** gegen den Präsidenten Bill Clinton an. Ihm werden Meineid und Behinderung der Justiz zur Last gelegt. Der Senat spricht ihn im folgenden Monat frei.
[1]

1999
Der regelmäßige Flugbetrieb zwischen Argentinien und den **Falkland-Inseln**, der seit Beginn des Krieges 1982 unterbrochen war, wird wieder aufgenommen.

[1] Protestierende während des Amtsenthebungsverfahrens gegen den US-Präsidenten. „Big Brother" ist der Autor des Berichts, der das Verfahren auslöste: Kenneth Starr. Die Kundgebung wurde von Reverend Jesse Jackson organisiert.

[5] Der von Richard Rogers Partnership entworfene Millennium Dome ist das größte freitragende Gebäude der Welt.

[4] Lauryn Hill.

[6] Die an den Berliner Reichstag angebaute Kuppel. Im Innenraum windet sich eine Spirale zu den öffentlichen Zuschauerplätzen um einen umgekehrten Kegel aus Spiegeln, die das Tageslicht in den Sitzungssaal des Parlaments nach unten reflektieren.

1999
Lennox Lewis schlägt Evander Holyfield und ist somit der einzige britische Boxer, der den unumstrittenen Weltmeisterschaftstitel im Schwergewicht im 20. Jahrhundert hält.

1999
Michael Jordan, gibt zum zweiten Mal sein Ausscheiden aus dem Basketballsport bekannt. Er hat zwei Olympische Goldmedaillen gewonnen und war zehn Mal bester Korbwerfer der Liga. Mit den Chicago Bulls holte er sechs nationale Titel.

[5]
1999
Der **Millennium Dome** wird in London eingeweiht. Er soll zu Beginn des 21. Jahrhunderts eine Ausstellung beherbergen und ist der größte Kuppelbau der Welt.

1999
Mireya Moscoso wird der erste Präsident Panamas und leitet im Dezember die Übergabe des Panamakanals von den USA an Panama.

[6]
1999
Sir Norman Foster stellt die Renovierung und die Umgestaltung des **Reichstags** fertig. Das historische deutsche Gebäude erhält den Aufbau einer Studie aus Linien und Licht.

1999
Die **AIDS-Epidemie** verschlimmert sich in Afrika. Berichten zufolge infizieren sich täglich etwa 9400 Menschen auf dem afrikanischen Kontinent mit dem tödlichen Virus.

1999
Da die **Weltbevölkerung** die sechs Milliarden-Grenze übersteigt, wird eine Studie herausgegeben, die eine schwere Krise für das Jahr 2100 voraussagt, wenn die derzeitige Wachstumsrate nicht eingedämmt wird.

1999
An der **Columbine High School** in Littleton, Colorado, töten zwei Schüler 12 Mitschüler und einen Lehrer und verwunden über 20 weitere Personen, bevor sie sich selbst das Leben nehmen.

1999
Der englische Ballonfahrlehrer Brian Jones und der schweizerische Psychiater Bertrand Piccard sind die ersten Menschen, welche die Welt in einer Non-Stopp-Reise in einem **Heißluftballon** umkreisen. Sie brauchen knapp 20 Tage.

1999
Der französische Golfer **Jean Van de Velde** führt am letzten Loch der Open Championship im schottischen Carnoustie mit drei Schlägen und versagt dann spektakulär, da er drei Schläge mehr als das Par für das Loch braucht.
[2]

1999
Hugo Chávez wird Präsident von Venezuela. Seine Beziehungen zu den USA und heimischen Gegnern unterliegen Spannungen. Im April 2002 wird er durch einen Staatsstreich abgesetzt. 2004 gewinnt er angesetzte Neuwahlen und im Dezember 2006 die Wiederwahl.
[3]

1999
Lauryn Hill gewinnt fünf Grammys für ihr bahnbrechendes Soloalbum *The Miseducation of Lauryn Hill*. Das Stück wird für die Einbindung der *Rap-Musik* in die *Mainstream-Musik* berühmt.
[4]

DAS COLUMBINE-MASSAKER

Dreizehn Menschen werden durch den Amoklauf von unzufriedenen Teenagern an einer US-amerikanischen Highschool der Mittelklasse getötet.

Am 20. April eröffneten zwei mit Pistolen und Bomben bewaffnete, in schwarze Trenchcoats gekleidete Schüler in Littleton, Colorado, an der Columbine High School das Feuer. Sie töteten 13 Menschen und verletzten über 20 bevor sie sich selbst richteten. Die Amokläufer wurden als der 18jährige Eric Harris und der 17jährige Dylan Klebold (oben sind Aufnahmen der Sicherheitskameras zu sehen) identifiziert. Von beiden wurde angenommen, dass sie einer Randgruppe von etwa einem Dutzend Schüler der Highschool angehörten, die sich „Trench Coat Mafia" nannte. Die Mitglieder der Gruppe trugen Trenchcoats und auf ihrer Kleidung stellten sie deutsche Sprüche und Hakenkreuze zur Schau.

Eine weibliche Augenzeugin berichtete der Polizei, dass sie sich in der Bibliothek befand, als einer der beiden Jungen hereinstürmte und losfeuerte. „Er sagte, er würde jeden töten, der ihm und seinen Freuden gegenüber im letzten Jahr gemein gewesen sei" sagte sie. Weitere Zeugen sagten aus, dass die Schützen beliebte Sportler und Schüler aus ethnischen Minderheiten zum Ziel hatten.

Als sich die Agenten und Waffenspezialisten des FBI nach der Schießerei vorsichtig ihren Weg durch den Schauplatz des Blutbads bahnten, explodierte eine Bombe mit Zeitzünder. Mindestens 12 weitere Bomben wurden in anderen Bereichen der Schule gefunden.

Die Columbine-Tragödie, auf die eine Reihe ähnlicher tödlicher Vorfälle an schulischer Gewalt folgte, veranlasste in den Vereinigten Staaten von Amerika eine erneute Debatte über den Waffenbesitz und die Notwendigkeit Schulen zu waffenfreien Zonen zu machen.

[2] Jean Van de Velde im Wasserhindernis am letzten Loch in Carnoustie, wo er seine Führung verspielt.

[3] Hugo Chávez und seine Frau Marisabel vor dem Mausoleum des großen südamerikanischen Befreiers Simón Bolívar. Chávez zieht Bolívars Schwert aus der Scheide.

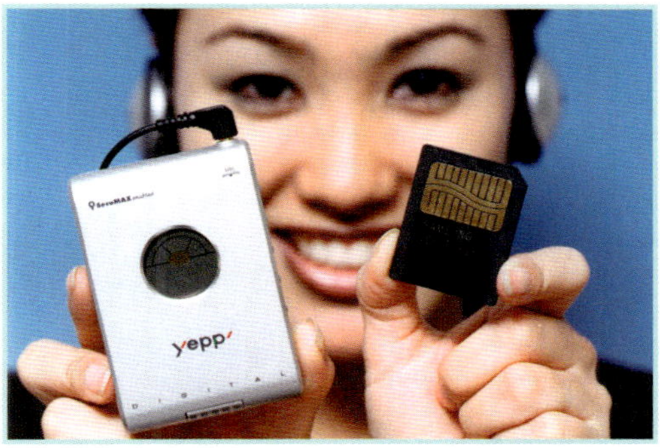

[7] Ein früher MP3-Player und der Steuer-Chip. In den nächsten Jahren nimmt die Leistungsfähigkeit dieser Geräte immens zu.

1999
Der Nationalvogel der Vereinigten Staaten von Amerika, der **Weißkopfseeadler**, wird von der Liste der bedrohten Tierarten gestrichen.

1999
Der letzte Film des legendären Regisseurs **Stanley Kubrick**, *Eyes Wide Shut*, mit Tom Cruise und Nicole Kidman in den Hauptrollen kommt in den USA in die Kinos.

1999
Die **Computerviren** „Melissa" und „Chernobyl" gehen um die Welt und legen Computer-Netzwerke lahm. Die Aufmerksamkeit auf das Problem der Cyber-Kriminalität wird geweckt.

[7]
1999
Die Technologie für die Komprimierung von Musikdateien, **MP3**, wird mit der Markteinführung der tragbaren Abspielgeräte, die mit dem Format kompatibel sind, sehr beliebt.

1999
In der National Gallery of Art in Washington, D.C., wird eine mehrjährige Ausstellung der größten und umfassendsten Sammlung von Werken von **Alfred Stieglitz** eröffnet. Viele der gezeigten Drucke wurden bisher nie veröffentlicht.

1999
Die weltweite Anzahl der Mitglieder der **römisch-katholischen Kirche** übersteigt eine Milliarde.

1999

1999
Der Absturz der US-Raumsonde **Lunar Prospector** auf den Mond wird vorsätzlich herbeigeführt, um dabei mit der Hilfe von Teleskopen Ausschau nach den für Wasser typischen Spektren zu halten. [1]

1999
Die USA schlagen China im Finale der **Fußballweltmeisterschaft der Frauen** nach einem Unentschieden im Elfmeterschießen. [2]

1999
Die Weltnaturschutzunion (IUCN) gibt bekannt, dass ein Viertel der **Nadelbaumarten** der Welt vom Aussterben bedroht sind.

1999
Der deutsche Schriftsteller **Günter Grass** wird mit dem Literaturnobelpreis geehrt. [3]

1999
Die längste Hängebrücke der Welt **Tatara Ohashi** wird eingeweiht. Sie verbindet die japanischen Inseln Honshu und Shikoku. [4]

12. März 1999
Die ehemals kommunistischen Länder Polen, Ungarn und die Tschechische Republik treten kurz vor dem 50. Jahrestag des Bündnisses der **Nordatlantischen Vertragsorganisation (NATO)** bei. [5]

[1] Die Raumsonde „Lunar Prospector" befindet sich oben auf dem Trans-Lunar-Injection-Modul der Trägerrakete.

[2] China und die USA kämpfen um den Weltmeisterschaftstitel der Damen.

[3] Günter Grass.

[4] Die Tatara-Ohashi-Brücke liegt in den frühen Morgenstunden verlassen da.

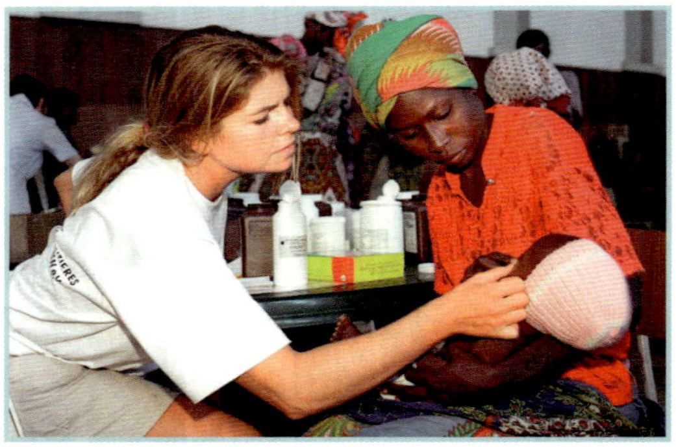

[8] Eine deutsche Ärztin der Médecins Sans Frontières hilft während der Überflutungen in Mosambik.

[5] Das Treffen der Oberhäupter der 19 NATO-Staaten anlässlich des 50. Jahrestages des Bündnisses: Tony Blair und Bill Clinton begrüßen sich.

16. Juli 1999
John F. Kennedy Jr., seine Frau Carolyn und deren Schwester Lauren Bessette werden getötet, als ihr von Kennedy geflogenes Flugzeug vor der Atlantikküste von Massachusetts abstürzt.

23. November 1999
Nach Monaten der Spekulationen bestätigt **Hillary Rodham Clinton**, Ehefrau des ehemaligen US-Präsidenten Bill Clinton, dass sie die Kandidatur für die Demokraten für die Wahl in den US-Senat in New York im Jahr 2000 angenommen hat.

[8]
Dezember 1999
Der Friedensnobelpreis wird an **Médicins Sans Frontières** (Ärzte ohne Grenzen), eine privat finanzierte, unabhängige Organisation mit Sitz in Paris, verliehen.

[9]
20. Dezember 1999
Portugal gibt **Macau** an China zurück. Dies beendet 422 Jahre der portugiesischen Herrschaft.

31. Dezember 1999
Der russische Präsident **Boris Jelzin** tritt zurück und ernennt den Geheimdienstbeamten und Politiker Wladimir Putin zum geschäftsführenden Präsidenten. Er gewinnt die Wahl im März 2000 mit Leichtigkeit.

31. Dezember 1999
Die Vereinigten Staaten von Amerika übergeben die Kontrolle über den **Panama-Kanal** an Panama. Die Verwaltung des Kanals fällt in den Verantwortungsbereich der Panama Canal Authority, die ausschließlich der Regierung Panamas untersteht.

1. April 1999
Das kanadische Territorium **Nunavut** wird aus einer ausgedehnten Region der kanadischen Northwest Territories geschaffen. Es erstreckt sich über den größten Teil der kanadischen Arktis und umfasst die traditionellen Gebiete der Inuit.
[6]

1. Mai 1999
In der Europäischen Union tritt der **Vertrag von Amsterdam** in Kraft. Er dehnt den Schutz der Beschäftigung und der Arbeitsbedingungen aus und gibt dem Ministerrat die Befugnis, Mitgliedsstaaten für die Verletzung der Menschenrechte zu bestrafen.

10. Mai 1999
Der US-amerikanische Dichter **Shel Silverstein**, Autor vieler beliebter Kinderbücher, stirbt in Key West, Florida.

Juni 1999
Die Ernennung von **James Hormel** zum US-Botschafter in Luxemburg wird gebilligt. Die Entscheidung lag fast zwei Jahre im US-Senat auf Eis, da er sich öffentlich als homosexuell bekannte.

12. Juni 1999
Die NATO will die Serben zum Rückzug aus dem **Kosovo** zwingen, um Gewalttaten an Zivilisten zu verhindern. Flugzeuge der NATO fliegen zwischen März und Juni 38 000 Einsätze. Am 12. Juni besetzen multinationale Einheiten (KFOR) der NATO das Kosovo.
[7]

1. Juli 1999
Johannes Rau, Mitglied der Sozialdemokratischen Partei Deutschlands, wird deutscher Bundespräsident (1999-2004). Er unterstützt engere Beziehungen zu Israel und die bessere Akzeptanz von ausländischen Einwanderern.

[7] Ein „Humvee" der US-Streitkräfte, Teil der KFOR der NATO, wird von Kosovo-Albanern und Begrüßungssprüchen an der Wand im Hintergrund willkommen geheißen.

[6] Zwei Inuit-Kinder in der Nähe von Iqaluit, der Hauptstadt des neu geschaffenen Nunavut-Territoriums.

[9] Chinas Armee demonstriert bei der Übergabe von Macau seine Macht. Dies kontrastiert mit der Übergabe von Hongkong an China im Jahr 1997, als die Streitkräfte der Armee im Hintergrund blieben.

Ein liberianischer Soldat im Freuden-taumel zur Zeit des Bürgerkrieges.

2000

2000
Der **Love Bug** genannte E-Mail-Virus verbreitet sich in großen Teilen der Welt und viele Firmen müssen ihre E-Mail-Systeme abschalten.

2000
Der jugoslawische Präsident **Slobodan Milošević** wird zum Rücktritt gezwungen.
[1]

2000
Als Leiter des **Humangenomprojekts** verkündet der US-amerikanische Genforscher Francis Collins, dass das gesamte menschliche Genom sequenziert wurde. Man geht davon aus, dass diese Errungenschaft die Medizin revolutioniert.
[2]

2000
Das **Weltbildungsforum** berichtet, dass etwa 113 Millionen Kinder, die meisten davon Mädchen, keinen Zugang zu Grundschulbildung haben.

2000
Der Schriftsteller **Jorge Edwards** ist der erste Chilene, der den Cervantes Preis für Literatur in der spanischen Sprache erhält. Die Auszeichnung für sein Lebenswerk erkennt seine realistischen Werke an, die sich besonders mit der Politik seines Landes beschäftigen.

2000
Nach dem Tod des Urhebers Charles Schulz wird der letzte Comic-Strip der **Peanuts** veröffentlicht.

2000-2012

[1] Ein Fahndungsplakat veröffentlicht vom Außenministerium der USA. Gesucht werden vom Internationalen Strafgerichtshof Slobodan Milošević (oben), der bosnische Serbenführer Radovan Karadžić (links) und der Kommandeur der bosnisch-serbischen Armee Ratko Mladić wegen ihrer Verbrechen gegen die Menschlichkeit in den Balkankriegen.

[6] Eine gentechnisch veränderte Kakaopflanze wird untersucht.

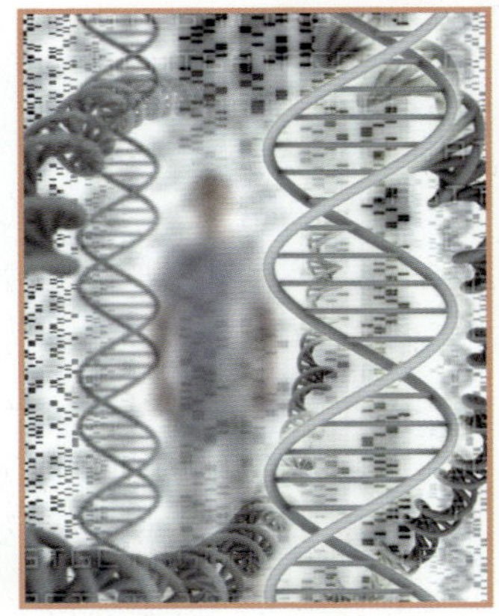

[2] Ein eindrucksvolles Bild, erschaffen aus einer DNS-Sequenz und dem Modell einer Helix.

[4] Tarja Halonen aus Finnland spricht zur UN-Hauptversammlung.

[5] Teil der Öresund-Verbindung zwischen Dänemark und Schweden.

[4]
2000
Tarja Halonen wird als erste Frau zur Präsidentin **Finnlands** gewählt.

2000
Zum ersten Mal werden die **Gesundheitssysteme in aller Welt** untersucht, wobei das System Frankreichs als bestes abschneidet.

[5]
2000
Die **Öresund-Verbindung**, ein Brücken- und Tunnelsystem zwischen dem schwedischen Malmö und dem dänischen Kopenhagen, wird an einem der verkehrsreichsten Seewege der Welt eröffnet.

[6]
2000
Die Zucht **gentechnisch veränderter Pflanzen** führt zu hitzigen Debatten über mögliche Gefahren für die Menschen und Tiere, die sie essen, sowie für das Ökosystem im Allgemeinen.

[7]
2000
Die **Russisch-Orthodoxe Kirche** spricht Zar Nikolaus II. und seine Familie heilig und bezeichnet sie wegen der Frömmigkeit, die sie in ihren letzten Tagen zeigten, als „Märtyrer des Glaubens" (niedrigster Grad der Heiligkeit).

[8]
2000
Die Angst vor Problemen mit den Computersystemen beim Jahrtausendwechsel – dem so genannten **Y2K Bug** – erweist sich Anfang Januar als unbegründet.

2000
Ein Gericht in Miami verpflichtet **Zigarettenhersteller** zu Schadenersatzzahlungen von fast 145 Milliarden Dollar an Bürger Floridas, die durch das Rauchen von Zigaretten gesundheitliche Schäden davontrugen. 2006 weist der höchste Gerichtshof Floridas die Klage ab.

2000
Gao Xingjian, ein chinesischer Emigrant und Romanautor, Dramatiker und Kritiker, erhält als erster chinesisch schreibender Schriftsteller den Literaturnobelpreis für „ein Werk von universaler Gültigkeit, bitterer Einsicht und sprachlichem Sinnreichtum".

2000
Green Architecture, eine Bewegung, die umweltfreundliche Gebäude entwirft, bekommt besonders in Europa immer mehr Anhänger.

2000
Der jamaikanische Kricketspieler **Courtney Walsh** bringt die meisten Schlagmänner in der Geschichte des Spiels zum Ausscheiden (435).
[3]

2000
Die Veröffentlichung von Büchern im elektronischen Format – das so genannte **E-Publishing** – wird immer beliebter, so dass einige Verlage Pläne in dieser Richtung ankündigen.

2000
Es gibt Berichte, denen zufolge etwa 27 Millionen Menschen in **Sklaverei** leben – mehr als jemals zuvor.

[7] Zar Nikolaus II. mit seiner Familie auf einem 1905 aufgenommenen Foto.

[10] Tate Modern, ein umgebautes Elektrizitätswerk an der South Bank der Themse. Besonders die riesige Turbinenhalle, für die einige Installationen und riesige Skulpturen in Auftrag gegeben wurden, ist interessant. Die Millennium Fußgängerbrücke von Norman Foster ist links zu sehen.

[9] Das Sony Center auf dem Potsdamer Platz in Berlin.

[8] Eine unnötige Vorsichtsmaßnahme: eine Pressekonferenz am 29. Februar im Schaltjahr 2000, einberufen durch den Rat mit dem unheilvollen Namen Rat des Präsidenten zum Jahrtausendwechsel, bei der bestätigt wird, dass auch dieses ungewöhnliche Datum nicht wirklich Probleme verursachte.

[3] Kricketspieler Courtney Walsh macht wieder einen atemberaubend schnellen Schlag.

[9]
2000
In Berlin öffnet das **Sony Center**. Die Verwendung von Stahl und Glas verkörpert das Gefühl der Transparenz des vom deutschen Architekten Helmut Jahn entworfenen Gebäudes.

2000
In Sydney in Australien finden die **Olympischen Sommerspiele** statt.

[10]
2000
Das neue Londoner Kunstmuseum **Tate Modern** wird eröffnet. Es sind alle bedeutenden Kunstrichtungen vertreten: *Kubismus, Futurismus, abstrakter Expressionismus, Dadaismus, Surrealismus* und *Pop Art*.

2000
Frankreich wird **Fußballeuropameister,** als es Italien im Endspiel durch ein Golden Goal in der Verlängerung mit 2:1 besiegt. Frankreich ist damit das erste Land, das hintereinander Weltmeister und Europameister wird.

2000
Wladimir Putin, ein ehemaliges Mitglied des sowjetischen Geheimdienstes KGB, wird zum russischen Präsidenten gewählt.

2000
Der **Vatikan** veröffentlicht den lange erwarteten Inhalt der dritten Prophezeiung der Jungfrau Maria (erstmals Bauernkindern aus Fatima im Jahre 1917 verkündet), nämlich das Attentat auf Papst Johannes Paul II. im Jahre 1981.

2000-2001

2000
Das Whitney Museum of American Art zeigt zum ersten Mal eine umfangreiche Ausstellung der Gemälde von **Alice Neel**, u.a. die für ihre Darstellung des menschlichen Zustands bekannten Porträts.

2000
Mit seinem Sieg bei den British Open wird der US-amerikanische Golfspieler **Tiger Woods** zum jüngsten Golfspieler, der je die vier wichtigsten Turniere gewonnen hat.
[1]

2000
AIDS erreicht in Afrika epidemische Ausmaße; fast 40 Prozent der Bevölkerung einiger Länder ist HIV-infiziert.

31. Januar 2000
Der britische Arzt **Harold Shipman** wird zu lebenslanger Haft verurteilt. Ihm wird vorgeworfen, zwischen 260 und 360 Menschen getötet zu haben. 2004 nimmt er sich selbst das Leben.

18. März 2000
Chen Shui-bian, ein Führer der für eine unabhängige Republik Taiwan kämpfenden Bewegung, wird zum Präsidenten Taiwans gewählt und beendet damit die 55 Jahre dauernde Herrschaft der Nationalistischen Partei.
[2]

4. April 2000
Die Regierung **Südkoreas** lässt etwa 85 Prozent der Viehmärkte des Landes schließen in dem Versuch, dem Ausbruch der Maul- und Klauenseuche in Asien Einhalt zu gebieten.
[3]

[1] Tiger Woods küsst nach seinem Sieg bei den British Open in St. Andrews den Pokal.

[2] Chen Shui-bian, ein neues Gesicht in Taiwan anstelle der alten Kuomingtang Nationalistenführer. Er wird 2004 für eine zweite Amtszeit wiedergewählt.

[3] An einem südkoreanischen Stand wird trotz der grassierenden Maul- und Klauenseuche gedünstetes Schweinefleisch verkauft.

[6] Der Schaden am Kriegsschiff „Cole" ist deutlich sichtbar. Verantwortlich sind islamische Extremisten, wahrscheinlich die „al-Qaida".

[7] Vicente Fox.

[6]
12. Oktober 2000
Eine durch einen Selbstmordattentäter an Bord des US-amerikanischen Kriegsschiffs **USS Cole** im Hafen von Aden gezündete Bombe verursacht den Tod von 17 Matrosen.

27. Oktober 2000
Bei einem Konzert in der Nähe von Tel Aviv wird zum ersten Mal öffentlich in Israel die Musik des deutschen Komponisten **Richard Wagner** gespielt, den viele mit dem nationalsozialistischen Regime in Verbindung bringen.

27. November 2000
Der mit 24,5 km längste Straßentunnel der Welt, der **Laerdal Tunnel,** wird im Westen Norwegens geöffnet. Bis dahin war der St. Gotthard Tunnel der längste Tunnel.

28. November 2000
Das Parlament der **Niederlande** verabschiedet ein Gesetz, das die Euthanasie unter bestimmten Umständen erlaubt.

[7]
1. Dezember 2000
Vicente Fox, ein Mitglied der Nationalen Aktionspartei, wird Präsident Mexikos. Seine Wahl beendet das 71 Jahre lange, ununterbrochene Regime der Partido Revolucionario Institucional (Institutionale Revolutionspartei).

[8]
12. Dezember 2000
Bei der umstrittenen Präsidentschaftswahl in den USA unterbindet der Oberste US-Gerichtshof die **Auszählung per Hand**, die in einigen Bezirken Floridas angefangen hat, da sie gegen das Gleichbehandlungsgebot des 14. Zusatzartikels verstößt.

13. Juni 2000
Der südkoreanische Präsident **Kim Dae Jung** trifft sich mit dem nordkoreanischen Staatsoberhaupt **Kim Jong Il** im bisher ersten Gipfeltreffen der beiden Staaten. Sie einigen sich darauf, die Wiedervereinigung weiter zu verfolgen.
[4]

27. Juli 2000
Eine **Concorde** der Air France stürzt kurz nach dem Start in Paris ab. 109 Menschen an Bord der Maschine und 4 weitere am Boden werden getötet. Das Flugzeug wurde von einem verlorenen Teil einer anderen Maschine auf der Startbahn getroffen.

12. August 2000
Das mit atomaren Marschflugkörpern bestückte U-Boot **Kursk**, eines der größten und modernsten russischen U-Boote, sinkt nach einer Explosion in einer Torpedokammer in der Barentssee mitsamt Besatzung.
[5]

6. September 2000
Tuvalu, eine aus neun Koralleninseln bestehende Gruppe im mittleren Westpazifik mit einer Bevölkerung von 10 000 Menschen, wird das 189. Mitglied der Vereinten Nationen.

6. Oktober 2000
Ein **Erdbeben** der Stärke 7,3 erschüttert die Gegend von Sakaiminato in Japan. Es ist das stärkste Beben seit dem großen Erdbeben von Hanshin im Jahre 1995, jedoch sind die Schäden und die Zahl der Opfer relativ gering, da das Epizentrum in einer nur dünn bevölkerten Region liegt.

11. Oktober 2000
Bei einer Feier in London wird der russischen Kosmonautin **Valentina V. Tereschkowa**, der ersten Frau im Weltraum, von der International Women of the Year Association der Titel „Erfolgreichste Frau des Jahrhunderts" verliehen.

[4] Die Präsidenten von Südkorea (rechts) und Nordkorea umarmen sich – oder zumindest tun das die Träger ihrer Masken.

[9] Simeon mit Anhängern in Sofia.

[5] Das russische U-Boot „Kursk".

[8] Uncle Sam sagt vor dem Kapitolgebäude in Florida deutlich seine Meinung.

2001
In Moskau entscheidet ein Richter, dass die **Zeugen Jehovas** nicht gegen ein Gesetz verstoßen, dass religiöse Sekten verbietet, die zu Gewalt auffordern. Dieses Urteil wird als ein Test für die Religionsfreiheit im Land gesehen.

2001
Das Arctic National Wildlife Refuge in **Alaska** löst einen Umweltkampf aus, als die US-amerikanische Regierung darüber nachdenkt, dieses Naturschutzgebiet für Ölbohrungen freizugeben.

2001
US-amerikanische Medien und Politiker erhalten mit **Anthraxerregern** verseuchte Briefe**,** die zu mehreren Todesfällen führen. Die US-Regierung überdenkt daraufhin ihre Impfungen gegen Milzbrand und Pocken.

2001
Apple beginnt mit dem Verkauf des **iPod**, einem tragbaren MP3 Player, der schnell zum Marktführer wird. Der Begriff *Podcasten*, eine Kombination aus iPod und Broadcasting, wird für das Herunterladen von Audio- und Videomaterial geprägt.

2001
Apple führt sein neues Betriebssystem **OS X** ein.

[9]
2001
Simeon von Sachsen-Coburg und Gotha, der ehemalige bulgarische König Simeon II. (1943-46), wird zum Ministerpräsidenten **Bulgariens** gewählt.

2001

2001
George W. Bush von der Republikanischen Partei wird 43. Präsident der USA durch einen 5:4 Entscheid des Obersten Gerichtshofes. Richard B. Cheney wird sein Vizepräsident.
[1]

2001
Trotz weltweiter Proteste und Einwände beginnen afghanische Truppen mit der Zerstörung aller Statuen des Landes, welche die regierenden **Taliban** als beleidigend für den Islam empfindet, darunter auch zwei riesige, aus Stein gehauene Buddha-Figuren aus dem 5. Jahrhundert.
[2]

2001
Die Debatten über den medizinischen Nutzen von **Marihuana** dauern an. Der Oberste US-Gerichtshof entscheidet, dass Marihuana keinen akzeptablen medizinischen Nutzen hat, einige Monate später jedoch erkennt es Kanada für bestimmte medizinische Fälle an.

2001
Hillary Clinton wird als Senatorin für New York vereidigt und ist somit die erste Frau, die in dieses Amt gewählt wurde.
[3]

2001
Jacques Rogge wird nach Juan Antonio Samaranch Vorsitzender des Internationalen Olympischen Komitees. Samaranchs Amtszeit war geprägt von Kontroversen und Korruptionsanschuldigungen.

2001
Frauen dürfen in allen Bereichen der **Deutschen Bundeswehr** dienen.
[4]

2000-2012

[1] George W. Bush und „Dick“ Cheney.

[3] Der erste Schritt zum Weißen Haus? Die Familien Clinton und Rodham spielen Hillary Clintons Vereidigung als Senatorin von New York nach. Ihre Mutter hält die Bibel, Al Gore ist rechts zu sehen und Hillarys Bruder Hugh Rodham ist hinter ihr.

[4] Wache vor dem Amtssitz des Bundespräsidenten in Berlin.

[2] Ein Mitglied der Taliban-Milizen steht stolz vor seinem Werk, oder das seiner Kameraden – eine leere Nische, die nach der Zerstörung der Buddha-Statue übrig geblieben ist.

[9] Die Raumstation „Mir“ mit dem angekoppelten Modul „Spektr“. Dieses Modul wurde beschädigt, als ein unbemanntes Raumschiff mit Nachschub 1997 dagegen stieß.

2001
Das Parlament der **Niederlande** legalisiert den von einem Arzt begleiteten Selbstmord, wenn gewisse Kriterien der Sorgfaltspflicht erfüllt sind.

[9]
2001
Die russische Raumstation **Mir** wird geräumt und stürzt in den Pazifik. Sie war mehr als 14 Jahre im Dienst.

2001
Der Energieriese aus Texas, **Enron Corporation,** beantragt Gläubigerschutz nach Paragraph 11. Das Justizministerium beginnt daraufhin mit Ermittlungen gegen die Firma wegen eines möglichen Bilanzbetrugs.

[10]
2001
Der in Trinidad geborene Schriftsteller **Sir V.S. Naipaul** erhält den Literaturnobelpreis. Er ist besonders für seine in den Ländern der Dritten Welt spielenden, pessimistischen Romane bekannt, wie z.B. *An der Biegung des großen Flusses* (1979).

7. Januar 2001
John Kufuor wird als Präsident von Ghana im ersten friedlichen Regierungswechsel in der Geschichte des Landes vereidigt.

9. Januar 2001
Australische Wissenschaftler behaupten, dass die DNS aus den 60 000 Jahre alten, hier gefundenen menschlichen Überresten keine Ähnlichkeit mit den Vorfahren aus Afrika aufweist. Das scheint eine Parallelentwicklung zu belegen.

2001
Wissenschaftler berichten über Erkenntnisse, denen zufolge die Erde vor etwa 250 Millionen Jahren von einem **Asteroiden** getroffen wurde, was Vulkanausbrüche auslöste und zum größten Massenaussterben von Lebewesen in der Geschichte des Planeten verursachte.
[5]

2001
Die **Schweiz** entscheidet sich in einer Volksabstimmung gegen den Beitritt zur Europäischen Union.

2001
Die **Koalition gegen den Einsatz von Kindersoldaten** berichtet, dass mindestens 300 000 Kinder unter 18 Jahren in 41 Ländern als Soldaten kämpfen.
[6]

2001
Das **Eden Projekt**, der größte Gewächshauskomplex der Welt, wird im englischen Cornwall eröffnet.
[7]

2001
Der **Schiefe Turm von Pisa** eröffnet erstmals wieder seit 1990, nachdem Ingenieure ihn leicht aufrichteten, um ihn vor dem Umfallen zu bewahren.
[8]

2001
Die Niederlande legalisiert als erstes Land **Ehen zwischen gleichgeschlechtlichen Partnern**. Zwei Jahre später folgen Belgien und Kanada ihrem Beispiel.

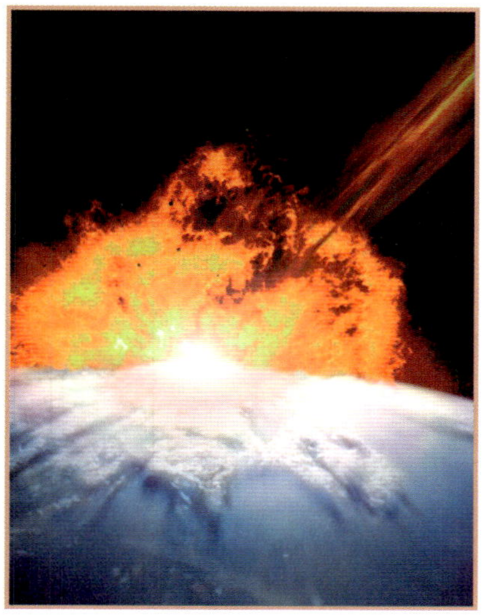

[5] Die Simulation eines Asteroiden, der auf die Erde schlägt.

[7] Das Eden Projekt, mit geodätischen Kuppeln, unter denen tropische und subtropische Lebensräume simuliert werden können. Die Kuppeln wurden in einen stillgelegten Kaolinsteinbruch hineingebaut.

[8] Der Schiefe Turm von Pisa, wieder in einer weniger starken Schräglage.

[6] Kindersoldaten der Sudanesischen Volksbefreiungsarmee, die im Süden des Landes gegen die islamisch-sudanesische Regierung kämpft.

[10] V.S. Naipaul.

11. Januar 2001
Die US-amerikanische Federal Communications Commission billigt den größten Firmenzusammenschluss der Geschichte und **AOL Time Warner** (nun verkürzt zu Time Warner) geht am nächsten Morgen an die Börse.

18. Februar 2001
Der ehemalige **Serienwagenrennfahrer Dale Earnhardt Sr.** stirbt an den Verletzungen, die er in der letzten Runde des Daytona 500 in Folge eines Unfalls erlitt.

April 2001
Junichiro Koizumi wird Ministerpräsident Japans in der ersten Wahl, in der Parteimitglieder der Präfektur sowie Mitglieder des Parlaments abstimmen dürfen.

1. April 2001
Bei einem **Zusammenstoss in der Luft** zwischen einem US-Spionageflugzeug und einem chinesischen Kampfflugzeug stirbt der chinesische Pilot. Das beschädigte amerikanische Flugzeug kann auf der Insel Hainan landen, wo die Besatzung verhaftet wird.

9. April 2001
Die Fluggesellschaft **American Airlines** beendet offiziell den Erwerb der **Trans World Airlines** und wird somit zur größten Fluggesellschaft der Welt.

11. Juni 2001
Timothy McVeigh wird hingerichtet. Er wurde beschuldigt, am 19. April 1995 in einem Regierungsgebäude in Oklahoma eine Bombe gezündet zu haben, die 168 Menschen im bis dahin schlimmsten Terrorfall der USA tötete.

2001-2002

27. Juni 2001
Der US-amerikanische Schauspieler **Jack Lemmon** stirbt. Er war sowohl Meister der Komödie als auch des Dramas und bekam in seiner mehr als 50-jährigen Karriere zwei Oscars.

5. September 2001
Bei einer Konferenz in Washington beschreiben Wissenschaftler ihre Beobachtungen von Energiesignalen, was die Theorie des **Schwarzen Lochs** im Zentrum der Milchstraßengalaxie untermauern würde.

11. September 2001
Terroristen entführen vier Verkehrsflugzeuge. Mit zwei der Flugzeuge fliegen sie in das **World Trade Centre** in New York, mit einem weiteren in das Pentagon. Das vierte stürzt über Pennsylvania ab.

18. September 2001
Zwei Tage lang bricht der **Taifun Nari** mit Rekordregenfällen über Taiwan herein und verursacht schwere Überflutungen, die 79 Menschen das Leben kosten.

21. September 2001
Auf dem **Aktienmarkt** der Vereinigten Staaten erlebt der Dow Jones Index den größten Einbruch im Wochendurchschnitt (14,3 %) seit der Großen Depression.

8. Oktober 2001
In Italien ereignet sich der bis dahin schlimmste Luftverkehrsunfall seit fast 30 Jahren, als eine Cessna auf dem **Flughafen Linate** in Mailand auf der Rollbahn falsch abbiegt und mit einem startenden Flugzeug kollidiert, das daraufhin explodiert. Es sterben 118 Menschen.

11. SEPTEMBER

Flugzeugentführungen und Terroranschläge auf US-amerikanische Ziele

Die Angriffe, die von 19 zur extrem-islamistischen Gruppe al-Qaida gehörenden Kämpfern durchgeführt wurde, waren schon lange im Voraus geplant. Die Kämpfer – von denen die meisten aus Saudi-Arabien stammten – reisten in die Vereinigten Staaten ein, wo einige von ihnen als Piloten auf Verkehrsflugzeugen ausgebildet wurden. In kleinen Gruppen schleusten sie sich am 11. September an Bord von vier Inlandflügen und rissen die Kontrolle über die Flugzeuge kurz nach dem Start an sich. Um 08.46 Uhr (Ortszeit) richteten die Terroristen das erste Flugzeug gegen den Nordturm des World Trade Centers in New York (oben). Ein zweites Flugzeug stieß nur 15 Minuten später in den Südturm. Beide Türme brachen in Flammen aus und fielen durch den verursachten Schaden in sich zusammen. Ein drittes Flugzeug flog gegen 09.40 Uhr in die südwestliche Seite des Pentagon bei Washington und weniger als eine Stunde später stürzte ein viertes Flugzeug über Pennsylvania ab, da die Passagiere, die über Mobiltelefone von den Absichten unterrichtet worden waren, ihre Angreifer überwältigen konnten. Etwa 2750 Menschen starben in New York, 184 im Pentagon und 40 in Pennsylvania. Alle 19 Terroristen starben. Nach dem 11. September erklärte Präsident George W. Bush dem Terrorismus den Krieg, den er zum Hauptaugenmerk der US-amerikanischen Außenpolitik machte.

[4] Ägyptische Rettungskräfte am ausgebrannten Zug. Der Zugführer hatte nicht gemerkt, dass der Zug brannte und fuhr noch weitere 6,5 km, bevor er anhielt.

[1] Michael Schumacher nach dem Sieg beim Großen Preis von Ungarn mit Mitgliedern des Ferrari-Teams.

29. November 2001
Der ehemalige Beatle **George Harrison** stirbt im Haus eines Freundes in Los Angeles an Krebs.

1. Dezember 2001
Kronprinz Naruhito und Kronprinzessin Masako von **Japan** bekommen ihr erstes Kind, ein Mädchen, das kein Anrecht auf den Thron hat.

[3]
22. Dezember 2001
Deutschland stimmt der Resolution 1386 der Vereinten Nationen zu und entsendet Truppen nach **Afghanistan**. Dies ist der erste Bundeswehreinsatz außerhalb Europas.

23. Dezember 2001
Argentinien verkündet die Aussetzung der Rückzahlungen seiner Auslandsschulden, der bisher schlimmste Zahlungsverzug der Geschichte.

[4]
2002
Ein Brand in einem Zug tötet südlich von **Kairo** mehr als 370 Fahrgäste.

2002
Im Laufe des Jahres ereignen sich drei größere Unfälle mit **chinesischen Flugzeugen**. Im April sterben 128 Menschen, im Mai 103 und danach noch einmal 225.

9. Oktober 2001
Die United Service Organizations (USO) ernennen den Unterhaltungskünstler **Wayne Newton** als ihren offiziellen, prominenten Moderator und ersetzen damit Bob Hope, der diese Position seit Anfang der 1950er Jahre innehatte.

12. Oktober 2001
Der Friedensnobelpreis des Jahrhunderts geht an **Kofi Annan**, den Generalsekretär der Vereinten Nationen, und an die Vereinten Nationen selbst.

14. Oktober 2001
Mit seinem Sieg beim Großen Preis von Ungarn gewinnt **Michael Schumacher** seine vierte Weltmeisterschaft in der Formel 1 mit einem Rekordergebnis von 58 Punkten.
[1]

10. November 2001
Nach 15-jährigen Verhandlungen wird Chinas Mitgliedschaft in der **World Trade Organization (WTO)** gebilligt; der Mitgliedschaft Taiwans wird am nächsten Tag zugestimmt.
[2]

13. November 2001
Kurz nach der von den USA geleiteten Invasion **Afghanistans** nach den schrecklichen Anschlägen vom 11. September nimmt die Armee der Nordallianz gegen die Taliban die Hauptstadt Kabul ein.
[3]

24. November 2001
Die Große Nationalversammlung der **Türkei** ratifiziert Veränderungen in der Gesetzgebung, so dass die Frauen den Männern nun vor dem Gesetz gleichgestellt und nicht länger Eigentum ihrer Ehemänner sind.

[2] Der chinesische Außenhandelsminister Shi Guangsheng stößt in Katar auf den Beitritt seines Landes zur WTO an. Viele Menschen glauben, dass die Verstöße Chinas gegen die Menschenrechte einen Beitritt hätten verhindern müssen, aber der wirtschaftliche Einfluss ist wohl zu groß.

[6] Königin Elisabeth trifft bei ihrer Reise durch Großbritannien anlässlich ihres Goldenen Jubiläums auf Schulkinder.

[3] Die Truppen der Nordallianz fahren triumphierend durch Kabul.

[5] Steve Fossetts Ballon „Spirit of Freedom“ in 6400 m Höhe vor der Küste Chiles.

[7] Russische Sicherheitskräfte tragen die Geiseln aus dem Moskauer Theater. Es scheint, dass das bei dem Angriff eingesetzte Gas die meisten Todesfälle verursachte.

[5]
2002
Der US-amerikanische Abenteurer **Steve Fossett** umrundet als erster Mensch alleine mit einem Ballon die Welt.

2002
Brasilien besiegt Deutschland im Finale der **Fußballweltmeisterschaft** der Herren mit 2:0.

[6]
2002
Die britische **Königin Elisabeth** feiert ihr Goldenes Thronjubiläum nach 50 Jahren Regentschaft.

2002
In der **römisch-katholischen Kirche** kommt es zu Auseinandersetzungen, als der weit verbreitete sexuelle Missbrauch durch Kirchenmänner und die Vertuschung durch die Kirchenhierarchie bekannt wird. Hohe Entschädigungssummen wurden gezahlt.

[7]
2002
Tschetschenische Rebellen versuchen, die russischen Truppen aus ihrem Land zu vertreiben, indem sie Zivilisten angreifen. U.a. nehmen sie 800 Theaterbesucher in Moskau als Geiseln. 120 Geiseln und die meisten Rebellen sterben bei der Befreiung.

2002
Eritrea und Äthiopien einigen sich auf eine gemeinsame Grenze, die von einer unabhängigen Kommission vorgeschlagen wurde. Jedoch beanspruchen beide Seiten sofort die Stadt **Badme** für sich.

2002
Ausländische Friedenstruppen kommen in Afghanistan an, um die Interimsregierung von **Hamid Karzai** zu unterstützen.

2002
Der ehemalige Schuhputzer **Inacio Lula da Silva** gewinnt die Wahl zum brasilianischen Präsidenten. Er führt die erste linksgerichtete Regierung seit mehr als vier Jahrzehnten an.
[1]

2002
Hindus und Moslems beginnen in Indien mit Krawallen als Antwort auf einen brennenden Zug in **Godhra**, Provinz Gujarat, bei dem 69 hinduistische Pilger getötet wurden. Mehr als 1000 Menschen sterben, die meisten von ihnen sind Moslems.

2002
Hu Jintao folgt Jiang Zemin als Generalsekretär der Kommunistischen Partei Chinas.

2002
Im Fall **Atkins gegen den Staat Virginia** entscheidet der US-amerikanische Oberste Gerichtshof, dass die Ausübung der Todesstrafe an geistig zurückgebliebenen Menschen eine „grausame und unübliche Bestrafung" darstellt, die laut 8. Zusatzartikel verboten ist.

2002
In ihrem bisher größten Gemeinschaftsprojekt einigen sich Jordanien und Israel darauf, in Zusammenarbeit Wasser zum **Toten Meer** zu pumpen, um dessen Austrocknung zu verhindern.
[2]

AFGHANISTANS NEUE REGIERUNG

Fortschritt in Richtung politische Stabilität

Kriegsherrentum und ethnische Rivalität herrschten im Jahr 2002 in Afghanistan vor, und doch wurden wichtige Schritte zur Bildung einer stabilen, demokratischen und sozialen Struktur auf den Grundlagen der traditionellen afghanischen Werte unternommen. Hamid Karzai (links unten), den eine von der UN unterstützte internationale Konferenz in Bonn im Dezember 2001 zum Oberhaupt einer Interimregierung auswählte, versuchte, das Gleichgewicht zwischen den ethnischen und den Stammesgruppen zu erhalten und gleichzeitig den Grundstein für nationale Institutionen zu legen. Obwohl Karzai Stammesführer der Paschtunen war, besaß er keine eigenen Streitkräfte. Die Sicherheit in Kabul wurde durch die aus 4000 bis 5000 Mann bestehende International Security Assistance Force (ISAF) aufrechterhalten, bei deren Kommando sich die teilnehmenden Länder abwechselten. Auf dem Foto (links oben) patrouillieren britische ISAF-Soldaten friedlich mit Afghanen.

Im April kehrte der ehemalige König des Landes, Mohammed Zahir Schah nach 29 Jahren Exil nach Kabul zurück. Viele hofften, er würde die Paschtunen-Monarchie wieder in Afghanistan einführen, aber er selbst schloss das aus. Im Juni eröffnete Zahir Schah offiziell eine provisorische Loya Jirga, wie von der Bonner Konferenz vorgeschrieben. Die Loya Jirga ist eine Versammlung der wichtigsten Führer aus ganz Afghanistan und höchste Autorität des politischen Lebens im Land. Die wichtigste Aufgabe bestand darin, einen Vorsitzenden der Übergangsregierung zu wählen, die laut Bonner Vereinbarung die Interimsregierung ersetzen sollte. Man erwartete, dass Karzai gewählt würde und die Herausforderung durch den ehemaligen Präsidenten Burhanuddin Rabbani, einem Tadschiken, und von Anhängern des ehemaligen Königs vermieden werden konnte , als beide Männer sich in einer Geste nationaler Einigkeit zurückzogen. Die Loya Jirga bestätigte dann Karzai und die 13 Mitglieder seines Kabinetts.

[1] Präsident Lula da Silva und seine Frau nach seiner Vereidigung.

[2] Ein Israeli entspannt sich mit einem Roman von John Grisham im Toten Meer.

2002
Wissenschaftler entschlüsseln den genetischen Code des **Malariaerregers**. Diese Entdeckung soll bei der Entwicklung von Impfstoffen und Medikamenten zur Bekämpfung der Krankheit helfen.

[5]
2002
Wissenschaftler in **Texas** klonen eine Hauskatze. Zu den bisher geklonten Tieren gehören Schafe, Schweine, Mäuse und Ziegen.

2002
Die **Stammzellenforschung** ist Thema internationaler Debatten. Während einige Wissenschaftler die Verwendung von Stammzellen für mögliche Fortschritte unterstützen, sind andere aus religiösen oder ethischen Gründen gegen die Verwendung der Zellen.

2002
London feiert den 100. Jahrestag der ersten Veröffentlichung des **Times Literary Supplement,** das als eines der besten Literaturmagazine in englischer Sprache gilt.

[6]
2002
In Ägypten wird offiziell die **Bibliotheca Alexandrina** eröffnet. Sie kostete mehr als 120 Millionen Dollar und erhielt ihren Namen zu Ehren der ursprünglichen Bibliothek von Alexandria, welche die berühmteste der Antike war.

2002
Die Handelsgemeinschaft der **Caribbean Community** (Karibische Gemeinschaft – Caricom) erkennt Haiti als vollwertiges Mitglied an.

2002
Indien testet erfolgreich die Rakete *Agni*. Sie kann auch für Atomwaffen verwendet werden.
[3]

2002
Kim Jong Il entschuldigt sich beim japanischen Ministerpräsidenten Junichiro Koizumi für die Entführung japanischer Bürger in den 1970er und 1980er Jahren durch Nordkorea.
[4]

2002
Pakistan testet erfolgreich drei *Ghauri*-Raketen, atomwaffenfähige Boden-Boden-Raketen.

2002
Papst Johannes Paul II. reist zum ersten Mal nach Aserbeidschan und spricht sich für ein Ende aller Religionskriege aus.

2002
Russland und die USA einigen sich auf eine **Abrüstung der Atomwaffen**: Beide wollen ihren Bestand in den nächsten zehn Jahren auf etwa 2000 Stück reduzieren, ein beträchtlicher Schnitt angesichts der 6000 Raketen, die jedes der beiden Länder derzeit besitzt.

2002
Wissenschaftler berichten, dass sie ein Gen gefunden haben, welches das Risiko der Erkrankung an **Diabetes Typ 2** erhöht, eine Form der Krankheit, die einst auf Jugendliche und Erwachsene beschränkt war, an der aber nun immer mehr Kinder erkranken.

[3] Indien prahlt mit einer „Agni II"-Rakete bei der Parade am Tag der Republik in Neu Delhi im Jahre 2002.

[4] Ein japanischer Vater hält das Bild seiner Tochter zur Zeit ihrer Entführung (links) und aus dem Jahre 2002 hoch. Sie und andere wurden von den nordkoreanischen Behörden verschleppt, um die japanische Sprache und Sitten in den Schulen auszuspionieren.

[7] Verschiedene Nennwerte des Euro. Die 500 Euro Banknote ist wegen des hohen Werts besonders beliebt bei Geldwäschern und ein beliebtes Ziel von Fälschern.

[5] Copycat, die erste geklonte Katze als sieben Wochen altes Kätzchen mit ihrer Leihmutter.

[8] Ein Bauer in Cumbria in England sieht zu, wie einige seiner gesunden Lämmer zum Schlachter abtransportiert werden. Die britische Regierung ließ vorsorglich 11 Millionen Tiere schlachten, um der Maul- und Klauenseuche Herr zu werden.

[6] Die neue Bibliotheca Alexandrina im ägyptischen Alexandria. Die ursprüngliche Bibliothek war eines der sieben Weltwunder der Antike.

[7]
2002
In zwölf europäischen Ländern wird der **Euro** als einzige Währung eingeführt und Währungen wie die Mark und die Lira werden als Zahlungsmittel abgeschafft.

[8]
2002
Die **Maul- und Klauenseuche,** die viele englische Vieh- und Schafbauern ruiniert hat, endet mit der Verkündigung durch die britische Regierung, dass das Land offiziell frei von dem ansteckenden Virus ist.

2002
Der Rechtsstreit zwischen Plattenfirmen und **Napster**, einer Internetsite, auf der die Benutzer Musikdateien tauschen können, wirft Fragen bezüglich des Verstoßes gegen das Urheberrecht sowie dessen Missbrauch auf.

2002
In Salt Lake City in Utah finden die **Olympischen Winterspiele** statt.

2002
Die türkische islamische **Gerechtigkeits- und Entwicklungspartei** erzielt einen erdrutschartigen Sieg bei den Wahlen, als sie verspricht, sich an die weltlichen Gesetze der Landesverfassung zu halten.

2002
Mit mehr als einer Milliarde Exemplaren weltweit befinden sich die **Handys** an der Spitze einer „schnurlosen Revolution". Man kann mit den neuen Mobiltelefonen nicht nur telefonieren, sondern auch fotografieren und kurze Sequenzen filmen.

2002-2003

23. Januar 2002
Der US-amerikanische Journalist **Daniel Pearl** wird in Karatschi in Pakistan entführt. Sein Tod wird bestätigt, als US-amerikanische Beamte ein Videoband erhalten, das seine Hinrichtung zeigt.
[1]

29. Januar 2002
US-Präsident **George W. Bush** hält seine Rede „Zur Lage der Nation" und bezeichnet den Irak, den Iran und Nordkorea als die **Achse des Bösen**.

12. Februar 2002
Slobodan Milošević, jugoslawischer Präsident von 1997 bis 2000, wird wegen seiner Kriegsverbrechen vor den Internationalen Strafgerichtshof für das ehemalige Jugoslawien in Den Haag gestellt.

13. Februar 2002
Das **Schottische Parlament** verabschiedet das Gesetz zum Schutz wilder Säugetiere, das die Jagd mit Hunden auf wilde Säugetiere verbietet und praktisch die Fuchsjagd in Schottland unterbindet.

24. März 2002
Die Filmstars Denzel Washington und Halle Berry sind die zweiten und dritten Afroamerikaner, die einen **Oscar** für ihre Hauptrollen gewinnen.
[2]

30. März 2002
Elisabeth, **die Königinmutter**, stirbt im Alter von 101 Jahren im Schlaf in Windsor Castle. Sie war von 1936 bis 1952 Königsgemahlin von Großbritannien und Irland.
[3]

2000-2012

[1] Daniel Pearl auf einem Foto, dass seine Geiselnehmer an die Medien schickten. Er hält eine aktuelle Tageszeitung hoch, um die Authentizität des Bildes zu beweisen.

[2] Denzel Washington und Halle Berry mit ihren Trophäen hinter der Bühne der Oscarverleihung.

[3] Prinz Charles in seiner Admiralsuniform steht in Westminster Hall Wache neben dem Sarg seiner Großmutter, über den ihre persönliche Flagge drapiert ist.

[6] Die Überreste einer Bar in Bali, die von der al-Qaida gesprengt wurde. Die meisten Opfer waren junge Australier.

[4] Ein Poster von Pim Fortuyn an der Wand des Parlamentsgebäudes in Den Haag mit brennenden Kerzen davor am Abend nach seiner Ermordung.

20. Oktober 2002
Blue Stream, die tiefste Unterwasserpipeline der Welt, wird in der Türkei eröffnet. Sie wird für den Transport von Erdgas verwendet.

2. November 2002
Bei den durch Norwegen vermittelten und in Thailand abgehaltenen Friedensverhandlungen einigen sich die Regierung von **Sri Lanka** und die Liberation Tigers of Tamil Eelam auf die Bildung eines Ausschusses, um zu klären, wie man die Macht teilen kann.

8. November 2002
Der UN-Sicherheitsrat verabschiedet einstimmig die **Resolution 1441**, die Saddam Hussein zur Abrüstung zwingt, andererseits habe er „schwerwiegende Konsequenzen" zu befürchten.

[7]
13. November 2002
Der Öltanker **Prestige** sinkt vor der Küste des spanischen Galiziens im Atlantik und verliert 50 000 Tonnen Rohöl.

21. November 2002
Bei einem Gipfeltreffen der **North Atlantic Treaty Organization (NATO)** in Prag wird den Ländern Bulgarien, Estland, Lettland, Litauen, Rumänien, der Slowakei und Slowenien offiziell die Aufnahme in das Bündnis angeboten.

25. November 2002
In London wird der 50. Geburtstag des Schauspiels **Die Mausefalle** von Agatha Christie mit einer königlichen Gala gefeiert. Es wurde am 25. November 1952 uraufgeführt und am 25. November 2002 zum 20 807. Mal gespielt.

13. April 2002
Der Militärputsch vom Tag zuvor, durch den der Geschäftsmann Pedro Carmona Estanga als Interimpräsident von **Venezuela** eingesetzt wurde, bricht zusammen, so dass am nächsten Morgen Hugo Chávez wieder als Präsident amtiert.

18. April 2002
Nach 29 Jahren im Exil kehrt der ehemalige König Afghanistans, **Mohammad Zahir Schah**, nach der US-amerikanischen Invasion und dem Sturz der Taliban-Regierung in die Hauptstadt Kabul zurück.

6. Mai 2002
Der niederländische homosexuelle Politiker **Pim Fortuyn** wird von einem Tierschutzaktivisten ermordet, der gegen Fortuyns Appelle, die Immigration in die Niederlande zu beenden, und seine Warnungen vor intoleranten Islamisten unter den Muslimen protestieren will.
[4]

22. September 2002
Hunderttausende Demonstranten vom Land sammeln sich in London, um für die **Fuchsjagd** zu demonstrieren, die das House of Commons zwei Jahre später in England und Wales verbietet.
[5]

11. Oktober 2002
Der US-Kongress verabschiedet ein Gesetz, das dem amerikanischen Präsidenten George W. Bush ausgedehnte Befugnisse bei der Anwendung von Gewalt gegen den **Irak** einräumt.

12. Oktober 2002
Auf der Insel Bali tötet eine den **al-Qaida**-Terroristen zugeordnete Bombe etwa 200 Menschen.
[6]

[5] Der Marsch der Countryside Alliance in London gegen das Verbot der Fuchsjagd.

[8] Tschetschenische Frauen gehen an einem gepanzerten Lastwagen der Russen vorbei.

[7] Im Mai 2003 werden die Felsen an der Nordwestküste Spaniens vom Öl der „Prestige" gereinigt.

2003
Nach monatelangen, ernsthaften Spannungen zwischen beiden Ländern, einigen sich Indien und Pakistan in **Kaschmir** auf einen Waffenstillstand.

2003
Bei einem **Erdbeben** in der Nähe von Bingol in der Türkei sterben mehr als 160 Menschen.

2003
Da der Skandal um den sexuellen Missbrauch an Kindern andauert, willigt die römisch-katholische **Erzdiözese Boston** ein, Liegenschaften im Wert von mehr als 100 Millionen Dollar zu verkaufen, um damit die Entschädigungen für die Opfer zu finanzieren.

2003
Kambodscha ist sehr betroffen von der Anschuldigung, dass es den alten Tempelkomplex „Angkor Wat" von Thailand gestohlen habe. Die thailändische Botschaft in Phnom Penh wird von einer aufgebrachten Menge angegriffen.

[8]
2003
Tschetschenische Separatisten versuchen durch Selbstmordattentate auf Regierungsgebäude, Militärkasernen, Rockkonzerte, Krankenhäuser, Busse und Züge, in deren Verlauf 200 Menschen sterben, das russische Militär aus ihrem Land zu vertreiben.

2003
Zum ersten Mal dürfen in **Oman** alle Bürger über 21 Jahre die Kandidaten für den Konsultativrat wählen.

2003

2003
England schlägt Australien im Finale der **Rugbyweltmeisterschaft** in Sydney. [1]

2003
Deutschland besiegt Schweden mit 2:1 im Finale der **Fußballweltmeisterschaft** der Damen.

2003
Hu Jintao wird vom nationalen Volkskongress zum Präsidenten Chinas gewählt. [2]

2003
Der US-amerikanische Oberste Gerichtshof bestätigt eine Bundessatzung von 1998, die alle **bestehenden Urheberrechte** um 20 Jahre **verlängert**.

2003
In ihrem ersten Einsatz außerhalb Europas entsendet die NATO Sicherheitskräfte nach Kabul in **Afghanistan**.

2003
Der US-amerikanische Oberste Gerichtshof erklärt, dass **Schwule und Lesben** laut 14. Zusatzartikel über die Rechtsstaatsgarantie „ein Recht auf die Achtung ihres Privatlebens" haben.

[1] Johnny Wilkinson trifft zum Siegtor für England in den letzten Sekunden des Finales in der Rugbyweltmeisterschaft.

[2] Jiang Zemin gratuliert seinem Nachfolger Hu Jintao.

[3] Shirin Ebadi auf dem Place de la Bastille in Paris.

[8] Der Umschlag der Originalausgabe von „Der Da Vinci Code".

[5] Rowan Williams nach der formalen Ernennung zum Erzbischof in der Kathedrale von Canterbury.

[7] Die Schweizer Jacht „Alinghi" vor dem Team aus Neuseeland. Die „Alinghi" gewinnt alle fünf Rennen des America's Cup.

2003
Die soziale Netzwerksite **MySpace** geht online. Schon 2007 ist sie die beliebteste Website und hat fast 200 Millionen Mitglieder.

2003
Spams (unerbetene E-Mails) werden zu einem immer größeren Problem. Einige Experten sagen vorher, dass sie bald die Anzahl der legitimen E-Mails überholen werden.

[7]
2003
Die Schweiz gewinnt ihren ersten **America's Cup**, den wichtigsten Preis im Segelsport.

[8]
2003
Der Da Vinci Code von Dan Brown wird herausgegeben und zu dem bisher am schnellsten verkauften Buch. Der fiktive Roman löst ernsthafte Diskussionen über seine Theorien zum Ursprung der Christenheit aus.

2003
Das **türkische Parlament** weigert sich, US-amerikanische Truppen zur Vorbereitung eines Angriffs auf den Irak ins Land zu lassen. Jedoch darf die US-amerikanische Luftwaffe den Luftraum der Türkei benutzen.

2003
Das US-amerikanische **Heimatschutzministerium** ist voll einsatzbereit. Es wurde als Reaktion auf die Terroranschläge vom 11. September 2001 gegründet und ist vorwiegend für den Schutz des Landes vor weiteren Anschlägen verantwortlich.

2003
Schweden entscheidet sich in einer Volksabstimmung gegen die Einführung des **Euro**.

2003
Das Überschallflugzeug **Concorde** wird als Verkehrsflugzeug ausgemustert.

2003
Die iranische Anwältin und Aktivistin **Shirin Ebadi** ist die erste Muslimin, die den Friedensnobelpreis bekommt. Sie wird für ihren Kampf für die Demokratie und Menschenrechte geehrt.
[3]

2003
Der in Polen geborene Architekt **Daniel Libeskind** wird beauftragt, den Platz des World Trade Centre in New York neu zu gestalten. Zu seinen Plänen gehört ein etwa 541 Meter hoher Turm. (1776 Fuß, nach dem Datum der Unabhängigkeitserklärung)
[4]

2003
Rowan Williams wird zum 104. Erzbischof von Canterbury ernannt. Er beschäftigt sich besonders mit der Homosexualität in der Kirche und der Ernennung weiblicher Bischöfe.
[5]

2003
Sechs Jahre nach dem Ende der britischen Herrschaft demonstrieren eine halbe Million Menschen in **Hongkong** gegen ein umstrittenes Sicherheitsgesetz. Das Gesetz wird abgeschafft.
[6]

[4] Libeskinds Siegerentwurf für den Platz des World Trade Centers. Sein Entwurf wurde so sehr verändert, dass selbst er ihn nicht mehr als seinen eigenen anerkennt. Die einzelnen Gebäude sollen das Werk mehrerer Architekten sein, unter anderem Frank Gehry, Norman Foster und Richard Rogers.

[6] Eine brodelnde Demonstrantenmenge im Zentraldistrikt von Hongkong bringt die Straßenbahnen zum Stillstand.

[9] Die Besatzung der „Columbia" starb, als die Raumfähre bei der Rückkehr aus dem All zerbrach.

[10] Eine tätowierte Mutter mit ihrer Tochter.

[9]
2003
Bei der Rückkehr von einer Mission zerbricht die US-amerikanische Raumfähre **Columbia** beim Eintritt in die Erdatmosphäre. Alle sieben Besatzungsmitglieder, darunter ein israelischer Astronaut, sterben bei der Katastrophe.

[10]
ca. 2003
Tätowierungen werden immer beliebter. Eine 2003 vom Institut Harris durchgeführte Umfrage ergibt, dass 16 Prozent aller US-amerikanischen Erwachsenen mindestens eine Tätowierung haben, bei den 25- bis 29-jährigen sind es 36 Prozent.

Januar 2003
Trotz internationaler Proteste erhält **Libyen** den Vorsitz der Menschenrechtskommission der Vereinten Nationen.

7. Januar 2003
Aufgrund eines Präsidentenerlasses ist in **Ägypten**, einem fast gänzlich muslimischen Land, Weihnachten zum ersten Mal ein landesweiter Feiertag – und zwar nach dem koptisch-orthodoxen Kalender am heutigen Tag.

1. Februar 2003
Der **Vertrag von Nizza** tritt in Kraft. Er wurde als Vorbereitung für den Beitritt osteuropäischer Länder zur Europäischen Union geschlossen.

4. Februar 2003
Jugoslawien ändert offiziell seinen Namen in **Serbien und Montenegro**.

2003-2004

5. Februar 2003
US-Außenminister **Colin Powell** erscheint vor dem Sicherheitsrat der Vereinten Nationen, um die Beweise dafür vorzulegen, dass der Irak verbotene Massenvernichtungswaffen besitzt.
[1]

12. März 2003
Der **serbische Ministerpräsident** Zoran Dindić wird im Auftrag eines Mitglieds der serbischen Mafia ermordet, von denen viele zu Miloševićs Spezialeinheiten gehörten.

12. März 2003
Die Weltgesundheitsorganisation (WHO) gibt eine weltweite Warnung vor der Krankheit **Severe Acute Respiratory Syndrome (SARS)** heraus, die hunderte von Menschen in Asien befallen hat.
[2]

19. März 2003
US-Präsident George W. Bush befiehlt Luftangriffe auf **Bagdad**, die Hauptstadt des Iraks, und beginnt somit den Irakkrieg mit dem Ziel, den irakischen Diktator Saddam Hussein zu stürzen.
[3]

10. April 2003
Haiti erkennt *Voodoo* offiziell als Religion an.

15. April 2003
Der US-amerikanische Präsident George W. Bush erklärt, dass die Regierung von Saddam Hussein im Irak infolge des **Irakkriegs** gestürzt sei und fordert die Vereinten Nationen am nächsten Tag zur Aufhebung der Sanktionen gegen den Irak auf.

[1] Colin Powell hält eine Kanüle mit Pulver hoch, um die Menge an Anthrax zu zeigen, die im Jahr zuvor den ganzen Senat lahm gelegt hatte. Damit will er die Gefahr untermauern, die durch Saddam Husseins Massenvernichtungswaffen droht.

[2] In Hongkong trägt man Gesichtsmasken, um sich vor einer Ansteckung mit SARS zu schützen.

[8] Arnold Schwarzenegger nimmt bei seiner ersten Pressekonferenz als Gouverneur eine Frage entgegen.

[3] Der Präsidentenpalast in Bagdad ist getroffen.

[6] Dr. David Kelly. Die Untersuchung ergibt, dass er sich selbst tötete.

[6]
18. Juli 2003
Dr. David Kelly wird tot aufgefunden. Er war Berater der britischen Regierung und ließ Informationen zu den übertriebenen Angaben über die angeblichen Massenvernichtungswaffen Saddam Husseins durchsickern.

August 2003
Libyen übernimmt die Verantwortung für den Anschlag auf ein Flugzeug in Lockerbie im Jahr 1988 und erklärt sich bereit, den Hinterbliebenen 2,7 Milliarden Dollar Entschädigung zu zahlen. Daraufhin hebt der UN-Sicherheitsrat die Sanktionen gegen Libyen auf.

[7]
10. September 2003
Die **schwedische Außenministerin** Anna Lindh wird in einem Stockholmer Kaufhaus ermordet. Ihr Mörder ist ein in Schweden geborener Serbe.

15. Oktober 2003
China befördert sein erstes bemanntes Raumschiff **Shenzhou 5** ins All und ist damit das dritte Land nach der Sowjetunion und den USA, dem dies gelingt.

[8]
17. November 2003
Der Republikaner **Arnold Schwarzenegger**, ein gebürtiger Österreicher, Bodybuilder und Schauspieler, wird Gouverneur von Kalifornien, nachdem die Wahl des amtierenden Gouverneurs für nichtig erklärt wurde.

[9]
13. Dezember 2003
Saddam Hussein wird in einem geheimen Versteck in einem unterirdischen Bunker in der Nähe seiner Heimatstadt Tikrit im Irak gefangen.

17. April 2003
Anneli Jäätteenmäki wird als Ministerpräsidentin Finnlands vereidigt. Finnland ist damit das zweite Land (nach Neuseeland), in dem eine Frau sowohl Staats- als auch Regierungsoberhaupt ist.

24. April 2003
Nordkoreanische Beamte teilen US-Diplomaten mit, dass ihr Land Atomwaffen besitzt und waffenfähiges Plutonium herstellt.

1. Mai 2003
US-Präsident George W. Bush hält eine mittlerweile berüchtigte Rede an Bord des Flugzeugträgers *Abraham Lincoln*, in der er behauptet, im Irak sei der **„Auftrag ausgeführt"**.
[4]

11. Mai 2003
Das kostbare Goldene Salzfässchen von **Benvenuto Cellini** wird aus dem Kunsthistorischen Museum in Wien gestohlen, als dieses mit einem Gerüst umbaut ist.
[5]

4. Juni 2003
Die US-amerikanische Unternehmerin und Wegbereiterin des häuslichen Lifestyle **Martha Stewart** wird wegen eines illegalen Aktiengeschäftes angeklagt und 2004 zu einer fünfmonatigen Haftstrafe verurteilt.

Juli 2003
Der **Oberste Kanadische Gerichtshof** erkennt die Rechtmäßigkeit gleichgeschlechtlicher Ehen an.

DER STURZ SADDAMS

Der irakische Diktator wird von den Vereinigten Staaten und ihren Verbündeten gestürzt.

Am 20. März, drei Tage nachdem US-Präsident George W. Bush Saddam Hussein zum Rücktritt aufgefordert hatte, griffen die Vereinigten Staaten und ihre Verbündeten den Irak an. Bagdad fiel am 9. April an die US-amerikanischen Soldaten. Denkmäler, die Saddams 24-jährige Herrschaft symbolisierten, wie seine große Statue in Bagdad (oben), wurden von den Truppen und irakischen Bürgern abgebaut.

In den folgenden Razzien wurden Saddams Söhne Uday und Qusay am 22. Juli in Mosul eingekreist und getötet. Der ehemalige Diktator konnte sich bis zum Dezember verstecken.

[10] Ein Kind wird aus der Schule in Bezlan in Nordossetien gebracht, nachdem diese von russischen Spezialeinheiten gestürmt wurde.

[5] Cellinis Salzfässchen, das wahrscheinlich berühmteste Stück kostbarer Metallarbeit in der Welt. Es wird 2006 in einer Bleikiste im österreichischen Wald vergraben wieder gefunden.

[4] George W. Bush kurz nach der Landung in einem „S-3B Viking" Flugzeug auf dem Flugzeugträger „Abraham Lincoln" vor San Diego, wo er verkündet: „Auftrag ausgeführt."

[9] Saddam Hussein, bärtig und ungepflegt am Tag nach seiner Gefangennahme.

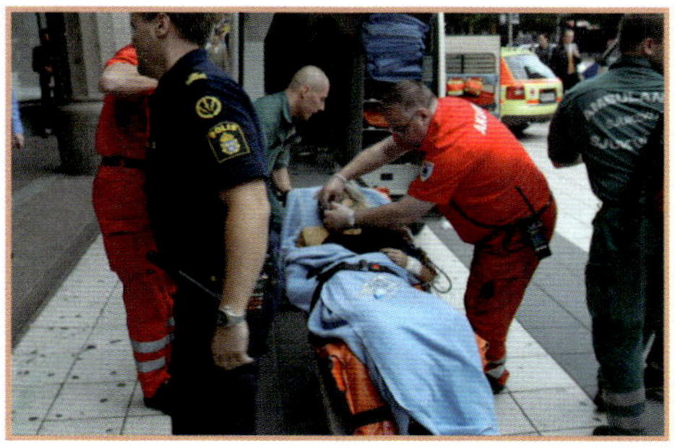

[7] Anna Lindh wird auf einer Bahre aus dem Kaufhaus getragen, in dem sie erstochen wurde.

24. Dezember 2003
Die spanische Polizei verhindert den Versuch der **ETA,** am Heiligabend im Bahnhof von Madrid eine 50-kg-Bombe zu zünden.

2004
AIDS hat sich zu einer der schlimmsten Epidemien der Geschichte entwickelt. Laut Bericht der Vereinten Nationen sind etwa 38 Millionen Menschen HIV-infiziert. Pro Jahr infizieren sich fünf Millionen neu und etwa drei Millionen Menschen sterben.

2004
Brasilien, Deutschland, Indien und Japan bewerben sich um eine permanente Mitgliedschaft im **UN-Sicherheitsrat**.

[10]
2004
Tschetschenische Separatisten besetzen eine Schule in Nordossetien. In dem darauf folgenden Schusswechsel sterben 330 Menschen, die meisten davon sind Kinder.

2004
Wegen einer Aussperrung durch die Eigentümer wird die gesamte Saison 2004-2005 der **National Hockey League** abgesagt. Dies ist das erste Mal in der Geschichte einer US-amerikanischen Profiliga, dass eine ganze Saison abgesagt wird.

2004
Facebook verbindet sich mit MySpace und dominiert die Sozialwebsites im Internet. Die zwei Sites gehören zu den am häufigsten besuchten Websites.

2004

2004
Der Demokrat **Barack Obama Jr.**, aus Illinois schlägt den Republikaner Alan Keyes in der ersten US-amerikanischen Senatswahl, bei der die Hauptkandidaten beide Afroamerikaner sind.

2004
In **Saudi-Arabien** werden 251 Menschen bei einer Massenpanik moslemischer Pilger getötet.
[1]

2004
Der portugiesische Premierminister **Jose Manuel Barroso** wird vom Europäischen Rat zum nächsten Präsidenten der Europäischen Kommission gewählt.
[2]

2004
Der Präsident von **Mazedonien** Boris Trajkovski kommt bei einem Flugzeugabsturz in der Nähe der bosnischen Stadt Mostar ums Leben.

2004
Kanada gewinnt die 23. **Eishockeyweltmeisterschaft** und stellt somit einen neuen Rekord auf.

2004
Die im Irak geborene britische Architektin **Zaha Hadid**, bekannt für ihre radikale, dekonstruktivistische Formensprache, ist die erste Frau, die den Pritzker-Preis für Architektur erhält.
[3]

DER VÖLKERMORD IN DARFUR

Staatlich unterstützter Massenmord ruft eine nie dagewesene humanitäre Krise im Sudan und dem Nachbarland Tschad hervor.

Ethnische Spannungen, die schon lange zwischen arabischen Hirtennomaden, sesshaften Fur und anderen Ackerbau betreibenden Völkern in der sudanischen Region Darfur schwelten, brachen in den späten 1980er Jahren in einem bewaffneten Konflikt aus. Die Gewalttaten waren zwar blutig, kamen jedoch bis 2003 im Allgemeinen nur sporadisch vor, als Rebellen aus den Kreisen der Ackerbau betreibenden Volkstämme Regierungseinrichtungen angriffen, um gegen das zu protestieren, was ihrer Meinung nach Ausdruck der Vernachlässigung der westlichen Region und seiner nicht-arabischen Bevölkerung durch die sudanesische Regierung war. Die Regierung in Khartum antwortete durch Einberufung der Janjaweed, einer arabischen Miliz, die die sesshaften Gruppen in Darfur angriff. Zu den vielen Gräueltaten der Janjaweed gehörte auch die Zerstörung des Dorfes Tuadubai. Die ausgebrannten Überreste sind in dem Foto oben zu sehen.

Innerhalb eines Jahres wurden schätzungsweise 50 000 Menschen (hauptsächlich Fur und andere Ackerbau betreibende Volksstämme) getötet, und 1,2 Millionen Menschen wurden vertrieben und verloren ihr Zuhause. Viele flohen in westlicher Richtung in Flüchtlingslager im Nachbarland Tschad; andere wurden Vertriebene im eigenen Land.

Neuesten Schätzungen zufolge liegt die Zahl der Todesopfer zwischen 450 000 und 500 000 und die der Vertriebenen bei zwei Millionen. Der Krieg weitete sich später in den Tschad aus.

[1] Die große Moschee in Mekka am letzten Tag der Pilgerreise Hajj im Jahr 2004, an dem die Massenpanik ausbrach.

[3] Zaha Hadid.

[2] Jose Manuel Barroso.

[7] Michael Schumacher feiert im Juli den Sieg beim Grand Prix in Deutschland.

[5] Ein Bürger Kapstadts feiert die Wahl Südafrikas als Ausrichtungsland der Fußballweltmeisterschaft 2010.

2004
Seit ihrer Gründung im Jahr 1988 sind während der größten je unternommenen Gesundheitskampagne, **Global Polio Eradication Initiative**, mindestens zwei Milliarden Kinder gegen Kinderlähmung geimpft worden.

[5]
2004
Südafrika wird von der FIFA (Fédération Internationale de Football Association) als Gastgeber für die Weltmeisterschaft 2010 ausgewählt. Erstmalig wird ein afrikanisches Land das größte Sportereignis der Welt ausrichten.

2004
Die internationale Gemeinschaft erkennt offiziell an, dass die Kampagne der Unterdrückung, Hinrichtungen, Vergewaltigungen und Zwangsansiedlung in der sudanischen Region **Darfur** als Völkermord bezeichnet wird.

2004
Der **Sultan von Oman** ernennt Rawya bint Saud al-Bousaidi als erste Frau des Landes zu einer Ministerin. Sie erhält das Ressort Höhere Bildung.

[6]
2004
Die **Olympischen Sommerspiele** finden in Athen statt.

2004
Das **türkische Parlament** führt neue Maßnahmen gegen die Folter und Gewalt gegenüber Frauen ein und lehnt den Vorschlag ab, eheliche Untreue strafbar zu machen.

2004
Irland ist das erste Land, in dem das Rauchen in geschlossenen Arbeitsräumen verboten wird.

2004
Libyen erklärt sich zur Zahlung von 35 Millionen US-Dollar als Entschädigung an die Opfer des Sprengstoffanschlags auf einen deutschen Nachtklub im Jahr 1986 und an deren Familien bereit.

2004
Libyen erklärt sich zur Entschädigung der Familien der Opfer eines Sprengstoffanschlags auf ein französisches Flugzeug im Jahr 1989 bereit.

2004
In der Stadtmitte von Chicago wird der **Millennium Park** eröffnet, der sich schnell zu einer Touristenattraktion entwickelt. Der Park bietet Springbrunnen, auffallende Skulpturen, weitläufige Gärten und eine Eislauffläche im Freien.
[4]

2004
Die **Nanotechnologie** rückt in das öffentliche Interesse, da Forscher die Entwicklung neuer Produkte wie Implantate, die Krebszellen im menschlichen Körper identifizieren, planen. Dank der Nanotechnologie können Geräte in extrem kleinen Maßstäben hergestellt werden.

2004
Nicaragua erhält einen in Friedenszeiten nie da gewesenen Schuldenerlass, als die Weltbank 80 Prozent der Gesamtschulden des Landes streicht. Russland erlässt ebenfalls einen bedeutenden Teil der Schulden, die unter dem Sowjetregime entstanden sind.

[4] Der von Frank Gehry entworfene Pavillon für Freiluftkonzerte in Chicagos Millennium Park.

[9] Die Palästinenserinnen, die an der Mauer entlang gehen, zeigen das Ausmaß der israelischen Sicherheitsmauer zum Westjordanland.

[8] Französische moslemische Mädchen demonstrieren in Paris und verlangen das Recht der Wahl, „un choix", ob sie Kopftücher in der Schule tragen möchten oder nicht.

[6] Paula Radcliffe aus Großbritannien sitzt in Athen am Straßenrand, nachdem sie wegen Magenproblemen aus dem Marathon ausscheiden musste. Sie gewinnt den Marathonlauf in London im Jahr 2005 und in New York im Jahr 2007.

[7]
2004
Michael Schumacher gewinnt als erster Fahrer seine siebte Formel-1-Weltmeisterschaft. Die ersten beiden Titel gewann er für Benetton, die übrigen für Ferrari. Der vormalige Rekord lag bei den fünf Weltmeisterschaftstiteln von Juan Fangio.

2004
Kronprinz Frederik von **Dänemark** heiratet die australische Rechtsanwältin Mary Donaldson, und Kronprinz Felipe von **Spanien** heiratet die ehemalige Fernsehmoderatorin Letizia Ortiz.

2004
Das US-amerikanische Raumschiff **Cassini** erreicht als erstes eine Umlaufbahn um den Planeten Saturn. Bei der vierjährigen Mission soll der Planet, dessen Ringe und die vielen Monde untersucht werden.

[8]
2004
Das Tragen von religiösen Symbolen, einschließlich der Kopftücher von moslemischen Frauen und Mädchen, wird in **staatlichen Schulen in Frankreich** verboten. Das Land ist für strenge Säkularisierung bekannt.

2004
Die **Türkei** schafft die Todesstrafe ab. Dies ist ein wichtiger Schritt hin zur Mitgliedschaft in der Europäischen Union.

[9]
2004
Israel fährt mit dem Bau der **Sicherheitsmauer** fort, die das Land vom Westjordanland trennen soll. Die Fertigstellung der Mauer wird wahrscheinlich erst 2010 erfolgen.

2004-2005

Januar 2004
Haiti feiert den 200. Jahrestag der Unabhängigkeit. In dem Land ist die bürgerliche Unruhe aber so groß, dass Präsident Jean-Bertrand Aristide flieht.

5. Januar 2004
Jan de Hoop, ehemaliger Außenminister der Niederlande, wird Generalsekretär der **NATO**.

24. Januar 2004
Nach dem Start Mitte des Jahres 2003 landet der sechsrädrige Geländewagen **Opportunity** auf dem Mars, analysiert Steine sowie Erdproben und sendet Bilder zur Erde.

11. März 2004
In der Nähe der Innenstadt von **Madrid** explodieren in vier Pendler-Zügen Bomben. Die Regierung, die zunächst baskische Separatisten verantwortlich macht, wird in den Wahlen am 14. März abgesetzt.
[1]

14. März 2004
Wladimir Putin, der Geheimdienstoffizier und Politiker, der 1999 nach dem Rücktritt von Boris Jelzin Präsident von Russland wurde, wird mit überwältigender Mehrheit für eine zweite Amtszeit als Präsident wiedergewählt.

20. März 2004
Die US-Armee gibt bekannt, dass in Zusammenhang mit der bekannt gewordenen Misshandlung von irakischen Kriegsgefangenen, die während des Golfkriegs im **Gefängnis Abu Ghuraib** im Irak festgehalten wurden, sechs US-amerikanische Soldaten angeklagt werden.

TSUNAMI

Die größte Flutwelle in der dokumentierten Geschichte

Am 26. Dezember um 7:59 Ortszeit erschüttert ein Seebeben der Stärke 9,0 auf der Richter-Skala das Küstengebiet der indonesischen Insel Sumatra. Während der nächsten sieben Stunden weitet sich ein durch das Beben ausgelöster Tsunami – eine Reihe von enorm großen Flutwellen (oben) – über den Indischen Ozean aus und zerstört Küstenregionen bis im fernen Ostafrika. An manchen Orten wird gemeldet, dass die Wellen eine Höhe von 9 Metern erreicht hatten, als sie auf das Ufer schlugen. In einem Dutzend Ländern wurden mindestens 225 000 Menschen getötet. Indonesien, Sri Lanka, Indien, die Malediven und Thailand trugen große Schäden davon. Offiziellen Schätzungen zufolge wurden die Todesopfer in Indonesien mit über 200 000 beziffert. Zehntausende Menschen wurden in Indien und Sri Lanka als tot oder vermisst gemeldet, darunter viele von den indischen Inseln der Andamanen und Nicobaren. Der tief gelegene Inselstaat der Malediven berichtete von über einhundert Toten und wirtschaftlichen Schäden, die das Bruttoinlandsprodukt des Landes überstiegen.

[1] Decken liegen über den Leichen in einem zerstörten Pendlerzug in Madrid. Es ist der größte Terrorangriff, der jemals in Spanien stattgefunden hat, und die al-Qaida trägt die Schuld daran. Über 190 Menschen sterben und 1500 werden verletzt.

[3] Der Millau-Viadukt im Jahr 2003. Darunter fahren die Teilnehmer der Tour de France.

[4] Lance Armstrong fährt auf die Champs Elysées zu und erreicht den Sieg in der letzten Etappe der Tour de France.

18. November 2004
Chile legalisiert als eines der letzten westlichen Länder die Ehescheidung.

[3]
16. Dezember 2004
Der atemberaubende **Millau-Viadukt** über dem Flusstal Tarn in Südfrankreich wird für den Verkehr freigegeben. Die von Norman Foster entworfene Brücke ist die höchste von Kraftfahrzeugen befahrene Brücke der Welt.

26. Dezember 2004
Ein Seebeben im indischen Ozean westlich der Insel Sumatra verursacht einen zerstörerischen **Tsunami**, der die Küstengebiete in Thailand und Afrika überflutet und über 200 000 Todesopfer fordert.

[4]
2005
Der US-amerikanische Radsportler **Lance Armstrong**, der gegen Ende der 1990er Jahre den Kampf gegen den Krebs gewann, gewinnt die Tour de France zum siebten Mal. Damit stellt er einen neuen Rekord auf.

2005
Ein **Erdbeben** der Stärke 7,6 auf der Richter-Skala erschüttert Pakistan, Afghanistan und Indien. Etwa 80 000 Menschen werden getötet.

2005
Apple stellt den neuesten *iPod* vor. Diese Version kann auch Videos abspielen. Das tragbare Abspielgerät in Taschengröße kam 2001 auf den Markt und wurde mit über 42 Millionen verkauften Geräten zum Phänomen.

14. April 2004
Bartholomäus I., ökumenischer Patriarch der östlichen orthodoxen Kirche, nimmt die von Papst Johannes Paul II. im Jahr 2001 gemachte Entschuldigung für die **Plünderung von Konstantinopel** durch Kreuzritterarmeen im frühen 13. Jahrhundert formell an.

28. April 2004
Der US-amerikanische Fernsehsender CBS veröffentlicht Bilder, in denen die grobe Behandlung von irakischen Insassen des **Gefängnisses Abu Ghuraib** in dem von den USA besetzten Irak gezeigt wird. Es beginnt eine nationale Debatte über die Folter und die Genfer Konvention.
[2]

1. Mai 2004
Die **Europäische Union** wird um die Staaten Zypern, Tschechische Republik, Estland, Ungarn, Lettland, Litauen, Malta, Polen, Slowakei und Slowenien erweitert.

Juni 2004
Die von den Vereinigten Staaten von Amerika angeführten, im **Irak** stationierten Koalitionskräfte übergeben die Staatssouveränität an eine irakische Übergangsregierung.

1. Juli 2004
Der Volkswirt und Wirtschaftswissenschaftler **Horst Köhler**, Mitglied der Christlich Demokratischen Union, wird deutscher Bundespräsident.

9. Oktober 2004
Zum ersten Mal in der afghanischen Geschichte geben Wähler ihre Stimmen in einer Präsidentschaftswahl ab. Sie wählen **Hamid Karzai**, der nach dem Fall des Taliban-Regimes 2001 vorübergehend das Amt des Präsidenten innehatte.

[2] Ein irakischer Bürger malt Bilder des Missbrauchs von Gefangenen in Abu Ghuraib an eine Mauer in Baghdad. Die Hand der Freiheitsstatue ruht auf einem Stromschalter.

[5] Menschen treffen sich zu einer Messe im Freien vor der Dresdener Frauenkirche.

[6] Im Flughafen von Shanghai wird zur Feier der Non-Stop-Flüge zwischen Taiwan und dem Kontinent ein Drachen- und Löwentanz aufgeführt.

KATRINA

Ein Hurrikan richtet gewaltige Zerstörungen im Süden der Vereinigten Staaten von Amerika an.

Am 28. August traf der Hurrikan „Katrina" auf die Südküste der Vereinigten Staaten, kostete Schätzungen zufolge 1800 Menschen das Leben und richtete Schäden in Höhe von über 81 Milliarden US-Dollar an. Am schlimmsten waren die Staaten Louisiana und Mississippi betroffen. Nach dem Sturm kam es zu einem zeitweiligen Versagen von Recht und Ordnung; die Fotografie oben zeigt die Reaktion der Besitzer eines zerstörten Hauses in Biloxi, Mississippi, auf die drohende Plünderung.

Das Unglück warf Fragen über die Angemessenheit der Schutzmaßnahmen gegen Hurrikane auf, insbesondere hinsichtlich des Hochwasserschutzes im niedrig gelegenen New Orleans, und löste eine Debatte darüber aus, ob die beschädigten Häuser im traditionellen Stil oder in eher zeitgemäßem Stil wieder aufgebaut werden sollten. Außerdem wurde diskutiert, ob der Wiederaufbau durch wenige große, durch die Regierung beauftragte Bauunternehmen oder langsamer und Stück für Stück erfolgen sollte. Dass diese Fragen bis zum Jahresende nicht geklärt wurden, löste große Missstimmung aus.

[5]
2005
Die restaurierte **Frauenkirche in Dresden**, die durch die Bomben der Alliierten 1945 zerstört wurde, wird wieder eingeweiht.

[6]
2005
China und Taiwan treffen ein Übereinkommen, das Non-Stop-Charterflüge zwischen dem Kontinent und **Taiwan** während der chinesischen Neujahrsfeiertage zulässt. Es sind die ersten durchgehenden Flüge zwischen den beiden Ländern seit 1949.

2005
Der **Nationalkongress von Ecuador** entlässt das Oberste Gericht des Landes. Grund ist die Behauptung, dass die Richter zu enge Verbindungen zu der oppositionellen sozialchristlichen Partei hätten.

2005
Der englische Dramatiker **Harold Pinter**, Autor ambivalenter aber starker Dramen, erhält den Literaturnobelpreis.

2005
Der **Hurrikan Katrina** verwüstet die US-amerikanische Golfküste und zerstört den größten Teil von New Orleans. Der Mangel an Vorbereitungen und unzureichender Staatshilfe wird stark kritisiert.

2005
Nordkorea gibt den Besitz von Nuklearwaffen bekannt.

2005

2005
Südafrika ist das erste afrikanische Land, in dem gleichgeschlechtliche Eheschließungen legalisiert werden.

2005
Eine Autobombe der **ETA** verletzt 31 Menschen in einem Konferenzzentrum in Madrid.

2005
Im Bergland von Schwaben graben Archäologen Gegenstände aus, von denen man annimmt, dass es sich um die **ältesten Musikinstrumente der Welt** handelt: eine 35 000 Jahre alte Flöte aus einem Mammutstoßzahn und zwei kleinere Flöten aus Schwanenknochen.

2005
In Asien und Russland tritt die tödlichste Art der **Vogelgrippe** auf. Hunderte Millionen Vögel sterben an der Krankheit oder werden in dem Bemühen, die Seuche einzudämmen, getötet. Über 100 Fälle der Krankheit werden beim Menschen festgestellt und führen zu etwa 50 Todesfällen.

2005
Der vollständige genetische Code des **Schimpansen** wird entschlüsselt. Es stellt sich heraus, dass er zu über 96 Prozent mit dem des Menschen übereinstimmt. Diese Entdeckung fließt in die wachsende Diskussion über die Evolution und die Entstehung von Intelligenz ein.

2005
In Frankreich wird an einer Frau, die von einem Hund angegriffen worden war, die erste **Gesichttransplantation am Menschen** durchgeführt. Ärzte debattieren über die ethischen Konsequenzen der Operation.
[1]

[1] Das teilweise transplantierte Gesicht von Isabelle Dinoire.

[3] Mitglieder einer japanischen Umweltgruppe demonstrieren in Kioto.

[2] Das Gebäude Turning Torso in Malmö.

[5] Mahmoud Abbas (rechts) mit dem ehemaligen US-Präsidenten Jimmy Carter.

[7] Condoleezza Rice bei einem Besuch in Deutschland, zehn Tage nachdem sie Außenministerin wurde. Sie nimmt mit Bundeskanzler Gerhard Schröder an einer Pressekonferenz teil.

[6] Wiktor Juschtschenko während der Wahlkampagne. Sein Gesicht ist von den Narben durch die Vergiftung gezeichnet, für welche die pro-russische Partei in der Ukraine verantwortlich ist.

2005
Der venezolanische Präsident **Hugo Chavez** gibt die Gründung eines Energiebündnisses von 15 karibischen Länder bekannt (Petrocaribe). Den Mitgliedern bietet Venezuela Öl zu niedrigen Preisen an.

2005
In **Saudi-Arabien** nehmen die Wahlberechtigten an der ersten Wahl in dem Land teil, jedoch nur auf kommunaler Ebene. Nur Männer dürfen wählen und kandidieren.

2005
W. Mark Felt, ein Beamter des FBI in den 1970er Jahren, wird als **Deep Throat** identifiziert. Er war der Informant der Journalisten Bob Woodward und Carl Bernstein von der *Washington Post*, die 1972 den Watergate-Skandal aufdeckten.

2005
YouTube, ein Internet-Videoportal, wird gegründet und hat trotz der Probleme mit den Inhabern von Urheberrechten sofortigen Erfolg.

[5]
9. Januar 2005
Mahmoud Abbas wird Präsident der Palästinensischen Autonomiebehörde (PA). In den 1950er Jahren hatte er die Fatah gegründet und unter Jassir Arafat kurzfristig das Amt des Premierministers der PA bekleidet.

[6]
23. Januar 2005
In Folge eines tumultartigen politischen Kampfes, der als die **Orangene Revolution** bekannt wird, wird Wiktor Juschtschenko als neuer Präsident der Ukraine eingeschworen. Er erklärt, dass die Zukunft der Ukraine in der Europäischen Union liegt.

2005
Die ersten Mieter beziehen den Turning Torso, den von dem spanischen Architekten **Santiago Calatrava** entworfenen Büro-/Wohnturm im schwedischen Malmö. Das Gebäude ist 54 Stockwerke hoch und damit das höchste in Skandinavien.
[2]

2005
Das **Kioto-Protokoll** für die Reduzierung des Ausstoßes von Treibhausgasen tritt in Kraft. Von 141 Ländern ratifiziert, wird es als Durchbruch gefeiert, obwohl Kritiker die Bescheidenheit der Ziele und die Weigerung der USA zur Unterzeichnung in Frage stellen.
[3]

2005
Der Friedennobelpreis wird an die Internationale Atomenergiebehörde und deren Generaldirektor **Mohamed El Baradei** verliehen.

2005
Die sozialistische Partei in **Portugal**, unter Vorsitz von José Sócrates, gewinnt die Wahlen erdrutschartig.

2005
Der US-amerikanische Präsident George W. Bush gibt zu, dass er dem Nachrichtendienst National Security Agency das **elektronische Abhören** innerhalb der Vereinigten Staaten von Amerika ohne richterliche Genehmigung erlaubt hat.

2005
Der gebürtige Ugander **John Sentamu** wird der erste farbige Erzbischof der Church of England und 97. Erzbischof von York. Damit bekleidet er das zweithöchste Amt der Kirche.
[4]

[8] Julia Timoschenko.

[11] Prinz Charles und die Herzogin von Cornwall beim Verlassen der St. George's Chapel in Windsor.

[4] Erzbischof John Sentamu nach seiner Weihe in York.

[9] Ein libanesischer Jugendlicher ruft anti-syrische Parolen inmitten eines Meeres aus libanesischen Flaggen auf der großen Demonstration nach der Ermordung von Rafik Hariri.

[10] Steve Fossetts Flugzeug „Virgin Atlantic Global Flyer".

[7]
26. Januar 2005
Condoleezza Rice wird als Außenministerin der Vereinigten Staaten von Amerika im Amt bestätigt.

[8]
4. Februar 2005
Julia Timoschenko, eine der Hauptfiguren in der *Orangenen Revolution*, wird Premierministerin der Ukraine.

[9]
14. Februar 2005
Der libanesische Premierminister **Rafik Hariri** wird zusammen mit 15 weiteren Menschen bei einer Explosion getötet. Einen Monat später demonstrieren eine Million Menschen in Beirut und beschuldigen Syrien wegen der Morde.

[10]
3. März 2005
Dem US-amerikanischen Abenteurer **Steve Fossett** gelingt erstmalig und allein der Non-Stop-Flug um die Welt ohne Auftanken. Nach 67 Stunden landet er sein Flugzeug in Kansas.

2. April 2005
Millionen trauern wegen des Todes von **Johannes Paul II.**, einem der beliebtesten Päpste der Moderne.

[11]
9. April 2005
Prinz Charles heiratet Camilla Parker Bowles in Windsor. Sie wird den Titel **Herzogin von Cornwall** tragen.

2005-2006

19. April 2005
Der deutsche Kardinal **Joseph Ratzinger** wird zum Papst gewählt und nimmt den Namen Benedikt XVI. an.
[1]

27. April 2005
Das **Großraumflugzeug Airbus A380** hebt zum ersten Flug in Toulouse ab.
[2]

5. Mai 2005
Die **Labour-Partei** gewinnt in den britischen Wahlen eine dritte Regierungszeit, jedoch mit erheblich kleinerer Mehrheit.

30. Juni 2005
Spanien folgt Belgien und den Niederlanden und lässt die **gleichgeschlechtliche Eheschließung** zu.

7. Juli 2005
Islamistische Selbstmordattentäter, allesamt britische Staatsbürger, lösen in drei U-Bahnzügen und einem Bus in London Explosionen aus. 56 Menschen werden getötet und 700 verletzt. Zwei Wochen später wird der Anschlag nachgeahmt, die Bomben zünden aber nicht.
[3]

28. Juli 2005
Die IRA gibt eine formelle Stellungnahme heraus, die besagt, dass ihr bewaffneter Aufstand in **Nordirland** beendet ist und ihre Mitglieder aufgefordert werden, ihre Waffen niederzulegen.

[1] Benedikt XVI. auf dem Petersplatz nach seiner ersten Messfeier als Papst.

[8] Ellen Johnson-Sirleaf, Präsidentin von Liberia.

[2] Die riesigen Ausmaße des „A 380" werden angesichts der Crew am Boden deutlich.

[3] Ein Opfer der Bomben, die in der Londoner U-Bahn explodierten, wird in Sicherheit gebracht.

[6] Angela Merkel.

2006
Argentinien zahlt die Restschulden an den Internationalen Währungsfond und beendet die Beziehungen zu der Organisation.

[8]
2006
Ellen Johnson-Sirleaf wird als Präsidentin von **Liberia** eingeschworen. Sie ist die erste Frau, die das Amt eines Staatsoberhauptes in einem afrikanischen Land bekleidet.

[9]
2006
In einer dänischen Zeitung werden **Karikaturen des Propheten Mohammed** veröffentlicht. Einige davon bringen ihn mit dem Terrorismus in Verbindung. Unter moslemischen Gläubigen brechen gewaltsame Proteste aus.

2006
Google kauft YouTube.

2006
Italien schlägt Frankreich im Endspiel der **Fußballweltmeisterschaft** mit 5:3 (1:1) nach Elfmeterschießen.

2006
Japan gewinnt das erste **World Baseball Classic**. Der Wettstreit von 16 Mannschaften stand vor dem Aus, bis die Vereinigten Staaten von Amerika Kuba die Teilnahme erlaubten.

September 2005
Israel schließt die Evakuierung aller israelischen Bürger und dem dazugehörigen Sicherheitspersonal aus dem **Gazastreifen** und vier Siedlungen im Westjordanland im Zuge des einseitigen Abzugsprogramms ab.
[4]

8. November 2005
Der französische Präsident Jacques Chirac erklärt am zwölften Tag von **Unruhen** den Notstand.
[5]

22. November 2005
Angela Merkel, Mitglied der Christlich Demokratischen Union, wird erste deutsche Bundeskanzlerin.
[6]

2006
Ein 1700 Jahre alter Codex, der das **Evangelium des Judas** enthält, in dem der Betrüger von Jesus als ein Freund, der aus Loyalität handelte, dargestellt wird, wird von der National Geographic Society in Washington, D.C. veröffentlicht.

2006
Im ägyptischen **Tal der Könige** wird ein neues Grab entdeckt. Es enthält Sarkophage und fünf Mumien, von denen man annimmt, dass sie aus der 18. Pharaonendynastie zu Beginn des Neuen Königreichs (1539-1292 v. Chr.) stammen.
[7]

2006
Der englischsprachige Nachrichtensender **Al-Jazeera English** beginnt mit der Ausstrahlung aus Doha in Katar.

[4] Eine israelische Frau weint, da sie mit ihren Kindern von israelischen Soldaten aus ihrem Haus im Westjordanland vertrieben wird.

[10] Die erste Bischöfin der Episkopalkirche, Katherine Jefferts Schori.

[7] Archäologen bürsten einen der Sarkophage ab. Er stammt aus dem ersten Grab, das seit dem des Tutenchamuns im Jahr 1922 im Tal der Könige gefunden wurde.

[9] Indonesische Frauen protestieren gegen dänische Zeitungskarikaturen indem sie eine dänische Fahne hoch halten, die in der Mitte von einem Dolch durchbohrt wird.

[11] Spieler genießen ein Tennisspiel mit der Wii-Konsole von Nintendo.

[5] Flammen schlagen während der zivilen Unruhen in Frankreich aus in Brand gesteckten Autos.

[12] Orham Pamuk tanzt auf dem Nobel-Bankett in Stockholm mit seiner Tochter.

[10]
2006
Katharine Jefferts Schori aus Nevada ist die erste Frau, die das Amt des Vorsitzenden Bischofs der Episkopalkirche bekleidet.

2006
Slobodan Milošević wird während seines Gerichtsverfahrens vor dem Kriegsverbrechertribunal in Den Haag tot in seiner Zelle aufgefunden.

[11]
2006
Nintendo bringt die **Wii** auf den Markt. Es handelt sich um eine innovative Videospielkonsole mit einer kabellosen Fernbedienung, welche die Benutzer bewegen, um beispielsweise die Bewegungen eines Tennisschlägers nachzuahmen.

[12]
2006
Orhan Pamuk gewinnt den Literaturnobelpreis und ist damit der erste Türke, der eine Nobelpreisauszeichnung erhält.

2006
Portia Simpson Miller wird als erste Premierministerin von Jamaika eingeschworen.

2006
Der kubanische Präsident **Fidel Castro** gibt bekannt, dass er die Regierungsmacht vorübergehend auf seinen Bruder, den Verteidigungsminister Raul Castro, überträgt, während er sich von einer Operation erholt.

2006

2006
Die Internationale Astronomische Union nimmt **Pluto** von der Liste der Planeten und klassifiziert ihn neu als Zwergplanet.

2006
Romano Prodi schlägt **Silvio Berlusconi** in den italienischen Parlamentswahlen knapp.

2006
Die erste Weltmeisterschaft im **Sudoku** wird im italienischen Lucca ausgetragen. Das Rätsel ist ein internationales Phänomen und verlangt von den Spielern, Zahlen in jede Reihe eines Rasters aus 9 mal 9 Zellen in logischer Abfolge einzutragen.

2006
Als Reaktion auf die **Fettleibigkeit** von Schulkindern nehmen die drei größten US-amerikanischen Hersteller von Erfrischungsgetränken gesüßte Getränke aus dem Bestand der Cafeterien und Automaten an Schulen und ersetzen sie durch Wasser, Milch und Fruchtsäfte. *[1]*

2006
Die Zahl der mit dem HI-Virus infizierten Menschen ist von etwa 8 Millionen im Jahr 1990 auf fast 40 Millionen gestiegen. Etwa 63 Prozent der Menschen, die das HI-Virus tragen, leben in den südlich der Sahara gelegenen Ländern Afrikas.

2006
Das **Phantom der Oper** ist das Broadway-Musical mit der längsten Spielzeit und überholt *Cats*. Beide Musicals stammen aus der Feder des britischen Komponisten Andrew Lloyd Webber. *[2]*

[1] Eine Schülerin in Chicago nimmt ihr Mittagessen vor einer Reihe von Automaten ein, in denen gesüßte Getränke angeboten werden.

[5] Junge Befürworter im Flüchtlingslager Khan Yunes in Gaza feiern den Sieg der Hamas. Hinter ihnen sind die grünen Fahnen der Hamas zu sehen.

[2] Ein „Vorhang" für das „Phantom" an dem Abend, an dem das Musical die längste Spielzeit erreicht. Eine der Tänzerinnen aus Cats gratuliert der Hauptfigur.

[4] Somalische Frauen begrüßen Ende des Jahres 2006 die Wiederherstellung der Übergangsregierung mithilfe der äthiopischen Streitkräfte, die das islamistische Regime in Mogadischu ablöst.

2006
Mit der steigenden Beliebtheit **digitaler Fotografie** geben Nikon und Konica Minolta bekannt, dass sie die Produktion des größten Teils ihrer Filmkameras einstellen werden.

2006
Selbstmordbombenanschläge, Hinrichtungen und andere terroristische Attacken werden im **Irak** zu fast täglichen Ereignissen, da die konfessionsgebundene Gewalt zunimmt. Schätzungen der Opferzahlen variieren, liegen aber im Juli bei über 60 000.

[5]
Januar 2006
Bei den Parlamentswahlen der **Palästinensischen Autonomiebehörde** gewinnt die Hamas (islamische Widerstandsbewegung) 74 von 132 Sitzen und beendet damit vier Jahrzehnte der Vorherrschaft der Fatah.

6. Februar 2006
Stephen Harper, Mitglied der konservativen Partei Kanadas, wird Premierminister.

3. Juni 2006
Montenegro erklärt auf Basis einer Volksabstimmung die Unabhängigkeit von Serbien.

11. Juli 2006
Das Weiße Haus gibt eine Stellungnahme ab, in der allen verdächtigten Terroristen, einschließlich der Mitglieder der al-Qaida und der Taliban, der Schutz der **Genfer Konvention** zugesagt wird. Dies widerspricht einer Verfügung des US-Präsidenten von 2002.

2006
Das US-amerikanische Gesundheitsministerium lässt den ersten Impfstoff gegen **Gebärmutterhalskrebs** zu. Der Impfstoff ist für Mädchen und Frauen im Alter zwischen 9 und 26 Jahren gedacht.

2006
Das US-amerikanische Gesundheitsministerium lässt den Ladenverkauf von **Plan B**, einer „Pille danach", an Frauen ab 18 Jahren zu.

2006
Der oberste US-amerikanische Gerichtshof bestätigt ein **Gesetz in Oregon**, das ärztliche Sterbehilfe für unheilbar Kranke erlaubt.

2006
Die **Olympischen Winterspiele** finden in Turin statt.
[3]

2006
Der Gesamtwert an Waren, die im ganzen Jahr 2006 über **eBay** verkauft wurden, beträgt über 52 Milliarden US-Dollar. Die Webseite hat weltweit über 233 Millionen registrierte Nutzer in 37 Märkten.

2006
Äthiopien wird in den Bürgerkrieg Somalias verwickelt. Das Land stellt sich auf die Seite der Übergangsregierung gegen die Union islamischer Gerichte.
[4]

[3] Cameron Rahles aus Australien nimmt an den Paralympics in Turin teil.

[7] Donald Rumsfeld kurz nach seinem Rücktritt.

[6] Schutt liegt in den Straßen von Beirut nach den israelischen Luftangriffen.

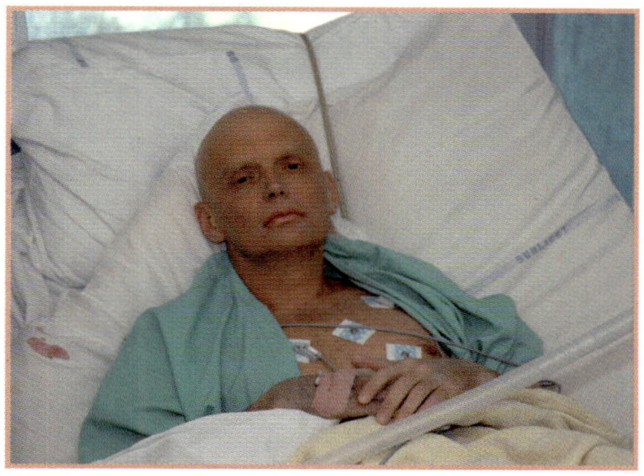

[9] Alexander Litwinenko auf dem Sterbebett in einem Londoner Krankenhaus. Russland verweigert die Ausweisung von Andrei Lugovoi, dem Hauptverdächtigen in dem Fall, obwohl es viele zwingende Beweise gegen ihn gibt.

[8] Der Tag nach der Explosion einer der fünf Autobomben in Sadr in Bagdad, die am 23. November über 200 Menschen innerhalb dieser Festung der Schiiten getötet hatten.

[6]
5. August 2006
Israel greift den **Libanon** in etwa 250 Luftangriffen und mit 4000 Bombenabwürfen in dem Bemühen an, eine Sicherheitszone entlang der Grenze zwischen den beiden Ländern zu schaffen.

Oktober 2006
Nordkorea testet erfolgreich eine kleine Atombombe, die in den Bergen oberhalb Kilju gezündet wurde.

[7]
8. November 2006
Der US-amerikanische Verteidigungsminister **Donald Rumsfeld** tritt zurück. Er wird zu großem Teil für das Chaos und das Blutvergießen im Irak nach 2003 verantwortlich gemacht.

[8]
23. November 2006
In **Bagdad** greifen sunnitische Rebellen das von den Schiiten geführte Gesundheitsministerium an. Fünf Autobomben und Artilleriegranaten töten in der Gegend um den schiitischen Stadtteil Sadr über 200 Menschen.

[9]
23. November 2006
Alexander Litwinenko, ein ehemaliger KGB-Agent und FSB-Offizier, Verbündeter des Erzfeindes von Wladimir Putin, dem im Ausland lebenden Multimillionär Boris Beresowski, wird mit radioaktivem Polonium 210 vergiftet.

30. Dezember 2006
Der ehemalige irakische Präsident **Saddam Hussein** wird gehängt.

2007-2008

2007
Laut Apple wurden über 2 Milliarden Lieder über **iTunes** verkauft. Das beliebteste Online-Musikgeschäft der Welt erlaubt das Herunterladen von Titeln auf Computer und MP3-Spieler.

2007
Apple bringt das **iPhone** auf den Markt. Es handelt sich um eine Kombination aus Mobiltelefon, MP3-Spieler und einem Gerät mit Internetzugang.
[1]

2007
Ban Ki-moon wird Generalsekretär der Vereinten Nationen.

2007
Gordon Brown, der Finanzminister mit der längsten Dienstzeit seit den 1820er Jahren, wird nach dem Rücktritt von Tony Blair Premierminister von Großbritannien.
[2]

2007
J. K. Rowling, die reichste Frau Großbritanniens, schreibt das letzte Buch der *Harry-Potter*-Serie: *Harry Potter und die Heiligtümer des Todes*. Das Buch wird innerhalb der ersten 24 Verkaufsstunden überwältigende 8,3 Millionen Mal allein in den USA verkauft.
[3]

2007
Die **Demokratische Partei** übernimmt die Führung im US-Kongress nach über 12 Jahren der Regierung durch Republikaner. Der Sieg der Demokraten wird teilweise der Opposition der Wähler gegen den Irakkrieg zugeschrieben.

[1] Steve Jobs, CEO der Firma Apple, vor dem Bild eines Apple iPhone.

[4] Ian Paisley (links) und Gerry Adams bei einer Pressekonferenz am 26. März.

[9] Michael Phelps ist nach dem Sieg im 100-Meter-Schmetterlingsschwimmen außer sich vor Freude. Es ist sein siebter von acht Siegen.

[5] Nicolas Sarkozy wird von einer eleganten Befürworterin umarmt, als er seine Stimme in der zweiten Runde der französischen Präsidentschaftswahlen abgeben will.

[7] Buddhistische Mönche protestieren unter der tibetischen Nationalflagge. Sie kommen aus dem großen Kloster Labrang in Xiahe in der chinesischen Provinz Gansu, die nahe an Tibet liegt.

[8] Die Wähler in Simbabwe stehen an, um ihre Stimme in der äußerst fehlerhaften Präsidentschaftswahl des Landes abzugeben.

17. Februar 2008
Die serbische Provinz **Kosovo** erklärt offiziell ihre Unabhängigkeit, obwohl Serbien sich weigert, die Provinz als eigenständiges Land anzuerkennen.

17. Februar 2008
Northern Rock, die fünftgrößte britische Hypothekenbank, muss verstaatlicht werden. Die Bank geriet in Folge der internationalen Kreditkrise in Finanzschwierigkeiten.

19. Februar 2008
Fidel Castro tritt als Präsident von Kuba zurück. Nachfolger ist sein Bruder Raul.

[7]
14. März 2008
In der Hauptstadt von **Tibet**, Lhasa, bricht zwischen den Einwohnern und chinesischen Sicherheitskräften Gewalt aus. Die Gewalttätigkeiten folgen auf die Proteste buddhistischer Mönche, die größere religiöse Freiheit anstreben.

2. Mai 2008
Ein Zyklon tötet in **Myanmar (Birma)** Zehntausende Menschen.

12. Mai 2008
Bei einem **Erdbeben in der Nähe von Chengdu** im Südwesten von China werden über 60 000 Menschen getötet.

2007
Die älteste regelmäßig aufgelegte Wochenzeitung der Welt, die schwedische **Post- och Inrikes Tidningar**, die zum ersten Mal 1645 veröffentlicht wurde, wird nur noch im Internet-Format herausgegeben.

26. März 2007
Gerry Adams von der Partei Sinn Féin und Ian Paisley von der Democratic Unionist Party treffen ein historisches Übereinkommen, indem sie in Nordirland eine gemeinsame Regierung bilden. *[4]*

3. April 2007
Der französische Hochgeschwindigkeitszug **TGV** bricht den Geschwindigkeitsweltrekord für Züge und erreicht 574,8 km/h.

6. Mai 2007
Nicolas Sarkozy wird zum Präsidenten von Frankreich gewählt. *[5]*

August 2007
Auf dem Old Course in St. Andrews in Schottland wird erstmalig das **Women's British Open** ausgetragen. Es ist auch das erste Mal, dass Frauen in dem Klub an einem Wettbewerb teilnehmen können. Der Klub ist einer der ältesten und renommiertesten der Welt.

Dezember 2007
Die ehemalige pakistanische Premierministerin **Benazir Bhutto** wird bei einer Wahlkundgebung in Rawalpindi ermordet. Sie war gerade aus dem Exil in das Land zurückgekehrt. *[6]*

[3] Ein junger Harry-Potter-Fan mit Zauberhut und Umhang verschlingt das letzte Buch der Serie früh am Tag der Veröffentlichung in Sydney.

[6] Ein mit einem Mobiltelefon aufgenommenes Foto von Benazir Bhutto während der Wahlkampagne in Rawalpindi, Sekunden bevor ihr in den Nacken geschossen wird.

[2] Gordon Brown trifft in Begleitung seiner Frau Sarah zum ersten Mal in der Funktion des Premierministers in der Downing Street ein.

[10] Aus dem berühmten Taj Hotel in Mumbai quillt noch Rauch, nachdem der letzte der islamischen, extremistischen Terroristen in dem Gebäude getötet wurde.

[8]
27. Juni 2008
Der Präsident von Simbabwe, **Robert Mugabe**, behauptet, er sei mit 85 Prozent der Stimmen wiedergewählt worden. Er hatte ohne Gegner kandidiert, nachdem der Hauptkandidat der Opposition, Morgan Tsvangirai, sich aus Protest zurückgezogen hatte.

8. August 2008
Russische Truppen marschieren in die Republik Georgien ein, um der separatistischen Provinz **Südossetien** im Kampf gegen Georgien beizustehen.

[9]
17. August 2008
Der US-amerikanische Schwimmer **Michael Phelps** schlägt den Rekord von Mark Spitz, als er die achte Goldmedaille bei einer einzelnen Olympiade gewinnt.

15. September 2008
Die US-amerikanische Investmentbank **Lehman Brothers** meldet Konkurs an. Der Bankrott ist der größte in der Geschichte des Landes.

4. November 2008
Barack Obama wird zum 44. Präsidenten der Vereinigten Staaten von Amerika gewählt. Er ist der erste Afroamerikaner, der das Amt bekleidet.

[10]
26. November 2008
Terroristen greifen mehrere Ziele in **Mumbai (Bombay)** an. Die Angriffe fordern 188 Todesopfer.

2009-2010

20. Januar 2009
Barack Obama wird vor mehr als einer Million Menschen in Washington als 44. Präsident der Vereinigten Staaten vereidigt.
[1]

25. Februar 2009
Die **Royal Bank of Scotland** meldet für das vorangegangene Jahr einen Verlust von 24 Milliarden Pfund, den größten in der britischen Unternehmensgeschichte.

März–Mai 2009
Die Übergriffe **somalischer Piraten** auf Schiffe im Indischen Ozean eskalieren. 3 Piraten werden von einer US-Spezialeinheit getötet. Im Mai wird die *Ariana* gekapert und erst im Dezember nach einer Zahlung von 3 Mio. US-Dollar freigelassen.

4. März 2009
Der Internationale Strafgerichtshof verhängt wegen Kriegsverbrechen in Darfur einen Haftbefehl gegen den sudanesischen Präsidenten **Umar Hasan al-Baschir**. Er ist das erste amtierende Staatsoberhaupt, das auf diese Weise angeklagt wird.
[2]

18. Mai 2009
Der von den **Tamil Tigers** geführte Bürgerkrieg in Sri Lanka endet nach einem Vierteljahrhundert des Kampfes schließlich mit deren Niederlage.

1. Juni 2009
Ein **Airbus der Air France verschwindet** über dem Atlantik. Alle 216 Passagiere und 12 Crewmitglieder kommen ums Leben. Die Black Boxes zeigen später, dass es vereiste Geschwindigkeitssonden waren, die zu einem Sinkflug von über 3000 Metern pro Minute führten.

[1] Michelle Obama hält die Bibel, während Barack Obama am Kapitol vor dem Präsidenten des Obersten Gerichtshofes den Amtseid ablegt.

[2] Der sudanesische Präsident Umar al-Baschir widersetzt sich der Autorität des Internationalen Strafgerichtshofes, indem er sich am 4. März 2009 auf den Straßen Khartums zeigt.

[7] Eine Wache an einem brennenden Markt in Port-au-Prince, Haiti, sieht zu, wie Menschen nach dem Erdbeben Dinge zu retten versuchen.

[8] Bei der Fußball-WM trägt ein südafrikanischer Fan einen Hut, der aus der WM-Trophäe, der Flagge seines Landes und einem Springbock zusammengesetzt ist.

[9] Der Australier Julian Assange, Begründer von Wikileaks, bei einer Pressekonferenz in London am 26. Juli 2010.

[7]
7. Januar 2010
Ein schweres Erdbeben in Haiti hinterlässt 250 000 Tote, 300 000 Verletzte und eine Million Obdachlose.

7. März 2010
Im Irak finden die ersten Wahlen nach dem Ende der langen Diktatur Saddam Husseins statt. Eine Regierung wird jedoch erst mehrere Monate später gebildet.

14. April 2010
Durch den **Ausbruch des Vulkans Eyafjallajökull** in Island entsteht eine große Aschewolke, die den internationalen Flugverkehr in Europa für mehrere Tage lahm legt.

20. April 2010
Ein Blowout auf der Ölbohrplattform **Deepwater Horizon** der Firma BP im Golf von Mexiko führt zu 11 Todesfällen und dem Austreten von 800 Millionen Litern Rohöl, bevor das Leck 3 Monate später gestopft wird. Der schlimmste Öl-Austritt in der Geschichte.

1. Mai 2010
Ein Auto voller Sprengstoff wird am **New Yorker Times Square** rechtzeitig sichergestellt, nachdem Rauch ausgetreten war. Bei seiner versuchten Flucht wird Faisal Shazad, in Pakistan geborener amerikanischer Staatsbürger, am Flughafen JFK festgenommen.

20. Mai 2010
5 Gemälde von Picasso, Matisse, Braque, Modigliani und Léger, 100 Millionen US-Dollar wert, werden aus dem **Musée d'Art Moderne** in Paris gestohlen – von einem Einbrecher, der alle Sicherheitssysteme umgehen kann. Die Gemälde sind noch immer verschwunden.

11. Juni 2009
Die Weltgesundheitsorganisation stuft das Grippevirus H1N1, die **Schweinegrippe**, als weltweite Pandemie ein. Dies stellt sich später als falscher Alarm heraus.
[3]

20. Juni 2009
Die Tötung von **Neda Agha-Soltan** bei einer Demonstration gegen die manipulierte Wiederwahl von Präsident Ahmadinedschad in Teheran wird zum Fokus des Widerstands gegen das repressive Regime des Iran.
[4]

25. Juni 2009
Der amerikanische Sänger und Tänzer **Michael Jackson** stirbt. Die weltweite Trauer, die daraufhin ausbricht, bringt zahlreiche große Websites zum Absturz.
[5]

5. Juli 2009
Bei Aufständen der einheimischen **Uiguren** gegen die eingewanderten Han-Chinesen in Ürümqi, Autonomes Gebiet Xinjiang, Westchina, werden 150 Menschen getötet.

20. November 2009
Der **Large Hadron Collider**, der Teilchenbeschleuniger der Europäischen Organisation für Kernforschung (CERN) bei Genf wird wieder in Betrieb genommen. Er war nur 10 Tage nach Eröffnung im September 2008 ausgeschaltet worden.
[6]

27. November 2009
Der Golfspieler **Tiger Woods** verunglückt mit seinem Auto unweit seines Hauses in Florida. Der Vorfall führt zu Enthüllungen über seine zahlreichen Affären.

[3] Die Sandskulptur eines „Schweinegrippen-Schweins" mit Mundschutz an einem Strand der indischen Stadt Puri am Golf von Bengalen.

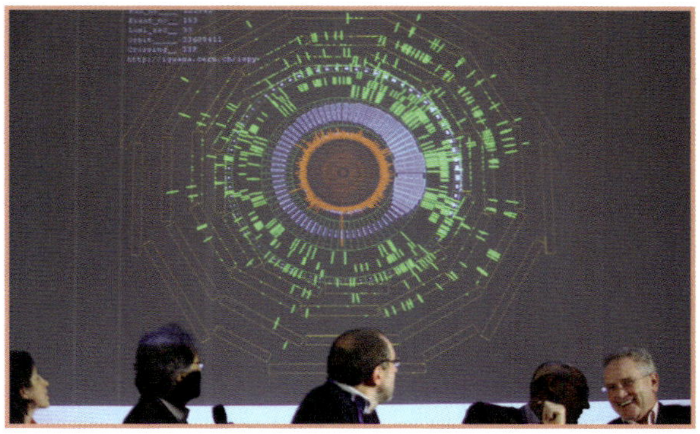

[6] Wissenschaftler am CERN feiern den Neustart des Large Hadron Collider, des 27 Kilometer langen Tunnels, in dem Protonen zur Kollision gebracht werden.

[5] Michael Jackson bei einem Auftritt im Mai 2002.

[4] Exil-Iraner demonstrieren am 25. Juni in Berlin mit einem Foto von Neda Agha-Soltan, die einige Tage zuvor in Teheran getötet worden war.

[10] Ein Pakistani fährt mit seiner Tochter durch das Hochwasser, das sich auf einer Fläche von der Größe Englands ausgebreitet hat.

[11] Ein chilenischer Minenarbeiter wird aus der Rettungskapsel befreit, mit der er und die anderen 32 Arbeiter einzeln an die Oberfläche befördert wurden.

[8]
11. Juni 2010
Die **Fußballweltmeisterschaft** beginnt in Südafrika. Sie wird zum ersten Mal in einem afrikanischen Land abgehalten.

[9]
Juli 2010
Die Internetplattform **Wikileaks** von Julian Assange beginnt damit, geheime US-Dokumente online zu stellen. Bis Ende November werden hunderttausende Schriftstücke allen Bürgern zugänglich gemacht.

[10]
1. August 2010
Pakistan leidet unter den schlimmsten **Überschwemmungen** seit 80 Jahren, die 20 Millionen Menschen betreffen.

31. August 2010
Die **US-Streitkräfte** beenden ihre militärische Mission im Irak, die 2003 begonnen hat.

3. Oktober 2010
Deutschland feiert den 20. Jahrestag der Wiedervereinigung.

[11]
12. Oktober 2010
33 chilenische Minenarbeiter, die 69 Tage lang 700 Meter tief unter der Erde eingesperrt waren, können sicher geborgen werden.

2011-2012

14. Januar 2011
Der **Arabische Frühling** beginnt mit dem Sturz des tunesischen Präsidenten Zine el-Abidine Ben Ali nach 23 Jahren an der Macht.

11. Febuar 2011
Der ägyptische **Präsident Hosni Mubarak** muss nach 30 Jahren Herrschaft die Macht abgeben.
[1]

11. März 2011
Auf ein **Erdbeben** vor der Nordostküste Japans folgt ein **Tsunami**. 20 000 Menschen kommen dabei um. Durch die Zerstörung des Atomkraftwerks Fukushima Daiichi wird das Erdbebengebiet atomar verseucht.
[2]

15. März 2011
In Syrien beginnt der Aufstand gegen **Präsident Assad**.
[3]

6. April 2011
Nach Griechenland und Irland ist **Portugal** das dritte Land der Eurozone, das den Euro-Rettungsschirm in Anspruch nehmen muss.

29. April 2011
Prinz William, Sohn des Prinzen von Wales und an zweiter Stelle der britischen Thronfolge, heiratet in der Westminster Abbey Kate Middleton. Fortan tragen sie den Titel „Herzog und Herzogin von Cambridge".
[4]

[1] Auf dem Tahrir-Platz in Kairo feiern Ägypter den Sturz von Hosni Mubarak.

[2] Nach dem Tsunami: gestrandete Schiffe als Folge des Erdbebens in Japan.

[6] Einige der 1000 Schiffe, die am 3. Juni 2012 am Festzug auf der Themse in London teilnehmen, um das diamantene Thronjubiläum der Queen zu feiern.

[8] Anhänger des neuen Präsidenten Hollande feiern seinen Sieg auf der Place de la Bastille in Paris.

[7] Aung San Suu Kyi grüßt ihre Anhänger bei einem Besuch in Monywa, Nord-Birma, November 2012.

4. Februar 2012
Russland und China blockieren die Anstrengungen des UN-Sicherheitsrates, die **Gewalt in Syrien** zu beenden. Nach Schätzungen der UN sind seit Beginn der Kämpfe 60 000 Menschen getötet worden.

[6]
6. Februar 2012
Queen Elisabeth ist seit 60 Jahren auf dem britischen Thron – ihr **diamantenes Thronjubiläum**.

[7]
1. April 2012
Die Oppositionsführerin **Aung San Suu Kyi** gewinnt einen Sitz im birmanischen Parlament. Im Oktober 2010 war sie nach fast 20 Jahren Hausarrest freigelassen worden. Die Opposition dominiert die Wahlen, eine symbolische Niederlage für das birmanische Militär.

2. Mai 2012
Eine in Pastell ausgeführte Version des Gemäldes *Der Schrei* des Norwegers **Edvard Munch** wird in New York für 120 Millionen US-Dollar verkauft, der höchste Preis, der je bei einer Auktion für ein Kunstwerk gezahlt wurde.

[8]
6. Mai 2012
François Hollande wird neuer Präsident Frankreichs, der erste Sozialist im Amt seit dem Ende von François Mitterands letzter Amtszeit 1995.

24. Juni 2012
Mohammed Mursi, Vorsitzender der Partei der Muslimbruderschaft, gewinnt Ägyptens erste freie Präsidentschaftswahlen. Er wird so zum ersten islamistischen Oberhaupt eines arabischen Staates.

2. Mai 2011
Osama bin Laden, Kopf von Al-Qaida, wird von einer US-Spezialeinheit in Abottabad, Pakistan, getötet und unmittelbar danach im Meer bestattet.

26. Mai 2011
Ratko Mladić, der bosnisch-serbische General, dem die Verantwortung des Massakers an 8000 bosnischen Männern in **Srebrenica** 1995 zur Last gelegt wird, wird nach langer Suche festgenommen.

1. Juli 2011
Deutschland schafft die Wehrpflicht ab. Sie war in der Bundesrepublik 1957 eingeführt worden; ihr Ende zeugt von den abnehmenden Spannungen der Ära nach dem Kalten Krieg. Es ist das erste Mal, dass Deutschland die Wehrpflicht freiwillig aufgibt und nicht nach einer Niederlage dazu gezwungen wird.

22. Juli 2011
Anders Breivik, ein geistig verwirrter, rechtsgerichteter Norweger, erschießt 69 junge Menschen, die an einer Veranstaltung der sozialdemokratischen Jugendorganisation auf der in einem See gelegenen Insel Utøya teilnehmen. Als Ablenkung hatte er in Oslo Bomben gezündet, durch die 8 Menschen umkamen.

[5]

17. September 2011
Die Demonstration **Occupy Wall Street** beginnt in New York mit dem Slogan „Wir sind die 99 Prozent". Ihr Ziel ist es, die Ungerechtigkeit des kapitalistischen Wirtschaftssystems zu zeigen. Die Bewegung lässt in kurzer Zeit weltweit viele Ableger entstehen.

$

20. Oktober 2011
Der libysche **Präsident Gaddafi** wird getötet, nachdem er in seiner Heimatstadt Sirte gefangen genommen worden war – 2 Monate nach dem Sturz seines 42 Jahre währenden Regimes.

[3] Ein Rebell schießt in der Altstadt von Aleppo auf syrische Regierungstruppen, Januar 2012.

[4] Nach der Hochzeit verlässt Prinz William mit seiner frisch Angetrauten den Buckingham Palace im Aston Martin seines Vaters.

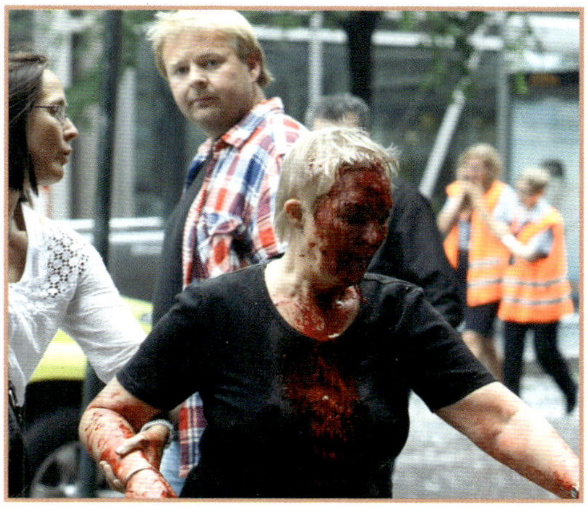

[5] Ein Opfer der Bomben von Anders Breivik in Oslo.

[10] Andy Murray auf dem Weg zum Sieg am dritten Tag der US Open.

[9] Feuerwerk über dem Olympiastadion in London während der Eröffnungsfeier.

[11] Nach dem Massaker in Newtown: Ein schwer bewaffneter Landespolizist vor der Schule.

[9]

27. Juli 2012
Die **Olympischen Spiele in London** eröffnen mit einer spektakulären Feier, die die industrielle Revolution, den National Health Service, Harry Potter, James Bond und die Queen thematisiert.

17. August 2012
3 Mitglieder der russischen Frauenpunkband **Pussy Riot** werden wegen „Rowdytums" zu je 2 Jahren Straflager verurteilt. Sie hatten in einer Moskauer Kathedrale einen Anti-Putin-Song gesungen.

[10]

11. September 2012
Andy Murray gewinnt die Tennismeisterschaft US Open – sein erster Grand-Slam-Titel, nachdem er einige Wochen zuvor in London bereits olympisches Gold geholt hatte.

14. Oktober 2012
Der österreichische Stuntman **Felix Baumgartner** springt von einem Heliumballon in 39 Kilometern Höhe in die Tiefe und erreicht im freien Fall eine Geschwindigkeit von 1357,64 km/h. Er ist der erste Mensch, der ohne Antrieb die Schallmauer durchbricht.

6. November 2012
US-Präsident **Barack Obama wird wiedergewählt**. Er gewinnt die Wahl gegen den Republikaner Mitt Romney.

[11]

14. Dezember 2012
An der **Sandy-Hook-Grundschule** in Newtown, Connecticut, erschießt ein junger Mann 20 6- und 7-jährige Kinder und 6 Erwachsene, nachdem er zuerst zu Hause seine Mutter getötet hat.

REGISTER

0-9

A

B

C

G

J

K

L

M

N

O

P

S

T

U

V

BILDNACHWEIS

Das Copyright für alle Bilder liegt bei **Getty Images**, einschließlich der folgenden, für die weitere Copyrights gelten

Agence France Presse: Umschlag Vorderseite (oben links), Umschlag Rückseite (unten 2L), 9, 31(5), 132(8), 135(Spotlight),180(7), 184(1), 188(7), 197(9), 209(4), 213(6), 220(3), 228(Spotlight), 228(2), 232(3), 236(1), 305(8), 306(1), 309(7), 310(2), 311(6 & 9), 312(3), 314(3), 315(9), 318(2), 322(4), 323(7), 327(3), 330(5), 331(7), 338(5), 340(1 & 2), 341(3), 347(12), 350(1), 353(5), 361(4), 365(2), 367(11), 370(Spotlight), 374(3,4 & 7), 376(3), 381(Spotlight), 382(Spotlight), 385(9), 386(3 & 6), 388(8), 393(3), 396(4), 398(1 & 4), 399(3), 400(1 & 3), 406(5), 407(8), 408(1 & 3), 409(8), 412(7), 413(10), 414(1), 417(4), 418(8 & Spotlight), 419(5 & 6), 420(1 & 6), 421(Spotlight), 423(4 & 9), 424(3), 427(1), 428(1 & 3), 430(7), 432(7), 433(11), 434(3), 435(8), 438(8), 439(4), 440(3 & 4), 443(3 &10), 444(9), 446(6), 449(4), 451(11), 452(2), 453(4), 454(1, 5, 8 & 9), 455(7,10 &11), 456(3, 4 & 7), 459(5), 460(6, 7 & 8), 461(3, 4 & Spotlight), 464(1), 465(9), 467(1, 3 & 7), 470(5, 6 & Spotlight), 471(7, 9 & 10), 472(2,5,6 & 7), 473(8,9 &10), 474(1,2,4), 475(5,6, 8 &10), 476(4,5 &Spotlight), 477(2,6,7 & 8), 478(4,6,8 & 10), 479(5,7 & Spotlight), 480(2 & 3), 481(1,4,5,6 & 8), 482(2 & 3), 483(4,6,7 & 8), 484(1 & 4), 485(3,7, & Spotlight), 486(1,4,5 & Spotlight), 487(3 & 6), 488(2,5 & Spotlight), 489(3,7,8 & 9), 490(4 & 5), 491(8,9 & 10), 492(1), 493(3,5 & Spotlight), 494(1,3 & 8), 495(5,6 & 7), 496(1,8 & 9), 497(4,5 & 6), 498(3,5 & 6), 499(7 & 8), 501(3 & 7), 502(1 &2), 503(6 & 9), 506(1 & 4), 508(2 & 7), 510(1,2 & 3), 511(10), 513(2,3 & 7), 514(1), 515(8), 516(3 & 6), 517(7 & 8), 518(2,3 & 8), 519(6), 520(3 & 8), 521(4,5 & 7), 522(2,3,5 & Spotlight), 523(9), 524(Spotlight), 525(5), 526(1,3 & 6), 527(8 &9), 528(2,3,6 & 8), 529(5,6,9,11 &12), 530(4 & 5), 531(8), 532(4,7 & 8), 533 (10), 534(2, 8 & 9), 535(3, 6, 10 & 11), 536(2, 6, 7 & 8), 537(3, 5 & 11); **American Stock:** 85(9), 122(1), 144(1),148(2), 151(4), 173(4), 177(Spotlight), 181(4), 261(8); **Anne Frank Haus, Amsterdam:** 290(3); **Augusta National:** 495(11); **Axiom Photo Agency:** 65(Spotlight); **Alan Band:** 412(5); **B.Bennett:** 210(8); **Blank Archives:** 306(4), 346(2), 393(8), 425(9); **Alex Bowie:** 420(9); **Bridgeman Art Library:** 26(2)/Musee de l'Air, Bourg-en-Bresse, Frankreich; 52(1)/Ashmolean Museum, University of Oxford, UK; 57(Spotlight) Musee d'Orsay, Paris; 76(4)/Private Collection; 89(6)/Museu Calouste Gulbenkian, Lissabon, Portugal; 89(7)/Private Collection; 92(2)/Private Collection; 128(2)/Musee Marmottan, Paris; 143(7)/Bibliotheque Nationale, Paris; 167(3)/Musee Marmottan, Paris; 176(8)/Österreichische Galerie Belvedere, Wien; 192(10)/Saarland Museum, Saarbrücken; 209(6)/Haags Gemeentemuseum, Den Haag, Niederlande; 214(2)/Sergei Vasil'evich Chekhonin/Stapleton Collection, London; 222(Spotlight)/Tretjakow-Galerie, Moskau; 229(3)/British Museum, London; **CBS Photo Archive:** Umschlag Rückseite (Mitte), 336(6), 348(2), 371(1), 446(8); **CNN:** 466(7), 516(1); **John Cohen:** 343(3); **Consolidated News:** 380(6), 414(3), 426(3); **DAJ:** 502(4); **de Agostini:** 255(6); **Francis Dean:** 506(5); **D.Debabov:** 240(Spotlight); **Georges De Keerle:** 500(1); **Diamond Images:** 363(2); **Melchior DiGiacomo:** 401(5); **Richard Ellis:** 499(9); **Daniel Farson:** 330(3); **David Fenton:** 392(1), 396(2), 403(5); **John Filo:** 399(7); **Fine Art Photographic:** 207(6); **Focus on Sport:** 382(8); **Frank Driggs Collection:** 150(1), 236(11), 238(1), 249(1), 333(6); **Sean Gallup:** 476(3); **George Eastman House:** 22(5), 38(2), 54(2), 79(3), 83(3), 91(2),116(6), 122(3), 158(5),161(5),172(5), 180(1),182(1), 182(Spotlight), 188(2); **John Jonas Gruen:** 346(7); **Ernst Haas:** Umschlag Rückseite (oben rechts), 6, 356; **Paul Harris:** 450(10); **Hirz:** 147(4), 241(6); **Historic Photo Archive:** 115(2); **isifa:** 367(6); **Imagno:** 15(2), 20(7), 21(4), 30(1), 32(2), 37(9), 42(9), 43(6), 48(1), 58(1), 60(4), 64(2), 67(2), 68(2), 74(6), 77(8), 78(Spotlight), 79(9), 80(2), 84(4), 86(2), 87(9), 91(4), 93(4), 99(2), 101(5), 106(5), 112(1), 116(1), 117(8), 118(4), 119(8), 120(1), 131(10), 133(3), 135(2), 142(8), 143(4), 144(7), 147(Spotlight), 152(1), 156(3), 163(8), 164(1), 165(10), 168(3), 170(6), 172(1), 173(8), 175(3), 176(7), 178(4), 182(4), 183(8), 186(1), 190(2 & 6), 197(2), 199(4), 202(1), 211(11), 216(2), 223(5), 233(9), 234(3), 235(3), 244(3), 256(Spotlight), 257(7), 262(7), 262(Spotlight), 263(5), 265(8), 276(2), 277(1), 307(7), 319(3), 324(1), 383(6), 393(9), 398(5), 404(8), 413(3); **Tom Keller:** 427(10); **John Kelly:** 448(2); **David Hume Kennerly:** 429(Spotlight); **V. Kinelovsky:** 295(4); **Klemantaski Collection:** 444(10); **John Kobal Foundation:** Umschlag Vorderseite (2. Reihe rechts), 7,145(Spotlight), 218, 278(3), 447(2): **Laski Diffusion:** 288(3); **David Levenson:** 446(1); **Liaison:** 431(6), 445(4), 447(8), 450(6), 452(6 & 7), 454(2), 458(5 & 7), 461(9), 462(6 & 9), 464(Spotlight), 465(7), 466(5 & Spotlight), 470(1), 475(11), 479(9), 485(9), 498(1), 501(Spotlight), 502(8), 507(8), 511(6); **Library of Congress:** 118(8), 137(4); **Victor Malafronte:** 495(4); **Joe McNally:** 446(7), 463(11); **Metronome:** 277(8); **MLB/National Baseball Hall of Fame:** 86(6), 172(7); **Ronald C.Modra:** 424(8), 453(5); **Leon Morris:** 462(2); **Tim Mosenfelder:** 463(7), 488(1); **Museum of the City of New York:** 92(1), 93(6), 100(2), 126(2), 130(3), 147(5), 160(8), 164(8), 268(6); **NBAE:** 451(12); **Nadar:** 67(3); **National Geographic Society:** 40(5), 183(2), 419(3), 421(4), 438(7), 465(5); **Newsmakers:** 509(4); **New York Times:** 256(6), 385(5), 314(6), 332(7), 347(3), 377(6), 390(1); **Nordic Photos:** 410(3); **Terry O'Neill:** 404(4); **OnlineUSA:** 454(10); **Franco Origlia:** 471(3); **Paramount Pictures:** 405(2); **Scott Peterson:** 531(6); **John Pineda:** 374(5); **Popperfoto:** 7, 46(2), 52(5), 70(2), 75(3), 89(8), 121(4), 123, 156(1), 159(4), 161(9), 167(7), 173(11), 178(3)/Bob Thomas, 191(Spotlight), 215(5), 226(5), 236(5), 254(8), 268(9), 275(8), 279(7), 293(8), 303(6), 308(6), 326(8), 330(4), 338(5), 343(1), 347(5), 353(9), 360(3), 364(5), 367(10), 376(Spotlight), 402(1), 406(1), 407(3), 442(6), 471(4)/Bob Thomas, 479(3)/Bob Thomas; **Steve Pyke:** 385(4), 478(2), 487(8); **RDA:** 239(10), 290(2); **Red Cover:** 250(Spotlight); **Robert Riger:** 351(7), 376(9); **Robert Harding:** 225(10); **Roger Viollet:** 15(10), 17(3), 18(Spotlight), 19(5), 26(7), 41(4), 61(Spotlight unten), 63(4), 71(5 & 7), 74(Spotlight), 82(1), 102(3), 104(3), 108(1 & 7), 110(5), 115(4), 117(7), 120(Spotlight), 127(4), 137(5), 138(2), 140(5), 141(6), 143(9), 144(3), 149(11), 159(8), 160(1), 164(7), 168(8), 171(5 & Spotlight), 173(3), 187(9), 190(5), 195(7), 196(7), 198(3), 212(9), 217(Spotlight), 220(7), 227(3), 228(7), 248(1), 260(3), 270(2), 309(5), 325(4), 364(1), 419(1), 421(2); **Paul Rogers:** 500(5); **George Rose:** 433(3); **Eric Ryan:** 445(6); **Herb Scharfman:** 413(9); **Science Faction:** 404(5), 491(3); **Sean Sexton:** 88(Spotlight), 98(3), 111(7), 163(6), 216(2), 223(11); **Ezra Shaw:** 457(Spotlight); **Slava Katamidze Collection:** 224(1); **Chris Smith:** 460(2); **Sean Smith:** 521(Spotlight); **Paul Souders:** 489(6); **Sports Illustrated:** 370(4); **Stock Montage:** 71(5), 109(11), 133(10), 187(11); **Tom Stoddart:** 7, 436, 466(Spotlight), 467(2), 468, 492(2); **Horst Tappe:** 352(1); **Tim Graham Photo Library:** 109(3), 434(5), 441(8), 443(9), 493(4), 513(6); **Time and Life Pictures:** Umschlag Vorderseite (2. Reihe/3), 7,13(1), 14(4 & 7), 15(8 & 9), 20(1), 21(7), 24(4), 27(5), 30(3), 37(6), 41(8), 42(7), 43(3), 44(8), 47(8), 50(2), 52(3), 53(Spotlight), 54(3), 55(5), 56(1 & 7), 57(9), 58(3 & 5), 60(2 & 6), 63(2 & 7), 65(5), 72(7), 73(5), 75(8 & 9), 76(1), 85(8), 86(8R), 87(4), 101(12), 107(10), 108(9), 111(Spotlight), 113(8), 116(3), 119(2 & 9), 122(4), 130(4), 131(7), 134(3), 136(2), 137(4), 138(1 & 4), 139(8), 140(3), 141(12), 149(5), 151(5), 154(6), 155(10), 156(2), 156(3), 160(3, 6 & 8), 162(1, 6 & 7), 166(Spotlights), 170(1 & 7), 172(7), 176(2), 178(5), 180(6), 181(3 & 11), 185, 186(4), 187(6),190(1 & 3), 193(9), 195(1), 196(1), 199(5 & Spotlight), 200(9), 202(3,5 & 8), 204(6), 205(10), 206(4), 210(2,6 & 9), 212(8), 213(4), 215(3), 227(Spotlight), 229(4 & 8), 236(7 & 9), 237(8), 242(7 & Spotlight), 243(5, 9 & 10), 246(2), 247(6), 250(5), 254(2 & Spotlight), 257(3), 258(7 & 8), 259(5), 263(3 & 9), 264(5), 265(3), 268(1, 7 & 7), 269(12), 270(6), 271(1), 273(3 & Spotlight unten links), 274(5), 275(10), 276(2), 278(6), 279(8), 280(1 & Spotlight), 283(6, 8 & 9), 284(3), 285(7), 286(4 & 8), 288(5), 289(8), 291(9 & 10), 292(2 & 6), 293(4), 294(2), 295(7 & 9), 296(1, 5 & 7), 297(Spotlight), 298(1 & 9), 299(5 & 12), 300(Spotlight), 301(6), 302(8), 303(3, 7 & 9), 304(6), 305(2, 3 & 9), 306(3), 307(7), 308(3), 309(8 & Spotlight), 310(5), 311(1, 3, 7 & 8), 312(5), 313(4 & 5), 314(1 & 2), 315(4 & 10), 316(2), 318(9), 319(6 & 7), 320(1, 2 & Spotlight), 321(4 & 7), 322(6), 323(3 & 9), 324(7), 326(5), 327(7, 9 & Spotlight), 329(6), 330(4), 332(4, 8 & 9), 333(1 & 5), 334(1,2), 336(4 & 5), 337(7), 338(3), 339(8), 341(Spotlight), 342(2, 6 & 7), 343(5), 344(1, 2 & 3), 345(4 & Spotlight), 346(8, 10 & 11), 347(6 & 13), 348(1, 5 & 7), 349(9), 351(6), 352(2, 3, 8 & 10), 353(6, 7 & 11), 354(2 & 7), 355(3 & 5), 358(2 & 3), 359(Spotlight), 360(2, 7 & 8), 361(9 & 10), 362(1 & 7), 363(4, 8 & 9), 364(Spotlight), 366(3,4), 368(3 & 6), 369(7 & Spotlights), 372(5), 373(2 & 8), 376(1), 377(2), 378(2), 379(4 & 7), 380(2), 381(7), 383(5), 386(2), 387(5 & 9), 388(2, 7 &9), 389(3, 4 &5), 390(4 & 7), 391(2 & 9), 393(3 & Spotlight), 397(Spotlight), 400(7), 402(2 & 6), 403(3), 405(3 & Spotlight), 406(4 & 6), 410(1), 411(5), 413(Spotlight), 415(11), 417(3 & 8), 419(7), 420(5), 422(2), 423(8), 425(6 & 11), 426(8), 428(7), 430(1), 431(2), 432(1 & 8), 433(9), 434(4), 439(9), 440(1), 441(6 & 7), 442(5), 444(1), 445(7), 446(5), 447(3 & 4), 448(1, 6 & 7), 449(3 & Spotlight), 450(1, 2 & 9), 451(4 & 5), 452(8), 453(3 & 10), 456(1, 2 & 5), 458(1 & 2), 459(8, 9 & 10), 462(3 & 8), 463(5, 6 & 10), 464(3), 465(6, 8 & 10)), 467(5 & 9), 471(2), 473(3 & 4), 475(12), 477(1), 480(7 & 10), 482(1 & 9), 483(Spotlight), 487(2 & 10), 488(4), 492(7), 494(2 & 9), 496(7), 497(3); **Transcendental Graphics:** 7, 71(8), 118(1), 144(7), 153, 220(2); **Vintage Images:** 122(2); **Ami Vitale:** 503(7); **Armin T. Wegner:** 203(Spotlight), 515(3); **Natasja Weitsz:** 531(9); **Western Reserve Historical Society:** 167(1); **Graham Wiltshire:** Umschlag Vorderseite (2. Reihe links); **WireImage:** 396(1), 433(5), 535(5); **Georgi Zelma:** 293(Spotlight). –––